館陶縣志

（1997—2013）

馆陶县地方志编纂委员会 编

方志出版社
Publishing House of Local Records

图书在版编目（CIP）数据

馆陶县志.1997—2013 / 馆陶县地方志编纂委员会编.
—— 北京：方志出版社，2018.2
ISBN 978-7-5144-2996-1

Ⅰ.①馆… Ⅱ.①馆… Ⅲ.①馆陶县—地方志—
1997—2013 Ⅳ.①K292.24

中国版本图书馆CIP数据核字（2018）第043409号

馆陶县志（1997—2013）

编　　者：馆陶县地方志编纂委员会
责任编辑：王　品

出 版 人：冀祥德
出 版 者：方志出版社
地址　北京市朝阳区潘家园东里9号（国家方志馆4层）
邮编　100021
网址　http://www.fzph.org
发　　行：方志出版社图书经销中心
电话（010）67110500
经　　销：各地新华书店
印　　刷：山东黄氏印务有限公司

开　　本：889×1194　　1/16
印　　张：62.5
字　　数：1225千字
版　　次：2018年6月第1版　2018年6月第1次印刷
印　　数：0001～3000册

ISBN 978-7-5144-2996-1　　定价：568.00元

《馆陶县志（1997—2013）》评审成员

一、《馆陶县志（1997—2013）》市级专家评审成员

杨富中　李春社　杨凤奎　刘增才　师振志　樊春楼

二、《馆陶县志（1997—2013）》全国专家评审成员

王卫明　丁爱军　王广才　任丽英　魏铁军　孙进柱　孟朋文　吴恒青

申凤鸣　杨富中

三、《馆陶县志（1997—2013）》终审成员

杨洪进　王广才　阴记东　徐振田　王　蕾　杨胜旗　任丽英　赵俊丽

邯郸市地方志办公室
关于同意《馆陶县志（1997～2013）》终审的
报　告

河北省地方志办公室市县志评审验收小组：

《馆陶县志（1997～2013）》在馆陶县委、县政府的正确领导和省、市方志办的精心指导下，历时三年多的时间，经过编辑人员的不懈努力，于2016年9月2日通过了省级评审。之后，该县地方志编纂委员会认真吸收了专家评审意见，已做了系统修改完善，形成了终审稿。

《馆陶县志（1997～2013）》终审稿共分为建置环境、基础设施、经济、政治、文化、社会、人物等7篇，书前有序、凡例、总述、大事记，志末有附录。经审核，我办认为该送审稿政治观点准确，资料详实，体例完备，述、记、志、传、图、表、录综合运用，符合志书编写的各项要求，达到了终审条件，同意报省终审。

邯郸市地方志　办公室主任：

2017年5月3日

河北省地方志办公室

对《馆陶县志》稿的终审批复

《馆陶县志》稿已经河北省地方志办公室终审机构审阅，认为其指导思想正确，体例完备，文风端正，语言朴实流畅，同意交出版社进行印前规范性审核把关。在终审中，终审专家也发现志稿存在一些需要必须修改的问题。希望馆陶县方志办在送出版社之前按照终审意见做好修改、核对、校对等工作，确保出版质量。

河北省市、县（市、区）志审核小组

（办公室）

2017年6月

■ 馆陶名片

- 中国蛋鸡之乡
- 中国黑陶艺术之乡
- 中国轻工轴承之乡
- 中国黄瓜之乡
- 中国漆画艺术之乡
- 中国粮画之乡
- 中国民间艺术之乡
- 全国计划生育先进县
- 全国义务教育发展基本均衡县
- 全国群众体育工作先进县

- 全国基层中医药工作先进县
- 全国休闲农业和乡村旅游示范县
- 全国科技进步先进县
- 全国粮食生产先进县
- 全国农村饮水安全工程示范县
- 全国电子商务进农村示范县
- 国土资源节约集约模范县
- 全国科普示范县

邯郸市政协副主席、中共馆陶县委书记 谢继炯

序

馆陶，早在两千多年前的汉初，就已设置了县域版图，进入大中华的历史视野。广袤肥沃的大平原，穿境而过的大运河，哺育着馆陶人生生不息，代代相传。历史上出了四位“馆陶公主”，三位“皇子”，还走出了大唐名相魏征、文学家柳开、抗战名将范筑先等众多光耀千古的历史人物。改革开放以来，馆陶人民做大传统农业，引进现代化工业，创新发展第三产业，以敢为天下先的“馆陶现象”，开拓进取，奋进不止，找到了一条农以蛋鸡、黄瓜、黑小麦等特色产业、工以新型化工和装备制造、商以市场流通、电子商务为产业特色的“馆陶之路”。

记载历史，与开创历史同样重要，“以史为鉴，可以知兴替”。馆陶自古就有修志的传统，现存最早的《馆陶县志》，始于明代万历四年（1576 年），清代康熙和雍正年间两次纂

馆陶县人民政府县长　孟凡雄

修县志，光绪年间纂修乡土志，民国二十五年再次续修县志。自 1999 年出版新中国成立后的第一部社会主义新方志《馆陶县志》后，转眼 17 年已去，这部续编《馆陶县志》，正是馆陶县 17 年鲜活历史的记录。编者们从搜集资料、汇集订正，到编纂成书，评审校对，历时四年，洋洋洒洒一百多万字。值此付梓之际，谨向为《馆陶县志》编纂工作付出艰辛劳动的编纂人员，向积极参与和紧密配合的单位和个人，以及关心和支持编纂工作的各界人士、专家、学者表示真诚的谢意。

志书具有“资政、存史、教化”三大功能。新编《馆陶县志》的出版，不仅具有延续历史记载、传承文脉的功能，其资政、教化的功能更应该发挥出来，社会各界都应该读志用志，从中汲取人文精神营养，开发文化宝藏，探索发展规律，寻找地方特色，总结经验教训。鉴古通今，面向未来，我们相信，在456.3平方公里的土地上，36万馆陶人民定会延续馆陶的历史辉煌，将农业做大做强，产业向更广、更深处延伸；工业发力转型，产业向高新精特、节约集约化发展；第三产业更加繁荣，特别是借着馆陶两千多年文化积累的软实力，发掘文化资源，做大做强特色小镇，打造更加响亮的美丽乡村旅游品牌；在城市化进程中，古老的馆陶县城，在“四公主”们的长袖之舞中，必将更加美丽，成为冀鲁豫交界的繁盛之城。

馆陶将以全新的精神面貌面向未来，以产业自信、区域自信、文化自信、历史自信，在实现全面小康、建设宜居宜业宜游的生态旅游健康强县的伟大进程中，奋发有为，再铸辉煌！

邯郸市政协副主席
中共馆陶县委书记

馆陶县人民政府县长

2017年12月

2016 年 6 月 7 日，时任中共河北省委书记赵克志（右三）到馆陶粮画小镇调研指导美丽乡村建设工作

2013年5月3日，时任河北省人民政府省长张庆伟（左二）到馆陶调研工作

馆陶县委、县政府机关大楼（2016年8月摄）

美丽县城

宜居宜业宜游的绿色生态县城（2015 年 5 月摄）

华灯初上的城市夜景（2015 年 6 月摄）

行政集中办公区（2015年6月摄）

流光溢彩的公主湖公园（2016 年 2 月摄）

城市规划馆

文化艺术中心

公主湖公园西广场

魏征博物馆

科技馆

图书馆

体育馆

体育场

范筑先烈士纪念馆

奥林匹克公园

滨河公园

永济河

音乐喷泉

廉政文化长廊

雪后湖景

新华街夜景

卫运河一景

园林绿化管理

女子交警中队

污水处理厂

精细化清扫

公共自行车

住宅小区

小区游园

美丽乡村

寿东村荣获“2015 中国十大最美乡村”

粮画小镇寿东村

粮画姑娘

小镇夜景

教育小镇王桃园

王桃园状元榜

羊洋花木小镇空中餐厅

羊洋花木小镇乡愁街

轴承小镇马栏厂村

漆画小镇前宁堡村

小镇年味

小镇夜景亮化

交通运输

106国道示范样板路

邯济铁路馆陶段

813路馆陶到邯郸公交专

金凤大道

青兰高速馆陶口

电子商务

馆陶电商园开业庆典仪式

馆陶电商园

村村帮电商物流配送中心

电子商务服务中心

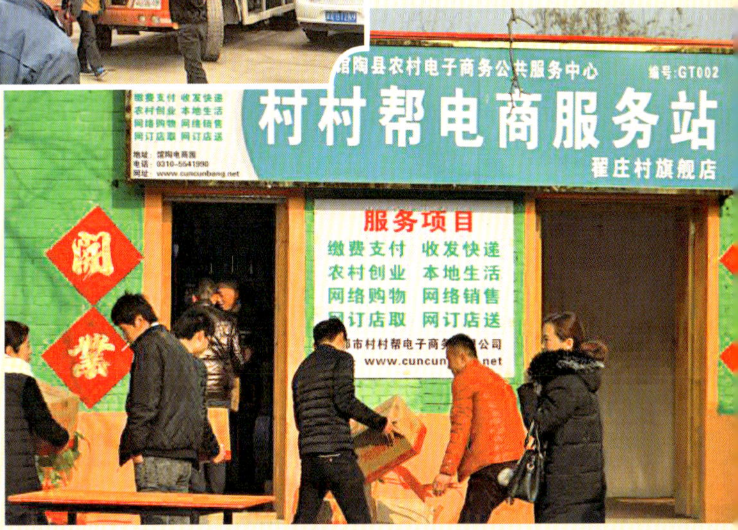

电商村级服务站

工业生产

邯郸市新型化工园区鸟瞰图

馆陶拖拉机产业园鸟瞰图

河北永盛机械制造有限公司

馆陶县生物质热电有限公司

河北拓普汽车零部件有限公司

馆陶荣特粗苯加氢精度项目

馆陶镕达清洁燃料油项目

馆陶金环大型特种钢结构轻钢生产线

赵都精细化工有限公司

河北铠特农业机械有限公司生产车间

东汝阿胶制药现代化生产线

河北洁雅卫生用品自动化生产线

特色产业

黑小麦种源基地

黑小麦系列产品

馆青牌黄瓜连续三年荣获国家级金奖

晚秋黄梨

酱包瓜

现代化蔬菜大棚

东龙黄金酒业系列产品

粮画小镇系列酒

轻工轴承系列产品

飞翔机械有限公司产品

规模化蛋鸡养殖

肉鸭屠宰生产线

全国最大的禽蛋交易市场——金凤市场

卫生事业

新县医院全景图

馆陶县人民医院

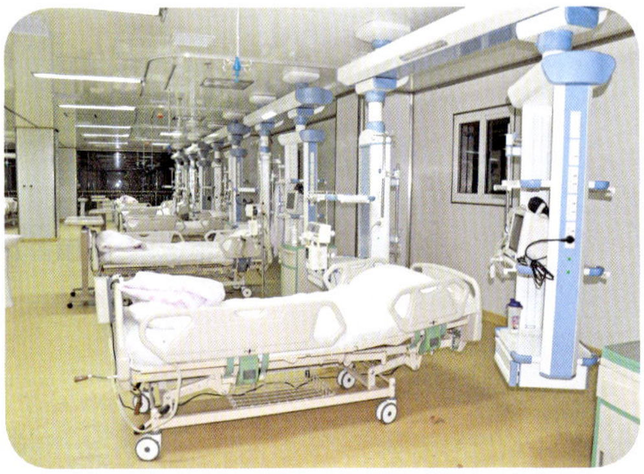

重症监护室
县医院ICU全程无需陪护

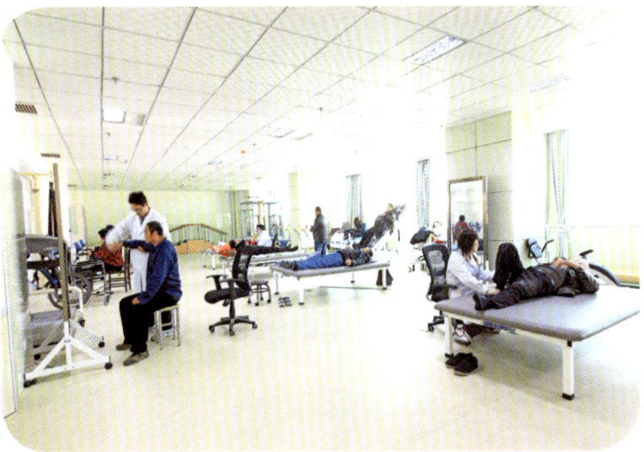

县中医康复中心

中医康复大楼

标准化村卫生室改造

教育事业

县实验中学

县陶山中学

军事化管理

组织开展粮画小镇寿东村研学之旅

体验民俗文化

高三学子通过成功门

“六一”亲子体验活动

农村标准化学校改造

历史文化

王占元宗祠

王上将军坊

驸马渡遗址

要庄庙

王上将军墓

明朝皇城砖

黄花台遗址

张家坠书表演

卫运河畔老宅街门

舞龙

许庄四股弦

馆陶吹歌

滩上木偶戏

师保会

乡村庙会

南孙店皮影戏

运河文化

“白沟”时期 东汉末年至南北朝

东汉末年，曹操从政治军事的需要出发，为改善水上交通条件，先后开凿睢阳、白沟、平虏、泉州、新河、利漕等六条水道。其中在今临漳、魏县、大名、馆陶等县经过的白沟是一条主流。

东汉末年曹操开挖的白沟

白沟，原是先秦时期的黄河在宿胥口改道东徙后留下的故渎。东汉建安以前，当时在邺城附近的河流主要有两条，一是清河，一是漳水。公元 204 年，曹操派兵在淇水入黄河处，“遏淇水入白沟，以通粮道”。

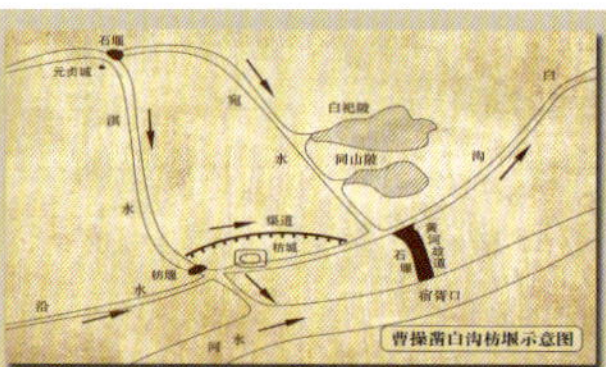
曹操凿白沟枋堰示意图

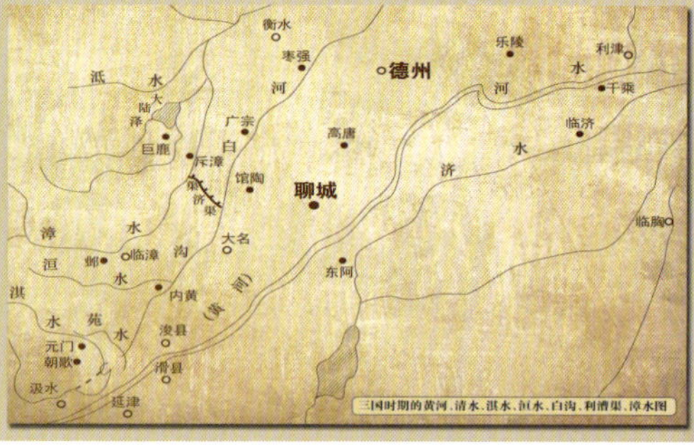

三国时期的黄河、清水、淇水、洹水、白沟、利漕渠、漳水图

沟通白沟与漳河的利漕渠

据《水经注·浊漳水注》：“魏太祖凿渠引漳水，东入清、洹（清指清河，洹指洹水即安阳河，清、洹与白沟并称），以通河漕，名利漕渠。”

利漕渠的开凿，使白沟在沟通了黄、淇、洹三水后，又与漳水沟通，水量大增，来自中原或河北东北部的船只不但可以直达邺城，还沟通了对幽燕中北部和淮河流域的控制与联系，扩大了其经济腹地，使邺城形成了“平原千里，漕运四通”的水利交通格局，也为邺城作为六朝古都创造了条件、夯实了基础。

北魏时期开挖阿难渠

“阿难渠”又叫“阿难河”，是北魏时期广平太守李阿难所凿。《水经注疏》记载：“白沟水又东北，迳赵城西，又北阿难河出焉，盖魏将阿难所导，……以利衡渎（守敬按：即衡漳，谓导此水入衡漳也。遂有阿难之称矣。）”据 1999 年版《馆陶县志》载：“北魏时期，……魏将李阿难自曲周县西三十里处，引漳水经曲周、馆陶境通白沟开挖成阿难渠（亦称阿难河），它既发展了灌溉又调剂了漳水与白沟的水量，有利于漕运。”

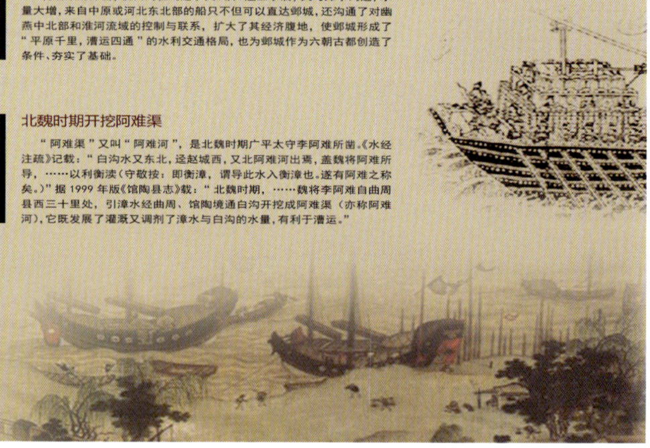

永济渠的开凿

开皇四年（公元 584 年）隋文帝杨坚命宇文恺率领水工另开漕渠。自大兴城西北引渭水，略循汉代漕渠故道而东，至潼关入黄河，长三百余里，名广通渠。自此漕运通利，关中赖之，故又称富民渠。大业元年（公元 605 年）隋炀帝杨广夺取皇位后，认为关中与山东、江南、河北等地道路遥远“兵不赴急”，开始营建东京，又征发河南、淮北诸郡男女百余万人开凿通济渠。大业四年（公元 608 年），隋炀帝又征发河北诸郡男女百余万人开凿永济渠。

隋运河遗存

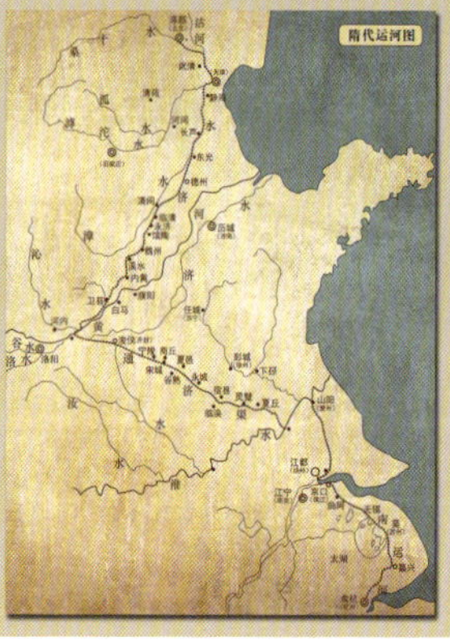
隋代运河图

永济渠流经的区域

永济渠按其流域大致可分成三段。南段起于沁水入河处，北到卫县（治所在今河南浚县西），这是当时新凿的渠道。卫县以下经今魏县、大名、馆陶、东光等地，至今天津市境内与沽河会合，这是中段，它以曹操时的白沟故道为基础，扩展成为运渠。由今天津市到古涿郡（今北京市南）为北段。

唐代今冀南豫北一带永济渠

宋金时期的御河

宋金时期的御河与隋唐时期的永济渠相比发生了很大变化。永济渠河北段，到唐末、五代，因北方长年战乱，航道湮废。之后契丹辽国势力向南发展，永济渠北端所在地区已不归北宋管辖。

元朝时期的御河

据《元史·志第十六·河渠一》记载：“御河，自大名府魏县界经元城县泉源乡于家渡，南北约十里，东北流至包家渡，下接馆陶县三界口”这表明元朝时期御河仍是从大名包头村进入馆陶。

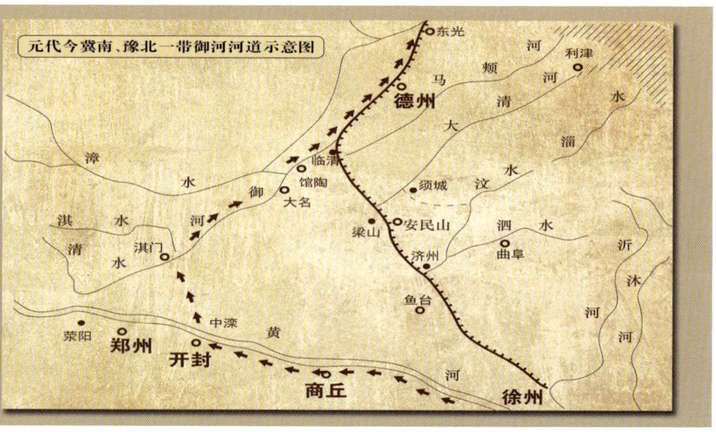

元代今冀南、豫北一带御河河道示意图

古代漕运繁华景象图

卫运河出土的木船

卫运河出土的铁锚和陶片

书画作品

宁金峰 书

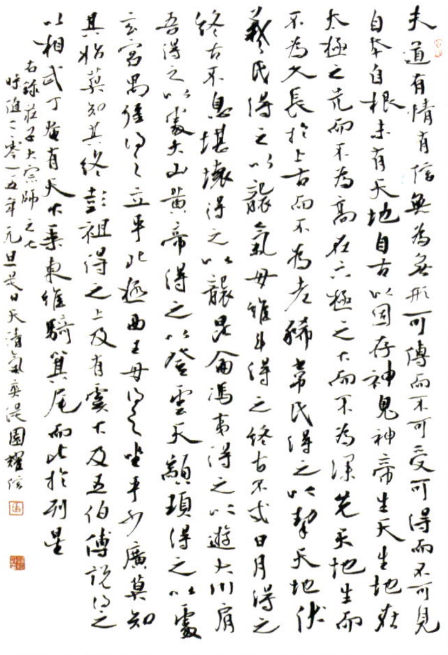

马耀信 书

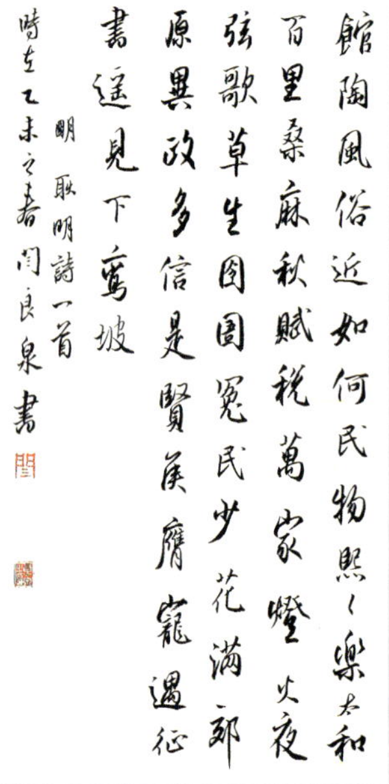

闫良泉 书

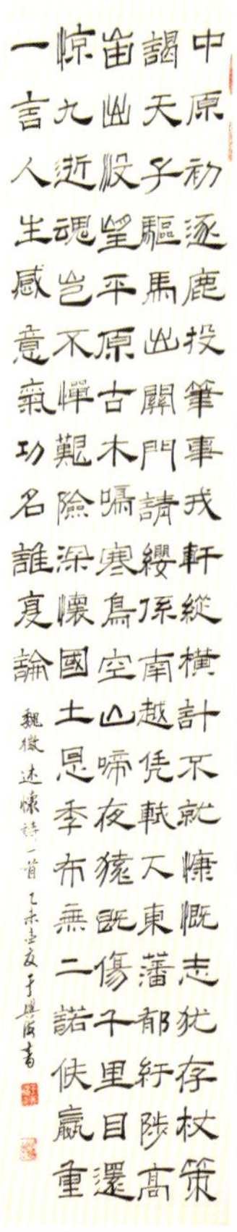

于兴海 书

郭抱湘 书

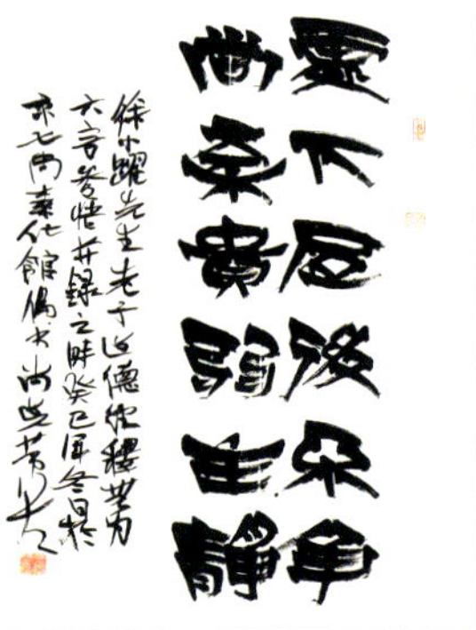

王芾笠 书

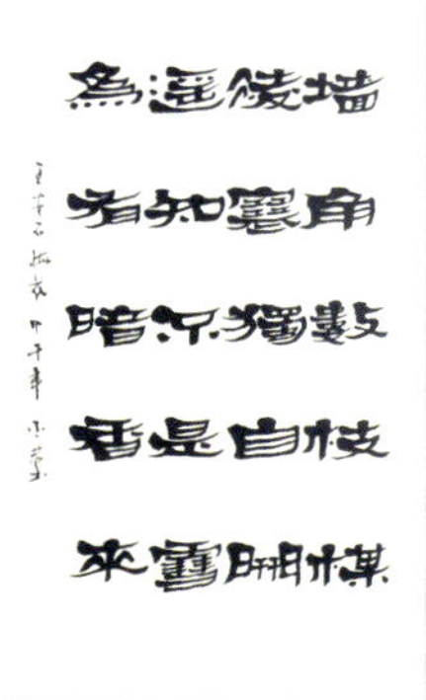

宋丕君 书

王全兴 书

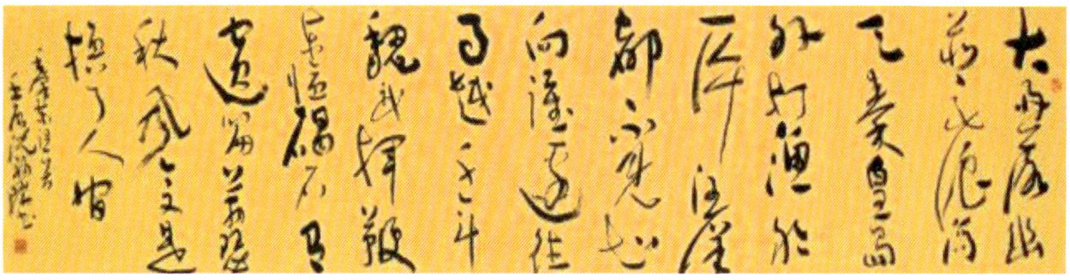

沈福瑞 书

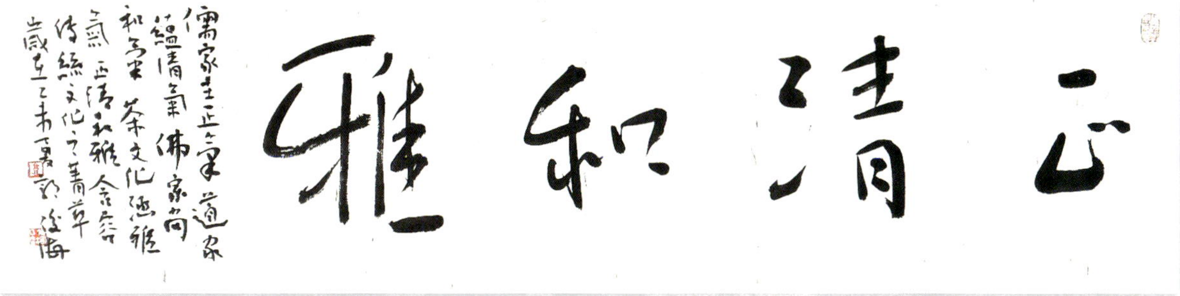

郭俊海 书

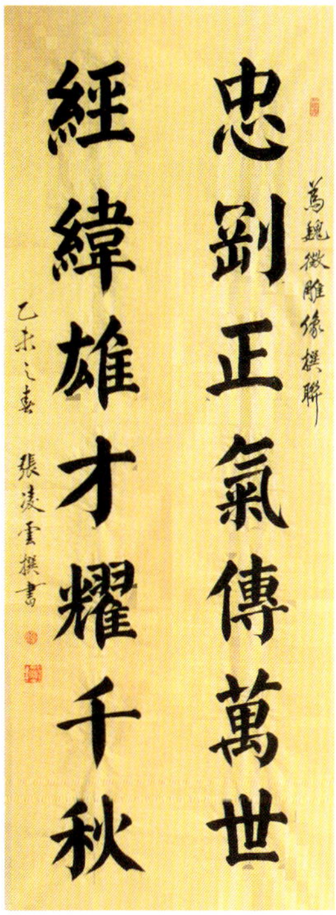

张凌云 书

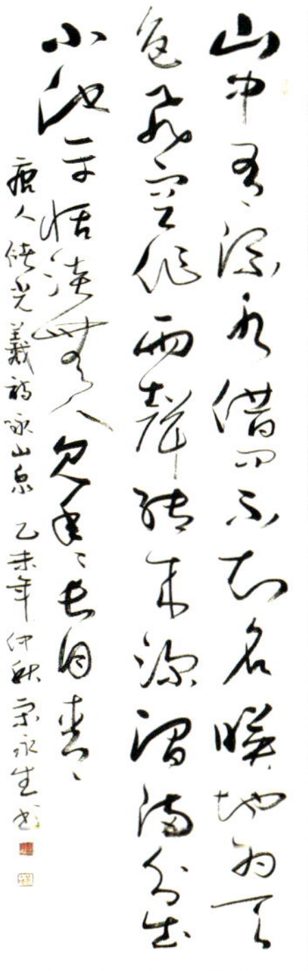

宋永生 书

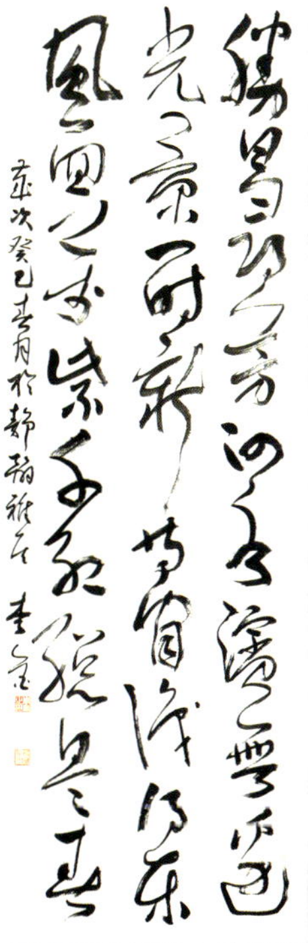

李金 书

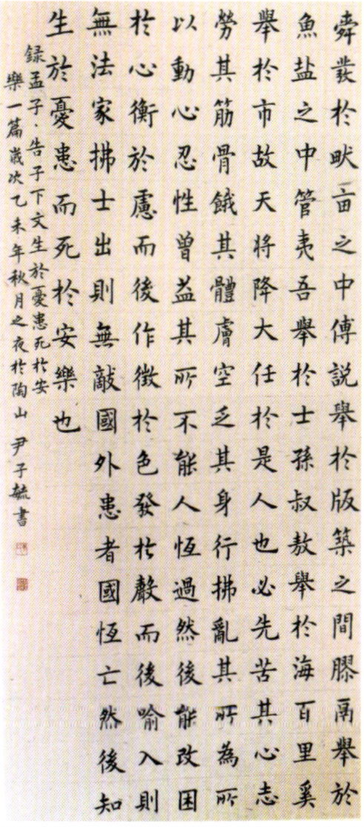

尹子立 书

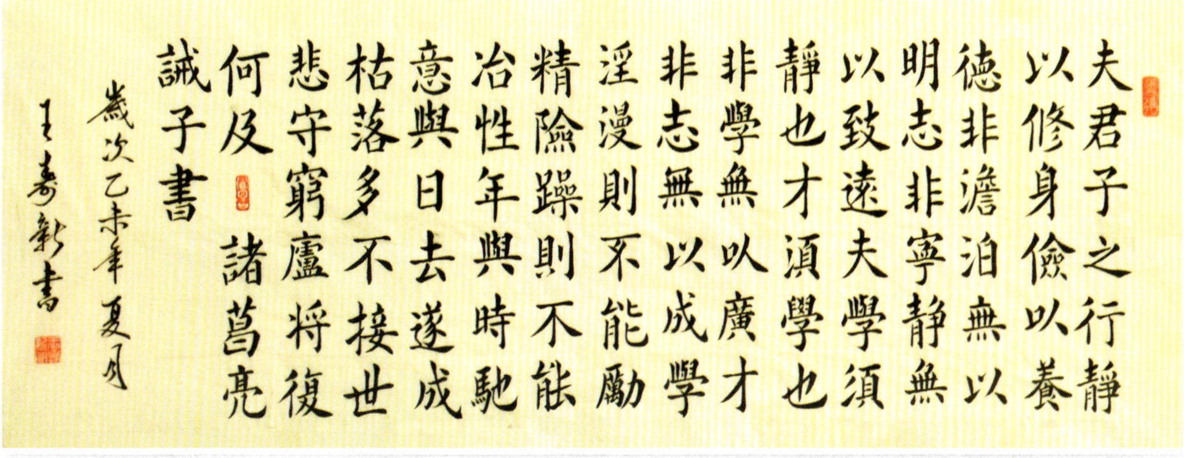

王寿新 书

《汉钟离》 汪易扬 画

《春晓图》 胡松涛 画

《晚秋》 颜景龙 画

《青藏高原》 乔十光 画

《岁月无声》 白云乡 画

《乡间小径》
乔文彦 画

《秋实》 张九州 画

《秋夕》 王庆周 画

《小桥流水》 胡新亮 画

《雪夜》 贾绍昌 画

《耕犁千亩不觉苦 诚愿众生皆得饱》 殷景太 作品

《梅花欢喜漫天雪》 殷俊廷 作品

2014 年 4 月 11 日《馆陶县志》二轮修编工作启动会议召开

2014 年 5 月 15 日《馆陶县志》二轮修编工作培训会议召开

2016 年 3 月 4 日《馆陶县志（1997—2013）》市级专家评审会召开

2016 年 9 月 2 日《馆陶县志（1997—2013）》全国专家评审会召开

《馆陶县志（1997-2013）》市级专家评审会合影

《馆陶县志（1997—2013）》市级专家评审会合影

（前排左起：任润刚、郝立业、牛兰学、杨富中、齐海新、平韦振、宋其涛、郭海永、牛贵龙；后排左起：许飞、郭腾龙、王晓然、陈晓利、胡志祥、师振志、刘增才、杨凤奎、樊春楼、李春社、齐书臣）

《馆陶县志（1997-2013）》全国专家评审会合影

《馆陶县志（1997—2013）》全国专家评审会合影

（前排左起：申凤鸣、孟朋文、王广才、王卫明、孟凡雄、任丽英、牛兰学、杨富中、丁爱军、平韦振、郝立业；后排左起：牛贵龙、郭腾龙、陈晓利、王晓然、任润刚、胡志祥、吴恒青、孙进柱、魏铁军、许飞）

2014年11月18日，县长孟凡雄主持召开全县地方志工作座谈会

《馆陶县志（1997—2013）》全体修编人员合影

（前排左起：王晓然、牛贵龙、胡志祥、任润刚、郝立业；后排左起：李华敏、常天雨、尹子立、陈晓利、许飞、郭腾龙、张建）

凡　例

一、指导思想　本志以马克思列宁主义、毛泽东思想、邓小平理论、“三个代表”重要思想、科学发展观、习近平新时代中国特色社会主义思想为指导。坚持辩证唯物主义和历史唯物主义的立场、观点和方法，突出馆陶地方特色和时代特点。

二、时间断限　本志为1999年版《馆陶县志》（下称前志）之续志。上限衔接前志，起于1997年，下限至2013年年底。为保持事物的连续性和完整性，部分章节内容适当上溯下延，特色亮点工作下延至2016年。

三、记述范围　以2013年行政区划为记述范围。凡是驻馆陶县域内的企事业或其他单位均在记述范围之内。

四、体裁形式　本志以志体为主，兼用述、记、传、图、表、录等体裁。大事记采用编年体，时间跨度大的事物采用纪事本末体。总述评述全县总情。正文按照“横分门类，纵写内容”的原则，分为建置区划与自然环境、基础设施、经济、政治、文教卫生、社会、人物共七编、44章。图、表、录随文插入相关内容中，力求图文并茂。为深度记述有时代特色的事物，特以专记形式附于相关内容之后。附录收载有存史价值的文献。

五、行文称谓　志文采用第三人称记述，人名、地名等均直书其名。人物需要介绍职务的，在人名前加职务，不用“某某同志”称谓，中国共产党馆陶县委员会、馆陶县人民政府简称“县委”“县政府”。单位名称原则上第一次出现用全称，之后使用规范简称。

六、纪年方法　志文采用公元纪年，民国及其之前采用中国历史纪年，括注公元纪年。中华人民共和国成立后采用公元纪年。

七、数据采用　统计数据以县政府统计部门公布的法定数据为准。统计部门没有统计的，采用业务主管部门的统计数据，个别数据为编者调查所得。

八、文字使用　本志所使用的文字以 2000 年 10 月 31 日国家颁布的《中华人民共和国国家通用语言文字法》相关规定为标准。

九、数字、标点符号用法　本志数字书写以 2011 年 7 月 29 日发布的《出版物上数字用法》(GB/T15835—2011)为标准。本志所使用标点符号以 2011 年 12 月 30 日发布的《标点符号用法》(GB/T15834—2011)为标准。

十、计量单位　除个别便于表述和为世人所理解使用市制外，均依照国家技术监督局 1993 年发布的国家标准《量和单位》。引文中的计量单位不变。

十一、前志补正　对前志记述中的失误和缺漏，除在有关篇章随文补充外，于本志末设《前志订正》予以纠正。

十二、人物传录　本志人物传按照“生不立传”的原则，以本籍人物为主，兼记外籍，对前志遗漏的部分人物进行补录，以生年为序。人物简介主要收录对馆陶有突出贡献的各界知名人物。对业绩卓著的在世人物，采用“以事系人”的方法随相关内容散记于有关章节。人物表收录馆陶县市级以上劳动模范、高级专业技术人员和馆陶籍在外地有突出贡献的人物。

十三、资料来源　本志资料主要来自县档案馆、各乡镇、县直属各部门及驻馆各单位。同时，也采用了编者实地调查、口碑资料，以及报纸、杂志、图书、互联网等资料。一般不注明出处。

目 录

总　述…………………………………………………………………… 1

大事记…………………………………………………………………… 8

"美丽乡村"建设专辑

一、"美丽乡村"综览……………… 50

二、"美丽乡村"选介……………… 56

粮画小镇——寿东村 …………… 56

黄瓜小镇——翟庄村 …………… 61

教育小镇——王桃园村 ………… 65

羊洋花木小镇——李沿村 ……… 69

杂粮小镇——郭辛庄村 ………… 72

轴承小镇——马栏厂村 ………… 75

鹊桥小镇——天河村 …………… 76

漆画小镇——前宁堡村 ………… 77

黄梨小镇——拐渠社区 ………… 78

附：美丽乡村理论专辑 ………… 80

第一编　建置区划与自然环境

第一章　建置　区划……………… 91

第一节　建置 ………………… 92

第二节　区划 ………………… 94

第三节　县城 ………………… 98

第四节　乡镇　街道 ………… 100

第二章　自然环境………………… 119

第一节　地质 ………………… 119

第二节　地貌 ………………… 120

第三节　气候 ………………… 121

第四节　水文 ………………… 130

第五节　土壤 ………………… 132

第六节　自然灾害 ……………… 135

第三章　自然资源………………… 140

第一节　水资源 ……………… 140

第二节　土地资源 …………… 141

第三节　野生动植物资源 …… 142

第四章　环境保护………………… 144

第一节　环境状况 …………… 144

第二节　环境治理 …………… 145

第三节　环保管理 …………… 147

第四节　环保项目审批 ……… 149

第二编　基础设施

第一章　城乡规划与建设……152
第一节　城乡规划……152
第二节　城区改造与建设……154
第三节　园林绿化……159
第四节　市政公用设施……164
第五节　农村建设……166
第二章　交通……168
第一节　公路……168
第二节　铁路……200
第三节　客货运输……201
第四节　交通运输管理……202
第三章　水利……205
第一节　蓄水工程……205
第二节　农田灌溉……207
第三节　农村饮水工程……211
第四节　引黄引卫工程……214
第五节　水资源管理……214
第四章　电力……216
第一节　电力设施……216
第二节　城市电网建设……221
第三节　农村电网建设……222
第四节　用电……224
第五节　电价与收费……226
第六节　生物质发电……227
第五章　邮政　通信……229
第一节　邮政……229
第二节　固定通信……233
第三节　移动通信……234

第三编　经　济

第一章　经济总情……237
第一节　国民经济发展速度……238
第二节　固定资产投资……241
第三节　产业结构……242
第二章　第一产业……244
第一节　种植业……244
第二节　林业……255
第三节　畜牧业……262
第四节　农业机械……272
第五节　扶贫和农业综合开发……275
第三章　第二产业……293
第一节　企业体制改革……294
第二节　新型化工与医药业……295
第三节　机械加工制造业……296
第四节　其他工业……298
第五节　工业园区……300
第六节　建筑与房地产业……308
第四章　第三产业……313

第一节 商业体制改革 ………… 313
第二节 市场建设 ……………… 314
第三节 粮油购销 ……………… 321
第四节 供销合作 ……………… 330
第五节 饮食服务业 …………… 333
第六节 烟草专卖 ……………… 334
第七节 金融业 ………………… 335
第五章 财政 税务………………… 343
第一节 财政体制改革 ………… 343
第二节 财政 …………………… 345
第三节 税务 …………………… 354
第六章 综合经济管理……………… 360
第一节 计划管理 ……………… 360
第二节 统计管理 ……………… 366
第三节 工商行政管理 ………… 368
第四节 审计 …………………… 373
第五节 物价管理 ……………… 375
第六节 质量技术监督 ………… 379
第七节 食品、药品监督管理 … 385
第八节 安全生产监督 ………… 390
第九节 国土资源管理 ………… 394
第十节 其他综合经济管理 …… 401

第四编 政 治

第一章 中国共产党地方组织……… 405
第一节 党员代表大会 ………… 405
第二节 县委全委会议 ………… 406
第三节 县委组织机构 ………… 412
第四节 县委重要决策 ………… 418
第二章 综合党务………………… 422
第一节 纪检监察 ……………… 422
第二节 组织工作 ……………… 428
第三节 宣传 …………………… 434
第四节 统一战线工作 ………… 437
第五节 法治工作 ……………… 439
第六节 农村工作 ……………… 441
第七节 信访工作 ……………… 448
第八节 老干部工作 …………… 450
第九节 其他党务工作 ………… 452
第三章 地方人民代表大会………… 456
第一节 代表选举 ……………… 456
第二节 历届人民代表大会会议 457
第三节 人大常委会 …………… 461
第四节 主要工作 ……………… 463
第四章 人民政府………………… 468
第一节 政府组织机构 ………… 468
第二节 重要会议 ……………… 473
第三节 施政辑要 ……………… 498
第四节 县政府办公室工作 …… 502
第五章 人民政治协商会议………… 507
第一节 政协委员 ……………… 507
第二节 政协全体会议 ………… 508
第三节 政协常委 ……………… 513
第四节 主要工作 ……………… 515

第六章　政法……………………………520
第一节　公安 ……………………………520
第二节　检察 ……………………………529
第三节　法院 ……………………………532
第四节　司法行政 ………………………538
第七章　军事……………………………543
第一节　机构 ……………………………543
第二节　兵役 ……………………………544
第三节　民兵 ……………………………545
第四节　国防教育 ………………………547
第五节　人民防空 ………………………548
第八章　社会团体………………………551
第一节　工会 ……………………………551
第二节　共青团 …………………………553
第三节　妇女联合会 ……………………557
第四节　工商业联合会 …………………560
第五节　残疾人联合会 …………………562

第五编　文教　卫生

第一章　教育……………………………565
第一节　管理机构 ………………………566
第二节　学前教育 ………………………567
第三节　九年义务教育 …………………571
第四节　中等教育 ………………………576
第五节　特殊教育与成人教育 …………580
第六节　教育管理 ………………………582
第七节　教师队伍 ………………………593
第八节　社会力量办学 …………………600
第二章　卫生　体育……………………602
第一节　卫生体制改革 …………………602
第二节　医疗机构 ………………………604
第三节　疾病防控 ………………………612
第四节　公共卫生 ………………………623
第五节　妇幼保健 ………………………625
第六节　医政与卫生监督 ………………626
第七节　体育 ……………………………627
第三章　科技……………………………632
第一节　管理机构 ………………………632
第二节　科技体制改革 …………………633
第三节　科研活动 ………………………633
第四节　科技普及与推广 ………………636
第四章　群众文化………………………638
第一节　机构与设施 ……………………638
第二节　文化市场 ………………………642
第三节　文化活动 ………………………644
第五章　文物古迹………………………645
第一节　古建筑 …………………………645
第二节　古遗址 …………………………646
第三节　大运河 …………………………652
第六章　史志档案………………………657
第一节　地方志 …………………………657
第二节　党史编研 ………………………661
第三节　档案 ……………………………662

第七章 广播 电视 报刊…………664
第一节 管理体制 ………………664
第二节 广播 ……………………665
第三节 电视 ……………………666
第四节 报刊 ……………………667
第八章 地方文化……………………669
第一节 非物质文化遗产 ………669
第二节 成语典故 ………………674
第三节 魏征研究 ………………679
第九章 文学艺术……………………680
第一节 文学创作 ………………680
第二节 艺术创作 ………………695
第三节 工艺美术 ………………697

第六编 社 会

第一章 精神文明建设………………702
第一节 文明创建 ………………702
第二节 公民道德建设 …………707
第三节 新风范例 ………………709
第二章 人口…………………………713
第一节 人口总量 ………………713
第二节 人口分布与变动 ………714
第三节 人口构成 ………………717
第四节 计划生育 ………………718
第三章 居民生活……………………724
第一节 居民收入 ………………724
第二节 居民消费 ………………725
第四章 人力资源与社会保障………727
第一节 编制与人事 ……………727
第二节 工资、福利 ……………730
第三节 劳动管理 ………………730
第四节 社会保障 ………………731
第五章 民政…………………………735
第一节 管理机构 ………………735
第二节 社会救济 ………………735
第三节 拥军优抚 ………………738
第四节 社会福利 ………………740
第五节 社会事务管理 …………742
第六章 红十字会……………………749
第一节 宣传与培训 ……………749
第二节 款物筹募 ………………750
第三节 救灾 救助 救护 ……750
第四节 捐献 ……………………751
第五节 社会服务 ………………752
第七章 民族 宗教…………………754
第一节 民族 ……………………754
第二节 宗教 ……………………754
第八章 习俗…………………………756
第一节 生活习俗 ………………756
第二节 婚葬习俗 ………………757
第三节 节日习俗 ………………760
第九章 方言…………………………765
第一节 馆陶话的语音特点 ……765

第二节　馆陶话的声母 ………… 766
第三节　馆陶话的韵母 ………… 768
第四节　馆陶话中的讹错字 …… 768
第五节　馆陶话的声调 ………… 771
第六节　馆陶话的音变 ………… 773

第七编　人　物

第一章　人物传 ………………………… 780
第二章　人物简介 ……………………… 809
第三章　人物表 ………………………… 818
第一节　馆陶籍在外人士 ……… 818
第二节　馆陶县学子 …………… 820
第三节　个人荣誉 ……………… 822

附　录

附录一：文献辑存 …………………… 829
附录二：前志勘误 …………………… 868
附录三：馆陶文史研究辑要 ………… 870

索　引

要目索引 ……………………………… 899
人物索引 ……………………………… 921

编 后 记 ………………………………………………………… 927

总 述

馆陶，因“赵王过陶山，置馆驿于其侧”而得名，为中国置县最早的古县之一。其名始见于战国，其县始载于汉初，在二千多年的历史演变中，其名未改，其县相沿。

馆陶县作为大运河沿线重要的农商之地，从汉代的白沟起，无论隋唐时的永济渠、宋代的御河，还是明清的卫河，民国的卫运河，大运河承担了馆陶人的“卫”“御”之责。其畅通之时，则馆陶千里沃野，河渠纵横，农商发达，汉文帝、汉宣帝、汉光武帝、唐高祖四位皇帝将其爱女封为“馆陶公主”，魏文帝、明晋庄王、明鲁庄王三个君主将其爱子封为“馆陶王”，食邑于此；其臃滞之时，则馆陶洪水泛滥，社会动荡，百姓流离。在大运河一次次的通畅与臃滞的历史轮回中，馆陶文脉相延，英气承续，文如子夏、段干木、魏征、柳开等，武如宗泽、王占元、范筑先等，他们或为一代文宗，以其诗文影响一个时代，或为一代豪杰，以其勇武受时人推崇。

1912 年，延续了两千多年的馆陶历史发生了改变，是年，因津浦铁路通车，大运河停航，馆陶县从此失去了大运河航运的支撑。没有了航运的馆陶县，一度被边缘化为一个普通农业县。在冀鲁交界两省不管之地、废弃的运河两岸，馆陶遭受土匪横行、兵荒马乱的劫难。1949 年，新中国成立后，馆陶开始恢复元气。1978 年，随着改革开放，馆陶借着冀鲁之界的区位优势，开始了新一轮的复兴。1997 年以后，在 456.3 平方公里土地上，馆陶人激发起古老的文脉英气，开始了新一轮的经济腾飞。

从传统农业，到三产共进

1997—2013 年，馆陶的经济发展经历了农业壮大——商贸崛起——工业强县三个发展阶段。

1997—2003 年，是农业发展壮大阶段，在此期间，馆陶县调整农业结构，发展高效农业，重点发展蛋鸡养殖、双孢菇、油料作物三大主导产业。1999 年，提出发展冬季农业、立体农业、适度规模农业、贸工农一体化农业。其中，来自蛋鸡产业和蔬菜种植产业的农民人均纯收入达到 1500 元。馆陶县被命名为“中国蛋鸡之乡”“中国食用菌之乡”“中国双孢菇优质生产基地”。2000 年以后，重点发展蛋鸡养殖、蔬菜种植、花卉等特色产业。2002 年，全县蛋鸡存栏达到 1720 万只，蔬菜面积发展到 13 万亩，花卉面积发展到 1.5 万亩。农业向规模化经营、区域化种植、标准化生产方向转变，现代农业生产格局初步形成，为发展商贸业奠定了坚实的基础。特别是金凤市场建成后，成为小鸡蛋与大市场联结的桥梁和纽带，积极为蛋鸡产业做好产前、产中、产后服务。在市场吸纳、辐射、带动、联结功能的作用下，河北、山东、河南三省接壤区的 30 余个县市的种养业得以较快发展。周边三省 10 多万户从事蛋鸡养殖，年养殖总量达到 2 亿只以上，蛋鸡存栏 1.6 亿只以上。建有 5 个养殖基地，11 个养殖园区，96 个专业养殖村，1.6 万个专业户。全县人均蛋鸡 67 只，人均占有量位列全国第一，馆陶成了著名的“中国蛋鸡之乡”。

2003—2007 年，是商贸业崛起阶段。1998 年，馆陶县提出“流通兴县”的经济发展思路，投资 1.58 亿元，建成金凤市场、陶山市场、馆陶商城三大市场。此后又投资近 2 亿元，实施金凤市场二期、金龙建材市场、106 市场、冀南花卉市场四大市场。2003 年以后，市场流通业迅速崛起，成为馆陶县经济发展的引擎，金凤市场位列“全国肉禽蛋批发十强市场”第一名，冀南花卉市场被命名为全国首批重点花卉市场。但馆陶县并不满足，县委、县政府为商贸业再度发力，提出“强功能、兴产业、聚人气”的目标，相继完成金凤市场升级、希祥汽贸等项目建设，馆陶县已然成为冀鲁交界区的商贸流通中心，全县有各类专业市场 22 个。特别是“金凤市场”，以严格管理、优质服务、全方位开放闻名冀鲁交界地区，交易额每年平均增长 20% 以上。2013 年交易额达 58.6 亿元，其中禽蛋交易额 42.8 亿元，占总交易额的 73%。是全国最大的禽蛋交易市场。

对内市场的活跃，也带动了对外贸易，国际交往日益扩大，外向型经济快速发展。2013 年，馆陶县社会消费品零售总额达到 22.3 亿元，对外贸易出口总值 432 万美元，实际直接利用外资 2942 万美元。伴随着商贸业的崛起，现代服务业也发展起来，多家具有技术含量高、人力资本含量高、附加值高、资源依赖度低、污染排放低等企业落户馆陶。2013 年，服务业总产值是 206993 万元，是 1997 年的 13.91 倍，年均递增 17.88%。

2008—2013 年，是工业立县阶段。早在 2003 年，县委、县政府就提出“工业立县”战略，经过数年的招商引资，跑项目、抓项目、上项目。到 2008 年，投资亿元以上的大项目纷纷落户馆陶，如投资 7.2 亿元的昊阳化工，投资 5.4 亿元的生物质电厂，投资 2 亿元建设的六和牧业项目等等。馆陶县为此设立了总面积 28 平方公里的新型化工和装备制造业聚集区。至 2013 年年底，全县累计实施千万元以上项目 412 个，其中亿元以上项目 56 个。规模以上工业增加值由 1997 年的 6.897 亿元发展到 2013 年的 34.1586 亿元，增长 395.27%。工业成为县域经济发展新的增长点，被称之为“馆陶现象”。

2013 年，全县生产总值完成 89 亿元，比 1997 年的 6.8 亿元增长 12 倍多。17 年间，一个以种植业为主的传统农业县，蜕变为农业固本、商贸服务业活跃、工业发达，三业并驾齐驱的经济强县。馆陶人，不仅找到了自信，更找到了农以蛋鸡产业、商以金凤等市场、工以新型化工和装备制造为产业特色的“馆陶之路”。

从小县小城，到生态之城

历史上，由于冀鲁划界，反复交替，馆陶曾经有县治而无县城。直到 1955 年，才有一条政府街。1997 年，随着馆陶经济的发展，县城建设开始大规模的旧城改造和拓展，实施了“四纵三横”改造工程。2006 年，馆陶县重新修订县城总体规划，搭建“一横两纵”“四环对接”、规划区 18 平方公里的县城新框架，建成区面积达到 7.5 平方公里，实施了文化广场升级、城区绿化、金凤大道拓宽、东环路修建、永济路改造等工程，并对供排水、绿化、环卫、供电、广播电视、通讯、路灯、公园、医院、学校、体育场等基础设施进行了全面配套。特别是 2008 年以后，借助城乡面貌三年大变样的契机，实施“西移、北扩、南展、中优”战略，开展了一场大规模的城区建设。累计投资 60 亿多元，实施了“一湖三带”、路网、水网、广场游园、污水处理厂、垃圾填埋厂等 131 项城建工程。3 年间，县城建成区面积增长了一倍，达到 12.6 平方公里；城区新增人口 1.4 万人，常住人口达到 8.5 万人。

2011 年后，先后实施了东龙街、陶山街、新华路、平安路、文卫街西段、金凤街等城区路网升级改造，形成了“十纵六横”的城区路网体系，在修建道路的同时，将排水系统、道路无障碍设施同步实施，新建、改建道路全部设置盲道，排水全部实现了雨污分流。县城新建住宅小区逐步采用地源热泵进行集中供热，对新建小区铺设了集中供气管道，集中供热、集中供气覆盖率分别为 93.5%、72%。新县医院、中医院、实验中学、陶山中学、文化艺术中心、体育馆、图书馆、规划展馆、魏征博物馆、政务服务中心等一批公共服务项目相继建成投用。到 2013 年年底，县城规划区面积 26.5 平方公里，建成区面积15平方公里，城镇化率40.16%。成为全省“小县大县城”的成功典范。

虽然馆陶县城镇之路还很漫长，但毕竟迈出了坚实的第一步。城市化带来的效应不仅仅是人口的吸纳，更是一种生活方式与思想观念的变革。馆陶，从此搭上了城市化之船，休闲、娱乐、餐饮、服务等等再次进入古老的卫运河之畔，在与历史深处的商业码头文化对接的同时，必将产生一个全新的馆陶之城。

从温饱之县，到幸福馆陶

1978年的改革开放，使馆陶县人民解决了温饱问题。1997年后，伴随着经济的快速发展，馆陶县社会事业也得到全面均衡发展，人民生活从温饱型步入宽裕型。

从2000年开始，馆陶县着力于学前教育和高中教育基本普及，发展职业教育和成人教育，优化调整学校布局，全县中小学办学条件全部达到标准化，在农村实现了“最好的地方是校园，最好的建筑是学校”，先后通过了国家级“普九”验收和全省两轮“普九”复查。全面执行“两免一补”政策，全部免除义务教育阶段学生的学杂费、课本费，补助贫困生的住宿费、生活费。2011年，总投资2.5亿元的全市规模最大、设施最完善的标准化寄宿制完全中学——陶山中学竣工投用，实现了“初中教育在县城”。通过省政府和国家义务教育均衡发展督导评估，荣获全国义务教育发展基本均衡县称号。2013年，全县共有各级各类学校42所，在职教职工2957人，中小学在校生49638人。幼儿园112所，在园幼儿16783人。

馆陶县地域虽小，却是文化大县，新建了文化馆、图书馆、博物馆、文体艺术中心，各有特色，各有亮点。2013年，馆陶县共有文化娱乐单位41家。其中互联网经营服务场所22家，娱乐场所19家，文化娱乐业吸纳社会资本投入1480万元，为社会提供就业岗位2612个，直接实现经营收入986万元。文化娱乐业在丰富广大群众精神文化生活的同时，已成为馆陶县经济快速发展的重要增长点。2008年，馆陶县举办了首届元宵节民间花会进城展演活动，之后每年组织全县50余个文艺表演队、秧歌队等举办“正月十五元宵节花会进城”活动，群众参与10万余人次，群众文化活动呈现出蓬勃发展的趋势，2011年被命名为“中国民间艺术之乡”。自2001年，馆陶县每年坚持以春节晚会、文化下乡、文化大篷车为载体，广泛宣传普及文化科技知识，让群众享受“科技文化大餐”“管用文化食粮”。

文学艺术硕果累累，形成了一批老、中、青相结合的作家阵容，散文《听花开的声音》荣获冰心散文奖优秀作品奖。音乐、美术、书法、摄影、剪纸等文化活动红红火火，涌现出一大批专业人才和优秀作品。以馆陶籍农民工谭双剑为故事原型和主演拍摄了电影《梦想就在身边》。2010年，馆陶县被评为国家级“农村电影放映先进县”。

馆陶县共有县级以上非物质文化遗产35项，其中国家级2项，省级4项，市级17项。黑陶文化成为馆陶的“文化名片”，并开发出漆陶、彩陶等艺术品，远销世界各地。陶艺作品《龙凤呈祥》获第2届中华民族艺术珍品艺术节金奖。馆陶县被誉为“中国黑陶艺术之乡”“中国黑陶生产基地”“黑陶彩陶创作研究基地”“中国黑陶之冠”等荣誉称号。

2010年，馆陶县被评为“国家级新农村健身工程示范县”。馆陶籍残疾人运动员张奎东在2008年北京残奥会上荣获2枚金牌，马会会先后在2010亚残会上摘得1枚金牌、在2011年残运会上摘得2枚金牌。

2006年，实施新型农村合作医疗。2013年，新农合、城镇居民医保参保率分别达到97%以上。全县8个乡镇卫生院全部完成升级改造，一村一所卫生室均达到了标准化创建标准。全县村卫生室增加到397所，乡村医生增加到680人。全县农村居民人均纯收入由1997年的2000元提高到2013年的7919元，年均增长8.98%。城乡居民储蓄存款余额由1997年的4.8214亿元发展到2013年的27.9426亿元，年均增长11.6%。

步入宽裕型生活的馆陶人，一边从大运河与陶山的黄沙之下挖掘历史文化，一边以激情创作新的作品，运河与陶山有挖掘不尽的文化资源，馆陶人有持之以恒的创作精神，馆陶日新，日新馆陶，馆陶就是他们艺无止境的共同作品。

从平凡乡村，到特色小镇

馆陶县从2014年3月开始，实施美丽乡村建设，以留住乡愁，做强产业，打造文化小镇的理念，走出了一条平原地区建设美丽乡村的新路子。先后建成了粮画小镇寿东村、黄瓜小镇翟庄村、教育小镇王桃园村、羊洋花木小镇李沿村、杂粮小镇郭辛庄村等一批精品美丽乡村。寿东村被评为2015中国十大最美乡村、全国文明村镇。2015年10月，馆陶县寿东村被中央电视台农业频道授予“美丽中国乡村行拍摄基地”称号，并拍摄了“美丽中国乡村行——走进馆陶”专题片。馆陶县荣获全国休闲农业与乡村旅游示范县，寿东村、翟庄村、李沿村被评为省级乡村旅游示范村。馆陶县被列入全省城乡一体化发展试点，全市唯一。

2016年，粮画小镇寿东村被评为国家AAA级景区，是河北省首家以美丽乡村为载体的国家AAA级景区。建成了全国首家美丽乡村大学和美丽乡村建材超市。按照“一镇多社区”模式，建设了粮画小镇、羊洋花木小镇等新型社区。制定了美丽乡村“262”计划，全县域推进美丽乡村建设，大力发展乡村旅游，开放了9个特色小镇，开通了5条美丽乡村旅游专线，先后举办了“国庆长假小镇游”和“最美乡村过大年”活动，全国各地游客纷纷走进馆陶，特色小镇旅游呈现火爆场面，形成了规模、聚集了人气、带来了商机，旅游人数和旅游收入位居全市前列，馆陶被列入河北省全域旅游示范区创建单位、全国休闲农业和乡村旅游示范县。

馆陶县把美丽乡村作为精准扶贫的有效载体，培育了蛋鸡、养鸭、黄瓜、轴承、黑小麦、晚秋黄梨六大富民产业，农业产业结构更加优化，带动了农民增收致富。“馆青”牌黄瓜连续三年获全国绿色食品博览会金奖。现代农业园区被认定为河北省现代农业园区、省级农业科技园区。引进全省第二家阿里巴巴农村淘宝项目，建成县级公共服务中心1个、村级服务站269个，在全省率先实现农村电子商务全覆盖，获全国电子商务进农村示范县称号。

从新的起点，到再创辉煌

17年，在馆陶2000多年的历史长河中，仅仅是很短的时间段，但却彻底改变了馆陶县的历史面貌，取得了前所未有的巨大成就，馆陶大地发生了历史巨变和跨越式发展，政治、经济、文化、民生等各方面都发生了翻天覆地的变化，各部门、各行业都取得了非同凡响的成就。这些成绩的取得，归功于“改革开放”的英明决策，归功于历任县委、县政府的正确领导，归功于全县36万人民勤劳的双手和智慧的头脑，才创造了一个一个令人骄傲的业绩，书写了一部一部催人奋进的历史篇章。

回顾17年的艰辛历程，成绩来之不易，经验弥足珍贵。通过建设金凤等市场，带动产业发展，已成为社会各界公认的“馆陶经验”；通过“美丽乡村”建设，提升农民幸福指数，带动了旅游业发展，让馆陶在全国有了“美誉度”。但同时，也要看到馆陶经济总量还小，产业链短、脆弱，发展后劲不够，实现加快发展、总量突破的任务十分艰巨；县城带动作用还不强，实现城乡一体化发展还需要全面破题。

展望未来，馆陶正站在一个新的历史起点上，面临着前所未有的发展机遇。从外部环境来看，一是随着全面深化改革的涉深水、破坚冰，孕育着新产业、新业态、新模式，众多领域的重新洗牌带来了新的发展机遇，只要我们从中善抢先机，就必然能把握好由此产生的有力推动发展的经济势能。二是京津冀协同发展上升为重大国家战略，邯郸是京津冀、环渤海、中原经济区三大国家战略的政策叠加区。邯郸作为区域性中心城市，辐射带动力更强。馆陶成为邯郸推动东中西互动发展的东部重要门户，为承接京津产业转移，增创区域竞争新优势创造了历史性机遇。三是国家、省市将生态建设摆上战略要位，绿色发展成为时代主题，馆陶在建设宜居宜业宜游的生态强县的征程中寻求政策、资金等方面支持的空间更为宽广。四是全面推进美丽乡村建设的大气候已经形成，为馆陶美丽乡村建设提水平、快发展插上了腾飞的翅膀。五是全省新型城镇化与城乡统筹示范区建设的推进，为馆陶进一步提升城市品味，加快城乡一体化发展迎来了重要机遇。从馆陶现有基础看，一是农业备受关注，农机（以拖拉机为代表的农机制造产业）、农药（以化工园区为主体的农药生产）、农村（以美丽乡村为抓手的农业农村现代化）取得了长足发展。二是美丽乡村建设成为全县发展的重要卖点，吸引了省市乃至全国的目光，为提高馆陶知名度、美誉度，促进城乡统筹发展，培育壮大乡村旅游等新兴产业，奠定了坚实基础。三是馆陶的水系基本条件得天独厚，植绿体系全面铺开，加快生态强县建设要件完备、蓄势待发。四是陶都水乡品牌效应日益放大，一个时尚魅力的现代新城呼之欲出，在争取支持，谋划建设区域次中心城市中抢占了先机。

新的历史时期，面临的机遇千载难逢，抓住用好就能实现跨越赶超；面临的问题和挑战不容回避，应对得当就能转化为新的发展契机。馆陶发展正处在一个必须大有作为而且能够大有作为的关键时期。县委、县政府深入研判了今后一个时期馆陶科学发展的总体目标，明确了今后一个时期的发展思路和战略举措：坚持中央“四个全面”战略布局，坚持创新、协调、绿色、开放、共享的发展理念，实施人才兴县、生态保障、城乡一体三大战略，突出加快发展、总量突破、补齐短板、做美生态四大任务，实现经济总量大提升、发展质量大提高、城乡建设大提质、生态治理大提效、民生改善大提速，努力把馆陶打造成冀鲁豫交界区有较大辐射力的次中心城市和冀中南平原地区最具影响的乡村旅游目的地，确保如期全面建成小康社会，全面建成宜居宜业宜游的生态旅游健康强县！

大运河航运曾经支撑了馆陶两千多年，但馆陶一直徘徊在历史的轮回中。现在，虽然没有了大运河航运的支撑，但随着两条国道、两条高速、一条铁路纵横过境，馆陶成为邯郸推动东中西互动发展的东部重要门户，随着农业潜力的开发，美丽乡村建设带来的乡村旅游效应，“陶都水乡”品牌影响日益扩大，馆陶人带着自信，迈着坚实的步伐，走向辉煌的未来。

馆陶，明天更美好！

大 事 记

县标·陶山凌云（2015 年 6 月摄）

1997 年

1 月 28 日 馆陶县举办广播电视中心落成剪彩仪式。新落成的无线电视台可同时播放 2 套电视节目，有线广播电视可容纳 30 套电视节目和 6 套调频广播节目，无线调频广播覆盖方圆 80 公里范围，实现了全县混合覆盖面 100% 的目标。

4 月 3 日 馆陶县公路交通大发展，从是日始，开始实施由邯郸市人民政府颁发的《公路建设征地拆迁补偿标准暂行办法》。

5 月 20 日 馆陶县公安局“110”报警中心正式开通。

5 月 28 日 县委、县政府印发《馆陶县农村税费改革试行方案》。全县农村税费实行定项限额、总量控制。全县税费总额为 3316.36 万元，人均 131.88 元，其中农业税 480.68 万元，农业特产税 258.58 万元。税费任务分配原则是农业税按耕地负担，特产税以耕地为基础，参考税产品的销售收入合理负担。

6 月 28 日 馆陶县在县文化广场举行“迎接香港回归”万人签字活动。

9月26日 随着县内出租车数量的增加，出租车乱收费已成社会热点，亟需规范管理。馆陶县成立“出租车管理站”。

10月5日 馆陶县成立“县城管理办公室”。由交警、工商、城建、交通、公安5个部门抽调人员组成，属正局级事业单位，编制5人。

10月20日 中国人民解放军北京军区司令员李来柱上将到馆陶县视察指导国防建设工作。

12月5日 团县委与中国青少年发展基金会正式签署协议，由香港陈廷骅基金会无偿投资20万元，在馆陶镇车疃村建希望小学一所。

12月24日 县委、县政府作出《关于命名表彰馆陶县首届“十杰青年”的决定》。获得馆陶县首届“十大杰出青年”的是：吕仁先、高月江、殷俊亭、牛兰学、冀同振、徐孟春、张秀平、胡振民、王秀平、李杰军。

12月 李士杰任中共馆陶县委书记。

是年 馆陶县被河北省文明委命名为“省级文明县城”。

是年 馆陶县120医疗急救中心成立。

1998年

2月14至15日 中共馆陶县第八次代表大会召开，出席代表195名。大会审议通过中共馆陶县委工作报告、中共馆陶县纪委工作报告，选举产生中共馆陶县第八届委员会、中共馆陶县纪律检查委员会。选举李士杰为中共馆陶县委书记。

2月15日 国务院副总理姜春云到馆陶县视察，对馆陶县的农业、农村工作、县城建设给予了肯定。

2月24至26日 中国人民政治协商会议馆陶县第五届委员会第一次会议召开，138名委员出席会议。会议选举产生政协馆陶县第五届委员会主席、副主席以及常务委员会委员。宋向华当选为馆陶县政协主席。

2月24至28日 馆陶县第十三届人民代表大会第一次会议召开，出席会议代表163人。会议选举产生馆陶县第十三届人民代表大会常务委员会。李广聚当选为馆陶县人大常委会主任，黄月芳（女）当选为馆陶县人民政府县长。

4月 齐堡道班获河北省交通厅1997年度“十佳道班”称号，公路站获河北省文明委三星级“窗口单位”称号。

是月 馆陶县魏僧寨镇西魏僧寨村王华生被中共河北省委、省政府授予“省百名先进个体工商户”称号。

5月22日 馆陶县城被邯郸市委市政府命名为市级“文明县城”。

6 月 18 日　根据国务院取消道路建勤收费项目，馆陶县交通局撤销其执收单位——交管所，并对人员进行分流。

7 月 9 日　中央电视台二套节目播发题为《河北馆陶，城镇建设带动农副产业发展》的消息，对馆陶县城建带市场、市场带产业、产业带基地、基地促发展的做法予以报道。

7 月 20 日　《中国建设报》头版头条发表馆陶县实施小城镇、大战略的长篇纪实通讯《大鹏一日同风起》。

7 月 30 日　县城新华街南延工程开工，这是县委、县政府确定的 1998 年 24 项重点项目之一，总投资 1200 万元。

8 月 9 日　国家发展计划委员会领导到馆陶县考察国家粮食储备库项目。筹建中的馆陶县国家粮食储备库占地 150 亩，总投资 4025 万元，库存量 0.75 亿公斤。

8 月 30 日　中共河北省委、省政府命名馆陶县城为“省级文明县城”。

10 月 23 日　馆陶县在陶山公园举行“唐代名相——魏征”塑像揭幕仪式。县五套班子主要领导和来自台湾、香港、陕西等地的魏氏宗亲参加了揭幕仪式。

11 月 18 日　馆陶县金凤市场、陶山市场、馆陶商城举行盛大开业仪式。

是年　馆陶县统计局获“全国第一次农业普查省级先进单位”。

1999 年

1 月 8 日　邯济铁路河北馆陶段铺架竣工并举行庆贺仪式。

2 月 8 日　馆陶县粮食批发交易市场举行开业典礼仪式。

4 月　馆陶县被国家农业部中国特产之乡命名宣传活动组委员会正式命名为“中国蛋鸡之乡”。

5 月 5 日　馆陶县普及九年义务教育（简称“普九”）指挥部办公室正式在县政府招待所集中办公，全力督察“普九”工作。11 月 24 至 26 日馆陶县普及九年义务教育工作通过河北省人民政府评估验收。

5 月 20 日　金凤市场被国家计委列入“国家菜篮子项目”。

6 月 1 日　馆陶县人民政府发布《关于印发〈馆陶县城市供水暂行管理办法〉的通知》。馆陶县城开始实施集中供水。

7 月 22 日　县人民武装部部长汪金良被北京军区评为“党风廉政建设先进个人”。

是月　馆陶县被国家农业部中国特产之乡命名宣传活动组委会命名为“中国食用菌之乡”和“中国双孢菇优质生产基地”。

是月　《馆陶县志》（1999 年版）出版发行。

9 月　全县小学学制再次由五年制改为六年制。执行办法是 50% 的小学实行五年制，

50% 的小学实行六年制。次年，全部实行六年制。

10 月 1 至 10 日 为庆祝新中国成立 50 周年，县文联、书协、美协联合举办大型书画展览。

10 月 11 日 中共河北省委常委、省军区司令员陈玉田、参谋长徐立发在邯郸市委副书记王光龙、军分区司令员高军虎和政委刘兴顺的陪同下，到馆陶视察指导国防建设工作。

12 月 18 日 馆陶县举行集会，喜庆澳门回归。

是年 馆陶县东龙制药厂生产的摩洛海亚营养粉获得 1999 全国专利技术发明博览会金奖。

是年 县公路站被河北省交通厅评为“三星级”文明公路站，在邯郸市同行业中尚属首家。

2000 年

4 月 5 日 馆陶县国家粮食储备库举行奠基仪式。

4 月 “馆陶县妇联会法律服务所”成立，并开通妇女法律热线。

5 月 馆陶县实施乡镇教育机构改革，原中心校改称“教委”。

6 月 15 日 中共河北省委副书记赵世居在市、县领导的陪同下，到县公安局刑警一中队、城关派出所视察指导工作。

7 月 馆陶县作为全国唯一一家县级单位，应邀参加在深圳举行的“全国相对集中行政处罚权试点工作会议”，并作典型发言，受到国务院法制办领导的重视。

是月 馆陶县“十里店村农民用水者协会”成立。这是馆陶县第一个农民管水自治组织，该协会在民政局注册登记。

10 月 18 日 济（南）馆（陶）高速公路暨漳卫运河特大桥举行通车仪式。

10 月 馆陶县普及九年义务教育工作代表河北省顺利通过国家级验收。

11 月 由县人民政府申请，省教育厅批准，魏僧寨中学正式确立为公办民助学校。这是馆陶县唯一一所公办民助性质的学校。

是月 馆陶县县城被省委、省政府评为省级文明县城。同时，地税局、电力局顺利通过省委、省政府验收，被评为省级文明单位。

12 月 2 日 富利源宾馆开业。富利源宾馆由香港富利源有限公司与馆陶县合资建设，总投资 1000 万元人民币，其中香港投资 700 万元。后因经营等方面问题，外方撤资，更名为馆陶宾馆，由县政府接管。

是月 馆陶县县城管理综合执法局成立，是全国县级第一家实施相对集中行政处罚权的县城管理综合执法机构。

是年 馆陶县统计局获第五次全国人口普查省级先进单位。

2001年

4月1日 县交通局成立“路政执法大队”。

4月 根据全国开展粮食清仓查库工作安排部署，馆陶县开展粮食清仓查库工作。

5月 馆陶县第一所民办学校“魏征中学”成立。

6月上旬 柴堡镇八义庄发生地裂现象。裂缝位于八里庄村西南300米处，长150米，宽20～30厘米，深2米左右。经地质部门调查分析，此地正处在古河道带，因常年超量开采地下水，地面下沉所致。

9月20日 馆陶县治理公路乱收费现象。按照《河北省禁止在公路上非法设置站卡收费罚款的规定》，除公安、交通、林业部门外，其他任何部门、单位、组织和个人，不得在公路上设置任何形式的检查站、收费站，也不得在公路上拦截车辆进行检查、罚款、收费。

12月 馆陶县地方志办公室编纂的《馆陶县历史编年（1949—1999)》出版发行。

是年 馆陶县李爱国创作的歌曲《奥运向北京走来》获全国申奥联曲创作大赛金奖。

是年 县委统战部被中共中央统战部评为“统战宣传工作先进单位”。

2002年

4月26日至27日 “首届中原养殖博览会”在馆陶县金凤市场成功举办。

6月 国家爱卫会授予馆陶县“全国改水先进县”称号。

7月28日 馆陶县被中共河北省委、河北省人民政府、河北省军区授予省级“双拥模范县”。

7月 馆陶县进行政府机构改革，将原县政府工作部门24个、事业单位14个，调整为县政府工作部门20个，直属事业单位8个。

8月 馆陶县中医院被省文明办、省卫生厅评为“三星”级文明窗口单位。

是月 县司法局局长程学书分别被河北省和中国青少年犯罪研究会评为先进工作者，出席在北京人民大会堂召开的表彰大会。

9月 县中医院实施信息化管理系统，成为馆陶县第一家实行微机化管理的医院。

是月 馆陶县将驸马坟、驸马渡遗址、黄花台遗址、卜子祠遗址等古遗址列为县级文物保护单位，并竖碑进行保护。

10 月 17 日　中央储备粮管理总公司北京分公司确定馆陶县国家粮食储备库为中央储备粮代储库。

12 月 9 日　河北省“普九”（普及九年义务教育）复查工作组到馆陶县，对“普九”工作进行第一轮复查。经检查验收，馆陶县普及九年义务教育工作复查合格。

是年　馆陶县民兵“双兴”基地建设被河北省军区评为达标单位。

是年　馆陶县统计局获全国基本单位普查省级先进集体和投入产出调查国家级先进单位。

2003 年

1 月 9 日　馆陶县委、县政府机关分别举行“扶贫济困”捐助活动，县委书记黄月芳、县长刘晓军等县领导率先为灾区群众捐款。

1 月 20 日　馆陶县金凤市场获国家农业部“农业产业化国家重点龙头企业”称号。

2 月 24 日　市领导张力、王光龙、张文生等到馆陶县检查指导植树造林工作，县领导刘晓军、乔明文陪同检查馆陶县寿山寺乡西沙河退耕还林匹配工程。市长张力对馆陶县植树造林工作给予充分肯定。

3 月 3 日　国务院扶贫办政策研究司副司长何平一行 3 人到馆陶县检查指导工作。先后参观金凤市场和高科技养殖园区，对馆陶县近年来的扶贫工作所取得的成绩给予充分肯定。

3 月 6 日　馆陶县举行陶山小商品专业批发市场奠基仪式。

3 月 12 日　河北省世行贷款造林项目造林现场会在馆陶县召开。

3 月 12 日　邯郸市代市长聂辰席在市政府副秘书长李明朝、办公厅副主任赵瑞海等陪同下到馆陶县调研指导工作。先后考察寿山寺乡西沙河退耕还林项目区、洪源纺织公司和东龙黄金酒公司，并提出指导性意见。

3 月 25 日　河北省林业局局长张树仁到馆陶县检查指导春季植树造林工作。

4 月 5 日　馆陶县烈士祠由魏征路东侧民政局北邻搬迁至县城北三八路东侧 1 公里处，同年即向社会开放。

4 月 18 日　馆陶县防治“非典型肺炎”（非典）疫情动员会议召开，县委副书记、县长刘晓军对全县防治非典工作进行安排部署。

4 月 21 日　河北省委、省政府召开全省防治非典型肺炎工作电视电话会议。馆陶县成立县防治“非典”领导小组，刘晓军任组长，王天仲、张荷红任副组长。下设办公室，地点设在县卫生局。

4 月 22 日　馆陶县副县长霍河生带领物价局负责人深入县医院、县中医院、县药材公司等单位，调查了解有关与非典型肺炎防治相关的药品及居民生活必需品价格。

4月23日 馆陶县开展大规模防治非典型肺炎宣传活动，县长刘晓军、县委副书记王天仲、副县长张荷红亲自上街参加宣传。向群众散发防治非典宣传资料，讲解防治知识。这次活动累计出动摩托车20辆，宣传车6辆，人员100余名，设立宣传咨询点5处，发放宣传资料3000余份，接受群众咨询1500余人次。

4月24日 馆陶县召开四套班子扩大会议，会议专题研究部署“非典”防治工作。县委书记黄月芳出席会议并讲话。

4月25日 馆陶县召开“非典”防治相关药品价格干预会议，副县长霍河生出席会议并讲话。

4月27日 馆陶县领导李文杰、刘海明带领县交通局、交警大队、城区管理局的负责人到县城出入口消毒点检查指导过往车辆消毒情况。

4月28日 召开全县开展传染性非典型肺炎流行病学调查紧急动员会议，对在全县开展传染性非典型肺炎流行病学调查进行紧急动员和部署。县成立以李文杰为组长、刘海明为第一副组长的流行病学调查工作领导小组，从县直部门抽调554名包村干部派驻到全县277个村，组织1430名干部职工开展流行病学调查。成立9个督导组分驻8个乡镇和城区督促工作。县城按照治安防区划分为6个调查大区、38个小区。

4月30日 馆陶县委副书记、县长刘晓军被市委任命为馆陶县委书记。

5月1日 馆陶县召开十三届人大常委会专题主任会议。会议听取政府副县长张荷红作的关于防治“非典”工作情况的汇报。听取物价局局长陈守山作的关于防治“非典”相关药品、商品、物价监管情况的汇报。

是日 馆陶县召开防治“非典”流行病学排查调度会议。

5月2日 馆陶县领导王天仲、耿东升、张荷红带领县城区管理局、建设局等部门负责人检查县城出入口防治“非典”工作。

5月10日 馆陶镇姜沿村发现一例非典病人。晚21时05分，县防治非典工作专家小组对馆陶镇姜沿村返乡人员柳爱苗进行会诊，初步诊断为非典疑似病例。5月11日凌晨0时30分，市专家小组赶到馆陶对患者进行会诊，2时10分，柳爱苗被市县专家组临床确诊为非典型肺炎，并迅速转移至市定点医院。6月4日，治疗痊愈出院。

是日 馆陶县召开四套班子会议，县委书记刘晓军出席会议并强调指出：当前要一手抓“非典”防治，一手抓经济发展。县领导杨华云、王天仲等出席会议。

是日 馆陶县召开县十三届人大常委会第三十八次会议，会议表决通过《馆陶县人大常委会关于接受刘晓军辞去县人民政府县长职务请求的决定》《馆陶县人大常委会关于杨华云任馆陶县人民政府代理县长的决定》。

5月14日 邯郸市市长聂辰席冒雨到馆陶县督导检查防治“非典”工作。

5月21日 馆陶县代县长杨华云到县一中、县职中检查指导高中三年级复课期间的“非典”防治工作。

5月23日 全市粮食流通工作视频电话会议召开。

5月28日 馆陶县召开全县粮食购销工作会议，以市场化为基本取向，以购销体制和国有粮食改革为重点，通过完善政策，进一步深化粮食体制改革。

5月 馆陶县被国家科技部授予“全国科技进步先进县”。

6月7日至8日 面对“非典”疫情，全县2003年高考如期进行。

6月14日 以河北省纪委副书记游江为组长的省防治“非典”督导组到馆陶县督导检查抗击“非典”第三战役开展情况。

6月12日、18日 馆陶县先后两次遭受大风及冰雹灾害，13.3万亩玉米、棉花等农作物受灾严重，部分果树和树木被刮倒毁坏，直接经济损失达2500余万元。

6月27日 河北移动通信有限责任公司馆陶县分公司举行综合楼开业仪式。

6月29日 全国防治“非典”指挥部防治组督导办主任、卫生部科教司司长祁国明到馆陶督导检查防治“非典”工作。

6月30日 馆陶县一中被河北大学外国语学院命名为“生源教学试验基地”并举行揭牌仪式。

是月 县交通局党委被中共河北省委授予“河北省抗击非典斗争先进基层党组织”，县交通局被省委、省政府授予“河北省抗击非典斗争先进集体”。

是月 香港大业制造有限公司董事长沈炳麟先生捐助魏僧寨镇实验小学“恩美教学楼”捐赠仪式在上海“应善良”基金会总部举行。共捐赠人民币27万元。

7月3日 以国家粮食局标准质量办公室主任杜正、信息中心主任尚强民为组长的国家粮食局粮食收购质量检查组一行，在省市粮食局有关领导的陪同下到馆陶县检查指导粮食收购工作。

7月4日 以河北省委农业办公室副主任杨振锁为组长的省农村税费改革督导小组，到馆陶县督导农业税征收工作。

7月11日至13日 国家一级美术师、中国书协会员铁剑心一行与馆陶县书法、书画爱好者进行文化艺术交流。

7月21日 美国哈佛大学病毒学专业博士后曹杰一行到馆陶考察投资合作项目情况，参观生物制药厂、东龙制药厂和金凤市场。

7月22日至23日 中国共产党馆陶县第九次代表大会在馆陶宾馆开幕，出席代表共196名。大会审议并通过中共馆陶县委工作报告，中共馆陶县纪委工作报告，选举产生中共馆陶县第九届委员会、中共馆陶县纪律检查委员会。中共馆陶县第九届一次委员会选举刘晓军为县委书记，中共馆陶县纪委第一次全委会选举李振国为书记。

8月15日至17日 政协馆陶县六届一次会议在馆陶宾馆召开。出席会议的政协委员155名。会议听取并审议了《政协馆陶县第五届委员会常务委员会工作报告》《政协馆陶县第五届委员会常务委员会关于五年来提案工作情况的报告》。听取和讨论了政府工作报告和其他报告。选举产生了县政协第六届委员会主席、副主席、秘书长和常务委员。选举宋向华为县政协主席。

8月15日至19日 馆陶县第十四届人民代表大会第一次会议在馆陶宾馆召开，出席代表165人。审议并通过了相关报告和决议。王天仲当选为县人大常委会主任，杨华云当选为县政府县长，赵彦平当选为县人民法院院长，王宪平当选为县人民检察院检察长。

8月20日 河北省中小企业局局长路富裕到馆陶县调研指导民营经济发展。

是日 河北省第二期农村电网建设与改造工程竣工验收工作小组到馆陶县验收第二期农村电网建设与改造工程。

8月30日 河北省扶贫开发办公室副主任徐阔庭一行到馆陶县调研指导扶贫开发工作。

9月8日 馆陶县劳动力人才市场举行开业典礼仪式。

9月12日 邯郸市农村饮水工作现场会在馆陶县召开。

9月19日 县政务大厅正式成立。

9月22日至25日 晋冀鲁豫边区县级人大常委会工作研讨会第29次会议在馆陶县召开。

9月26日 中国馆陶浙江小商品批发市场举行开业剪彩仪式。

9月27日 河北省公共卫生项目建设检查组到馆陶县检查指导工作。省发改委社会发展处调研员、检查组组长杨林对馆陶县疾病预防控制中心项目建设给予肯定，对下步工作提出希望和要求。

10月1日 县长杨华云在馆陶宾馆会见深圳外商投资协会秘书长范颖一行并介绍馆陶县的基本情况、投资政策和招商环境。

10月12日 国家级评酒委员、四川剑南春集团酒体设计师易开友到东龙黄金酒厂指导工作。

10月15日 河北省党员电教网点建设和播放收看工作调研会在馆陶县召开。

10月16日至18日 邯郸市第五届冀南花木信息交流会在馆陶县召开。

10月17日 邯郸市为群众办实事好事调度会在馆陶县召开。

10月22日 馆陶县政务大厅举行揭牌仪式。

10月25日 原国家劳动人事部副部长焦善民到馆陶县考察指导工作。

10月28日 馆陶县英烈纪念馆顺利落成，并举行揭牌仪式。

10月29日至30日 河北省爱国卫生创建工作检查团王兰校一行14人到馆陶县检查指导卫生创建工作。

是月 馆陶县司法局成立“法律援助中心”。

是月 香港《大公报》以《馆陶：“三驾马车”拉动农民增收》为题，在重要位置大篇幅报道馆陶县产业结构调整经验。

11月12日 中共河北省纪委常委贾红星、省审改办主任姬书莹一行6人对馆陶县行政审批制度改革工作进行检查，对馆陶县政务大厅、金凤市场、济馆高速公路进行现场考察和指导，并对馆陶县的工作给予肯定。

11月18日 县国税局举行新综合楼启用仪式。

11月25日 邯郸市农业综合开发现场调度会在馆陶县召开。

12月7日至9日 河北省“普九”（普及九年义务教育）复查工作组到馆陶县，对馆陶县的“普九”工作进行第二轮复查。经检查验收，馆陶县普及九年义务教育工作复查合格。

12月18日 《陶山周刊》举行首发式。

是年 馆陶县被河北省委、省政府授予“双拥模范县”。

是年 馆陶县寿山寺乡西沙河丰产林项目获得全国、省“三八”绿色工程。

是年 馆陶县委统战部被中央统战部评为全国“统战刊物宣传工作先进单位”。

是年 馆陶县洪源纺织有限公司、华大生物制药厂被列入省委、省政府确定的100家重点扶持民营企业；民旺饲料有限公司、金翔饲料有限公司和付合种鸡孵化有限公司被列入省重点扶持的100家农业化龙头企业。

是年 馆陶县投资3000万元建成小商品批发市场。

2004年

1月15日 河北省政协副主席刘健生到馆陶县走访慰问部分伤残军人、困难群众和困难职工。

1月18日 馆陶县举行迎新春军民联欢晚会。总参兵种部文艺宣传队到馆陶县慰问演出，与军民联欢，共叙军民鱼水情。

2月11日 在馆陶县第十四届人民代表大会第二次会议上，县政府把实施“村村通油路”工程列为政府执政兴县、商贸兴城战略。

2月12日 国务院禽流感防治督导组由农业部副部长范小建带队一行7人，到馆陶县检查指导禽流感防治工作。河北省副省长宋恩华等陪同检查指导。

2月17日 河北省发改委物流项目调研组到馆陶县金凤市场考察物流配送情况。

2月24日 河北省林业局副局长白顺江到馆陶县检查指导林业工作。

是日 河北医科大学第三附属医院向馆陶县捐赠两台日本进口心电图医疗设备。

3月18日 河北省卫生厅副厅长孙万珍到馆陶县中医院检查指导工作。

3月 馆陶县柴堡镇北阳堡村农民郭俊奇被国家农业部授予“全国种粮大户”荣誉称号，这是馆陶县农民在发展优质粮食生产中获得的一项重要的国家级殊荣。

4月8日 河北省政协副主席刘德忠到馆陶县调研指导工作。

4月18日 原国家煤炭工业部部长肖寒到馆陶县调研指导工作。

5月13日 全县“情系我的兄弟姐妹”帮扶贫困残疾人活动动员会召开，就5月16日第十四次“全国助残日”活动期间帮扶贫困残疾人活动进行动员部署。

5月20日 邯郸市纪检监察机关推进行政审批制度改革工作会议在馆陶县召开。

5月23日 位于馆陶县的河北东方康星生物制药有限公司正式通过国家药品监督管理局GMP认证，成为全省第二家通过GMP认证的生物制药企业。

6月1日 河北省劳动和社会保障厅厅长刘志金到馆陶县检查指导工作。

7月6日 中央电视台新闻联播节目播出馆陶县粮食改革促进农民增收的新闻。

7月14日 全国人大常委会副委员长李铁映到馆陶县视察指导工作。

7月15日 牛金禄任中共馆陶县委书记。

7月 馆陶县被评为邯郸市第一家“省级环境优美小城镇”。

8月4日 馆陶县农村饮水第一供水站剪彩仪式在魏僧寨镇举行。

8月31日 青兰高速公路馆陶段正式开始建设。

是日 河北省部分县（市、区）计划生育现场会在馆陶县召开。会议主要是学习、借鉴馆陶县计划生育的经验和做法，河北省副省长孙士彬出席会议并讲话。

9月16日 馆陶县举行馆陶一中教学楼落成典礼仪式。

10月17日 《人民日报》以《蛋鸡之乡看行情》为题报道馆陶县发展蛋鸡产业的做法。

10月19日 金凤市场被全国城市农贸中心联合会评定为“全国农副产品批发市场百强企业”（排名第19位）、“全国肉禽蛋批发市场十强市场”（排名第一位）。

10月26日 邯郸市农村经纪人队伍建设工作现场会在馆陶县召开。

10月30日 邯郸市东部五县经济工作调度汇报会在馆陶县召开。

11月8日 馆陶县司法医学鉴定中心在县中医院举行揭牌仪式。

11月13日 国家农业开发办土地处处长杜元在河北省农业开发办副主任金书林、邯郸市农业开发办主任李广华等的陪同下，到馆陶调研指导农业开发工作。

12月 “魏征中学”易名为“新华中学”（又称“第三中学”），并确定为民办公助学校。

是年 馆陶县老年福利综合服务中心建设完毕并投入使用。

2005年

1月1日 是日起县交通局征稽站不再代征车购税，改由国税局直接征收。

2月7日　邯郸市委书记聂辰席深入到馆陶县金凤市场、高科技养殖园区和信德电力配件有限公司建设工地进行现场调研。

2月16日　馆陶县陶山黑陶、陶山漆陶被中国中轻产品质量保障中心命名为“中国著名品牌”。

3月2日　馆陶县高科技养殖园区生产的“金凤牌”鸡蛋经农业部农产品质量安全中心审定，符合无公害鸡蛋标准要求，被认证为无公害农产品，并颁发无公害农产品认证证书，成为邯郸市第一家通过国家无公害农产品认证的蛋鸡养殖企业。

4月14日至15日　河北电视台新闻广角节目播出反映馆陶县王华生从事基层文艺宣传的专题报道《卫运河畔一面旗》。

4月15日　馆陶县政府决定在全县实施生态示范区建设，并成立馆陶县生态示范区建设试点指挥部。

4月21日　邯郸市人口计生宣教工作暨“关爱女孩”行动现场会在馆陶县召开。并在体育广场举行“馆陶县关爱女孩陶山行”活动启动仪式，标志着“关爱女孩”行动在全县全面铺开。河北省人口计生委宣教处副处长梁小宁参加会议。

是日　河北师大汇华学院艺术团到馆陶县举行“为明天”专场演出。

4月22日　中国农科院北京挑战集团的技术专家来到馆陶县，在金凤市场五楼会议室举行大型的养殖技术交流会。

5月6日　天津市委常委、宣传部长肖怀远一行在河北省委宣传部副部长吴晓琳，邯郸市委常委、宣传部长徐亚平等的陪同下，到馆陶县参观考察黑陶产业发展情况。

6月25日　馆陶县对全县种粮农民进行直接补贴。按照每亩10元的标准，共发放直补资金392.7639万元，补贴面积392763.686亩，惠及农民26.8万人。

6月28日　馆陶县反邪教协会成立。

7月26日　馆陶县魏僧寨地税所被国家人事部、国家税务总局授予全国税务系统先进集体荣誉称号。

7月31日　中共河北省委、省政府、省军区授予馆陶县新一届省级“双拥模范县”荣誉称号。

8月5日　邯郸市市长王三堂深入到馆陶县工业园区、洪源太阳能、北方食品饮料工业城、河北信德电力配件公司、顺天包装编织公司项目建设工地进行实地调研。

8月11日　邯郸市药品市场监管现场会在馆陶县召开。

8月16日　邯郸市机关效能建设现场观摩交流会在馆陶县召开。

8月25日　馆陶县民旺饲料公司15万吨无公害生物饲料加工项目、1.3万亩农业综合开发土地治理项目，得到省市批复，并获得中央、省、市财政资金660万元。

9月12日　河北省委常委、常务副省长郭庚茂到馆陶县调研指导项目建设工作。

是日 馆陶县金凤市场在2005年农产品市场与经纪人“双十佳”评选活动中，被全国城市农贸中心联合会评为“十佳市场”和“全国十强肉禽蛋批发市场”。

9月20日 河北省国有粮食购销企业产权制度改革调度会在石家庄召开，副县长倪计才参会并做典型发言，介绍馆陶县国有粮食购销企业产权制度改革的成功经验。

9月29日 总投资622万元，全长1860米的县城北环路拓宽改造工程顺利竣工通车。

是月 河北省省长季允石到馆视察黑陶文化产业。

10月20日 河北省“心连心”艺术团到馆陶县职教中心和沿村中学举行“太行情、老区行、文明生态村”专场慰问演出。

10月21日 邯郸市走百乡进千村十万妇女“两癌”免费普查活动启动仪式在馆陶县文化广场举行。

是日 馆陶县城市民兵应急分队成立。

10月24日 根据河北省政府授权，河北省粮食局批复同意，馆陶县国家粮食储备库改制为国有独资公司。

10月 馆陶县拍摄的反映干群恳谈例会的专题片《心桥》，获全省第十届党教片观摩评比三等奖。

10月28日 馆陶县老年福利综合服务中心竣工投入使用。

11月8日 馆陶县电视台牛兰君获得邯郸市第五届十佳记者称号。

11月17日 中共河北省委书记、省人大常委会主任白克明莅临馆陶县视察指导工作。

11月21日 河北省水利厅厅长韩乃义带领参加全省农田水利建设现场会的与会人员到馆陶县现场观摩乡村集中供水建设情况。对馆陶县发展集中联村供水的做法表示赞赏。

12月13日 馆陶县举行廉政书画展暨《廉政文化知识读本》首发仪式。

12月15日 馆陶县被中宣部、中央文明委等10部委联合授予“2001年至2005年全国婚育新风进万家活动先进县（市区）”。

是年 馆陶县人民武装部被省军区评为先进人武部。

是年 馆陶县统计局获全国第一次经济普查省级先进集体。

2006年

1月1日 馆陶县全面取消农业税。

1月10日 邯郸市新型农村合作医疗工作现场调度会在馆陶县召开。

1月16日 中共邯郸市委常委、军分区政委杨玉峰到馆陶开展送温暖活动。杨玉峰一行带着慰问品和慰问金，深入到寿山寺乡东朱庄村对老党员和特困群众进行走访慰问。

2月21日 邯郸市委常委、市委秘书长王社群到馆陶县对馆陶镇闫沿村、车疃村，路桥乡清阳城村，魏僧寨镇赵官寨村，信德电力配件公司，多凯复合材料项目，洪源科技园，北方食品饮料城等地进行实地调研。并对馆陶县项目建设和文明生态村创建工作取得的成绩给予充分肯定。

3月9日 馆陶县粮食局被人事部和国家粮食局授予“全国粮食系统先进集体”荣誉称号。

3月15日 全县公开销毁假冒卷烟现场会在安静窑场召开。

3月28日 河北省工艺美术协会秘书长张兰为馆陶县被中国艺术研究院、中国工艺美术协会联合授予“黑陶、彩陶研究基地”举行揭牌仪式。

3月31日 中共邯郸市委书记聂辰席带领有关部门负责人，到馆陶县调研指导项目建设和文明生态村创建活动开展情况。

3月 《馆陶县抗击非典志》出版。这是馆陶县第一部专业志。

4月5日 金凤市场被商务部确定为全国首批重点联系市场，是全省唯一一家入选企业。

4月24日 河北省委常委、宣传部长赵勇到馆陶县观摩文明生态村创建工作。

5月15日 馆陶县举行北京科技大学研究生赴馆陶挂职启动仪式。

5月27日 河北省慈善功德会首届资助特困孤儿仪式在馆陶镇政府大院举行。馆陶县首批86名特困孤儿受到资助，共发放资助金2万多元，学习用具和书籍100多套。

是月 馆陶县金凤市场被中国民（私）营经济研究会、中国科学研究院中小企业研究中心确定为“中国诚信示范单位”。

是月 馆陶县政府办公室被评为全市政府系统政务信息工作优胜单位、公文工作优胜单位和综合调研工作先进集体。

6月8日 馆陶县食品药品监督管理局举行揭牌仪式。

是月 馆陶县被河北省发改委确定为黑龙港地区区域次中心特色城市。

7月3日 中国共产党馆陶县第十届委员会举行第一次全体会议。会议以举手表决的方式通过选举办法，以无记名投票的方式选举产生中共馆陶县委常委、书记、副书记。牛金禄当选为中共馆陶县委书记。

7月6日 邯郸市整村推进扶贫开发现场培训暨全市扶贫办主任会议在馆陶县召开。

7月11日 是第17个世界人口日，馆陶县开展“7·11”世界人口日暨关爱女孩宣传周活动。

7月21日 邯郸市推进联村集中供水工程建设现场工作会议在馆陶县召开。

7月24日 邯郸市公安局和馆陶县联合召开侦破系列盗抢婴幼儿案表彰大会。2005

年在河北省与山东省交界的馆陶县等地相继发生盗抢婴幼儿案件，9个孩子先后被盗抢。在省公安厅的组织指挥下，终将此案告破。嫌疑人悉数落网，9名孩子被成功解救。

8月 馆陶县金凤市场被中国市场指导委员会确定为“五星级商品交易市场”。

9月1日 馆陶县教育支付分中心正式运行并举行启动仪式。

9月8日 馆陶县城关完小更名为馆陶县实验小学，并举行更名揭牌仪式。

9月13日 河北省省长季允石到馆陶县视察指导工作。

9月20日 在商务部、全国城市农贸中心联合会上，馆陶县金凤市场获“2006年食品安全十佳市场”称号。

10月11日 馆陶一中被邯郸市教育局授予高考成绩优秀奖。

10月12日 中央电视台《新闻联播》报道馆陶县农村安全饮水工程，给予高度评价。

10月13日 邯郸市优化发展环境座谈会在馆陶县召开。

10月14日 河北省民政厅副厅长王云到馆陶县调查指导受灾和灾民生活安排情况。

10月 《馆陶县教育志》出版。

11月10日 邯郸市“民生杯”促进就业再就业书画摄影艺术展总结表彰会在馆陶县召开。

11月23日 馆陶金凤市场被省商务厅确定为“河北省电子商务试点项目单位”。全省共24家，金凤市场是唯一一家市场型单位。

12月18日 馆陶县第一中学举行建校55周年庆典暨教学楼落成典礼仪式。

12月20日 在河北省国有粮食企业改革暨粮食工作会议上，馆陶县粮食局获得“河北省国有粮食购销企业改革工作先进工作单位”。粮食局局长陈华东被授予“河北省国有粮食购销企业改革工作先进个人”。

是月 馆陶县全面实施农村中小学现代远程教育工程，并通过省政府验收。工程总投资383.55万元，初步形成覆盖城乡信息技术教育网络。

是月 馆陶县高科技养殖园区生产的金凤牌无公害鲜鸡蛋被国家名优品牌管理推广中心审定为“中国名优品牌”。

2007年

1月 全国人大常委会副委员长李铁映在黑陶文化企业雕刻题词。

3月1日 邯郸市“村村通自来水工程”建设现场动员会在馆陶县召开。

3月5日 馆陶县被市委、市政府命名为邯郸市2006年度“四大”（大产业、大基地、大园区、大项目）建设工作先进单位。

3月13日 河北省副省长宋恩华到馆陶县调研指导工作，就促进农业增效、农民增收，推进农业农村经济的持续发展提出指导性意见。

3月21日 邯郸市农业综合开发土地治理项目现场会在馆陶县召开。

4月6日 邯郸电台新闻综合广播与馆陶县宣传部联手推出的全新栏目《走进馆陶》开播。

4月20日 馆陶县邮政局正式开办邮政储蓄小额质押贷款业务。

4月28日 馆陶籍工艺美术大师乔十光的“乡情书画展”在馆陶陶漆工艺厂举行。

6月2日 在浙江省召开的2007浙商大会暨2007浙商投资博览会上，馆陶县当选为2007浙商（中国）投资潜力城市。馆陶县是京津晋冀鲁豫地区唯一入选县。

6月9日 馆陶县有6个项目被纳入邯郸市第一批市级非物质文化代表作项目，分别是：馆陶黑陶制作工艺、孔雀牌酱包瓜腌制技艺、车疃村二人扳、滩上村木偶剧、前许庄村四股弦和张家坠书。

7月27日 邯郸市新农村建设现场观摩暨工作调度会在馆陶县召开。

8月8日至10日 政协馆陶县七届一次会议在馆陶宾馆召开。出席会议的政协委员166名，会议听取并审议了《政协馆陶县第六届委员会常务委员会工作报告》《政协馆陶县第六届委员会常务委员会提案工作报告》。选举王国贞为县政协第七届委员会主席。

8月8日至11日 馆陶县第十五届人民代表大会第一次会议在馆陶宾馆举行，出席代表166人。会议听取和审议了《馆陶县十四届人大常委会工作报告》《馆陶县人民法院工作报告》《馆陶县人民检察院工作报告》，并通过了相应的决议。会议选举王天仲为县第十五届人大常委会主任，张跃峰为馆陶县人民政府县长。

8月18日 上午11时，青兰高速公路冀鲁界至邯郸段93.79公里竣工通车剪裁仪式，在邯郸青兰高速与石安高速互通立交桥西隆重举行。

8月21日 邯郸市“三位一体”调节体系建设现场会在馆陶县召开。

是月 《馆陶县水利志》出版。

9月 馆陶县建立河北师范大学馆陶顶岗实习基地，59名师大顶岗实习生和35名“三支一扶”大学生志愿者到馆基层学校支援教育。

9月4日 河北省国有粮食购销企业规范化管理工作现场观摩会在馆陶县召开。

是月 馆陶县国家粮食储备库被评定为全省国有粮食购销企业规范化管理工作示范库，是邯郸市唯一一家。

是月 馆陶县车疃村被推荐为全国绿色小康村，车疃村王占成等9户村民被推荐为全国绿色小康户。

是月 馆陶县被确定为全国农村饮水安全工程示范县，全市唯一。

10月29日 台湾世界魏氏宗亲总会理事长魏三郎、秘书长魏炳煌等一行20余人到馆陶县恳亲考察。

12月6日 馆陶县被授予“全国计划生育优质服务先进单位”荣誉称号。

12月7日 全县原8个乡镇教委所辖中小学划分为魏僧寨、柴堡、馆陶、房寨四个学区，学区中心校替代乡镇教委，形成县文教体局—学区中心校—学校的管理模式。

是年 馆陶县统计局获全国投入产出调查省级先进集体。

2008年

1月11日 中央编办三司副司长靳永龙到馆陶县调研指导群众事情代办制工作开展情况。

1月15日 馆陶县华大生物制药有限公司的“陶山”商标、金翔饲料有限公司的“金翔”商标被评定为河北省著名商标。

是月 《馆陶县粮食志》出版。

2月 邯郸市2007年度十大新闻人物评选揭晓并举行颁奖仪式，馆陶县卫生局党委书记、局长王磊当选。

3月21日 河北省关爱功臣千里行活动在馆陶县光荣院举行启动仪式。

3月24日 河北电视台经济频道《经济周刊》栏目专题报道馆陶县国有资产运营管理的经验。

是月 馆陶县乡村医生杨献志被卫生部授予2007年“全国优秀乡村医生”荣誉称号。

4月9日 馆陶县第十五届人民政府第三次常务会议上同意《关于建立财政供养人员住房公积金制度的意见》。

4月28日 馆陶县年产80万只金属热管式真空太阳能集热管项目被确定为河北省高技术产业化重点示范项目。

4月 国家标准化管理委员会出台国标委农〔2008〕9号文件，馆陶县“无公害养鸡标准化示范区”被批准为第六批国家级一类项目。

5月12日 馆陶县思月陶艺文化园项目举行开工奠基仪式。

5月15日 馆陶县四套班子领导来到县委机关为四川地震灾区捐款献爱心，并举行捐献仪式。

5月19日 5月19日至21日是全国四川地震哀悼日。自5月19日起，馆陶县委、县人大、县政府、县政协及县直有关部门降半旗致哀，19日14时28分，全县举行庄重的默哀活动。

5月20日 武金良任中共馆陶县委书记。

5月31日 馆陶县委组织部转发中组部《关于做好部分党员交纳“特殊党费”用于支援抗震救灾工作的通知》后，全县广大党员踊跃缴纳“特殊党费”，支援四川汶川地震灾区。

5月 “河北师范大学馆陶实习支教基地”正式在馆陶县挂牌签约，并引进66名河北师大实习生到馆陶支教。

6月24日 世行贷款林业综合开发项目社评培训班在馆陶县举行开班仪式。

是月 县中医院副院长王周峰等人的《超声监视下对不孕症例通液治疗的研究》获得河北省科学技术成果一等奖。

7月30日 中国邮政储蓄银行馆陶县支行举行成立揭牌仪式。

7月31日 馆陶县举行邯郸市化工企业退城入馆恳谈会暨签约仪式。

8月8日 馆陶县举行纪工委、监察分局成立揭牌仪式。

是月 《馆陶县职业技术教育中心职教历程十三年》出版。

9月9日 在北京残奥会场地自行车男子1公里计时赛LC1级决赛中，馆陶县籍选手、国家队运动员张魁东以1′ 10″ 475的成绩夺得银牌。

9月10日 在北京残奥会场地自行车男子团体竞速赛LC1—4 CP3/4级决赛中，馆陶县籍选手、国家队运动员张魁东同队友张璐和郑元超以50″ 480的成绩为中国队再夺一枚银牌。

9月28日 在26日至28日举行的第十二届中国（廊坊）农产品交易会上，馆陶县分别获得优秀组织奖和综合展位特等奖。

是月 馆陶县地税局工会被河北省总工会授予“模范职工之家”荣誉称号。

是月 馆陶县六和肉鸡分割项目被河北省农行列为重点支持项目，是邯郸市唯一一家省农行重点支持项目。

10月18日 河北省统计局副局长杨景祥到馆陶县检查指导第二次经济普查清查工作。

10月21日 邯郸市县区信访局长座谈会在馆陶县召开。

10月24日 馆陶县全部财政收入完成10080万元，提前两个多月完成全年财政收入预算任务，首次突破亿元大关。

11月1日 馆陶戏迷佟占华在中央戏剧频道全国老旦戏迷挑战赛中获得单场擂主。

11月9日 河北（馆陶）鑫利达轴承有限公司生产的轴承产品获得中国国家标准化管理委员会和河北省质量技术监督局联合颁发的《采用国际标准产品标志证书》、河北省质量技术监督局颁发的《采用标准认可证书》。

11月18日 中国移动爱心图书馆图书捐赠仪式在馆陶县实验小学举行。

11月25日 馆陶县金凤市场被国家商务部、全国城市农贸市场联合会授予“改革开放三十周年农产品批发市场行业‘十佳突出贡献市场’”，被全国城市农贸市场联合会评为“2007年度全国肉禽蛋批发‘十强市场’”，是河北省唯一一家获此殊荣的农产品批发市场。

是月 在第九届中国工艺美术大师作品暨国际艺术精品博览会上，馆陶县陶漆工艺厂作品“镂空莲花瓶”获得“天工艺苑百花杯”中国工艺美术精品奖优秀奖。馆陶县陶漆工艺厂在2008中国景德镇国际陶瓷博览会闭幕式暨颁奖晚会上获得“2008中国景德镇国际陶瓷博览奖”优秀奖，其多件精品被江西省委、省政府收藏。

是月 馆陶县中医院副院长王周峰等人的《超声监视下对不孕症的通液治疗研究》被国家医学优秀成果征集办公室评为全国优秀成果一等奖。

12月 馆陶县明玉面粉有限公司生产的“善缘”牌小麦粉获得“河北省优质产品”称号。

12月27日 由北京两家影视公司合作拍摄的《梦想就在身边》，在北京国家体育场鸟巢召开电影新闻发布会。影片以馆陶县路桥乡农民工谭双剑在北京2008奥运会主场馆鸟巢包揽了1/3的防雷接地工程作为故事原型，为中国首部农民工励志电影，是建国60周年献礼片。次年5月14日在馆陶县举行了开机仪式。2010年5月27日电影《梦想就在身边》在邯郸举行首映仪式。

12月28日 馆陶县实验中学举行艺术节文艺汇演暨落成庆典大会。

是日 馆陶县南徐村乡政府李振业，在石家庄成功为一名白血病患者捐献造血干细胞。他是邯郸市第四位、馆陶县第一位干细胞捐献者。

是月 馆陶县开始实施城市发展三年大变样活动。

2009年

1月13日 馆陶县中医院举行河北工程大学附属医院会诊医院揭牌仪式。

是月 馆陶县民旺公司的“张氏民旺”牌配合饲料、“张氏民旺”牌浓缩饲料以及馆陶县三绿农业高科技公司的“魏徵”牌蔬菜三种产品获得河北省名牌产品称号。

2月26日 河北省政府第29次常务会议研究决定，馆陶县与邯郸市的武安市、大名县、广平县、临漳县、邱县、肥乡县8个县被列入河北省财政直管县。

是月 馆陶县农业服务办郭怀峰被农业部授予“全国粮食生产先进工作者”荣誉称号。

3月30日 馆陶县在北京承办的邯郸市人民政府与北京化工大学科技成果对接洽谈会暨市校合作签约仪式举行。

是日 邯郸市（馆陶）新型化工园区专家咨询委员会成立。

是月 馆陶县金凤禽蛋批发市场获得“2008年度河北省市场运行监测工作先进单位”称号。

4月29日 馆陶县李晓林、宋良廷、张奎东被省政府授予“河北省劳动模范”荣誉称号。

4 月　馆陶县成功入围“苏商投资中国·最具投资潜力城市”，是邯郸市唯一一个入围的县（市、区）。

是月　馆陶县魏僧寨镇西魏僧寨村王华生被评为首批“河北省农村文化之星”。

是月　馆陶县陶漆工艺厂创作的陶艺作品《花之韵》获得 2009“漆花杯”中国漆器艺术精品展铜奖。

5 月　馆陶县南徐村乡农村青年贾谦珍被授予“河北省农村青年创业致富带头人”荣誉称号，全市仅两人获此殊荣。

6 月 14 日　馆陶县垃圾处理场开工奠基。

7 月　在全国中小城市可持续发展调研成果颁奖发布会上，馆陶县获得“新中国 60 年发展中国——最佳投资环境”殊荣。

是月　馆陶县民族英雄范筑先被列入“百名为新中国成立做出突出贡献的英雄模范人物”候选人名单。

是月　馆陶县获“河北省绿化先进单位”荣誉称号。

9 月 5 日　在河北省首届艺术陶瓷手工技能大赛上，馆陶县陶漆工艺厂 5 名选手共获 1 金 2 银 2 铜五个奖项。

9 月 6 日　由上海天工联合影视制作公司拍摄的《卫河沧桑两千年》大型纪实历史巨片举行新闻发布会。馆陶县的历史为纪录片重要组成部分。

9 月 15 日　邯郸市农业产业化工作会议在馆陶县召开。

9 月 26 日　馆陶县中医院整体搬迁项目举行竣工剪彩仪式。

9 月 30 日　馆陶县举行县标、范筑先纪念馆、新华街北延、筑先路北延、宣教中心暨阳光游园五大国庆献礼项目竣工庆典仪式。

是月　馆陶县被河北省卫生厅确定为 2009 年新型农村合作医疗门诊统筹扩大试点县，并于 2009 年 10 月 1 日正式启动运行。

是月　魏僧寨中学被教育部、人力资源和社会保障部评为“全国教育系统先进集体”。

是月　馆陶一中教师闫子强、魏僧寨中学教师刘书平被教育部授予“全国优秀教师”荣誉称号。

10 月 5 日　馆陶县金凤市场被评为全国农业信息联网先进单位，连续七年获此殊荣。

10 月 14 日　河北省副省长宋恩华到馆陶县调研指导“城镇面貌三年大变样”工作。称赞馆陶县“小县大变样”。

10 月 17 日　在第二届中华民族艺术珍品艺术节上，由馆陶县陶艺家殷俊亭设计制作完成的陶艺作品《龙凤呈祥》获得金奖，并被中国民族工艺美术博物馆永久收藏。

是月　馆陶县陶艺作品在 2009 中国景德镇国际陶瓷博览会上获得铜奖。

11月 馆陶县被农业部列为全国农技推广示范县。

是月 馆陶县金凤禽蛋农贸批发市场获得2009年全国“十佳农产品市场”称号。同时，金凤市场顺利通过农业部对全国708家定点市场重新认定考核。

12月8日 馆陶县被命名为省级“双拥模范县”。

12月22日 馆陶县明玉面粉有限公司生产的“善缘”牌面粉被评为河北省优质产品。

12月26日 在海南博鳌举行的“中国金融生态城市发展战略（博鳌）峰会”上，馆陶县被评为“中国金融生态文明县”，是邯郸市唯一获此殊荣的县。

是月 馆陶县民政局被河北省民政厅授予“2008—2009年度全省民政系统平安创建基层先进单位”荣誉称号。

是月 馆陶县司法局法律援助中心被河北省司法厅评为“全省法律援助办案实绩突出单位”。

是年 馆陶县统计局获第二次全国人口普查省级先进集体。

2010年

1月14日 中央电视台《新闻联播》黄金时段报道馆陶县陶艺漆艺研究所实践科学发展观促进产业大发展的做法。2月26日，馆陶县陶艺漆艺研究所被民政部授予社会组织深入学习实践科学发展观活动先进单位称号。

是月 中国最具投资潜力特色示范县200强排行榜公布，馆陶县榜上有名。

2月5日 河北省佛教协会慈善功德会在馆陶县徐村民政事业服务中心举行救助活动捐赠仪式。

是日 《人民日报》头版刊发馆陶县惠农补贴“一折通”工作情况，对馆陶县惠农补贴“一折通”工作进行肯定性宣传。

3月16日 邯郸市政协在馆陶县举行“服务东部振兴、助推协调发展”活动。

3月18日 馆陶县化工园区总投资17.1亿元的8个项目集中举行开工奠基仪式。

4月22日 馆陶县金凤市场被评为全国农业信息联网先进单位，连续八年获此殊荣。

4月24日 馆陶县举行向青海玉树灾区“博爱一日捐”和“救助困难职工一日捐”活动捐款仪式。

4月30日 馆陶县亿丰电动车市场举行开业仪式。

5月11日 河北省扶贫办主任扈双龙到馆陶县调研指导产业扶贫工作。

5月14日 馆陶县在河北馆陶（上海）重点项目推介会上成功签约3个项目，总投资6.8亿元。

5月15日 馆陶县在中国——邯郸产业发展国际洽谈暨项目签约仪式上，成功签约

2个项目，总投资5.7亿元。

5月30日 馆陶县陶漆工艺厂应邀参加中国工艺美术协会第五届理事会第二次会议暨第六届工艺美术行业名誉理事长座谈会，并被授予“参展明星单位”称号。

6月4日 财政部国库司司长詹静涛在河北省财政厅厅长齐守印陪同下到馆陶县调研指导工作。

6月17日 河北省副省长龙庄伟到馆陶县调研指导教育教学工作。

6月18日 农业部小麦专家顾问深入馆陶县万亩小麦高产创建示范片进行实打验收。其中典型地块亩产达650.2公斤，刷新河北省小麦高产纪录。

7月1日 邯郸市东部振兴“新闻督访行”活动馆陶汇报会召开。

7月18日 中央电视台《新闻联播》报道馆陶县粮食部门腾仓并库工作经验。

7月26日 邯郸市秋粮管理现场会在馆陶县召开。

7月31日 馆陶县商务局被河北省商务厅确定为河北省商务领域市场监管公共服务体系建设第二批重点推进单位。

是月 馆陶县陶漆工艺厂选送的陶艺作品《莲花镂空罐》在2010年河北省“定瓷杯”陶瓷艺术与设计创新评比中获银奖。

是月 馆陶县被列为农业部专业化统防统治示范县，全市唯一。

8月9日 中国教育学会培训中心与馆陶一中联合举办的2010年牛津剑桥常春藤英语夏令营开营仪式在县一中举行。

8月10日 县长张跃峰在河北省中小学校舍安全工程现场会上作典型发言，介绍馆陶县实施校舍安全工程的先进经验。

8月24日 河北省文化厅副厅长李建华到馆陶县调研指导文化产业发展工作。

8月27日 在邯郸市“欢乐乡村”《乡音乡情》农民器乐大赛中，馆陶县农民张全保获优秀表演奖。

8月31日 馆陶县福兴胶合板厂、河北众能富源生物燃料有限公司和馆陶县常青花卉有限公司被评为2010—2011年度河北省林果产业重点龙头企业。

9月5日 馆陶县思月陶艺有限公司被命名为河北省旅游商品生产基地，为全市唯一。

9月28日 《河北日报》以《馆陶：打造邯聊之间中心城市》为题，整版报道馆陶县实施三年大变样、推进城镇化建设的典型做法。

9月29日 馆陶县承担的第六批国家级农业标准化示范区——馆陶县无公害养鸡示范区以优异成绩通过验收。

9月30日 馆陶县举行县体育场、环岛扩建、信诚公园、滨河公园二期、小区东路北延和拓宽、筑先路中段建设六项国庆献礼竣工项目竣工仪式。

10月 馆陶县垃圾处理场建成。

10月21日 在第七届中国好时光和平大使总决赛上，馆陶县思月黑陶工艺品被大赛组委会作为指定奖杯赠送。

是日 馆陶县被命名为“省级农村中医工作先进县”。

是月 在首届中国历史名瓷烧制技艺大赛中，馆陶县陶艺作品《镂空莲花罐》获得金奖，《变革》《盛装》获得银奖。

是月 青兰高速公路管理处馆陶主线综合站被交通运输部授予“全国交通运输行业文明示范窗口”称号。

是月 新华社以《河北农民粮食字画销售海外大受欢迎》为题，报道馆陶县加大培育“粮食字画”特色文化产业、农民粮食字画销售海外大受欢迎的消息，全国多家媒体予以转载。

是月 馆陶县陶漆工艺厂黑陶作品《龙凤纹壶》获得2010“天工艺苑·百花杯”中国工艺美术精品奖金奖。

11月15日 邯郸市中小学“双爱好”工作现场经验交流会在馆陶县召开。

11月16日 河北省民政厅副厅长王保英到馆陶县调研督导双拥优抚安置工作。

11月17日 河北省扶贫办主任扈双龙到馆陶县调研指导扶贫开发工作。

11月27日 馆陶一中举行“北京师范大学实践基地”授牌仪式。

是月 馆陶县图书馆被国家文化部评为三级图书馆。图书馆使用面积1000平方米，新老藏书4万余册，杂志7000册，每年服务读者5000余人次。

12月9日 馆陶县息元村村歌《息元村之歌》在全国第二届村歌大赛上被评定为“中国优秀村歌”。

12月20日 馆陶县思月陶艺公司总经理李思月获得首届河北省文化产业“十佳领军人物”称号。

12月21日 在中央农村工作会议上，馆陶县被授予全国粮食生产先进县荣誉称号。

12月31日 馆陶县获得“中国最佳投资环境县”称号。

12月31日 馆陶县优化发展环境办公室更名为“馆陶县行政服务中心管委会”（简称行政服务中心）。

2011年

1月 县城区管理局被中共邯郸市委、邯郸市人民政府评为邯郸市城镇面貌三年大变样工作（2008—2010）先进单位。

1月8日 馆陶县财政局被省财政厅、省人力资源和社会保障厅授予“河北省财政系统先进集体”荣誉称号。

1月6日 馆陶县在“中国最具特色魅力城市”评比中，获得“中国最佳生态宜居县”称号。

是日 馆陶县申报的“蛋鸡产业健康发展关键技术集成与示范”项目，经国家科技部和财政部组织有关专家进行项目技术论证，被列入2010年国家科技富民强县专项行动计划。

1月9日 青兰高速馆陶主线站举行“全国交通运输行业文明示范窗口”揭牌仪式。

是日 馆陶县华野庄园黑小麦产业有限公司注册的“华野庄园”牌商标和陶漆工艺厂注册的“十易”牌商标被评为河北省著名商标。

1月12日 馆陶县九州诚信购物中心举行开业庆典仪式。

1月16日 馆陶县荣膺“十一五·中国特色农业十佳县（蛋鸡）”称号。

1月29日 馆陶籍农民工谭双剑入选邯郸市十大新闻人物。

2月10日 中共河北省委副书记付志方到馆陶县调研指导工作。

2月18日 邯郸市小麦中耕锄划管理现场调度会在馆陶县召开。

2月23日 馆陶县被邯郸市委、市政府授予“2010年度重点项目建设实绩突出奖”“2010年度东部振兴工作实绩突出奖”。

是日 馆陶县被评为全省清理规范各类地名及标志工作先进单位。

3月7日 河北省计生委纪检监察室主任高红到馆陶县调研“阳光计生行动”工作开展情况。

3月8日 河北省农业厅副厅长张文军到馆陶县调研指导工作。

3月9日 河北省委常委、纪委书记、省农村工作领导小组组长臧胜业到馆陶县调研指导一抗双保和农业产业化工作。

3月14日 河北省安监局副局长刘春增到馆陶县检查指导安全生产工作。

3月29日 馆陶县被邯郸市委、市政府评为“邯郸市2010年人口和计划生育先进县”，连续14年获此殊荣。

是月 馆陶县贵国奶牛养殖有限公司被国家农业部授予“奶牛标准化示范场”称号。

是月 河北省扶贫办公布十大扶贫龙头企业名单，馆陶县丰苑养殖有限公司榜上有名。

是月 县工商局陶山分局被全国妇女“巾帼建功”活动领导小组评为“全国巾帼文明岗”荣誉称号。

4月8日 馆陶县检察院反渎职侵权局举行挂牌成立仪式。

4月19日 馆陶县总投资25.5亿元的旭森化工、昊诺化工、涤纶纤维等12个超亿元大项目举行集中开工奠基仪式。

4月21日 馆陶县举办刘同海成功捐献造血干细胞欢迎会。刘同海是继李振业之后馆陶县第二位干细胞捐献者。

4月26日 馆陶县报送的《话说馆陶》获第二届中国农业电视论坛评估年会栏目类一等奖。

4月28日 馆陶县举行第一届体育节中小学生运动会。

是月 在河北省2010年度财政管理综合考评中，馆陶县财政局获得2010年度全省财政管理综合考评第一名。

5月10日 《邯郸日报》头版头条报道馆陶县“一小五大”（小县大志向、小县大开放、小县大产业、小县大县城、小县大民生）的馆陶现象。

5月19日 馆陶县金凤市场被评为全国农业信息联网先进单位，连续九年获此殊荣。

5月20日 邯郸市农村党员干部现代远程教育推进会暨“三网合一”建设现场观摩会在馆陶县召开。

5月30日 馆陶县被邯郸市政府授予2010年度金融生态县称号。

6月10日 国家教育部网站公布2010年认定的国家级重点中等职业学校名单，馆陶县职业技术教育中心名列其中。

6月13日 河北省副省长沈小平到馆陶县调研小麦万亩高产创建示范方建设工作。

6月22日 馆陶县数字电影《梦想就在身边》获得邯郸市第五届“文艺振兴奖”

6月27日 馆陶县隆重举行纪念建党九十周年暨表彰大会。

7月7日 馆陶县陶艺漆艺研究所被河北省民政厅、河北省社会组织创先争优活动指导组授予河北省社会组织“优胜红旗单位”。

7月23日 河北省电视台《河北新闻联播》节目以“群众事情代办制，架起干群连心桥”为题报道馆陶县实行群众事情代办制的做法和典型经验。

7月30日 馆陶县新型化工产业园区被河北省政府纳入省级开发区管理序列。

8月17日 张跃峰任馆陶县委书记。

8月20日 馆陶县职教中心被河北省中小企业局认定为首批河北省民营企业人才培训基地。

9月10日 中共馆陶县第十一次代表大会开幕，张跃峰向大会作题为《科学发展、加速崛起、为建设实力、秀美、和谐的现代化新馆陶而奋斗》的报告。大会审议通过《中国共产党馆陶县第十一次代表大会关于中共馆陶县第十届委员会工作报告的决议》和《中国共产党馆陶县第十一次代表大会关于中共馆陶县纪律检查委员会工作报告的决议》。张跃峰当选为中共馆陶县委书记。

9月14日 馆陶县第一中学举行六十周年校庆庆典仪式。

9月21日 馆陶县举行重点文物点立碑挂牌启动仪式，与会领导为河北省文物保护单位王占元宗祠举行揭牌仪式。

是月 河北省质量技术监督局党委书记、局长宋振华到馆陶县质量技术监督局检查指导工作。

是月 馆陶县中医院被评为省级园林式单位。

是月 馆陶县文化教育体育局更名为馆陶县教育局。

是月 《馆陶一中校志》编纂完成。

10 月 馆陶县中医院武洪民获“全国中医药文化建设工作先进个人”称号。

是月 馆陶县金凤市场被工业和信息化部授予“2011 年度工业信息化运行形势样本企业”称号。

11 月 8 日 成立馆陶县政府食品安全委员会。

11 月 18 日 馆陶县文化市场举行开业典礼仪式。

11 月 21 日 馆陶县获得科技部授予的“全国科技进步先进县”称号。

12 月 16 日 金凤市场通过河北省首批电子商务企业 BCP 诚商认证，并获得信用认证证书和牌匾。

12 月 26 日 馆陶县召开领导干部大会。中共邯郸市委组织部部长陈平主持会议。中共邯郸市委组织部常务副部长罗秀茹宣读中共邯郸市委关于谢继炯、闫宁任免职的决定：谢继炯任中共馆陶县委委员、常委、副书记，提名为馆陶县人民政府县长候选人。闫宁不再担任中共馆陶县委副书记、常委、委员职务，不再提名为馆陶县人民政府县长候选人。县四套班子领导出席会议。各乡镇和县直各单位党政一把手参加会议。

12 月 27 日 馆陶县滨河公园被省住建厅命名为河北省三星级公园，填补馆陶县没有星级公园的空白。

2012 年

1 月 12 日至 14 日 政协馆陶县八届一次会议在馆陶宾馆召开。出席会议的政协委员 166 名。会议听取并审议《政协馆陶县第七届委员会常务委员会工作报告》《政协馆陶县第七届委员会常务委员会关于七届会议以来提案工作情况的报告》。全体委员列席了馆陶县第十六届人民代表大会第一次会议。王国贞当选政协馆陶县第八届委员会主席。

1 月 12 日至 15 日 馆陶县第十六届人民代表大会第一次会议在馆陶宾馆举行，出席代表 171 人。会议听取和审议了《馆陶县人民政府工作报告》《馆陶县 2011 年国民经济和社会发展计划执行情况与 2012 年国民经济和社会发展计划（草案）报告》《馆陶县 2011 年财政预算执行情况的报告和 2012 年财政预算（草案）报告》《馆陶县十五届人大常委会工作报告》《馆陶县人民法院工作报告》《馆陶县人民检察院工作报告》，并通过了相应的决议。会议选举袁保仲为馆陶县第十六届人民代表大会常务委员会主任，谢继炯当选为馆陶县人民政府县长，裴进臣当选为馆陶县人民法院院长、申玉良当选为馆陶县人民检察院检察长。

是月 馆陶县被河北省政府命名为“省级园林县城”。

是月 馆陶县“老城区绿化省级建设项目”被河北省政府授予“2011 年河北省人居环境范例奖”。

3 月 5 日 馆陶县举行表彰会，授予房寨中学 22 岁乡村女教师张爽“无偿捐献造血干细胞贡献奖”，并奖励 1 万元生活补助金。张爽是馆陶县继李振业、刘同海之后第三个成功捐献造血干细胞志愿者。

是月 在第七届世界草莓大会上，馆陶县香蜜源草莓种植专业合作社生产的“雅情”牌草莓获得第七届世界草莓大会金奖、第七届中国草莓文化节暨中国精品草莓擂台赛金奖。

是月 中央电视台新闻频道《新闻直播间》栏目以“春苗冬灌节水到民”为题播出馆陶县实施引黄入馆工程节约用水搞好小麦灌溉的经验做法。

5 月 25 日 全国政协文史委副主任周国富、刘德旺等到馆陶县考察大运河。

是月 馆陶县被邯郸市政府授予“2011 年度造林绿化工作先进单位”荣誉称号。

7 月 24 日 馆陶县举行神农大道通车剪彩仪式。

是日 馆陶县举行新能街西延、创业路、兴业路通车仪式。

是日 馆陶县举行规划展馆暨公主湖公园开放剪彩仪式。

8 月 15 日 邯郸市政协献计企业发展委员议政日活动在馆陶县举行。

8 月 31 日 馆陶县路桥乡清阳城村党支部书记孙明星，馆陶镇姜沿村张东海、王造江、刘延波救人团体分别被授予“博爱邯郸人”五十佳荣誉称号。

是日 河北省老年事业促进会落实中央财政支持社会组织示范项目捐赠活动在馆陶县举行。

是月 馆陶县思月陶艺有限公司推荐的 4 件作品在北京举行的第二届中国陶瓷文化艺术创意精品展览会上获得中国陶瓷作品“大地奖”奖项。

是月 馆陶县被国家发改委、水利部授予“全国农村饮水安全工程示范县”称号。

9 月 13 日 馆陶县中医院举行“河北医科大学中医临床教学医院”揭牌仪式。

是月 馆陶镇（花会）被文化部命名为“中国民间文化艺术之乡”。

是月 馆陶县被列入河北省 2012 年新型农村和城镇居民社会养老保险试点县。

10 月 9 日 河北省乡村卫生服务一体化管理示范县省级复评会在馆陶县召开。

11 月 27 日 馆陶籍著名书画家郭抱湘、徐万蓉向家乡馆陶捐赠优秀书画作品 199 幅。

12 月 国网馆陶县供电公司获得国家电网公司一流县供电企业称号。

是年 馆陶县统计局获第六次全国人口普查省级先进集体称号。

2013年

1月5日 邯郸市市长高宏志带领参加全市重点项目观摩活动的人员到馆陶县观摩重点项目建设情况。对项目建设给予充分肯定。

2月10日 河北省省级非物质文化遗产继承人殷俊亭获得中国工艺美术大师称号，成为黑陶行业获此殊荣的第一人。

3月12日 县举行总投资105.5亿元的电动车辆产业园等十大项目集中开工奠基仪式。邯郸市政协副主席范社岭出席仪式并讲话。

4月18日 县长谢继炯主持召开县长办公会议。会议就加强防控H7N9禽流感工作进行专题研究。

是月 馆陶县中医院黄彬被评为全国中医医院优质护理先进个人。

5月3日 河北省政府省长张庆伟到馆陶调研指导工作。省政府秘书长朱浩文、省有关部门负责同志参加调研。

5月13日 邯郸市委书记高宏志，市委常委、组织部部长郭建英，市委秘书长魏吉平到馆调研指导基层组织建设工作。

5月16日 馆陶县召开“解放思想、改革开放、创新驱动、科学发展”大讨论活动动员大会。

5月23日 河北省交通运输厅港航管理局党委书记唐建新到馆陶县调研指导工作。唐建新对馆陶县近年来的发展变化给予高度评价。

5月31日 馆陶县在河北大学举行人才选聘洽谈会。河北大学党委常委王培光教授致欢迎辞。县委副书记马光瑞介绍馆陶县基本情况。副县长王春生介绍了人才选聘有关情况。县委常委、组织部长王延平主持洽谈会。

6月6日 河北省民政厅副厅长郑晓铭带领省双拥考核组到馆陶县检查验收双拥创建工作。省考核组先后深入到县民政事业服务中心、范筑先烈士纪念馆和县双拥办公室等地进行检查考核。郑晓铭对馆陶县双拥工作所取得的成绩给予充分肯定。

6月9日 全县召开防范和打击非法集资工作会议，县长谢继炯出席会议并作重要讲话。

6月20日 全县召开大气污染综合整治动员会，县人大常委会副主任宁金峰宣读《馆陶县大气污染综合治理实施方案》，县长谢继炯作重要部署。

6月21日 邯郸市政协主席冯连生带领全市农村环境综合整治观摩团，到馆陶县观摩农村环境综合整治工作。

6月29日 “七一”前夕，县人大常委会主任袁保仲，县委常委、人武部政委曹瑞华，县委常委、纪委书记、农工委书记张英辉，县委常委、组织部长王延平，副县长王春生、杨卫兵分别走访慰问老党员和困难党员，向他们致以节日的问候和良好的祝愿。

7月1日 全县集中收听收看河北省深入开展党的群众路线教育实践活动动员大会的实况报道。

7月9日 邯郸市人大常委会副主任齐景海到馆陶县视察防汛工作。齐景海深入到卫运河险工险段进行了实地察看，对馆陶县防汛工作给予充分肯定。

7月16日 邯郸市委书记高宏志、市长回建带领市四套班子领导和各县（市、区）党政主要负责同志以及市直有关部门主要负责同志对馆陶县重点项目进行观摩。观摩团先后深入到金环瑞吉德、大连星海压缩阀门、化工园区、新阳光化工等地进行了实地观摩。高宏志、回建等对馆陶县项目建设所取得的成绩给予充分肯定。

7月30日 馆陶县集中收听收看吕振华先进事迹报告暨全省干部警示教育电视电话会。

8月1日 河北省政协常务副主席刘永瑞在省政协常务副秘书长兰保良、邯郸市政协副主席申玉娥的陪同下，到馆陶县视察指导工作。

8月14日 馆陶县人民医院举行新院区开业庆典仪式。县长谢继炯出席仪式并致贺词。

8月21日 河北工程大学校长哈明虎带领河北工程大学农学、文学、化工等相关专业的博士、教授到馆陶县进行对口帮扶，开展百家企业行活动。

8月29日 县长谢继炯主持召开农民专业合作社规范发展工作会议并作重要讲话。

9月12日 馆陶县举办“中秋月·中华情·中国梦”主题书画笔会。

9月18日 馆陶县召开全县“吃空饷”专项治理工作动员会。

9月25日 馆陶县集中收看《周恩来的四个昼夜》。同日，河北省心连心艺术团欢乐城乡加强基层建设年慰问演出走进馆陶县魏僧寨镇刘圈村。

9月27日 河北省住建厅副厅长苏蕴山在邯郸市住建局副局长蔡瑞峰的陪同下，到馆陶县调研县城建设典型经验。

是月 馆陶县特勤消防站投入使用，为邯郸市东部县“一线两站”重点工程。

10月18日 馆陶县举行总投资126亿元的通用机械基地等九大项目集中开工仪式。市委常委、政法委书记崔永斌出席仪式并讲话。

10月22日 馆陶县召开大气污染环境整治集中攻坚战动员大会，县长谢继炯出席会议并作重要讲话。同日，县长谢继炯主持召开大气污染环境整治集中攻坚战调度会并讲话。

10月24日 县长谢继炯带领有关部门负责人先后深入到215省道、106国道、309

国道、武馆公路等国省干道，对全县大气污染环境整治集中攻坚战进行检查指导。

11 月 11 日 原北京军区司令员李来柱上将一行 6 人到馆陶县调研指导工作。在县长谢继炯等人的陪同下，李来柱深入到曾经生活和战斗过的赵官寨村，参观当地的历史遗迹，走访部分群众。

是日 河北省政协港澳台侨和外事委员会主任李同亮在邯郸市政协副主席申玉娥的陪同下到馆陶县调研指导工作。

是日 河北省军区政委李光聚少将到馆陶县调研指导国防建设工作。

11 月 12 日 谢继炯任中共馆陶县委书记。

11 月 14 日 邯郸市委副书记张瑞书率领邯郸市女企业家一行到馆陶开展“邯郸市女企业家走进馆陶、合作共赢”活动。随后，在馆陶宾馆举行“东部振兴，巾帼助力，走进馆陶，合作共赢”签约仪式。

11 月 18 日 馆陶县召开全县领导干部大会。县委书记谢继炯出席会议并作重要讲话。县委副书记马光瑞宣读《中共馆陶县委、馆陶县人民政府关于表彰大气污染环境整治集中攻坚战先进单位和先进个人的决定》。

11 月 21 日 馆陶县召开县委工作汇报会暨省委巡视工作动员会议。省委巡视组组长石文生出席会议并作动员讲话。市委常委、纪委书记杨长新出席会议并讲话。县委书记谢继炯出席会议并就馆陶县三年来推进党风廉政建设和反腐败工作情况作了汇报。县委副书记、代县长孟凡雄主持会议。

11 月 26 日 馆陶县幼儿园通过省级示范园评估验收。

11 月 27 日 邯郸市委常委、统战部长王社群到馆陶县调研指导工作。先后深入到多凯复合材料、金环瑞吉德、镕达化工、规划展馆等地进行实地调研。王社群对馆陶县经济社会发展所取得的成绩给予充分肯定。

11 月 28 日 著名语文教育专家余映潮在馆陶成立全省首家县级“余映潮语文工作室”。

是日 邯郸市人大常委会副主任李永科到馆陶县调研指导工作。

是日 邯郸市副市长侯华梅到馆陶县调研指导教育教学工作。

11 月 29 日 邯郸市委常委、常务副市长何江海到馆陶县调研指导工作。先后深入到信德电力配件、北科机械、多凯复合材料、金环瑞吉德、化工园区、规划展馆等地进行实地调研。何江海对馆陶县经济社会发展所取得的成绩给予充分肯定。

12 月 1 日 馆陶县举办“世界艾滋病宣传日”主题宣传活动。

12 月 4 日 邯郸市秋冬季绿色廊道建设现场观摩会在馆陶县召开。副市长宋仁堂出席会议并讲话。县委书记谢继炯出席会议并汇报了馆陶县工作情况。宋仁堂对馆陶县造林绿化工作所取得的成绩给予充分肯定。

12月5日 馆陶县举行3周岁以下儿童免费口服脊髓灰质炎减毒活疫苗（糖丸）强化免疫活动。

12月6日 12月4日至6日，以河北省政府教育督导室主任王占林为组长的省政府教育督导组到馆陶县督导评估教育工作。先后深入到县第一中学、实验中学、陶山中学、实验小学、县幼儿园等学校进行了现场督导评估。王占林对馆陶县教育教学工作给予高度评价。馆陶县顺利通过省政府教育督导评估。

是日 农业部小麦专家组副组长郭天财带领由全国农技中心组织的北方13省（自治区、直辖市）农技推广站、农业部小麦专家指导组成员，到馆陶县调研指导小麦苗情和技术服务工作。

2014年

1月14日 中共馆陶县委十一届六次全体（扩大）会议召开。

1月17日 馆陶县十六届人大常委会举行第十二次会议。

1月20日 政协馆陶县第八届委员会第三次会议开幕。

1月21日 馆陶县第十六届人民代表大会第三次会议开幕。

是日 政协馆陶县第八届委员会第三次会议闭幕。

1月22日 馆陶县十六届人民代表大会第三次会议举行闭幕式。

是月 馆陶县公主湖水利风景区被河北省水利厅命名为首批省级水利风景区。

是月 馆陶县金凤市场荣获“全国农产品批发市场行业十强市场”和“促进地方农产品流通突出贡献十强市场”两项荣誉。

2月21日 馆陶县金凤禽蛋农贸批发市场荣获河北省流通产业十大最具领导力品牌市场。

是日 河北省原副省长何少存、邯郸市人大常委会副主任李士海到馆陶县调研指导地源热泵集中供热工作。

3月12日 邯郸市市长回建、副市长孟广军带领市直有关部门负责人到馆陶县调研产业集群发展情况。

3月18日 馆陶县召开省委巡视组交换意见大会。

是日 馆陶县举行总投资27.6亿元的金环二期等七大项目集中开工仪式。

3月21日 中共馆陶县第十一届纪律检查委员会第四次全体会议召开。

3月25日至28日 邯郸市委常委、政法委书记崔永斌到馆陶县开展党的群众路线教育实践活动蹲点调研。

3月28日 县委书记谢继炯主持召开县委常委（扩大）会议并作重要讲话。

是日 馆陶县集中收听收看河北省推进京津冀协同发展工作电视电话会议。

4月11日 馆陶县召开《馆陶县志》二轮修编工作启动大会。

4月26日 河北省副省长杨汭带领省直有关部门负责人到馆陶县调研指导县城建设工作。

4月28日 “应对气候变化条件下地下水含水层超采治理与管理战略”项目瑞士代表团到馆陶县考察。

5月22日 中央统战部光彩事业指导中心主任、中国光彩事业促进会副秘书长孙公麟到馆陶县调研指导工作。

5月31日 在今日举行的第六届冰心散文奖颁奖大会上，馆陶县作家牛兰学的散文《听花开的声音》荣获优秀作品奖。

6月7日 馆陶县文学艺术综合季刊《陶山》第一期正式出版。

6月24日 邯郸市委常委、政法委书记崔永斌到馆陶县调研指导党的群众路线教育实践活动并主持召开座谈会。

7月2日 河北省副省长杨汭带领参加全省县城建设工作调度座谈会参会人员到馆陶县观摩县城建设。

是月 馆陶县“蛋鸡产业健康发展关键技术集成与示范”项目被列入国家科技富民强县计划。

8月 馆陶县柴堡镇、魏僧寨镇被国家住房和城乡建设部列入全国重点镇。

8月29日 馆陶县十六届人大常委会举行第十五次会议。

是月 《张家口日报》以“穷财政如何撑起大民生”为题头版报道馆陶县城市建设典型经验。

是月 中国优质农产品开发服务协会授予馆陶县黑小麦种植基地和黄瓜种植基地“中国优质农产品示范基地”称号。

9月30日 馆陶县举行首个烈士纪念日公祭活动。县委书记谢继炯、县长孟凡雄向范筑先等革命烈士敬献花篮。县长孟凡雄宣读公祭文。县委副书记马光瑞主持公祭活动。

9月 馆陶县被确定为全国第五批小型农田水利重点县。

10月16日 邯郸市委书记高宏志到馆陶县调研指导工作。

10月28日 馆陶县举行中医院心脑病综合楼正式投用仪式。

10月29日 馆陶县举行总投资45.2亿元的拖拉机产业园及中韩铠特农机制造等七大项目集中开工仪式。

11月5日 邯郸市人大常委会主任彭学增，副主任郑金平、李永科带领部分常委会委员和市人大代表到馆陶县视察重点项目建设工作。

11月17日 馆陶县十六届人大常委会举行第十六次会议。

是月 馆陶县作家牛兰学荣获首届全球华人中国长城散文金砖奖优秀奖。

是月 馆陶县“馆青牌”黄瓜在第十五届中国绿色食品博览会上荣获金奖，是河北省唯一获得此项殊荣的蔬菜产品。

12月20日 邯郸市委副书记、代市长王会勇带领市直有关部门负责人到馆陶县调研指导工作。

12月25日 馆陶县十六届人大常委会举行第十七次会议。

是月 寿山寺乡翟庄黄瓜基地顺利通过河北省现代蔬菜产业园验收。

2015年

1月9日 邯郸市人大常委会副主任胡永海、市政协副主席申玉娥带领驻邯央企、省企企业家到馆陶县参观考察。

1月10日 中共馆陶县委十一届七次全体（扩大）会议召开。

1月12日 邯郸市委常委、纪委书记魏吉平到馆陶县调研工作。

1月20日 馆陶县召开第一届青年联合会成立大会。

1月21日 邯郸市政府副市长宋仁堂带领市农业、林业、水利等相关部门负责人到馆陶调研指导工作。

是日 馆陶县第十六届人大常委会举行第十八次会议。

1月22日 市城镇化考核组在市城管局调研员毛建朝的带领下到馆陶县考核城镇化建设工作。

是月 馆陶县交通运输局被授予“2014年度市级青年文明号”荣誉称号。

2月2日 全国廉政漫画大赛获奖作品巡展在馆陶县展出。

2月28日 馆陶县第十六届人大常委会举行第十九次会议。

是月 共青团馆陶县委荣获2014年度“河北省二十佳团县（市、区）委”荣誉称号。

3月2日 中国共产党馆陶县第十一届纪律检查委员会第五次全体会议召开。

3月3日 馆陶县召开庆祝“三八”妇女节暨首届“魅力女性和美丽家庭”表彰大会。

3月7日 政协馆陶县第八届委员会第四次会议开幕。

3月8日 馆陶县第十六届人民代表大会第四次会议开幕。

是日 政协馆陶县第八届委员会第四次会议闭幕。

3月9日 馆陶县十六届人民代表大会第四次会议举行闭幕式。

是日 邯郸市委常委、秘书长刘德明到馆陶县调研指导工作。

3月10日 县委书记谢继炯主持召开县四套班子会议并讲话。县长孟凡雄就县级领导分包重点项目、重点工作以及当前主要工作任务讲了具体意见。

3 月 18 日 馆陶县举行总投资 28.8 亿元的七大项目集中开工仪式。

3 月 20 日 馆陶县召开县城建设攻坚动员会，县委书记谢继炯出席会议并讲话。

3 月 24 日 邯郸市委副书记、政法委书记崔永斌带领市发改委、工信局、科技局、农业局、金融办和邯郸银行、农村信用社等部门负责人深入馆陶县拖拉机产业园铠特农机制造项目进行实地调研。

是日 馆陶县开展“3·24”世界防治结核病日宣传活动。

3 月 26 日 馆陶县召开全县人口和计划生育会议。县长孟凡雄、副县长胡桂芹出席会议并分别讲话。

是月 馆陶县寿山寺乡寿东村荣获“第四届全国文明村”称号，成为馆陶历史上第一个“全国文明村”。

是月 馆陶县金凤市场荣获“中国农产品批发市场行业发展 30 年最具竞争力市场”荣誉称号。

4 月 1 日 馆陶县举办创新知识专题讲座。县委书记谢继炯以“激活你的创新思维”为主题，为全县广大干部上了一堂生动的创新课。

4 月 1 日 河北省委农工部考察组在省委农工部副部长刘振洲的带领下，到馆陶县考察农村盘活闲置宅基地、创新宅基地利用方式等项工作。

4 月 18 日 河北省政协副主席边发吉一行到馆陶县调研指导工作。

4 月 21 日 馆陶县举办“我是馆陶人——雁翼诗歌节朗诵比赛”开幕式。

4 月 29 日 河北省农村面貌改造提升行动观摩团到馆陶县就农村面貌改造提升工作进行现场观摩。

是月 馆陶县金凤市场荣获中国市场学会批发市场发展委员会颁发的“全国百强品牌市场”荣誉称号。

5 月 4 日 馆陶县举行纪念“五四运动”96 周年表彰大会暨“蓝保杯”青年创新创业创优大赛启动仪式。

5 月 11 日 馆陶县举行金融知识专题讲座。县长孟凡雄为全县各部门、有关企业负责人上了一堂生动实用的金融课。

5 月 11 日 北京首都农业集团到馆陶县考察禽蛋产业和金凤市场。

5 月 13 日 河北工程大学校长王延吉一行到馆陶县调研。

5 月 28 日 县长孟凡雄为县政府党组成员和政府有关部门讲了一堂题为“以‘三严三实’专题教育推动政府工作再上新水平”的专题党课。

是日 馆陶县第十六届人大常委会举行第二十次会议。

5 月 28 日至 29 日 邯郸市委副书记、政法委书记崔永斌到馆陶县就开展“三严三实”专题教育进行蹲点调研。

6月2日 国家水利部农水司副司长胡朝碧到馆陶县督导检查河北省节水供水重大水利工程建设工作。

6月3日 邯郸市委副书记陈会新到馆陶县调研指导工作。

6月4日 邯郸市人口计生重点工作推进座谈会在馆陶县召开。

6月6日 国家农业部美丽乡村办公室主任魏玉栋到馆陶县调研指导美丽乡村建设工作。

6月9日 香港四洲集团主席助理范瑞方、执行董事叶伟强到馆陶县参观考察。

6月13日 馆陶县举办授予乔十光、汪易扬先生“杰出贡献奖”暨书画作品、收藏图书捐献仪式。

6月15日 中国建设银行邯郸分行行长赵宇到馆陶县调研指导工作。

6月16日 河北省扶贫办副主任罗强到馆陶督导检查驻村扶贫工作。

6月18日 县长孟凡雄主持召开金融工作座谈会并讲话。

6月27日 国家农业部发展计划司投资计划处处长张永江到馆陶县调研指导美丽乡村建设工作。

6月30日 邯郸市人大常委会主任彭学增，副主任郑金平、李永科等一行到馆陶县对开展行政许可执法进行视察。

是日 馆陶县与北京首农商业连锁有限公司举行战略合作框架协议签约仪式。

是日 国家财政部、国土资源部、农业部、水利部四部委考核组到馆陶县考核地下水超采综合治理工作。

7月1日 馆陶县召开老干部庆“七一”座谈会。

7月6日 馆陶县与阿里巴巴农村淘宝项目举行战略合作意向签约仪式。

7月21日 河北省委农工部副部长刘振洲到馆陶县考察农业农村工作。

7月23日 馆陶县召开农村淘宝项目启动大会，县长孟凡雄出席会议并讲话。

7月28日 馆陶县召开省级园林县城复查考核工作动员大会，县长孟凡雄出席会议并讲话。

7月29日 馆陶县举行大连理工大学、河北镕达化工教学实践基地签约揭牌仪式。

8月1日至2日 以河北省住建厅城建处处长李景会为组长的省住建厅检查组对馆陶县省级园林城创建工作进行复查。

8月3日 馆陶县召开全县领导干部大会。县委书记谢继炯出席会议并讲话。县长孟凡雄传达了省委书记赵克志、省长张庆伟和市委书记高宏志的重要讲话精神，并就贯彻落实省、市领导讲话精神讲了意见。

8月4日 河北日报社主编、副社长王智丽到馆陶县调研美丽乡村建设工作。

8月11日 邯郸市委常委、组织部长李志刚到馆陶县调研。

8月12日 邯济铁路公司总经理王凯到馆陶县考察。

是日 河北省人大农委主任委员李广恩一行到馆陶县视察农村金融改革创新和服务“三农”情况。

8月14日 馆陶县第十六届人大常委会举行第二十二次会议。

8月18日 邯郸市委常委、军分区司令员刘新泉到馆陶县检查指导征兵工作。

8月20日 河北省军区副政委李建斌到馆陶县检查指导征兵工作。

8月26日 馆陶县人大常委会组织部分市、县人大代表视察城建工作。

8月28日 河北省安全生产大检查督导组到馆陶县就安全生产工作进行督导检查。

8月31日 馆陶县阿里巴巴农村淘宝暨电商园项目举行开业盛典仪式。

是月 馆陶县金凤市场被国家知识产权局确定为国家知识产权规范化培育市场。

是月 馆陶县被评为河北省休闲农业与乡村旅游示范县，全市唯一。

是月 市政府授予馆陶县“2014年度全市节能削煤工作先进县”荣誉称号。

是月 中国民间艺术家协会授予馆陶县“中国漆画艺术之乡”称号。

9月10日 馆陶县举行庆祝教师节表彰大会，县长孟凡雄出席大会并讲话。

9月16日 国土部北京督察局三室副主任马曙光一行到馆陶县就土地利用工作进行专项督察。

9月17日 馆陶县召开美丽乡村建设表彰暨再动员大会。

是日 国家教育部语用司政策法规与督察处处长周道娟带领调研组到馆陶县调研。

9月19日 河北省人大常委会委员、农委副主任王慧军一行对馆陶县美丽乡村建设工作进行专题视察。

10月6日 河北省委农工部副巡视员、美丽乡村办公室副主任、项目组组长张宝强到馆陶县调研指导工作。

10月12日 馆陶县举行“国庆长假哪里去 我在小镇等着你”活动总结表彰大会。县委书记谢继炯出席会议并作讲话。县长孟凡雄对国庆游活动整体情况进行总结。

是日 全国政协委员、中国音协副主席、著名作曲家戚建波到馆陶县对美丽乡村和城市建设工作进行采风。

10月14日 河北省委办公厅综合调研室主任张立衡到馆陶县调研。

10月15日 邯郸市副市长侯华梅到馆陶县考察文化工作和美丽乡村建设工作。

是日 河北省商务厅巡视员王梅英到馆陶县调研指导成品油市场秩序专项整治工作。

10月16日 馆陶县举行秋季六大重点项目集中开工仪式。

10月20日 CCTV-7走进馆陶栏目组为粮画小镇寿东村授牌。

10月27日 由《农民日报》社会活动部主任王芳、中央电视台农业频道副总编季林、

《农民日报》河北记者站站长冯雷、中国农业新闻网总编陆军组成的中央媒体考察团到馆陶县考察美丽乡村建设工作。

10 月 28 日　馆陶县召开“解放思想　抢抓机遇　奋发作为　协同发展”大讨论宣讲报告会。

11 月 1 日　“馆青牌”黄瓜荣获第十六届中国绿色食品博览会金奖。

11 月 16 日　国家义务教育督导组对馆陶县“义务教育基本均衡县”进行评估验收。

11 月 17 日　河北省文化厅党组书记王离湘一行到馆陶县就公共文化基础设施建设、文化产业发展等工作进行调研。

11 月 19 日　河北省政府副省长姜德果到馆陶县调研县城建设工作。

是月　馆陶县现代农业园区被省政府确定为省级现代农业园区。

11 月 25 日　全国供销合作总社党组成员、理事会常务理事于培顺到馆陶县调研指导工作。

11 月 26 日　邯郸市人大常委会副主任李惠玲带领部分市人大代表到馆陶县调研《档案法》贯彻实施情况。

是日　河北省人口计生和医改考核组在省计生委党组副书记、副主任梁占凯的带领下到馆陶县就人口计生和医改工作进行考核。

11 月 30 日　馆陶县十六届人大常委会举行第二十三次会议。

是月　经全国工商联民间文物艺术品商会批复，“中国粮食画研究会”正式落户馆陶。

是月　牛兰学散文集《母亲的纺车》被中国国家图书馆馆藏。

是月　教育小镇王桃园村被邯郸市教育局命名为“邯郸市中小学生社会实践教育基地”。

是月　馆陶县中医院张洪洲同志荣获“全国名老中医药专家”称号。

是月　馆陶县顺利通过国家义务教育基本均衡县评估，被认定为“全国义务教育基本均衡县”。

是月　馆陶县金凤市场荣获“2015 年度全国肉禽蛋批发市场十强”和“2015 年度典型优秀市场”两项荣誉。

12 月 3 日　邯郸市政府副市长宋仁堂带领市农办、农牧局等有关部门主要负责人到馆陶县调研美丽乡村建设工作。

12 月 16 日　邯郸市人大常委会副主任武十周、李士海到馆陶县调研指导工作。

12 月 21 日　中共馆陶县委十一届八次全体会议召开。委书记谢继炯主持会议并代表县委常委会向大会作了题为《为建设宜居宜业宜游的生态强县而奋斗》的工作报告。

2016年

1月14日 河北省美丽乡村考核组到馆陶县考核美丽乡村建设工作。

是日 馆陶县召开造林绿化和扶贫工作会议。

1月14日至15日 邯郸市县城建设工作考核组到馆陶县考核验收县城建设工作。

1月15日至16日 北京市发改委原常务副主任柴晓钟带领投资北京国际有限公司考察团到馆陶县考察指导工作。

1月21日 邯郸市委副书记崔永斌，市委常委、宣传部长、农工委书记范国珍带领考察团到馆陶县考察美丽乡村建设工作。

1月26日 政协馆陶县第八届委员会第五次会议开幕。

1月17日 馆陶县第十六届人民代表大会第五次会议开幕。

是日 政协馆陶县第八届委员会第五次会议闭幕。

是日 邯郸市人大常委会副主任郑金平到馆陶县走访慰问困难群众和老党员。

1月28日 馆陶县十六届人民代表大会第五次会议举行闭幕式。

1月29日 馆陶县开展“情系群众·圆梦健康”卫生计生服务宣传活动。

1月31日 馆陶县举行美丽乡村之歌——《我在小镇等着你》文艺汇演。

是月 馆陶县“魏徵”牌商标被评为河北省著名商标。

2月7日 馆陶县四套班子领导先后深入到县公安局、供电公司、县医院、广播电视台、交警大队、中医院、自来水公司等地慰问节日期间坚守工作岗位的一线干部职工，并致以新春祝福。

2月19日 馆陶县召开2016年教育工作会议。

2月20日 中国共产党馆陶县第十一届纪律检查委员会第六次全体会议召开。县委书记谢继炯出席会议并讲话。县委常委、纪委书记袁爱兵代表县纪委常委会作工作报告。会议以举手表决的方式通过了袁爱兵所作的工作报告。

2月21日至24日 中国社会科学院农村发展研究所研究员党国英到馆陶调研指导工作。

2月29日 馆陶县举行重点项目集中开工仪式。

是月 馆陶县中医院院长武洪民荣获省政府特殊津贴荣誉，全县首例，也是全省唯一县级享受此称号的个人。

是月 馆陶县医院被国家卫计委授予“国家级爱婴医院”称号，被河北省卫计委确定为“河北省促进自然分娩示范医院和示范孕妇学校”。

是月 馆陶县理论宣讲工作站得到中共河北省委宣传部、中共河北省委讲师团通报表彰，被授予“2015 年度省级先进理论宣传工作站”，全市唯一。

3 月 4 日 馆陶县召开《馆陶县志（1997—2013）》市级专家评审会。

3 月 5 日 河北省统计局副巡视员孟祥云到馆陶县举行“‘十三五’全面建成小康社会目标体系”专题讲座。

3 月 13 日 馆陶县召开最美乡村过大年表彰暨美丽乡村建设动员大会。县委书记谢继炯出席会议并讲话。县长孟凡雄全面总结最美乡村过大年活动成绩并对下一步工作进行安排部署。

3 月 16 日 馆陶县召开粮画小镇建设两周年纪念大会。县委书记谢继炯出席会议并讲话。县委常委、副县长、农工委书记李春红就粮画小镇下一步建设工作进行安排部署。

3 月 19 日 “基层中医圆梦燕赵行”走进馆陶暨邯郸地区启动仪式在县中医院举行。

3 月 20 日 河北省委副书记赵勇到馆陶县调研指导美丽乡村建设工作。

3 月 23 日 馆陶县举行“三清一拆大绿化”专项行动誓师大会。

3 月 24 日 馆陶县开展“3·24 世界防治结核病日”宣传活动。

3 月 26 日 馆陶县开展“学后池愚公治沟·三清一拆”万人大会战活动。

是月 馆陶县被中国科学技术协会列入首批“2016—2020 年度全国科普示范县（市、区）”名单。

是月 金凤市场被河北省工信厅评为“河北省中小企业公共服务示范平台”。

是月 馆陶县被评为“河北省美丽乡村建设先进县”，黄瓜小镇翟庄村、教育小镇王桃园村、羊洋花木小镇李沿村被评为“河北省美丽乡村”。

是月 馆陶县供销社荣获河北省供销系统“投资担保经营全覆盖先进县”和“农村合作金融创新单位”荣誉称号。

是月 馆陶县环保局被邯郸市环保局授予“2015 年度全市环保先进单位”荣誉称号。

4 月 14 日 邯郸市地方志机构主任工作会议在馆陶县召开。

4 月 19 日 粮画小镇获国家 AAA 级旅游景区，并举行挂牌仪式。

4 月 27 日 河北省人大常委会党组副书记、省总工会主席王增力一行到馆陶县调研指导工作。

是日 邯郸市人民调解工作现场会在馆陶县召开。

4 月 28 日 张家口银行馆陶支行举行开业仪式。

5 月 3 日至 4 日 河北省工业和信息化厅副厅长、国防科技工业局局长徐振川到馆陶县调研指导工作，并授予馆陶县“省级军民融合产业示范基地”荣誉奖牌。

5 月 5 日 河北省人大常委会副主任王雪峰到馆陶县调研指导工作。

是日 河北省语言文字督查组到馆陶县观摩语言文字工作。

5 月 9 日 馆陶县第十六届人大常委会举行第二十六次会议。

5月11日 以国家统计局河北调查总队党组成员、纪检组组长冯志忠为组长的省督导检查组到馆陶县督导检查“三农普”面积遥感测量暨农作物对地调查工作。

5月11日至12日 由河北省住建厅城建处处长李景会与省内外有关专家组成的评审团到馆陶县就创建国家园林县城进行初评。

5月16日 河北省人大法制工作委员会副主任周英带领考察团到馆陶县调研美丽乡村建设工作。

5月26日 河北省旅游发展委员会巡视员吕力到馆陶县考察美丽乡村建设工作。

5月27日 馆陶县举行美丽乡村大学开学典礼。

6月2日 河北省妇联副主席王静带领考察团到馆陶县参观考察美丽乡村建设工作。

6月3日 馆陶县举行城建国土商务林业四项重点工作表彰大会。

6月4日 邯郸市卫生计生系统新形势下新闻信息工作研讨会暨《医院管理论坛报》座谈会在馆陶县召开。

6月7日 河北省委书记、省人大常委会主任赵克志到馆陶县调研指导美丽乡村建设工作。省委常委、秘书长、统战部部长范照兵陪同调研。

6月8日 馆陶县举行第二届“健康与体验”主题黑小麦麦田节开幕式。

6月13日 馆陶县召开政府全体会议暨廉政工作会议。

6月29日 馆陶县召开老干部庆“七一”座谈会。

是月 《陶山》文学期刊荣获河北文学内刊贡献奖。

7月4日 馆陶县首届神农油葵文化旅游节开幕。

7月2日 馆陶县美丽乡村策划设计中心举行成立仪式。

7月25日 馆陶县举行抗洪救灾爱心捐助仪式。

是月 馆陶县被评为2016年全国电子商务进农村综合示范县。全省6个县（市、区）之一，全市唯一。

是月 馆陶县寿山寺乡寿东村党支部书记张付仁被评为“全国优秀党务工作者”，全市唯一。

是月 馆陶县人民防空办公室荣获“河北省人民防空系统先进集体”称号。

是月 馆陶县被授予“国土资源节约集约模范县”荣誉称号。全省7个获此殊荣的县（市、区）之一，全市唯一。

8月2日 CCTV-7《美丽中国乡村行》栏目制片人屈哲到馆陶县参观考察美丽乡村建设工作。

8月6日 河北省发改委副主任赵春华带领考察团到馆陶县调研美丽乡村建设工作。

8月12日 河北省卫生计生委县级医改重点联系督查调研组在省卫生计生委党组成员、省中医药管理局局长段云波的带领下到馆陶县督导调研县级公立医院综合改革工作。

8月16日 邯郸市副市长孟广军到馆陶县检查指导安全生产工作。

8月26日 河北省委党校常务副校长刘忠昌到馆陶县调研指导工作。

8月28日 馆陶县举行“2016中国·馆陶首届乡村风情”半程马拉松比赛。

是月 馆陶县荣获“邯郸市2015年度公共机构节能先进单位”称号。

是月 馆陶县粮画小镇寿东村荣获中国乡村旅游创客示范基地称号。全省仅两个乡村获此殊荣，粮画小镇寿东村为全市唯一。

是月 粮画小镇旅游开发项目入选国家旅游局印发的《关于印发2016全国优选旅游项目名录的通知》。

9月2日 馆陶县召开《馆陶县志（1997—2013)》全国专家评审会。

9月4日 馆陶县在石家庄举行专题招商推介会暨重点合作项目签约仪式。

9月9日 馆陶县举行庆祝教师节表彰大会。

9月21日至22日 河北省委党校副校长李胜茹到馆陶县参观考察美丽乡村建设工作。

是月 馆陶县“馆青”牌黄瓜在第十七届中国长春绿色食品博览会上荣获金奖。全省唯一。

是月 王桥乡西留庄村村医靳书申荣获“针刀医学新星奖”。全省唯一。

是月 馆陶县公主湖湿地公园文化广场被评为“河北最美文化广场”。

是月 馆陶黑小麦在国家工商行政管理总局商标局成功注册地理标志证明商标。

10月13日 馆陶县举行第二实验小学揭牌暨开学典礼仪式。

10月15日 河北省中医药学会“治未病”、中医基础理论、中医药文化专业委员会2016年年会在馆陶县召开。

10月18日 河北省委常委、宣传部部长田向利到馆陶县调研美丽乡村建设工作。

10月18日至19日 河北省语言文字工作委员会办公室主任、省教育厅语言文字工作处处长王晖带领评估组到馆陶县评估验收语言文字工作和省级素质教育示范学校创建工作。馆陶县顺利通过评估验收，全省首例。

10月26日 邯郸市副市长宋仁堂到馆陶县调研指导产业扶贫工作。

10月28日 馆陶县举行总投资44.9亿元的七大项目集中开工仪式。

是月 金凤市场荣获“2016年度农业部定点批发市场信息采集报送工作先进单位”称号。

是月 黄瓜小镇翟庄村中国黄瓜采摘苑被河北省农业厅评为“五星级休闲农业采摘园”。

11月4日 馆陶县召开脱贫攻坚古高庄村观摩总结大会。

11月10日 河北省供销合作总社理事会副主任、党组成员张忠辉带领参加全省供销社农村金融服务体系建设推进会的各市、县供销社主管负责人到馆陶县现场观摩农村金融超市网点建设工作。

11 月 16 日至 17 日 国家语言文字工作督导评估组在国家语言文字工作委员会副主任、教育部语言文字应用管理司司长、国家督学姚双喜的带领下，到馆陶县就语言文字工作进行督导评估。

11 月 17 日 河北省扶贫办副主任王留根到馆陶县督导检查脱贫攻坚工作。

11 月 30 日至 12 月 1 日 国家农业部经管司巡视员、调研员、首席农经专家关锐捷带领调研团队到馆陶县就农宅利用、农房财产性收益、美丽乡村建设等项工作开展调研。

是月 馆陶县正式成立旅游发展委员会，为全省首个县级旅游发展委员会。

是月 馆陶县被国家农业部认定为“2016 年全国休闲农业和乡村旅游示范县”。全市唯一。

12 月 1 日 河北省人力资源和社会保障厅社保处处长彭卫宁带领督查组到馆陶县就公立医院综合改革工作开展专项督查。

12 月 3 日 馆陶县代表河北省接受国家全面改善贫困地区义务教育薄弱学校基本办学条件工作专项督导。

12 月 6 日 邯郸市农村信用社“双基”共建农村信用工程经验交流现场会在馆陶县召开。

12 月 13 日 邯郸市委常委、纪委书记刘立著到馆陶县调研指导工作。

12 月 14 日 馆陶县召开党校工作会议。

12 月 23 日 馆陶县召开粮画小镇荣获“2015 中国十大美丽乡村”一周年纪念大会。

12 月 30 日 馆陶县举行“信用村”授牌仪式。寿山寺乡翟庄村、房寨镇伴导村被评为第一批信用村。

是月 馆陶县被评为河北省全域旅游示范区创建单位。

是月 馆陶县中医院张洪洲主任中医师荣获河北省第二届名中医称号。

一、“美丽乡村”综览

2010 年以后，按照中央和省、市部署，馆陶县委、县政府在新农村建设中，先后开展了文明生态村创建、社会主义新农村创建、农村面貌改造提升等活动。突出提高农民幸福指数，重点在全县组织实施了新农村美化、绿化、净化，开展了“街直路平巷巷通”、农村小街巷治理、以绿填空、空心村治理、新民居建设等新农村建设工程。

2014 年，馆陶县开始实施“美丽乡村”建设，本着一切从实际出发、实事求是的指导思想，总结过去新农村建设经验教训，留住乡愁，做强产业，按照小镇文化的理念，挖掘乡村特色，让“农村更像农村”，留住田园风光为特色的乡村符号，走出了一条平原地区建设美丽乡村的新路子。先后建成了粮画小镇寿东村、黄瓜小镇翟庄村、教育小镇王桃园村、羊洋花木小镇李沿村、杂粮小镇郭辛庄村等一批精品美丽乡村。寿东村被评为 2015 中国十大最美乡村、全国文明村镇。2015 年 10 月，馆陶县寿东村被中央电视台农业频道授予“美丽中国乡村行拍摄基地”称号，并拍摄了“美丽中国乡村行——走进馆陶”专题片。馆陶县荣获全国休闲农业与乡村旅游示范县，寿东村、翟庄村、李沿村被评为省级乡村旅游示范村，数量居全市第一。馆陶县被列入邯郸市唯一一个全省城乡一体化发展试点。特色乡村旅游实现良好开局，先后举办了“国庆长假小镇游”和“最美乡村过大年”活动，形成了规模、聚集了人气、带来了商机。仅 2016 年春节小镇游期间，累计接待全国各地游客 74.5 万人次，其中粮画小镇寿东村游客总数达到 53.6 万人次，占全县游客总数的 71.9%。初步估算，全县累计实现旅游收入 4600 余万元，其中五个小镇旅游收入 1100 万元。美丽乡村揭开了馆陶发展新的一页。

馆陶县美丽乡村建设经验先后在《人民日报》《光明日报》《农民日报》《河北日报》

等报纸及新华网等 20 多家主题媒体刊发 200 余篇。2015 年 10 月 30 日，《人民日报》报道了《用粮食画出好日子》。2015 年 11 月 22 日，《河北日报》头版报道了《一个贫困县的“美丽蝶变”——馆陶县巧破难题建设美丽乡村》。2015 年 11 月 26 日，《农民日报》头版头条报道了《“小镇文化”闯新路——看贫困县馆陶如何因地制宜建设美丽乡村》。2015 年 11 月，馆陶县委书记谢继炯应邀参加在成都市举办的“首届中国美丽乡村论坛”，并在大会作主题演讲《乡村风情、魅力小镇》。12 月，县委书记谢继炯出席了“中国十大最美乡村颁奖仪式”，并在“中国美丽乡村建设交流会”上作演讲。馆陶创建美丽乡村的经验做法得到全国美丽乡村办公室主任魏玉栋的充分肯定，认为这是大华北地区美丽乡村建设的经典案例，称赞馆陶县的做法就是美丽乡村建设的方向。2016 年，五位省委常委领导走进馆陶，调研指导美丽乡村建设工作，并提出了具体指导意见，省委书记赵克志评价馆陶的美丽乡村建设工作：思路不错，干的不错，效果不错。

2015 年 11 月，县委书记谢继炯在“中国美丽乡村论坛”上作主题演讲

理念定位

理念 馆陶县以一切从实际出发、实事求是为指导思想，做到尊重民意、留住乡愁、做强产业、改造提升。围绕每个村庄的实际情况进行改造建设，因村制宜，因事施策，这是馆陶美丽乡村建设的一条基本经验。

尊重民意　即尊重老百姓当前的生产生活方式，遵循社会发展规律，引导而不是强迫老百姓做选择。

留住乡愁　即让农村更像农村，充满乡村记忆，有鸡鸣狗吠，有田园风光，给参观体验者的印象就是记忆中的村庄。

做强产业　把产业放在第一位，没有产业支撑的美丽乡村不会持久。在美丽乡村与产业的关系上，坚持“产业加美丽、美丽助产业、产业更美丽”的理念，发展“一村一品”或“一产带多村”。

改造提升　既不搞大拆大建，也不是千篇一律的“涂脂抹粉”，而是在原有基础上进行改造提升，宜拆则拆，宜包则包，实现不花钱也办事、花小钱办大事。在对物的改造的同时，特别注重对人的改造提升，并且始终把对人的改造提升放在突出位置。

建设内容　包括六个方面，即：教育村民、方便村民、富裕村民、壮大集体、美化环境、加强党建。“六位一体”的六个方面既是内容又是目标，既是独立的方面又是有机的整体，相互联系、密不可分。

定位　“乡村风情、魅力小镇”是馆陶县美丽乡村建设过程中逐渐摸索出的对美丽乡村综合的全面内涵的把握。保留传承更多的乡村记忆和元素，既是老人不舍的故土，又是游子恋念的家园，通过完善农村基础设施和公共配套服务，引入时尚创新元素，展现现代乡村特色。比如，每个特色小镇都实现了 WIFI 覆盖，为村民和游客提供无线上网服务，既方便村民，同时也是智能化与现代科技对乡村生活的渗透。美丽乡村不是城市，但具有现代城市的文明元素；魅力小镇是乡村又不是传统的乡村，是没有乡忧只有乡愁的美丽乡村，是传统与现代的有机融合。

建设模式

政府引导　政府通过以奖代补和投入引导资金建设基础设施，强化村子产业基础，使其具备市场化运作的条件。

村为主体　在建设过程中让村民意识到美丽乡村是自己的事，通过村民代表大会去商议，把政府的想法变成村民自身的意愿。坚持让老百姓充分广泛地参加，让美丽乡村建设成为村民自觉自愿加入进来的过程。

社会参与　通过多种形式的宣传，努力营造全社会共同关注、支持、参与美丽乡村建设的氛围。

市场运作　把村子作为市场主体，鼓励各类社会资本向美丽乡村聚集。

规划编制　美丽乡村建设规划和城乡一体化规划相辅相成，最终目标都是要补足农村短板，促进城乡共同繁荣。探索以县城为中心、以一批“美丽小镇”为支点的城乡一体化新格局。即：公交一体、垃圾处理一体、供水一体、供热供气一体、社会保障一体等。统筹编制《馆陶县美丽乡村建设规划（2015—2020年）》，全县农村按20%、60%、20%的比例确定为五星、四星、三星级美丽乡村，到2020年全县农村全部按照星级完成美丽乡村建设标准。农村家庭每年按20%的比例完成美丽家庭创建。

示范布局　从全县五星、四星、三星级美丽乡村中，分别选取20%的村作为示范点，发挥示范带动作用。

社区试点　依托首批建成的特色小镇，作为“一镇多社区”模式的中心，构建“共用一个名字、共享基础设施和服务功能、共同依托同一主导产业基础”的各具特色的全县域美丽乡村。馆陶县将粮画小镇、羊洋花木小镇作为“一镇多社区”模式的先行试点。

粮画小镇——寿东村荣获2015中国十大最美乡村称号

社会动员

动员造势　美丽乡村建设开始前，召开村民大会和村民代表大会，组织村民参观美丽乡村示范村，把政府的行为转化为老百姓自己的意愿和自觉的行动。

常委分包　县委常委直接分包美丽乡村建设重点村，为美丽乡村建设各项工作把关，并协调解决遇到的难题，强化领导的示范带动作用。

帮扶团队　选拔素质高、能力强的年轻科级干部到村担任“第一书记”，选派包村干部并抽调具有专业知识和技能的优秀人才入村工作，组建美丽乡村建设团队，实现资源下沉、工作下沉、干部下沉，共建美丽乡村。

干部“双带”　党员干部发挥“双带”作用，带头带动，实现致富致美。在经济上带头致富，在建设上带头去干，充分发挥党员干部的先进引领作用。

村民参与　引导村民在基础设施建设、环卫保洁等方面献义工，组建义务挖沟渠队、义务保洁队。在基础设施建设过程中，依照规定向村民收取一定的费用。树立村民参与意识与主人翁意识，引导村民由“裁判员”变为“运动员”。

建材配送　采取美丽“3+1”模式，“3”即施工单位、设计单位、若干原材料供应商，“1”即美丽乡村办公室，成立全国第一家“3+1”模式的美丽乡村施工队。同时建设集美丽乡村设计、展示、原材料出售、施工于一体的综合性美丽乡村建材配送超市。

评选先进　家庭是社会最基本的单元，美丽家庭是美丽乡村的细胞。建设美丽乡村，需要同步打造美丽家庭。由县直部门分包到户，帮助村民创建“美丽家庭”；发挥教育的力量，调动少年儿童参与美丽家庭创建，选派少先队员做评委评选“美丽家庭”；由县里授予“美丽家庭”牌子，悬挂在家门口，发挥其示范带动作用。

整合资源　以无偿回收、买断、租赁、参股、合作经营等方式，回收乡村闲置宅基地和房屋。通过成立农宅合作社进行统一管理、整合利用，作为空间资源吸引投资项目，或者因地制宜做好绿化，增加收入，改善生态环境。

建设基金　成立美丽乡村建设基金用于支持美丽乡村建设，来源包括县财政预算、整合上级专项资金、筹集社会资金、贷款等。基金支出方式主要有两种：一是用于基础设施，不要求偿还；二是借的方式，采取有偿使用。

景观创意

主题公园　把美丽乡村建设和农民公园建设作为一个有机整体，共同推进、协调发展，将村庄周边田地作为公园的一部分规划进来，拓展建设若干具有主题特色的农民公园，如粮画主题公园、黄瓜主题公园、爱情主题公园、花卉主题公园、教育主题公园、黑小麦主题公园、国防主题公园、牡丹主题公园、拖拉机主题公园等等，使乡村游具有更大的平台支撑，充分体现田园风光、乡村风情。

文化育人　教育小镇王桃园村，所有考上大学的学子家庭墙外悬挂“学子光荣牌”，彰显教育小镇重教传统与教育成果，起到表彰和激励作用。2015年桃园学子王海旭考上了北京大学，县里为其家庭挂上写有“桃园硕彦”的牌匾。

通过村歌、村规民约、村民学校等载体对村民进行教育，打造守法、崇礼、整洁的新农民形象。同时充分发挥学校基础教育的作用，开展“教好一个学生，带动一个家庭”活动，美德教育从小抓起。

废旧利用　树立无“无用资源”的意识，对于废弃坑塘，不是简单的填埋处理，而是根据地形，改造成运动场、广场、游乐园、空中餐厅等景观。通过重新排列组合，做加法或减法，融入创意元素，大胆发散思维，实现了废弃物的重生：废弃的油桶制成了椅凳，废弃车胎做成了墙挂式花盆，废弃的砖用于铺设新路，废弃的石磙、石槽换个姿势摆成了艺术造型。

对于不能使用的老房子、残垣断壁，进行修复修缮和细节加工，打造成艺术品，成为文化符号和乡愁的载体、年代的象征。对可以使用的旧建筑进行包装，变旧为新，旧物新用处。

墙体打造　做美墙体，从涂料的选择到墙画绘制都精心设计，与村子要突出打造的文化主题保持一致。每个小镇都根据主题文化绘制墙画。如，粮画小镇寿东村的墙画突出粮食画元素，绘制了乡愁诗长廊，凸显“乡愁”的文化符号；黄瓜小镇翟庄村突出黄瓜元素，绘制了黄瓜主题墙；教育小镇王桃园主要体现教育元素，绘制了全国最大墙壁书画长廊，等等。

公共设施　街道路面、下水管网和观光水系同时设计打造，一次到位，既体现特色又避免重复建设造成浪费。

个性设计　根据每个乡村现有的条件和基础进行个性化设计，结合景观造型实施区别亮化，突出差异化和个性魅力。在就地取材的基础上融入时尚元素，运用现代手法和表现形式，打造具有乡村记忆和时代特征的小品雕塑。比如，粮画小镇用玉米作为原材料雕塑成的“福禄”葫芦、黄瓜小镇的“时光记忆”小品，羊洋花木小镇的花木小品等。

绿化造景　通过“增香”“增绿”，鲜花进村、进屋、上墙，树木绕村，让村内充满鲜花的芬芳。用花和绿装饰百姓生活，点燃生活的热情和希望。

二、“美丽乡村”选介

粮画小镇——寿东村

村庄概况

馆陶县寿山寺乡寿东村位于馆陶县城西部，距县城3公里，紧临309国道，交通便利，民风淳朴，全村有人口713人，188户，耕地1164亩，以玉米、小麦等粮食作物种植为主，果园140亩，蛋鸡存栏5万只，是省级贫困村。该村历史悠久，名人辈出，是著名抗日民族英雄范筑先和一二九师筑先纵队司令员张维翰的故乡，因抗日英雄张寿山而得名。

明永乐二年（1404年），由山西省洪桐县迁民来此定居，群众盼望到此后能走上康庄大道，起村名为康庄。因村北有朱（猪）庄，迷信说猪吃康（糠），使村庄不能兴旺，因而改村名为南彦（难咽），并在村东建一崇兴寺，崇拜神灵保佑兴旺，后叫南彦寺。民国19年（1930年）设南彦寺乡，辖南彦寺村。抗日战争时期，民国32年（1943年）2月19日，日寇侵入该村时，逼村长张寿山（粮秣员）交代八路军藏粮地点，张寿山宁死不屈，被日军烧死。为了怀念他，将南彦寺改名为寿山寺。寿山寺村随着不断发展壮大，分成了寿山寺东、南、北三个村。

文化特色

2014 年，寿东村以美丽乡村建设为契机，引入海增粮艺有限公司，在村东建设了全国最大的粮食画制作基地，产品畅销国内外。通过政府小投资撬动社会大投资，总投资 300 多万元，流转土地建设了采摘园，建成了集加工制作、交流展示、观光体验于一体的粮艺文化中心，带动家家户户开始制作粮食画，依靠手工业老百姓富裕了起来。依托粮食画产业，加大村庄基础设施建设和环境整治工作力度，创新实施新农村建设“六位一体”工作模式，即“教育村民、方便村民、富裕村民、壮大集体、美化环境、加强党建”六个方面工作，立足村庄实际，奏响了“一年夯实基础、两年改造提升、三年美丽蝶变”的村庄建设“三部曲”，打造具有“乡村风情、城市品质”的“粮画小镇”，一跃成为第四届全国文明村镇、河北省美丽乡村、河北省文明村、2015 中国十大最美乡村。寿东村形成了完备的村庄功能体系，压缩式垃圾中转站、污水处理站正常运行，配备了垃圾箱，厕所改造率达 100%，村庄道路全部进行了硬化，实现了路路有景，处处见绿，葡萄长廊、紫藤长廊、葫芦长廊优雅别致。在创建过程中，一方面修旧利用，保留乡村建筑原貌；另一方面，注重增加同乡村特点相适应的时尚创新元素，达到乡土与时尚、传统与现代的完美结合。幼儿园、老年活动中心、卫生室、代办服务站、邮局、农家院、超市、咖啡屋等便民配套设施一应俱全；文化健身广场、竹池广场、秋千广场、小游园、农家书屋、村民学校等成为群众休闲娱乐、获取文化知识的重要场所；全面完成了安全饮水、安全用电、通讯通邮等惠民工程，呈现出村容整洁、环境优美、村风文明、和谐稳定的美丽乡村风貌。

基础设施

自 2012 至 2014 年，累计投入 400 余万元用于村庄基础设施建设。一是村级自筹资金 30 万元，建设村“两室”、扩修村内道路、建设文化广场，路灯亮了，空间宽敞了，村内秧歌队、舞蹈队陆续成立。二是整合县级资金。2013 年，寿东村被确定为农村面貌改造提升行动县级重点村。馆陶县按照集中力量办大事的思路，统筹整合涉农资金，向重点村投入，寿东村成了受益村之一，村庄

粮画胡同

面貌进一步提升。2014 年馆陶县又把寿东村作为美丽乡村创建试点，县环保局利用国家环境综合连片整治项目资金 60 余万元建设了垃圾中转站，投入 80 余万元建设了村内排污管网；县民政局投入 30 万元建成幸福互助院；县卫计局投入 15 万元实施农村厕所改造，全村 180 多户都用上了新式厕所，厕所改造覆盖率达到 100%。三是引入市场机制。该村与行知教育集团合作，双方签订合作协议，由村里免费提供土地 1.5 亩和 13 间毛坯房，行知教育集团负责装修和器材购置，建设了村幼儿园，为村内提供优质学前教育服务。寿东村与邯郸美食林集团、邮政服务公司、银行等企业合作，建设美食林超市、邮政快递服务站、咖啡屋、农家乐小院、客栈、石磨坊、银行网点等，村庄公共服务设施不断完善。四是吸纳社会资助。2014 年 11 月，邯郸金隅太行水泥有限责任公司向寿东村捐资 100 万元，作为村庄发展基金。五是争取上级资金。2014 年寿东村被评为省级美丽乡村，获得奖励资金 100 万元。

村内景点简介

寿东邮局

咖啡屋

粮画展厅　展厅面积有 81 平方米，分为两部分，一部分用于粮食画作品展示，大家可以欣赏到用五谷杂粮制作的粮食画；另一部分用于展示粮食画制作的工艺，让大家亲身体验粮食画艺术的精致。五谷粮食画是以各类植物种子和五谷杂粮为本体，通过粘、贴、拼、雕等手段，利用其它附料粘贴而成的山水、人物、花鸟、卡通、抽象等形象的画面，运用构图、线条、明暗、色彩等造型手法，对其进行特殊处理所形成的图画。

寿东邮局　邮局由一处闲置民房改建而成，再现 20 世纪 90 年代邮局风貌。同时，邮局与县邮局实现业务直通车，游客可直接在此邮寄商品和礼物，

葫芦画展厅

方便群众生活，也是一处怀旧的景点。

咖啡屋　咖啡屋由一处闲置宅基改建而成，经过包装改造以后，成了时尚的咖啡屋。咖啡屋给人一种悠闲自在的惬意，很多年轻人纷纷来这里休闲娱乐、读书演艺。这是西方文化元素与中国北方农村的完美结合，给美丽的乡村增添了几分浪漫、时尚的元素。很多外国友人来到这里，都流连忘返。

古韵葫芦　葫芦画是一种古老的汉族工艺美术品。起源于宋代，到了清朝康熙年间已很兴盛。在中国汉族民间，葫芦素有“宝葫芦”的美誉，葫芦一直被视为吉祥物，以葫芦为题材的汉族民间故事不胜枚举。古代，在吉祥物上赋诗作画，是人们喜闻乐见的形式。在葫芦上刻画和装饰的艺术称为“葫艺”。葫芦展厅内展示着各式各样的葫芦作品，都是馆陶乡土工艺美术家闫继法的创作。展厅内还有草编、虎头鞋等工艺品。

下沉式秋千广场　下沉式秋千广场原为村庄废弃坑塘，经清污除淤、坡面加固、绿化美化、安防护栏、增加设施等改造建设而成。广场面积6600余平方米，设有秋千、吊椅、走木桩、休闲座椅等休闲设施15处，建设台阶通道2条，坑沿铺设绿化砖，种有爬山虎等绿色植物，广场周围墙壁绘有儿童卡通壁画，色彩艳丽，形象逼真。

天成阁麦秆画　麦秸画又称麦秆画、麦草画，是一种历史悠久的汉族传统工艺美术品，始于隋唐时代的宫廷。它和剪纸、布贴一样是一种剪贴艺术。利用麦秸自然光泽和抢撕成丝的特性，经过熏、蒸、漂、刮、推、烫以及剪、刻、编、绘等多道工序，一般不着色，根据需要进行剪裁和粘贴而成。盛世天成工艺美术有限公司，主营产品为麦秆工艺画，是一家集挖掘、整理、传承、创新、发展为一体的专业化工艺美术公司。该公司的麦秆工艺画有多种规格和图案，产品题材涵盖人物、建筑、风景、花卉、花鸟、动物、文化等多个方面，兼有现代与古代风格、纯色与彩色工艺，已形成独特的民族文化艺术。

土房子　这座百年老屋是上世纪初修建的，经历了近代战火的洗礼，1963年的大洪水，阅尽风风雨雨，历经人间沧桑。做工精细的条几、带门闩的窗户、走暖气的土炕，勾起淡淡的乡愁。它不仅见证了时代的变迁，而且记录了在党的领导下社会主义新农村的发展历程。

老井　村中的这口老井，有100多年的历史，井不深，却有取不尽的清水，这口老井抚育几代寿东人，老井水甘冽清爽，做出的豆腐软嫩可口。现在，老井已经在它百年的磨砺中逐渐地风化，井水干枯。井壁上绿苔斑驳，渲染了老井的幽深古旧，井壁就像一条历史的河，横亘在过去和现在之间。

石磨坊　石磨面粉加工过程中不添加任何添加剂，较好地保存了小麦胚芽和麸皮中的维生素、叶酸、矿物质等多种对人体有益的营养成分，较好地满足了生活水平提高和养生保健意识增强的群众需要。

豆腐坊　纯手工豆腐，精选农家有机种植黄豆，应用祖辈留下的传统工艺手工制成。游客可以现场观看、体验农家做豆腐的过程。

农家乐

农家乐　农家乐是农民向城市现代人提供的一种回归自然从而获得身心放松、愉悦精神的休闲旅游方式。业主利用当地的农产品进行加工，满足客人的需要，成本较低，消费不高。寿东村有五家农家乐餐厅，墙是用坯垒的，墙面用泥抹的，以农家老院子为特色。餐厅以特色蒸碗为主打，蒸碗以烧、烩、蒸等烹饪手法为主，是中国北方的一种吃法，传统上有“七大碟八大碗”一说。

富民产业

粮画创作产业　依托海增粮艺公司，采取“公司＋农户＋基地”的发展模式，由农户制作粮食画，公司统一包装出售。现村中从事粮画创作的达到40余户，让村民足不出户就能增收，并带动周边村300多名群众从事粮画创作。

特色种植产业　利用集体土地和村闲置宅基地种植经济苗木和精品果园。进行规模土地流转，成立苗木种植有限公司。村民种植果园及经济苗木达到400余亩，年可增收160余万元。

乡村旅游产业　不断完善“吃、住、行、游、购、娱”等旅游要素，打造村旅游产业。在村东建设了游客服务中心，为游客提供一站式全程旅游服务，市旅游局将寿东村纳入全市乡村旅游路线，成为全市美丽乡村游的一大亮点。

黄瓜小镇——翟庄村

黄瓜小镇村标

村庄概况

黄瓜小镇——馆陶县寿山寺乡翟庄村，位于馆陶县曲柴路南侧，距县城西北约 10 公里，现有 268 户、1109 人，耕地 1246 亩，是一个典型的农业村。该村自 20 世纪 80 年代开始种植黄瓜，至今已有 30 余年历史，1987 年翟庄村成为全县第一个温室黄瓜种植专业村。村内 96% 的农户都种有黄瓜大棚，全村有 1000 多个日光温室黄瓜大棚，占地 1100 亩，黄瓜日交易量 20 万公斤，年销售额高达 3 亿元。

据传，馆陶黄瓜种植始于汉唐时期，人们经常以公主的封邑所在地来称呼公主，历史上被称为“馆陶公主”的，皆是食邑封在馆陶县而得名的。历史上有四位封号为馆陶的公主，一是汉文帝女馆陶长公主刘嫖，二是汉宣帝女刘施，三是汉光武帝女刘红福，四是唐高祖十七女（名不详）。

在许多的“馆陶公主”故事中，唐高祖李渊的十七女把自己食邑地特产馆陶黄瓜带到皇宫的故事，在当地广为流传。李渊在位时，全国各地每年都要向皇帝纳贡。有一年，到了给皇帝纳贡的季节，可是馆陶这个地方农历一二月份，正是初春，并没有新鲜的果品，作为“馆陶公主”食邑地，这里的百姓非常焦急恐慌，害怕没有贡品而得到皇帝的怪罪，也怕馆陶公主没面子。

当时，有位姓魏的农民，常年以种植蔬菜为生，他说可以把自己在小暖窖种植的黄瓜作为贡品献给皇上，大家看到初春还有新鲜黄瓜，都感到比较惊奇，就准备把新采摘的黄瓜作为贡品送到长安，馆陶公主听说后非常高兴。

各地的特产送到长安后，李渊让他的儿女和官员们一起品尝，问大家哪种特产最好吃。很多特产都是皇子和公主们平常吃惯了的东西，他们边品尝边摇头。到最后，品尝到馆陶黄瓜时，皇子和公主们眼前一亮，都说黄瓜既新鲜又好吃。李渊的十七女儿得知

黄瓜大棚

大家赞赏的黄瓜是她的封地所产，很是高兴，马上挑选了一根又鲜又嫩的黄瓜让她的父皇品尝。在初春就能吃到黄瓜，李渊大加赞赏，对他的儿女们说，馆陶黄瓜最好吃。

从这次品尝各地特产后，皇帝李渊和皇子、公主们都喜欢上了馆陶黄瓜，对馆陶公主进行了夸奖。自此以后，馆陶公主每年都要亲自去她的封地，到农家菜园采摘新鲜的黄瓜，献给父皇。从此以后，馆陶县每年都把馆陶黄瓜作为贡品送到长安。后来，因为父王李渊爱吃馆陶黄瓜，馆陶公主专程到馆陶来学习黄瓜种植技术，并把馆陶黄瓜种植技术带到了皇宫。唐朝诗人王建写下了当时黄瓜种植的场景，诗中写道："酒幔高楼一百家，宫前杨柳寺前花。内园分得温汤水，二月中旬已进瓜。"历史上，馆陶黄瓜只是作为贡品，贫苦百姓很少能吃到馆陶黄瓜。明朝王世懋在《学圃余蔬》书中写道："王瓜，出燕京者最佳。其地人种之火室中，逼生花、叶；二月初，即结小实，中官取以上供。"

文化特色

2015 年 4 月，按照"六位一体"美丽乡村建设模式，以"产业加美丽，美丽助产业，产业更美丽"为发展思路，开始打造黄瓜小镇。翟庄村在打造美丽乡村过程中最大限度地用"旧"创"新"，变"废"为"宝"。比如：用旧砖铺新胡同，用旧房子建新节点，用旧的元素装饰新景点等。全村污水、雨水管网已经全部完成，主街道硬化、绿化、亮化、墙体美化、胡同铺设全部完成。围绕黄瓜主题，挖掘黄瓜文化，建设了黄瓜大学、黄瓜博物馆、黄瓜酒坊、黄瓜食府、黄瓜美容院，村两室、村史馆、县委 1944 年驻地老房子、干木部落酒吧咖啡屋全部落成开放，村内水系、下沉式广场、垃圾中转站、污水处理厂、摄影基地、竹林等景点和一大批公共基础设施建设完毕。建设了中国黄瓜主题公园，投资 200 多万元在园内建设了世界黄瓜博览，黄瓜品种达到 97 个。建立黄瓜电子商务平台，引入天津科润黄瓜研究所，提高黄瓜品质，开拓电子销售新渠道，打造可吃、可买、可看、可游的商业业态化的黄瓜小镇。

产业特点

翟庄黄瓜生产基地以"合作社 + 党支部"为运营模式，蔬菜产业走向组织化、集体化、无公害发展之路。2014 年黄瓜销售额达到 1.5 亿元，农民增收 1000 多万元，人均收入 4 万元左右。黄瓜市场改造升级完成，村内还有 50 多名外地经纪人。馆陶以打造全国优质黄瓜基地为目标，辐射带动全县群众大力发展黄瓜种植，种植面积达到 10 万亩。

翟庄村“兴农蔬菜合作社”于 2007 年 9 月 1 日正式组建，共拥有核心会员 15 名，合同会员 482 名，联系会员 113 名，共涉及寿山寺乡 11 个蔬菜专业村，600 多个无公害蔬菜大棚种植户，总种植面积 7000 余亩。组织体系完善，市场网络健全，财务管理和收益分配制度健全，有独立的银行账户，实行了独立的会计核算。该合作社自组建后，强化产销服务、技术服务、革新服务以及职能拓展，先后完成了对产业和基地的无公害认证，申请了“魏徵”牌商标，翟庄村获得了“无公害嫁接黄瓜示范园”的基地认证。

村内景点简介

村史馆　翟庄有悠久的村史，上溯赵宋，人丁兴盛；移至大明，追祖洪洞；翟氏兴村，故有此名。现在以王、李、武、房、翟等姓氏为主。村史馆分为村情介绍、图片展示、实物展览三个部分。村情介绍阐述了翟庄村的现状及历史演变的历程。实物展览区展出了各个历史时期的生产工具和生活用具。图片则展示了翟庄村所获得的荣誉。村史馆是翟庄人的荣耀和记忆，有着翟庄人不变的“乡愁”。

黄瓜大学

黄瓜种植大学　黄瓜种植大学原为村小学，分为上下两层，每层均有 3 个教室。县委决定打造翟庄村黄瓜小镇后，经过多次会议研究，将此处改造为黄瓜种植大学，村小学另行择地重建。黄瓜种植大学是集黄瓜研究、展示、参观、教学于一体的专业大学。上层为黄瓜展览室和天津科润黄瓜研究所办公室，展览室中有黄瓜知识介绍及研究所培育的黄瓜最新品种。下层为黄瓜研究室和教室，教室分为普通教室和远程教室。在黄瓜种植大学院内建设了高标准的黄瓜展示大棚，全国各地的黄瓜品种在这里都可以找到。

中共抗日县委驻地旧址　抗日战争时期，翟庄村群众基础较好。1944 年，中共馆陶县委驻翟庄并在这里指挥了塔头保卫战。当时的县委辖 6 区 194 个村，时任县委书记张树明，至今翟庄仍保存着时任县领导的集体照。2015 年 5 月，翟庄村在原址地基上按当年房屋原样进行了重建，恢复了县委旧址原貌。该建筑坐北朝南，砖木结构，共有 5 间，占地面积 90 平方米。屋内家具完全按照当年原貌摆设，真实再现了抗日战争中县委的生活、工作场景。

饮吧　饮吧原为一处闲置民房，经村委会协调无偿回收后，在原有基础上改造提升，建设饮吧。饮吧地处黄瓜小镇中心位置，主要经营以黄瓜汁为主的饮料。黄瓜汁具有美容、强健心脏和血管、调节血压等功效，是绿色养生的健康饮品。

黄瓜食府

黄瓜食府　黄瓜食府是一家以黄瓜菜肴为主的美食餐厅，由两处闲置民房和一处空闲宅基地改建而成，经营面积达 270 平方米，可容纳 70—80 人同时用餐，并配有清新典雅的 VIP 包间。黄瓜食府精心研制的黄瓜宴，风味独特，口味自成一家。除此之外，还可为客人提供黄瓜面皮、黄瓜馅饼等可口的风味小吃。

黄瓜博物馆

黄瓜博物馆　黄瓜博物馆原为一处空闲宅基地。2015 年 5 月，由村委会无偿收回后建设黄瓜博物馆。在黄瓜博物馆，可以看到世界各地各时期的黄瓜。黄瓜博物馆采用浮雕、绘画等艺术形式，通过场景复原、图文展板配合实物模型等综合展示黄瓜的历史由来、黄瓜的种类、分布和功能以及馆陶黄瓜产业的现代发展及未来规划。馆内还设计了互动游戏项目，将内容融入游戏中，寓教于乐，让人在游戏中提升对黄瓜的喜爱之情。

豆花坊　豆花坊原来是一户做豆腐的作坊，重新装修后成为现在的豆花坊。在这里，可以观看到做豆腐的整个过程，也可以亲自体验如何做豆腐，还可以品尝到鲜美的豆花。

教育小镇——王桃园村

村庄概况

馆陶县路桥乡王桃园村，位于县城北 30 公里处，毗邻邢台市临西县。全村有 125 户人家，500 余人，耕地面积 1109 亩，有党员 32 名，两委干部 4 人。20 世纪 70 年代国家恢复高考后，该村先后走出 123 名大学生，其中有 4 名博士，9 名硕士，1 名北大毕业生，是远近闻名的“进士村”。王桃园村民风淳朴，尚学重教，夜不闭户，路不拾遗，家家户户生活和谐，幸福美满，形成了独特的“王桃园现象”。

文化特色

1977 年高考制度恢复后，王桃园村走出了第一批大学生。之后，每年村里便是佳音不断，在 1980 年这一年在一个胡同里就考走了 3 名大学生，这个喜讯让全村轰动、欢喜，村民们就像过大年似的，红红火火，热热闹闹地庆祝了好一阵。全村走出的 123 位大学生，毕业后都在全国各地以及本县各乡镇及县直部门工作，为祖国发展、为家乡发展贡献着力量。榜样的力量是无穷的，传统的继承是坚定的，一代一代考出去的大学生对王桃园村的孩子们起到了潜移默化的推动作用，正是这些身边的人和身边的事，这些成功的“先行者”们让王桃园的孩子们愈发有学习热情，有学习动力，“村中的那个大红的光荣榜上一定要加上我自己的名字，发扬我们村的好传统，为父母增光！”是村中每个在读孩子的愿望。在王桃园，村民们的想法很简单，他们只是想让孩子争口气，好好读书，走出农村，摆脱贫穷，过上好日子。现在，随着社会的发展，知识经济的崛起，人才核心竞争力的凸显，王桃园的村民们更加意识到知识的重要性，无形中村民之间为孩子的学习和成才进行“攀比”已形成风气，并悄然融入村民的生活中。王桃园村求学风气浓厚，重教传统优良，家家户户比的不是谁家有钱，谁家房子盖的好，而是看谁家出的大学生多。村民们都以自己孩子考上大学为荣，大家坐在一起话里话外都是交流培养孩子的经验和方法，甚至通过新闻媒体了解外界的教育动态，在全村形成了尊师重教的光荣传统。

产业特点

2014年4月，启动打造教育小镇王桃园，深挖王桃园村“500人小村庄走出100多名大学生”的现象，定位于教育特色，深挖文化内涵，做大教育影响，打造教育产业作为美丽乡村建设的重要支撑，建设了集教育宣传和乡村旅游为特色的教育小镇。重点打造昆虫馆、农耕园、麦场游乐园、桃园庙、“80前”“80后”小学旧址、乡村音乐厅、学子墙、书画工作室等教育主题景观，开展“圆梦课堂+”品牌活动，使教育成为旅游产业。

村内景点简介

状元榜

迎宾牌坊　是由一棵桃树制成的，既包含其“桃园”村名之意，也蕴含其桃李满天下之名。左侧刻有“教育小镇”四个大字，上端有美丽桃花的点缀，整个牌坊质色古朴，两侧的墙体分别是六幅画卷，上面有画作也有诗词，和牌坊一起自然地烘托出整个村子的精神面貌。

“耕读传家”标志物　它原来是一座废弃了二十多年的水塔，整体高约4.5米，经过包装改造而成。它既是一处彰显村风的重要标志物，也是对王桃园村崇尚读书的一种精神提炼，见证了时代的变迁和进步。寓意是读书可以知诗书、达礼义、修身养性、以立高德，其出自清代《睢阳尚书袁氏（袁可立）家谱》中的“忠厚古朴，耕读传家”，上面的书卷印有《弟子规》的内容，彰显了村内重教尚学的风尚。

书画文化墙　进村后主街道两侧是墙壁书画长廊，由百名书画名家走进“进士村”在墙壁上现场书画创作而成，内容涵盖古代、近代的国学劝学、治学典故的名篇名句，犹如一本立体书卷依次展开，可让游客在信步间感悟国学经典，领悟艺术魅力。

王桃园小学　校舍建于1996年，占地10.8亩，现有教职工6人，学生160人，主要承担王、安、刘、高四个桃园的适龄儿童的幼儿和初等教育，归油寨联校统一管理，是一所环境优美、设施完善的农村小学。整个校园桃树装点、区划分明，西侧是教学区和办公区，东侧是室外活动区。中间的“我要长大”雕塑外形像一棵树，也似一株芽，同时也犹如一本打开的书，象征了孩子们努力汲取知识营养，茁壮成长。东侧室外活动区内小径通幽，有农作物教育实践基地，并配有相关农作物简介，让孩子们从小就接受农学农艺的熏陶。

王桃园小学

苇笠书画工作室

苇笠书画工作室　坐落在村庄中部，是王桃园村走出的国内著名青年书画艺术家王苇笠的创作交流工作室，整个工作室书画艺术气息浓厚，创新创意元素多元，旨在依托王桃园村浓厚的尚学村风，培养普及孩子们的书画教育，吸引知名艺术家到此采风创作，并每年承办一届全国名家桃园墙壁书画艺术节。

麦场文化游乐园　王桃园村的麦场文化游乐园，有麦秸垛、花柴垛、玉米秸垛等，高低起伏、错落有致，可供游人攀爬、钻藏游乐，寻味儿时捉迷藏的乐趣；还有深浅大小不一，相互内外连接的窑洞，既能让游人感受到原生态的窑洞风情，也可进行小地道战游戏互动，游乐园内还有滑坡、滑草和滑土乐园，游人更可让孩子们体验烧陶绘陶的乐趣。

土房子故事坊　老房子建于1945年，砖砖瓦瓦稍一触碰，都会有故事剥落，历史的沧桑、故事的经典、物件的老式都有一种有力的话语能力，那时的生活本身就是对人们的一种教育。油灯、大碗茶、土炕、纺纱织布场景，农家饭如蒸馒头、窝头、咸菜系列、炒面茶、面糊饼、榆钱馒头、蒸豆角、红薯饭等旧时艰苦餐都年代感强烈，让人在体验中收获一种深深的感悟。

农耕文化体验　农田间配置了穿梭通道，游人可乘驴拉车亦可骑马畅游其间，真正融观光性、娱乐性、休闲性、科普性与体验性为一体。游人可依照时节带孩子来这里体验农耕文化，学习农耕文化、体验劳动快乐，既让孩子们真正领略“谁知盘中餐、粒粒皆辛苦”的真谛，也能教育他们“认识粮食、珍惜粮食”的传统美德，可充分锻炼孩子的体质和意志。

农村庙堂文化　孔孟之道是中国传统文化的精髓之一，孔子是伟大的教育家，被后世称为“圣人”，是万世师表；老子所著《道德经》是中国传统文化的瑰宝；“孟母三迁”“孟母断织”等故事是千古美谈，也是后世母教之典范。王桃园的农村庙堂文化展对老子、孔子、孟子以及文曲星等文化进行全面立体展示，可以让游人沐浴古典文化，体验崇礼尚贤之感，感受恭敬礼仪之尊。

王桃园小学旧址　学校的前身是1941年的抗日游击小学，是保留最为完整、最为原始的小学旧址，后在旧址的基础上进行了翻新改造。土地、土墙、高粱秆搭就的屋顶，高矮不同、大小不一的小板凳等等，还有“80前”教室、“80后”教室、老师宿舍、做饭屋等。小型教育博物馆里陈列着老课本、老奖状、老画册、老照片、老学具，在这里我们可以找到童年的回忆，可以重温儿时在学校那段最美的时光。

王桃园书屋　书屋是由废弃的鸡舍改造而成，面积不大，藏书不少，精致古朴，书香氤氲，是村内好学人群最喜欢的去处。

昆虫博物馆

昆虫博物馆　是由一所村民老宅子整修后建成的，馆内有成千上万只的各种昆虫标本，不仅为孩子们打开了一扇门，更丰富了王桃园村文化建设的内容。

桃李采摘园　位于麦场的东侧，面积有500亩，园中以桃树为主，还有枣树、杏树、梨树等各种果树，顺应四时的变化，可以让游客在不同的季节游访都能有不同的水果品尝。硕果累累时，游客可以观赏和亲手采摘不同季节的水果，认养果树，真正体会到劳动的乐趣和丰收的喜悦。

羊洋花木小镇——李沿村

村庄概况

羊洋花木小镇坐落于馆陶县馆陶镇李沿村，位于县城以南 3 公里处。全村共 110 户、419 口人，其中党员 22 名，村两委干部 6 名。全村耕地面积 640 亩，农民人均纯收入 8020 元。

文化特色

2015 年 8 月，在美丽乡村建设中，按照“乡村风情、城市品质”的理念，将该村传统养羊业与现代花木种植业高度融合，打造羊洋花木小镇。小镇以传统养羊业、花木种植业为主导产业，也是农民增收的主要渠道。养羊产业方面，该村从事养羊业已有半个世纪的历史，为美化村庄环境，规划建设了占地 14 亩、羊存栏 2000 只的养羊园区，实现了分散养殖到集中养殖的转变；并建成了邯郸市最大的活体羊交易市场，日均交易量 500 只以上。花木产业方面，与冀南花木集团合作，全村土地已流转完毕，全部用于发展花木种植，引进了各类种植花木，主要有观赏性极佳的丝棉木、大叶女贞、红枫、栾树、金叶榆等品种。种植各类花木 550 亩，打造形成了占地 40 亩的月季园。养羊业和花木种植业成为打开李沿村村民增收致富的两扇大门。

产业特点

李沿村按照“教育村民、方便村民、富裕村民、美化环境、壮大集体、党的建设”六位一体的运作模式，立足村庄实际，改善基础设施。尽量保持乡村建筑原貌，对废弃的集体坑塘重新设计利用，建设了空中餐厅、百花餐厅、花木客栈、儿童游乐园、亲子体验园和垂钓休闲园等休闲娱乐项目，打造了生态水岸景观，塑造了“环境、产业、菊韵、花海”交融及“春有百花、夏有荷花、秋有菊花、冬有月季”的田园风光。经过精心打造，小镇小巧宁静、绿荫葱郁、鸟语花香，为村民提供了舒适的、高品位的宜居、宜业、宜游环境。

按照城乡一体化农村新型社区发展规划，羊洋花木小镇作为先行试点，按照地缘近、人缘亲的原则，将相邻的赵沿村、鲍沿村、尚沿村一并纳入羊洋花木小镇建设总规划，构建“一镇多社区”，共同享受基础设施和服务功能，共同依托同样的主导产业，组团式打造美丽乡村，建设冀南地区规模最大、品种最全、环境最美的农民花博园。

村内景点简介

北村标　北村标是由六根立柱支撑，顶端建有一只羊的雕塑。在古代“羊”字与“祥”字意义想通，村标象征着吉祥、顺利。

养羊园区　养羊园区共占地 14 亩。羊存栏量达 2000 只。园区外墙上绘有世界各地各种各样的羊图画，并配有文字介绍。

活羊交易市场　羊洋花木小镇建有全市最大的活羊交易市场，日均羊交易量在 500 只以上。

花木基地　羊洋花木小镇花木种植基地共种植各类花木 550 亩，已成功打造了占地 40 亩的月季园。

农家乐　村级组织活动场所——村党支部建于 2014 年 8 月，与之相邻的是羊洋花木小镇的农家乐餐厅主要经营全羊宴，充分发挥羊全身皆可入药的优点，以多种烹调方式，形成各式各样的健康菜肴。

空中餐厅

家庭花房　羊洋花木小镇户户养花蔚然成风，从爱养花，到会养花，很多家庭在自家庭院开花房，在家种植花苗，销售花木，既增加了收入，又美化了庭院，成为羊洋花木小镇一道亮丽风景。

空中餐厅　空中餐厅由废弃的坑塘改造而成，由木质房屋构成，在改善村庄环境的同时，也成为羊洋花木小镇特色建筑。

水系　水系建设贯穿整个村落，全长810米，有效提高了环境湿润度，吸纳和阻滞各种起尘，有效地改善了农村大气环境，为村民提供了必要的、舒适的、高品位的滨水空间。

村民游乐园

绿化　经过冀南花木集团精心打造，结合水系建设，街道两侧种植了时令性草花和绿化苗木，形成了与田园风光相得益彰的绿色海洋。

花房　晓辉花房主人李晓辉，30岁白手起家创业，在县城苦心经营鲜花坊，已全县闻名。

村民游园　村民游园是对村内废弃坑塘进行改造而成，经过精心设计，在大坑四周铺设了护坡砖进行了绿化，坑底铺设了活动场所、曲径小路，安装了健身器材、儿童游乐滑梯。

月季园

月季园　月季园占地40亩，是羊洋花木小镇建设的一期工程，种植各类月季花近20种，月季园中可以看到各种各样月季花以及食用玫瑰。

南村标　羊洋花木小镇南大门作为南村标，"羊洋花木小镇"六个大字分别以不同颜色树立在村标顶部，大字右侧有一个花的形象标识，诠释着花木这一小镇建设主题。南大门外接215省道，游客由省道进入南大门后可直接进入花木主题公园，成为拉动小镇旅游业发展的大动脉。

杂粮小镇——郭辛庄村

村庄概况

郭辛庄村位于馆陶县南徐村乡政府驻地西北 1.5 公里处，西邻永济河。全村共有农户 278 户，总人口 1278 人，两委班子 9 人，党员 33 名，耕地 2011 亩。该村现有蔬菜日光温室 81 栋，年产黄瓜等无公害蔬菜 2000 余吨，年产值 480 余万元；种植各种杂粮 1646 亩，年产值 230 余万元，经过深加工可增加杂粮产品附加值 80 余万元。2014 年人均收入 7415 元。

郭辛庄村源于明初移民，明永乐二年（1404 年），由山西省洪洞县迁民来此定居，因郭姓的为多数，定居在一个新村，故起村名郭新庄，后演变为郭辛庄。

文化特色

郭辛庄的文化特色就是杂粮种植，由田园博物馆和美丽村庄两部分组成。杂粮田园博物馆位于郭辛庄村西永济河畔，占地面积 2000 余亩。田园里设计了瞭望塔、土场、高粱迷宫等，种出了田园艺术字。郭辛庄田园博物馆既是中国北方集中种植规模最大的杂粮基地，又是独具特色的旅游观光基地。随着杂粮田园博物馆的改造升级，村内基础设施建设也跟着不断完善，实施了街道硬化、墙体美化、村庄绿化和文化休闲广场建设。为凸显农耕文化，修建了五谷丰登桥、勤劳亭、神农广场、法制广场，使农耕与艺术完美结合。村史馆、杂粮馆向参观者讲述了杂粮小镇的历史和杂粮的发展史。村内组建了骑乘俱乐部等配套旅游项目，吸引了热爱马术的游客前来体验。建设了百鸟馆，为游客和孩子们带来了快乐，增长了见识。

外地游客参观小镇

小镇一隅

产业特点

2015年，按照教育村民、方便村民、富裕村民、美化环境、壮大集体、加强党建“六位一体”要求，结合村庄产业情况，利用村庄杂粮种植优势与北方其他杂粮品种资源进行整合，建设中国北方最大的集杂粮种植、加工、销售、科研和生态、观光、旅游、休闲为一体的杂粮小镇。

郭辛庄村与中国农业科学院的合作，丰富杂粮种植品种。杂粮田园博物馆有杂粮作物品种50多个，国内最新研制的品种都有种植。高粱、谷子、大豆、绿豆、红小豆、红薯、花生、芝麻、油葵、荞麦、黍子、稷子等12种，仅高粱品种就达15个，面积1300余亩，黍子品种7个，还种植最具保健养生功能的黑花生、黑绿豆、黑芝麻等。不断细化产业，通过杂粮的种植、收割、产品出售等形成了杂粮种植产业链。为突出产品价值，该村进行了杂粮小镇商标注册，精细化包装产品，通过当地推广、网上销售等方式，打开了市场，创造了价值。通过招商，该村种植的所有高粱都与酒厂签约出售，带动了本村及周边村村民种植高粱。

村内景点简介

观光塔　观光塔为三层钢结构建筑，作为杂粮长势观测站点，又是田园观光塔。在塔上可以一览杂粮田园博物馆风光。塔西北方向是“中国杂粮田园博物馆”九个高粱田园艺术字，每个字占地 30 平方米，全国唯一。正南方是由高低、颜色不同的 15 个高粱品种形成的云梯高粱种植区。西南方向是多姿多彩的小杂粮种植区，主要有油葵、芝麻、荞麦、大豆、红小豆、绿豆、花生、红薯等杂粮作物。东南方向是形象为天安门的高粱迷宫。

杂粮小镇牌坊　通过永济河上的五谷丰登桥，杂粮小镇牌坊以红色古朴的建筑风格屹立在村口，象征着勤劳善良的郭辛庄人民日子红红火火。牌坊右侧是勤劳广场，广场四个角分别象征着劳动人民春播、夏种、秋收、冬藏的四季辛勤劳作。广场中间建有用八种杂粮作顶的勤劳亭，勤劳亭周围竖有十二生肖石雕。牌坊左侧是以五千年农耕文化为主题的神农广场，中间设置了日晷，是先民们用于白天计时的工具，两侧刻有二十四节气雕塑，将农时节气与艺术完美结合。

法治文化广场　法治文化广场是由原村内一处空闲宅基地改造而成，并将废旧轮胎重新利用，做成了五彩轮胎花池。广场四周是各种法律以及传承了我国孝文化的新二十四孝喷绘宣传，北部竖有我国古代法家代表人物韩非子汉白玉雕像。

楝子树景点　楝子树景点以一棵近 40 年树龄的楝子树为中心，经过对原来村内鸡粪堆放点改造而成的，中间建有水泥景观桌凳，以供游客和村民休息休闲。

村史馆　村史馆由两处空闲宅基改建而成，院内有三棵代表着郭辛庄“和”符号的枣树，树龄都在 150 年以上，成为最显著的亮点和历史标签。

杂粮博物馆　杂粮博物馆主体建筑是由两座建于 20 世纪 70 年代末的房屋改建而成，集世界杂粮发展史和品种之大成，馆内有对世界及国内杂粮生产形势的详细介绍，并以实物及图片形式展示了世界杂粮品种。

老槐树　据传，在明初时期，郭辛庄先人郭十七惜别家乡，移民到此，并将老父亲包的家乡土撒下。第二年春天，在撒土的地方竟然生长出一棵槐树嫩苗，郭十七发现后对其进行精心呵护，树苗不断茁壮成长，一代一代生长不息，成了有 600 多年历史的最能见证村庄变迁的古槐。

轴承小镇——马栏厂村

马栏厂村位于县城东北部 37.6 公里处，隶属魏僧寨镇。全村共 180 户，614 人，党员 16 名，耕地 530 亩。

马栏厂村主导产业是轴承加工业，是典型的工业小镇，全村产业特色鲜明，几乎家家户户都与轴承加工、安装、销售有关，是名副其实的“轴承小镇”。现有轴承加工户 160 户，吸纳 4000 名劳动力，其中较大的有强利、森鹏、新源、宏源等轴承公司。从半成品到成品，从微型到中型，从低档到高档，各种型号轴承产品均可加工生产，已形成大中小企业与加工散户并存的较为完整的轴承加工工业体系，产业特色明显。主导产品主要有冶金轧机轴承、精密机床轴承、工程机械轴承等重大装备和重点主机配套轴承。在全国各大中城市设立销售门市和网点 100 余处，规模较大的销售公司 26 家，产品辐射全国二十多个省市，部分产品出口到越南、缅甸、印度、孟加拉等周边国家。

2015 年 8 月开始打造轴承小镇，依托产业支撑，与乡土村落、农民生活相结合，从村口轴承装饰的村标，到轴承主题公园，轴承小镇咖啡馆，轴香浓情餐厅、以各种型号的轴承为原材料拼接制作的中国地图等，轴承小镇建设的每处景观景点都融入了轴承元素，村内绘成 640 平方米轴承主题文化墙，向外来游客展现轴承业从手工到机械再到自动化的发展过程。

2016 年五一小长假期间，轴承小镇马栏厂村成为馆陶县第 6 个开放的特色小镇，4 月 30 日开放当天游客人数就突破 1.2 万，同时还把招商和产品推介融入其中，引来了 20 余家企业。美丽乡村建设和乡村游的发展已成为助推产业发展的新动力。

鹊桥小镇——天河村

概况

天河村位于县城北 15 公里处，东距武馆公路（原 38 路）3 公里，西距 106 国道 5 公里，交通便利，隶属柴堡镇。全村共 188 户，人口 685 人，党员 25 名。耕地面积 1266 亩。

2015 年，由河北中能昊龙有限公司投资规划，正式启动“鹊桥小镇”建设。“鹊桥小镇”规划建设织女湖、织女坊、鹊桥、观景台、爱情客栈、艺术长廊、乡村游乐园等景点和景观，再现“小桥、流水、绿园、人家”的美景。

产业

永济河东侧 410 亩土地流转用于苗木种植，成为东方园林苗木产业园的一部分。东方园林苗木产业园，由政府主导，与北京东方园林股份有限公司共同经营。干渠西侧 856 亩规划种植航天蔬菜、采摘园、花卉、绿化树木等。

文化

《馆陶县志》（1999年版）记载，宋朝初期，黄河从孟庄和热河村穿过，洪水暴发时，将孟、热二村淹没，百姓生命万分危急。当时有一对恋人舍身抢救落水村民，可是男子不幸被洪水吞噬，女子悲痛欲绝，投河而死。后被人们打捞上来安葬在村东，叫孤女坟，人民祝愿她升天成神，又叫织女坟。百姓为悼念他们，就于七月初七把冲毁的孟、热二村并为一村，改村名为天河，象征牛郎和织女通过鹊桥相会，以倾诉衷情。明永乐二年（1404年）由山西省洪洞县迁民来此定居，仍沿用天河为村名，并于每年七月初七举办庙会，以示纪念。全村只有王姓，共用一户老族谱。通过挖掘村史中的爱情故事和唯美元素，主打爱情主题牌，建设小镇景观文化。

漆画小镇——前宁堡村

概况

前宁堡村位于县城西9公里处，距309国道0.5公里，隶属寿山寺乡。全村共280户，1270人，党员45名。耕地1343亩。

拖拉机产业园坐落村西，化工园区位于村北。

完善旅游配套设施，村内主街道东西走向，主要景观有圆通寺、励志奔富牌坊2处、文化广场舞台等。

产业

依托漆画大师乔十光及其十余名弟子的精湛技艺和作品，规划建设具有鲜明特色的漆画艺术景观和漆画展销点，聚集人气，开发漆画旅游产业。延伸漆画产业链条，流转50余亩土地栽植漆树，漆树成熟后生产的生漆自用或销售。

文化

馆陶是“中国漆画艺术之乡”。利用生漆所具有的粘结力、装饰性以及保护性等物性和漆器的文化象征性，打造独特的漆文化。

村内的圆通寺历史悠久，传承着民族传统文化，村史不乏关于圆通寺神奇的传说。

黄梨小镇——拐渠社区

概况

拐渠社区位于县城西南10公里处，距309国道1.5公里，隶属房寨镇。包括北拐渠东、北拐渠西、郝前街、郝后街、王寨、乔口、南韩庄、屯里8个行政村，总户数1738户，7983人。耕地12912亩。

因其有较好的联村特点、产业特色和群众基础，选其作为“大村”美丽乡村，围绕“整体规划、分步实施”的工作思路和“先富后美、产业带动”的工作主线进行重点打造。

小镇定位：一是能游的红色生态小镇；二是拖拉机产业园生活配套区。

产业

黄梨小镇的支柱产业为晚秋黄梨。自2001年开始引种，经过15年的发展，种植规模达到5000亩，计划2018年达到1万亩，打造成“晚秋黄梨之都”。因果品个大、果质好、耐储藏、营养高等特点，赢得了“梨中之王”的美称。市场前景广阔，果品销至北京、天津、郑州、烟台、开封、南宁、广州、深圳及河北各市。同时，鼓励村民兼种其它水果，引导村民引入体验式特色养殖，支持发展建筑施工企业，规划导入农业体验模式。

文化

拐渠村历史悠久、红色文化灿烂。曾是宋辽交战时古战场之一。有金泰和四年（1204年）建的龙泉寺和民国25年（1936年）改建的南拐渠小学。也是红色革命老区。1932年冬，成立反帝联盟支部，支部书记梁兴邦（又名梁毅民，为中共馆陶县委第一任书记）。为此，南拐渠成为馆陶历史上第一个党支部的诞生地。王毅之、王好仲、郝九西、王希林、韩春景等许多革命先烈长眠于此。宋任穷、陈赓等无产阶级革命家曾经在这里战斗过。同时也是肖寒（南拐渠桥口村人，原煤炭部部长）的故乡。

在粮画小镇荣获2015 “中国十大最美乡村”一周年纪念大会上的讲话

（2016年12月23日）

谢继炯

去年的今天，寿东村荣获2015“中国十大最美乡村”称号，馆陶是全省唯一获此殊荣的县。这是全县的光荣，全市的光荣，也是全省的光荣。很多来馆陶的领导和朋友讲：“你们在没山缺水少绿，也没有什么古宅古村和民俗风情的地方，创造出了一个奇迹！”这奇迹属于参与寿东美丽乡村建设敢为人先、乐于奉献的战斗团队，属于关心支持寿东村美丽乡村建设的社会各界人士。借此机会，我代表县委、县政府向你们的辛勤付出表示衷心的感谢！

美丽乡村是习近平总书记十年前在浙江播下的火种。2014年2月，我在浙江参加“河北省县委书记对标先进地区专题学习班”，为浙江全域美丽乡村建设所震撼。2014年3月，我把美丽的火种从浙江引到了馆陶，并首次提出以小镇文化的理念推进美丽乡村建设，从此，揭开了馆陶美丽乡村建设如火如荼的序幕。刚才大家集中收看了《美丽的火种》，一起回顾了我县美丽乡村生根发芽、从无到有、艰辛求索的蝶变过程。两年多来，在省市各级领导的关怀支持下，我们从迷茫到迷恋，从上愁到上瘾，建起了粮画小镇、黄瓜小镇、教育小镇等一批精品美丽乡村。今年国庆节开放的9个小镇，游客达到74.5万人。2016年，我们先后荣获“河北省美丽乡村建设先进县”“全国休闲农业与乡村旅游示范县”“河北省全域旅游示范创建单位”等荣誉称号。省内外一批又一批考察团来馆考察交流。两年前，市委书记高宏志同志就讲：“馆陶小镇花钱不多，很有特色，很有味道”。今年，省委书记赵克志同志视察粮画小镇后给予充分肯定，并说：“明年我还要再来的。”

两年多的实践，我们取得了阶段性重大成果，这些成果体现在：一是产业发展了。我们给产业插上美丽的翅膀，使产业从小到大、从弱到强。黄瓜日光大棚由两年前的3.5万亩发展到现在的10万亩，“馆青”牌黄瓜荣获国家绿色博览会金奖，黄瓜小镇的黄瓜每斤可以多卖5毛钱；黄梨由1500亩增加到5300亩，今年国庆采摘节收入950万，发展形势喜人。另外，看好小镇的人多了，投资小镇的人也多了。二是精神面貌提升了。现在走在小镇如沐春风，有很多人讲，现在馆陶的老百姓跟以前不一样了。哪儿不一样了？气质不一样了，精神面貌不一样了，美丽乡村改造了人、改变了人。"小镇"的光荣榜、笑脸墙已成为"小镇游"的一道风景，老百姓脸上灿烂的笑容就是美丽乡村建设最好的检验。三是生活环境改善了。两年前我们看到更多的是乡怨、乡忧，垃圾遍地，污水横流，现在我们看到的是街巷整洁，鸟语花香，"乡忧"变成了"乡愁"，"乡怨"变成了"乡约"。四是初步形成了美丽乡村建设的标准和理论体系。美丽乡村建材超市、美丽乡村施工队、美丽乡村大学、美丽乡村电视台、小镇党校等应运而生，这是美丽乡村建设的标志性成果；美丽乡村馆陶之声微信公众平台在全国也产生较大影响；《美丽乡村追梦之道》《美丽乡村之歌》《乡村的文化意象》《我在小镇等着你》4本书相继发行，其中，《美丽乡村追梦之道》是全国第一部美丽乡村实战性的理论专著。在美丽乡村博鳌国际论坛上，馆陶作为嘉宾应邀发表演讲，把我们县的美丽乡村从此推向世界。五是争取到前所未有的支持。我们获取到的奖励、争取到的基金及低息贷款高达3亿元。

美丽乡村著作

同时，美丽乡村特色小镇建设在战略布局中作为切入点和突破口，激活了全县工作全局，全县干部群众自豪感和精气神有了，县城建设、项目建设、社会事业都得到跨越发展，今年第一季度，全省县城建设综合考评排位，我县位居第四名（第二、第三季度未评）；项目建设成效明显；脱贫出列已成定局；大健康产业又呈新亮点；上半年全县机动车拥有量位居邯郸市东部十县第一；截至11月底，公共预算收入同比增长高达27.8%，提前两个月完成了全年税收任务。

寿东村的美丽蝶变是全县美丽乡村建设的典型代表。我们秉承"乡村风情，城市品质"的理念，坚持"尊重民意，留住乡愁，做强产业，改造提升"的指导思想，创造了以美丽乡村为载体，以"一镇多社区"为架构，以产兴镇，产业、文化、生态高度融合的美丽乡村特色小镇之路。这条路已被越来越多的人所认可，被越来越多的地方所复制，粮画小镇寿东村被评为国家AAA景区、全国文明村镇，今年我们又开发了寿南社区，使粮画小镇无论品质，还是体量，都有了很大的提升。

美丽乡村建设是新农村建设在新的历史发展时期的崭新思路，是精准脱贫的有效载体，是激活全局的切入点和突破口，是就地城镇化的新探索，是板块经济升级的要素积聚平台。作为大平原地区、省级贫困县，馆陶用实践回答了在自然禀赋差且贫困落后的地区同样能够建设特色小镇，我们没有现成的、可借鉴的经验，我们有的是敢于创造的勇气和敢为人先、顽强拼搏的精神。美丽乡村特色小镇建设虽然复杂艰辛，但也有基本规律可循，那就是实事求是，一切从实际出发；那就是适应互联网的新时代，先强产业，勿违民意，以生态为本（政治生态、自然生态、文化生态），展文化之翼，实现产业、文化、生态的高度融合。

在今后的工作中，要更加遵从民意。美丽乡村为谁而做？这是一个首要问题，为老百姓而做，让老百姓满意。要尊重老百姓现阶段生产、生活方式的选择，要把老百姓的脸作为美丽乡村建设最好的检验。这里有四个字很重要，一是尊重，不理解时不要强迫；二是引导，否则要我们干什么，这里有个方式方法问题，最重要的是让典型引导，让老百姓看得见、摸得着，心里踏实，跟着走。

在今后的工作中，要更加注重产业。不富不美，先富后美，富而美，让产业插上美丽的翅膀，产业加美丽，美丽助产业，产业更美丽。美丽乡村建设必须走产业发展的市场化运作之路。在产业上坚持走好两条路，一条路是继续培育全县富民大产业。蛋鸡、肉鸭、黄瓜、黑小麦、轴承、黄梨，每个产业都要成为更多村庄的产业基础。第二条路是一村一品。按照引进产业、挖掘产业、做强产业、整合产业等模式找出“新产业”来。要围绕吃住行游购娱，把引导游客消费放在突出位置，今后，我们不仅要看来了多少人，更要看留下多少钱。在这里，要特别强调注重发现和培育产业，在现阶段，既要眼睛向外招商引资，更要善于发现本地的成长性项目，当地的来得更快、做得更实。最近，发现两个项目，成长性都非常好，一个是箱包，另一个是蒜苔深加工和配送。在产业发展和吃住行游购娱方面，要善于运用互联网思维，让大数据、云计算为小镇建设服务。

在今后的工作中，要更加注重生态建设。一是政治生态。要有个好班子，讲政治，讲大局，心中有民，勇于担当。二是自然生态。习总书记十年前在余村讲绿水青山就是金山银山，揭开了全国美丽乡村建设的序幕。我们要让绿水青山就是金山银山入心入脑，坚持走大生态、超生态之路，积极跑办平原水库。三是文化生态。要突出人的素质的提升，在对“物”改造提升的同时，要特别注意对“人”的改造提升，并且要始终把对“人”的改造提升放在一个突出的位置。人是美丽乡村最美的景观，让我们的村民有信仰，讲诚信，否则，即使富裕了，也不可持续，幸福指数也上不去。

在今后的工作中，要更加注重集体收入。我们的美丽乡村建设从设计到实践，都把壮大集体收入作为一项重要内容，这是美丽乡村建设的一个刚性指标，也是美丽乡村建设的关键。没有集体收入，美丽乡村就没有养护的资本，就没有为老百姓服务的资本。要采取多种形式，找出集体收入。政府引导性资金，不仅要用于基础设施，还要用于扶持产业和增加集体收入上，乡村废弃的坑塘、能收回的闲置宅基地，等等，都要变成集体收入的来源。这里面办法很多，不管什么办法，集体收入要有，并且要能支撑起美丽乡村的日常养护。

在今后的工作中，要更加注重乡村特色。“乡村风情，城市品质”是我们的基本理念，要注重与城市的差异化，注重村与村的差异化，美丽乡村说到底仍然是乡村，乡村就要有乡村的特点。要保留传承更多的农村记忆和元素，有田园风光，有鸟语花香，有鸡鸣狗吠。要避免千篇一律，每一个村子要各善其美，都能让人眼前一亮。乡村特色不仅要表现在视觉上，更要体现在发展民宿经济，使游客感受到不同的主题体验和民俗体验，这是一项艰巨的任务，要用心，要借鉴，更要创新创造，在馆陶要建设全国民宿经济的新地标。

在今后的工作中，要更加追求精致和品味。美丽乡村品位要提升，重点在于做好精细化文章，规划要做细，施工要做细，管理要做细，要把细节做好，把味道做足，追求精品工程。一是人人争做形象大使。小镇要对老百姓进行培训，见客人来了，笑一笑，主动打个招呼，用淳朴的乡音亲切的迎接来客。假如一个小镇的人都表现的有礼貌、有素质，这本身就是一道靓丽的风景。二是“厕所革命”。“厕所革命”不只是管理厕所，更是改变着我们的生活习惯，要看厕所评干部，要在厕所美中体现我们美丽乡村建设的精致精细。三是培育品牌商家。所有商家要学经营、懂经营、会经营，要有提升品味和追求名店的意识，把标准再提高，让所有商家都能成为品牌商家。

小康不小康，关键看老乡，中国要富，农民必须富，美丽乡村是富民之举，是小康之道。粮画小镇的成功实践，为全县带了一个好头，但仍然在路上，我们尚在初级阶段，“三冬三夏一个娃娃”，我们的小镇像孩子一样，尚在幼年，仍需倍加呵护，让我们如履薄冰、负重前行，以更大的创造和付出，把粮画小镇加快建成“万人小镇”、AAAA景区、世界手工画之都和共产主义新社区。

同志们，今天的大会，既是粮画小镇荣获2015“中国十大最美乡村”一周年的纪念大会，也是全县美丽乡村特色小镇建设又一次誓师动员大会。粮画小镇、教育小镇的率先突破，使全县美丽乡村特色小镇的建设呈现燎原之势。全市看着馆陶，全省关注着馆陶，全国聚焦着馆陶，我们正在按照AAAAA国家景区对全域进行乡村旅游规划。美丽乡村特色小镇让我们馆陶人感到前所未有的自豪，相信不久的将来，当一个全域AAAAA景区建成后，我们将更加为此自豪，奇迹属于馆陶，美好的未来属于馆陶！

我们需要淡定，我们需要坚持，让我们以今天为里程碑，乐此不疲地再出发！

在首届中国美丽乡村（天府）论坛上的演讲

（2015年11月20日）

谢继炯

我来自华北大平原一个省级贫困县。没有山，并且缺绿少水，这似乎与美无缘，就是在这么一个自然禀赋极度匮乏的黄河故道，我们紧跟浙江的步伐、安吉的步伐，短短不到两年时间，建成了粮画小镇、黄瓜小镇、教育小镇、杂粮小镇、轴承小镇、羊洋花木小镇等十几个精品美丽乡村。今年国庆节我们开放了五个小镇，七天时间游客达到15万人，也让我们感到了一种自信。我们的干部从迷茫到迷恋，从上愁到上瘾，可以说因为美丽乡村在激情燃烧着。我们的美丽乡村也像星星之火，正在全县形成燎原之势。

下面我就以“乡村风情,魅力小镇”为题,把我们美丽乡村的探索和实践做一个报告，敬请各位专家、领导和各位嘉宾批评指正。

馆陶美丽乡村的特点就是小镇文化。这里的“镇”不是行政区域的概念，而是“镇”的特征加“小”的概念。大家知道“镇”有三个特征：一是人员相对聚集；二是基础设施完善；三是产业比较清晰。“小”主要指个性、特色和情调。

这两年，我们本着一切从实际出发、实事求是，走出了一条平原地区的美丽乡村建设之路，概括为“尊重民意，留住乡愁，做强产业，改造提升”十六个字。尊重民意，就是因为过去我们替老百姓当家做主的事情太多了，所以一定要尊重老百姓对生产生活方式的选择。留住乡愁，就要留住田园风光、乡村记忆。做强产业，我们把它看成是命根子，我们提出产业是本，文化是魂，走出了“产业加美丽、美丽助产业、产业更美丽”的路子，也就是要富而美。我们每一个美丽乡村都有一个坚实的产业基础，这样就可以避免过去在一些地方“富拆房子，穷涂墙”的现象，搞两年又回到了原点，馆陶美丽乡村的产业基础主要有两条路径：一是一村一品，譬如我们的粮画小镇，全县只能有一个这样的小镇；再就是一产多村，我们全县培育起五大富民产业，养鸭、养鸡、黄瓜、黑小麦和轴承，使之作为更多美丽乡村创建的产业基础。改造提升，我们没有大拆大建，而是把村里所有的东西，都看成资源，把“乡忧”变成乡愁。走进馆陶小镇，令大家流连忘返的可能就是那些断壁残垣，当然这已不是过去脏乱差的断壁残垣，它成了一个艺术，成了一种文化的符号。

“政府引导、村为主体、村民自觉、社会参与、市场化运作”是我们美丽乡村的运作模式。政府引导主要是在资金和理念上引导；村为主体，美丽乡村一定不能形成是乡里面和县里面的事，就是村里面的事情，一定要强化村的主体意识。村民自觉，不能让老百姓当旁观者，让老百姓自觉地参与进来，献智、捐钱、出力。社会参与，美丽乡村是一个系统的全方位工程，我们搞了两年，感觉最大的意义，在于唤起了社会对美丽乡村、对农民的重视，我们现在仅接收社会捐款，就有六七笔，其中一个央企一次就给了我们一百万。再就是市场化运作，我们认为美丽乡村必须走市场化运作之路。市场化运作，不仅可以解决资金问题，而且能解决将来的管理问题。

在乡村风情、魅力小镇的建设过程中，我们探索总结了“六位一体”的具体抓手。教育村民，建设美丽乡村，带出最美村民，这两年我们最大的困惑不是钱，是人，是干美丽乡村的人，是农民，所以我们每一个小镇都有一个村民学校，都有一个村史馆，都有一个村歌，都有一个美丽乡村广播站，都有一个光荣榜，使农民素质和硬件投入一起提升。方便村民，为老百姓提供城市一样品质的服务。富裕村民，让老百姓有钱挣，产业本身就是一种美丽，就是一种魅力。壮大集体，没有集体收入，就没有为老百姓服务的资本，所以我们把壮大集体作为一个重要的工作指标，提出每一个村子，至少要有5万块钱集体收入。美化环境，这是美丽乡村的要义所在，用美点燃激情，激发创造。再就是党的建设，我们始终把党的建设放到一个基础和核心保障的地位去抓，党员干部带头带动作用得到充分发挥，赢得越来越多群众的信任。六位一体共23项具体指标，不仅让大家好操作，也便于督导考核。

美丽乡村在我们河北已上升为省委的一个重大战略，在最近省委全会上，省委书记赵克志同志提出“四美”要求，环境美、产业美、精神美、生态美。河北准备将通过省财政的担保，从国家农发行，还有其他金融机构融资200亿进行美丽乡村建设，我们扎根这样的土壤，特别是借好这次的东风，我们乡村风情、魅力小镇这朵花一定会开得更加艳丽。

最近央视七套根据我们的小镇故事，给我们写了一首歌，叫《我在小镇等着你》，我想用这句话作为我的结束语，我在小镇等着各位领导、各位专家、各位朋友走进馆陶去指导我们的美丽乡村。

从迷茫到迷恋　从上愁到上瘾

——在全省美丽乡村建设推进大会上的发言

（2016 年 3 月 18 日）

谢继炯

今天我汇报的题目是《从迷茫到迷恋，从上愁到上瘾》，正如赵克志书记所讲，搞美丽乡村建设，只要有责任心，就越干越想干，越干越会干。2014 年 3 月份以来，我们本着一切从实际出发，实事求是的思想，在没山缺水少绿，也缺少民族民俗风情的黄河故道上，建起了粮画小镇、黄瓜小镇、教育小镇等十几个美丽乡村示范村。粮画小镇寿东村荣获 2015“中国十大最美乡村”。我们的干部从迷茫到迷恋，从上愁到上瘾，因美丽乡村在激情燃烧着。

下面，我从三个方面作一简要汇报。

一、寻梦

我出生在农村，过上城里人生活是我儿时的梦想，现在我过上了城里人生活，那么，怎么让更多的农民过上城里人生活，是我当前最大的梦想，也是我们县四套班子共同的梦想。寻梦之初，主要受到三个方面影响。

一是邯郸市农村面貌改造提升见事早、行动快、工作实的基础，让我们在解决了“面子”之后，能够进一步对“里子”和“根子”进行思考，“面子”，即外在环境美，“里子”，即产业美，“根子”，即人的素质美、精神美。

二是全国美丽乡村大形势的影响。我们到浙江、贵州等地考察，如火如荼的美丽乡村建设让我们再也坐不住了，也让我们看到了新农村的希望。

三是几个村子对我们的影响。衡水音乐小镇的品质，曲周小弟八的精神和陕西袁家村的商业模式，坚定了我们美丽乡村建设路子，从此，我们开始了艰苦的寻梦之旅。

二、圆梦

大平原怎么搞美丽乡村？自然和人文资源匮乏。贫困县怎么搞美丽乡村？缺钱，基础差。可以说：很迷茫。一些干部不理解，消极怠工，有的干部虽有认识，但不知道该怎么干，无从下手。开始，我们寄希望于外来的设计团队，企图一夜间搞成美丽乡村，但又行不通。怎么办？还得用最“笨”的办法，那就是心去浮躁，脚踏实地，自力更生，问计于民，不怕走弯路，舍得缴学费，回归实事求是，做到实事求是，用活实事求是，坚持实事求是。先从两个村子进行突破撕开了口子，不到一年时间，初步建成了粮画小镇和教育小镇。一时我们兴奋不已。之后，一发而不可收，相继建起了杂粮小镇、黄瓜小镇、轴承小镇、羊洋花木小镇等一批美丽乡村。

馆陶美丽乡村的特点就是“小镇文化”，“小”是指特色、个性和情调。按照小镇文化理念建设具有“乡村风情、城市品质”的美丽乡村，这在全国也是独创。小镇文化不仅赋予了新农村文化和品味，而且，大胆探索出有别于行政镇的人员相对聚集、基础设施完善、产业支撑有力的美丽乡村、魅力小镇，在馆陶形成以县城为中心，一批美丽乡村为支点的城镇化格局，使就地城镇化成为一种可能。

馆陶美丽乡村建设的路子就是十六个字：尊重民意，留住乡愁，做强产业，改造提升。尊重民意，就是尊重老百姓对现阶段生产生活方式的选择，引导老百姓自觉接受现代文明成果。留住乡愁，指望得见山，看得见水，记得住乡愁的那种境界。做强产业，强调产业在美丽乡村建设中的基础地位。使产业加美丽，美丽助产业，产业更美丽。改造提升，就是不搞大拆大建，在原有基础上进行包装改造，修旧利用，变废为宝，实现不花钱也办事、花小钱办大事。很多走进馆陶的人惊叹我们花钱少、成效好的做法。

美丽乡村建设让我们尝到了甜头，老百姓从中得到了实惠。我们用较少的财政资金撬动了 6 倍的社会资本。蛋鸡、养鸭、黄瓜、黑小麦、轴承等五大富民产业因美丽乡村得到更好更快发展。黄瓜两年间由 3.5 万亩增加到 10 万亩，“馆青”牌黄瓜获得国家金奖，馆陶被命名为全国唯一的黄瓜之乡，北京首农集团负责把馆陶黄瓜引入北京市场。2015 年面向农民的信用联社存款余额增幅 31.06%，其中农户存款增幅高达 36.8%。国庆节开放五个小镇，游客达 15 万人次，总收入 1000 万元，唤起了村民市场意识，拉动了县城消费。100 多个市县来馆考察交流，外国友人也一批批走进美丽乡村，全县知名度、美誉度得到快速提高。示范村建设让全县 277 个村再也坐不住了，美丽乡村星星之火正在全县形成燎原之势。我们最大的收获还有带出了一支热爱美丽乡村、会干美丽乡村的团队。

三、迷恋

如果说美丽乡村建设之初，我们迷茫和上愁，大家在被动的工作。那么，现在很多干部迷恋了进去，有了瘾。粮画小镇党支部第一书记于兴峰，两年来，除了春节，节假日几乎没有休息过，每天起早贪黑，走街串户，了解村情，个把月不回一次家，连做梦都是美丽乡村，工作的压力和迷恋让他从刚到粮画小镇时的黑头发，变成了现在的白头发。全县干部以美丽乡村为荣，三句话不离美丽乡村。美丽乡村党支部“第一书记”成为最羡慕的岗位，不仅我们的干部迷恋了进去，老百姓也同样迷恋了进去。羊洋花木小镇的街道旁，大大小小的铁筒做出一只只羊的造型，羊背上放上盆景，既美化环境又突出了小镇的两个特色元素——羊和花木，这都是我们老百姓自己的创意，没有对美丽乡村的热爱，就不会有这样的创新创造。

我们的迷恋来自于鼓励。去年 11 月，我们高宏志书记看了小镇后讲：“你们花钱不多，但很有特色，很有味道。”全国美丽办主任讲：这是新农村建设的方向。德果副省长说："拿到全国也是最好的。”赵勇副书记先后五次肯定批示，并多次在大会上讲到馆陶。各级领导的表扬和鼓励是我们不断前行的动力。

我们的迷恋来自于兴趣。我们的干部，如果说原来是为工作而工作，现在是为兴趣而干。大家把小镇当成自己的孩子在呵护，教育小镇家家户户门前都挂着轮胎做的吊篮盆景，既美观又有创意，这些来自一线的创造逐步培养起了大家的兴趣。在北京的书画家王付利有感于家乡美丽乡村建设火热生活，一头扎进美丽乡村建设，工作室也由北京迁回家乡。

我们的迷恋来自于自信。这两年，我们跑了全国很多美丽乡村，哪里好，我们就去哪里看，越看越感到外面世界很精彩，但越看越让我们感到很自信。我们的扎实创造有些方面走在了全国前列。特别是克志书记到河北提出的“四美”，我们的实践正是“四美”要求的具体化，对照赵书记提的“四美”要求，更加坚信我们的美丽乡村之路是正确的。

我们的迷恋来自于责任。美丽乡村建设在圆一个梦，那就是让农民过上城里人生活，我们在意现在的荣誉，但更在意二十年、三十年后老百姓给我们的奖状。

美丽乡村建设，酸甜苦辣，体会很多。

一是班子必须硬。每个美丽乡村不仅要选好村“第一书记”，而且要配好一个帮扶团队，由一个“加强班”带领群众建设美丽乡村。

二是产业必须强。先富后美，不富不美，富而美。这要作为一个根本条件。

三是格局必须大。我们一开始就对标浙江和贵州，我先后三次到浙江，两次到贵州考察。这两个地方的共同特点就是标准高、声势大。同时，把美丽乡村建设和大生态、大项目、大县城建设相结合，统筹推进。这两年，馆陶地表水蓄水能力由1500万立方提高到5000万立方；引进东方园林苗木公司，建设了万亩景观苗木；培育建设了占地1600亩的拖拉机产业园；县城建设也在不断提升品味。美丽乡村还成为我们招商的名片和平台。

四是工作必须实。激情而淡定。慢不得，急不得，切忌做眼皮活儿，切忌花拳绣腿，切忌应付差事，要有一颗事业之心，甘于栽树、淡于乘凉。

五是办法必须活。因地制宜，因事施策，创新活局。农村最头疼的垃圾坑在我们手里变成了竹池运动场、儿童乐园、景观梯田。针对美丽乡村缺专业队伍，我们成立了全国首家集规划设计、施工、原材料供应于一体的美丽乡村施工队，并正在建设美丽乡村建材配送超市，使美丽乡村建设实现专业化施工。针对被教育者，我们把“建设美丽乡村，带出最美村民”始终作为美丽乡村建设的主题，每个村都办起了村史馆、美丽乡村广播站、村民学校，制定了村民公约，编写了村歌，老百姓的素质得到明显提升。

馆陶的美丽乡村建设还处在初级阶段，馆陶人已习惯把十几个美丽乡村示范村比喻成孩子，那么，我们最大的孩子，还不足两周岁，最小的孩子，不到半周岁。大家知道，三冬三夏一个娃娃，我们任重道远，不敢懈怠。由首批示范村为典型引领，我们正在全县域实施美丽乡村五年规划，把美丽乡村作为精准扶贫的有效载体，使馆陶尽快脱贫，提前实现小康目标。

前不久，著名作曲家戚建波先生，也是《常回家看看》的作曲者，看了我们的小镇，非常受感动，免费给我们谱了一首歌《我在小镇等着你》。克志书记讲，能游的乡村就是美丽乡村。我们希望更多游客走进我们的美丽乡村，检验我们的美丽乡村。所以，我用《我在小镇等着你》这首歌名，作为我今天汇报的结束语，我在小镇等着你。等着各位领导，各位朋友，走进馆陶，指导我们美丽乡村。

欠发达地区特色小镇之路

——在美丽乡村博鳌国际峰会上的主题演讲

（2016年6月24日）

谢继炯

我来自华北大平原一个省级贫困县，大唐名相魏征故里——河北馆陶。今天非常高兴在美丽的博鳌与大家一起分享我们的特色小镇。特色小镇是世界文明成果，是经济社会发展到一定程度的产物，它体现了产业、文化、生态的高度融合，在欧洲，在日韩，在世界各地，特色小镇已经成为人们的向往之地。在中国，特别是最近两年的浙江，梦想小镇、云栖小镇、袜艺小镇等一批特色小镇如雨后春笋，拔地而起，适应了经济发展的新常态，成为供给侧结构性改革的特色产品，也得到了习总书记的充分肯定。那么作为一个欠发达地区，馆陶能不能搞特色小镇，怎么搞特色小镇？为此，我们一切从实际出发，按照环境美、产业美、精神美、生态美的标准，探索出以美丽乡村为载体，以一镇多社区为架构，以产兴镇的特色小镇创建之路。正如刚才主持人所说，我们在没山缺水少绿的黄河故道，建起了粮画小镇、黄瓜小镇、教育小镇等一批特色小镇，其中粮画小镇被评为"2015中国十大最美乡村"，粮画小镇还是河北省第一个以美丽乡村为载体的AAA级景区。"乡村风情、城市品质"是馆陶小镇的鲜明特征，我们不同于浙江的特色小镇，我们仍然以乡村为载体和依托；也不同于欧洲的小镇，是以血缘和家族为纽带的乡村社区，是具有城市品质的乡村，是更具乡村味道的乡村。这里有鸡鸣狗吠，有乡音乡愁，这里精致精细、环境优美。

尊重民意、留住乡愁、做强产业、改造提升是建设美丽乡村特色小镇的指导思想。尊重民意就是尊重老百姓对现阶段生产生活方式的选择。留住乡愁指田园风光和乡村记忆和看得见山、望得见水、记得住乡愁的境界。做强产业是美丽乡村建设之本、之基。改造提升也是我们美丽乡村建设的一大特点，就是通过对物和人的改造，实现环境和人的全面提升。

政府引导、村为主体、村民自觉、社会参与、市场化运作是我们美丽乡村特色小镇建设的运作模式。政府引导指政府在理念、规划、资金上的引导。村为主体是强调乡村在美丽乡村建设中的主体地位。村民自觉就是让广大老百姓参与进来，成为美丽乡村建设的主人。社会参与就是要唤起全社会对美丽乡村的重视和支持。市场化运作是美丽乡村和特色小镇健康持续发展的必然选择。

各位嘉宾、各位朋友，美丽乡村共享共建的主题非常好，美丽乡村国际博鳌峰会这个平台也非常好，为我们美丽乡村特色小镇的国际交流与合作提供了条件。近一年来，一批国际友人纷纷走进了我们的特色小镇，我们也在积极的走出去吸收世界营养。我们的粮画小镇正在规划建设“世界粮画之都”，黄瓜小镇正在建设“世界黄瓜之都”，让我们秉承共建共享的理念，为美丽乡村建设作出应有贡献。最后用我们小镇的主题歌《我在小镇等着你》，欢迎各位嘉宾、各位朋友走进馆陶美丽的特色小镇。

第一编　建置区划与自然环境

馆陶是千年古县，春秋时为晋国冠氏邑地（即今山东省冠县东古城），战国时属赵国。秦为邯郸郡。馆陶县至迟于公元前195年置县，属魏郡，因其城（今冠县东古城）西北七里有陶丘，赵置馆于其侧，得名馆陶。作为千年古县，为郡、州治所406年。

1949年8月1日，馆陶划归河北省邯郸专区。1952年10月又划归山东省。1958年12月，撤销县建制，并入冠县，1961年7月又恢复馆陶县。1964年12月，由山东省又划归河北省邯郸专区。1993年地市合并后，馆陶县隶属邯郸市。

第一章　建置　区划

馆陶县，位于邯郸市东部。东隔卫运河与山东省冠县、临清市相望，南与大名县接壤，西与广平县、曲周县、邱县三县交界，北与临西县毗邻。

馆陶县隶属河北省邯郸市，为市辖县级行政区。2013年年底，县域总面积456.3平方公里，其中耕地面积48万亩，总人口35.3万人。1996年，实行并乡扩镇。2011年，馆陶县组建陶山街道办事处。至2013年，馆陶县辖馆陶、柴堡、魏僧寨、房寨4镇，寿山寺、王桥、路桥、南徐村4乡，277个行政村。

馆陶县人民政府驻金凤大道西段。

第一节　建置

地理位置

馆陶县位于华北平原中西部，河北省南端，邯郸市东部，地处冀、鲁交界。地理坐标为：北纬36°27′至36°47′，东经115°06′至115°28′，海拔36米至43米。东以卫运河为界与山东省冠县、临清市相望，西与广平、曲周、邱县接壤，南靠大名县，北连临西县。地势西南高，东北低。地形为西南东北狭长地带，地势平坦，境域南北长40公里，东西宽13公里，全县总面积456.3平方公里。卫运河沿县东界自西南向东北蜿蜒流去。106国道（北京至广州）、309国道（荣城至兰州）在县城交汇，青兰高速公路横贯东西，“七一”大桥贯通山东、河北。邯（郸）济（南）铁路在县城南端设有车站，邯济铁路复线于2014年建成通车。县政府驻地南馆陶镇，住于首都北京正南432公里，省会石家庄东南180公里，邯郸市以东75公里。

境域变迁

公元前221年秦统一全国，实行郡县制，馆陶属邯郸郡。

馆陶县至迟于公元前195年置县，境域包括今馆陶县中南部、冠县中南部、大名县北部和邱县南部，治所即今冠县的东古城镇。此时的馆陶县，西邻列人县（今肥乡县）、清漳县、曲周县，南邻魏县、元城县（今大名县东南部），东临发干县（今山东省聊城堂邑一带）、平阳县（今莘县），北临清渊县（治所在今馆陶县北部的清阳城村，其境域大致为今天山东省临清市和河北省的临西县及今馆陶县、冠县的北部）。时馆陶县是县域面积较大的一个县份。因地域面积较大，且交通便利，物产丰富，先后有三位汉代皇帝的爱女（西汉文帝长女刘嫖、西汉宣帝长女刘施施、东汉光武帝三女刘红福和唐高祖李渊第十七女）被封为馆陶公主。

西汉宣帝年间（前73—前49年），分馆陶县西部置平恩侯国（后汉为平恩县），治所在今馆陶县平堡村一带。

东魏天平二年（535年），分馆陶县西部置贵乡县。贵乡县在今大名县的北部，治所在赵城（大名县东北部，在今红庙乡赵桥村的北边，现为漳河行洪河道）。

隋朝开皇六年（586年），分馆陶县东部置冠氏县。

宋朝熙宁五年（1072年），从原来的临清县析出永济县（治所在今馆陶县陈路桥村一带），后并入馆陶县。

此后，馆陶县域包括今漳卫运河以西、以东两部分，基本是东西各半，总面积在

900 平方公里左右，馆陶县成为一个地域范围中等的平原县。1958 年 12 月撤销馆陶县建置，全境并入山东省冠县。1961 年 7 月恢复馆陶县建置，与冠县分开，境域无大改变，仍是以今漳卫运河为界，东西各半。

1964 年 12 月，馆陶县发生第五次大的变化。馆陶县与冠县在地域范围上进行调整，经国务院批准，以漳卫运河为界，河东地域，北半部 99 个村划归山东省临清县，南半部 143 个村划归山东省冠县。卫运河以西仍为馆陶县，境域面积 456.3 平方公里，辖 251 个自然村（今为 277 个行政村）。

建置沿革

春秋时期（前 841—前 476 年）为晋国冠氏邑。

战国期间（前 475—前 221 年）属赵国。城（东古城，今属山东省冠县）西北七里有陶丘，赵置馆于其侧，故名馆陶。

秦（前 221—前 206 年）并天下，行郡县制，馆陶属邯郸郡。

汉（前 206—220 年）承秦制。时郡、国并称。文帝元年（前 179 年）三月，封长女嫖为馆陶长公主，邑于馆陶。至光武帝元年（25 年）始设州、部，分全国为十三个刺史部（州）。馆陶县属冀州部魏郡。

三国（220—265 年）袭汉制。馆陶县属魏地，归司州部阳平郡，郡治馆陶。

晋及十六国时（265—470 年）仍为州、郡、县三级制，馆陶县属司州阳平郡。

南北朝时期（420—581 年）仍承晋。后魏，馆陶县属司州部阳平郡。北周大象二年（580 年）置毛州，同治馆陶。

隋（581—618 年），初废郡存州，后又废州为郡。开皇（581—600 年）初废郡。大业二年（606 年）废州，属武阳郡。

唐（618—907 年），州、郡之上增设道，始分全国为十个道。武德五年（622 年）复置毛州，属河北道。贞观初（627 年）废毛州，属河北道魏郡。开元二十一年（733 年）改全国为十五个道。大历七年（772 年）析临清县南部置永济县，治所在张桥店即今路桥村。

五代十国（907—960 年）沿唐制，馆陶县仍属河北道。

宋初废道设路，路辖府、州，府、州辖县。熙宁五年（1072 年）降永济县为镇，并入馆陶，属河北路大名府。

金承宋制，分所辖的北方为十九个路。馆陶县属大名路大名府。金代，北迁四十里建县治（北馆陶，今属山东省冠县）。

元（1279—1368 年），全国设行中书省（简称行省），下设路、州、县，馆陶县属东平路。至元二年（1265 年）改属濮州，均隶属山东省，这是馆陶县属山东省之始。

明代（1368—1644 年），改行省为承宣布政使司（简称“布政司”），废路存府、州。

全国分统于十五个布政司，亦称十五个省。洪武初（1368 年）馆陶县归山东省东昌府。弘治二年（1489 年）升临清为州，馆陶县属临清州。

清朝（1644—1911 年），通称为省，下为府、县两级。馆陶县属东昌府。

民国元年（1912 年），山东省废府设道。馆陶县属济西道。民国 3 年（1914 年），济西道更为东临道，馆陶县属之。民国 17 年（1928 年）废道，各县直属山东省政府。民国 25 年（1936 年），全省下设十二个行政区，馆陶县属第六区。

民国 26 年（1937 年）7 月 7 日，抗日战争爆发，11 月馆陶县城沦陷。民国 27 年（1938 年）5 月 15 日，国民党政府山东省第六区专员兼保安司令范筑先领导的第十支队收复馆陶县城。

民国 27 年（1938 年）5 月，馆陶县抗日政府成立，属中共鲁西北特委，后属鲁西北行政委员会领导。

民国 28 年（1939 年）1 月，成立鲁西行政主任公署，馆陶县属第三（鲁西北）专署。2 月，日军第二次占领馆陶县城。

民国 29 年（1940 年）8 月，馆陶县由鲁西行署第三专署改属冀南行署第三专署。

民国 34 年（1945 年）11 月，馆陶县由冀南行署第三专署改属第一专署。

民国 38 年（1949 年）8 月，撤销冀南行署（亦称冀南区），馆陶县划归河北省邯郸专区管辖。

1952 年 10 月 24 日，馆陶县由河北省邯郸专区划归山东省德州专区。

1953 年 1 月，馆陶县由山东省德州专区划归山东省聊城专区。

1958 年 12 月，撤销馆陶县建制，并入冠县。

1961 年 7 月，恢复馆陶县，仍归山东省聊城专区领导。

1964 年 12 月 5 日，馆陶县由山东省聊城专区划归河北省邯郸专区。

1968 年 1 月，邯郸专区改为邯郸地区，馆陶县属邯郸地区。

1993 年 7 月，邯郸地、市合并称邯郸市，馆陶县归属邯郸市管辖，延续至今。

第二节　区划

明清时期

县内的政区设置，据资料记载，明弘治二年（1489 年），全县编定 27 里。清初，全县改划为 4 个区，分为 27 里，辖 497 村，计有：孝良区，亦称孝区或孝良乡，旧志上称孝良保，辖 7 里 142 村；平安区，亦称平区或平安乡，旧志上称平安保，辖 6 里 127 村；北阳区，亦称北区或北阳乡，旧志上称北阳保，辖 10 里 185 村；大章区，亦称大区或大章乡，旧志上称大章保，辖 4 里 43 村。后因卫河流贯境内，故清初漕运以河南漕艘至馆陶每苦浅阻，雍正三年（1725 年）分漳资卫，以利漕运。县内行政区划以卫河流经进行划分，南自迁堤（现称安堤，今属山东省冠县）、北至尖冢（今属临西县）沿岸共置铺舍十二，即：迁堤、秤钩湾、小马头、南馆陶、安静、黄花台（今社里堡）、冀家河（今冀浅）、颜窝头、北马头（今东马头）、滩上、马栏厂、尖冢。

光绪二十七年（1901 年）停罢河运。后铺舍改为防汛区域，渐改为警察区域，以后又改设为区、乡。

民国时期

民国 3 年（1914 年），全县有 7 个区（道区、德区、仁区、义区、礼区、智区、信区），57 个里，509 个村。

民国 18 年（1929 年）10 月，馆陶县有 8 个区，区以下废里建乡镇。共建乡镇 162 个，辖 501 个村。第一区，20 个乡，86 个村；第二区，1 个镇、21 个乡，52 个村；第三区，1 个镇、19 个乡，39 个村；第四区，1 个镇、19 个乡，67 个村；第五区，20 个乡，61 个村；第六区，1 个镇、19 个乡，56 个村；第七区，1 个镇、19 个乡，88 个村；第八区，1 个镇、19 个乡，52 个村。

民国 26 年（1937 年）7 月 7 日，抗日战争爆发，11 月日军第一次占领县城。民国 27 年（1938 年）5 月，范筑先的第十支队收复馆陶县城。

民国 28 年（1939 年）2 月 17 日，日军第二次占领馆陶县城。中共建置的党政机关转移到西南一带农村活动，无固定驻地。县设置 8 个区，辖 489 个村庄。

民国 28 年（1939 年）2 月，馆陶县抗日民主政府驻境内西南一带农村，加上临清、堂邑、冠县等被日军占领，馆陶县的二、三区划给新成立的临馆堂县，馆陶县只管辖一、四、五、六、七、八区。

民国 29 年（1940 年）11 月，全县 9 个区，第一、四区序号和所属村庄不变；原七区以馆（南馆陶）冠（冠县）公路为界，路以北为第二区，路以南为第三区；原六、八区及五区东南部分村作了调整，由北而南依次是五、六、七、八、九区。

民国 30 年（1941 年）9 月，日军修筑馆（北馆陶）邱（县）公路，沿路修筑炮楼（碉堡），安插据点，对根据地进行分割封锁，馆陶县抗日政府对路以北的村庄领导不便，冀南第三专署为有利于对敌斗争的需要，将第四区及 67 个村划归邱县管辖。邱县置为第五区。同时把五区南北一分为二，北部划为四区（时称新四区），南部仍称五区。

民国 31 年（1942 年）6 月，将馆邱公路以南原属邱县的 13 个村庄：南辛庄、儒林、大马堡、南寨、大段寨、石佛寺、新井头、桃寨、孟二庄、坞头、程二寨、张庄、兴平堡，划给馆陶县并入第四区（亦称新四区）。

同年秋，撤销临馆堂县，原馆陶县划出的二、三区 91 个村，划回馆陶县，并遂成立卫东办事处。

民国 32 年（1943 年）9 月，成立卫东县，馆陶县的二、三区 91 个村划归卫东县管辖。

民国 32 年（1943 年）12 月，日军加强对卫河各渡口的封锁，两岸联系困难。冀南区党委、行署决定将馆陶县所辖的一、二、三区及 108 个村划归新成立的永智县，同时撤销卫东县，馆陶县划给卫东县的原二、三区的 91 个村庄随同卫东县并入永智县。

民国 33 年（1944 年）春，将民国 30 年（1941 年）9 月馆陶县划给邱县管辖的第四区的 67 个村，又划归临清县领导。

民国 34 年（1945 年）2 月，将九、八、七区改为一、二、三区，四、五、六区的序号不变，同时将各区村庄进行了调整。调整后全县有 6 个区 194 个村，这是馆陶县管辖范围最小的一个时期。

民国 34 年（1945 年）8 月 15 日，抗日战争胜利。11 月 2 日，馆陶县新四区撤销，所辖从邱县划过来的村庄，又回归邱县，划归临清县的 67 村又划回馆陶县。时馆陶县辖 5 个行政区。

民国 35 年（1946 年）3 月，原为馆陶县的一、二、三、四、七区，分别由永智县、临清县正式划回馆陶县。从此，馆陶县恢复了抗日战争前所辖范围，管辖 10 个区，493 个村。5 月又改为 8 个区的建置，各区所辖村庄与民国 28 年（1939 年）2 月相同。

民国 37 年（1948 年），馆陶县的张金庄、何庄、周庄划归大名县。大名县的 11 个齐固（今刘齐固、王齐固、梁齐固、姚齐固、赵齐固）划归馆陶县。

中华人民共和国

1949 年 10 月，馆陶县辖 8 个区 459 个村。

1950 年 8 月，馆陶县有 5 个区 1 个镇（第一区、第二区、第三区、第四区、第五区、南馆陶镇）494 村。第一区、第二区 1964 年年底划归山东省，南馆陶镇除南馆陶、后徐庄、后刘庄外，其余村庄 1964 年底划归山东省。

1952 年 12 月，馆陶县改为 6 区 1 镇，第一区南部村庄和第五区卫运河以东的村庄新建第六区。1953 年 7 月，撤销南馆陶镇，其所辖村并入第六区。

1954 年 4 月，馆陶县有 6 个区 92 个乡。

1958 年 3 月，馆陶县有 18 个乡。

1958 年 9 月，18 个乡改建为 7 个人民公社：南馆陶人民公社、八岔路人民公社、潘庄人民公社、北馆陶人民公社、魏僧寨人民公社、柴堡人民公社、房寨人民公社。

1958 年 12 月，馆陶县并入冠县。

1961 年 7 月，恢复馆陶县建置，辖 7 个人民公社，个别村作了调整，即馆陶县的北田平、前马固、后马固、吉固 4 个村划给冠县；冠县的段辛庄、郭庄、官庄 3 个村划给馆陶县。

1961年年底，全县有7个人民公社，47个管理区，488个村。

1963年4月，在原7个人民公社范围的基础上，改建为7个区公所，辖42个人民公社。

1964年年底，冀鲁区划，以卫运河为界，馆陶县卫运河以东的区域，北半部划给山东省临清县，有八岔路、潘庄两个区的11个人民公社99村；南半部划给冠县，有北馆陶区的5个人民公社和南馆陶区的4个人民公社及西陶公社的东馆陶共143个村。至此，馆陶县有魏僧寨、柴堡、南馆陶和房寨4个区的22个人民公社，251村，275个大队。

1965年6月，4个区改建为4个工作委员会（简称工委）。撤销柴堡区的林北人民公社，将林北人民公社所辖的车疃、社里堡划归西陶人民公社。将林北、中付庄、东付庄、后罗头、前罗头、东刘庄、西刘庄、要庄划归柴堡人民公社领导。同时将柴堡工委的范庄人民公社和房寨工委的寿山寺人民公社划归南馆陶工委领导。将丁圈人民公社改名为滩上人民公社，公社驻地移驻滩上村。时辖21个公社，279村。

1967年3月21日，馆陶县革命委员会成立。1968年3月，全县有4个工委和21个人民公社革命委员会。同时，将寿山寺公社和魏僧寨公社改为向阳公社和卫东公社。

1971年，县辖275村。

1979年向阳公社恢复寿山寺公社名称。

1981年10月，根据国务院（1979年）305号文件精神，馆陶县部分村庄更名。

1982年1月，撤销县革命委员会，改设县人民政府。全县21个人民公社革命委员会的名称被取消，改为管理委员会。

1982年5月7日，根据国务院、省政府《关于地名使用、更名的暂行规定》的精神和邯郸地区行政公署《关于部分公社更名的通知》，部分公社进行了更名。

1984年3月，撤销21个人民公社，改设为4个镇和17个乡。4个镇是：馆陶镇、魏僧寨镇、柴堡镇、房寨镇。17个乡是：草厂乡、油寨乡、滩上乡、王二厢乡、路桥乡、东马头乡、柴庄乡、市庄乡、南徐村乡、浅口乡、范庄乡、寿山寺乡、沿村乡、王桥乡、芦里乡、留庄乡、河寨乡。

1984年夏，东马头乡的东马头村，分为东马头北村、东马头中村、东马头南村。从而东马头乡由管辖11个行政村，变为13个行政村。县辖277村。

1984年年底，全县有21个乡、镇，251个自然村，277个行政村（村民委员会）。

1996年1月，全县4个镇、17个乡合并为4个镇、4个乡。馆陶镇、沿村乡合并为馆陶镇；魏僧寨镇、滩上乡、草厂乡合并为魏僧寨镇；柴堡镇、柴庄乡、市庄乡合并为柴堡镇；房寨镇、河寨乡合并为房寨镇；路桥乡、王二厢乡、油寨乡合并为路桥乡；南徐村乡、东马头乡合并为南徐村乡；寿山寺乡、浅口乡、范庄乡合并为寿山寺乡；王桥乡、芦里乡、留庄乡合并为王桥乡。

2011年9月23日，馆陶县组建陶山街道办事处。

第三节　县城

馆陶县至迟于公元前195年置县，县治设于东古城（今山东省冠县东古城）。三国魏黄初二年（221年）置阳平郡，郡治设于此。北周大象二年（580年）八月，分阳平郡置毛州，馆陶县治未变。

隋初废郡存州。大业二年（606年），州废。金代，馆陶县治北徙四十里，在北馆陶（今属山东省冠县）建新县治，旧县治更名为古城（今山东省冠县东古城）。自迁新县城后始建规模，莫得其详。据碑记载，自明成化三年（1467年）重筑，城周围五里，墙高二丈五尺，厚二丈，城外有池（即护城濠）深二丈，宽如之。建有四门，东曰丰乐门，南为明远门，西为临津门，北为通都门。

明弘治十三年（1500年），续修。

明正德十年（1515年），续修，城墙增高三丈五尺，池深两丈，宽三丈。后失修倾塌。

明万历二年（1574年），重修。

明崇祯十二年（1639年），重修，并以砖砌城三角，西南角缺。内四面筑土台各一，建戍铺于上。

清康熙九年（1670年），将城壕周围栽柳树八百余株，岸柳成行，绿柳成荫，雄伟壮观。

清乾隆五十七年（1792年），再次整修。

民国年间城墙已失去当年宏伟。

民国28年（1939年）2月，日军第二次侵占馆陶县城后，日伪军将旧城进行修补。

1955年3月，馆陶县城由北馆陶迁到南馆陶（今址）。

1996年，新华街（南环路—北环路段）修建，拉开了县城向西发展的序幕。

1997年实施了“四纵三横”改造工程，重点进行旧城区街道拓宽，完善基础设施，改造临街建筑，硬化便道。

1997年底，县城规划区面积10.7平方公里，建成区面积3.2平方公里，县城仅有三纵四横七条街道，其中四条是断头路。

1998年开始，馆陶县对县城环境进行大规模整治，以全面加强县城绿化、美化、硬化、净化、亮化为重点，由点到面，由量变到质变。

2000年前，县城建设主要侧重市政基础建设，如道路工程、防洪工程、市政雨污工程的建设。2000年后城区规模不断扩大，设施日益完善，面貌明显改观，综合承载能力和辐射带动能力大大增强。同时，住宅建设取得加快发展，住宅项目开发建设规模逐渐扩大，小区化开发成为县城住宅建设主要发展趋势。

2006年，县城规划区面积达到18平方公里，建成区面积达到7.5平方公里，新建、扩建了金凤市场、陶山市场、建材市场等七大市场，并对供排水、绿化、环卫、供电、广播电视、通讯、路灯、公园、医院、学校、体育场等基础设施进行了全面配套。

2008年后，按照全省统一部署，抢抓“三年大变样、三年上水平”的历史机遇，按照“西移、北扩、南展、中优”发展思路，拉开了西部新城区开发建设的序幕。新建了政务服务中心、规划馆、图书馆、体育馆、博物馆、文化艺术中心、科技馆、青少年活动中心等一批大型公共服务设施。采取财政引导、社会多元化融资方式，建设广场游园57处。财政、农业、公安、交通、教育、供电等服务中心建成投用。建设了公主湖文化景区、滨河公园风景区，2012年滨河公园获河北省三星级公园称号，2013年公主湖湿地公园被命名为省级水利风景区，通过省三星级公园验收。建成了超远小区、温泉花园、名都花园、幸福小区、金菊园、金陶郦都、柳湖胜景等一批精品小区。建设了九洲诚信、时代广场等商业综合体，新建扩建亿丰电动车、九洲家具城等专业市场，提升了城市品位，拓展了就业容量。以“三治两提”为契机，开展了拆除违建、整治环境容貌、建筑外观改造、治脏治乱治噪治堵等一系列专项行动，城市环境质量明显改善，城市承载能力显著提高，城市居住条件大为改观，城市现代魅力初步显现，城市管理水平大幅提升，实现了“小县大变样”。馆陶县先后荣获中国最佳生态宜居县、河北省人居环境范例奖、三年大变样突出贡献奖、省级园林县城、省级文明卫生县城、河北省首批环境优美城镇等称号。

2010年以后，馆陶县坚持走以人为本、产城融合发展的新型城镇化之路，牢牢把握省委提出“小县大县城”战略的历史机遇，大力发展县城经济。编制完成了《馆陶县城市总体规划》（2008—2020），突出“产业、文化、水系、绿化”四大特色，推进园区与新城区衔接，大力发展北科园区和化工园区，与新城区融为一体进行规划，引导城市教育、卫生、金融等公共服务功能向新城区延伸，实现园区与城区的资源共享、功能互补和融合发展，起到了聚集人口、吸纳产业、推动城市发展的功效。2014年，投资5000万元用于县城建设提档升级，编制完成了《馆陶县城乡总体规划（2013—2030）》。特别是成功承办了全省县城建设现场观摩会，先后有张家口、遵化等16批市、县（区）来学习参观，《张家口日报》连续两天在头版大篇幅刊登馆陶县城建设典型做法。

2013年年底，县城有“十纵六横”的城区路网体系，人均道路面积27.58平方米；县城内建有生活污水处理厂1座、垃圾填埋场1座；第一中学、职业教育中心、教师进修学校、实验中学、陶山中学、实验小学、新华小学、永济小学、特教学校、县幼儿园、第二幼儿园等各级各类学校11所；县人民医院（东区、西区）、县中医院、妇幼保健院、馆陶镇卫生院、疾控中心等医疗卫生机构5所；联心数字影院1处；民政事业服务中心1处；邯济铁路馆陶站、汽车客运站各1处；中国人民银行馆陶支行、中国建设银行馆陶支行、中国工商银行馆陶支行、中国农业银行馆陶支行、中国农业发展银行馆陶支行、县农村信用合作联社、中国邮政储蓄银行馆陶支行、邯郸银行馆陶支行等各类金融机构 8 处；中国人寿保险公司馆陶支公司、中国人民财产保险公司馆陶支公司等保险机构 2 处。

县城规划区面积 26.5 平方公里，县城建成区面积 15 平方公里，城镇人口 10.5 万人，城镇化率 40.16%，是全县政治、经济、文化和商贸物流中心。

第四节　乡镇　街道

馆陶镇政府驻地

馆陶镇

位于县城南北两翼，怀抱县城。东滨卫运河，隔河与山东省冠县东古城镇相望，有“七一”大桥相连。南邻王桥乡，西与寿山寺乡毗邻，北和柴堡镇接壤。镇政府驻地姜沿村，全镇面积 30.11 平方公里。有 17 个行政村，所辖姜沿村、尚沿村、鲍沿村、李沿村、赵沿村、李庄村、郑沿村、孙庄村、大刘庄村、刘沿村、安静村、北马固村、东宝村、蔺村、吕庄村、社里堡村和车疃村，共辖 17 个村民委员会。2013 年 4937 户，20185 人，汉族。

地势南稍高，北略低，地处平原，土地较好，东部有少量沙土，其余大部分为黏土和沙壤土。耕地 2.34 万亩，东靠卫运河，西有卫西干渠，有机井 496 眼，均已配套机电，有效灌溉面积 2.2 万亩。

全镇经济以农业为主，主要农作物有小麦、玉米、大豆、棉花、花生等。2013 年粮食总产量达 1.96 万吨，其中小麦 0.9 万吨；玉米 1.06 万吨；人均收入 7475 元。全镇共有信德配件、北科机械、金环瑞吉德、汇鸿轴承、海洋饮品等 20 余家企业，经济发展后劲更足。

科教文卫事业发展较快，辖区内有幼儿园 10 所，小学 6 处，有教职工 90 人，在校学生 1800 人。有图书室一所，藏书 2000 册，农家书屋 12 所，藏书 6000 册，有电影院 2 处，医疗卫生机构 2 处，有医务（护）人员 76 名。

106 国道、309 国道、邯济铁路、青兰高速交叉通过；邯济铁路在镇南部设站；青兰高速在镇西北侧设有道口；215 省道、武馆公路、馆广公路纵横跨越，与各乡镇均有柏油路相连。

2013年馆陶镇所辖行政村基本情况一览表

表 1-1-1

序号	行政村名	户数	人口	劳动力	总耕地（亩）	人均耕地面积（亩）
1	姜沿村	201	867	563	791	0.91
2	尚沿村	127	500	300	627	1.25
3	鲍沿村	158	629	367	742.5	1.18
4	李沿村	110	419	272	490	1.17
5	赵沿村	220	1037	669	1263.05	1.22
6	孙庄	346	1243	650	1221.31	0.98
7	大刘庄	525	2277	1480	3166.21	1.39
8	李庄	62	226	135	284.24	1.26
9	刘沿村	205	807	564	1030.84	1.28
10	郑沿村	74	337	219	328.87	0.98
11	东宝村	721	2747	1418	2358.52	0.86
12	北马固	209	749	486	868	1.16
13	安静	398	1666	1040	1388	0.83
14	车疃	529	2292	1490	3637	1.59
15	吕庄	217	815	530	723	0.89
16	蔺村	265	1088	565	1580	1.45
17	社里堡	570	2486	1616	2910	1.17

柴堡镇政府驻地

柴堡镇

位于县域中部，县城西北7.5公里处，106国道两侧。北与邱县相临，东与山东省隔河相望，106国道和武馆公路纵贯南北，南临青兰高速公路、309国道，交通条件十分便利。镇域面积74.4平方公里，辖柴堡北村、柴堡东村、柴堡西村、柴堡南村、齐堡村、前胡堡村、后胡堡村、北阳堡村、申林村、天河村、后市庄村、马店村、西庄村、市庄东村、市庄西村、宋马堡村、韩马堡村、郭马堡村、匣庄村、樊堡村、后曹堡村、柴庄村、西孔堡村、东孔堡村、刘村、东苏堡村、西苏堡村、前刘堡村、后刘堡村、北肖寨村、武张屯村、前曹堡村、邢张屯村、闫张屯村、马张屯村、王耳庄村、牛张屯村、东刘庄村、西刘庄村、要庄村、后罗头村、东广才村、林北村、前罗头村、八义庄村、西富庄村、肖屯村、中富庄村、东富庄村，共49个行政村。2013年11000户，4.5万人，共有49个农村党支部，13个镇直党支部，1697名党员。

地处平原，地势西南略高，东北稍低，土质较好，多为黏土，东北有少量沙土壤和沙土，耕地7.1万亩，东临卫运河，中部有卫西干渠穿过，有机井1368眼，机电配套，有效灌溉6.9万亩。

全镇经济以农业为主，主要农作物有小麦、玉米、大豆、棉花、花生等。2013年粮食总产量达465850.8百公斤，其中小麦271226.8百公斤；玉米194624百公斤；人均收入6050元。全镇共有金翔饲料、顺天编织、金穗农机、天宇钢结构、多凯板材、六和牧业、贵禾宝食用菌等17家大型企业，经济发展后劲更足。

科教文卫事业发展较快，辖区内有幼儿园14所，小学5处，有教职工190人，在校学生5211人。农家书屋27所，藏书30万本，医疗卫生机构1处，有医务（护）人员33名。

公路106国道贯穿全镇；青兰高速在镇西南侧设有道口；武馆公路、柴林线、神农大道纵横跨越，与各乡镇均有柏油路相连。

2013年柴堡镇所辖行政村基本情况一览表

表1-1-2

行政村名	户数	人口	劳动力	总耕地（亩）	人均耕地面积（亩）
柴堡北村	120	536	356	1056	2.00
柴堡东村	146	689	495	896	1.30
柴堡西村	190	847	627	953	1.10
柴堡南村	132	635	459	788.43	1.20
齐堡村	503	2456	1896	3182.76	1.30
前胡堡村	110	486	326	632	1.30
后胡堡村	125	540	419	1067	2.00
北阳堡村	275	1245	824	2721	2.20
申林村	167	760	498	1286	1.70
天河村	122	640	413	896	1.40

续表 1-1-2

行政村名	户数	人口	劳动力	总耕地（亩）	人均耕地面积（亩）
后市庄村	117	425	325	881	2.10
马店村	460	1882	1105	5117	2.70
西庄村	186	858	520	2654	3.10
市庄东村	190	787	456	1464	1.90
市庄西村	146	730	483	1152	1.60
宋马堡村	56	220	146	325	1.50
韩马堡村	125	430	269	534	1.40
郭马堡村	169	820	514	1594.8	1.90
匣庄村	376	1476	876	2832	1.90
樊堡村	316	1350	795	3000.53	2.20
后曹堡村	169	738	428	1268	1.70
柴庄村	178	760	418	1050	1.40
西孔堡村	230	1097	609	1671	1.50
东孔堡村	170	650	416	1050	1.60
刘村村	201	965	556	1429.69	1.60
东苏堡村	308	1422	876	1793	1.30
西苏堡村	312	1430	892	1701	1.20
前刘堡村	360	1460	853	1616	1.10
后刘堡村	72	280	190	404	1.40
北肖寨村	112	391	189	538	1.40
武张屯村	204	846	468	1338	1.60
前曹堡村	74	309	167	594.5	1.90
邢张屯村	192	801	498	1758	2.20
闫张屯村	90	420	297	661	1.60
马张屯村	62	341	258	927.99	2.70
王耳庄村	236	936	496	1292	1.40
牛张屯村	98	420	308	640	1.50
东刘庄村	330	1374	775	2092	1.50
西刘庄村	126	640	428	780	1.20
要庄村	120	600	405	637	1.10
后罗头村	168	768	425	816	1.10

续表 1-1-2

行政村名	户数	人口	劳动力	总耕地（亩）	人均耕地面积（亩）
东广才村	196	830	508	1794	2.20
林北村	397	2159	1420	2765	1.30
前罗头村	500	2994	1894	1826.89	0.60
八义庄村	279	1397	795	3115	2.20
西富庄村	252	1132	698	1500	1.30
萧屯村	170	850	560	1100	1.30
中富庄村	77	377	237	417	1.10
东富庄村	180	875	535	1241	1.40

魏僧寨镇

魏僧寨镇政府驻地

位于馆陶县最北部，距县政府驻地 24.5 公里，俗称卫东。东隔卫河与山东省烟店镇相邻，西与邱县搭界，北与邢台市临西县接壤，南与路桥乡相通，可谓“卫水之滨，四域之塞”之地，是名副其实的馆陶县北部区域中心，面积 56 平方公里。有 9156 户，37785 人，汉族为主，另有回族、满族等。1996 年草场乡、滩上乡并入魏僧寨镇。魏僧寨镇辖 31 个行政村，设立 31 个村民委员会，共有 35 个党支部。

魏僧寨镇地貌属于黄淮海冲积平原，地形平坦，地势西南稍高，东北略低。土质较好，以沙性土为主，只有少部分黏土分布在镇区东部。耕地 55026.68 亩，有机井 712 眼，都已实现机电配套，有效灌溉 54600 亩。胜利渠自西南向东北流经全镇。

经济以传统农业为主，集中分布在中西部，镇区内商贸优势明显。镇域中部特色农业发展迅猛，形成了以黄瓜种植基地和草莓种植采摘基地为中心的生态农业种植群，镇域东部轴承加工业异军突起，轴承园区已成规模。农作物主要有小麦、玉米、棉花等。2013 年粮食产量 486124 百公斤，其中小麦产量 231941 百公斤，玉米产量 254183 百公斤。2013 年以轴承园区为龙头的工业总产值 4363371 万元。镇区内有明玉面粉厂、综合加工厂等。

文教卫生事业健康、高速发展，有中学 1 处，小学 7 处，教职员 249 人，其中小学专任教师 129 人，中学专任教师 120 人，在校学生 5000 余名；有县医院分院一座——魏僧寨镇中心医院，主治医师 10 名，普通职工 32 人，镇区药房两座；各村都建立标准化医务室，医务人员 31 人。

镇政府驻地 2008 年由西魏僧寨中部迁至西魏僧寨南部，北与吕尖线相接，南衔武馆路，形成“三纵两横”的区域网络交通格局。

2013 年魏僧寨镇所辖行政村基本概况一览表

表 1-1-3

行政村名	户数	人口	劳动力	总耕地（亩）	人均耕地面积（亩）
范草厂	306	922	554	1688.00	1.83
王草厂	389	1412	850	2816.32	2.00
杨草厂	230	753	455	1445.63	1.92
陈庄	213	728	437	1466.59	2.01
申街东	404	1560	938	2131.25	1.37
申街西	385	1400	840	2277.44	1.63
山材	372	1333	800	1402.50	1.05
前符渡	531	1884	1131	2158.89	1.15
后符渡	200	715	429	1067.53	1.50
孙雷寨	230	830	499	1501.37	1.81
王雷寨	154	520	313	824.58	1.59
高雷寨	276	909	546	1599.51	1.76
安雷寨	500	2000	1200	3512.82	1.76
东魏僧寨	161	620	372	819.46	1.32
西魏僧寨	187	800	480	990.41	1.24
吴庄	220	800	480	1540.58	1.93
阎寨	339	1258	755	2623.37	2.09
张庄	79	299	180	503.20	1.68
任门寨	413	1650	990	3064.06	1.86
周庄	375	1370	222	2145.40	1.57
十里店	387	1346	808	2037.58	1.51

续表 1-1-3

行政村名	户数	人口	劳动力	总耕地（亩）	人均耕地面积（亩）
赵官寨	300	1010	606	2000.37	1.98
南榆林	231	752	452	1009.26	1.34
高庄	308	1100	660	2084.98	1.90
滩上	580	2312	1388	3029.53	1.31
丁圈	259	788	473	1411.69	1.79
铺上	220	733	440	826.78	1.13
刘圈	350	1190	714	2059.70	1.73
史庄	347	1192	716	2006.86	1.68
马栏厂	158	534	321	644.02	1.21
萧村	388	1397	840	2265.00	1.62

房寨镇

位于县城南部，在县政府驻地西南10公里处，东临王桥乡，南接大名县，西连广平县，北靠寿山寺乡。总面积44.9平方公里，镇政府驻地房寨。全镇有28个行政村，2013年有6776户，2.91万人，汉族。

房寨镇政府驻地

地处平原，地势西南稍高，东北略低，土质较好，大部分为黏土，西北部有少数沙壤土，耕地4.9万亩。

农业基础雄厚，水利设施完善，东西干渠可直引卫西干渠水浇灌全镇2万余亩耕地。全镇经济以农业、果树种植和苗木种植为主，农作物主要有小麦、玉米；果树种植面积1730亩，主要有梨树、苹果树和葡萄树；苗木种植面积1052亩，主要品种有垂柳、国槐等。2013年粮食总产量4648.2万公斤，其中小麦2091.7万公斤，人均收入4984元。

建有标准化初级中学1所，完全小学3所，教职工182人，在校学生3016名。房寨中学现已建成为馆陶县南部唯一一所寄宿制标准化初级中学，拥有先进的远程教育设备及现代化的教育教学装备，按照省定标准各专用教室配置齐全，服务半径8公里，覆盖人口5.2万人。房寨中心卫生院是一所全民所有制事业单位，现有门诊楼16间，病房楼20间，有医务人员25人，各科室和医疗设备齐全，下设一个服务站，24个卫生室，28名乡村医生各自负责本村公共卫生、合作医疗、妇幼儿保健等公共卫生事业。

李河公路和青年路贯穿全镇东西南北，其中李河公路东接215省道，青年路北连309国道，交通便利。

2013年房寨镇所辖行政村基本情况一览表

表1-1-4

行政村名	户数	人口	劳动力	总耕地（亩）	人均耕地面积（亩）
西浒演	434	1987	1410	3125	1.57
东浒演	293	1178	830	1954	1.66
伴导	296	1197	756	2025	1.69
罗徘徊头	291	1308	870	2091	1.60
郭徘徊头	62	245	168	555	2.27
韩徘徊头	58	230	185	600	2.61
王徘徊头	86	362	270	654	1.81
房寨北	358	1598	1102	2305	1.44
房寨南	406	1699	1166	2129	1.25
闫庄	85	362	265	668	1.85
北拐渠东	206	989	605	1538	1.56
北拐渠西	296	1248	870	2030	1.63
王寨	225	1033	735	1537	1.49
桥口	307	1276	910	2334	1.83
屯里	184	696	500	1228	1.76
韩庄	185	795	525	1364	1.72
郝前街	207	897	590	1570	1.75
郝后街	170	736	475	1311	1.78
河寨一村	287	1327	885	2220	1.67
河寨二村	292	1220	830	2375	1.95
河寨三村	220	911	610	1441	1.58

续表 1-1-4

行政村名	户数	人口	劳动力	总耕地（亩）	人均耕地面积（亩）
河寨四村	362	1443	1020	2498	1.73
河寨五村	407	1800	1185	3142	1.75
孩寨	420	1833	1195	3669	2.00
东孟寨	232	1016	682	1986	1.95
中孟寨	124	561	390	778	1.39
西孟寨	140	649	440	1018	1.57
王庄	143	572	380	1119	1.96

寿山寺乡政府驻地

寿山寺乡

位于馆陶县城西 8 公里处，是馆陶县的西大门。西部与广平县接壤，西北部与曲周、邱县搭界，东邻馆陶镇，南邻房寨镇，北邻柴堡镇。全乡共辖 35 个行政村，乡域面积 66 平方公里。2013 年度全乡人口 3.98 万人，9969 户，耕地面积 53452.29 亩，粮食总产量 40641.4 吨，人均收入 7269.26 元。

寿山寺乡地势平坦、土质肥沃。“309”“106”国道和“青兰高速公路”均从该乡区域内贯穿。乡村柏油路四通八达，通讯、水利、电力设施齐全。

蔬菜有以翟庄、塔头为中心的蔬菜大棚种植产业，种植面积 1 万亩。养殖业有以常儿寨、法寺、息元村为主的蛋鸡产业示范村建设，可容纳蛋鸡 4 万只以上的高标准生态养殖园 4 个，为馆陶县的养鸡大乡。传统农业有以西宝村、息元村为中心的“万亩吨良田”基地；以南辛头、沿庄、拐寨村为重点的优质棉花种植区建设；以武高庄、古高庄、韩高庄为中心的良种花生产业种植区建设。工业有化工园区和北科园区两大园区，带动全乡民营小型企业发展，主要包括：腐竹加工业、面粉加工业、油棉加工业、建筑材料水泥件制造业等。

基础设施建设情况：实施郑村新民居建设工程，并加快寿东村搬迁工程。完成了 35 个村的农村“两室”和文化广场建设，村庄街道全部硬化，安装街道路灯，栽植街道绿化苗木。村村建起垃圾池、垃圾箱，组建“保洁员队伍”，加大污水整治和垃圾治理，并培树出北董固环境卫生治理典型村。完成乡卫生院大楼建设和35个农村的基层卫生所建设。还建起农村养老院5座。完成寿山寺陈范庄小学教学楼建设。乡域内的供水站建设完成，实现全乡安全用水统一供用。

寿东村打造具有“乡村风情、城市品质”，宜居宜业宜游的“粮画小镇”。已形成完备的村庄功能体系，新建了压缩式垃圾中转站、污水处理站，配备垃圾箱，厕所改造率达100%，村庄道路全部进行硬化，实现路路有景，处处见绿；幼儿园、老年活动中心、卫生室、代办服务站、农家院、超市等便民配套设施一应俱全；文化健身广场、小游园、农家书屋、村民学校等成为群众休闲娱乐、获取文化知识的重要场所；全面完成了安全饮水、安全用电、通讯通邮等惠民工程，呈现出村容整洁、环境优美、村风文明、和谐稳定的幸福乡村风貌。

2013年寿山寺乡所辖行政村基本情况一览表

表1-1-5

村名	户数	人口	劳动力	总耕地（亩）	人均耕地面积（亩）
南郑	141	565	347	790	1.40
北郑	189	754	328	1103	1.46
肖寨	234	937	641	1426.01	1.52
息元村	403	1612	836	2153	1.34
西宝村	241	966	590	1467.44	1.52
南辛头	320	1282	646	2006.75	1.57
拐寨	105	422	187	456	1.08
浅口	766	3063	1308	3821.71	1.25
翟庄	248	992	684	1245.12	1.25
寿北	242	967	475	1473.9	1.52
寿南	212	850	480	1460.71	1.72
寿东	166	665	420	1161.07	1.75
北董固	381	1525	803	2273.29	1.49
法寺	398	1593	730	2168.05	1.36
常儿寨	480	1919	1063	2890.42	1.51
塔头	307	1226	789	1859.6	1.52
南董固	297	1188	641	1623.68	1.37
前宁堡	258	1033	588	1544.84	1.49

续表 1-1-5

村名	户数	人口	劳动力	总耕地（亩）	人均耕地面积（亩）
后宁堡	261	1043	531	1297.04	1.24
武高庄	210	839	506	1288.91	1.54
庄固西	221	885	501	1546	1.75
庄固东	222	887	472	1200.91	1.35
东庄固	167	668	410	913	1.37
麻呼寨	465	1859	961	2287.27	1.23
东朱庄	409	1638	813	2137.98	1.31
西朱庄	251	1005	581	1329.03	1.32
古高庄	279	1117	656	1382.58	1.24
韩范庄	326	1304	716	1437.3	1.10
蔡范庄	70	280	142	272.28	0.97
陈范庄	502	2008	1250	2176.59	1.08
韩高庄	219	876	519	894.87	1.02
张高庄	228	911	541	904	0.99
武范庄	236	942	638	1169.28	1.24
西董固	366	1462	650	1619.07	1.11
沿庄	148	590	379	671.59	1.14

王桥乡政府驻地

王桥乡

位于县政府驻地南5公里，东与山东省冠县东古城镇接壤，南与大名县黄金堤乡和营镇乡为邻，西与大名县沙疙瘩乡和本县房寨镇相连，北与馆陶镇交界，面积56.60平方公里，乡政府驻地王桥村。全乡有39个行政村，2013年有9426户，39458人。

地处平原，地势西部稍高，东部偏低，土质较好，除北部少部分沙壤土外，均为黏土，耕地 56925 亩。东部紧靠漳卫运河，为卫西干渠之首，魏大馆渠、生态水网引水渠之末，有扬水站点多处，机井 1300 余眼，实现耕地全部灌溉。

经济以农业为主，农作物主要有小麦、玉米、大豆、棉花、蔬菜等。蔬菜以大蒜种植为主，全乡大蒜专业村 16 个，大蒜种植面积 1.8 万亩，占全乡总面积的 31%，有“大蒜之乡”的美誉。林果种植面积 4500 亩，建设精品果园六个 1750 亩，是全县最大的林果基地。以全县打造“106 蛋鸡产业带”为契机，大力发展养殖业，蛋鸡存栏达到 150 万只，建设高标准蛋鸡养殖园区 2 个（南孙店西村、王桥）。苏氏养殖公司占地 30 亩，存栏能繁母猪 1500 头。张井寨手工挂面达到日产 15000 斤规模，建成小型挂面加工厂一处，注册了“井寨”商标，产品远销山东、河南、山西等地。大力发展工业企业，总投资 6.3 亿元的汇谷生物能源有限公司、总投资 1.3 亿元的河北傲格 AE—活性酯项目、日分割 6 万只肉鸡的肉鸡分割项目先后落地，春光、金源、同心三家饲料企业相继投产。2013 年粮食总产量 17372.5 吨。农民人均收入 7917 元。

文教卫生事业不断发展，有中学 3 处，小学 5 处，教职员 198 人，在校学生 2917 人；卫生院 1 处，卫生室 44 处，医务人员 82 人，床位 110 个。

省道 215 线、乡道西吴线贯穿南北，邯济铁路、县道肥馆公路、乡道孙路线、李河线纵贯东西，实现村村通公路目标，全乡公路通车里程 72 公里。乡政府驻地紧邻 215 省道。

2013 年王桥乡所辖行政村情况一览表

表 1-1-6

行政村名	户数	人口	劳动力	总耕地（亩）	人均耕地面积（亩）
王桥	399	1706	495	2666	1.6
李桥	370	1590	459	1231	0.8
郭庄	140	539	174	783	1.5
郝庄	59	266	73	274	1.0
前姚庄	159	654	197	781	1.2
后姚庄	306	1286	379	2023	1.6
赵庄	355	1497	440	2090	1.4
董井寨	184	840	228	1155	1.4
张井寨	159	703	197	892	1.3
李井寨	169	688	210	890	1.3
冯井寨	36	180	45	212	1.2
吉固庵	307	1247	381	1579	1.3

续表 1-1-6

行政村名	户数	人口	劳动力	总耕地（亩）	人均耕地面积（亩）
西芦	213	980	264	1264	1.3
东芦	197	1102	244	1195	1.1
路庄	126	638	156	632	1.0
徐万仓	172	799	213	837	1.0
刘齐固	301	1270	373	1951	1.5
王齐固	149	606	185	873	1.4
梁齐固	159	695	197	948	1.4
姚齐固	133	563	165	980	1.7
赵齐固	134	651	166	946	1.5
南孙店东	282	1124	350	2142	1.9
南孙店西	297	1264	368	1856	1.5
北孙店西	242	1140	300	1849	1.6
北孙店东	249	1080	309	1696	1.6
罗庄	346	1434	429	2108	1.5
安庄	359	1553	445	2195	1.4
南留庄	261	1100	324	1554	1.4
北留庄东	284	1315	352	1466	1.1
北留庄西	72	485	89	419	0.9
和尚寨	186	900	231	1310	1.5
贾庄	91	500	113	566	1.1
西留庄北	180	876	223	1097	1.3
西留庄南	166	835	206	1175	1.4
鸭窝	409	1940	507	2788	1.4
旺庄	60	230	74	333	1.4
平庄	194	903	241	1286	1.4
东盘	108	451	134	724	1.6
西盘	157	670	195	1128	1.7

路桥乡

位于馆陶县西北部，距县城 20 公里。地处邱县、临西县、馆陶县三县交界处，西邻青年路，东傍武馆公路，南有神农开发通道，东西有马旦线等三条公路贯穿，卫西干渠南北贯穿整个路桥乡。1996 年路桥、王二厢、油寨三个乡合并为路桥乡，辖 39 个行

路桥乡政府驻地

政村，总人口 3.4 万人，8343 户，总面积 68.8 平方公里，村两委干部 198 人，党员 1266 名。路桥乡，文化底蕴丰厚，是大唐名相魏征的故里，永济古城就在此。

地处平原，地势南稍高，北略低。土质较好，全乡基本上都是黏土，耕地 7 万亩。卫西干渠从中穿过，两岸建有扬水站点多处，有机井 343 眼，均已机电配套。

2012 年以后，路桥乡小麦单产全省第一。小麦良种繁育：以清阳城村为中心种植小麦良种 3100 余亩，以蔺寨村为中心种植黑小麦 1000 余亩。黑小麦产业，以蔺寨为中心发展规模种植黑小麦上千亩，华野庄园黑小麦产品远销各地。

林果产业：木官庄、南曹庄、花园、油寨、北榆林等村种植红富士、红星等优良果树 500 余亩。珍稀水果种植：以满谷营、北榆林村为中心种植大棚油桃、凯特杏等名优品种 300 余亩。珍贵中药金银花种植：以王二厢、北榆林等为中心，种植优质金银花 300 亩。花卉苗木种植：宋尔庄、马寨种植花卉、苗木 200 多亩，每年每亩效益达 3 万多元。

路桥乡建有肉鸭养殖园区 1 个，位于张官寨村西，建标准鸭棚 20 个，均已投产见效。肉猪养殖，以张官寨村为中心建养猪场一处，以杜洛克瘦型猪为主，养殖占地 12 亩，育猪 700 头，年内出栏达到 200 头以上；蔺寨肉猪养殖占地 10 亩，育猪 500 头。

路桥乡机械制造产业。抓好与国内机械 500 强企业山东“时风”集团和“北科大”北科机械的合作项目。培育“沿武馆公路轴承产业带”，轴承产业由魏僧寨镇向路桥乡、南徐村乡拓展，形成“一带三乡，一乡多园”的发展格局，形成 3 个专业加工乡镇、100 家规模加工企业、50 个专业加工村、5000 个专业加工户产业集群，努力打造“全国最大的微型轴承加工基地”。

路桥乡以木官庄村为中心，与县公主湖呼应，在卫西干渠两岸打造旅游景观和神农开发通道两岸打造樱桃园农业观光产业。并挖掘“王桃园现象”，努力打造王桃园村“教育小镇”的文化特色。现基础设施已经打造完毕。

路桥乡王桃园村位于馆陶县城北 27 公里，毗邻邢台市临西县。全村 520 人，125 户人家，耕地面积 1109 亩。自 20 世纪 80 年代以来，该村共考上 115 名大学生，其中不乏硕士生和博士生。2012 年全县中考状元和 2014 年高考状元均出自本村，形成了独特的“王桃园现象”，成为有名的“教育小镇”。

路桥乡对王桃园村进行了重新设计、打造。村口牌坊、桃园大食堂、卫生室、警务室、健身广场、学校幼儿园、王桃园小学旧址、学子墙、金榜、农家院、英雄故居、老党员之家、桃园展室、苇笠书画室、云霄书画广场、互助幸福院、农家麦场等陆续落成。

2013 年路桥乡所辖行政村基本情况一览表

表 1-1-7

行政村名	户数	人口	劳动力	总耕地（亩）	人均耕地面积（亩）
陈路桥	365	1506	452	2996	2.0
安桃园	191	783	235	1311	1.7
北曹庄	149	623	187	849	1.4
北榆林	283	1233	370	2706	2.2
本司寨	229	988	296	2054	2.1
蔡口	167	689	207	1583	2.3
大寺堡	289	1173	352	2760	2.4
高桃园	84	353	106	626	1.8
果子园	294	1192	358	2249	1.9
后时玉	202	840	252	1141	1.4
侯庄	127	532	160	1164	2.2
花园	220	836	251	1260	1.5
蒋庄	101	408	122	861	2.1
李路桥	102	413	124	871	2.1
蔺寨	271	1151	345	2899	2.5
刘黄营	102	440	132	847	1.9
刘路桥	99	415	125	809	1.9
刘桃园	109	471	141	952	2.0
刘庄	123	453	136	731	1.6
马寨	148	608	182	1757	2.9
满谷营	205	820	246	1828	2.2
木官庄	204	836	251	1680	2.0
南曹庄	328	1200	360	1648	1.4
平堡	141	588	176	901	1.5
潘庄	114	480	144	779	1.6

续表 1-1-7

行政村名	户数	人口	劳动力	总耕地（亩）	人均耕地面积（亩）
前时玉	265	1070	321	1812	1.7
清阳城	420	1610	483	3400	2.1
丝窝寨	208	865	260	2049	2.4
宋尔庄	186	782	235	1479	1.9
梭庄	174	721	216	1379	1.9
太平庄	108	450	135	690	1.5
铁佛堡	189	795	239	1838	2.3
王二厢	239	989	297	2083	2.1
王桃园	124	489	147	1109	2.3
油寨	272	1192	358	1895	1.6
张官寨	510	2117	635	4600	2.2
郑黄营	100	412	124	691	1.7
庄科	162	771	231	1869	2.4
自新寨	231	959	288	2440	2.5

南徐村乡政府驻地

南徐村乡

位于县域中部，在县城北10公里处，东滨卫运河，隔河与山东省冠县杨召乡相望，南与柴堡镇毗邻。总面积42平方公里，耕地面积2950.2公顷，总人口3.0万人。1996年东马头乡并入南徐村乡，辖25个行政村：徐村、卢头、后许庄西、后许庄东、郭辛庄、前许庄、东徐村、河套、北郭庄、冀浅、后李八寨、前李八寨、马头南、马头中、马头北、西厂、东厂、毛圈、营盘、东马栏、西马栏、颜窝头、马窝头、郭庄、康庄。

属于黄淮海冲积平原，地处平原，地势南稍高，北略低，土质较好。西半部是黏土，其余为沙质壤土，耕地面积4.44万亩。东靠卫运河建有扬水站，西部有卫西干渠，有机井 821 眼，其中有电配井 821 眼，有效灌溉面积 4.3 万亩。

经济以种植业和畜牧业为主，农作物主要有小麦、玉米、大豆、棉花、花生等。2013 年粮食产量 3081 万公斤，其中小麦产量 1415 万公斤，皮棉产量 253.3 万公斤；蔬菜种植面积 3000 余亩，年产量 6.75 万吨，远销 6 个省、市，蔬菜专业村有东徐村、郭辛庄等 2 个村。标准化养殖园区共有 12 处，其中贵国养牛场、元蓬万头猪场、丰苑 10 万只鸡场在馆陶县乃至省、市均产生较大影响；蛋鸡存栏 10 万只以上养殖场 1 个，5～10 万只的 2 个，2～5 万只的 5 个，共有蛋鸡养殖专业户 181 户，蛋鸡存栏 126 万只。全乡土地流转面积 11800 亩，其中流转 1000 亩以上的 5 户，500～1000 亩的 3 户，100～500 亩的 7 户。

武馆公路（俗称“三八”路）贯穿全乡南北。

文教卫生事业健康、高速发展，小学 3 处，教职员 206 人，其中小学专任教师 145 人，在校学生 4112 余名；有医院 1 座，医师 3 名，普通职工 20 人，乡区药房 31 座；各村都建立了标准化医务室，医务人员 31 人。

2013 年南徐村乡所辖行政村基本情况一览表

表 1-1-8

行政村名	户数	人口	劳动力	总耕地（亩）	人均耕地面积（亩）
西马兰	169	702	359	1072	1.52
前许庄	264	1076	548	2009	1.87
康庄	346	1221	622	1325	1.08
郭庄	340	1335	679	1928	1.44
郭辛庄	279	1081	550	1746	1.61
河套	62	250	126	322	1.29
许西	178	743	375	1235	1.66
路头	154	614	310	1119	1.82
东厂	105	436	220	629	1.44
马头南	332	1516	771	1904	1.25
马沃头	149	574	289	651	1.13
马头中	276	1156	589	1626	1.40
后许东	164	719	368	1251	1.73
后李八寨	230	992	506	1172	1.18
西厂	376	1631	829	2077	1.27
前李八寨	178	673	340	726	1.07

续表 1-1-8

行政村名	户数	人口	劳动力	总耕地（亩）	人均耕地面积（亩）
韩庄	325	1226	624	1775	1.44
颜沃头	486	1886	958	2634	1.40
东马兰	313	1313	668	1945	1.45
冀浅	230	1014	517	1418	1.40
马头北	221	951	485	1245	1.30
毛圈	206	829	428	1160	1.40
南徐村	399	1626	826	2244	1.38
营盘	399	1710	868	2764	1.61
东徐村	489	1882	955	2967	1.58

陶山街道办事处

陶山街道办事处驻地

馆陶县陶山街道办事处（中共馆陶县陶山街道工作委员会简称馆陶县陶山街道党工委；馆陶县陶山街道办事处简称陶山街道办）于 2011 年 9 月 23 日组建，位于馆陶县中南部，东滨卫运河，隔河与山东省冠县东古城镇相望。南邻有馆陶镇和东古城的童庄，西与寿山寺毗邻，北邻馆陶镇。街道办政府驻地馆陶县城政府街东段，规划面积 18.49 平方公里，辖管 4 个区、14 个村（居委会），户籍人口 46467 万人。其中农业人口 10106 人，3800 户，党员 578 名，两委干部 93 名。2011 年 9 月 23 日组建，陶山街道办机关内设党政综合办公室、经济发展办公室、城镇建设办公室、综合治理办公室、财政所、社区管理服务中心、劳动保障事务中心 7 个科室，现有机关工作人员 50 名。

陶山街道办先后荣获“省级文明县城”“省级卫生县城”“省级园林县城”“河北省优美城镇”等荣誉称号，是“中国民间艺术之乡”。所辖闫沿村是市级文明村，省级计划生育模范村。

城区内有金凤市场（禽蛋）、陶山市场（轻工）、亿丰市场（电动车）、九州诚信商场（百货）、金龙市场（建材）、馆陶商城（小商品）、新博源市场（医药）等十余家专业市场，年累计营业额达80亿元。其中金凤市场是全国最大的禽蛋交易市场，是国家农业产业化龙头企业，吸纳中原30余县蛋鸡1亿只饲养量，辐射全国，年交易额40亿元。设有北科工业园等工业聚集区，金融、学校、医院、车站、宾馆、运输、电力、物流、饭店等功能完备。有公主湖风景区、范筑先广场、滨河公园和街道游园60余处。特色名吃有魏征夫人18扣碗、王三烧鸡、豆腐脑等等。有驸马坟和清代故居、老街等文物遗迹。

陶山街道办位置优越，交通便利。106国道、309国道交汇于此，青兰高速和大广高速在区域内交汇，邯济铁路在南侧通过，馆武公路通达南北，形成八纵六横街道格局。

文教卫生事业发展较快，有小学两所。有教职工57人在校生963人。

（注：2016年5月，陶山街道办事处划归馆陶镇）

2013年陶山街道办所辖行政村基本情况一览表

表1-1-9

行政村名	户数	农业人口	常住人口	外来半年以上人口	总耕地（亩）
陶西	5930	1878	12081	7121	103
陶南	2369	837	1980	252	56
闫沿村	1717	999	1562	96	757
陶北	5019	1013	1629	198	26
杨庄	4035	535	3291	214	98
谭庄	3169	499	2084	189	112
刘庄	4948	1347	6031	1236	363
徐庄	2845	1137	2101	154	197
东苏村	3445	923	4166	915	599
南马固	3542	513	1732	139	622
中马固	2423	1431	1513	124	1566
西苏村	5865	2834	2606	165	1807
刘路疃	468	468	468	0	527
许路疃	692	692	692	0	750

第二章　自然环境

馆陶位于华北平原中西部，属掩埋古河道的壤质土冲积平原。地势西南高，东北低。在漫长的地质运动中，堆积了深厚的第三纪和第四纪地层，地势平坦开阔，历史上未发生较大影响的地质灾害。

馆陶属温带大陆性季风气候，四季分明，气候温和，光照充足，雨量适中，雨热同季，无霜期长，干寒同期。

馆陶平原地貌

第一节　地质

馆陶县地处广袤的华北平原，境内基底岩相呈北东向展布，当系由角闪岩、片麻岩、石英、磁铁石英岩、变质中基性火山岩和少量大台群及相当的岩系构成。

地层和岩石

境内基底岩相呈北东向展布，当系由角闪岩、片麻岩、石英、磁铁石英岩、变质中基性火山岩和少量大台群及相当的岩系构成，其形成距今约20—25亿年。钻井资料表明，在1750米深处穿过第三系进入白垩系，缺少下第三系，北部断块形成东高西低的斜坡，保存碳一、二迭地层及300米左右的中侏罗昆仑组和170米下的白垩系青山组地层，新生界地层厚度为1700—1900米。馆陶（冠县、莘县、魏县一带）为上地幔凹陷区，莫霍面37公里，康氏面54公里。

自第三纪以来，境内和周围一起处于震荡式的缓慢下沉之中，为新生界地层覆盖。它接受了黄河携带物质的沉积，逐渐形成了厚度为150—200米的松散地层。属于陆相沉积，为黄泛平原第四纪。地质沉积物，主要是黄河水冲积的泥沙，其岩性多为棕红色和黄色黏土、亚黏土、沙土、亚砂土和粉细砂，并伴有少量的贝类残体，中砂较少见。粘质沙土和砂层中间厚度不均的黏土层，因受钙质的作用而形成了黏土夹礓石层。粉土一般为可塑状态，局部为硬塑或软塑状，承载力11—137吨/平方米；黏土一般呈薄层状穿插于粉土，呈可塑状态，孔隙较大，容许承载力为10—117吨/平方米。按照《建筑抗震设计规范》GB50011-2010综合评定，县内定为中软土类型。

地质构造

根据地质力学观点，馆陶境内在地质构造上属于华北地区的辽冀台向斜中的临清拗陷区，是晚中生代和第三纪时形成的华北帚状旋扭构造的南部收敛部位，断裂极为发育。西侧是太行山山前断裂，东侧沿卫运河是沧东断裂带，南面是磁县——大名隐伏断裂带，根据历史地震对馆陶的影响和周围潜在震源对馆陶的威胁，中国第三代地震基本烈度区划图确定馆陶县地震基本烈度为六度。

沧东断裂为华北大断裂，北起唐山、经天津、沧县、德州、临清入境，在境内基本上是在东部边境的卫运河一带，最后消失在大名县境。其西侧为上升盘，东侧为下降盘，落差2300米。馆陶凸起即馆陶潜山，位于西沙河一带，是沧县凸起的南延地段，新生界地层仅1400～1500米，属于古代的高地势区。

第二节　地貌

馆陶县位于华北平原，属掩埋古河道的壤质土冲积平原。地势西南高，东北低，南部海拔43米，北部海拔36米，自然坡降1∶5000。由于河流多次交互沉积，以及剥蚀沉积的影响，形成了微度起伏的地形，形成一些中小地貌，主要类型有西沙河故道、缓岗、二坡地、河间洼地和河旁洼地。除河旁洼地外，其他地貌类型大体呈带状南北分布或东西分布。

西沙河故道　西沙河故道南起房寨镇西部，经寿山寺乡西部，北至柴堡镇的一部分与邱县交界，其地势相对较高，起伏不平，局部有沙丘。

缓岗　缓岗部位南起馆陶镇的东北部经柴堡镇、南徐村乡东部，北至魏僧寨镇的东南，地势较高，表面起伏不大。

二坡地　主要是缓平坡地，是由黄河泛滥漫流而成，位于岗、洼之间，地形起伏不大，地段较为平缓。河间洼地地势低洼，有的甚至低于河床。二坡地和河间洼地主要分布在卫西干渠两侧，王桥乡、馆陶镇、房寨镇的大部，北部魏僧寨镇、路桥乡各一部分。

馆陶县境内主要有漳河和卫运河。漳河源于山西省晋东南地区，从大名进入境内，在徐万仓汇入卫运河，县境内河道仅 4.2 公里。卫河源于河南省辉县百门泉，在徐万仓入境注入卫运河，沿东部县界向东北方向流去，卫运河在县境内河道长 40.5 公里。原馆陶县东、西两条沙河（东沙河今属冠县）是黄漳河故道。

古黄河、漳河、卫河、卫运河形成历史悠久，自周定王五年（前 602 年）河（指黄河）徒宿胥口（今河南浚县）以后几千年间，古黄河、漳河（古称漳水）、卫河（古称白沟）在馆陶县境内，河堤决溢，河徒改道，洪水泛滥，交替为害。再则由于洪水流速的改变，各河所带泥沙交互沉积形成了黄漳河冲积平原，统属于华北平原。

第三节　气候

馆陶县属温带，半湿润地区，大陆性季风气候，四季分明，春季干旱多风少雨，夏季雨量集中，尤以 7 月下旬和 8 月上旬常因暴雨成灾，造成部分沥涝，雷阵雨季节个别乡镇往往有冰雹灾害，秋季一般降雨正常，个别年份多连阴雨，冬季干旱少雨雪。

四季特征

春季（3—5 月）　蒙古冷高压迅速减弱西退北撤，阿留申低压迅速东移，低纬度的印度低压和太平洋高压逐渐加强。太阳辐射日趋增强，气温回升迅速，冷暖空气活动频繁，天气多变。此时暖湿气流不太强，降水稀少，干冷空气还有相当的势力，不断南下，所以春季在一年当中大风日数最多，风速最大。由于春季增温快，降水少，蒸发量显著增大，有限的降水抵偿不了蒸发的水分消耗，使土壤上层迅速而强烈变干，因而形成本县春季十年九旱的气候。春季是农作物播种、生长发育的重要时期，由于干旱频繁，常常影响春播和越冬作物的生长发育。

夏季（6—8 月）　馆陶处于印度热低压的东北大槽内，同时受北太平洋副热带高压影响，盛行偏南风，天气炎热多雨。由于每年夏季风的强弱及来临和退却的迟早不同，形成雨量的或多或少，常常造成旱涝灾害。本县一般在七月上旬进入雨季，7、8 二月为雨季。夏季温度高、雨水充沛，对农作物旺盛生长有利，但暴雨、伏旱、大风、冰雹灾害天气，给农业生产也会造成一定危害。

秋季（9—11 月）　随着大陆热低压迅速消失，太平洋副热带高压随之南撤东退，蒙古冷高压重新建立并逐渐加强，阿留申低压也重新出现。秋季出现的迟早与强冷空气向南爆发的迟早有密切关系。在冷空气南下过程中，蒙古高压迅速从低层取代了印度低压，大气层结稳定，风速微弱，云量很少，能见度极佳。呈现风和日丽的秋高气爽天气。光照较充足，昼夜温差大，有利于农作物的成熟和收获。个别年份由于夏季风撤退较晚，造成阴雨连绵，对晚秋作物的生长和收获，种麦极为不利。

冬季（12—2 月） 受蒙古冷高压的控制和影响，盛行偏北风、天气寒冷、雨雪稀少，多晴朗天气。1 月为最冷月，平均气温 -2.2℃。土壤稳定冻结日期平均在 12 月 18 日，最早在 12 月 4 日，最晚在 12 月 31 日。最长冻结时间为 63 天，最大冻土深度 44 厘米，最大积雪深度 27 厘米。

光照

1997—2013 年馆陶县，年平均日照时数为 2266.9 小时，年日照数最多 2624 小时（1997 年），最少 1967.7 小时（2003 年）。月平均日照数 5 月最多，2 月最少。月日照时数 2001 年 5 月份最多，为 290.9 小时；2002 年 12 月最少，为 67.6 小时。

1997—2013 年馆陶县月平均日照时数日照实数百分率简表

表 1-2-1　　单位：小时、%

项目＼月份	1	2	3	4	5	6	7	8	9	10	11	12	年统计
月日照时数（小时）	147.4	143.9	207.0	225.3	245.9	226.6	192.6	200.0	183.7	184.0	165.1	145.2	2266.9
日照百分率	48	47	56	57	56	52	44	48	50	54	54	49	51

1997—2013 年馆陶县日照统计表

表 1-2-2　　单位：小时

年份＼月份	1	2	3	4	5	6	7	8	9	10	11	12	年统计
1997	183.6	165.5	192.3	238	266.8	262	283.3	289	231.9	269.2	95.9	146.5	2624
1998	158.9	162.2	198.8	185.7	213.1	250	177.5	204.8	240.5	164.5	172.5	173.6	2302.1
1999	188.6	182.9	141.5	201.2	245.5	235.4	219.1	239.3	183.9	168.6	192.6	188.7	2387.3
2000	101	162	251.6	251.5	264.9	224.3	191.4	190.1	229	132.9	122	131.5	2252.2
2001	84	104.6	261.1	236.6	290.9	239.9	221.1	266.3	185.8	173.9	204.3	136.3	2404.8
2002	175.1	172.5	214.6	216.4	231.6	204.3	227.7	252.2	233.1	209.7	199	67.6	2403.8
2003	178.1	126	156.5	178.6	220.2	227.8	150.5	140.6	160.6	180.3	109.7	138.8	1967.7
2004	172	197.6	204.7	232.6	261.6	188	182.9	194.1	205.8	210.3	180.3	117	2346.9
2005	185.1	110.1	232.3	228.5	259.5	241.5	190.9	232.2	195.1	184.1	181.4	169.9	2410.6

续表 1-2-2

年份＼月份	1	2	3	4	5	6	7	8	9	10	11	12	年统计
2006	93.7	141.2	236.1	222.1	226.7	252.5	114.5	161.6	188.3	175.8	159.5	132.5	2104.5
2007	146.8	161.5	165.8	247.4	276.5	184.6	167.4	172.1	187.1	126.4	171.1	114.2	2120.9
2008	110.2	190.7	233.4	209.3	246	175.5	162	184.1	162.7	169.8	191.3	176	2211
2009	172.9	76.6	209.8	248.7	245.7	261.3	189.8	168.6	143.8	211.7	117.7	136.2	2182.8
2010	164.8	106.4	137.3	195.8	223.3	237.4	212.1	151.6	112.9	179.1	217.6	204.4	2142.7
2011	184.4	118.6	263.6	257	226.2	223.9	210.7	147.4	118.9	171.8	132.9	157.6	2213
2012	120.9	174.6	201	245	263.2	246.5	209.8	156.2	187.1	216.2	185.7	134.9	2341.1
2013	85.8	94	219.1	235.6	219.4	197.5	162.9	250.3	156.3	184.3	173.9	142.8	2121.9

1997—2013 年馆陶县日照百分率

表 1-2-3　　单位：%

年份＼月份	1	2	3	4	5	6	7	8	9	10	11	12	年统计
1997	59	54	52	60	61	60	64	70	63	78	32	49	59
1998	51	53	53	47	49	57	40	49	65	48	57	58	52
1999	61	60	38	51	56	54	50	58	50	49	63	63	54
2000	33	51	68	64	60	51	43	46	62	39	40	44	50
2001	27	34	70	60	66	55	50	64	51	51	67	46	53
2002	56	56	58	55	53	47	51	61	63	61	66	23	54
2003	57	41	42	45	50	52	34	34	44	52	36	46	44
2004	56	62	55	59	60	43	41	47	56	61	59	39	53
2005	60	36	62	58	59	55	43	56	53	54	60	57	54
2006	30	46	63	56	52	58	26	39	51	51	53	44	47
2007	47	53	44	63	63	42	38	41	51	37	56	38	48
2008	36	60	63	53	56	40	37	44	44	49	63	59	50
2009	56	25	56	63	56	60	43	41	39	62	39	46	49
2010	53	35	37	49	51	54	48	37	31	52	72	68	49
2011	60	39	71	65	52	51	48	36	32	50	44	53	50
2012	39	55	54	62	60	56	47	38	51	63	61	45	53
2013	28	31	59	59	50	45	37	60	43	54	57	48	48

温度

气温　1997—2013 年县内最低年平均气温 13.1℃（2011 年），最高年平均气温 14.6℃（1998 年）。月平均气温最低为 1 月。年极端最低气温 -18.1℃（2000 年）；年极端最高气温 41.9℃（2009 年）。

1997—2013 年馆陶县平均气温统计表

表 1-2-4　　单位：℃

年份＼月份	1	2	3	4	5	6	7	8	9	10	11	12	年统计
1997	-2	2.8	9.3	14.6	20.3	26.5	29.4	26.9	19.4	15.1	5.9	0.4	14.1
1998	-2.3	3.3	8.5	16.2	19.7	26.2	27.8	26	23.7	16.8	8.1	1.3	14.6
1999	0	4.3	7.3	15.7	20.5	25.6	27.5	25.8	22.3	14.5	7.6	1	14.3
2000	-4.9	0.4	10	15.6	21	26.4	27.7	25.9	20.9	13.7	5.2	2.1	13.7
2001	-3.6	1	9.6	14.6	22.9	26.9	27.5	25.8	20.9	15.6	7.2	-1	14.0
2002	1.9	6.3	11.1	14.9	20.6	26	27.9	26.5	20.6	13.5	4.9	-1.3	14.4
2003	-2.4	2.4	7.6	14.8	21.2	25.5	26	24.6	20.9	14	5.8	0.4	13.4
2004	-0.9	5.2	9.7	16.5	20.7	24.5	26.4	24.6	21.7	14.7	7.2	-0.2	14.2
2005	-2.2	-1.3	7.1	17.2	20.6	27.7	27.7	25.5	21.1	14.8	9.3	-1.8	13.8
2006	-1.2	1.6	9.5	15	20.3	26.8	27.1	25.8	20.7	17.9	8.4	0	14.3
2007	-1.3	5.8	8	15.3	22.2	25.8	26.4	25.4	21.1	14	6.8	1.4	14.2
2008	-2.7	0.6	10.1	15.6	21.6	24.4	26.1	25.4	21	15.8	7.5	0.8	13.9
2009	-1.6	3.6	8.7	15.8	21	27.1	26.6	24.7	20.1	16.6	2.3	-0.6	13.7
2010	-2.7	0.8	6.2	12.1	21.1	26.1	28.1	24.9	20.5	14.2	8.2	1.3	13.4
2011	-4.5	0.8	8.4	14.9	19.8	26.3	27.6	24.7	18.4	14.6	7.4	-1.2	13.1
2012	-2.6	-0.1	6.6	16.1	22.4	26.2	27.2	24.4	19.9	15.5	5.8	-2.4	13.3
2013	-3.3	0.9	9	13.2	21.2	25.2	26.6	27.3	21.2	14.4	6.5	0.2	13.5
1997—2013 平均	-2.1	2.3	8.6	15.2	21.0	26.1	27.3	25.5	20.8	15.0	6.7	0.0	13.9

1997—2013 年馆陶县气温要素统计表

表 1-2-5　　单位：℃

年份	平均气温	最高气温	年极端最高气温月份	最高气温出现日期	最低气温	年极端最低气温月份	最低气温出现日期
1997	14.1	40.7	6	23	-12.6	1	8
1998	14.6	37.1	6	20	-15.3	1	19
1999	14.3	38.6	7	2	-13.5	1	12
2000	13.7	39.5	7	1	-18.1	1	27
2001	14	37.4	7	1	-17.3	1	15
2002	14.4	41	7	15	-16	12	25
2003	13.4	37.4	6	28	-15.8	1	5
2004	14.2	37	6	—	-13.7	12	24
2005	13.8	41.3	6	23	-12.3	1	9
2006	14.3	40	6	19	-11.5	1	7
2007	14.2	39.1	6	8	-8.8	1	13
2008	13.9	36.6	7	3	-13	12	22
2009	13.7	41.9	6	25	-13	1	12
2010	13.4	38.6	6	29	-14.3	1	13
2011	13.1	37	—	—	-15.5	2	14
2012	13.3	39.7	6	13	-13.1	2	2
2013	13.5	37.4	7	3	-14.8	1	3

地温　1997—2013 年，馆陶县平均地面温度最高为 16.8℃（1998 年），最低为 14.9℃（2003 年）。地面最高温度 68.3℃，出现在 2000 年 6 月 27 日；地面最低温度 -21.7℃，出现在 2001 年 1 月 15 日。

1997—2013 年地面 0 厘米年平均温度和极值一览表

表 1-2-6　　单位：℃

时间	0cm 地温年平均温度	年极值最高 0cm 地温温度	年极端最高地表温度月份	年极值最高 0cm 地温出现日期	年极值最低 0cm 地温温度	年极端最低地表温度月份	年极值最低 0cm 地温出现日期
1997	16.5	67.6	6	23	-18.1	1	5
1998	16.8	63.9	6	29	-18.5	1	19
1999	16.2	61.5	7	2	-15.6	1	12
2000	15.8	68.3	6	27	-17.3	1	27

续表 1-2-6

时间	0cm 地温年平均温度	年极值最高0cm 地温温度	年极端最高地表温度月份	年极值最高0cm 地温出现日期	年极值最低0cm 地温温度	年极端最低地表温度月份	年极值最低0cm 地温出现日期
2001	16.4	65.6	6	1	-21.7	1	15
2002	16.5	66	7	15	-15.7	12	29
2003	14.9	60.2	6	25	-17.4	1	5
2004	16.1	60.2	7	6	-17.6	12	23
2005	15.6	60.1	7	19	-15.7	1	1
2006	16.5	60.5	8	13	-13.8	1	6
2007	15.9	60.9	6	—	-12.7	12	30
2008	15.6	56.6	7	3	-18	12	22
2009	15.6	64.2	6	29	-18.2	1	12
2010	15.2	62.4	6	29	-17.8	12	31
2011	15.5	62.4	6	29	-17	1	—
2012	15.8	68	6	16	-14.1	2	7
2013	16.2	61.9	6	27	-16.1	1	4

降水

1997—2013 年馆陶县，年平均降水量 544 毫米，年降水量最多为 865.2 毫米（2003 年），年降水量最少为 293.2 毫米（1997 年）。四季降水分布不均，夏季雨量集中，占全年降水量的 65% 左右；秋季次之，占 18% 左右；春季少雨，占 14% 左右，冬季最少，占 3% 左右。

1997—2013 年馆陶县降水量统计表

表 1-2-7　　单位：毫米

年份	年降水量	月降水量											
		1	2	3	4	5	6	7	8	9	10	11	12
1997	293.2	0.0	17.7	34.4	4.8	24.0	6.1	46.0	64.3	75.5	5.2	10.6	4.6
1998	541.8	1.0	17.1	17.2	15.4	100.6	18.2	147.8	209.2	0.1	10.3	0.0	4.9
1999	445.1	0.0	0.0	13.7	26.1	50.4	54.8	101.3	46.0	49.8	95.2	7.8	0.0
2000	647.7	11.1	0.5	0.1	17.1	17.7	28.4	309.6	29.9	108.6	119.2	5.5	0.0
2001	423.9	22.3	20.9	1.4	12.7	0.3	81.8	177.9	38.7	21.3	38.4	4.3	3.9
2002	404.5	1.7	0.0	1.6	23.3	43.5	163.1	70.2	27.9	53.3	4.1	0.0	15.8

续表 1-2-7

年份	年降水量	月降水量											
		1	2	3	4	5	6	7	8	9	10	11	12
2003	865.2	0.6	9.2	18.2	74.4	21.8	71.1	194.8	166.4	103.9	175.8	19.7	9.3
2004	378.5	0.4	7.6	0.0	27.9	50.9	76.4	89.9	56.3	17.4	4.1	41.6	6.0
2005	712.9	0.0	11.6	0.0	3.1	67.4	130.0	228.0	132.7	118.3	12.4	7.9	1.5
2006	325.8	1.2	3.2	0.0	12.9	81.8	44.8	70.9	56.5	15.4	5.2	28.8	5.1
2007	657.5	0.0	6.6	53.3	7.8	25.4	152.8	144.5	189.4	40.9	32.1	1.2	3.5
2008	572.6	4.7	8.6	1.9	37.6	58.2	55.3	207.5	151.9	33.5	13.0	0.4	0.0
2009	642.2	0.0	18.2	8.1	39.1	96.9	59.8	105.8	161.9	96.7	19.7	35.0	1.0
2010	703.4	3.1	8.9	10.1	11.6	18.3	73.8	241.4	255.7	75.8	4.6	0.0	0.1
2011	518.8	0.0	15.2	0.6	9.5	33.9	15.6	116.2	147.7	88.4	18.9	68.5	4.3
2012	604.3	0.1	0.0	14.8	65.3	4.0	26.6	306.8	114.3	31.1	14.1	14.8	12.4
2013	512.1	3.8	19.3	0.0	9.7	53.0	26.9	331.1	40.7	4.4	10.6	12.5	0.1

蒸发

1997—2013 年，馆陶县内年均总蒸发量 1708.1 毫米；月蒸发量 1997 年 6 月最多，为 340.2 毫米；2013 年 1 月最少，为 22.1 毫米。

1997—2013 年馆陶县蒸发量统计表

表 1-2-8　　　　单位：毫米

月份 / 年份	1	2	3	4	5	6	7	8	9	10	11	12	年统计
1997	50.1	77.6	125.7	184.6	255.2	340.2	315.0	238.2	198.0	181.4	51.6	33.4	2051.0
1998	46.2	80.4	133.0	169.7	205.7	303.3	208.3	193.9	218.7	146.3	107.9	44.0	1857.4
1999	56.7	96.6	97.4	193.4	242.4	276.7	234.6	220.9	156.3	116.8	85.2	56.0	1833.0
2000	27.9	58.7	186.4	231.4	251.3	284.8	216.4	181.7	150.5	91.1	63.7	44.2	1788.1
2001	29.0	52.7	201.8	205.4	288.0	302.2	241.1	203.1	160.8	120.4	75.4	42.6	1922.5
2002	61.3	100.5	143.9	193.7	210.6	279.8	249.7	216.9	181.3	152.8	74.5	24.3	1889.3
2003	39.3	53.0	117.1	179.2	230.4	276.9	175.0	133.9	123.2	120.2	57.4	40.1	1545.7
2004	48.8	113.0	162.3	183.7	240.1	222.2	190.4	154.6	164.0	132.6	52.5	29.7	1693.9
2005	41.4	41.5	140.2	226.9	234.4	312.7	200.4	171.7	139.7	111.6	85.2	47.8	1753.5
2006	31.9	67.8	154.6	182.1	216.2	297.7	173.9	167.3	146.5	125.8	83.6	35.3	1682.7
2007	43.9	80.5	99.9	192.5	277.6	234.0	179.7	135.0	138.5	81.7	56.4	32.4	1552.1

续表 1-2-8

年份\月份	1	2	3	4	5	6	7	8	9	10	11	12	年统计
2008	34.1	65.6	143.9	168.4	226.7	205.4	161.5	151.8	144.6	107.6	72.3	62.1	1544.0
2009	54.5	41.0	129.3	189.7	237.5	322.2	207.3	146.6	117.1	152.2	41.9	36.9	1676.2
2010	44.0	49.4	104.0	167.0	231.4	268.6	201.8	125.8	108.4	135.8	95.7	74.9	1606.8
2011	45.2	54.8	163.3	226.8	224.2	288.5	238.4	138.0	97.2	100.3	42.9	27.7	1647.3
2012	28.3	54.6	112.0	180.1	230.7	290.8	162.3	116.3	129.1	123.7	64.8	31.8	1524.5
2013	22.1	31.5	139.2	175.0	201.6	204.0	160.8	192.9	130.6	110.3	61.3	40.1	1469.4
平均	41.5	65.8	138.5	191.2	235.5	277.1	206.9	169.9	147.3	124.2	69.0	41.4	1708.1

湿度

1997—2013 年，馆陶县月平均相对湿度最大值出现在 8 月份，为 83%；最小值出现在 3 月份，为 54%。

1997—2013 年馆陶县平均相对湿度月变化统计表

表 1-2-9　　单位：%

年份\月份	1	2	3	4	5	6	7	8	9	10	11	12	年统计
1997	56	51	67	69	66	53	67	76	67	57	83	78	66
1998	63	62	59	75	74	62	81	84	70	64	66	73	69
1999	57	45	69	67	69	65	75	78	76	73	71	59	67
2000	76	65	45	52	63	58	79	83	78	83	78	72	69
2001	80	78	43	56	58	61	75	80	75	73	65	60	67
2002	52	47	54	60	67	61	72	75	70	60	59	83	63
2003	67	66	63	66	70	63	81	85	82	70	75	71	72
2004	63	48	55	63	63	70	81	81	72	65	73	77	68
2005	61	65	48	53	64	57	79	83	79	70	66	55	65
2006	74	62	47	62	68	59	81	83	76	73	69	72	69
2007	64	61	67	60	59	70	81	87	80	78	70	71	71
2008	62	47	50	66	68	73	85	84	76	73	61	46	66
2009	45	73	58	62	67	60	82	87	85	64	78	62	69
2010	51	63	57	57	63	64	78	86	83	68	55	45	64
2011	39	55	37	48	62	58	72	89	86	79	82	75	65
2012	72	48	53	64	68	59	86	89	75	60	60	65	67
2013	78	76	50	55	67	70	86	81	75	66	61	60	69
平均	62	60	54	61	66	63	79	83	77	69	69	66	67

风

馆陶县由于地处季风气候区而受季风影响明显。春季南风多，冬季北风多。1997—2013 年年平均风速 1.9 米 / 秒。4 月份风速最大，平均为 2.5 米 / 秒；8、9 月份风速最小，平均为 1.5 米 / 秒。

1997—2013 年馆陶县平均风速一览表

表 1-2-10　　单位：米 / 秒

月份 年份	1	2	3	4	5	6	7	8	9	10	11	12	年统计
1997	1.9	1.9	2.9	2.5	2.9	2.5	2.3	2.2	2.4	2.1	1.8	2.0	2.3
1998	2.0	2.7	3.0	2.9	2.3	2.6	1.7	1.8	2.1	1.7	2.3	1.9	2.3
1999	2.0	2.2	3.0	2.7	2.7	2.5	1.7	2.2	1.7	1.9	2.0	1.8	2.2
2000	1.5	1.8	2.6	2.9	2.8	2.3	1.9	1.6	1.4	1.7	2.1	2.0	2.1
2001	2.0	2.5	2.8	2.8	2.3	2.3	1.9	1.4	1.3	1.7	1.7	1.7	2.0
2002	1.6	1.9	2.5	2.6	2.2	2.4	1.7	1.7	1.9	2.1	1.8	1.7	2.0
2003	1.6	1.7	2.3	2.5	2.2	1.9	1.6	1.4	1.7	2.1	1.9	1.5	1.9
2004	1.6	2.3	2.7	2.6	2.2	1.8	1.8	1.4	1.7	1.4	1.4	1.7	1.9
2005	1.6	2.1	2.4	2.5	1.8	1.6	1.6	1.6	1.5	1.6	1.3	1.4	1.8
2006	1.6	2.2	2.1	2.3	2.1	1.8	1.8	1.3	1.2	1.3	1.5	1.1	1.7
2007	1.0	1.8	1.8	2.0	1.9	1.6	1.5	1.2	1.2	1.3	1.4	1.3	1.5
2008	1.4	1.5	2.0	2.2	1.9	1.6	1.3	1.3	1.3	1.2	1.2	1.8	1.6
2009	1.5	1.3	2.1	1.8	1.8	1.8	1.4	1.2	1.4	1.3	1.6	1.1	1.5
2010	1.5	1.6	2.0	2.5	1.7	1.5	1.3	1.1	1.2	1.3	2.0	1.9	1.6
2011	1.4	1.8	2.3	2.5	2.2	2.2	1.8	1.4	1.3	1.6	1.6	1.4	1.8
2012	1.4	1.7	1.9	2.3	1.9	1.9	1.6	1.3	1.2	1.4	1.7	1.5	1.7
2013	1.6	1.9	2.7	2.2	1.9	2.1	1.6	1.6	1.7	1.4	1.5	1.6	1.8
平均	1.6	1.9	2.4	2.5	2.2	2.0	1.7	1.5	1.5	1.6	1.7	1.6	1.9

1997—2013 年馆陶县天气要素情况统计表

表 1-2-11　　单位：天

年份	年雨日数	大风日数	年雪日数
1997	81	10	4
1998	81	7	11
1999	69	3	2

续表 1-2-11

年份	年雨日数	大风日数	年雪日数
2000	73	14	16
2001	57	14	25
2002	79	8	8
2003	94	6	11
2004	80	2	6
2005	68	2	11
2006	67	4	13
2007	80	0	5
2008	80	4	9
2009	77	2	9
2010	71	3	15
2011	83	0	14
2012	66	2	11
2013	69	2	10
总计	1275	83	180

第四节　水文

地表水

县境内地上水：一是大气降水所产生的地表径流（包括上游地区降水）；二是渠灌区供水。

根据大名、广平、曲周、邱县、馆陶气象站提供的1963—2013年50年降雨资料，并经馆陶县水利局专业技术人员计算，全县多年平均降水量534.2毫米，多年平均径流量为0.0999亿立方米。1997—2013年间特点是年际变化大，最多年份达920.1毫米，最低年份仅241.4毫米，年际相差678.7毫米。

地上水利用量：馆陶县多年平均自产水量为0.0999年亿立方米，平水年为0.0470亿立方米，枯水年为0.0100亿立方米，上游地区大名、广平、曲周、邱县等经计算流入馆陶县地表径流量多年平均为0.0235亿立方米，平水年为0.0104亿立方米，枯水年为0.0026亿立方米。

地表径流，包括自产水量与上游流入两部分之和。多年平均为0.1234亿立方米，平水年为0.0574亿立方米，枯水年为0.0126亿立方米。以上两项除坑塘可拦蓄的0.0558

亿立方米，下余为馆陶县地表径流出境量，出境量为多年平均 0.066 亿立方米，平水年为 0.0018 亿立方米，枯水年无地表径流流出。

根据1992年各扬水站、点控制范围内的农业用水量与工程提水能力旬对旬对照确定，平水年可利用水量为 0.2336 亿立方米，枯水年可利用量为 0.2994 亿立方米。

馆陶县天然地上水资源有自产径流 0.0470 亿立方米，河道径流为 8.4700 亿立方米，上游排入量 0.0104 亿立方米，共计 8.5274 亿立方米，坑塘可拦蓄地表径流量为 0.1983 亿立方米，天然地表水资源利用率仅为 2.3%。

地表水质

河水历年污废水量统计　1980 年 7 月污水监测结果：PH 值 10.5，耗氧量超标 89.9 倍；酚 11.6 毫克／升，超标 22 倍；硫化物 21.4 毫克／升，超标 21.3 倍。1986 年 9 月河道水质监测结果：溶解氧 22.4 毫克／升，耗氧量 907 克／升，砷 0.06 毫克／升，超标 0.5 倍。2002 年 1 月监测结果：氨氮超标 48.2 倍，COD 超标 23.8 倍，酚超标 41.8，六价铬超标 3 倍。县所临河段为卫运河，此段污染源为县造纸厂与酒厂。由于大量废水排入卫运河内，使以前的清水变为黑水。据统计，1978 年排污量平均每日 0.03 万吨，1990 年平均每日为 2.22 万吨，两年增加近 7 倍。1990 年后，由于上级治理污染，排污量有所减少。

污染成分统计　1982 年 8 月 4 日采样检测表中显示：（单位：毫升／升）水温 29° C；浑浊度：浑；PH 值：7.9；总碱度：2.23；总硬度：7.38；总固体：3090；电导率：370；铅：0.62；氧化物：0.375；总铬：0.21；镉：0.051；锌：0.690；氧化物：9.50；硫酸盐：26.42；六六六：0.0005；酚：无；汞：0.0010；溶解氧：3.1；饱和百分比（个／升）：39.8%；化学耗量：3.28；氨氮：0.02；亚硝酸盐氮：0.003；硝酸盐氮：2.4；铜：0.420；铁：113.1。

地下水

水文地质　馆陶县属于历代河流冲积平原。地下古河道纵横交错，岩性变化大，浅表层咸水分布广泛。根据馆陶县地层构造和含水层将全县划分为四个水文地质区：（1）浅层淡水发育区。分布在寿山寺乡、柴堡镇、房寨镇、馆陶镇的部分地区。面积 150.3 平方公里，浅层淡水底界埋深 60 米至 70 米，局部地区大于 80 米。砂层厚度在 15 米至 20 米，水质矿化度 0.5 ～ 2 克每升，是馆陶县浅层淡水的主体，以中细沙为主。（2）浅层淡水较发育区：该区分布在王桥乡、南徐村乡、馆陶镇、柴堡镇的卫西干渠东部，面积为 146.6 平方公里，浅层淡水底界埋深一般在 50 米左右，含水层厚度 10 ～ 15 米，水质矿度为 0.5 ～ 2 克每升。（3）浅层淡水贫乏区。分布在王桥乡、路桥乡以及柴堡镇的卫西干渠以西，面积为92.8平方公里，浅层淡水底界埋深在10～40米，含水层厚度小于10米，水质矿化度1～2克每升，深层淡水顶板一般位于170～200米之间，以下为深层淡水。（4）无浅层淡水区。分布在魏僧寨镇、房寨镇、王桥乡、柴堡镇的部分村庄，面积66.6平方公里，咸水底界位于90～180米，以下为深层淡水。

水量与开采　县域内浅层地下水可开采量多年平均为0.5亿立方米，其中浅层淡水发育区为0.218亿立方米，浅层淡水较发育期为0.181亿立方米，浅层淡水贫乏区为0.101亿立方米，浅层淡水水质较好，矿化度小于2克每升，符合农业灌溉标准。但随着农业用水量的增加，开采超过补给，1973—1995年年均超采0.362亿立方米。2000—2013年年均超量开采0.297亿立方米。境内部分地区无浅层淡水，不得不开采深层淡水资源灌溉，深层淡水开采量多年平均为0.061亿立方米，个别年份开采达到0.1640亿立方米。

地下水质　馆陶县域内地下水质按照农业用水和人畜饮用水所需要的水温、矿化度和溶解盐类成分情况通过对地下水质的化验分析可分为三个类型：第一类水质好的区域，分布在寿山寺乡、王桥乡、馆陶镇的卫西干以东卫运河沿岸，水矿化度均小于2克每升，水温在16度左右；第二类重盐碱区，分布在南部的房寨镇、王桥乡；北部的路桥乡、魏僧寨镇个别村，矿化度在2—3克每升，个别村大于3克每升，属盐碱水；第三类为中等地区，分布在以上二类区村之外，用在农田灌溉和人畜饮用结果在二类之间，也属需改水地区。

第五节　土壤

土壤种类与分布

馆陶县的土壤是耕种历史悠久的农业土壤，在自然条件和耕种措施的长期作用下，形成了不同类型的土壤。依据土壤发生学观点，把自然土壤和农业土壤视为有机整体，以成土条件、土体构型、肥力状况为基础，以诊断层次的差异为依据，结合我国现行的土壤分类方法和相关规定，采取土类、亚类、土属、土种四级分类系统，将馆陶县土壤分为：2个土类（潮土、褐土），3个亚类（潮土、褐土化潮土、褐土），5个土属（壤质褐土化潮土、沙质潮土、壤质潮土、黏质潮土和沙质褐土性土），37个土种。

褐土亚类　本亚类有1个土属1个土种，即沙质褐土性土。该土壤类型的主要特点是表土结构松散，通透性好，内外排水畅通，保水保肥性差，孔隙中常充满空气，水分不足，熟化程度极低，农业利用困难。主要分布于县域内地形较高与广平、曲周和邱县交界的西沙河故道沙丘上，南北呈断续带状分布，面积为7094.2亩，占土壤总面积的1.58%。

褐土化潮土亚类　本亚类有壤质褐土化潮土1个土属12个土种。该土壤类型的主要特点是地下水位较深，内外排水较好，土色棕褐，心土有黏化现象，出现褐土化过程。分布于冲积平原较高的两大部位；一是西部沙河故道和河间低平洼地过渡阶段的缓岗部位，南部从房寨镇的西部，经寿山寺乡西部，北至柴堡镇中北部与邱县交界，大体呈带状分布。二是东部堤外的缓岗部位，南从馆陶镇的东北部，经柴堡镇中部、南徐村乡东部，北至魏僧寨镇的东南，同样呈带状分布，总面积为100261.7亩，占土壤总面积的22.33%。

潮土亚类　本亚类有沙质潮土、壤质潮土和黏质潮土3个土属24个土种。

（1）沙质潮土，包括1个土种。该土壤类型的主要特点是通体沙土或沙土、沙壤相间，土体构型较差、漏水、漏肥、肥力较低。主要分布于东部卫河河滩地部位，随河流方向呈弯曲带状分布，面积为13874.1亩，占土壤总面积的3.09%。

（2）壤质潮土，包括21个土种。该土壤类型的主要特点是通体具有石灰反应，土体较湿润，在心土层或底土层，沿根孔常见锈纹锈斑、结构面上有胶膜，有明显潜育化现象。壤质潮土是本县主要的土壤类型，在各乡镇均有分布，集中分布于卫西干渠两侧的河间低平洼地部位上的王桥乡、房寨镇、路桥乡的大部以及馆陶镇和魏僧寨镇的部分，随地形的变化呈条带状分布，面积为320137亩，占土壤总面积的71.3%。

（3）黏质潮土，包括2个种。该土壤类型的主要特点是通体黏质，个别剖面底土中有轻壤，并且都有紧实的犁底层，通透性差，保水能力强，易积水，保肥能力强，肥劲长，但难于耕作，宜耕期短。在馆陶县分布面积不大，主要分布于河旁洼地部位，面积为7633亩，占总土壤面积的1.7%。

土壤的理化性状

土壤质地　馆陶县成土母质大体分为两种类型：一是漳河冲积母质，二是黄河冲积母质。大体以李桥村——房寨镇一线为界，南部为漳河冲积物，北部为黄河冲积物。漳河冲积物颜色发暗，沙、壤、粘颗粒分级明显；黄河冲积物颜色发浅，质地较细，多为粉沙壤。馆陶县表层土壤质地可分为壤质土（沙壤土、轻壤土、中壤土）、沙质土和粘质土三大类。

(1) 壤质土（沙壤土、轻壤土、中壤土），面积为420353.8亩，占全县土壤总面积的93.62%。壤质土的沙、黏粒含量比例比较适宜，兼有沙土和黏土的特点，通气透水性良好，保水保肥性强，是农业生产的理想土壤。

(2) 沙质土，面积为21013.2亩，占全县土壤总面积的4.68%。沙质土沙粒含量多，通透性好，但不保水保肥，有机养分含量低。

(3) 黏质土，面积为7633亩，占全县土壤总面积的1.7%。黏质土黏粒含量多，易积水、土壤板结，易耕期短，但有机养分含量较高。

土体构造　全县共有土体构造21种，其中土体构型好的有通体轻壤，沙壤质体、中壤，体黏；轻壤质腰黏，体黏，面积为201466.3亩，占土壤总面积的44.87%，此土体土壤上松下紧，保水保肥，为农业生产的最佳土体构型。另有沙壤质中、底黏，轻壤质底黏在50厘米有20厘米以上的中壤和重壤，对保水保肥有一定作用，面积为44136.7亩，占土壤总面积9.83%。较差的土体构型通体沙土、通体沙壤、轻壤质夹沙、腰沙、底沙、中壤质底沙、体沙壤、底沙壤，漏水漏肥，面积为171832.3亩，占土壤总面积的38.27%。通体中壤、重壤及黏质底轻壤土体构型，表层质地比较黏重，不易耕作其面积为31564.7亩，占耕地总面积的7.03%。

土壤容重　土壤容重作为土壤松紧程度的一个指标，是耕性好坏的标志之一，容重在1.00～1.4克/立方厘米较为适宜作物生长。全县境内耕层土壤容重平均为1.3克/立方厘米，土壤容重变幅在1.24～1.43克/立方厘米之间，土壤耕层结构比较合理，对保水保肥有利。

土壤酸碱度　不同土属耕作层的PH值不同。分别为壤质褐土化潮土8.66，沙质潮土8.69，壤质潮土8.32，黏质潮土7.93，沙质褐土化潮土8.31；平均值为8.5，变化幅度为7.9～8.7。全县耕层土壤PH值均为微碱性，适合农作物生长。

土壤养分　据测土配方项目土壤养分化验结果显示：

（1）有机质：全县土壤有机质含量平均值为13.49克/千克，变化幅度为5.67～41.18克/千克。

（2）大量元素：土壤全氮含量平均值为0.93克/千克，化幅度为0.48～1.53克/千克；土壤有效磷含量平均值为32.54毫克/千克，变化幅度为11.12～85.06毫克/千克；土壤速效钾含量平均值为116.15毫克/千克，变化幅度为40.25～278.45毫克/千克。

（3）中量元素：全县耕地土壤有效硫含量平均为59.26毫克/千克，变化幅度在20.26～141.41毫克/千克之间。

（4）微量元素：土壤有效铁含量平均值为9.55毫克/千克，变化幅度为5.33～15.96毫克/千克；土壤有效锌含量平均值为0.98毫克/千克，变化幅度为0.46～1.94毫克/千克；土壤有效锰含量平均值为17.22毫克/千克，变化幅度为13.51～20.90毫克/千克；土壤有效铜含量平均值为1.14毫克/千克，变化幅度为0.50～3.74毫克/千克。

馆陶县土壤肥力状况属中等偏下水平。通过推广秸秆还田和配方施肥技术，全县土壤有机质、土壤有效磷和土壤全氮含量都有不同程度的提高；有效钾含量先下降再回升，基本维持在第二次土壤普查时的水平；微量元素有效铜、铁、锰基本不缺，有效锌部分地区缺乏。

土壤分级、评价与分布

土壤资源评价是按照国家相关技术指标，结合本县实际情况，选取对耕地地力影响比较大、区域内的变异明显、在时间序列上具有相对稳定性且与农业生产密切相关的因素，建立评价指标体系。以土壤图、土地利用现状图、行政区划图三种图件叠加形成的图斑为评价单元。应用加法模型方法对全县耕地进行评价，将馆陶县耕地等级划分为四级。

（1）一级地：土壤类型多为潮土，质地类型以壤土和轻壤土为主，地势平坦，土层深厚，无明显障碍层；潜水埋深在10米以内，水利设施良好，灌排条件畅通，利用类型全部为水浇地，灌溉保证率95%以上，能抗十年一遇灾害；面积为93481.8亩，占耕地总面积的20.82%。该区土层深厚，地势平坦，水利设施良好，耕层养分含量高；大田作物平均亩产在600～700公斤，在河北省耕地地力分级中处于2级水平，在全国属于3～4级水平。集中分布于路桥乡、王桥乡、房寨镇等乡镇。

（2）二级地：土壤类型多为潮土和湿潮土，地势平坦，土层较厚，有效土体厚度在150厘米左右，土壤耕性较好，无明显障碍层；保水保肥能力较强，灌溉保证率平均90%以上；面积为161101.2亩，占耕地总面积的35.88%。该区土层较厚，地势平坦，水利设施较好，利用类型多为水浇地，土体构型好，障碍层次少；大田作物平均亩产在550～650公斤之间，在河北省耕地地力分级中处于3～4级水平，在全国处于5～6级水平。集中分布于馆陶县中部、东部，分布在柴堡镇、寿山寺乡、馆陶镇等乡镇。

（3）三级地：土壤类型多为潮土和湿潮土，地势平坦，无明显障碍层，土壤耕性稍差，保水保肥能力一般，灌溉保证率平均90%以上；面积为148259.8亩，占耕地总面积的33.02%。大田作物平均亩产在500～600公斤之间，在河北省耕地地力分级中处于4～5级水平，在全国处于6～7级水平。除馆陶镇有零星分布，面积较小，其他乡镇均有一定规模分布。

（4）四级地：土壤类型多为沙壤质潮土和沙壤质褐土化潮土两大类，土层质地多是通体砂质或沙壤，土层厚度多在0.2～0.6米。土壤偏沙，土质松散，层次不太明显，土壤较为贫瘠；有水浇条件但漏水漏肥，作物易早衰。土壤养分总体水平中等偏下；面积为46202.1亩，占耕地总面积的10.29%。大田作物平均亩产在400～500公斤之间，在河北省耕地地力分级中处于8～9级水平。分布面积较大的有路桥乡、魏僧寨镇、南徐村乡、馆陶镇、寿山寺乡5个乡镇，其他3个乡镇有零星分布。

第六节　自然灾害

馆陶县地处华北平原，由漳、黄河冲积而形成，历来受古黄河、漳河及卫河的影响较大。同时，属温带大陆性气候，冬季少雪，春季多风少雨形成春旱，夏季多雨而集中，使卫河、漳河洪水猛涨，超过其承受能力，造成洪灾，再加上秋季阴雨连绵，往往是洪涝灾害同时发生，也有春旱夏涝秋又旱的情况。加上病虫害的发生，县境内每年都有不同程度的自然灾害出现。

水灾

1972—2013 年统计，境内共出现暴雨 58 次，年平均 1.4 次，最多的 1995 年出现 5 次。暴雨主要在 7 月和 8 月份，占全年的 59%，最早出现的是 1977 年 4 月 23 日，最晚出现的是 1983 年 10 月 17 日。暴雨多造成涝灾。

2007 年 7 月下旬，降雨较密集且降雨量较大，尤其是 8 月中旬之后，连续的降雨使地表雨水饱和。部分乡镇为黏土地，雨水不易下渗，形成涝灾。

2008 年 5 月 3 日下午 1 时 30 分至晚上 9 时，普降阵雨，阵风 7～8 级。8 月 26 日 2 时 40 分—4 时 10 分，馆陶县再降大雨，兼有冰雹，降雨量为 31.1 毫米，西南风 6 级，阵风 7～8 级，受灾人口 9033 人。

2009 年 5 月 9 日 21 时 55 分至 5 月 10 日晚，遭遇强降雨天气，降雨量为 83 毫米，阵风 5 级，使部分正处成熟期的小麦严重倒伏，全县 75 个村的 1.1 万亩小麦严重受灾。

2011 年 6 月 30 日至 9 月 18 日，降雨量为 694 毫米，特别是 7 月中旬到 9 月上旬，连降大雨、暴雨，全县出现严重雨涝灾害。

旱灾

馆陶县降雨量少，分布不均匀，历史上旱灾发生率高，大旱几年发生一次，小旱不断，农业生产和农民生活受到严重影响。

2006 年，是特大干旱年，干旱持续时间之长，旱情之严重，为多年所罕见。1—8 月降水量为 271.3 毫米，其中 6—8 月降水量为 172.2 毫米。7、8 月，本是雨季，降雨量明显减少，仅为 127.4 毫米，特别是 8 月降雨仅为 56.5 毫米，为上年同期的 1/40。严重的伏旱，使全县 5.5 万亩玉米、2.5 万亩棉花及其他作物严重受灾减产。

2008 年冬至 2009 年春，全县持续严重干旱。馆陶县苦水区分布较广（全县约 13 万亩），地处苦水区的小麦遭受严重旱灾，3.1 万亩小麦绝产，造成较大经济损失。

2010 年 2—4 月，全县出现春旱，旱情重，范围广，持续时间长，特别是苦水区的 6.5 万亩小麦无深水灌溉，旱情继续发展。由于上年 11 月初急剧降温，导致播种较晚的麦田苗情普遍较弱（约占小麦总播种面积的一半），抗旱能力较差，灾情尤其严重。据统计，全县 7 个乡镇的 247 个村的 7.8 万亩小麦遭受旱灾，成灾 5.5 万亩。灾害造成经济损失 2110 万元。

2011 年 4 月，降水量仅为 25.3 毫米，馆陶县苦水区 6.5 万亩小麦无深水灌溉，旱情尤其严重。据统计，全县 7 个乡镇的 247 个村的 7.8 万亩小麦遭受旱灾，成灾 1.5 万亩。灾害造成经济损失 210 万元。

2013 年，旱灾严重，馆陶县 8 个乡镇 270 个村春小麦遭受不同程度的旱灾。8666 公顷小麦受灾，成灾 3500 公顷，直接经济损失 225 万元。

风灾

1997 年 5 月 31 日，馆陶县发生大风灾害。秋，发生旱灾和虫灾。上级拨发救灾粮 10 万公斤，救灾款 33 万元。

2000 年 4 月，馆陶县遭受大风灾害，受灾小麦 12 万亩。

2003 年 6 月 12 日、18 日，馆陶县先后两次遭受大风及冰雹灾害，13.3 万亩玉米、棉花等农作物受灾严重，部分果树和树木被刮到毁坏，直接经济损失达 2500 余万元。

2003 年 8 月 5 日，馆陶县房寨镇等部分地区突遭龙卷风及暴雨袭击，阵风 8 级以上，有 16 个村、5500 亩玉米受灾，其中绝产 1100 亩，毁坏或刮倒树木 150 棵，直接经济损失达 160 万元。

2004 年 6 月 24 日 19 时，魏僧寨镇、路桥乡北部 17 个村遭受大风及冰雹袭击，风力最大达到 6 ～ 7 级，冰雹最大直径约 2 厘米，持续时间约 5 分钟，给棉花等农作物造成了很大影响。据各乡镇报数统计，农作物受灾面积 1.78 万亩，绝收面积近 0.5 万亩，农业直接经济损失达 120 万元。

2005 年 5 月 10 日，馆陶县柴堡镇、南徐村乡、路桥乡、魏僧寨镇 4 个乡镇的 21 个村不同程度地遭受大风、雷雨、冰雹袭击，有 3600 亩小麦和 1500 亩棉花受灾。

2005 年 8 月 1 日，全县有 2.2 万亩玉米遭受大风袭击，不同程度地发生倒伏、折断和绝产。

2007 年 4 月 16 日上午，馆陶县遭受大风袭击，风力 7 级左右，使部分正处成熟期的小麦严重倒伏，致使全县 8 个乡镇的 195 个村的 33260 亩小麦受灾；同时，自春以来，馆陶县持续严重干旱，使地处苦水区的小麦遭受严重旱灾，导致正在灌浆期的 1550 亩小麦死亡，减产 5 成以上。

2008 年 12 月 21 日凌晨 5 点至下午 17 点，馆陶县遭受大风袭击，西北风风速 9 米 / 秒，阵风最大风力 7 级，导致全县 3 个乡镇 9 个村的 280 亩大棚受灾，棚膜毁坏严重。棚室蔬菜主要是黄瓜、西红柿。由于棚膜毁坏，导致这些蔬菜冻坏，造成严重经济损失，直接经济损失 260 万元。

2011 年，风雨灾害频繁。由于汛期降雨量大且频繁，馆陶县接连发生多次较重的风暴灾害；5 月 25 日大风灾害使馆陶县部分正处成熟期的小麦严重倒伏，魏僧寨镇、柴堡镇、房寨镇、寿山寺乡、路桥乡、南徐村乡 6 个乡镇的 202 个村的 3.5 万亩小麦受灾严重，因灾直接经济损失260万元。

霜冻灾

2005年3月22日，正是冬小麦返青季节，馆陶县8个乡镇均发现因冻导致麦苗完全枯死或部分枯死的情况。经调查统计，全县受灾面积1.81万亩，其中绝收面积1100亩，灾害造成直接经济损失720万元。

2007年4月3日晚，馆陶县气温骤降至零下3℃，使已经返青正在生长的小麦遭受冻灾，全县8个乡镇95个村的25860亩小麦受灾，绝产面积3580亩。

2013年4月19日下午，馆陶县大部分地区出现雨夹雪和短时的冰雹，受降水（雪）降温天气影响，馆陶县房寨镇等5个乡镇出现了霜冻，对春小麦产生不利影响。农作物受灾面积598公顷，直接经济损失62万元。

冰雹

县境内平均每年出现一次冰雹，多在6—7月份，占总数的86%，多出现在下午3—7点，14%的冰雹出现在前半夜。冰雹的出现往往与大风、雷雨相伴发生。

2004年7月7日19时左右，馆陶县魏僧寨镇南部、路桥乡西北部遭受冰雹袭击，冰雹最大直径约2厘米，持续时间10余分钟，棉花、玉米等农作物受灾严重。灾情涉及魏僧寨镇十里店、高庄、赵官寨、闫寨和路桥乡大寺堡、梭庄、马寨等20多个村。据初步统计，棉花受灾面积1.5万亩，绝收面积0.32万亩，直接经济损失100多万元。

2009年7月24日3时32分至3时43分，馆陶部分地区遭受冰雹袭击，雹体最大直径4厘米，致使房寨镇、王桥乡2个乡镇12个村的7600亩棉花、1.3万亩玉米受灾。适值棉花开花结铃的关键时期，受灾地块棉花严重脱花、掉铃，给馆陶县农业生产造成一定程度的损失。

2012年6月14日晚22点10分至23点30分，馆陶县辖区内遭受风雹灾害，风力7级以上，最大风力9级以上，冰雹最大直径达3毫米，造成馆陶镇、柴堡镇、寿山寺乡、王桥乡、南徐村乡10330人受灾，农作物受灾面积1053公倾，成灾面积1033公倾，绝收20公顷，主要为小麦，直接经济损失582.3万元。由于连续强降雨，导致王桥乡、房寨镇33.3公顷玉米田大量积水，形成洪涝灾害，初步统计直接经济损失达65万元。

龙卷风

2009年6月19日1时30分至1时45分，馆陶县遭受龙卷风袭击，瞬时风力9级，导致路桥乡、魏僧寨镇两个乡镇的13个村（魏僧寨镇的赵官寨、十里店、高庄、闫寨、吴庄、魏僧寨西村、魏僧寨东村，路桥乡的丝窝寨、刘黄营、北曹庄、蔺寨、刘庄、后时玉）

和魏僧寨学区四所学校（魏僧寨中学、魏僧寨试验小学及高吴和安雷寨教学点、路桥联校前丝教学点）、思农养猪专业合作社受灾严重，部分树木折断，房屋毁坏，29个村电路、通信线路中断，武馆公路交通中断。据统计，灾情导致树木折断3847棵，房屋毁坏737间，蔬菜大棚毁坏54亩，变压器毁坏4台，院墙倒塌1303米。因灾直接经济损失280万元。

震灾

2008年5月12日，四川省汶川县一带发生8级强烈地震，馆陶县有震感。

暴风雪

2009年11月9日12时至12日，馆陶县普降暴雪，降水量55.1毫米（其中降雨27.8毫米，降雪27.3毫米），导致6个乡镇26个村的656亩蔬菜大棚受灾，10户28间民房倒塌，9家企业工棚倒塌或顶棚塌落，7户鸡舍倒塌1870平方米，死亡8000只鸡，1户8间奶牛养殖棚房顶塌落，死亡半岁奶牛4头。据统计，全县直接经济损失5405万元，其中农业损失3171万元，工业损失2234万元。

第三章　自然资源

第一节　水资源

水资源总量

馆陶县多年平均水资源总量为6229.9万立方米，其中地表水资源量464.5万立方米，地下水资源量为5765.4万立方米，人均水资源量为207.9立方米，为全国人均占有量的8.2%，是世界人均水资源量的2.2%。受地理位置和气候条件所限，水资源具有“总量短缺、时空分布不均、供需矛盾突出”的特点。

出入境水量　馆陶县地表水水资源（包括入境水量）可利用量包括：区域自产地表径流量，卫西干渠沿线各蓄水闸拦蓄一部分水量，不同保证率P=25%、P=50%、P=75%的水量分别为555.8万立方米、460.8万立方米、380.0万立方米；卫运河供给馆陶县的水量，P=25%、P=50%、P=75%的水量分别为1288.2万立方米、1392.9万立方米、1504.3万立方米，由于卫运河水质较差，利用量较少。

开采利用量　以2005年为基准年，现状年全县水资源P=25%供水量为6723.3万立方米，其中地表水资源量1724.8万立方米，地下水资源量4998.5万立方米；P=50%供水量为5982.0万立方米，其中地表水资源量1853.8万立方米，地下水资源量4128.2万立方米；P=75%供水量为5055.2万立方米，其中地表水资源量1884.4万立方米，地下水资源量3170.8万立方米。

公主湖水面

现状年全县水资源 P=25% 需水量为 9273.0 万立方米，其中工业需水量 460.0 万立方米，农业需水量 8127.0 万立方米，生活需水量 686.0 万立方米（城镇：137.3 万立方米，农村 548.7 万立方米）；P=50% 需水量为 11520.8 万立方米，其中工业需水量 460.0 万立方米，农业需水量 10374.8 万立方米，生活需水量 686.0 万立方米（城镇：137.3 万立方米，农村 548.7 万立方米）；P=75% 需水量为 13768.5 万立方米，其中工业需水量 460.0 万立方米，农业需水量 12622.5 万立方米，生活需水量 686.0 万立方米（城镇：137.3 万立方米，农村 548.7 万立方米）。供需平衡分析后，馆陶县全县 P=25%、P=50%、P=75% 缺水总量分别为 2549.7 万立方米、5538.8 万立方米、8713.3 万立方米。

水资源利用情况存在主要问题：一是水资源严重短缺，影响经济社会可持续发展。馆陶县是典型的资源型缺水地区。由于地表水严重不足，随着经济发展，工业和城乡居民生活需水量加大，生产、生活被迫大量超采地下水，致使地下水位连年下降，地下水位下降带来了很多环境地质问题，主要是地面沉降、机井报废、测绘网站基本数据破坏、有咸水区的深层地下水受到污染等诸多问题，严重影响生产、生活。二是井灌区出现土壤次生盐碱化问题。次生盐碱化造成土壤肥力递减、物种生存受抑造成作物减产，它随干旱程度而波浪式起伏。防治的关键在于控制地下水位，健全灌排系统，采取合理灌溉等农业技术措施。三是水污染严重，加剧水资源的短缺。工业废水处理不达标、生活污水未经处理直接排入排灌渠道，污染灌溉用水，进而污染土壤和地下水。农民在生产中大量施用化肥、农药，也造成对土壤和地下水的污染。全县开采浅层地下水灌溉，农村人畜粪便中含大量氨磷，未经处理随降水入渗地下，地下水遭到不同程度污染，地下水中硝态氮、硬度和细菌、大肠杆菌总数超标。

根据邯郸市 2003 年 8 月公布的水资源保护范围，浅层地下水只有王桥乡和房寨镇属于轻微超采区，其他乡镇未超采，在超采区由水利局水资源管理办公室批准后，只能更新机井，一律不得新增机井；深层地下水魏僧寨镇、路桥乡属于严重超采区，除生活用水外，一律不得开采深层地下水。

第二节　土地资源

资源分布

2013 年，馆陶县土地面积为 456.3 平方公里，其中馆陶镇 30.11 平方公里，街道办 18.49 平方公里，魏僧寨镇 55.69 平方公里，房寨镇 44.9 平方公里，柴堡镇 74.4 平方公里，王桥乡 56.6 平方公里，南徐村乡 42 平方公里，路桥乡 68.8 平方公里，寿山寺乡 66 平方公里，分别占全县总面积的 6.60%、4.05%、12.20%、9.84%、16.30%、12.40%、9.20%、15.08%、14.46%。

土地利用

2007年7月，馆陶县正式启动第二次土地利用现状调查，至2009年10月31日结束。经过调查，全县总面积为45273.83公顷（456.3平方公里），其中耕地32389.07公顷（323.89平方公里），占土地总面积的71.54%，园地282.6公顷（2.83平方公里），占土地总面积0.62%，林地979.75公顷（9.80平方公里），占土地总面积2.16%，草地195.01公顷（1.95平方公里），占土地总面积0.43%，城镇村及工矿用地6535.25公顷（65.35平方公里），占土地总面积14.43%，运输用地1319.33公顷（13.19平方公里），占土地总面积2.91%，水域及水利设施用地2668.82公顷（26.69平方公里），占土地总面积5.89%，其他土地904.00公顷（9.04平方公里），占土地总面积2.00%。

2013年，馆陶县耕地面积50万亩，全县各乡镇基本农田规划总面积28406.99公顷。

第三节　野生动植物资源

野生动物

兽类（脊索动物门哺乳纲）　境内野生兽类较少，只是一些体形较小的种类，主要有：草兔（俗称野兔）、黄鼬（俗称黄鼠狼）、狐狸、田鼠（俗称地老鼠）、家鼠（俗称老鼠）、刺猬、蝙蝠（俗称檐必获）、麝鼹（俗称地爬子）、獾、豹猫、地豹。

鸟类（脊索动物门鸟纲）　境内野生鸟类分留鸟和候鸟。由于近年农作物大量使用农药，对鸟类造成很大威胁。留鸟类主要有：麻雀（俗称小冲）、喜鹊（俗称野雀、麻野雀）、灰喜鹊（俗称麻衣嘎）、家鸽（俗称鸽子、飞禽）、猫头鹰（俗称夜猫子）、斑鸠（俗称春咕咕）、鹌鹑、老鹰、雕、啄木鸟（俗称树端端）、乌鸦（俗称老鸹）、赤列、柳莺、鹧鸪、黄雀、白玉、红点颜、蓝点颜、翅鹏等。候鸟类主要有：燕子、杜鹃（俗称布谷鸟）、雁。

爬行类（脊索动物门爬行纲）　境内爬行动物种类不多，常见的有：蛇（俗称长虫）、壁虎（俗称蝎虎子）、蜥蜴（俗称地出偻）等。

鱼类（脊索动物门鱼纲）　县境东部边缘有卫运河，中部有永济河，以前野生鱼类较多，近年由于卫运河上游截流，野生鱼类逐渐减少。主要有：鲤鱼、鲫鱼、草鱼、鲢鱼、泥鳅等。

节肢类（节肢动物门）　节肢动物包括昆虫纲、甲虫纲、蛛形纲、多足纲。种类繁多，与人类关系密切。昆虫纲中，害虫有：蝗虫（俗称蚂蚱）、蝈蝈（俗称蚰子）、蚱蜢（俗称蝙旦）、蟋蟀（俗称促织）、蝼蛄、椿象、金龟子、天牛、蚜虫（俗称蜜虫子）、牛虻、蝇、蚊、蝉（俗称知了）、臭虫、虱子、跳蚤（俗称虼子）等；此外，还有各种蝶类和蛾类，其幼虫均靠吃食植物叶子长大，除家蚕、柞蚕外，大都是害虫，为害严重的有棉铃虫、粘虫、地老虎，各种食心虫，各种树螟、蛾等。益虫有：赤眼蜂、蜜蜂、马蜂等多种蜂类，各种瓢虫（俗称花大姐）、螳螂、蜻蜓（俗称飞飞丁）等。珠形纲主要有：蝇虎、蝎、坑土蛛、红蜘蛛等。多足纲主要有：蚰蜒（俗称墙串子）、蜈蚣。甲壳纲主要有：鼠妇（俗称潮虫）。

软体类、环节类（软体动物门、环节动物门）　软体类主要有：蜗牛、河蚌、田螺等。环节类主要有：蚯蚓、水蛭。

野生植物

林木类　主要有杨树、柳树、榆树、槐树、椿树、苹果树、梨树、桃树、杏树等。

花卉类　主要有紫罗兰、霸王鞭、大叶黄杨、山茶、美女缨、五色梅、太阳花（俗称死不了）、紫丁香、迎春、茉莉、凤仙花、芍药、牡丹、石竹、兰花、君子兰、水仙、朱顶红、晚香玉、葱兰、仙人掌、仙人球、蟹爪兰、令箭荷花、醉蝶、石榴、夹竹桃、吊兰、文竹、萱草、风信子、鸡冠花、雁来红、千日红、含羞草、福禄考、仙客来、倒挂金钟、旱莲、四季海棠、洋绣球、美人蕉、一串红、无花果、翠菊、万寿菊、百日草、菊花、紫茉莉、腊梅、米兰、荷花、月季、玫瑰、蔷薇、木槿、龙爪槐等。

药材类　主要有柴胡、板蓝根、莱菔子、甘遂、泽漆、透骨草、木贼、车前子、马齿苋、白头翁、王不留行、地黄、知母、天门冬、白芷、当归、蛇床、防风、芫荽、远志、黄芪、草决明、皂角、忍冬、金银花、枸杞、曼陀罗、泽泻、牛膝、薄荷、夏枯草、荆芥、侧柏、桑白皮、牵牛、菊花、蒲公英、苍耳、地丁、瓜蒌、瓦松、爬山虎、地肤、灯芯草、丹参、益母草、菌陈、枸杞等。

杂草类　主要有遏兰草、芥、诸葛菜、播酿蒿、马康草、木夏草、地沟菜、鸭舌草、鸭板（俗称回回蒜）未瓦罐、白花菜、野地黄、虎尾草、狗牙根、看麦娘、牛筋草、画眉草、臭草、狗尾草、红茎马唐、毛马唐、白茅（俗称茅茅根）牛鞭草、白草、披针草、鸡眼草、紫苜蓿、广布野豌豆、米口袋、狼尾巴草、柳叶菜、酸浆（俗称灯笼草）马莲、夏至草、茜草、塘草、香蒲、眼子菜、地烧瓜、打碗花、黄花蒿、刺儿菜、苦苣菜、酢桨草、角蒿、蒺藜、野西瓜苗、齿果酸模、兔儿酸、灰灰菜、碱蓬等。

第四章　环境保护

2003年以前，馆陶县主要以传统农业为主，环境质量较好。2003年以后，随着养殖业、工业企业的发展，环境逐渐受到污染，特别是2012年以后，工业发展速度加快，大气和水受到不同程度的污染。县环保部门一方面严格环保项目审批，加大环保设施的投入，引导企业减少污染排放，一方面加大环保执法力度，对污染企业采取集中整治、日常监督和关闭、搬迁等处置，确保了全县的环境安全。

绿色生态馆陶

第一节　环境状况

环境质量

2010年，馆陶县环境监测站在永济小学设立空气质量自动监测站位，监测项目：可吸入颗粒物、二氧化硫、二氧化氮。2011—2013年，每年全年监测，空气质量二级天数分别为285天、278天、228天，空气质量指数（API）平均值分别为：78，84，98。从监测值可以看出2013年馆陶县空气质量明显下降，这与该年春季、冬季雾霾频发有直接关系。

馆陶县内的河道水源是卫运河，20 世纪 70 年代后由于上游用水量大，常年处于枯水期。城区有一座自来水厂，日供水能力 7000 吨，能满足生活和部分工业生产需求，饮用水质达到国家卫生标准。馆陶县于 2009 年建成集中式污水处理厂，设计处理能力为 3 万吨 / 日，污水收集管网基本涵盖了县城区域内所有的民用住宅和工业企业，污水排放标准执行《城镇污水处理厂污染物排放标准》（GB18918—2002）一级 A 标准。

1997—2013 年，区域环境噪声平均值在 55.3 ～ 55.5 分贝之间。交通干线噪声平均值小于 69 分贝的控制值。但魏征路、政府街九州广场、金凤市场等周边人群聚集区环境噪声有超标现象。总体评价区域环境噪声平均值和交通干线噪声平均值符合功能区要求。

环境污染

2003 年以前，造成馆陶县大气污染的主要因素为冬季取暖、农村畜禽养殖、秸秆焚烧和工业废气等。2003 年以后，随着工业企业的增加、城镇化速度的加快、汽车保有量的快速增长，馆陶县大气污染的成因更为复杂，主要因素为冬季取暖燃煤、工业企业排放、道路扬尘、建筑施工扬尘和机动车尾气等。根据县空气质量自动监测数据显示，2013 年 PM10、SO_2、NO_2 的平均值分别为 0.143 毫克 / 立方米、0.034 毫克 / 立方米和 0.0082 毫克 / 立方米。

县城集中式污水处理厂建成前，馆陶县水污染情况较为严重，据 2007 年的统计资料表明，该年工业废水年排放量为 259 万吨，生活废水年排放量为 540 万吨，废水中 COD 量为 152 万吨；2009 年县城集中式污水处理厂建成后，县城区域内绝大部分的生活废水和全部的工业废水都输送至污水处理厂处理，水污染状况得到有效改善。县污水处理厂 2013 年处理污水 605 万吨，废水中 COD 的量为 169.6 吨。

馆陶县城区布局合理，功能分区分明，工业集中区与居住区相隔较远，居住区不易直接受到工业噪声污染。城区噪声的主要来源是交通噪声、建筑噪声和社会噪声。

由于馆陶县工业企业较少，所以造成土壤污染的主要因素是有机农药和随着大气沉降进入土壤的重金属。固体废弃物污染的主要因素是生活垃圾和工业固体废弃物。

第二节　环境治理

1997—2013 年，邯郸市政府根据环保目标责任制的要求，每年下达一批重点污染治理项目。按照“谁污染，谁治理”的原则，治理资金主要来源于治污企业，同时征收的排污费给予一定的补助，并向省财政和环保局争取部分资金补助。“十一五”“十二五”期间，馆陶县污染治理投资：2006 年 150 万元；2007 年 140 万元；2008 年 200 万元；2009 年 240 万元；2010 年 440 万元；2011 年 1056 万元；2012 年 440 万元；2013 年

409 万元。环保投资呈逐年上升趋势，有效地保护了环境。

大气污染治理

1997—2013 年，馆陶县共安装废气治理设施 44 台，废气处理能力 78.61 万标立方米 / 时。年处理废气总量 310294.1 万标立方米，年烟尘排放量 455.98 吨，氮氧化物排放量 433.2 吨，二氧化硫排放量 883.5 吨。主要废气治理设施有：馆陶新能生物质热电有限公司 130 吨锅炉除尘器、河北福德化工科技有限公司的 6 吨锅炉除尘器、工艺尾气吸收系统；河北昊阳化工有限公司的 6 吨锅炉除尘器、工艺尾气吸收系统；河北荣特化工有限公司 4 吨锅炉除尘器、尾气吸收系统等。

2013 年，馆陶县雾霾天气频发，大气污染日趋严重，根据省、市大气污染综合治理的要求和人民群众的迫切需要，馆陶县开始了为期五年的大气污染综合治理。县政府先后出台了《馆陶县大气污染综合整治实施方案》《馆陶县应对重污染天气十条具体治理措施》《馆陶县大气污染防治攻坚行动实施细则》《馆陶县重污染天气应急预案》等多个方案、细则。开展了“拆锅炉拔烟囱百日攻坚行动”、国省干道两侧污染摊点整治行动、建筑扬尘整治行动、道路扬尘整治行动、黄标车淘汰行动、县城环境卫生清洁专项行动、企业环境卫生清洁行动、露天烧烤专项整治行动、油气治理行动、秸秆禁烧和综合利用行动等十多项专项整治，取得了较好的成效。

水污染治理

1997—2013 年，全县共安装废水治理设施 18 套，日处理废水能力 3.4 万吨。2013 年废水排放总量 570.8 万吨，处理达标率 100%。主要废水处理设施有：馆陶县永青污水处理厂废水处理系统，日处理能力 3 万吨；化工园区集中式污水处理厂废水处理系统，日处理能力 2000 吨；馆陶六和食品有限公司废水处理设施，日处理能力 800 吨；河北国利糠醛化工有限公司废水处理设施，日处理能力 200 吨；河北荣特化工有限公司废水处理设施，日处理能力 20 吨；河北信德电力配件有限公司废水处理设施，日处理能力 130 吨等。

固体废弃物治理

1997—2013 年，全县共建有垃圾填埋场 1 座，生活垃圾和建筑垃圾等都集中运送至垃圾填埋场进行处理。

馆陶县工业固体废弃物主要是燃料灰渣和少量危险废物，燃料灰渣都运往县垃圾填埋场集中处理，危险废物都运送到有资质的危险废物处理单位处理，并严格执行五联单制度；医疗废物的产生、处置由各医院专人负责收集、贮存、运送，并建立医疗废物处置台账，对医疗废物的种类、数量、处置方式进行了详细记录，县人民医院、县中医院都配置了医疗垃圾焚烧炉，县妇幼保健院及其他卫生诊所的医疗废物都运送至这两家医院集中焚烧处理。

第三节　环保管理

环保机构

馆陶县环境保护局的前身为城乡建设环境保护局环保科。2002年9月机构改革，城乡建设环境保护局环保科、环境监测站与城建局分设，成立馆陶县环境保护局，下设办公室、监察大队、环境监测站、监督管理科，职工25人。2012年12月，馆陶县环境监测站通过省级专家组验收，2013年8月，馆陶县监察大队通过省环境监察标准化建设东部三级验收。环保局实有人员60人。

环保局工作人员走上街头宣传《环保法》

环保宣传

1997—2013年，环保部门将环保宣传教育工作纳入环保目标责任书考核内容。加强信息报送工作，积极向省环保厅、市环保局和县委、县政府报送本区域环境信息；加强学校环保宣传教育，聘请县一中、实验小学的学生担任环保小卫士，开展环保知识讲座；向社会公布“12369”环保举报电话，聘请社会环保监督员。每年的“六·五”世界环境日期间开展一系列宣传教育活动。采用标语、宣传栏、摄影展等形式展示馆陶县环境质量状况。在县环保网站上公布环境质量状况。开展环保宣传活动，分发宣传册、宣传单、宣传品；配合有关部门开展其他活动。开展“绿色学校”和创建绿色社区活动。聘请重点企业厂长、经理参加座谈会，宣讲环保法规政策。邀请人大常委会代表、政协代表参观企业，指导环保工作。通过多年的努力各级领导、企业法人代表和公众环保意识和法律意识明显加强，逐步把保护环境作为己任，从根本上转变环保工作的被动局面，阻扰环保执法的现象不再发生，故意偷排、漏排现象基本得到控制。媒体和公众积极参与监督，发现污染和破坏环境行为及时向环保局举报。保护环境的氛围日渐浓厚。

环保执法

开展“散乱污”企业排查整治活动

1997年，根据省政府的要求，馆陶县相继开展了取缔关停“十五小”(年产5000吨以下小造纸;年制革3万张以下小制革;年产500吨以下小染料;小炼焦、小炼硫、土法炼砷、炼汞、炼铅锌、炼油、选金、农药、漂染、电渡、石棉制作、放射性制品)和“新六小”(小水泥、小玻璃、小炼焦、小火电、小炼铁、小煤矿)等重污染小企业的专项行动。2013年在县政府的组织下，环保部门会同公安、电力、国土、乡镇政府等多部门联合执法，共取缔重污染小企业18家。

1999—2000年，馆陶县开展了“一控双达标”(污染物排放总量控制，空气、水环境质量和近海岸海洋水质达到功能区要求)环保专项行动。重点治理了东龙酒厂、孔雀酱菜园等一批企业的废水废气，实现达标排放。

2002—2013年，按照全省统一部署，馆陶县开展“整治违法排污企业，保障群众身体健康”环保专项行动。整治范围有：建设项目环评、“三同时”(环保设施和主体工程同时设计、同时施工、同时投入使用)执行情况；环保设施运转情况；集中式生活饮用水源保护情况；巩固取缔关停“十五小”企业和“新六小”企业情况；规模畜禽养殖场污染治理情况；重金属污染整治情况；各级政府是否有出台违反环保法律法规的地方政策。“整治违法排污企业，保障群众身体健康”环保专项行动是继1998年以后对新建的建设项目进行摸排，重点针对乡镇私营企业，对符合环境功能区的企业办理了环境影响评价环保审批手续，对未完善环保设施的企业限期整改，对未验收的建设项目实行监测和环保设施验收。关闭了一批污染严重群众反映强烈，且未批先建的企业，取缔了一批污染严重的重污染小企业，搬迁了布局不合理的企业，停产治理了一批未执行“三同时”的企业。对环保设施情况进行了跟踪检查，责令一批企业整改和完善环保设施，做到正常运转达标排放。对地处集中式饮用水源地一级保护区范围内的所有排污单位进行了搬迁，有效地保护了全县饮用水源。

2002年，县环保局成立了环保“12369”举报中心，负责查处群众污染投诉。查处投诉件由最初每年几件，逐年上升到近百件，做到处理率、结案率、反馈率、满意率四个100%，主要整治了县城区域各类重污染小企业、餐饮酒楼、室外烧烤摊点油烟直排街面的污染、歌舞厅、建筑工地噪音超标、企业超标排污等。征收排污费的职能部门是环保局下属事业单位馆陶县环境监察大队，征收排污费的依据原是国务院《征收排污费办法（暂行）》。

2003 年以后，国务院出台了新的规定即：《排污费征收使用管理条例》（国务院 2003 年 1 月第 369 号令）和国家四部委颁发的《排污费征收标准管理办法》（2003 年 2 月 28 日第 34 号令）。依据上述法规对辖区内所有排放废水、废气、废渣和超标噪声依法征收排污费和超标排污费。2003 年以前按污染物单因子征收超标排污费，2003 年起按污染物多因子征收排污费和超标排污费。具体程序是：排污单位依法申报排污量，对排污单位进行排污申报登记审核，确认排污量无误后计算排污单位应交纳的排污费金额，开具征收排污费专用收据，指定缴纳的银行，银行按照规定划入国库。排污费主要用于企事业单位污染治理补助；环境污染综合治理补助；少量用于环保部门环境管理经费的补助。据统计 2002 年征收排污费 19.8 万元。此后，随着征收面的扩大，监测手段的加强，国家征收标准的提高，征收排污费也逐年提高，到 2013 年征收排污费达 178 万元。有力地促进了排污单位治理污染的积极性。由于排污费集中使用补助重点污染治理工程，从而保证重点治污工程按期完成，充分发挥了征收排污费经济杠杆的作用。

2013 年 4 月，馆陶县开展了整治违法排污“三查”行动，严厉打击非法排污、超标排污和恶意排污。同年，两高司法解释出台，为环保执法再添利剑，2013 年 9 月，营盘村王某某小镀锌厂因严重污染环境且多次反弹，被人民法院以严重污染环境罪，判处有期徒刑两年零六个月。这是馆陶县历史上第一例因污染环境被判刑的案件，在社会上引起了很大的反响和关注，对环境违法者起到了有效的震慑作用。

第四节　环保项目审批

1997—2013 年，馆陶县在项目审批中，凡是符合要求的做到特事特办，在最短的时间内予以批复，为项目尽快开工建设创造条件，对属上级环保部门审批的项目，积极帮助业主协调沟通，得到业主的一致好评，在为项目搞好服务的同时，严把项目审批关、准入关，特别是权限下放以后，严格按照“为发展服务，为环境把关”的要求，认真做到“七个不批”（即未进园的工业类项目不批，位于敏感区不符合相关规定的项目不批，配套处理设施不完善的项目不批，总量审核未通过的项目不批，选址不符合相关要求的项目不批，原有违规项目未整改到位的改扩建项目不批，有搬迁要求未制定搬迁方案的项目不批）“五个不准”（即环保举措措施与主体工程不能实现“三同时”的不准试出产；项目建设地点、性质、规模、采用的出产工艺或者防治污染、防止生环保网态破坏的措施发生重大变动且未取得原审批部分批复同意的不准试出产；未落实项目环评审批时当地政府承诺（拆迁安顿、集中供热、供水等）的不准试出产；要求开展环境监理但未提供阶段性监理讲演的不准试出产；有信访题目、环境违法违规行为未整改到位的不准试出产）“七个不验”（即“三同时”动态档案不齐全的不验，出现变更未补充评价的不验，未提交试生产意见的不验，超期试生产未批准延期的不验，违法行为处理未结案的不验，有信访问题且未整改到位的不验，要求监理但未提交环境监理报告的不验），对“两高一资”项目、淘汰落后产能项目、不符合国家产业政策的项目一律不予审批，从源头上杜绝了新污染源的产生。自2001—2013年，共审批各类建设项目748个，其中工业项目549个。

第二编 基础设施

新城建设

1996年后，馆陶县以旧城改造为突破口，实施大规模县城建设。2008年开展“城乡面貌三年大变样”活动，提出“南展、中优、西移、北扩”的城市建设框架。2009年起，馆陶县大力推进新民居建设。2011年10月，馆陶县被评为“省级园林县城”荣誉称号。

馆陶县交通便利，境内有一条铁路、一条高速公路、两条国道、一条省道，县道、乡道、村道密布全县，形成了较完善的国、省、县、乡、村五级交通网，2007年8月，青兰高速鲁冀界至邯郸段正式通车，结束了馆陶县境内无高速公路的历史。

1997年后，馆陶县大力发展喷灌节水工程，2001—2013年共发展节水灌溉面积27万余亩，涉及8个乡镇121个村。2003年后，馆陶县加大资金投入，扩建、新建联村集中供水站11处，实现了全县农村供水全覆盖，城乡供水网日趋完善，满足了城乡居民的用水需求。

20世纪90年代，馆陶县农村实现村村通电。1998—2003年，馆陶县分别实施一期、二期农网改造与城网改造，优化电网结构，提高供电质量，统一居民用电电价，减轻居民负担。

1998年，馆陶县实行邮电分营，成立馆陶县邮政局和馆陶县电信局。至2013年年底，馆陶县邮政业务总量达534.45万元。馆陶县电信局逐渐发展为中国联通馆陶县分公司、中国移动馆陶县分公司和中国电信馆陶县分公司，三家运营商均实现全县网络全覆盖。

第一章 城乡规划与建设

1996 年以后，馆陶县共完成三次县城规划，编制了寿东村等 72 个村的村庄规划和环境综合整治规划。城区实施新城区开发、旧城区改造，县城向西发展。按照“小城镇，大战略”方针，先后进行了金凤大道升级、洪源大道改造，以及“四延一修两改”工程、“四纵三横”工程，新建、扩建了金凤市场、陶山市场、建材市场等 7 大市场，并对供排水、绿化、环卫、供电、广播电视、通讯、路灯、医院、学校、体育场等基础设施进行了全面配套。

新城建设

2003 年以后，馆陶县以“高起点、高标准、高水平，坚持为经济服务，与土地利用相协调，突出特色，适度超前”为发展思路，先后对金凤大道、新华路、永济路、陶山街、文卫街进行了升级改造，新建了东环路、洪源大道等道路，改善了县城的路网结构。

2008 年，启动“城乡面貌三年大变样”活动，发挥规划的“龙头”作用，提出“南展、中优、西移、北扩”的城市建设框架，先后实施了文卫街西延、工业小区东路北延、陶山街西延工程、筑先路北延、新华路北延、陶山街西段拓宽改造、武馆路南段拓宽改造、西环路拓宽改造、南环路拓宽改造等工程。2010 年，总投资 9 亿元的行政服务中心西移工程全面完成，主要包括交通服务中心、农业综合服务中心、财政集中支付中心、公安侦技中心、法院审判大厅、教育服务中心、房产交易服务中心。2011 年，总投资 3.6 亿元的公主湖文化景区对外开放，景区占地 1100 余亩，集休闲娱乐、文化展示、旅游观光于一体，是人们夏日饭后休闲的好去处，提高了居民的生活品质。金陶郦都、九洲华庭、柳湖胜景、金菊园、名仕园、颐馨园等一大批住房建设项目在新城区开工建设，改善了居民的住房条件。通过 10 多年的建设，县城面貌焕然一新。

2011 年 10 月 15 日，馆陶县通过省、市专家验收，被评为“省级园林县城”。

第一节 城乡规划

县城规划

1996 年，为适应改革开放和经济建设的需要，县政府委托邯郸市规划设计院编制完成《馆陶县城总体规划（1996—2010）》，1997 年 9 月通过邯郸市人民政府审批，并正式实施，成为全县第一期县城总体规划。在一期县城总体规划的指导下，县城作为全县政治、经济、文化中心的地位更加突出，县城的人口和用地规模进一步扩大。1995 年县城人口 2.82 万人，用地 3.34 平方公里，到 2007 年，人口达到 7.13 万人，用地增加到 8.71 平方公里。

随着社会的发展变化，结合县城建设的需要，按照全面建设小康社会的总体要求，落实“实现新跨越，建设新馆陶”的奋斗目标，进一步推进工业立县、商贸兴城、产业富民战略的实施，加快全县经济和社会全面发展，急需对原县城总体规划进行调整。2004 年 11 月获得邯郸市人民政府批复同意，自 2005 年即开始着手县城规划的修编准备工作，2008 年 2 月委托邯郸市规划设计院正式开展县城规划修编，2009 年 6 月，《馆陶县城市总体规划（2008—2020）》通过邯郸市人民政府批复正式开始实施。《馆陶县城市总体规划（2008—2020）》结合当时的城市发展状况，理性地确定了城市性质、城市规模、发展目标和用地发展方向，对指导城市建设和协调社会经济发展起到了积极的作用，推动了城市的现代化建设，使城市建设步入了稳定有序的发展轨道。

为适应新形势的需要，促进全县更加健康有序地发展，强化城市规划的管理和监督，县政府适时调整了城市发展战略，2011 年县人民政府会同委托北方工程设计研究院对正在施行的《馆陶县城市总体规划（2008—2020）》进行了总结评估，《馆陶市城市总体规划（2008—2020 年）》确定的馆陶城市结构以及中心城区发展方向、空间布局和用地组织均已无法满足城市空间发展战略规划的要求，需要进行必要的修改。2011 年 8 月委托河北信达规划设计院正式开展县城总规修编，2013 年 6 月，《馆陶县城市总体规划（2012—2030）》通过了邯郸市人民政府批复，正式开始实施。规划将县城性质定位为邯郸化工新材料及市域东部现代装备制造业基地，邯聊之间中心城市。发展方向以现状建成区为核心，重点向西、向南发展，适当向北发展，优化向东发展。规划期末，县城人口 25 万人，县城建成区面积 26.42 平方公里。

农村建设规划

新民居示范村规划 2006 年，馆陶县完成了 29 个村的新农村建设规划编制和 32 个示范村创建任务。

2009—2012 年，为贯彻落实省、市大力推进新民居建设示范工程，加快社会主义新农村建设的工作安排，有效推进示范村的规划建设，全县编制了车疃、东广才、南徐村、清阳城、董井寨、齐堡、东庄固、魏西村、满谷营、韩高庄、房寨南村、南郑村、李井寨、蔺村、东徐村、周庄、庄固西村、北拐渠东村 18 个村庄新民居建设示范村规划，规划经县政府批复后实施，对改善住房结构功能，提高住房质量，挖掘和传承地方特色，改善基础设施和环境起到了很好的指导作用，在农村民居建新、修旧和村庄整体面貌的改观上，树立了典型样板。

农村面貌提升规划 2012—2013 年，为贯彻落实省开展加强基层建设年活动的安排，

促进生产生活环境改善和公共服务水平提高，馆陶县共编制了寿东村、陈范庄村，南孙店东村，林北村、前市庄东村，张官寨村，后许庄西村、郝前街村、颜窝头村、东芦里村、安雷寨村、南榆林村12个村的村庄规划。

同时，馆陶县还编制了赵沿村、刘沿村、姜沿村、刘庄村、房寨北村、北拐渠东村、中孟良寨、郝前街、南徐村村、前许庄、后许庄西、吴庄村、肖村、陈庄、市庄东村、西庄村、林北村、牛张屯村、庄固西村、寿东村、常尔寨村、陈范庄、南孙店东、和尚寨、张井寨、路庄村、满谷营、宋尔庄、张官寨、刘庄村、闫沿村、东芦里村、柴堡西村、前刘堡村、北阳堡村、武张屯村、沿庄村、前宁堡村、西孟良寨村、房寨南村、郝前街村、王徘头村、颜窝头村、后李八寨、铁佛堡村、陈路桥村、王二厢村、丝窝寨村、藺寨村、刘圈村、马兰厂村、南榆林村、十里店村、安雷寨村、任门寨村、东盘村、北留庄西、安庄村、北孙店东、北萧寨村60个村的环境综合整治规划。

以上两项规划分别在2012年及2013年经县政府批准后实施。规划促进了农村经济社会发展、改善了农村人居环境，统筹安排各类基础设施和公共服务设施充分利用已有条件，整合各方资源，对村庄垃圾处理、绿化、道路建设、房屋整修做出安排，实现村庄绿化、美化、亮化、净化，避免了“排排房”，对村庄的建设起到了很好的指导作用。

第二节　城区改造与建设

旧城改造

1997—2013年，馆陶县为改变城市建设滞后于经济发展的局面，县委、县政府决定开发新城区，改造旧城区，县城向西发展。按照“统一规划、分步实施、配套建设、力求完善”的指导思想，大力度实施“小城镇，大战略”方针，把县城建设作为统领全县各项工作的重中之重。

老陶山亭广场

2007年，总投资1.4亿元，实施了金凤大道升级、洪源大道改造、筑先路中段建设、文卫街改建、陶山街中段改造、新华路改造等项工程。投资180万元，10条县城小巷得到硬化、美化，2处小游园竣工投用，更好地方便了群众出行和休闲。精心运作县城资产，盘活了政府老招待所、灯泡厂、沿村中学等7处资产，变现资金9000多万元，这一统筹国有资产运作、提高国有资本运营效益的经验被省政府总结推广。

2008年之后，先后实施了“四延一修两改”工程，即永济路北延、南延，平安路北延、南延，修新华路，陶山街改造、政府街改造。“四纵三横”工程，即新华路、魏征路、平安路、永济路、建设街、政府西街、陶山街以及文化广场改造、北环路（309国道县城段）改造等工程。县城建设累计完成投资5.9亿元，改造临街建筑68万平方米，新修拓宽街道2.2万米，总面积31.9万平方米。同时，新建、扩建了金凤市场、陶山市场、建材市场等七大市场，并对供排水、绿化、环卫、供电、广播电视、通讯、路灯、医院、学校、体育场等基础设施进行了全面配套。

老新华街交通岗

新城建设

2003年以后，馆陶县以“高起点、高标准、高水平，坚持为经济服务，与土地利用相协调，突出特色，适度超前”的发展思路，先后对金凤大道、新华路、永济路、陶山街、文卫街进行了升级改造，新建了东环路、洪源大道等道路，改善了县城的路网结构。

2008年，启动“城乡面貌三年大变样”活动，发挥规划的“龙头”作用，提出“南展、中优、西移、北扩”的城市建设框架，先后实施了文卫街西延、工业小区东路北延、陶山街西延工程、筑先路北延、新华路北延、陶山街西段拓宽改造、武馆路南段拓宽改造、西环路拓宽改造、南环路拓宽改造等工程。2010年，总投资9亿元的行政服务中心西移工程全面完成，主要包括交通服务中心、农业综合服务中心、财政集中支付中心、公安侦技中心、法院审判大厅、教育服务中心、房产交易服务中心。2011年，总投资3.6亿元的公主湖文化景区对外开放，景区占地1100余亩，集休闲娱乐、文化展示、旅游观光于一体，是人们夏日饭后休闲的好去处，提高了居民的生活品质。金陶郦都、九洲华庭、柳湖胜景、金菊园、名仕园、颐馨园等一大批住房建设项目在新城区开工建设，改善了居民的住房条件。通过10多年的建设，县城面貌焕然一新。2011年10月15日，馆陶县通过省、市专家验收，被评为“省级园林县城”称号。

2011年以后，馆陶坚持走以人为本、产城融合发展的新型城镇化之路，按照无处不精致、无处不精细、无处不文化的理念加快推进新城建设。编制完成了《馆陶县城乡总体规划（2013—2030）》，完成了总体城市设计、土地利用、地下管线、园林绿化等各专项规划编制工作，城区控制性详细规划覆盖率达到92.9%。结合产业发展方向及县域形态，中心城区重点向南北方向发展，初步形成“一轴三区五中心”的空间格局。2015年，县城建成区面积15平方公里，城区人口10.5万人，城镇化率43%。馆陶先后荣获中国最佳生态宜居县、河北省人居环境范例奖、省级文明卫生县城、河北省首批环境优美城镇等称号。

县城基础设施建设不断完善，市政功能明显提升。重点开展了城区道路改造升级工程，对金凤街、平安路、文卫街、魏征路等城市主次干道进行了翻修，对政博小巷、兵营西小巷等背街小巷进行了打造，人均道路面积达到了27.9平方米。在修建城市道路的同时，将排水系统、绿化、道路无障碍设施同步实施，强电、弱电、通讯等管网一次性入地。建设了永青污水处理有限公司，日处理污水量达到3万吨，排放标准达到一级A标准，污水处理费足额收取到位，处理率达到91.67%。与贵州天尚环保集团合作，利用IS先进技术，对垃圾填埋场进行了升级改造，建设了垃圾再生资源综合开发示范基地项目。集中供气完成了中石化西气东输主管网对接工作，新老城区全部具备了集中供气条件。目前，天然气普及户数已达到3万余户，燃气普及率达到了93.35%。新建住宅小区全部采用地源热泵进行集中供热。在全市率先启动了公共自行车项目，新建城市公厕、候车亭、停车场、游园等公用设施。制定了《馆陶县关于鼓励和支持房地产行业发展的意见》，通过控制房地产市场土地供应、取消保障性住房实物建设、放宽商品房预售条件等政策，进一步扶持房地产行业发展。2015年，全县共开工建设保障性住房102套，建成102套，开工率和竣工率均达到了100%。物业管理覆盖率达到了83%。用水水质达标率达到了100%，城区供水普及率100%。与青岛鑫源环保有限公司合作，采用一体化净水处理工艺建设了南水北调配套水厂，群众吃上了放心的长江水。以创建国家级园林县城为目标，不断增加绿量的补植，城市绿化总量和绿化水平有了新的提高。城市公园、游园、街头绿地达到38处，达到了300米见绿、500米见园的标准，人均公园绿地面积11.84平方米，建成区绿地率和绿化覆盖率分别为36.97%、43.17%，形成了绿地布局合理、功能设施齐全、风格特色鲜明、环境生态宜居的城市园林景观。实施精细化城市管理，率先实施政府购买公共服务，城区保洁全部实施服务外包，街道机械化清扫率达到了52%，环卫保洁市场化运作经验全市推广。定期开展环境卫生综合大整治、大检查，重点对建筑施工场地、城市公厕、集贸市场、卫生死角和占道经营等实施全天候监管。建成数字化城市管理系统，并与市联网投入运行，案件按时办结率达到80%以上。

城区路网建设

从1996年6月开始，历时15个月的县城改造基本完成，奠定了馆陶新城区的基础。

金凤街

此后，随着城建步伐的不断加快，至2007年年底，城区初具规模，面积达到7.5平方公里，城区道路形成了“七纵六横”的格局。

2008年之后，在全省“三年大变样、三年上水平”等城镇化活动中，馆陶县主城区先后建设了滨河路、筑先路、英才路、文华街、创业路、兴业路，对金凤大道、政府街、东龙街、平安路、文卫街、陶山街、新华路进行了升级改造，县城城区路网形成了“十二纵六横”的城区道路格局，人均道路面积达27.65平方米。

1997—2013年馆陶县城主要街道建设一览表

表 2-1-1

	序号	街道名称	长度（米）	红线宽度（米）	建设时间	最后一次改造时间	改造的内容
路面、路沿石、便道、排水、路灯横向	1	金凤街（永济路—县标）	4000	83	1997	2009	慢车道、绿化带、路沿石、便道、路灯
	2	建设街（永济路—新华路）	1620	30	1998 年	2010 年	主路面、路沿石、便道、路灯
	3	文卫街	新华路—永济路 1620	25	1992 年	2007 年	主路面加宽、路沿石、便道、路灯、移树
	3	文卫街	新华路—滨河路 1600	29	2007 年—2008 年	—	路面、路沿石、便道、排水、路灯
	4	政府街（东环路—滨河路）	3620	30	1983	2009 年永济路—滨河路	路面、路沿石、便道、路灯
	4	政府街（东环路—滨河路）	3620	30	1983	2011 年东环路—永济路	排水、路面、路沿石、便道、路灯
	5	陶山街	永济路—陶山亭 1070	25	1993	2007 年陶山亭—加油站	路面、路沿石、便道、路灯
	5	陶山街	陶山亭—106 国道 3148	32	2008 年加油站—滨河路	—	路面、路沿石、便道、排水、路灯
	5	陶山街	陶山亭—106 国道 3148	32	2009 年滨河路—106 国道	—	路面、路沿石、便道、排水、路灯
	6	东龙街(东环路—106 道)	4800	45	—	—	路面、路沿石、便道、排水、路灯
	7	文华街	1960	60	2011 年	—	路面、路沿石、便道、排水、路灯
	8	新能街	2300	38	2011	—	路面、路沿石、便道、排水、路灯
	9	洪源大道（106 国道—洪源科技园）	2340	30	2007	—	路面、路沿石、便道、排水、路灯
合计		—	28078	—	—	—	—

第三节　园林绿化

城区绿化

金凤街绿化带

1997—2013年，馆陶县按照国家园林县城的标准，打造绿城、陶都、水乡。按照“一街一景”“一路一品”的原则，通过非硬即绿、拆墙透绿、租地建绿等方式，对城市道路实施高标准绿化。围绕湖河、道路、小区，新建、改建公园绿地，累计建成38处公园、游园、街头绿地，达到了300米见绿、500米见园的标准，特别是建成了公主湖湿地公园和滨河公园2座10公顷以上的综合性公园，并通过省三星级公园验收，公主湖湿地公园还被命名为省级水利风景区。

实施亮点园林绿化工程，采取政府租地、企业绿化的思路，建设景观绿地。在县城南部建设中国农民花博园，打造冀南规模最大、品种最全的农民花博园。在县城北部引进东方园林公司建设苗木基地，发展观光、娱乐、科普、度假等。城区建成了陶都水乡、县歌等8处雕塑小品，公主湖增设了景观式钟表、放养了广场鸽。

至2013年年底，城区公园绿地面积人均8.6平方米。城区绿地率达37.62%，绿化覆盖率达45.2%。初步形成了绿地布局合理、功能设施齐全、风格特色鲜明、环境生态宜居的园林景观。

街道绿化

金凤大道绿化　东起永济路，西至106国道西100米，全长4000米，道路红线控制83米，三块板道路结构，其中主路面宽27米，两侧规划绿化带各宽10米，非机动车道各宽7米，人行便道各宽11米，行道树面积16800平方米，绿化带面积84000平方米，绿地率达25.47%。2007年被省住房和城乡规划建设厅命名为“河北省省级园林式街道”。2010年，对金凤大道进行改造，从规划到建设，注重提高园林艺术水平和绿地率，绿化植物配置合理，层次分明，景观优美，布局合理，园林艺术性高，主要绿化树种有法桐、大叶女贞、紫叶梨、百日红等，灌木有紫叶小檗、大叶黄杨、金叶女贞、月季、黄杨球等，并铺设草坪，已成为三季有花、四季有景的绿色景观带。

园林绿化管护

新华路绿化　北起金凤大道，南至南环路，全长3903米，宽50米，两侧绿化带各宽3米，行道树绿化面积40186平方米，绿化带23418平方米，绿地率25.3%。2010年对新华路进行改造，从规划到建设，注重行道树和绿化带，树种有法桐、雪松、金叶女贞、豆瓣黄杨、冬青、冬青球等品种。绿化线条流畅，生长旺盛，树形优美，夏季为路人遮阴避阳，绿化效果显著。2007年被省住房和城乡规划建设厅命名为“河北省省级园林式街道”。

英才路绿化　英才路为三板四带，全长1409米，宽50米，行道树绿化面积15507平方米，绿化带8454平方米，绿地率25.24%。2010年，对英才路进行改造，从规划到建设，注重园林艺术和绿地率，绿化植物配置合理，层次分明，景观优美，布局合理，园林艺术性高，主要绿化树种有法桐、金叶女贞、红叶小檗、小叶黄杨、冬青等。2010年被省住房和城乡规划建设厅命名为“河北省省级园林式街道”。

滨河路景观带　滨河路景观带起于金凤大道，止于陶山街，全长1520米，宽38米，绿化面积14448平方米，绿地率23.6%。滨河路于2010年改造，从规划到建设，注重植物合理配置，层次分明，景观优美，园林艺术性高，主要绿化树种有垂柳、金叶女贞、小叶黄杨等品种。街道基础设施完备，绿树成荫，是一条景观式林荫路。2012年被市建设局命名为“市级园林式街道”。

政府街绿化　政府街是城区贯穿东西的一条主要道路，东至东环，西至滨河路，全长3620米，宽30米，绿化面积22720平方米，绿地率21.67%。街道建设注重园林艺术，绿化植物配置合理，层次分明，景观优美，主要绿化树种是白蜡、法桐。养护管理上，管理制度健全，有专人负责管护，植物生长茂盛，树形整齐、美观，无病虫害，无缺株、死株，是一条景观式林荫路。2012年被市建设局命名为“市级园林式街道”。

文卫街绿化　文卫街是城区贯穿东西的一条主要道路，东至永济路，西至滨河路，全长1620米，宽25米，绿化面积8200平方米，绿地率20.8%。街道建设注重园林艺术，绿化植物配置合理，层次分明，景观优美，主要绿化树种是法桐。养护管理上，管理制度健全，有专人负责管护，植物生长茂盛，树形整齐、美观，无病虫害，无缺株、死株，是一条景观式林荫路。2012年被市建设局命名为“市级园林式街道”。

永济路绿化　永济路全长1752米，宽25米，绿化面积9162平方米，绿地率

20.92%。永济路于2010年改造，从规划到建设，注重植物景观和园林艺术，主要绿化树种是楸树。养护管理上，管理制度健全，有专人负责管护，植物生长茂盛，树形整齐、美观，无病虫害，无缺株、死株，是一条景观式林荫路。

106国道景观带　106国道景观带全长4公里，绿化带宽10米，并对沿线各节点进行了绿化，绿地面积8万平方米，绿地率36.4%。景观带建设注重突出特色，在道路两侧和高速入口处，设置了35个名片，名片内容以突出地方特色及展现人文风貌为主，体现历史文化内涵和现代园林的大气、洋气、雅气。运用大手笔营造色块、色带和片林。灯箱上悬挂馆陶公主、大唐名相魏征等历史人物的艺术彩像，与道路绿化景观交相辉映，具有浓厚的艺术氛围。

城市雕塑

陶山凌云　位于县城金凤大道和106国道交叉口，是馆陶县城标，由雕塑、基座和转盘组成，天津美院教授王家斌（中国著名大型城标雕塑家）进行设计、制作，于2009年施工完成。主雕塑净高39.1米，基座4.7米，转盘1.8米，总高45.6米。浮雕“继往开来”以23米长画卷形式展开，分11个画面，反映出馆陶由来、百舸争流·卫运河、馆陶公主·金屋藏娇、大唐名相·魏征、两宋抗金名将·宗泽治水、抗日民族英雄·范筑先、中国现代漆画之父·乔十光及现代画面面向未来。主雕塑为大型不锈钢作品，充分体现刚柔相济、腾飞向上之势，整个县标寓意456.3平方公里上的馆陶人民开拓创新、奋发向上，携奔放之势共创美好明天。

陶山凌云

袖舞清风

袖舞清风　位于公主湖中心广场，不锈钢主题雕塑高22米，整个雕塑高23.5米。基座直径16.82米，高1.5米，四个方位上挂贴有青龙、白虎、玄武、朱雀，四象相守，配以汉纹、车马展现历史的古老。主雕塑由四个长袖善舞的古装女子以半抽象手法展现了女子的柔与美，也体现了公主湖水的柔美，暗含馆陶四公主之美。中心广场袖舞清风与西广场魏征的雕像阴阳协调，刚柔相济，代表了馆陶大地上和谐、和平盛世，清正廉洁之风尚。

时光隧道

时光隧道　位于公主湖公园中心广场入口，采用大理石铺地浮雕雕刻而成，全长100余米。借鉴北京天坛和大连星海（世纪）广场的设计体现手法，展现馆陶2200年历史变迁，辑录馆陶从五帝夏商周到2000年之间170件大事，以地铺石刻的方式表现，两侧是光脚、草鞋、布鞋、皮鞋、木车轮、胶轮、履带印等，象征历史潮流滚滚而来，中间黑色标题为时代标题，紫红色印度红石材镌刻记着历史大事。景观融艺术、观赏、文化与一体，使游人在此可以仔细品鉴馆陶历史，感受现代美好时光。

魏征雕像

魏征雕像　位于公主湖公园西广场博物馆前，雕像高5.5米，采用白色大理石雕刻而成。魏征是馆陶籍大唐名相，他一生清廉，辅佐唐太宗17年，深得太宗的信任和重用，以敢于犯颜直谏著称，曾先后进谏200多次，向唐太宗提出很多正确的意见，多为太宗采纳，是中国历史上著名的太平盛世“贞观之治”中影响最大的人物之一。魏征的形象为“蹙眉低头”，象征魏征一生以苦谏为己任，经常处于忧国忧民之中。他的“兼听则明，偏听则暗”“民能载舟，也能覆舟”等名句影响至今。

公园

公主湖湿地公园　总投资3.6亿元，占地面积1100亩，其中水域面积470亩，位于县城规划区中心金凤大道北侧。景区设计突出“自然+湿地+人文”特色，以公主湖、广场、展馆为重点，以驸马古渡、黄花故台、“竹仙苑”茶社、“长门赋”诗碑为载体，利用现有地貌和历史遗迹，依托馆陶深厚文化底蕴和人文资源，集休闲

公主湖一瞥

娱乐、文化展示、旅游观光于一体的游览风景区。整体布局以“一湖、两广场、三馆两中心、三岛、十四桥”为观光主线，各节点小品通过环湖园路进行点状布局串联，形成完整而清晰的游览线路。

自然景观以湿地良好生态环境和多样化湿地景观资源为基础，彰显湿地科普宣教、湿地功能利用、湿地文化为主题，绿化面积达到60余公顷，植物品类127种，乔木达3600余株，绿地系统“以线为主，点面穿插”，形成具有坡地造型，色彩搭配，四季有景，三季有花，各显特色的园林景观，成为生态观光、休闲娱乐为一体的社会公益性生态公园。景区工程于2010年4月开工建设，南部广场于2012年9月对公众开放。2013年被河北省住建厅评为三星级公园。

滨河公园

滨河公园　位于城区卫西干渠东侧，依渠而建，占地400亩，总投资10700万元，是对卫西干渠东岸进行综合整治，实施美化、绿化、亮化的带状公园，集休闲、健身、娱乐、观赏为一体的开放式的滨河生态景观长廊。

公园以生态、自然、和谐为原则，突出“秀木林荫、水绿相融、独具特色”的设计理念，园内不同地段设计不同的园林小品。绿化配置以乡土树种为主，乔灌藤木花草配合，复层群落式栽培，形成三季观花、夏秋观果、冬季有绿、季相丰富的特色景观。滨河公园2009年建成开园，园内栽植苗木120余万株，品种达106种。铺设园林碎石小径7000米，建设广场八处，硬化面积1.6万平方米。滨河公园与卫西干渠景观融为一体，相得益彰，成为独具馆陶魅力的城市名片。改善了县城居民生活环境，提高了城市品味。2011年被省住建厅命名为河北省三星级公园，2012年被命名为邯郸市十佳公园。

工业遗址公园　工业遗址公园是在拆除原纸业公司废旧厂房，清理多年积存垃圾基础上建设的。一期项目总投资780万元，占地4.3万平方米，主要建设大型活动广场、绿地、景石、主题雕塑、廊亭等，并对周边保留的旧厂房、水塔、烟囱按照“修旧如旧”的原则进行修复，展示烙印着工业记忆的老车床、老厂房，承载传统工业文化的内涵。公园二期是利用老造纸厂房、仓库、机械设备进行改造，配置其他工业设备，建成专业博物馆。

“劳动者之歌”游园　位于政府街与筑先路交叉口，南北长45米，东西长85米，共占地3825平方米，总投资38万元，2007年建成。游园绿化建设以灌木和草坪为主，绿化品种有小叶黄杨、紫叶小檗、碧桃等，乔木主要有榆树、杨树等。园内设有花坛、石椅、花灯、健身器材，地面硬化以面包砖为主。“劳动者之歌”游园又为全县增加了一道靓丽的风景线，为县城居民提供了一个良好的休闲娱乐场所。

信诚公园　位于馆陶宾馆北侧，占地面积8167平方米，总投资120万元，2007年建成。整个工程充分利用原植树木优势，按照街头游园的设计方式，进行了重新规划设计，共回填土方1万方，铺设黄金锈石材180平方米，栽植草坪6500平方米、冬青1万余株，建有140平方米的花池、8个树周木椅、2个石桌、8条石凳，建成一架40米的休息长廊，安装了草皮灯、射灯和景观灯，布置风景石12块，特别是用鹅卵彩石铺设形成了带有12生肖图案的游园路，特色鲜明。游园是县城南部居民休憩、娱乐、游玩、健身的重要休闲场所，是县城南部的一处靓丽风景。

筑先广场　位于文卫街以北，筑先路两侧，占地面积16675平方米，总投资85万元，2012年建成。广场以硬化铺装为主，配以喷泉、雕塑小品、文化墙、文化柱、连廊、假山、拉膜亭、花卉草坪及夜景亮化等设施。广场植物配置以乔木与草坪为主，乔、灌、花草相结合的模式，达到三季有花，四季有景的效果。广场绿地上点缀的乔木白蜡、银杏、千头椿、垂柳、红叶碧桃、紫叶李、西西府海棠等；灌木石楠、大叶黄杨、小叶黄杨、金叶女贞、月季、紫叶小檗等，并铺设草坪。层次分明，布局合理，颜色搭配多样，形成完美的生态环境。广场竣工投用后，已成为县城西部一大重要亮点，为周边群众提供一个良好的休闲、娱乐、游憩场所。

第四节　市政公用设施

照明设施

2008年“城镇面貌三年大变样”以后，馆陶县开始城区亮化工程，到2013年，县城内主干道、支干道基本实现了亮化，共有路灯2092套。宾馆北游园8套路灯，人社局东、西游园14套路灯，县标及四周8套射灯，有9个灯杆，每杆4个，共计36个灯，筑先路广场5套景观灯，大地之恋游园高射灯1套，文化广场高射灯1套。

2013年年底馆陶县路灯数目一览表

表2-1-2

道路名称	路灯数量（套）	道路名称	路灯数量（套）
106国道	180	建设街	58
滨河路	68	文卫街	144
英才路	68	政府街	135
筑先路	68	陶山街	91
新华街	115	东头路县委	8

续表 2-1-2

道路名称	路灯数量（套）	道路名称	路灯数量（套）
魏征路	92	洪源大道	92
106 市场	23	创业路	74
平安路	94	振兴路	38
永济路	81	新能街	114
东环路	68	兴业路	76
老街	12	309 国道城标西—广平县	190
金凤街	179		

供水设施

馆陶县供水公司坐落在馆陶县城西南新华街南端路西，占地 20 亩，由邯郸市水利水电勘测设计院设计，邯郸建工集团有限公司施工。工程投资 1705 万元，固定资产 1278 万元。1998 年 4 月 28 日动工，同年 12 月 18 日工程竣工并投入使用。

供水工程主体工程包括，机井 14 眼，其中深井 8 眼，浅井 6 眼，配有一级泵房、消毒房（加药房）、清水池（储水 2000 吨）、吸水池、二级泵房，配备 45 千伏安变压器 1 台，卧式 45 千瓦水泵 2 台，30 千瓦水泵 1 台。设计供水能力日供水 2.6 万吨，附属工程有综合楼 1 幢及仓库、宿舍、车库及大门等。总建筑面积 2728 平方米，DN75 毫米及以上供水主管网 149 公里，城区主管网总长 12000 米，主要从事县城及周边部分村庄、工矿企业、居民生产和生活用水。日平均供水量 2.3 万吨，供水人口 9.15 万人，供水面积达 12.6 平方公里。

2013 年，县城供水普及率 98%。

排水设施

从 1996 年起，馆陶县按照城镇建设总体规划，对原有排水设施进行整治，实行管道改造与新建并举，新建道路与排水管道建设同步，改造排水管沟与改造道路相结合，新建道路普遍铺设排水管道，并适当加大排水管管径。2009 年，馆陶县污水处理厂建成投用。2011—2013 年，新建改建雨污排水管道长 22 公里。至 2013 年年底，城区有雨污排水管网约 149 公里，采用雨污水分流管道长 12.5 公里。

污水处理设施

全县主要废水治理设施 18 套，日处理废水能力 3.4 万吨。2013 年废水排放总量 570.8 万吨，年处理量 570.8 万吨，处理达标率 100%。主要废水处理设施有：馆陶县永青污水处理厂废水处理系统，日处理能力 3 万吨；化工园区集中式污水处理厂废水处理系统，日处理能力2000吨；馆陶六和食品有限公司废水处理设施，日处理能力800吨；河北国利糠醛化工有限公司废水处理设施，日处理能力80吨；河北荣特化工有限公司废水处理设施，日处理能力60吨；河北信德电力配件有限公司废水处理设施，日处理能力130吨等。

垃圾处理设施

馆陶县垃圾处理厂位于柴堡镇柴堡东村东北方向，2009年7月开工建设，2010年11月1日建成并开始试运行。总投资3175.95万元，占地131.2亩，其中垃圾填埋区占地7.7万平方米，日处理垃圾150吨，总库容为78.23万立方米，采用卫生填埋工艺，设计使用年限为12年，是馆陶县实施的一项环保生态和节能减排项目。

第五节　农村建设

小康社会建设

1994年6月，馆陶县委、县政府印发《馆陶县小康建设规划纲要》发出通知，成立馆陶县农村小康建设领导小组。1996年12月，经馆陶县机构编制委员会办公室审核，县委批准，以馆办字〔1996〕16号文通知，正式成立馆陶县小康建设办公室，负责全县农村小康建设规划的制定综合协调检查指导小康村的建设、考核和认定，推广总结小康建设中的先进典型经验，为各级领导提供决策依据。

1994—2003年，馆陶县小康建设办公室每年年初都对全县小康建设工作进行安排部署，以县委文件下达目标任务，年底从涉康部门抽调人员组成督查考核组对小康村完成情况进行考核验收，按照道路硬化、饮用水达标、计划生育率达标、“两室”硬件达标、小学校达标等19项达标验收标准，认定命名达标小康村和基本达标小康村，基本达标小康村第二年要进行补课，实现全面达标。抓好全县小康建设的整体推进、晋档升级，巩固提高已建成小康村，研究制定宽裕型小康建设的长远规划和年度计划，引导小康建设不停顿向前发展。紧紧围绕1998年馆陶镇、魏僧寨镇、徐村乡、房寨镇实现小康乡镇，1999年寿山寺乡、路桥乡、王桥乡实现小康乡镇和2000年全县实现小康的总体规划目标（后省重新调整规划馆陶县2003年实现全县小康），各乡镇、县直各涉康部门确定各自的年度规划目标任务，坚持标准，保证质量，推动全县小康建设有序开展。1994—2003年，全县277个村有216个村达到小康标准，8个乡镇全部达到小康乡镇标准，全县基本实现小康。

新民居建设

2009年新农村建设工作开展后，馆陶县按照“规划先行、有序建设，示范引导、全

井寨新村村标

面推进，因地制宜、分类指导，党政主导、农民自愿”的要求，扎实推进新民居建设，共启动16个新民居建设示范点，以发展农村经济为中心，千方百计增加农民收入，着力改善农村居住环境，加快发展农村社会事业，提高农村民主管理水平，扎实稳步推进新农村建设。16个村均结合本村实际制定了新农村建设发展规划，严格按照建设标准完成了各项新农村建设任务，真正起到了示范带头作用。至2013年12月底，全县列入省级的16个示范村已全部启动建设，累计建设别墅式和多层公寓式新民居3370套，建成2892套（户），年度建设新民居500套（户），总投入建设资金6527万元。全县16个示范村完成街巷硬化15.9万平方米、铺设自来水管道32700米、排污管道23100米，绿化面积4.4万平方米，建村民中心12个、学校11个、幼儿园10个、敬老院3个、卫生室16个共投入资金62000万元。从建设新环境入手，16个示范村安装路灯766盏，植树1630株、绿化房前屋后和路边空地面积43520平方米。2012年，王桥乡董井寨村和寿山寺乡南郑村被市列为整建制推进新民居示范村（全市20个）。2012年，馆陶县获“河北省推进社会主义新农村建设先进县”。

第二章 交通

青兰高速

1997年后，馆陶县公路交通发展迅速，106、309两条国道在县城交汇，青兰高速公路、邯济铁路横贯东西，大广高速纵穿县境，县内文大线（省道224）、馆蝉线（省道345）、肥馆线（省道347）、神农大道纵横交叉。至2016年年底，境内共有公路496条，通车总里程985.666公里，公路密度达到216.01公里/百平方公里，位居全省前列。其中，高速公路1条，长13.2公里。国道2条，共长33.792公里。省道1条，长9.924公里。县道5条(含参照县道标准管理1条)，共长80.022公里。乡道35条，共长263.678公里。村道452条，共长585.05公里。全县公路成网，布局合理，形成了两条国道、两条高速、一条铁路纵横通过、沟通南北、连接东西，以“9横6纵”(9横，即309国道，县道肥馆线、吕魏线、南馆线、神农大道，乡道李河线、林柴线、马旦线、滩褚线；6纵，即106国道及215省道、县道武馆线、乡道果柴线、永济河健康步道、振兴路、西吴线）为骨架、乡级道路为依托、村级道路为补充的大交通格局。

第一节 公路

青兰高速公路馆陶段

青岛至兰州高速公路是国家规划的“十三纵十五横”28条国家重点公路中的“五横”，其中，河北段是国家“7918”高速公路网的组成路段。鲁冀界至邯郸段高速公路是河北省规划“五纵六横七条线”高速公路主骨架“六横”鲁冀界至冀晋界（长治）的重要组

青兰高速馆陶段

成部分，是邯郸市第一条快速出海通道，填补了馆陶县境内无高速公路的空白，被誉为打造东出西连的黄金节点，经济腾飞的“黄金通道”。青兰高速鲁冀界至邯郸段全长93.79公里，2004年8月开工建设，2007年7月竣工，同年8月正式剪彩通车。

青兰高速公路馆陶段起自济馆高速漳卫运河特大桥西端，向西经安静村南、中马固、北马固、穿南馆线，在东宝村南跨卫西干渠、国道106线，经武范庄南、张高庄北，跨越沙东干渠入广平界，全长13.27公里，设计时速120公里，双向四车道，路面宽25.5米。县段内建有构造物计32座，其中：跨线立交桥4座，跨线天桥3道，卫西干渠中桥1座，车疃、中马固小桥2座，通道22条。新106国道跨线立交桥西侧，设馆陶收费站和高速公路宿办楼，包括匝道共占地140亩，投资2300余万元。在张高庄西南占地160亩，投资3600万元，建有南北对应的馆陶服务区。

青兰高速馆陶口

309国道馆陶段

309国道原称荣成至兰州公路，东通山东沿海，西通晋、陕、甘三省，是晋煤外运的主要交通干线之一。馆陶段自县城“七一”大桥西端入境，经西苏村、寿山寺、麻呼寨西进入广平县界，长11.4公里。1997年由县交通局公路工程队施工，按二级路、路面宽7米翻建。2002年公路路网调整，309上行线、下行线合并，定为一级路，里程为13.05公里，309下行线县城南环段4.43公里划为106国道的连接线。2003年，公路站对上行线进行3.5厘米封层，使其通行质量大幅度提高。2006年3月利用卫河大堤修建连接线项目（即东环路）。连接线起自县基督教堂西，终点在“七一”大桥西口，总长2.4公里，按二级路标准设计施工，路基宽12米、路面宽11米，两侧各设1.5米绿化平台，卫河大堤段中间设2米绿化带，道路框格护坡1万平方米，装

309国道馆陶段

有路灯 74 盏。2005 年县筹资 580 万元对 309 国道的新华路至永济路段 1.8 公里拓宽改造，在原路北侧增加一幅二级路，路面宽 17.5 米。改建后又称“金凤大道”。2007 年实施二期工程，即城区段金凤大道拓宽西延工程，西至 106、309 国道平交环岛，全长 2385 米，在路段北侧加宽一幅 17.5 米，按二级路标准修建；在西苏村中桥南侧，新建中桥 1 座，改建车疃渠排污涵洞 1 处。2009 年，对城区段金凤大道永济路至新华街段进行改建，全长 1.8 公里，总投资 833.2 万元，在原路两侧各加 7 米宽慢车道，路面结构为 30 厘米石灰稳定土底基层，5 厘米中粒式沥青混凝土面层，慢车道设 7 米人行便道，金凤广场及金凤市场门前铺设青石，设置排水和路灯，同年 10 月竣工。2010 年，国、省道公路里程桩号调整，309 国道由 13.05 公里调为 13.077 公里。2012 年 8 月，309 国道馆陶至邯郸段养护改造工程开工建设，馆陶段自环岛至广平县界，为双幅六车道，全长 8.041 公里，总投资 1.7 亿元，途径南郑村、寿山寺、前宁堡、麻呼寨等村，历时两年，2013 年 9 月完成工程任务，正式通车。期间，共计新增征地 264 亩，拆除房屋及围墙 36 户 1100 平方米，砍伐树木 8000 余棵，拆除加油站 1 处，迁移电力、网络、电信等线杆 52 根，为工程顺利施工，扫清了障碍。

2013 年 5 月，利用两天时间对城区段金凤大道英才路至西苏村桥段北辅道罩面，全长 700 米、宽 7 米，面积 4900 平方米，总投资 45.6 万元。同年 10 月，完成城区段金凤大道西苏村桥至环岛段两侧辅道改建工程，两侧各 400 米，共计 5600 平方米，总投资 51.3 万元，采用冷再生处理底基层 18 厘米、铺设油面 5 厘米。2014 年 5 月，城区段金凤大道南辅道改建，从滨河路至英才路、从筑先路至魏征路，全长 1500 米，宽 7 米，采用铣刨技术处理原路面 5 厘米，一层灰土 20 厘米，铺设一层沥青油面 5 厘米。2015 年，对城区段金凤大道进行了改建，从环岛至东环路，全长 4.4 公里，总投资 2100 万元，路面宽 27—32 米不等，路面结构为铣刨原路面 28 厘米，一层水泥稳定碎石基层 18 厘米、两层沥青面层 9 厘米，6 月 26 日开工，同年 8 月 14 日竣工通车，进一步改善了城区段通行条件。

此外，2007 年 4 月，对 309 国道南线 106 国道至护法寺段（洪源科技园）进行了拓宽改建，全长 2340 米，总投资 455.6 万元，在原路两侧各拓宽 4 米，路面拓宽至 15 米，全幅路面罩面 3 厘米，按二级公路标准建设，由华峰公司负责施工，同年 6 月 26 日竣工通车，改建后，该段又称“洪源大道”。通过上述整修、改建工程的实施，309 国道馆陶段的道路通行能力和路况水平都得到了显著提升，全县横向交通大动脉的作用更加彰显，为区域经济和社会发展提供了坚实的保障。

106 国道馆陶段

106 国道原称京大公路，旧称平大路，是北京至广州中线河北段的通称，位于京广、

106国道馆陶段

京沪铁路之间，与之并行。106国道始于北京，河北段途经固安、霸县、任丘、河间、献县、武邑、衡水、冀县、南宫、威县、馆陶至大名县龙王庙桥止。106国道由柴堡镇樊堡村北进入馆陶县，经柴庄、齐堡、柴堡、东宝村、馆陶镇至漳卫运河“七一”大桥，县辖段17.4公里。1999年10月，自柴堡改线南延工程竣工，馆陶段长20.447公里。2001年11月，修建沿永济河东侧连接线4公里，路面宽12米。2002年，对106线旧线进行大修，建成一级路。2003年，对9.33公里的二汽专用线进行3.5厘米封层，路面拓宽至11米，使之上升为一级路。2004年12月2日，邯郸市交通局养护处电话通知馆陶公路站，原106国道与309国道下行线交汇处以南路段，改称省道215列养。

2009年6月，实施了106国道柴堡至邱县段大修工程，全长9.3公里，总投资2400万元。2010年5月，对柴堡至平交环岛段进行中修，全长4.2公里，总投资430万元，经挖补整修后，铣刨一层油面4厘米，重新铺设一层沥青油面4厘米。2013年9月，对柴堡至215省道段进行中修，全长6.806公里，总投资1300万元，重新铺设一层5厘米沥青油面，提高了国道的通行条件。2010年国、省道公路里程桩号调整，106国道由20.447公里调为20.715公里。

2010年，邯郸市交通运输局养护处对县城南环路段进行了拓宽改造，全长4.7公里，总投资1100万元，从山东拟建漳卫运河大桥到215省道，全长4.8公里，途径馆陶镇陶北、陶西、陶南、闫沿村、尚沿村、西苏村6个行政村，主路面拓宽为15米，路面结构为34厘米石灰稳定土底基层，18厘米水泥稳定土基层，9厘米沥青砼面层。由于山东省新建漳卫运河大桥未施工，与南环路对接处控制性中线尚未确定，无法实施对接，当年，仅对平安路以西至215省道段进行了拓宽改造。漳卫运河大桥竣工后，2012年，对南环路（东龙街）平安路以东至990米进行拓宽改造，由于征地拆迁不到位，当年，仅完成平安路以东400米的拓宽改造。2013年9月对柴堡镇215省道段重新铺设一层5厘米沥青油面，全长6公里，提升了106国道城区段整体形象。2016年，对南环路（东龙街）东段550米进行了拓宽改建，按一级路标准建设，路基宽18米、路面宽15米，原路加宽部分下挖80厘米做石灰改善土，主路结构为一层灰土18厘米、一层水泥稳定碎石18厘米、两层油面9厘米，南环路（东龙街）通行不畅问题得到圆满解决。

106 国道与 309 国道平交环岛

106 国道与 309 国道平交环岛原为两条国道交叉的平交道口，因车流量较大、车速较快，此平交道口事故频发，存在很高的安全隐患，为了减少车辆行驶冲突和交通事故的发生，2008 年，馆陶县启动 106 国道与 309 国道平交环岛建设工程，列入当年全县重点项目，在 106 国道与 309 国道交叉口处，建设直径 80 米、高 0.5 米，环路同时满足 4 车道车辆通行、车速限制在 40 公里 / 小时的平交环岛，工程新增占地 14.3 亩。路面结构为石灰稳定土底基层 34 厘米、水泥稳定碎石基层 18 厘米、两层沥青混凝土油面 12 厘米（5+7 厘米），总投资 433 万元。该工程共历时两年，2008 年，完成西北角、西南角的路基和涵洞建设任务，2009 年 6 月竣工通车。

106、309 国道平交环岛全景图

2010 年，对 106 国道与 309 国道平交环岛进行了扩建升级，总投资 170.8 万元，新增占地面积 10.41 亩，在原四周外设 3×3.75 米绕车道，路面宽 7 米，路基宽 9 米，路面结构为：5 厘米中粒式沥青砼面层 +7 厘米粗粒式沥青砼面层 +18 厘米水泥稳定土基层 +34 厘米石灰稳定土底基层，2010 年 6 月竣工。而后，投资 498.7 万元，对此平交环岛周边进行了高标准绿化，绿化面积 51440 平方米，建设了县标“陶山凌云”，使其成为馆陶对外开放的一张“名片”。

215 省道馆陶段

215 省道馆陶段，起点在县城西 106 国道与 309 国道下行线交汇处，南行经后姚庄村东、王桥、北孙店、南孙店村西至大名县界，长 10.178 公里。北段由起点至邯济铁路 5.134 公里为双幅一级路面，宽 24 米，南段由济邯铁路至大名县界 5.044 公里，为二级汽车专用线，单幅路面宽 11 米。

河北省交通厅原计划该线为 106 国道南延工程，自柴堡南废弃旧线、重开南行新线直通大名，经漳卫运河龙王庙大桥沿旧线进入河南省。因冀鲁两省对改线认同有别，最终由交通部决定，106 国道由馆陶城西与 309 国道交汇后折而向东，沿卫西干渠东侧的连接线至南环路往东，经“七一”大桥仍沿旧线南行。1998 年 5 月 20 日，县成立 106 国道南延工程指挥部，县长黄月芳任指挥长，县委副书记王天仲、县人武部长汪金良、副县长耿东升、交通局局长吴春峰任副指挥长，相关县直单位、乡镇共 14 个部门的主要负责人为成员。9 月 10 日，指挥部与相关乡（镇）及县直有关单位行政首长签订征地、拆迁责任书。1999 年，河北省工程六处承修了柴堡至邯济铁路段 11.514 公里的双幅四车道一级路和邯济铁路至大名段 5.134 公里的二汽专用线。2002 年 7 月 16 日，邯郸市交通局养护处将原 106 国道南延 5.134 公里改称省道 215 线列养。2004 年 12 月 2 日又将省道 215 线县内段由 5.134 公里增加到 10.178 公里。2010 年国、省道公路里程桩号调整，215 省道由 10.178 公里调为 9.924 公里。

215 省道馆陶段

2010 年 3 月，邯郸市交通运输局养护处作为建设单位，对 215 省道馆陶段王桥以南段进行了大修，全长 5.024 公里，总投资 1900 万元，采用冷再生基层 18 厘米，水泥稳定碎石 18 厘米，两层沥青面层 9 厘米，同年 5 月底竣工。2013 年 7 月，对 106 国道至王桥段一级公路路段进行了改建，全长 4.9 公里，总投资 2200 万元，西半幅采用泡沫沥青冷再生技术，提高了 215 省道的通行能力。2016 年，又对 215 省道董井寨至大名县界段进行了拓宽，全长 5.024 公里，总投资 4691 万元，采用双向四车道，设计速度 80 公里／小时，由二级公路升级为一级公路，拓宽至 23.5 米，单幅路面 10.5 米，设中央分隔带宽 1 米，左侧路缘带宽 0.5 米，两侧行车道宽各为 2×3.75 米，两侧硬路肩宽各为 2.5 米，两侧土路肩宽各为 0.75 米，当年 11 月中旬完成底层油面摊铺。省道 215 线全线拓宽，进一步优化提升了馆陶县干线公路的通行能力和服务水平，在沟通冀豫、连接南北，加快区域经济和社会发展方面，发挥了重要作用。

2008—2017 年馆陶县国省干线公路大中修、改建工程统计表

表 2-2-1

路线名称	桩号（公里 + 米）	工程量			建设年份
		中修	大修	改建	
106 国道	413+003-422+522	—	9.25	—	2009
215 省道	4+900-9+924	—	—	5.024	2010
106 国道	422+400-426+600	4.2	—	—	2010
309 国道	725+568-733+607	—	—	8.039	2012-2013
106 国道	422+050-428+856	6.806	—	—	2013

续表 2-2-1

路线名称	桩号（公里＋米）	工程量			建设年份
		中修	大修	改建	
215 省道	0+000-4+900	—	4.9	—	2013
309 国道县城段（北环）	721+293-725+693	—	—	4.4	2015
106 国道县城段（南环）	428+856-433+168	—	—	4.862	2010—2012
106 国道县城段（南环）	433+168-433+718	—	—	0.55	2016
309 国道南线	725+693-731+460	—	—	5.767	2017
215 省道	4+900-9+924	—	—	5.024	2017
106 国道县城段（南环）	428+856-433+718	—	—	4.862	2017

县道

截至 2016 年年底，馆陶县共有县道 5 条，分别是文大（武馆）线、肥馆线、南馆线、吕魏线、神农大道（参照县道管理）。2013 年 9 月 30 日，按照《河北省人民政府办公厅转发省交通运输厅、省发展改革委〈河北省普通干线公路网布局规划（2013—2030 年）〉的通知》（冀政办函〔2013〕83 号）文件精神，武馆线升级为省道，命名为文大线（编号 S224），肥馆线 215 省道以西、南馆线 106 国道以西的路段升级为省道，分别命名为馆峰线、馆蝉线（编号分别为 S345、S347）。（注：仍然按照县道标准进行养护）

肥馆公路馆陶段 起自肥乡，经广平、鸭窝、孙店、郭庄、李桥至馆陶，县内段 15.2 公里，原为三级土路。民国 35 年（1946 年），该路为乙等国道。在中华人民共和国成立初期，称邯、馆、临线（邯郸—成安—肥乡—广平—南馆陶—北馆陶—孙寨—临清），县内段长 37.5 公里。1949 年 12 月，将 2 米宽的大车道，扩建成路宽 7.5—9 米的简易公路。1952 年 8 月 2 日，该路易名为东阳关至济南线为国道，县辖段（自鸭窝至李菜长 22.6 公里）属响李段（涉县响堂铺至馆陶李菜村）。1952 年 10 月，馆陶县划归山东省德州专区，该路改称济邯公路济

肥馆公路馆陶段与邯济铁路立交桥

鸭（济南至馆陶鸭窝）段，为1004号省道，1956年升为国道。1965年1月，调整区划，该路县辖段减短为17.053公里，馆陶县城政府街东段即是该路的一段。1965年5月，原济邯铁路基经过阻水扒平工程，改建成公路，称邯馆路，济鸭路易名为老邯馆路。剔除与京大、邯馆路的重复线后，该路县辖段减短为15.2公里。1974年春，将县城段1.3公里改建成三级沥青路面。1981年老邯馆路易名为肥乡至馆陶公路，降为县道。依据邯郸地区交通局邯政交〔1986〕复字第2号文，将肥馆线14.1公里改建成路基宽8.5米、路面宽7米的三级油路。1986年4月1日至1987年10月得以竣工验收，移交给公路管理站进行养护。2002年7月，交付地方公路管理站管理。历经路网调整、县城改造，2007年肥馆公路列养里程为15.437公里。肥馆线馆陶县内段、大名县内段相继完成道路升级改建后，2016年，经GPS数据采集实测，肥馆公路全长调整为15.454公里。

肥馆线是县境南部的交通要道，车流量大，年久失修，超期服役，严重影响群众出行、制约经济发展，人大代表、政协委员提案不断，沿线群众要求改建的诉求强烈。2012年8月12日，对215省道以西至大名县界段进行了改建，全长6.9公里，将原路由6米拓宽到9米，按二级路标准施工，路基宽12米、路面宽9米，路面结构为两层灰土、一层水泥稳定碎石、一层油面，总投资1185.6万元，同年11月5日圆满完成了建设任务，共计刨除原路两侧树木780棵，投入冷再生机、钩机、压路机、装载机、刮平机等机械1070个台班(次)，雇佣民工2250个工作日，挖边沟回填土方3.5万方，外调土方9860方，投入白灰4800吨、石料1.8万方、石粉6600方、沥青混合料7500吨。

2015年5月，对肥馆线215省道以东至县城段进行改建，全长8.6公里，总投资1436万元，按二级公路标准建设，路面宽9米，路基宽12米。路面结构为5厘米中粒式沥青混凝土面层+18厘米水泥稳定级配基层+30厘米石灰稳定土底基层，同年10月竣工通车。至此，肥馆线全线完成拓宽改建，公路等级全面提高，通行能力全面提升，从根本上解决了馆陶县南部房寨、王桥一带群众的行路难问题。

新修建的南馆公路

南馆公路馆陶段　南馆公路原名曲柴公路，起自永年县南大堡村，跨曲周县境，在曲周县依庄乡入馆陶县境，经浅口、翟庄、西董固南、南董固至柴堡，县辖段长6.739公里，1987年改建成三级油路。2001年9月，对106旧线柴堡至馆陶镇段6.9公里（含中桥1座）进行改造，同年 11 月竣工，总投资 918 万元。2002 年 7 月，106 国道自柴堡以南弃旧线南延，其原柴堡至馆陶的旧线并入曲柴公路，使该路县内段延长至 13.639 公里，改称南馆公路，连同宝村道班一并交付地方公路管理站管理。2010 年，经 GPS 数据采集实测，南馆线全线调整为 13.642 公里。

柴堡以西至曲周县界段，建设时间早，建设标准低，毁坏比较严重，部分路段断交，严重影响了沿线群众的出行，制约了经济发展。为方便群众出行，2010 年 5 月，馆陶县交通运输对南馆线柴堡至曲周县界段进行改建，该工程全长 7.3 公里，总投资 793.9 万元，按照二级公路标准建设，路面宽 9 米，路基宽 11.5 米，路面结构为 5 厘米沥青砼面层 +16 厘米二灰碎石基层 +15 厘米石灰稳定土底基层。同年 11 月完成了工程建设任务。由于南馆线油面铺设期间天气转冷，且载重货车超载严重，车流量较大，致使部分新修路段出现面层松散现象。经过实地调研，对南馆线柴堡以西段清除沥青面层后，重新铺设水泥面层，总投资 420 万元，2011 年 6 月份完成建设任务，进一步提高了该路段的通行能力。

文大（武馆）公路馆陶段　武馆公路起点在衡水市武邑县城，经枣强、清河、在临西县杨黄营村南进入县境，南行又经魏僧寨镇、南徐村、林北、车疃至馆陶，县内段长 30.739 公里。该路是馆陶县与邢台、衡水两市的纵向交通要道之一，因介于 105、106 国道之间，又穿越 308、309 国道，实际发挥着省道的沟通作用。武馆公路馆陶段，原为馆陶至魏僧寨镇乡级公路，1975 年冬，在大规模地进行农田水利基本建设中，按照“山、水、林、田、路综合治理”原则，由沿路乡镇义务投工修建的一条道路。因 1976 年春为“三八妇女养路队”负责养护，故俗称“三八”路，全长 21.3 公里。1981 年 8 月 25 日，该线按 6 米宽三级沥青路面的改建工程开工，同年 11 月 10 日竣工，历时 105 天。1995 年进行全线罩面，1997 年对南徐村至魏僧寨段 11 公里进行翻修，1999 年对南徐村至社里堡段 6 公里进行翻修。2002 年 7 月 25 日，武馆公路馆陶至南徐村段一期工程竣工。2005 年 6 月 29 日，完成南徐村至魏僧寨镇段二期工程。2007 年 5 月，以武馆公路魏僧寨镇政府街十字路口为起点，经吴庄东、刘桃园西、本司寨东至杨黄营的旧线改建为三级路，路基宽 12 米，路面宽 9 米，本司寨村东新建跨胜利渠墩式盖板小桥 1 座，长 13 米、宽 12 米，设计荷载公路—Ⅱ级，同年 11 月 13

2002 年 7 月 25 日，三八路改造升级（一期工程）通车仪式

升级改造后的文大（武馆）公路

日竣工。施工期间，本司寨段线路顺直，武馆公路馆陶段全长县内段由 31.397 公里调整为 30.739 公里。至此，武馆公路县城至临西县界段全线贯通，成为本县通达邢台地区的重要通道之一。

2007 年 5 月，武馆公路北延工程开工，同年 11 月竣工，成为馆陶县通达邢台地区的重要通道之一。2008 年开始，对县城至社里堡段 4 公里进行拓宽，在原路面两侧各拓宽 6.5 米，使主路面达到 20 米，路面结构为一层灰土 15 厘米、一层二灰碎石 15 厘米、两层油面 7 厘米，拆除安静小桥，新建涵洞一座。该工程于 2008 年 3 月中旬开始征地拆迁，同年 10 月 20 日，县城至安静段 1.6 公里拓宽完毕。2009 年 10 月，完成安静至社里堡段 2.4 公里拓宽，主路面拓宽至 20 米，共计完成投资 699.7 万元。同年，又对武馆公路青阳城桥进行了改建。

随着社会经济的快速发展，该路交通量增长较快，车流量较大，由于年久失修、路况不佳、通行困难，沿线群众反映强烈。县委、县政府关注民生、解决民需、顺应民意，将该路改建列入重要议事日程，多次召开专题会议，协调解决配套资金、征地拆迁、地方事务等问题，为工程顺利建设提供了保障。2014 年 8 月，对神农大道至魏僧寨段 9 公里进行改建，当年 11 月 22 日竣工通车。2015 年 5 月，对神农大道至南徐村段 4.4 公里进行改建，10 月 20 日竣工通车。2016 年 12 月，随着南徐村以南至县城段、魏僧寨以北至临西县界段，全长 11.686 公里的改建工程竣工，历时三年，累计完成投资 2.2 亿元的文大（武馆）公路改建全部完成。该工程按照省道标准，设计标准较高，需要拓宽改建，全长 32.059 公里，其中主线长 25.086 公里、支线长 6.973 公里，K0+000-K21+147 段采用二级公路标准，设计速度 80 公里 / 小时；支线 ZK0+000-ZK6+973 段采用二级公路标准，设计速度 60 公里 / 小时；县城至社里堡段（K21+147-K25+086）采用一级公路标准，设计速度 80 公里 / 小时，路基宽 24.5 米，路面由 20 米拓宽至 23 米，设中央分隔带 2 米，左侧设路缘带 0.5 米。主路结构为：两层灰土 30 厘米、两层水泥稳定碎石 36 厘米、两层油面 12 厘米。其他采用二级公路标准路段，路基宽 12 米，路面由 7 米拓宽至 11.5 米，两侧各 0.25 米路缘石。非过村段两侧设 1.5 米绿化平台、6 米边沟，过村段设排水设施。原路加宽部分下挖 80 厘米做石灰改善土，采用冷再生技术破除原路面，主路结构为：一层灰土 18 厘米、设置土工格栅、两层水泥稳定碎石 36 厘米、两层油面 9 厘米。全线共设中桥 2 座，涵洞 45 道，平面交叉 114 处。

该工程沿线过村段长、两侧附属物多，征地拆迁难度比较大，共涉及魏僧寨镇、路桥乡、南徐村乡、柴堡镇、馆陶镇 5 个乡镇 43 个村 600 余户群众，需新增占地 732.7 亩，砍伐树木 2.6 万余棵，迁移管道 2400 余米、地磅 7 处、坟 22 座，拆除房屋 7300 余平方米、果园 2 处 2.7 亩、围墙 200 米。建设单位采取延时错时施工、分段分片作业，合理规避不利天气、地方事务、道路通行等因素的影响，有效提高施工效率，确保工程建设进度。工程顺利完成，实现了全线贯通，道路的流通作用显著提高，成为纵贯馆陶南北的交通大动脉。

改造前的吕魏公路

吕魏公路馆陶段 吕魏公路起自临西县吕寨，于尖冢镇南入馆陶县境，经申街、山材、符渡西、史庄北、任门寨北、周庄北至魏僧寨镇南环西端，县内段长 11.227 公里，原为晴通雨阻的土路。1995 年魏僧寨镇至史庄段曾改建为 6 米宽沥青路。2003 年 2 月，河北省发展计划委员会以冀计基础〔2003〕132 号文、邯郸市计委以邯计产业〔2003〕85 号文批复立项，将吕魏公路全线改建工程纳入了武馆线升级改造项目内。按照三级路标准建设，路基宽 8.5 米，路面宽 7 米，两侧各设 8 厘米宽路缘石及 0.67 米宽的土路肩，路面结构为 18 厘米冷再生或 15 厘米灰土底基层，12 厘米二灰碎石或 15 厘米石灰土基层，4 厘米沥青砼面层，新建周庄墩式盖板中桥 1 座、涵洞 56 道，桥涵荷载汽—20、挂—100。2004 年 7 月 18 日竣工通车，总投资 750 万元，交付馆陶县地方公路管理站养护。

由于吕魏线地处轴承产业加工带，车流量大，且修建时间较早，部分路段损毁严重，需大修改建。将吕魏线冀鲁友谊大桥至魏僧寨镇段 6.973 公里改建作为文大（武馆）公路支线列入文大公路及支线养护改造项目。2015 年 3 月，省交通运输厅、省财政厅以冀交规〔2015〕121 号文下达了建设计划。吕魏线魏僧寨至冀鲁友谊大桥段拓宽改建，全长 6.973 公里，按二级公路标准改建，路基宽 15 米，路面由 7 米拓宽至 12 米，其中史庄至肖村段长 1.873 公里，北侧单侧加宽，魏僧寨镇至派出所段长 2.2 公里，原路两侧各加宽 3 米，其余 2.9 公里北侧单侧加宽 6 米。路面结构为一层石灰稳定碎石土 18 厘米、一层水泥稳定碎石 18 厘米、两层油面 9 厘米。2015 年 3 月开工，同年 11 月 14 日，卫东桥至冀鲁友谊大

吕魏公路施工现场

桥段竣工通车。2016 年 5 月，魏僧寨镇至卫东桥段竣工通车。沿线群众的出行更加便利，轴承园区的聚焦效应更加明显，对促进工农业生产，繁荣轴承产业发挥了积极作用。

神农大道　南北长 46 余公里、东西长 13 公里，干线公路和县级公路大多为南北走向，东西走向的梯形连接线相对比较少且等级较低，特别是县域北部地区南北通畅、东西不连。随着车流量的逐年增加，南北走向公路的整体优势不断凸显，东西走向连接线的“短板”效应则愈加明显，弱化了公路网络的整体服务功能，影响了区域经济的流通、融合、发展。为彻底改变现状，提升公路网络的服务水平，尽快打造北部地区的东西连接线。2012 年，馆陶县城乡投资建设公司为建设单位，着手建设神农大道，该路西起 106 国道馆陶县柴堡镇樊堡村南，处于邱县、馆陶交界地区，向东经匣庄、西庄、北阳堡，穿行乡道果柴线，经路桥乡木官庄、铁佛堡村止于文大（武馆）公路南徐村乡韩庄村，全长 8.96 公里，是连接 106 国道和文大（武馆）公路的一条东西向主要交通干道，按二级路标准建设，路面宽 12 米，路基宽 15 米，两侧各设 1 米路肩、1.5 米边沟、7 米绿化带，路面结构为两层灰土 40 厘米、一层二灰碎石 20 厘米，两层油面 12 厘米，含永济河桥 1 座，桥长 91 米，该工程于 2012 年 6 月 9 日开工，同年 10 月 7 日完成建设任务。2013 年 8 月，除永济河桥外，暂交付馆陶县地方公路管理站养护。神农大道的建成，辐射周边两省（河北、山东）、四县（邱县、馆陶、临清、临西），对缓解交通拥挤，提高道路通行能力，促进沿线经济和社会发展，发挥了重要作用。

神农大道

附：历时百天完成文大公路北段改建

文大公路改建是 2014 年的民心工程，群众关注、领导重视，馆陶县交通运输局作为承办单位，将该项工程列为一号工程和践诺实事，采取边跑办手续、边组织施工的方式，提前对神农大道至魏僧寨段进行大修改建。该段全长 9 公里，途经魏僧寨、路桥、南徐村 3 个乡镇 10 个行政村，按二级路标准建设，路基宽 15 米、路面宽 12 米，非过村段两侧设 1.5 米绿化平台、6 米边沟，魏僧寨过街段设排水设施；该工程设计标准较高，原路加宽部分下挖 80 公分做石灰改善土，主路结构为采用冷再生技术破除原路面、一层灰土 18 公分、设置土工隔栅、两层水泥稳定碎石 36 公分、两层油面 9 公分；该工程于 2014 年 8 月 3 日开工建设，至 11 月 22 日圆满完成了路面工程任务。

一、背景与起因。县道武馆线升级为省道后更名文大公路，是贯穿我县南北的交通大动脉，由于建设时间长、设计标准低、沿线车流量大，原路坑洼不平、通行困难，2014年年初，县人代会将文大公路北段改建确定为民心工程之一。鉴于该路未列入省交通运输厅投资计划的实际情况，为了尽早解决群众的行路难问题，交通部门采取边跑办手续、边组织施工的方式，提前对神农大道至魏僧寨段进行大修改建，全体参建人员拿出“钉钉子”的精神和战时的状态，倒排工期、以时为计、加快推进，在保证工程质量的前提下，全力以赴赶进度，历时110天圆满完成了路面工程任务。

二、做法与经过。一是锲而不舍，全力争跑。由于文大公路改建未列入全省“十二五”规划，争跑难度非常大，从年初开始，交通部门多次向省厅、市局反映情况，有一丝希望尽百倍努力，市局两名班子成员帮助跑办，赢得了省厅综规处、公路局等部门的理解和支持，2014年4月份完成了全线的勘测设计和工程可研报告，5月中旬、6月上旬，市局和省厅分别组织专家对工程可研报告进行了初审和评审，7月上旬、8月初，市局和省厅分别组织专家对施工图纸进行了初审和评审，8月19日省厅公路局对工程可研报告进行了批复，10月27日省厅公路局对工程施工图纸进行了批复，从省厅有关部门领导获悉，文大公路手续跑办效率和计划敲定速度在全省公路项目审批领域是前所未有的。二是倒排工期，加快推进。面对任务重、工期短、困难大、标准高的严峻形势，交通部门在工地成立项目部，局主要领导、主管领导统筹协调、紧盯一线，倒排工期、挂图作战，机械人员24小时不离工地，锁定每半天形象进度、卡死各工序完成时限，由于征地拆迁与工程施工同步实施，采取延时错时施工、分段分片作业，合理规避不利天气、地方事务、道路通行等因素的影响，有效提高施工效率，10月29日完成了灰土工序，11月7日完成了两层水稳工序，11月11日自北向南开始铺设油面，11月19日完成了底层5公分的油面铺设任务，11月22日完成了面层4公分的油面铺设任务，确保天气寒冷之前完成了路面工程任务。三是百年大计，质量第一。对质量要求只有确保没有力争，真正把好事办好、实事做实，质检人员盯在一线、驻地管理，严把材料进场关、施工工艺关、测量试验关、检查验收关，加强对路基、灰土、水稳、面层的压实度、弯沉值等数据的管理，达到标准后方可进入下道工序；积极引进新工艺、新技术、新方法，采用先进冷再生技术破碎原路面，在灰土与水稳之间设置土工隔栅加以稳固，切实提高了工程质量，确保把文大公路建成样板工程、民心工程，向县委、县政府和全县人民交一份满意的答卷。

三、成效与反响。交通部门按要求圆满完成了省道文大公路改建工程，解决了沿路群众的出行难问题，该路自1978年修建以来，从未实施拓宽，这次拓宽改建极大的方便了北部乡村轴承加工、蛋鸡养殖、果园林木的发展和繁荣，对振兴馆陶经济具有深远影响，得到广大人民群众的认可和交口称赞。2014年12月2日，县长孟凡雄在县交通运输局上报的信息《省道文大公路改建路面工程圆满完成》上作出重要批示：“交通局克服困难，加快进度，圆满完成了文大公路的今年任务目标，解决了偏僻地区群众的出行难问题，这是实践群众路线的具体表现，向参与此项工作的同志们表示感谢！”。该项工程是交通运输局2014年请功事项之一，年内完成了任务目标要求，达到验收标准，2015年1月23日被县委、县政府记为“大功”。

乡道

乡级公路是指县级以下公路，县城通往乡镇或乡镇之间相互连接的道路。1989年至1994年，馆陶县按照《邯郸地区乡村公路管理办法（试行）》（邯政〔1989〕60号）要求，按四级路标准，建成乡级油路14条83.1公里，初步实现了乡乡通油路的目标。2001年7月，馆陶县以提高公路通达度、逐步消灭断头路为指导思想，对乡级公路网布局进行重新调整。调整后的乡级公路共10条，总长141.43公里，其中107.5公里土路待改建。从2004年开始，把改建主乡道放在交通建设的突出位置，陆续改建了西吴线、李河线、果柴线、林柴线、马旦线，逐步消灭了县内的断头路，2007年5月21日，调整后的乡级公路网改建工程告竣。根据省、市交通主管部门关于“村级路的技术方式、等级达到四等、长度超过3公里者，可升为乡道”的规定，馆陶县由村道上升为乡级公路22条，加上原有的10条乡道，至2007年年底，全县共有乡级公路32条（段），全长243.149公里，均达到了四级以上油路标准。随着2007年5月21日青年路柴堡至北阳堡段9.45公里翻新改建工程的完成，调整后的乡级公路网改建工程告竣。根据省、市交通主管部门关于“村级路的技术方式、等级达到四等、长度超过3公里者，可升为乡道”的规定，馆陶县由村道上升为乡级公路22条，加上原有的10条乡道，全县共有乡级公路32条（段），截至2013年底，全长245.08公里，均达到四级以上油路标准。

鉴于乡级道路技术等级普遍不高的实际，为进一步提高道路通行水平，从2008年开始，馆陶县逐步加大了乡级道路的改建力度，重点对10条重要乡道：申自线、滩褚线、马旦线、颜马线、林柴线、蔺范线、李河线、果柴线、河东线、西吴线进行了改建，2012年新增1条一般乡道孙齐线3.822公里，2015年新增1条一般乡道发展大道3.529公里，2016年新增1条重要乡道永济河健康步道12.503公里，全县乡道达到35条267.254公里。

2008年，对林柴线进行改建，该路从武馆公路到106国道，全长7.4公里，路基宽9米、路面宽7米，路面结构为两层灰土30厘米、一层油面4厘米；工程涉及永济河中桥一座，全长69延米，设计标准为5孔13米、宽8.5米，上部结构为预应力混凝土空心板，下部结构为钻孔灌注桩基础，工程投资641.9万元。路面建设分两期实施，一期工程从武馆路到果柴线，全长6.1公里，2008年3月中旬开始建设，同年5月19日完成了建设任务；二期工程从果柴线到106国道，全长1.3公里，2008年7月下旬开始建设，同年10月3日完成了建设任务。永济河中桥于同年11月中旬完成建设任务。

2009年，对马旦线马头至武馆公路段进行改建，全长4.7公里，路基宽9米、路面宽7米，总投资252.1万元，按三级路标准改建，同年7月10日完成建设任务，进一步提高了道路通行能力。

2010年，对果柴线北阳堡至潘庄段进行改建，全长5.1公里，路基宽9米、路面宽7米，总投资300万元，按三级路标准改建，同年11月中旬完成建设任务。2011年5月，对果柴线北阳堡过村段进行了建设，全长680米，总投资20万元，同年9月完成建设任务。

2012年后，进一步加大农村公路建设力度，把县、乡道路改建作为重点，把公路提档升级放在突出位置，掀起了农村公路建设的新高潮。2012年，总投资1241.4万元，重点对馆陶县西南部3条重要乡道进行了改建。一是李河线房寨至河寨段改建，全长6.928公里，路面宽5米，总投资464.6万元，2012年4月下旬开始建设，同年6月底完成了建设任务。共计投入推土机、钩机、压路机、刮平机等机械876个台班（次），雇佣民工1780个工作日，共计投入白灰2000吨、水泥料4635方。二是西吴线北留庄至大名县界改建，全长4.5公里，按三级路标准施工，路面结构为一层灰土、一层水泥面，总投资377.4万元，2012年8月底开始建设，同年10月底完成了建设任务。共计投入冷再生机、钩机、压路机、推土机、刮平机等机械475个台班（次），雇佣民工1379个工作日，外调土方处理路基1.5万方，共计投入白灰1300吨、砼料5223方。三是孙路线芦里至孙店段改建，全长4.7公里，按三级路标准施工，路面结构为一层灰土、一层水泥面，总投资399.4万元，2012年10月中旬进场，11月中旬完成了建设任务。共投入冷再生机、推土机、钩机、压路机、装载机、刮平机等机械160个台班（次），雇佣民工789个工作日，外调土方处理路基6112方，共计投入白灰1438吨、砼料5922方。

2013年，总投资1392.6万元，实施了振兴路南段和林柴线西段改建。振兴路新能街至309国道段改建，全长1.7公里，总投资1176万元，起于309国道至振兴路交汇处，向北直行止于振兴路与新能街交汇处，途经南肖寨、息元村共2个行政村，按照一级公路标准建设，路面宽23米，路基29米，路面结构为：4厘米细粒式沥青混凝土面层+5厘米中粒式沥青混凝土面层+18厘米水泥稳定级配碎石基层+20厘米石灰稳定土底基层。该工程于2013年3月开工建设，同年10月竣工通车。林柴线106国道至垃圾处理厂段改建，全长1.7公里，路基宽10米，路面宽7米，总投资216.6万元，按三级路标准改建，利用冷再生技术处理底基层，路面结构为18厘米水泥混凝土面层+30厘米石灰稳定土。2013年6月中旬开工，同年8月初完成了建设任务。

2014年，总投资3727.2万元，重点改建了李河线、马旦线、西吴线4条重要乡道和1条一般乡道史刘线，新建了1条乡道发展大道。一是李河线李桥至房寨段改建，全长4.954公里，总投资332.3万元，路面宽5米，采用冷再生处理底基层，路面结构为

5 厘米中粒式沥青混凝土面层 +18 厘米水泥稳定级配基层 +15 厘米石灰稳定土底基层，2014 年 6 月 15 日开工，同年 7 月 12 日完成建设任务。二是马旦线陈路桥至邱县界段改建，全长 5.4 公里，总投资 673.7 万元，路基宽 9 米，路面宽 7 米，按三级路标准建设，路面结构为 5 厘米中粒式沥青混凝土面层 +18 厘米水泥稳定级配基层 +15 厘米石灰稳定土底基层。2014 年 6 月 17 日开工，同年 11 月 24 日竣工通车。三是西吴线北留庄至房寨段改建，全长 2.6 公里，总投资 198 万元，路面宽 5 米，按三级路标准建设，采用冷再生处理底基层，路面结构为 18 厘米水泥混凝土面层 +18 厘米石灰稳定土底基层。2014 年 3 月 10 日开工，同年 4 月 18 日竣工通车。四是发展大道建设。全长 3.5 公里，总投资 1646.2 万元，其中北段从 309 国道到前宁堡，全长 1.4 公里，总投资 1409 万元，路面宽 16 米，按二级路标准建设，路面结构为一层灰土 18 厘米、两层水泥稳定碎石 36 厘米、两层油面 9 厘米，含沙东干渠中桥 1 座，桥长 69.04 米，桥宽 16 米 +2×0.5 米防撞护栏，上部结构采用预应力简支空心板，下部结构为桩式墩台，2014 年 5 月 10 日开工，同年 10 月 22 日竣工通车，公路两侧呈品字形种植直径 25—30 厘米的柳树，美化了公路环境，提升了绿化品味；南段从前宁堡到李河线，全长 2.1 公里，总投资 237.2 公里，路基宽 9 米，路面宽 6 米，两侧设 6 米边沟，按三级路标准建设，主路下挖 80 厘米做石灰改善土，路面结构为 15 厘米石灰稳定土底基层 +18 厘米水泥稳定碎石基层 +5 厘米中粒式沥青混凝土面层。2014 年 11 月 3 日开工，同年 12 月 23 日完成建设任务。五是史刘线史庄至王草厂段改建，全长 6 公里，总投资 360 万元，按三级公路标准建设，路面结构为 15 厘米水泥混凝土面层 +15 厘米石灰稳定土底基层。2014 年 9 月开工建设，同年 10 月竣工通车。此外，实施了申自线吕魏线至范草厂段、果柴线果子园至大寺堡段、西吴线邱馆界至浅口段 3 条断头路改建，全长 6.1 公里，总投资 245 万元，2014 年 9 月 10 日开工，同年 10 月底完成了建设任务。同年，投资 272 万元，对康路线文大（武馆）公路至康庄段 2.9 公里，井留线张井寨至北留庄段 3.6 公里，赵蔡线文大（武馆）公路至丝窝寨段 2.1 公里，河王线西孟寨至王庄村段 1.5 公里，路曹线刘路桥段 1.2 公里进行了改建。

发展大道竣工通车

馆陶县重要乡级公路网一览表

表 2-2-2

序号	线路编号	线路名称	境内起止点	里程	公路等级	建设年份	最后一次改建年份
1	Y074	申自线	申街—自新寨	12.18	三级	2004	2016
2	Y075	滩褚线	滩上—庄科	11.324	三级	1991	2015
3	Y076	马旦线	马头—张官寨	10.012	三级	1989	2014
4	Y077	颜马线	颜窝头—马店	13.801	三级	1994	2016
5	Y078	林柴线	后罗头—柴堡	7.005	三级	1991	2017
6	Y079	蔺范线	蔺村—韩范庄	11.19	三级	1994	2015
7	Y080	李河线	李桥—河寨	13.713	三级	1990	2015
8	Y081	果柴线	果子园—柴堡	23.994	三级	2007	2016
9	Y082	河东线	馆广界—河寨—鸭窝	8.002	三级	2004	2015
10	Y109	西吴线	拐寨—东盘	19.693	三级	2006	2016
11	YT01	健康步道	神农大道—许路疃	12.503	三级	2016	2016
合计				143.417			

馆陶县一般乡级公路一览表

表 2-2-3

序号	线路编号	线路名称	境内起止点	里程	技术等级	建设年份	最后一次改建年份
1	Y324	沿浒线	赵沿村—东浒演	3.47	4	2004	2013
2	Y325	肥沿线	肥馆线—鲍沿村	3.558	4	2004	2015
3	Y326	东颜线	东厂—颜窝头	6.231	4	2004	2009
4	Y327	文东线	文大（武馆）线—东厂	4.542	4	2004	2005
5	Y328	康路线	康庄—路头	5.103	4	2004	2014
6	Y329	宋蒋线	宋尔庄—蒋庄	5.75	4	2004	2015
7	Y330	蒋自线	蒋庄—自新寨	5.194	4	2004	2004
8	Y331	马齐线	马店—齐堡	5.255	4	2004	2016
9	Y332	西苏线	G106—西苏堡	3.294	4	2004	2015
10	Y333	浅高线	浅口—武高庄	5.407	4	2006	2006
11	Y334	南申线	南徐村—申林	6.117	3—4	2015	2015
12	Y335	柴孔线	柴庄—东孔堡	3.622	4	2012	2012
13	Y336	孙路线	南孙店—路庄	5.303	4	2015	2015
14	Y337	桃刘线	王桃园—刘黄营	3.033	4	2014	2014
15	Y338	井留线	张井寨—北留庄	3.641	4	2014	2014
16	Y560	振兴路	东苏堡—S215	12.686	1—4	2004	2017
17	Y663	梭庄线	梭庄—庄科	6.799	4	2015	2015

续表 2-2-3

序号	线路编号	线路名称	境内起止点	里程	技术等级	建设年份	最后一次改建年份
18	Y664	史刘线	史庄—刘黄营	8.961	4	2003	2014
19	Y665	赵蔡线	赵官寨—蔡口	5.714	4	2004	2016
20	Y666	河王线	河东线—王庄	4.315	4	2004	2014
21	Y667	赵东线	赵官寨—东厂	4.246	4	2003	2004
22	Y668	路曹线	李路桥—北曹庄	3.274	4	2003	2014
23	YT02	孙齐线	南孙店—姚齐固	3.822	4	2003	2003
24	YT03	发展大道	G309—李河线	4.5	2—3	2014	2014
合计	—	—	—	123.837	—	—	—

“村道”建设

村级公路是直接为农村生产、生活服务，不属于乡道及以上公路的村内、村与村、村与乡镇连接的公路，它是全县路网的“毛细血管”，既关系到广大群众的正常出行，也事关全面建设小康社会奋斗目标的实现。继 1994 年全县初步实现乡乡通油路之后，2003—2007 年又大力实施了村村通油路工程，2003 年投资 312.2 万元，完成 19 个村 27.15 公里；2004 年投资 1961.1 万元，完成 109 个村 170.53 公里；2005 年投资 881.4 万元，完成 33 个村 67.8 公里；2006 年投资 1046.3 万元，完成 28 个村 69.75 公里；2007 年投资 214.5 万元，完成 10 个村 14.3 公里。5 年共计总投资 4415.5 万元，实现了全县 277 个行政村，村村通油路的目标。

筑路工人在为南徐村过村路段排水沟盖水泥板

继村村通油路后，为进一步提高村级道路的通行能力，在省、市政策和资金支持下，以新农村建设、基层建设年、农村面貌整体提升、美丽乡村建设等为契机，全县大范围的通村路及连村路建设、主街道硬化工程陆续开工，村级公路的通车里程逐年增加，技术等级逐步提高，群众出行环境得到持续改善，一条条脱贫致富路、旅游观光路修到了群众的家门口。

2008 年，总投资 639.2 万元，主要实施了通村路改建，计划改建 16 个村 18 公里，至同年 10 月 18 日实际完成馆陶镇谭庄村、柴堡镇林北村等 30 个村 37.6 公里，共涉及全县8个乡镇，超额完成了全年任务。2009年，总投资758.3万元，重点实施了通村路改建和主街道硬化，共涉及全县8个乡镇，总投资646万元，完成路桥乡侯庄村、房寨镇王庄村等22个村38公里的建设任务，为群众营造了便利的出行条件。2010年，总投资455万元，重点实施了通村路及连村路改建，共涉及全县8个乡镇，当年完成柴堡镇西富庄村、魏僧寨滩上村、南徐村乡后许西村等14个村24.4公里的改建任务。2011年，总投资534万元，重点实施了通村路改建，共涉及全县8个乡镇，当年完成房寨镇房寨南村、屯里村等21个村38.1公里的建设任务。

2012年，总投资1391.8万元，实施了通村路及连村路改建、主街道硬化，共涉及全县8个乡镇，其中通村路及连村路改建，投资761.8万元，完成了馆陶镇赵沿村、柴堡镇齐堡村等25个村31.8公里的改建；基层建设年帮扶村主街道硬化，投资630万元，完成馆陶镇姜沿村、房寨镇北拐渠东村等30个村30公里的建设任务。

2013年，总投资1304万元，实施了通村路及连村路改建、主街道硬化，共涉及全县8个乡镇，其中通村路及连村路改建，投资674万元，完成了王桥乡和尚寨村、南徐村乡马头南村等24个村26.4公里的改建；基层建设年帮扶村主街道硬化，投资630万元，完成魏僧寨镇马兰厂村、柴堡镇武张屯村等30个村30公里的建设任务。

2014年，总投资579万元，实施了通村路及连村路改建、主街道硬化，共涉及全县8个乡镇，其中通村路及连村路改建，投资215万元，完成了馆陶镇赵沿村、柴堡镇齐堡村等14个村23.6公里的改建；农村面貌改造提升重点村道路及主街道硬化，总投资364万元，完成寿山寺乡寿北村、房寨镇房寨北村等8个村15.8公里的建设任务，建设面积5.53万平方米，同年9月25日完成了全部工程任务。

2015年，总投资2454万元，实施了通村路及连村路改建、主街道硬化，共涉及全县8个乡镇，其中通村路及连村路改建，投资2261万元，完成了魏僧寨镇高庄村、柴堡镇马店村等129条112.8公里的改建；农村面貌改造提升重点村道路及主街道硬化，总投资193万元，完成寿山寺乡翟庄村、南徐村乡郭辛庄村等8个村11.5公里的建设任务。

2016年，总投资4021万元，重点实施了扶贫村道路硬化、村道及窄路加宽改建，其中扶贫攻坚村道路建设，总投资2996万元，共涉及8个乡镇59个村，建设里程103.9公里，同年12月份完成建设任务；切块资金用于村道改建，投资337万元，完成了王桥乡馆陶镇陶西村、柴堡镇刘村等9个村9.9公里的改建；窄路基面公路改建，总投资688万元，将路面为4米的村级道路，加宽到5米，完成王桥乡、南孙店西村、魏僧寨镇高庄村等32个村34.4公里的改建，极大改善了农村道路的通行能力。

馆陶县农村油路村村通工程建设一览表

表 2-2-4

序号	路线名称	起点地名	终点地名	长度 (km)	宽度 (m)	路面类型	修建年限	改造年限
1	南柴线—北马固	南柴线	北马固村委会出口	0.899	3.5	沥青砼	1998	—
2	政府街—东苏村	政府街	309 国道	1.056	3.5	沥青砼	2002	—
3	政府街—谭庄	政府街	新华路	0.818	3.5	沥青砼	1999	—
4	南柴线—中马固	南柴线	武馆线	1.690	3.5	沥青砼	2002	—
5	武馆线—吕庄	武馆线	吕庄村委会出口	1.733	3.5	水泥砼	2005	—
6	肥馆线—李庄	肥馆线	武馆线	1.227	3.5	沥青砼	2005	—
7	武馆线—大刘庄	武馆线	肥馆线	2.181	3.5	沥青砼	2004	—
8	武馆线—孙庄	武馆线	孙庄村委会出口	1.358	3.5	沥青砼	2005	—
9	刘沿村—鲍沿村	肥馆线	鲍沿村村委会	1.347	3.5	等外路	1996	—
10	肥馆线—鲍沿村	郑沿村委会	鲍沿村线	1.110	3.5	沥青砼	1998	—
11	S215—李沿村	215 省道	鲍沿村线	1.299	3.5	沥青砼	2004	—
12	S215—尚沿村	215 省道	106 国道	1.756	3.5	沥青砼	1998	—
13	G106—闫沿村	106 国道	鲍沿村线	1.137	3.5	沥青砼	2004	—
14	南柴线—南马固	南柴线	南马固村委会	0.528	3.5	沥青砼	2003	—
15	南马固—刘路疃	南柴线	刘路疃村委会	1.198	3.5	沥青砼	1996	—
16	G309—西苏村	309 国道	陶山街	1.135	3.5	沥青砼	1999	—
17	G106—许路疃	106 国道	许路疃村委会出口	0.696	3.5	沥青砼	2002	—
18	G106—许路疃	106 国道	许路疃村委会出口	1.005	3.5	沥青砼	2004	—
19	G309—刘路疃	309 国道	刘路疃村委会出口	1.386	3.5	沥青砼	2005	—
20	武馆线—社里堡	武馆线	社里堡村委会出口	0.931	3.5	沥青砼	1999	—

续表 2-2-4

序号	路线名称	起点地名	终点地名	长度（km）	宽度（m）	路面类型	修建年限	改造年限
21	南馆线—车疃	X151	武馆线	2.943	3.5	沥青砼	2004	—
22	G106—东宝村	G106	东宝村村委会出口	1.068	3.5	沥青砼	2005	—
23	南柴线—后刘庄	SDL3	后刘庄村委会出口	0.067	3.5	沥青砼	1999	—
24	永济路—后徐庄	SDL3	后徐庄村委会出口	0.786	3.5	沥青砼	1999	—
25	武馆线—十里店	武馆线	十里店村委会出口	1.195	3.5	沥青砼	2004	—
26	南榆林—丁圈	南榆林线	滩渚线	1.657	3.5	沥青砼	2004	—
27	滩渚线—铺上	滩渚线	铺上村委会出口	1.044	3.5	沥青砼	2003	—
28	铺上—刘圈	铺上村委会	刘圈村委会	0.972	3.5	沥青砼	2003	—
29	吕魏线—前符渡	吕魏线	前符渡村委会出口	0.632	3.5	沥青砼	2004	—
30	吕魏线—前符渡	吕魏线	前符渡村路	0.79	3.5	沥青砼	2004	—
31	吕魏线—史庄	吕魏线	史庄村委会出口	0.523	3.5	沥青砼	2003	—
32	吕魏线—史庄	吕魏线	史庄村委会出口	0.732	3.5	沥青砼	2003	—
33	吕魏线—安雷寨	吕魏线	申自线	3.527	3.5	沥青砼	2004	—
34	高雷寨—安雷寨	高雷寨村委会	安雷寨村委会	2.477	3.5	等外路	1995	—
35	吕魏线—后符渡	吕魏线	王草厂村路	1.602	3.5	沥青砼	1999	—
36	滩渚线—张庄	滩渚线	张庄村委会	1.474	3.5	沥青砼	2005	—
37	张庄—安雷寨	张庄村委会	安雷寨村委会	1.666	3.5	沥青砼	2005	—
38	吕魏线—申西	吕魏线	申西村委会出口	0.569	3.5	沥青砼	2004	—
39	申东—申西	申自线	申西村委会	1.840	3.5	沥青砼	2004	—
40	吕魏线—山才	吕魏线	王草厂村路	2.114	3.5	沥青砼	2004	—
41	申自线—山才	申自线	山才村委会	1.394	3.5	等外路	1994	—

续表 2-2-4

序号	路线名称	起点地名	终点地名	长度（km）	宽度（m）	路面类型	修建年限	改造年限
42	申自线—杨草厂	申自线	杨草厂村委会出口	0.807	4	水泥砼	2006	—
43	申自线—陈庄	申自线	陈庄村委会出口	1.212	4	水泥砼	2006	—
44	吴庄—侯庄	武馆线	申自线	2.251	3.5	等外路	1991	—
45	武馆线—西魏僧寨	武馆线	西魏僧寨村委会	0.608	3.5	沥青砼	2004	—
46	闫寨—武馆线	滩渚线	武馆线	2.177	3.5	沥青砼	2003	—
47	闫寨—侯庄	滩渚线	申自线	3.107	3.5	沥青砼	2003	—
48	南榆林线—南榆林	南榆林线	榆林线	0.722	3.5	沥青砼	2003	—
49	王雷寨—安雷寨	草厂线	安雷寨村委会	1.207	4	等外路	1995	—
50	张庄—高雷寨	张庄村路	高雷寨村委会出口	1.273	3.5	沥青砼	2005	—
51	东厂—刘圈	东厂线	刘圈村委会出口	1.010	3.5	沥青砼	2005	—
52	刘圈—毛圈	刘圈村委会入口	毛圈村委会	1.115	3.5	等外路	1998	—
53	高庄—西厂	武馆线	西厂村委会	2.318	3.5	沥青砼	2004	—
54	武馆线—高庄	武馆线	高庄村委会出口	0.285	3.5	沥青砼	2004	—
55	吕魏线—萧村	吕魏线	萧村村委会出口	0.578	3.5	沥青砼	1999	—
56	萧村—滩上	萧村村委会	滩上村委会	1.981	3.5	等外路	1995	—
57	史庄—萧村	史庄村委会	萧村村委会	1.524	3.5	等外路	1996	—
58	吕魏线—马栏厂	吕魏线	马兰厂村委会出口	0.505	3.5	沥青砼	2004	—
59	马栏厂—前符渡	吕魏线	前符渡村路	1.303	3.5	沥青砼	1998	—
60	王草厂—孙雷寨	王草厂村路	孙雷寨村委会出口	0.397	3.5	沥青砼	2004	—
61	吕魏线—周庄	吕魏线	周庄村委会	0.873	3.5	水泥砼	1999	—
62	史庄—王草厂	吕魏线	王草厂村委会出口	6.041	3.5	沥青砼	2003	—

续表 2-2-4

序号	路线名称	起点地名	终点地名	长度 (km)	宽度 (m)	路面类型	修建年限	改造年限
63	申西—王草厂	吕魏线	王草厂村委会	2.214	3.5	等外路	1995	—
64	吕魏线—任门寨	吕魏线	滩渚线	1.547	3.5	等外路	1995	—
65	任门寨—丁圈	吕魏线	丁圈村委会	2.018	4	等外路	1995	—
66	周庄—南榆林	周庄村委会	南榆林线	0.919	3.5	沥青砼	1997	—
67	赵官寨—高庄	赵官寨村委会	高庄村委会	1.464	3.5	沥青砼	2004	—
68	滩上—铺上	滩上村委会	铺上村委会	1.703	3.5	沥青砼	2004	—
69	李河线—乔口	桥口村委会	桥口村委会出口	0.643	3.5	沥青砼	2005	—
70	李河线—屯里	屯里村委会入口	屯里村委会出口	0.694	3.5	沥青砼	2005	—
71	李河线—韩庄	李河线	韩庄村委会出口	0.572	4	等外路	1994	—
72	李河线—王寨	王寨村委会入口	王寨村委会出口	0.227	4	等外路	1994	—
73	李河线—郝后街	李河线	郝后街村委会出口	0.5	4	等外路	1992	—
74	李河线—郝前街	李河线	郝前街村委会出口	0.711	3.5	沥青砼	2004	—
75	西吴线—韩徘徊头	西吴线	韩徘徊头村委会出口	1.057	3.5	沥青砼	2001	—
76	李河线—张井寨	李河线	张井寨线	2.647	3.5	沥青砼	2003	—
77	西吴线—罗徘徊头	西吴线	罗徘徊头村委会	1.592	3.5	沥青砼	2004	—
78	张井寨村路—郭徘徊头	张井寨线	郭徘徊头村委会	1.466	4	等外路	1995	—
79	309 国道—西浒演	309 国道下行线	李河线	3.776	3.5	沥青砼	2004	—
80	西吴线—西浒演	西吴线	西浒演村委会	1.999	4	沥青砼	2000	2006
81	伴导—东浒演	李河线	309 国道下行线	4.604	3.5	沥青砼	2004	—
82	河东线—河寨二村	河寨二村村委会入口	河寨二村村委会出口	0.856	4	等外路	1996	—
83	河东线—河寨四村	河寨四村村委会入口	河寨四村村委会	0.443	4	等外路	1998	—

续表 2-2-4

序号	路线名称	起点地名	终点地名	长度 (km)	宽度 (m)	路面类型	修建年限	改造年限
84	河东线—王庄	河东线	王庄村委会出口	1.931	4	等外路	1997	—
85	河东线—孩寨	李河线	李河线	0.896	3.5	沥青砼	1997	—
86	孩寨—屯里	河东线	屯里村委会	2.398	3.5	沥青砼	1996	—
87	李河线—北拐东	北拐东村委会	北拐东村委会	0.993	3.5	沥青砼	2004	—
88	李河线—北拐西	李河线	北拐西村委会	0.894	3.5	沥青砼	1998	—
89	北拐西—麻呼寨	李河线	309 国道下行线	3.733	3.5	沥青砼	1998	—
90	西吴线—房寨南	房寨北村委会	李河线	0.920	3.5	沥青砼	2002	—
91	李河线—闫庄	李河线	西吴线	1.605	3.5	沥青砼	2004	—
92	马店—樊堡	马店村委会	樊堡村委会	1.500	3.5	沥青砼	1998	—
93	申林—前胡堡	申林村委会	前胡堡村委会	0.930	3.5	等外路	1997	—
94	西庄—匣庄	果柴线	马店线	2.338	4	等外路	1993	—
95	106 国道—齐堡	106 国道	齐堡村委会出口	0.901	3.5	沥青砼	2004	—
96	西富庄—牛张屯	西富庄村委会	牛张屯村委会	3.087	3.5	等外路	1996	—
97	前曹堡—齐堡	前曹堡村委会	齐堡村委会	2.386	3.5	等外路	1993	—
98	武馆线—要庄	武馆线	要庄村委会出口	0.785	3.5	沥青砼	2005	—
99	106 国道—八义庄	106 国道	八义庄村委会	1.015	3.5	沥青砼	2004	—
100	武馆线—林北	林北村委会	林北村委会	0.748	3.5	沥青砼	1995	—
101	北董固—东苏堡	北董固村委会	东苏堡村委会	2.615	3.5	等外路	1992	—
102	拐寨—西苏堡	拐寨村委会	西苏堡村委会	0.911	4	沥青砼	2006	—
103	郭辛庄—后胡堡	郭辛庄村委会	后胡堡村路	1.921	3.5	等外路	1996	—
104	市庄东—北郭庄	果柴线	北郭庄村委会	3.972	3.5	沥青砼	2005	—

续表 2-2-4

序号	路线名称	起点地名	终点地名	长度 (km)	宽度 (m)	路面类型	修建年限	改造年限
105	市庄东—市庄西	市庄东村委会	市庄西村委会出口	0.976	3.5	沥青砼	2003	—
106	西孔堡—市庄东	西孔堡村委会	市庄东村委会	2.211	3.5	等外路	1996	—
107	果柴线—后市庄	果柴线	后市庄村出口	2.160	3.5	沥青砼	2004	—
108	106 国道—樊堡	106 国道	樊堡村委会出口	0.642	3.5	沥青砼	2002	—
109	106 国道—樊堡	106 国道	樊堡村委会	0.567	3.5	沥青砼	2000	—
110	106 国道—匣庄	106 国道	匣庄村委会出口	1.675	3.5	沥青砼	2005	—
111	刘村—市庄西	106 国道	市庄西村委会	2.566	3.5	沥青砼	2004	—
112	106 国道—郭马堡	106 国道	郭马堡村委会	1.491	3.5	沥青砼	2005	—
113	106 国道—韩马堡	106 国道	韩马堡村委会出口	0.481	3.5	沥青砼	1998	—
114	106 国道—后刘堡	106 国道	后刘堡村委会出口	0.835	3.5	沥青砼	2004	—
115	西吴线—后刘堡	拐寨村委会	后刘堡村委会	2.046	3.5	等外路	1995	—
116	郭马堡—后刘堡	郭马堡村委会	后刘堡村委会	1.882	3.5	等外路	1994	—
117	106 国道—前刘堡	106 国道	前刘堡村委会出口	1.332	3.5	等外路	1995	—
118	后刘堡—前刘堡	后刘堡村委会	前刘堡村委会	1.270	3.5	等外路	1997	—
119	南柴线—肖屯	南柴线	106 国道	0.743	3.5	等外路	1995	—
120	果柴线—邢张屯	果柴线	邢张屯村委会出口	1.201	4	沥青砼	2006	—
121	果柴线—闫张屯	果柴线	闫张屯村委会出口	0.614	3.5	沥青砼	2003	—
122	河东线—闫张屯	果柴线	闫张屯村委会出口	0.649	3.5	沥青砼	2003	—
123	牛张屯—马张屯	牛张屯村路	马张屯村委会出口	0.900	3.5	沥青砼	2004	—
124	林柴线—武张屯	林柴线	武张屯村委会	1.480	3.5	等外路	1995	—
125	果柴线—牛张屯	果柴线	西刘庄村委会	2.813	3.5	沥青砼	2004	—

续表 2-2-4

序号	路线名称	起点地名	终点地名	长度(km)	宽度(m)	路面类型	修建年限	改造年限
126	林北—东刘庄	林北村委会	东刘庄村委会	1.468	3.5	沥青砼	1993	—
127	106 国道—王二庄	106 国道	果柴线	1.828	3.5	沥青砼	2004	—
128	林柴线—王二庄	柴堡北村委会	王二庄村委会	1.297	3.5	等外路	1993	—
129	武馆线—西刘庄	武馆线	西刘庄村委会	1.300	3.5	沥青砼	2004	—
130	武馆线—西刘庄	武馆线	西刘庄村委会	1.399	3.5	沥青砼	1995	—
131	林柴线—西刘庄	林柴线	西刘庄村委会	1.120	3.5	沥青砼	1994	—
132	武馆线—前罗头	武馆线	前罗头村委会出口	1.571	4	沥青砼	2006	—
133	前胡堡—后曹堡	果柴线	前胡堡村委会	1.903	3.5	沥青砼	2005	—
134	市庄东—前胡堡	果柴线	前胡堡村委会出口	1.746	3.5	沥青砼	2005	—
135	Y081—后曹堡	果柴线	邢张屯村委会	1.518	3.5	等外路	1994	—
136	Y078—后罗头	林柴线	后罗头村委会	0.845	3.5	沥青砼	2004	—
137	南柴线—西富庄	南柴线	西富庄村委会	1.480	3.5	沥青砼	1995	—
138	南柴线—中富庄	南柴线	东富庄村委会	2.072	3.5	沥青砼	2003	—
139	柴庄—东孔堡	106 国道	果柴线	3.622	3.5	沥青砼	2005	—
140	齐堡—东孔堡	齐堡村委会	东孔堡村委会	1.558	3.5	沥青砼	1996	—
141	武馆线—东富庄	武馆线	东富庄村委会出口	2.395	3.5	沥青砼	2005	—
142	社里堡—中富庄	社里堡村委会出口	中富庄村委会	3.003	3.5	沥青砼	2005	—
143	柴庄—市庄东	柴庄村委会	市庄东村委会	3.538	3.5	沥青砼	1997	—
144	106 国道—柴堡西	106 国道	柴堡西村出口	0.605	4	沥青砼	2006	—
145	106 国道—柴堡南	106 国道	柴堡东村委会	0.884	4	等外路	1994	—
146	果柴线—柴堡东	柴堡东村委会入口	柴堡东村委会出口	0.396	4	等外路	1994	—

续表 2-2-4

序号	路线名称	起点地名	终点地名	长度（km）	宽度（m）	路面类型	修建年限	改造年限
147	果柴线—柴堡东	果柴线	柴堡南村路	0.379	4	等外路	1994	—
148	106 国道—北肖寨	北肖寨村委会	北肖寨村委会	0.564	3.5	沥青砼	2004	—
149	106 国道—八义庄	106 国道	八义庄村委会出口	1.297	3.5	沥青砼	2004	—
150	马头中—大堤	马头中村委会入口	马头中村委会出口	1.614	3.5	等外路	1995	—
151	武馆线—马头中	武馆线	马头中村委会	2.725	3.5	等外路	1997	—
152	马旦线—马头南	马旦线	马头南村委会	0.510	4	沥青砼	1997	—
153	东徐村—南徐村	东徐村村委会	南徐村 2 路	0.410	4	等外路	1994	—
154	东徐村—北韩庄	东徐村村委会	颜马线	2.104	4	等外路	1992	—
155	武馆线—东徐村	武馆线	东徐村村委会	1.663	3.5	沥青砼	2004	—
156	武馆线—北韩庄	武馆线	北韩庄村委会出口	1.956	3.5	等外路	1993	—
157	北韩庄—康庄	颜马线	康庄线	1.405	3.5	等外路	1996	—
158	天河—郭辛庄	颜马线	郭辛庄村委会	1.367	3.5	等外路	1994	—
159	东厂—马头北	东厂线	马头北村出口	1.318	3.5	沥青砼	1999	—
160	武馆线—冀浅	武馆线	冀浅村委会出口	1.522	3.5	水泥砼	2004	—
161	南徐村—冀浅	南徐村村委会	冀浅村委会	1.125	3.5	水泥砼	2000	—
162	武馆线—后李八寨	武馆线	后李八寨村委会出口	1.286	3.5	沥青砼	2004	—
163	武馆线—前李八寨	武馆线	前李八寨村委会出口	1.055	3.5	沥青砼	2004	—
164	康庄—颜窝头	康庄村村委会	颜窝头村委会	2.953	4	等外路	1995	—
165	北郭庄—邢张屯	武馆线	邢张屯村委会出口	3.605	3.5	沥青砼	2004	—
166	河套—北郭庄	武馆线	北郭庄村委会	2.001	3.5	沥青砼	2004	—
167	武馆线—南徐村	武馆线	南徐村村委会	1.269	4	沥青砼	2000	—

续表 2-2-4

序号	路线名称	起点地名	终点地名	长度（km）	宽度（m）	路面类型	修建年限	改造年限
168	武馆线—南徐村	武馆线	南徐村村委会	2.739	3.5	等外路	1997	—
169	武馆线—前许庄	武馆线	郭辛庄村委会	1.664	3.5	等外路	1998	—
170	武馆线—西马兰	武馆线	西马兰村委会出口	1.105	3.5	沥青砼	2004	—
171	武馆线—西马兰	武馆线	马旦线	1.679	3.5	沥青砼	2004	—
172	颜窝头—西马兰	颜窝头线	西马兰村委会	1.704	4	沥青砼	1995	—
173	东厂村路—西厂	东厂线	西厂村委会	0.811	3.5	沥青砼	2004	—
174	后许西—北韩庄	后许庄西村委会入口	北韩庄村委会	1.856	3.5	等外路	1997	—
175	颜马线—马窝头	颜马线	马窝头村委会出口	0.608	3.5	等外路	1993	—
176	武馆线—东马兰	武馆线	马旦线	2.091	3.5	沥青砼	1997	—
177	颜窝头—东马兰	颜马线	东马兰村委会	1.707	4	等外路	1995	—
178	武馆线—营盘	武馆线	马旦线	1.799	3.5	水泥砼	2004	—
179	武馆线—营盘	武馆线	马头中村委会	2.886	4	等外路	1997	—
180	马头北—毛圈	马头北村路	毛圈村委会出口	1.486	3.5	沥青砼	1999	—
181	毛圈—马旦线	毛圈村委会	马旦线	2.648	3.5	沥青砼	2002	—
182	肥馆线—西留庄南	肥馆线	西留庄南村委会	1.472	4	沥青砼	2007	—
183	李桥—吉固庵	李桥村委会	吉固庵村路	1.851	4	等外路	1992	—
184	郝庄—孙庄	郝庄村委会	孙庄村委会	2.909	4	等外路	1995	—
185	董井寨—罗徘徊头	215 省道	罗徘徊头村委会	2.399	3.5	沥青砼	2004	—
186	215 省道—赵庄	赵庄村委会	张井寨线	1.451	3.5	沥青砼	2004	—
187	215 省道—李井寨	215 省道	张井寨线	1.642	3.5	沥青砼	2004	—
188	215 省道—平庄	215 省道	肥馆线	1.933	4	沥青砼	2004	—
189	张井寨村路—安庄	张井寨线	安庄村委会	2.530	3.5	等外路	1991	

续表 2-2-4

序号	路线名称	起点地名	终点地名	长度 (km)	宽度 (m)	路面类型	修建年限	改造年限
190	李河线—前姚庄	李河线	前姚庄村委会	0.526	4	沥青砼	2000	—
191	李河线—前姚庄	前姚庄村委会	后姚庄村委会	1.118	4	沥青砼	2002	—
192	肥馆线—东盘	肥馆线	西吴线	0.885	4	沥青砼	2000	—
193	肥馆线—西盘	肥馆线	肥馆线	1.140	4	沙石路	1980	—
194	张井寨村路—冯井寨	张井寨线	冯井寨村委会出口	0.740	4	沥青砼	2005	—
195	西吴线—西留庄北	西吴线	肥馆线	3.792	4	沙石路	1980	—
196	西吴线—北留庄	西吴线	北留庄东村委会	1.117	4	等外路	1994	—
197	西吴线—和尚寨	西吴线	和尚寨村委会	1.624	4	沥青砼	2004	—
198	徐万仓—路庄	徐万仓村委会入口	徐万仓村委会出口	0.762	3.5	沥青砼	2004	—
199	肥馆线—南孙店西	北孙店西村委会	南孙店西村委会	1.301	4	沥青砼	2004	—
200	肥馆线—南孙店东	北孙店西村委会	南孙店东村委会	1.894	4	沥青砼	2001	—
201	旺庄—郝前街	旺庄村	郝前街村委会	2.528	4	沥青砼	2006	—
202	西芦里—刘齐固	西芦里村委会	刘齐固村委会	1.948	4	沥青砼	1998	—
203	王齐固—梁齐固	王齐固村委会	梁齐固村委会出口	2.448	4	沥青砼	2004	—
204	215 省道—后姚庄	215 省道	后姚庄村委会出口	0.649	4	沥青砼	1998	—
205	肥馆线—南郭庄	肥馆线	215 省道	1.813	3.5	沥青砼	1995	—
206	215 省道—罗庄	215 省道	肥馆线	1.893	3.5	沥青砼	2004	—
207	肥馆线—王桥	肥馆线	215 省道	1.646	3.5	沥青砼	2004	—
208	215 省道—王桥	215 省道	肥馆线	1.609	3.5	沥青砼	2004	—
209	肥馆线—吉固庵	肥馆线	吉固庵村委会	1.978	3.5	沥青砼	2004	—
210	阎庄—贾庄	闫庄村委会	贾庄村委会	1.360	3.5	等外路	1993	—
211	肥馆线—安庄	肥馆线	西吴线	2.185	3.5	沥青砼	2005	

续表 2-2-4

序号	路线名称	起点地名	终点地名	长度 (km)	宽度 (m)	路面类型	修建年限	改造年限
212	武馆线—高桃园	武馆线	高桃园村委会出口	0.835	4	沥青砼	2006	—
213	申自线—刘桃园	申自线	刘桃园村委会出口	0.222	3.5	沥青砼	2004	—
214	武馆线—安桃园	武馆线	安桃园村委会出口	1.308	3.5	沥青砼	2002	—
215	申自线—本司寨	申自线	本司寨村委会	1.777	3.5	等外路	1996	—
216	本司寨—宋尔庄	本司寨村委会	宋尔庄村委会	1.908	4	沥青砼	1996	—
217	申自线—宋尔庄	申自线	宋尔庄村委会出口	1.892	3.5	沥青砼	2004	—
218	申自线—北榆林	申自线	北榆林村委会	1.627	4	等外路	1996	—
219	果柴线—北榆林	果柴线	北榆林村委会	0.820	4	水泥砼	2000	—
220	蔡口—后时玉	果柴线	后时玉村委会	1.881	4	沥青砼	1994	—
221	马旦线—陈路桥	马旦线	马旦线	0.823	3.5	沥青砼	2004	—
222	铁佛堡—陈路桥	铁佛堡	马旦线	2.448	4	等外路	1995	—
223	马旦线—平堡	马旦线	平堡村委会出口	1.166	3.5	沥青砼	2004	—
224	蔺寨—平堡	蔺寨村委会	平堡村委会	1.447	3.5	沥青砼	2003	—
225	武馆线—花园	武馆线	花园村委会	1.445	3.5	沥青砼	2004	—
226	武馆线—木官庄	武馆线	果柴线	4.404	3.5	沥青砼	2004	—
227	木官庄—天河	木官庄村委会	天河村委会	1.572	3.5	等外路	1991	—
228	马旦线—张官寨	马旦线	果柴线	1.775	4	等外路	1996	—
229	滩渚线—前时玉	滩渚线	前时玉村委会出口	0.553	4	等外路	1996	—
230	滩渚线—前时玉	滩渚线	丝窝寨村委会	1.461	3.5	沥青砼	2005	—
231	卢头—铁佛堡	卢头村委会	铁佛堡村委会	2.092	4	等外路	1997	—
232	王自线—自新寨	王自线	自新寨村委会	1.099	3.5	沥青砼	2004	—
233	李路桥—清阳城	李路桥村入口	武馆线	2.647	3.5	沥青砼	2005	

续表 2-2-4

序号	路线名称	起点地名	终点地名	长度（km）	宽度（m）	路面类型	修建年限	改造年限
234	果柴线—刘庄	果柴线	刘庄村委会出口	0. 292	3. 5	沙石路	1980	—
235	果柴线—太平庄	果柴线	太平庄村委会出口	0. 479	4	沥青砼	2006	—
236	果柴线—潘庄	果柴线	马旦线	0. 778	4	沥青砼	2006	—
237	马旦线—北曹庄	马旦线	北曹庄村委会出口	3. 191	4	沥青砼	2007	—
238	武馆线—花园	武馆线	花园村委会出口	0. 448	4	等外路	1994	—
239	郑黄营—陈庄	郑黄营线	陈庄村委会	2. 055	4	沥青砼	2001	—
240	大寺卜—自新寨	大寺堡村委会	自新寨村委会	3. 327	4	沥青砼	2003	—
241	309 国道—东朱庄	309 国道	东朱庄村委会出口	1. 117	4	沥青砼	2006	—
242	309 国道—庄固西	309 国道	沙河渠	2. 272	3. 5	沥青砼	2000	—
243	309 国道—庄固东	309 国道	庄固东村委会出口	1. 385	3. 5	沥青砼	2000	—
244	西吴线—前宁堡	西吴线	309 国道下行线	3. 227	4	沥青砼	2006	—
245	西吴线—东庄固	西吴线	东庄固村委会出口	1. 623	3. 5	沥青砼	2004	—
246	西吴线—后宁堡	309 国道下行线	西吴线	1. 265	3. 5	沥青砼	1998	—
247	常儿寨—北拐东	西吴线	北拐渠东村委会	2. 889	3. 5	沥青砼	1998	—
248	西吴线—张高庄	西吴线	张高庄村出口	0. 982	3. 5	沥青砼	2004	—
249	309 国道—法寺	309 国道	309 国道下行线	0. 929	4	沙石路	1980	—
250	106 国道—北董固	106 国道	北董固村委会出口	1. 715	3. 5	沥青砼	1996	—
251	南柴线—北董固	南柴线	北董固村委会	1. 528	4	等外路	1997	—
252	南柴线—西董固	南柴线	西董固村委会出口	0. 971	3. 5	沥青砼	2004	—
253	南柴线—西董固	西吴线	西董固村委会	2. 087	4	等外路	1991	—
254	西吴线—西董固	西吴线	西董固村委会	1. 968	4	等外路	1995	—
255	南柴线—南董固	南柴线	振兴路	1. 584	3. 5	沥青砼	2004	—

续表 2-2-4

序号	路线名称	起点地名	终点地名	长度 (km)	宽度 (m)	路面类型	修建年限	改造年限
256	南董固—八义庄	南董固村委会	八义庄村委会	1.635	3.5	等外路	1990	—
257	南柴线—翟庄	南柴线	振兴路	1.937	3.5	沥青砼	1998	—
258	西吴线—沿庄	西吴线	沿庄村委会	1.740	4	沥青砼	2006	—
259	武范庄—蔡范庄	武范庄村路	蔡范庄村委会出口	0.448	3.5	沥青砼	2004	—
260	西吴线—武范庄	西吴线	振兴路	1.909	3.5	沥青砼	2004	—
261	振兴路—武范庄	振兴路	武范庄村委会	1.192	3.5	沥青砼	2004	—
262	西吴线—韩范庄	西吴线	韩高庄村委会	0.614	3.5	沥青砼	2004	—
263	古高庄—武高庄	古高庄村路	武高庄村委会出口	1.156	3.5	沥青砼	2004	—
264	西吴线—古高庄	西吴线	古高庄村委会出口	1.215	3.5	沥青砼	2001	—
265	106 国道—息元村	106 国道	息元村村委会	4.566	3.5	沥青砼	2004	—
266	振兴路—南肖寨	振兴线	南肖寨村委会出口	0.758	3.5	沥青砼	2004	—
267	309 国道—南肖寨	309 国道	南肖寨村委会	1.155	3.5	等外路	1991	—
268	西吴线—南辛头	拐寨村委会	南辛头村委会出口	2.538	3.5	沥青砼	2005	—
269	蔺范线—西宝村	蔺范线	八义庄村委会	1.167	3.5	等外路	1998	—
270	北郑村—西宝村	北郑村村委会	西宝村村委会	2.300	3.5	等外路	1993	—
271	309 国道—寿北	309 国道	寿山寺南村委会出口	0.602	3.5	沥青砼	2004	—
272	309 国道—寿东	寿山寺东村委会入口	寿山寺东村委会出口	1.137	3.5	沥青砼	2003	—
273	韩范庄—沿庄	韩范庄村委会	沿庄村委会	1.651	4	等外路	1993	—
274	309 国道—北郑村	309 国道	106 国道	1.822	3.5	沥青砼	2001	—
275	振兴路—八义庄	塔头村委会	八义庄村委会	1.150	4	等外路	1991	—
276	西吴线—西朱庄	西朱庄村委会出口	西吴线	1.089	4	水泥砼	2006	—
合计				428.218				

馆陶汽车客运站

馆陶县汽车客运站隶属于邯郸万合集团（原邯郸交通运输集团有限公司），配有候车室、售票室、停车场、发车位、问询处、广播宣传等各项服务设施，是为旅客提供售票、检票、小件寄存、行包托运等多种客运服务为一体的二级客运站。

馆陶汽车站始建于 1966 年，占地面积 11.24 亩，建筑面积 7247.01 平方米，职工 24 人（其中管理人员 4 人，一般职工 20 人）。下设卫东、房寨两个分站，麻呼寨路口、北环路口、106 路口三个售票代办站。拥有一个城乡公交公司，30 条客运线路，36 部客运车辆，16 部货运车辆。日发班次 180 余个，可达晋冀鲁豫四省各大城市，是馆陶县与外界沟通的重要交通枢纽。

2007 年，青兰高速馆陶段竣工后，馆陶县汽车客运站所处的地理位置距高速出口处约 6 公里远，长途车多因上高速，进站不方便逐渐不再进站，群众外出只能去高速口等车，一方面影响车站的正常发展，致使长途客运收入流失；另一方面也不利于县域群众出行，很难适应客运发展的需要。2012 年，按照县委县政府工作安排，馆陶县交通运输局负责协调对接邯郸万合集团，逐步将馆陶县新汽车客运站建设纳入工作日程。至 2013 年年底，新汽车客运站正在筹建中。

第二节　铁路

邯济铁路馆陶段

邯济铁路扩能改造

邯济铁路为国家 I 级双线铁路，1996 年 11 月开工建设，2000 年 3 月建成通车。邯济铁路馆陶段自房寨镇王庄村西南入境，经孩寨村、贾庄村、北留庄村、罗徘徊头村、李庄村、大刘庄村、孙庄村至漳卫运河出境，全长 16.2 公里。全段线路沿用了馆广地方铁路路基，节约了大量耕地。沿线有漳卫运河特大桥 1 座，跨 215 省道、跨卫西干渠大桥 2 座，跨麻呼寨渠、跨青年路、跨肥馆公路中桥 3 座，涵洞 85 座。2010 年 10 月，邯济铁路扩能改造工程开工建设，工程为既有邯济线增建第二线并进行电气化改造。 2014 年 10 月工程完工后，邯济线货运年输送能力由 2000 万吨提高到 1.8 亿吨并开通客运，设计行车速度 120 公里 / 小时。

馆陶火车站

建于 1996 年。位于邯济铁路里程 82 公里处馆陶县境内。站内 5 股道 2 站台。现馆陶站房屋建筑面积 4171 平方米；车站等级为中间站；设计职工人数 32 人；车站业务为客货运业务。馆陶站的基础设施计有：综合楼（候车宿办楼）1 幢，给水所、排污值班室、锅炉房、2 号泵房、工区综合房、清扫房、红外线检测房、无人值守变压器室、货场值班室各一座（处）。站场线设施计有：信号机械室、通讯机械室各 1 处，站线 3 股，信号机 18 架，道岔 9 组，轨道电路区段 19 个，货场线 2 股。2010 年 10 月，邯济铁路扩能改造，竣工后馆陶站到发线 5 条（含正线 2 条），保留既有货物线和牵出线，新增中间站台 1 座、旅客地道 1 座。

邯济铁路馆陶站

第三节　客货运输

客运

1996 年后，随着馆陶县市场经济的快速发展，客流量加大，县城内人力车逐渐退出客运市场，接踵而来的是个体、联户所有的面包车、小轿车，集聚在车站广场接送短途旅客。2000 年以后，县城出租车业兴起，实现了城区招手停车，就近上下。2003 年开始，随着村村通油路工程，道路客运网络进一步完善，省际客运和旅游专车，通过国道和高速公路可直达晋冀鲁豫各省会城市以及主要旅游景点，市际班车通达周边各个地级市，县际班车构建了周边县城的协作运网。截至 2007 年，全县内开通营运线路 18 条，投入客车 88 辆（松花江牌、小型面包车 68 辆，西安骊山中巴客车 20 辆），按客运线路辐射半径 1 公里计，277 个行政村客车通达率达 100%。到 2013 年年底，全县已建成河寨、塔头、魏僧寨、柴堡、城区 5 个简易站、49 个候车亭、294 个上下车招呼牌，全县有农村客运企业 3 家、个体经营业户 21 家、农村客运班车共计 150 辆、座位 1454 个，县域城市公交公司 1 家，拥有城市公交车 60 辆、座位 480 个，出租车公司 1 家，拥有出租车 94 辆。出行坐车不出村，风雨无阻不误事，加速了人流、物流、信息流的交往传递，推动着城乡经济社会发展的一体化进程。

货运

20 世纪 90 年代，机动三轮车在农村农户中增长较快，到 1996 年达到了 7917 辆，是广大农民生产生活资料短途运输主要工具。1998年随着陶山市场、馆陶商城等较大市场的开业运营，以布匹、服装、鞋帽为大宗的货物运销活跃，馆陶至山东省聊城、河南省台前、河北省石家庄的零担货运汽车，每天达10个车次。一般是晚间发车，天明采购，当晚返馆，不少时尚款式在馆陶能够与周边大中城市同步上市。截至2012年，全县有货运企业30家，货运车辆3148辆，载重吨位32891吨，到2013年年底，有载货车辆3896辆，载重吨位40706吨。

第四节　交通运输管理

费用征收

1997—2008年年底，馆陶县交通规费主要有养路费、车辆购置附加费、公路建勤费，实行“以路养路”“专款专用”“收支两条线”“票款分离”的原则管理。

馆陶县养路费征稽站位于陶山街中东段，1984年建站，1996年迁到政府街西段，负责征收全县机动车辆养路费、车辆购置附加费、公路建勤费。其中公路建勤费由乡道站征收，于1994年1月1日起停收。2005年后改为车辆购置附加税，由县国税局征收。2008年年底，国家实行燃油税费改革，2009年1月1日起，公路养路费停收，征稽站人员分流。1997—2008年，征收公路养路费累计约7276万元。

运输管理

驾驶培训管理　截至2013年年底，全县有2家驾校，交通运输局运输管理站每月定期对驾校的教学设备、师资、现场培训等进行抽查，对不合格或不达标的限期整改。

维修市场管理　截至2013年年底，全县有二类维修业户4家、三类维修业户7家。交通运输局运输管理站加强维修业户的日常监管，开展车辆技术等级评定和车辆二级维护定期检测，车辆二级维护及检测率99%以上。

客运管理　1997—2013年，交通运输部门加强对执法人员的培训，加强对全县的客运市场环境的专项治理；在每年春运、清明、五一等重大节假日期间进行清理整治，确保节假日旅客运输安全。为规范道路运输市场秩序，加大对非法营运车辆的打击力度，保障运输市场稳定、健康、有序的发展。

货运管理　截至2013年年底，交通运输局运输管理站每年开展道路货物运输企业安全隐患排查，加强源头治超监督检查力度，确保全年不出现一例安全事故。

公路养护

队伍、设备　1997年，馆陶公路站列养的公路有国道两条（106国道和309国道），省道一条（215省道）共计43.716公里，国省干线养护中心两个，1998年起，道班管理坚持与时俱进，积极转变自身职能，由原来的“小修保养型”向“保洁养护型”过渡，以养路、护路为中心，1999年自主研发了扫路机，有效地提高了养护工作效率。2000年年初，全省推行养护机制改革，实行公路建养分离，公路站应时成立公路工程队，机械集中使用专门承担公路修建和大中修工程。2000年3月，为参与公路建设市场竞争，公路工程队改建为交通局公路工程处，2003年3月30日，公路工程处改制为邯郸市华峰公路工程有限公司。2006—2013年，为进一步提高养护及绿化工作水平，公路站先后购置了机动三轮车三辆，除雪铲、灌缝机、撒布机、开槽机、切割机、绿篱修剪机等先进设备。

公路绿化　1997—1998年，县交通局在106国道馆陶段实施绿化美化包装（简称GBM工程），开创了“外乔、中灌、内花草”的敞开绿化模式，共种植球松1225棵，剑麻3675棵，黄洋球940棵，馒头柳2702棵，桐1612棵，木槿1159棵，芙蓉花3万棵，收到了“四季常青，三季有花，一段一特色，一路一景观”的效果，被河北省交通厅肯定为“邯郸模式”，并在全省推广，县公路站连续两年被邯郸市交通局授予“公路绿化先进单位”，1997年馆陶县被河北省交通厅授予全省唯一的“公路绿化先进县”称号。1999年，馆陶县又组织了巩固提高106国道绿化模式，开展309国道的绿色生态长廊建设活动。

2000年，县交通局组织开展“双千工程”（千里花园式绿色通道工程、千里公路形象示范工程），当年新植乔木16000棵，灌木21000棵，种植花草18000平方米。2001年完成肥馆公路两侧15.2公里新植两行毛白杨，在其他干线补植不同品种的乔木26688棵，灌木101550棵。2003年，在106国道县界至柴堡段9.8公里两侧，新植毛白杨3920棵，垂柳400棵，小叶女贞49000棵，紫穗槐8800墩，球松392棵，紫叶李1176棵，提高了绿化覆盖率，增添了美化新亮点。2005年，在106国道与309国道平交道口2.3公里长的路段上，栽植乔木2300棵，灌木44264棵。栽植后的乔灌木成活率达96%，保有率95%。2006年，开展了“百日双创”（创建绿色通道，创建文明生态走廊）活动，为巩固绿化环保效益，投资20万元，在106国道和县城南环路交叉口用小叶女贞、红叶小波、金叶小贞、红叶碧桃、金叶女贞球、樱花、百日红等花灌木，拼植出特色景点。2007年，以“绿色覆盖”为重点，在106国道新植垂柳4592棵、紫穗槐8.16万棵，补植乔木1200棵，灌木1800棵，在边坡撒植马兰草16万平方米。

2008—2010年，随着绿化模式的逐步完善，馆陶县绿化工作转向生态型、观赏型发展，先后新植、补植乔木1.3万余棵，野花组合、马兰草、虞美人、白三叶等草花共计27万多平方米，有效地提高了道路的绿化、美化效果。2011年，引进绿化新品种，全面提升绿化效果。为高标准打造绿色通道，以美观的公路环境迎接国检，通过不断提高绿化标准，努力将106国道打造成一条绿化示范路。同年，对县道、乡道进行了绿化补植，共计补植速生杨37300余棵，其中肥馆线补植5300余棵，馆蝉线、果柴线种植32000余棵。

2012年，加大绿化新品种引进力度，共计新植万寿菊5260平方米、野花组合1400平方米，种植绿化新品种卫茅2万棵，补植三七景天32000株、紫叶李150棵、木槿120棵、大叶黄杨28000株，106国道成为全市绿化亮点工程。是年，在馆蝉线、果柴线、西吴线等道路补植路树6200余棵。

2013年，按照"绿色廊道"建设要求，实施了106国道"绿色廊道"工程，从邱县界到环岛，全长14.5公里，新增了栾树、景天、野花组合、绿篱等新品种，形成了乔、灌、花、草结合，低、中、高层次分明的绿化效果。此项工程共计种植速生杨1145棵，垂柳1469棵、栾树4537棵，紫叶李136棵，大叶黄杨2975棵，紫穗槐2348棵，景天21657棵，野花组合3870平方米。6月6日，全省干线公路绿化现场会在邯郸召开，对馆陶县的公路绿化效果给予高度评价。是年，共计在309旧线、肥馆线、南馆线种植速生杨2.8万棵，进一步提高了公路绿化率。

养护中心建设 1998年5月起，养护中心管理坚持与时俱进，积极转变自身职能，由原来的"小修保养型"向"保洁养护型"过渡，以养路、护路为中心，积极开展劳动竞赛，在开展全面质量管理的同时，开展创建"富家"活动，工作之余，因地制宜地发展辅助产业，育苗、种花、养殖、开办饭店和维修门市，用创收改善居住环境，提高生活质量，在市场经济条件下，使道班"以养路为业，以道班为家"更加稳定。

各养护中心建立健全了学习制度（包括政治时事教育、文化学习、专业知识学习三类）、请销假制度、工具使用保管制度、质量检查评比制度、奖惩制度等，实现了养护工人无文盲，2013年年底持有中级文凭的人员达80%，全员做到了本职工作的应知应会。改进奖励制度，在"五定"（定路段、定任务、定消耗、定成本、定质量）的基础上，推行经济承包，改月工资为日工资，实行月评季奖制度，把养护质量成效与个人经济利益挂钩。做到"五表一榜"（出勤表、生产定额表、生产进度表、路况评分表、养路成本表、光荣榜）上墙，有效地调动了养护工人的工作积极性。随着养路机械化的发展，功效成倍增长，列养公路好路率历年在省、市保持先进位次。

路政管理

2011年6月，县编办同意撤销原养路费稽征站，设立公路路政管理站，为交通运输局下属股级自收自支事业单位。下设办公室、财务室、内业室、设施科、法制科、审批科、档案室7个内部管理科室和四个巡逻执法中队，全站共有交通执法人员47人，设站长1人，书记1人，副书记1人，副站长2人。负责全县辖区106、309两条国道及215省道，共43.716公里和4条县道、4条乡道共132.919公里干线公路的公路路政管理、维护路产路权等管理职能。

第三章　水利

历史上，馆陶县水利发达，河渠纵横。20 世纪 70 年代以后，卫运河等过境水源严重不足，原有的水利设施已不适用。抽取地下水成为馆陶主要水源，由此造成地下水位不断下降。20 世纪 90 年代以后，馆陶县相继兴建了多处蓄水闸，但蓄水效益低。2010 年实施引黄引卫入馆工程，县中东部农业灌溉受益面积 18 万亩，并为补充地下水、缓解水资源短缺起到了重要作用。同时，为节约用水，馆陶县利用世行贷款、县财政投资和群众集资方式，实施了地下水源建设、水利节水工程建设、农业节水措施、地下水管理等项节水措施，有效缓解了馆陶县缺水的局面。

永济河

第一节　蓄水工程

麻呼寨蓄水闸

麻呼寨蓄水闸于 1978 年 11 月破土动工，到 1980 年 1 月建成。位于寿山寺乡麻呼寨村西沙东干渠上，是在邯馆公路桥的基础上改建而成。结构型式为钢筋混凝土结构，钢丝网水泥平面闸门，采用 4 台电力人工两用绳索启闭机启动。全闸分为 4 孔，每孔净宽 4.6 米，闸室总宽 21.64 米，长 11 米，上下游总长 49.7 米，闸高 4 米。工程量挖填土方 1.3 万立方米，石方 798 立方米，混凝土 1000 立方米，用工 2.9 万个，国家投资

33 万元，设计改善灌溉面积 4 万亩。

因该闸上游多年未产生地面径流，沙东干渠干枯，没有发挥蓄水效益。至 2013 年，由于缺乏管理，水闸管理房和电器设备等被损坏，启闭不灵，不能正常使用。

满谷营蓄水闸

满谷营蓄水闸于 1991 年 12 月 25 日建成。位于满谷营村东北 1.5 公里，北榆林村东南卫西干渠上，为便于管理，省、地、县、乡四级定为“馆陶县油寨乡（满谷营）蓄水闸”，结构型式为大底板开敞式拱桁架钢闸门。共三孔，每孔净宽 5 米，采用三台螺杆式启闭机启动。设计出水流量 120 立方米每秒，设计蓄水深 5 米，蓄水量 190 万立方米，改善灌溉面积 3.8 万亩。工程量：挖填土方 1.99 万立方米，砌石 687 立方米，混凝土和钢筋混凝土 1711 立方米。使用水泥 696 吨，木材 107 立方米，钢材 67.8 吨，共计投资 140 万元，其中国家投资 110 万元，地方投资 30 万元。

邯郸地区水利局设计处设计，邯郸地区水利工程处施工。至 2013 年，因多年未蓄水，缺乏应有的管理。

东宝村蓄水闸

东宝村蓄水闸位于柴堡镇东广才村东北卫西干渠上（原计划在东宝村修建，后因情况改变迁移到东广才村，为保障原上报计划名称不变，故仍叫东宝村蓄水闸）。为涵闸式结构，以闸代桥，钢筋混凝土管，一孔，孔宽 3.2 米，桥面宽 6 米，平面闸门启闭机为单吊点、手摇螺杆式。设计流量 50 立方米每秒。一次蓄水量 227 万立方米，年蓄水量 670 万立方米。受益单位：王桥、馆陶、房寨、寿山寺、柴堡镇 5 个乡镇。工程由邯郸市水电勘测设计院设计邯郸市水利工程处施工，工程自 2002 年 4 月 18 日开工，同年 7 月 1 日竣工，共计完成土方 1.4 万立方米，混凝土 500 立方米，砌石 1000 立方米，完成投资 117.31 万元。其中国家投资 91 万元，地方自筹 26.31 万元。

申街节制闸

申街节制闸位于申街村西北威临渠上，由邯郸市水利水电勘测设计院设计，邯郸市水利工程处施工。为涵洞式以闸代桥，共 1 孔，孔宽 3.3 米，涵洞长 30 米，总长 79 米，钢筋混凝土闸门，闸门高 3.3 米，路面宽 6 米，设计流量 40 立方米每秒，闸底高程 30 米。年可蓄水量 336 万立方米，效益面积 1.34 万亩。工程于 2006 年 4 月 5 日竣工，共计完成土方 5054 立方米，钢筋混凝土 374.1 立方米，砌石 206.5 立方米，总投资 116.7 万元。

许路疃闸带桥

许路疃带桥工程位于卫西干渠 10+500 处，由邯郸市水利水电勘测设计研究院设计，设计流量 50 立方米 / 秒，两孔，钢闸门，工程投资 550 万元。钢筋混凝土结构，土方开挖 1.8 万方，土方回填 1.1 万方，钢筋 123.2 吨，机电设备 4 套，启闭机 2 套。

2010年6月1日开工建设，2011年1月27日竣工，由冠县兴禹水利工程有限公司承建。

坑塘

馆陶县坑塘，大多是多年农村建房挖土所形成，其形状多不规则，2013 年，全县共有坑塘 700 多个，坑塘面积 184.4 万平方米。这些坑塘工程如进行整修改造，采取措施防止污染，可拦蓄地面径流，约可蓄水 557.9 万立方米，用于抗旱浇地和补充地下水源。

第二节　农田灌溉

井灌

馆陶作为传统农业县，井灌历史悠久。20 世纪 70 年代，馆陶县掀起打机井高潮，机井数量大增，井灌面积迅速增加。20 世纪 90 年代，为了适应市场经济发展的大环境，钻井队伍体制成分、业务范围、成井质量等均有较大变化。到 2013 年，“私营”和“个体”钻井队突起，成为机井建设队伍主力。

1997—2013 年馆陶县机井情况统计表

表 2-3-1

年份	当年打井（眼）	年末实有能用机井（眼）					井灌面积（万亩）
		数量	其中深井	其中配套	机配	电配	—
1997	236	5935		5916	208	5708	41.15
1998	289	5980	296	5901	323	5578	41.62
1999	239	5919	321	5840	23	5817	42.18
2000	312	5934	340	5923	—	5923	42.2
2001	305	5945	345	5933	—	5933	43.38
2002	310	5960	367	5942	—	5942	42.86
2003	317	5991	380	5968	—	5968	37.74
2004	268	6046	389	6010	—	6010	38.31
2005	293	6097	399	6066	—	6060	42.12
2006	283	6123	412	6102	—	6102	42.59

续表 2-3-1

年份	当年打井（眼）	年末实有能用机井（眼）					井灌面积（万亩）
		数量	其中深井	其中配套	机配	电配	—
2007	300	6145	421	6122	—	6122	43.01
2008	273	6169	435	5123	—	5123	43.25
2009	265	6226	459	6201	—	6201	37.56
2010	359	6273	478	6232	—	6232	42.18
2011	342	6453	492	6375	—	6375	47.3
2012	231	7100	527	6983	—	6983	44.9
2013	306	7424	548	7265	—	7265	45.2

节水灌溉

20 世纪 70 年代，机井灌溉兴起后，大量抽取地下水，致使地下水位下降，到 80 年代，地下水位下降严重地区出现地下漏斗，水资源供求严重不平衡，造成恶性循环。农业生产一直靠超开采地下水维持，致使地下水位持续下降，井灌区次生盐碱化大面积发生。水的问题一直是制约着馆陶农业的发展，人民生活水平提高的根本问题，发展节水灌溉势在必行，刻不容缓。

1997 年，馆陶县人民政府根据河北省、邯郸市喷灌节水工程文件精神，制订出发展万亩喷灌计划，为此制定了《关于加强喷灌节水工程建设管理的意见》。首先在馆陶镇车疃村试点建设大田作物喷灌 1200 亩。1997—2001 年间，在林北、东广才、牛张屯等村打深井 9 眼，安装地下输水管道 11987 米，建机房 5 座，发展喷灌 2600 亩，喷灌投资共计 164 万元。为调动农民搞喷灌积极性，县政府制定了对农民搞喷灌补助标准。按浅井区每亩 10 元，深井区每亩 15 元。

1998 年，馆陶县根据中央、河北省利用世行贷款发展灌溉项目一系列会议及文件精神，积极谋划，科学分析，综合设计，主动争取，通过项目评估，同年 8 月，馆陶县被中央项目办确定为“利用世行贷款发展节水灌溉项目县”（以下简称“世行项目”）。馆陶县“世行项目”是一项综合性节水系统工程，包括地下水源建设、水利节水工程建设、农业节水措施、地下水管理等项节水措施。项目区域涉及 8 个乡镇，76 个村，节水灌溉面积 87871 亩。总投资 4150 万元，其中世行贷款 1660 万元，省市县配套资金 1245 万元，群众自筹 1245 万元。2001—2005 年 5 年时间完成。馆陶县根据本县地形作物情况，在不同区域采取不同方法。在水利工程方面采用管灌、喷灌、滴灌和管理措施节水，开展节水工作。

2006—2013 年共计发展节水管灌面积 186650 亩，涉及 8 个乡镇 121 个村。2001—

2013年馆陶县由于采取的工程节水、农业节水，以及管理方面措施，5年减少开采地下水，实现地下水采补平衡，项目区年节水总量3177.4万立方米，全县节水总量7311万立方米。

节水措施

工程节水　2001—2013年“世行项目”实施后，全县节水工程建设面积达274521亩，其中管灌266792亩，喷灌3940亩，滴灌3789亩。由于土垄沟改为管道输水，灌溉水的有效利用系数由土垄沟的0.55提高到0.82，提高27个百分点，大大减少了输水过程中水的流失，也降低了提水成本。

2001—2013年馆陶县工程节水工程量统计表

表2-3-2　　单位：米、亩

节水类型＼年份		2001	2002	2003	2004	2005	2006	2008
管灌	管道长度	37690	63053	133802	125000	39570	59800	148500
	面积	8342	16000	25500	22300	8000	10640	14850
喷灌	管道长度	4010	7530	2200	12000	—	—	—
	面积	1000	140	400	2400	—	—	—
滴灌	管道长度	8562	12100	19800	1235	33047	—	—
	面积	1038	200	1200	51	1300	—	—

续表2-3-2　　单位：米、亩

节水类型＼年份		2009	2010	2011	2012	2013	合计
管灌	管道长度	176000	469800	396500	340680	229326	2219721
	面积	17860	47400	53400	42500	20300	287092
喷灌	管道长度	—	—	—	—	—	25740
	面积	—	—	—	—	—	3940
滴灌	管道长度	—	—	—	—	—	74744
	面积	—	—	—	—	—	3789

农业措施节水　馆陶农民在漫长的旱作农业历史进程中，总结出土地平整、秸秆还田、秸秆覆盖、勤中耕细耙耢措施和地膜覆盖等措施，能够培肥地力、抗碱耐旱，世行节水灌溉项目的实施，把农业措施列为三大节水措施之一，进行子项目设计，使得这一传统农艺进一步规范起来，成为农业节水措施，它在ET管理和真实节水的意义上，对于华北缺水地区是非常宝贵的。馆陶县自2001年项目实施至2013年共计实施农业农艺节水措施的耕地达4511904万亩次，不仅保肥抗碱性能高于对照区，而且保水抗旱性能大大提高，田间水利用系数显著提高。

2001—2013年馆陶县农业措施节水发展统计表

表2-3-3　　单位：亩

项目＼年份	2001	2003	2004	2005—2010	2011	2012	2013	合计
秸秆还田	6000	12000	8334	5000	3930	6106	6447	62772
土地深耕深松	5160	9000	—	—	2055	3124	3495	33379
农田林网	90	150	1245	750	250	250	250	3165
平整土地	8340	18660	—	—	4275	6246	6246	60102

水利、农业两项节水工程建设实施，大大减少运行管理费用，节水效果明显，使灌溉水的有效利用系数由无项目的0.55提高至0.85，2013年项目完工以后，经计算项目区年节水3080.3万立方米，其中工程节水2283.7万立方米，农业措施节水5070.0万立方米。

2001—2013年馆陶县工程与农业措施节水效果统计表

表2-3-4

节水类型＼年份		灌溉系数	2001	2002	2003	2004	2005	2006	2008
管灌用水量	有项目	0.8	181.6	641	703.4	1284.4	801.4	1065.9	1487.6
	无项目	0.55	264.2	876.5	971.2	2037.7	1033.8	1375.0	1919.0
喷灌用水量	有项目	0.85	19.3	22.7	22.3	62.9	33.7	—	—
	无项目	0.55	29.8	35.1	35.5	99	52.1	—	—
滴灌用水量	有项目	0.95	19.8	23.7	46.6	47.6	75.8	—	—
	无项目	0.55	34.3	40.9	80.5	82.1	130.9	—	—

续表 2-3-4

节水类型 \ 年份		2009	2010	2011	2012	2013	平均
管灌用水量	有项目	1789.1	4748.3	5349.3	4257.4	4257.4	2213.9
	无项目	2308.0	6125.3	6900.6	6125.3	6125.3	3003.6
喷灌用水量	有项目	—	—	—	—	—	32.2
	无项目	—	—	—	—	—	50.3
滴灌用水量	有项目	—	—	—	—	—	42.7
	无项目	—	—	—	—	—	73.7

第三节 农村饮水工程

2003年后，馆陶县农村饮水安全工程以“全国农村饮水安全工程示范县”建设为契机，把保障农村饮水安全作为新农村建设的基础工程，抓住全国饮水安全工程示范县项目建设新机遇，按照“城乡供水一体化，农村供水城市化”的发展目标，积极探索“合理化布局、标准化建设、专业化管理”新模式，以优质地下水资源为依托，打造“一站一网，城乡联网”的农村供水网络，共完成总投资7248万元，共扩建、新建联村集中供水站11处，实现了全县农村供水全覆盖，农村供水人口达到257个村，24万人，日供水能力1.92万吨，集中供水通村入户率92.1%，建成的11处集中供水站，仅打井一项与单村供水相比，节约资金470万元，年节约地下水120余万立方米。馆陶县农村饮水安全工程示范县建设取得显著成效，并获得省市农村饮水安全先进单位。馆陶县的做法被中央电视台、邯郸市电视台等新闻媒体宣传报道，并在省市推广。

寿山寺供水站

房寨供水站

2005—2013年馆陶县农村饮用水站、管网建设情况一览表

表 2-3-5

年份	乡村饮用水站	管网建设情况
2005	草厂水站、十里店水站、柴堡水站、房寨水站	2005年农村饮水：魏僧寨镇的赵官寨、西村、高庄、王草厂，柴堡镇的柴北村，房寨镇的房南村6个村被列为2005年解决的农村饮水不安全村。2006年4月到2006年11月，半年多时间完成6个村的饮水不安全工程建设任务，工程项目包括：打机井3眼，引水6处，安装输水主管道（直径90毫米以上的）19817米，机井房2座，压力罐1台。总投资152万元，其中：中央72万元，省、市配套资金19万元，群众自筹6.2万元，群众投物及以劳折资54.8万元。解决3900人，共1079户的饮水安全问题。
2006（第一批）	徐村水站	2006年农村饮水（第一批）：南徐村乡的前李八寨、河套、南徐村、许东、韩庄、东马兰6个村被列为2006年第一批解决的农村饮水不安全村。2007年3月到2007年10月完成6个村的饮水不安全工程建设任务，工程项目包括：打机井2眼，引水6处，安装输水主管道（直径90毫米以上的）1.85万米，建厂房与宿舍4间。总投资208万元，其中：中央97万元，省、市配套资金20万元，群众投工物折资91万元。解决5273人，共2038户的饮水安全问题。
2006（第二批）	柴堡水站	2006年农村饮水（第二批）：柴堡镇的柴南、武张屯、东广才、西富庄、王二庄、柴东、牛张屯7个村被列为2006年第二批解决的农村饮水不安全村。2007年5月到2007年10月完成7个村的饮水不安全工程建设任务，工程项目包括：机井1眼，引水7处，安装输水主管道（直径90毫米以上的）1.34万米，建集中供水站1处。总投资198万元，其中：中央88万元，省、市配套资金46万元，群众投工物劳折资64万元，解决总人数5084人，共1046户的饮水安全问题。
2006（第四批）	路桥水站	2006年农村饮水（第四批）：路桥乡的北曹庄、潘庄、刘庄、太平庄、张官寨、刘路桥6个村被列为2006年度第四批农村饮水不安全工程项目村，项目打深井1眼，引水6处，安装输水主管道（直径90毫米以上的）1.42万米。总投资170万元，其中中央财政资金76万元，省市县配套资金及群众自筹94万元，解决4541人饮水不安全问题。2007年7月开工，2007年9月底全面完成任务。
2007	房寨集中供水工程、草厂集中供水扩户工程、柴庄集中供水扩户工程	2007年农村饮水：房寨镇、魏僧寨镇、柴堡镇、寿山寺乡和路桥乡36个村被列为2007年农村饮水不安全村。2008年5月到2008年11月完成36个村的饮水不安全工程建设任务，工程项目包括：机井4眼，引水36处，安装输水主管道13.44万米，建厂区1处，备用井房1座。总投资1108万元，其中：中央499万元，省、市配套资金182万元，群众投物及以劳折资427万元。

续表 2-3-5

年份	乡村饮用水站	管网建设情况
2008	王二厢供水站、芦里供水站、寿山寺供水站、县城水厂、柴庄供水站、路桥供水站、柴堡供水站。	2008 年农村饮水：2008 年中央农村安全饮水项目总投资 3048 万元，其中中央补助资金 1372 万元，地方配套及群众自筹 1676 万元。打饮水井 14 眼，建引水工程 83 处，安装供水主管道 13.1 万米，共解决 83 个村，7.62 万人的饮水安全问题，其中王二厢供水站 9 个村，芦里供水站 15 个村，寿山寺供水站 14 个村，县城水厂 9 个村，柴庄供水站 17 个村，路桥供水站 13 个村，柴堡供水站 6 个村。2009 年 4 月开工，2009 年年底全面完成任务。
2008	车疃供水站、徐村供水站	2008 年新增饮水：2008 年第四季度中央新增农村安全饮水项目总投资 760 万元，其中中央补助资金 456 万元，地方配套及群众自筹 304 万元。打饮水井 1 眼，建引水工程 12 处，安装供水主管道 4.1 万米，共解决 12 个村，1.52 万人的饮水安全问题，其中车疃供水站 6 个村；徐村供水站 6 个村。
2009	草厂供水站、十里店供水站、车疃供水站、房寨供水站和徐村供水站等 5 处供水站的扩户工程。	2009 年农村饮水：2009 年农村饮水集中供水扩户工程 5 处，包括草厂供水站、十里店供水站、车疃供水站、房寨供水站和徐村供水站等 5 处供水站的扩户工程，主要包括打深井 7 眼，建水池 2 座，扩网 61 个村，解决 6.03 万人的饮水安全问题。总投资 3017 万元，资金来源包括中央专项补助资金 1809 万元，省补助资金 362 万元，自筹资金 846 万元。总工期 3 个月，2009 年 10 月正式开工，2009 年 12 月底全部完工。
2010	芦里水站、草厂水站、十里店水站、柴堡水站、柴庄水站、车疃水站、王二厢水站、徐村水站、寿山寺水站、房寨水站共 10 处供水站扩户工程。	2010 年农村饮水：27 所学校被列为 2010 年度农村饮水不安全工程项目。项目内容：打饮水井 4 眼，建引水工程 27 处，安装供水主管道 5.6 万米，共解决 27 所学校 1.76 万人的饮水安全问题，涉及 10 个农村供水站。项目总投资 528 万元，其中中央 317 万元，省配套资金 158 万元，群众投物及以劳折资 53 万元。
2011	寿山寺水站扩户、房寨水站扩户、北榆林水站扩户。	2011 年农村饮水；寿山寺乡、房寨镇、路桥乡被列为 2011 年农村饮水不安全工程项目对象。项目内容包括：寿山寺水站扩户、房寨水站扩户、北榆林水站扩户。安装供水管道 9.46 万米，共解决 0.91 万人的饮水安全问题。项目投资 455 万元，其中中央补助资金 273 万元，省配套资金 91 万元，群众自筹资金 91 万元。使 0.91 万人饮水问题得到了有效解决。

续表 2-3-5

年份	乡村饮用水站	管网建设情况
2012	芦里水站扩户、路桥水站扩户、草厂水站扩户、十里店水站扩户、柴堡水站扩户、柴庄水站扩户、车疃水站扩户、王二厢水站扩户、徐村水站扩户、县城水站扩户、寿山寺水站扩户、房寨水站扩户共12处供水站扩户工程。	2012年农村饮水：王桥乡郝庄村、李桥村等共7个村及路桥乡路桥中学、张寨小学等共40所学校被列为2012年农村饮水安全项目对象。主要实施工程项目包括：芦里供水站扩户、路桥供水站扩户、草厂供水站扩户、十里店供水站扩户等共12处供水站扩户工程。打深井2眼，安装供水管道6.69万米，共解决1.38万人的饮水安全问题。总投资534万元，其中：中央补贴资金320万元，省配套资金107万元，市县及群众自筹资金107万元。
2013	芦里水站扩户、路桥水站扩户、车疃水站扩户、寿山寺水站扩户、县城水站扩户、柴堡水站扩户。	2013年农村饮水；馆陶县2013年农村安全饮水工程总投资420万元，其中中央资金252万元，省级配套资金84万元，市县及群众自筹资金84万元。馆陶县2013年农村安全饮水工程扩户供水站6处，共解决1.07万人，其中4个村0.6万人及9所学校0.47万人吃水不安全问题。安装主管道1.66万米。

第四节　引黄引卫工程

引黄引卫入馆工程于2010年实施。共完成引黄入馆工程魏大馆渠、跃进渠、卫西干渠、麻呼寨渠等清淤疏浚42.5公里，动土方65万立方米，年底实现引黄入馆工程简易通水，一次性引蓄黄河水300余万立方米，通水里程达60公里，县中东部农业灌溉受益面积18万亩。引黄水到馆陶路线有两条，其中一条是由民有渠通过魏大馆干流到卫西干渠。另一条是民有渠通过麻呼寨渠到沙东干渠。另外卫西干渠有3座节制闸，张屯渠、威临渠、临馆渠三条渠道可利用节制闸直接蓄水。灌溉范围按渠口外各外延600米计，受益耕地16.6万亩。工程为补充馆陶县地下水、缓解水资源短缺起到积极作用。

第五节　水资源管理

取水许可制度

1989年11月，县水资源管理办公室向各乡（镇）人民政府及县直各部门下达了发放“取水许可证”的实施办法的通知（以下简称通知），《通知》本着首先满足城乡居民生活用水、统筹兼顾农业、工业用水的需要，防止水污染及地下水枯竭的原则，发放取水许可证。根据《通知》精神，当年向全县发放“河北省取水许可证”的机井 4847 眼，其中农用机井 4534 眼，保证了合理开发利用水资源。截至 2013 年年底，全县发放取消许可证 357 套，审批取水量 0.89 亿立方米，覆盖机井 7424 眼，其中农用机井 7311 眼。

划定地下水超采区

随着时间的推移，水资源供需矛盾越来越突出，为了使地下水资源得到科学合理有序的开采利用，严格控制地下水超采区的继续发展，最终实现地下水良性循环，邯郸市水利局于 2003 年 8 月编制了《邯郸市平原浅层地下水超采区分布图》和《邯郸市平原深层地下水超采区分布图》，馆陶县超采区：1、浅层区自馆陶镇的姜沿村—尚沿村—寿山寺乡的寿山寺北—东朱庄—古高庄—武高庄一线以南均为轻微超采区，涉及 73 个自然村，以北为未超采区;2、深层区自南徐村乡的颜窝头村北—西马兰村北—曹庄—蔺寨—张寨一线以南为超采区，以北为严重超采区，涉及 65 个自然村。

水资源费征管

2000 年 8 月 1 日，根据河北省、邯郸市的文件规定，调整了馆陶县征收水资源费的标准，调整后的标准：县城及以下地区开发利用地下水，从事生产经营的 0.3 元每立方米，县城和县城规划区外乡镇企业取用地下水的 0.2 元每立方米；县城集中取水（指自来水厂统一供水的单位）的居民生活用水和机关团体用水 0.1 元每立方米；工业经营服务及特种行业用水 0.2 元每立方米;开发利用地热水矿泉水 0.5 元每立方米;直接从江河、洼淀、水库提取地表水，从事生产经营的 0.2 元每立方米。

第四章　电力

供电调度服务中心

馆陶县电力设施齐全。县境内有220千伏、110千伏、35千伏等变电站，输电线路35千伏公用线路20条，总长度为116.32公里，配电10千伏线路共有65条，总长度1212公里。2010年建成的秸秆燃烧锅炉生物质发电项目，可发电2.18亿度，供热200万平方米。城市供电设施完善，农村电网经过两期进行改造，达到规范化标准。2013年，城乡居民用电实现了信息化网络管理。

第一节　电力设施

110千伏变电站

变电设施

220千伏电网　2013年，馆陶县境内有220千伏变电站1座，主变1台，容量180兆伏安。电压序列为220千伏、110千伏、10千伏。220千伏侧与大寨站、辛安站相联，110千伏侧与县域内110千伏沿村站、柴堡站、清城站、前宁站相连。

10 千伏侧出线供周边城区及农业用电，出线 3 回。

110（66）千伏电网　2013 年，馆陶县境内 110 千伏变电站共有 4 座，主变 7 台，变电容量 263 兆伏安。分别为柴堡变电站、清城变电站、沿村变电站、前宁变电站，110 千伏线路 7 条，总长 56.35 公里，其中架空线路长度 56 公里，电缆 0.35 公里。

柴堡变电站，主变为 2 台，容量为（40+31.5）兆伏安，主供 35 千伏齐堡站、马固站、范庄站、徐村站及县域中部乡村。

清城变电站，主变为 2 台，容量为（40+31.5）兆伏安，上级电源点分别为 220 千伏曲周变电站和 220 千伏馆陶变电站，主供 35 千伏魏僧寨站、草厂站、符渡站及县域北部乡村。

沿村变电站，主变为 1 台，容量 40 兆伏安，主供 35 千伏城关站、王桥站、范庄站及县城南部。

前宁变电站，主变为 2 台，容量（2×40）兆伏安。上级电源分别为 220 千伏大寨变电站和 220 千伏馆陶变电站，主供化工园区。

35 千伏电网　35 千伏变电站共有 12 座，变压器共 23 台，主变总容量为 132.7 兆伏安。35 千伏线路共 20 条，总长度 116.32 公里。

2013 年馆陶县 35 千伏安电网分布情况一览表

表 2-4-1

变电站	主变压器（台）	容量（兆伏安）
房寨变电站	2	（10+6.3）兆伏安
河寨变电站	2	（2+4）兆伏安
王桥变电站	2	（10+5）兆伏安
范庄变电站	2	（3.15+6.30）兆伏安
城关变电站	2	（10+6.30）兆伏安
马固变电站	2	（10+6.30）兆伏安
徐村变电站	2	（2+3.15）兆伏安
东马头变电站	2	（6.3+3.15）兆伏安
魏僧寨变电站	2	（10+6.30）兆伏安
草厂变电站	2	（4+4）兆伏安
符渡变电站	2	（3.15+5）兆伏安
齐堡变电站	1	（6.3）兆伏安

输电设施

2013 年，馆陶县境内 35 千伏公用线路 20 条，总长度为 116.32 公里。

2013 年馆陶县 35 千伏公用线路分布一览表

表 2-4-2

序号	线路名称	设备类型	电压等级	投运日期	线路长度（公里）
1	清草 356 线	公用设备	35 千伏	2001.09	8.365
2	清魏 354 线	公用设备	35 千伏	2001.09	3.56
3	清东马 358 线	公用设备	35 千伏	2001.09	3.465
4	马关 352 线	公用设备	35 千伏	2000.09	3.4
5	房河 352 线	公用设备	35 千伏	2001.08	5.829
6	杨河 352 线	公用设备	35 千伏	2001.12	10.43
7	柴马 331 线	公用设备	35 千伏	1995.03	5.105
8	柴徐 335 线	公用设备	35 千伏	1997.07	8.406
9	房王 354 线	公用设备	35 千伏	1998.02	6.58
10	徐东马 352 线	公用设备	35 千伏	1998.05	5.882
11	柴房 332 线	公用设备	35 千伏	1997.12	10.98
12	柴范 334 线	公用设备	35 千伏	2004.08	8.091
13	清符 351 线	公用设备	35 千伏	2008.12	7.005
14	符草 332 线	公用设备	35 千伏	2008.12	2.498
15	沿柴 T 接 331 线	公用设备	35 千伏	2009.09	2.754
16	沿城 332 线	公用设备	35 千伏	2009.09	3.508
17	沿桥 334 线	公用设备	35 千伏	2009.09	4.395
18	前范 351 线	公用设备	35 千伏	2012.10	7.21
19	清魏 357 线	公用设备	35 千伏	2012.12	3.29
20	柴齐 333 线	公用设备	35 千伏	2013.04	5.567

配电设施

2013 年，馆陶县 10 千伏线路共有 65 条，总长度 1212 公里。

2013年馆陶县10千伏线路分布一览表

表 2-4-3

配电线路			支线信息		线路附属设备			
线路名称	线路长度（米）	投运日期	支线条数	支线长度（米）	配电变压器（台）	容量（千伏A）	断路器	负荷开关
张官寨056线路	8549	1997.5	51	23684	93	6660	1	0
穆官庄054线路	4403	1997.5	22	11146	44	3455	3	0
部队034线路	1530	1998.7	0	0	1	80	0	0
服务区034线路	15784	2000.6	22	15998	54	11040	0	0
轴承园035线路	1016	2000.6	12	5131	56	7935	0	0
申街032线路	3407	2000.6	31	14278	57	6745	0	0
法寺035线路	3332	2000.6	28	14060	65	5890	0	0
王桥036线路	17679	2000.6	13	4670	50	5120	0	0
鼎新041线路	635	2000.6	0	0	15	3975	0	0
洪源036线路	3251	2000.6	1	760	6	3650	5	0
芦里034线路	18443	2000.6	25	18030	49	3550	0	0
范庄061线路	15503	2000.6	21	14985	46	3390	1	0
科技园036线路	4239	2000.6	5	946	0	0	0	0
拐渠036线路	3166	2001.3	35	19048	67	4680	0	0
县城031线路	9252	2001.4	24	8675	106	17210	1	0
城区035线路	12274	2001.4	13	6041	91	14340	8	6
河寨038线路	8296	2001.4	55	37830	110	10080	0	0
油寨033线路	6356	2001.4	72	35334	113	8400	12	0
柴庄032线路	33764	2001.4	53	25837	75	5380	0	0
井寨031线路	3307	2001.4	41	17786	64	5270	0	0
路头036线路	2907	2001.4	50	22673	65	5260	0	0
窝头034线路	16005	2001.4	38	20845	66	5160	1	0
浒演031线路	3410	2001.4	26	12052	54	4565	1	3
市庄037线路	7200	2001.4	28	15369	54	4070	0	0
园区038线路	2578	2001.4	7	1325	10	4000	0	0

续表 2-4-3

配电线路			支线信息		线路附属设备			
线路名称	线路长度（米）	投运日期	支线条数	支线长度（米）	配电变压器（台）	容量（千伏A）	断路器	负荷开关
马头 034 线路	897	2001.4	20	13726	41	3740	0	0
高庄 053 线路	2052	2001.4	24	11809	40	3500	0	0
宁堡 035 线路	7887	2001.4	17	6557	42	3300	0	0
张庄 031 线路	2409	2001.4	10	3829	33	2885	5	0
二砖厂 034 线路	3069	2001.4	21	11184	39	2790	1	0
徘头 034 线路	2444	2001.4	25	7878	34	2330	2	0
陈庄 035 线路	954	2001.4	19	8700	25	1610	0	0
社里堡 033 线路	3036	2001.4	38	21290	56	5310	2	0
沿村 033 线路	6509	2001.4	24	11693	44	4200	0	0
安雷寨 033 线路	4889	2001.4	14	6559	30	2425	0	0
刘庄 058 线路	3756	2001.4	24	11004	54	3495	0	0
宝村 062 线路	2427	2001.7	12	4852	21	13060	0	0
庄固 033 线路	4341	2001.7	19	10683	64	8180	0	0
城北 039 线路	20080	2001.7	11	4400	20	6360	0	0
罗头 033 线路	6085	2001.7	42	23522	97	7355	0	9
平庄 035 线路	5103	2001.9	23	9222	52	4100	1	0
鸭窝 031 线路	537	2001.9	22	15430	40	3110	0	0
留庄 033 线路	2743	2001.9	20	12801	38	2610	0	0
王二厢 035 线路	6630	2001.9	73	39185	123	8745	1	0
郑村 036 线路	8849	2001.10	32	15811	66	9910	0	0
浅口 031 线路	8304	2001.10	42	25657	102	7750	0	9
前符渡 033 线路	2926	2001.10	15	8184	26	5270	0	0
伴导 037 线路	1889	2001.10	6	1798	4	300	0	9
城南 037 线路	6140	2001.10	16	8392	60	7945	6	0
滩上 033 线路	29667	2001.10	44	25477	93	6590	1	0
任门寨 031 线路	2882	2001.10	15	7874	25	1675	0	0
工业区 037 线路	12398	2001.10	0	0	0	0	1	0

续表 2-4-3

配电线路			支线信息		线路附属设备			
线路名称	线路长度（米）	投运日期	支线条数	支线长度（米）	配电变压器（台）	容量（千伏A）	断路器	负荷开关
魏僧寨 032 线路	3446	2003.4	26	10220	55	6385	1	0
柴堡 035 线路	5379	2003.7	27	14106	49	5825	0	0
路疃 067 线路	586	2004.8	27	20493	90	26385	3	0
城西 038 线路	1015	2004.8	8	3776	36	8295	4	9
新园区 066 线路	2301	2008.4	0	0	1	1600	0	0
姚庄 039 线路	2395	2009.7	9	3524	23	2490	0	0
化工 031 线路	4500	2012.6	7	1783	17	12575	0	0
齐固 032 线路	16430	2012.6	22	14006	61	4770	0	0
樊堡 031 线路	190	2013.1	42	42223	79	7610	0	0
天河 035 线路	4409	2013.1	28	14124	49	3660	0	0
园东 031 线	3517	2013.8	0	0	5	5050	0	0
园西 033 线	2384	2013.8	1	200	8	3400	0	0
六和 033 线路	2690	2013.8	0	0	0	0	0	0

第二节 城市电网建设

2003 年 11 月，城市电网建设与改造工程开工建设，2005 年 10 月 30 日工程全部竣工建成，完成总投资 1806.2 万元。

公司领导检查指导迎峰度夏工作

35 千伏变电工程：完成范庄变电站新建工程和城关、王桥、草厂 3 座变电站增容改造工程，新增主变 4 台 /21.6MKA，完成投资 422.34 万元。

35 千伏输电工程：完成柴范线新建工程，架设柴范 35 千伏输电线路 8.091 公里，完成投资 81.15 万元。

10 千伏配电工程：完成新

建10千伏线路20.876公里，改造10千伏线路17.902公里；安装配变110台/12510千伏安；完成投资614.57万元。

低压电网改造工程：架设低压线路69公里，完成一户一表改造7158户，投资597.23万元。

光纤通信工程：共架设光缆11.7公里，安装光端机14台，投资90.9万元。

城网建设与改造后，县城供电环境得到进一步优化，供电可靠性和电压质量都有了显著提高，重要用户实行了双电源环网供电，低压电网线损降到了12%以下，用电秩序稳定，居民用户统一了电价，减轻了居民负担。由于改善了县城的用电环境，促进了全县经济和个体经济发展。经过城网建设与改造新增变压器110台，工副业增加了98个摊点，居民新购洗衣机1800台，购置电视机3050台，购买DVD826台，空调1500台。供电量2005年10月较2003年12月增长了25.9%。

第三节　农村电网建设

一期农网改造

1998年10月8日，国务院下发了国办发〔1998〕134号文《国务院办公厅转发国家计委关于改造农村电网改革农电管理体制实现城乡同网同价请示的通知》，提出了改造农村电网、改革农村电力管理体制、实现城乡同网同价的宏伟目标。馆陶县农村电网建设与改造分两期进行，第一期农村电网建设与改造（以下简称一期农网改造）于1998年10月初开工建设，2001年6月30日完工。完成投资7250.61万元（其中110千伏安资金超95.4万元，由邯郸市供电公司进行调整）。

110千伏输变电工程：新增主变1台31500千伏安，架设110千伏安线路37公里，完成投资2235.4万元。

35千伏输变电工程:新建35千伏变电站3座,改造1座,新建35千伏线路33.6公里,完成投资944万元。

10千伏线路建设和延伸进村工程：建设改造10千伏线路301.7公里，完成投资1293.59万元。

农村低压改造工程：农村低压电网改造277个村，完成投资2445.91万元。

高耗配变更新改造工程：更换高耗配变150台9150千伏安，完成投资154.9万元。

微机应用工程：所属11个供电所全部实现微机算费管理，完成投资29.2万元。

MIS管理信息系统：完成投资63万元。

无功补偿：完成投资12.26万元。

调度自动化：完成投资69.85万元。

完成了乡镇电管站体制改建工作，撤销了20个乡电管站，组建了11个供电所，对原有村电工全部解聘，重新进行了公开招聘。全县共招聘农电工331人，精简了185人，并依据劳动法签订劳动合同。理顺了农村用电管理体制，规范了用电秩序，强化了服务意识，实现了电力营销“三公开”（电量、电价、电费公开）、“四到户”（销售到户、抄表到户、收费到户、服务到户）和“五统一”（统一电价、统一发票、统一抄表、统一核算、统一考核）。

馆陶县大力宣传“两改一同价”（改造农村电网、改革农村电力管理体制、实现城乡同网同价）的相关政策，取得了群众的理解和支持。经过一期农网改造，优化了电网结构，改善了电压质量，减轻了农民负担，提高了经济效益和社会效益。初步统计，一期农网改造完成后，全县新增电视机4476台，洗衣机452台，电冰箱603台，电风扇5403台，空调361台，其他设备573台。拉动了设备材料相关行业的经济增长，带动了家电市场。全县工副业、个体加工业迅速发展，为农村经济发展注入了活力。

二期农网改造

2002年4月开工建设，2003年5月全部工程竣工。完成投资1619.43万元。其中：10千伏线路新建3.79千米，完成投资31.43万元。10千伏线路改造345.95千米，新增配变62台4500千伏安，完成投资1061.34万元。更换高能耗配变182台10190千伏安，完成投资145.93万元。改造乡（镇）所在地5处，新增、改造配电台区9个，新增配变5台250千伏安，新建、改造低压线路7.08千米，完成投资38.56万元。农业排灌改造试点徐村乡，改造用电村25个，新建10千伏线路9.61千米，新增配电台区59个，新增配变28台2080千伏安，低压线路25.72千米，完成投资257.07万元。农电光纤通信工程，23个站（所）架设光缆72.3千米，完成投资85.1万元。

二期农网改造共有109项单项工程，经过严格自查验收72项单项工程被评为优质工程，占全部工程的66%；20项单项工程被评为优良工程，占全部工程的18%；17项单项工程被评为合格工程，占全部工程的16%；二期农网改造工程综合自测评定为优质工程县。

二期农网改造的实施，进一步改善了馆陶中、低压电网状况，提高了供电可靠率，拉动了县域经济增长，解决了长期以来农业排灌线路质量差的难题，使群众农排有电用，用上安全电、便宜电。

第四节　用电

农业排灌用电

20 世纪 90 年代初，农村实现了村村通电，农村电灌日益普及，其他动力灌溉逐渐被替代，排灌用电量也日益剧增。特别是一、二期农网改造完成后，农村供电环境得到很大改善，农业排灌配变容量急剧增长，实施井井通电工程，农业生产用电线路得到了发展，基本满足了排灌用电的需要。1997 年全县农业排灌用电量 5112 万千瓦时，到 2013 年达到 7255.9 万千瓦时，电量增长 2143.9 万千瓦时，增长 41.94%。

1997—2013 年馆陶县农业排灌用电量统计表

表 2-4-4

年份	农业排灌用电量（万千瓦时）	同比增长率（%）	年份	农业排灌用电量（万千瓦时）	同比增长率（%）
1997	5112	27.01	2006	3869.9	-50.69
1998	3181.1	-37.77	2007	4309.5	11.36
1999	6470.1	103.39	2008	4371.4	1.44
2000	4732.5	-26.86	2009	5223.2	19.49
2001	5916.2	25.01	2010	6060.5	16.03
2002	6099	3.09	2011	6660.7	9.90
2003	5291.2	-13.24	2012	5833.1	-12.43
2004	6848.8	29.44	2013	7255.9	24.39
2005	7847.9	14.59	—	—	—

农副业加工（非、普工业）用电

农村供电设施的改善，促进了农村碾米、磨面、榨油、轧花、制作食品、制作木器、制作砖瓦等副业加工制作，用电量不断增长。特别是粮食深加工产业发展快，带动了相关用电的增长。1997 年馆陶县农副业加工（非、普工业）用电 692.9 万千瓦时，2013 年达到 3362.6 万千瓦时，电量增长 2669.7 万千瓦时，增长率 385.29%。

1997—2013年馆陶县农副业（非、普工业）用电量统计表

表2-4-5

年份	农副业加工用电量（万千瓦时）	同比增长率(%)	年份	农副业加工用电量（万千瓦时）	同比增长率(%)
1997	692.9	-7.90	2006	2453.5	4.40
1998	719.8	3.89	2007	2678.8	9.18
1999	982.6	36.51	2008	2427.4	-9.38
2000	1108.7	12.84	2009	2142.4	-11.74
2001	937.6	-15.43	2010	2298.1	7.27
2002	679.8	-27.50	2011	2858.9	24.40
2003	1026.1	50.94	2012	3548.1	24.11
2004	1864.8	81.73	2013	3362.6	-5.23
2005	2350.1	26.02	—	—	—

居民生活用电

随着经济的发展和人民生活水平的提高，家用电器的种类、数量迅速增加，收音机、电视机、洗衣机、电风扇、电热毯、电熨斗、电吹风、电冰箱、空调等陆续进入城乡居民家庭，城乡居民生活用电量逐年增加。1997年馆陶县城乡居民生活用电量1406万千瓦时，2013年达到12017.8万千瓦时，用电量增长10611.8万千瓦时，增长率754.75%。

1997—2013年馆陶县城乡居民生活用电量统计表

表2-4-6

年份	生活照明用电量（万千瓦时）	同比增长率(%)	年份	生活照明用电量（万千瓦时）	同比增长率(%)
1997	1406	3.76	2006	3053.7	45.35
1998	1501.3	6.78	2007	4053.5	32.74
1999	1615.9	7.63	2008	5250.8	29.54
2000	1756.8	8.72	2009	6364.9	21.22
2001	1865.2	6.17	2010	6956	9.29
2002	2061.8	10.54	2011	8643.1	24.25
2003	2260	9.61	2012	10975.2	26.98
2004	2233.5	-1.17	2013	12017.8	9.50
2005	2101	-5.93	—	—	—

第五节　电价与收费

电价

1997—2013年，馆陶农村电价大体分为综合电价和分类电价两个阶段。农电体制改革前馆陶县实行的是综合电价，统一价格。农电体制改革后，实行的是分类电价，分光电、热电和水电，分别计算电价。

2003年3月1日起，在全县范围内实行城乡居民生活用电同价，即0.49元/千瓦时。

2003—2012年，河北省物价局出台了农村电价的有关文件，馆陶县电力局按照文件要求，严格执行了规定电价。2003年4月1日起，河北省农村畜禽养殖业和大棚蔬菜种植业用电按农业生产电价执行。

2004年1月1日起，销售电价每千瓦时上调0.008元（居民、农业除外），原核定的农村各类到户电价一律不作调整。

2004年6月15日起，农村工副业电价上调0.05元，即0.75元/千瓦时，其他价格不变，农业经济作物和养殖业一律按农业生产电价执行。

2006年6月30日起，商业、非居民照明、非普工业用电三类电价合并为一般工商业及其他类电价，不满1千伏为0.7299元/千瓦时，1—10千伏为0.7199元/千瓦时；大工业电价为0.5125元/千瓦时；贫困县农排到户电价每千瓦时提高2.9分，即0.459元/千瓦时。

2006年12月10日起，城乡居民生活用电价格由每千瓦时0.49元调整为0.52元。

2008年7月1日起，河北南部电网销售电价平均提价2.5分每千瓦时，大工业电价调整为0.5521元/千瓦时，一般工商业及其他用电价格调整为不满1千伏0.7695元/千瓦时，1—10千伏0.7595元/千瓦时。

2009年11月20日起，大工业电价调整为0.5796元/千瓦时，一般工商业及其他用电价格调整为不满1千伏0.8044元/千瓦时，1—10千伏0.7894元/千瓦时，贫困县农业排灌电价调整为0.4889元/千瓦时。

2011年6月1日起，大工业电价调整为0.5975元/千瓦时，一般工商业及其他用电价格调整为不满1千伏0.8223元/千瓦时，1—10千伏0.8073元/千瓦时，贫困县农业排灌电价调整为0.5068元/千瓦时。

2011年12月1日起，大工业电价调整为0.6321元/千瓦时，一般工商业及其他用电价格调整为不满1千伏0.861元/千瓦时，1—10千伏0.846元/千瓦时，贫困县农业排灌电价调整为0.5455元/千瓦时。

2012年7月1日起，居民生活用电执行阶梯电价。居民阶梯电价将现行单一形式的居民电价，改为按照用户消费的电量分段定价，用电价格随用电量增加呈阶梯状逐级递增。城乡居民月用电量按照满足基本用电需求、正常合理用电需求和较高生活质量用电需求划分为三档，电价实行分档递增：第一档居民户月用电量在180度及以内，维持现行电价水平。其中：不满1千伏用户电价每度0.52元；1—10千伏用户电价每度0.47元；第二档居民户月用电量在181度—280度，在第一档电价基础上每度提高0.05元；第三档居民户月用电量在281度及以上，在第一档电价基础上每度提高0.30元。按照国家发改委确定的分档原则，第一档电量，按照覆盖本区域内80%居民用户的月均用电量确定；第二档电量，按照覆盖本区域内95%居民用户的月均用电量确定；第三档电量，为超出第二档的电量。按照国家发改委确定的原则，第一档电量电价不做调整，第二档电量提价幅度为每度0.05元，第三档电量提价幅度为每度0.3元。合表用户、执行居民电价的非居民用户，每度按0.0162元上调。对城乡“低保户”和农村“五保户”家庭，每户每月给予15度免费电量。

收费

2011年，农电体制改革之前，县电力局抄表到变台总表，农村电工抄表收费到户。农电体制改革后，全部实行分类电价，局实行“五统一”“四到户”，由县电力局职工直接抄表收费到户。

2012年以后，随着计算机和网络技术的发展，国网馆陶县供电公司应用“用电管理信息系统”，后又升级为全省联网的“河北营销业务应用系统”，对用电管理的各项工作实行信息化网络管理，通过规范业务流程，功能设置、使用电管理工作全面实现规范化和标准化。收费方式的改革，取消了走收电费方式，电费核算中心的建立，实现了减人增效，提高了工作质量，改变了抄、核、收一体的电费抄、收模式。对中小用户和居民用户广泛采用了抄表器，对大用户通过自动集中抄表，实行了电量的自动采集。

新能电力集团馆陶生物质热电有限公司

第六节　生物质发电

2007年，馆陶县开始生物质发电项目建设，由河北新能电力有限公司投资兴建，位于工业园区新能街北侧。2010年投入生产，总投资50810万元，占地200亩，总建筑面积2万平方米，建设规模为2×2.4万千瓦单抽凝汽式供热机组配 2×130 吨/时秸秆燃烧锅炉。项目为科技型、节能环保型项目，属于国家投资支持性项目。年设计能力可发电 2.29 亿度，可供电量为 2.18 亿度，可供热面积达 200 万平方米。年新增产值 12960 万元，年创利税 3131 万元。项目年消耗秸秆 25.8 万吨，解决了秸秆的出路和环境影响的大问题，使废弃物再利用，直接为农民增收出售秸秆收益 5000 万元，可为全县农民平均年提高人均收入近 300 元。项目已列入中科院全国生物质发电示范基地项目。

第五章　邮政　通信

邮政局办公大楼

20世纪90年代末，馆陶固定电话从城市向乡村普及，在此冲击下，电报业务被淘汰，邮政业务量减少。2000年以后，传呼机和小灵通一度盛行。2005年以后，随着移动电话的普及，寻呼机和小灵通渐被淘汰。同时，互联网开始进入居民家庭。

第一节　邮政

邮政事业发展

1998年8月，根据上级邮电体制改革要求，馆陶县邮电局实行邮电分营，成立馆陶县邮政局、馆陶县电信局。1998年，邮政独立运营时，县邮政局经营面临严重困难。在市邮政局的支持下和职工的努力下，到2001年实现了“扭亏为盈”，邮政发展步入健康、规范快车道。2004年，邮政综合生产楼竣工投入生产。2005年10月，县邮政局所有机构均由老局址搬迁到新办公楼。为实行邮政专业化管理，2008年7月，邮政储蓄银行成立，2009年4月，速递物流营业部成立。随着新业务的不断开发和增加，邮政业务总量连年递增，到2013年年底，邮政业务业务量达到534.45万元。

邮政网点

1955年，县城迁至南馆陶后，率先在魏僧寨开办了支局，1957年、1958年分别又在房寨、柴堡开办了支局。县邮政局到支局自办邮路，支局到乡、村设有投递线路，邮政服务覆盖全县。1998年邮电分营后，在县城陶山西街电信局楼下开办邮政营业网点1处。2005年8月，县邮政局搬迁到北环金凤大道邮政大楼后，在楼下增设邮政营业网点1处。2009年7月原局址东营业室因地址偏僻，业务量减少而撤销。到2013年年底，全县邮政服务网点5处，全县277个行政村全部设有信报站，公众用邮便捷。

经营业务

1998年，馆陶县邮政业务主要是信函、包裹等，业务量小，年业务总量为89万元。2005年以后，随着电子商务的发展，配送、快递等业务量增长较快，到2013年，邮政业务种类有信函（平信、挂号、商业信函）、包裹（民包、商包）、报刊发行、机要、集邮、电子商务、分销配送、代理特快、邮政储蓄、汇兑等业务，年业务总量达到534.45万元。

1997—2013年馆陶县邮政业务总量统计表

表2-5-1

年份	业务总量（万元）	年份	业务总量（万元）
1998	89.12	2006	384.63
1999	114.08	2007	391.06
2000	137.88	2008	398.82
2001	238.31	2009	408.21
2002	271.27	2010	413.36
2003	290.55	2011	450.79
2004	300.22	2012	473.37
2005	367.75	2013	534.45

信函　1996年12月1日根据国家计委、邮电部《关于改革邮电价格的通知》之规定，国内信函每20克（不足20克按20克计算）由本埠1角，外埠2角调整为不分本、外埠，一律5角。挂号信件由原来的3角提高到1元。1998年邮电分营后，随着国市场经济的确定和人民群众的需要，函件业务进一步扩展，商业信函、贺年明信片、邮送广告等业务相继开办。2006年11月15日起，经国务院批准，对国内信函和明信片资费做了调整:信函资费自重100克以内由本埠（县）0.6元、外埠0.8元分别调整为0.8、1.2元，100克以上的续重资费不变。明信片资费由每件0.6元调整为0.8元。

包裹　邮局开办包件业务，主要办理宜于寄递的群众日常生活用品和机关、团体、企业交寄的零星物品。

自1996年12月1日起，包裹资费在原《包裹资例表》基础上费率上调50%（四舍五入保留到角），另按件计收挂号费。2001年8月1日新开办的快递包裹业务资费实行分区计费方式，其计费区间与普通包裹相同。

汇兑　随着现代通信往来的快速发展，2002年1月汇兑业务依托邮政综合计算机信息网，逐步实现全国邮局网点联网，推出了电子汇兑业务，国内汇兑业务种类按通知方式分为邮局通知汇款和汇票人自行通知两大类，按处理时限可分为普通汇款、24小时汇款、2小时汇款、实时汇款四种，电子汇兑的开通，使邮政汇兑业务在服务上发生了质的飞跃，市场竞争力得到提高，汇兑业务量由负增长出现了正增长。2008年7月邮储银行成立后，邮政局为邮政储蓄银行代理汇兑业务。

1997—2013年馆陶县邮政函、包、汇兑业务量统计表

表2-5-2

项目 年份	函件（万件）	包件（万件）	汇票（万张）	机要（万件）
1997	39.39	0.70	0.8618	0.0228
1998	38.32	0.49	0.8237	0.0132
1999	19.87	0.39	0.8217	0.0071
2000	20.04	0.39	0.8614	0.0038
2001	16.94	0.50	0.8511	0.0017
2002	17.81	0.56	0.6535	0.0015
2003	18.29	0.53	0.87	0.0016
2004	48.60	0.51	0.82	0.0019
2005	15.00	0.49	0.79	0.0018
2006	11.70	0.57	0.76	0.0021
2007	7.00	0.55	0.81	0.0027
2008	6.29	0.43	1.38	0.0019
2009	9.00	0.34	0.92	0.0017
2010	13.46	0.35	0.96	0.0027
2011	2.60	0.35	1.14	0.0027
2012	2.87	0.36	1.26	0.0032
2013	2.3	0.37	1.42	0.0045

邮政储蓄　1986年4月1日，邮电部门开始为银行代办储蓄业务。同年10月1日，

邮政储蓄业务在县邮政局营业室正式挂牌对外营业，由邮政营业员兼办，年底储存余额为3.4万元，经办业务主要是吸收私人的活期、定期、整存整取、整存零取等储蓄业务，存款利率执行中国人民银行统一的标准。利用邮政点多线长的优势，1987年年底全县三支局全部开办了邮政储蓄业务。1991年12月，随着邮政储蓄业务的不断发展，县邮政局建立健全储蓄作业制度，实行双人临柜、事后监督，万元以上汽车押运制度。1993年11月，县邮政局设立了储汇股，事后监督配备电脑，到1998年3月，县邮政局和各支局储蓄营业配置电脑，结束了手写开存单的历史。2001年开办邮政储蓄绿卡业务。2003年5月，县邮政局和支局储蓄营网点全国联网，实现异地存取。2005年11月底，全县邮政储蓄余额突破亿元。2006年8月，为方便客户取款，城关储蓄所安装自动取款机一台。2008年7月馆陶邮政储蓄银行成立时，邮政储余额达到1.4亿元。2011年11月柴堡邮政储蓄营业所迁址到县邮政局楼下，更名为金凤大道邮政储蓄营业所。2013年年底邮政储蓄存款余额达到2.86亿元。

集邮　集邮业务开办于1990年，改革开放后，随着人民群众文化生活的日渐丰富，为满足社会各界人士对邮票的需求，县邮政局营业室设立集邮专柜，销售邮票及集邮用品的，由邮政营业员兼办。随着集邮市场的兴起和集邮队伍的壮大，1992年5月成立了集邮协会，大力开拓集邮业务。1998年8月邮电分营后，县邮政局设立了集邮公司，1999年新邮预订用户发展到1004户。2001年3月制作个性化邮票300版，2007年制作形象年册200册，十七大宣传册250册，2011年形象年册揽收制作600册，集邮客户308户。

报刊发行　报刊零售业务开办于1986年，经营方式主要靠社会代办。2000年，投资2万元在县商城和县一中设立报刊零售亭2处。为提高邮政业务收入，馆陶县邮政局每年积极开展报刊大收订活动，细分报刊种类，在完成党报党刊征订计划的同时，做好其他种类报刊收订工作，报刊征订份数和流转额逐年提高。

1997—2013年馆陶县报刊征订业务统计表

表2-5-3

年份	业务量（万份）	年份	业务量（万份）
1997	97.15	2004	98.26
1998	96.89	2005	99.65
1999	96.72	2006	102.17
2000	95.19	2007	104.24
2001	95.27	2008	116.46
2002	95.32	2009	120.19
2003	96.19	2010	128.02

续表 2-5-3

年份	业务量（万份）	年份	业务量（万份）
2011	165.02	2013	293.16
2012	224.76	—	—

特快专递　1995 年馆陶开始为邯郸市局代投快件。1998 年 1 月，县邮政局正式办理速递业务，2003 年 2 月，县邮政局设立速递业务部，实行专业管理，承包经营，特快专递业务得到了快速发展，除机关团体、企事业单位外，个人使用量逐年递增。2009 年 4 月速递物流营业部成立后，当年业务量 106 万元。

电子商务　电子商务前身为代办电信业务，始设于 2000 年 9 月，主要业务为省世纪公司 133 号段移动通信放号，代售移动、电信充值卡。2000 年放号 117 部、2001 年放号 1006 部、2002 放号 312 部，2003 年 1 月 133 划中国电信公司停办。2005 年代办电信业务设专人管理，2006 年成立代办电信业务部，业务范围扩大，主要是邮储短信业务、代放号业务、代收费业务。2008 年，根据上级要求，代办电信业务更名为电子商务。至 2013 年年底，业务范围主要包括邮储短信、特快短信、汇兑短信、一站通收费、代售机票等业务。拥有邮储短信客户 12716 户、特快短信 12395 条、汇兑短信 8019 条，发展一站通收费网点 198 处。

商业信函　邮政商业信函是以信函为载体，将客户的各类商业信息通过邮政渠道寄发给指定目标对象的一种广告媒体，主要包括广告类商业信函和账单类商业信函。

2001 年邮政商业信函业务在馆陶开办，2001 年制作邮资封 5000 枚。2010 年揽收制作商业信函 7.3 万份。为方便商户发函需求，鼓励投递人员采集名址库数据，纳入全国邮政数据库信息。

分销配送　分销配送业务从 2000 年年初配送“雅芳”洗涤品和“利果美”叶面肥、三鹿牛奶开始，逐渐扩大业务范围。2006 年邮政系统积极响应党中央服务“三农”号召，及时开展种子、化肥、农药配送业务，年底配送化肥 460 吨，后又增设有酒水、食用油、快消品分销等业务，2011 年配送化肥 993 吨。为方便农民，2012 年开始在农村建农资配送站，至 2013 年共建配送站 218 处，占全县农村的 78.7%。

第二节　固定通信

固定电话

1992 年，馆陶县邮电局开通县城数字程控，县城电话交换进入数字程控交换时代。是年，市话电话号码由 4 位升至 6 位。1993 年，魏僧寨、柴堡、房寨 3 个乡（镇）开通程控电话。1995 年，馆陶县并入邯郸市固定电话本地网，电话号码由 6 位升至 7 位，馆陶县原长途区号取消，启用邯郸市统一新区号 0310，全县实现支局以上交换程控化。1999 年，全县开通可视电话会议系统，实现电话计费集中管理，IC 卡公用电话开始出现在街头巷尾和公共场所。2000 年，全县实现 112 故障电话集中受理。2004 年，开通无线市话小灵通业务，信号基本覆盖县城区域。2013 年，全县 277 个行政实现村村通电话。

电报传真

2000 年 10 月，馆陶县至石家庄电报电路正式取消，电报改为电报传真业务，电报机正式退出历史舞台。2003 年，邮政局电报班并入营业室，主要业务为内部使用及对外接收，年业务量不足百份，多为礼仪和公务电报。同时，随着固定电话的普及，电话传真机在公司和机关事业单位得到普遍应用。

无线寻呼

1993 年，馆陶县邮电局开通“126”无线寻呼业务。1998 年底，“126”“127”无线寻呼业务整体从馆陶县邮电局剥离，成立馆陶国信营业厅，2001 年馆陶国信并入原馆陶联通。2000 年，馆陶电信开通河北电信“898”“899”无线寻呼业务。随着移动电话的发展和普及，无线寻呼业务逐年萎缩，至 2004 年，无线寻呼用户基本退网。

互联网

1998 年，馆陶县开通因特网业务，推出普通拨号业务，分别为 163 国际互联网、169 中国公众多媒体网。1999 年开通综合业务数字网（ISDN）业务。2001 年，开通县城非对称数字用户环路（ADSL）宽带业务，上网进入高速数字通信时代。2002 年后宽带进行高速度建设和发展阶段。2008 年开始，逐步实施光纤宽带到村入户改造，至 2010 年，馆陶县互联网进入光纤化时代。至 2013 年，互联网成为城乡居民获取信息、相互交流沟通的主要方式之一。

第三节　移动通信

1997—2013 年，馆陶境内从事移动通信业务的主要是中国联通馆陶县分公司、中国移动馆陶分公司和中国电信馆陶分公司。

中国联通馆陶分公司

1998 年前，邮政电信为一家，系馆陶县邮电局，1998 年 4 月，邮电开始分离。馆陶县邮电局一分为二，成立了馆陶县邮政局和馆陶县电信局。1999 年 9 月，馆陶电信局重组为馆陶县电信局和馆陶移动营业部。馆陶电信主营固定电话、互联网（拨号上网、ISDN、宽带）。2002年9月12日，根据国务院《电信体制改革方案》，馆陶电信局更名为河北省通信公司馆陶县分公司。2004年10月，河北省通信公司馆陶县分公司更名为中国网通（集团）有限公司馆陶县分公司。2009年1月7日根据国家电信业重组方案，中国网通（集团）有限公司馆陶县分公司与中国联通馆陶县分公司重组更名为中国联合网络通信有限公司馆陶县分公司。

公司员工总数97人，下设六个中心（综合支撑中心、集团客户中心、渠道中心、营业中心、固融中心、建设维护中心）、三个农村营业部（魏僧寨营业部、柴堡营业部、房寨营业部）、共有8个自办厅、34家合作厅、101家末梢渠道等遍布全县的服务网络。基站总量已达到108个，覆盖馆陶所有县、乡镇、农村，主要交通干线和重点地区实现无缝覆盖，全面实现全县行政村网络全覆盖。

联通移网经营GSM(GPRS、EDGE)、WCDMA（3G)、TD-LTE（4G）网络，2009年1月，中国联通获得了当今世界上技术最为成熟、应用最为广泛、产业链最为完善的WCDMA制式的3G牌照，拥有“沃3G/沃4G”“沃派”“沃家庭”等著名客户品牌。服务网号“130、131、132、145、155、156、185、186、176”，2G用户24000户、3G用户9800户、4G用户11500户。

中国移动馆陶分公司

中国移动通信集团河北有限公司馆陶分公司于1999年7月1日从中国电信馆陶分公司分离独立运营，同年9月1日正式挂牌成立。主要经营移动电话通信（包括话音、数据、多媒体等）、IP电话及互联网接入服务等业务。

公司员工总数48人，下设四个部室（综合部、市场部、网络部、集团客户部）、五个区域中心（馆陶镇、魏僧寨镇、柴堡镇、房寨镇、寿山寺）、共有8个自办厅、9家合作厅、45家特许营业厅、20家专营店、296个农村服务站；基站总量已达到110个，覆盖馆陶所有县、乡镇、农村，主要交通干线和重点地区实现无缝覆盖，全面实现全县行政村网络全覆盖。

移动拥有“全球通”“神州行”“动感地带”等著名客户品牌，经营GSM(GPRS、EDGE)、TD-SCDMA（3G)、TD-LTE（4G）网络，服务网号“134、135、136、137、138、139、147、150、151、152、157、158、159、182、183、184、187、188”，用户16800户。

中国电信馆陶分公司

中国电信馆陶分公司于2008年10月正式挂牌成立，并收购了联通公司的CDMA移动业务，原中国联通CDMA的经营主体正式变更为中国电信。公司位于馆陶县新华路北段西侧，设总经理 1 名，员工总数 30 人，下设五部室（综合部、家客部、政企部、市场部、网络运行维护部）、三个自有营业厅（新华街营业厅、政府街营业厅、政府东街营业厅）、三个支局（魏僧寨支局、柴堡支局、房寨支局）。基站总量 41 个，其中自有基站 29 个，共享联通站 12 个，覆盖馆陶所有县城、乡镇、农村，实现全县 277 个行政村网络全覆盖。

主要经营电信 CDMA 移动业务以及固网宽带业务。拥有固话、宽带、CDMA 手机、3G、189 邮箱、无线宽带、手机一卡通、商务领航总机服务，手机固话灵活组网，通信超级助手、118、114 号码百事通、“全球眼”网络视频监控、城市光网业务等。在全国范围内经营电信业务，可以提供电话业务、互联网接入及应用、数据通信、视讯服务、国际及港澳台通信等多种类综合信息服务。2008 年 12 月，在原中国电信 133、153 号段的基础上，189 号段正式启用。2011 年 1 月，中国电信天翼 3G180 号段正式放号。现有服务网号“133、153、189、180、181、177”，在网用户数 20016 户。

第三编　经　济

“九五”计划期间（1996—2000 年），是全县国民经济发展最快的时期，县城建设带动了工业和市场建设，生产总值年均增长 16.4%；“十五”计划期间（2001—2005 年），工业进入调整期，市场建设成效显著，生产总值年均增长 12.3%；“十一五”计划期间（2006—2010 年），工业体系逐步完善，市场建设带动了相关产业，生产总值年均增长 14.4%；“十二五”计划期间（2011—2015 年），随着亿元以上的众多大项目入驻馆陶，市场辐射范围扩大，生产总值年均增长 12.3%。

经济开发区企业场景

第一章　经济总情

1997 年以后，馆陶县坚持以经济建设为中心，全力实施“城建带市场、市场兴产业、产业促发展、发展保稳定”战略，以建设经济强县为目标，着力发展工业和商贸业。经过一系列经济体制改革，经济总量持续增长，投资结构不断优化，在工业、农业、商贸服务业等方面取得显著成就。17 年间，地区生产总值年均增长 13.85%。

2013 年，全县生产总值完成 89 亿元，比 1997 年的 6.8 亿元增长 12 倍多；全社会固定资产投资完成94.8亿元，比1997年的2.1亿元增长44倍；规模以上工业增加值完成34亿元，比1997年的0.79亿元增长42倍；全部财政收入完成3.81亿元，比1997年的0.42亿元增长8倍多；农民人均纯收入达到7944元，比1997年的2000元增长近3倍。

第一节　国民经济发展速度

“九五”计划期间

1996—2000年，是馆陶县国民经济发展最快的历史阶段。1997年，馆陶县按照稳中求进的总原则，面对市场经济新形势提出了“以三大支柱产业为突破口，实现农业产业化；以工业小区建设为突破口，实现乡镇企业规模化；以改革开放为突破口，实现工业生产集约化；以优化投资环境为突破口，实现县城建设城市化”的总体发展战略，拉开了馆陶新一轮加快发展的序幕。

2000年，全县生产总值达到9.68亿元。5年间，年均递增16.4%，高于全市平均增幅4个百分点；人均生产总值达到3483元，年均递增15.8%；全部财政收入达到6610万元，其中地方财政收入5202万元，分别年均递增18.8%和24.2%。农业结构调整扎实推进，农村经济稳定发展。培育发展壮大了蛋鸡、蔬菜、花卉三大产业，蛋鸡存栏达到1606万只，是1995年的4.2倍，年均递增84.2%；蔬菜面积达到10万亩，其中棚室蔬菜面积达到3万亩，分别是1995年的9倍和7.5陪，年均递增55.5%和49.6%；花卉种植面积达到1万亩，成为农村新兴产业。三大产业成为农民增收的主要途径，全县农民人均纯收入2437元，年均递增14.7%，其中来自三大产业的占62%。馆陶县先后被国家命名为“中国蛋鸡之乡”“中国优质双孢菇生产基地”“中国食用菌之乡”。2000年农林畜牧业总产值11.6亿元，是1995的2.5倍；粮食总产21万吨，比1995年增长45%；油料总产1.7万吨，是1995年的6.7倍。

“十五”计划期间

2001—2005年，馆陶县以结构调整为主线，以建设县级市作为工作重点，以结构调整、开放带动、科教兴县三大战略作为发展的推动力，把私营经济、商贸流通和第三产业放在突出发展位置，把提高人民生活水平作为根本出发点和归宿点，全面提高国民经济整体素质和综合竞争能力，实现“跨越式”发展。

2005年全县生产总值达到25.7亿元。5年间，年均递增12.3%，人均生产总值8775元；全部财政收入达到5122万元，县级一般预算收入达到2951万元，财政收入质量明显提高。农业基础地位不断巩固，种植业得到优化，畜牧业蓬勃发展，农业产业化水平不断提高；

工业经济快速增长，民营经济发展势头强劲，五大主导产业形成，经济规模不断扩大，科技含量不断提高。第一、二、三产业的比例结构逐步优化，由“九五”末的42.0：36.8：21.2调整到35.8：37.6：26.6。城镇居民人均可支配收入达到6602元，农民人均纯收入达到2913元，分别比“九五”末增长60.5%和21.1%。人均使用住房面积城镇达到26.1平方米，农村达到28.6平方米，分别比“九五”末增加8.2平方米和4.3平方米。居民消费结构升级，生活质量明显改善，绝大部分贫困人口的温饱得到解决，城镇低收入居民生活得到基本保障。

“十一五”计划期间

2006—2010年，馆陶县配合实施全市“一线”（馆陶—肥乡一线）发展战略，借势山东，创势发展，大力发展两大经济（特色经济、承接经济），强化两大支撑（项目支撑、科技支撑），建设全国最大的绿色蛋品生产加工基地、较大的低速微型轴承基地、独具特色的黑陶生产加工基地、太阳能集热管示范基地。

2010年年底，全县生产总值达到51.0亿元。5年间，年均增长14.4%；人均生产总值达到15418元，年均增长11.9%；全部财政收入和县级一般预算收入分别达到2.01亿元和1.15亿元，总量实现“两个翻两番多”，年均分别增长33.4%和34.8%；全社会固定资产投资翻了两番以上，达到53亿元，年均增长33.1%；农民人均纯收入达到5087元，是“十五”末的1.75倍，年均增长11.8%。经济结构日趋优化。2010年工业增加值实现13.52亿元，年均增长29.2%，规模以上企业由“十五”末的19家增长到36家，民营企业由445家发展到1000家，纳税超百万元企业达到25家。第三产业稳步上升，2010年第三产业增加值达到14.1亿元，年均增长20.3%。国民经济三次产业结构得到改善和优化，三次产业结构由“十五”末的48.4:29.9:21.7调整为31.5:40.4:28.1。

“十二五”计划期间

2011—2015年，馆陶县以加快转变经济发展方式为主线，突出加快发展、注重质量两大任务，全力抓好工业聚集区、西部新城区、城南仓储物流区、农村新型社区“四区”建设，着力抓好项目建设，构建现代产业体系；着力抓好县城建设，全面提升城市水平；着力抓好服务业发展，繁荣现代商贸物流；着力抓好现代农业，加快新农村建设步伐；着力抓好群众工作，切实保障民生稳定，打造全国最大的禽蛋物流基地、全国较大的轻工轴承生产基地、河北重要的新型化工基地和冀鲁豫交界区域商贸物流中心，全面建设独具特色和核心竞争力的化工新城，努力把馆陶建设成为产业兴盛、城乡繁荣、生态宜居、文明和谐的邯郸东部次中心城市。

2015年年底，全县生产总值完成90.6亿元，年均增长12.3%。人均国民生产总值达到 2.8 万元，比 2010 年增加 1 万元。全部财政收入是 2010 年的 2.2 倍，年均增长 16.9%。一般公共预算收入是 2010 年的 2.7 倍，年均增长 22.4%。全社会固定资产投资是 2010 年的 2.5 倍，年均增长 19.7%。生产总值年均增长 12.3%。

1997—2013 年馆陶县地区国民生产总值统计表

表 3-1-1　　单位：万元

年份	生产总值	第一产业	第二产业	第三产业
1997	116250	53923	32083	30244
1998	122154	50500	38174	33480
1999	129698	51251	41994	36453
2000	143696	55219	48612	39865
2001	158147	61576	55648	40923
2002	171854	66026	61658	44161
2003	200516	79297	69756	51463
2004	224667	84596	81733	58338
2005	262396	89781	98343	74272
2006	306702	96216	118785	91701
2007	392504	134608	146996	110900
2008	430464	124229	171065	135170
2009	441442	150175	174739	116528
2010	555048	188790	218872	147386
2011	728630	218592	338102	171936
2012	821823	219969	407301	194553
2013	889535	229898	420952	238685

第二节 固定资产投资

1997年后，馆陶县城乡建设步伐明显加快，固定资产投资规模不断扩大，投资结构不断优化，投资效益显著提高。到2013年，固定资产投资达到94.79亿元，是1997年的28.73倍，年均增长23.35%。

1997—2004年，以集体投资，主要是乡镇企业投资为主，国有投资占第二位，其次是个人或私人建房投资。如1997年，馆陶县全社会固定资产投资完成3.30亿元，其中集体投资达到1.96亿元，占总额的59.39%，国有投资9829万元，占总额的29.7%，个人和私人建房投资3593万元，占总额的10.9%。2005—2009年，随着城市建设步伐的加快，城镇建设成为固定资产投资的主流。如2009年，馆陶县全社会固定资产投资完成40.75亿元，其中城镇投资32.05亿元，占总额的78.65%，农村个人投资2.72亿元，占总额的6.68%，其余为其他投资。2010—2013年，随着城市化进程加快，房地产业崛起，城市建设投资力度进一步加大，到2013年，全社会固定资产投资增加到94.79亿元，其中城镇投资额达到91.27亿元，占总额的96.28%，房地产业投资4.58亿元，农村个人建房投资3.53亿元，分别占额的4.83%、3.72%。

1997—2004年馆陶县全社会固定资产投资统计表

表3-1-2　　单位：万元

指标 年份	社会固定资产投资	国有投资	集体投资	个人和私人建房投资	城镇私营
1997	32993	9829	19571	3593	—
1998	49848	21157	23670	5021	—
1999	54787	24820	24492	5475	—
2000	60462	29488	22301	7073	1600
2001	65608	30240	25118	10250	—
2002	65356	30325	23931	11100	—
2003	74453	35774	27699	10980	—
2004	92139	47928	27370	16841	—

2005—2013 年馆陶县全社会固定资产投资统计表

表 3-1-3　　单位：万元

年份＼指标	全社会固定资产投资	城镇投资	房地产开发	农村个人投资
2005	126845	81923	—	14429
2006	163104	128086	—	9300
2007	223193	175409	—	17437
2008	281588	223822	—	19410
2009	407471	320470	—	27208
2010	530470	421748	19509	28385
2011	623820	560387	27469	29000
2012	287003	723672	27194	30156
2013	947955	912666	45781	35289

第三节　产业结构

20 世纪 90 年代，馆陶县的产业结构仍然是以第一产业为主，传统农业为主导产业，特别是金凤市场的建成，进一步带动了养殖业，使第一产业实力更加雄厚，1997 年，三次产业结构比为 46.4:27.6:26.0，第一产业远远高于第二、第三产业。

2000 年以后，随着招商引资力度加大，馆陶县工业得到发展，第二产业迅速崛起，到 2005 年，第二产业首次超过了第一产业，是年三次产业的结构调整为 34.2:37.5:28.3，第二产业成为馆陶县经济的主导产业。

2011 年以后，馆陶县着力发展新兴化工，带动了第二产业相关产业的发展。同时，随着全国最大的禽蛋物流基地的规模扩张，第三产业也得到发展，到 2013 年，产业结构调整为 25.8:47.3:26.8，馆陶县完成了从传统农业县向工业化的转变。

1997—2013年馆陶县三次产业结构比一览表

表 3-1-4

年份	三次产业比	年份	三次产业比
1997	46.4:27.6:26.0	2006	31.4:38.7:29.9
1998	41.3:31.3:27.4	2007	34.3:37.5:28.3
1999	39.5:32.4:28.1	2008	28.9:39.7:31.4
2000	38.4:33.8:27.7	2009	34.0:39.6:26.4
2001	38.9:35.2:25.9	2010	34.0:39.4:26.6
2002	38.4:35.9:25.7	2011	30.0:46.4:23.6
2003	39.5:34.8:25.7	2012	26.8:49.6:23.7
2004	37.7:36.4:25.9	2013	25.8:47.3:26.8
2005	34.2:37.5:28.3	—	—

第二章　第一产业

1997年以前，馆陶县在农业生产上主要是以粮食、棉花、果树种植以及牛、鸡养殖等。（1995年引进厦门技术，以馆陶镇安静村为试点，开始推广种植双孢菇，1996年以后规模逐步扩大。）1997年以后，调整农业结构，大力发展高效农业，大力推进农业增、转、化，制定了《馆陶县农业"增、转、化"实施方案》，重点发展蛋鸡养殖、双孢菇、油料作物三大主导产业，大力发展产品加工项目。1999年，在抓好蛋鸡生产为主的畜牧养殖业和以日光温室蔬菜、双孢菇为主的高效种植业的基础上，提出大力发展冬季农业、立体农业、适度规模农业、贸工农一体化农业。到2013年，实现了规模化经营、区域化种植、标准化生产，新型经济作物和农业技术发展迅速，现代农业生产格局初步形成。全县第一产业完成产值56.19亿元，其中粮食总产量29.14万吨，与1997年相比增长9.48万吨，年均递增2.7%。林业总产值达到2781万元。全县牧业产值达到28.5亿元，占农业总产值的50.8%。

小麦高产示范方

第一节　种植业

1997年以后，在农村经济体制改革带动下，农业基础设施不断改善，农村经济全面发展。馆陶县农业开始向规模化经营、区域化种植、标准化生产方向转变，新型经济作物和农业技术发展迅速，现代农业生产格局初步形成。2005年后，馆陶县坚持工业反哺农业、城市支持农村，着力解决“三农”问题，形成城乡一体化发展格局。2013年，馆陶县粮食总产量29.14万吨，与1997年相比，增长9.48万吨，年均递增2.5%；油料总产量1.6598万吨，与1997年相比，增长7041吨，年均递增3.51%。

粮食作物

耕作制度演变　1997年后，馆陶县粮食作物多采用一年两熟的种植方法。玉米播种前采用起垄机起垄，垄幅为110～120厘米，垄面宽80～90厘米，垄沟宽30～40厘米，垄高10～15厘米，在垄上种2行玉米，采用宽窄行种植，宽行为80～90厘米，窄行为30～40厘米，株距10～15厘米。玉米所选品种为高产、抗性强、株型紧凑、耐密植的中早熟品种，播种前根据种植区域常发病虫害进行拌种或种衣剂包衣或选用经过包衣处理的商品种。播种时若田间最大持水量为60%～75%时，在播种结束后进行田间化学除草；若田间最大持水量低于60%时，在玉米幼苗3～5叶、杂草2～5叶期喷施除草剂，或者在玉米7～8叶期使用灭生性除草剂，除草剂喷施方法参考产品使用说明书。施肥和浇水管理均在垄沟内进行。玉米肥料的选用原则为：重施磷钾肥，轻施氮肥，适当补施锌肥。10月上旬待玉米完全成熟，即籽粒乳线消失，黑层出现，使用玉米联合收割机。收获后用条带旋耕机旋耕，然后播种机在垄上播种小麦，每垄播种6行，等行距播种，行距15～20厘米。小麦选用单株生产力高、抗倒伏、抗病、抗逆性强的半冬性中熟品种，播种前用高效低毒的专用种衣剂进行包衣。小麦3叶期或返青后进行化学除草。小麦的水肥管理也均在垄沟内进行。小麦的浇水管理，浇水量根据土壤墒情确定。小麦的施肥管理，小麦播种前施足底肥，底肥结合播前旋耕一次性施入，拔节期再追施氮肥。蜡熟末期，即植株茎秆全部黄色，叶片枯黄，茎秆尚有弹性，籽粒含水率20%，籽粒颜色接近本品种固有光泽、籽粒较为坚硬时进行小麦收获。小麦收获后，麦秆还田，留茬高度≤15厘米，秸秆粉碎长度≤10厘米，秸秆切碎合格率≥90%，并均匀抛撒。小麦收割后使用玉米播种机在垄上直接播种玉米，每垄种植2行，采用宽窄行种植，宽行为80～90厘米，窄行为30～40厘米，株距15～20厘米，具体田间管理及操作方式同上面玉米的操作方法，如此周年循环。

2012年后，馆陶县重点推广棉花生产和间作套种种植模式，增加农民经济效益。棉花播种前推广一播全苗技术，苗期病虫害防治技术。在棉花种植比较集中的樊堡村建立了50亩高产示范田，全程进行技术指导。推广棉花间作套种模式，棉花—西瓜间套20亩，在不影响棉花产量的前提下西瓜喜获丰收，亩收入1800元。推广棉花—小杂粮间套10亩，增加经济效益。2006年全县种植优质小麦30万亩，占总面积的94%；种植优质玉米面积19万亩，占总面积的95%。大力推广优质抗虫棉，实验示范种植短季棉，全县种植棉花 11 万亩，提高效益 5000 万元。推广棉花间作套种为重点的农作物高效立体栽培模式，仅此一项全县增收 3000 多万元。

农作物品种与分布 馆陶县主要粮食作物有小麦、玉米。主要经济作物棉花、花生。另有绿豆、小豆、黍、稷等小杂粮。因受地势、水利条件和种植习惯的影响，作物分布有明显差别。县境内 8 个乡镇，主要种植小麦、玉米，为粮食作物集中产区。花生种植区域主要在寿山寺乡后宁堡、前宁堡、韩范庄、古高庄、张高庄等村。

丰收的喜悦

玉米是馆陶县主要粮食作物，种植面积较大，1996—2013 年玉米品种不断更新，产量得到逐步提高。主要玉米品种有：1996—2000 年种植以农大 108、冀丰 58、掖单 4 号、登海 9 号等大穗半紧凑型玉米品种为主；2000—2013 年引进的紧凑型密植品种为主的郑单 958、浚单 20、蠡玉 3 号、先玉 335 等，紧凑型密植品种推广，增加玉米种植密度，玉米单产创造了有史以来最高水平。各地之间玉米产量差异不大，玉米单产逐年提高，2013 年平均亩产 557.7 公斤。玉米增产潜力大，发展玉米生产的策略是稳定面积，提高产量。

小麦是全县粮食支柱产业，小麦面积、单产、总产都呈逐年上升趋势。1996—2013 年，全县小麦播种面积从 28.84 万亩，单产 311 公斤，总产 8.97 万吨，上升到 30.81 万亩，单产 475.11 公斤，总产 14.6 万吨。1996—2005 年农民种植小麦石家庄 8 号、邯 6172 等，2005—2013 年种植 4185、济麦 22、良星 66、良星 99、石麦 19、观 35 等高抗、高产型品种。

1996—2013 年馆陶县部分年份小麦种植分布统计表

表 3-2-1　　单位：万亩

年份	合计	乡镇							
		馆陶镇	房寨镇	柴堡镇	魏僧寨镇	寿山寺乡	王桥乡	南徐村乡	路桥乡
1996	28.81	2.61	2.89	4.82	3.72	3.63	3.78	2.62	4.74
1999	31.02	3.3	3.3	5.4	4.1	3.7	3.7	2.62	4.9
2002	29.97	3.07	3.1	5.4	4.1	3.56	3.5	2.64	4.6
2005	30.14	2.42	3.3	4.8	4.6	3.79	3.98	2.79	4.46

续表 3-2-1

年份	合计	乡镇							
		馆陶镇	房寨镇	柴堡镇	魏僧寨镇	寿山寺乡	王桥乡	南徐村乡	路桥乡
2008	30.89	2.8	3.3	5.15	4.6	3.81	3.98	2.79	4.46
2011	31.28	2.79	3.3	5.33	4.81	3.82	3.98	2.79	4.46
2013	30.1	2.02	3.26	5.28	4.76	3.73	3.95	2.77	4.33

1996—2013 年馆陶县部分年份玉米种植分布统计表

表 3-2-2 单位：万亩

年份	合计	乡镇							
		馆陶镇	房寨镇	柴堡镇	魏僧寨	寿山寺	王桥乡	南徐村	路桥乡
1996	23.07	2.87	2.38	2.91	2.87	3.38	3.1	2.59	2.97
1999	20.49	2.93	1.44	2.85	2	3.22	3.36	2.13	2.56
2002	21.88	3.07	1.62	3.59	2.19	3.2	3.46	2.15	2.6
2005	22.76	3.02	1.82	3.04	2.7	3.42	3.46	2.44	2.86
2008	23.62	2.68	1.82	3.04	3	3.42	3.83	2.67	3.16
2011	24.9	2.68	1.89	3.04	4	3.42	3.83	2.67	3.37
2013	24.35	1.89	1.89	3.04	4.2	3.46	3.83	2.67	3.37

栽培技术 2004 年，馆陶县开始采用测土配方施肥技术。依照配方施肥技术原理，通过开展土壤测试和肥料田间试验，摸清土壤供肥能力、作物需肥规律和肥料效应状况，获得校正配方施肥参数，建立不同作物、不同土壤类型的配方施肥模型。采取“测土—配方—配肥—供肥—施肥技术指导”一体化的综合服务技术，根据土壤测试结果和相关条件，应用配方施肥模型，结合专家经验，提出配方施肥推荐方案，由配肥站按照配方生产配方肥，直接供应农民施用，并提供施肥技术指导。

飞机防治病虫害

2010 年，在小麦后期实施“一喷三防”技术，即在小麦中后期，通过叶面喷施生长调节剂、叶面肥、杀菌剂、杀虫剂等混配液，通过一次施药达到防干热风、防病虫、防早衰的目的，实现增粒增重的效果，确保小麦丰产增收。

玉米高产栽培技术，从20世纪90年代开始革新，主要包括品种的选择及种子处理、合理密植、田间管理、肥水管理、病虫害防治、适时晚收等内容。

花生栽培技术主要有选用高产抗病的优良品种，适时播种并拌种，还要同时做好土壤处理，消除土壤中的病虫源。一次性施足底肥，推广地膜覆盖，有利于提高地温，增加积温，保持土壤养分，防渍保墒。使用除草剂，加强田间管理，及时破膜露苗，防止高温烧苗。同时加强病虫害防治。如茎腐病、叶斑病、锈病等。

吨粮田建设 2008年以后，邯郸市委、市政府提出在全省乃至全国率先利用3年时间建成粮食生产“吨粮市”，即从2010年到2012年，实现小麦平均单产450公斤、玉米平均单产550公斤，确保两熟耕地亩产达到1吨。市政府召开动员大会，在全市掀起“吨粮市”建设高潮。

市农技专家来我县指导小麦示范方管理

2010—2012年，馆陶县全力推进“吨粮县”建设，强化科技支撑，增加财政投入，推广优质小麦新品种，形成以高产、优质、抗逆性强的邯6172、邯麦12等优良品种为主的生产布局，全县粮食生产优种覆盖率达到100%；在田间管理上，推广土壤深松耕、测土配方施肥等行密植、播后镇压、节水栽培、“一喷多防”等10余项集成技术，技术普及率和到位率达95%以上；对病虫草害发生情况进行准确预测预报，科学防控。共整合中低产田改造、水利建设、田间工程等各类项目资金和支农资金，改善水利、农业机械、电力、田间路等农业基础设施条件，并对小麦、玉米良种、肥料、机械作业、病虫害统防统治等关键环节给予资金补助，有效促进了粮食稳产高产。以典型示范带动高产创建，粮食综合生产能力不断提高，连续3年实现增产、高产。尤其是在小麦高产创建上成效显著，馆陶县连续承担了农业部4个小麦高产创建示范片，亩产量连续超600公斤，并在2010年唯一代表全省接受农业部实打验收，示范片平均小麦亩产达到601.6公斤，其中一典型地块亩产达到650.2公斤，创造当年全省小麦高产纪录。时任河北省委常委、纪委书记、省农村工作领导小组组长臧胜业评价馆陶县万亩小麦示范方创高产的经验值得在全省宣传推广：“经验是多方面的，最主要的是科技创新和管理创新这两条”。

2011年馆陶县在全市率先建成了“吨粮县”。是年被农业部授予“全国粮食生产先进县”，被河北省人民政府授予“河北省粮食生产先进县”，2012年馆陶县又一次代表全省唯一一个县接受了农业部实打验收，示范片平均小麦亩产达到636.5公斤，其中一典型地块亩产达到656.7公斤，再次创造当年全省小麦高产纪录，超额完成了超吨粮县建设目标。被河北省人民政府授予“河北省夏粮生产先进县”“河北省吨粮县”，被邯郸市政府授予“吨粮市建设突出贡献县”。馆陶县在示范方建设中取得了较为突出的成绩，得到了上级领导的高度评价。

粮食直补　2004年，为提高农民种粮、从事农业生产的积极性，根据中央文件精神，对种粮农民实行粮食直补，2006年，考虑到农业生产资料价格上涨，又实行农资综合直补政策。粮食直补、农资综合直补的补贴范围为全县适宜种植粮食的区域。粮食直补和农资综合直补的补贴对象为补贴区域范围内的农户。

粮食直补工作涉及千家万户，直接关系到农民的切身利益和社会稳定。为做好粮食直补和综合直补的发放工作，将中央的惠农政策落到实处，县政府成立直补工作领导小组，县委常委、常务副县长任组长，县政府办主任、财政局长任副组长，成员由政府办、财政局、经济发展局、监察局、国土资源局、农业局、县信用联社、统计局、粮食局、农发行等部门主要负责人组成。领导小组下设办公室，办公室主任由财政局一名副局长担任，办公室成员从相关单位抽调，具体负责安排落实全县的直补工作。

各乡镇成立直补工作领导小组，组长由乡镇党委书记担任，乡镇长任副组长兼直补办主任，具体负责乡镇直补工作的组织实施和落实。

2004—2013年馆陶县粮食直补情况一览表

表3-2-3

年份	补贴标准（元／亩）	补贴面积（亩）	补贴资金（元）
2004	10	386680	3866800
2005	10	392763.69	3927639
2006	15.2	394258.82	10842117.55
2007	29.2	395405.85	16409342.78
2008	70	397038.73	32755695.23
2009	70	397038.73	32954214.59
2010	70	396974.47	32948881.01
2011	79.5	396994.15	32755784.57
2012	94.1	397315.65	42552599.14
2013	94.4	397338.3	42554695.23

蔬菜产业

馆陶县蔬菜种植历史悠久，蔬菜种类齐全，种植面积持续稳步增长。2013年，全县蔬菜播种面积16.5万亩，蔬菜总产量66.5万吨，总产值11.85亿元。

蔬菜种类有大白菜、甘蓝、菠菜、韭菜、芹菜、油菜、生菜、空心菜、芥菜、黄瓜、西葫芦、冬瓜、弧瓜、番茄、辣椒、茄子、豇豆、大蒜、洋葱、大葱、山药（薯蓣）、芦笋、莲藕、马铃薯、菜花、西兰花、萝卜、胡萝卜、菊芋、甘露儿（草石蚕）；还有西瓜、甜瓜等果用瓜。

现代化黄瓜温室大棚

馆陶县蔬菜发展经历了从简到繁，生产模式从少到多的发展过程。1987年引进日光温室种植温室黄瓜生产模式，黄瓜生产由露地、风障等单一种植到日光温室、大拱棚、小拱棚、露地、阳畦等多种生产模式共同拥有的生产格局，实现了黄瓜周年生产。

1992年引进嫁接黄瓜栽培技术，为黄瓜产业发展奠定了良好基础。馆陶县成功引进的国外优质西红柿和嫁接黄瓜多次被评为中国北方（廊坊）农产品交易会“名优农产品”，具有较强的市场竞争力，在农业增产、农民增收工作中发挥了重要作用。此后，又成功引进美国长茄、以色列优质硬果番茄、荷兰辣椒、法国西葫芦等国外优质蔬菜品种。尤其是国外优质硬果番茄，自2001年引进成功后，在全县迅速普及，种植面积不断扩大，种植品种不断更新，到2011年，国外番茄品种提供单位已达到6个，分别是以色列海泽拉优质种子公司、荷兰德奥特（中国）种业公司、瑞士先正达（中国）种子公司、南澳绿亭公司、荷兰瑞克斯旺种子公司、荷兰艾维特公司等，提供番茄品种10余个。

2003年，馆陶县建设无公害蔬菜基地5个，分别是馆陶县南徐村乡无公害蔬菜产地、馆陶县魏僧寨镇无公害蔬菜产地、馆陶县路桥乡无公害蔬菜产地、馆陶县柴堡镇无公害蔬菜产地、馆陶县长顺无公害蔬菜专业合作社产地，总认证面积3.5万亩，注册品牌有“金凤”“魏徵”“邯绿”等，2004年河北三绿种业有限公司被北京市认定为首批蔬菜进京企业。

2008年馆陶县利农蔬菜专业合作社“邯绿牌”黄瓜和河北三绿种业有限公司的黄瓜同时获河北省无公害产品认证。

2010年河北三绿种业有限公司有10个蔬菜产品，通过了无公害蔬菜产品认证，分别是豆角、小冬瓜、萝卜、甜椒、大白菜、生菜、大葱、牛角椒、芦笋、番茄。

2011年馆陶县长顺无公害蔬菜专业合作社有12个蔬菜产品，通过了无公害蔬菜产品认证，分别是番茄、白萝卜、小冬瓜、牛角椒、茄子、西葫芦、豆角、黄瓜、生菜、大葱、青椒。河北三绿种业有限公司有5个蔬菜产品，种植基地面积550亩，通过了绿色认证，种类是豆角、黄瓜、青椒、茄子、西红柿。获河北省“名优产品”称号。馆陶县九隆种植专业合作社有5个蔬菜产品，种植基地面积550亩，通过了绿色认证，种类是茄子、西红柿、青椒、黄瓜、豆角。

蘑菇种植大棚

是年，馆陶县已累计认证无公害蔬菜产品24个，绿色食品认证产品10个，3个蔬菜产品获中国（北方）廊坊农产品交易会名优农产品称号，有4个蔬菜产品获河北省“名牌产品”称号。

馆陶县食用菌生产历史悠久，主要品种有双孢菇、平菇、金针菇、秀珍菇、黑木耳、姬菇、鸡腿菇、毛木耳等。由于食用菌营养丰富，口味鲜美，产品上市后出现供不应求局面。1999年6月被中国特产之乡命名宣传活动组委会命名为“中国食用菌之乡”“中国优质双孢菇生产基地”。2003年馆陶县“金凤牌”双孢蘑菇获第七届中国北方（廊坊）农产品交易会名优农产品称号。2007年双孢菇、平菇、金针菇、黑木耳、姬菇、鸡腿菇栽培面积达到200万平方米，鲜菇产量2600万公斤，总产值达6000余万元，取得了良好的经济效益，形成河北省较大的食用菌生产基地。

2011年后，馆陶县涌现出一大批高产高效蔬菜种植典型，陈范庄村李保军、陈铁成种植越冬一大茬嫁接黄瓜，亩产值超过7万元，得到天津科润黄瓜研究所领导和育种专家的赞誉，称之为“中国黄瓜栽培的典范”。2012年4月20—21日，天津科润黄瓜研究所党委书记、所长杜胜利和黄瓜育种专家李家旺一行6人，专程到陈范庄村考察调研。

2012年，馆陶县被国家农业部确定为全国580个蔬菜生产重点县之一，同年被确定为邯郸市市级蔬菜示范县。馆陶县创建的第一个“农业部设施蔬菜标准园”，得到市县各级领导的重视和肯定。

2013年1月，馆陶县被河北省农业技术推广总站评为全省蔬菜技术推广工作先进单位。9月，被河北省农业技术推广总站评为河北蔬菜网信息发布先进单位。10月15日“魏徵”牌黄瓜在中国绿色食品2013青岛博览会上获得“畅销产品奖”。是年，河北贵禾宝食用菌有限公司的双孢菇、杏鲍菇两个产品获国家绿色食品认证证书。

是年，馆陶县与天津科润黄瓜研究所建立合作关系，被确定为新品种试验示范基地，并且在馆陶县召开了黄瓜新品种津优308鉴定现场会，实施18个黄瓜优良品种（系）在馆陶县进行试验。天津科润黄瓜研究所领导、专家多次到馆调研指导黄瓜技术管理工作，为馆陶县优质黄瓜示范基地建设创造了条件。

是年，馆陶县三绿种业有限公司、绿园瓜果合作社、贵禾宝食用菌公司、香蜜源草莓合作社、利农蔬菜合作社五家农民合作组织（企业）参加了邯郸市首届蔬菜展示展销推介会。5家农民合作社（企业）各有其优势和特点，展示了馆陶县蔬菜（食用菌、草莓）发展的趋势和现代化水平。同时组织三绿公司、绿园瓜果合作社等4家合作社参加了邯郸市首届“中华素食文化节”，馆陶县蔬菜知名度得到进一步提高。

经济作物

花生　花生是馆陶县重要的油料作物之一，全县种植面积从1996年的1.86万亩增加到1999年的6.28万亩，1999—2013年花生种植面积保持在5.5万亩左右，其中寿山寺乡花生种植面积1.33万亩。王桥乡、魏僧寨镇、房寨镇花生种植面积1万亩左右，其他乡（镇）零星种植。

1996—2011年部分年份馆陶县花生种植分布情况一览表

表3-2-4　　单位：万亩

年份	合计	乡镇							
		馆陶镇	房寨镇	柴堡镇	魏僧寨镇	寿山寺乡	王桥乡	南徐村乡	路桥乡
1996	1.86	0.12	0.14	0.56	0.04	0.66	0.25	0.06	0.03
1999	6.28	0.25	0.99	1.5	0.33	1.33	1.09	0.6	0.19
2002	5.77	0.12	1	0.22	0.99	1.37	1.08	0.71	0.28
2005	5.26	0.07	0.9	0.22	0.92	1.2	1.09	0.71	0.15
2008	6.41	0.07	0.9	0.27	1.76	1.33	1.16	0.76	0.16
2011	5.66	0.07	0.9	0.27	1	1.33	1.16	0.77	0.16

花卉苗木　馆陶县花卉栽培历史悠久，传统名优花卉品种繁多。1997年后，馆陶县将花卉苗木产业作为一项富民强县的特色产业，进行了专业规划和部署，种植面积从原来数十亩零散种植，发展到2013年的2000余亩。

馆陶县发展花卉苗木，除巩固传统品种外，重视名优、特色品种，建立基地，强抓龙头，注重市场需要。培育了以河北冀南花木园林工程有限公司为主的大、中型龙头企业6家，特色品种有金叶榆、玉兰、回槐、白蜡、千头椿、北栾、碧桃、法桐、百日红、垂柳、合欢等。由政府引导组建各级花卉协会13个，基本形成了基地化栽培，集约化经营，集科研与生产销售为一体的产业化发展体系和“企业+基地+协会+农户”的产业化经营模式。年均产值达到1100万元，实现销售收入900万元。

馆陶县常青花卉有限公司　位于馆陶县寿山寺乡309国道南侧，成立于1999

年。是一家集生产、经营、园林绿化于一体的大型民营企业，花木基地1260亩，标准温室大棚18栋，花木品种有国槐、合欢、白蜡、法桐、杜仲、垂柳、栾树、毛白杨等20种花灌木，并与西安杨凌高开区及日本石田公司合作，规模生产容器温室育苗，年产高档日本蟹爪兰10万余盆。公司2000年被国家林业局命名为“全国重点花卉市场”，被河北省林业局命名为“河北省林木产业重点龙头企业”，被河北省花协命名为“省优秀花木企业”，连续6年被邯郸市政府命名为“邯郸市农业产业化重点龙头企业”“市青年科技示范园”。其产品日本蟹爪兰被中国农产品博览会评为金奖，企业品牌“JNHM”被评为“河北省著名商标”。常金林于2007年1月联合邯郸市十九县（区）102家会员企业成立了邯郸市花木协会，他多次被评为“河北省十大花王”“河北省农村优秀人才”“河北省百名致富能手”“河北省十佳农民技术能手”“邯郸市农业战线标兵”“邯郸市林业战线标兵”、邯郸市第九届、十届政协委员。他非常关注民生，多年来他无偿向农民提供苗木66万株，共计30多万元，免费召开技术培训会8次，培训农民5000多人，帮助3000多农户种植花卉，走向了致富路。

中药材　1996年，随着农业结构的调整，馆陶县将中药材作为特色农业发展的主体，种植面积逐年增加，从数百亩发展到2013年6000亩，平均每亩纯收入达到7000元，农民年增收2000万元以上。建设有3个中药材基地。永兴金银花合作社，位于寿山寺乡韩高庄村，为金银花种植基地，负责人韩广恩，种植面积680亩；白术种植基地位于王桥乡鸭窝村，种植面积720亩；山药种植基地位于柴堡镇匣庄村，种植面积780亩；其他中药材种植面积：沙参500亩、丹参460亩、黄芪400亩等。

草莓　馆陶县草莓种植历史悠久，一直以来都有零散农户种植。2009年7月，农技师张保超筹建馆陶县香蜜源草莓种植基地，位于魏僧寨镇安雷寨村南，占地30亩，总投资90万元。香蜜源草莓属于无公害标准种植，绿色食品，采用有机食品标准的种植技术，已引进新品种：章姬、红颜、京承香、京御香、甜查理、红袖天香、38-2、37-1、37-10、80-1，属于高档水果。2011年1月，馆陶县香蜜源草莓专业合作社生产的“雅情”牌草莓荣获河北省第八届农业引智成果精品推介会“特别金奖”，2012年2月参加第七届世界草莓大会，中国第七届草莓艺术文化节暨中国精品草莓擂台赛，“雅情”牌草莓以色泽鲜艳、口味酸甜适中、果肉多汁、果香浓郁、营养丰富、耐储运等特点获得两金、一银、一铜的好成绩。并申请注册了“雅情”“众爱”“陶山公主”3个商标。是年，香蜜源草莓专业合作社有850亩草莓、西红柿通过绿色产品认证。

黑小麦　2005年，馆陶县引进种植冀资黑小麦1号—冀紫439，逐步摸索总结出了黑小麦的生长习性和种植技术。2006年成立了馆陶县华野庄园黑小麦生产开发基地，并

黑小麦种源基地

在国家商标局注册了“华野庄园”商标。2007年成立了“馆陶县黑小麦产业服务协会”，制订了无公害黑小麦生产操作规程，无公害优质黑小麦基地管理措施，发动和组织会员开展规范的黑小麦种植，并采取统一供种、统一供肥、统一管理、统一收割、保价回收的运作模式，进一步促进了黑小麦产业的发展。2006年，“富铬黑小麦全粉”被评为“邯郸市名优特食品”，2008年成立馆陶县华野庄园黑小麦产业有限公司，生产了富铬黑小麦全粉、黑小麦挂面、黑小麦麦糁、麦仁等产品，对黑小麦进行初加工，拉长了产业链条，提高了黑小麦的附加值。2008年华野庄园黑小麦生产开发基地被农业部认定为“无公害农产品基地”，其产品被认证为“无公害农产品”，逐步形成了以华野庄园黑小麦生产开发基地为核心的一批专业黑小麦生产村。2013年该基地以及关联村，种植黑小麦面积达到2万多亩。

2010年以后，馆陶县为大力发展黑小麦产业，与河北省农科院多次磋商，专门拨付资金28万元，与河北省农林科学院粮油作物研究所签订了品种使用权合同，买断了黑小麦品种“冀紫439”的使用权，为建设富铬黑小麦种源基地取得合法地位。馆陶县委、县政府把建设黑小麦产业作为一项重点工程列入考核目标，制定出台一系列政策和措施，加大前期政策资金扶持力度，建设了黑小麦专业网站，帮助拓宽销售渠道，削除种植户的后顾之忧，激发群众种植的积极性，进而形成规模化种植，产业化发展。馆陶县把寻找战略投资商作为重点，加大招商力度，寻找战略性合作伙伴，重点针对食品、药品、保健品相关行业的龙头企业进行对接，加快产品研发和市场推广力度，深化产业链条，扩大黑小麦制品的市场知名度，从而带动整个黑小麦产业的发展规模。

2013年，馆陶县投资建设千亩黑小麦专业农场，位于柴堡镇东广才村，农场建设面积1000亩，其中建设黑小麦良种繁育区500亩，生产区500亩，所生产的黑小麦良种可供种植1万亩黑小麦所用。千亩黑小麦专业农场中还种植100亩的有机黑小麦示范田，收割全程是机械化管理，为以后黑小麦产业的多元化发展做出了示范。农场建设生产观光路5条，内部生产观光路6条，对道路两侧进行绿化，对农场的办公区、展示区、餐厅、作坊等进行房屋建设和改造。该农场建成后，将成为黑小麦发展的专业优质种源基地，成为邯郸东部集生产、示范、观光、品尝、旅游于一体的新型黑小麦产业观光旅游文化景点，为做大做强馆陶县黑小麦产业打下了坚实的基础。馆陶县已利用冀紫439研发出黑小麦系列食品。产品有：富铬黑小麦馒头全粉、富铬黑小麦超微粉碎水饺全粉、黑小麦全粉手工和机制挂面系列、黑小麦仁、黑小麦糁、黑小麦麦片、黑小麦营养面包、黑小麦特色蛋糕、黑小麦糊、无糖黑小麦月饼等系列产品。由于冀紫439高科技含量、高营养价值、高食疗功能，其产品已经在馆陶及邯郸、北京、太原等地销售。

农技推广

1997年后，馆陶县主要推广了“小麦、玉米两熟超吨粮技术集成与示范推广”“小麦规范化播种技术”“小麦病虫草害综合防治技术”“小麦、玉米两适节水增产技术推广”等关键技术，集成创新配套技术，分作物、按主栽品种集成推广高产优质高效栽培模式。整合资源优势，提炼技术精华，紧抓技术关键，优化技术关键，优化技术体系，把前期管理与后期措施相配套，做到统筹安排，科学管理，分类指导。

河北省农业广播电视学校馆陶县分校创办于1984年，是一所成人中等专业学校，建校20年来始终以立足农村服务农民为宗旨。开展农村劳动力转移阳光工程举办各类中专、大专、高等教育自学考试、专升本等在职干部、职工学历教育专业技术培训，短期技能培训。

馆陶县是一个农业县，外出务工的农民、文化层次低、没有技术，为提高农民文化素质，1996年中专招生50余人、1997年高效农业会计专业招生60余人。1998年农村干部正规化学历教育中专招生80余人培养了一批有文化、懂技术的职业农民和农村干部。2000年经编委批准挂牌农民科技教育培训中心。2001—2006年共招自考400余人、提高了在职人员的业务素质。2004—2006年招高素质工人200余人、重点培养农村干部带动一批科技明白人。2011—2013年进行农村劳动力培训、阳光工程培训，在8个乡镇100个村培训4000余人、有蔬菜、粮食等专业，专家们讲课深入田间地头，手把手教农民科学种田和管理，受到农民的欢迎。

第二节 林业

1997年后，随着国家对林业工作的重视和土地流转的好形势，馆陶县林业种苗产业发展迅猛，涌现出了一大批面积大、品种多的社会造林主体，为馆陶县造林绿化工作起到模范带头作用。林业保护和林业科技同样得到了快速发展。至2013年，全县林业用地面积8.86万亩，其中有林地7.45万亩，森林覆盖率10.89%，苗圃地1.45万亩，农田林网控制面积达到25.2万亩，占全部耕地的52%，发展林下经济200余亩，林业总产值达到8845万元。

东方园林苗木种植基地

馆陶县用材林、防护林面积3.5万余亩，其中：中幼林2.5万余亩，成熟林1万余亩，林木蓄积量10.1万立方米。种植面积最大的是杨树占78.8%，其次是柳树、榆树、槐树、桐树等。主要分布在卫运河西堤林带、永济河及其支渠两侧林带、道路绿化林带、农田林网及村庄四旁植树，片林主要分布在沙薄地、次耕地和坑洼地内，农田林网主要分布在魏僧寨镇、南徐村乡、路桥乡和王桥乡。果树经济林1.2万亩，栽培树种有梨、苹果、葡萄、樱桃、桃、杏、油桃等，年产各类果品1.8万多吨。主要分布在王桥乡、房寨镇、柴堡镇、路桥乡。苗圃地1.45万亩，年出圃各类合格苗木160余万株。苗木种类主要有杨树、柳树、榆树、法桐、垂柳、国槐、龙爪槐、冬青、女贞、侧柏、红枫等，主要分布在馆陶镇、魏僧寨镇、柴堡镇、寿山寺乡、房寨镇等。

植树造林

社会造林　1997年以后，馆陶县利用河渠、道路、沙荒地、四旁地等植树造林。

漳河、卫运河大堤的绿化由漳卫南运河管理处馆陶管理段负责。该堤一般栽树8～10行，形成南北向绿化带。青兰高速、106国道、309国道、215省道四条道路，每侧栽植20米绿化带。馆广路、武馆公路等县级公路的行道树绿化由交通部门负责，每侧一般栽植两行以上。以上路、堤的树木收入均由所在村与有关管理部门按比例分成，其他路渠则由所属乡村负责绿化。2012年，县委、县政府进一步加大了道路绿化工作力度，提出了在国省县三级干道两侧建设防护林带，采取政府每年每亩出占地补偿款500元，树随地走，结果效果不理想，树木保存率低。

2013年机关干部开展“3.12”义务植树活动

为彻底解决道路两侧林带占地和年年栽树不见树致使苗木保存率低的问题，馆陶县创新了造林模式，政府买地和政府租地由绿化企业实施绿化的模式，按照统一规划设计和标准要求，并在县林业局的监督指导下，由绿化企业实施绿化和护网安装，确保长期绿化效果，前8年县财政出资，每年每亩租金1000元，8年后由绿化企业承接。通过以上造林模式的实施绿化，激发了绿化企业造林的积极性、责任感和管护意识，提高了造林质量，确保了树木成活保存率。主要建设完成了神农大道、站前街、309国道、106国道、215省道等总长50公里，两侧林带各宽50米；武馆公路长25公里，两侧林带各宽30米；化工园区防护林带长44公里，林带宽100米，全部栽植胸径3厘米、4厘米、5厘米的高规格苗木，树种有白蜡、法桐、槐树、柳树、椿树、国槐等，确保了通道绿化高标准。

村庄绿化　1997—2013年，全县277个行政村全部进行了绿化，严格按照进村路绿化、街道绿化、庭院绿化、空闲地绿化、景观林建设“五个一”的标准全部高标准完成。重点搞好了以下绿化工作：环村林带有条件的村建设，结合农村面貌提升改造，立足村庄实际，在村庄周围栽植30～50米宽的环状林带，以杨树、柳树、法桐等适于本地生长的用材林树种和杏、桃、梨等经济林树种为主，栽植株行距3米×4米，村庄环绕率达85%以上。进村路绿化，按照“1路2沟4行树”的标准进行栽植，道路两侧必须挖出边沟，栽植苗木胸径3厘米以上，栽植株行距2米×6米。进村路口、街口重要位置采取乔灌花结合的方式，打造绿化景观节点。街道绿化，以本地乔木树种为主，选择国槐、法桐、臭椿等，因地制宜地选择造林株行距，宜乔则乔宜灌则灌，乔木种苗胸径4厘米以上，高压线下栽植紫叶李、大叶黄杨等美化树种。庭院绿化，坚持村民自愿的原则，将绿化美化与发展庭院经济相结合，栽植适宜的乔木、果树和花灌木，打造一批绿化示范户。空闲宅基地绿化，流转整合村内零散土地、闲置宅基地，保留好庭院原有树种，结合实际合理配置景观树种，发挥绿化的生态效益和经济效益。游园绿地，有条件的村要充分利用村内和周围的“四清”场地，建设供村民休闲、游憩的游园绿地。目前，全县村庄绿化覆盖率平均达30%以上，改善了农村人居生活环境，提升了农村面貌。

项目造林　1995年，馆陶县争取到河北省森林资源发展和保护项目，该项目投资主要为世界银行贷款，总投资规模为615万元，其中世行贷款60%，省配套10%，市配套5%，县配套10%，造林单位15%。项目为1.5万亩，从1995年开始分4年完成，年度任务为20%、30%、35%、15%。2011年下半年，馆陶县争取到世界银行贷款河北省林业综合发展项目，该项目投资主要为世界银行贷款，世界银行贷款投资规模为138万美元，占总投资的50%，省配套15%，县配套15%，造林单位20%。项目造林25828亩，从2011年开始，6年完成，第一年造林，后两年抚育，即2011—2014年完成造林计划，2015—2016年抚育。立项后，馆陶县成立了以县长为组长的项目领导小组，由于安排具体，措施得力，都按要求超额完成了年度造林计划，共完成项目造林4.3万亩，省验收合格4.2万余亩。涉及项目的为馆陶镇、魏僧寨镇、寿山寺乡、王桥乡等全县8个乡镇。

退耕还林　2003年，馆陶县实施了退耕还林配套荒山荒地造林项目，造林2万亩，争取中央财政造林资金100万元。2004年度造林3万亩，争取资金150万元。2005年度造林1.5万亩，争取资金75万元。2007年度造林0.6万亩，争取资金30万元。2009年度造林0.2万亩，争取资金40万元。2010年度造林0.2万亩，争取资金40万元。2011年度造林0.3万亩，争取资金90万元。2012年度造林0.2万亩，争取资金60万元。截至2013年，馆陶县实施8个年度的退耕还林配套荒山荒地造林项目，总计造林8万亩，涉及全县8个乡镇，争取造林资金585万元。

苗木培育

1997年后，随着国家对林业工作的重视和土地流转政策，馆陶县林业苗木产业发展迅速，涌现出了一大批面积大、品种多的社会造林主体，为馆陶县造林绿化工作起到模范带头作用。如：河北冀南花木园林工程有限公司。该公司致力于园林绿化树种的引进与开发，拥有苗圃培育基地4个，温室大棚6栋，基地总面积3200亩，培育品种有：国槐、香花槐、金枝槐、金叶槐、合欢、白蜡、金叶白蜡、法桐、金叶榆、丝棉木、栾树等景观绿化树种。创汇农业科技邯郸有限公司，主营耐盐碱乔木组培白榆为主，占地3000余亩，现已发展为业内较大苗木生产推广企业。培育其他树种有太阳李、七叶树、毛白杨、北栾、红叶白蜡、榉树、杜仲、楸树、金叶复叶槭、锦叶栾、挪威槭（红国王）、五角枫等各种绿化苗木。馆陶县甲乙木种植有限公司，2013年是邯郸市农业产业化重点龙头企业。公司是专业的苗木、蔬菜种植销售企业，以创建馆陶县特色精品苗木基地，带动农户发展致富为目标，现已流转承包土地2000余亩，造林绿化1800余亩，栽植树种有法桐、白蜡、柳树、椿树、国槐、栾树、红枫、樱花、海棠、榆叶梅等。

1997—2013年馆陶县林业生产情况一览表

表3-2-5　　单位：亩、万株

年份	年末实有林地面积	造林面积	植树株数	年度	年末实有林地面积	造林面积	植树株数
1997	38081	3000	16.5	2002	43870	3300	17.8
1998	39801	3100	17	2003	58870	15000	82.5
1999	40431	3000	16.5	2004	59845	4000	22
2000	41990	3200	17.5	2005	68625	15000	82.5
2001	42850	3000	16.5	2006	69675	4000	22

续表 3-2-5

年份	年末实有林地面积	造林面积	植树株数	年度	年末实有林地面积	造林面积	植树株数
2007	63750	4100	21.5	2011	71800	8000	44
2008	64800	5000	27.5	2012	86800	8500	55
2009	66800	6000	33	2013	88600	10000	60
2010	68800	7000	38	—	—	—	—

林果经济

1997 年，馆陶县从石家庄农科所引进黄冠梨品种，在以伴导村为中心的周边村发展起来。2001 年，从廊坊引进晚秋黄梨品种，以北拐渠村、南拐渠村为中心的周边村大面积种植。至 2013 年，全县果树种类比较多，品种优良，产量逐步提高，经济效益明显，重点分布在房寨镇、王桥乡、柴堡镇、路桥乡等 8 个乡镇，总面积 3.52 万亩，其中苹果面积 28730 亩，梨面积 4810 亩，桃面积 1660 亩。苹果重点分布在王桥乡的后姚庄、李井寨，路桥乡的北榆林、花园；梨重点分布在房寨镇的北拐渠、伴导，柴堡镇的刘村等；桃重点分布在柴堡镇的北阳堡、西孔堡、西富庄，馆陶镇的中马固、许路疃，路桥乡的满谷营等村。果品大部分内销，少部分果品外销山东、山西、河南等地。

1997—2013 年馆陶县果园面积统计表

表 3-2-6　　单位：亩

年份	合计	苹果	梨	葡萄	桃	樱桃	枣	其他
1997	3830	1100	1800	180	450	—	100	200
1998	4180	1200	2000	180	500	—	100	200
1999	4350	1250	2050	200	500	50	100	200
2000	4550	1300	2100	200	550	50	90	200
2001	4650	1350	2200	200	550	50	100	200
2002	4800	1350	2250	200	600	50	150	200
2003	5080	1400	2400	230	650	50	150	200
2004	5280	1500	2500	230	650	50	170	200
2005	5580	1600	2600	230	700	80	170	200
2006	6300	1800	3000	280	750	100	170	200
2007	6640	1800	3320	280	750	100	190	200
2008	7360	2100	3600	320	850	100	190	200

续表 3-2-6

年份	合计	苹果	梨	葡萄	桃	樱桃	枣	其他
2009	7860	2300	3800	350	850	100	260	200
2010	8850	2600	4250	400	1000	100	300	200
2011	9450	2700	4500	450	1200	100	300	200
2012	10500	3100	5000	500	1300	100	300	200
2013	12000	3400	5300	800	1600	400	300	200

林木保护

1997 年以后，馆陶县为维护全县林业资源，保护好造林成果，强化执法力度，成立了林业、公安联合执法队伍，加大了对毁林案件的打击和处理力度。对重点案件利用广播电视全县曝光，起到了震慑作用，有效地遏制了毁林案件发生。强化管护措施，研究制定了《树木管护办法》，成立县、乡、村三级专业护林队伍，逐级签订责任状，划分管护区域，明确管护责任，实行管护成果与工资待遇挂钩，调动了各级护林员的积极性，提高了树木管护效果。强化病虫害防治，为提高防治效果，提高检疫检测能力和水平，添置了检疫检测设备，进一步加大了工作力度。按照省植物检疫条例，果树病虫害检疫对象有苹果绵蚜、蔷薇科苗木根癌病、苹果黑星病、苹果蠹蛾；林木病虫害检疫对象有美国白蛾、杨锦纹吉丁虫、柳蝙蛾等。检疫方法一是产地检疫，对果园、林场每年进行一至二次检疫。调运检疫。外调苗木、木材、果品等林产品，经森防森检站检疫后开出调运检疫站方可调出，而从外面的林产品则需出具检疫证才可调入，以此防止危险性林果病虫害的扩散和蔓延。在林果病虫害的防治上，一般由森防森检站结合技术站，根据林果病虫害的发生发展规律，提出防治措施，编印技术资料，同时，深入到乡村、果园进行技术指导。据统计，主要林果病虫害有 30 多种，常造成经济危害的林果病虫害有：桑天牛、光肩天牛、葡萄虎天牛、苹果腐烂病、苹果轮纹病、桃小食心虫、红蜘蛛类、金纹细蛾、早期落叶病、梨网蝽、春尺蠖等。

2009 年，馆陶县发生美国白蛾虫害，林业部门采取人工剪枝、挖蛹、打药等措施防治。此后，每年都有虫害发生，到 2013 年，全县美国白蛾发生面积达 6 万余亩，涉及 8 个乡镇。为提高防治效果，馆陶县每年投资 40—60 余万元，使用直升飞机进行喷雾防治，重点对青兰高速、106 国道、309 国道、215 省道、武馆公路、馆广线、李河线及卫西干渠、沙东干渠、漳卫运河大堤的林带以及两公里内的 64 个重点村庄实施了飞防作业，飞防面积约 5 万亩，取得了较好的防治效果。

林政管理

1996 年 8 月，县林业局和农业局合并为农林局，同年底又设林业局，下设办公室、林政森防森检站、林果生产股及森林病虫害防治检疫站、林业技术站两个下属事业单位。2002 年林业局下设办公室、植树造林科、资源林政管理科及森林病虫害防治检疫站、林业技术站两个下属事业单位，并按规定设置机关党支部和纪检监察机构。2010 年林业局下设办公室、造林绿化管理科、林政资源管理科及森林病虫害防治检疫站、林业技术站两个下属事业单位，按规定设置机关党支部。

1997 年以后，馆陶县对集体或个人成片林木采伐进行审批，发给林木采伐许可证，严禁乱砍滥伐，依法处理毁林案件，加强对无证和违章运输以及野生动物植物资源的保护。林业主管部门对境内的所有摊点和厂点进行了登记，颁发林木加工（经营）许可证，使之进入正规化管理。

1997—2013 年馆陶县林木采伐统计表

表 3-2-7 单位：立方米

年度	采伐	年度	采伐
1997	3779	2006	2256
1998	255	2007	1250
1999	167	2008	2270
2000	1730	2009	850
2001	100	2010	2190
2002	500	2011	600
2003	790	2012	906
2004	400	2013	1278
2005	750	—	

林业科技

1997 年后，县委、县政府高度重视林业科技的推广工作，建设了专门科技推广机构，采取多种方式推广先进技术，对全县林果发展起到很重要的作用。主要通过集中培训、印发技术资料、深入基层指导、协会活动、技术承包等方式。县林业技术人员实行分乡包片责任制，同时聘请省市林业技术专家教授来馆培训等方式方法，大大提高了林农的科技管理水平和科技含量，增加了经济效益，提升了林业科技含量，进一步推动了全县林果业的快速发展。

用材林，引进了毛白杨、速生杨、竹柳、白蜡、法桐、金叶榆等优质乔木；经济林，引进了黄冠梨、油桃、樱桃、苹果、葡萄等新品种。在引进新品种的同时，加大了新技术推广工作，如毛白杨炮捻嫁接技术、金叶榆嫁接技术、苹果适宜树形的修剪技术，果树病虫害综合防治技术等。

第三节　畜牧业

现代化畜禽养殖场

1998年，全县大牲畜存栏37200头，其中牛2.58万头，马0.21万匹，驴骡0.93万匹，生猪存栏25.47万头，羊存栏11.52万只，禽类存栏1200万只，兔15.32万只。牧业产值71257万元，占农业总产值的52.3%。随着畜牧业的长足发展，适时制定了以牧兴县的经济发展战略，大力发展畜牧业生产，到2013年，全县拥有柴堡镇、馆陶镇、寿山寺乡、南徐村乡、王桥乡等畜牧养殖专业镇5个，常儿寨村、吕庄村、伴导村等96个畜牧养殖专业村，畜牧养殖小区15个，养殖专业户达1.4万户。涌现出年存栏肥猪200头以上养猪专业户46户，存栏300只以上养羊专业户17户，存栏万只以上养鸡专业户72户，存栏5万只肉鸭养殖园区15个。全县大牲畜存栏2.44万头，其中牛1.51万头、马1500匹、驴骡7800匹，生猪存栏23.42万头，羊存栏11.72万只，禽存栏1812.63万只，兔存栏22.52万只。肉类总产量5.43万吨，禽蛋产量19.26万吨，奶类总产量6106吨。全县牧业产值达到28.5亿元，占农业总产值的50.8%。

畜禽饲养

马、驴、骡　20世纪80年代以前，马、驴、骡是馆陶县农业生产和运输的主要动力。随着实行农村家庭联产承包责任制和农业机械化程度的不断提高，马、驴、骡的饲养量逐年下降。1998年，全县马、驴、骡存栏11400匹，其中马2100匹、驴、骡计9300匹。2013年，全县马、驴、骡存栏降到9300匹，其中马1500匹、驴、骡计7800匹。

黄牛及肉牛　20世纪80年代以前，全县黄牛饲养量仅次于马。随着农业生产机械化程度的提高，黄牛由役肉兼用变为以肉用为主，饲养量也逐年下降。1998年，全县黄牛饲养量2.58万头。到2013年，全县黄牛饲养量为1.51万头，仅是1998年的58.5%。

奶牛 县内地方行政辖区无乳品加工企业，牛奶仅供城乡居民食用，全县奶牛饲养不成规模。2000年，全县奶牛存栏仅48头。随着人们生活水平的提高，鲜奶需求量逐年增加，奶牛饲养量开始增长，出现了两家奶牛规模养殖场，养殖场与国内知名乳企签订了购销合同，带动了馆陶县奶牛养殖业的发展。到2013年，全县奶牛存栏为1124头，既满足了城镇居民对鲜奶的需求，又给奶牛养殖户带来了可观的经济收益。

羊 1998年，县内养羊多为小群散养，羊的饲养量为11.52万只。随着市场经济的发展，劳动力输出渐成趋势，再加上羊饲养周期较长，产出效益慢，一些养殖户放弃养羊，外出务工，剩余的养殖户大部分是一些年岁大的养羊户，种种原因导致羊饲养量下降，2007年，全县羊存栏降到了9.59万只。2012年，魏僧寨镇山才村宋耀强从外地购入肉羊500只，饲养成功后带动肉羊饲养全县发展。2013年，全县羊饲养总量11.72万只。

猪 1998年，全县生猪存栏为25.47万头。1998年后，随着生活水平和消费水平的提高，再加上国家对养猪业的各项优惠扶持政策的出台，全县生猪饲养逐年发展。县畜牧局在全县推广生猪饲养育肥综合技术、母猪标准化饲养综合技术，采取建暖舍、喂配合全价料、集中防治疫病等科技含量较高的饲养措施，使饲养量逐年递增，涌现出尚爱民、石振习、王书堂等一批年出栏肥猪1000头以上的养猪大户，为家庭小规模饲养闯出了一条发展之路。2006年，全县生猪饲养量达到32.44万头，生猪产量供大于求，部分养殖户大量淘汰母猪。2007年，全县生猪饲养量下降到18.7万头，同比下降42.4%。2008年后，全县生猪生产逐年平稳发展。到2013年，全县生猪饲养量23.42万头。

禽 20世纪80年代以前，馆陶县禽类产品主要以自给为主，养殖方法以庭院式养殖为主，较大规模的养殖场较少。随着人们对肉、蛋需求的逐年增加，全县养禽业向规模化养殖快速发展。按照“市场化带动、标准化生产、品牌化经营、项目化推动”的思路，加大发展力度，强化发展措施，重点推进全县蛋鸡产业的发展。2006年，全县养禽业发展到最高峰，禽类存栏达到1931.53万只，其中蛋鸡存栏1915.78万只，禽蛋产量17.38万吨；蛋鸡产业产值达到18.2亿元，靠蛋鸡产业农民人均收入1860元，占农民人均纯收入的60%；各类产业链企业达到300余家，占全县民营企业的60%以上；全县从事与蛋鸡产业有关的劳动力4.5万人，占乡劳动力50%以上。蛋鸡产业已经成为馆陶县最大的支柱产业、富民产业，为社会主义新农村建设提供了重要的经济支撑和保障。

2009年年初，馆陶县根据畜牧业发展实际，经过调研，是年4月，制订了发展馆陶县肉鸭养殖的可行性报告，引进了六和肉品加工项目，依托六和集团多年的发展和服务经验，在馆陶县建设肉鸭屠宰厂、饲料厂、鸭苗厂等企业，推动馆陶县肉鸭基地建设。

六和为养殖户提供长期保值合同养殖，使得肉鸭的养殖利润保持稳定，不随行情变化、饲料价格涨落影响。用户只要把肉鸭养好，不用考虑其他因素，即可获得稳定的利润。2010 年 4 月 29 日，馆陶六和屠宰厂正式投产。有职工 1700 人左右，两条宰杀生产线日屠宰能力 8.5 万只。为保证食品安全，畜牧局派出专业技术人员实施驻场同步检疫，保障了肉鸭屠宰质量。

2010 年 3 月，馆陶县制定了《关于实施“131 肉鸭养殖扶贫工程”的指导意见》，是年 11 月，出台了《关于大力发展肉鸭养殖业建设养鸭大县的实施意见》等一系列优惠政策和鼓励措施。至 2013 年，全县共建成肉鸭养殖小区 15 个，标准化养殖棚 320 个，存栏 160 万只。其中柴堡镇武张屯肉鸭养殖小区建有标准化棚 25 个，肉鸭存栏 12.5 万只，柴堡镇苏堡肉鸭养殖小区建有标准化棚 18 个，肉鸭存栏 9 万只，带动了肉鸭养殖产业发展。

馆陶县贵国奶牛养殖发展有限公司　成立于 1996 年 6 月，现有奶牛存栏数 1000 余头。公司荣获县“现代农业示范园”“扶贫重点龙头企业”、农业产业化龙经营“重点龙头企业”、省“无公害畜产品产地”认定单位、农业部“奶牛标准化示范场”等多项荣誉称号。

蛋鸡产业

馆陶县是邯郸市东部一个典型的平原农业县，自古就有蛋鸡养殖传统。1997 年后，县委、县政府按照“市场化带动、标准化生产、品牌化经营、项目化推动”的思路，加大发展力度，强化发展措施，促进了全县蛋鸡产业的快速发展，成为馆陶县畜牧业的一大亮点。馆陶县蛋鸡产业化的发展，大致经历了三个发展阶段。

1986—1990 年是培育起步阶段。全县蛋鸡存栏从 40 万只发展到 105 万只；科技人员走向一线，普及推广常规实用技术，实行包防疫、包治病、包饲料配方的技术承包工作，并进行现场指导，提高广大养鸡户科技素质和饲养防治水平，实现了养鸡业快速发展的技术、资金等积累，积蓄了发展后劲。1991—1995 年是巩固发展阶段，实施“种子工程”，引进尼克、海赛克斯、罗曼、农杂和京白、海兰系列等新品种，提高了蛋鸡的生产能力和经济效益，并通过推广网上育雏、多维饲料、氨基酸平衡等多种养鸡新技术，使鸡的成活率和产蛋率进一步提高，1995 年年底，全县蛋鸡存栏达 175.23 万只。

蛋鸡产业发展交流会

1996—2000 年是蛋鸡产业化形成阶

段。主要提高完善蛋鸡产业化和提高蛋鸡产业的内在质量，县委、县政府因势利导，提出了以牧兴县、以鸡强县的发展战略，县、乡、村相继出台了一系列鼓励蛋鸡养殖的扶持措施和政策，如养殖用地用电用水按种植业一样对待，对运输蛋鸡及其产品的车辆不卡不罚，一路绿灯，明确规定县乡两级财政新增部分的2%用于蛋鸡生产的投入，在农业综合发展资金上，对蛋鸡产业发展的资金安排不少于总投入的20%，农业信贷、各乡镇农业特产税留成资金、农业配套资金都要向养鸡业倾斜，在物资供应上优先安排，保证供应等等。

2001—2013年是发展壮大阶段。对蛋鸡产业发展中的问题，县委、县政府都专门研究、专门部署、认真解决。2005年、2008年，两次下发文件扶持蛋鸡产业的发展，出台了鼓励发展蛋鸡产业的优惠政策，强化发展措施，促进了全县蛋鸡产业的快速发展。制定优惠政策引导蛋鸡产业发展，养鸡用地与种植业一样对待，减免有关费用，农业补贴优先向养殖户倾斜，财政累计投入3.6亿元。科技带动，通过与中国农大、河北农大等大专院校、科研单位建立起固定技术依托关系，及时了解引进国内外先进技术、品种和产品，选派专业技术人员进行深造。并邀请专家教授到馆陶县讲课，传授高新技术知识，为馆陶县蛋鸡产业的发展提供了强有力的技术支撑。服务促动，为确保农民养鸡安全，馆陶县根据产业发展需要建立健全了防疫队伍完善防疫机制，建立免疫责任制，落实各项防疫措施，有效地避免了疫病发生，最大程度保护了养殖户的利益。市场拉动，为完善产业链条，馆陶县投资3.2亿元建设了全国最大的禽蛋批发市场——金凤市场，以金凤市场为龙头，通过各类中介组织，将全县各养鸡户的鲜蛋集中到金凤市场，实现了产销一条龙，解决了养殖户“卖难”问题，保持了产业链各环节的稳定，维护了各方利益。至2013年，全县建成饲料生产厂13家，种鸡孵化场1家，纸箱蛋托厂15家，兽药饲料经营企业80余家。运输业、餐饮业也随着蛋鸡产业发展面愈加红火。蛋鸡产业链条年产值达4.8亿元。

2013年年底，全县蛋鸡存栏1791.3万只，禽蛋产量18.59万吨；蛋鸡产业产值达到18.2亿元，靠蛋鸡产业农民人均收入1860元，占农民人均纯收入的60%；各类产业链企业达到300余家，占全县民营企业的60%以上；全县从事与蛋鸡产业有关的劳动力4.5万人，占在乡劳动力50%以上。全县形成了5个专业乡镇、96个专业村、1.4万个专业户。规模化养殖场通过河北省无公害产地认证有7家，其中通过农业部无公害禽蛋产品认证企业3家。馆陶县形成了以百万只蛋鸡养殖园区为龙头，106蛋鸡产业带为龙体，5个10万只养殖园为依托的养殖格局，成为名副其实的“中国蛋鸡之乡”。

2001年馆陶县被河北省畜牧局命名为“省级蛋鸡生产基地”；金凤市场是全国最大的禽蛋批发交易市场，是“农业部定点市场”，“国家农业产业化重点龙头企业”，2005年被全国农产品联合会评为“全国肉禽蛋批发十强市场”，“全国农副产品批发百强市场”。

2010年馆陶县通过国家级无公害养鸡标准化养鸡示范区验收。蛋鸡产业已经成为了馆陶县最大的支柱产业、富民产业，为新农村建设提供了重要的经济支撑和保障。

特种养殖

馆陶县的特种养殖业发展缓慢。2000年前，馆陶县有群众自发搞特种动物养殖，有鹿、狐狸、乌苏里貂、蝎子、海狸鼠等，因为饲养技术缺乏、饲养规模小、经济效益不佳等原因，养殖户放弃了饲养。2013年，馆陶县有馆陶镇北马固村一家特种动物养殖场，主要饲养水貂，饲养数量900只。

标准和规模化养殖

现代化蛋鸡养殖场

1997年后，馆陶县把养殖业标准化、规模化生产摆在突出重要位置来抓，严格按照农业部无公害畜产品生产标准，紧密结合馆陶县畜牧产业发展实际，就养殖场选址、外部环境、雏苗引进、饲养管理、饮水用药等各个环节做了详细严格的规定，并印发到养殖户手中，为标准化生产的实施提供了科学的理论依据。把转变饲养模式作为实施标准化生产的一个重要方面，以乡镇标准化养殖园区为样板，加大宣传力度，实施典型带动，并引进玻璃钢保温材料和湿帘降温、机械喂料、自动清粪、机械通风等新技术设施；组织成规模的养殖场开展无公害产品产地认定和产品认证工作，通过产地认定和产品认证来提高馆陶县蛋鸡产业的知名度和市场占有率。

2013年，全县已建成30余家标准化养殖场，其中通过省级无公害产地认定12家，并有3家养殖场生产的蛋品通过了农业部无公害农产品认证，较规范的规模养殖户1万余户。培育部级标准化示范场1个、省级2个、市级4个，县级36个。生猪年出栏1000头以上规模场有36个，其中生猪年出栏3000头以上规模场有7个、生猪年出栏5000头以上规模场有2个；蛋鸡期末存栏1万只以上规模场有72个，其中蛋鸡期末存栏5万只以上规模场有9个、蛋鸡期末存栏10万只以上规模场有3个；肉鸭年出栏5万只以上规模场有57个，年出栏10万只以上规模场有13个；肉羊年出栏500只以上规模场有21个，肉羊年出栏1000只以上规模场有14个。

河北民旺集团“康牧源百万蛋鸡养殖有限公司”位于馆陶县柴堡镇106国道西侧，南临青兰高速，地理位置优越，交通便利。园区占地230多亩，总投资2.3亿元。引

规模化养猪场

进六套广州温氏集团和土耳其谷乐山家禽机械全自动蛋鸡养殖生产线，共计人民币1760万元。该设备可自动喂料、自动控温、自动捡蛋、自动供水、自动清粪。设备科技水平达到国内及国际先进水平。2013年项目建成后，共存栏蛋鸡100万只，年产商品蛋2.5万吨，年产值为23000万元，同时增加就业岗位260个。公司引进韩国鸡蛋分选生产线，对鸡蛋进行筛选深加工。引进“粤禽皇”三黄优种土蛋鸡20万只。重点发展绿色生态“土”种养殖，针对消费市场的不同，生产出不同规格、不同包装、适应不同人群的营养健康鸡蛋;如富锌、富钾、富镁、高DHA等的多种功能的健康无公害蛋品。注册“艾格兰”鸡蛋商标，被评为河北省名优产品。

河北民旺集团“河北元蓬种猪养殖有限公司”位于馆陶县南徐村乡马头南村原马头棉厂西侧，2013年成立。占地150亩，总投资5300万元。共分四大功能区域：种猪养殖生产区域、商品育肥生产区域、粪尿污水处理沼气发电区域、办公生活区域。引进全自动化种猪、育肥猪生产线，可自动喂料、自动控温、自动供水、自动清粪，设备科技水平达到国内及国际先进水平。引进大白、长白、杜洛克、原种猪、祖代猪、父母代和斯格原种、祖代、父母代配套系各类种猪存栏3000头，实现自繁自养，年出栏商品育肥猪6万头、种猪1万头。年收入1.1亿元，利税750万元。公司以构建畜牧经济主导产业为目标，走“生产、加工”双向开发之路。形成以猪场为生产基地的“公司+合作社+基地+农户”的产业格局，建有疫病化验检测中心，为广大养殖（场）户提供全程全方位服务。

1998—2013年馆陶县畜禽养殖情况统计表

表3-2-8　　单位：百匹、百头、百只

项目/数量/年份	大牲畜存栏					猪	羊	禽	兔
	总数	牛	马	驴	骡				
1998	372	258	21	79	14	2547	1152	120000	1532
1999	386	265	20	85	16	2461	1198	140905	1518
2000	405	271	21	95	18	2511	1234	157814	1803
2001	387	251	21	97	18	2630	1295	172207	1914

续表 3-2-8

项目 数量 年份	大牲畜存栏					猪	羊	禽	兔
	总数	牛	马	驴	骡				
2002	405	262	24	100	19	2733	1336	175511	2032
2003	428	288	19	103	18	2880	1518	179800	2141
2004	357	235	21	95	16	3228	1566	174000	2260
2005	369	219	22	106	20	3226	1566	190402	2287
2006	366	266	22	100	18	3244	1605	193153	2337
2007	234	124	17	82	11	1870	959	120541	2055
2008	261	144	28	80	9	2057	1056	153851	2261
2009	254	150	17	76	11	2149	1118	160678	1969
2010	258	154	17	76	11	2197	1148	169184	2009
2011	259	155	17	76	11	2284	1182	179335	2119
2012	252	156	16	67	13	2239	1147	183837	2144
2013	244	151	15	66	12	2342	1172	181263	2252

1998—2013 年馆陶县畜禽产品产量统计表

表 3-2-9　　单位：吨

项目 数量 年份	肉类总产量									奶类总产	羊毛	禽蛋
	总数	牛肉	马肉	驴肉	骡肉	猪肉	羊肉	禽肉	兔肉			
1998	35588	3506	167	401	93	22604	1189	7324	304	119	151	76846
1999	37073	2937	180	468	116	24052	1247	7764	309	308	176	101643
2000	39021	3025	205	519	102	25020	1295	8551	304	521	189	130103
2001	41373	3092	250	540	110	26002	1303	9756	320	588	169	145101
2002	45198	3168	250	540	119	28312	1382	11061	366	609	175	156499
2003	47041	2915	156	554	126	29325	1514	12119	332	785	181	168236
2004	51932	4152	146	371	105	31953	1747	13068	372	1043	164	164338
2005	52322	4263	137	383	114	32275	1766	13057	327	1406	74	171360
2006	53173	4364	136	385	96	32763	1818	13200	384	1642	78	173820

续表 3-2-9

项目/数量/年份	肉类总产量									奶类总产	羊毛	禽蛋
	总数	牛肉	马肉	驴肉	骡肉	猪肉	羊肉	禽肉	兔肉			
2007	40057	2795	149	483	89	20860	1642	13433	361	5320	70	144605
2008	43842	2269	146	481	92	21865	1527	16924	515	5885	97	159100
2009	45330	2490	156	429	93	21992	1908	17791	451	5921	100	160566
2010	47336	2574	171	498	109	22451	1910	19143	460	6058	102	166900
2011	50030	2574	171	498	109	23133	1956	21119	445	6187	112	190576
2012	53532	2991	157	399	108	25436	1996	21970	450	6137	110	190941
2013	54270	2871	156	414	109	25792	2061	22365	475	6106	113	192550

疫病防治

1997 年后，馆陶县贯彻《动物防疫法》和《河北省动物防疫条例》，坚持“预防为主”的防疫方针，加强畜禽疫病防控。县畜牧水产局设有动物疫病预防控制中心，在 4 个镇设有动物防疫监督分站，配有专职防疫人员，277 个村全部设有村级防疫员，形成了县、乡（镇）、村三级防疫网络。坚持科学化、制度化、常态化，加强畜禽强制免疫注射和应急工作演练，使各项重大动物疫病免疫率均达到 100%，确保全县无重大动物疫情发生。坚持“春秋集中免疫、月月定时补针、定期监测抗体”防疫制度，建立了补栏畜禽免疫告示制度，因地制宜设置补针补防固定便民服务点，开展电话预约上门服务，确保畜禽免疫密度常年保持 100%。以公路沿线、养殖密集区和大场大户为监测重点，在全县 277 个村逐一明确疫情监测报告人，着力构筑县、乡、村三级动物疫情监测预警网络。同时，积极加强应急物资储备和应急队伍演练，不断强化突发动物疫情的快速反应能力，确保“有疫不流行、有病不成灾”。

动物及其产品检疫。在产地、市场、屠宰、运输的各个环节严格实施同步检疫，强化监督，确保动物及其产品的安全。在全县设立了 23 个报检点，公开报检电话，实行全天 24 小时服务。使产地检疫率、同步屠宰检疫率、产地检疫证和免疫标识回收率、无害化处理率均达到 100%。

畜产品安全监管。从源头入手，从基础抓起，着力建立健全畜禽养殖档案和兽药饲料经销台账，坚决杜绝违禁药品和有害畜禽产品进入生产经营环节，有效保障了畜产品消费安全，全县未发生畜产品质量安全事故。

饲料

饲料生产　1997 年以前，馆陶县畜禽养殖专业户数少，规模小，畜禽饲养多利用农副产品如土粮、麦麸、米糠、玉米等作为饲料。饲喂牛、马等大牲畜，秋收后打场剩余土杂粮及玉米秸、豆秸为冬季饲料。1997年以后，精饲料的加工主要依靠米面加工厂生产，粗饲料加工设备主要集中在农村养牛、养猪专业户中，粉碎玉米秸秆、豆皮等农作物副产品作为辅助性饲料。2000年后，随着全县养猪、养鸡专业户快速发展，饲料加工厂（点）也随之增多，有一些大型养殖场也开始自己加工饲料，自产自用。全县饲喂猪、鸡等饲料供应充足，促进了养殖业的快速发展。至2013年，全县共有饲料生产厂家达到13个，年饲料生产能力达到150万吨。

饲料经营　1997年后，随着全县鸡、猪饲养量大幅度上升和金凤市场的建成投用，个体经营的饲料销售店增多，最多时可达300家，饲料主要品种有鱼粉、骨粉、饲料添加剂、玉米面、麦麸、豆粕（饼）等。2005年后，随着养殖业的不断转型升级，一些小型养殖场逐渐被大型规模化、标准化养殖场取代，养殖模式的改变，促使饲料生产厂家开始直接与大型养殖场合作，饲料经营中间商逐年减少，至2013年，馆陶县饲料经营门店共有41家。

1997—2013年馆陶县牧业总产值一览表

表3-2-10　　单位：万元

年份	农业总产值	牧业总产值	牧业占比农业产值比（%）
1997	135829	79137	58.3
1998	136191	71257	52.3
1999	138221	75918	54.9
2000	148440	83028	56.1
2001	165093	97071	58.8
2002	203338	107611	52.9
2003	224611	116571	51.9
2004	275812	153672	55.7
2005	285540	156074	54.7
2006	291133	156664	53.8
2007	309980	157831	50.9
2008	344772	182769	53

续表 3-2-10

年份	农业总产值	牧业总产值	牧业占比农业产值比（%）
2009	353959	177275	50
2010	441868	202705	45.9
2011	518494	267366	51.6
2012	521944	258127	49.5
2013	561911	285426	50.8

注：按当年现行价计算，牧业总产值不包括渔业、养蜂业，农业总产值包括农、林、牧、副、渔

附：馆陶县六和牧业综合开发项目

馆陶县六和牧业综合开发项目由山东六和集团投资兴建，总投资 2.1 亿元，于 2008 年被列为省级重点项目。项目占地 200 亩，主要建设生产车间、宿舍楼、办公楼、餐厅及其他辅助设施，总建筑面积 28400 平方米，拥有 1600 吨位的低温冷藏库和 12492 平方米的标准化生产车间，日处理废水 1800 立方的污水处理设施一套。一期肉鸭分割项目集肉鸭养殖、回收、屠宰加工、冷藏、销售于一体，日宰杀肉鸭 8 万余只，年生产能力 2500 万只，年产量 5 万吨。所有原料均来自公司的合同基地，鸭苗、饲料、疫苗、药品由公司统一提供，统一回收。在饲养过程中，由公司成立的服务小分队对养殖户进行跟踪服务，从喂养到防疫都定期到实地指导。所生产的肉鸭产品，销往国内二十多个省市，市场占有率 100%。包括禽类屠宰、精细分割、冻结、冷藏、物流配送，年产肉鸭 3.96 万吨、分割产品 2.64 万吨，年销售收入 3.5 亿元，增加就业岗位 1200 多个。项目以屠宰分割为中心，以科技辅导站为技术推广站点，通过和农户签订回收合同，形成和农户的效益联动，带动周边地区 1000 多个规模化肉鸭养殖大棚的养殖，实现养殖户每年增收 4 万元左右。

馆陶六和牧业厂区

2010 年，实施二期工程，年产 30 万吨饲料项目总建筑面积为 9751.5 平方米，固定资产投资 5423.4 万元、总投资 6000 万元，项目已竣工。主要建筑有主车间、立筒仓、原料库，成品库，卸料棚、综合楼和锅炉房。生产线引进全套饲料生产设备，实现年收入 3.67 亿元，每年收购玉米 16000 多亩，加快了粮食转化率。三期工程建成投用，建

设肉鸡屠宰分割生产线、食品加工生产线和高科技生物饲料生产线，项目总投资达到5.2亿元。

第四节 农业机械

馆陶县地势平坦开阔，连片程度高，人均占有耕地面积数量大，加之受气候条件限制，农事季节性强，适于机械耕作。

20世纪90年代，随着科学技术的普及，农民对农机实用新技术、新机具的认识不断提高，全县农业机械更新在资金投入、新机型数量上有大幅度增加。1996年后，县农机局为推广玉米贴茬播种新技术引进推广精量穴播机，实现了土地深松、分层施肥、精量播种、镇压一条龙作业，农业机械化程度位居全省领先地位。随着农业机械化的发展，逐步建立完善了农机管理、修理、推广、监理、教育五个方面的管理与服务体系；集体和个体农机具修理站、农机具配件供应商店遍布城乡，已成为全县农机综合服务的主体。全县农业机械拥有量增加，大中型机械更新速度加快，机械化程度进一步提高，科技含量增大，服务领域拓宽。1996年，全县农机总动力达35.5万千瓦，拥有大中小型拖拉机844台，机耕地面积45万亩，拥有播种机222台。到1997年，全县新增轮式拖拉机231台，引进推广旋耕和铧式犁整地技术，新增大中型配套农具旋耕机182台。至2000年，全县农机总动力40万千瓦，拖拉机、农用运输车保有量4268台，大中型配套农具600台。

2004年后，在国家制定的免征农业税收、优良粮种补贴和购置大中型农业机械补助等政策的鼓励下，全县农业机械拥有量逐年上升，大中型农业机械更新改造速度加快。2005年，全县农机总动力达到60.41万千瓦，农业机械总值9002万元，拖拉机、联合收割机保有量873台，农具604台。2005年，实施了国家农机补贴政策，全县有大中小型联合收割机198台，农作物机械收割面积达到38万亩，其中小麦机收达100%。田间作业机械化综合程度达68%，其中机械耕地程度达100%；机械播种程度达100%；机械中耕程度达100%；机械收获程度49%；机械运输程度达100%。农业机械化程度的提高，降低了农业生产成本，提高了农田耕作效率，使粮食产量大幅度增加。到2013年，全县农机总动力达到8.54万千瓦，农机总值6810万元。

农机技术培训

馆陶县农业机械化学校始建于1971年，占地面积6400平方米，校舍建筑面积900平方米，一次可接纳培训100人食宿和学习教练。1981年后，县农业机械化学校负责全县农机操作人员的复训和考证驾驶员的初训，每期培训2—4个月。1986年，全县共培训农机操作人员200余人，其中报考驾证40人。1991年，农村机械化服务中心解体，恢复农业机械化学校建制，有教职员工7人。1992年后，县农业机械化学校通过农机新技术、新农机具的引进和推广，开展定期和不定期培训工作。每年春耕生产前，对农机作业人员进行一次复训，年培训2000余人次。新驾驶员考证，培训课目主要有机械常识和安全常识，年培训新驾驶员200人以上。至2005年，全县累计培训农机修理、农机具操作、农机管理人员等达2.7万余人次。

农机技术推广

1986年，根据农业部《关于县级农机化研究所改为农机化技术推广服务站的通知》精神，馆陶县农机具科研所更名为馆陶县农业机械技术推广站。1996年，引进推广农作物秸秆根茬粉碎还田技术，购进作物秸秆根茬粉碎还田机5台。到2005年，小麦秸秆根茬粉碎还田率达100%，玉米秸秆根茬粉碎还田率仅为60%。1997年，引进旋耕机，主要用于秋季土地耕作推广。2000年，引进小型中耕机械进行中耕除草技术，解决了垄底浅松问题。

2008年开始推广免耕播种、机械深松技术，至2013年，累计推广面积47万亩，先进适用的农机新技术、新机具的推广使用，给馆陶县农民带来了更大的经济效益，为馆陶县农业发展做出了一定的贡献。

农机补贴

2005年，实施国家机具补贴政策，至2013年，累计农机补贴资金2966万元，其中补贴大中型拖拉机963台，小麦联合收割机326台，玉米联合收割机231台，其他机具1620台（套）实现农机总动力76万千瓦。大马力拖拉机的推广使用，提升了馆陶县农业机械装备和标准化作业水平。

农机管理

1996年，全县党政机关机构改革后，县农业机械管理局改为事业单位，其中事业编制10名，内设办公室、财务科、管理科、修造科等股及农机监理站、农机化技术推广站、农业机械化学校。2010年，机构改革馆陶县农业机械管理局改为农业机械化办公室，合并到农牧局。

1996年，全县农机具结构变化较大，大中型拖拉机拥有量增长缓慢，机械老化，年久失修，技术状态下降，大中型配套农具逐年递减，小型拖拉机大幅度增加。1996年年底，全县拥有小型拖拉机2300台、大中型拖拉机157台，小型配套农具2984台。

馆陶县农业机械安全监理站始建于1981年，共有干部职工10人，该站依据《河北省农机事故处理暂行规定》《河北省农机违章处罚规定》，加强各类农业机动车辆的牌照管理和安全生产监督检查，建立完善安全组织，实施安全教育和机动车辆年检、年审制度。县农机监理站经常深入到乡村、田间、场院宣传农机法规和安全常识，进行农业机械安全检查。为广大农机户提供优质服务，做到机车落户不出村，驾驶员考证不出乡，农机安全知识、法律咨询、技术服务送到户。

1998 年，全县共有农机驾驶人员 3660 人，全年查处农机违章 1596 起。县农业机械安全监理站不断加强《河北省农业机械安全监督管理条例》和《农用拖拉机及驾驶员安全监理规定》等法规的宣传教育工作，推出一系列便民举措，监理人员深入乡村、田间地头进行现场办公，深受广大农村驾驶人员的欢迎。

2000 年，农用三轮车由农机监理机构上牌办证，县农机监理站业务量大大增加，至 2003 年，办理农用三轮车牌照 12488 台，农用三轮车驾驶员 8547 人。由于业务量的增大，为加强管理、方便群众，监理站在魏增寨、王桥和寿山寺 3 个乡镇成立了 3 个中队，具体管理各辖区的农业机械，受理辖区内的机手办理各项业务，监理人员也达到了 26 人。2004 年道路交通法规定农用三轮车由交警部门管理，档案全部移交馆陶县交警大队。2005 年，县农机监理站重点开展了农机安全月活动，对农机驾驶人员进行了农机操作、安全生产教育，全县农机驾驶员队伍素质有较大提高，农机操作违章率控制在规定指标之内，农机具技术状态完好率达 95% 以上，拖拉机检验率和驾驶员审验率达到 95% 以上，拖拉机挂牌率和持证率达 98% 以上。

1997—2013 年馆陶县农业机械拥有量一览表

表 3-2-11　　　　单位：万元、万 / 千瓦、台

年度	农机总值	农机总动力	链轨拖拉机	小型拖拉机	大中型拖拉机	联合收割机	割晒机
1997	1882	5.1	59	2318	119	14	2288
1998	1800	5.9	71	2240	118	15	1780
1999	2859	5	70	2120	111	24	1500
2000	2405	5.2	76	2070	109	28	890
2001	2361	5	75	1980	105	33	789
2002	2503	5.1	77	1960	102	97	656
2003	2659	5.2	67	1760	100	101	509
2004	3259	5	65	1570	101	98	445
2005	3745	5.5	57	1570	238	99	379
2006	3938	5.3	57	1470	248	101	265
2007	5365	7.5	56	1007	256	144	156

续表 3-2-11

年度	农机总值	农机总动力	链轨拖拉机	小型拖拉机	大中型拖拉机	联合收割机	割晒机
2008	5365	7.8	55	980	354	148	145
2009	6514	7.9	45	490	450	240	109
2010	6639	8.4	44	388	568	328	0
2011	6662	8.43	45	322	697	389	0
2012	6586	8.14	41	213	750	450	0
2013	6810	8.54	28	145	780	489	0

第五节 扶贫和农业综合开发

扶贫

馆陶县位于黑龙港流域，是平原农业县，无资源优势，工业基础相对较弱。按照1994年国家实施的“八七”扶贫攻坚计划，对贫困县进行重新调整，依据1992年农民人均纯收入不足400元为标准认定贫困县，馆陶县被定为省级贫困县。2001年国家实施“中国农村扶贫规划”，馆陶县被省委省政府确定为省级贫困县。2010年，按照省委省政府新十年扶贫开发规划，馆陶县再度列为省级贫困县。2014年，按照人均纯收入2732元标准，对全县贫困人口进行了建档立卡，全县识别出贫困人口3.7万人，识别出贫困村61个。

“八七”扶贫攻坚阶段（1994—2000年） 1994年5月，印发了《馆陶县1994—2000年扶贫开发总体规划》，规划认真分析了馆陶县贫困现状和扶贫工作的优劣势，确定扶贫的指导思想和奋斗目标，明确了扶贫开发工作措施。

扶贫开发工作重点县阶段（2001—2020年） 按照省扶贫办扶贫开发规划，结合馆陶县实际，制定了《馆陶县黑龙港流域区域发展与扶贫攻坚规划》，《规划》共分五章十九个方面的内容，《规划》坚持开发式扶贫方针，以解决温饱、稳定脱贫、加快致富、全面发展为目标，抢抓国家、省加大扶贫攻坚的大好机遇，逐步推进馆陶县经济、社会和生态环境的可持续发展，缩小差距、构建和谐，使全县扶贫开发工作步入规范化、制度化、科学化轨道。到2020年底，在全县范围内消除绝对贫困现象，实现扶贫对象“两不愁、三保障”（不愁吃、不愁穿、保障其义务教育、基本医疗和住房）目标。2016年5月，印发了《馆陶县脱

脱贫攻坚一系列政策文件

贫攻坚规划（2016—2018年）》，结合馆陶县实际，在积极落实扶贫工作既定部署的基础上，以贫困县脱贫摘帽和高标准完成“十三五”脱贫攻坚任务为统揽，以创新扶贫模式、稳定贫困家庭增收为重点，以统筹各方力量、加大投入力度为抓手，以强化舆论宣传、优化工作环境为保障，深入推进脱贫攻坚各项工作。

财政扶贫 为充分发挥财政扶贫资金的使用效益，切实加强资金管理。对财政扶贫资金强化规范，实行专户管理、封闭运行。优化扶贫资金投向，及时下拨扶贫资金。使扶贫资金能够重点扶持与解决贫困群众温饱密切相关的农业基础设施和符合馆陶农业结构调整要求的种、养、加项目、龙头企业带动项目等。

社会帮扶 全县共有61个精准扶贫驻村工作队，其中市派工作队12个，县派工作队49个。根据省市定点帮扶工作安排部署，多措并举，各工作队扎实开展扶贫工作。一是积极开展产业扶贫。在认真调研的基础上，帮助村户谋划光伏产业、设施种植等扶贫项目，新增农业专业合作社30个，培育种养大户和致富带头人27人。二是加强基础设施建设。新建改建“两室”14个，修建村级公路50公里，安装路灯2400盏，新打机井5眼，建设活动广场40个，改建居民危房500余间，建设修缮村小学4所。三是强化为民办事。全县扶贫工作队走访贫困群众2万余人次，组织普法宣传92次，各级义诊服务32次，化解矛盾124起，为群众代办事件840件，节日期间开展慰问捐助折款100余万元。四是撬动社会资金。驻村工作队积极争跑协调各类资金1400余万元，贫困村在基础设施、致富产业、教育卫生等方面有了很大改善，开展了“百企帮百村”活动，组织37家民营企业对口帮扶37个贫困村，帮扶企业投入资金160余万元，进一步改善了村居环境。

扶贫成效 1997年，馆陶县共有贫困户5274户24400人。通过扶贫开发工作，截至2016年年底，全县共有贫困人口2327户4979人，贫困发生率降至1.79%。重点发展了小尾寒羊养殖、蛋鸡养殖、肉鸭养殖、蔬菜种植、光伏发电等富民产业。主要开展了贫困村水利配套、道路建设、危房改造、卫生室等基础设施项目，有效改善了贫困村、贫困户生产生活条件。

脱贫攻坚创新工作

引入风控机制，解决扶贫资金风险问题 一是发展光伏项目。在国家对省级贫困县没有政策的情况下，自己探索光伏扶贫的路子。先后到省市发改、扶贫、电力等部门对接请示，到分布式光伏搞得好的县参观取经，确定了实施方案。馆陶成为全省第一家整县推进村级屋顶分布式光伏扶贫电站的省级贫困县。2016年的光伏产业项目资金1698万元，占产业资金的85.4%。在全国第一家采取“八位一体”光伏扶贫模式，即：县政府负责总协调，乡镇、村负责贫困户与合作组织签订入股协议、协调安装地点，企业、

开展脱贫攻坚业务培训

银行、贫困户负责融资，企业负责建设运营维护、技术推广培训，保险公司负责风险担保。安装一个5千瓦的光伏电站，需要3.75万元，扶贫专项资金安排1.2万元，公司融资出其余的2/3。相比“有多少钱干多少事”的模式，每个贫困户可以在1.2万元到户资金1200元收益的基础上，增加收入1800元左右，使省级贫困县贫困户光伏扶贫收益和国家级贫困县贫困户一样达到年收益3000元、稳定收益20年。二是引入风控机制。受银行风险防控机制的启发，按照“参考银行又区别于银行”的思路，引入银行的风险防控理念，最大限度确保财政扶贫入股资金安全。即凡是申请使用财政扶贫入股资金的涉农企业，分别以不动产抵押、生物资产抵押、财政工资担保三种形式，确定财政扶贫入股资金额度。对无法履行入股协议的，按照法律程序拍卖抵押物或扣发担保人工资，用于补偿贫困户。1. 不动产抵押是针对有土地、厂房、商品房等不动产的企业，经过第三方评估，按照不超过评估价格90%的比例确定入股资金额度。2. 生物资产抵押是专门破解生物资产不能在银行抵押的难题，结合农牧、保险等部门对企业生物资产进行监管，委托第三方对生物资产进行评估，按照不超过评估价格70%的比例确定入股资金额度。3. 财政工资担保是针对无法使用不动产抵押的企业，由财政供养人员工资提供信用担保，每人可担保金额20万元。

创设孝老卡，解决因不孝致贫问题 老年人大多数无固定收入，有的已经丧失劳动能力，加上个别子女赡养意识不强，导致老人收入微薄，生活窘困，乃至成了贫困人口。为解决好这一特殊群体面临的问题，馆陶县创新成立了孝心委员会，引导群众为老人办理一张用于存储赡养费的银行卡（即孝老卡），并提出了16字要求：“卡要办、钱要交、制度要上墙、名单要公布”。一是成立孝心委员会。在全县农村组建孝心委员会，成员由村民代表选出，组成人员主要是村里公道正派、威信高、责任心强的党员和群众代表。孝心委员会制定章程和慈孝榜公示公布制度，每月开展1次专项督导。在村“两室”或村内显要位置，设立慈孝榜，每季度在村慈孝榜公示一次赡养费缴存情况，每半年评选一次孝心家庭，对孝敬父母的子女上榜公布。全县上下民风渐变，扶贫、助弱、孝老、尊老、敬老蔚然成风，

柴堡镇樊堡村孝老卡发放仪式

有效降低了老年人群体的贫困发生率。二是创设“孝老卡”。引导贫困家庭子女按月给老人赡养费，原则上每月不少于300元，存入孝老卡中，经村孝心委员会见证转交给老人。三是发动爱心企业参与。由驻村工作队和乡（镇）、村承办，邀请分包村县级领导、爱心企业、帮扶责任人和贫困户子女参加。爱心企业对办理孝老卡的贫困户，给予每户100元一次性奖励。

创新精准防贫机制，解决致贫返贫问题　印发了《关于开展精准防贫工作的实施意见》，针对处于贫困边缘的农村低收入户（简称“非贫低收入户”）和人均收入不高不稳的脱贫户（简称“非高标准脱贫户”）两类临贫易贫特殊人群，明确了医疗、教育、灾害、扶贫保险、就业、产业等方面的特别救助政策，明确了救助办法、救助对象、申报条件、否决每件、审核程序，并成立了相应的审核小组，负责对申报材料的审核、实地查验等工作，在农户成为贫困户前设一道“拦水坝、截流闸”。

以美丽乡村为载体，解决农村群众增收难题　一是发展旅游业。依托美丽乡村建设，大力发展乡村旅游，把粮画小镇成功打造成为2015年中国十大最美乡村、国家AAA级旅游景区、全国文明村镇。旅游业的吃、住、行、游、购、娱直接拉动消费，促进农产品的销售，增加了贫困人口收入。二是一个美丽乡村就是一个特色产业。粮画小镇寿东村引进了粮食画产业，目前村内加工户有80余户，并带动周边10多个村庄300余户从事粮画创作。羊洋花木小镇李沿村着力打造花木种植业，依托冀南花木集团，着力打造占地5000亩的中国农民花博园，通过土地流转挣租金、到企务工挣薪金，带动贫困户脱贫增收；以太阳湖、月亮湖为中心，建设了饮食、客栈、商业等旅游配套设施，形成了集观光旅游、休闲度假、儿童拓展、采摘体验等功能于一体的生态景观园区，使30余户贫困户年人均增收6600余元，2015年被评为河北省乡村旅游示范村。三是培育全县富民大产业。在全县培育了蛋鸡、养鸭、黄瓜、黑小麦、轴承等富民产业，使更多的村依托全县大产业搭便车，实现“一产带多村”。如馆陶的黄瓜两年间由3.5万亩增加到10万亩，“馆青”牌黄瓜荣获国家绿色博览会金奖，馆陶被命名为全国唯一的黄瓜之乡，并通过首农集团引入北京市场。

县委书记谢继炯实地调研脱贫攻坚建档立卡工作

脱贫攻坚专记：

建设"四美"乡村　精准扶贫奔小康

——在河北省省直精准脱贫驻村干部岗前培训班上的演讲

（2016年2月23日）

谢继炯

我来自黑龙港流域的一个省级贫困县——馆陶，没山缺水少绿，也少有古村、古宅，更没有什么特别的民族民俗风情。按照传统思维，馆陶县和美丽乡村基本无缘。然而，从2014年3月开始，我们本着一切从实际出发、实事求是的指导思想，把美丽乡村作为精准扶贫的有效载体，在贫穷落后的黄河故道，先后建起了粮画小镇、黄瓜小镇、教育小镇、杂粮小镇、羊洋花木小镇等一批精品美丽乡村，走出了一条贫困地区脱贫致富建设美丽乡村的路子。粮画小镇荣获2015"中国十大最美乡村"。今年春节，小镇游客突破50万人，粮画小镇在元宵节当天接待游客达到6.7万人。2015年，全县存款余额增幅29.9%，其中面向农民为主的农村信用联社农户存款余额增幅高达36.8%。然而面对成绩，我们非常冷静而理智地认为，我们的工作仍然是初步的、探索性的。今天借这次机会，结合我们美丽乡村建设的体会，给大家做一个分享和交流。

在讲之前先给大家放一个片子（大约5分钟）。

刚才通过图片的形式，把馆陶的美丽乡村给大家做了一个粗线条、概要式的介绍。下面讲十个方面问题。由于时间关系，有的只能点点题。

第一个问题：目标。那就是赵克志书记提出的环境美、产业美、精神美、生态美"四美"标准。我认为"四美"揭示了美丽乡村的本质要求，可以概括为六个字：面子（表面的东西）、里子（内在的东西）、根子（灵魂的东西）。面子就是外在美，主要指环境；里子主要指产业美和生态美；根子就是人的素质——精神美，让村民有信仰、有道德、有致富求美的意识和本领。

第二个问题：次序。建设美丽乡村，不要急于下手，弄清先做什么，后做什么，这一点很重要。组建团队（由"第一书记"和若干队员组成的美丽乡村帮扶团队，包括村里的致富带头人和修房盖屋方面的能人以及文化明白人）→把脉（目的是摸清底数和找到村子的症结所在。要做到五看：一看班子强不强。做好美丽乡村和扶贫工作，没有一套好班子是不可能实现的。班子不强就要补班子、强班子。二看产业有没有。产业是美丽乡村建设的根本所在，一定要为村子理出一个清晰的产业。三看空间有多大。主要指闲置宅基地和废弃的坑塘。四看人文资源厚不厚。美丽乡村建设产业是本，文化是魂。要在村子里找到文化脉象，赋予其文化魅力。五看外部资源多不多。也就是在外的能人，对他们进行登记造册，方便联系。村子里走出的能人在村子里往往具有很强的话语权，调动起来这部分人的积极性很重要）→预热（在美丽乡村建设之初，要让村子“升温”，提升大家求美、求富的温度，最简单的办法是选择可复制的典型，组织外出参观学习，把“让我干”变成“我要干”。要把老百姓的积极性调动起来，不能让老百姓当甩手掌柜。建议看两个村子，陕西袁家村和山东常山庄村）→收回闲置宅基地和废弃坑塘（要在建设之初统一收回，集体经营，一旦建成美丽乡村就很难收回，如果不收回就没有建设的空间）→理出产业方向（先富后美，不富不美，至少边富边美）→规划→资金→实施。

第三个问题：指导思想。很多到馆陶的同志问我一个问题：馆陶美丽乡村建设的经验是什么？我说，没什么经验，就是指导思想要端正，那就是实事求是，切忌浮躁、急于求成。这句话说起来容易，做起来很难，所以一定要把它当成法宝。只有实事求是、心去浮躁，才能把事情弄透、路子理清、办法找准。借力是对的，但别人是靠不住的，一定要自力更生，扑下身子才能琢磨出路子来。

第四个问题：基本思路。即尊重民意，留住乡愁，做强产业，改造提升。

尊重民意，就是尊重老百姓对现阶段生产生活方式的选择。我们过去替老百姓当家做主的事情太多了，违背了老百姓对现阶段生产生活方式的选择，一时做不通工作，要放一放。

留住乡愁，指望得见山，看得见水，记得住乡愁的那种境界，也就是田园风光和乡村记忆。在村庄里应该有鸡鸣、有狗吠、有老物件。走进馆陶美丽小镇，令大家流连忘返的是那些残垣断壁和老房土坑，当然这已不再是过去脏乱差的残垣断壁和老房土坑，通过改造，它已成为了一种艺术，成了一种文化符号。

做强产业，是馆陶美丽乡村的一个鲜明特点，我们每一个美丽乡村都有一个清晰的产业。在这方面我们过去有太多的教训可以总结，新中国成立以来就一直在搞新农村建设，特别是近几年，很多地方涂了涂墙，墙脱落了，修了修路，路坏了，搞着搞着又回到了“原点”。劳民伤财，究其原因就是忽视了产业发展。我们提出：产业加美丽、美丽助产业、产业更美丽。比如，黄瓜小镇，这个村子家家户户种黄瓜，但没有品牌，没有标准，村子也很脏乱差。美丽乡村建设使这个村子有了中国唯一的黄瓜博物馆，有了黄瓜种植大学和世界上最全的97个黄瓜品种，“馆青”牌黄瓜获得国家金奖。现在有了品牌，有了话语权。原先我们的黄瓜贴山东寿光的牌子销售，现在山东寿光来买我们的黄瓜；北京首农集团也主动找我们合作，把我们的黄瓜销往北京市场。这个村不仅富起来了，而且也美起来了。所以产业是美丽乡村建设和富民工作的关键所在。在产业方面，我们有两条路径，一条路径是一村一品一特色。比如，粮画小镇，就是通过引入了一个粮食画企业，引进了一个产业、引进了一种文化、引进了一个卖点，使之成为旅游产业的支撑；教育小镇，这个村子共125户人家，高考以来出了123名大学生，这种奇特的教育现象，在邯郸绝无仅有，所以我们把这种现象作为一个卖点，做起了教育旅游产业。另一条路径就是在全县培育起大产业，即蛋鸡、养鸭、黄瓜、黑小麦、轴承五大富民产业。今年我们财政预算安排的产业扶植资金是2000万，就是要通过扶植大产业，让其成为更多美丽乡村建设的基础。

改造提升，在馆陶没有大拆大建，都是根据实际情况，通过改造提升，把“乡忧”变成了“乡愁”，把“乡怨”变成了“乡约”。一块残垣断壁可能是游人流连忘返的摄影基地。在对物的改造提升的同时，我们还特别注重对人的改造提升，始终把对人的改造提升放在一个突出的位置。特别村里的老人，我们没有把他们当成负担，而是当成乡愁符号和形象大使。现在很多馆陶人讲这么一句话，怎么看现在村子里的老百姓和过去不一样了？确实不一样了，精神面貌不一样了，见多识广了。

第五个问题：运作模式。即政府引导、村为主体、村民自觉、社会参与、市场化运作。

政府引导，在理念和资金上引导。这也是我们工作队要重点扶持的。

村为主体，建设美丽乡村村子必须是主体，县、乡的职责是进行帮助和指导。

村民自觉，让老百姓当“运动员”，参与进来，参与规划，参与建设，不做局外人。我们在全县放映两个影片：《地道战》和《地雷战》。七十年前老百姓那么富有创造性，七十年后的老百姓更应富有创新创造，让老百姓找到自信，找到创造的乐趣。

社会参与，要有全社会的支持和关注。这一方面也是各位领导和同志的优势所在，大家社会关系更丰富一些，这是村子的福气。

市场化运作，美丽乡村必须走市场运作之路，这不仅仅是钱的问题，还是管理的问题。市场化运作要具备两个条件：一是村庄的基础设施需要完善，污水、垃圾要解决好；二是要有特色和卖点。

第六个问题：建设内容。我们在实践中概括总结了“六位一体”模式：教育村民、方便村民、富裕村民、壮大集体、美化环境、加强党建。六个方面是一个有机的整体。

教育村民，新农村必须有新农民。在每个美丽乡村的墙体上都可以看到一个笑脸墙，就是展示新农村美丽村民的形象。另外，每个小镇都要求做到“五个一”：成立村民学校、建设村史馆和美丽乡村广播站、制定村规民约、谱写村歌。

方便村民，让农民在乡村能够享受城市的公共服务。我们的美丽乡村有咖啡屋、酒吧、超市，在城市能享受到的，在乡村也可以享受到。我们提出“乡村风情，城市品质”。让老百姓在这里既能享受到乡村的风情，同时能享受到城市的品质，我们称之为“烧饼两边吃”。

富裕村民，发展产业，让农民增收致富。今年春节，粮画小镇每天的收入都有几十万，卖糖葫芦的每天能挣一到两千元，卖豆腐的每天挣几千元，老百姓共享了发展成果。

壮大集体，没有集体收入，就没有为老百姓服务的资本，所以我们把壮大集体作为一个重要的工作指标，提出每一个村子，至少要有5万块钱集体收入。

美化环境，美是美丽乡村的要义所在。克志书记讲：能游的乡村，一定是美丽乡村。大家去的地方基本上都是山区，如果能结合生态游，效果将会非常好。美丽乡村的核心卖点，应该落在美上，用美去引导方方面面的建设，美丽乡村也是一个魅力乡村。我们在实践中体会到“美”要有五个方面：一是视觉美，看上去很漂亮；二是嗅觉美，村庄里不能有异味；三是听觉美，鸟语花香；四是触觉美，每个乡村都要像城市一样满足游客的个性化、人性化的需求，让大家所接触的地方，都很舒服；五是联想美，走进美丽乡村，能引发你一段美好的联想。

党的建设，是美丽乡村建设的基础和保障。具体做到“四问＋关爱”。“四问”：我是谁？党员要亮明自己的身份，佩戴标识；每两个月重温一次入党誓词；每年给老百姓办3～5件好事。咱信谁？信党，信习近平总书记指引的富美之路。为了谁？为了所有乡亲更富美。“党员先富美，群众更富美”。在实际操作过程中，有的项目老百姓不敢干，党员干部就要先干。党员干部先担风险，趟出路来，然后群众跟着走，让他们更富美。处置谁？对不参加党员活动、不遵守村规民约、不给老百姓办好事的“三不”党员，明确党内一名支委、党外一名群众监督，不及时改正就劝其退党，清理出党员队伍。“关爱”就是关爱党员行动，让党员感到温暖和尊严。

第七个问题：规划。我们认为美丽乡村应该有三个规划：产业规划、村庄（田园）规划、人的素质提升规划。这三个规划不是孤立的，是一体的。在规划的指导思想上，要和老百姓充分沟通，把老百姓的幸福指数作为基本考量指标，闭门做规划是最犯忌讳的。规划应遵循十二个字“精准定位、总体把控、逐步完善”。

定位要充分考虑自然条件、人文资源、发展程度、外部因素等条件，在这个基础上给村子画好像、画准像、画出个性来。馆陶的每一个小镇，都有自己的特色：教育小镇是教育卖点、粮画小镇是粮画艺术卖点、黄瓜小镇是产业卖点。自然条件包括山、水、绿以及地形地貌，要尊重自然，有山围绕山做，有水围绕水做，有绿围绕绿做。美丽乡村说到底仍然是乡村，乡村就要有乡村的特点，注重生态文明，更具田园风光。田园是画布，任我去描绘；山川是画板，任我去使用。要把地形地貌、自然禀赋充分地利用好。在规划上一个专家曾说：乡土建筑在于如何让“设计”能够归隐在村落原有的空间形态中，归隐在山水中而不显，让“复兴”的古村更像是生长出来的而不是设计出来的。人文资源包括村史、人物、故事传说等。发展程度上，发达地区的美丽乡村建设与欠发达地区不一样，村子有没有清晰的产业对规划的要求也不一样，就地改造和整村搬迁也不一样。规划必须服从目标定位，美丽乡村只有围绕目标定位进行建设，才能打造个性。

总体把控，也可以叫控规。村庄边界、高度、色彩、管网、公共服务设施等都要原则性定下来。

逐步完善，是在精准定位和总体思路基础上提出具体的规划意见，主要指详规。不要迷信规划设计团队，要相信自己的智慧。从现实情况看，很多古镇名村的规划都不是一次完成的，更不是靠一个团队设计完成的。它们依山顺水，就地取材，物尽其用，在数百年甚至上千年的过程中，形成了天地人合一的空间格局，有着非常好的风水禀赋和历史传承。

组建规划师、施工队和村民规划代表参与的美丽乡村规划设计团队，确保村庄规划更加贴近民俗民意，更具操作性。

乡村规划切忌贪大图洋，把好东西往一起堆砌，千篇一律，没有个性；要注重局部与局部、局部与整体的协调性；强化资源意识；注意吸收最新科技成果，做到传统与现代的有机结合。

第八个问题：资金。说起美丽乡村建设，很多地方都面临着资金缺乏的难题，馆陶县作为省级贫困县更是难上加难。怎么办？就是一句话，一切从实际出发，沉下去，花小钱办大事，不花钱也办事。这里有几个方法，一是从上边要点儿。省里有专门文件规定资金要向“第一书记”派驻的村倾斜，每个县都有产业引领基金和典型示范村重点扶持资金。二是老百姓筹点儿。让老百姓献义工，出智出力。三是市场上运作点儿。要有经营规划和市场意识。馆陶现在有一批省内外投资者投资我们的美丽乡村。粮画小镇财政投资和市场化投资的比例大体上为1:6。四是靠节约省点儿。充分利用村子现有资源，不搞大拆大建，改造提升，变废为宝，最大限度节约资金投入。我们用垃圾坑改造成了运动场、秋千广场，用旧鸡房、闲置房屋改造成了咖啡屋、书屋、农家院、昆虫馆，用废铜旧铁打造成了艺术品。我们把所有的东西都看成是资源，敲敲打打、放到合适的地方就是一道景观。通过这种方式，最大限度为美丽乡村建设节约资金。

第九个问题：人（组织者和实施者）。很多人问我，你们现在搞美丽乡村建设最愁什么？我说最愁的不是钱，最愁的是人，最纠结的是人的问题。这里的人包括两个方面：一方面是组织者、实施者团队，不会做，做不好。这次省委派大家下去帮扶，是英明之举，抓住了主要矛盾，就是解决这个问题。另一方面是被教育者的素质跟不上。

针对组织者、实施者，两年前我们就为每个村选派了一名能力强、作风硬的科级干部担任村党支部“第一书记”。并且选派部分优秀人员到村组成工作队协助“第一书记”工作。要在美丽乡村建设中体现用人导向。前段时间，粮画小镇“第一书记”被县委重用。现在“第一书记”成了抢手的岗位，因为第一书记有建功立业的机会，有被县委特别关注的机会。

创办美丽乡村大学和成立美丽乡村施工队，是美丽乡村建设迫切的现实需要，也是我们当前一种重大创新。通过美丽乡村大学培养更多乡村建设的专业人才，实现由向农村送钱送物到送人的转变。美丽乡村建设，大公司看不上，小公司干不成，馆陶就出现过一堵墙垒了6次的情况，就是因为达不到美丽乡村的标准。我们通过组建“3+1”模式的美丽乡村施工队解决不会干的问题。3，指策划设计方、施工方、原材料供应商三方;1，指美丽乡村建设办公室。另外，我们还根据需要正在建设美丽乡村建材配送超市。美丽乡村建设用到的多为“非标产品”，在市场之中很难找全。建材超市就是专门为美丽乡村建设提供各种“非标产品”,在这里能看到和买到全国最全的美丽乡村建设原材料，既节约时间又保障质量。

针对工作对象，要改变我们的观念，不要看不起老百姓。看得起、看不起，他们都是客观存在。现在的老百姓可以用三类词概括。一类是可爱,这是绝大多数;一类是可怜、可怒、可叹、可悲、可气，这些都是个别的老百姓，不是主流；第三类是可教。这是我们的职责和使命。美丽乡村建设的过程也是利益调整的过程，必然会触及一些人的利益，要引导村民讲大局、讲奉献。

第十个问题：争取县委书记的重视和支持。帮扶一个村的意义，有时超出了建设这个村本身。在座的职位高、素质高、资源多，如果能站在全县大产业的高度磨一个村，不仅是产业之福，也是村民之福。馆陶黄瓜小镇的建设就带起了黄瓜产业。所以，要争取县委书记对帮扶村的重视和支持，找到让他重视和支持的理由。你的想法越和全县的战略重点相一致，越有利于增加扶贫村的分量，分量越重，资源越多，越有利于大家开展扶贫工作和美丽乡村建设。

在贫困地区建设美丽乡村是一个探索的过程，最近科学出版社要为我们出一本书，叫《美丽乡村追梦之道》，从美丽乡村建设背景、建设模式、产业发展、村庄规划等14个方面，系统探索了美丽乡村建设的基本规律。到时请同志们给予批评指正。

馆陶县的脱贫致富和美丽乡村建设经历了从上愁到上瘾、从迷茫到迷恋的过程，探索出在贫困地区建设美丽乡村这一脱贫致富的路子，这一路子被新华社《国内动态清样》总结为“花钱少、留乡愁、有品味、可持续、能复制”。我们馆陶的干部也因美丽乡村在激情燃烧着。我们相信，只要我们认真贯彻落实中央和省委、省政府脱贫攻坚的部署，心怀百姓，心系事业，就一定能让更多的贫困乡村尽快脱贫致富，早日步入美丽乡村的行列。

馆陶县统筹推进扶贫开发与美丽乡村建设走实脱贫攻坚创新之路

馆陶县是省定贫困县，共有61个贫困村，贫困人口15828人，贫困发生率5.69%。如何确保早日脱贫，不让一个贫困群众掉队？馆陶进行了大胆、创新的尝试，从迷茫到迷恋，从上愁到上瘾，积极探索扶贫开发与美丽乡村建设相融合的新途径，使一大批贫困户通过美丽乡村建设实现了脱贫致富，走出了一条脱贫攻坚的创新之路。

一、打造特色小镇，实现贫困村面貌全面升级

脱贫攻坚是必须啃掉的“硬骨头”，但是这些贫困村往往没有产业，环境脏乱差。怎么让村产业强起来？群众富起来？环境美起来？“尊重民意、留住乡愁、做强产业、改造提升”，馆陶把美丽乡村建设作为统筹城乡发展的重要抓手，促进现代农业发展与农村新型社区建设、乡村旅游、脱贫攻坚相结合，在美丽乡村建设中，对贫困村重点倾斜、精准帮扶。

馆陶在特色小镇建设中，不搞大拆大建、千村一面，而是秉承实事求是的理念，形成各具风情的村容村貌和特色产业，真正将美丽乡村作为精准扶贫的有效载体，使两者有机结合，并把更多贫困村直接改造为美丽乡村，避免了两张皮。全县共规划打造22个特色小镇，其中有14个村是从全县61个贫困村中选出的试点村，包括粮画小镇寿东村、黄梨小镇拐渠村、土豆小镇樊堡村、良种小镇清阳城村等。馆陶制定了美丽乡村建设规划，创新实施“262”工程，即全县277个村，按20%、60%、20%的比例，分类开展五星、四星、三星级美丽乡村创建，最终实现美丽乡村全覆盖，不仅助推了贫困村的脱贫出列，而且为群众持续致富打下坚实基础。

二、因村制宜挖掘特色，培育脱贫富民产业

馆陶依托美丽乡村，注重培育全县富民大产业，在全县培育了蛋鸡、养鸭、黄瓜、黑小麦、轴承、晚秋黄梨、土豆等富民产业，使更多的村依托全县大产业搭便车，实现“一产带多村”。馆陶的黄瓜种植两年间由3.5万亩增加到10万亩，“馆青”牌黄瓜荣获国家绿色博览会金奖，馆陶被命名为全国唯一的黄瓜之乡，并通过首农集团引入北京市场。黄瓜产业不仅富裕了翟庄村，还带动了周边十几个村子增收致富。

馆陶县还注重扶持“一村一品”，寿东村引进了粮食画产业，目前村内加工户有80余户，带动周边10多个村庄、300余户从事粮画创作。王桃园村有500多人，村民原以种地为生，没有特色产业，通过打造教育小镇，挖掘其自恢复高考以来走出120多名大学生这一卖点，建成远近闻名的教育圣地。“圆梦课堂+”形成品牌，今年举办了8期夏

令营，接待700多名城里的孩子，带动相关收入近百万元。

三、财政资金撬动社会投资，破解资金难题

为破解美丽乡村建设的资金难题，馆陶县积极创新投融资机制，探索了市场化融资运作模式，建立了以财政资金撬动社会资金的长效机制，实现了花小钱、办大事。实施财政资金撬动，政府投入引导资金建设基础设施，如修建道路、垃圾站、污水处理厂、供气、供暖设施等，让村庄具有市场运作的条件和可能，以此撬动社会资本投入。截至目前，馆陶县美丽乡村建设共投入资金2.8亿元，其中县财政投入5000万元（不到20%），群众自筹800万元，整合社会各类资金1.2亿元，吸引工商资本6000万元。

实施村级自筹促动，集体经济壮大的村率先拿出积蓄，投入村“两室”建设，扩修村内道路、建设文化广场。翟庄村依托黄瓜产业，年均集体收入100余万元，分别建设了村史馆、黄瓜大学、县委旧址等，有力支持了美丽乡村建设和乡村旅游。实施民资涌入牵动，注重村企共建。通过先行企业示范带动，让众多企业看到美丽乡村建设的美好愿景，主动加入进来。北京金隅集团为粮画小镇寿东村捐资100万元作为村发展基金；海增粮艺有限公司除在村内建设粮画加工厂外，还投资20万元修建道路1公里。黄瓜小镇翟庄村由中国黄瓜研究所、河北工程大学参与共建。杂粮小镇郭辛庄村由中国农科院参与共建。羊洋花木小镇李沿村由冀南花卉公司参与出资建设。与此同时，该县出台《关于整合涉农资金支持脱贫攻坚的实施意见》，第一批整合涉农资金6164万元用于脱贫攻坚，夯实了美丽乡村建设和脱贫攻坚的资金基础。

四、夯实基层政权建设，发挥村民主体作用

在统筹推进美丽乡村建设与脱贫攻坚工作中，馆陶县注重强化基层政权建设，夯实“村民小组”一级工作基础，探索小区自治，并建立基层政权外围组织，如聘请“美丽导师”、成立学生会、外联办、民调会、商会。此外，为了让群众得实惠、尝甜头，该县积极学习借鉴浙江、贵州等先进地区美丽乡村建设经验，组织村民代表参观并带回图片视频，在各试点村开办村民学校，让群众在“看图、看片、听声音”的直观感受中激发建设美丽乡村脱贫奔小康的积极性和创造性。美丽乡村助推脱贫攻坚行动中，尤其注重加强村民理想信仰教育，通过小镇情景式党校教育，将党的理想信念转化为村民的自觉行动，共同参与小镇发展。

推进美丽乡村建设与脱贫攻坚工作中，馆陶县着力打造强有力的保障团队。县委、政府主要领导分别担任县美丽乡村建设和县脱贫攻坚领导小组的双组长。近两年来，县委主要领导到寿东村不下400次，上百次主持召开各种分析会、调度会、现场会、座谈会，并多次吃住在工地和老百姓家里。县委常委直接分包重点村，为各项工作把关，并负责协调解决所遇到的各种难题。县委还从县直各单位选拔素质高、能力强的科级干部到村里担任第一书记，并抽调一些肯吃苦、责任心强的专业技术人才入村协助工作，第一书记”

带领工作队经历了“从迷茫到迷恋，从上愁到上瘾”的过程，才有了今天的成绩。

通过统筹推进美丽乡村建设和脱贫攻坚，馆陶县不仅打造了一批特色小镇，实现了贫困村脱贫的全面升级，而且为贫困户脱贫致富找到可持续发展的产业支撑和增收渠道。实现了岗位带动，通过公益岗位或其他岗位用工优先雇佣贫困户方式增加贫困人口收入。电商小镇韩高庄村电子服务中心的建设用工优先向有技能的贫困户倾斜，从业人员也优先考虑贫困户。实现了旅游业带动，依托美丽乡村建设，大力发展乡村旅游，粮画小镇成功打造2015中国十大最美乡村、国家AAA级旅游景区、全国文明村镇。2016年春节期间，该县组织了“美丽乡村过大年”活动，接待游客达到74万人次，最多的一天游客达到7万人。“五一”“十一”期间，开放的6个特色小镇累计接待游客120万人次。旅游业的吃、住、行、游、购、娱直接拉动消费，促进农产品的销售，增加了贫困人口收入。实现了小镇带动产业发展增收致富，如黄瓜小镇建成后，该县的黄瓜由没有品牌到成为名牌，黄瓜每斤比原来能多卖5毛钱，仅此一项，翟庄村每年就多收入4000万元。

土地综合开发

1997年，馆陶县开始农业土地综合治理，到1999年，共改造中低产田5万亩，总投资718万元。打井120眼，维修配套机井130眼，新增防渗管道12.9万米，架设输变线路9.5千米，新增变压器2台，修路72.5公里（其中硬化路20.5公里），植树7.6万株。新增灌溉面积2.2万亩，改善灌溉面积2.8万亩，新增粮食469.3万公斤，新增收入281.4万元。新建龙头企业项目2个，总投资970万元。

2000—2002年，改造中低产田3.5万亩，总投资1005万元。打井162眼，维修配套机井50眼，新增防渗管道9万米，架设输变线路36千米，植树15万株。新增灌溉面积1.7万亩，改善灌溉面积1.8万亩，新增粮食413.8万公斤，新增收入248.2万元。产业化项目：新建龙头企业项目1个，总投资300万元。

2003年，土地治理项目：改造中低产田1万亩，打井42眼，维修配套机井40眼，新增防渗管道6万米，架设输变线路5.5千米，修路40公里，植树4万株。新增灌溉0.3万亩，改善灌溉面积0.7万亩，新增粮食173.8万公斤，棉花4.6万公斤，新增农民纯收入127.3万元。

2004年，土地治理项目：改造中低产田1.9万亩，打井120眼，维修配套机井130眼，新增防渗管道12.9万米，架设输变线路9.5千米，新增变压器2台，修路72.5公里（其中硬化路20.5公里），植树7.6万株。新增灌溉0.9万亩，改善灌溉面积1万亩。

2005年，土地治理项目：改造中低产田1.3万亩，总投资610万元。打井30眼，维修配套机井50眼，新增防渗管道7.8万米，架设输变线路15千米，新增变压器6台，桥3座，修路40公里（其中硬化路20公里），植树5万株。新增灌溉0.3万亩，改善灌溉面积 1 万亩，新增粮食 170 万公斤，新增收入 148.5 万元。产业化项目：新建龙头企业项目 1 个，总投资 148.5 万元。

2006 年，土地治理项目：改造中低产田 1 万亩，打井 55 眼，维修配套机井 60 眼，新增防渗管道 5.8 万米，架设输变线路 9.5 千米，新增变压器 8 台，桥 3 座，修路 30 公里（其中硬化路 15 公里），植树 4.5 万株。新增灌溉面积 0.6 万亩，改善灌溉面积 0.4 万亩，新增粮食 143 万公斤，棉花 4.6 万公斤，新增收入 102.9 万元。

2007 年，土地治理项目：改造中低产田 0.9 万亩，打井 48 眼，维修配套机井 60 眼，新增防渗管道 54 公里，新增变压器 3 台，桥 7 座，修路 30 公里（其中硬化路 15 公里），植树 5 万株。新增灌溉 0.6 万亩，改善灌溉面积 0.3 万亩，新增粮食 139.7 万公斤，棉花 3.9 万公斤，新增收入 102.9 万元。

2008 年，土地治理项目：改造中低产田 1.25 万亩，总投资 798 万元。打井 24 眼，维修配套机井 85 眼，新增防渗管道 75 公里，架设输变线路 9.5 千米，新增变压器 8 台，桥 3 座，修路 44 公里（其中硬化路 15 公里），植树 5 万株。新增灌溉 1.25 万亩，改善灌溉面积 0.3 万亩，新增粮食 199.5 万公斤，棉花 4 万公斤，新增收入 215.6 万元。产业化项目：馆陶县 8 万只鸡养殖扩建项目。该项目由县伟仲禽业有限公司承建。项目区位于县城北 1 公里。项目总投资 430 万元。项目占地 100 亩，新建现代化鸡舍 2 栋，建筑面积 4951 平方米，购置孵化设备、养殖用设备机配套设备等。项目直接安排就业人员 180 人，间接增加社会就业人数 4000 人。

2009 年，土地治理项目：改造中低产田 0.99 万亩，打井 10 眼，维修配套机井 165 眼，新增防渗管道 60 公里，井房 3 座，配置配电装置 157 眼，修路 28 公里（其中硬化路 14 公里），植树 4.99 万株。新增灌溉面积 0.8 万亩，改善灌溉面积 0.19 万亩，新增粮食 181.4 万公斤，棉花 3.2 万公斤，新增收入 163.3 万元。

2010 年，土地治理项目：改造中低产田 0.87 万亩，总投资 794 万元。新打机井 17 眼，维修配套机井 105 眼，新增防渗管道 52.2 公里，建桥 1 座，架设输变线路 9.5 千米，新增变压器 4 台，桥 3 座，修路 30 公里（其中硬化路 15 公里），植树 4.02 万株。新增灌溉 0.12 万亩，改善灌溉面积 0.75 万亩，新增粮食 135 万公斤，棉花 2.05 万公斤，新增收入 145.25 万元。

2012 年，土地治理项目：魏僧寨镇高标准农田示范项目 1 万亩，总投资 1431 万元。新打机井 18 眼，维修配套机井 131 眼，埋设地下防渗管道 83 公里，新增输变线路 15.7 公里，新增变压器 15 台，桥 1 座，修路 32.5 公里（其中硬化路 15.5 公里），植树 4.1 万株。新增灌溉 0.6 万亩，改善灌溉面积 0.4 万亩，新增粮食总产量 137.6 万公斤，棉花 4 万公斤，新增收入 190.3 万元。产业化项目 2 个：馆陶县年存栏 300 头奶牛标准化养殖扩建项目。该项目由贵国奶牛养殖公司承建。项目区位于南徐村乡韩庄村，是县十大农业项目之一，项目总投资880.6万元，其中财政投资238万元，企业自筹642.6万元。新建牛舍、饲料仓库、挤奶厅等设施7690平方米；新建青储池1800立方米，污水处理池3000立方米，采购设备18台（套），引进奶牛300余头，完成科技培训200人次。年产450吨的绿色蔬菜种植基地扩建项目。该项目由馆陶县绿园瓜果合作社承办，项目位于魏僧寨镇赵官寨村。项目总投资620万元，其中财政资金296万元，合作社自筹324万元。共建设钢架结构日光温室30栋，4.71万平方米；道路硬化面积3520平方米。购置卷帘机、厢式货车、变压器、水泵、育苗设备等36台（套）。完成合作社社员及周边菜农培训200余人次。项目效益：年新增总产值1196.8万元，年新增利润388万元，年直接受益农户335户，年直接受益农业人口1340人，年新增就业75人。

2013年，土地治理项目：南徐村乡高标准农田示范项目1万亩，总投资1468万元。新打机井2眼，维修配套机井238眼，建井房7座，新增防渗管道83公里，新增变压器9台，新增输变线路23公里，桥1座，修路31.98公里（其中硬化路15.98公里），植树3.1482万株。新增灌溉0.6万亩，改善灌溉面积0.4万亩，新增粮食152万公斤，棉花4万公斤，新增农民纯收入189.4万元。产业化项目5个：邯郸市馆陶县年存栏260头奶牛标准化养殖扩建项目。总投资803.4万元，财政投资210万元，自筹593.4万元。完成新建钢架结构牛舍2340平方米、挤奶大厅360平方米、干草库1000平方米、硬化道路600平方米；采购设备459台（套）；引进优质奶牛260头；技术培训200人次。邯郸市馆陶县年产225吨食用菌种植扩建项目。总投资329万元，财政投资91万元，自筹238万元，完成新建菌包生产线厂房1栋2000平方米、接种室100平方米、钢管大棚10栋5000平方米、锅炉房30平方米；采购设备44台（套）；技术培训600人次。邯郸市馆陶县100头奶牛养殖扩建项目。总投资240万元，财政投资70万元，自筹170万元，完成新建钢架结构牛舍2栋400平方米、青储池1座2880立方米；采购设备8台（套）；引进优质奶牛100头；技术培训100人次。邯郸市馆陶县年增480吨无公害设施蔬菜种植园区扩建项目。总投资620万元，财政投资280万元，自筹340万元，完成新建日光温室34栋45844平方米，硬化道路2400平方米，打机井1眼，挖排水沟3720米，埋设防渗管道800米、电缆线250米；采购设备71台（套）；技术培训200人次。邯郸市馆陶县年产100吨早鲜杏设施栽培种植扩建项目。总投资325万元，争取财政补助资金77万元，自筹资金248万元。完成新建钢架结构大棚50栋33335平方米；硬化田间道路300米；购置设备101台（套）。项目效益：年新增总产值1773.45万元，年新增净利润702.35万元，年直接受益农户664户，年直接受益农业人口2656人，直接受益农民年收入增加总额506.5万元，年新增就业158人。

2013年11月，馆陶县被评为“河北省农业综合开发资金和项目管理先进县”。

1997—2013年馆陶县土地治理项目一览表

表3-2-12　　单位：万元

年份	投资	土地治理项目
1997—1999	718	改造中低产田5万亩，打井120眼，维修配套机井130眼，新增防渗管道12.9万米，架设输变线路9.5千米，新增变压器2台，修路72.5公里（其中硬化路20.5公里），植树7.6万株。新增灌溉面积2.2万亩，改善灌溉面积2.8万亩。
2000—2002	1005	改造中低产田3.5万亩，打井162眼，维修配套机井50眼，新增防渗管道9万米，架设输变线路36千米，植树15万株。新增灌溉面积1.7万亩，改善灌溉面积1.8万亩。
2003	324	改造中低产田1万亩，打井42眼，维修配套机井40眼，新增防渗管道6万米，架设输变线路5.5千米，修路40公里，植树4万株。新增灌溉0.3万亩，改善灌溉面积0.7万亩，新增粮食173.8万公斤，棉花4.6万公斤，新增农民纯收入127.3万元。
2004	718	改造中低产田1.9万亩，打井120眼，维修配套机井130眼，新增防渗管道12.9万米，架设输变线路9.5千米，新增变压器2台，修路72.5公里（其中硬化路20.5公里），植树7.6万株。新增灌溉0.9万亩，改善灌溉面积1万亩。
2005	610	改造中低产田1.3万亩，打井30眼，维修配套机井50眼，新增防渗管道7.8万米，架设输变线路15千米，新增变压器6台，桥3座，修路40公里（其中硬化路20公里），植树5万株。新增灌溉0.3万亩，改善灌溉面积1万亩，新增粮食170万公斤，新增收入148.5万元。
2006	477	改造中低产田1万亩，打井55眼，维修配套机井60眼，新增防渗管道5.8万米，架设输变线路9.5千米，新增变压器8台，桥3座，修路30公里（其中硬化路15公里），植树4.5万株。新增灌溉0.6万亩，改善灌溉面积0.4万亩，新增粮食143万公斤，棉花4.6万公斤，新增收入102.9万元。
2007	477	改造中低产田0.9万亩，打井48眼，维修配套机井60眼，新增防渗管道54公里新增变压器3台，桥7座，修路30公里（其中硬化路15公里），植树5万株。新增灌溉0.6万亩，改善灌溉面积0.3万亩，新增粮食139.7万公斤，棉花3.9万公斤，新增收入102.9万元。
2008	798	改造中低产田1.25万亩，打井24眼，维修配套机井85眼，新增防渗管道75公里，架设输变线路9.5千米，新增变压器8台，桥3座，修路44公里（其中硬化路15公里），植树5万株。新增灌溉1.25万亩，改善灌溉面积0.3万亩，新增粮食199.5万公斤，棉花4万公斤，新增收入215.6万元。

续表 3-2-12

年份	投资	土地治理项目
2009	747	改造中低产田 0.99 万亩，打井 10 眼，维修配套机井 165 眼，新增防渗管道 60 公里，井房 3 座，配置配电装置 157 眼，修路 28 公里（其中硬化路 14 公里），植树 4.99 万株。新增灌溉面积 0.8 万亩，改善灌溉面积 0.19 万亩，新增粮食 181.4 万公斤，棉花 3.2 万公斤，新增收入 163.3 万元。
2010	794	改造中低产田 0.87 万亩，新打机井 17 眼，维修配套机井 105 眼，新增防渗管道 52.2 公里，建桥 1 座，架设输变线路 9.5 千米，新增变压器 4 台，桥 3 座，修路 30 公里（其中硬化路 15 公里），植树 4.02 万株。新增灌溉 0.12 万亩，改善灌溉面积 0.75 万亩，新增粮食 135 万公斤，棉花 2.05 万公斤，新增收入 145.25 万元。
2012	1431	魏僧寨镇高标准农田示范项目 1 万亩，新打机井 18 眼，维修配套机井 131 眼，埋设地下防渗管道 83 公里，新增输变线路 15.7 公里，新增变压器 15 台，桥 1 座，修路 32.5 公里（其中硬化路 15.5 公里），植树 4.1 万株。新增灌溉 0.6 万亩，改善灌溉面积 0.4 万亩，新增粮食总产量 137.6 万公斤，棉花 4 万公斤，新增收入 190.3 万元。
2013	1468	南徐村乡高标准农田示范项目 1 万亩，新打机井 2 眼，维修配套机井 238 眼，建井房 7 座，新增防渗管道 83 公里，新增变压器 9 台，新增输变线路 23 公里，桥 1 座，修路 31.98 公里（其中硬化路 15.98 公里），植树 3.1482 万株。新增灌溉 0.6 万亩，改善灌溉面积 0.4 万亩，新增粮食 152 万公斤，棉花 4 万公斤，新增农民纯收入 189.4 万元。

农业产业化

概况　1997 年以后，馆陶县坚持以市场为导向，优化环境，引进培育了一批具有较强生命力的农业龙头企业，走出了一条以农业产业化龙头企业带动全县农业提速增效，加快发展的新路子。至 2013 年，全县共有市级以上农业龙头企业 29 家（其中国家级、省级各 1 家，国家级为金凤禽蛋农贸批发市场，省级为民旺饲料有限公司），2013 年销售总收入 176000 万元，建有各类基地 10.38 万亩，带动农户 35600 户；农村专业合作组织 200 余家，联结基地 6.5 万亩；农产品品牌建设方面，获省级名牌产品 5 个。

截至 2013 年年底，馆陶县国家级龙头企业金凤禽蛋农贸批发市场实现销售收入 118500 万元，同比增长 3.1%，带动农户 56000 户；省级龙头企业民旺饲料有限公司实现销售 8500 万元，同比增长 16%，带动农户 7 万户。

发展措施　1997 年以后，馆陶县把农业产业化作为农业和农村工作的重点。针对实际情况，多次出台培育和扶持农业龙头企业的各项优惠政策。围绕特色产业出台推进特色农业发展以奖代补政策，对建基地、办协会（专业合作社）、创品牌、设窗口（农产品销售窗口）给予大力扶持，在财政极为紧张的状况下每年安排 100 万元用于农业产业化发展补助。把农业龙头企业培育发展列入各乡镇（街道）工作汇报会的重要内容，列入年终岗位目标责任制考评，并有相应的奖惩措施。对农业产业化龙头企业，每年进行考核，实行动态管理，优胜劣汰。通过壮大龙头带产业，逐步形成了以蛋鸡、种植、养殖和生物质等为主导产业的产业群。优化投资环境，多方招商引资。

帮助企业创建名优品牌。对获得国家级著名商标、名牌产品的奖励10万元；获河北省著名商标、名牌产品的奖励5万元。建立以科技特派员“联村、抓点、带片”的工作责任制度。建立以农技干部“分线、抓点、带面”的工作责任制度；建立以乡镇、街道特色农业龙头原料保障制度；依托农技部门“农村下乡服务直通车”和电视台“农民之友”为大本营，面向农村，服务农业，送药上门，下乡送诊，为农业产业化、专业化经营、基地产业化提供农业科技保障。推进农业信息“进村入户”工程建设，做好农业信息服务。

2013年，馆陶县在神农大道规划了17000亩的现代农业示范园，对于进入园区的农业项目给予土地、资金等各项优惠。涉及国土、环保、电力、通讯、卫生等部门的许可、办证和政策优惠的一系列问题，县政府给予特事特办，各有关部门对企业项目建设提供最优惠政策扶持和第一时间办理项目各项生产许可和办证等审批手续。

第三章 第二产业

河北金环特种钢结构企业生产线

馆陶县民间手工业作坊由来已久，有土布纺织、砖瓦烧制、弹轧花、牛烛制作、油坊、醋坊、烧酒、豆腐、粉坊、爆竹等。民国时期，县开办民生工厂，民国25年（1936年），全县有木器厂90家，土砖瓦窑48座。新中国成立后，县办全民所有制企业得到快速发展。进入20世纪80年代，计划经济向市场经济转换，企业按国家计划组织生产转向按市场需求组织生产。1996年全县国有、集体、私营工业企业178个，总产值61781万元。在县域工业经济中以轻工业为主兼发展机械制造业。乡及乡以上工业经济中，造纸、酿酒、机械制造、植物油成为县域经济中的支柱产业，其工业产值1996年为11279万元，实现利税1694万元。同时合资、合作企业由起步开始进入发展阶段。

1997年，国家加大产业结构调整力度，一些不适应产业结构调整的工业企业因污染严重、机制僵化、设备老化、效益低下，逐步退出市场。1998年始，全县国有工业企业进入全面改制阶段。随着县属工业企业产权制度改革和经营体制改革的基本完成，工业总量迅速扩大，主导作用日益突出，医药、化工、食品、饲料、纺织服装、机械制造、酿酒等工业门类得到了快速发展。至2013年，建成新型化工产业园区、北科装备制造园区、精密轴承园区，机械制造、新型化工、新能源等特色产业形成了较大规模。规模以上工业增加值由1997年的6.897亿元发展到2013年的34.1586亿元，增长395.27%。

第一节　企业体制改革

20世纪90年代，馆陶县有县以上工业企业43家，其总产值占全县工业总产值的60%。根据中央、省、邯郸地区的改革精神，馆陶县出台《关于深化改革搞活工业企业的暂行规定》《关于扶持发展乡镇企业的暂行规定》等文件。全县工业企业完善承包责任制，推行有馆陶县特色的单项承包和“三项制度”改革，落实《全民所有制工业企业转换经营机制条例》，推行股份制，搞企业兼并，把企业推向市场。通过“三项制度”改革，调整充实县国营企业正副厂级干部8人、中层干部24人，精减非生产人员123人，使企业经营状况趋好。但随着国家经济体制改革的逐步深入、市场主体地位的确立、国家环保政策的出台、银行紧缩银根等形势发展，馆陶县工业企业产业结构不合理的弊端逐渐显现，各企业积极应对，转变经营机制，按照“三项制度”改革要求，及时调整领导班子成员，迅速在全县工业系统开展“靠成本抓质量，以成本为中心抓管理”的改革，工业企业实现稳定持续发展。至1997年，通过“三项制度”改革由点到面，在43家国有工业企业全面推开，企业亏损面递减，工业产值提高。

1998年3月，馆陶县按照省、市关于企业改制工作的部署，结合馆陶县实际，制定了国有集体企业改制实施方案，并确定在经委系统、二轻系统、商业系统、物资系统的全部企业、粮食系统的工业企业及建筑公司、县社系统等43家企业进行改制。根据馆陶县企业具体情况，采取股份制改造，先售后股、依法破产等8种产权重组形式，由企业改制工作组结合企业主管部门认真研究后筛选确定。全县企业的改制工作于6月底完成。第一批安排县办工业企业18家。年底完成全县43家企业。

1999年，改制后的企业出现“穿新鞋走老路”，股东不做主，董事不管事，监事不监督，公司法人治理机构不能有效制衡、协调运转；有的企业只守旧摊，不谋新发展；有的企业法人抽逃资金、变卖资产，不兑现资产转让协议；有的企业管理方式落后，效益低下等。为此，从2000年始，馆陶县及时完善改革措施，即转变职工身份，转变企业机制，转变政府职能；产权改革与配套改革相结合，深化改革与强化管理相结合，机制改革与调整结构相结合。将改革的基本思路调整为：全面实现投资主体多元化，改革国有资产运营机制、工资分配制度和劳动用工制度，完善公司法人治理结构、中层管理人员竞争上岗制、原材料竞价采购制、销售费用包干制、主辅分离制和企业科室考核制，出台《馆陶县公司制企业运营管理办法60条》。部分企业进行了二次改制、三次改制，从放权到让利、承包经营到股份制改革，逐步建立起现代化的企业管理制度，国有资本退出率达100%，企业活力明显增强。到2001年，改制企业基本步入市场化运营新阶段。是年，馆陶县被省政府命名为“改革与发展先进县”。

2002 年以后，改革领域由工业企业向商贸流通企业和自收自支事业单位拓展。

第二节　新型化工与医药业

概况

2009 年，馆陶县成立了新型化工产业园区，新型化工产业成为馆陶县工业的支柱产业，园区规划总面积 14.2 平方公里，启动区 7.2 平方公里。园区产业定位以盐化工为基础，以氯、苯深加工为主要产业链，重点发展高附加值、高性能的农药、医药中间体等精细专用化学品和化学新材料，形成较为完备、特色突出的新型化工产业园区。2011 年，邯郸市新型化工园区被省人民政府列为省级经济开发区。

2013 年，新型化工园区总体规划、产业规划、控制性详细规划、区域安全评价和区域环境影响评价均已通过省、市上级部门审批。园区整体框架已初具规模，昊阳大道、紫阳大道等三纵四横主次干道全部建成，化工园区变电站、污水处理厂已投用，特勤消防站、综合服务中心已竣工。已入驻产业项目 21 个，投产项目 12 个，累计完成投资 100 亿元，实现产值 30 亿元、利税 1.3 亿元。形成吸纳外商投资、增加就业，具有“绿色环保、产业循环、结构升级、特色突出”四位一体的新型化工产业园。

馆陶县有 3 家制药企业，分别是河北东龙制药厂、河北省馆陶县生物制药厂和河北东方康星生物制药有限公司。

河北瑞森药业有限公司　前身为河北东龙制药厂，于 1991 年组建，1993 年 6 月初次获得国家《药品生产企业合格证》和《药品生产企业许可证》，2002 年企业改制，2004 年更名为河北瑞森药业有限公司。主要生产虫草灵菌丝、至灵菌丝胶囊、乙酰螺旋霉素片三大类，60 多个品种；2005 年获得国家新的《药品生产企业许可证》和《药品生产企业合格证》，2009 年 8 月再次通过国家 GMP 认证，主导品种为至灵菌丝胶囊、阿司匹林肠溶片、藻酸双酯钠片、尼群地平片、曲克芦丁片、硫酸庆大霉素片、盐酸普罗帕酮片、西咪替丁片、布洛芬片、维 U 颠茄铝胶囊、三合钙咀嚼片、呋喃唑酮片、联磺甲氧苄啶片、对乙酰胺基酚片等 38 个品种，2013 年底产值 1000 万元，利税 50 万元。生物制药厂主要生产表皮生长因子（简称 EGF），广泛用于医药、化妆品领域，是高科技、高附加值产品。2000 年企业改制更名为河北东方康星生物制药有限公司，2008 年企业有员工 88 人，其中专业技术人员 38 人，公司主导产品表皮生长因子（EGF），其系列产品如凝胶剂、口腔贴膜剂等。表皮生长因子（EGF）是利用高新生物技术从小鼠组织内提取的一种能刺激内外胚层细胞增殖的生长因子。它广泛应用于烧伤、创伤、皮肤移植和溃疡等类疾病的治疗领域，又可作为生化试剂用于无血清培养、癌症发病机理的科学研究和作为增强剂生产新型的化妆品和保健品。该产品经国内及美国斯坦福检测中心等单位检测，其生物活性、纯度等主要指标均达到国家和美国西格玛公司同类产品的先进水平。该产品先后列入国家科技攻关和火炬计划，2002年列入国家技术创新计划，2003年国家重点新产品，获邯郸市科技成果一等奖，河北省科技成果进步奖。2003年被评定为邯郸市科技型企业、河北省高新技术企业，并被河北省定为百家重点扶持民营企业之一。

第三节　机械加工制造业

1997年，全县共有机械工业企业8家，固定资产3212万元，年产值2071万元。随着经济的发展，机械制造业规模壮大，主要有河北北科机械制造有限公司、邯郸市超远耐磨合金有限公司为代表的铸造企业，以河北信德电力配件有限公司、河北飞翔机械制造有限公司为代表的机械加工企业。

主要企业简介

河北北科机械制造有限公司　成立于2008年4月，注册资金1.08亿元，占地160亩，总投资2.6亿元，总建筑面积2.4万平方米，其中生产车间17000平方米，办公楼3000平方米，宿舍楼1500平方米，餐厅及多功厅2500平方米。公司是一家以铸造及机械加工为主的民营企业，公司拥有日本光洋SMS—7060RII全自动黏土砂造型生产线两条，济南二机床全自动自硬砂生产线一条，日本富士三吨电炉4台，精密数控机床和立式、卧式加工中心及专用金加工设备100余台；配备有三座标、光谱、X光检测、万能试验机等物理性能检测及化学分析设备。主要产品有：汽车制动系统、发动机缸体、箱体及电梯用轮毂、机座、制动臂、制动瓦等汽车及机械零部件，年生产能力4万余吨。产品销往美国、德国、加拿大、俄罗斯等欧美市场和国内多家主机厂。2012年通过了ISO/TS16949:2009质量体系认证，过硬的产品质量和优质的服务赢得了客户的认可。公司现有员工380人，专业技术人员260人，其中高级工程师8人，工程师36人。年产值约4.5亿元，2013年上缴税金800余万元。

邯郸市超远耐磨合金有限公司　成立于2007年，是合金铸造、磨球、磨锻、衬板、皮带轮等产品专业生产加工的有限责任公司。位于309国道和106国道交汇处馆陶县城西工业园区。公司现有员工300余人，高级工程师10人，技术人员50人，是一个团结一致高效合作的团队，公司引进了全国最先进的多工位铸球机，最先进的温控热处理线，还有各种先进的化验设备。我们的产品主要有低铬铸球，中铬铸球，高铬铸球，特高铬铸球，低铬球锻，中铬球锻，特高铬球锻，高锰钢衬板及各种衬板，各种规格的皮带轮，主要应用于矿山、水泥厂、电厂、化肥厂等，销售网络覆盖全国各个地区的大中小企业。

已获得 ISO9001 质量体系认证。

馆陶县飞翔机械装备制造有限公司　始建于 1996 年，坐落在馆陶县城北 106 国道 423 公里处。是冀南最大的一家生产农业机械的专业厂家，其主要产品有普通铧式犁、液压翻转犁、高速调幅翻转犁、旋耕机、深松机、深松浅翻机及配套合墒器。可与全国各大厂家大马力拖拉机配套作业。公司先后获得国家两项专利，专利号分别为：ZL99243019.4 和 ZL200820227848。并通过 ISO9001-2011 质量体系认证，“河北省中小企业系统名牌产品”“河北质量诚信 AAA 品牌企业”“河北省第八届消费者信得过产品”等荣誉。年产各类型号机具 3 万余台。公司产品在全国 20 个省有购机补贴，销售网点达 330 多个，并出口越南、俄罗斯、南非和中亚 5 国。

金环建设集团邯郸有限公司　由金环建设集团投资兴建、具有独立法人资格，注册资金 5000 万元。金环大型特种钢结构研发生产出口基地总投资 23.3 亿元，位于馆陶县 106 国道西侧，规划占地 500 亩。2013 年开始建设，分两期实施，其中一期投资 8 亿元，总建筑面积 7.7 万平方米，建设年产 5 万吨特型钢结构生产线。二期工程总投资 15.3 亿元，占地 280 亩，总建筑面积 11.9 万平方米，设计产能 10 万吨 / 年特种钢结构，产品三分之一供出口，将打造成为华北地区最有影响力、最具竞争力的大型特种钢结构研发生产出口基地。项目建成后，年可实现产值 10 亿元，税金 5000 万元，新增就业岗位 2300 个。该项目将和馆陶县另一家生产复合板材的企业——多凯复合材料有限公司实行强强联合，打造钢结构建设行业的新标杆。轻钢生产线投产运行，正在生产河北奥体中心等大型项目工程的钢结构。

河北铠特农机制造有限公司　该项目 2014 年 8 月份开工建设，由洛阳亿农拖拉机有限公司与韩国东洋物产株式会社合作建设。项目总投资 10.5 亿元，规划占地 300 亩，总建筑面积 11 万平方米，主要建设拖拉机整机装配线、部装线、涂装线、检测线、机加工线等。年产 30—150 马力拖拉机 5 万台，可实现年产值 18 亿元，税金 5000 万元，新增就业岗位 1000 个。项目亩均投资强度 320 万元，亩均税收 16 万元，亩均就业人数 3 人。其生产的秧苗定位移栽机、自动立体覆膜机可填补国内空白。该项目从落地开工到 2015 年 6 月份，仅用 10 个月时间第一台具有国内一流水平的拖拉机下线，2016 年生产、销售高性能大型拖拉机 1500 余台，销售收入达到 2 亿元，实现了产销两旺，铠特品牌逐渐占领市场、走向全国，成为华北地区较具实力的农机专业生产企业。

第四节　其他工业

食品工业

1997 年馆陶县食品企业以孔雀酱菜、馆陶县植物油厂、馆陶县南陶油棉加工厂、利达食业公司和电力局肉类加工厂为代表，随着时代发展，除孔雀酱菜还在生产经营外，其他食品企业均已停产或破产。随着招商引资，馆陶县出现了馆陶县六和食品有限公司、河北东汝阿胶有限公司等规模较大的食品、保健食品企业。馆陶县六和食品有限公司成立于 2010 年 4 月，主要从事肉鸡、肉鸭屠宰加工，是山东六和集团下属企业，2013 年产值 4.36 亿元，利税 450 万元；河北东汝阿胶有限公司主要从事阿胶生产和销售，2013 年产值 3500 万元、利税 26 万元。

饲料行业

1997 年馆陶县的饲料加工多以家庭作坊式为主，1999 年先后出现了以河北民旺饲料有限公司、河北馆陶金翔饲料进出口有限公司、河北联心饲料有限公司等为代表的规模较大的饲料加工企业，2013 年年底全县规模以上工业企业总有饲料加工企业 5 家，年产各类饲料 50 余万吨，年产值 3 万元。全县饲料行业产值约 5 亿元。

纺织服装行业

纺织行业是馆陶县的传统产业，1998 年邯郸市洪源纺织有限公司成立，成为馆陶县纺织企业的龙头，公司占地 100 亩，总投资 21899 万元，其中固定资产投资 15240 万元。1998 年一期工程投资 5000 万元，占地 45 亩，进口德国赐来福气流纺设备 4 台，捷克气流纺设备 5 台；2001 年二期工程投资 9000 万元。扩大占地 55 亩，进口瑞士立达气流纺机 10 台；购置国内最先进的清梳联设备 2 套，滤尘设备 12 台；2003 年三期工程投资 5000 万元，进口世界最先进的 R40 气流纺机 4 台及部分前纺设备，同时技术改造两台。主要生产 6 支、7 支、8 支、10 支、12 支、16 支多规格棉纱，日产 30—40 吨。产品主要销往江苏、广州等地并间接出口，年产值 16000 万元，利税 1600 万元。2013 年洪源纺织由于经营问题停产。

2013 年，馆陶县共有服装企业 4 家。馆陶县陶星制衣厂，主要从事服装代工业务，为国内外多个品牌做代工，年产值 2000 万元，利税 100 万元；河北合新服饰有限公司，成立于 2012 年，是青岛合新国际的下属企业，主要生产羽绒服装、填棉服装和真丝 / 雪纺服装等产品，年产量 500 万件，产值 5000 万元，其中 60% 自营，出口产品主要销往北美和亚洲等地区。

酿酒业

河北东龙黄金酒业有限责任公司始建于1958年，前身为馆陶县酿酒厂，是馆陶县第一批工业企业，河北省名优白酒骨干企业，邯郸市三大国有白酒企业之一。

1998年，根据《馆陶县人民政府关于馆陶县县办国有、集体企业改制实施方案》(〔1998〕8号)文件精神，企业开始实施改制工作。在对企业资产依法进行评估后，制定了改制方案并向县政府提出了改制申请。县政府同意酒厂职工入股组成新的股份合作公司。1998年6，新公司即河北东龙黄金酒业股份合作公司在县工商局正式注册成立。2000年，根据县政府《关于在股份合作制企业试行“四扩一调”的方案》(〔2000〕10号)通知和《关于进一步深化企业改革的实施意见》(〔2000〕11号)文件精神，要求企业进一步深化改革，建议内部职工增资扩股，调整股权结构，调整股权比例，积极支持企业通过购买、控股、参股、兼并、联营等方式实现低成本扩张。同年9月份，企业完成深化改革工作，企业由股份合作公司增资扩股改组为有限责任公司。土地未参与改制，职工的档案，身份仍予以保留。2007年、2008年、2013年酒厂经过多次股权转让，企业内部股权结构发生变化，内部职工逐步自愿将持有的股份转让给企业法定代表人，企业成了一人控股的民营企业。截止到2013年，企业在册职工294人，占地面积58907平方米（约90亩），固定资产3000余万元，库存原酒700吨。产品主要有品鉴东龙、新馆陶、特曲20年、老龙王、黄金酒等五大系列30多个品种，年产量600余吨，年销售收入1400余万元。其中东龙黄金酒属国内首创，是公司与日本IPP株会社经数年联合研制的以优质浓香型白酒和24K纯金金箔（食用金箔）为原料，精心勾调的保健型白酒，开创了中国食金文化的新篇章。

河北东龙黄金酒业有限公司

2013年，在白酒行业错综复杂，竞争无序的市场形势下，公司在强化企业管理、人才、品牌优势的基础上，不断适应市场发展变化，积极调整经营思路，全面提高了企业的市场竞争能力。一是投资1200多万元，对企业生产技术、基础设施和营销网络进行全方位改造提升。对酿酒车间、灌装车间以及其他基础设施进行了大规模改造，购置了新的灌装设备，企业产能较1997年扩大了四倍。二是加大了技术投资，提高了产品质量与档次，产品质量在同价位的白酒中位居前列，得到了县内外广大消费者的好评。三是加大营销投入。购置福特全顺货车6部、豪华大巴2部；在县城中心地带设立了建筑面积800多平方米的东龙酒业展示厅。

第五节　工业园区

新型化工产业园区

2008年8月12日，经邯郸市政府常务会议议定，邯郸市新型化工基地（后更名为河北馆陶新型化工产业园区）选址馆陶县寿山寺乡、房寨镇内。河北馆陶新型化工产业园区地处冀鲁豫三省交界处，交通便利，区位优势明显。国道106、309交汇于园区东侧，青兰高速和大广高速在园区西侧交汇。

馆陶新型化工产业园区

园区规划总面积14.2平方公里，规划总投资200亿元，入驻项目100个；其中启动区7.2平方公里，规划投资120亿元，入驻项目50个。园区产业定位以盐化工为基础，以氯、苯深加工为主要产业链条，主要生产农药、医药中间体、食品添加剂和化工新材料，形成较为完备的循环经济产业链条。2011年，河北馆陶新型化工产业园区被省人民政府列为省级经济开发区。园区总体规划、产业规划、项目规划、区域安全评价和区域环境影响评价均已通过省、市上级主管部门审批。

园区基础设施实现“五通一平”，满足项目入驻条件。园区三纵四横道路框架已形成；生产供水源自引黄入邯、入馆和生态水网工程；园区污水处理厂已投入运营；110KV供电线路已通至园区；园区综合服务中心、特勤消防站已投入使用。至2013年，园区已入驻世星化工、昊阳化工、福德化工、镕达化工、荣特化工等项目21个，竣工投产项目12个，累计投资额达100亿元。

园区管委会编制16人，设主任1名，常务副主任1名（正局），副主任2名，股级干部5名，单位内设4个科室：办公室、招商科、规划建设科、安监环保科。

主要化工企业简介

河北傲格化工有限公司　总投资1.3亿元，其中固定资产投资1.05亿元，占地70亩，项目位于邯郸市新型化工园区，年产2000吨对叔丁基苯甲酸、1000吨对叔丁基苯甲酸甲酯，年实现销售收入8000万元，实现利税1000万元，增加就业岗位213个。产品广泛应用于化学合成、制药行业、化妆品、药品、香精香料等行业。

河北博纳琪化工有限公司　占地46.5亩，总投资1.75亿元，其中固定资产投资1.5亿元，流动资金2000万元。年可生产润滑油1万吨，润滑脂1万吨，主要润滑脂产品包括极压复合锂基润滑脂、复合磺酸钙，主要润滑油产品涵盖水－乙二醇、酯型难燃液压油，可实现销售收入4.5亿元，实现利润2500万元，增加就业岗位120个。

邯郸市大华化工有限公司　占地110亩，总投资1.8亿元，其中固定资产投资1.1亿元，流动资金7000万元。项目建成后年可生产氯乙酸1.5万吨，副产品二氯乙酸1200吨，盐酸2万吨，年可实现产值1.4亿元，实现利税4000余万元，增加就业岗位220个。该项目采用先进的环保设备，噪声小、污染低，符合环保要求。主要产品氯乙酰氯是一种活泼的酰化剂和重要的有机合成中间体，广泛应用于氨基酸、农药、医药、染料、助剂、萃取溶剂、制冷剂、灭火剂、润滑油添加剂、军用毒气的合成等方面，尤其在农药方面的应用最广。

河北福德化工科技有限公司　总投资1.6亿元，占地200亩，其中固定资产投资1.2亿元。年产特戊酸5000吨、特戊酰氯5000吨、氯代特戊酰氯3000吨、磷酸氢钙3万吨，实现年销售收入3亿元，创利税3600万元，增加就业岗位280个。该公司是一家专业从事精细化工产品的研发、生产、销售为一体的股份制企业，拥有最先进的生产技术和成熟的市场，在国内同行业中占有非常重要的份额。项目自开工建设以来，仅用半年的时间就完成了项目整体建设，目前该项目一期竣工，已正式生产；二期工程已开工建设。

河北昊阳化工有限公司　总投资7.2亿元。年产8000吨草甘膦、8000吨制剂、年产300吨嘧菌酯、5000吨保苗先锋、20万吨有机肥，年实现销售收入8.9亿元，利税8000万元，新增就业岗位300余个。该公司是国家工信部、农业部设立的农药定点生产企业，主要从事农药、肥料、精细化工产品的研发、生产、销售，是一家集科研、生产、销售于一体的高新技术企业，公司先后荣获“河北省高新技术企业”“河北省诚信守法企业”、邯郸市十强科技型企业称号。

邯郸市科正化工有限公司　总投资5亿元，占地230亩，其中固定资产投资4.7亿元，年产正己酸1万吨，实现销售收入12亿元，实现利税1.6亿元，增加就业岗位160个。该公司正己酸产量在占国内市场份额的三分之二。企业技术、产品质量水平国际领先，产品主要用于白酒香料、高档润滑油及有机合成中间体等，主要供应五粮液、剑南春、沱牌等各大名酒厂，并被总装备部定为润滑油生产厂的备案供货单位。公司产品质量均达到或超过国家标准，其中正己酸、正戊酸、正庚酸的产量在国内居第一位。产品畅销全国各地并出口欧美及日本、韩国等国家和地区。

河北荣特化工有限公司　占地90亩，总投资1.83亿元，其中固定资产投资1.2亿元，流动资金6300万元。年可生产精苯6.97万吨，甲苯1.51万吨，混合二甲苯0.51万吨，非芳烃 0.24 万吨，可实现年销售收入 8.2 亿元，实现利润 1.4 亿元，增加就业岗位 200 个。主要产品为国内外重要化工原料，销售渠道较广，特别是与园区内其他企业形成产业链条，符合国家能源政策和产业政策。该项目采用国内先进、成熟的工艺技术，生产安全可靠，环保、卫生符合相关规范标准的要求。

河北镕达化工有限公司　总投资 3.85 亿元，占地 120 亩，实现年年销售收入 3.5 亿元，税金 1200 万元，新增就业岗位 78 个。该项目主要研究利用废弃有机物（如废塑料、废橡胶、废油脂）及其下脚料通过催化蒸馏—加氢提质技术生产高品质清洁燃料油的工艺方法。催化蒸馏加氢提质过程中无三废产生，是一个绿色的、资源化利用的过程。该项目运用城市垃圾无害化处理方案，能够有效减量再利用城市垃圾中的废塑料和废弃油脂，并生产出高品质清洁能源，有效缓解环境污染压力。

邯郸市瑞邦精细化工有限公司　项目建设总投资 1.6 亿元，占地 70 亩，主要生产异氰尿酸及无机产品硫酸锌，实现年销售收入 1.9 亿元，利税 4000 万元，增加就业岗位 100 个。三氯异氰尿酸在国内外已广泛应用于工业循环水处理、饮用水处理、废水污水处理、游泳池处理、工业漂白，公共场所、医院、家庭，养殖消毒杀菌和羊毛防缩等诸多方面，对所有的真菌、细菌、病毒、芽孢都有杀灭作用。该公司技术先进，实力雄厚，公司产品畅销全国各地，与各大化工企业建立了长期的合作关系。

河北世星化工有限公司　总投资 2 亿元，项目占地 200 亩，总建筑面积 4.7 万平方米，主要建设生产车间、动力车间、仓库、综合楼等设施，购置先进生产设备 150 台（套）。年产 200 吨 4AA、50 吨 MAP、10 吨培南粗品，年销售收入 3 亿元，税金 1000 万元，增加就业岗位 200 个。项目的前景广阔。项目建成后，能够填补河北省 4AA 生产空白，同时极大地提升新型医药中间体等精细化工技术研发制造水平，创造更大的经济效益和社会效益。

邯郸市新阳光化工有限公司　该公司前身是河北新丰农药化工股份有限公司，始建于 20 世纪 50 年代，是中国老牌化工企业、全国 4 大骨干生产敌敌畏企业之一，同时也是邯郸市化工行业的龙头企业。该项目于 2011 年被批准为河北省重点项目，占地 800 亩，项目总投资 28 亿元，总建筑面积 33.8 万平方米，建设敌敌畏、敌百虫生产线、原料库、成品库及相关配套设施，年产农药 3 万吨，配套中间体 2.8 万吨。该企业是全国生产“双敌”（敌敌畏、敌百虫）历史最悠久的企业和多年市场占有率最高的企业，产品畅销全国各地并出口到欧美和东南亚地区。

邯郸市赵都精细化工有限公司　总投资 3.1 亿元，占地 120 亩，年产 2450 吨草酰氯、甲基吡啶磷等产品，可实现年产值 2.8 亿元，实现利税 7500 万元，增加 200 个就业岗位。该企业属于国家级火炬计划骨干企业、河北高新技术企业。甲基吡啶磷获得国家级三类新兽药证书，属于国家火炬计划产品，该企业是国内唯一一家在农业部登记的厂家。公司产品除满足国内市场外，还远销到美国、欧洲、东南亚、南美、澳大利亚等 20 多个国家和地区。

北科装备制造园区

2006 年 7 月，邯郸市人民政府以市政府〔2006〕54 号文《关于馆陶县建设北京科技大学邯郸科技园的批复》，批准馆陶县建设北京科技大学邯郸科技园。

邯郸（馆陶）北科工业园区

园区位于馆陶县城西，106 国道以西、柴堡镇以南、振兴街以东、邯济铁路以北所围合的区域，总规划面积 11.0 平方公里。主要发展新能源、新材料、精密铸造、机械加工等新技术、新材料、新能源产业，开发具有高科技含量、高附加值的高端产品，着力打造生态、节能、环保高科技园区，构建集生产加工区、商贸物流区、仓储区为一体的综合园区格局。园区引进项目 60 余个，投产企业 30 余家，固定资产投资累计完成 120 亿元，年产值 15 亿元，年上缴税金 1.5 亿元。

已投产的企业有：金环钢构（邯郸）有限公司、河北信德电力配件有限公司、河北北科机械制造有限公司、河北民旺饲料有限公司、飞翔机械制造有限公司、河北多凯复合材料有限公司、六和食品有限公司、河北永星制冷设备有限公司、河北合新服饰有限公司、万利汽车有限公司、金隅太行混凝土有限公司、邯郸超远耐磨有限公司、河北汇鸿轴承有限公司、河北汇谷生物能源有限公司、颐民宝新能源开发有限公司、河北益川工贸有限公司、河北顺天编织有限公司、金翔饲料有限公司、金业石油设备制造有限公司、美乐食品有限公司、君鼎机械制造有限公司等企业 24 家。

正在建设的项目有：垚玥阀门、拓普汽车零部件、永盛机械、洁雅卫生用品、金环二期、金隅建材物流园、黄秋葵综合利用、金瓯汽贸城、四通电工、金安金属结构等 10 个项目。

北科园区管委会为全额财政事业单位，正科级规格，设主任 1 名，副主任 2 名，副主任科员 1 名，下设办公室、招商科、规划建设科、征管科四个科室，编制 16 人。主要负责园区基础设施管理，园区招商引资，服务园区项目建设，服务园区企业。

主要企业简介

河北信德电力配件有限公司　由温州信德电力配件有限公司投资建设，项目自 2004

年10月开工建设，2006年4月一期工程建成投产，总投资1.6亿元，占地面积6万平方米，建筑面积3万平方米，设有热锻、金工、工模、冷墩、镀锌、配套、热处理等7个车间及质量检测中心等。公司年生产能力为2.5万吨电力紧固件，主要产品为4.8—10.9级各种规格热镀锌防卸螺栓、扣紧螺母等40多个品种。公司研制出的“点楔锁扣”型防卸螺栓设计新颖实用，获国家专利。项目二期工程已建设完毕，总投资2.1116亿元，主要生产降阻模块等系列高科技产品。

河北多凯复合材料有限公司　由上海多凯建筑材料有限公司投资建设。项目位于309国道以北、106国道西侧，占地50亩。项目总投资1.7亿元，其中固定资产投资1.57亿元，总建筑面积4.65万平方米。该项目主要是利用不饱和树脂、玻璃纤维等原料生产FRP板材、树脂及钢结构辅配产品，是目前国际上较流行的轻质建材品种之一。该公司依托上海多凯建筑材料有限公司的工艺、技术，采用了当今世界上先进的自动化生产线和生产工艺，拥有国际上先进的超宽辐自动化生产线。该项目于2006年年初开工建设，目前已建成了面积3500平方米的树脂生产车间和板材宽幅生产车间，年产复合材料3万吨，产值4.5亿元，年创利税7400万元，吸收劳动力360余人。

河北东汝阿胶制药股份有限公司　成立于2013年3月，注册资金1000万元，经营范围胶剂制售、驴皮购销，现有职工400余人。2016年新建分厂项目总投资4.8亿元，占地248亩，总建筑面积6万平方米，建设标准化GMP生产车间、质检楼及附属设施。引进美国沃特斯液质联用色谱仪、日本岛津高效液相色谱仪等检验检测仪器，购置安装双效蒸发器、蝶式分离机、微波干燥房等先进生产设备，年产1800吨阿胶、鹿角胶、龟甲胶等胶剂产品，年产值8.3亿元、税收3500万元、新增就业岗位600个，职工总数达到1000余人。产品有阿胶、鹿角胶、龟甲胶三种药品批号，东汝、东语、汝洋等多个商标。与吉林万通、广州王老吉、湖南九芝堂等多家国内大型、著名药企建立合作关系，产品主要销往广东、浙江、湖南、湖北等全国地，出口韩国、日本，发展前景广阔。

河北民旺饲料有限公司　河北民旺饲料有限公司成立于1999年9月，总投资5060万元，占地50亩。现有员工108人，是一家从事饲料生产、养殖、科研、贸易为一体的现代企业集团。民旺公司主要生产鸡、猪浓缩饲料和配合饲料，已形成了“民旺”“博进”“争鸣”三大品牌，公司与知名的院所实施技术、人才联合，合理借助他们的力量设计最优的饲料配方和生产工艺，从种植、收获到原料采购、加工、监测、饲喂等多方面严格把关，使产品达到要求，先后开发了50多个品种，以满足客户的需要。

金隅太行混凝土有限公司　项目总投资1.2亿元，项目位于兴业路西侧，一期占地80亩。主要建设综合办公楼、水泥中转站、商混搅拌站等设施，总建筑面积2.8万平方米。项目建成投产后，达到年产商品混凝土40万方，水泥中转量10万吨，可实现年产值约1.05亿元，年创利税1500万元。金隅太行混凝土有限公司是河北太行水泥股份有限公司的全资子公司，原为太行股份的本部，隶属北京金隅集团有限责任公司，地处邯郸市峰峰矿区，是我国建材行业大型一档企业。公司注册资金 31535 万元，拥有一条日产 2000 吨和一条日产 2500 吨熟料生产线。目前，该项目正在建设。

拓普汽车零部件制造项目　由河北北科机械制造有限公司投资建设，2014 年 5 月开工建设，总投资 5.3 亿元，其中一期占地 90 亩，投资 3 亿元（其中：固定资产投资 2.5 亿元）。引进韩国现代威亚（原韩国现代起亚）全自动数控生产线 3 条，国际领先，产品合格率可稳定在 98% 以上，高于同行业 4—5 个百分点，而每吨成本可低于同行业 200—300 元。建成后，年产汽车制动系统（刹车盘、刹车钳、刹车支架等）30 万套、发动机涡轮增压器 20 万套，年可实现产值 2.8 亿元，税金 1000 万元，新增就业岗位 200 个。先后与一汽大众、上海通用等多家大型公司建立了稳固的配套供货关系，产品出口美国、加拿大等国家。该项目是北科机械公司产业升级和产业链延伸项目，产品可实现从简单的铸件升级到成套汽车配件，最终打造成国内领先的装备制造龙头企业。亩均投资强度 277 万元，亩均税收 11 万元，亩均就业人数 2 人。

洁雅卫生用品有限公司　总投资 4.8 亿元，占地 110 亩。引进德国全自动纸尿裤、婴儿纸尿片、成人护理垫生产线 5 条，主要采用高分子吸水树脂等材料，年产卫生用品 4 亿片，可实现产值 4.9 亿元，税金 1100 万元，增加就业岗位 200 个。该企业是北方地区唯一高档卫生用品企业，三分之一产品出口，主要销往中东、俄罗斯、东南亚等国家和地区。其“吉米宝贝”商标荣获河北省著名商标。

永盛自动化养殖机械项目　由馆陶县永盛机械制造有限公司投资建设，项目占地 50 亩，总投资 3.2 亿元，其中一期投资 1.8 亿元，年产自动喂料系统、自动捡蛋系统等自动化养殖机械 4500 台套，年可实现产值 2 亿元，税收 450 万元，增加就业岗位 120 个。技术依托河北省农机研究所，其“永盛卓元”牌自动捡蛋系统、自动喂料系统已列入国家农机补贴目录，产品远销山西、湖南、湖北等省市。

精密轴承园区

馆陶县精密轴承产业园区位于魏僧寨镇肖村，项目规划总投资 35 亿元。馆陶县魏僧寨镇轴承加工业起步于 20 世纪 70 年代中期，最早始于镇东部的滩上村，以翻新废弃轴承为主要业务。80 年代中期，随着山东省临清烟店轴承市场的发展繁荣，镇东部沿卫运河西岸与烟店轴承市场仅有一河之隔的几个乡村，受市场辐射，村内个别农户搞起了低速微型轴承加工，但整体规模较小。

20 世纪 90 年代，轴承加工业从个体家庭作坊开始兴起。1998—2000 年，“一台机床，一家人，一天能挣几十元”“一户致富几户跟，几户致富带全村”，家庭轴承加工业在沿卫运河岸几个村内迅猛发展，轴承加工产业带初见端倪。2000 年，魏僧寨镇党委、政府制定了《轴承业发展的实施意见》，把“一年消除空白村，三年建成专业镇，五年建成全国最大微型轴承集散地”的奋斗目标。2005年，在充分调研的基础上，馆陶县规划建设了武馆路轴承产业带，将散居在村中的家庭式作坊搬迁到产业带，实现了家庭式作坊向企业的转变。当年就进驻了企业30家，加工轴承3亿套，销售收入1.5亿元，缴税150万元。

2007年，县委、县政府提出了“借势山东，发展轴承”战略，规划占地210亩，投资3.8亿元，建设精密轴承工业园区作为产业孵化基地，采取“筑巢引凤”的方式，吸引山东、安徽、浙江等外地企业入驻园区，轴承产业得到跨越式发展。当年就有33家企业入驻，产值9.8亿元，税收700万元，轴承产业在县域与镇域经济中的地位日益突出，以“小规模、大群体”为主要特点的魏僧寨镇轴承产业集群已成规模，精密低速微型轴承加工业的特色产业格局基本形成，轴承产品幅射全国各地。

2008年以后，馆陶县调整产品结构，扩大生产规模，生产技术含量高、市场前景广阔的精密轴承系列产品，利用靠近烟店轴承市场，大批人员到外地设门市，产品除销往烟店市场外，辐射全国各地，捷凯、奥翔、精拓等公司的产品通过外贸出口韩国、印度、越南、孟加拉等国家。

至2013年年底，全镇拥有轴承加工户2000余户，企业109家，从业人员2万人，年加工能力42亿套，加工各种型号轴承100余种，产量已占全国总产量的90%以上，国内使用的60%左右的微型轴承都产于此地，河北省首家轴承产品质检站也设在这里。2013年销售收入46.8亿元，完成税收3300万元，先后荣获了“中国轻工轴承之乡”“省中小企业公共技术服务平台”“河北省精密轴承制造名镇”等荣誉称号。

主要企业简介

河北亚超轴承制造有限公司（原河北鑫利达轴承有限公司） 成立于2005年10月，注册资金1000万元，公司位于馆陶县魏僧寨镇轴承工业带肖村段，公司主要从事0类，七类、八类轴承的生产与销售进出口业务，占地15亩，现有职工80人，其中技术人员20人，高级管理人员10人，现有全自动专业设备50余台，年生产中小型轴承近千万套，年产值1.2亿元，公司已通过ISO9001:2008国际质量管理体系认证。公司生产的“亚超”牌轴承已在国家工商局注册，被省中小企业局评为“河北省名牌产品”，并被省质量技术监督局评为“河北省优质产品”。产品广泛用于农机、农业机械、矿山机械、汽车及电机、机床设备等，销售网络遍布全国各地，并通过外贸公司出口越南、阿联酋等东南亚国家。

馆陶县三林轴承配件有限公司 该企业位于轴承工业带前苻渡村，成立于2008年6月，注册资金500万元，总投资2000万元，其中固定资产投资1500万元，流动资金

500 万元，现有高级管理人员 10 人、技术人员 10 人、工人 60 人。企业拥有四套轴承淬火、高频直缝焊管机组生产线、渗碳两用炉生产线，10 台自动车床和 12 台磨床，热处理轴承配件达到了国内先进水平。企业年产值达 5000 多万元，利税 500 多万元。产品广泛用于小型机械、儿童玩具等，产品主要销往广州、浙江等南方发达地区。

馆陶县强利轴承有限公司　位于馆陶县魏僧寨镇轴承工业带马兰厂村，公司始建于 2002 年，是专业生产 0 类、7 类及微型轴承的现代化私营公司。公司占地面积 8 亩，职工 80 余人，其中技术人员 20 人，高级管理人员 10 人，专业自动化设备 50 余套，年产值近 4000 万。该公司产品广泛应用于电动汽车、小型农机、电器、造纸、机械纺织、减速机械等行业领域。主要销往山东、江苏、无锡、成都等地。

馆陶县祥宏轴承有限公司　坐落于馆陶县魏僧寨镇轴承工业园区，公司成立于 2014 年，总投资 1000 万，专业加工轻工轴承套圈。公司拥有专业设备 20 余台，专业技术人员 30 人，年加工轴承 2000 余万套，产品主要为本地企业配套。公司坚持科技创新、诚信经营、客户第一的经营方针，持续改进工艺水平，不断扩充精良设备，确保产品提质升档。产品主要销往广州、上海、浙江等南方发达地区。

河北摩润根轴承制造有限公司　公司成立于 2012 年，总投资 2000 多万，是一家专业开发、设计、生产经营轧机轴承的企业。现有车床 26 台、磨床 44 台、回火炉 2 台、超精机 2 台等专业设备 70 余台。有管理人员 20 人，技术人员 30 人，主要加工生产 0-9 类等型号轴承，年产量 30 余万套，年产值 5000 余万元。公司生产线全部采用目前国内最先进的专用设备，自动化程度达到 90% 以上，技术工艺先进，检测手段齐全，质量管理体系完善。本公司生产的轴承主要应用于机电、矿山机械、冶金、钢厂、机床等设备，主要销往河北、山西、辽宁等地区。

馆陶县德斌轴承有限公司　公司位于馆陶县精密轴承工业园区，是一家专业从事生产和销售微型轴承套圈的现代化民营企业，主要用于制造 7 类轴承，总投资 1000 万元，拥有冷镦机、车床、磨床及辅助设备 20 余套，高级管理人员、技术人员 20 余人，年产值近 3000 万。产品主要销往广州、浙江、温州等南方城市。

馆陶县恒特轴承有限公司　该公司坐落在馆陶精密轴承工业园区，公司有先进数控机床 8 台、高精密度内圈磨床 10 台总投资 1100 万元。公司现有高级管理人员 2 名、技术人员 5 名，主要加工 0 类轴承。公司坚持安全第一、质量第一、客户第一，在生产过程中严把质量关、做好每一道工序，该公司生产加工的轴承可承受径向负荷，双向轴向负荷及其合成负荷，而且适用于高速旋转。产品广泛应用于汽车、拖拉机、机床、电机、水泵、农业机械、纺织机械等。产品主要销往广州、浙江等南方城市。

馆陶县冀强轴承有限公司　地处馆陶县轴承产业带魏僧寨镇前符渡村，公司成立于 2010 年，占地面积 6 亩，总投资 1000 多万，其中固定资产投资 700 多万元，流动资金

300万元。企业现有工人65名，高级管理人员8名，技术人员21名，主要加工生产微型轴承。年加工轴承3000万套，年产值3000万元，利税300多万元。产品主要应用于高档儿童玩具、低压电器等，主要销往广州、浙江等南方各大城市。

馆陶县满园春轴承有限公司　坐落于馆陶县魏僧寨镇轴承工业园区，公司成立于2014年，总投资1000万，专业从事加工轻工轴承套圈及热处理。公司拥有专业设备15台，专业技术人员20人，年加工轴承3000余万套，公司实施热处理项目改造，引进了国内外先进的热处理生产技术和设备，打造“一流的热处理”的轴承加工生产基地。产品用于轴承配套，主要销往山东、河北等地。

馆陶县鹏飞轴承有限公司　公司成立于2014年，总投资1000万，主要生产7类轴承及套圈。公司拥有专业设备30余台，专业技术人员20余人，年产值5000余万元。公司始终奉行“科技创新、诚信经营、客户第一”的经营理念，不断改进工艺水平，引进先进设备，完善各项检测体系，确保产品提质升档，达到国家标准或客户的要求。产品主要应用于汽车、工程机械领域，主要销往山东、河北、临西、广州等地。

第六节　建筑与房地产业

建筑业

1956年，馆陶县成立第一家正规建筑施工企业馆陶县建筑社，至1996年，全县有县建筑工程公司、县第二建筑工程公司等9家不同等级施工企业及数十家外出施工队伍。

建筑施工现场

随着建筑技术与建筑设备的不断进步，馆陶县建筑业发展很快。1998年建筑企业完成施工总值8215万元。至2013年，馆陶县共有5家正规的建筑公司。二级资质建筑公司3家，分别是邯郸市华峰公路工程有限公司、邯郸市华英建筑安装有限公司、馆陶县建筑工程公司。三级资质建筑公司两家，分别是馆陶县宏大建筑工程有限公司和河北恒正建筑安装有限公司，年产值36338万元。

1997—2013年，馆陶县住建局建筑工程质量监督站对全县建筑业统一管理。先后进行整顿和规范建筑市场秩序，加强建筑市场管理，与建设、计划、劳动、国土、行政监察等部门联合执法，查处违规建设、恶意拖欠扣发工程款和农民工工资、非法转包等违法违规行为。将是否拖欠工程款和农民工工资作为审核建设开发、施工单位是否具备办理项目立项、招投标、施工、竣工验收备案等法定程序的一项必要条件。针对建设领域拖欠农民工工资现象，一方面加大典型案件查处力度，一方面在全县建筑市场开展专项检查及普法活动，规范用工行为，标本兼治，维护农民工合法权益。经过整治，建筑市场秩序逐步趋于规范。

邯郸市华英建筑安装有限公司 前身是成立于 1967 年 1 月的馆陶县建筑安装公司，后改制为邯郸市华英建筑安装有限公司。拥有国家房屋建筑施工总承包二级、建筑装修装饰专业承包二级和公路工程总承包三级资质。2002 年通过 ISO9000：2000 质量体系认证，有在册职工 1782 人，工程技术、经济管理人员 156 人，各类专业持证上岗人员 1206 人，公司注册资金 2508 万元，拥有固定资产 1515 万元，拥有国内先进水平的各种施工机械设备 791 台（辆），总功率 3883 千瓦，技术装备率 7000 元 / 人，动力装备率 2 千瓦 / 人，现有年竣工面积 18.50 万平方米，完成装修装饰和公路工程 3500 万产值的施工能力。至 2013 年，公司先后承建施工的房屋建筑有馆陶县原人民医院病房楼、邯郸市东风路 1—4 号住宅楼、邯郸市丛台区安居工程广乐小区 2 号住宅楼、邯郸钢铁集团有限公司农林路生活区 16 号住宅楼、馆陶县陶山中学、馆陶县公主湖风景区、金居领秀住宅小区等工程项目。创市级优质工程 125 项，合格率 100%，优良品率达 86%。公司还承建了多条公路工程和村村通公路工程，受到馆陶县委，县政府的高度评价。1999—2013 年，公司连续多年被评为省级重合同守信用单位，市级安全文明施工企业，市级先进施工企业，省级信用优秀企业荣誉。

邯郸市华峰公路工程有限公司 公司前身为馆陶县公路工程公司，现有职工 271 人，高级职称 3 人，中级职称 24 人，初级职称 73 人。于 2003 年 4 月 28 日成立，该公司是一家集公路、桥梁施工为一体的建筑型施工企业，具备国家二级企业资质，注册资本 3100 万元，现有固定资产 4455 万元，有公路、桥梁大型施工机械设备 64 台套以及完整的质量检测、测量检验系统。2004 年 6 月，公司获北京世标认证中心 ISO9001 质量管理体系、ISO14001 环境管理体系、OHS18001 职业健康安全管理体系“三证一体”国际标准认证。先后承建了省道 S213 吴黄线（河南省）、国道 106 线工程、国道 107 永年县绕城段、青红高速馆陶连接线、人民路东延路基等工程。

房地产开发

馆陶县房地产开发始于 1995 年，是年商品房开发建设 5000 平方米。在住宅区购买的住房产权归个人，发放房产证，两年以后允许出租和转让。对购房有困难的干部职工，建行可提供 30% ～ 50% 的购房低息贷款。

2008 年“三年大变样”活动开展后，馆陶县房地产迅速发展，先后建成超远小区、芙蓉小区、金鑫家园、金菊园、温泉花园、金陶郦都、九洲华庭、桂园小区等 55 个小区，建筑面积达237.16万平方米。2013年，馆陶县房地产开发投资共计4.58亿元。

规模住宅小区

金居领秀　坐落在政府街西段以南，陶艺路以西，紧邻滨河公园和奥林匹克公园，小区建设分两期，总占地46.8亩，设计办公房和幼儿园。一期占地17029.19平方米，建筑面积44527.55平方米，于2014年1月19日开工建设，2015年1月14日竣工投用，建由高层两栋，小高层两栋，多层一栋，未配建幼儿园，总居住人口1100人，绿化率35%。二期工程正在建设中。

金居领秀

海麟·盛景　由馆陶县海麟房地产开发有限公司开发建设，位于邯郸市馆陶县，东临新华街，西至规划筑先路，北衔馆陶宾馆，南靠自来水厂，地块被平阳大道西向贯穿。项目规划用地面积188亩，用地性质为居住。总建筑面积为12万平方米，分三期建设。有多层、小高层、高层等多种建筑类型。一期工程37628平方米于2014年8月开工，现于竣工交付使用。二期即将完工，三期已开工。小区内绿化整体布局紧凑有序，植物配置合理得当，层次感强，种有大量的吸尘植物，总体景观效果良好，夜景更为美观。小区内有各种建设器材，为小区居民提供一个良好休闲健身场所。供暖为地暖供热，绿化率为35%。实行24小时保安值班巡逻制度，水电工24小时值班，为小区居民生活提供了安全可靠的服务保障。

海麟·盛景

华庭首府　位于文卫街北侧、筑先路西侧，由联心房地产开有限公司开发，2012年5月4日开工建设，2013年12月31日竣工，总占地面积28028.87平方米，总建筑面积69038.59平方米，居住人口约为1300人，尚未建设幼儿园，小区以地源热泵方式进行供暖，绿地率为35.1%。

九洲华庭　坐落于馆陶县政府街西段，东临祥和小区、西临县中医院、南临政府街、北临文卫街。由邯郸市拓鑫房地产开发有限公司于2013年4月20日开工建设，2015年

华庭首府

九洲华庭

初竣工投用，小区占地面积30113平方米，建筑面积75000平方米，居住人口约为2500人，没有配建幼儿园，绿化率为35%，供暖方式为地源热泵供暖。

金域蓝湾　位于馆陶县文卫街与滨河路交叉口，由馆陶县美园金弘房地产开发有限公司开发，河北大千建筑设计有限公司进行图纸设计，邯郸市第二建筑安装有限公司承建，在邯郸市宏大工程建设监理有限公司的监督下进行施工。小区规划占地120亩，分三期开发建设。其中，一期占地30亩，开工时间为2015年8月28日，竣工时间为2016年8月27日；二期占地44.79亩，开工时间为2016年9月2日，竣工时间为2017年12月2日；三期占地45.21亩，开工时间为2017年5月1日，竣工时间为2019年9月15日。一期已经竣工，总居住人口为5024人，已配建幼儿园，采取天然气供暖，绿化率为35%。

温泉花园　位于馆陶县建设街与平安路交口西北角，是馆陶县金桥房地产开发有限公司开发投资兴建的大型花园式居住社区。项目总占地13万平方米，总建筑面积20万平方米。项目分三期开发，共计38栋多层住宅，一期于2004年全面入住，二期三期分别于2011年年初、2011年年中交付使用。项目容积率1.6，小区绿化率30%。小区内设有幼儿园、超市、休闲广场等。

和谐小区　位于馆陶县实验小学北侧，共建有6栋6层住宅楼，1栋12层小高层住宅楼。小高层楼是馆陶县第一栋高层建筑。2006年12月开工建设，2009年11月竣工投用，由河北金居房地产开发有限公司开发建设，邯郸市华英建筑安装有限公司承建。小区总建筑面积约为5万平方米，占地约30亩，共入住300多户居民。

超远小区　位于馆陶县政府街东段南侧，由河北省金居房地产开发公司开发建设，共建有8栋6层住宅楼，总建筑面积为3万平方米。2008年开工建设，2009年6月竣工投入使用。

金菊园小区

金菊园小区　位于馆陶县文卫街西段北侧，筑先路东侧，由馆陶县联心房地产开发有限公司开发建设，共建有14栋，其中3栋6层商住楼，11栋6层住宅楼，总建筑面积为6.86万平方米。于2010年5月开工建设，2011年4月竣工投入使用。

柳湖胜景　位于金凤大道北侧，筑先路

柳湖胜景

西侧，2011年9月开工建设，2013年8月竣工投用，总投资29696万元。由河北辰嘉房地产开发有限公司承建，项目规划用地7.6万平方米，商品住宅总建筑面积13.83万平方米，共建有17栋6层，7栋7层，1栋11层，3栋18层住宅楼，1栋3层幼儿园，综合容积率1.76，建筑密度23.08%，绿化率36.8%。

金陶郦都

金陶郦都　位于金凤大道南侧，东苏村北侧，占地总面积57498平方米，建筑总面积135795平方米，共建设5栋15层商住楼、9栋5层住宅楼和2栋9层住宅楼，由馆陶县恒安房地产开发有限公司，项目总投资25367.5万元。工程于2012年8月开工建设，2013年12月竣工投用。

维拉庄园　位于英才路与陶山街交叉口西南角。西与馆陶县最大的公园滨河公园毗邻，北距馆陶县标志性工程公主湖文化景区1000米。占地238亩，总投资3亿元，共建有10栋6层商住楼、1栋4层临街门市，总建筑面积63703.66平方米。

房地产交易中心

房产交易中心大楼于2010年4月开工建设，2011年12月竣工投用，投资1499万元，位于金凤大道南侧，筑先路以西200米处，交通便利，供水、供电设施齐全，排水设施完善。占地面积16亩，建筑面积8327平方米，主要建设主体10层，局部11层的办公大楼。于2011年12月竣工投用。房产交易中心肩负着综合协调及建设工作的各项任务，涉及城市建设、建筑业管理、房地产、物业管理、测绘、招投标等业务。馆陶县行政服务中心已于2012年4月入驻房产交易中心，实现行政审批一体化。至2013年，馆陶县房产交易中心共办理房产交易98.5万平方米，交易户数8092户。

房产交易中心办公大楼

2008—2010年，为规范房地产业健康发展，馆陶县制定了《馆陶县房地产市场若干规定》，对资质管理、建设手续、城建配套费收取、质量管理、安全管理、工程监理、建筑节能、预售管理、房价变化批准程序、维修基金收缴使用、竣工验收及交房日期、配套设施、物业服务、装修装饰、环境卫生等方面进行了进一步规范。

第四章 第三产业

馆陶县是大运河沿岸商业城市之一，商业贸易由来已久。民国以来，县城商业繁荣，经营商品有粮食、布匹、杂货、药材、饮食及金属贸易、加工业等。新中国成立后，以国有商业和供销合作商业为主。1979 年后，商业体制改革，形成以国有商业和供销合作商业为主体，私营（个体）商业为补充的商业体系。1985 年后，个体商业迅猛发展，市场活跃。1996 年，全县商业、粮食、物资、供销、饮食、服务等网店 6750 家，从业人员 1.71 万人。社会商业零售总额达 21.11 亿元。

1997 年以后，馆陶县县乡市场体系得到了较大完善和发展。以金凤市场、陶山市场为代表，投资大，交易额高，辐射面广，形成了以市场促产业，以产业促发展的良好局面。随着改革的深入，原有国有企业和集体商业相继破产和改制。至 2013 年，全县商业企业有 439 家，其中批发零售企业 428 家，住宿餐饮企业 11 家。

第一节 商业体制改革

管理体制改革

2005 年 12 月，馆陶县机构改革，整合组建商务局，成立贸易办公室、物资办公室、外贸办公室、开放办公室，撤销商业局、物资局、外贸局，原编制、职能未变。

县商务局办公原址

2009 年，糖酒公司依法破产。原商业局商务局共分设 5 个科室，分别为办公室、财务审计科、市场体系建设与商务服务管理科、市场运行调节与市场整规科和对外贸易科。职责由原来直接对国有商业企业人、财、物和生产经营活动的具体管理改为对股份制企业的指导、监督、协调和服务。商业局行政编制 10 人，局长 1 名，副局长 3 名，股级干部职数 4 名。下属事业单位为酒类监督管理局、生猪定点屠宰办公室。

2010年3月，进一步整合职能和内设机构，撤销贸易办公室、物资办公室、外贸办公室，与商务局合署办公；开放办挂靠商务局。延续到2013年无变化。

所有制改革

1996年12月至1997年2月，原物资局下属企业在县政府的安排下进行破产改制。原燃料公司、金属材料公司、轻化公司、木材公司、机电公司、物资供销公司等公司进行破产改制。其他公司处于停业状态，原班人员未动，重新组建馆陶县物资有限公司，用于处理破产遗留问题。

1998年5月，根据馆陶县政府的统一部署，商业企业实行股份改革。饮食服务公司改制后更名为万达饮食服务股份合作公司，商业贸易公司改制后更名为金龙商贸有限公司，利达实业公司改制后更名为利达实业开发公司，副食酱菜加工厂改制后更名为孔雀酱菜有限公司，外贸公司改制后更名为出口产品加工厂，食品公司改制后更名为食品有限公司。2006年7月，根据食品有限公司股东和职工的意见，县政府安排对其重新进一步改制，改制后更名为利民食品有限公司。

此后，全县商业全部改为民营化。

第二节　市场建设

陶山市场

1985年建设，总占地面积15.33万平方米。总投资230万元，1998年进行改扩建，总投资1.2亿元，占地150亩，建筑面积10万平方米。现有商户389户，主营布匹、成衣、小百货、食品、烟酒、糖茶、干菜等。年成交额15亿元，为冀南地区轻工业品较大的批发市场。

陶山市场

金凤市场

位于县境内106国道与309国道的交汇处，建成于1998年，总投资1.6亿元，占地20万平方米，建有900间的营业门店和占地15000平方米的交易大棚及仓储设施，是以禽蛋交易为主，集蔬菜、水果、饲料、兽药批发储运为一体的大型农副产品交易市场，年交易额突破100亿元，是“农业部定点市场”“全国争创绿色批发市场示范单位”“农业产业化国家重点龙头企业”、商务部首批重点联系市场、商务部双百市场工程支持项目、全国农副产品批发市场百强市场、全国肉禽蛋类批发市场十强市场、全国最大的禽蛋交易市场。

中国最大禽蛋市场——馆陶县金凤市场

专记：金凤禽蛋农贸批发市场

金凤市场1997年开始建设，1998年11月18日正式运营。占地21万平方米，总投资1.6亿元，有经营门店1.8万平方米，3万平方米的禽蛋、饲料交易区，2.5万平方米的瓜果、蔬菜交易大棚。市场年交易鲜蛋40多万吨，是一个以禽蛋交易为主的大型农副产品批发市场。

奉行“公平诚信”经营理念

金凤市场奉行“公平诚信”的经营理念，实施严格管理、优质服务、全方位开放的办场方针，市场发展势头迅猛，交易额每年平均增长20%以上。2013年交易额达58.6亿元，其中禽蛋交易额42.8亿元，占总交易额的73%。是全国最大的禽蛋交易市场。

金凤市场建成后，成为小鸡蛋与大市场联结的桥梁和纽带，为蛋鸡产业做好产前、产中、产后服务。在市场吸纳、辐射、带动、联结功能的作用下，河北、山东、河南三省接壤区的30余个县市的种养业得以较快发展。周边三省10多万户从事蛋鸡养殖，年养殖总量达到2亿只以上，蛋鸡存栏1.6亿只以上。仅馆陶就发展到5个养殖基地，11个养殖园区，96个专业养殖村，1.6万个专业户。全县人均蛋鸡67只，人均占有量位列全国第一，馆陶成为著名的“中国蛋鸡之乡”。

为打造公平诚信的市场经营环境，进一步扩大市场的知名度，在质量监督、卫生、工商等职能部门的协助下，金凤市场加大对假冒伪劣产品的打击力度，定期和不定期对上市的产品进行检查，坚决消灭假冒伪劣产品在市场的生存土壤，有力地净化了市场的经营环境。

为维护市场良好的经营秩序，规范交易行为，市场专门聘任数名专职巡视员，对缺斤短两、坑蒙拐骗等现象一经发现严厉打击，促进了整个市场交易秩序好转。下大力搞好统一市场内的“金凤”牌蛋箱、黄色蛋托工作，对进场运输蛋箱、蛋托车辆进行排查，禁止不合乎市场规定的蛋箱、蛋托入内。

实行经纪人与物流配送

随着金凤市场在蛋鸡养殖、禽蛋销售方面市场调控能力的增强，邯郸市养禽业经纪人协会在金凤市场成立，会员1300多名，形成了“市场+中介+农户”的经营模式，靠着经纪人的运作，金凤市场的销售网络遍布全国。

市场经纪人对内联一村一户，对外联全国各个大市场，与养殖专业村、专业户签订鸡蛋收购合同，集中外销，形成了生产和销售的对接。市场在全国各省大中城市有禽蛋购销网点521个，“金凤”牌无公害鲜蛋走进了上海、北京、天津等地的103家超市。金凤市场每年向全国销售鲜蛋40多万吨。部分鲜蛋还通过转口贸易远销到缅甸、越南、泰国和港、澳、台地区，出口量占市场总销量的10.5%。市场先后获评“农业部定点市场”“国家级菜篮子工程”“全国争创绿色批发市场示范单位”“全国农业产业化国家重点龙头企业”“商务部首批定点联系市场”“商品大流通十佳市场”“全国肉禽蛋类批发市场十强市场”。“金凤”牌鲜蛋也被农业部认定为无公害产品，成为河北省优质产品，“金凤”商标成为河北省著名商标、河北名牌。

按照商务部标准化市场统一建设标准要求，金凤市场实施了独立封闭活禽交易屠宰区项目建设，该项目工程占地面积4500平方米，总投资1051万元，通过了省、市两级商务和财政部门验收，日屠宰能力达到2.5万只以上，年总产值达9900万元。

为进一步完善市场功能，加快农产品现代物流体系建设，实施了金凤物流配送项目。项目总投资2亿元，是以道路货物运输、蛋品冷链配送、包装、网络信息服务为主，其他货物转运为辅，形成年配送禽蛋、饲料、兽药等15万吨的配送能力。该项目是河北省及邯郸市重点建设项目，列入了邯郸市振兴东部物流倍增计划，主要建设禽蛋交易区、农资经营区、物流配送区及金凤商务大厦。商务大厦内设置物流信息中心、电子商务中心，农产品检验检测中心等。

电子商务信息连通全国

为了给商户一个良好的交易环境，市场制定了《金凤市场管理的若干规定》，确保市场的管理规范、运营有序。还充分利用中央电视台农业频道、电子大屏幕、松际农网等媒介发布各种农产品信息。

为了更好地搭乘上信息化的快车，金凤市场对网站进行了升级改版，利用与农业部信息中心、国家发展改革委信息采集中心的信息连接，及时发布各类信息，并为市场经营大户建立了网上宣传平台。据统计，被宣传商户平均年交易量增长在10%以上，共计增收800多万元。

丰富的信息资源提高了市场的知名度，金凤网站成为馆陶县点击率最高的网站，成为引领广大商户和农民朋友增收致富的重要平台。同时，金凤市场的禽蛋价格已成为全国鸡蛋价格的重要参考，引导着养殖户及时进行养殖品种更新，生产适销对路的产品，采用科学饲料喂养的方法生产出了凤鸡蛋、无公害蛋等走俏市场的蛋品。

市场采取发放绿色通行证等一系列措施，切实保证了来市场交易的车辆畅通无阻，还投资300多万元建成了市场信息中心、无公害检测中心、电子结算中心等现代化功能性设施，保证了市场安全、稳定、高效运行。

市场的崛起带动了相关产业发展，市场周边共有种鸡雏鸡孵化厂53个，饲料加工厂140家，蛋箱、蛋托、鸡笼、蛋品加工和鸡肉分割等链条企业86家，新增餐饮、住宿服务摊点100多家，新增运输车辆2万多辆。金凤市场带动产业发展使人均收入达1300元，占农民年人均纯收入总额的51.6%。

“一个市场载万户，小小鸡蛋联九州”。随着金凤市场功能的日益完善，邯郸馆陶成为全国的禽蛋农产品集散中心、蛋品研发推广中心、物流配送中心、区域农产品价格形成中心，在引领农业向现代化、产业化方向发展的过程中发挥巨大的作用。

金龙建材市场

位于馆陶县金凤大道与三八路交叉口西北，建成于1999年，占地8600平方米，营业门店175间，现有经营户55户。年交易额1.2亿，其中钢材8000万；瓷砖2000万；电气焊2000万。以经营钢材、瓷砖、电气焊为主。市场人流量为每日800人次。辐射范围为馆陶周边30余个县区。

文化市场

位于馆陶县金凤大道西首东南侧，建成于2012年，占地面积100亩，营业门店440间。现有经营户21户，有粮食画、餐饮、食品等行业。人流量为300人次／日，其中思月黑陶、海增粮艺、殷氏陶艺漆艺、鸿坤工艺品城、张氏麦草画、丰泽苑画廊、谐丰绣业、胡新亮漆画工作室等一批彰显馆陶地方特色的文化企业，经营效益喜人。陶山粮艺先后有加拿大、央视、天津金马影视公司等客商前来考察、购物，愿做代理商；鸿坤工艺礼品城由县城全部转入市场；张氏麦草画作为新兴产业已初露头角。

亿丰电动车市场

该市场是馆陶县委、县政府2008年重点招商引资项目，总投资3500万元，占地30

亿丰电动车市场开业典礼现场

亩，建筑面积近 3 万平方米，商住配套 2 平方米，共有商住楼 12 栋，项目设计为一楼是商铺、2—4 层为商住配套，其中市场经营区有标准门店 156 间。市场已于 2010 年 5 月正式营业，年营业额达亿元，涵盖国内新日电动车、雅迪、荣事达、捷马电动车 50 多个品牌电动车。市场入住经营户 80 多家，年成交额约 8000 万元，市场日人流量将达 2000 人次，将带动相关服务产业的发展，为辐射冀、鲁、豫三省交界处的唯一的电动车、摩托车、自行车及相关配件集中销售的交易市场，成为一个集商品交易、集团采购、仓储物流、网络信息等多功能于一体的现代化贸易商城。

农村集市

随着农村经济的发展和农村产业结构调整，农民生产生活需求比较旺盛，促使农村集市贸易迅速发展，使农副产品得到集散和交易。农村集市贸易能够发挥衔接城乡产需、引导消费、增加就业，带动当地经济发展的作用。馆陶县比较大的村镇，设有 28 个乡村集市，在固定时间进行商品交易，商品多为日用品和农业生产工具等。

农村年集

2013 年底馆陶县农村集市一览表

表 3-4-1

乡镇	序号	村庄	日期（农历）
路桥乡	1	陈路桥	逢一、六
	2	张官寨	逢三、八
房寨镇	1	东、西浒演（2 村）	逢一、六
	2	房寨南、北（2 村）	逢四、九
	3	南拐渠（6 村）	逢三、八
	4	河寨（5 村）	逢五、十

续表 3-4-1

乡镇	序号	村庄	日期（农历）
柴堡镇	1	柴堡村（4 村）	逢二、七
	2	柴庄	逢五、十
	3	市庄	逢四、九
寿山寺乡	1	浅口	逢四、九
	2	麻呼寨	逢四、九
	3	前宁堡	逢三、八
	4	常儿寨	逢二、七
	5	寿山寺	逢五、十
	6	陈范庄	逢二、七
	7	西董固	逢三、八
	8	韩高庄	逢一、六
王桥乡	1	王桥	逢二、七
	2	西芦里	逢一、三、六、八
	3	北孙店西	逢三、五、八、十
	4	南孙店东	逢四、九
	5	南留庄	逢二、七
	6	留庄市场（南留庄、东盘、西盘）	逢五、十
南徐村乡	1	马头	逢四、九
	2	南徐村	逢四、九
魏僧寨镇	1	前符渡	逢三、八
	2	肖村	逢一、六
	3	魏僧寨东、西（2 村）	逢二、五、七、十

超市

1997 年以后，馆陶县大型超市今日超市、万家福超市相继开业，在大型超市的带动下，县城内各类小型超市得到快速发展，至 2013 年年底，县城内有各类经营超市 70 余家。

馆陶县乡村综合小超市在20世纪90年代开始发展起来，从一开始的几村一个到2013年的一村几个甚至数个。这些超市和乡村代销点给农村的物质生活带来了极大的便利，使村民可以不用出村就能买到自己想要的商品。

特快专递、物流服务

1998年1月，县邮政局正式办理速递业务，在此影响下，个体、私企快递、物流服务也得到相应发展，至2013年年底，馆陶县有个体快递门市3家，私营快递公司6家，物流服务公司13处，特快专递与物流业的兴起，极大地方便了人们的生活和物资交流，促进了经济的发展。如新博源医药有限公司，主要经营农产品和药品。

邯郸市新博源医药有限公司　成立于2006年2月，注册资金2000万元，建筑面积5000余平方米，有股东2名，员工152人，拥有各类技术职称人员32人，其中执业药师3名、药师17名，是一家集医药、医疗器械经营为一体的大型医药物流企业，主要经营中成药、中药饮片、化学原料药及其制剂、批发兼零售、医疗器械、日用品等。公司技术力量雄厚，检测设备齐全，配送、物流、售后等环节管理完善，业务已拓展到北京、天津、山东、河北、河南、山西、江苏等省市。为馆陶县医药行业的龙头企业，2013年营业额为1.6亿元，上缴利税400万元。公司法人代表郝延光，2005年被评为“馆陶县创业标兵”，2006年底被邯郸市授予“馆陶县民营经济优秀厂长（经理）”荣誉称号，2007年当选为馆陶县人大常委会代表。

电子商务

电子商务前身为代办电信业务，始设于2000年9月，主要业务为省世纪公司133号段移动通信放号，代售移动、电信充值卡。2010年后，个体、私营电子商务行业逐渐发展起来，网上购物悄然兴起，至2013年年底，馆陶县共有电子商务门市（公司）6家。2015年，馆陶县顺应“互联网+”发展的新趋势，创新思路，抢抓机遇，主动与阿里巴巴集团对接合作，引进了全省第二家、全市第一家农村淘宝项目，全面开启了电子商务进农村工作。从2015年7月馆陶县农村淘宝项目正式启动，到2016年4月15日农村电子商务实现全覆盖，仅用了8个多月的时间。建成县级公共服务中心1个、物流配送中心1个、农村淘宝村级服务站269个，农村覆盖率达100%，且全部开业运营。累计服务农民20万余

馆陶电商园

人次，网购交易额达3000余万元，有效发挥了“网货下乡”和“农产品进城”的双向流通功能，打通了电子商务进农村的“最后一公里”，广大农村群众享受到了电子商务带来的便捷、优质的服务。馆陶县被省商务厅、省财政厅评为“省级电子商务进农村综合示范县”。2016年5月，馆陶县被列为“全国电子商务进农村示范县”。

第三节 粮油购销

管理机构

1996年12月，县粮食局由自收自支事业单位转为县政府工作部门，其职能转变为加强对粮食的管理，强化对粮食市场的宏观调控，指导粮食系统粮油市场收购，保证市场供应，稳定粮食市场。2002年，县粮食局由县政府工作部门改为直属事业机构，设办公室、综合业务科和财审科3个职能科室。2006年，按照国务院《粮食流通管理条例》和《河北省粮食流通管理规定》精神，县粮食局职能有所改变，其行政管理职能为负责粮食收购资格审批、粮食流通统计管理、粮食流通统计监督检查。2010年县政府机构改革，县粮食局挂靠县发展改革局。截至2013年年底，审批粮食收购企业39家，各企业均建立经营管理台账，构建粮食流通统计网络体系，为馆陶县粮油市场动态管理提供依据。

馆陶县粮食局

购销制度改革

1994年，馆陶县粮食收购改定购为市场收购，取消向农民定购平价粮任务，实行议购议销政策，通过内购外销、外购内销等各种购销方式，搞活议价经营。议购议销限于国家征购任务完成后，主要由粮食部门统一经营粮食，同时放开集镇粮食贸易市场，价格随行就市，坚持计划调节为主，市场调节为辅，议价粮油坚持薄利多销原则，不得超过物价部门核定价格，超价非法收入，除上缴财政外，追究经营者责任。1997年起，县粮食局执行国家粮食收购保护价，按保护价敞开收购农民余粮，未出现以任何理由限收、拒收和停收现象，定购粮价格和保护价格由河北省政府确定。1998年，馆陶县按照国务院《关于进一步深化粮食流通体制改革的决定》和《关于印发当前推进粮食流通体制改革意见的通知》，开展以“三项政策、一项改革”（按保护价敞开收购农民余粮、粮食购销企业实行顺价销售、粮食收购资金封闭运行，加快国有粮食企业自身改革）为主要内容的粮食流通体制改革，常年挂牌收购农民余粮，严格执行保护价，不限收、不抢收，不向农民“打白条”（欠农民售粮钱）。粮食经营企业坚持保本微利的原则，顺价销售粮食。并搞好银企协作，加强资金管理，做到专款专用。对粮食企业主附营业务分离，在搞好粮食购销的同时，拓宽经营领域，发展多种经营。

2006年，国家为稳定小麦市场价格，保护种粮农民利益，提高农民种粮积极性，经国务院批准，由相关的国家六部委联合制定《2006年小麦最低收购价执行预案》。馆陶县按上级要求执行小麦最低收购价政策，以2006年生产的国标三等小麦为标准，白小麦每市斤0.72元，红小麦、混合小麦每市斤0.69元，相邻等级差价按每市斤0.02元掌握，县粮食局积极争取收储库点，成为全市唯一一家国有粮食企业全部成为最低收储库点的县。当年全县共收购托市粮75820吨，仓容利用率达100%，收购的数量和质量名列全市前茅。为落实2007年托市收购工作，根据全县粮食企业实际情况，积极谋划仓房建设，通过引进资金500万元，分别在魏僧寨、徐村、柴堡、柴庄、寿山寺、罗庄、储备库等企业兴建仓房，共扩建新建仓房容量4万吨，建筑面积11100余平方米。2007—2009年全县分别收购托市小麦27122吨、67252吨、80751吨。2010年、2011年未启动托市收购。2012年全县收购托市小麦20456吨。2013年未启动托市收购。

经营体制改革

1995年，馆陶县粮食经营实行“两条线”（收储企业、经营性企业）运行。1998年，县粮食局按保护价敞开收购农民余粮，对购销企业进行主附营分设、人员分流，成立4个收储企业、4个附营企业。粮食系统共12个核算单位。收储企业负责管理储备粮，承担《粮食流通管理条例》规定职责，敞开收购农民余粮，顺价销售，资金由农发行统一贷款解决。而附营企业主要任务是粮油经营，发展粮食产业。2000年起，粮食系统的附营企业又陆续归附于收储企业，由收储企业代管，共同规模经营。2005年4月撤销原有粮食企业，组建5家国有控股粮油购销有限责任公司，实行股份制经营。2013年9月开始筹建徐村粮食批发交易市场。年底，金汇粮油购销有限责任公司退城进郊迁建项目列入县重点项目并开始实施。

产权制度改革

1999—2006年，县粮食局对浸出油厂、面粉厂、饲料公司、城镇粮油食品店进行产权制度改革，使其退出国有资本，进行股份制改革。对粮食收储企业进行合并重组，直属粮库、房寨中心粮站、柴堡中心粮站、徐村中心粮站、魏僧寨中心粮站改为国有控股企业，分别更名为金汇粮油购销有限责任公司、润丰粮油购销有限责任公司、天成粮油购销有限责任公司、稷丰粮油购销有限责任公司、荣达粮油购销有限责任公司。对粮食流通体制改革企业实现所有职工身份置换和企业产权置换。2005年，根据省、市粮食流通体制改革精神，组建富民粮食购销有限责任公司，为国有独资公司，与粮食局机关合署办公。公司下属5家控股公司，即金汇粮油购销有限责任公司、润丰粮油购销有限责任公司、天成粮油购销有限责任公司、稷丰粮油购销有限责任公司、荣达粮油购销有限责任公司。

粮食收购

粮食收购

1996年后，馆陶县为了调动农民种粮的积极性，促进粮食生产长期稳定发展，缩小定购粮价与市场粮价的差距，不断提高粮食定购价格。2003年后为进一步推动粮食流通体制改革，既适应市场经济发展的需要，实现了粮油购销市场化，又要保护农民种粮积极性，粮食收购实行最低保护价收购政策。2004年5月，国务院颁布了《粮食流通管理条例》，这是粮食购销市场全面放开后，规范粮食流通管理行为的专门性行政法规。

征收及收购　1996年国家加大了对粮食宏观调控管理，继续执行粮食定购政策，明确了地方政府管理粮食工作的责任。1997年全县粮食系统贯彻执行"敞开收购，顺价销售，收购资金全封闭运行管理"三大政策。当年的粮食定购任务，仍按上年数量不变，并及时分配到8个乡镇。

1997年馆陶县乡镇粮食定购一览表

表3-4-2　　　　单位：百公斤

乡镇	粮食合计	其中		
		小麦	玉米	大豆
馆陶镇	10815	8400	2205	210
寿山寺乡	18427.5	14437.5	367.5	315
房寨镇	9817.5	8137.5	1470	210
王桥乡	14070	11025	2730	315
柴堡镇	19897.5	16275	3307.5	315

续表 3-4-2

乡镇	粮食合计	其中		
		小麦	玉米	大豆
南徐村乡	14490	12075	2205	210
魏僧寨镇	18532.5	15487.5	2782.5	262.5
路桥乡	22050	19162.5	2625	262.5
合计	128100	105000	21000	2100

1998 年以后，按照中共中央国务院的部署，积极稳妥地推进以市场为取向的粮食流通体制改革，保护广大农民利益，促进农业生产结构的调整和粮食的生产与流通。随着国民经济市场化的发展，粮食流通体制改革的深入和农村税费改革的全面实行，进一步推进粮食购销市场化改革的条件已基本具备。按照中国共产党十六届三中全会精神，国务院决定，在总结经验、完善政策的基础上，进一步深化粮食流通体制改革，2001 年国务院下发了《关于进一步深化粮食流通体制改革的意见》（国发〔2001〕28 号）文件，其主要精神可概括为“放开销区、保护产区、省长负责、宏观调控”16 个字，改革的主导方向是向市场化迈进。

2003 年，国家调整保护价收购范围，改进财政补贴方式。在当年的粮食保护价收购范围内，国家、省确定邯郸市保护价收购小麦 9 亿斤，其中分配给馆陶县 5400 万斤。根据当年全县小麦种植面积并报县人民政府批准，把保护价收购小麦的指标分配到全县 8 个乡镇。277 个行政村，落实到 6.17 万户。

2003 年馆陶县各乡镇粮食定购一览表

表 3-4-3

乡镇名称	小麦播种亩数	保护价收购任务数（万斤）
馆陶镇	24572	458
房寨镇	31000	576
柴堡镇	54000	1006
魏僧寨镇	39000	726
寿山寺乡	35240	656
王桥乡	35120	654
南徐村乡	26450	500
路桥乡	44592	824
合计	289974	5400

2004年，国家调整了粮食收购政策，粮食行政管理部门不再下达指令性收购计划。是年7月根据上级文件精神，本着“必须有利于粮食生产、有利于种粮农民增收、有利于粮食市场稳定和有利于国家粮食安全”的原则，县粮食局向全县粮食企业下达了夏粮收购指导性计划3万吨。

2005年，根据形势的发展，为保护种粮农民利益，国家在部分省市实行最低保护价收购政策，但仅限于中央储备粮单位收购。粮食购销企业实行随行就市收购。

2006—2013年国家出台了六省最低收购价预案。规定最低价收购的主体为中央储备粮总公司，每县有一收购的承载主体，这样使粮食购销企业全部参与了最低价收购。

2006年是国家在包括河北在内的六个小麦主产省实行小麦最低收购价收购的第一年。馆陶县粮食局紧紧抓住这次机遇，积极争取收储库点，成为全市唯一一家国有粮食企业全部成为最低收储库点的县。2006年共收购托市粮7.58万吨，仓容利用率达100%，收购的数量和质量名列全市前茅，可直接为全县农民增加收入600余万元。

2007年由于最低价收购承贷主体发生变化，使最低价收购工作增加了难度。《预案》下发后，馆陶县粮食局积极向中储粮邯郸直属库申请争取收储库点，认真做好收购前的各项准备工作。第一批收储库点批复后，县粮食局从6月18日到6月28日，仅用了10天时间就完成了第一批收储库点的收购任务。同时，在县委、县政府有关领导的大力支持下，经过各公司的努力，先后又争取到第二批、第三批共七个收储库点，使馆陶县成为全市收储库点最多的县。全县共收购托市小麦2.71万吨，列全市第六位。

2008年，河北省继续启动最低收购价收购政策。馆陶县金汇、荣达、稷丰、天成、润丰、储备库六家国有粮食购销企业全部被中储粮邯郸直属库列为托市收储库点。在收购中，我们严格执行国家粮食收购政策，对符合入库质量标准的粮食，做到不拒收，不限收，不停收，随到随收，坚持一手粮，一手钱，现场结清粮款，不给农民打白条。全县国有粮食企业共收购托市小麦6.73万吨，名列全市前三位。

2009年，河北省继续启动最低收购价收购政策。我局积极做好托市收购准备工作，全县国有粮食购销企业的11个库点被中储粮邯郸直属库列为托市收储库点，成为全市收储库点最多的县之一。全县国有粮食企业共使用粮食收购资金1.45亿元，收购托市小麦8.08万吨，收购的质量均在规定等级以上，收购的数量创历史新高，是收购的量最大、质最好的年份。2009年还完成临时国储玉米东北跨省移库任务指标1万吨，自10月份启动，至12月底跨省移库任务全部完成。

2010年，因市场小麦价格与最低收购价持平，小麦最低收购价收购工作未启动。县粮食局与中粮集团达成代收代储协议，全县五家国有控股粮食购销企业均与中粮签订了委托收购保管协议，共为中粮集团代收代储贸易粮47335吨。

2011年最低收购价收购仍未启动，中粮集团也未入市收购。全县国有控股粮食企业一是通过干部职工自筹资金 1643 万元用于收购；二是对中粮库存小麦 6240 吨进行了轮换，全年共收购小麦 2.92 万吨。

按照市政府的要求，经县长办公会议研究确定，2011 年馆陶县建立县级粮食储备 5000 吨，确定金汇公司为承储企业，于 8 月 27 日完成 5000 吨县级储备收购任务，加强完善储备粮仓储安全管理，加强粮食应急安全体系建设，确保储备粮关键时刻调的出，用的上。

2012 年，河北省启动最低收购价收购政策。经积极与中储粮进行沟通协调，在全市仅批准 13 个小麦托市收储库点中，馆陶县获批 2 个收储库点也是全市各县市（区）唯一批准 2 个收储点的县，有力地推进了小麦托市收购工作。馆陶县国有粮食控股企业共使用粮食收购资金 4388 万元，收购托市小麦 2.05 万吨。

2013 年，河北省未启动最低收购价收购政策，全县国有企业自筹资金共收购小麦 2.5 万吨，收购玉米 2.7 万吨，购销总量在全市属上中游水平。

粮油销售

2002 年 8 月 20 日，根据总后勤部、财政部、国家粮食局《关于进一步完善军粮供应管理办法的通知》，邯郸市粮食局发出《关于 2002 年节日调供计划的通知》下达馆陶县节日调供 1602 斤，其中绿豆 240 斤、饺子粉 882 斤、红小豆 160 斤、免淘米 320 斤，以改善部队（含武警）的生活。

2003 年 6 月，县粮食局根据市粮食局、市发展计划委员会、市财政局、市农发行邯粮〔2003〕19 号文件精神，对当年库存小麦销售计划进行了安排部署。各粮食购销企业按照 2003 年 3 月 31 日企业统计账面反映的小麦商品库存数量，减掉 2001 年全国清仓查库时确认的商品小麦陈化粮，按三年销售完的原则确定。

2003 年馆陶县小麦库存数量一览表

表 3-4-4　　单位：吨

项目 单位名称	2003 年 3 月末小麦库存数量	2001 年清仓查库认定陈化小麦数量	销售小麦库存数量	2003 年小麦销售计划数	备考
全县合计	62929	1072	61857	20700	占锁定库存比例 33.5%
直属粮库	6266	—	6266	2090	
范庄粮站	4213	—	4213	1410	
房寨粮站	8100	186	7914	2650	
罗庄粮站	4908	—	4908	1640	

续表 3-4-4

项目 单位名称	2003 年 3 月末小麦库存数量	2001 年清仓查库认定陈化小麦数量	销售小麦库存数量	2003 年小麦销售计划数	备考
柴堡粮站	6524	676	5848	1960	占锁定库存比例 33.5%
柴庄粮站	3550	210	3340	1120	
市庄粮站	3182	—	3182	1060	
徐村粮站	4134	—	4134	1380	
魏僧寨粮站	5719	—	5719	1920	
东马头粮站	3769	—	3769	1260	
王二厢粮站	4953	—	4953	1660	
马栏厂粮站	2844	—	2844	950	
路桥粮站	4767	—	4767	1600	

随着粮食市场的放开，全县国有粮食企业变坐等收购为上门收购，变集中收购为分散收购。通过增设收购网点，改善服务态度，提高服务质量，扩大收购能力，方便农民售粮。2003—2005 年共收购粮食 27.52 万吨。销售粮食 18.07 万吨。

2007 年馆陶县收购托市粮近 2.71 万吨，加上去年库存的托市粮 6 万吨，全县约有存粮 9 亿吨，是馆陶县历史上存粮最多的一年。2008 年，各承储企业落实 2007 年托市粮竞价销售出库工作，严格按照合同规定的品种、数量、质量，及时组织出库，截至 10 月底全面完成出库任务，出库的托市粮数量真实、质量良好，树立了馆陶县国有粮食企业重合同、守信用的良好形象。2010 年，年初对全县 27 家粮食收购企业和个体工商户进行了清仓查库。按照市粮食局和中储粮邯郸直属库的要求，对馆陶县辖区内的国有政策性小麦 99430 吨出库情况进行了跟踪检查，及时向市局报送了信息和数据。2011 年做好 2010 年度为中粮集团代收代储小麦出库工作。全县国有粮食收购企业认真按照中粮集团下达的出库任务要求，规范运作，确保出库的托市粮数量真实、质量良好，树立了馆陶县国有粮食企业重合同、守信用的良好形象。年底前共出库小麦 30734 吨。2013 年，为及时推陈储新，根据《馆陶县级储备粮管理暂行办法》，报经县政府批准，对 5000 吨县级储备粮全部进行轮换。轮换期间，派出专人对收购的小麦质量进行全程监控，严把收购质量关。县农发行也派出专人对储备粮收购专项资金进行全程严格监管，确保专款专用。县财政局、发改局在收购期间，多次深入收购现场，查看新小麦收购质量和收购进度，协调解决收购过程中遇到的问题。经过承储企业的积极努力，仅用 11 天时间就完成 5000 吨新小麦入库任务。

超储补贴　1999—2002 年粮改前，超储补贴分为储存环节费用、利息补贴和销售环节补贴。储存环节费用补贴标准按每年每斤 2 分钱计算；利息补贴按当期银行贷款利率计算；销售环节补贴按每销售一斤粮食补贴 1 分 5 厘计算。

2002 年粮改后至 2003 年前，对中南部六个区市的小麦收购继续实施超储补贴政策，具体标准是：储存环节每斤每年补贴 2 分钱，利息按现行政策补贴。每压减 1 斤库存，财政奖励 5 分钱（按平均库存计算，市包干内负担 3 分，省奖励 2 分）。

2003 年后，对老库存小麦进行了锁定，锁定时间是：北部五市为 2002 年 4 月 30 日、中南部六市为 2003 年 3 月 31 日。对锁定时点的小麦库存制定分年度销售计划，北部五市在 2003 年内全部销售，中南部六市从 2003 年开始每年销售三分之一，2005 年年底前销完。对核定当年销售的小麦取消利息和费用补贴。对当年销售计划外的超储小麦库存（含陈化小麦），继续给予费用利息补贴，储存费用补贴调整为每公斤 2 分。为鼓励企业多销、快销，对企业完成当年销售计划后增销的原库存小麦，可在一年应补利息金额内增加补贴挂账，具体按各市制定的办法计算。

保护价收购补贴。邯郸市人民政府办公厅颁布了邯政办〔2003〕23 号关于印发《邯郸市 2003 年小麦保护价收购实施意见》、《邯郸市划转销售政策性小麦库存所需资金的意见》和《邯郸市粮食风险基金使用管理办法》的通知，提出 2003 年小麦保护价收购实施意见：2003 年暂定每公斤 6 分，当小麦市场价差低于或高于保护价每公斤 6 分时，按省的指示另行研究调整。具体补贴方式是：对小麦主产县（馆陶为小麦主产县）由财政对收购环节进行补贴，国有粮食购销企业以保护价收购的形式兑付农民。财政一次性给予保护价与市场价每公斤 6 分钱的差价补贴。国有粮食购销企业对确定的保护量实行保护价收购，按减去补贴后的成本进行商品经营，自负盈亏。保护量以外的小麦实行购销市场化。

财务挂账 1998 年 5 月 31 日前，经清理认定的财务挂账和其他不合理占用贷款 2834 万元，其中经营亏损 1596 万元；政策性补贴挂账 404 万元；生产性固定资产占用贷款 706 万元；其他不合理占用贷款 128 万元。

纳入中央财政和地方政府贴息范围的新增财务挂账和其他不合理占用贷款 2722 万元(含一个月利息 16 万元)，中央财政不予贴息的新增财务挂账和其他不合理占用贷款 128 万元。

纳入中央财政和地方政府贴息的财务挂账，消化期为五年（1999—2003 年）（见邯财建〔2004〕54 号文件），根据省政府〔2004〕31 号文件和省财政厅、发改委等五部门下发的《河北省国有粮食购销企业粮食挂账处理意见》规定，再延长 5 年过渡期（2004—2008 年），5 年内中央、省、市三级财政共同负担，负担比例分别为 50%、25%、25%。

不予贴息的财务挂账和其他不合理占用贷款 128 万元，在 2004 年 5 月前消化完毕。纳入补息范围的挂账 2722 万元，按市政府〔2005〕83 号文件规定，于 2005 年已从企业剥离到县粮食局统一管理。

2004年5月31日，经清理认定的财务挂账为7707.13万元，其中1998年6月1日至2004年5月31日期间发生的政策性亏损应补未补4323.13万元；处理陈化粮价差亏损58万元；处理保护价粮差价亏损3326万元。根据邯郸财建〔2004〕5号文件精神，挂账本金由省、市、县三级政府统筹资金消化，利息由包干粮食风险基金解决。挂账本金于2005年12月按实际占用农发行贷款3438万元，从企业剥离到县粮食局统一管理，其余4269万元在企业改制时归属富民公司挂账。

粮油价格

1998年5月19日，邯郸市物价局、邯郸市粮食局发出的《关于1998年粮食购销价格的通知》中，把中等花小麦收购价调整为每百斤73元；收购保护价每百斤64元；中等玉米每百斤69元。调整后的价格从当年5月15日起执行。

2006年经国务院批准，国家发展和改革委员会等六部门印发了《2006年小麦最低收购价执行预案》，决定在河北省等六个小麦主产省启动小麦最低收购价预案，这是国家保护种粮农民利益、实现农民增收、稳定小麦市场价格的一项重大举措。执行小麦最低收购价政策的时间为2006年6月1日至9月30日。

2006年馆陶县小麦最低收购价格一览表

表3-4-5　　单位：元／斤

等级	白小麦元／斤	混合小麦元／斤	说明
1	0.76	0.73	白小麦是指种皮为白色或黄白色麦粒不低于90%的小麦，且角质率或粉质率单项达到70%以上，否则为混合小麦。
2	0.74	0.71	
3	0.72	0.69	
4	0.70	0.67	
5	0.68	0.65	

2006年小麦最低收购价政策中明确规定了小麦最低收购价格和小麦国家质量标准。

本次执行最低收购价小麦的水分、杂质、不完善粒等限制指标超过标准规定的，按国家计委、国家粮食局、国家质检局《关于执行粮油质量标准有关问题的规定》（国粮发〔2001〕146号），实行扣量扣价的办法进行收购。具体标准如下：

水分：以标准中规定的指标为基础，每低0.5个百分点增价0.75%，每高0.5个百分点扣价0.3%，扣量0.75%；低或高不足0.5个百分点的，不计增扣价、增扣量。

杂质：以标准中规定指标为基础，每低0.5个百分点增价0.75%，每高0.5个百分点扣价0.75%，扣量0.75%；低或高不足0.5个百分点的，不计增扣价、增扣量。

不完善粒：以标准中规定的指标为基础，每超过1个百分点，扣价0.5%，超过不足1个百分点的，不扣价；低于标准规定的，不增价。

专记：浸出油厂的建立及撤销

为适应不断发展的新形势需要，支持粮油加工业和畜牧饲养业的大发展，县粮食局计划建立一座大型的浸出油厂。在上级有关部门和县领导的支持下，于1994年8月开始筹建。首先成立了以局长张其勤为指挥长、副局长霍华立、武发振为副指挥长的筹建指挥部，并从本系统各单位抽调得力人员组成办事机构。其次多方争求支援，跑资金，买设备，培训技术人员等，筹建指挥部作了大量的建厂准备工作。1994年11月该厂正式动工兴建，1995年年底建成。共占地33350平方米（合50亩），建筑面积5000平方米。拥有日处理大豆10万斤（50吨）的设备总投资515万元。全年计划生产国标二级食用油450万斤（折合2250吨），年创产值3500万元，利润160余万元。

1996年1月投产后，由于原料无来源，产品销路不畅，经营管理不善，造成逐年亏损，到2002年底累计亏损625万元，欠缴职工养老保险金16.8万元，欠农行贷款1800万元，均无力偿还。

由于农行追缴欠款，2002年12月馆陶县人民法院对该厂2000多万元的资产（含土地50亩）公开拍卖，以299万元的价格将国有浸出油厂卖给个体经营者。2005年4月馆陶县人民政府在〔2005〕3号文件的批复中，批准撤销了馆陶县浸出油厂（亦称邯郸市粮食局浸出油厂），县工商行政管理局将该厂予以注销。

第四节　供销合作

供销机构

1997年至2010年2月，馆陶县供销合作联社属于集体所有制性质，机关共设9个科室，工青妇武等群团组织健全。直属企业及基层供销社等法人组织共计39家。2010年，根据国务院和省市县的要求，县供销社联合社机关进行了机构改革，核定机关编制25人，含主任1名，副主任3名，为全额拨款事业单位。至2013年9

馆陶县供销合作社

月底，馆陶县供销社系统共有干部职工 3752 人，其中离退休干部职工 1200 人。

食盐专营

馆陶县盐业专营公司成立于 1997 年，其前身是馆陶县副食品盐业公司，为县供销社直属企业。同时成立了盐政所及盐业稽查大队，配备了相应的执法人员，与盐业专营公司一套人马两块牌子。馆陶县盐业专营公司和盐政所自成立以来担负着全县人民的食盐供应和市场管理任务。在全县乡镇村庄共设立 277 个经销点，并发放食盐专营许可证。1997—2013 年，公司每年都完成了省市下达的 1360 吨食盐销售指标任务。

在 2003 年“非典”疫情时期，馆陶县出现食盐抢购潮，食盐销售量在同年 4 月份一个月就达到了往年近一年的标准，为此，公司一方面紧急协调调进食盐，一方面协调公安部门，严查投机，打击散布谣言者，有力地维护了全县食盐市场的稳定。

馆陶县地处冀鲁交界，地理位置突出，私盐活动屡禁不绝。1997—2000 年间，馆陶县盐业专营公司积极组织精干力量，切实加大查处力度，共计查处私盐 160 余吨，对当事人依法予以处理或移交司法部门追究刑事责任。 2000 年至 2013 年，私盐活动较前有所好转，公司坚持查处与教育相结合，勇于负责，大胆管理，共计查处私盐 300 余吨，从而促进了全县食盐市场的健康发展。

2008—2013 年馆陶县盐业专业公司盐业营销汇总一览表

表 3-4-6 单位：吨

年份	食盐购进	销售	库存	盐总量购进	销售	库存
2008	1598	1553	320	2045	1999	355
2009	1279	1259	215	1492	1472	215
2010	1552	1100	452	1590	1103	487
2011	1037	737	171	1037	762	171
2012	764	741	23	764	741	23
2013	958	944	231	996	944	231

再生资源回收

2012 年 8 月，根据省市有关精神，馆陶县再生资源管理职能划归供销社。县供销社成立再生资源管理办公室，并与盐政所联合办公，整合了执法力量，组建了综合执法办公室。再管办对县域内经营者进行相关法律法规的培训和宣传，对回收经营摊点进行规范管理。对不法摊点联合工商、公安等部门予以取缔，有效地规范县区周边再生资源行业的经营秩序。截至2013年9月，全县共有回收经营摊点57家，从业人员200余人，再生资源网络遍布城乡，有效地促进了再生资源行业的发展。

农村合作金融

2012年，馆陶县供销社为拓展农村金融服务，破解农业发展瓶颈，解决广大农民、种植大户和农民专业合作社金融服务短缺、贷款难、融资难等问题，在全省率先组建了首家供销社“合作金融服务中心”暨“供销金融超市”，打造了具有馆陶特色的农村合作金融体系。至2013年9月，先后与中信银行、兴业银行、建设银行、新合作担保、太平洋保险公司和中国人民人寿保险公司等10余家金融机构的地方机构建立了密切合作关系或设立了办事处，签订了战略合作协议，引进县域律师、会计、评估等3家事务所入驻了“金融超市”，对接企业120余家，接受企业咨询700余次，开办小微企业经理人和金融（财务）培训班15次等，举办域外金融机构对接会13次，累计实现贷款3.75亿元，其中涉农贷款4000万元。并力争在2到3年内，在全省率先实现“两个全覆盖”即农村金融服务全覆盖和农村金融服务网点全覆盖。馆陶县金融超市创新工作和运营模式，先后得到了省市党委政府和省市供销社以及县委县政府的充分肯定，引起了社会各界的广泛关注。省社主要领导、主管领导以及市县领导予以高度评价并在全省供销系统予以复制推广。

全省农村合作金融现场会在馆陶召开

群众在农村合作金融超市办理业务

企业改制与电子商务

2004年，县供销社系统的基层供销社和直属企业，由于受到市场经济的冲击和经济政策的变化，39家基层供销社和直属企业基本全部倒闭，经营停滞，企业职工绝大部分下岗或走向社会。2009年，县供销社新班子调整后，在维护稳定的基础上，逐步恢复重构了基层组织和部分业务。2011年，县供销社按照开放办社的原则，重构基层组织，重建农村网络，在全县恢复重建了9家基层供销社，并逐步恢复了生产经营。注册成立了新合作投资咨询有限公司，开拓了农村金融服务业务，努力解决合作金融为三农服务“最后一公里”问题。2013年，注册成立了新合作商贸有限公司，以日用消费品和农副产品销售为主导，逐步切入了农村“互联网+”即农村电商业务。为供销社今后的发展拉开了新的框架，奠定了再造的基础。

伴随着企业关闭停产、经营停滞等，大批职工下岗，大量矛盾凸现。2000年以后，维护信访稳定、化解矛盾纠纷、处理遗留问题成为供销社重大且首要的工作任务。以2010年为例，一年中共接待职工来访62批次，800余人次，接待单访500余人次。通过采取积极稳妥和有效措施，自2009年至2013年，县供销社未发生一起赴市以上非访和越级集体访，实现了供销系统大局的稳定，为供销社各项改革和发展奠定了良好基础。

第五节 饮食服务业

1997年后，馆陶县饮食服务业得到了较大的发展，至2013年，全县餐饮业有461家个体经营户，5家经营企业；住宿业有37家个体户，8家经营企业；理发业个体149家；全县洗浴业11家；摄影26家；文印50家；文化娱乐24家；婚庆服务5家；旅游服务9家；家政服务11家；服装干洗6家；物业管理30家；广告装潢11家；中介服务15家；汽车维修20家；废旧物品回收16家，这些服务行业都呈现出蓬勃发展的趋势，极大地方便了广大人民群众的生活。

馆陶宾馆

馆陶宾馆东龙厅

馆陶宾馆是全县集餐饮住宿与会议于一体的龙头企业，位于馆陶县新华街路南1号，始建于2001年，2010年又扩建了贵宾楼，为市级园林单位、花园式宾馆、设施齐全，服务规格高的综合型宾馆。有客房69间，床位126张，其中豪华套房4间，普通套房4间，以及标准间61间。在宾馆可召开各种大、中、小型会议，会议室分别可容纳500人、300人和60人。同时建有接待大厅，有能同时容纳200余人就餐的大宴会厅以及各种餐厅包厢22间，可容纳500人共同就餐；此外，还有各种不同风格的休息厅、会见厅、小型接待室等；宾馆设施齐全，设有健身房、KTV、中央空调、卫星电视、程控电话、宽带网、免费WiFi、服务设施以及消防自动报警系统和酒店管理网络系统，为保障宾客人身及财产的安全，宾馆安装了全方位监控。“魏夫人十八扣”在2003年邯郸市美食节中摘取“地方风味宴”和“地方名吃”两项大奖。

第六节 烟草专卖

概况

馆陶县烟草专卖局、河北省烟草公司邯郸市公司馆陶县卷烟营销部是两块牌子，一套人马，实行统一领导、垂直管理、专卖专营的管理体制。馆陶县烟草专卖局（营销部）组建于1987年10月，1991年8月上划归属省烟草专卖局（公司）。2004年，馆陶县烟草专卖局（公司）取消法人资格，单位名称由“河北省烟草公司馆陶县公司”变更为“河北省烟草公司邯郸分公司馆陶县卷烟营销部”，成为非独立法人的营销分支机构，但保留县级烟草专卖局，其专卖职能不变，并与卷烟营销部合署办公，所有资产全部划转至河北省公司邯郸分公司。2007年，根据行业上级有关要求，原“河北省烟草公司邯郸分公司馆陶县卷烟营销部”变更为“河北省烟草公司邯郸市公司馆陶县卷烟营销部”，受上级局（公司）和地方党委、政府的双重领导。

馆陶县烟草专卖局

馆陶县烟草专卖局（营销部）共设置5个职能科室，分别是办公室、专卖监督管理科、营销服务科、财务科、内管派驻组，下辖4个稽查中队，2013年年底有干部员工40人。

卷烟经营

馆陶县烟草专卖局（营销部）充分发挥行业管理体制的优势，由传统商业已逐步向“电话订货、网上配货、电子结算、现代物流”的现代流通发展。截至2013年，馆陶县内共有烟草零售客户1421户，卷烟销售由1997年的8080箱达到2013年的9850箱，实现了经济平稳运行发展。

专卖管理

馆陶县烟草专卖局（营销部）实行专卖专营体制，在行业上级局党组、地方各级党

委政府的正确领导以及各有关部门的大力支持下，坚持“内管外打”方针，一方面强化内部管理，规范生产经营行为，堵塞管理漏洞，另一方面加强对市场的监管，对卷烟制假售假活动始终保持高压态势，不断加大打击力度。1997 年至 2013 年共立案 2857 起，查处窝点 228 个，违法卷烟 77761 条，上缴罚没款 134.3 万元，营造了公平竞争的市场环境，建立了良好的市场秩序。

第七节　金融业

民国 35 年（1946 年），冀南银行馆陶县支行成立。1949 年，冀南银行馆陶县支行更名为中国人民银行馆陶县支行。1955 年，全县 21 个乡办起了信用合作社。1984 年 9 月，成立馆陶县信用合作联合社。1986 年，金融业发展到 5 家银行及 22 处信用社、1 家保险公司。1988 年 7 月成立馆陶县城市信用社，属中国人民银行馆陶支行开办的经济实体。1996 年 8 月独立，仍属中国人民银行馆陶县支行领导。2004 年 1 月，中国银监会邯郸分局馆陶县办事处挂牌成立，馆陶县银行业的监管职能从县人行中分离，划归银监部门。

中国人民银行馆陶县支行

1949 年 8 月 15 日，冀南银行馆陶县支行更名为中国人民银行馆陶县支行，1952 年 8 月划归山东省德州，10 月划归山东省聊城，1965 年 1 月划归河北省邯郸专区中心支行管辖。1950 年 7 月，设立南馆陶营业所，1951 年 5 月后相继设立柴堡营业所、魏僧寨营业所、房寨营业所。1955 年 7 月，馆陶县支行迁至南馆陶。1957 年 1 月设立中国人民银行馆陶县支行储蓄所。1959 年 1 月，并入中国人民银行冠县支行，1961 年 7 月 1 日从冠县分出，设立中国人民银行馆陶县支行。1969 年 1 月，设立中国人民银行馆陶县支行马头分理处，1974 年 10 月撤销。1986 年 9 月单设，独立行使中央银行职能。

1993 年，按照国务院《关于金融体制改革的决定》，中国人民银行进一步强化金融调控、金融监管和金融服务职责，划转政策性业务和商业银行业务。1995 年 3 月 18 日，全国人民代表大会通过《中华人民共和国中国人民银行法》，以国家立法形式确立了中国人民银行作为中央银行的地位。

1997年起，在巩固和发挥“经济季度分析例会”“银政企——融资恳谈会”等传导平台的基础上，组织开展“国库收支分析例会”“送金融知识下乡”等活动，并创新了《金融专报》《金融政策解读》等两种新的信贷政策传导渠道，加强与地方政府及相关经济部门的沟通，引导金融机构加大对县重点项目和“三农”的信贷投入，实现了政、银、企多赢的新局面。

2009年在海南博鳌举行的“中国金融生态城市发展战略（博鳌）峰会”上，馆陶县以“金融机构数量、金融资产规模、金融市场稳定性和法制环境等方面的鲜明特色和独特潜力”，被中国金融生态示范城市评选表彰活动专家委员会评为“中国金融生态文明县”，这是邯郸市在此次峰会上唯一获奖的县区。

中国工商银行股份有限公司馆陶县支行

中国工商银行股份有限公司馆陶支行成立于1985年1月1日，是从中国人民银行馆陶县支行分设出的，新成立时的名称为中国工商银行馆陶县支行，属中国工商银行的分支机构，当时属“国有专业性”银行。1998年8月改制为国有企业，员工身份改制为“全员合同制”，2006年10月中国工商银行在国内率先以“A+H”形式在沪深两地证券交易所同步上市，标志着中国工商银行股份有限公司馆陶支行相应成为“股份制”企业。经营范围：办理人民币存款、贷款、结算业务；办理票据贴现；代理发行、兑付、销售政府债券；代理收付款项及代理保险业务；外汇存款、外汇汇款；外币兑换；国际结算；外汇票据的承兑和贴现；总行授权的外汇担保；结汇、售汇；总行授权的代客外汇买卖；资信调查、咨询、见证业务；经中国人民银行批准的其他业务。2013年年底有在职职工39人，班子成员为一正两副。内设机构为：办公室、市场营销部、个人金融部，营业室、文卫支行。离行式ATM机自助银行4处。

工行营业大楼

2013年，各项存款余额6.95亿元。其中：储蓄存款余额5.30亿元，对公存款1.65亿元，各项贷款余额2.7亿元。实现利润1200万元。

中国建设银行股份有限公司馆陶支行

1993年，支行的经营体制由传统专业银行向现代化商业银行转变，业务发展方式由粗放式经营向集约化经营转变，从局部性的业务经营管理体制改革，进入法人治理结构，成为国有商业银行。2003 年 12 月，建设银行股份制改革试点工作启动。2004 年 9 月，建行股份有限公司依法成立，12 月 30 日完成在当地工商部门的依法注册工作，支行机关合并为“一部两室”：客户部、行长办公室、营业室。营业室下设一个营业网点：储蓄专柜。2013 年年底有员工 25 人，其中行长一名，副行长两名。

存贷款业务：1995 年，支行临柜、复核、稽核、联行、票据交换等岗位全部脱离手工操作，银行业务实现电算化。8 月，全部网点实行微机操作，实现通存通兑。10 月，为扩大银行服务范围，向客户提供快捷、准确、方便的服务，以适应银行电子化的需要，特开办储蓄卡业务，储蓄存款业务得到快速发展。之后，各项金融产品层出不穷：自助回单、信用证、速汇通、电子银行、信用卡、基金、黄金、理财产品、各种分期业务等，其中单位结算卡和一户通业务成为建行的特色和重点产品。2003 年，开办个人住房按揭贷款业务，通过政策支持、简化手续、服务到位等方式，至 2014 年 6 月，累计发放住房贷款 3549 户，金额 3.4 亿元，贷款余额 2.79 亿元。2008 年网点转型，使前台的服务质量得到了质的飞跃。2010 年设立了自助银行，对储蓄业务起到分流作用，各项存款业务更是突飞猛进。2013 年，一般性存款余额 3.43 亿元，各项贷款余额 11.01 亿元，账面利润 3167 万元。累计为 16 个中小企业投放对公类贷款 18.8 亿元，余额 9.05 亿元。支行对公类贷款和个人类贷款累计投放和余额在馆陶县当地商业银行中均居首位。

中国农业银行馆陶县支行

1964 年 2 月 29 日，从中国人民银行馆陶县支行分设，办理农村存款、贷款，供销社、信用社贷款等及管理农村信用合作社。1966 年 1 月撤销，其全部业务由中国人民银行馆陶县支行办理。1978 年 12 月，恢复中国农业银行馆陶县支行，原中国人民银行馆陶县支行所辖四个营业所划归农业银行。1986 年 5 月在县城相继开办储蓄所 5 个。

农行营业大楼

由于“一分一脱”（农发行的分设和信用联社与农行脱钩）、人员减少和成本核算等原因，依据上级行有关文件精神于 2000 年 7 月至 2005 年 11 月，农业银行馆陶县支行先后撤销了柴堡、房寨、魏僧寨和南陶营业所；1998 年 7 月至 2005 年 11 月农业银行馆陶县支行先后撤并了车站储蓄所、西陶储蓄所、南馆陶储蓄所、胜利街储蓄所，把政府街储蓄所升格为政府街分理处。2006 年 5 月至 2014 年 6 月末，营业机构只保留两个，即支行营业室和政府街分理处。

支行和分理处在行式自助设备 8 台，馆陶县医院离行式自助设备 2 台，2013 年年末在职人数 43 人。为支持地方经济发展，农业银行馆陶县支行是贷差行，即贷款多，存款少。1999 年后，累计授信 4.6 亿元，有力地支持了洪源纺织、超远农机、远大轮胎、东龙制药、东龙酒业等一批民营企业的发展，为馆陶经济的振兴与发展做出了重要贡献。2013 年年末存款总额 5.13 亿元，贷款总额 1.58 亿元，不良贷款 1.04 亿元。

2003—2013 年农业银行馆陶县支行部分年份业务情况一览表

表 3-4-7　　单位：万元

年份	存款总额	贷款总额	不良贷款
2003	14055	23469	17227
2004	15138	26318	17251
2005	20543	30812	17160
2006	24811	29489	17221
2008	27017	12720	12120
2010	33084	13841	12070
2011	46221	14048	11467
2013	51340	15752	10409

中国农业发展银行馆陶县支行

中国农业发展银行馆陶县支行成立于 1996 年 11 月，属国有农业政策性银行，隶属中国农业发展银行总行，是直属国务院领导的我国唯一一家农业政策性银行，主要职责是按照国家的法律、法规和方针政策，以国家信用为基础筹集资金，承担农业政策性金融业务，代理财政支农资金拨付，为农业和农村经济发展服务。

农发行营业部

农发行馆陶县支行机构设置下设办公室、客户部和会计出纳部，人员编制 21 人。

该行自 1996 年成立至 2013 年，根据国家有关方针政策，重点支持县域内粮食、棉花的收购；流转、储存、储备业务的资金需注，即重点支持了馆陶县粮食局及其下属的五个国有粮食购销储备及县供销合作社下属的 6 个棉花收购、加工企业。

2000—2006 年，根据国家经济政策的调整，重点支持了小麦、玉米的保护价收购及托市收购与粮食储备。2007—2013年，按照国家宏观经济政策由粮棉收购转向农业产业化龙头企业的支持。2013年，结合党的十八大宏观经济精神，调控、全面改革及国务院第64届常务会议给农发行的职能定位，农发行支持县域经济贷款的重点转移支持重大水利工程建设专项过桥贷款、水利建设贷款、路网建设贷款、县域公共基础设施建设贷款、新农村建设贷款、整体城镇化贷款、农业综合开发贷款、农村人居环境建设贷款、异地扶贫搬迁贷款、农村流通体系建设贷款、农村土地流转贷款和规模经营贷款、农业科技贷款、仓储设施贷款。

自机构成立后，累计发放贷款11个亿，主要支持粮棉收购及产业化龙头企业贷款。累计支持保护价粮食收购8亿斤，48000万元；累计支持县域棉花收购2.2亿斤，4亿元；累计支持托市收购18180万斤，2亿元；累计支持县级储备粮4000万斤，4300万元；累计支持国家粮食储备8亿斤，8.8亿元；累计支持县域产业化龙头企业1个，资金3500万元。累计支持新农村建设项目1个，资金1亿元。

农村信用合作联社

1996年8月，馆陶县农村信用社从县农行脱钩后，历经多次改革，先后由人民银行、银监局进行代管。2005年7月，河北省农村信用合作社联合社（以下简称省联社）成立，馆陶县农村信用社归属省联社垂直管理，先后成立了系统党委、纪委和工会。2006年，馆陶县农村信用社开始组建统一法人工作，由县、乡两级法人体制改制成县一级法人。2006年12月8日，经河北省银监局批准，馆陶县农村信用合作联社挂牌成立。2011年，原城市信用社并入农村信用社。业务经营范围包括：办理存款、贷款、国内结算业务、票据贴现、办理个人储蓄业务、代理其他银行的业务、代理收付及保险业务、买卖政府债券、代理发行、代理兑付、承销政府债券、租赁业务等。经中国银行业监督管理委员会批准，参加资金市场为本联社融通资金，办理资金清算业务，经中国银行业监督管理委员会及其派出机构批准的其他业务。

信用联社营业大楼

2007年，获取中央人民银行专项票据资金7770万元。2011年弥补历年亏损5328万元，彻底甩掉历史包袱轻装上阵，拨备前利润逐年递增。至2014年5月末，各项存款较 1996 年末增长 18.37 亿元；各项贷款较 1996 年末增长 12.82 亿元。

中国邮政储蓄银行馆陶县支行

2008 年 7 月 31 日，中国邮政储蓄银行馆陶县支行正式成立。全县邮储网点 4 个。邮储银行不断推出各种新业务，如代理国债业务、代理基金、代理保险业务、代发工资和养老金、理财产品、信用卡、电子银行等多种产品。至 2013 年年底，邮政储蓄余额达到 3.14 亿元，公司存款余额 9975 万元。

2008 年 8 月中国邮政储蓄银行馆陶县支行第一笔小额贷款的发放，结束了馆陶县邮储银行只存不贷的历史。小额贷款、商务贷款、综合消费贷款、个人信用贷款、再就业贷款、二手房贷款、经营性车辆贷款、小企业贷款等各类贷款产品相继开办。截至 2013 年年底，馆陶县邮储银行各类贷款余额达到 16771 万元。中国邮政储蓄银行馆陶县支行充分依托覆盖城乡的网络优势，坚持服务“三农”、服务中小企业、服务社区的定位，自觉承担起“普之城乡，惠之于民”的社会责任，走出了一条“普惠金融”的发展道路。

邯郸银行馆陶支行

邯郸银行馆陶支行成立于 2012 年 4 月 26 日，位于馆陶县新华街北路 206 号，是经中国银监会批准成立的法定金融机构。营业建筑面积共计 1986 平方米，有正式员工 18 人，设行长 1 名，副行长 2 名，内部机构设置有办公室、业务科、会计科、保卫科、个人金融部等部门；建立了完善的内部管理规定和风险防范制度以及安全保卫措施，严格执行国家有关法律、法规及金融制度规定。

邯郸银行办公大楼

邯郸银行馆陶支行经营范围：吸收公众存款；发放短期、中期和长期贷款；办理结算业务；办理票据承兑与贴现；代理发行、代理兑付、承销政府债券；发行金融债券；从事同业拆借；代理收付款项；从事银行卡业务等。

2013 年 12 月，各项存款余额为 2.15 亿元，其中：对公存款 7727 万元，居民储蓄存款 1.38 亿元。2013 年底贷款余额 9619 万元，其中公司贷款 8350 万元，个人贷款 1269 万元。

中国人民财产保险股份有限公司馆陶县支公司

1997—2013年，随着保险事业的不断发展，险种不断增多，先后开办了企业财险保险、家庭财险保险、机动车保险、学生意外伤害保险、建筑工程保险，个体工商户年保险、机动车驾驶人意外伤害、机动车随车行李保险。政策性种植业保险、养殖业保险。2007年7月1日，机动车强制保险执行。

人保财险省、市领导到馆陶对小麦灾情进行实地查看

2013年5月，柴堡、魏增寨、房寨、南徐村、寿山寺、王桥、路桥等乡镇遭受严重的风雹灾，损失严重受灾6.09万亩，赔款365.5万。是年9月26日，车主吴某某驾驶的机动车在馆陶滨河路倾翻，车辆损失严重，保险公司赔款27.4万元。

1997—2013年馆陶县财险保险公司业务一览表

表3-4-8 单位：万元

年份	保费收入	赔款金额
1997	210.4	345
1998	245.1	366
1999	268.4	392.5
2000	280.7	405.8
2001	293.5	465.5
2002	302.3	493.2
2003	315.6	543.5
2004	362.7	645.3
2005	517.3	705.9
2006	960.1	734.8
2007	1120.6	830.5
2008	1680.3	1315.7
2009	1804.9	1514.3

续表 3-4-8

年份	保费收入	赔款金额
2010	3346.1	1860.4
2011	3019.4	1920.5
2012	2735.3	1888.4
2013	3155.3	2044.69

中国人寿保险股份有限公司馆陶支公司

中国人寿保险股份有限公司馆陶支公司成立于1996年，截至2013年年底拥有营销服务人员300余名，馆陶支公司是一家综合性的支公司，下辖7个营销服务部，覆盖全县8个乡镇，业务规模占据馆陶县寿险市场70%以上的市场份额，业务范围涵盖人身保险、健康保险、少儿保险、意外保险、分红保险、养老保险等多个种类，在全县范围内形成了强大的销售和服务网络。

2013年，保费收入3155.3万元，全年理赔支出2044.69万元，赔付率高达59.12%。

2004—2013年中国人寿保险馆陶支公司业务一览表

表 3-4-9　　单位：万元

年份	保费收入	赔款金额
2004	362.7	645.3
2005	517.3	705.9
2006	960.1	734.8
2007	1120.6	830.5
2008	1680.3	1315.7
2009	1804.9	1514.3
2010	3346.1	1860.4
2011	3019.4	1920.5
2012	2735.3	1888.4
2013	3155.3	2044.69

第五章　财政　税务

县财政局办公原址

新中国成立后，农业税征收实行起征点的办法，核定农业税负担，增产不增税的政策。同时，简化工商税种，为国家建设积累资金，加速了现代化建设。又以不同的税率，发挥调节生产、调节收入的杠杆作用。随着国民经济的发展，县财政局贯彻“取之于民，用之于民”的方针，收支规模逐年扩大。多次降低农业税率，减轻农业负担，农业税收入由1950年占财政收入的86.5%，降至1996年的11.6%，农民纳税逐年减少。支出用于经济建设、社会救济、文教卫生及行政管理费和其他支出，在不断发展生产的基础上，努力改善人民生活。按照财政体制规定，每年均有上解任务，国家财政根据实际情况又给县财政适当补贴。

1997年以后，馆陶县逐步推进县级财政体制改革和乡镇财政体制改革，财政实力逐年增强。县国税局和地税局推动税务体制改革，在全县范围内取消专管员管户制度，上门要税的分散管理体制转变为集中申报纳税的集约化管理体制。2006年国家取消农业税后，财政收入一度减少，通过调整产业结构，大力发展工业、扶持第三产业，财政收入逐年提高，于2008年首次突破亿元。2013年财政收入为3.81亿元。

第一节　财政体制改革

县级财政体制改革

2002年，中央对分税制财政体制进行完善，对增值税、营业税、企业所得税、个人所得税4个税种实行共享，并相应调整分成比例。其中：增值税按中央、省、市、县75:10:5:10比例分享，企业所得税按中央、省、市、县按60:20:10:10比例分享，个人所得税按60:10:10:20比例分享，营业税按省、市、县10:10:80比例分享。2003年，省、市对馆陶县实行“定额分享、超收全返”的激励性财政体制，利用体制优势，从培植地方财源、优化收入结构、提高收入质量等方面加大力度，做大做强县域财源，带动收入的持续增长。2009年馆陶县作为产粮大县被省纳入“省财政直管县”管理，实行统一的省财政直接管理体制。实行省直管县财政体制后，设区市原则上不再分享直管县的财政收入，但保留上年度财政收入分享基数。在各直管县征收的财政收入，各级财政分享范围和比例调整为：增值税按中央、省、县75:10:15比例分享，企业所得税按中央、省、县按60:20:20比例分享，个人所得税按60:10:30比例分享，营业税划分比例为中国工商银行、中国农业银行、中国银行、中国建设银行、国家开发银行、中国农业发展银行、中国进出口银行及其参股银行的地方金融业务营业税，仍作为省级固定收入。除此之外的地方营业税，直管县分享100%。同时核定了财政体制基数。通过省直管县管理体制，减少了管理层次，提高了管理效率，保证各项资金及时到位，提高财政支出进度，有力的调动了县级发展经济的积极性，促进了县域经济快速发展。2012年省激励性财政体制按2011年省级补助的一半给予补助，2013年取消激励性财政体制。

乡镇财政体制改革

2003年以前，由于全县8个乡镇均无成规模的工商企业，乡镇财政体制实行的是统收统支体制。2004年6月，馆陶县将8个乡镇财务全部纳入县财政集中支付中心管理，将乡镇作为一个单独的行政单位，财务实行报账管理，实行了“乡财县管”。2006年又根据省市的统一安排和馆陶县乡镇财源实际情况，馆陶县乡镇财政体制改革推行了“两种模式”：一是统收统支加激励财政体制，对房寨镇、馆陶镇、寿山寺乡、路桥乡、王桥乡、徐村乡、柴堡镇等7个工商企业少的乡镇，实行了“统收统支加激励”的财政管理体制。二是相对规范的分税制财政体制，对地处河北、山东两省交界经济相对发达、轴承加工具备一定规模、民营经济发展潜力较大的魏僧寨镇，实行了分税制财政管理体制改革试点。2010年县政府印发《关于进一步完善县乡财政体制管理的实施意见》(〔2010〕69号)，自2010年起，对魏僧寨镇实行“分税制财政体制”。2014年根据邯郸市政府安排，县政府印发《关于

2013年11月，财政局局长张岩（左2）到乡镇财政所调研工作

进一步调整完善乡镇财政体制的意见》，按照“财权与事权相结合、简明规范、便于操作、鼓励发展、促进增收”的原则，以“保运转”为前提，以“促发展”为导向，自2014年起，对乡镇财政体制实行“分税制”和“统收统支加激励”两种模式，即对经济基础较好、财政实力较强的魏僧寨镇实行“分税制财政体制”，对经济发展水平和非农产业聚集度低、财政收入规模小的馆陶镇、房寨镇、柴堡镇、王桥乡、寿山寺乡、南徐村乡、路桥乡七个乡镇和陶山街道办事处，实行“统收统支加激励财政体制”。通过对现行乡镇财政体制进行规范和完善，充分发挥财政体制的激励和引导功能，进而加快乡镇经济发展，实现县域经济社会持续健康协调发展。

第二节　财政

管理机构

2002年7月，馆陶县人民政府对馆陶县财政局职能配置、内设机构和人员编制进行了核定，设办公室、预算科、财政监督科、文行社保科、农业科、会计科、综合科7个职能科室，馆陶县国有资产管理委员会办公室设在县财政局。馆陶县财政局机关行政编制16名。其中：局长1名，副局长2名。国资办主任由县财政局局长兼任，设专职副主任1名（副局）。股级领导职数9名，机关老干部服务工作人员编制2名，机关工勤人员编制1名。下设农业税收征收管理局（正局级）、政府采购办公室（正局级）、农业开发办公室（正局级）、预算外资金管理局（副局级）4个事业单位。

2003年9月，设立馆陶县财政集中支付中心，负责全县党政机关和事业单位的财政集中支付工作，正股级事业单位，编制8名，设主任1名，副主任2名。

2007年5月，财政监督科更名为财政监督稽查局、国债服务部更名为信息中心、会计师事务所更名为国库科。

2010年8月，馆陶县人民政府印发《馆陶县财政局主要职责内设机构和人员编制规定》，核定机关行政编制15名。其中：局长1名，副局长2名。股级领导职数10名，机关工勤人员编制1名。

2010年10月，馆陶县财政集中支付中心升格为副科级。

财政收入

县财政收入主要包括税收和非税收入。按上级财政体制改革要求，馆陶县自1997年实行分税制财政体制改革，分税制财政体制虽然提高了地方政府增收节支的积极性，但实际上，分税制在税收分割时，县级财政多为零星分散的税种，缺乏主体税种，造成财政收入纵向失衡，县乡财政困难加剧。

1997—2013 年馆陶县财政收入统计表

表 3-5-1　　单位：万元

年度	全部收入	一般收入含农业税	一般收入不含农业税	县级收入含农业税含基金	其中农业税、农业特产税	基金收入	全部财力	可用财力（不含专款）
1997	4168	3079	2478	3131	601	52	5425	4296
1998	4982	3781	3204	4021	577	240	5767	4708
1999	5478	4167	3602	4639	565	472	6019	2511
2000	6023	4614	4021	5202	593	588	7158	5740
2001	5744	4639	4067	5377	572	738	9058	7587
2002	7026	4440	2810	5020	1630	580	11311	9655
2003	5578	3653	2064	4124	1589	471	12013	9025
2004	4547	2629	1885	3111	744	482	13101	9625
2005	5126	2951	2588	3487	363	536	18329	14473
2006	6061	3228	3228	4043	—	815	28460	19146
2007	8336	4269	4269	4354	—	85	31455	22792
2008	11048	5260	5260	5939	—	679	42410	27141
2009	13417	7988	7988	9883	—	1895	61942	34207
2010	20092	11504	11504	28741	—	17237	70423	43736
2011	28141	16697	16697	29188	—	12491	88148	62956
2012	36027	22732	22732	28308	—	5576	108453	79560
2013	38109	23964	23964	47875	—	23911	114803	84707

财政支出

1997 年以来，馆陶县财政支出始终本着“勤俭办一切事业的原则”，坚持“保工资、保运转、保民生、保重点”的支出顺序，全面落实新增财力，优先用于民生发展，重点用于项目建设的理财思路，不断优化支出结构，合力安排资金，有力助推了全县经济社会事业持续健康发展。2013 年财政支出 114958 万元，是 1997 年财政支出 5478 万元的 21 倍，年均增长 19.6%。

1997—2006 年馆陶县财政支出情况表

表 3-5-2　　单位：万元

科目	1997	1998	1999	2000	2001	2002	2003	2004	2005	2006
总支出	5478	5456	6229	7233	8177	11301	11732	12819	18060	28015
一、基本建设支出	—	—	—	141	135	214	304	418	597	1586
二、企业挖潜改造资金	313	219	277	90	120	30	15	20	70	150
三、简易建筑费	—	20	—	—	—	—	—	—	—	—
四、地质勘探费	—	—	—	—	—	—	—	—	—	—
五、科技三项费用	66	84	122	126	155	190	220	300	228	263
六、流动资金	—	—	—	—	—	—	—	—	—	—
七、支援农村生产支出	136	116	183	233	193	153	395	575	892	1538
八、农业综合开发支出	131	164	152	176	205	94	130	24	30	127
九、农林水利气象等部门的事业费	210	119	112	187	213	185	172	190	214	403
十、工业交通等部门的事业费	19	6	5	—	—	—	3	118	—	43
十一、城市维护费类	91	—	—	—	—	—	—	—	—	—
十二、流通部门事业费	—	—	—	—	—	—	13	16	17	131
十三、文体广播事业费	130	121	150	174	260	355	416	485	671	695
十四、教育事业费	1837	1232	1439	1567	1785	2790	3291	3424	4242	4803
十五、科学事业费	14	11	13	16	15	17	19	18	36	35

续表 3-5-2

科目	1997	1998	1999	2000	2001	2002	2003	2004	2005	2006
十六、其他部门的事业费类	205	—	—	—	—	—	—	—	—	—
十七、卫生经费	328	279	249	279	375	150	518	234	335	1224
十八、税务统计财政审计等部门的事业费	—	185	237	181	236	246	263	296	317	703
十九、抚恤和社会福利救济费	240	176	230	231	270	372	700	589	904	1283
二十、行政事业单位离退休经费	787	553	646	821	915	1139	1128	1198	1400	1725
二十一、社会保障补助支出	—	46	36	106	147	775	683	687	863	580
二十二、国防支出	—	—	—	—	—	—	—	—	—	—
二十三、行政管理费	—	888	890	1149	1331	1816	1733	1982	3128	3587
二十四、外交外事支出	—	—	—	—	—	—	—	—	—	—
二十五、武装警察部队支出	—	—	—	—	—	—	—	—	—	—
二十六、公检法司支出	228	292	328	363	579	676	560	552	732	899
二十七、城市维护费	—	154	325	150	211	214	80	189	714	893
二十八、政策性补贴支出	—	—	—	—	104	1	—	—	—	2683
二十九、支援不发达地区支出	258	151	410	419	344	262	328	404	524	510
三十、土地和海域开发建设支出	—	—	—	—	—	—	—	—	—	—
三十一、债务利息支出	—	—	—	—	—	—	—	—	—	—
三十二、专项支出	—	41	64	49	35	72	66	270	190	176
三十三、其他支出	485	599	361	775	549	1550	695	830	1956	3978
三十四、总预备费	—	—	—	—	—	—	—	—	—	—

2007—2013年馆陶县财政支出情况表

表 3-5-3　　单位：万元

科目	2007	2008	2009	2010	2011	2012	2013
总支出	31726	39982	66504	69786	88739	108083	114958
一、一般公共服务	5349	6678	7572	8039	10493	10445	14478

续表 3-5-3

科目	2007	2008	2009	2010	2011	2012	2013
二、外交	—	—	—	—	—	—	—
三、国防	58	—	—	1	33	3	3
四、公共安全	1211	1596	2510	3486	3203	4232	3347
五、教育	6687	8884	16906	15985	18260	27554	21879
六、科学技术	397	346	636	729	506	927	1999
七、文化体育与传媒	76	88	387	307	382	597	1197
八、社会保障和就业	4400	5001	7153	4552	7509	10547	13350
九、医疗卫生	1931	2923	7384	6521	11323	9667	13781
十、环境保护	821	1929	4915	2836	2472	3627	3881
十一、城乡社区事务	1149	834	1098	2015	3212	5832	4221
十二、农林水事务	4453	6948	13433	13675	16192	16994	21915
十三、交通运输	1075	709	1044	3551	4478	4206	3956
十四、工业商业金融等事务	939	1857	—	—	—	—	—
十五、采掘电力信息等事务	—	—	808	—	—	—	—
十六、资源勘探电力信息等事务	—	—	—	1169	4485	3824	2984
十七、商业服务业等事务	—	—	—	1716	3128	3268	4011
十八、金融监管支出	—	—	23	12	99	30	4
十九、国土资源气象等事务	—	—	—	944	544	1272	1728
二十、住房保障支出	—	—	—	606	1313	1556	1165
二十一、粮油物资储备管理等事务	—	—	842	151	42	80	86
二十二、国债还本付息支出	—	—	—	20	34	34	132
二十三、其他支出	3180	2189	1793	3471	1031	3388	841

财政监督与管理

农业税征收管理　1997—2001年，农村税费主要是财政部门征收农业税、农业特产税、契税、耕地占用税，乡镇征收三提五统。2002年农村税费改革，取消乡镇三提五统，改征农业税正税及附加税、契税、耕地占用税。2006年，按照国家政策要求，馆陶县全部取消农业税及农税附加。2010年3月1日起，契税和耕地占用税的征管职能从财政部门划转地方税务部门。

预算外资金管理　1997年后，预算外资金实行“收支两条线”管理，即各单位行政事业性收费和罚没收入按规定全额上缴国库或预算外资金财政专户；执收执罚单位需要使用资金时，由财政部门根据需要统筹安排核准后，从国库或预算外资金财政专户拨付。自2011年1月1日起，根据《财政部关于将预算外资金管理的收入纳入预算管理的通知》要求，将按预算外管理的收入（不含教育收费）全部纳入预算管理，各部门各单位的教育收费（包括原在财政专户管理的高中以上学费、住宿费，高校委托培养费，党校收费，教育考试考务费，函大、电大、夜大及短训班培训费等）作为本部门的事业收入，纳入财政专户管理，收缴比按照非税收入收缴管理制度执行；各级主管部门的集中收入、国有资产出租出借收入、利息收入等各项收入根据用途分别纳入政府性基金和一般预算管理。

财政部门掌握的非税收入，纳入专户管理的，按指定用途由专户开支；纳入政府性基金预算的，执收单位所需支出按政府性基金方式管理；纳入一般预算的，按年初预算安排支出；计划外用款，由县财政部门提出用款意见，报经县政府批准后执行。

2010年10月，按照省非税局及市非税局工作安排，利用网通公司将县预外局、各征管单位和委托代征银行联在一个网上进行非税征管。开展非税收入系统与单位联网试点，通过非税收入系统的实施，将“票款分离”范围扩大到所有政府非税收入项目，实现对执收单位，收入项目、收费标准的规范化。按照“单位开票，银行代收、财政统管、以票控收”的管理思路，覆盖征收管理、票核管理、稽查、收入核算等非税收入征缴的全过程。将民政局、卫生局、环保局3个单位为试点单位，确定中国工商银行馆陶县支行为非税收入汇缴结算账户的开户银行。

2011年将全县39个非税征收单位全部进行联网，不久，又增加县联社、邮政银行馆陶支行为非税收入汇缴结算账户的开户银行，实现了对执收单位，收入项目、收费标准的规范化。

2012年，在非税试点工作经验的基础上，借鉴新乐市的做法，馆陶县以“优化环境、提高效率、财政增收、预防腐败”为目标，按照“窗口开票、银行代收、财政统管、以票据控收”的管理模式，将所有政府非税收入全部纳入全省统一的非税收入收缴管理体系中运行，把“票款分离”范围扩大到所有政府非税收入项目，实现非税收入开票、收款、管理的彻底分离，改变过去执收单位既开票又收钱的状况，建立起“一集中、五统一”的全新非税收入征管模式。“一集中”：就是对非税收入变分散管理为集中管理，具有收缴非税收入职能的行政事业单位，在行政服务中心设立收缴窗口，实行行政服务中心集中管理。“五统一”：统一收缴账户，统一收费程序，统一票据管理，统一监管票据的领用、发放、使用、保管、核销，统一稽查监督。2013 年 3 月，根据县编办批准，县预算外资金管理局更名为馆陶县非税收入管理局。

社会保障基金管理　社会养老金保险基金由企业、事业单位养老保险和农村社会养老保险组成。企业、事业单位养老保险指的是为兴办、维护和发展养老保险事业而储备的专项基金，主要用于退出社会劳动后的老年人的基本生活。1997 年根据国家文件规定，全国对“统账结合”的规模结构和养老金计发办法进行了明确规定，统一了养老保险制度。2006 年 1 月 1 日起企业、事业单位养老金缴纳单位按照本单位在职职工工资总额的 20% 缴纳，个人按照本人工资总额的 8% 缴纳。2009 年全省企业养老社会保险基金实行省级统筹，上级财政部门按照县本级养老保险收支差额一定比例给予资金补助。事业单位养老金不足部分由县级财政补足。

农村社会养老保险是指通过参保农村居民个人缴费、集体补助、政府补贴等渠道筹集的，用于支付符合领取条件的农村居民养老金待遇等支出的专项资金。馆陶县 2011 年全面开展新型农村社会养老保险，县财政部门根据财政补助标准和行政区域内参保农村居民人口数安排补助资金，纳入同级财政年度预算并按规定程序及时办理拨付手续。县级政府在基金出现支付不足时，给予补贴。

新型农村合作医疗基金是指通过参合农民个人缴纳、集体扶持、政府资助筹集的，用于对参合农民进行补偿的专项资金。2006 年馆陶县新型农村合作医疗全面开展，馆陶县新型农村合作医疗基金实行“乡镇代收、财政专户管理、经办机构使用、财政部门监督、银行支付”的财务管理模式，保证资金及时到位，提高基金的使用效率，减少资金管理上的漏洞。在基金使用上，执行《河北省新型农村合作医疗基金管理办法》和《河北省新型农村合作医疗基金会计核算办法》，各级资金到位后，全部储存在合作医疗基金专户，按照“公开透明、简化程序、易于操作、监管有力”的原则，实行收支两条线、收支分离、管用分开和钱账分管，确保合作医疗基金在基金筹集、基金结存以及基金支付三个环节无风险运行。对于补助资金的拨付，新农合基金分为门诊统筹补偿和住院、慢性病大额门诊医药费补偿，以住院补偿为主，量入为出，收支平衡，略有节余。住院基金管理实行总额预算制。

农村、城镇最低生活保障资金，为保证城乡居民最低生活水平，由政府建立的用于保障家庭人均收入低于当地最低生活保障标准的救助对象基本生活的专项资金。馆陶县城镇最低生活保障制度自 1998 年开始，农村最低生活保障制度自 2005 年开始。低保资金的筹集和使用，遵循“财政投入为主、多渠道筹集为辅，属地管理，专款专用，公开、公平、公正”的原则。低保资金实行社会保障基金财政专户管理。设立“最低生活保障基金财政专户”，用于办理低保资金的汇集、核拨、支付等业务。城镇、农村低保资金要分账核算，专款专用，不得相互挤占或调剂使用。

低保资金在发放时，金融经办机构按照民政、财政部门审核确认的名单拨付至低保对象个人账户或涉农补贴资金“一卡（折）通”。

国有资产管理　2002年之前，馆陶县设国有资产管理局，是年7月28日，机构改革后，设立馆陶县国有资产管理委员会办公室（简称县国资办，正科级单位）。

2010年12月31日，馆陶县对行政事业单位以基准日的资产情况进行统计，全县国有资产额为4.9亿元，其中固定资产4亿元，流动资产9151万元。按单位性质分，事业单位资产4.25亿元，行政单位资产6681万元。在固定资产中土地192万平方米，价值4242万元（不包括划拨土地价值），房屋建筑物39万平方米，价值21840万元，通用设备1332万元，专用设备7013万元，交通运输设备2355万元，电气设备809万元，电子产品及通信设备2054万元，仪器仪表546万元，文艺体育设备110万元，家具用具及其他1012万元。

国有企业资产基准日统计情况：全县有5家国有控股公司，分别是天成粮油购销有限公司、稷丰粮油购销有限公司、润丰粮油购销有限公司、荣达粮油购销有限公司、金汇粮油购销有限公司。国有资产总额为1.21亿元，其中流动资产6672万元，非流动资产5428万元；负债总额为7122万元，资产负债率为59%。

会计事务管理　根据财政部1997年7月17日制定并发布的《事业单位会计制度》，1997年，邯郸市财政局要求取得会计证必须首先参加会计电算化考试，参加培训人数300余人，考试过关后方可取得会计证，相应持有会计证人数300余人。

1998年1月23日，财政部发布了《会计人员继续教育暂行规定》，并于1998年7月1日起，全面实行了持有会计证人员每年不少于24小时的会计继续教育培训制度。全县培训300多人。

1999年10月31日中华人民共和国第九届全国人民代表大会常务委员会第十二次会议修订了《中华人民共和国会计法》，2000年7月1日起施行。按照《会计法》规定，每年对行政企事业单位进行一年一度的财务大检查，对检查出的问题进行整改，并根据违纪轻重按照《会计法》规定，给予单位相应的处罚。

2003年，全省换发新版会计证，实行“会计从业资格证书”，全县换发新会计证500多人，其中具备会计师职称的50多人，初级职称60多人，70%是1993年前评定的。1993年8月1日后，国务院取消职称评审，改为一年一度的职称报名考试工作，由财政局报名考试，成绩合格后凭成绩单到县人事局办证。2003年以后会计从业资格考试工作步入正轨，每年考试报名一次，从此不再单发电算化证书，此科目并到考取会计证科目。其中电算化一门是无纸化考试。2003—2012年河北省会计从业资格考试报名每年一次，每年报名人数在30—60多人，考试及格率30%左右。2012年起河北省会计从业资格考试改为每年考试四次，每季度报名考试一次，均为《会计基础》《会计电算化》《财经法规与会计职业道德》三科。2011年以后，会计从业资格持证人员继续教育培训实行网上培训，网上考试，凭考试合格单到财政部门年检盖章。2013年，全县持有会计证人员1000余人。

政府采购管理　馆陶县采购办于2003年成立，为全额拨款的正局级事业单位，编制3名，设主任1名（兼任），副主任1名，工作人员2名。

2007年4月开通馆陶县政府采购网，公布本级政府采购的招标公告、预中标公示、中标公告及政府采购信息情况，确保县级政府采购网的完整性。同年通过政府采购中心采用公开招标的形式，确定定点企业和协议供货商19家。2007年组织采购活动105批次，采购预算2100万元，实际采购金额1889.5万元，节约资金210.5万元，节约率10%。

2008年，馆陶县实行全流程电子化政府采购平台，通过电子化采购，增强政府采购活动的透明度，降低采购成本，提高采购效率，取得明显成果。2008年组织采购活动141批次，采购预算4168.3万元，实际采购金额3755.65万元，节约资金412.65万元，节约率9.8%。

2009年，根据市场了解协议供货产品价格居高不下的难题，在采购活动中推行“协议商品二次竞价”的工作方法，降低了采购成本，节约了财政资金。2009年组织采购活动165批次，采购预算6110.5万元，实际采购金额5519.7万元，节约资金590.8万元，节约率9.6%。

2010年，组织采购活动256批次，采购预算7806.1万元，实际采购金额7054.3万元，节约资金751.8万元，节约率9.6%。

2011年，组织采购活动336批次，采购预算13944.12万元，实际采购金额12558.44万元，节约资金1385.68万元，节约率9.9%。

2012年，组织采购活动385批次，采购预算12711.44万元，实际采购金额11399.18万元，节约资金1312.26万元，节约率10%。

2013年，组织采购活动328批次，采购预算9898.74万元，实际采购金额8907.56万元，节约资金991.18万元，节约率10%。

财政集中支付　2003年9月，馆陶县成立财政集中支付中心，印发《馆陶县财政集中支付中心实施方案》《馆陶县财政集中支付中心实施细则》，并于19日正式办理集中支付业务。2010年10月，馆陶县财政集中支付中心为财政局下属副科级全额事业单位，编制8人，设主任1人、副主任2人分别兼总会计和总稽核、主管会计4人、出纳1人。

为了保证支付中心运转的高效、廉洁，县监察局、审计局指定专人担任监督员，对预算超限额的会议费、招待费、电话费等特定项目与支付中心一起进行监督，并对支付中心的日常工作进行监督检查，实施再监督。

县财政集中支付中心纳入 168 个单位，占应纳入单位的 100%，建立 128 个账套。清理取消各单位银行账户 160 余个。纳入资金范围为所有县直行政事业单位的所有资金(含财政拨付的预算内资金、预算外资金、专项资金、其他资金等)。

县财政集中支付中心采取支付型模式。即大额资金、政府采购资金财政直接支付；小额零星支出授权单位用备用金支付后，到支付中心报账，原始单据仍由单位记账，支付中心不代理记账。

2004 年 6 月，又将乡镇行政事业单位纳入县财政集中支付中心管理。同年 9 月，馆陶县教育集中支付分中心成立。

2012 年 8 月，为进一步规范和加强村级财务管理，维护村级组织和村民的合法利益，经县政府研究同意，各乡镇成立“村财委托代理服务中心”，负责代理村级集体经济组织的会计核算、会计监督和资金管理。

第三节　税务

1997 年，县国税局和地税局在全县范围内取消专管员管户制度，由上门要税的分散管理体制转变为集中申报纳税的集约化管理体制。2010 年 3 月起，耕地占用税、契税由县财政局划归县地税局征收。

国家税务

税种　县国税局成立后，开征的税种包括增值税、消费税、企业所得税和车辆购置税。1994 年 1 月 1 日后，在征收增值税中，对一般纳税人征收税率除低税率适用范围和销售个别旧货适用低税率外，税率一律为 17%。消费税主要征收对象为白酒，税率为 20% 加每 500 克 0.5 元。是年，工商税制改革后，企业所得税税率为 33%，另有两档优惠税率，全年应纳税所得额 3 万～10 万元（含 10 万元）

国税局办公大楼

的税率为27%，应纳税所得额3万元以下（含3万元）的税率为18%。2001年1月1日起，馆陶县开征车辆购置税，统一比例税率为10%。2008年1月1日起，企业所得税为25%的比例税率，内资企业和外资企业一致为25%，国家需要重点扶持的高新技术企业执行15%的比例税率，符合政策的小型微利企业为20%，非居民企业为20%。2009年1月1日起，县国税局执行上级政策，小规模纳税人无论工业还是商业，税率由原来的6%、4%均调整为3%。根据国家政策，为培育汽车消费市场，按照车辆购置税减免税的规定，2009年1月20日至12月31日，对1.6升及以下排量乘用车减按5%征收车辆购置税。2009年3月1日至12月31日，对农民报废三轮汽车和低速货车换购轻型载货车以及购买1.3升以下排量的微型客车，给予一次性财政补贴，同时增加老旧汽车报废更新补贴资金，并清理取消限购汽车的不合理规定。执行2009年12月上级《关于试行社会保险基金预算的意见》，为1.6升及以下小排量乘用车车辆购置税的政策延长至2010年年底，减按7.5%征收，汽车以旧换新的单车补贴金额标准提至0.5万～1.8万元。2011年起，车辆购置税税率恢复为10%。

征管措施 1997年后，每年对基层征管单位的重要税收管理事项进行目标管理考评，对税务登记、申报纳税、个体建账管理、纳税人档案资料进行规范管理。

1999年8月，对基层征管质量进行考核。2004年实行中国税收征管信息系统（CTAIS）管理，实行网上考核，强化了税源监控，提高了征管质量，堵住了漏征漏管，规范了纳税申报，促进了个体建账管理，完善了纳税人档案资料。

纳税申报 1995年11月，根据《个体工商户纳税申报暂行管理办法》，纳税人到税务机关申报纳税，各分局、所分别设立征收大厅，实现了由税务干部征税到纳税人主动申报的变革。

1999年5月，县国税局办税服务大厅启用，负责县属企业所和城区税务所的申报征收工作。

2004年10月1日起，贯彻《行政许可法》，办税服务厅推行“一站式”服务。对纳税人所有涉税事项，统一实行“窗口受理，内部流转，全程服务，窗口出件”的办税模式，有效解决税务机关内部衔接不畅，纳税人办税多头跑、多次跑的问题，在纳税服务方面实现质的飞跃。2005年，推行税收管理员制度，明确了税收管理责任、工作任务、工作计划、巡查巡访等内容，实现了对纳税人以管户为责任，以管事为核心的全面规范化、精细化管理。

税务稽查 1994年，新税制实施后，国税局把工作重心向征管基层转移，积极推进和深化征管改革，建立健全稽查机构，充实稽查人员。将原来的稽查队组建稽查局，成为国税局的直属机构。1995年，根据《税务稽查工作规程》要求，在稽查局内部设立选案、检查、审理、执行四个环节的专职和兼职人员，各环节稽查人员各行其职，增强了稽查工作的整体效能。

1998年4月，县成立税收案件审理委员会，负责对重大税收违法案件的审理。1999年6月，成立税收行政复议委员会和法制监督领导委员会，维护和监督国家税务机关依法行使税收执法权，防止和纠正违法或者不当的税收执法行为，保护纳税人和其他税务当事人的合法权益，加强了税收法制工作。按照稽查规范化管理的要求，开始实行微机选案、微机化出表的新模式，以规范管理机制，强化管理手段，提高办公自动化程度为目的，全面加强和改进稽查文书档案管理工作，不断提高稽查文书档案的规范化、科学化、法制化、自动化管理水平，促进了稽查工作质量和工作效率的提高。

税务人员在办理税务登记

2000年12月，成立税收执法责任追究委员会，促进国家机关和税务干部依法行政，加强监督制约，提高了行政执法水平。

2004年1月1日，国家税务局全面启动运行新的征管软件——中国税收征管信息系统（CTAIS），县国税局实现了税收征管信息化，一般纳税人实现了网上报税，这是报税方式的重大变革，实现纳税人报税信息化。2005年以后，推行了税收执法责任制考核办法，将税收工作的全过程，主要包括税务登记、申报征收、发票供售、税务稽查、行政执法等环节，纳入执法责任制考核范围，延续至2013年。

优惠政策　2004年1月1日，调高个体经营者增值税起征点，其中销售货物的销售额由2000元提高到5000元，提供应税劳务的销售额由1500元提高到3000元，按次纳税的每次（H）销售额由150元提高到200元。这次调整，全县有900余户纳税人得到免税优惠。

国税收入　1997—2008年税收收入构成主要有增值税、消费税、个人所得税、企业所得税“四税”，其中增值税、企业所得税占比在85%以上。1997年组织收入1461万元，同比增长8.2%；1998年完成1665万元，同比增长13.9%；1999年完成1831万元，同比增长9.96%；2000年完成1928万元，同比增长5.3%；2001年完成1772万元，同比增长-8.1%；2002年完成1776万元，同比增长0.2%；2003年完成1490万元，同比增长-16.1%；2004年完成1485万元，同比增长，-0.3%；2005年完成1705万元，同比增长14.8%；2006年完成2214万元，同比增长29.8%；2007年完成3176万元，同比增长

43.5%；2008 年完成 4211 万元，同比增长 32.6%。

2009—2013 年馆陶县国税完成情况统计表

表 3-5-4　　　　单位：万元

年份	税收收入合计	其中				比上年增减	
		增值税	消费税	企业所得税	个人所得税	税额	%
2009	4782	3887	47	705	143	—	—
2010	7731	6984	15	683	49	2949	62
2011	9800	7716	24	2040	20	2069	28
2012	12117	7743	18	4350	6	2317	24
2013	12171	8358	17	3794	2	54	—

地方税务

税种　县地税局成立后，征收税种有营业税、企业所得税、个人所得税、城镇土地使用税、土地增值税、车船使用税、城市维护建设税、房产税、屠宰税、印花税、资源税、固定资产投资方向调节税，另征收费项目为教育费附加。1995 年 1 月 1 日，义务教育费开征。是年，县地税局按照征管改革要求，实行“征、管、查”三分离，形成相互监督制约机制，避免一线人员滥用职权。1996 年 11 月后，企业所得税汇算清缴以企业自核自缴、自行申报为基础，由纳税人自行申报和社会中介机构代理申报。1997 年 7 月 1 日，文化事业建设费开征。

2001 年 1 月 1 日起，县地税局执行省、市关于“为调整居民收入，对个人按市场价格出租的居民住房，房产税税率由原来的 12% 暂减按 4% 征收”的政策。2002 年，河北省政府印发《关于改革和完善分税制财政体制的决定》，划分省、市收入范围，省级按比例分享地方增值税、营业税、企业所得税和个人所得税，不再参与资源税与城镇土地使用税的收入分享，其他财政收入省、市划分范围不变。2002 年 3 月 1 日起，县地税局代征基本养老保险费和失业保险费。是年，馆陶县取消农业特产税。2003 年 1 月 1 日起，县地税局代征残疾人就业保障金和工会经费，是年停征屠宰税和固定资产投资方向调节税，12 月 1 日开征地方教育费附加及其他税费。2006 年 1 月 1

馆陶县地税局办公大楼

日起，馆陶县取消农业税。2006 年 1 月 1 日起，个人所得税工资薪金所得减除费用标准由 800 元提至 1600 元。是年 7 月 1 日起停止征收义务教育费。2007 年 1 月 1 日起，年所得超过 12 万元的个人在翌年第一季度自行申报个人所得税；车船使用税改为车船税。2008 年 3 月 1 日起，个人所得税工资薪金所得减除费用标准由 1600 元提至 2000 元。是年，企业所得税税率由 33% 调整为 25%；符合条件的小型微利企业，按 20% 的税率征收；国家重点扶持的高新技术企业，按 15% 的税率征收。2009 年 1 月 1 日起，1951 年 8 月 8 日政务院公布的《城市房地产税暂行条例》废止，外商投资企业、外国企业和组织以及外籍个人，依照《中华人民共和国房产税暂行条例》缴纳房产税。2010 年 3 月 1 日起，契税和耕地占用税征管由县财政局移交县地税局。2011 年 9 月 1 日起，个人所得税工资薪金所得减除费用标准由 2000 元调整为 3500 元。2011 年 11 月 1 日起，营业税按期纳税的起征点调整为月营业额 2 万元、次（日）营业额 500 元。

现代化办税服务大厅

税务管理　1997 年以前，馆陶县使用的各类发票均为手写式普通发票。1997 年至 2001 年使用的发票均为剪切式手写发票。2001 年地税局在服务行业推行了有奖定额发票，税收明显增加，到 2013 年底增加税收 780 万元。推广发票代开软件，对建筑业、货物运输业发票全部实现微机代开，加大了“以票控税”的力度。

2013 年年底，县地税各类纳税户纳税申报率平均 99.98%，其中国有企业申报率、集体企业申报率、私营企业申报率为 100%、个体工商户纳税申报率为 99.8%。

税务稽查　1995 年国、地税机构分设后，地税局成立了副科级建制的馆陶县地方税务局稽查局，主要负责全县地税的稽查工作，实现依法治税。2001 年，随着稽查体制的不断完善，县地税稽查局内设为选案科、稽查科、审理科、执行科，形成了选案、稽查、审理、执行四位一体的稽查模式。随着稽查力量不断加强，稽查机制不断改进，征管工作的深度和广度也不断拓展，有力打击并及时查处了偷、逃、骗税等违犯税法的行为。2010 年至 2013 年，地税稽查局共稽查企业 31 户次，查补税款 570.66 万元，加收滞纳金、罚款 165.13 万元。

2003—2013 年馆陶县地税完成情况统计表

表 3-5-5　　单位：万元

年份	税收收入合计	其中			比上年增减	
		营业税	企业所得税	个人所得税	税额	%
2003	1319	427	230	420	—	—
2004	1364	553	246	380	45	3.38
2005	1724	855	274	317	359	26.35
2006	2219	1363	318	320	496	28.76
2007	3021	1606	342	707	802	36.14
2008	4241	1894	236	1715	1219	40.36
2009	5350	2715	813	953	—	—
2010	8404	3822	1518	971	3054	57
2011	13552	5798	2465	947	5148	61
2012	16385	7463	2920	813	2833	20.9
2013	19635	8163	4025	727	3250	19.8

第六章　综合经济管理

1956 年 7 月，馆陶县成立计划委员会，全县实行计划经济体制。1978 年后，实行计划与市场调节相结合的管理体制，对全县经济进行计划指导、市场调节、宏观调控和综合管理。1997 年后，馆陶县各经济管理部门，根据县委、县政府制定的规划安排，抓好重点项目实施工作，严把市场主体准入关，在搞好服务的同时，加强对商品生产、流通商品质量、商品价格、安全生产等环节的监管，不断完善县域市场经济体系，严厉打击各种违法经济行为，创造公平有序的市场竞争发展环境，经济规模不断扩大，经济收入和人民生活水平不断提高，走上健康、可持续发展的轨道。

第一节　计划管理

计划体制改革

20 世纪 90 年代，计划经济向市场经济逐步转型，馆陶县对计划指导体系、制定方法和管理内容进行改革，突出计划对市场的导向性，编制下达计划以价值规律为基础，以市场需求为导向，提高畅销产品的指标，降低或取消滞销产品的指标，增加效益性指标，改革原有的指标体系，加强计划指导的宏观性，逐步形成市场经济下实行宏观调控的计划体制。1992—1997 年，市场调节机制占计划管理主导地位。在市场经济体制下，计划管理的手段开始从主要依靠行政手段转向主要依靠经济和法律手段。县计划管理部门对经济活动主体由行政干预转变为间接调控，加强协调服务职能，缩减计划物资分配职能。综合运用财政、税收、价格等经济杠杆调控经济运行，改善市场及投资环境，协调各有关行为主体的利益。1998—2001 年，根据国家计划期内下达的计划指标，编制县五年发展计划和年度计划，对生产、消费、积累进行综合平衡；对基本建设项目和计划内物资，实行有计划的审批、分配。在市场管理中，除关系全县国民经济的重点项目外，其余项目全部放开；在指导性计划管理上，以市场预测为基础，预测行业和重要产品的发展态势，确定经济参数，提供市场需求信息和制定配套经济调控意见；在重点项目建设方面，实行对重点项目考察与论证，并增列前期项目工作计划，确保每年有新项目建成投产。

1996 年 10 月，馆陶县经济委员会与馆陶县计划委员会合并成立馆陶县经济计划委员会，负责全县经济发展和宏观调控，内设办公室、政工科、项目科、外经科、计划科、固定资产投资科、企业管理科、总调度室，同时成立中共馆陶县经济计划委员会。2002 年，县计划委员会改为发展计划局，职能转变为简化计划指标体系，将工业、农业、运输、流通、分配和社会事业等各类计划指标改为预测性指标。简化、放宽审批手续，对于企业不使用政府投资的项目，一律不再实行审批制，区别不同情况实行核准制和备案制，其中政府仅对重大项目和限批类项目从维护社会公共利益角度进行核准。其他项目无论规模大小，均改为备案制，对全县重点项目建设全过程进行监督检查。

2002 年 8 月，原馆陶县经济计划委员会更名为馆陶县经济发展局（挂馆陶县安全生产监督管理局牌子），负责研究全县国民经济和社会发展战略、规划、结构调整、项目管理、经济运行等，内设办公室、人事法规科、企业科、产业发展科、投资科、项目科、安全生产监督管理科，同时成立中共馆陶县经济发展局委员会。另设馆陶县重点项目办公室、馆陶县信息中心两个事业单位。改为经济发展局后，职能转变为简化计划指标体系，将工业、农业、运输、流通、分配和社会事业等各类计划指标改为预测性指标。简化、放宽审批手续，对于企业不使用政府投资的项目，一律不再实行审批制，区别不同情况实行核准制和备案制，其中政府仅对重大项目和限批类项目从维护社会公共利益角度进行核准。其他项目无论规模大小，均改为备案制，对全县重点项目建设全过程进行监督检查。

2005 年，县发展计划局改为发展改革局，其承担的农产品进出口计划的组织实施职能，划归商务局。发展改革局职能转变为拟订并组织实施全县国民经济和社会发展战略、中长期规划和年度计划；提出全县国民经济发展和优化重大经济结构的目标和政策的建议；提出运用各种经济手段和政策的建议；受县政府委托向县人大常委会作国民经济和社会发展计划的报告。除对人口、环境保护和开发等重大社会发展目标实行指令性计划外，其他领域均实行指导性计划，通过经济政策、经济杠杆和经济法规来指导，必要时辅助于行政手段。

2005 年 11 月，馆陶县整合经济发展局、乡镇企业局、经济体制改革办公室，综合设置发展改革局。增加了经济体制改革和发展民营经济的职能。内设办公室、人事法规科、产业政策科、发展规划科、投资科、项目科、体制改革科，同时成立中共馆陶县发展改革局委员会。改为发展改革局后，其承担的农产品进出口计划的组织实施职能，划归商务局，职能转变为拟订并组织实施全县国民经济和社会发展战略、中长期规划和年度计划；提出全县国民经济发展和优化重大经济结构的目标和政策的建议；提出运用各种经济手段和政策的建议；受县政府委托向县人大常委会作国民经济和社会发展计划的报告。除对人口、环境保护和开发等重大社会发展目标实行指令性计划外，其他领域均实行指导性计划，通过经济政策、经济杠杆和经济法规来指导，必要时辅助于行政手段。

2010 年 3 月，将馆陶县物价局和馆陶县粮食局的职责整合划入馆陶县发展改革局，馆陶县发展改革局同时挂馆陶县工业和信息化牌子、馆陶县物价局牌子、馆陶县粮食局牌子，并撤销馆陶县工业促进局。馆陶县发展改革局内设 10 个科室：办公室、人事法规科、产业政策科、发展规划科、投资科、项目科、体制改革科、工业和信息化科、物价科、粮食综合业务科。

“九五”计划

计划编制　“九五”时期（1996—2000年），馆陶县坚持以经济建设为中心，全力实施“城建带市场、市场兴产业、产业促发展、发展保稳定”战略，以脱贫致富奔小康和建设经济强县为目标，提出到2000年，全县各项主要经济指标和综合实力实现较大增长，人民生活实现小康。

计划执行　2000年全县国内生产总值达到9.68亿元。“九五”年均递增16.4%，高于全市平均增幅4个百分点；人均国内生产总值达到3483元，年均递增15.8%；全部财政收入达到6610万元，其中地方财政收入5202万元，年均递增18.8%和24.2%。农业结构调整扎实推进，农村经济稳定发展。培育发展壮大了蛋鸡、蔬菜、花卉三大产业，蛋鸡存栏达到1606万只，是1995年的4.2倍，年均递增84.2%;蔬菜面积达到10万亩，其中棚室蔬菜面积达到3万亩，分别是1995年的9倍和7.5陪，年均递增55.5%和49.6%；花卉种植面积达到1万亩，成为农村新兴产业。三大产业成为农民增收的主要途径，全县农民人均纯收入2437元，年均递增14.7%，其中来自三大产业的占62%。馆陶县先后被国家命名为“中国蛋鸡之乡”“中国优质双孢菇生产基地”“中国食用菌之乡”。2000年农林畜牧业总产值11.6亿元，是1995的2.5倍；粮食总产21万吨，比1995年增长45%；油料总产1.7万吨，是1995年的6.7倍。

“十五”计划

计划编制　“十五”时期（2001—2005年），全县上下始终坚持发展这个主题，以结构调整为主线，以建设县级市作为工作重点，以结构调整、开放带动、科教兴县三大战略作为发展的推动力，把私营经济、商贸流通和第三产业放在突出发展位置，把提高人民生活水平作为根本出发点和归宿点，全面提高国民经济整体素质和综合竞争能力，力争实现跨越式发展。计划2005年国内生产总值年均增长12%；地方财政收入年均增长14%；农民人均纯收入年均增长6%。

计划执行　2005年全县生产总值达到25.7亿元，“十五”期间年均递增12.3%，人均生产总值8775元；全部财政收入达到5122万元，县级一般预算收入达到2951万元，财政收入质量明显提高。农业基础地位不断巩固，种植业得到优化，畜牧业蓬勃发展，农业产业化水平不断提高；工业经济快速增长，民营经济发展势头强劲，五大主导产业形成，经济规模不断扩大，科技含量不断提高。第一、二、三产业的比例结构逐步优化，由“九五”末的42.0：36.8：21.2调整到35.8：37.6：26.6。

2005年城镇居民人均可支配收入达到6602元，农民人均纯收入达到2913元，分别比“九五”末增长60.5%和21.1%。人均使用住房面积城镇达到26.1平方米，农村达到28.6平方米，分别比“九五”末增加8.2平方米和4.3平方米。居民消费结构升级，生活质量明显改善，绝大部分贫困人口的温饱得到解决，城镇低收入居民生活得到基本保障。

“十一五”计划

计划编制 “十一五”时期（2006—2010年），坚持以经济建设为中心，以科学发展观统领经济社会发展全局，配合实施全市“一线”（馆陶—肥乡一线）发展战略，借势山东，创势发展，大力发展两大经济（特色经济、承接经济），强化两大支撑（项目支撑、科技支撑），建设全国最大的绿色蛋品生产加工基地、较大的低速微型轴承基地、独具特色的黑陶生产加工基地、太阳能集热管示范基地，经过五年努力，把馆陶建设成为综合实力明显增强、社会环境较为和谐、人民生活更加富裕的邯聊之间的工贸中心。计划到2010年，经济总量翻一番，县城建成区域扩大一倍，人口达到10万人，建成经济发达、贸易繁荣的邯聊之间工贸中心。到2010年，GDP总量达到51.4亿元，年均递增14.9%，人均GDP达到16069元，并按照“优化一产，强化二产，发展三产”的思路，调整产业结构，到2010年第一、二、三产业结构比例由2005年的35.8：37.6：26.6调整到25.3：46.6：28.1，形成优势突出，特色鲜明，富有竞争力的产业体系。全部财政收入达到1.41亿元，县级一般预算收入达到7380万元，均比“十五”末翻一番半。农民人均纯收入达到3718元，年均递增5%。

计划执行 至2010年年底，全县生产总值达到51.0亿元，比“十五”末翻了一番，年均增长14.4%；人均生产总值达到15418元，年均增长11.9%；全部财政收入和县级一般预算收入分别达到2.01亿元和1.15亿元，总量实现“两个翻两番多”，年均分别增长33.4%和34.8%；全社会固定资产投资翻了两番以上，达到53亿元，年均增长33.1%；农民人均纯收入达到5087元，是“十五”末的1.75倍，年均增长11.8%。经济结构日趋优化。2010年工业增加值实现13.52亿元，年均增长29.2%，规模以上企业由“十五”末的19家增长到36家，民营企业由445家发展到1000家，纳税超百万元企业达到25家。第三产业稳步上升，2010年第三产业增加值达到14.1亿元，年均增长20.3%。国民经济三次产业结构得到改善和优化，三次产业结构由“十五”末的48.4:29.9:21.7调整为31.5:40.4:28.1。

“十二五”计划

计划编制 “十二五”时期（2011—2015年），以科学发展为主题，以加快转变经济发展方式为主线，突出加快发展、注重质量两大任务，全力抓好工业聚集区、西部新城区、城南仓储物流区、农村新型社区“四区”建设，着力抓好项目建设，构建现代产业体系；着力抓好县城建设，全面提升城市水平；着力抓好服务业发展，繁荣现代商贸物流；着力抓好现代农业，加快新农村建设步伐；着力抓好群众工作，切实保障民生稳定，打造全国最大的禽蛋物流基地、全国较大的轻工轴承生产基地、河北重要的新型化工基地和冀鲁豫交界区域商贸物流中心，全面建设独具特色和核心竞争力的化工新城，努力把馆陶建设成为产业兴盛、城乡繁荣、生态宜居、文明和谐的邯郸东部次中心城市。计划到 2015 年，全县生产总值力争达到 100 亿元，比 2010 年翻一番，年均增长 15% 以上；全部财政收入实现 6 亿元，比 2010 年翻一番半，年均增长 20% 以上，财政收入占生产总值的比重达到 6%；全社会固定资产投资完成 170 亿元，比 2010 年翻两番，年均增长 30% 以上；三次产业结构比例达到 20:44:36，现代农业、新型工业和新兴服务业协调发展。

计划执行　至 2013 年年底，全县生产总值已达到 889535 万元，人均生产总值达到 28447 元，全部财政收入达到 38109 万元，第一产业增加值达到 198861 万元，第二产业增加值达到 349538 万元，第三产业增加值达到 226599 万元，较 2010 年均有了大幅度增长，超额完成阶段性发展任务。

重点项目计划与实施

1997 年，实施八项重点项目：1. 县建筑总公司塑料薄膜项目和使用包装袋合资项目。2. 县社房寨棉厂制鞋合资项目。3. 县造纸厂纸机改造项目。4. 县机械厂防盗消噪音井盖扩产项目。5. 县海河灯泡厂免维护矿灯项目。6. 表皮生长因子项目一期工程。7. 启动县社高级烹调油嫁接改造项目。8. 启动县造纸厂白板纸合资项目。县办工业企业增加到 36 家，全县工业总产值达 10.66 亿元。

1998 年，对 28 家工业企业进行了股份合作制改造，确定 17 个重点项目，完成总投资 2016 亿元，表皮生长因子、出口花生加工厂建成投产。

1999 年 19 个重点项目建设，全县入统工业企业完成增加值 6734 万元，实现利税 4041.6 万元。

2000 年，实施重点项目 19 项，总投资 5.6 亿元，尤其是轻涂量布纸，表皮因子扩建、洪源纺织二期、华北山河电缆二期等项目的建设。

2001 年，全县共安排重点项目 17 项，完成投资 4.45 亿元。洪源纺织公司扩建项目主体工程竣工，生物制药厂启动项目通过 GMP 认证，组建企业集团、金马制衣公司扩建等项目完成了全面目标任务。

2002 年，实施重点项目 9 项。投资 4.2 亿元。盘活存量资产项目尤其是纸业公司、柴堡植物油厂、中通塑胶公司、粮食局浸出油厂、陶亮塑料公司五家企业资产的盘活。

2003年，实施重点项目210个，开工项目109个，竣工项目63个，16项重点项目完成投资4.85亿元。

2004年，共谋划项目236个，16个重点建设项目完成投资2.95亿元。重点推进发电厂、绿野肉制品加工、比尔得有机肥等6个总投资超亿元项目的前期准备工作。

2005年，谋划项目200个，开工建设项目100个。重点项目15个，总投资6.87亿元，年度投资完成3.5亿元。重点抓好信德电力配件、温泉花园、食品饮料城、荣发手表加工、丰泰造纸、轴承加工带等在建项目。

2006年，谋划项目200个，开工项目100个，其中投资1000万元以上项目20个，5000万以上项目5个，亿元以上项目2个。重点建设项目18个，总投资8.7亿元，年度投资4.6亿元。

2007年，围绕建设邯聊之间工贸中心的目标，大力实施“工业立县，一借三集（借势山东、项目集中发展、产业集群发展、城镇集聚发展）”发展战略，在“增投资、扩总量、促集群、求突破”上下功夫，重点项目工作取得较好成绩，经济发展态势良好。

2007年，全年开工建设项目116个，其中亿元以上项目8个，千万元以上项目72个，完成投资15.3亿元，竣工投产项目69个，谋划项目165个。

2008年，实施项目建设“2692”年度目标，即谋划项目200个，实施重点项目60个，开工建设投资千万元以上项目90个，年度完成项目建设投资20亿元。推进项目208个，超额完成谋划任务，其中投资超亿元项目12个，新开工投资千万元以上的项目98个，其中，投资5000万元至1亿元项目3个，投资1亿元至5亿元项目7个，投资5亿元以上项目3个，实施重点项目60个。

2009年，计划：以“抓发展，促和谐，建强县”为主旋律，开展“重点项目攻坚年”活动，全面实施“9353”项目建设工程（全年开工建设千万元以上项目90个，在建超亿元项目30个，竣工投产项目50个，年度完成投资30亿元）。完成情况：全县新开工千万元以上项目101个，在建超亿元项目32个（其中超10亿元项目2个，超5亿元项目5个，超2亿元项目10个）全县竣工投产项目68个，全年项目建设共计完成投资36.8亿元。

2010年，计划：开展“大项目建设年”活动，实施“4161”项目建设工程（“抓40”，即新开工亿元以上项目20个，竣工投产亿元以上项目10个，谋划推进超5亿元项目10个；“带100”，即带动100个千万元以上项目实现新开工；“保60”，即全年全社会固定资产投资完成60亿元；“促1000”，即全县全年民营企业达到1000家）。完成情况：全年开工在建亿元以上项目41个，竣工投产超亿元项目11个，新开工千万元以上项目115个，全社会项目建设投资完成65.3亿元，全县全年民营企业达到1080家，均超额完成了任务目标。

2011年，计划：开展“重点项目攻坚年”活动，全面实施“5216”项目建设工程：即狠抓50个超亿元开工在建项目，力促20个超亿元项目竣工投产，推动100个新开工超千万元项目加速建设，确保项目建设总投资完成60亿元。完成情况：全县开工在建超亿元项目51个，其中新开工超亿元项目47个，竣工超亿元项目20个，全县新开工超千万元以上项目125个，项目建设完成投资达79.5亿元。

2012年，计划：坚持大项目带动，培育战略支撑项目和发展壮大新兴产业，以全面实施项目建设“七个十”工程为核心，确保实现“1568”工程，新开工超千万项目120个，超亿元项目50个；竣工项目60个，超亿元项目30个；完成项目建设投资80亿元。完成情况：全县新开工超千万元项目122个，其中超亿元项目53个，竣工项目61个，完成投资81.5亿元。

2013年，计划：开展“三条线七个十”项目攻坚活动，围绕106国道、309国道、东龙街三条主线，实施总投资300亿元的70个重点项目，涉及工业、农业、服务业、城建、社会事业等领域，引领全县项目建设完成“3369”工程目标，即加快化工、北科、轴承三大园区基础设施建设，重点培育30个兴县立县项目，开工超亿元项目60个以上，完成项目投资90亿元。完成情况：开工在建超亿元项目48个，竣工投产千万元项目25个，项目建设完成投资68.5亿元。

第二节　统计管理

统计机构

2013年，县统计局设8个科室，分别为办公室、综合科、公交财贸科、能源科、服务科、农调队、财务科、普查中心。有干部职工18人，其中局级干部8人，股级干部8人，行政编制13人，事业编制6人。全部干部职工大专以上学历，其中中共党员15人，统计师6人，3人考取了调查分析师证书。

1997年后，馆陶县统计局多次举办统计学习班。2000年，县统计局根据上级统计部门的安排，开展了统计人员继续教育和统计上岗证培训工作，有180人参加，经考试合格颁发了由省统计局验印的《统计上岗证》和继续教育证书。

1998年馆陶县统计局获得全国第一次农业普查省级先进单位、河北省第一次农业普查先进集体。2000年获得第五次全国人口普查省级先进单位。2002年获得全国基本单位普查获省级先进集体、投入产出调查国家级先进集体。2003年第三产业清查省级先进集体。2005年获得全国第一次经济普查省级先进集体、全国1%人口抽样调查省级先进集体。2007年获得全国投入产出调查省级先进集体。2009年获得第二次全国人口普查省级先进集体。2012年全国投入产出被评为省级先进集体、2012年获得第六次全国人口普查省级先进集体。

统计调查

1997年后，县统计部门积极推进统计制度方法改革，完善经济结构、质量、效益统计，改进收入、消费、价格等民生统计，健全服务业和文化产业统计，建立并强化节能减排统计监测制度，健全并改进了调查统计体系。建立了新的周期性普查制度，成功组织实施了两次全国人口普查、三次全国经济普查和一次全国农业普查。变革统计生产方式，建设基本单位名录库、企业一套表制度、数据采集处理软件平台和联网直报系统等统计四大工程，提高了统计现代化水平，统计服务经济社会发展的能力显著提升。

常用的统计调查有普查、抽样调查等形式。普查中大型普查主要有农业普查、人口普查、经济普查。

农业普查　农业普查每十年进行一次。1996年开展第一次全国农业普查，2006年开展第二次全国农业普查，逢6年为全国农业普查年。普查对象是全县农村内符合普查标准的农村住户、农业生产经营单位、行政村和非农乡镇企业。2007年1月1日全国第二次农业普查入户登记工作正式开始，全县1500余名普查员和普查指导员深入到全县8个乡镇277个行政村的864个小区进行普查登记。普查期间农业普查入户登记率、普查表登记准确率和被调查对象签字率先达到了“三个100%”。本次普查全县共有67000农户，近14万张普查表，普查表转抄时间紧，工作量非常大。对此，县农普办从加强管理入手，制定了严格的数据转抄工作制度和管理方法，对各单位抽调人员和招聘的职中学生等70余人进行转抄培训，对每个转抄人员的转抄质量和数量做好记录，严格奖惩。最终在市局的光电录入中，馆陶县普查表一次性通过，且逻辑错误最少，受到市局领导的表扬。

人口普查　2000年开展了第五次人口普查，县政府成立了第五次人口普查领导小组及办公室，组建了乡镇、村级办公室，抽调普查指导员、普查员1000余人。2000年11月1日0时为第五次人口普查的标准时间，普查工作人员进行入户登记工作。10日以后进入普查的复查汇总、质量验收等环节。最后经河北省、邯郸市验收合格，普查工作圆满完成。2000年11月1日0时，全县总户数71262户，总人口278259人，其中，农业人口256786人，非农业人口21473人。2010年开展了第六次人口普查，县人普办先后完成了普查区域划分、区域

深入社区开展人口变动抽样调查

地图绘制、调查摸底、普查登记、复查汇总、质量验收、编码、光电录入、数据上报等工作。县统计局被评为第六次全国人口普查省级先进单位，县人普办多名同志获得省、市先进个人称号。

经济普查　为全面调查了解国家第二产业和第三产业的发展规模及布局，了解国家产业组织、产业结构、产业技术的现状以及各生产要素的构成，全面更新覆盖国民经济各行业的基本单位名录库、基础信息数据库和统计电子地理信息系统，国务院开展全国经济普查。经济普查每5年进行一次，分别在2004年（因“非典”推迟一年）、2008年、2013年进行了三次经济普查。经济普查的普查对象是在我县境内从事第二产业和第三产业的全部单位、产业活动单位和个体经营户（军队、武警系统除外）。普查内容包括单位基本属性、从业人员、财务状况、生产经营情况、生产能力、原材料和能源及主要资源消耗、科技活动情况等。2013年年末，全县共有从事第二产业和第三产业活动的法人单位1654个，比2008年末增加768个，增长86.68%；产业活动单位1838个，增加823个，增长81.08%；个体经营户13826个，增加3280个，增长31.1%。

投入产出调查　每5年进行一次投入产出调查，分别在1987年、1992年、1997年、2002年、2007年、2012年进行了投入产出调查。我县投入产出得到了各级领导的高度重视和有关部门的大力配合，经过方案设计、业务培训、调查实施、数据处理、质量评估和总表编辑等各阶段工作，圆满完成了国家、省和市局布置的工作任务。

抽样调查　抽样调查主要有人口抽样调查、百户抽样调查、工业品价格调查、规模以下工业抽样调查、限额以下贸易抽样调查、私营企业劳动工资抽样调查等。

定期统计

统计执行定期报表制度，定期对第一产业、第二产业、第三产业进行统计，包括农业、工业、建筑业、商业、服务业等，以及人民生活方面的指标。报表形式多样，有月报、季报、年报等，全面反映国民经济和社会发展情况。主要包括农业统计、工业统计、贸易统计、服务业统计、固定投资统计、劳动工资统计、文化产业统计、基本单位统计等常规统计工作。

第三节　工商行政管理

管理机构

1997年后，工商行政管理局有10个内设科室、4个事业单位、2个执法大队、8个工商所。1999年，全国工商系统体制改革实行省以下垂直管理，馆陶县工商行政管理局上划邯郸市工商行政管理局行政领导。由管理传统的集贸市场转化为监管社会主义大市

工商局办公大楼

场。1999年5月，按照垂直改革和市场管办分离要求，成立市场建设服务中心，挂靠工商局。2001年11月，市场建设服务中心整体移交县政府。2000年实行“小局大所”监管模式改革、2005、2009、2011年分别实行三次机构改革。至此，馆陶县工商局实有行政编制100个，事业编制23个。现有公务员90名，事业编制人员17名。下设9个职能科室，分别为：办公室（信息化建设办公室）、人事教育科、法制科、市场维权科（馆陶县12315指挥中心）、食品流通监督管理科、注册科、企业监督管理科、商标广告监督管理科、监察室；4个事业单位：馆陶县消费者协会秘书科、馆陶县维修行业管理办公室、馆陶县个体劳动者协会秘书科、馆陶县私营企业协会秘书科。6个派出机构：陶山工商分局、卫河工商分局、柴堡工商分局、房寨工商分局、魏僧寨工商分局及邯郸市工商局经济检查支队馆陶县大队。

市场管理

商品管理　1997年，馆陶县放开粮食、棉花等商品上市交易。1999年，未经公安机关审核检验合格的车辆，不能进入市场交易。2000年，摩托车、农副产品、家具、建材上市交易。2001年，棉花市场完全放开；12月，除国家规定的金银制品，文物、迷信品、非法黄色书刊及录音制品，有毒、有害、不洁、腐烂食品，麻醉药品、毒品、假冒伪劣商品外，其余商品均放开经营。

市场监管　1999年，全国工商体制改革后，工商部门主要职责转变为市场监管和行政执法，不再承担市场培育建设工作。工商局集中精力抓监管，监管职能不断强化，监管领域不断拓宽。2006年后，逐步推行网格化市场监管，将每一个市场主体精确定位，纳入网格责任区，监管责任落实到具体监管人员。对登记注册、市场巡查、专项整治、执法办案、消费维权、商品质量检测、消费预警、综合专题监管等10项监管执法，分别制定了运行规范，明确了每个监管执法事项的内容、工作流程、时限，完善了相关执法格式文书及范本。

注册登记

企业登记管理　1997年，对全县国营、集体企业进行了全面的年度检验。清理“三无”企业（无机构、无资金、无场地）16户，办理变更登记141家，注销企业43家。1999年底，全县11家改制企业完成工商登记，含国有企业4家，集体企业7家。2003年，企业登记与管理分开，设立工商注册大厅，实行企业登记一条龙服务，新办企业大量增加，歇业大幅减少。2005年年底，全县登记发照工商企业共431家。其中法人365家，经营单位40家，分支机构26家。冠省市名称14家，中外合资企业5家，有限责任公司37家。2006—2013年，随着国家经济的迅猛发展，各类市场主体增量突飞猛进，有了长足发展，截至2013年年底，全县有限责任公司857家，有限责任公司分公司102家，非公司企业37家，非公司企业法人分支机构93家，个人独资企业210家，合伙企业6家，农民专业合作社163家，农民专业合作社分社11家。

个体工商业登记管理　1997年，全县个体工商业登记2105户，注册资金3410万元，从业人员5683人。1998年，党的十五大进一步明确提出私有制是公有制经济的重要组成部分，个体工商业按照“调整政策，搞好服务，一视同仁，公平竞争，加强监管，合法经营”的24字方针，全面落实个体私营经济政策，极大地促进了个体工商业的发展。2001年年底，个体工商业发展到5006户，注册资金8108万元。2011年1月1日起，县工商局实行“零成本”注册，免收登记类、证照类行政事业性收费，减免的费用由省、市、县三级财政纳入预算安排，进一步提高了办照的积极性。2013年年底，全县个体工商户6786户。

商标广告管理

商标管理　1995年，《中华人民共和国商标法》颁布，1997年，全县注册商标22件，办理商标侵权案件2起。2001年，实施修订后的《中华人民共和国商标法》，为5家企业申报注册商标5件。2003年，国家工商行政管理总局《集体商标、证明商标注册和管理办法》公布，县工商局加强商标管理工作，处理假冒商标案件6起。2003—2013年，全县注册商标89件。2013年，有“魏徵”“摩润根”“永盛卓元”“东龙”“金凤”“金翔”“华野庄园”“北科”“善缘”“亚超”等17个河北省著名商标。邯郸市新阳光化工有限公司被评为“2013年河北省百家优势企业”。

广告管理　1997年，全县建立广告公告制度。1998年，全县从事广告经营单位开始根据企业类型，分别登记广告业法人单位基本情况，对广播、电视、报纸、杂志、固定形式印刷品等广告经营单位及注册资金100万元以上的广告有限公司，直接向邯郸市工商局商标广告处报送，县级新闻媒体广告经营单位及其他广告经营单位向县工商局报送。2000年，加强对广告主、广告经营单位、广告发布者的全方位监管，特别加大对药品、保健食品、儿童食品、印刷品、加油站等虚假违法广告打击力度。此后，每年都要对户外广告和固定印刷品广告进行整治，对不良广告和涉嫌非法集资广告进行查处。2013年，查处虚假宣传案件10起，涉嫌非法集资广告3起。

经济合同管理

1997—2001 年，馆陶县多次开展“重合同、守信用”活动。先后有邯郸市海河特种灯泡厂等 20 家单位，被河北省工商行政管理局命名为“重合同、守信用”单位，有远大轮胎有限公司等 14 家单位被邯郸市工商局命名为“重合同、守信用”单位。2001 年鉴证合同 51 份，鉴证金额 132 万元。

2003—2013 年，合同管理职责转变为管理动产抵押物登记，组织监督管理拍卖行为，依法查处合同欺诈等违法行为。先后为 21 家企业办理动产抵押物登记，贷款 2.5 亿元。

经济监督检查　1991 年，工商局经济监督检查大队成立后，依法对全县的经济活动进行监督检查，每年查处大量的投机倒把物资和假冒伪劣商品。罚没款从几万元增加到几十万元。1995—1997 年，县工商局查获“大宇赛手轿车”，价值 300 余万元，1998 年，做出没收处理。2000—2003 年，开展了联合打假执法行动、整顿规范市场经济秩序、集贸市场集中整治等行动，办理无照经营案件 105 起，以“非典”名义误导消费者 10 种违法经营行为案件 20 起，办理不正当竞争案件 5 起。2004—2013 年，县工商局查处假冒伪劣案件 136 起，案值 179.6 万元，查处违法违章案件 312 件，罚没金额 376.95 万元。

消费者权益保护

1993 年后，县工商局每年开展“3•15”消费者权益日宣传活动。1997 年，县工商局军乐队成立，为在消费者权益日宣传中营造氛围、扩大辐射力起到了重要作用。1998 年 2 月，县工商局成立“3•15”举报中心。消费者投诉量逐年增加，范围逐步扩大，从家用电器、家用机械、日用百货、农用生产资料和食品等商品扩大到医药、医疗用品和服务业、房屋建材业等。2002 年，受理消费者投诉 212 件，为消费者挽回经济损失 12 万元。2004 年，县工商局和消费者协会在全县 277 个行政村及部分商场、超市建立 21 个分会、277 个消费者投诉站和 12315 联络站。2009 年，县消协围绕“消费与发展”主题，积极开展各项活动。先后组织“一会两站”人员、消费者开展培训，提高了消保维权意识。共受理群众投诉 120 多起，成功调解 115 起，为消费者挽回损失 60 多万元；全县农村“一会两站”共接到消费者投诉 260 起，上报当地申诉举报站及县局指挥中心 80 起，为群众挽回经济损失 30 万元。2010—2013 年，受理消费者申诉 360 件，举报 278 件，转立案 245 件。

工商食药局开展 3·15 消费者权益日宣传活动

附：维护消费者合法权益典型案例

调解除草剂灼伤麦苗案

2013年4月2日，馆陶县寿山寺乡浅口村村民张玉柱、马安朝到柴堡工商分局投诉，称自己的15亩麦苗因使用除草剂造成麦叶灼伤黄斑，影响到麦子的产量，让工商局给主持公道。柴堡分局接到举报后，立即组织人员，亲赴现场查看麦苗伤情，并对麦苗进行了现场取证。偌大的麦田里，麦苗多处被除草剂灼伤，斑点十分明显，着实让人心疼。经询问得知除草剂是由本村一农药经营户销售的，分局采取果断措施，对该品种的除草剂进行了扣留保全证据，然后又及时与馆陶的经销商刘某取得联系，进行调解。按照法律规定，麦苗受伤害的程度影响产量的情况必须经省级农业部门组成专家组进行田间鉴定，这样做不但要付出昂贵的鉴定费用，历时也比较长，且麦苗受损的事件应由农业主管部门给予处理。柴堡分局工商人员立足于消协的职责和义务，不等不靠，不怕被难题所缠，急农民之所急，一边安抚受害农民积极采取补救措施，一边与刘某进行动之以情、晓之以理的说服调解，最终双方达成调解协议，刘某共赔偿张玉柱、马安朝二人2600元现金。此时受害的农民眉锁舒展，拿着赔偿款连称“工商局真是个讲理儿的地方”。

查处假冒“汰渍”案

2013年10月，馆陶县工商局在广州宝洁有限公司打假工作人员的配合下，在该县共查获侵权假冒的“汰渍”洗衣粉120件，合计720袋，价值3000多元。工商执法人员对这批侵权假冒的产品依法进行了暂扣。

广州宝洁有限公司到馆陶县工商局投诉，称河南某日化厂生产的阿娟牌洗衣粉擅自使用与该公司商标相似的标识，侵犯了其合法权益。经查，当事人冀某（大名县人）是一名销售人员，从河南某日化厂购进假冒“汰渍”洗衣粉，销往该县南徐村的各个商铺，其产品在袋装标识上显著位置突出使用“TiqG汰洁”和“汰渍国际新三代”的字样，造成与广州宝洁有限公司的知名商品“汰渍”牌洗衣粉相混淆，使购买者很难区分，严重违反了《中华人民共和国反不正当竞争法》关于禁止擅自使用知名商品特有的名称、包装、装潢的规定，构成不正当竞争行为。对此，该县工商局依法责令冀某停止违法行为，没收非法所得并处罚款1000元。

据广州宝洁有限公司打假工作人员介绍，这些涉嫌假冒的“汰渍”洗衣粉外观逼真，只在一些细微之处有差别，如在外包装上，假冒产品的颜色较为深、暗，打开后，真品是淡香型，成颗粒状，而假冒的是浓香型的，成粉状。

第四节　审计

审计机构

1984年1月，馆陶县审计局正式成立，负责审计监督工作。1988年在金融、粮食、经委、二轻、文教、卫生等部门相继建立了审计机构，负责本单位的审计工作。1993年，审计局设办公室、工建交股、财金贸股、行政事业股、审计事务所。2000年8月，馆陶县人民政府批复审计局成立建设项目审计中心，股级编制，隶属审计局；2003年3月，馆陶县人民政府批复成立经济责任审计办公室，股级编制，隶属审计局；2010年，设办公室、行政事业审计科、财政金融审计科、经贸审计科4个业务科室。2013年年底，机关工作人员14人。

馆陶县审计局

国家审计

1997—2013年，馆陶县根据《审计法》等有关法律法规的规定，每年对财政预算执行及其他财政收支情况进行审计，按照“财政资金运行到哪里，审计监督就跟踪到哪里”的总体要求，在工作中，收入与支出审计并重，真实性、合法性与效益性并重，在加强对财政收入进行监督的同时，把审计监督的重点逐步转移到对预算支出效益的评价上来，实现规范财政预算管理，提高财政资金使用效益的目标。至2013年，共完成审计项目（单位）436个（次），管理不规范金额18563.6万元，提出合理化建议586条，通过对财政财务收支以及经济活动的审计监督，在严肃财经法纪，提高经济效益，加强宏观调控和管理，保证全县经济建设顺利进行方面发挥了积极的作用。

经济责任审计　2003年以后，受组织部门的委托，对主要岗位的干部任期经济责任进行审计，配备专职人员，配置办公场所和办公设施，建立健全高效、灵活的工作运行机制，做到审计监督与干部管理的有效衔接。至2013年，共完成对100多名领导干部的经济责任审计，并对被审计对象应承担的做出实事求是的界定和客观公正的评价，对加强权力的监督和制约、推动廉政建设起到作用，为县委考核、使用干部提供参考依据。

专项资金审计　1997年以后，县审计局按照省厅、市局的统一部署对解决人畜饮水、农村公路建设、畜牧防疫、退耕还林、扶贫等多类专项资金进行审计，围绕标本兼治、惩防并举，以规范财政专项资金管理和使用为目标，监督、纠正专项资金管理和使用中存在的问题，督促有关部门和单位建立健全管理制度，完善管理机制，保障专项资金最大效益发挥作用。在审计过程中，审计人员深入到有关单位和项目建设第一线，对专项资金总量、拨付渠道和管理情况进行核对，掌握各类专项资金的拨付、管理和使用情况，对存在的问题督促有关单位进行整改。

2008年以后，结合本年度审计计划，整合全局审计力量，在项目建设、资金使用、政策落实、简政放权、防范风险等方面，揭示审计发现的问题，特别是以权谋私、失职渎职、贪污受贿等违法违纪问题，发现一起移送一起，决不姑息。在发现、揭示问题的同时，审计局发挥自身特长，推动各项制度的健全、完善和创新，维护人民群众的切身利益，保障经济社会持续稳定健康发展。特别是审计部门对政府投资建设项目的概、预算及竣工决算情况进行审计，重点揭示项目决策失误，审批手续不健全，勘察、设计、监理责任不落实，招投标程序不合规，工程变更频繁、造价虚高，低价中标、高价结算，挤占挪用建设资金等问题。

对农村道路排水设施建设工程进行跟踪审计

内部审计

内部审计是指由各单位内部设立的审计机构或审计人员对本单位的资产资金的使用效率、经济活动或经营活动的效益等进行的审计监督。2011年11月，馆陶县内部审计协会成立。2013年年底，全县共建立内部审计机构12个，会员50人，主要是各行政事业单位及企业的内审人员。

社会审计

1993年后，经馆陶县人民政府批准，馆陶县审计事务所成立，事务所在县审计局的指导和管理下开展社会咨询服务。1995年，审计事务所更名为审计师事务所，2000年8月，馆陶县人民政府撤销审计师事务所，批复审计局成立建设项目审计中心，股级编制，隶属审计局。

第五节 物价管理

机构设置

1996年11月以前，物价局下属机构：秘书股、工价股、收费管理股、信息股、价格事务所、检查所、城关物价所、魏僧寨物价所8个股级单位。1996年11月，县政府机构改革确定：物价局行政股室3个：办公室、价格管理股、信息股；全额财政拨款事业单位1个：农产品成本调查队；事业单位3个：县收费管理办公室（副科级单位，挂靠县物价局）、检查所、价格事务所；基层物价所2个（事业单位）：城关物价所、魏僧寨物价所。1998年，基层物价所由2个变更为4个：城关物价所、房寨物价所、柴堡物价所、魏僧寨物价所。2010年6月县物价局与县发改局合并，成立县发改局，挂物价局牌子。

物价体制改革

1997年，馆陶县按照中共十四大关于建立社会主义市场经济体制要求，价格改革主要是彻底破除计划价格体制，建立符合社会主义市场经济的价格机制，大范围地解除价格管制。市场调节价的比重在社会零售商品中占90%；在农产品收购价格和工业生产资料销售中。整个价格体制发生根本性变化，市场调节价跃居主导地位。针对通货膨胀，通过实行适度从紧的财政货币政策，建立价格调控体系，综合运行经济的、法律的并辅以必要的行政手段间接调控大幅度上涨的零售价格，从而实现经济“软着陆”，馆陶县的物价上涨幅度为2.24%，在合理区间可调范围内，市场未出现大的价格波动。该阶段的价格改革，以市场形成价格为主的价格形成机构初步建立。从1998《中华人民共和国价格法》实施后，物价管理的重点是进一步规范馆陶县的市场价格行为，发挥价格合理配置资源的作用，稳定市场价格总水平，保护消费者和经营者的合法权益，促进馆陶县市场经济秩序健康发展。国家实行并逐步完善宏观经济调控下主要由市场形成价格的机制，大多数商品和服务实行市场调节价，在与国民经济发展和人民生活关系重大、资源稀缺、自然垄断经营的商品价格、重要的公益性服务价格实行政府定价和政府指导价。馆陶县的价格管理从单纯以定调价为主转为“定规则、当裁判、搞服务”。按照上级要求，建立价格听证会制度，推动价格决策民主化。2006年馆陶县根据上级政策要求实行了小麦最低收购价政策，有效地保护了农民利益。1998—2013年，先后对出租车客运价、城市自来水供水价格和管道煤气的销售价格进行了听证，通过召开听证会，在广泛征求各方意见的基础上，进行合理调整。分批次降低了政府定价药品价格，每次降价幅度为15%～20%，部分药价最高降幅60%，遏止药品价格上涨势头；围绕企业和群众反映强烈的价格和收费问题，有计划、有步骤地组织开展涉农、涉企、电力、教育、药品和医疗服务、成品油、工商和公安部门收费等各行政事业性收费专项检查，查处价格违法案件，优化发展环境，减轻企业和群众的经济负担。2010—2013年，根据市场变化特点，将规范经营者的价格行为，推行明码标价、价格诚信建设，制止价格欺诈、价格垄断等作为价格监管的一项重要内容，加强了管理。

价格管理

1997年12月29日第八届全国人民代表大会常务委员会第二十九次会议通过，1997年12月29日中华人民共和国主席令92号公布、1998年5月1日施行《中华人民共和国价格法》，从此物价局执行检查有法可依、有法可循。

1997年7月10日国务院批准《价格违法行为行政处罚规定》施行，国务院并于2006年2月21日、2008年1月13日和2010年11月29日三次修订了《价格违法行为行政处罚规定》的决定。价格违法行为行政处罚规定的实施，为物价局对价格违法行为的行政处罚提供了依据。2001年1月1日起实行了国家计委发布的《关于商品和服务实行明码标价的规定》，对商品和服务的明码标价工作进行规定。县物价局对以上法律法规，在政府街繁华地段多次设置展台，采取了印发明白纸、电视宣传等多种形式，向群众广泛宣传价格法律法规。

1998年县经济环境专项治理办公室设在物价局，县收费管理办公室负责日常工作。办公室主任由物价局局长兼任，副主任由物价局、政府办相关人员兼任。县物价局与县经济环境专项治理办公室的职能实行了有机结合，狠抓了县政府制定的“进企业收费、检查、罚款实行五个一制度”的落实，“五个一”指：收费许可证、执收资格证、进企业收费批准通知书、企业缴费登记卡、财政收费罚款统一票据。规定进企业收费每季末月份安排一次，由相关部门提出申请，专项治理领导小组办公室审批，县收费管理办公室开具进企业收费批准通知书。进企业检查一般每半年安排一次，有相关部门提交上级关于开展检查的文件依据，交县经济环境专项治理领导小组办公室审批。进企业罚款数额在5000元以内的由专项治理领导小组办公室审批，5000元以上的罚款由执罚单位给出初步意见提交专项治理领导小组审批，此举有效遏制了进企业乱检查乱罚款的势头。乱收费现象得到有效的治理，大大优化了馆陶县经济发展环境。

根据《价格法》《涉案资产价格鉴证管理条例》等法律规定，2011年由物价局、建设局联合印发了馆价房〔2011〕02号《馆陶县房地产价格认证管理办法》的通知，规范了我县房地产价格管理。

2013年7月1日经河北省政府同意，河北省物价局、卫生厅、人力资源和社会保障厅联合出台县级公立医院医药价格改革方案，馆陶县人民医院和县中医院实行了药品价格零差率销售。

根据国务院《国有土地上房屋征收与补偿条例》《河北省国有土地上房屋征收与补偿办法》和《邯郸市国有土地上房屋征收与补偿暂行办法》，结合馆陶县实际情况，由物价局起草制定的《馆陶县2013年房屋拆迁补偿指导价格及附属物补偿标准》于2013年12月18日由县政府〔2013〕62号印发全县。

收费管理

1997年后，行政事业性收费分离为行政性收费、事业性收费和经营服务性收费，行政事业性收费按照文件依据进行审批，实行《收费许可证》管理，经营服务性收费转向市场调节性收费，这也体现了馆陶县由计划经济向市场经济的转变，发挥了市场配置资源的作用。县物价局、县收费管理办公室充分发挥职能作用，紧紧围绕优化经济发展环境开展工作。在清理收费项目、治理乱收费、减轻企业和群众负担上狠下功夫开展工作。进企业收费实行了“一证一书一卡”制度，即《收费许可证》、检查通知书和缴费明白卡。在政府街中段门店商户实行了“缴费登记卡”制度。2004年国家发改委要求全面实行收费公示。馆陶县物价局在新华街制作了灯箱，成立了收费公示一条街，对涉及人民群众的收费全部公示，并在全县277个村，村村设立公示牌，公示出涉及农民的收费项目、标准、依据，收费范围、举报电话。邯郸市19个县区在馆陶县召开“收费公示”现场会，在全市推广学习馆陶的做法。

国家为减轻企业、商户负担，2008年9月1日取消了市场管理和个体工商户管理费。

2013年县物价局加大了收费许可证和收费标准的审验力度，审验《收费许可证》210本，审验收费项目268项、收费标准1790多个，涉及执法执收部门和垄断经营性单位33个。每年举办培训班一期，培训收费人员110余人，进一步提高全县收费人员的素质。

物价监督与检查

1997年以后，根据按照上级安排和文件通知，物价局相继开展了电价、医疗系统收费，药品价格，教育系统收费、各行政单位行政事业性收费、涉农生产资料价格等专项治理和检查，规范了收费行为，进一步减轻了企业和群众负担。

2003年3月“非典”疫情爆发，馆陶县药品批发零售企业，对非典疫情所用药物、用品随意涨价。按国家要求，馆陶县采取了价格干预措施，馆陶县物价局成立“非典价格管理小组”，对全县所有涉及非典药物用品，如温度计、口罩、板蓝根等企业销售门店进行不间断巡查，查处了各类违法案件26件，有力的稳定了各类用品及药物价格。

2004年3月，禽流感疫情不断扩散，按照县委、县政府安排，物价局安排两个工作组，对全县涉及禽流感的药品，进行有针对检查。成立应对突发事件检查小组，应对突发事件，稳定了涉禽流感药品价格，维护了市场秩序。

2011 年 3 月 16 日，国家发展改革委正式对外发布《商品房销售明码标价规定》，从 2011 年 5 月 1 日起，商品房销售明码标价将实行“一套一标”，商品房经营者不得在标价之外加收任何未标明的费用。局检查人员根据规定，对全县的房地产市场进行了“一套一标”专项检查。进一步规范了我县房地产市场秩序，增加了市场透明度，减少了开发商随意涨价的行为，从而保障购房者权益

2011 年 3 月日本发生大地震引发海啸造成核泄漏，因担心食盐受污染，浙江、江苏、山东、河北等地部分城市出现抢购食盐的热潮，馆陶县也出现了抢购食盐的现象，不良商家炒作食盐价格、囤积居奇、哄抬物价、牟取暴利等价格违法行为，将食盐价格 1 元 /500 克炒到数元至 30 余元 /500 克，抬高数十倍。县物价局迅速采取应急措施，派出 5 个检查组到食盐批发、零售、企业采取临时干预措施，分区域进行专项检查，及时有效平息了食盐抢购风。给予不法盐商经济处罚并退还多收价款，给老百姓挽回了经济损失，得到了百姓的广泛赞誉。

县物价局定期召开价格监督检查举报工作中难点、热点问题的研究，制定工作方案，对举报中心的职能职责进行定位。制定出工作计划，责任到人，加大软、硬件的投入，充实人员、建章立制、规范管理。形成了主要领导亲自抓，分管领导直接抓，举报中心全力抓的工作机制。同时，建立了元旦、五一、国庆、春节等节假日的值班检查制度，强化了值班人员的责任意识，加强 12358 电话的值守，组织成立了查处应急小分队，负责查处应急举报案件。现场受理举报，使 12358 价格举报电话成为为民维权的有力品牌。

价格服务

1996—1997 年和 2008—2011 年三年大变样中，县委、县政府决定，县城拆迁改造评估工作，由物价局为主牵头（多部门合作）部门，对政府街，永济路，南环路、文卫街、筑先路等道路延伸、拓宽涉及的地上附属物进行了拆迁补偿价格评估，无一例引起纠纷，受到县领导和群众好评。

按照县委、县政府的安排，物价局完成了县城改造，拆迁房屋价格评估等工作，对 309 国道和 106 国道拆迁和县重点项目地上附属物的评估，有力支持了县城建设和重点项目建设。

1998 年物价局首次组织召开水价听证会，制定了居民用水 1.00 元 / 立方米。2003 年再次组织召开价格听证会，居民生活用水调整为 1.50 元 / 立方米。

1998 年 11 月，省物价局副局长张立霞在邯郸市物价局局长杨兰菊陪同下，率领省电视台、省广播电视台、河北日报社、河北经济日报社等多家新闻单位记者，用 3 天时间采访，考察，总结馆陶县物价局清费、治乱，减负的经验，省多家新闻单位对馆陶的做法、经验进行了报道。

2002年11月馆陶县启动20、30种生活必需品每周二上报、180种农产品和农资价格每月22号上报。物价局建立价格监测预警机制和应急预警（方案），加强市场价格调查巡视，加强价格信息发布。有效降低了城乡居民特别是中低收入群体的生活负担。为切实维护馆陶县人民群众的根本利益，保持社会和谐稳定做出了贡献。

该局于2008年11月相继召开了馆陶县污水处理费征收和垃圾处理收费征收工作听证会。污水处理费标准为：生活用水处理费每立方米0.8元，特种行业用水每立方米1.2元，其他用水每立方米0.9元。垃圾处理费收费标准：个人交纳的：城市居民每户每月3元；经营者交纳的：根据不同行业、不同面积收费标准不同。

2013年11月1日起，河北省物价局授权县级物价局管理机构，城市客运出租车运价等5项经营服务性收费标准的制定权。

馆陶县物价局先后购置数码照相机、摄像机等设备，为评估报告留存影像档案，加强了档案管理。相继出台了《价格认证评估人员守则》《价格签证工作规范》等方面制度，进一步规范评估工作程序，提高工作人员的业务素质和工作能力，确保办案的质量水平。进一步增强价格认证中心工作人员的服务意识，对县里要求评估的309国道、106国道120余户拆迁征地和重要项目建设征地工作，对委托的案件做到特事特办、急事急办、随叫随到。

第六节 质量技术监督

机构设置

1987年7月23日，馆陶县标准计量局成立。1994年6月，馆陶县标准计量局更名为馆陶县技术监督局。1998年3月，质量技术监督系统实行省以下垂直管理。2001年3月，更名为“馆陶县质量技术监督局”，内设机构为办公室、标准计量股、质量监督股、锅炉压力容器安全监察股、稽查股（加挂打假办公室牌子）等5个股（室），机构规格为股级。馆陶县质量技术监督局机关行政编制21名，其中局级领导职数1正2副，中层领导职数7名。事业单位为“馆陶县质量技术监督检验所”，事业编制24名。2009年，为邯郸市质量技术监督局的直属机构，管理本辖区标准化、计量、质量、特种设备安全监管工作并行使执法监督职能。2010年11月，内设5个机构，即办公室、标准计量股、质量监督股（特种设备安全监察股）、食品生产监督管理股、稽查股（打假办公室）、监察室。人员编制：行政编制20名，其中，局长1名、副局长2名、纪检组长1名，股级领导职数7名（含监察室主任1名）。机关工勤人员编制1名。至2013年无变化。

质量监督管理

1997年以后，馆陶县质量技术监督检验所开展化肥、饲料、建材产（商）品的监督检验工作。同时还承担委托检验、仲裁检验，为社会提供检测、技术和咨询服务。

2006年，重点对食品、化肥、建材和饲料等4大类11种产品进行了监督检验，监督检查生产企业95家，检验产品210个批次，分别占年任务的105%和110%。是年，制订《馆陶县名牌培育规划》，加强食品质量安全监管。是年，帮助全县小麦粉、肉制品、软饮料等企业开展食品的安全市场准入工作，全县共有18家企业获得QS认证。全面开展产品质量电子监管网推广应用，共有19家企业签订了入网协议。

2007年，重点对食品、化肥、饲料等4大类11种产品进行了监督检验，监督检查生产企业95家，检验产品199个批次，分别占年任务的106%和105%。是年11月，馆陶县金凤禽蛋农贸批发市场的“金凤”牌无公害鸡蛋、东龙黄金酒业有限公司的“东龙”牌白酒被评为“河北省名牌产品”。民旺饲料有限公司的“民旺”牌饲料被评为“河北省优质产品”。

2008年，重点对食品、化肥、建材3大类10种产品进行了监督检验，监督检查生产企业95家，检验产品198个批次，分别占年目标任务的105%和104%。其中检验调味品16个批次，合格率为100%；小麦粉40个批次，合格率80%；食用油14个批次，合格率100%；腐竹20个批次，合格率100%；饮料20个批次，合格率为100%；白酒15个批次，合格率81%；化肥5个批次，合格率100%；糕点18个批次，合格率81%；水果糖2个批次，合格率100%；红砖48个批次，合格80%，全县产品检验批次总合格率88%，产品质量比往年有了较大提高。是年8月后，为迎接质检机构认证认可换证验收，对实验室进行了升级改造，投资20多万元，更新仪器设备18台件，培训化验人员两名，完成了换证验收的申报工作。

是年，帮助河北民旺饲料有限公司生产的“张氏民旺”牌配合饲料、浓缩饲料和河北三绿种业有限公司的“魏徵”牌蔬菜申报“河北省名牌”，帮助河北鑫利达轴承有限公司的轴承产品申报省优质产品。

2009年，重点对食品、建材2大类9种产品进行了监督检验。检验产品129个批次，其中检验调味品4个批次，合格率为100%；小麦粉20个批次，合格率80%；食用植物油10个批次，合格率100%；腐竹3个批次，合格率66%；饮料6个批次，合格率为100%；白酒21个批次，合格率100%；糕点16个批次，合格率100%；阿胶食品9个批次，合格率100%；红砖抽样40个批次，合格率为60%。

是年，对13张体系认证证书涉及的企业全部纳入动态监管，并举办了ISO9000认证宣贯会，组织6家企业参加省局召开的认证认可宣贯视频会，增强了企业质量管理意识。帮助河北明玉面粉有限公司生产的“善缘”牌小麦粉申报省优质产品。

2010年，定检完成（厂家）37家，检验产品99个批次，批次合格率91%。

是年，帮扶“民旺”和“金凤”牌无公害鸡蛋、“东龙”牌白酒三种产品申报“河北省名牌产品”，帮扶“亚超”牌滚动轴承申报“河北省优质产品”。12月6日，河北省质量奖审定委员会与省质量技术监督局联合在《河北日报》正式公告了2010年河北省名牌产品、省优质产品公示名单，馆陶县东龙黄金酒业有限公司的“东龙”牌白酒、金凤禽蛋农贸有限公司的“金鳳”牌无公害鸡蛋和民旺养殖专业合作社的“民旺”牌无公害鸡蛋等三种产品名列河北省名牌公示榜。

2011年，规范产品生产许可证管理工作。组织生产许可证企业自查2家，巡查2家，确保企业巡查或检查率达到100%，获证企业年度自查率100%，对问题企业的后处理率达到100%。

是年4月，县计量局实验室顺利通过河北省计量认证审查认可验收（监督）评审委员会验收。

2012年，县计量局化验室接受委托，检验饲料28批次；接受化肥委托检验24个批次、监督检验23个批次。

是年，帮助馆陶县明玉面粉有限公司生产的“小麦粉”申报“河北省名牌产品”，帮扶河北多凯复合材料有限公司生产的“玻璃纤维增强聚酯复合板”申报了“河北省优质产品”。对辖区内获体系认证的6家企业进行建档并实行了动态管理，健全获证企业的监管档案。

2013年，对63家重要工业产品进行了调查登记并建立了监管档案，抽检烧结普通砖12个批次、轴承30个批次；接受饲料委托检验10个批次、烧结普通砖委托检验7个批次、化肥监督检验51个批次。6月份，质检所化验室通过市局的现场考核。对已经建档的86家重要产品生产企业档案进行完善，新建档企业11家，抽检烧结普通砖13个批次、轴承56个批次；接受烧结普通砖委托检验14个批次、轴承委托检验30批次。

是年，帮助河北东龙黄金酒业有限公司生产的“东龙”牌白酒、河北民旺饲料有限公司的“民旺”牌无公害鸡蛋、金凤禽蛋农贸批发市场的“金凤”牌无公害鸡蛋、河北亚超轴承制造有限公司的“亚超”牌轴承4家企业的4种产品申报了河北省名牌。帮助2家企业申请办理了生产许可证，对2家获得生产许可证的企业进行了年审。

计量监督管理

1997年以后，馆陶县计量所先后完成了建筑公司、医院、汽车总成修理厂的计量评估，对全元化肥厂完成了计量定级考核。对城镇国营商业和个体工商户进行商贸市场计量大检查，检查计量器具570余台（件），其中不合格计量器具73台（衡器50件，米尺23支），对缺斤少两、缺尺少寸现象进行了依法查处。开展对县医院用的血压计（表）和工作用氧压表进行检定维修工作。2005年通过设立公平秤，大力开展“放心购物市场工程”，累计为广大消费者提供计量服务 2100 余人次，处理计量违法行为 170 余起，收缴不合格计量器具 30 余台（件）。2005—2010 年共有 14 家企业完成计量合格确认。2011 年，投资 25 万元对计量实验室设备、环境进行了升级改造，并顺利通过省质监局验收，扩大了服务范围，提升了检定能力。2010—2013 年，强制检定计量器具 3600 台，定量包装商品检测 3300 批次。

标准化监督管理

馆陶县计量局于 1996 年设立标准化股，配备 4 名专职人员。截至 2009 年，馆陶县有 16 家企业采用了国际标准。帮助、指导企业制订企业标准共计 260 余项，修订标准 230 项，全县标准覆盖率由原来的 50.6%，提高到 100%。

1999 年 5 月，馆陶县质量技术监督局制定了《蛋鸡笼养技术规程》，经中国特产命名暨宣传活动组委会审定，馆陶县被命名为“中国蛋鸡之乡”。是年馆陶县通过了省级“消灭无标准生产县”验收。

2006 年，帮助路桥乡华野庄园黑小麦生产开发基地制定《富铬黑小麦面粉》和《富铬黑小麦面条》两项企业标准，占年目标任务的 100%。为企业办理代码证书 130 个，年检代码证书 161 个，分别占年目标任务 108% 和 107%。

2007 年，申报两个国家级农业标准化示范区项目：一是馆陶县高科技养殖园区的无公害鸡蛋标准养殖生产项目；二是馆陶县华野庄园黑小麦生产基地的黑小麦标准化种植项目。是年全县完成贯标棉花 10 万亩，帮助馆陶县信德电力配件有限公司采用国际标准 1 项，分别占年目标任务的 100%。节能降耗全年完成 96.3 万元，占年目标任务的 101%。

为企事业单位办理代码证书 135 个，年检代码证书 163 个，分别占年目标任务的 113% 和 109%。

2008 年，馆陶县无公害养鸡标准化示范区项目顺利通过国家局立项，成为第六批国家级农业标准化示范区一类项目。是年帮助河北鑫利达轴承有限公司采用国际标准一项，全县贯标棉花完成 10 万亩，占年目标任务的 100%。办理代码证书 133 个，年检代码证书 161 个，分别占年目标任务的 110% 和 107%。

2009 年，加大农业标准化示范区项目建设力度，完成馆陶县无公害养鸡标准化示范区项目阶段性建设任务。承担制定的《无公害养鸡技术规范》省级农业标准由省局批准立项。换发代码证书 163 个，年检代码证书 310 个，分别占年目标任务的 108%、103%。

2010 年，帮助企业制修订企业标准 8 项，提供标准技术咨询 210 余人次。开展强制性标准监督检查，共检查企业 43 余家，责令企业整改问题 19 余个。指导县明玉面粉有限公司开展“标准化良好行为企业”试点工作，做好河北亚超轴承制造有限公司滚动轴承采用国际标准准备工作。认真开展代码数据录入工作，电子档案扫描质量和扫描率均达到了100%。办理年检代码证书279个，新办与变更代码证书301个。

2011年，帮助企业查询标准15项，提供标准技术咨询60余人次。是年5月，馆陶县金凤运输（物流）有限公司被省质监局批准为河北省金凤物流服务标准化示范试点单位。电子档案扫描质量和扫描率均达到了100%，共办理机构代码证书430个，年检410个。

2012年，帮助企业制修订企业标准3项，查询标准31项，提供标准技术咨询500余人次。帮助金凤物流标准化示范区建立服务基础标准、服务保障标准、服务提供标准在内的服务标准化体系，10月10日金凤物流标准化示范区顺利通过省质监局组织的验收。

2013年，帮助企业起草和备案企业产品标准6件，为企业查找标准资料260余份，帮助河北亚超轴承制造有限公司的“亚超”牌轴承采用国际标准的前期工作已经完成，有关申请已经报送到省质监局。新办组织机构代码证书396个，换发组织机构代码证书214个。

特种设备监督管理

1998年，特种设备安全监察职能移交质量技术监督部门。

2002年4月，馆陶县质监局成立特种设备安全监察科，配备特种设备安全监察员3名，负责全县特种设备安全监察工作，全县特种设备规模迅速增长。

2006年，开展四次特种设备安全大检查活动，检查锅炉10台，压力容器12台，起重机械20台，普查登记气瓶3000余个，压力管道88米，整改事故隐患35处。下发《特种设备安全监察意见书》53份，取缔违规倒气点3个。

2007年，检查锅炉25台，压力容器31台，起重机械27台，普查登记气瓶3100余个，压力管道220米，整改事故隐患11处，下发《特种设备安全监察意见书》23份，取缔违规倒气点3个。是年5月开展了气瓶专项整治活动，制订了《馆陶县气瓶安全整治方案》，为1.1万余个气瓶贴上了黄色警示标签，对存在设备隐患的单位和个人，下发注册登记通知书210份，责令限期整改到位。

2008年，对37家单位101台特种设备进行隐患排查。共检查锅炉29台，压力容器30台，电梯4台，起重机械38台。其中消除事故隐患12处，查封8家特种设备使用单位，取缔1家（乙炔充装站），停产11家。对辖区内危险化学品生产企业进行拉网式巡查，及时排除发现的安全隐患问题，对隐性隐患限期落实整改，检查中发现无证生产单位1家（馆陶县糠醛厂），责令其停产。

2009年，检查锅炉16台、压力容器15台、压力管道300余米、电梯6台、起重机械40台、厂内机动车辆5辆、液化气充装站1家、氧气充装站1家，消除事故隐患5处，下达《特种设备安全监察指令书》23份。

2010年，实施《特种设备安全监察条例》，实行分类分级监管，对重点监控特种设备进行跟踪监控，努力消除隐患。检查锅炉25台、压力容器65台、压力管道3290余米、电梯11台、起重机械27台、厂内机动车辆5辆、液化气充装站1家，消除事故隐患16处，全年没有特种设备重特大事故发生。

2011年，监督检查特种设备使用单位31家，检查锅炉30台，压力容器99台，电梯23部，起重机械53台，消除事故隐患7处，下达《特种设备安全监察指令书》10份，拆除不合格锅炉1台。确保了全县使用登记发证、设备使用单位现场全面检查率达到100%。

2012年，检查特种设备使用单位38家，排查特种设备123台（套），其中锅炉37台，压力容器42台，起重机械20台，厂内机动车辆6台，电梯18部，下达特种设备安全监察指令书13份，查封锅炉4台，压力容器7台。

2013年，全县有特种设备总数373台（部），压力管道5726米，在用331台（部），其中锅炉45台、起重机械46台、电梯46部、压力容器187台、厂内机动车辆7辆、压力管道5468.5米。分别开展了针对电梯、起重机械、压力容器以及餐饮场所燃气等专项整治，排查安全隐患13处，当场解决隐患5处，下达监察指令书8份。在用特种设备实际定期检验率达到99.7%以上，现场检查率达到100%。开展特种设备作业人员培训班，对全县气瓶充装人员进行了培训考核（复审），共培训取证（复审）15人。

稽查管理

1997年后，馆陶县质量技术监督局开展“质监利剑”“四查四保（即查市场，保两节；查农资，保春耕；查建材，保建设；查特种设备，保平安）”“八大战役”等各项专项打假行动，至2010年，全县质量技术监督系统共查获假冒伪劣产品的货值金额610余万元，查办制假售假案件1850余件。

2003年，“非典”期间，查获劣质口罩310个，不合格棉签1900余个，劣质消毒剂50余公斤。

2006年，组织开展农资、食品、棉花、建材、农机汽（摩）配件等五项打假专项活动，查处各类质量违法案件65件，查获假冒伪劣产品货值37.3万元。

2007年，查处各类质量违法案件115件，查获假冒伪劣产品货值40.6万余元。

2008年，查处各类质量违法案件461件，其中立案115件。

2009年，共查处各类违法案件153起。

2010年，共查处假冒伪劣违法案件186起，其中包括标准化与条代码案件82件、计量46件、产品质量与食品57件、认证认可1件，查获各种假冒伪劣产（商）品货值163余万元，有力维护了消费者合法权益，规范了市场经济秩序。

2011年，开展农资、食品、建材、农机汽（摩）配件和重点产品专项整治行动，建立了辖区监管责任体系，共查处各类违法案件 176 起，其中立案 85 起，现场处罚 91 起。

2012 年，举办法律法规培训班 2 次，培训企业人员 60 人次。组织开展了农资、食品、建材、农机汽（摩）配件和重点产品的整治，开展质量安全风险排查。完善 12365 举报打假平台，配备办公用具，制度和工作流程全部上墙，认真受理群众投诉，按时完成上级部门转来的举报投诉案件，并及时信息反馈，确保了举报投诉案件办结率达到 100%。

2013 年，开展“双打”和“质监利剑”、重要工业产品、农资、食品、农机汽（摩）配件专项整治活动。接办市局 12365 举报中心转来投诉案件 2 起，配合市局查处 2 起非法制造饮料案；确保了举报投诉案件办结率达到 100%。查处各类违法案件 191 件，其中立案 75 件，当场处罚 116 件。

河北省轴承产品质量检验站　河北省轴承产品质量检验站是河北省质量技术监督局和（原）河北省机械电子工业厅于 1986 年批准建立的第一批省级产品质量监督机构，主要承担轴承及轴承零件行业定期监督检验、新产品鉴定、市场监督、质量仲裁检验、委托检验等任务，并且对轴承的各项组织、机械性能、检验等方面有较强的检验、分析能力。2011 年 5 月，河北省轴承产品质量监督检验站搬迁到馆陶县质量技术监督局，隶属馆陶县质量监督检验所。设有综合办公室、检验室、计量理化室 3 个部门，共有职工 12 人，工程师 3 人，检测人员 9 人，建筑面积 110 平方米。是年 11 月，河北省轴承产品质量监督检验站通过了河北省质量技术监督局的计量认证 / 审查认可（验收）评审。是年 12 月，河北省轴承产品质量监督检验站项目通过河北省质监局审定，并取得资质认证书。2012 年 6 月 27 日，通过省质监局的考核验收，在全省开展工作。是年，抽检轴承产品 20 个批次。2013 年，抽检轴承 30 个批次。

第七节　食品、药品监督管理

机构设置

馆陶县药品监督管理局于 2003 年 5 月 1 日正式挂牌成立，同年 6 月上划邯郸市药品监督管理局垂直管理，人员 9 名。内设办公室、药品监督科、药品稽查科 3 个科室，履行药品、医疗器械生产、流通、使用全过程监管职责。

2004 年，成为县食品安全监管协调领导小组成员单位，领导小组办公室设在县药监局，开始实施食品安全监管协调职能。内设机构不变，人员增至 11 人。

2006 年 6 月，“馆陶县食品药品监督管理局”挂牌，增设食品协调科，对食品监管进行综合协调。人员增至 12 人。

2009 年 12 月馆陶县食品药品监督管理局由省以下垂直管理改为馆陶县政府管理，作为馆陶县政府工作部门，行政机构设置和编制不变。

2011 年 11 月 8 日，馆陶县成立馆陶县政府食品安全委员会，成员单位由政府办、政法委、财政局、发改局、教育局、科技局、工信局、公安局、监察局、环保局、农牧局、畜牧水产办、商务局、卫生局、工商局、质监局、林业局、粮食局、食品药品监管局、供销社、城区管理局、民宗局组成。

县政府食品安全委员会下设办公室（以下简称食安办），内设综合协调指导科、监督检查科、应急管理科 3 个科室，行政编制 7 名。各乡镇（街道）社会事务办公室挂乡镇（街道）食品药品安全监管办公室牌子，增加食品药品安全监管职责，具体负责本乡镇（街道）食品药品安全管理工作。

2012 年年初，县政府对食品药品监管职责进行调整，将综合协调食品安全、组织查处食品安全重大食品安全重大事故的职责划给县卫生局，将县卫生局的食品卫生许可、餐饮业、食堂等消费环节食品安全监督管理和保健食品、化妆品卫生监督等职责，划入县食品药品监督管理局。内设机构有：办公室、餐饮安全监管科、保健食品化妆品监管科、药品安全监管科、药品稽查科。行政编制 13 名，工勤 1 名。2012 年 2 月调整到位，行使新的职责。

2014 年 4 月，县政府对食品安全监管职能进行了整合，设立新的馆陶县食品药品监督管理局（挂馆陶县政府食品安全委员会办公室牌子），为县政府工作部门。整合的职责有：一是将县质量技术监督局生产环节食品行政许可和监督管理职责划入县食品药品监督管理局。二是将质量技术监督局化妆品强制检验的职责划入县食品药品监督管理局。三是将县工商行政管理局流通环节食品行政许可和监督管理职责划入县食品药品监督管理局。四是将县商务局酒类食品安全监督管理职责划入县食品药品监督管理局。7 月整合到位，全面行使食品药品监管职责。行政编制 50 人。内设办公室（挂投诉举报中心牌子）、食品安全协调科（挂应急管理科牌子）、食品生产监管科、食品流通监管科、药品医疗器械监管科，成立馆陶县食品药品监督管理局稽查局、馆陶县餐饮食品监督所。

食品安全监管

2004 年，馆陶县食品安全监管协调领导小组成立，下设办公室，办公室设在县药监局，县药监局开始履行全县食品安全综合监督、综合协调、依法组织对食品重大事故的查处职责。于 4 月 24 日第一次牵头组织卫生、工商、技术监督和公安等部门，联合开展了清理劣质奶粉大检查活动。8 月份，根据群众举报，由药监局牵头，联合对陶山市场某白酒经营户进行突击检查，查获劣质绵竹大典、茅台镇酒等 13 种不合格白酒，共 1524 件，货值金额 17000 余元。

2006 年，县政府对县食品安全监管协调领导小组成员单位进行调整，领导小组办公室设在县药监局。建立了由县政府统一领导，以药监局牵头、有关部门各负其责、乡村共同参与的县、乡（镇）、村三级食品药品监管网络。

2009 年 2 月 28 日，十一届全国人大常委会第七次会议通过了《中华人民共和国食品安全法》，食药监局积极参与馆陶县于 4 月 15 日组织开展的《食品安全法》集中宣传活动。

2010 年 7 月 10 日，县政府办公室接到《邯郸市食品安全监管协调领导小组办公室关于迅速开展乳品和含乳食品集中清查专项行动的紧急通知》（邯食安办〔2010〕21 号）明传电报，立即连夜召开了开展乳品和含乳食品集中清查专项行动的紧急会议，县食药监局立即对商场、超市、奶制品专营店、食杂店和农村零售摊点销售的个体经营业户进行检查，共计检查 417 户，未查出问题乳粉。专项整顿期间，共出动监督人员 800 余人次，检查各类餐饮单位 182 家，未发现使用和出售问题奶粉的现象。

县长孟凡雄（右三）调研节日食品供应安全

2011 年 11 月，县政府撤销了原来的馆陶县食品安全监管协调领导小组及其办公室，建立了馆陶县食品安全委员会，下设办公室，办公室设在县食品药品监督管理局，并在各乡镇政府设立了食品安全监管办公室，加强了对食品安全监管工作的领导。

2012 年年初，县政府将餐饮服务、保健食品、化妆品监管职能从县卫生局移交给县食品药品监督管理局，局内设立了餐饮服务食品安全监督科和保健食品、化妆品监督科，具体担负对餐饮服务食品安全和保健食品、化妆品安全的监管职能。监管人员迅速适应新职能的工作要求，理清工作思路，摸清餐饮服务许可的底数（全县有学校食堂 16 家，各类餐饮服务单位 230 余家）。认真做好餐饮服务许可工作，共受理餐饮服务申请 70 余份，办结 70 余个。从 2 月中旬开始，联合教育局等部门，结合鲜肉及肉制品专项治理活动，在全县范围内，开展了学校食堂及其周边专项整治工作。共检查学校食堂 16 家，下发监督意见书 5 份，提出整改意见 30 余条，确保了学校食堂食品安全。相继开展了鲜肉及肉制品、明胶清查、学校（幼儿园）食堂及周边、高考期间、暑期等餐饮服务食品安全专项整治行动，对全县餐饮服务单位进行了认真细致的监督检查。共检查餐饮服务单位 300 余家次，监督检查覆盖率达 85% 以上，没收过期食品调味品、食品添加剂 5 个品种，20 余瓶，价值 500 余元，限期责令整改餐饮服务单位 12 家，行政处罚餐饮单位 3 家。开展了餐饮服务单位量化分级管理工作，对 52 家餐饮服务单位进行了等级评定，A 级 10 家，B 级 30 家，C 级 12 家。

2013 年，开展了餐饮服务食品安全示范工程创建工作，创建餐饮服务食品安全示范乡（镇）1 个、餐饮服务食品安全示范街 1 条、餐饮服务食品安全示范店 10 家。依次开展了按春节和两会期间大型聚餐申报备案、两会期间餐饮服务食品安全专项整治、餐饮消费环节肉及肉制品专项整治、餐饮服务环节H7N9型禽流感防控等活动，检查学校幼儿园食堂、各类餐饮服务单位300余家次，共办理《餐饮服务许可证》55个，督促1000余名餐饮服务从业人员、经营食品从业人员进行了健康体检。共没收过期、三无食品20余品种，调味品10余样。无检疫预包装肉类30余斤。对一家餐饮单位经营未检疫肉类行为进行行政处罚一起，罚款2000元；责令整改50余家。

药品、医疗器械安全监管

2003年，全县有药品生产企业2家（东龙药厂、生物制药厂）、药品经营企业2家（县药材公司和魏僧寨药品批发部）、药品零售门市23家、县级医疗机构3家、中心卫生院3家、乡镇卫生院5家、个体联合诊所7家、村级联合卫生所90家，有药品从业人员600余人。

县药监局刚刚成立，就投入到紧张的防“非典”工作中去。相继开展了对预防非典型性肺炎药品、药械专项监督检查活动、药品市场清理整治、打击假劣药械专项行动、打击邮售假药违法行为专项行动、特殊药品和二类精神药品专项检查等活动，对药品生产企业进行了GMP认证，开展了药品“放心工程”建设。与公安部门联合取缔非法加工制售中药汤剂、制剂窝点1个，查获涉案中草药30多个品种200余公斤，没收生产加工设备2台件，价值15000余元。查处由省局交办的，利用邮寄方式，销售标有“河南省台前县”生产的复方川羚胶囊等非法制剂案，查获非法自制制剂一批。全年检查药品生产、经营、使用企业169家，查获假药5个品种批次，200余盒（瓶），价值2700余无，查获劣药150余个品种批次，价值3000余元，查获霉变虫蛀中药材20余个品种，20余公斤，价值1300余元。共抽检药品34个品种批次。

2004年4月8日，召开由药品生产、药品批发、药品零售和药品使用单位负责人参加的2004年度药监工作会议。会上下发了《关于对直接接触药品从业人员进行健康体检工作的通知》和《关于建立馆陶县基层药品监督网络的通知》，对聘请的29名药品协管员颁发了聘书。该年体检药品从业人员600余人。为推进药品经营企业GSP认证工作进度，协助县政府对县医药药材公司长期以来存在的“一证多点”“一顶帽子大家戴”的违法违规行为进行了治理，对馆陶县医药药材公司成功地进行了企业改制，实现了国有资产全部退出、职工身份彻底置换的目标。改制后，县医药药材公司和魏僧寨医药批发站均改制为私营企业，医药药材公司更名为邯郸市鑫峰医药有限公司，县医药药材公司原下属的15个零售药房全部改制为个体经营。全面开展了GMP（《药品生产企业质量管理规范》）、GSP（《药品经营企业质量管理规范》）认证工作，河北馆陶瑞森药业有限公司、邯郸市鑫峰医药有限公司分别通过了河北省药品监督管理局的GMP、GSP认证，全县23家零售药房通过了邯郸市药品监督管理局的GSP认证。与县公安局联合开展打假行动，查获假劣药品案件6起，破获邮寄假药案2起，端掉制假窝点1个，涉案金额

50余万元，刑事拘留犯罪嫌疑人2名，严厉打击了制售假劣药品的违法犯罪行为。

2005年，先后开展了生物制品、血液制品、药品广告、一次性无菌医疗器械大检查，共出动人员1000余人次，检查涉药单位344家次，查处各类违法案件85起。与公安局联合开展药品打假行动，相继查处大要案件10余起。开展药品监督网络和药品供应网络（“两网”）建设和GSP认证工作，聘请社会监督员34名，新增药品批发企业一家（河北康恒医药有限公司），与邯郸市鑫峰医药有限公司一同通过省药监局的GSP认证，新增药品零售药房19家，增至47家，全部通过了GSP认证。

2006年，对药品医疗器械生产经营企业商业贿赂进行了专项治理，先后开展了终止妊娠药品专项检查、药械市场“八查”（购进渠道、质量管理、依法经营、医院制剂、药品包装、票据管理、证照管理、药械广告）、规范药品购销发票和药品清单管理等执法检查活动，上报药品不良反应60例。

2007年，在全县推行药械安全责任制，与药品生产经营企业、零售药房、乡级以上医疗机构负责人签订了《生产经营使用药品安全责任书》。对通过GMP、GSP认证的药品生产经营企业和零售药房进行跟踪检查，检查覆盖率100%。组织开展了药品销售凭证、严厉打击经营使用假劣药品医疗器械、医用氧气、中药材和中药饮片、注射剂药品生产、药品违法广告、疫苗、人血白蛋白和生物制品等专项检查。开展农村药品“两网”建设，新增药品批发企业一家（邯郸市新博源医药有限公司），新增药品零售药房11家，总数达到62家。

2008年，先后开展了规范和治理药品类兴奋剂、兴奋剂生产经营专项治理、迎接奥运医疗器械安全专项整治、医疗机构含兴奋剂药品购进使用管理、进一步做好兴奋剂生产经营专项治理、食品药品安全集中行动等执法检查活动。

2009年5月，开展了以防范甲型H1N1流感疫情药械质量中重点的“夏季药械质量检查月”活动，该活动共出动人员120人次，检查涉药单位62家，查获假劣和过期失效药品50多个品种批次，价值2000余元，收缴行政罚款2万余元。于12月份开展了非药品冒充药品专项治理，检查药品经营单位80多家，查获非药品冒充药品的嫌疑品种15种。对药品零售环节实施药品分类管理，对县城内21家药品零售药房安装电子监管网络系统，实行药品流通实时监控。

2010年，开展邯郸市食品药品最安全的县创建活动，对12家需要重新认证的零售药房进行了重新认证，相继开展了药品医疗器械安全专项整治、药品质量“夏季督查”行动等专项行动。与药品生产企业法人代表签订了《馆陶县2010年度药品生产管理责任状》，落实企业的主体责任，实行对药品生产企业负责人每月约谈制度和药品监管人员驻厂制度。深入开展了药品不良反应（ADR）和药物滥用监测工作，局内设置了药品不良反应和药物滥用监测中心，安排了专门人员，在全县药品生产经营企业和3个医疗机构设立了7个县级监测站，在8个乡镇卫生院建立了8个乡级监测点。

2011年，在全县范围内，开展创建国家药品安全示范县活动。通过国家药品安全示范县的创建，全县建立健全了药品安全责任体系、药品安全保障体系、诚信体系、应急处理体系等四个体系，相继开展了处方药销售和药师在职在岗专项检查、生产经营企业GMP和GSP跟踪检查、查处取缔无证无照经营百日执法行动、药品质量“夏季督查”、打击邮售假药专项整治集中行动、整治发布违法广告药械经营活动、医疗机构使用定制式义齿和体外诊断试剂专项检查等工作，药品“两网”（药品监督网和供应网）建设进一步巩固，药品安全监管机制得到进一步完善，药品安全水平得到进一步提升。

2012年后，全县药品、医疗器械监管工作逐年加强，四个监管体系逐步完善，未发生一起药品、医疗器械安全事故，确保了全县人民群众的用药用械安全有效。

第八节　安全生产监督

机构设置

2000年，馆陶县安全生产委员会办公室（县安委办）成立，隶属于县经计委，行使全县安全生产监察工作。2004年4月，县安监局升格为县政府对口的行政管理部门。2011年10月馆陶县人民政府印发《关于进一步明确安全生产监督管理职责的通知》，即县安全生产监督管理部门依法对全县安全生产工作履行综合监管职责。此后，馆陶县制定了《关于明确安全生产监督管理职责的通知》等一系列文件，全面落实公安、安监、质监、消防、交通、国土资源、建设、工商等部门的安全生产监督管理及工业主管部门的安全生产指导职责，形成安全生产综合监管与行业监管相结合的工作机制，加强协作，形成合力，层层建立和完善本级安全生产责任体系，并按照职责分工，抓好各项工作的落实。

专项整治

危险化学品整治　2009年以前，馆陶县危险化学品企业生产规模小，存储数量少，技术装备落后，企业分布分散，监管过程中多由县安监局、工商局、公安局、质监局、发改局等单位联合行动，深入到乡村进行危险化学品摸排和整治。2009年后，随着邯郸市新型化工园区搬迁馆陶县寿山寺乡麻呼寨村，入驻化工园区4家企业。县安监局组织监察力量，深入到化工园区企业进行重点部位进行检查整治，对易制爆化学品的销售、购买、运输、使用等实行流向登记制度、实名购买和审批制度。2011年9月，县安监局成立化工园区中队，加大对化工园区的监管，实行“关口前移、重心下移”的监管模式。县局多次召开安全生产会议，加大对园区剧毒品、易制毒、易制爆等危险品以及涉氯、涉氨等危险工艺进行集中治理。2012年，对馆陶县危险化学品的生产、经营、储存、销

售、购买、运输、使用等环节实行重点监管，对制度建设、人员培训、现场管理等进行集中治理，使危险化学品企业总体管理水平有较大幅度提高。2013年，随着国务院新修订的《危险化学品安全管理条例》正式实施，馆陶县加大对危化产品监管力度，把危化企业监管当作重点，多次召开安全生产会议，县委、政府领导多次调研化工园区监管工作，确保实现园区安全生产零事故。县安监局聘请省市有关专家对化工园区进行安全生产评估制度，实现专家签字出具安全生产风险评估，确保节前和节后复工严格按照法律、法规有关程序进行，全力推进企业安全生产标准化，4个生产企业全部达标，危险化学品经营企业安全生产标准化考评工作完成。

烟花爆竹整治 2006年，馆陶县开始深化烟花爆竹整治，规范烟花爆竹正常经营，严厉打击非法经营烟花爆竹行为，成立县烟花爆竹安全检查组，批准设立烟花爆竹固定经营门市共计81家，其中专营店11家。分布在县城24家（含11家专营店），魏僧寨镇16家，徐村乡18家，柴堡镇10家，路桥乡3家，房寨镇6家，王桥乡3家，寿山寺乡1家。烟花爆竹批发企业1家。2009年后，在安监局督促下，全县批发企业严格执行库房定量、定员规定，落实配货、搬运、装卸等安全操作规程，严禁超量储存、超许可范围经营。实行烟花爆竹销售预警制度，严格控制其销售数量和建立健全销售台账，严防其超量储存或出现集中、连片经营的现象。对全县零售网点加强检查和巡查，促其持续具备安全生产条件。

每逢春节来临，县安委办牵头协调县公安局、县工商局、县城管局派出人员开展联合执法检查，销售旺季在县城临时点销售区域执勤严厉打击和取缔非法违法经营烟花爆竹行为。

大型公众聚集活动和大型焰火燃放活动实行严格审批，并做好执勤和应急工作。凡发现超范围经营和无证经营，县安监局按照法律规定依法暂扣其烟花爆竹并没收违法所得。

道路交通整治 1997年以后，馆陶县高度重视道路交通安全。随着社会发展迅速，车辆数量日益增多，安监局联合交通、交警等部门多次下发道路交通整治方案和文件，严格对道路不安全行为进行集中整治，安监局带领队员上路不定时不定点进行检查，加大突击检查力度；特别是对国道309线、106线多个较大交叉口、神农大道和106线交叉口、106与215省道交叉口实行24小时管控。重点围绕三轮车、农用车及工程货运车等机动车辆人货混装的交通违法行为，无证驾驶、超速驾驶、摩托车违法超员、飚车追逐违法行为，接送学生的摩托车、面包车等机动车辆非法运营、超速超载违法行为开展执法检查。

2008年开始在全县划定县城道路、国省道、农村道路等“三大战区”，根据不同战区的警情特点，突出区域性的整治重点。县城道路要对公交车、货车、摩托车、农用车等重点车辆以及闯禁行驶、乱挤乱插、闯灯越线、酒后驾驶、乱停乱放等10类交通违法行为开展集中整治。农村公路要重点查处三轮汽车、拖拉机和低速载货汽车违法载人。对各类违法行为，一律上限处罚；对乱停阻碍交通的车辆，一律拖走；对电子警察和视频抓拍违法，一律扣分处罚；对醉酒驾驶、飙车赛车等违法，一律拘留违法人。

2011 年 5 月 1 日起，醉酒驾驶作为危险驾驶罪被追究驾驶人刑事责任开始起，馆陶县加大对酒驾打击力度，对违反公共安全行为坚决予以打击，绝不手软。

2012 年后，馆陶县道路交通强化源头管理。县有关部门全面排查县汽车销售企业和机动车修理企业，对辖区内货运企业、客运企业、汽车修理厂进行地毯式排查，道路交通部门一对一与当地客货运企业和业主签订一律不得超限超载承诺书。

县长孟凡雄（前中）调研陶山市场消防安全

消防安全整治　2003 年，重点开展公众聚集场所易燃可燃装修材料消防安全专项整治行动，开展以落实社会单位消防安全主体责任，提升火灾自防自救能力的消防安全“四个能力”（检查发现和整改火灾隐患能力、扑救初起火灾能力、组织引导人员疏散逃生能力、消防安全知识宣传教育培训能力）建设活动。

2004—2007 年，安全监管部门与公安消防大队配合，部门联动，加大“春节”“两会”期间消防安全保卫和公众聚集场所消防安全专项整治工作。2008 年，以抓好学校、医院、商场、市场、宾馆、饭店等公共聚集场所和人员密集场所的消防安全为重点，加大消防器材配备和消防安全通道的日常检查和监督监管力度，教育从业人员掌握必要的消防安全知识，熟知消防器材的使用，减少人员伤亡。2010 年 5 月，开展零点行动，对全县宾馆、网吧等人员密集场所进行安全隐患排查。2011 年以后，重点对人员密集场所，如商场、娱乐场所进行消防检查，加大对居民小区消防安全设施的检查。

综合监督

安全培训　1997 年以后，馆陶县高度重视培训教育工作，年初制定培训计划，并始终把培训工作作为安全生产的一项基础工作，明确专人负责培训管理工作。重点是高危行业主要负责人和安全管理人员、特种作业人员、其他从业人员的安全教育，使全县所有生产经营单位从业人员学法、懂法、重视安全生产工作，保证人民群众的生命安全。

2004 年以后，随着县域企业数量日益增加，企业员工从业人数不断上升，生产经营单位对安全生产工作不够重视，对培训工作不够重视，如非法社会招工点、中介恶性竞争，扰乱安全培训秩序，或培训不到位，培训质量不保证，甚至出现制假现象，导致培训生源外流（流向外省），安全不保证。对此，县安监局加大培训教育力度和执法力度。

2008 年，县安全生产培训机构成立，组织企业在企业内部进行培训，时间主要集中在每日班前会和班后会对职工进行教育培训。2009 年，县安监局共组织 21 家高危企业 21 名主要负责人、28 名安全管理人员、30 名特种作业人员参加培训，做到持证率 100%。非高危行业 4 名主要负责人、6 名安全管理人员、306 名特种作业人员已全部参加培训，做到持证率 100%。31 家企业现有从业人员总数 763 人，其中高危企业 173 人，其他单位 585 人，已全部按照法律法规要求参加了岗前“三级教育”培训，经过考核后上岗任职。2010—2013 年，馆陶县继续加大对化工园区企业、北科园区和轴承园区的三级培训和特种作业人员培训工作，摸清企业数量，企业从业人数，夯实培训基础。把从业人员培训工作作为日常执法检查过程中的一项重要组成部分，对不按规定培训、未持证上岗的企业，依法给予规定的上限处罚。

安全大检查 2004 年以后，馆陶县各相关职能部门，适时开展安全生产大检查活动。2008 年，县政府成立危险化学品、道路交通、建筑施工、消防等 10 个安全生产检查组，每个检查组牵头部门的主要领导为该组的第一责任人，由主管领导会同有关部门进行反复检查，对检查出的隐患登记建档。期间，全县开展“安全生产百日督查专项行动”。2009 年，为进一步落实邯安办〔2009〕23 号文件精神，确保 60 周年国庆期间全县安全形势稳定，在全县开展“迎国庆百日安全生产大检查”活动。2010 年以“查隐患、防事故”为目标，组织开展全县安全生产大检查，以各乡镇和各行业为主，紧扣“安全生产年”和“安全生产攻坚年”的要求，安排部署，层层开展检查。

2011 年 6 月，按照河北省统一部署，馆陶县在“安全生产月”期间组织开展打击非法违法生产经营建设行为执法“利剑”行动。从 8 月 20 日开始，馆陶县成立督导检查组，重点对化工园区企业安全、非法加油站整治、陶山市场重大火灾隐患、液氨、轴承园区安全、烟花爆竹等行业进行重点检查。2013 年，馆陶县成立 8 个督导组，对化工园区、人员密集场所、建筑施工、烟花爆竹、道路交通、特种设备、非法加油站、危险化学品储存情况等重点行业领域进行督导检查。共排查危险化学品企业 17 家，危险化学品种类 130 余种。排查电梯 40 部，有重大安全隐患 1 部已立即关停。排查出非法加油点 32 家，已责令限期拆除设备。排查烟花爆竹零售店 60 家，吊销零售许可证 6 家。排查建筑工地 8 家，查处安全隐患问题 50 余条，责令其限期整改。排查市场、学校、医院、网吧等人员密集场所共 20 余家，查出隐患问题 110 余条，当场整改 96 条，其余责令限期整改。

2008—2013 年，全县安全大检查 36 次，检查单位 1210 家，发现隐患 9367 处，现场解决 8921 处，限期整改 446 处。

安全生产事故处理

1997 年后，馆陶县安全生产事故处理遵守“四不放过”原则：即在调查处理工伤事故时，坚持事故原因分析不清不放过；事故责任者和群众没有受到教育不放过；没有采取切实可行的防范措施不放过；事故责任者没有受到严肃处理不放过的原则。要求对安全生产工伤事故必须进行严肃认真的调查处理，接受教训，防止同类事故重复发生，执行国务院《企业职工伤亡事故执行和处理规定》，并按照该规定对发生事故的单位和个人进行处理。2004—2008 年，全县企业由于安全生产条件简陋、设备陈旧、管理落后、职工安全意识淡薄等因素，伤亡事故总量相对较大。2008 年后县安监局从强化危险化学品、烟花爆竹等高危行业入手，重点从企业安全生产监管机构建设、人员配备、安全设施设备、人员培训、现场条件、档案资料、安全生产投入、应急救援等方面加大监管力度，全县安全生产形势稳定提升，事故总量下降。2009 年，县委、县政府进一步加大安全生产工作的组织领导力度、安全投入力度和政策倾斜力度，安全管理水平和企业的本质安全水平均得到提高。2013 年起，为了汲取全国各地事故教训，县安监局按照县委政府领导会议及讲话要求，将事故企业列入生产安全“企业黑名单”，加大日常隐患排处力度。对发生安全生产事故的企业，组织有关部门做好事故调查处理工作，加强对责任单位、责任人处理结果及整改措施落实情况的跟踪检查，做到事故结案率达 100%。严厉打击隐瞒事故行为，把责任追究制落到实处，对刻意隐瞒安全事故的责任人及责任主体，严格按照相关法律进行严肃追责。

第九节　国土资源管理

地籍管理

土地登记　受客观因素影响，1997 年之前，馆陶县土地登记、发证工作不规范，个别单位和个人不依法申请土地登记等问题比较突出，直接影响了土地登记的作用和地位，对全县土地管理秩序十分不利。随着新修订《土地管理法》的实施，以及多项经济制度改革的深入，进行用地、管地方式的变革，对土地登记工作提出了更高的要求。1999 年，县土地管理局按照国土资发〔1999〕

国土局办公大楼（2013 年摄）

78 号、省厅冀土政字〔1999〕23 号文件的要求，以及市局〔1999〕15 号的通知精神，在全县范围内开展了土地证书年检工作，规范土地登记行为，查处土地违法案件，整顿土地市场秩序。2002 年 7 月县土地管理局改组为县国土资源局，为开创“凭证管地、持证用地”良好局面，大力规范土地登记工作，提高土地登记人员的业务水平，先后有 50 多名业务工作人员参加省国土资源厅统一组织的岗位培训，并取得了全国土地登记上岗资格证书。建立了土地登记人员责任追究制度，对违规操作造成错登、漏登的要承担相应责任，因违规登记造成权利人重大损失的，实行过错责任追究。馆陶县土地登记工作达到“权属合法、界址清楚、面积准确、程序合法”，截至 2013 年年底，全县共完成证书发放 93615 宗，其中国有土地 4615 宗，集体土地 89000 宗，建立公开规范的办事流程，基本建立各项土地登记制度。如土地登记公开查询制度、登记会审制度、权属争议调处制度等，初步建立地籍管理信息系统，实现了电脑制证。

2012 年全面启动全县集体建设用地确权登记发证工作。依法加快集体土地所有权登记发证工作，是强化耕地保护机制，调动农民自觉保护耕地积极性的重要举措，也是保护农民土地合法权益，维护农村社会稳定的根据途径。馆陶县按照“试点先行、因地制宜、稳步推进”的原则，准确把握政策，主动开拓思路，快速有序推进农村集体土地所有权确权登记发证工作。该项工作自 2012 年 5 月底开始，至 2012 年 12 月底整体完成。先后共投入 40 人进行外业调查、25 人进行内业资料整理，全县各村近 400 余人参与现场指界。该项工作共调查全县所辖 4 乡 4 镇 277 个行政村，完成调查面积 456.3 平方公里，完成所有权宗地数 706 宗的确权登记发证工作。全县共设置界桩 451 个；完成了 8 个地籍区、277 个地籍子区的划分以及所有权数据库的建设。

土地确权与争议调处　长期以来，基层群众的土地权属争议大部分以自行协商调处，直接或间接造成全县土地市场秩序混乱。2002 年 7 月经县委县政府批准，土地管理局改组为国土资源局后，为规范土地市场秩序，依法调处土地权属争议成为国土资源管理部门的重要职责，为加强全县土地权属争议调处工作，县国土资源局改组伊始便成立了以局党委书记、局长为组长，主管局长为副组长，各相关科（室）所负责人为成员的馆陶县土地权属争议调处工作领导小组，抓好应急基础建设。对全县内土地权属争议案件进行常规性排查，加强信息收集，建立土地权属争议案件登记调处簿册，全面掌握土地权属争议基本情况。加强对土地权属争议案件难点问题研究，为早期预防和制定政策提供参考依据；提高对和处理群体性突发性事件的能力，加强应急业务知识学习，一旦土地权属争议引发群体突发事件，立即启动预案，防止事态扩大和矛盾激化。遇有紧急情况快速上报，根据情况定期开展案件清理检查工作，集中力量解决陈案、难案。健全机制，保障土地权属争议调处工作有序开展。加强队伍建设，每年定期进行业务培训，特别是对国家新出台的法律法规和政策文件的培训，通过以上措施的实施，有效的化解矛盾，减少土地权属的争议。截至2013年年底，全县共调处集体土地所有权争议130余宗，对社会稳定起到积极重要作用。

土地调查 馆陶县于1989年开展第一次土地调查，查清了全县土地资源和利用的状况。1996年起，逐年开展土地变更调查工作。2004年11月，根据《河北省人民政府办公厅关于开展全省土地利用现状更新调查工作的通知》（办字〔2003〕101号）要求，在全县开展土地利用更新调查，并于2006年9月通过了省级成果验收。

馆陶县土地利用管理部门成立后，全面开展城镇初始地籍调查，至1997年全县初始地籍调查基本完成。2006年全县开展了城镇地籍更新调查。根据《国务院关于开展第二次全国土地调查的通知》（国发〔2006〕38号）、《河北省人民政府关于开展第二次土地调查的通知》（冀政〔2007〕55号）和《邯郸市人民政府关于开展第二次土地调查的通知》（〔2007〕65号）文件要求，馆陶县开展了第二次土地调查，馆陶县总面积为45273.83公顷，其中耕地32389.07公顷，占总面积的71.54%；园地282.6公顷，占0.62%；林地979.75公顷，占2.16%；草地195.01公顷，占0.43%；城镇村及工矿用地6535.25公顷，占14.43%；运输用地1319.33公顷，占2.91%；水域及水利设施用地2668.82公顷，占5.89%；其他土地904.00公顷，占2.00%。基本农田总面积为28848.06公顷，其中基本农田净面积（耕地面积）为28562.38公顷，其他地类285.68公顷（园地190.73公顷，林地94.95公顷）。

其调查成果作为核定各地实际耕地保有量、新增建设用地数量和建设用地审批、土地利用总体规划修编、土地开发整理复垦等各项土地管理工作的基本依据。农用地转用、土地征收、土地登记、土地规划、土地开发整理复垦等土地管理工作，也以调查成果为依据。2013年正在进行内业汇总和数据库建设。

地籍信息化建设 1997—2002年，受科技因素制约，全县地籍信息化建设进程缓慢。2002年成立国土资源局后，地籍信息化建设被列为国土资源管理的一项重要工作，为此，县国土资源局不断加强地籍信息化建设工作，坚持走信息化、规范化道路，提高地籍管理的科技含量和工作效率。结合国土资源部建设全国“一张图”和金土工程。在农村第二调查中先后购置了中地软件MapGIS，进行数据采集和建库，利用地理信息技术，合理配置，进行全覆盖管理。馆陶县城镇地籍调查成果顺利通过验收，在全县土地权属审核、登记发证等工作中发挥重要作用。

土地节约使用

馆陶县土地总面积45383.2公顷（680748亩）；1997年土地利用状态是：耕地31721.8公顷（475827亩），占土地总面积69.9%；园地2348.5公顷（35228亩），占5.18%；林地660.27公顷（9904亩），占1.45%；交通用地914.13公顷（13712亩），占2.01%；

水域用地 3176.13 公顷（47642 亩），占 7%；城镇居民点及工矿用地 5369 公顷（80535 亩），占 11.83%；未利用土地 1193.3 公顷（17900 亩），占 2.63%。

1997 年后，通过合理调整、开发整理和盘活闲置用地等有效措施，至 2013 年，全县建设用地占用耕地 220 公顷（3300 亩）。通过河滩地和未利用土地的开发补充耕地 386.1 公顷（5791.5 亩），整理复垦补充耕地 253.9 公顷（3808.5 亩），净增耕地 420 公顷（6300 亩），2013 年全县耕地面积 32141.8 公顷（482127 亩），确保了耕地总量平衡有余。园地面积 2348.6 公顷（35229 亩）保持不变，但需调整，即由一类农地向河滩荒地等一般农地转移，使其适果则果，种植结构合理化，整体提高农地效益。林地 660.27 公顷（9904 亩），保持不变。全县城镇居民点及独立工矿用地面积 5331.4 公顷（79971 亩），城镇增加 175.4 公顷（2631 亩），农村居民点减少 253.9 公顷（3808.5 亩），独立工矿增加 40.9 公顷（613.5 亩），增减相抵，共减少 37.6 公顷（564 亩）。交通用地面积 917.8 公顷（13767 亩），占用耕地 3.7 公顷（55.5 亩）。水域用地面积 3055.8 公顷（45837 亩），共减少 120.3 公顷（1804.5 亩），全部开发为耕地。未利用土地面积 927.5 公顷（13912.5 亩），共减少 265.8 公顷（2987 亩），全部开发为耕地。

优化土地利用空间布局

优化农用地布局 优化耕地布局，1997 年年底全县耕地面积为 31721.8 公顷（475827 亩）；通过科学调整基本农田布局，在为经济社会发展留出必要的、合理的用地空间的同时，把质量较好的一般农田优先补划为基本农田，保证基本农田数量不减少、质量有提高，布局总体稳定。首先将土地利用总体规划确定的中心城区、建制镇、产业集聚区（化工园区、轴承园区）的允许建设区和有条件建设区内的基本农田调整为一般农田；将重大基础设施和重点建设项目、新农村建设及重要道路两侧一定范围内所涉及的基本农田调出；将低等别、质量较差以及零星破碎、不易管理的基本农田调整出去。将高等别耕地、集中和连片耕地、已验收合格的土地整理复垦开发新增的优质耕地调整为基本农田。根据优化布局结果，2013 年全县耕地面积 32141.8 公顷（482127 亩），确保了耕地总量平衡有余。全县基本农田主要布局在路桥乡、柴堡镇、王桥乡、魏僧寨镇和寿山寺乡。

优化城镇村建设用地布局 全县城镇总体发展突出中心集聚，轴线拓展，实行“以中心城区为主，其他建制镇为辅共同发展”的发展战略，逐步形成以中心城市为依托，以交通运输干线为主轴线的发展态势，即形成“一城、二园、三带”相结合的空间布局结构。

合理布局工矿用地。为提高工业集聚度，有效促进土地的集约利用水平，新增工矿用地主要集中布局在馆陶县新型化工园区及轴承工业园区，把两区域逐步建设为邯郸市新型化工基地及邯聊之间轴承生产加工集散地。

对闲置土地、低效利用土地清理盘活。坚持循序渐进、分类指导的原则，对每一类闲置、低效利用土地都制定详细的盘活方案。做到对每一宗闲置土地都能依法处置。对原国有划拨用地、原工业小区及乡镇集体、个人闲置、低效利用的土地，结合原用地单位摸清情况、尊重历史，该补偿的合理补偿、妥善安置，该无偿收回的，坚决无偿收回。

农用地整治与建设用地节约集约利用。农用地整理，馆陶县境内土壤种类多样，土地肥沃，农业自然资源丰富，有良好的农业生产条件，适宜多种农作物生长，种植业比较发达。通过农用地整理，对现有田、水、路、林统一规划，全面建设，以片为单位，逐步配套基础设施，将其建成田成方，路相连、林成行，灌得进、排得出、生态环境良好，适于机械操作，具备规模经营条件的标准农田。农用地整理区主要安排布局在路桥乡、王桥乡及寿山寺乡。

建设用地节约集约利用。全县建设用地总量调控立足于内涵挖潜，加大存量建设用地盘活力度，提高土地利用效益，严格控制建设用地规模，着力调整建设用地结构，保障重点区域及建设项目必要用地。严格城镇和村庄建设用地增长边界管理。按照全县城乡建设用地指标，严格划定城镇用地扩展边界，将城镇建设严格限制在扩展边界内，明确管理责任、管制规则和监管措施，综合运用经济、行政和法律手段，控制建设用地盲目无序扩张。

严格控制新增建设用地供应规模。合理安排各类建设用地增量指标，优先支持中心城区发展用地和产业集聚区用地，重点保障符合产业发展政策和经济发展需求的交通、能源、水利等重点项目用地。实施新增建设用地年度计划控制。根据土地利用总体规划和近期建设用地需求，结合建设用地集约利用状况，严格落实年度计划指标，控制各业、各类建设用地新增规模，防止建设用地的盲目增长。

深入推进土地有偿使用制度改革，完善建设用地储备制度，严格落实工业和经营性用地招标拍卖挂牌出让制度，强化建设用地合同管理，建立健全土地市场动态监测制度，建立节约集约用地考核制度。

耕地保护与基本农田保护建设

耕地保护　1997 年后，随着全县城镇化、工业化的推进，不可避免地占用部分耕地，现代农业发展和生态建设也需要调整一些耕地，农用地特别是耕地保护将面临严峻的形势。为解决日益突出的供需矛盾，全县开始划定土地用途区和基本农田保护区，明确了耕地和基本农田保护范围，有效实施对耕地特别是基本农田的保护；在严格按规划实施土地用途管制的前提下，充分利用国家政策，大胆创新用地机制，通过大力推进土地开发整理，获取建设用地置换指标，保障社会经济发展对建设用地的正常需求，为全县社会经济发展提供了用地保障；在严格执行土地利用规划的同时，切实认识到土地规划的重要性及严肃性，使规划的龙头地位得到确立，按规划批地、用地、管地在馆陶县基本形成共识。2013 年全县耕地保有量达到 32141.8 公顷（482127 亩）；1997—2013 年全县基本农田保护面积达到 28350.14 公顷，基本农田保护率不低于 88.62%。

落实耕地保护目标责任制。完善耕地保护目标管理责任、动态巡查制度；将耕地保护目标纳入政府领导任期目标考核的内容，签订责任书。根据馆陶县实际情况，土地利用总体规划确定的耕地保有量目标为 31992.48 公顷，把此目标下达各乡（镇），各乡（镇）建立乡（镇）、村、组、户四级耕保责任体系，层层分解保护责任。

控制非农业建设占用耕地。严格控制非农建设占用耕地；强化对非农建设占用耕地的控制和引导，建设项目选址必须贯彻不占或少占耕地的原则，确需占用耕地的，应尽量占用质量较低的耕地。

切实执行补充耕地任务。严格执行建设占用耕地补偿制度；按照建设占用耕地占补平衡的要求，严格履行补充耕地义务，确保耕地保护目标实现；加强土地开发整理复垦力度，在改善农村生产、生活条件和生态环境的同时，增加有效耕地面积。1997 年至 2013 年，通过河滩地和未利用土地的开发补充耕地 386.1 公顷（5791.5 亩），整理复垦补充耕地 253.9 公顷（3808.5 亩），净增耕地 420 公顷（6300 亩），2013 年全县耕地面积 32141.8 公顷（482127 亩）。

强化耕地质量建设。加大耕地管护力度。按照数量、质量和生态全面管护的要求，建立耕地保护台账管理制度，明确保护耕地的责任人、面积、耕地等级等基本情况。加大中低产田改造力度，积极开展农田水利建设，提高耕地综合生产能力。

基本农田保护与建设　根据馆陶县实际情况，确定规划期内基本农田保护面积为 28350.14 公顷，较市级规划确定的基本农田面积多 78.47 公顷，多划出的基本农田主要用于规划期内补划不易确定具体范围建设项目占用基本农田。

根据各乡（镇）经济社会发展对耕地的需求和耕地资源质量状况，按照“保优不保劣”的原则分配落实各乡（镇）基本农田保护任务，路桥乡、柴堡镇、王桥乡、魏僧寨镇等乡镇优质耕地是基本农田保护的重点区域。规划期间，基本农田调出 1084.13 公顷，主要分布在寿山寺乡（前宁堡村、息元村、韩高庄村等村）、馆陶镇（刘沿庄村、鲍沿村、赵沿村等村）、房寨镇（北拐渠东村、北拐渠西村、王寨村等村）、柴堡镇（东苏堡村、柴堡南村、樊堡村等村）、王桥乡（王桥村、北孙店东村等村）等乡镇；基本农田调入 586.21 公顷，主要分布在房寨镇（韩庄村、房寨南村、房寨北村等村）、馆陶镇（车疃村、中马固村等村）、寿山寺乡（常儿寨村、寿东村等村）等乡镇。

加强基本农田建设，继续大力开展基本农田综合整治工作，加大中低产田改造力度，完善农田基础设施，提高耕地综合生产能力。建立基本农田建设集中投入制度，加大公共财政对粮食主产乡（镇）和基本农田保护区的扶持力度。把馆陶县粮食主产区建设、国家省市投资的土地整治项目区等建设项目往基本农田保护区集中，加大财政转移支付向基本农田保护区投入力度。

落实基本农田保护制度，除法律规定的情形外，其他各类建设严禁占用基本农田；确需占用的，须经有关部门批准，并按照“先补后占”的原则，补划数量、质量相当的基本农田。

城乡建设用地的规划与管控

建设用地节约集约利用　1997年后，随着全县城镇化、工业化的发展，城镇建设用地、工矿用地需求量在相当长时期内保持较高水平，馆陶县可用作新增建设用地的土地资源十分有限，各项建设用地的供给面临着前所未有的压力。

全县城镇总体发展突出中心集聚，轴线拓展，实行“以中心城区为主，其他建制镇为辅共同发展”的发展战略，逐步形成以中心城市为依托，以交通运输干线为主轴线的发展态势。

合理布局工矿用地。为提高工业集聚度，有效促进土地的集约利用水平，新增工矿用地主要集中布局在馆陶县新型化工园区及轴承工业园区，把两区域逐步建设为邯郸市新型化工基地及邯聊之间轴承生产加工集散地。

土地清理盘活　1997年后，馆陶县空闲低效利用土地主要是集中在原县属工业企业和农村三类建设用地（如农村宅基地、乡镇企业和公共设施用地）。形成原因主要有：一是因产业政策和环保政策以及经济效益等原因，一些县属国有企业和乡镇、村办的小水泥厂、小造纸厂、养殖场、果库等乡镇企业关停，原企业用地长期得不到有效利用。二是随着工业化和城镇化的发展，大量农村人口陆续向城镇转移，使农村开始出现部分空心村、留守村。三是撤乡并镇，致使原乡镇政府和所属“七站八所”办公场地空闲。四是由于各地撤点并校，造成大量撤并的农村学校空闲。土地资源的高效利用是节约集约的一个重要标志，为清理盘活和利用空闲低效土地，提高土地利用效率，县国土资源局认真贯彻“十分珍惜、合理利用土地和切实保护耕地”基本国策，不断加大闲置土地处置力度，建立了存量和闲置土地档案，作为项目建设的“第一候选”，择时供应，盘活存量土地。通过“腾笼换鸟”“退二进三”“退城近郊”“空心村整治”等方式，将一些低效用地企业梯次转移出去，腾出空间发展投资强度高、占地面积少、环境污染小、科技含量高、产出效益大的更高层次产业，促进全县经济社会转型升级。至2013年，馆陶县盘活存量空闲低效利用土地1000余亩。

国土监察

1997年后，馆陶县国土资源局不断创新国土执法监察工作新思路、新方法，实施最

开展国土执法巡查活动

严格的耕地保护制度、最严格的节约用地制度，按照“快受理、快制止、快查处”的原则，降低执法难度，减少执法成本，切实做到了“保发展、保红线”。创新机制，织密动态巡查网络。县国土资源局研究制定《馆陶县国土资源动态巡查制度》，突出防范与责任并重，定人员、定岗位、定责任，包巡查、包处理、包监督、包结案，传导了压力，凝聚了共识，形成了合力。建立了12336国土资源违法举报电话线索受理办理工作信息平台，实现举报电话接听、登记、转办、办结全过程“一张图”工程无缝链接。大力推行土地执法监察“片警式”监管模式，对8个乡镇逐一明确局领导班子成员分包，具体人员负责，每周二、周五对基本农田保护区、国省道两侧500米范围内、重点项目建设区等区域进行重点巡查、动态巡查。组建国土执法监察大队，配备了专用执法巡查摩托车、执法记录仪等执法设备，依法对县道、乡道、乡村周边等区域拉网式常态巡查。加强执法宣传，提高全民法治意识。充分利用广播、电视、条幅、网络和微信平台等形式，紧紧抓住4•22世界地球日、6•25全国土地日和12•4法制宣传日等有利时机，进行全方位、多层次宣传，开展现场咨询答疑和送法、送政策下乡等活动，营造“守土有责、护土有方、动土有据、用土有益”的浓厚氛围。编印最新的国土资源法律汇编简本送至各乡镇党政主要领导、分管领导和县直单位一把手，为国土资源执法监察工作创造了良好的环境。严格执法监察，依法打击土地违法行为。坚持国土资源执法监察关口前移，建立“预防为主，事前防范和事后查处相结合”工作机制，实现全员监察，全程监管。在坚持日常巡查的基础上，不定期组织开展土地执法专项行动，对不符合土地利用总体规划、不符合产业政策、占用基本农田的违法用地，坚决予以查处；对符合土地规划和产业政策的违法用地，在行政处罚自由裁量上予以从轻，并积极协调规范用地手续，有效遏制了非法占地、破坏耕地等违法行为。坚持协调联动，全力配合，对每一宗违法占地案件相关证据、调查材料和法律文书都认真审查审理，做到了事实清楚，证据确凿，程序合法，无一例行政诉讼案件。有力保障各类项目建设依法依规用地，促进了全县经济社会健康持续发展。

第十节　其他综合经济管理

招商引资

1997年后，馆陶县为了加快全县开放招商的工作步伐，加大项目工作力度。2003

年以后，县委、县政府相继出台了《馆陶县鼓励外商投资的优惠政策》《馆陶县关于进一步扩大开放招商引资若干问题的决定》《馆陶县关于进一步优化经济环境的若干意见》《馆陶县招商引资优惠办法》《馆陶县关于全员招商全民创业全优环境的暂行规定》《馆陶县招商引资暨项目建设暂行规定》等文件，根据形势的发展和县情实际，多次对《馆陶县招商引资暨项目建设暂行规定》等规定和意见作了修改完善。在招商引资暨项目建设暂行规定中，明确了在土地、金融信贷、服务保障、奖励等方面的政策扶持。

2010 年以后，打造了北京科技大学邯郸科技园、邯郸市新型化工园区、馆陶县明珠轴承工业园区。馆陶县依托三大园区平台，创新全员招商、专题招商、专业招商、节日招商，开展有针对性的招商活动。先后引进了新阳光化工、金环瑞吉德、信德电力配件、六和牧业、北科机械、大运重卡、金隅建材、颐民宝新能源等一大批投资超亿元的中字头、国内 500 强、行业百强企业。2013 年，北科园区现有投产企业 30 家，累计完成投资 120 多亿元。化工园区为省级经济开发区，已入驻产业项目 21 个，累计完成投资 100 亿元。轴承园区已入驻企业 33 家。

优化经济社会发展环境

2003 年 10 月 16 日，成立馆陶县优化发展环境办公室（简称优化办）。优化办下设秘书协调组、纠风治乱组、经济 110（治安维护组）。

2003 年以后，馆陶县以机关效能建设、创优评差、行政权力公开透明运行和民主评议为主要载体开展优化环境工作，在县电视台开辟“行风专讯”“聚集发展环境专栏”“优化环境大家谈”等栏目，印发优化环境招商引资口号、制作悬挂标语、出动宣传车、发放明白纸等，通过宣传，提高全民环境意识，浓厚招商引资氛围。“经济 110”多次深入重点项目、工业园区、市场、企业、公路进行调查走访，查看有无影响企业发展情况、有无影响项目进展情况、有无“三乱三霸”（乱收费、乱罚款、乱摊派，村霸、路霸、建筑霸）现象，摸排问题 200 余个，调处率 100%。优化办多次联合纪委效能办和纠风办、县委督察室督查部分县直部门和乡镇基层站所落实优化环境规定、执行市六条禁令情况，以点带面，全面推进全县各部门办事效率的提高。至 2011 年年底，共受理环境案件投诉 1215 起，有的随即协调处理，有的交到相关部门进行处理，有的与纪委联合办理，最大限度地保护外来投资企业和群众利益，特别是重点工程重点项目的投诉，做到从快从严、高效高质办理，保证了一批项目的顺利开工建设。每年对全县优化发展环境工作先进单位和先进个人进行表彰，2003—2007 年，公开处理了 19 起影响发展环境的案件。（其他公开处理案件源自县纪委）

馆陶县相继出台《关于进一步优化经济发展环境的意见》《馆陶县招商引资办法》、《馆陶县检查、收费、罚款监督暂行办法》《关于全面开放全员招商全民创业全优环境的暂行规定》等20余项规范性文件，构建了优化发展环境的政策框架，转发了省纪委、监察厅《关于进一步优化发展环境的若干纪律规定》，进一步严明纪律规范操作，健全了优化环境监督考核机制，为优化发展环境提供了必要的政策保障。

政务服务中心

2003年，优化办和政务中心合署办公，下设项目审批中心、财政支付中心、集中收费中心、政府采购中心、外商服务中心、教育支付分中心（2006年9月1日搬入），形成"一办六中心"格局。成立之初，入驻单位16家（优化办、政府采购、教育局、财政局、物价局、工商局、环保局、国土局、质监局、地税局、发改局、国税局、卫生局、住建局、公安局、县纪委），工作人员48名。

县政务服务中心

至2010年年底，优化办政务大厅共为143家项目代办988个手续，组织材料4680余项（2007年开始）；为外商和县重点项目企业所用车辆办理市级、县级绿色通行证共2484个；办理项目审批备案1177个；各种证照手续24446个；财政支付累计办理9.8万多笔次，金额近36.96亿元，拒付不合理支出4986万元；收费中心审验265个收费项目、1760个收费标准、收费许可证1840本，办理《缴费明白卡》15950余张;政府采购约1740批次，金额14869万元，节约资金1815万元。

2011年1月1日，行政服务中心明确为县政府直属机构，正科级，全额拨款事业单位，内设3个职能科室，编制10名，其中主任1名，副主任2名，股级职数3名。共入驻25个单位，分别为:社保中心社保科、医保科、农保科、新农合、卫生局、民政局、人社局、公安局、物价局、安监局、消防队、政府采购中心、食药监局、规划局、发改局、环保局、住建局、教育局、工商局、国土局、质监局、地税局、国税局、交通局、计生局、纪委电子公务监察室、行政服务中心管委会，约120人，设92个窗口，入驻审批事项和服务事项共117项，是集行政许可、招标投标、便民服务"三位一体+电子公务监察"的综合性行政服务平台。内设县联社营业窗口、会计师事务所、复印部等便民机构。

为保障运行、监管窗口，中心相继出台了窗口人员行为规范、请销假制度、会议制度、窗口首席制度、学习培训制度、绩效奖发放制度、日常考勤制度、接待制度、廉政建设制度、查岗制度等近20项管理措施。至2013年，中心共代办项目85家，为项目企业代办证照手续约800个；为外商投资和县重点项目企业办理县级绿色通行证356个（市级绿色通行证于市优化办取消成立市服务中心时取缔停办)；办理进企业检查备案16份，拒6次不合理检查；办结行政许可、非行政许可审批和公共服务事项313291件，其中行政许可、非行政许可审批事项综合按时办结率100%，公共服务事项综合办结率99.9%；咨询服务约69366人次；教育局支付7826笔次，涉及金额19298万元；政府采购中心共采购19笔次，预算总价6046.79万元，节约资金282.5万元，中标金额5764.29万元(2013年人员和业务划归馆陶县公共资源交易中心)。

公共资源管理

2013年5月，馆陶县公共资源交易中心正式运行，8月1日起，正式受理业务。位于金凤大道南侧，筑先路西侧，行政服务大厅二楼。为全额拨款科级事业单位，列县政府事业单位序列，编制10名，设主任1名，副主任2名，股级职数2名。中心下设综合科、交易科2个科室。

公共资源交易中心履行全县建设工程、政府采购、产权交易、土地使用权出让等各类公共资源交易活动的组织、管理、服务职责。所有政府采购、使用国家资金和财政资金以及房地产投资等项目建设工程、产权交易、土地挂牌等公共资源交易项目全部进场交易。共发布公告128条，其中政府采购类57个，建设工程类57个，产权交易类5个，土地挂牌9个。

第四编　政　治

1997—2013年，中共馆陶县委员会历经第八届、第九届、第十届、第十一届。馆陶县人民代表大会历经第十三届、第十四届、第十五届、第十六届，并同时产生了四届人民政府。政协馆陶县委员会历经第六届、第七届、第八届、第九届。历届四套班子领导，结合馆陶实际，共谋馆陶县经济和社会发展大计，加大重点项目和基础设施建设，推进城镇化发展，实施民生工程，促进经济和社会事业全面、协调、可持续发展。各社会团体，组织动员社会各界群众参与到全县的经济和社会建设中。政法部门加强队伍建设，推进社会治安综合治理，开展“严打”整治行动，为全县提供了安全和谐稳定的发展环境。

第一章　中国共产党地方组织

1949年春、1950年冬、1956年9月、1954年11月，中共馆陶县委员会分别召开了六次党员代表大会，但没有排届次。1956年5月2日，中共馆陶县委员会第一次党员代表大会召开。第四届代表大会因“文化大革命”而停止，直至1971年3月才召开。第五次代表大会也因种种原因而推迟到1986年3月24日才召开。之后，党代会步入常轨化。至2013年，中共馆陶县委员会共召开全县党代会十七届次。

第一节　党员代表大会

中共馆陶县第八次代表大会

1998年2月13日至15日，中共馆陶县第八次党员代表大会在馆陶县人民剧场召开。李士杰代表中共馆陶县第七届委员会作了题为《抓住机遇、同心协力，为把馆陶建设成为经济强县而奋斗》的工作报告，审议通过了中共馆陶县纪律检查委员会工作报告，并作出相应决议。大会以无记名投票方式选举产生了县委委员29名，候补委员6名，县纪委委员14名。

中共馆陶县第九次代表大会

2003年7月21日至23日，中共馆陶县第九次党员代表大会在馆陶宾馆召开。县委书记刘晓军代表中馆陶县第八届委员会向大会作了题为《解放思想、务实创新、为实现新跨越、建设新馆陶而努力奋斗》的工作报告。县委副书记、纪委书记李振国代表县纪委向大会作了书面工作报告。县委副书记、县长杨华云主持会议。大会选举产生县委委员 29 名，候补委员 6 名，县纪委委员 15 名。

中共馆陶县第十次代表大会

2006 年 7 月 1 日至 3 日，中共馆陶县第十次党员代表大会在馆陶宾馆召开。大会由张跃峰主持，李振国致开幕词。牛金禄代表中国共产党馆陶县第九届委员会向大会作了题为《勇于创新科学发展，为建设实力、活力、和谐馆陶而奋斗》的工作报告。李振国代表中共馆陶县纪律检查委员会向大会作书面报告。大会选举产生县委委员 35 名，候补委员 7 名，县纪委委员 15 名。大会以举手表决的方式审议通过了中国共产党馆陶县第十次代表大会关于中共馆陶县第九届委员会工作报告的决议和中国共产党馆陶县第十次代表大会关于中共馆陶县纪律检查委员会工作报告的决议。牛金禄致大会闭幕词。

中共馆陶县第十一次代表大会

中国共产党馆陶县第十一次代表大会召开

2011 年 9 月 10 日，中共馆陶县第十一次党员代表大会召开。大会主席团成员、主席团常务委员闫宁主持会议并宣布大会开幕。大会主席团成员、主席团常务委员马光瑞致开幕词。大会主席团成员、主席团常务委员张跃峰代表中国共产党馆陶县第十届委员会向大会作了题为《科学发展、加速崛起，为建设实力、秀美、和谐的现代化新馆陶而奋斗》的报告。县纪委向大会作书面工作报告。会议审议通过了《中国共产党第十一次代表大会关于中共馆陶县第十届委员会工作报告的决议》和《中国共产党馆陶县第十一次代表大会关于中共馆陶县纪律检查委员会工作报告的决议》。大会选举产生县委委员 35 名，候补委员 7 名，县纪委委员 17 名。

第二节　县委全委会议

第八届委员会全委会议

1998 年 2 月 15 日，中共馆陶县第八届委员会召开第一次全体会议。会议以无记名投票方式差额选举常务委员会委员10名，等额选举书记1名，副书记3名。

1998年7月8日，中共馆陶县委召开八届二次全体（扩大）会议。会议听取并审议了县委书记李士杰所作的《提高认识，强化措施，狠抓落实，努力开创全县社会主义精神文明建设新局面》的报告。会议审议通过了《中共馆陶县委关于抢抓机遇加快发展确保我县全年经济和社会发展目标高限完成的决议》。

1998年12月12日，中共馆陶县委召开八届三次全体（扩大）会议。会议听取并审议了县委书记李士杰所作的《以党的十五届三中全会精神为指引、努力开创全县农业和农村工作新局面》的讲话。

1999年7月16日，中共馆陶县委召开八届四次全体（扩大）会议。会议听取并审议了县委书记李士杰代表县委常委会所做的工作报告。会议审议通过了《中共馆陶县委关于以重点工作为主线加大力度确保全县经济快速发展的决议》。

2000年11月18日，中共馆陶县委召开八届五次全体会议。会议听取并审议了李士杰代表县委常委会所做的工作报告。会议审议通过了《中共馆陶县委关于制定国民经济和社会发展第十个五年计划的建议》。

2001年12月21日，中共馆陶县委召开八届六次全体会议。会议听取并审议了黄月芳代表县委常委会所作的工作报告。会议审议通过了《关于适应“入世”要求做好2002年工作推动全县经济跨越式发展和社会全面进步的决议》。

2002年12月31日，中共馆陶县委召开八届七次全体会议。会议听取并审议了黄月芳代表县委常委会所作的工作报告。会议审议通过了《中共馆陶县委关于认真学习党的十六大精神切实做好2003年工作加快馆陶发展步伐全面建设小康社会的决议》。

2003年7月19日，中共馆陶县委召开第八届委员会第八次全体会议。县委书记刘晓军主持会议。会议审议并原则通过了中共馆陶县第八届委员会和县纪律检查委员会向县第九次党代会提交的工作报告，通报了县第九次党代会筹备情况，通过了县第九次党代会通过时间及日程安排，讨论产生了中共馆陶县第九次党代会县委、县纪委候选人预备人选。

第九届委员会全委会议

2003年7月23日，中共馆陶县第九届委员会召开第一次全体会议。会议由县委书记刘晓军主持。会议选举产生常务委员会委员11名，其中书记1名，副书记3名。

2004年1月30日，中共馆陶县九届二次全体（扩大）会议召开。县委书记刘晓军代表县委常委会作了题为《一心一意求发展振奋精神抓落实》报告。报告共分三部分：一、去年以来县委常委会的主要工作。二、突出工作重点，全力抓好落实。三、加强党的建设，努力提高执政能力和领导水平。会议通过了《中共馆陶县委关于中共馆陶县委常委会工作报告的决议》。

2004年8月3日，中共馆陶县委召开九届三次全体（扩大）会议。县委书记牛金禄代表县委常委会向大会报告工作，报告共分四个部分：一、认真分析形势，统一思想认识，明确“抓落实、求发展”的主题。二、遵循规律，突破难点，推动各项工作的扎实开展。三、营造“团结干事、创业为民”的良好风气，形成“抓落实、求发展”的强大氛围。四、抓好班子建设，锻造干部队伍，强化“抓落实、求发展”的组织保障。县长杨华云就全县经济工作进行了总结和安排部署。县委副书记赵瑞海宣读了县委、县政府《关于2004年上半年经济运行情况的通报》，县委副书记、纪委书记李振国宣读了县纪委、县监察局《关于在全县开展机关效能监察的实施办法》。

2005年1月6日，中共馆陶县委召开九届四次全体（扩大）会议。会议听取了牛金禄代表县委常委会所作的工作报告。报告的主要内容是：一、坚持“抓落实、求发展”，2004年各项工作保持了良好的发展态势。二、明确2005年工作的基本思路，认真把握发展中的几个问题。重点是抓实五大主导产业（蛋鸡、蔬菜、铸造加工、棉纺、医药食品），推进四大工程（村村通街道硬化、群众安全饮水、科技入户、扶贫助学），加快“三城”（流通商贸城、生态园林城、特色文化城）建设。三、突出抓好经济发展的关键点和活跃点，在提高发展的速度和质量上实施突破。四、全面加强党的执政能力建设，为各项工作的开展提供坚实保证。会上，县委副书记、纪委书记李振国宣读了《中共馆陶县委、馆陶县人民政府关于实行重大决策民意评审制度的通知》。

2005年7月12日，中共馆陶县委召开九届五次全体（扩大）会议。县委书记牛金禄作了题为《把开放工作推向新阶段》的工作报告，分三个部分：一、扭住中心，把握主题，使开放的旋律越唱越响。二、乘势而上，强力推进，使开放的路子越走越宽。三、完善机制，狠抓落实，使开放的步伐越走越快。县委副书记赵瑞海宣读了《中共馆陶县委、馆陶县人民政府关于认真落实科学发展观、强力推进科技教育人才兴馆的若干意见（审议稿）》。

2005年12月28日，县委召开九届六次全体（扩大）会议。县委书记牛金禄代表县委常委会作工作报告，一、始终突出“抓落实、求发展”主题，造浓“团结干事、创业为民”氛围。二、紧紧抓住发展这个执政兴县的第一要务，着力推动经济工作迈出新步伐。三、强化执政为民理念，倾力关注解决群众关心的热点、难点问题。四、切实加强民主法制建设，努力构建和谐社会。五、深入开展保持共产党员先进性教育活动，进一步加强和改进党的建设。2006年工作重点抓好五个方面：一是始终保持强烈的机遇意识，进一步增强加快发展的紧迫感和责任感。二是牢牢扭住结构调整这条主线，推动县域经济发展实现新突破。三是统筹兼顾，协调推进，着力构筑和谐馆陶。四是围绕更快更好发展全面推进党的建设，不断提高驾驭全局能力。五是以奋发有为的精神状态担当起新的历史重任，实现“十一五”的良好开局。县委副书记赵瑞海就《中共馆陶县委关于制定国民经济和社会发展第十一个五年规划的建议》（全会审议稿）进行了说明。经审议，会议通过了《中共馆陶县委关于制定国民经济和社会发展第十一个五年规划的建议》和《中共馆陶县委关于构建和谐馆陶若干问题的实施意见》。

第十届委员会全委会议

2006 年 7 月 3 日，中国共产党馆陶县第十届委员会举行第一次全体会议。会议由牛金禄主持。会议以举手表决的方式通过了选举办法，以无记名投票的方式选举产生了常务委员会委员 11 名，其中书记 1 名，副书记 3 名。新当选的中共馆陶县委书记牛金禄讲话，他指出：要不断创新，永葆奋发进取的创业激情；要苦干实干，凝心聚力抓落实；要牢记宗旨，倾心竭力服务人民群众；要团结干事，充分发挥县委班子整体效能；要艰苦创业，始终保持清正廉洁之风。

2007 年 1 月 5 日，中共馆陶县委召开十届二次全体（扩大）会议，县委书记牛金禄代表县委常委会作工作报告。报告总结了过去一年的工作，明确了 2007 的发展思路：一要狠抓立县项目，在提高经济运行质量和效益上实施新突破。二要强推开放，在引进外来要素上实施新突破。三要夯实基础，在推进社会主义新农村建设上实施新突破。四要健全机制，在构建和谐馆陶上实施新突破。五要弘扬正气，在加强干部队伍建设上实施新突破。张跃峰总结了 2006 年全县经济工作，安排部署了 2007 年全县经济工作。2007 年，经济工作的总体要求是：抢抓河北建设沿海经济社会发展强省的机遇，落实又好又快要求，坚持工业立县、“一借三集”，突出抓好四件大事（抓项目促财政过亿元、抓产业创知名特色县、抓物流建次中心城市框架、抓“五基”建设和谐新农村），着力在立县项目、对外开放、新农村建设、和谐馆陶建设、干部队伍建设五个方面实现新突破，把全县经济社会发展推向一个新阶段。县委副书记、纪委书记李振国主持会议并就贯彻落实会议精神和当前工作讲了意见。县委副书记赵瑞海就《中共馆陶县委关于推进“和谐共建八项工程”的实施意见》（全会审议稿）作了说明。全体县委委员以举手表决的方式通过了《中共馆陶县委关于推进“和谐共建八项工程”的实施意见》。

2007 年 7 月 18 日，中共馆陶县委召开十届三次全体（扩大）会议，县委书记牛金禄出席会议并讲话。他指出：要切实提高准确把握形势的能力；切实提高推进项目建设的能力；切实提高统筹发展的能力；切实提高科学指导发展的能力，把全县发展推向一个新的水平。张跃峰对今年上半年工作进行了总结，并指出下半年要重点做好六个方面的工作：一要以项目建设为主攻点，在加快工业立县进程上寻求新突破。二要以开放招商为着力点，在引进外来要素上寻求新突破。三要以现代农业发展为切入点，在新农村建设上寻求新突破；四要以县城功能提升为着眼点，在架构黑龙港流域次中心城市上寻求新突破；五要以现代服务业为增长点，在第三产业发展上寻求新突破；六要以解决民生问题为发力点，在社会事业发展上寻求新突破。县委副书记赵瑞海宣读了《中共馆陶县县委、馆陶县人民政府关于全县重点工作第二季度观摩评比和上半年工作完成情况的通报》。县委常委、常务副县长王兆社宣读了《中共馆陶县委办公室、馆陶县人民政府办公室关于2007年1—6月份经济运行情况的通报》。县委副书记、纪委书记李振国主持会议并就贯彻落实会议精神讲了意见。

2007年12月28日，中共馆陶县委召开十届四次全体（扩大）会议，县委书记牛金禄代表县委常委会作了题为《强力推进五大建设，把全县经济社会发展提高到一个新阶段》的工作报告。报告共分四个部分：一、经过连续几年坚持不懈的努力，全县经济社会发展实现了较大跨越。二、科学审视发展形势，站在新的历史起点实施新的突破。三、紧紧扭住工作重点，以创新的措施解决问题，强力推进发展。四、打造一支能征善战的干部队伍，以拼搏实干的创业精神和较强的抓落实能力推动新一轮发展。张跃峰主持会议并就贯彻落实会议精神和做好当前工作讲了重要意见。县委副书记、纪委书记李振国传达了市委七届四次全会精神。全体县委委员以举手表决的方式通过了《中共馆陶县委十届四次全体（扩大）会议决议》。

2008年9月9日，中共馆陶县委召开十届五次全体（扩大）会议，县委书记武金良代表县委常委会作了题为《凝心聚力，乘势而上，为实现建设邯郸东部强县目标而努力奋斗》的工作报告。报告共分四个部分：一是不断开辟“继续解放思想，践行科学发展”的新境界，大力弘扬“抓发展、促和谐、建强县”的主旋律。二是科学谋划全县总体目标和发展战略，创新建设邯郸东部强县的思路和举措。三是把握推动全县经济社会发展的着力点，实施抓发展、促和谐、建强县的强力突破。四是开创基层组织建设新局面，为建设邯郸东部强县提供坚强的政治保障。

2009年1月19日，中共馆陶县委召开十届六次全体（扩大）会议，县委书记武金良代表县委常委会作了题为《把握新形势，实施大建设，强力推进全县经济社会快速发展》的工作报告，报告共分四部分：一、坚持创新创业、拼搏实干，“三年大变样、五年建强县”实现良好开局。二、辩证分析形势，科学把握机遇，坚定做好2009年工作的决心和信心。三、突出工作重点，以大建设的态势推动建设邯郸东部强县进程。四、推进党的建设，为强力推动全县经济社会快速发展提供坚强的保障。

2009年8月11日，中共馆陶县委召开十届七次全体（扩大）会议，县委书记武金良代表县委常委会作了题为《乘势奋进再掀发展新热潮》的工作报告。报告共分四个部分：一、科学把握形势，再掀发展新高潮。二、全力建设园区，打造化工大产业。三、突出工作重点，全面推进抓攻坚。四、深化“两项活动”，增强各级干部的战斗力。县委常委、常务副县长王兆社，县委常委、组织部长于秋波分别对《关于进一步加强邯郸市新型化工园区规划建设管理的意见（讨论稿）》和《乡局级领导班子和领导干部综合考核评价办法（讨论稿）》作了说明。

2010年1月8日，中共馆陶县委召开十届八次全体（扩大）会议，县委书记武金良代表县委常委会作了题为《突出“三年主题”，强化发展举措，切实加快建设邯郸东部强县步伐》的工作报告。报告共分四个部分：一、以大建设的力度推动建强县进程，全县发展形成强劲态势。二、科学判断形势，牢牢把握“大开放、大建设、快发展、保民生”总基调。三、突出“三年主题”，强势推动全县经济社会发展实现新跨越。四、加强党的建设和干部执行力建设，进一步夯实建设邯郸东部强县的根基。

2010年8月13日，中共馆陶县委召开十届九次全体（扩大）会议，县委书记武金良代表县委常委会作了题为《凝神聚力，加压奋进，为全面打造化工新城而努力奋斗》的工作报告。他指出：正确判断形势，致力率先发展，全面打造化工新城的基础更加坚实；高点定位，重点突破，全力打造独具特色和核心竞争力的化工新城；硬化推进措施，实施重点突破，确保全面完成、力争超额完成全年各项目标任务；加强干部队伍建设，大力提升执行能力，为打造化工新城提供坚实组织保障。

2011年1月19日，中共馆陶县委召开十届十次全体（扩大）会议。县委书记武金良代表县委常委会作了题为《乘势而上、奋力突破、为全面建设邯郸东部次中心城市而努力奋斗》的工作报告，报告共分三部分：一、客观总结成绩，坚定发展信心，激励建设邯郸东部次中心城市的高昂斗志；二、围绕工作重点，强力抓好落实，力求建设邯郸东部次中心城市的全面突破；三、创先争优，奋发有为，强化建设邯郸东部次中心城市的组织保障。张跃峰就《中共馆陶县委关于制定国民经济和社会发展第十二个五年规划的建议（全会审议稿）》作了说明。会议由县委常委会主持。

第十一届委员会全委会议

2011年9月11日，县委召开十一届一次全体（扩大）会议，分别选举产生常务委员会委员11名，其中书记1名，副书记2名。

2012年1月6日，中共馆陶县委召开十一届二次全体（扩大）会议，县委书记张跃峰出席会议并代表县委常委会作了题为《以更大的决心和力度加快现代化新馆陶建设进程》的工作报告，报告共分三部分：一、盘点奋斗成果，馆陶站在一个新的发展起点上；二、奋力进位争先，努力开创科学发展加速崛起的新局面；三、加强党的建设，为实现今年奋斗目标提供坚强的保障。会议分组讨论了《全委会工作报告》《馆陶县人才振兴计划》、《关于推行农村党支部书记职业化管理的试行意见》《关于全面推进社区管理服务创新的意见》《馆陶县2012年重点项目攻坚年实施意见》《关于2012年“七个十”工程的实施意见》。会议以举手表决的方式通过了《中共馆陶县委十一届二次全体（扩大）会议决议》。

2012年7月24日，中共馆陶县委召开十一届三次全体（扩大）会议。县委书记张跃峰出席会议并代表县委常委会作了题为《做环境、上项目、保稳定、全力加快现代化新馆陶建设进程》的工作报告，报告共分四部分：一、以项目建设为中心，全县发展形势持续向好；二、突出加速崛起主体，再掀项目建设新高潮；三、着力改善两个环境，促进经济社会快速发展；四、担当加快发展重任，力促全年任务目标高限完成。

2013 年 2 月 23 日，中共馆陶县委召开十一届四次全体（扩大）会议。县委书记张跃峰代表县委常委会向大会作工作报告，报告共分三部分：一、发展奠定基础，机遇提振信心；二、崛起依靠奋斗，环境决定未来；三、执政赢在民心，创新激发活力。县委副书记、县长谢继炯在会上作经济工作报告，报告共分两部分：一、2012 年工作回顾；二、2013 年工作安排，重点抓好六个方面的工作，一要狠抓重点项目建设，二要狠抓工业经济平稳运行，三要狠抓城镇化水平提升，四要狠抓现代农业发展，五要狠抓民生和谐稳定，六要狠抓“两个环境”建设。会议对 2012 年度干部选拔任用工作进行了民主评议。

2013 年 8 月 9 日，中共馆陶县委召开十一届五次全体（扩大）会议，县委书记张跃峰代表县委常委会作了题为《以更大力度加速现代化新馆陶建设进程》的工作报告。报告共分三部分：一、正确把握形势，以思想大解放提振发展信心；二、突出工作重点，以超常举措实现跨越赶超；三、加强作风建设，用创业精神凝聚发展合力。

2014 年 1 月 14 日，中共馆陶县委召开十一届六次全体（扩大）会议。县委书记谢继炯代表县委常委会作了题为《实事求是，改革创新，全面建设宜居宜业宜游的生态强县》的工作报告。报告共分五部分：一、2013 年工作回顾；二、以实事求是的态度确定发展战略目标；三、站在新的起点谋求新的更大跨越；四、统筹做好各项工作；五、为建设宜居宜业宜游的生态强县提供有力保障。会议对 2013 年度干部选拔任用工作进行了民主评议。

中共馆陶县委十一届六次全体（扩大）会议

第三节　县委组织机构

中共馆陶县委员会

1997—2013 年，中共馆陶县委经历了第七届至第十一届委员会。第七届委员会由 24 名委员、4 名候补委员组成。第八届、第九届委员会均由 29 名委员，6 名候补委员组成。第十届、十一届委员会均由 35 名委员，7 名候补委员组成。

常务委员会

历届县委均设常务委员会，由 9—11 名委员组成，为常设领导机构。常务委员会设书记 1 名，副书记 2—3 名。

中共馆陶县第八届至第十一届委员会常务委员会组成人员一览表

表 4-1-1

<table>
<tr><th>届次</th><th>职务</th><th>姓名</th><th>任职时间</th><th>籍贯</th></tr>
<tr><td rowspan="10">第七届委员会（1992.12—1998.02）</td><td>书记</td><td>徐守忠</td><td>1992.12—1998.02</td><td>天津市和平区</td></tr>
<tr><td rowspan="3">副书记</td><td>李广聚</td><td>1992.12—1998.02</td><td>河北省馆陶县</td></tr>
<tr><td>李士杰</td><td>1995.06—1998.02</td><td>河北省邱县</td></tr>
<tr><td>王社群</td><td>1996.04—1998.02</td><td>河北省魏县</td></tr>
<tr><td rowspan="6">常委</td><td>王保岭</td><td>1992.12—1998.02</td><td>河北省广平县</td></tr>
<tr><td>宋向华</td><td>1992.12—1998.02</td><td>河北省馆陶县</td></tr>
<tr><td>王天仲</td><td>1992.12—1998.02</td><td>河北省馆陶县</td></tr>
<tr><td>白清长</td><td>1995.06—1998.02</td><td>河北省曲周县</td></tr>
<tr><td>汪金良</td><td>1996.10—1998.02</td><td>山东省临清市</td></tr>
<tr><td>王社群</td><td>1995.06—1998.02</td><td>河北省魏县</td></tr>
<tr><td rowspan="16">第八届委员会（1998.02—2003.07）</td><td rowspan="3">书记</td><td>李士杰</td><td>1998.02—2001.09</td><td>河北省邱县</td></tr>
<tr><td>黄月芳（女）</td><td>2001.09—2003.04</td><td>河北省大名县</td></tr>
<tr><td>刘晓军</td><td>2003.04—2003.07</td><td>河北省顺平县</td></tr>
<tr><td rowspan="7">副书记</td><td>黄月芳（女）</td><td>1998.02—2001.09</td><td>河北省大名县</td></tr>
<tr><td>王天仲</td><td>1998.02—2003.07</td><td>河北省馆陶县</td></tr>
<tr><td>白清长</td><td>1990.02—2001.01</td><td>河北省曲周县</td></tr>
<tr><td>李文海</td><td>2001.08—2003.07</td><td>河北省曲周县</td></tr>
<tr><td>刘晓军</td><td>2001.09—2003.04</td><td>河北省顺平县</td></tr>
<tr><td>韩吉祥</td><td>2001.12—2003.07</td><td>河北省峰峰矿区</td></tr>
<tr><td>杨华云</td><td>2003.04—2003.07</td><td>山东省莘县</td></tr>
<tr><td rowspan="6">常委</td><td>韩吉祥</td><td>1998.02—2003.07</td><td>河北省峰峰矿区</td></tr>
<tr><td>李汴生</td><td>1998.02—2001.08</td><td>河北省魏县</td></tr>
<tr><td>汪金良</td><td>1998.02—2003.06</td><td>山东省临清市</td></tr>
<tr><td>马建民</td><td>1998.02—2003.07</td><td>河北省永年县</td></tr>
<tr><td>石宝中</td><td>1998.02—1999.12</td><td>河北省馆陶县</td></tr>
<tr><td>赵树恩</td><td>1998.02—2003.07</td><td>河北省馆陶县</td></tr>
</table>

续表 4-1-1

届次	职务	姓名	任职时间	籍贯
	常委	王国贞	1999.02—2003.07	河北省馆陶县
		刘海明	2001.01—2003.07	河北省邱县
		李文杰	2001.08—2003.07	河北省魏县
		童建伟	2003.06—2003.07	河北省新乐市
第九届委员会（2003.07—2006.07）	书记	刘晓军	2003.07—2004.07	河北省顺平县
		牛金禄	2004.07—2006.07	河北省曲周县
	副书记	杨华云	2003.07—2006.04	山东省莘县
		李振国	2003.07—2006.07	河北省曲周县
		马建民	2003.07—2006.07	河北省永年县
		赵瑞海	2003.07—2006.07	河北省曲周县
		张跃峰	2006.04—2006.07	河北省邱县
	常委	童建伟	2003.07—2006.07	河北省新乐市
		徐学中	2003.07—2005.03	河北省馆陶县
		王国贞	2003.07—2006.07	河北省馆陶县
		刘海明	2003.07—2006.07	河北省邱县
		高明波	2003.07—2006.07	河北省磁县
		连玉平	2003.07—2006.07	河北省邯郸县
		楚福增	2005.03—2006.07	河北省永年县
第十届委员会（2006.07—2011.09）	书记	牛金禄	2006.07—2008.05	河北省曲周县
		武金良	2008.05—2011.09	河北省邯郸县
	副书记	张跃峰	2006.07—2011.09	河北省邱县
		李振国	2006.07—2009.04	河北省曲周县
		赵瑞海	2006.07—2011.09	河北省曲周县
	常委	童建伟	2006.07—2008.10	河北省新乐市
		王国贞	2006.07—2007.08	河北省馆陶县

续表 4-1-1

届次	职务	姓名	任职时间	籍贯
第十届委员会（2006.07—2011.09）	常委	袁保仲	2006.07—2011.02	河北省馆陶县
		高明波	2006.07—2009.04	河北省磁县
		连玉平	2006.07—2007.07	河北省邯郸县
		齐海新	2006.07—2011.09	河北省鸡泽县
		王兆社	2007.08—2011.09	河北省鸡泽县
		王纪平	2007.07—2011.05	河北省武安市
		倪培祯	2008.10—2011.08	江苏省睢宁县
		张英辉	2007.07—2011.09	河北省南宫市
		李学军	2009.05—2011.09	河北省馆陶县
		于秋波	2009.04—2011.09	河北省邢台市
		黄华根	2001.08—2011.09	江西省丰城市
		闫　宁	2011.08—2011.09	河北省永年县
		苏会彬	挂职，2008.04—2009.09	河北省井陉县
		孙继森	挂职，2009.08—2011.09	河北省威县
第十一届委员会（2011.09—2017.02）	书记	张跃峰	2011.09—2013.11	河北省邱县
		谢继炯	2013.11—2017.02	河北省邯郸县
	副书记	闫　宁	2011.09—2011.12	河北省永年县
		马光瑞	2011.09—2017.02	河北省肥乡县
		谢继炯	2011.12—2013.11	河北省邯郸县
		孟凡雄	2013.11—2017.02	河北省永年县
	常委	黄华根	2011.09—2012.06	江西省丰城市
		郭富山	2011.09—2013.05	河北省曲周县
		齐海新	2011.09—2017.02	河北省鸡泽县
		李晓光	2011.09—2015.11	河北省馆陶县

续表 4-1-1

届次	职务	姓名	任职时间	籍贯
第十一届委员会（2011.09—2017.02）	常委	张英辉	2011.09—2015.04	河北省南宫市
		王延平	2011.09—2016.01	河北省曲周县
		韩培涛	2011.09—2017.02	河北省馆陶县
		张爱军（女）	2011.09—2013.12	河北省磁县
		孙继森	挂职，2011.09—2012.02	河北省威县
		曹瑞华	2012.06—2013.12	河北省宁晋县
		武建民	2013.05—2015.04	河北省馆陶县
		陈印军	2013.12—2017.02	河北省邢台市
		李春红（女）	2013.12—2017.02	河北省武安市
		冯　磊	挂职，2012.02—2013.04	山东省临朐县
		张国强	挂职，2012.08—2014.04	河北省无极县
		高英明	挂职，2014.07—2016.01	河北省井陉县
		袁爱兵	2015.04—2017.02	河北省曲周县
		秦运岭	2015.04—2017.02	河北省魏县
		王新江	2016.01—2017.02	河北省曲周县
		郭　勇	2016.04—2017.02	山西省榆社县

县委工作机构

1998年2月，县委工作机构有11个，其中常设工作机构6个：办公室、组织部、宣传部、统战部、农村工作部、政法委员会；派出机构1个：县直机关工作委员会；直属事业单位3个：党校、党史研究室、档案局；一般事业单位1个：农业服务协会办公室。2002年机构改革后，县委工作机构有16个，其中常设工作机构8个：纪律检查委员会机关、办公室、组织部、宣传部、统一战线工作部、政法委员会、县直机关工作委员会、农村工作委员会；部门管理机构2个：信访局、老干部局；议事协调机构的办事机构1个：机构编制委员会办公室；直属事业机构1个：档案局（馆）；一般事业机构3个：党校、党史研究室、农业服务协会办公室。2004 年，成立机关事务管理局，为县委一般事业单位。至 2013 年年底，组织机构无变化。

县纪委工作机构

1998 年 2 月，县纪委工作机构设办公室、第一纪检监察室、第二纪检监察室、案件审理室、党风廉政建设室、执法监察室、信访室（举报中心）。下设股级事业机构法规政策教育研究室，2000 年 7 月升格为副局级事业机构。2002 年 11 月增设政府纠正部门和行业不正之风办公室，局级规格，归口县监察局。2009 年 12 月增设效能室、监察综合室、电子公务监察室 3 个内设机构。

党组

1998 年 2 月，县委下设 13 个党组：县人大常委会党组、县政府党组、县政协党组、县检察院党组、县法院党组、县工商联党组、县国家税务局党组、县地方税务局党组、县质量技术监督局党组、人行馆陶县支行党组、工行馆陶县支行党组、农行馆陶县支行党组、中保财产保险公司馆陶县支公司党组。2001 年 6 月，增设县烟草专卖局党组。2004 年 12 月，增设县食品药品监督管理局党组。

2013 年年底，县委下设 12 个党组：县人大常委会党组、县政府党组、县政协党组、县检察院党组、县法院党组、县工商联党组、县国家税务局党组、县地方税务局党组、县质量技术监督局党组、县烟草专卖局党组、县食药监局党组、县工商局党组。

基层党组织

1998 年 2 月，县委下设 1 个工委：县直机关工委；13 个基层党委：经计委党委、公安局党委、教委党委、轻工业局党委、供销社党委、馆陶镇党委、柴堡镇党委、魏僧寨镇党委、房寨镇党委、寿山寺乡党委、王桥乡党委、路桥乡党委、南徐村乡党委。

2003 年 7 月，县委下设 1 个工委：县直机关工委；16 个基层党委：经济发展局党委、轻工业局党委、县社党委、电力局党委、文化教育体育局党委、卫生局党委、交通局党委、公安局党委、馆陶镇党委、柴堡镇党委、魏僧寨镇党委、房寨镇党委、寿山寺乡党委、王桥乡党委、路桥乡党委、南徐村乡党委。

2006 年 7 月，县委下设 1 个工委：县直机关工委；17 个基层党委：发展改革局党委、国有资产运营公司党委、县社党委、电力局党委、文化教育体育局党委、卫生局党委、交通局党委、公安局党委、国土资源局党委、馆陶镇党委、柴堡镇党委、魏僧寨镇党委、房寨镇党委、寿山寺乡党委、王桥乡党委、路桥乡党委、南徐村乡党委。全县有党总支部 15 个，党支部 510 个。

2013 年年底，县委下设 3 个工委：县直机关工委、陶山街道办事处工委、非公企业工委；20 个基层党委：发展改革局党委、国有资产运营公司党委、县社党委、供电公司党委、文化教育体育局党委、卫生局党委、交通局党委、公安局党委、国土资源局党委、农牧局党委、建设局党委、商务局党委、馆陶镇党委、柴堡镇党委、魏僧寨镇党委、房寨镇党委、寿山寺乡党委、王桥乡党委、路桥乡党委、南徐村乡党委。全县有党总支部 11 个，党支部 567 个。

第四节　县委重要决策

实施“一抓五带”，建设经济强县

1998 年 2 月至 2003 年 7 月，中共馆陶县第八届委员会以效益立县为核心，以流通兴县为重点，大力实施“一抓五带”（一抓，抓工作重点调整；五带，带动工业、农业、流通、外向型经济和个体私营经济发展）战略，加大产业结构调整和改革开放力度，经济总量迅速增加，经济运行质量明显提高。农业方面，蛋鸡、蔬菜、花卉三大特色产业迅速发展，蛋鸡人均饲养量居全国之首，蔬菜、花卉种植面积居全市前列，分别被国家有关部门命名为“中国蛋鸡之乡”“中国食用菌之乡”“中国花木之乡”。工业通过采取深化企业改革、扶持优势企业、盘活存量资产、狠抓重点项目等措施，在激烈的市场竞争中稳步推进；民营经济迅猛发展，企业总数较 1997 年底增加了 10 倍，一批有实力、有前景的民营企业迅速崛起。大力实施“流通兴县”战略，建设了金凤、陶山、馆陶商城、106、花卉、建材六大市场，构筑了馆陶商贸经济发展的新框架，其中金凤市场作为农业产业化的龙头，在带动蛋菜产业健康发展、促进农民增收等方面发挥了重要作用，被列为“国家菜篮子项目”、“全国农业产业化重点龙头企业”。到 2002 年，全县国内生产总值达 17.2 亿元，五年间平均递增 8.1%；全部财政收入 7613 万元，年均递增 12.5%；全社会固定资产投资累计完成 34.2 亿元；一产、二产、三产的比例从 1997 年的 46.4：27.6：26 调整为 38.4：35.9：25.7；农民人均纯收入 2609 元，年均递增 5.5%。国有、集体企业改革扎实推进，绝大部分国有、集体企业都进行了改制，部分还进行了二次改制、三次改制，企业活力明显增强，2001 年被省政府命名为“改革与发展先进县”；第二轮土地延包工作全面完成，在农民土地经营权不变的情况下，对土地规范有序流转进行了探索；农村税费改革取得明显成效，农民负担明显减轻；精心谋划、认真组织，机构改革顺利完成，教育、财税、卫生、社会保障等改革全面推进。

实施工业立县、产业富民、商贸兴城

2003 年 7 月至 2006 年 7 月，中共馆陶县第九届委员会围绕实现新跨越、建设新馆

陶的目标，以全面建设小康社会总览全局，以机构调整为主线，以改革开放为动力，以优化经济发展环境为着力点，坚持工业立县，产业富民，商贸兴城，推动全县经济的跨越式发展。2005 年 1 月，中共馆陶县委提出要重点抓实五大主导产业（蛋鸡、蔬菜、铸造加工、棉纺、医药食品），推进四大工程（村村通街道硬化、群众安全饮水、科技入户、扶贫助学），加快“三城”（流通商贸城、生态园林城、特色文化城）建设，经过几年努力，把馆陶建设成为全国最大的鲜蛋生产集散基地、较大的低速微型轴承生产基地、独具特色的黑陶生产加工基地，打造全国知名特色产业县。这几年，坚持把“三农”问题摆在突出位置，狠抓了金凤市场升级改造、禽流感防治、生态养殖园建设、农业综合开发、生态家园富民工程等重点工作，全面落实了粮食直补等一系列惠农政策，农业基础地位更加稳固。我县被农业部确定为“全国农产品加工业示范基地”，金凤市场被评为“全国肉禽蛋批发十强市场”第一名，在“全国农副产品批发百强市场”中排名第 19 位。项目建设力度加大，2003 年以来全县共开工建设项目 146 个，其中亿元以上项目 3 个，千万元以上项目 22 个，投资额达 24 亿元，是上个三年的 2.6 倍。到 2005 年，全县生产总值 25.6 亿元，三年平均递增 14.5%；固定资产投资 12.7 亿元，年均递增 30.5%；全部财政收入 5126 万元，按可比口径年均递增 9.7%；农民人均纯收入 2913 元，年均递增 3.7%。2006 年 1 至 5 月份，全部财政收入同比增长 41.6%，一般预算收入同比增长 84.8%，呈现出前所未有的良好态势。民营经济发展势头强劲，民营企业活力不断提高。一、二、三产业结构不断优化，由 2002 年的 44:30.5:25.5 调整到 35.8:37.6:26.6，国民经济步入良性、快速发展轨道。积极稳妥地推行政府机构改革、农业税费改革、审批制度改革、财政集中支付制度改革、农业合作医疗制度改革等，其中企业改制不断深化，国有资本退出率达 100%；粮食系统改革受国家、省、市肯定。建立并充分发挥县政务大厅的作用，扰乱环境的典型案件得到有效处理，发展环境不断优化。创造性实施了“借势山东、创新发展”战略，坚持不懈地开展了定向招商、专业招商、以商招商，招商引资成为推动发展的主要动力，共引进项目 120 个，共利用市外资金 9.4 亿元，实际利用外资 1692 万美元，分别是上个三年的 2.7 倍、1.7 倍。

建设实力馆陶、活力馆陶、和谐馆陶

2006 年 7 月至 2011 年 9 月，中共馆陶县第十届委员会提出建设实力馆陶、活力馆陶、和谐馆陶。建设实力馆陶，就要坚持工业立县，努力在“四大”建设上实施突破；就要夯实农业基础，加快建设社会主义新农村；就要积极推动生产要素向城镇聚集，着力打造邯聊之间的工贸中心和黑龙港流域次中心城市。建设活力馆陶，就要提升发展能力，大力推进思想观念的创新，推进措施的创新，体制机制的创新。建设和谐馆陶，就要营造美好家园，积极培树文明新风，促进和谐发展。2007 年 1 月，新一届县委班子在吃透

县情的基础上提出实施“一借三集”（借势山东，项目集中、产业集中群、城镇集聚发展）战略，突出抓好四件大事（抓项目促财政过亿元、抓产业创知名特色县、抓物流建次中心城市框架、抓“五基”建设和谐新农村），着力在立县项目、对外开放、新农村建设、和谐馆陶建设、干部队伍建设五个方面实现新突破。2007年12月，县委按照“科学抓项目，财政超亿元，民生大改善，和谐新发展”总体要求，紧紧抓住全县发展中存在的突出问题，以创新求突破，以实干促跨越，努力在“五大建设”（项目建设、县城建设、新农村建设、社会建设、干部队伍建设）上取得更大成效，全力打造“四大基地”（全国最大的绿色禽蛋生产加工基地、较大的微型轴承加工基地、独具特色的黑陶研发生产基地、以太阳能为重点的新材料新技术新能源基地），努力打造邯聊之间的工贸中心和黑龙港流域次中心城市。

打造邯郸东部次中心城市

2008年9月，中共馆陶县委提出“一年一大步，三年大变样，五年建成邯郸东部强县，继而打造邯聊之间中心城市”发展目标。2011年1月，县委经过认真反复论证，多方征求意见，提出继续高扬“抓发展，促和谐，建强县”主旋律，实施开放兴县、工业立县、商贸活县、以城带县“四大主体战略”，强力推动“一城、两园、三带”（一城，邯聊之间中心城市；两园，邯郸市新型化工园区和北科大邯郸科技工业园；三带，沿106国道蛋鸡产业带、沿3009国道商贸物流带、沿武馆公路轴承产业带）建设，突出西部新城区、工业聚集区、城南仓储物流区、农村新型社区“四区”建设，全面抓好园区项目、县城建设、商贸物流、农业农村、社会事业“五项重点工作”，建设邯郸东部次中心城市。到2011年，全县生产总值完成63.8亿元，较2006年增加34亿元，年均增长16.5%；全部财政收入完成2.814亿元，较2006年增加2.176亿元，年均增长34.6%，其中地方一般预算收入完成1.67亿元；全社会固定资产投资完成62.4亿元，较2006年增加46.1亿元，年均增长36.6%；农民人均纯收入达到5611元，较2006年增加2548元，年均增长12.9%。项目建设实现突破，开竣工和争列省市重点项目数量连年名列东部县前茅，2007年以来连续四年被市委、市政府授予重点项目建设实绩突出奖。新型化工园区落户并被列为省级经济开发区，馆陶荣膺中国轻工轴承之乡称号，规上企业达到36家。规上工业增加值完成25.6亿元，年均增长27.07%；利润实现4.33亿元，年均增长37.09%。改革开放加快推进。实施了农村综合配套、财税、医疗卫生等13项改革。坚持科学招商、务实招商，六和集团、金隅水泥、包钢物流等500强企业相继落户馆陶。被市政府授予招商引资进步奖，被评为全市利用外资工作先进单位。先后荣获浙商（中国）投资潜力城市、中国最佳投资环境县等称号。三农工作成效显著。粮食生产实现“八连增”，提前建成“吨粮县”，小麦、玉米最高亩产分别达到700.8公斤、836.8公斤，双创全省历史新高，被评为全国粮食生产先进县。城镇面貌发生巨变。编制完成了《馆陶县城市总体规划（2008—2020）》，实施了投资89亿元的189项城建工程，搭建了十纵六横的城区路网框架，主城区面积达到12.6平方公里，城镇化率达到37.5%。2009年、2010年连续两年全市三年大变样考核名列前茅，被授予三年大变样突出贡献奖及河北省人居环境范例奖。荣膺省级园林城、省级文明卫生县城、河北省首批环境优美城镇、中国最佳生态宜居县等称号。

建设实力、秀美、和谐现代化新馆陶

2011年9月，中共馆陶县第十一届委员会提出要深入贯彻落实科学发展观，进一步高扬抓发展、促和谐、建强县主旋律，突出科学发展、加速崛起主题，围绕建设邯聊之间中心城市的发展定位，实施开放带动、县城带动两大战略，坚持工业立县、服务业强县、农业产业化兴县工作路线，抓党建、做民生、保稳定，努力建成实力、秀美、和谐的现代化新馆陶。到2013年，全县生产总值完成89亿元，增长10.5%，增速全市第四，东部十县第二；固投完成94.8亿元，增长20.5%；农民人均纯收入7917元，增长14.6%，增速全市第三；全部财政收入完成3.81亿元，增长5.77%。公共财政预算收入完成2.39亿元，增长5.4%。税收在公共财政预算收入中占比达到73.7%，提高了6.81个百分点。社会消费品零售总额完成25.3亿元，同比增长13.5%。项目建设快速推进。全县开工在建超亿元项目48个，完成投资68.5亿元，其中5个省重点项目，12个市重点项目均超额完成年度投资计划。县城经济彰显活力。实施“小县大县城”战略，用于县城建设的投资达38.3亿元。公主湖公园全面对外开放，一批住宅小区交付使用。完成文卫街、筑先路等道路改建。金凤、陶山、电动车等市场繁荣发展，金凤副食市场、世纪家具城等主体竣工。现代农业稳步发展。小麦最高亩产达到662.57公斤，创全省小麦高产纪录。设施蔬菜稳中有升，顺利通过市级蔬菜示范县验收。魏征牌黄瓜获得中国绿色食品畅销产品奖，优质黄瓜基地建设正在加快推进。建设了千亩黑小麦专业农场。金凤市场再次被评为国家级产业化龙头企业，并被评为邯郸市十佳农业产业化龙头企业之首。民生和社会事业取得长足进步。坚持民生优先理念，实施了总投资13.6亿元的11个方面58件民生实事，全年民生支出7.6亿元，占公共财政预算支出的70%。引入衡水教育元素，教育教学水平快速提升。县医院新区建成投用，中医康复中心完成装修，新建标准化卫生室30个，全县医疗机构现有床位数、外地来馆就医量、业务总收入三项指标居东部县首位。开展食品安全专项整治，查处食品违法案件177起。推行安全生产目标管理，获“全市安全生产先进单位”称号。

第二章　综合党务

第一节　纪检监察

机构设置

中国共产党馆陶县第十一届六次纪委全会

1998 年 2 月，县纪委工作机构设办公室、第一纪检监察室、第二纪检监察室、案件审理室、党风廉政建设室、执法监察室、信访室（举报中心），行政编制 21 名，工勤人员编制 2 名。下设法规政策教育研究室为股级事业机构，2000 年 7 月法规政策教育研究室升格为副局级事业机构，定编 5 人。2002 年 11 月设县政府纠正部门和行业不正之风办公室，局级规格，归口县监察局。2003 年 7 月县纪委工作机构设 9 个。2009 年 12 月增设效能室、监察综合室、电子公务监察室 3 个内设机构。行政编制 26 名，工勤人员编制 2 名。

廉洁自律

1997 年以后，馆陶县全面落实党风廉政建设责任制，把反腐倡廉工作纳入了经济社会发展总体规划和综合绩效考核范畴，与经济工作同部署、同落实、同检查、同考核，每年制定党风廉政建设目标责任书，层层签订目标责任状，形成了领导有力、制约有效的责任制体系。执行《廉政准则》，在党员领导干部中大力宣传从政行为的“31 个不准”，领导干部廉洁自律各项规定进一步落实，从政行为不断得到规范。1999 年，为进一步增强领导干部廉洁自律意识，县纪委把廉洁自律民主生活会延伸到了农村党支部。经过精心组织，全县 277 个行政村党支部召开了首次廉洁自律民主生活会，收到了一定成效。市纪委以通报形式向全市进行了转发推广。2005 年，对 45 名新提拔乡科级干部、119 名股级干部和提名的 80 多名“五四”奖章获得者、模范共产党员、优秀支部书记进行廉政把关，3 人被取消评先评优或提拔资格，防止了“带病提拔”。2008 年，对全县各单位小灵通与办公电话捆绑使用情况及购置、更换公车情况进行了专项清理，对存在的问题进行了妥善处理。2013 年，认真贯彻中央八项规定精神，坚决纠正“四风”

问题，先后出台了狠刹公款吃喝、严禁铺张浪费、加强公务用车管理等一系列文件规定，初步形成了按制度办事、用制度管人的长效机制。扎实开展正风肃纪专项行动，整改违规公务用车 26 辆，清退超标准办公用房 3978.2 平方米，清理、纠正各类“吃空饷”人员 16 名。通过对各单位遵纪情况、作风建设定期抽查、巡回检查、专项督查，先后对 46 名公职人员违反工作纪律和作风建设问题进行了公开通报，全县党员干部作风转变成效明显。

廉政教育

2000 年，县纪委与县电台、县电视台联合创办了《廉政经纬》专栏，在全县社会各界和周边县均反映良好。这一做法被《中国纪检监察报》刊登。2003 年，组织四套班子领导、公检法三长集中观看《扭曲的人生——李真贪污受贿案件剖析》，组织全县党员干部观看《人民的好书记郑培民》，为全县 624 名副局级以上干部发放《廉洁从政行为规范警示卡》。2005 年，出版了《廉政文化知识读本》，开展了廉政文化“五个一”活动。2007 年，开展了廉政文化“六进”活动。2008 年，组织县魏征研究会人员、纪检监察干部、理论工作者撰写魏征廉政思想研讨文章 29 篇，对魏征廉政思想及其对现实社会的意义进行了再挖掘、再提炼、再创作，着力打造魏征廉政文化品牌。2008 年，在市纪委组织的纪念党的纪律检查机关恢复重建三十周年专题晚会上，县纪委选送的配乐诗朗诵节目《岁月如歌的历程》，获得优秀节目一等奖。2010 年 10 月，组织全县 27 名县级干部、487 名乡科级干部在宾馆参加了《廉政准则》宣讲辅导报告会，进一步增强了全县党员领导干部廉洁从政意识。2010 年出版了《魏征廉政思想研究》一书，建设了魏征廉政文化园，撰写、雕刻廉文、廉诗、警句、勤廉故事 60 余处。2011 年，通过深入发掘魏征廉政文化苑，把滨河公园魏征廉政文化苑建设成为集中展现魏征廉政思想的公共廉政文化教育基地，邯郸市纪委领导对馆陶县弘扬魏征“人镜”精神，创新建设廉政文化教育基地的做法给予充分肯定，将魏征廉政文化苑命名为市级廉政文化建设示范点。2012 年，对魏征公园进行了充实完善，建成了魏征廉政文化长廊，增添了魏征廉政文化版块 18 块、廉政教育宣传栏 7 块。2013 年，通过举办廉政文化书画展、开办廉政文化大课堂、搭建廉政文化大舞台等，积极打造廉政文化“十大品牌”工程。

案件查处

1997 年以后，馆陶县贯彻中央的部署和要求，坚持标本兼治、综合治理、惩防并举、注重预防的方针，始终保持惩治腐败强劲势头。加强对查办案件工作的监督管理，把依纪依法安全文明的要求贯穿于查办案件工作全过程。通过严肃查处违纪违法案件，严明了党的纪律，惩处了腐败分子，增强了人民群众对反腐败斗争的信心，推动了党风廉政建设和反腐败斗争深入开展，为改革发展稳定提供了有力保证。2006年，推行“下访”工作制，先后派出6批19人次组成工作组现场办公，召开典型违纪违法案件新闻发布会，公开曝光7起案件。2007年，注重对案件线索的筛选和排查，不断加大查办案件工作力度，实行了大案要案联席会议、纪委常委包案和指导乡镇纪委办案等制度。2009年，在案件管理中筛选有效线索，把领导批件、群众举报的信件和乡镇纪委报送的案件线索统一管理，进行筛选，认真梳理，进行核查。2013年，在案件查办工作中，坚持书记总体抓、副书记分片抓、常委协助抓的分工办案机制，实行班子成员包乡镇和科室，科室包案件，办案人员包案件数量和质量，做到科室一线办案，审理提前介入。县纪委监察局严格按照“事实清楚、证据确凿、定性准确、处理恰当、程序合法、手续完备”二十四字方针，开展案件审理工作。制作了案件标准卷宗，下发各乡镇纪委、县直各单位纪检组（纪委），使查办案件工作更加规范。

1998—2013年馆陶县纪委案件查处情况统计表

表4-2-1

年份	立案数	结案数	大要案数	处理人数
1998	44	41	17	41
1999	77	77	20	77
2000	76	76	26	76
2001	77	77	38	77
2002	77	71	29	69
2003	59	56	19	49
2004	56	62	30	60
2005	57	60	18	55
2006	55	55	23	53
2007	53	53	16	52
2008	53	53	12	52
2009	55	55	16	55
2010	63	63	18	58
2011	67	67	16	66
2012	69	69	17	68
2013	64	64	6	64

纠正行业不正之风

1997年以后，对涉及群众切身利益、社会反映强烈的医药购销中的不正之风、公路“三乱”、农民和企业负担过重、中小学乱收费等问题进行重点治理，并组织检查组明察暗访，取得明显效果。

纠正医药购销和医疗服务中的不正之风 2003年，实行药品招标采购，对部分药品实行降价，让利患者8.7万元，并严肃查处假劣药品、违规广告、医疗服务人员收受红包、开单提成等问题，努力解决群众“看病难、看病贵”问题。2007年，全县招标采购药品金额717.6万元，占医院购药金额的84.6%，让利患者149万余元。组织药监部门检查涉药单位275家（次）、药品1000多种，查处各类违法案件30起。2013年，会同审计局对全县医疗保险基金进行了专项清理检查，涉及县新型农村合作医疗管理中心、社会保障中心和12家医院。加强医疗收费管理，实行住院病人费用一日清单制度，共为386名患者减免费用15.6万元。

切实纠正损害群众利益的问题 1997—2013年，馆陶县纠正了土地征用、房屋拆迁、企业重组改制和破产中损害群众利益问题，切实维护了群众的合法权益。加强救灾资金物资监督检查，确保其真正用于灾区和受灾群众。治理对企业乱收费，建立了收费许可证和收费通知书制度，分批公布了向企业收费规定项目，对重点企业实行了挂牌保护。2003年，对涉农收费项目进行审核，取消17项不合理收费项目。2007年，会同财政、工商、农业、质检、卫生等部门，先后对2007年全县的粮食直补资金和农资综合直补资金等使用情况进行了监督落实。

治理公路“三乱” 2000年，全县治理公路“三乱”工作监督检查到位，纠正处理到位，全县所有公路达到基本无“三乱”，经市检查验收，报省政府纠风办批准，馆陶县成为第一批公路基本无“三乱”达标县。2007年，建立了治理公路“三乱”快速反应机制，成立了“三乱”投诉受理站，公布了举报电话，并与19个职能部门签订了责任状，细化措施，明确责任，及时受理群众投诉，并进行妥善处理，新华网、省纠风简报、《河北交通安全》先后报道了馆陶县治理公路三乱的做法。2012年，县纠风办与交通、交警等涉路部门签订了无公路“三乱”责任状，对6个涉路部门一把手进行了提醒谈话；加强公路“三乱”举报受理站建设，举报电话24小时受理；开展明察暗访17次，行程600余公里，发现和纠正以罚代纠等问题5个。

治理教育乱收费 2003年，重点抓好农村中小学实行“一费制”情况落实，全县减轻学生负担270万元。2005年，实行“一证一卡三统一”收费办法。2007年，通过实行免费提供教科书和补助寄宿生生活费，共为1.2万名贫困学生提供118万元资金补助，并查处乱收费案件1起，清退不合理收费6.7万元。2013年，层层签订了责任书，落实了学校收费管理一把手负责制和责任追究制，健全完善了“三公开、三明白、一卡一监

督”的收费制度;组织了2个检查组深入到40所中小学，采取开学查收费、期中查用书、期末查结算的方式，进行监督检查，先后下发整改告知书15份，进一步规范了教育收费行为。

行风评议　2002年，开始在全县执法执纪机关、综合管理部门和社会服务单位开展大范围行风评议工作。2003年，共计40个部门参加行风评议，分4次组织行风听证会。2005年,行风评议在抓好41个县直参评部门的同时,向166个基层单位和窗口单位延伸。2006年，行风评议工作实行“四个转变”，在全市纠风暨执法监察工作会议上，作了典型发言。2007年，行风评议工作抓实“五项深化”，把全县48个参评部门的142个基层站所、52个窗口单位全部纳入评议范围，精选了电力局、国税局等5个参评部门的9个基层站所作为全县基层民评工作的样板。2010年至2013年，每年2次组织社会各界评议代表500人参加群众问卷测评大会，对全县50余个参评部门分类进行民主评议。

优化发展环境　2003年8月，馆陶县成立优化发展环境领导小组，办公地点设在县纪委监察局；制定了《关于对干扰损害发展环境行为处理的规定》，牵头组建了优化办，由纪委一名副书记和一名常委分别担任优化办主任、副主任；优化办下设纠风治乱组和经济“110”，专门负责受理损害发展环境的投诉。2003年，共受理查处关于“三乱”方面的投诉案件36起，党政纪处分5人，并对其中3起典型案件进行了通报批评和公开曝光。2004年5月，邯郸市纪检监察机关推进行政审批制度改革工作会议在馆陶县召开，馆陶县在会上作了典型发言。2005年8月，邯郸市机关效能建设现场观摩交流会在馆陶县召开，市委副书记、纪委书记周文夫，市委常委、市委秘书长王社群，省政府行政效能监察室副主任徐恒松等出席会议。2006年，县机关效能建设工作在深化上下功夫，在规范上做文章，继续向深层次迈进。2006年10月，馆陶县在全省机关效能建设经验交流会上做了书面发言，是邯郸市19个县（市、区）中唯一发言的县级单位。2005年，将县卫生局、计生局、建设局、扶贫办、国土局、寿山寺乡等6个单位作为试点，推行行政权力公开透明运行工作。2010年，馆陶县被市纪委确定为全市县委权力公开透明运行工作4个试点县之一。2006年至2008年，累计为外商、企业办理市级绿色通行证110个、县级绿色通行证165个。2006年，全市优化发展环境座谈会在馆陶县召开，馆陶县被评为“邯郸市优化环境先进县”。2007年,县纪委牵头成立了重点项目代办中心,印制了《重点项目代办服务指南》，明确了专人负责。2007年至2008年，累计为62家企业代办证照手续351个，为企业组织申报材料1950项，受到企业和商户一致好评。2009年，对行政权力、行政审批事项、行政收费和审批用章进行了大规模清理，先后下发文件、文字通知10余个，召开各类调度会8个，把全县的行政权力由2736项减少到1522项；行政许可事项由285项减少到156项；行政收费事项由190项减少到153项；涉及审批用章的38个单位，有16个单位能够一枚章对外。2012年，强化改善环境，通过现场实地走访、组织座谈讨论、开展明察暗访、发放调查问卷等方式，广泛征求到社会各界意见建议1585条，梳理、汇总出8个类别26个方面问题，向县委呈交了高质量专题报告，得到县委主要领导充分肯定，并以县“两办”文件转发全县执行。同时，针对群众反映和梳理出的突出问题，及时协调、督促相关单位和部门限期整改，让人民群众和企业商户切实感受到改善环境的实际成果。馆陶县做法被省委、市委办公厅信息快报、《邯郸日报》、市纪委简报等刊发。

监督检查

1999年，为确保中央粮改政策的全面落实，县纪委及早着手谋划、扎实开展工作，粮改执法监察工作受到省、市、县领导的好评，“五抓五到位”的做法先后在省、市召开的粮改执法监察工作会议上进行了书面发言和经验介绍，并在省纪检监察内刊上转发。2003年5月，“非典”期间，县纪委监察局成立特别督察组，从廉政办、交通、交警抽调24人，分成8个组，24小时对主要路段进行监控。在监督员的直接监督下，共为15000辆车消毒，对50000人测量体温。期间，县纪委监察局印发《关于在防止“非典”工作中严肃党政纪律的若干规定（暂行）》《关于对在防治“非典”工作中有关问题实行责任追究的若干规定（试行）》，对姜沿村出现“非典”病例有关责任人进行了处理。2005年至2008年，开展专项资金综合治理工作，坚持全面清理、分级负责、上下联动、条块结合的原则，沿资金流向自下而上进行检查，强制纠正问题9个，涉及10余个方面。2009年，探索实行了监督前置化、监管项目化、责任备案化工作方法，积极推进专项资金综合治理。2012年至2013年，对31个单位的专项资金管理使用情况进行重点检查，对存在问题单位及时下发了整改通知书，责令相关单位严格按章办事，确保专款专用。

源头治腐

2007年，县纪委监察局提出预防腐败“项目化管理”的理念，主要采取了“1+5”模式，即：针对每一个监督项目签订一份项目廉政责任书，强化事前预警防范；制作一个项目公示图，强化公开透明运行；填写一张流程监督卡，强化各个环节监督；召开一场述廉听证会，强化社会各界监督；组织一次专项考核，强化事后绩效评估。省纪委书记对馆陶县的做法给予了充分肯定，并作出批示。2009年，在全县开展了决策廉情评估、岗位廉情评估、项目廉情评估，印发了《馆陶县行政权力运行监控机制绩效考核暂行办法》《关于实行决策、岗位、项目廉情分类监控机制建设的实施意见》等，对新华街北延等13个重点工程建设搞好廉政风险评估，对重点项目实施红橙绿三色预警的办法，不同环节根据风险情况采取不同等级的监控措施。全县共有61个行使行政权力单位、300余名乡局级干部、500余名一般干部，确定了风险点、风险等级、工作标准、责任要求，并把廉政风险警示牌摆上案头，警钟长鸣。2010 年 4 月，印发了《关于对全县财政投资的重大建筑工程加强监督雕刻“廉铭石”的实施意见》，筛选县财政投资 500 万元以上、群众关注度较高的重大建筑工程，在建筑工程的显要位置雕刻“廉铭石”，雕刻“工程名称、建筑面积、花费金额、竣工时间、业主单位及主要负责人姓名、承建单位及法定代表人姓名、使用年限”等字样。2012 年，全年共上报廉政预警信息 427 条，居全市第一位，通过提示提醒、批评教育、责令整改等方式，使预警信息较好地发挥了预防作用，这一做法被省纪检监察简报刊发推介。

第二节　组织工作

机构设置

县委组织部机关行政编制 17 名，县委组织员编制 6 名。其中：部长 1 名，副部长 3 名，股级领导职数 12 名。机关老干部服务工作人员 1 名。机关工勤人员编制 1 名。2002 年机构改革，撤销了干部二科和干部考核委员会办公室。将“党员电化教育办公室”更名为“党员电化教育中心”，由行政科室调整为事业科室。调整后，县委组织部设 6 个职能科室：办公室、研究室、干部科、干部监督科（干部培训科）、考核科、组织科（组织员办公室）。下属 3 个事业单位：党员电化教育中心是组织部下属副局级事业单位，编制 3 名，主任 1 名，副主任 1 名（正股级）。专家咨询服务中心是组织部下属副局级事业单位，编制 4 名，设主任 1 名，副主任 1 名（正股级）。农村基层组织建设领导小组办公室为组织部下属正局级事业单位，编制 7 名，领导职数一正两副，下设 2 个科室。2006 年 7 月，设非公有制企业工作委员会，为正科级事业单位，挂靠县委组织部，编制 4 名，其中书记 1 名，副书记 1 名，内设综合科，股级领导职数 1 名，编制在县委组织部内部调剂解决。

党员队伍

1997 年，馆陶县按照“坚持标准，保证质量，改善结构，慎重发展”的方针，对全县的发展党员工作实行宏观控制，对单个发展对象严格程序、严格审查、严把入口关，高质量完成了每年的发展党员工作。1997 年年底，全县共有党员 12633 人，其中大专以上文化 763 人，占党员总数的 6.04%，中专文化 970 人，占 7.68%，高中文化 2375 人，占 18.8%，初中文化 4234 人，占 33.52%，小学 3298 人，占 26.11%，妇女 1491 人，占 11.8%。1998—2003 年，发展党员工作进一步规范，认真执行“坚持标准，保证质量，改善结构，慎重发展”的方针，注意青年、妇女、生产一线党员发展比例，推行发展党员“公示制”和发展农村干部亲属入党报告制，严格审批手续，确保党员质量，5 年共发展党员1300余名。2003—2006年，在发展党员中探索实行“三审两备案”制度，即确定发展对象预审，接收预备党员监审、备案，预备党员转正终审、备案。同时，注重青年、妇女、生产一线党员发展比例，推行发展党员公示制和发展农村干部亲属入党报告制，规范了发展党员工作程序，使一些“近亲繁殖”降格以求的问题得到解决。2009年，进一步强化认识，把发展党员工作放到重要位置。年初，按照“一服从、一扩大，两倾斜”（即“数量服从质量，扩大发展党员党组织覆盖面，向基层一线倾斜、向优秀中青年倾斜”）的原则制定工作计划，推行发展党员两票推荐制度，落实发展党员四个关键环节公示、审查、备案制度，落实一项责任追究制度。推行发展党员两票推荐制度。“四公示、四审查、四备案”制度，强化监督检查，确保工作规范。2011年，把入党积极分子培训工作放在了发展党员工作的突出位置。2013年，健全“六项制度”：台账管理制、结构调控制、“四类村”监控制、近亲属入党报告制、党员转正提醒制，不断提升发展党员工作水平发展党员提示制。全县发展党员207名，其中女党员45名，占21.7%；35岁及以下152名，占73.4%；高中及以上学历163名，占78.7%。

2003—2013 年馆陶县中共党员基本情况统计表

表 4-2-2

年份	总数	性别		年龄结构					文化程度						职业情况					少数民族
		男	女	35岁及以下	36岁至45岁	46岁至54岁	55岁至59岁	60岁及以上	初中及以下	高中	中专	大学专科	大学本科	研究生	在岗职工	农牧渔民	离退休人员	其它	新社会阶层	
2003	13548	11852	1696	2350	2803	4077	1362	3150	7852	3082	1314	1307	187	—	4151	8786	537	268	120	15
2004	13742	11991	1751	2446	2673	4086	1631	3173	7885	3193	1352	1375	204	—	4250	8977	570	212	107	15
2005	14009	12223	1786	2454	2742	3931	1755	3304	7875	3252	1383	1425	250	1	4169	9269	568	180	123	15
2006	14359	12543	1816	2675	2772	3951	1812	3149	7752	3392	1412	1498	304	1	4214	9322	602	221	132	15
2007	14613	12705	1908	2807	2886	3438	2025	3457	7680	3391	1373	1666	499	4	4188	9281	694	450	553	25
2008	14824	12846	1978	2862	2901	3221	2103	3737	7639	3500	1395	1689	594	7	4028	9506	1062	228	468	25
2009	14855	12814	2041	2982	2720	3203	2167	3783	7339	3643	1401	1791	667	14	4162	9396	1246	51	26	21
2010	15081	12939	2142	3033	2795	3041	2235	3977	7190	3761	1393	1916	799	22	4255	9355	1373	98	1	21
2011	15297	13095	2184	3081	2753	2923	2273	4249	7095	3876	1399	2004	878	27	4296	9485	1412	86	0	21
2012	15456	13167	2289	3214	2762	2755	2292	443	6931	3987	1384	2131	970	53	4277	9621	1463	95	0	21
2013	15613	13266	2347	3281	2937	2612	2201	4582	6739	4119	1338	2148	1187	82	4364	9648	1446	155	0	22

党员教育

1997年后，县委始终注重学习型党组织建设，不断推动理论武装工作上水平。2001年，在全县开展“三个代表”学习教育活动，集中学习“三个代表”重要思想“七一”讲话、十五届六中全会精神等。2003—2006年，按照“三个代表”重要思想要求下大力加强了党的建设。537个党组织、1.4万名党员分三批开展了保持共产党员先进性教育活动，认真谋划实施了“两提三带”“一联四帮”“五个一”惠农等主题活动。2007年11月至2008年1月，在全县基层党组织分三个阶段深入开展了以“学十七大报告、学党章、促发展、促和谐”为主要内容的“双学双促”活动。通过县、乡、村分层次召开动员会，举办培训班，选派驻乡镇巡视组和驻村指导员，召开民主生活会查找问题等，进一步统一了全县各级党组织和党员的思想。2009年，在全县开展第二批、第三批学习实践科学发展观活动。动员全县党员干部以高度的政治责任感，积极投入到活动中，真正树立起科学发展观，提高领导科学发展的本领。2010年在党员教育管理工作中积极开展“两育一争”活动。建立了五个党员教育培训基地，明确工作职责，安排培训任务，为党员党性教育和能力培育工作提供了基地保障。协调县委党校、农牧、科技、教育等部门，筛选组建起了由40名教师组成的党员教育培训师资队伍。

基层组织建设

1999年，县委成立农村基层组织建设领导小组办公室，简称县委党建办，负责全县基层党建工作的谋划、组织、推进。2003年推行干群恳谈例会制度，由乡镇干部到村主持，农村党支部召集，党员干部和群众代表参加，围绕群众关心的问题，围绕本村经济发展和社会进步，交流恳谈，共议解决办法，例会时间因村而定，一般每月不少于一次。2004年3月，全市推行干群恳谈例会制度现场会在馆陶县召开，省委组织部以专件的形式在全省推广了馆陶县推行干群恳谈例会制度，提高农村基层组织建设水平的经验做法，2006年6月8日，馆陶县干群恳谈例会经验在《人民日报》头版头条登载推广。

2004—2007年，在全县开展“深入基层、深入群众，帮助解决农村经济发展中的难题，帮助解决农民群众反映的热点、难点问题”的“双深入、双解决”活动，对90个中等及偏下村，选派了90个县直部门分包，一包三年不变。2010—2012年，在全县基层党组织和党员队伍中，深入开展“创建先进基层党组织、争当优秀共产党员”活动。2012—2013年，县委确定了59个帮扶村，从省直、市直、县直机关中选派177名干部驻村帮扶，省、市、县共投入资金8532万元，完成帮扶项目1183个。1999—2011年，馆陶县连续13年被邯郸市委评为“农村基层党建先进县”，2000年、2004年被省委命名为“农村基层组织建设先进县”。

按照省委、市委统一部署，1997年，2000年，2003年，2006年，2009年，2012年，每三年在全县 277 个村组织一次农村两委换届选举工作，通过广泛组织发动，严格把握程序，拓宽选任渠道，圆满完成了农村两委换届选举任务。

机关组织建设

1999 年，县直工委下属机关党组织进行换届选举。

2000 年、2001 年、2002 年，县直工委连续三年在“七一”前夕召开老干部座谈会，迎接党的生日。

2009 年 11 月，开展“凝神聚力负重加压，努力推进县直机关党的建设”专题调研，县直工委通过基层研讨、问卷咨询等方式，对全县县直机关党建工作进行了专题调研。为全县经济发展、政治稳定和社会进步做出了积极贡献。

2010 年，县直工委成立了民生工作领导小组，在县直机关党的建设中，坚持把民生工作作为县直机关党组织建设的重要内容。一是以“关注民生”作为党员干部思想建设的重要内容，在入党积极分子培训班，党员日常教育，新党员考察谈话教育中，都把关注民生放在一个突出位置，使党员干部牢固树立关注民生，发挥永葆先进性的意识。二是在党员发展中，坚持向一线干部倾斜，向那些为群众干实事、办好事的优秀入党积极分子倾斜，真正把那些为民服务，能干事，干成事的业务骨干吸纳到党组织中来。三是在党组织建设中，结合优秀党员、党务工作者、优秀党支部评比工作，把县直单位民生工作中成绩突出，深入基层的党员干部作为重点考察对象，进一步激发广大党员干部关注民生的热情。四是慰问老干部，配合老干局，邀请老红军、老干部进行党建知识宣讲，发挥余热；关注农村弱势群体，对农村老党员和生活困难户进行慰问，送去党和政府的温暖。

2012 年 1 月，县直工委在县直机关开展为期三年的“爱我秀美馆陶、共建文明家园”教育活动。

2012 年 8 月，县直工委开展夯实机关文化，创建“五型”机关活动，营造催人奋进的文化环境、打造富有特色的文化品牌，以“文化”助推机关党建新发展，提升机关新形象，增强机关软实力，为建设“实力、秀美、和谐”的现代化新馆陶提供有力的组织保障。

2013 年，遵循“德才兼备、以德为先”的方针，严把发展党员“入口关”，提高新发展党员质量，对党员干部德的考核（政治品德、社会公德、家庭美德、职业道德），要坚持政治性、先进性、示范性要求，以对党忠诚、服务人民、廉洁自律为重点，加强政治品质和道德品行的考核。

知识分子管理

20 世纪 90 年代后期，为推动科技创新，促进经济发展，馆陶县加强了优秀人才、科技人员和中高级知识分子队伍建设。

2003年后，馆陶县委先后印发了《馆陶县关于实施“人才兴县”工程的实施意见》《馆陶县关于加强党政人才队伍建设的意见》《馆陶县关于加强专业技术人才队伍建设的意见》《馆陶县关于加强企业经营管理人才队伍建设的意见》等一系列政策文件。县委还十分重视人才工作的硬件建设，馆陶县投资30万元，建成了占地面积300余平方米的县人才市场，8个乡镇均设立了人才服务站。县专家咨询服务中心从上海同济大学、河北科技大学、中科院遗传研究咨询所等高等院校科研单位聘请有丰富经验的40名专家、教授担任企业“指导员”。修改了《馆陶县优秀专业技术拔尖人才选拔管理办法》，拔尖人才管理期内每月津贴由50元提高到100元。县财政每年拨出50万元设立“振兴馆陶经济奖”，对“优秀国家公务员”“优秀科技工作者”“优秀企业经营管理人员”“种养能手”等人才给予奖励。乡土拔尖人才可以优先获得科技资料、支农贷款，优先参加科技培训和外出考察，乡镇每年为每人划拨500元科研补助经费。馆陶县每年选派20名科级干部赴广东、浙江、江苏、天津、山东、辽宁等地挂职锻炼，选派60名科级后备干部到农村挂任支部副书记或村委主任助理，选派30名年轻干部到信访局和项目建设一线经受锻炼。在农村，大力培训乡土人才，使30%的农村党支部具备了大专学历，80%以上的农村干部掌握了一两门实用技术，使600名乡土人才达到了中专文化程度。

2005年7月，馆陶县与北京科技大学实行县校合作，北京科技大学授予馆陶“北京科技大学科研成果转化基地、北京科技大学硕士、博士研究生实习基地”，引进博士研究生12名，硕士研究生8名来我县挂职锻炼，双方进行项目与技术成果推介，签约项目23个。

2007年起，馆陶县注重引进全日制大学本科以上的高学历人才，全县6000余名知识分子、科技人员，提合理化建议1200余条，被采纳900余条，搞技术革新200多项，推广科技成果500余项，写科技论文300余篇，工作报告600余篇。

2012年，县委制定了《馆陶县人才振兴计划》，共引进高学历人才90名，为全县经济社会发展做出较大贡献。

2013年，馆陶县大力实施“人才强县”战略，面向省内外重点大学招聘各类紧缺人才151人。

干部监督

健全干部监督机制，强化领导干部监督管理，加强经济责任审计制度，坚持每年制定经济责任审计计划，1997年至2013年进行了63批次经济责任审计；健全“一报告两评议”制度；加强对领导干部出国（境）的监督管理，证照统一组织部管理，严格按规定办理手续。

第三节　宣传

机构设置

1997 年，县委宣传部行政编制 19 人。其中：部长 1 名，副部长 3 名，股级领导职数 4 名，下设 4 个职能科室：办公室、理论党教科、宣教科、新闻（外宣）科。负责管理国防教育办公室工作，国教办为正局级机构，编制 3 人，主任 1 名，副主任 1 名；精神文明建设委员会办公室是宣传部下属正局级事业单位，编制 5 名，其中主任 1 名（副部长兼），副主任 2 名。2006 年 7 月增设股级职数 2 名和秘书科、综合科两个科室；文学艺术界联合会是宣传部下属副局级事业单位，编制 3 名，其中常务副主席（副局级）1 名。

理论宣传

1997 年以后，馆陶县紧跟党的中心工作，开展理论宣传。2003 年，县委宣传部组织全县党政一把手学习“三个代表”征文活动，筛选 60 篇论文上交市委宣传部参加评选，其中 16 篇被评为全市优秀论文。同年，组织“三个代表”重要思想宣讲团，深入到 8 个乡镇和部分农村进行宣讲。2004 年，组织各级干部原原本本学习十六届三中、四中全会精神、“三个代表”重要思想、科学发展观等内容，撰写 300 余篇体会文章，结集发行。组织二十余个单位参加市十六届四中全会精神理论骨干培训班。2005 年，宣传部承担解放思想大讨论活动，按照主要领导的安排，扎实开展了万人东渡学山东、千人南下学江浙、百名干部上一线、“十措并举”联姻北科大的“万、千、百、十”解放思想四项活动。2006 年，县级领导干部共撰写体会文章 120 篇，乡（局）级干部撰写体会文章近 2000 篇。2007 年，组织各级干部原原本本学习十七大精神和“三个代表”重要思想、科学发展观等，共举办理论培训班 18 场，组织理论研讨会 8 次、座谈会 10 次。抓好县委中心组、乡（局）级中心组集中学习，县级领导干部共撰写体会文章 100 多篇，在市级以上刊物发表 30 多篇，乡（局）级干部撰写体会文章近 1800 篇。2008 年，省有关部门到馆陶县专题调研“订单理论”工作模式，经验作法在全省推广。所谓“订单理论”，就是以群众的需求为出发点，以构建县、乡、村“三级宣传教育网络”为载体，以开展专题调研，构建理论超市，进行理论宣讲。2009 年开办新农民夜校 90 期，培训农民 3000 余人；在村民中心举办时事政策教育、科技、法律培训 24 次，受训人数 23000 余人。2013 年，组织县委中心组集中学习中共十八大报告、省委八届五次全会精神、习近平总书记“8·19”讲话等，集中学习 10 余次，中心组成员撰写学习笔记 40 余万字。组建了“学习中共十八大精神县委宣讲团”，深入乡镇、电力、建设、交通、教育、农业、政法、财政、税务等单位和系统宣讲60多场次，受众达8000余人次。

新闻宣传

2004年，馆陶县在新闻媒体上刊播、刊发稿件1240余篇，其中头版48篇，头条8篇。2005年，《邯郸日报》头版头条刊登《以陶为媒，唱响地方品牌县校合作提速经济发展——馆陶系列活动响誉京城》，对馆陶县黑陶文化进行大力推介。2006年，全年刊播、刊发新闻稿件1340余篇，其中头版146篇，头条12篇。2008年，新闻方面取得了历史性突破，全年在新华社、中央电视台《新闻联播》《人民日报》《河北日报》等重要媒体刊发稿件1368篇，其中头版139篇，头版头条16篇。馆陶县入选全省第一批11个理论宣讲站名单，全市唯一，成为全省2个举行揭牌仪式的县份之一。2009年，新闻方面，在《邯郸日报》、邯郸电视台和中央电视台《新闻联播》《人民日报》《河北日报》《河北经济日报》等市以上重要媒体刊发稿件850余篇，其中头版46篇，头条9篇。2010年，全年在新华社、中央电视台《新闻联播》《人民日报》《河北日报》《邯郸日报》等媒体刊发稿件1000余篇，其中头版48篇，头版头条5篇，专版3个，一些稿件还被中国国际广播电台、《经济日报》《农民日报》等广泛采用，制作了《三年蝶变化工新城》专题片。

2011年，在新华社、《人民日报》《河北日报》《河北经济日报》《邯郸日报》等重要媒体刊发稿件1021余篇，其中头版52篇，头版头条3篇。《人民日报》先后刊发《河北馆陶侦破伤害女青年案》《河北馆陶重大工程竖起“廉铭石”》等稿件，新华社先后刊发通稿《河北馆陶以能力建设推进学习型党组织建设》《馆陶：粮食绘出“清明上河图”》等6篇以上，人民网、新华网、新浪网等多家网站予以转载。《河北日报》头版刊发《馆陶“二级联动”模式破解信访难题》、《贫困小县书写发展大文章》《从“小角色”到生力军》等稿件。一些稿件还被中国国际广播电台、经济日报、农民日报等广泛采用。2012年，全年开展了8大主题宣传活动：一是开展“惠在何处、惠从何来”主题宣传活动；二是开展“基层建设年”主题宣传活动；三是开展“学雷锋”主题宣传活动；四是开展馆陶科技助农主题宣传活动；五是开展文化建设主题宣传活动；六是开展项目建设、城市建设、民生稳定主题宣传活动；七是开展了“走基层、转作风、改文风”主题活动；八是开展了“着力改善发展环境 着力改善生态环境”主题宣传活动。全年在新华社、央视《新闻联播》、《人民日报》、《河北日报》、《河北经济日报》、《邯郸日报》等重要媒体刊发稿件900余篇，其中头版60余篇。2013年，通过多种途径向中央、省、市新闻媒体推介全县重要工作、重大活动和各行各业取得的喜人成绩，有效的提升了我县的知名度和影响力。据不完全统计，全年在新华社、央视《新闻联播》《人民日报》《河北日报》《河北经济日报》《邯郸日报》等重要媒体刊发稿件1129篇，其中头版72篇。一些稿件还被中国国际广播电台、经济日报、农民日报等广泛采用。同时发挥“第四媒体”作用，加强网络宣传，多渠道多形式地利用新闻报道扩大了全县的知名度，取得了良好效果。

社会宣传

1997年7月1日，香港回归，馆陶县大力宣传这一重大历史事件的历史意义，并以此为契机，推进爱国主义教育。1999年12月20日，澳门回归，馆陶县紧紧围绕这一主题，在全县范围内开展“迎澳门”系列主题活动，取得良好宣传效果。2003年9月20日，公民道德宣传日这天，组织40余个文明单位近200人走上街头，开展宣传。当天发放资料1万余份，接受咨询的群众达2000多人。2006年，“三下乡”活动方面，全年组织送戏、文化、电影下乡18余（场）次，送春联、送书画下乡16次，下乡医药咨询35次。“三项做法”被国家、省、市推广（“干群恳谈例会”，被中宣部和中国政研会评为全国首届思想政治工作创新案例，在全国发行推广；“课题式”理论学习法，被省委办公厅第五期《信息专报》进行专题刊发，供省委常委参阅；馆陶县宣传工作服务经济发展的经验做法，被市委办公厅第15期《情况交流》加编者按刊发推介）。2007年，全年共有108项工作受到市级及以上表彰、奖励和经验推广，“三项做法”得到国家、省、市领导批示。

2008年，组织了纪念改革开放30周年重大活动，举办了首届民间文化艺术节。投入资金338万元，建设村民中心26处，开办新农民业校160期，培训农民4000余人，在村民中心举办时事政策教育、科技、法律培训60次，受训人数30000余人。馆陶县思月陶艺有限公司、馆陶县陶漆工艺厂分别被评选命名为河北省“十强文化企业”和“第一批文化产业示范基地”。全年共有116项工作受到市级及以上表彰、奖励，其中“十二项做法”被国家、省、市推广。 2009年，组织了“保增长、保民生、保稳定、保中央和省、市委决策部署落实”主题宣传，加强“两项活动”宣传（学习实践科学发展观和干部作风建设年活动），加强邯郸人文精神宣传教育。举办庆祝新中国成立60周年系列文化活动，为迎接建国60周年营造了喜庆、祥和、欢乐的社会氛围。全县新建村民中心8处，开办新农民业校90期，培训农民3000余人；在村民中心举办时事政策教育、科技、法律培训24次，受训人数23000余人。2010年，开展“学习雷锋、扶贫助困”志愿服务月活动，组织“巾帼志愿者”“环卫志愿者”等10余支志愿者队伍，向群众发放文明礼仪读本等宣传资料4000多份；公民道德宣传日期间，集中开展了文明交通“三十佳”、职业道德模范、“做人民满意的公务员”、向美德少年学习等宣传实践活动。先后在东莞、石家庄、邯郸、北京等地成功举行以我县农民工先进典型谭双剑为原型并拍摄的电影《梦想就在身边》首映仪式，新华社、人民日报、中央电视台等30余家新闻媒体对我县农民工典型谭双剑进行了集中报道。建立并运用基层宣传文化队伍建设“三三一”工作模式，致力于打造“政治强、业务精、纪律严、作风硬”的基层宣传文化队伍，经验做法被市委宣传部《调研专报》和省委宣传部《河北宣传》先后刊载并在省、市推广。2011年,在县城主要街道路口设置了《市民文明公约》宣传点,发放《公约》宣传单3万余份,在广场、主街道两侧、商场、游园附近制做作大型《公约》宣传牌29块;扎实开展三年爱县教育活动,制定下发了《关于开展“爱我秀美馆陶、共建文明家园”三年爱县教育活动的实施意见》,11月7日《邯郸日报》头版推出我县《馆陶力推城市管理年活动》新闻稿件。2012年,开展“惠在何处、惠从何来”主题宣传活动,张贴“双惠”挂图3000张,创编短信20条,传播10余万人。组织“三下乡”小分队分赴全县百余个村庄,现场书写、赠送春联10000余幅,免费赠送种、养、加科技图书5000余册,义诊30000余人次,发放惠民政策明白纸20000份,举办政策知识讲座30场。制作宣传片2部、图板8块,展出15场。2013年,组织开展了“讲文明树新风”公益广告宣传活动,建设公益广告牌112块,播发公益内容45期;开展了农村环境美化活动,共建设瓷砖文化墙300平方米,喷绘文化墙440余平方米,绘制文化墙360平方米。清除有碍观瞻的建筑物260处,粉刷墙壁63200余平方米,清除农村民居外墙广告标语5620余条。新建文化广场7个,16个村整合完善了文化广场。深入开展了多形式的学雷锋志愿服务活动,培树了“爱心帮帮团”志愿服务品牌,其做法得到市委书记高宏志批示肯定。殷俊亭被评为“国家级工艺美术大师”。

第四节 统一战线工作

机构设置

县委统战部行政编制4名。其中:部长1名,副部长2名,股级干部职数1名。内设1个职能科室办公室。

非公有制经济人士引导

1997年以后,馆陶县统战部按照工作职责,在非公经济方面坚持团结、帮助、引导、教育方针,做实非公有制经济代表人士思想政治工作,开展社会主义核心价值观学习教育和非公经济人士理想信念教育,培养了一批优秀社会主义事业建设者。2002年4月,召开馆陶县光彩事业总结表彰会,会上县委副书记李文海作了题为《高度重视,正确引导,全面促进我县光彩事业快速健康发展》的报告,会上还表彰了馆陶县“光明之星”“光彩事业先进个人”。当年还推出了全市优秀社会主义建设者殷俊亭和全市光彩事业先进个人张殿旺,这些非公经济人士优秀代表在全县经济建设中发挥了榜样示范作用,为县域经济发展做出了突出贡献。

党外人士管理

1997年以后，在党外人士工作中，馆陶县坚持建立和完善党外人士工作机制，加强党外人士队伍建设。会同组织部门共同落实省、市委关于党外干部的培养选拔工作规划，建立和完善“党外后备干部人才库”，努力构建“教育培训、挂职锻炼、跟踪培养、安排使用”的一体化工作机制。2010年按照中央和省、市委有关文件要求，结合馆陶县实际，与有关部门共同制定了《馆陶县2010—2014年培养选拔党外干部工作规划》，推进党外人士实职安排和政治安排工作，当年全县安排实职党外干部12名，培养县、乡（局）级后备干部70余名，党外人士政治安排150余人。2001年县委58号文下发了《加强与党外人士合作共事工作的意见》明确了五项制度，即交友制度、重点工作协商制度、重要工作运行情况通报制度、人大常委会代表、政协委员工作考察视察制度和党外人士直接参政议事制度。随着制度的实施，馆陶县党外人士工作扎实开展，至2013年年底全县有副科级以上党外干部41人。

民族宗教事务

1997年以后，继续深化和落实基层宗教“两规范（规范工作机制、规范管理机制）、三落实（重点乡镇宗教工作办公室一干、一人、一室）”工作，狠抓各项工作制度和工作机制的落实。坚持三项例会制度，即统战工作例会制度、民族宗教工作例会制度、宗教信息员例会制度，建立健全民族宗教工作长效机制。在宗教界开展“创建和谐寺观教堂”活动和“爱家乡、促和谐、做贡献”主题教育活动。定期做好矛盾排查工作，确保对一些苗头性问题做到及时发现，及时将问题处理在萌芽状态。2008年在汶川大地震和对弱势群体的救助中，馆陶县宗教界人士募集款项3万余元用于灾区恢复重建和对弱势群体的帮扶，充分发扬了宗教界扶贫济困、广施善恩的道德宗旨。

海外联谊

1997年，根据市委统战部有关安排，馆陶县成立了海外联谊会，成员由统战部部长、副部长、台办主任和台胞台属代表组成。2008年5月2日，馆陶县浅口联合小学“香港新界狮子会教学楼”举行落成剪彩仪式。小学是县统战部通过海外联谊，争取到香港新界狮子会慈善基金会支持，由基金会出资17万元建立。香港新界狮子会会长陈凡和珠海市统战部领导人员，邯郸市政府副市长侯华梅，邯郸市委统战部领导班子和县委书记牛金禄，县长张跃峰，县委常委、统战部长、宣传部长张英辉等出席剪彩活动。

对台工作

1997年以后，馆陶县在对台工作中充分利用现代媒体和通信技术，通过电视专栏、网站论坛、短信传送等形式，在全县范围内开展对台宣传和对内涉台教育，内容包括对台工作、台海形势、国家涉台政务、招商引资等，广泛宣传对台方针、政策、两岸关系和台海局势等。同时抓好对台工作培训，举办由基层对台工作人员参加的新时期对台工作理论培训，进一步提高基层对台工作人员的政策理论水平和实际工作能力。在全县台属中开展教育培训，做好台属的思想引导工作，让他们理解和领会党的方针、政策，并通过他们去做台湾同胞的工作，只有寄希望于台湾人民才能最终实现祖国统一大业。为有效服务台胞台属，建立台胞台属联系卡。针对全县范围内的台胞台属，组织专人进行调查摸底，登记造册输入电脑，建好台账，并给每名台属一张联系卡，在工作、生活中遇到什么事情，可以及时与台办工作人员联系，从细节处入手，以感情为纽带，把对台工作作为一项民心工程做好做实。

第五节 法治工作

机构设置

1997 年，县委政法委行政编制 3 名，地方政法编制 1 名，占用县公安局机关公安专项编制 5 名。其中：政法委书记 1 名，副书记 3 名，综治办主任 1 名（由 1 名副书记兼任），综治办副主任 1 名（副局级），股级领导职数 4 名，机关工勤人员编制 1 名。内设 2 个职能科室：办公室、干部管理科。社会治安综合治理委员会是县委、县政府领导全县社会治安综合治理工作的常设议事机构，下设办公室与政法委合署办公。维护稳定办公室于 2010 年 10 月升格为正科级常设机构，编制 4 人，与政法委合署办公。

制度建设

1997 年 4 月，中共馆陶县政法委制定下发了《创建社会治安综合治理模范乡镇、村、单位的实施方案》，加强了四级巡逻联防、四级民调网络建设，县乡级巡逻队力量得到充实和加强。1999 年 8 月 12 日，县综治委制定下发《关于在安全创建活动中继续实行包建制度的通知》，实行综治委成员和小区所属单位包建安全文明小区，驻村工作队包建安全文明村责任制，推动了全县安全创建工作的顺利开展。2000 年 12 月 5 日，为进一步贯彻落实依法治国基本方略，确保全县依法治县工作扎实开展，全面推进依法治县进程，经县委研究决定，制定下发了《关于进一步深化依法治县工作实施意见》。2007 年 3 月 27 日，县政法委、县综治委下发了《关于构建人民调解、行政调解、司法调解“三位一体”社会矛盾纠纷调解工作体系的若干意见》，建立健全了“六项制度”，即：排查制度、信访接访制度、矛盾纠纷登记报告制度、重大问题及时报告制度、领导包案和矛盾纠纷挂账督办制度、回访制度等六项制度。2010 年 4 月 10 日，县综治委印发了《关于进一步加强群防群治工作的意见》，规范和推进了全县群防群治工作，使人民群众维护社会治安主体作用得到充分发挥，提高了全县社会治安综合治理工作水平。2010年4月18日，县委政法委制定完善了《关于政法部门服务项目建设的若干意见》，县委政法委和政法各部门各明确一名副职具体负责，遇有重大问题由政法委召开协调会，切实保证政法部门服务全县经济发展。

平安馆陶建设

1997年，县政法委制定了《关于对农村治保会、民调会主任实行聘任制的实施意见》，在全县推行了农村治保、民调“两会”主任聘任制，并在当年年底得到普及。全县共有治保会277个，民调会284个，同时县乡两级普遍建立了疑难纠纷调解指导中心和调解中心，在全市率先推行了“十户”调解员制度，有调解员568人。为有效发挥乡镇作用，2003年，建立了乡镇综治协调中心（综治小院）。2004年2月，制定了《创建“平安馆陶”工程实施方案》，在全市率先提出了创建“平安馆陶”工程，广泛开展了平安乡镇、平安村、平安单位、平安社区、平安校园、平安市场、平安企业、平安大道、平安家庭“九个平安”创建活动，明确了创建标准和工作目标。至2006年，全县共建成三星级平安单位27个，社区11个，村49个；二星级平安单位29个；社区12个，村116个；一星级平安单位11个，社区6个，村93个，有效提升了全县维护稳定工作水平。馆陶县被评为2007年度河北省平安建设先进县。2007年，邯郸市在馆陶县召开“三位一体”调解体系建设现场会，总结推广了馆陶县“三位一体”调解体系建设的经验做法。2008年11月19日县政法委制定下发《关于县城区视频监控系统工程建设的实施方案》，确定在县城9个出口、10个街道路口、1个广场安装视频监控设备，有效预防和减少了违法犯罪的发生。2009年3月18日，县综治委在王桥乡召开了农村“平安互助网”安装使用现场会，各乡镇主管领导、派出所长、部分村支部书记、群众代表参加了会议，充分发挥科技防范在预防、发现和打击违法犯罪以及预防重大治安事故中的作用，提高县城区居民安全感。

警校共建

1998年7月2日，馆陶县召开“警校共建”工作会议。县政法委、县教委联合下发《关于开展“警校共建”活动的实施意见》，各乡镇派出所、司法所、法庭分别和179所农村小学结成共建对子，并签订了《“警校共建”责任书》。1999年5月18日，县综治委、县教育局、县公安局联合制定了《关于加强学校治安综合治理集中整治学校周边治安秩序的工作方案》，对校园及周边环境进行了一次彻底的整治，把警校共建安全文明校园活动推向深入。2008年5月12日，县中小学治安管理工作会议在青少年活动中心召开，各学区校长、中小学校长、公安局基层所（队）等单位负责人参加了会议，进一步加强了学校治安管理，维护了良好

交通安全法规进校园

教学秩序。2010年5月4日，在实验中学会议室召开了全县学校治安及周边综合治理工作会议，对全县学校治安及周边综合治理工作进行了安排部署。随即取缔学校周边游商游贩摊点8处，排查各类校园矛盾纠纷5起、安全隐患6处，全部得到整改。

2012年，县综治办联合教育局、城管局、公安局、工商局、卫生局等部门协调配合，对学校周边网吧、商业网点、流动摊点、校车进行排查整治，共清理学校周边流动摊点24个，关闭网吧2家，查处违规校车3辆，停业整改食堂3个。

第六节 农村工作

机构设置

1997年，中共馆陶县委农村工作部行政编制7人，内设秘书科。1996年12月成立小康建设办公室，为副局级事业机构，编制5人，挂靠农工部。1996年10月成立农村经济经营管理局，为农工部下属副局级事业单位，编制5人。2002年7月，撤销农村工作部，设立农村工作委员会，行政编制6名。其中：主任1名，副主任2名。内设2个职能科室：办公室、综合科。下设2个事业单位：小康建设办公室、农村经济经营管理局。其中，小康办与现代化建设办公室是一套人马两块牌子，是正科级事业单位，编制5人，主任1名（正科级，农村工作委员会副主任兼职），副主任1名（副科级）。农经局是副科级事业单位，编制5人。局长1人（副科级）。

农村经济体制改革

土地承包责任制　1998年，中共馆陶县委、馆陶县人民政府出台《关于进一步稳定和完善农村土地承包关系做好延长承包期工作的实施意见》，执行中共中央“关于第一轮承包后再延长30年不变”的政策，从第二轮承包开始，凡承包期不足30年的，要在做好工作的基础上，一律把土地承包期延长到30年，并由乡镇人民政府向农民颁发邯郸市人民政府统一印制的农村土地承包经营权证书。

2013年，中共邯郸市委农工委（农办）出台《关于农村土地承包经营权登记试点工作的实施方案》，为切实做好全市农村土地承包经营权登记试点工作，每个县（市、区）确定一个市级试点村。馆陶县选取王桥乡东盘村作为馆陶县农村土地承包经营权确权颁证试点。

土地流转 1998年，馆陶县开始推进土地二轮延包工作，即中央规定的农户土地承包经营权延长30年不变政策等。各乡镇通过给农民确权颁证，让农民吃了定心丸，为土地流转工作的开展打下了坚实的基础。2003年3月1日《中华人民共和国农村土地承包法》颁布施行，允许农户依法转包、出租、互换、转让或其他方式流转土地承包经营权，由于当时农民外出务工的门路少，流转土地意识不强，土地流转处于起步阶段，2005年后，国家就业政策进一步放宽，鼓励农民外出打工，大多数农民农闲时外出打工，春播、夏收、秋收时回家务农。2008年，国家提高农民工待遇，外出农民工思想进一步解放，同时随着农业产业化进程加快，发展适度规模经营急需解决的就是用地问题，但农村土地家庭承包经营的状况严重制约土地规模经营的发展，因此，省市出台多项政策措施加快农村土地流转，破解规模经营用地难题。2011年，馆陶县出台了《关于加快农村土地承包经营权流转，促进农业规模经营主体适度发展的实施意见》。2013年县委、县政府又出台了《关于进一步加快农村土地承包经营权流转促进农业规模经营的意见》，建立了县乡村三级土地流转服务平台，县成立农村土地流转服务中心，设在县委农工委（农经局），负责土地规模经营和流转过程中的业务指导、政策咨询、审批备案和纠纷调解，指导全县工作的开展。各乡镇建立土地流转服务中心，设在乡镇农经站，负责本乡镇的合同签订、合同鉴证、台账管理等，提供发布流转经营信息，及时调解土地流转过程中的矛盾纠纷，各行政村设立土地流转服务站，由村委会承担土地流转工作，村会计担任土地流转信息员，及时收集整理，上报农户的土地供求信息，为群众提供服务。

至2013年年底，全县土地流转面积69478.5亩，占全县耕地总面积的15%，农村土地流转工作位于全市先进行列。

农村税费改革 1997年5月，馆陶县农村税费改革方案试行，税费合一，折实计征，一定三年，不增不减，税归财政，统筹归乡，乡有县管，提留归村，村有乡管，专款专用，严禁挪用。全县税费总额为3482万元，人均138.5元。其中农业税、特产税681万元，五项统筹1118.3万元，占上年人均纯收入的2.5%，三提五统共计2241万元，人均89.1元，占上年人均纯收入的4.99%，农村发展资金560万元，人均22.3元。对1996年农民人均纯收入300元及以下特困户，实行税负零负担政策，从1997年起3年内免征农业税、农业特产税。

2002年，馆陶县全面推行农村税费改革，坚持“减轻、规范、稳定”的指导思想，把“三取消、两调整、一改革”作为农村税费改革的主要内容，具体是：取消乡统筹费、农村教育集资等所有专门面向农民征收的行政事业性收费、政府性基金和集资。取消屠宰税。逐步取消统一规定的劳动积累工和义务工。2002年至2004年，农田水利建设、修建道路、植树造林等集体生产公益事业所需劳务，每个劳动力每年承担劳动积累工和义务工2002

年不得超过20个工作日，2003年和2004年不得超过20个工作日。

从2005年起，村内集体公益事业所需劳务，必须实行“一事一议”。调整农业税政策。以1994年至1998年五年农作物的法定统计平均产量为依据确定。调整农业特产税政策。暂不征收农业特产税。改革村提留征收和使用办法。执行“五项基本原则”（切实减轻农民负担，兼顾财政承受能力，建立科学规范的农村税费征收制度，推进农村综合配套改革，正确处理好改革与稳定的关系），先行取消农业特产税，降低农业税税率，把“三提五统”等针对农民的税费统一合并为农业税。

2006年，国家取消农业税，陆续实施涉农补贴政策，包括种粮直补、退耕还林补贴、良种补贴、农机具补贴等10余项，实现由“征”到“免”、再到“补”的变化。

农村税费改革后，馆陶县针对乡镇一级政府财政职能的转变、村级公益事业建设资金困难、乡镇经济发展滞后、财政冗员的存在等新问题，按照上级部署，进一步减轻农民负担，规范和完善农村分配关系，推进乡镇机构、县乡财政体制和农村义务教育体制等改革，建立规范的农村税费制度，化解乡镇困局。2007年开始农村综合改革，从清理化解乡村债务入手，本着“谁的债务谁化解，以乡村为主，上级适当帮助”的原则，优先化解与农民利益直接相关、基层矛盾比较集中的债务。坚持“制止新债、摸清底数、分析原因、分类处理、逐步化解”思路，采取回收债权、剥离主体、盘活资产、增收节支、争取政策扶持等措施，对2005年12月31日前全县各乡镇所欠债务进行全面清理。2008年6月，河北省村级一事一议财政奖补工作推行，以化解乡镇财政困局及推进农村基层民主政治建设，馆陶县全面开展该项工作。

农村财务管理　1996年，在县委农工委内设事业单位馆陶县农村经济经营管理局，负责全县农村土地承包、农村税费改革、减轻农民负担、农村财务管理和审计等工作。1996年11月，中共馆陶县委办公室、馆陶县人民政府办公室印发《馆陶县村集体经济组织内部审计实施办法的通知》，要求县、乡镇两级农村审计机构（即县农村经济经营管理局、乡镇农经站），对村集体经济组织及其有资产隶属关系的单位、合作基金会、村集体联合体的财务收支及其有关经济活动的真实性、合法性、效益性及对有关部门和单位提取、管理和使用农民承担费用、劳务等情况进行审计。对审计对象和范围、审计程序、法律责任进行了详细规定。

1997年3月，中共馆陶县委、馆陶县人民政府印发《关于进一步加强农村集体财务管理的实施意见》，实行资金乡镇代管制、资金收支审批报账制、财务公开监督制、会计聘任持证上岗制、账簿票据规范使用制、财务档案制、农村集体财务审计制等“七制”办法。

2012年7月，为进一步规范和加强村级财务管理，维护村级组织和村民的合法权益，促进村级财务监督工作经常化、规范化、制度化，馆陶县人民政府办公室出台《关于印发馆陶县村财乡代理暂行办法的通知》。

2013 年 4 月，中共馆陶县委农村工作委员会印发《关于进一步加强农村集体经济审计工作的通知》，通过审计监督，进一步加强村级财务管理，规范农村财务行为，严肃财经纪律，保护农村集体和农民的合法权益，维护农村和谐稳定。

2008 年 6 月，河北省村级“一事一议”财政奖补工作推行，馆陶县被列为全省村级公益建设“一事一议”财政奖补试点县。为解决农村公益事业建设“事难议、议难决、决难行”的“三难”问题，根据河北省筹资筹劳管理办法，采取“一事一议”方式，由村民出资出劳，所筹资金每人不得高于 20 元，奖补标准按村民筹资额 1:1 奖补。各级财政以奖代补，推进村级公益事业建设，取得了显著成绩。据统计，2008 年全县有 168 个村实施“一事一议”财政奖补建设，总投资 728.46 万元，其中村民筹资 339.71 多万元，争取上级财政奖补资金 388.74 万元。

2009 年，馆陶县 181 个村实施“一事一议”财政奖补建设，总投资 875.51 万元，其中村民筹资 387.67 万元，争取上级财政奖补资金 487.84 万元。奖补标准上，对省文明生态村按村民筹资额 1:2 奖补；对一般村按村民筹资额 1:1 奖补。

2010 年，馆陶县 140 个村实施“一事一议”财政奖补建设，总投资 963.27 万元，其中村民筹资 312.26 万元，争取上级财政奖补资金 651.01 万元。

2011 年，馆陶县村级公益事业建设一事一议奖补政策主要包括 3 项：一是所筹资金每人不得高于 30 元：二是对人口规模较小的村实行“一筹两年、一次奖补”政策。三是对省级示范村实行定额奖补，平均每个省级示范村可得到定额奖补资金 30 万元，但不得再享受其他一事一议奖补政策。省文明生态村按村民筹资额 1:2 奖补；对一般村按村民筹资额 1:1 奖补。据统计，2011 年，全县有 146 个村实施“一事一议”财政奖补建设，总投资 1139.89 万元，其中村民筹资 373.50 万元，争取上级财政奖补资金 766.38 万元。

2012 年，馆陶县 157 个村实施“一事一议”财政奖补建设，总投资 2094.86 万元，其中村民筹资 607.84 万元，争取上级财政奖补资金 1487.02 万元。

2013 年 10 月 29 日，县委、县政府发出《关于规范农村“一事一议”管理支持农村面貌改造提升的意见》。意见分六部分：一是筹资筹劳的范围；二是筹资筹劳的程序；三是筹资筹劳管理；四是筹资筹劳的项目实施；五是筹资筹劳的项目验收；六是筹资筹劳的项目审计。2013 年，共 144 个村实施“一事一议”财政奖补建设，总投资 2003.9 万元，其中村民筹资 471.9 万元，争取上级财政奖补资金 1532 万元。奖补标准上，省文明生态村按每人 40 元奖补，不足 8 万元补到 8 万元，高于 8 万元按实际金额奖补；一般村按村民筹资额 1:1 奖补，奖补资金不足 5 万元的补到 5 万元，超过 5 万元按实际金额奖补。

减轻农民负担

1997 年 5 月，县委、县政府联席会议讨论通过《馆陶县农村税费改革试行方案》，农村税费实行定项限额、总量控制，一定三年，不增不减，包括农业税、特产税、三项提留、五项统筹、农村发展基金五项。全县税费总额为3482万元，人均138.5元。其中农业税、特产税681万元，五项统筹1118.3万元，占上年人均纯收入的2.49%；三项提留1122.8万元，占上年人均纯收入的2.5%；三提五统2241万元，人均89.1元，占上年人均纯收入的4.99%；农村发展基金560万元，人均22.3元。2002年开始在全县推行农村税费改革，取消乡统筹费、屠宰税、劳动积累工的义务工，采用新农业税税率，全县统一为6.4%，农业附加税不超过正税的20%，暂不征收农业特产税。农村税费改革后，村内兴办的集体生产公益事业所需资金，采取“一事一议”的办法解决，不再固定向农民收取。需要集资时，由村民委员会提出预算，经村民大会或村民代表大会民主讨论决定。村内“一事一议”的集体生产公益事业筹资，一般每人每年不超过15元，经济条件较好的村，每人每年最高不超过20元。2004年，馆陶县农业税税率在上年基础上降低3个百分点，为3.7%，农业税征收任务比上年减少44.8%，农民负担得到了明显减轻。2005年是馆陶县征收农业税的最后一年，农业税税率在上年基础上再降2个百分点为1.7%，农业税征收任务同比减少54.1%，进一步减轻了农民负担。2006年，全国统一取消农业税。2007年后，馆陶县每年对涉农收费部门和9个乡镇（街道办）进行一次农民负担拉网式检查，进一步强化农民负担工作的监督管理，确保农村稳定，促进农村经济持续快速发展。

农民负担监管　1997年2月24日，县委办公室、县政府办公室发出《关于认真传达贯彻落实中发〔1996〕13号文件精神，进一步做好减轻农民负担工作的通知》。此后1个月，县、乡抽调干部逐级搞好培训，由主要领导带队，将《决定》内容同广大农民群众见面。对照《决定》内容，对1996年减轻农民负担工作进行一次全面检查总结，发现问题，立即纠正。严禁对农民的一切乱收费、乱涨价、乱罚款。加强对减轻农民负担工作的领导，实行县领导包乡镇责任制。1997年5月5日县委、县政府制定《关于认真贯彻中央13号文件切实做好减轻农民负担工作的意见》，加强领导，把减负工作目标落到实处。

1998年8月27日，县委办公室、县政府办公室转发河北省农民负担监督管理工作领导小组办公室《关于印发〈河北省农村提留统筹费专用收据管理办法〉的通知》的通知。对农村提留统筹费征收规范管理。

2002年12月17日，县委办公室、县政府办公室转发《馆陶县农民负担监督管理领导小组办公室关于认真开展农民负担检查工作的实施方案》的通知。这次减负工作检查的范围是8个乡镇、县直有关涉农收费部门。重点检查当年有关农民负担政策落实情况和涉农收费情况。

2003年7月4日，县委办公室、县政府办公室转发市“两办”《关于进一步做好当前减轻农民负担工作的通知》的通知。9月24日，县委办公室、县政府办公室转发中共邯郸市委办公厅、邯郸市人民政府办公厅《关于贯彻落实国办发〔2003〕50号和冀发办〔2003〕21号文件精神切实做好我市减轻农民负担工作的意见》的通知。馆陶县进一步规范农业税及附加的征管工作；严格村内“一事一议”筹资筹劳的管理；妥善解决农村税费尾欠问题；防治“非典”费用不得向农民收取；健全农民负担信访举报制度，严肃查处加重农民负担行为。

2004年4月14日，县委办公室、县政府办公室关于转发《中共邯郸市委办公厅、邯郸市人民政府办公厅关于进一步规范农村兴办集体生产公益事业“一事一议”筹资筹劳切实减轻农民负担的紧急通知》的通知。全县农村严格议事范围，规范议事程序，控制筹资筹劳数额，明确责任，严格把关。

2005年12月20日，县委办公室、县人民政府办公室关于转发《馆陶县农民负担监督管理领导小组办公室、馆陶县人民政府纠正行业不正之风办公室关于认真开展农民负担检查考核工作的实施方案》的通知。对全县各乡镇进行农民负担检查考核。

2007年8月24日，县委办公室、县政府办公室发出《关于在全县开展惠农政策落实情况专项检查的实施方案》的通知。检查的主要内容：中央和省出台的各项惠农政策，主要包括新型农村合作医疗、农村居民最低生活保障、土地征占补偿费、农村土地承包、减轻农民负担、粮食及综合补贴、良种补贴、建沼气池补贴、农机资金补贴、人畜饮水安全工程等惠农政策。

2008年9月8日，县委办公室、县政府办公室关于转发县农民负担监督办、县纠风办《2008年全县农民负担突出问题专项治理实施意见》的通知。要求充分认识当前全县减轻农民负担工作的形式；切实做好2008年度农民负担专项治理工作；认真落实专项治理部门责任制；采取切实措施，狠抓工作落实。

2009—2013年，馆陶县每年安排对全县涉农收费部门和9个乡镇（街道办）进行一次农民负担拉网式检查。重点检查有关农民负担政策落实情况和涉农收费情况。每次都以农民负担检查为契机，总结经验，查找不足，进一步强化农民负担工作的监督管理，确保了农村稳定，促进了农村经济持续快速发展。

“一事一议” 2008年6月，河北省村级“一事一议”财政奖补工作推行，馆陶县被列为全省村级公益建设“一事一议”财政奖补试点县。为解决农村公益事业建设“事难议、议难决、决难行”的“三难”问题，根据河北省筹资筹劳管理办法，采取“一事一议”方式，由村民出资出劳，所筹资金每人不得高于20元，奖补标准按村民筹资额1:1奖补。各级财政以奖代补，推进村级公益事业建设，取得了显著成绩。2008年全县有168个村实施“一事一议”财政奖补建设，总投资728.46万元，其中村民筹资339.71多万元，争取上级财政奖补资金388.74万元。

2009 年，馆陶县 181 个村实施“一事一议”财政奖补建设，总投资 875.51 万元，其中村民筹资 387.67 万元，争取上级财政奖补资金 487.84 万元。

2010 年，馆陶县 140 个村实施“一事一议”财政奖补建设，总投资 963.27 万元，其中村民筹资 312.26 万元，争取上级财政奖补资金 651.01 万元。

2011 年，馆陶县村级公益事业建设一事一议奖补政策主要包括 3 项：一是所筹资金每人不得高于 30 元。二是对人口规模较小的村实行“一筹两年、一次奖补”政策。三是对省级示范村实行定额奖补，平均每个省级示范村可得到定额奖补资金 30 万元，但不得再享受其他一事一议奖补政策。省文明生态村按村民筹资额 1:2 奖补；对一般村按村民筹资额 1:1 奖补。据统计，2011 年，全县有 146 个村实施“一事一议”财政奖补建设，总投资 1139.89 万元，其中村民筹资 373.50 万元，争取上级财政奖补资金 766.38 万元。

2012 年，馆陶县 157 个村实施“一事一议”财政奖补建设，总投资 2094.86 万元，其中村民筹资 607.84 万元，争取上级财政奖补资金 1487.02 万元。

2013 年 10 月 29 日，县委、县政府发出《关于规范农村“一事一议”管理支持农村面貌改造提升的意见》。意见分六部分：一是筹资筹劳的范围；二是筹资筹劳的程序；三是筹资筹劳管理；四是筹资筹劳的项目实施；五是筹资筹劳的项目验收；六是筹资筹劳的项目审计。2013 年，共 144 个村实施“一事一议”财政奖补建设，总投资 2003.9 万元，其中村民筹资 471.9 万元，争取上级财政奖补资金 1532 万元。

民主政治建设

1996 年 4 月，馆陶县开始在全县普遍推行村务公开工作，县委把深化村务公开，加强民主管理作为推进农村基层民主政治建设的关键环节来抓，作为全县的一项重点工作安排部署。1997 年 7 月，县委、县政府出台了《关于深化村务公开加强民主管理的意见》（馆发〔1997〕31 号文），规范了“七公开”的内容：财务收支、订购提留、宅基地分配、各业承包、电价电费、婚姻和计划生育、干部责任目标。提出了村务公开要达到“五规范，一满意”的工作标准，同时建立健全了村民代表会议制度和民主议政日制度。民主议政日每年举行两次，全县统一安排在每年的 1 月 20 日和 7 月 30 日进行，由群众代表对村“两委”班子成员投票，分优秀、称职、不称职三档，评议结果作为干部考核的重要依据。每个行政村均设立村务公开监督小组与民主理财小组，一套人马两个名称，成员 5—7 人，由村民会议或村民代表会议选举产生，其主要职责是定期听取村务，财务工作汇报，收集村民意见并及时向村干部反映，督促村干部及时解决村民反映的问题。

县委农工委根据时代的发展，不断出台新措施，深化村务公开，加强民主管理，提高公开质量。村务公开的内容也不断增加，至 2010 年村务公开内容已达到 22 项，增加了新农村建设，惠农政策落实情况等内容。公开阵地建设也不断提档升级，部分村由最初的黑板式公开栏发展为木质公开栏、铝合金式公开栏、不锈钢式公开栏、塑钢橱窗式公开栏，样式越来越规范也方便了群众观看。

第七节　信访工作

机构设置

1997 年，信访局属于部门管理机构，由县委办公室、县政府办公室管理，以县委办公室管理为主。2003 年 3 月，中共馆陶县委办公室以馆办字〔2003〕11 号文批准确定信访局职能配置、内设机构和人员编制，机关行政编制 7 名，事业编制 3 名。其中局长 1 名（由县委办公室副主任兼），副局长 2 名，股级领导职数 5 名。内设个职能科室：办公室、接待办案科。2004 年 9 月，馆陶县机构编制委员会办公室以馆编办字〔2004〕2 号文批准县信访局增设督查科，行政编制 3 名，其中股级职数 1 名。下设 1 个事业单位：人民群众建议征集办公室，为正股级事业单位，编制 3 名，设主任 1 名、副主任 1 名。2011 年 4 月，中共馆陶县委以馆字〔2011〕46 号文批准成立群众工作部，作为党委工作部门，与信访局合署办公，实行一套人马、两块牌子，在信访局原有编制的基础上增加 5 名行政编制，增加一名副部长（副局长）职数。群众工作部（信访局）共有机关行政编制 12 名，事业编制 3 名。其中局长 1 名（由县委办公室副主任、群众工作部常务副部长兼），副部长（副局长）3 名，股级领导职数 5 名。

信访制度

1998 年 6 月，县委、县政府决定每周日实行县级领导经常化、开放式的信访接待制度，每周六为乡镇党委书记、乡（镇）长接待日。

2000 年，不断加强信访工作，在县城改造拆迁、征地补偿等一系列，容易引发矛盾纠纷的工作情况下，通过认真坚持经常性、公开化的县乡两级“领导接待日”等制度，加强工作中的薄弱环节，制定适应信访工作形势的新措施，切实加强了县乡两级控制和解决信访问题的能力，化解了一大批信访矛盾。

2008 年 10 月，县委、县政府决定，建立以县委书记大接访活动为龙头的信访工作长效机制，探索“三级”联动运作模式，创新建立了村说事室制度、乡代理制度和县“双日”机制（“周三县委书记大接访 + 周四信访例会”机制）。同年 10 月起，每个月第一个周三为县委书记接待日，每月第三周周三为县长接待日，其他周三接待日由县级领导轮流接待。敏感期间，县委书记、县长每天轮流到县信访局接访。

2009 年国庆 60 周年期间，每天有一位县级领导轮流在县信访局接待上访群众。1—7 月份，到县以上上访量 388 批户次，1206 人，同比下降 22%；到市以上单访 15 起，同比下降31%，到期全部办结，办结率100%；进京非正常上访5人次，在全市最低；全县未出现一起越级集体访、三级“两会”越级访。

2010年2月，馆陶县县级领导日常接访实行“AB”岗制。每天由一名县级领导轮流到县联合接访中心。2010年共接待来县信访群众431批户次，1223人次，办结431批户，息诉罢访414批户次，办结率100%，信访问题息诉罢访率提高了38%。

2013年12月，县委书记、县长接待日由每月周三接待一次改为每周六到县联合接访中心轮流接访约访制度。2013年12月，实行县委书记、县长周六接访。同年12月，实行信访案件认领分包工作制度，县委书记、县长分包重大疑难案件；县联席会议成员分包疑难信访案件；一般信访案件，根据县级领导排序，从低向高逐人认领。

信访接待

1997年以后，馆陶县始终把受理和解决群众来信来访摆在突出位置来抓。2003年，县纪委协调106特大桥、路桥公司设备撤场等多年积淀的信访案件，得到群众好评，新华社《内参选编》报道了馆陶信访工作做法。2005年，在全县开展了“信访工作质量年”活动。采取“四办”办法抓好信访工作，中纪委监察部《研究与动态》刊发了经验。2007年，在认真处理群众来信来访过程中，注重对案件线索的筛选和排查，实行了实名举报查实有奖、案件线索资源共享等制度，共受理群众来信来访、举报电话141件次，集体访5批80人次，全部在县内得到了妥善处理和解决。2008年，针对北京举办奥运会的特殊时期，多次召开专题会议，研究方法，强化措施，通过“四环紧扣”无缝隙抓信访、层层签订信访稳定责任状信访件、专人负责进行回访等方法，共受理排查和群众来信来访115件（次），信访问题全部在县内得到妥善处理，实现了连续19年无集体越级访。2011年4月，成立群众工作部与信访局合署办公，实行一套人马、两块牌子。增加了县联合接访中心、行政服务中心、民生办公室、听证评估及社情民意办公室。2011年共接待受理群众诉求456件，已解决436件，办结率达97.8%，息诉罢访414批户次，信访问题息诉罢访率提高了38%。

2012年共接待受理群众诉求434件，已解决311件，息诉罢访309批户次，信访问题息诉罢访率提高了21%。2013年，通过内部整合到位、横向整合到边、纵向整合到底、加强舆情监控等措施，加大了信访资源整合力度，加强了信访资源综合利用。对信访举报线索，实行了线索管理员初步筛查、信访室集体排查、评估小组最终评估等方式，有效避免了案件线索流失。对经过筛查确定的信访举报案件，实施了“一案一剖析、一季一预测、半年一报告”，提升了信访工作科学化水平。

第八节　老干部工作

机构设置

1997 年，老干部局属于部门管理机构，由县委组织部管理，机关行政编制 4 名，其中：局长 1 名，副局长 2 名，股级领导职数 2 名。机关老干部服务工作人员编制 3 名。内设 2 个职能科室：办公室、管理服务科。关心下一代工作委员会办公室是老干局下属的副局级事业单位，编制 2 名。其中主任 1 名，股级领导职数 1 名。

老干部管理

截至 2013 年年底，馆陶县共有老干部 1756 人，其中，离休干部 51 人，退休干部 1705 人；县级和享受县级待遇的有 49 人，其中县级 28 人，享受县级待遇的 21 人。按照居住区域、兴趣爱好和本人自愿的原则，大部分退休干部仍在本单位过组织生活，由原单位管理。其中，242 名离退休老干部统一到老干部局活动，设老干部党总支 1 个，下辖 11 个党支部。

老干部待遇

春节前夕慰问离退休县级老干部

生活待遇、离休干部医疗费单独统筹，离休干部就医定点医药门诊、规定医院治疗。医疗费实行实报实销。2011 年，提高离休干部生活补贴和扩大发放范围。1937 年 7 月 6 日前参加革命工作的离休干部，生活补贴由每人每年增发两个月的基本离休费，提高到每人每年增发三个月的基本离休费；1937 年 7 月 7 日至 1942 年 12 月 31 日参加革命工作的离休干部，生活补贴由原每人每年增发一个半月的基本离休费，提高到每人每年增发两个半月的基本离休费；1943 年 1 月 1 日至 1945 年 9 月 2 日参加革命工作的离休干部，生活补贴由原每人每年增发一个月的基本离休费，提高到每人每年增发两个月的基本离休费；对 1945 年 9 月 2 日至 1949 年 9 月 30 日参加革命工作的离休干部，每人每年增发一个月的基本离休费，作为生活补贴。

政治待遇

县委每年召开座谈会向县级老干部通报全县经济运行和社会事业发展情况，每年春节，县四大班子领导都进行大走访、慰问活动，每逢全县人大常委会、政协“两会”和其他重要会议都邀请县级老干部参加。2013 年 7 月，县委副书记马光瑞，县委常委、常务副县长齐海新，县委常委、组织部长王延平向县级老干部通报 2013 年上半年全县经济运行情况，老干部们进行了认真而广泛的座谈，并针对县城建设、县城管理和项目建设等提出一系列宝贵的意见和建议。2013 年 10 月，县委书记张跃峰、县长谢继炯等县四大班子领导，慰问城区居住的县级和享受县级待遇的离退休干部。县级离休干部享受《河北日报》《邯郸日报》和《老人世界》刊物各一份；县级以下离休干部和县级退休干部享受《邯郸日报》和《老人世界》刊物各一份；其他退休干部享受《老年报》和《老人世界》各一份。条件差的单位保证离退休干部人手一册《老人世界》刊物。

老年大学

馆陶县老年大学，设在县老干部活动中心，设校长、副校长各 1 名，由离退休老干部兼校长，老干部局副局长兼副校长，配有兼职教师和管理人员 10 名。2013 年在校学员 106 人。老年大学宗旨是面向社会所有中老年朋友，本着“贴近实际、贴近老同志、贴近需求”的原则，背靠政府、面向社会、服务老干部，利用自身条件，联合社会力量，满足老同志“老有所依、老有所乐、老有所为、老有所教”的需求，促进老同志学习培训。健身娱乐活动的开展，为老干部发挥余热提供全方位、多功能的服务。2013 年，老年大学共举办中医按摩、花卉养殖、健康保健 3 个培训班，邀请社会、部门专业人员 8 人授课，学时达 21 周，培训 280 余人次。

关心下一代工作

关心下一代工作委员会的前身为关心下一代工作协会。关心下一代工作委员会领导机构由县级领导和离退休老干部担任，有 11 个成员单位。办公室设在县委老干部局，对青少年进行爱国主义教育是关心下一代工作的核心内容。2013 年清明节前夕，联合宣传部、团委、教育局等单位，组织 1000 余名城区中小学生，到爱国主义教育基地英烈馆开展祭奠英烈活动，让中小学生缅怀先烈，不忘国耻，发奋学习，报效祖国。2013 年 5 月，关工委与政法部门密切合作，进校园加大对青少年法制教育，作法制教育报告 4 场。此外，与文明办、教育局联合，协调企业、商户救助贫困大学生 10 人，将温暖爱心及时送到青少年心中。

第九节　其他党务工作

党校教育

机构设置　1997年，县委党校为直属事业机构，编制25人，内设办公室、组教处、教研室、行政科。2002年7月机构改革，由直属事业单位改为一般事业单位，编制25人，内设科室不变。

党员干部培训　1997—2013年，县委党校与有关部门共同举办各级各类主体班100余期。1998年，与组织部联办预备党员培训班，培训80余人；与宣传部、组织部联合举办3期副科级以上党政机关干部教育培训班，培训420余人；与机关工委联合举办入党积极分子培训班，培训67人。2000年，开展“三个代表”重要思想学习教育活动，党校利用“阵地”资源，深入县直单位、乡镇、基层站所、乡村的田间地头宣讲“三个代表”重要思想和党的方针政策等，全年举办讲座、入党积极分子培训班、农村“两委”培训班，培训人员达1000余人。2002年县委党校与组织部、劳人局、县直机关工委、老干部局等部门举办主体班培训10期。举办“三个代表”讲座、入党积极分子培训班、青年领导干部培训班、党员先锋工程理论骨干培训班，“WTO专题讲座”、党员干部培训班、公务员依法行政培训班、十六大精神培训班等，培训人数达3100余人。2005年，与县委组织部联合举办了3期乡科级干部加强党的执政能力建设培训班，培训348人，提高了乡科级领导干部依法行政能力和执政能力。2007年，与县委组织部、县委宣传部联合举办“科学发展观”讲座、十七大精神培训班、入党积极分子培训班等，培训人数达1200余人。2009年与县委组织部、县委宣传部等部门联合举办“十七届三中全会精神”讲座、“十七届四中全会精神”讲座等，培训人数280余人。2012年，与县委组织部、县委宣传部联合举办“中共十八大精神”讲座3期，培训人数240余人，承担了县委“爱县教育进企业”的宣讲任务，去电力局、县医院、中医院、金凤市场管委会等企业进行多次宣讲，授课人数300余人。2013年按照群众路线教育实践活动领导小组的安排，组建群众路线实践活动宣讲团，县委党校2名教师承担了宣讲的任务，经过深入学习、认真备课，到县一中、水利局等单位进行了宣讲，授课人数360余人。2009—2013年，共与机关工委联合举办入党积极分子培训班5期，培训430余人。同时，组织教员开展送理论下基层宣讲活动，多次下乡村、街道、企业、学校宣讲党的基本理论、基本路线，受教育基层干部群众1万余人。

科研工作　1997—2013年，为了充分发挥党校的“三个阵地，一个熔炉”的作用，县委党校经常组织教职员工深入基层，走进机关、企业、农村，边实践边调研，撰写出理论和专题研究报告20多篇，其中多篇在邯郸市委党校组织的理论研讨会上获奖。石秀丽撰写的《扁鹊治病，引以为戒》在省委党校报上发表，《谈市场信用》在《河北经济研究》期刊上发表，《莫忘立业之本》获邯郸市理论研讨会一等奖。石秀丽2012年被评为河北省优秀基层宣讲员。

学历教育 专科。1993年开始承办专科学历教育，由省委党校主办。1993—2009年，开设经济管理专业、法律专业，学制3年，至2013年，共举办6期，招收学员980人，其中毕业学员967人。

本科。2001年开始招收本科学历教育，由河北省委党校函授学院主办。2001—2009年，开设经济管理和法律专业本科教育，学制两年半，共举办3期，招收学员656人。

信息工作

县委信息中心成立于1997年8月，为副局级事业机构，编制4名。其中，主任1名，副主任（正股级）1名。

1997年以后，馆陶县围绕中央和省、市、县委的工作部署，及时收集、整理全县各级各部门的信息，编印《馆陶信息》《情况反映》《每日动态》《网络摘报》等信息内刊，第一时间反馈全县工作概况，为县委决策提供信息服务。2011年，《“三级联动”构建“立体化”群众工作新格局——关于馆陶县创新管理模式做好群众工作的调查》上报中央办公厅，《“一小五大”的“馆陶现象”——来自黑龙港流域馆陶县的调查》，先后被省委《河北快报》（特刊）、《邯郸日报》等十几种媒体刊物采用转发，并呈报原中共河北省委书记张云川、省长陈全国等省领导，省委常委、常务副省长赵勇和省委常委、省纪委书记臧胜业作出肯定性批示，引起社会各界的高度关注。馆陶县党委信息工作成绩始终居全市前列，信息工作排名居全市第一、全省第四。2012年，“全市党委系统信息工作会议”在馆陶召开。2013年12月，把《馆陶信息》《每日动态》《调研与参考》合刊为《馆陶快讯》。围绕县委中心工作和全县大局，及时向省、市委反馈馆陶县重点工作、重大活动和重要动态，先后有数百篇信息被省、市委采用。

保密工作

机构设置 县委保密局设1个职能科室：法规科。设局长1名（正科级）、副局长1名（副科级）。

制度建设 2006年，馆陶县制定了《计算机保密工作责任状》；2007先后制定了《馆陶县公务内网信息传输管理规定》《馆陶县公务内网运行规定》《馆陶县机关公务内网使用及安全保密规范》；2008制定了《计算机信息系统保密管理暂行规定》等关于计算机保密的规章制度。

队伍建设 2011年，完善充实了县委保密委员会领导和成员单位，同年制定了《馆陶县保密委员会关于加强全县保密组织机构和队伍建设的通知》（馆保委〔2010〕2号文件），进一步落实了责任，加强了保密机构和队伍建设，全县各乡镇、县直各单位都明确了定密责任人、保密专兼职干部，同时明确了责任人责任；2012年对各涉密单位涉密人员进行政审和建档。对全县各涉密单位的保密专兼职干部和涉密人员开展了摸底排查工作，对所有保密专兼职干部和涉密人员的基本情况进行统计，并一一签订了《保密责任书》。

保密工作规范化建设　1997年始，每年组织开展对春节、“五一”“十一”、中高考期间及重大活动的检查，堵塞了失泄密隐患。2006年配备了电子公文印章，完成了电子公文印章工作；2008对全县涉密计算机单机系统进行了分级保护工作，强化了保密硒鼓的使用工作；2009对全县涉密人员签订了保密承诺书；2010年对全县15个重点涉密单位的涉密计算机安装了“涉密计算机及其移动存储介质违规外联监控系统”，并通过市局为各单位配备了涉密专用U盘；2010年进一步加强了对全县党政机关、企事业单位涉密载体检查；2012年组织了保密知识考试，印发咨询材料，共收回答卷955份；2013年4月组织了共有3029人参加的保密知识竞赛，参赛人员有县领导、单位定密责任人、保密专兼职干部、公务公职人员、社会公民等；2013年8月份完成了在全国范围内，利用专用软件进行全面统计的首次全国保密普查；2013年10月份对重新认定的重点涉密单位配备了“三合一”涉密管理系统。

督查工作

县委督查室设1个职能科室：督查科。设主任1名（正科级）、副主任1名（副科级）。

2005年，制订《关于进一步加强县委及县委领导同志批交办事项办理工作的意见》。2006年制订《关于进一步加强县委领导同志批交办事项保密工作的有关规定》。2008年，围绕县委中心工作、奥运安保、“城乡面貌三年大变样”、民心工程、“履职尽责、勤政为民”抓督查，全年共牵头组织各种督查活动63次，联合部门开展督查活动22次；承办县委及县委领导同志批示件130余件，办结率98%以上。下发《关于实行督促检查工作问责的决定》和《县委督查室关于进一步提升和完善县委主要领导同志批交办事项办理工作的意见》的通知。2010年围绕“四项重点工作”为主线，共牵头组织各种督查活动40余次，联合部门实施督查活动25次，陪同县委领导同志督查23次，承办县委及县委领导批示件123件，办结率98%以上；承办市领导批示件2件，承办市明传电报9件，办结率均为100%。2012年围绕全县重点工作、“三条线、七个十”工程建设、十八大安全稳定、农村环境综合整治、重点项目建设等工作开展大规模督查活动86次。2013年以“三条线、七个十”、农村环境整治、“1+1”结对帮扶重点工作、大气环境整治、县城环境卫生整治、机关效能督查等工作为主线，共牵头组织各种督查活动38次。

机要工作

机构设置 县委机要局设 2 个职能科室：业务科、技术科。设局长 1 名（正科级）、副局长 1 名（副科级）。

密码工作规范化建设 2000 年，根据《河北省县级密码工作规范化建设总体要求》，县委为密码工作创造了良好工作环境和保密环境。2001—2003 年，实现明、密机房分开，除有值班室、阅报室、办公室、维修室之外，落实了“三铁一器”（铁钢门、铁钢窗、钢铁装甲化保险箱、远红外联防报警器）。确保密码设备安全，机要机房安装了单独的避雷系统，购置了发电机、UPS 不间断电源、灭火器、机柜，并安装了视频监控系统。2003—2005 年，对通信设备进行更换，提高技术装备实力。通信系统严格执行一主一备要求，通信用计算机做到一主多备。

密码通信 1997—1999 年，密码通信工作安全畅通。2000 年，认真做好密码通信的技术保障工作，做到拉的出，连的上，通的畅。严格落实领导带班制度和一把手负责制，严格遵守第一时间观念。遇有紧急重要电报，机要局长亲自办理，全体机要人员保证在位。所有电报均按重要电报办理，第一时间签收、第一时间办理，电报登记详细、齐全。至 2013 年，机要局严格按照译传办管理规定和规范化要求，及时准确办理好每份电报，没有发生一件压误电报事故，无漏办现象，做到了“零停留、全畅通”。

第三章　地方人民代表大会

1952年1月5日，馆陶县召开第一届各界人民代表大会。1954年7月3日至7日，召开第一届人民代表大会，并选举产生了县政府组成人员，至1965年12月，共召开了六届人民代表大会，并相应地产生了县人民政府。“文化大革命”期间，没有召开人民代表大会。1982年1月，恢复召开人民代表大会，被排为第八届，此后，每五年召开一届人民代表大会，至2013年，馆陶县共召开十六届次人民代表大会，并产生了相应的县人民政府。

第一节　代表选举

馆陶县人大常委会代表换届选举，由选民直接参与。1997—2013年，各届县人大常委会代表的换届选举工作计划，由县人大常委会党组报经县委批准后实施。整个换届选举过程，历经准备阶段、宣传动员、代表名额分配、选区划分、选民登记、代表候选人提名、协商确定、投票选举、选举总结等阶段，一般历时二到三个月。新一届人大常委会代表选举产生后，均依法在两个月内召开新一届县人民代表大会第一次会议。

馆陶县十六届人大第五次会议召开

各届县人大常委会代表换届选举的选民参选率均在90%以上。选举产生的各届人大常委会代表界别构成较为合理，代表中有工人、农民、干部、知识分子、个体工商业者等各界人士，具有广泛的代表性。

县第十三届人大常委会代表163名，其中女代表31名，占19%；非党代表39名，占23.9%；工农代表57名，占35%；党政干部代表78名，占47.8%；知识分子15名，占9.2%；

个体工商业者13名，占7.98%。

县第十四届人大常委会代表174名，其中女代表31名，占17.8%；非党代表46名，占26.4%；工农代表59名，占33.9%；党政干部代表84名，占48.2%；知识分子19名，占10.9%；个体工商业者12名，占6.89%。

县第十五届人大常委会代表172名，其中女代表32名，占18.6%；非党代表40名，占23.2%；工农代表58名，占34.88%；党政干部代表80名，占46.5%；知识分子17名，占9.88%；个体工商业者12名，占6.97%。

县第十六届人大常委会代表171名，其中女代表31名，占18.1%；非党代表44名，占25.7%；工农代表57名，占33.3%；党政干部代表81名，占47.4%；知识分子16名，占9.4%；个体工商业者12名，占7%，其他5人，占2.9%。

第二节 历届人民代表大会会议

第十三届人民代表大会

第一次会议 1998年2月24日至28日在馆陶会堂举行，出席代表168人。会议听取和审议了《馆陶县人民政府工作报告》《馆陶县1997年国民经济和社会发展计划执行情况与1998年国民经济和社会发展计划（草案）报告》《馆陶县1997年财政预算执行情况的报告和1998年财政预算（草案）报告》《馆陶县第十二届人大常委会工作报告》《馆陶县人民法院工作报告》《馆陶县人民检察院工作报告》，并通过了相应的决议。审查批准了《馆陶县1998年国民经济和社会发展计划》《馆陶县1998年财政预算》。会议选举了第十二届人大常委会主任1人、副主任4人、委员14人，县长1人、副县长6人，县人民法院院长1人，县人民检察院检察长1人。

第二次会议 1999年3月4日至6日在馆陶会堂举行，出席代表170人。会议听取和审议了《馆陶县人民政府工作报告》《馆陶县1998年国民经济和社会发展计划执行情况与1999年国民经济和社会发展计划（草案）报告》《馆陶县1998年财政预算执行情况的报告和1999年财政预算（草案）报告》《馆陶县人大常委会工作报告》《馆陶县人民法院工作报告》《馆陶县人民检察院工作报告》，并通过了相应的决议。审查批准了《馆陶县1999年国民经济和社会发展计划》《馆陶县1999年财政预算》。会议以无记名投票方式补选宁金峰同志为馆陶县第十三届人大常委会副主任。

第三次会议 2000年2月21日至23日在馆陶会堂举行，出席代表169人。会议听取和审议了《馆陶县人民政府工作报告》《馆陶县1999年国民经济和社会发展计划执行情况与2000年国民经济和社会发展计划（草案）报告》《馆陶县1999年财政预算执行情况的报告和2000年财政预算（草案）报告》《馆陶县人大常委会工作报告》《馆陶县人民法院工作报告》《馆陶县人民检察院工作报告》，并通过了相应的决议。审查批准了《馆陶县 2000 年国民经济和社会发展计划》《馆陶县 2000 年财政预算》。

第四次会议 2001 年 2 月 8 日至 11 日在馆陶会堂举行，出席代表 171 人。会议听取和审议了《馆陶县国民经济和社会发展“十五”计划纲要的报告》《馆陶县 2000 年国民经济和社会发展计划执行情况与 2001 年国民经济和社会发展计划（草案）报告》《馆陶县 2000 年财政预算执行情况的报告和 2001 年财政预算（草案）报告》《馆陶县人大常委会工作报告》《馆陶县人民法院工作报告》《馆陶县人民检察院工作报告》，并通过了相应的决议。审查批准了《馆陶县国民经济和社会发展“十五”计划》《馆陶县 2001 年国民经济和社会发展计划》《馆陶县 2001 年财政预算》。会议以无记名投票方式选举赵彦平为馆陶县人民法院院长。

第五次会议 2002 年 4 月 16 日至 16 日在馆陶宾馆举行，出席代表 172 人。会议听取和审议了《馆陶县人民政府工作报告》《馆陶县 2001 年国民经济和社会发展计划执行情况与 2002 年国民经济和社会发展计划（草案）的报告》《馆陶县 2001 年财政预算执行情况的报告和 2002 年财政预算（草案）报告》《馆陶县人大常委会工作报告》《馆陶县人民法院工作报告》《馆陶县人民检察院工作报告》，并通过了相应的决议。审查批准了《馆陶县 2002 年国民经济和社会发展计划》《馆陶县 2002 年财政预算》。会议以无记名投票方式补选刘晓军为馆陶县人民政府县长。

第十四届人民代表大会

第一次会议 2003 年 8 月 15 日至 19 日在馆陶宾馆举行，出席代表 165 人。会议听取和审议了《馆陶县人民政府工作报告》《馆陶县 2002 年国民经济和社会发展计划执行情况与 2003 年国民经济和社会发展计划（草案）报告》《馆陶县 2002 年财政预算执行情况的报告和 2003 年财政预算（草案）报告》《馆陶县十三届人大常委会工作报告》《馆陶县人民法院工作报告》《馆陶县人民检察院工作报告》，并通过了相应的决议。会议选举了第十四届人大常委会主任 1 人、副主任 5 人、委员 14 人，县长 1 人、副县长 6 人，县人民法院院长 1 人，县人民检察院检察长 1 人。会议期间共收到代表提出的建议、批评和意见 56 件。

第二次会议 2004 年 2 月 10 日至 12 日在馆陶宾馆举行，出席代表 159 人。会议听取和审议了《馆陶县人民政府工作报告》《馆陶县 2003 年国民经济和社会发展计划执行情况与 2004 年国民经济和社会发展计划（草案）报告》《馆陶县 2003 年财政预算执行情况的报告和 2004 年财政预算（草案）报告》《馆陶县人大常委会工作报告》《馆陶县人民法院工作报告》《馆陶县人民检察院工作报告》，并通过了相应的决议。会议期间共收到代表提出的建议、批评和意见 33 件。

第三次会议　2005年1月19日至21日在馆陶宾馆举行，出席代表167人。会议听取和审议了《馆陶县人民政府工作报告》《馆陶县2004年国民经济和社会发展计划执行情况与2005年国民经济和社会发展计划（草案）报告》《馆陶县2004年财政预算执行情况的报告和2005年财政预算（草案）报告》《馆陶县人大常委会工作报告》《馆陶县人民法院工作报告》《馆陶县人民检察院工作报告》，并通过了相应的决议。会议期间共收到代表建议、批评和意见共61件。

第四次会议　2006年1月11日至13日在馆陶宾馆举行，出席代表167人。会议听取和审议了《馆陶县人民政府工作报告》《馆陶县2005年国民经济和社会发展计划执行情况与2006年国民经济和社会发展计划（草案）报告》《馆陶县2005年财政预算执行情况的报告和2006年财政预算（草案）报告》《馆陶县人大常委会工作报告》《馆陶县人民法院工作报告》《馆陶县人民检察院工作报告》，并通过了相应的决议。会议期间共收到代表建议、批评和意见共58件。

第五次会议　2006年5月19日在馆陶宾馆举行，会期一天，出席代表163人。会议选举张跃峰为馆陶县人民政府县长。

第六次会议　2007年1月10日至12日在馆陶宾馆举行，出席代表169人。会议听取和审议了《馆陶县国民经济和社会发展第十一个五年规划纲要的报告》《馆陶县2006年国民经济和社会发展计划执行情况与2007年国民经济和社会发展计划（草案）报告》《馆陶县2006年财政预算执行情况的报告和2007年财政预算（草案）报告》《馆陶县人大常委会工作报告》《馆陶县人民法院工作报告》《馆陶县人民检察院工作报告》，并通过了相应的决议。会议以无记名投票方式补选张跃峰为邯郸市第十二届人民代表大会代表。会议期间共收到代表建议、批评和意见共41件。

第十五届人民代表大会

第一次会议　2007年8月8日至11日在馆陶宾馆举行，出席代表166人。会议听取和审议了《馆陶县十四届人大常委会工作报告》《馆陶县人民法院工作报告》《馆陶县人民检察院工作报告》，并通过了相应的决议。会议选举了第十五届人大常委会主任1人、副主任4人、委员18人，县长1人、副县长6人，县人民法院院长1人，县人民检察院检察长1人。会议期间共收到代表提出的建议、批评和意见47件。

第二次会议　2008年3月1日至3日在馆陶宾馆举行，出席代表164人。会议听取和审议了《馆陶县人民政府工作报告》《馆陶县2007年国民经济和社会发展计划执行情况与2008年国民经济和社会发展计划（草案）报告》《馆陶县2007年财政预算执行情况的报告和2008年财政预算（草案）报告》《馆陶县人大常委会工作报告》《馆陶县人民法院工作报告》《馆陶县人民检察院工作报告》，并通过了相应的决议。会议期间共收到代表提出的建议、批评和意见 56 件。

第三次会议　2009 年 2 月 4 日至 6 日在馆陶宾馆举行，出席代表 166 人。会议听取和审议了《馆陶县人民政府工作报告》《馆陶县 2008 年国民经济和社会发展计划执行情况与 2009 年国民经济和社会发展计划（草案）报告》《馆陶县 2008 年财政预算执行情况的报告和 2009 年财政预算（草案）报告》《馆陶县人大常委会工作报告》《馆陶县人民法院工作报告》《馆陶县人民检察院工作报告》，并通过了相应的决议。会议期间共收到代表提出的建议、批评和意见 57 件。

第四次会议　2010 年 2 月 22 日至 24 日在馆陶宾馆举行，出席代表 166 人。会议听取和审议了《馆陶县人民政府工作报告》《馆陶县 2009 年国民经济和社会发展计划执行情况与 2010 年国民经济和社会发展计划（草案）报告》《馆陶县 2009 年财政预算执行情况的报告和 2010 年财政预算（草案）报告》《馆陶县人大常委会工作报告》《馆陶县人民法院工作报告》《馆陶县人民检察院工作报告》，并通过了相应的决议。会议补选了县人大常委会委员 3 人，县人民法院院长 1 人，县人民检察院检察长 1 人。会议期间共收到代表提出的建议、批评和意见 39 件。

第五次会议　2011 年 3 月 1 日至 3 日在馆陶宾馆举行，出席代表 166 人。会议听取和审议了《馆陶县人民政府工作报告》《馆陶县 2010 年国民经济和社会发展计划执行情况与 2011 年国民经济和社会发展计划（草案）报告》《馆陶县 2010 年财政预算执行情况的报告和 2011 年财政预算（草案）报告》《馆陶县人大常委会工作报告》《馆陶县人民法院工作报告》《馆陶县人民检察院工作报告》，并通过了相应的决议。会议补选袁保仲为馆陶县第十五届人大常委会主任。会议期间共收到代表提出的建议、批评和意见 37 件。

第十六届人民代表大会

第一次会议　2012 年 1 月 12 日至 15 日在馆陶宾馆举行，出席代表 171 人。会议听取和审议了《馆陶县人民政府工作报告》《馆陶县 2011 年国民经济和社会发展计划执行情况与 2012 年国民经济和社会发展计划（草案）报告》《馆陶县 2011 年财政预算执行情况的报告和 2012 年财政预算（草案）报告》《馆陶县十五届人大常委会工作报告》《馆陶县人民法院工作报告》《馆陶县人民检察院工作报告》，并通过了相应的决议。会议选举了第十六届人大常委会主任 1 人、副主任 4 人、委员 18 人，县长 1 人、副县长 6 人，县人民法院院长 1 人，县人民检察院检察长 1 人。会议期间共收到代表提出的建议、批评和意见 29 件。

第二次会议　2013 年 3 月 12 日至 14 日在馆陶宾馆举行，出席代表 170 人。会议听取和审议了《馆陶县人民政府工作报告》《馆陶县 2012 年国民经济和社会发展计划执行情况与2013年国民经济和社会发展计划（草案）报告》《馆陶县2012年财政预算执行情况的报告和2013年财政预算（草案）报告》《馆陶县十五届人大常委会工作报告》《馆陶县人民法院工作报告》《馆陶县人民检察院工作报告》，并通过了相应的决议。会议期间共收到代表提出的建议、批评和意见26件。

第三次会议　2014年1月20日至22日在馆陶宾馆举行，出席代表164人。会议听取和审议了《馆陶县人民政府工作报告》《馆陶县2013年国民经济和社会发展计划执行情况与2014年国民经济和社会发展计划（草案）报告》《馆陶县2013年财政预算执行情况的报告和2014年财政预算（草案）报告》《馆陶县十五届人大常委会工作报告》《馆陶县人民法院工作报告》《馆陶县人民检察院工作报告》，并通过了相应的决议。会议选举孟凡雄为馆陶县人民政府县长。会议期间共收到代表提出的建议、批评和意见38件。

第三节　人大常委会

人大常委会领导机构

馆陶县人大常委会由主任1人、副主任和委员若干人组成，馆陶县第十二届至第十六届人大常委会组成情况分别为：

第十二届主任1名，副主任5人，委员15人；第十三届主任1名，副主任4人，委员14人；第十四届主任1名，副主任4人，委员14人；第十五届主任1名，副主任4人，委员18人；第十六届主任1名，副主任4人，委员18人。

馆陶县第十二届至第十六届人大常委会主任、副主任一览表

表4-3-1

届次	职务	姓名	性别	籍贯	任职时间
第十二届	主任	王宗志	男	河北省馆陶县	1993.01—1997.05
		徐守忠	男	河北省馆陶县	1997.05—1998.02
	副主任	张玉河	男	河北省馆陶县	1993.01—1998.02
		陈怀川	男	河北省馆陶县	1993.01—1998.02
		常平花	女	河北省隆尧县	1993.01—1998.02
		王金魁	男	河北省馆陶县	1993.01—1998.02
		王九德	男	山东省临清市	1993.01—1998.02

续表 4-3-1

届次	职务	姓名	性别	籍贯	任职时间
第十三届	主任	李广聚	男	河北省馆陶县	1998.02—2003.08
	副主任	常平花	女	河北省隆尧县	1998.02—2003.08
		李占朝	男	河北省大名县	1998.02—2003.08
		柳兆泉	男	河北省馆陶县	1998.02—2003.08
		宁金峰	男	河北省馆陶县	1999.03—2003.08
第十四届	主任	王天仲	男	河北省馆陶县	2003.08—2007.08
	副主任	柳兆泉	男	河北省馆陶县	2003.08—2007.08
		王培军	男	河北省馆陶县	2003.08—2007.08
		宁金峰	男	河北省馆陶县	2003.08—2007.08
		贾鹏章	男	河北省馆陶县	2003.08—2007.08
第十五届	主任	王天仲	男	河北省馆陶县	2007.08—2011.03
		袁保仲	男	河北省馆陶县	2011.03—2012.01
	副主任	宁金峰	男	河北省馆陶县	2007.08—2012.01
		赵卫东	男	河北省邱县	2007.08—2012.01
		牛兰学	男	河北省馆陶县	2007.08—2012.01
		刘芳忠	男	河北省馆陶县	2007.08—2012.01
第十六届	主任	袁保仲	男	河北省馆陶县	2012.01—2017.02
	副主任	宁金峰	男	河北省馆陶县	2012.01—2017.02
		牛兰学	男	河北省馆陶县	2012.01—2017.02
		刘芳忠	男	河北省馆陶县	2012.01—2017.02
		王恒元	男	河北省馆陶县	2012.01—2017.02

人大常委会工作机构

县第十二届至第十六届人大常委会均设置办公室、选举与代表工作室、法制工作室三个工作机构，自第十四届人大常委会开始，增加设置财经工作委员会、教科文卫委员会。

人大常委会会议

县人大常委会会议依法行使重大事项决定权、人事任免权和监督权。县第十二届至十六届人大常委会会议，每两个月至少举行 1 次。19 年来，举行人大常委会会议 116 次，审议议题400余项。

第十二届至十六届人大常委会会议第一二次会议的内容，主要是任命县人大常委会各工作机构组成人员，制定和充实完善常委会各项工作制度等议题。每年举行一次常委会扩大会议，听取和审议县政府上半年工作总结和下半年工作计划，以及代表书面意见处理等专题汇报，第四季度对县财政预算变更在常委会会议上进行专题审议，作出决议。县第十二届至十六届人大常委会会议审议议题，经济工作、民生工作和国家法律法规贯彻执行情况议题占80%以上。

常委会决定、决议

县第十二届至第十六届人大常委会做出决定、决议140余项，主要包括：每年一次的财政预算计划调整和确定人代会召开日期，县人大常委会代表议案的审议结果，人事任免事项，接受县人大常委会代表和县人大常委会组成人员、县长、副县长、法院院长、检察院检察长等辞去职务请求，确定代县长、代院长、代检察长，重大事项通报，全县国民经济计划纲要和远景目标，经济工作、民生工作中突出问题和群众关心的热点、难点问题。

第四节　主要工作

监督工作

1997年1月至1998年1月，县第十二届人大常委会不断开展各种法律监督活动，注重提高法律监督的质量和效果。期间，1997年5月，开展了《人民银行法》《商业银行法》《票据法》执法检查。

1998年2月至2003年8月，县第十三届人大常委会先后制定了《常委会议事规则》《与“一府两院”联系办法》《公民旁听常委会会议规定》《人大常委会机关工作制度》等多项议事和工作制度，开展各项执法检查40余次，提出各类建议、意见600余条。采用上下联动的方式，对《中华人民共和国城市规划法》《中华人民共和国食品卫生法》《中华人民共和国档案法》《义务教育和社会力量办学》等30余部法律进行了执法检查；对《中华人民共和国药品管理法》《中华人民共和国村委会组织法》等十余部法律执行情况听取了汇报；对《河北省人大常委会预算审查监督条例》执行情况进行了调研，对县工商局、质量监督局等多个执法单位执法情况进行了评议。

2003年8月至2007年8月，馆陶县第十四届人大常委会补充完善了《人大常委会议事规则》制定了《人大常委会对任命人员述职评议的试行办法》《馆陶县人大常委会司法监督暂行办法》，修订完善了《人大常委会会机关各项制度》，先后对《义务教育法》

《职业教育法》《工会法》《人口与计划生育法》《环境保护法》《劳动法》《国防教育法》《刑事诉讼法》《食品安全法》《节约能源法》《法官法》《检察官法》《警察法》《道路交通安全法》等进行了执法检查。同时，配合全国、省市人大常委会对《中华人民共和国土地承包法》《中华人民共和国中小企业促进法》《中华人民共和国森林法》《中华人民共和国职业教育法》及省《支持和鼓励个体工商户私营企业发展条例》等法律法规的实施情况进行了检查，对发现的问题听取了有针对性的意见建议。县人大常委会加强对计划和预算执行情况的监督力度，督促政府和财政部门推行零基预算、部门预算和综合预算，在人大常委会会议和主任会议上分别听取了计划、预算执行情况和推行部门预算情况报告，要求县政府在向人大常委会提交计划、预算执行情况报告时，同时提交审计工作情况报告，提高会议审议质量。县人大常委会还组织代表视察了全县林业生产情况、“村村通工程”进展情况、生态家园富民工程、农村安全饮水工程、“村村通”主街道硬化和生产桥民心工程、铸造加工产业发展工程、“五个一”园区建设情况、县一中省级示范性高中创建情况、县交通工程和县城建设情况等。

2007 年 8 月至 2012 年 12 月，馆陶县第十五届人大常委会会制定了《评选优秀代表小组、优秀人大常委会代表和优秀代表建议的试行办法》《对政府组成部门进行工作评议的试行办法》《关于县代表述职评议的试行办法》《关于代表小组定向视察的试行办法》。根据省市执法检查工作安排和县域工作需要先后开展了《中华人民共和国节约能源法》《食品安全法》《道路交通安全法》《义务教育法》《农民专业合作社法》《农业法》《人口与计划生育法》等多项执法检查；组织代表进行了对卫生局、建设局、发展改革局、环保局、工商局、水利局、交通局等政府组成部门的工作评议及对“城建八项工程”“关于公主湖、生物质电厂、昊阳化工项目建设”“奥运安保工作”“中小学学校建设情况”“专业市场建设情况”“城区主街道整治和 106 景观带建设情况”“城乡路网和游园建设情况”“城乡居民最低生活保障工作”等多项内容的代表视察。

视察　调研

1997 年 1 月至 1998 年 2 月，馆陶县第十二届人大常委会，组织代表开展调查、视察和议政活动 7 次，写出调查、视察报告 9 篇，提出建议、批评、意见 80 余条。为全县全面进行小康建设做出了应有贡献。

1998 年 2 月至 2003 年 8 月，馆陶县第十三届人大常委会，不断拓宽代表活动渠道，围绕县委中心工作、人代会决议的落实、常委会议题及群众关心的热点难点问题，认真组织代表开展调查、视察、评议、议政等活动 40 次，写出调查、视察报告 40 余篇，提出建议、批评、意见 350 余条。为保证代表建议落到实处，每年主任会议专门听取办理情况并进行视察，保证了代表建议的高质量办理。为鼓励代表多提高质量的建议、批评、意见和督促承办部门把代表建议落到实处，开展了评选代表建议、批评、意见和先进承办单位活动，收到了良好效果。

2003 年 8 月至 2007 年 8 月，馆陶县第十四届人大常委会，加强对代表的学习与培训，换届后，辑印了 200 份培训教材，发给各位代表，并在联系代表时，对代表进行集中培训，使代表明确了自己的权利和义务，增强了履行职务的自觉性和使命感。完善制度，先后制定了《代表学习培训制度》《代表闭会期间活动制度》《邀请人大常委会代表列席常委会会议制度》《代表小组活动制度》《代表持证视察制度》等，进一步规范了代表活动。五年来，认真组织代表开展调查、视察、评议、议政等活动 30 次，写出调查、视察报告 36 篇，提出建议、批评、意见 320 条。通过抓住“三个环节”采取“五种措施”，强化代表意见建议的督办，使代表意见建议的落实率大大提高，许多陈年老案也得到了较好的解决。如小型生产桥梁维修问题、县城街道排水问题、“三八路”维修问题等一些人民群众关心的热点、难点问题，经过代表提出建议，人大常委会强力督办，都得到了较好的解决，得到了广大干部群众的称颂。

2007 年 8 月至 2012 年 1 月，馆陶县第十五届人大常委会，组织代表围绕县委中心工作、优化发展环境和常委会议、主任会议议题及群众关心的热点、难点问题，开展调查、视察、评议、议政等活动，针对存在的问题，提出建议。五年中，共提出建议、批评、意见 360 余条。加强对代表建议、批评、意见办理工作的督促检查，组织部分人大常委会代表对重点建议办理情况进行视察 40 余次。写出调查、视察报告 40 余篇。

提（议）案

举行人民代表大会期间，收到的代表建议及提案，经提案审查委员审查后，并向大会作出提案审查报告，根据具体情况，分别转交给政府、法院、检察院办理，各承办单位将办理情况向建议、提案代表作出书面答复，同时，报告县人大常委会备案。书面答复应当按照规定的格式行文，由单位负责人签发，并加盖公章。如代表所提的建议或提案属于县域内重大的问题，县人大常委会督促和催办议案办理及落实情况，承办单位将办理结果呈报给县人大常委会，由县人大常委会以函告形式将结果通报给建议、提案代表。

2005 年，由于地理条件和自然环境限制，馆陶县部分村庄水源紧缺、水质恶化等问题，严重影响村民生活，制约了农村经济发展。实施“农村饮水安全工程”也成为人大常委会代表普遍关注的热点。经过提案，有关单位落实，全县农村基本实现了“自来水”到户。

2009 年，馆陶县人大常委会听取审议了县政府办理县十五届人大常委会四次会议代表意见建议情况的报告。代表所提“加大新农村建设资金投入力度”和“继续加大对 2009 年全县 10 个新民居示范村扶持力度”等 39 件意见建议全部办理完毕并答复代表。

1997—2013 年，县人大常委会代表共提建议 565 件，其中，1997—2001 年县人大常委会代表提出建议 175 件，2002—2006 年 167 件，2007—2011 年 162 件，2012—2013 年 61 件。办结率 100%，解决问题比例 64%，满意率 97%。

人事任免、述职评议

1997 年 1 月至 1998 年 2 月 23 日，馆陶县十二届人大常委会遵循“四化”目标和德才兼备原则，按照县委意见依法进行人事任免 23 人。

1998 年 2 月至 2003 年 8 月，馆陶县第十三届人大常委会，把党管干部和依法任免干部有机结合起来，积极探索加强对被任命干部监督的有效途径，实行任前法律知识考试、签订目标责任书、递交年度述职报告、代表评议等制度。进一步增强了被任命人员的人大常委会意识、法律意识和公仆意识，促进了依法行政和树立廉洁高效、勤政务实的工作作风。

2003 年 8 月至 2007 年 8 月，馆陶县第十四届人大常委会，2003 年换届后，及时任命新一届县政府组成人员，并召开了颁发任命书和宣誓大会。4 年中，县人大常委会把依法任免同加强任后监督结合起来，依法任免国家机关工作人员 120 余人，分期分批对被任命人员履行职责情况及本单位工作情况进行评议，并根据评议情况，提出整改意见，及时向本人及本单位进行通报，限期进行整改。通过评议，增强了被评议人员及单位的依法行政意识、促进了工作作风的转变。

2007 年 8 月至 2012 年 1 月，馆陶县第十五届人大常委会，根据法律和工作需要，5 年中，任免国家机关工作人员 110 余人，对所有被人大常委会任命人员进行述职评议，肯定成绩，指出不足，提出努力方向，进一步规范了依法行政。

2012 年 1 月至 2012 年 12 月，馆陶县第十六届人大常委会，依法做好人事任免和任后监督工作，期间任命国家机关工作人员 31 人，并加强对被任命人员的任后监督。

人大常委会信访工作

1997 年至 2013 年，县人大常委会受理群众来信来访 3213 件（次），其中，第十二届人大常委会受理 337 件（次），第十三届人大常委会受理 1023 件（次），第十四届人大常委会受理 951 件（次），第十五届人大常委会会受理 902 件（次）。县人大常委会设立信访接待办公室，专门负责接待群众来信来访。县十三届人大常委会针对当时收到来信来访群众较多的状况，修订完善了《人大常委会机关工作制度》，开通信访接待电话，坚持主任接待日、主要领导批阅来信、来信来访接待办理、定期分析等制度，为来访群众解读政策、宣传法律、化解矛盾、协调办理。十四届、十五届人大常委会会进一步完善人大常委会信访工作制度，通过转办、交办和督办等措施，使绝大部分信访、来访案件都及时得到了处理、化解缓解了矛盾冲突，维护了法律的尊严，促进了社会的和谐安定。

乡镇人民代表大会

1997 年至 2013 年，馆陶县设四乡四镇，即南徐村乡、王桥乡、寿山寺乡、路桥乡，馆陶镇、柴堡镇、魏僧寨镇和房寨镇，各乡镇设乡镇人大常委会主席一人，并在本乡镇党委、群团干部中明确 2 ～ 3 人兼职工作人员，组成乡镇人大常委会工作机构，分别负责各乡镇人民代表大会的筹备与召开，负责闭会期间联系代表工作，反映代表及群众的意见建议和批评。

1999 年 3 月，各乡镇换届，分别民主选举出第九届乡镇人大常委会主席和政府乡长。

2004 年，按照新修订的地方组织法的规定，乡镇人大常委会每届任期由 3 年改为 5 年，至 2013 年 12 月，馆陶县 4 乡 4 镇，各乡镇均设有人大常委会组织，并分别进行 2 次换届选举。

第四章　人民政府

1938 年 11 月，馆陶县组建抗日民主政府。1939 年 4 月，牛连文为第一位中共党员抗日民主县长。1945 年 11 月，成立中共领导下的馆陶县民主政府。1952 年 1 月 5 日，馆陶县召开各界人民代表大会，选举产生了馆陶县人民政府领导机构。1956 年 6 月，馆陶县人民政府改称人民委员会。1967 年 3 月改为革命委员会。1982 年 1 月，恢复馆陶县人民政府。

第一节　政府组织机构

政府领导机构

1997—2013 年，馆陶县历经 5 届人民政府，分别为 1998 年 2 月、2003 年 8 月、2006 年 7 月、2012 年 2 月第十三、十四、十五、十六届人民政府。至 2013 年 12 月底，县政府有县长 1 名，副县长 5 名。

1997—2013 年馆陶县人民政府历任县长、副县长一览表

表 4-4-1

届次	职务	姓名	籍贯	任职时间
第十二届人民政府（1993.01—1998.02）	县长	李士杰	河北省邱县	1996.12—1997.12
	副县长	王社群	河北省魏县	1992.12—1997.05
		赵志胜	河北省磁县	1992.12—1998.02
		胡书芬（女）	河北省馆陶县	1994.08—1998.02
		乔明文	河北省馆陶县	1993.01—1998.02
		武建春	河北省馆陶县	1996.09—1998.02
		耿东升	河北省馆陶县	1993.01—1998.02
		解德才	河北省三河县	1993.01—1998.02

续表 4-4-1

届次	职务	姓名	籍贯	任职时间
第十三届人民政府（1998.02—2003.08）	县长	黄月芳（女）	河北省大名县	1998.02—2001.09
		刘晓军	河北省顺平县	2001.09—2003.05
		杨华云	山东省莘县	2003.05—2003.08
	副县长	李汴生	河北省魏县	1998.02—2001.09
		李文杰	河北省魏县	2001.09—2003.07
		徐学中	河北省馆陶县	1998.02—2003.08
		乔明文	河北省馆陶县	1998.02—2003.03
		耿东升	河北省馆陶县	1998.02—2003.07
		胡书芬（女）	河北省馆陶县	1998.02—2002.08
		武建春	河北省馆陶县	1998.02—2003.07
		张荷红（女）	河北省涉县	2002.08—2003.07
		霍河生	河北省成安县	2001.02—2003.07
第十四届人民政府（2003.8—2007.08）	县长	杨华云	山东省莘县	2003.08—2006.04
		张跃峰	河北省邱县	2006.04—2006.05 代理 2006.05—2007.08
	副县长	徐学中	河北省馆陶县	2003.08—2005.03
		楚福增	河北省永年县	2005.03—2007.07
		王兆社	河北省鸡泽县	2003.08—2006.07
		霍河生	河北省成安县	2003.08—2007.08
		刘　刚	河北省馆陶县	2003.08—2005.02
		赵洪涛	河北省馆陶县	2003.08—2007.07
		李晓光	河北省馆陶县	2006.07—2007.08
		王红玉（女）	河北省馆陶县	2003.08—2007.08
		王纪平	河北省武安市	2007.07—2007.08
		闫春波	河北省永年县	2007.07—2007.08
		倪计才	河北省任县	挂职，2005.08—2006.07

续表 4-4-1

届次	职务	姓名	籍贯	任职时间
第十五届人民政府（2007.08—2012.01）	县长	张跃峰	河北省邱县	2007.08—2011.08
	代县长	闫　宁	河北省永年县	2011.08—2011.12
	党组书记	谢继炯	河北省邯郸县	2011.12—2012.01
	副县长	王兆社	河北省鸡泽县	2007.08—2011.09
		霍河生	河北省成安县	2007.08—2009.05
		李晓光	河北省馆陶县	2007.08—2012.01
		王红玉（女）	河北省馆陶县	2007.08—2011.09
		王纪平	河北省武安市	2007.08—2011.05
		闫春波	河北省永年县	2007.08—2011.09
		闫永亮	河北省磁县	2010.03—2012.01
		倪计才	河北省任县	挂职，2006.07—2007.08
		腾霞光（女）	山东省荣城市	挂职，2009.11—2010.12
		冯　磊	山东省临朐县	挂职，2011.05—2012.01
第十六届人民政府（2012.01—2017.02）	县长	谢继炯	河北省邯郸县	2012.01—2013.11
		孟凡雄	河北省永年县	2013.11—2014.01 代理 2014.01—2017.02
	副县长	齐海新	河北省鸡泽县	2012.01—2017.02
		李晓光	河北省馆陶县	2012.01—2015.11
		冯　磊	山东省临朐县	挂职，2012.01—2013.06
		王春生	河北省枣强县	2012.01—2016.04
		胡桂芹	河北省馆陶县	2012.01—2017.02
		闫永亮	河北省磁县	2012.01—2013.12
		杨卫兵	河北省永年县	2012.01—2017.02
		石庆彬	河南省兰考县	挂职，2012.08—2015.02

续表 4-4-1

届次	职务	姓名	籍贯	任职时间
	副县长	赵洪波	河北省石家庄市	挂职，2015.02—2016.05
		李春红（女）	河北省武安市	2015.11—2017.02
		王新江	河北省曲周县	2015.01—2016.01
		张国平	河北省馆陶县	2016.01—2017.02
		韩立红	河北省内丘县	挂职，2016.04—2017.02
		路军强	河北省邢台市	2016.04—2017.02

政府工作部门

1998 年 2 月，县政府工作部门共有行政单位 24 个，事业单位 14 个，企业单位 3 个，双重领导单位 15 个。

2002 年 7 月，机构体制改革，县政府办公室挂法制办公室、民族宗教事务局牌子。经济计划委员会更名为经济发展局（挂安全生产监督管理局牌子）；科学技术委员会更名为科学技术局；劳动人事局更名为人事劳动和社会保障局；计划生育委员会更名为计划生育局；土地管理局更名为国土资源局；县城管理综合执法局更名为城区管理局，列入县政府工作部门。县教育委员会和文化体育委员会撤并，设立文化教育体育局，成立招生委员会办公室。不再保留城乡建设环境保护局，组建建设局（挂人民防空办公室牌子）、环境保护局。县级环保机构实行双重管理，以县管理为主。不再保留经济体制改革委员会，在政府办公室挂经济体制改革办公室牌子。不再保留国有资产管理局，职能并入财政局。财政局下属 4 个事业单位，农业税收征收管理局、政府采购办公室、农业开发办公室和预算外资金管理局。物价局、粮食局、乡镇企业局（挂民营经济发展局牌子）由政府工作部门调整为直属事业机构。保留广播电视局、畜牧水产局、扶贫开发办公室、林业局为直属事业机构。对外开放办公室（经济技术协作办公室）更名为开放办公室（挂招商合作局牌子）。不再保留对外经济贸易委员会、农业开发办公室、农业机械管理局为直属机构。不再保留商业局，行政职能并入经济发展局。经过调整县政府工作部门 20 个，直属事业机构 8 个。

2003 年 7 月，县政府工作部门共有 20 个，事业单位 18 个，企事业单位 3 个，双重领导单位 21 个。2005 年 12 月，进行政府机构改革，经济发展局、乡镇企业局（民营经济发展局）、经济体制改革办公室合并，设置发展改革局。设置工业促进局，挂中小企业局牌子，为正局级规格；将开放办公室（招商合作局）、外贸局、商业局、物资局合并成为商务局，下设开放办、外贸办、贸易办、物资办；将农业局、畜牧水产局合并成为农牧局，下设农业服务办、畜牧水产办；轻工业局更名为国有资产运营公司。计划生育局更名为人口和计划生育局。城区管理局由政府工作部门改为归口建设局管理。科学技术局由政府工作部门改为政府直属事业机构。扶贫开发办公室由直属事业机构改为议事协调机构的办事机构，仍为事业性质。至2006年7月，县政府工作部门20个，部门管理机构2个，直属事业机构5个，议事协调机构的办事机构1个。

2010年3月，根据邯办字〔2010〕20号文件精神，进行政府机构改革，在县政府办公室挂民族宗教事务局、安全生产监督管理局牌子。综合设置农牧局，农业机械管理局、蔬菜局的职责整合划入农牧局。不再保留农业服务办公室、农业机械管理局、蔬菜局。农业机械管理局、蔬菜局改为农机办公室、蔬菜办公室，为农牧局正科级内设机构。在农牧局挂畜牧水产办公室牌子。在发展改革局挂工业和信息化局牌子，承担工业行业、信息产业管理以及工业促进局等有关职责。不再保留工业促进局。物价局的职责整合划入发展改革局，在发展改革局挂物价局牌子。粮食局的职责整合划入发展改革局，在发展改革局挂粮食局牌子。人事劳动和社会保障局更名为人力资源和社会保障局。组建交通运输局。交通局的职责，建设局的指导城市客运的职责，整合划入交通运输局。不再保留交通局。食品药品监督管理局为县政府工作部门，承担食品药品监督管理责任，业务接受上级主管部门和同级卫生部门的组织指导和监督。卫生部门承担食品安全综合协调，组织查处食品安全重大事故的责任；卫生部门食品卫生许可，餐饮业、食堂等消费环节食品安全监管的职责划入食品药品监督管理局。组建住房和城乡规划建设局。建设局指导城市客运以外的职责，城区管理局、城乡规划局的职责，整合划入住房和城乡规划建设局。在住房和城乡规划建设局挂城区管理局、人民防空办公室、城乡规划办公室牌子。不再保留建设局、城乡规划局。扶贫开发领导小组办公室的职责划入民政局，在民政局挂扶贫开发办公室牌子。不再保留扶贫开发领导小组办公室。组建广播电影电视局。广播电视局的职责，文化教育体育局的电影行政管理的职责，整合划入广播电影电视局。不再保留广播电视局。商务局不再保留贸易办公室、外贸办公室、物资办公室。在商务局挂开放办公室牌子。2011年1月，优化办更名为馆陶县行政服务中心管委会，由挂靠纪委变更为县政府直属机构，为正科级全额财政拨款事业单位。至2011年8月，县政府工作部门20个，直属事业机构3个。

2006年7月，北科大邯郸科技园管委会（县工业园区管委会）成立。2007年4月23日成立邯郸市住房公积金管理中心馆陶县管理部，2008年4月正式运行。2008年8月，邯郸市新型化工园区管委会成立。2010年5月，设立县城乡综合执法大队。2010年5月，法制办公室由县政府办公室内设副科级机构调整为县政府办公室正局级挂靠机构。2010年2月，民族宗教事务局由县政府办公室内设副科级机构调整为县政府办公室正科级挂靠机构。2011年6月县食品药品监督管理局成立了不良反应、药物滥用监测中心。2004

年 1 月，中国银行业监督管理委员会邯郸监管分局馆陶办事处挂牌成立。2012 年 4 月，县精密轴承产业管理办公室成立。2012 年 4 月，邯郸银行馆陶支行成立。

2011 年 11 月，根据《邯郸市机构编制委员会办公室关于馆陶县文化体制改革有关机构编制事宜的批复》（邯编办字〔2010〕198 号），馆陶县文化教育体育更名为馆陶县教育局。设立馆陶县文化广电新闻出版体育局（版权局），为县政府直属事业单位。原文化教育体育局的文化、体育、新闻出版管理职能划转到文化广电新闻出版体育局。原广播电影电视局的行政管理职责划入文化广电新闻出版体育局。

乡镇人民政府

1992 年 12 月至 1996 年 1 月，全县下辖 21 个乡镇（4 镇、17 乡）。1996 年 1 月并乡扩镇，全县由 21 个乡镇（4 镇、17 乡）合并为 8 个乡镇（4 镇 4 乡）。至 2013 年 12 月，馆陶县辖 4 镇 4 乡，即：馆陶镇、房寨镇、魏僧寨镇、柴堡镇、寿山寺乡、王桥乡、路桥乡、南徐村乡。

第二节　重要会议

全体会议

1997—2013 年，县政府全体会议由县长、副县长，政府序列的各委员会（办公室）主任和各局局长组成，由县长或者县长委托常务副县长召集和主持。县政府办公室副主任、各对口主任，有关部门和乡镇主要负责人列席。其他列席人员根据会议内容需要确定。县政府全体会议一般每年召开 2 次。

馆陶县政府全体会议暨廉政工作会

会议的主要任务是：传达贯彻中共中央、国务院、省委、省政府、市委、市政府和县委的重要指示、决定，以及县人民代表大会及其常委会的决议；部署县政府的重要工作；通报工作情况；讨论其他需要县政府全体会议讨论的事项。

县政府全体会议决定通过的事项，由有关部门贯彻执行，并限期向县政府报告落实情况，紧急事项随时报告。政府督查室负责跟踪督查，并定期向县长汇报工作进展情况。

县政府常务会议

1997—2013 年，县政府常务会议是讨论决定县政府工作中重大事项的决策性会议，

县政府常务会议

实行行政首长负责制。

县政府常务会议由县长、副县长、县政府办公室主任组成，由县长召集、主持或者县长委托常务副县长召集和主持。县政府党组成员、政府办公室副主任及对口主任列席会议。县政府有关部门、各乡镇根据议题需要列席。视会议内容，可邀请有关专家、人大常委会代表、政协委员或群众代表旁听。县政府常务会议一般每月召开一次，必要时随时召开。

会议的主要任务是：讨论县政府规章和重要的规范性文件；讨论通过全县国民经济和社会发展规划、年度计划，研究决定政府投资的重大项目；讨论决定改革发展稳定及经济社会管理方面的重大政策措施；讨论通过财政预决算，重大财政资金安排；讨论决定向市政府报告或请示的重要事项和上报省政府有关部门审批的重要事项；研究决定应由常务会议审议的人事任免和奖惩事项。通报和研究决定县政府其他重大事项。

提请县政府常务会议讨论的议题，由各乡镇政府、县政府各部门提出，并经过充分征求意见、咨询论证工作，取得一致或基本一致意见。议题主办单位主要负责人将议题报县政府办公室，由对口主任报县政府分管副县长审签。然后由县政府办公室资料科统一收集，建立常务会议议题表，并由县政府办公室主任报常务副县长审签，最后呈县长审定。县长根据工作需要和有关部门上报的情况直接确定议题。凡涉及两个以上部门的，由主办部门与相关部门进行会商，尽可能取得一致意见，连同会签意见一并报县政府办公室。会议由县政府办公室负责组织。

常务会议应有半数以上组成人员出席方能召开。会议组成人员和会议指定列席人员因故不能出席会议的，应向县长或其委托召集会议的常务副县长请假。常务会议讨论有关重大议题时，分管副县长应当到会，并在议题主汇报人汇报后，补充发言。如果确因特殊情况不能到会的，应提出书面意见。常务会议组成人员可充分发表意见，会议列席人员也可结合本部门工作职责发表意见。根据行政首长负责制的原则，县长或者其委托召集会议的常务副县长在充分听取各方面意见的基础上，最终做出通过、原则通过、不通过或其他决定。县政府常务会议决定通过的事项，由有关部门贯彻执行，并限期向县政府报告落实情况，紧急事项随时报告。政府督查室负责跟踪督查，并定期向县政府主要领导反馈工作进展情况。

县政府常务会议记录应当完整、详细地记录议题的讨论情况及最后决定。政府办公室在此基础上起草会议纪要，一般应在会议当天完成会议纪要初稿，经政府办公室主任审签后，报县长或者其委托召集会议的常务副县长签发。

1997-2013 年，县政府每年都要召开政府常务会议 10 次左右。其中，2003 年以后的县政府常务会议研究具体事项如下：

2003 年

2 月 11 日，县长刘晓军主持召开了县政府第四十七次常务会议。会议听取了各位副县长近期工作情况汇报和工作安排，就当前重点工作进行了安排部署。会议还就《馆陶县 2003 年扶贫工作规划》进行了研究。县委常委、常务副县长李文杰，副县长乔明文、耿东升、武建春、徐学中、张荷红、霍河生，县政府办公室主任王勇杰出席了会议。

3 月 31 日，县长刘晓军主持召开了县第十三届人民政府第四十八次常务会议。会议总结了今年以来的工作，并就当前重点工作进行了安排部署。县委常委、常务副县长李文杰，副县长耿东升、武建春、徐学中、张荷红、霍河生，出席了会议。

5 月 27 日，代县长杨华云主持召开县政府第四十九次常务会议。会议听取了政府各位班子成员近期工作情况汇报，就县供销社与棉花企业分开、完善基本工作制度及当前重点工作进行了专题研究，并就进一步加强县政府领导班子建设提出了要求。会议指出：一、同意县供销社与棉花企业分开工作领导小组《关于供销社与棉花企业分开工作的实施意见》，成立县棉花总公司。二、完善县政府基本工作制度，包括行文制度、会议制度、财政资金管理制度。三、安排了当前的重点工作。会议还就进一步加强政府领导班子建设提出了要求。县委常委、常务副县长李文杰，副县长耿东升、武建春、徐学中、张荷红、霍河生，政府办公室主任王勇杰出席了会议。

6 月 27 日，代县长杨华云主持召开县政府第五十次常务会议。会议就优化经济发展环境等十二个议题进行了研究。会议指出：一、尽快修改完善馆陶县《关于进一步优化经济发展环境的意见（试行）》。二、原则同意《重点项目一站式审批、一口清收费、零地价土地招商的若干规定》。三、同意建立馆陶县政务大厅，7 月 10 日前做好大厅建立的各项筹备工作。四、原则同意县通用机械股份合作公司和金井铸造有限公司进行搬迁。五、明确进一步规范全县蛋鸡养殖、推广鸡粪无害化处理。六、进一步修改完善《馆陶县 2003 年 -2007 年村村通公路发展规划》，明确今年的工作目标和筹资办法，并列入政府今年承诺要办的实事工程。七、原则同意将冀南花卉市场债权债务及固定资产转让鑫牛花卉有限责任公司，原冀南花卉市场标牌转移到常青花卉有限公司。八、同意建设“雁翼文学艺术馆”。九、实施县一中、城关完小、进修师范学校建设和幼儿园搬迁。十、做好工业基础设施建设。十一、制定切合馆陶县实际、促进招商引资的具体优惠政策。

十二、抓住当前重点工作，突出重点，狠抓关键，实现突破。县委常委、常务副县长李文杰，副县长耿东升、武建春、徐学中、张荷红、霍河生出席了会议。

8月1日，代县长杨华云主持召开县政府第五十一次常务会议。会议就调整县城总体规划等五个议题进行了研究。会议指出：一、原则同意县建设局调整1995-2010年馆陶县城总体规划的方案，制定2003-2020年县城总体规划。二、原则同意县国土资源局提交的《关于进一步规范土地市场的实施办法》。三、原则同意《馆陶县土地收购储备暂行办法》，成立土地储备中心。四、原则同意《2003年馆陶县生态家园富民工程规划及实施方案》。五、同意开展“万名农民出家门，现场参观取真经”活动。县政府负责人王兆社，副县长霍河生，县政府负责人刘刚、赵洪涛、王红玉出席了会议。

8月7日，代县长杨华云主持召开了县政府第五十二次常务会议。会议就《政府工作报告》（征求意见稿）、《关于馆陶县2003年财政预算执行情况和2004年财政预算（草案）的报告》（征求意见稿）、《关于馆陶县2003年国民经济和社会发展计划执行情况与2004年国民经济和社会发展计划（草案）的报告》（征求意见稿）征求了各位县长的意见，对下一步如何修改这三个报告提出了要求。会议还听取了2002年扶贫项目实施情况的报告。县委常委、副县长徐学中，县政府负责人王兆社，副县长霍河生，县政府负责人刘刚、赵洪涛、王红玉，县政府办公室主任王勇杰出席了会议。

8月30日，县长杨华云主持召开县第十四届人民政府第一次常务会议。会议就制定《县第十四届人民政府工作规则》等八个议题进行了研究。会议指出：一、原则同意县政府办公室提交的《县第十四届人民政府工作规则》。二、原则同意《关于加强财政资金管理的规定》。三、原则同意《馆陶县财政集中支付实施办法》。四、原则同意《馆陶县政府采购管理办法》。五、原则同意县财政局提交的《关于加大清收农村合作基金会欠款力度的意见》。六、进一步修改完善《关于认真做好政府调剂资金征集工作的实施意见》。七、原则同意《对财税部门考核奖惩办法》。八、原则同意《争取企业基本养老保险基金上级调剂金考核奖惩办法》。会议对各位副县长和政府办公室提出了要求：一要抓好重点工作的落实。二要进一步规范政府行为。三要完善民主决策机制。四要就重大事项定期印发《县政府公报》。五是县政府每年要编印《年鉴》，政府及各部门都要随时记好《大事记》。县委常委、常务副县长徐学中，副县长霍河生、刘刚、赵洪涛、王红玉，县政府办公室主任王勇杰出席了会议。

9月6日，县长杨华云主持召开县第十四届人民政府第二次常务会议。会议就实施《馆陶县支持民营经济发展有关规定》等九个议题进行了研究。会议指出：一、原则同意《馆陶县支持民营经济发展有关规定》。二、原则同意《关于鼓励金融部门支持地方经济发展的意见》。三、原则同意《关于进一步加强机构编制管理的通知》。四、原则同意《馆陶县医疗保险基金管理办法》。五、原则同意《关于人员流动调配工作的规定》。六、原则同意建立人才储备制度。七、进一步修改完善《关于进一步加大养老保险基金征缴力度的意见》。八、原则同意成立县公有资产运营公司，隶属县财政局。九、原则同意县建设局引进挪威火龙公司600万美元信贷合作协议。会议对各位副县长和政府办公室提出了新的要求：一是要进一步加大工作力度，确保《政府工作报告》提出的各项目标任务圆满完成。二是县政府办公室要充分发挥参谋、服务、协调和督导职能，加大督查协调力度。县委常委、常务副县长徐学中，副县长霍河生、赵洪涛、王红玉，县政府办公室主任王勇杰出席了会议。

10月18日，县长杨华云主持召开了县第十四届人民政府第三次常务会议。会议就自来水水价调整等议题进行了研究。会议指出：一、原则同意调整自来水水价。二、原则同意县优化办提交的《关于检查、收费、罚款的暂行管理办法》。三、原则同意《关于企业改制中依法调整职工劳动关系的意见》。副县长王兆社、霍河生、赵洪涛，县政府办公室主任王勇杰出席了会议。

10月24日，县长杨华云主持召开了县政府第四次常务会议。会议就有关人事任免进行了研究。县委常委、常务副县长徐学中，副县长霍河生、刘刚、赵洪涛，县政府办公室主任王勇杰出席了会议。

10月30日，县长杨华云主持召开了县政府第五次常务会议。会议就企业改制等议题进行了研究。会议指出：一、必须把企业改制作为当前一项重中之重的工作来抓，摸清底数，坚持一企一策，彻底改制。二、原则同意实施《馆陶县中小企业信用担保办法（试行）》。三、原则同意实施《馆陶县道路照明设施管理办法》。县委常委、常务副县长徐学中，副县长霍河生、刘刚、赵洪涛、王红玉，县政府办公室主任王勇杰出席了会议。

11月26日，县长杨华云主持召开了县政府第六次常务会议。会议就企业公有资产运营管理等议题进行了研究。会议指出：一、原则同意《馆陶县国有资产管理局关于授权馆陶县公有资产运营公司对部分国有资产管理运营的报告》、《馆陶县城镇集体联社关于授权馆陶县公有资产运营公司对城镇集体联社资产管理运营的报告》和《馆陶县企业公有资产经营管理办法》。二、原则同意县体改办提交的《邯郸洪源纺织有限公司收购县丰泰造纸厂的实施意见》，由洪源纺织公司收购县丰泰造纸厂。三、原则同意县国土资源局提交的《关于实行政府垄断一级土地市场的公告》。四、原则同意将消防经费列入明年财政预算。五、原则同意县人事劳动和社会保障局提交的《关于建立健全离休干部医药费保障机制的意见》、《馆陶县县直离休人员公费医疗保障管理办法》。县委常委、常务副县长徐学中，副县长霍河生、刘刚、赵洪涛、王红玉，县政府办公室主任王勇杰出席了会议。

11月28日，县长杨华云主持召开了县政府第七次常务会议。会议就2003年度退役士兵安置等议题进行了研究。会议指出：一、同意对馆陶县接收的41名退役士兵安置对象进行安置。二、原则同意对127名大中专毕业生进行分配。县委常委、常务副县长徐学中，副县长霍河生、刘刚、赵洪涛、王红玉，县政府办公室主任王勇杰出席了会议。

12月5日，县长杨华云主持召开了县政府第八次常务会议。会议就深化国有粮食企业改革等问题进行了研究。会议指出：一是要成立县国有粮食企业改革领导小组。二是原则同意县粮食局提交的《关于深化国有粮食企业改革的实施方案》。三是在具体实施过程中，要按照省市有关政策，结合馆陶县实际，积极稳妥地推进国有粮食企业改革，进行彻底改制。县委常委、常务副县长徐学中，副县长王兆社、霍河生、刘刚、赵洪涛、王红玉出席了会议。

12月9日，县长杨华云主持召开了县政府第九次常务会议。会议就渠道管理范围内土地开发利用等议题进行了研究。会议指出：一、原则同意县水利局提交的《馆陶县渠道管理范围内土地开发利用实施意见》。二、原则同意县林业局提交的《馆陶县2004年春季植树造林工作实施方案》。三、原则同意《馆陶县2004年扩大开放搞好项目建设的实施意见》。副县长王兆社、霍河生、刘刚、赵洪涛、王红玉，县政府办公室主任王勇杰出席了会议。

12月13日，县长杨华云主持召开了县政府第十次常务会议。会议就建立农村新型合作医疗制度等议题进行了研究。会议指出：原则同意实施农村新型合作医疗制度。要研究出台具体实施方案和管理办法，依据政策，把这项工作谋划好、实施好。副县长王兆社、霍河生、刘刚、赵洪涛、王红玉出席了会议。

2004年

1月3日，县长杨华云主持召开县政府第十一次常务会议。会议就筹备召开全县经济工作会议、项目建设工作、企业改制工作、城镇粮油食品店改制方案等议题进行了研究。会议指出：要认真谋划明年的经济工作，进一步修改完善全县经济工作会议讲话等有关材料，做好会议筹备工作。要加大项目建设力度，把责任落实到部门、落实到人。要做好企业改制工作，规范完善改制方案。会议原则同意县粮食局提交的《馆陶县城镇粮油食品店改制方案》。县委常委、常务副县长徐学中，副县长霍河生、刘刚、赵洪涛、王红玉，县政府办公室主任王勇杰等出席了会议。

2月16日，县长杨华云主持召开县政府第十二次常务会议。会议就利用挪威信贷筹建污水处理厂等议题进行了研究。会议原则同意利用挪威信贷进行污水处理厂建设，原则同意以县政府名义印发《关于确保完成2004年财政收入任务的意见》、《关于认真做好政府调控资金征集工作的意见》、《关于表彰2003年度财税系统先进基层单位和个人的通报》、《关于加强社会抚养费征收管理工作的通知》、《关于将乡镇纳入县财政集中支付管理范围的通知》、《关于认真做好清收财政性借款任务的通知》、《关于成立县财税监察工作领导小组的通知》、《关于印发〈馆陶县征收养老保险金、失业保险金目标考核办法〉

的通知》、《关于印发〈馆陶县争取养老保险上级补助金考核办法〉的通知》。县委常委、常务副县长徐学中，副县长王兆社、霍河生、刘刚、赵洪涛、王红玉，县政府办公室主任王勇杰等出席了会议。

2月19日，县长杨华云主持召开县政府第十三次常务会议。会议就工业工作等三项议题进行了研究。会议原则同意印发《关于表彰二00三年度安全生产工作先进单位和个人的通报》、《关于兑现二00三年度工业工作奖惩的通报》、《馆陶县人民政府二00四年度安全生产目标管理责任状》、《馆陶县二00四年入统工业企业主要工作目标综合考评办法》、《关于进一步搞好企业信息化建设的意见》等5个专件。原则同意《县医药药材公司改制方案》。会议要求：要治理整顿土地市场秩序，进一步修改完善县国土资源局提交的《馆陶县治理整顿土地市场秩序工作实施意见》，并尽快制定规范土地市场管理具体办法。县委常委、常务副县长徐学中，副县长王兆社、霍河生、刘刚、赵洪涛、王红玉，县政府办公室主任王勇杰等出席了会议。

3月8日，县长杨华云主持召开县政府第十四次常务会议。会议就2003年度交通工作表彰等四项议题进行了研究。会议原则同意以县政府名义印发《关于表彰2003年度交通工作先进单位和个人的通报》，原则同意实施县城天燃气工程建设和县政府《关于支持县城天燃气工程建设的意见》，原则同意县政府办公室提交的《行政问责制暂行办法》。会议还就招商引资、项目建设调度、中国北方食品饮料工业城项目建设等问题进行了研究。县委常委、常务副县长徐学中，副县长霍河生、刘刚、赵洪涛、王红玉，县政府办公室主任王勇杰等出席了会议。

4月14日，县长杨华云主持召开县政府第十五次常务会议。会议就实施《馆陶县农村计划生育家庭奖励优待、救助保障暂行办法》进行了研究。会议原则同意县计划生育局提交的《馆陶县农村计划生育家庭奖励优待、救助保障暂行办法》，进一步修改完善后实施。县委常委、常务副县长徐学中，副县长王兆社、霍河生、刘刚、赵洪涛、王红玉，县政府办公室主任王勇杰等出席了会议。

4月20日，县长杨华云主持召开县政府第十六次常务会议。会议就贯彻落实全省人口资源环境工作电视电话会议和全市对种粮农民直接补贴工作会议精神等问题进行了研究。会议议定：要认真贯彻省、市这两个会议精神，拿出具体落实意见，尽快实施。会议就我县对种粮农民直接补贴工作进行了研究部署。会议同意县农业局提交的《关于表彰2003年生态家园富民工程先进单位的通报》和《2004年生态家园富民工程实施意见》。县委常委、常务副县长徐学中，副县长王兆社、霍河生、赵洪涛，县政府办公室主任王勇杰等出席了会议。

6月1日，县长杨华云主持召开县政府第十七次常务会议。会议就全面贯彻落实全市优化环境广播电视大会精神等五项议题进行了研究。会议议定：要尽快修改完善并印发《馆陶县进一步优化环境，深入开展“行政提速、服务提质”活动的实施意见》，把贯彻落实大会精神真正体现在优化环境上，结合实际，加强领导，健全机构，硬化措施，狠抓正反两方面的典型，实现全县优化环境工作的新突破。会议就项目建设工作进行了研究部署。会议原则同意县民政局提交的《馆陶县农村医疗救助暂行办法》，进一步修改完善后以县政府文件印发实施。会议通过了人事任免事项，并研究确定：县中医院、馆陶宾馆升格为正局级单位，单位性质不变。会议调整了副县长工作分工，县供销社由副县长刘刚分管调整为副县长王兆社分管。县委常委、常务副县长徐学中，副县长王兆社、刘刚、赵洪涛，县政府办公室主任王勇杰等出席了会议。

6月5日，县长杨华云主持召开县政府第十八次常务会议。会议就粮食企业改革等两项议题进行了研究。关于粮食企业改革问题，会议要求：一是要加强领导，集中时间、集中力量高质量完成粮食企业改革任务。二是要把握原则，掌握程序，积极稳妥地做好粮改工作。三是要做好夏粮收购的各项准备工作。四是要明确责任，严格奖惩。关于扶贫及各种专项资金管理使用问题，会议要求：一是要做到纠正百分之百。二是必须严格按市规定的原则和要求，严格扶贫及各种专项资金的管理和使用。三是要对所有专项资金的管理和使用情况开展自查，发现问题，严肃处理。县委常委、常务副县长徐学中，副县长王兆社、刘刚、赵洪涛、王红玉，县政府办公室主任王勇杰等出席了会议。

7月16日，县长杨华云主持召开县政府第十九次常务会议。会议就政策性高价位库存小麦差价亏损挂帐清理和陈化粮价差亏损挂帐审核等两项议题进行了研究。会议要求：要组成专门的领导小组，按政策进行政策性高价位库存小麦价差亏损挂帐清理和陈化粮价差亏损挂帐审核，绝不能有任何偏差。会议原则同意以县政府文件印发《馆陶县地方公路建设、养护、管理办法》。会议还传达学习了市委六届六次全委会议精神，并就当前的工作提出了要求。县委常委、常务副县长徐学中，副县长王兆社、赵洪涛，县政府办公室主任王勇杰等出席了会议。

9月9日，县长杨华云主持召开县政府第二十次常务会议。会议就签订标准件项目投资《协议书》等议题进行了研究。会议原则同意双方协商起草的《协议书》。县委常委、常务副县长徐学中，副县长霍河生、刘刚、王红玉，县政府办公室主任王勇杰等出席了会议。

9月13日，县长杨华云主持召开县政府第二十一次常务会议。会议就签订肉制品加工项目《合同书》等两项议题进行了研究。会议原则同意合作三方协商起草的项目《合同书》。原则同意以县政府文件印发《加强县城道路交通管理、开展文明交通示范活动的实施方案》。县委常委、常务副县长徐学中，副县长王兆社、刘刚、赵洪涛、王红玉，县政府办公室主任王勇杰等出席了会议。

12月15日，县长杨华云主持召开县政府第二十二次常务会议。会议就实施《馆陶县城镇最低收入家庭住房保障管理办法》等六项议题进行了研究。会议原则同意县建设局提交的《馆陶县城镇最低收入家庭住房保障管理办法》，进一步修改完善后，以县政府文件印发实施。会议通过了有关人事任免事项。关于2001—2004年本科毕业生录用问题。关于购买公务用车问题。关于2004年度退役士兵安置问题。县委常委、常务副县长徐学中，副县长王兆社、霍河生、刘刚、王红玉，县政府办公室主任王勇杰等出席了会议。

2005年

1月12日，县长杨华云主持召开县政府第二十三次常务会议。会议就提交县十四届人大三次会议审议的三个报告等两项议题进行了专题研究。一是关于《政府工作报告》《关于馆陶县2004年财政预算执行情况和2005年财政预算（草案）的报告》《关于馆陶县2004年国民经济和社会发展计划执行情况与2005年国民经济和社会发展计划（草案）的报告》的意见；二是关于研究解决常青花卉公司欠款问题的意见。县委常委、常务副县长徐学中，副县长王兆社、霍河生、刘刚、赵洪涛，县政府办公室主任王勇杰等出席了会议。

3月11日，县长杨华云主持召开县政府第二十四次常务会议。会议就实施《进一步深化粮食购销企业产权制度改革的实施方案》、财税工作、加强计生、教育系统收费资金管理、实施《馆陶县国债项目资金管理办法》、兑现2004年度工业经济和安全生产工作奖惩、招聘基层动物防疫监督人员、2005年度再就业资金筹集等议题进行了研究。议原则同意县粮食局提交的《关于实施进一步深化粮食购销企业产权制度改革的实施方案》，原则同意以县政府名义印发《关于表彰2004年度财税工作先进单位、个人和纳税大户的通报》、《关于加强青红高速公路建设使用土方资金管理的通知》、关于认真做好政府调控资金征集工作的意见》、《关于进一步加强契税征管工作的通知》、《关于做好清收财政性借款工作的通知》、《关于兑现2004年度工业经济工作奖惩的决定》、《关于表彰2004年度安全生产工作先进单位、先进集体、先进企业和先进个人的通报》、《关于认真做好2005年度再就业资金筹集工作的通知》，原则同意《馆陶县国债项目资金管理办法》，同意县财政局提交的《关于加强对计生、教育两系统收费资金管理的报告》。县委常委、常务副县长徐学中，副县长王兆社、霍河生、赵洪涛，县政府办公室主任王勇杰等出席了会议。

3月24日，县长杨华云主持召开了县政府第二十五次常务会议。会议就实施财政专项资金管理、实施《馆陶县富民粮食购销有限公司章程》、县城东环西延至新华街路口道路建设、对2004年度交通工作先进单位和个人进行表彰、县中医院整体搬迁、楚福增同志工作分工等议题进行了研究。会议指出：要严格按照专项资金有关管理办法进行管理，严格按规定程序由各主管副县长审批，严格监督资金运行情况，明确处罚措施。

要积极争取将东环西延列入青红高速公路工程扩建项目，取得市交通局和外商的资金支持。原则同意以县政府文件印发《馆陶县计划生育事业专项经费使用管理办法》、《馆陶县支农资金管理规定》、《馆陶县卫生事业专项资金管理办法》、《馆陶县环保专项资金管理办法》、《馆陶政法补助专款管理办法》、《馆陶县基本建设专项资金管理办法》、《馆陶县社会保障基金财政专户管理办法》、《关于表彰2004年度交通工作先进单位和先进个人的通报》，原则同意县粮食局提交的《关于〈馆陶县富民粮食购销有限公司章程〉的请示》。

4月5日，县长杨华云主持召开了县政府第二十六次常务会议。会议就有关人事任免、县富民粮食购销有限公司董事会监事会组成人员、实施《馆陶县2005年“普九”复查工作实施方案》、全县闲置校舍处置、县一中省级示范性高中达标建设资金等议题进行了研究。原则同意县文化教育体育局提交的《馆陶县2005年“普九”复查工作实施方案》、《关于做好全县闲置校舍处置工作的意见》。县委常委、常务副县长楚福增，副县长王兆社、霍河生、赵洪涛、王红玉，县政府办公室主任王勇杰等出席了会议。

4月15日，县长杨华云主持召开了县政府第二十七次常务会议。会议就有关人事任免、实施《中国北方食品饮料工业城投资优惠政策和管理的若干规定》、实施《馆陶县五保供养工作办法》、做好生态示范区建设试点工作等议题进行了研究。原则同意以县政府文件印发《中国北方食品饮料工业城投资优惠政策和管理的若干规定》，原则同意《馆陶县五保供养工作办法》，原则同意印发《关于开展生态示范区建设试点工作的实施方案》和《关于成立馆陶县生态示范区建设试点指挥部的通知》。县委常委、常务副县长楚福增，副县长王兆社、霍河生、赵洪涛、王红玉，县政府办公室主任王勇杰等出席了会议。

6月8日，县长杨华云主持召开了县政府第二十八次常务会议。会议就有关人事任免、实施社会保险扩面、县第二中学扩建征地挂牌拍卖、海河灯泡股份合作公司改制等议题进行了研究。同意以县政府文件印发《关于做好社会保险工作的意见》，原则同意海河灯泡股份合作公司实施改制，要结合企业实际，进一步修改完善改制方案，细化操作程序，经县政府研究后实施。县委常委、常务副县长楚福增，副县长王兆社、霍河生、赵洪涛、王红玉，县政府办公室主任王勇杰等出席了会议。

8月5日，县长杨华云主持召开县政府第二十九次常务会议。会议就筹备召开县政府全体会议等议题进行了研究。县委常委、常务副县长楚福增，副县长赵洪涛、王红玉，县政府办公室主任王勇杰出席了会议。

11月3日，县长杨华云主持召开了县政府第三十次常务会议。会议就实施农村居民最低生活保障制度、实施新型农村合作医疗制度等议题进行了研究。会议还听取了各位副县长10月份分管工作进展情况和11月份工作安排的汇报。县委常委、常务副县长楚福增，副县长王兆社、赵洪涛、王红玉、倪计才，县政府办公室主任王勇杰等出席了会议。

12月14日，县长杨华云主持召开了县政府第三十一次常务会议。会议就有关人事任免等议题进行了研究。根据中共邯郸市委办公厅、邯郸市人民政府办公厅《关于印发〈馆陶县人民政府机构改革方案〉的通知》精神，撤销农业局、畜牧水产局，综合设置农牧局。下设农业服务办公室、畜牧水产办公室。撤销开放办公室（招商合作局）、外贸局、商业局、物资局，组建商务局。下设开放办公室、外贸办公室、贸易办公室、物资办公室。撤销经济发展局、乡镇企业局（民营经济发展局）、经济体制改革办公室，设置发展改革局。根据改革和建设的需要，设置由发展改革局管理的工业促进局，工业促进局挂中小企业局牌子。撤销计划生育局，更名为人口和计划生育局。原农业局、畜牧水产局、开放办（招商合作局）、商业局、外贸局、物资局、经济发展局、经济体制改革办公室、乡镇企业局（民营经济发展局）、计划生育局等单位的领导干部，其职务随机构的更改自然免除。我县被列为2006年新型农村合作医疗试点县。关于禽流感防治工作。原则同意县发展改革局提交的《馆陶县国民经济和社会发展第十一个五年规划纲要》。原则同意县工业园区管委办提交的工业园区—核心区控制性详细规划。会议还就当前重点工作进行了安排部署。县委常委、常务副县长楚福增，副县长王兆社、霍河生、赵洪涛、王红玉、倪计才，县政府办公室主任王勇杰等出席了会议。

12月30日，县长杨华云主持召开了县政府第三十二次常务会议。会议就有关人事任免等议题进行了研究。根据县政府［1996］76号文和县委、县政府《关于认真落实科学发展观，强力推进科技教育人才兴馆的若干意见》，同意对49名县职教中心艺术班2003年毕业生和36名师范类直本2005年毕业生进行聘任就业，享受县财政工资待遇，自2006年1月份执行。县委常委、常务副县长楚福增，副县长王兆社、霍河生、赵洪涛、王红玉、倪计才，县政府办公室主任王勇杰等出席了会议。

2006年

3月23日，县长杨华云主持召开县政府第三十三次常务会议。会议就“一跑三争”工作任务分解等三项议题进行了研究。一、关于“一跑三争”工作任务分解问题。二、关于县法院综合审判大楼建设问题。关于事业单位工作人员工资3%指标升级问题。三、县委常委、常务副县长楚福增，副县长王兆社、霍河生、王红玉、倪计才，县政府办公室主任王勇杰出席会议。县政协副主席、财政局局长李晓光列席会议。

3月29日，代县长张跃峰主持召开县政府第三十四次常务会议。会议就县委、县政府《关于全面开展行政权力公开透明运行工作的实施意见》等十一项议题进行了研究。一、讨论和研究《关于全面开展行政权力公开透明运行工作的实施意见》。二、讨论和研究《关于加强档案馆建设及档案馆晋升省三级标准的实施方案》。三、关于县城供水二期工程建设。四、关于《馆陶县政府投资项目管理办法》。五、关于两项工作临时分工。六、关于召开县长办公会议的有关要求。七、关于建立县长碰头会制度。八、关于文件签发。

九、关于城建项目审批。十、关于几个重点项目分工负责问题。十一、关于几点工作要求。县委常委、常务副县长楚福增，副县长王兆社、霍河生、赵洪涛、王红玉，县政府办公室主任王勇杰出席了会议。

6月1日，县长张跃峰主持召开县政府第三十五次常务会议。会议就有关人事任免等八项议题进行了研究。一、有关人事任免。二、讨论和研究《关于奖励财政供养就业人员录用办法》。三、讨论和研究《馆陶县被征地农民基本养老保险暂行办法》。四、讨论和研究县委、县政府《关于专业招商人员岗位目标考核的意见》。五、关于成立馆陶县教育支付分中心问题。六、关于实施农村中小学现代远程教育工程的方案。七、关于金凤市场物流仓库拍卖问题。八、关于征收污水处理费问题。县委常委、常务副县长楚福增，副县长王兆社、霍河生、赵洪涛、王红玉，县政府办公室主任王勇杰出席了会议。

6月30日，县长张跃峰主持召开县政府第三十六次常务会议。会议就任免事项等六项议题进行了研究。一、任免事项。二、关于县长、副县长工作分工。三、关于成立金正资产经营管理有限责任公司的意见。四、关于成立中小企业担保公司的意见。五、关于社区建设工作。六、关于公务员录用和非师范类本科毕业生安置。县委常委、常务副县长楚福增，副县长霍河生、赵洪涛，县政府负责人李晓光，副县长王红玉，县政府办公室主任王勇杰出席了会议。

7月21日，县长张跃峰主持召开县政府第三十七次常务会议。会议就任免事项等十项议题进行了研究。一、任免事项。二、关于将市场服务中心挂靠城区管理局的意见。三、关于公开拍卖人口和计划生育局原办公场所的意见。四、关于落实独生女父母奖励政策的意见。五、关于职教中心扩建升级的意见。六、关于筑先路建设问题。七、关于原309国道改造工程。八、关于城关完小改造的意见。九、关于从大专以上全日制师范类毕业生中招录教师的意见。十、关于乡镇政府项目建设税收分成办法。县委常委、常务副县长楚福增，副县长王兆社、霍河生、赵洪涛、李晓光、王红玉，县政府办公室主任王勇杰出席了会议。

9月14日，县长张跃峰主持召开县政府第三十八次常务会议。会议就全县科技工作大会上印发的5个专件等七项议题进行了研究。一、关于全县科技工作大会上印发的5个专件的意见。二、关于检察院原办公场所拍卖的意见。三、关于招聘村级动物防疫协助员工作的意见。四、任免事项。五、关于县建筑工程总公司法人代表变更问题。六、关于2006年度军转干部安置。七、关于加强全县公益性岗位管理的意见。县委常委、常务副县长楚福增，副县长王兆社、霍河生、赵洪涛、李晓光、王红玉，县政府办公室主任王勇杰出席了会议。

11月15日，县长张跃峰主持召开县政府第三十九次常务会议。会议就县域生态水网工程建设等八项议题进行了研究。一、关于县域生态水网工程建设的实施意见。二、关于《馆陶县今冬明春造林绿化实施方案》的意见。三、关于北方汽车学校建设问题。四、关于加强土地调控治理的意见。五、关于实施“百名人才振兴民企工程”的意见。原则同意县人事劳动和社会保障局提交的这个意见。六、关于进一步加强上级专项补助资金管理的意见。七、任免事项。八、关于选调生安置的意见。县委常委、常务副县长楚福增，副县长王兆社、霍河生、赵洪涛、李晓光、王红玉，县政府办公室主任王勇杰出席了会议。

12月22日，县长张跃峰主持召开县政府第四十次常务会议。会议就任免事项等七项议题进行了研究。一、任免事项。二、关于2006年全日制本科毕业生安置。三、关于招录巡防队员的意见。四、关于落实2007年重点项目、立县工业项目、民心工程和城建工程两个专件的意见。五、关于实行综合治税加强税收征管的意见。六、关于原政府招待所开发盘活的意见。七、关于陶山市场管理有关事项的意见。县委常委、常务副县长楚福增，副县长王兆社、赵洪涛、李晓光、王红玉，县政府办公室主任王勇杰出席了会议。

2007年

2月9日，县长张跃峰主持召开县政府第四十一次常务会议。会议就馆陶县征地拆迁补偿安置暂行办法等五项议题进行了研究。会议议定：征地拆迁补偿安置暂行办法的制定要坚持稳妥、可行、便于操作以及“被征地农民生活水平不降低、长远生计有保障”的原则。会议同意县交通局、政府办提交关于金风大道拓宽工程征地建设的意见。会议就实验中学迁建征地及县二中土地开发提出意见，对县二中（教学区外）9.67亩土地实行整体置换。会议同意县卫生局提交的《馆陶县城镇居民合作医疗制度实施方案》和《关于统筹新型农村合作医疗经费的实施办法》。会议同意县农办提交的《馆陶县基层农业技术推广体系改革工作实施方案》。县委常委、常务副县长楚福增，副县长王兆社、霍河生、赵洪涛、李晓光、王红玉，县政府办公室主任王勇杰等出席了会议。

4月5日，县长张跃峰主持召开县政府第四十二次常务会议。会议就任免事项等十一项议题进行了研究。一、任免事项。二、研究和讨论《关于进一步加强财政资金管理的规定》。三、研究和讨论《关于加强行政事业单位小汽车配备、使用的意见》。四、关于在全县工业经济、民营经济暨安全生产工作会议上印发的3个专件的意见。五、研究和讨论《关于城镇居民合作医疗的实施方案》。六、关于沿村中学搬迁的意见。七、关于推进现代物流业发展的意见。八、研究和讨论《馆陶县2006年度退役士兵的预分计划》。九、研究和讨论《关于支持乡镇计生站建设的意见》。十、研究和讨论《关于免除时代商城的土地出让金及税费的申请》。十一、研究和讨论《关于对2007年政府重点工作加强跟踪问效的通知》。县委常委、常务副县长楚福增，副县长王兆社、霍河生、赵洪涛、李晓光、王红玉，县政府办公室主任王勇杰出席了会议。

7月10日，县长张跃峰主持召开县政府第四十三次常务会议。会议就任免事项等八项议题进行了研究。一、任免事项。二、关于县长、副县长工作分工。三、关于县职教中心申报国家级重点中等职业学校的意见。四、研究和讨论《关于从全日制师范类本科及以上毕业生中择优招录教师的实施方案》。五、关于县城规划区内馆陶镇村民中心建设问题。由馆陶镇统一设计、统一规划，县建设局审核把关，体现各村特色，提升建设层次，在“方便群众休闲、人口相对集中”的地方选址建设。六、关于规范城区垃圾管理的意见。七、研究和讨论《关于加强城建配套费征收的实施意见》。八、研究和讨论《关于治理整顿砖瓦窑厂的实施方案》。县委常委、常务副县长王兆社，副县长霍河生、李晓光、王红玉，县政府负责人闫春波，县政府办公室主任王勇杰出席了会议。

9月4日，县长张跃峰主持召开县第十五届人民政府第一次常务会议。会议就任免事项等六项议题进行了研究。一、任免事项。二、关于奖励2006年度入库税金大户财政指标和自收自支事业就业岗位的意见。三、关于招聘乡镇卫生院专业技术人员的意见。四、关于师范类招录对象和部分学科协议生列入财政编制的意见。五、关于实验小学和实验中学建设的意见。六、关于超远农机公司和金源市政公司房产开发的意见。县委常委、常务副县长王兆社，县委常委、副县长王纪平，副县长霍河生、李晓光、王红玉、闫春波，县政府办公室主任王勇杰出席了会议。

11月2日，县长张跃峰主持召开县第十五届人民政府第二次常务会议。会议就任免事项等六项议题进行了研究。一、任免事项。二、关于从全日制师范类本科及以上毕业生中择优招录教师的意见。三、关于解决温泉花园遗留问题的意见。四、关于筹集城市建设资金的意见。五、关于组件馆陶县明珠轴承进出口贸易公司的意见。六、研究和讨论《县政府2008年工作谋划（征求意见稿）》。县委常委、常务副县长王兆社，县委常委、副县长王纪平，副县长霍河生、李晓光、王红玉、闫春波，县政府办公室主任王勇杰出席了会议。

2008年

4月9日，县长张跃峰主持召开县第十五届人民政府第三次常务会议。会议就任免事项等七项议题进行了研究。一、任免事项。二、研究和讨论《关于认真做好政府非税资金收支管理工作的意见》。三、关于调整财政代扣残疾人就业保障金标准的意见。四、关于建立财政供养人员住房公积金制度的意见。五、关于部分基础设施建设财政配套资金的安排意见。六、关于金凤市场二期建设的意见。七、关于迁建县粮食局粮库的意见。县委常委、常务副县长王兆社，县委常委、副县长王纪平，副县长霍河生、李晓光、王红玉、闫春波，县政府办公室主任王勇杰出席了会议。

5月20日，县长张跃峰主持召开县政府第四次常务会议。会议就部分城建工程资金配套安排等七项议题进行了专题研究。一、关于部分城建工程资金配套安排的意见。二、关于加强县城建设规划管理的意见。三、关于进一步规范土地管理若干规定的意见。四、关于第二敬老院建设的意见。五、关于兑现2007年度纳税贡献奖励就业指标的意见。六、关于邯郸市化工园区（馆陶）招商政策的意见。七、关于支持中医院整体迁建的意见。县委常委、常务副县长王兆社，副县长霍河生、李晓光、王红玉、闫春波，县政府办公室主任王勇杰出席了会议。

7月21日，县长张跃峰主持召开县政府第五次常务会议。会议就任免事项等九项议题进行了研究。一、任免事项。二、研究和讨论《馆陶县招商引资暨项目建设政策》。三、研究和讨论《关于鼓励和扶持轴承产业发展的意见》。四、研究和讨论《新阳光化工项目合同书》。五、关于从全日制师范类专科及以上毕业生中择优选聘农村小学教师的意见。六、研究和讨论《城乡面貌三年大变样活动的实施意见》。七、研究和讨论《馆陶县城乡管线及配套设施工程建设管理实施办法》。八、研究和讨论《馆陶县商品房预售暂行规定》。九、关于进一步加强房地产业管理的意见。县委常委、常务副县长王兆社，县委常委、副县长王纪平，副县长霍河生、李晓光、王红玉、闫春波，县政府办公室主任王勇杰出席了会议。

8月25日，县长张跃峰主持召开县政府第六次常务会议。会议就任免事项等十三项议题进行了专题研究。一、任免事项。二、关于录用3名硕士研究生的意见。三、关于开展城镇居民基本医疗保险工作的意见。四、关于实施农村中小学取暖工程的意见。五、关于支持气象站自动化建设的意见。六、关于技防工程建设的意见。七、关于加强节能降耗工作的意见。八、关于金凤二期建设几个问题的意见。九、关于户外广告管理的意见。十、研究和讨论《关于全民创业若干规定》。十一、关于邯郸市新型化工园区当前工作的意见。十二、关于推进北科大邯郸科技园工作的意见。十三、关于引进邯郸市立元纺织印染项目的意见。县委常委、常务副县长王兆社，县委常委、副县长王纪平，副县长霍河生、李晓光、王红玉、闫春波，县政府办公室主任王勇杰出席了会议。

12月31日，县长张跃峰主持召开县政府第七次常务会议。会议就任免事项等九项议题进行了专题研究。一、任免事项。二、研究和讨论2009年全县国民经济和社会发展主要预期目标。三、研究和讨论2009年重点项目建设任务。四、关于成立小额贷款公司的意见。五、研究和讨论2009年十项民心工程。六、关于县中医院、国税局原址打捆拍卖开发的意见。七、研究和讨论政府债务管理办法。八、关于种子公司（含蔬菜种子站）改制方案的意见。九、关于两节期间工作。县委常委、常务副县长王兆社，县委常委、副县长王纪平，副县长霍河生、李晓光、王红玉，县政府党组成员、县政府办公室主要负责人张岩出席了会议。

2009年

1月15日，县长张跃峰主持召开县政府第八次常务会议。会议就任免事项等四项议题进行了专题研究。一、任免事项。二、关于解决有关人员工资问题的意见。三、关于

2009年财政预算安排的意见。四、关于挂牌出让温泉花园北侧、检察院东北侧两块土地的意见。县委常委、常务副县长王兆社，副县长霍河生、李晓光、王红玉、闫春波，县政府党组成员、县政府办公室主任张岩出席了会议。

3月18日，县长张跃峰主持召开县政府第九次常务会议。会议就魏僧债镇1号地土地出让等四项议题进行了专题研究。一、关于魏僧寨镇1号地土地出让的意见。二、关于农民工培训基地供地事宜的意见。三、关于馆陶镇启动村改居工程土地选址的意见。四、关于成立县金信小额贷款公司的意见。县委常委、常务副县长王兆社，副县长霍河生、王红玉、闫春波，县政府党组成员、县政府办公室主任张岩出席了会议。

3月25日，县长张跃峰主持召开县政府第十次常务会议。会议就北方汽校馆陶校区项目、省教育督导评估验收、化工园区道路绿化等三项议题进行了专题研究。县委常委、常务副县长王兆社，县委常委、副县长王纪平，副县长霍河生、王红玉，县政府党组成员、县政府办公室主任张岩出席了会议。

4月20日，县长张跃峰主持召开县政府第十一次常务会议。会议就任免事项等六项议题进行了专题研究。一、任免事项。二、关于3名硕士研究生的录用意见。三、关于兑现2008年度县委、县政府奖励有关单位就业岗位的意见。四、关于县中医院招录专业技术人员的意见。五、关于从全日制师范类专科及以上毕业生中择优招聘农村小学教师的意见。六、关于启动专业招商部的意见。县委常委、副县长王纪平，副县长霍河生、李晓光、王红玉、闫春波，县政府党组成员、县政府办公室主任张岩出席了会议。

5月31日，县长张跃峰主持召开县政府第十二次常务会议。会议就县长部分工作分工调整等十二项议题进行了专题研究。一、关于县长部分工作分工调整的意见。二、任免事项。三、关于2008年度城镇退役士兵安置的意见。四、关于招录专业急需人才的意见。五、关于对县公安交通警察大队协勤人员实行全员劳动合同管理的意见。六、关于电动车专业市场发展有关政策的意见。七、关于《河北汇鸿轴承有限公司项目合同书》的意见。八、关于垃圾处理场建设的意见。九、关于城市规划区天然气管道建设的意见。十、关于县城规划区街道两侧规划建设管理的意见。十一、关于房寨棉厂土地处置的意见。十二、关于进一步强化社会抚养费征管工作的意见。县委常委、常务副县长王兆社，县委常委、副县长王纪平，副县长李晓光、王红玉、闫春波，县政府党组成员、县政府办公室主任张岩出席了会议。

6月29日，县长张跃峰主持召开县政府第十三次常务会议。会议就电影公司管理体制调整等六项议题进行了专题研究。一、关于电影公司管理体制调整的意见。二、关于第一批县级非物质文化遗产和文物保护单位认定的意见。三、关于县高科技养殖园区问题的意见。四、关于县印刷厂破产的意见。五、关于进一步规范农村宅基地清理登记工作的意见。六、关于部分国有土地公开出让的意见。县委常委、常务副县长王兆社，县委常委、副县长王纪平，副县长李晓光、王红玉、闫春波，县政府党组成员、县政府办公室主任张岩出席了会议。

7月28日，县长张跃峰主持召开县政府第十四次常务会议。会议就任免事项等九项议题进行了专题研究。一、任免事项。二、关于2009年招聘教师列入财政供养人员序列的意见。三、关于县中医院招聘医技人员的意见。四、关于廉租房建设的意见。五、关于城区部分道路工程建设的意见。六、关于加强城乡规划建设土地管理的意见。七、关于旧住宅小区（农行）改造的意见。八、关于解决温泉花园住宅小区建设问题的《协议书》。九、关于邯郸市新型化工园区规划的意见。县委常委、常务副县长王兆社，县委常委、副县长王纪平，副县长李晓光、王红玉、闫春波，县政府党组成员、公安局长李永朝，县政府党组成员、县政府办公室主任张岩出席了会议。

11月11日，县长张跃峰主持召开县政府第十五次常务会议。会议就任免事项等六项议题进行了专题研究。一、任免事项。二、关于对黄峰同志所犯错误的处理意见。三、关于落实招录公务员（人民警察）相关手续和工资待遇的意见。四、关于实施《馆陶县农村公路养护管理办法》的意见。五、关于近期计划出让国有土地和县财政局等单位搬迁用地情况的意见。六、关于馆陶县国家粮食储备库资产上划的意见。县委常委、常务副县长王兆社，县委常委、副县长王纪平，副县长李晓光、王红玉，县政府党组成员、公安局长李永朝，县政府党组成员、县政府办公室主任张岩出席了会议。

12月24日，县长张跃峰主持召开县政府第十六次常务会议。会议就2010年城乡面貌三年大变样工作实施意见等六项议题进行项议题进行了专题研究。一、研究和讨论《馆陶县2010年城乡面貌三年大变样工作实施意见》。二、研究和讨论《2009年度馆陶县城乡面貌三年大变样工作表彰方案》。三、研究和讨论2010年全县项目建设任务。四、研究和讨论2010年全县国民经济和社会发展主要预期目标。五、研究和讨论落实《邯郸市东部振兴规划纲要》的实施意见。六、关于县人民医院原院长程绍欣、原党支部书记石淑华所犯错误的处理意见。县委常委、常务副县长王兆社，县委常委、副县长王纪平，副县长李晓光、闫春波、滕霞光，县政府党组成员、县政府办公室主任张岩出席了会议。

2010年

3月10日，县长张跃峰主持召开县政府第十七次常务会议。会议就任免事项等六项议题进行了专题研究。一、任免事项。二、关于县长、副县长工作分工。三、关于县食品药品监督管理局移交县政府管理后人员纳入县财政供养的意见。四、研究和讨论人口计生工作四个专件。五、关于开展2009年度土地卫片执法检查工作的意见。六、关于加强农民专业合作社管理的意见。县委常委、常务副县长王兆社，县委常委、副县长王纪平，副县长李晓光、王红玉、闫春波、闫永亮，县政府党组成员、公安局长李永朝，县政府党组成员、县政府办公室主任张岩出席了会议。

3月23日，县长张跃峰主持召开县政府第十八次常务会议。会议就任免事项等两项议题进行了专题研究。一、任免事项。二、关于部分路网工程财政配套资金的意见。县委常委、常务副县长王兆社，副县长李晓光、王红玉、闫春波、闫永亮，县政府党组成员、县政府办公室主任张岩出席了会议。

5月4日，县长张跃峰主持召开县政府第十九次常务会议。会议就任免事项等两项议题进行了专题研究。一、任免事项。二、近期几项主要工作安排。县委常委、常务副县长王兆社，县委常委、副县长王纪平，副县长李晓光、王红玉、闫永亮，县政府党组成员、公安局长李永朝，县政府党组成员、县政府办公室主任张岩出席了会议。

7月10日，县长张跃峰主持召开县政府第二十次常务会议。会议就任免事项等三项议题进行了专题研究。一、任免事项。二、研究和讨论《县文化体制改革工作实施方案》。三、研究和讨论2010年度房地产开发土地出让计划。县委常委、常务副县长王兆社，县委常委、副县长王纪平，副县长李晓光、王红玉、闫春波、闫永亮，县政府党组成员、县政府办公室主任张岩出席了会议。

8月14日，县长张跃峰主持召开县政府第二十一次常务会议。会议就任免事项等七项议题进行了专题研究。一、任免事项。二、关于轴承园区东西主干道西延工程的意见。三、关于2010年招聘教师列入财政编制及分配方案的意见。四、关于县级医院招录专业技术人员的意见。五、研究和讨论《馆陶县乡村医生承担基本公共卫生服务补助的实施意见》。六、关于邯郸市新型化工园区污水处理厂建设的意见。七、关于《邯郸金隅太行水泥有限责任公司合同书》的意见。县委常委、常务副县长王兆社，县委常委、副县长王纪平，副县长李晓光、王红玉、闫春波、闫永亮，县政府党组成员、县政府办公室主任张岩出席了会议。

8月21日，县长张跃峰主持召开县政府第二十二次常务会议。会议就县印刷股份合作公司改制等五项议题进行了专题研究。一、关于县印刷股份合作公司改制的意见。二、关于进一步完善县乡财政体制管理的意见。三、关于将乡镇卫生院人员纳入企业基本养老保险省级统筹的意见。四、关于采取融资租赁方式解决陶山中学建设资金的意见。五、关于馆陶县土地总体规划大纲（2010-2020年）的意见。县委常委、常务副县长王兆社，县委常委、副县长王纪平，副县长李晓光、王红玉、闫春波、闫永亮，县政府党组成员、县政府办公室主任张岩出席了会议。

9月28日，县长张跃峰主持召开县政府第二十三次常务会议。会议就《馆陶县国民经济和社会发展“十二五”规划纲要》等七项议题进行了专题研究。一、研究和讨论《馆陶县国民经济和社会发展“十二五”规划纲要》。二、关于服务邯济铁路（馆陶段）实施扩能改造的意见。三、关于签订《金隅商品混凝土项目合租协议书》的意见。四、关于三年大变样有关规划编制工作的意见。五、关于金龙建材物流园项目规划建设的意见。

六、关于对县畜牧水产办现有办公场所处置的意见。七、研究和讨论《关于公开拍卖县城部分街道物业管理权的方案》。县委常委、常务副县长王兆社，县委常委、副县长王纪平，副县长李晓光、王红玉、闫春波、闫永亮，县政府党组成员、公安局长李永朝，县政府党组成员、县政府办公室主任张岩出席了会议。

10月8日，县长张跃峰主持召开县政府第二十四次常务会议。会议就任免事项等三项议题进行了专题研究。一、任免事项。二、关于馆陶镇东苏村、谭庄村实施城中村改造的意见。三、关于车疃社区新民居建设的意见。县委常委、常务副县长王兆社，县委常委、副县长王纪平，副县长李晓光、王红玉、闫春波、闫永亮，县政府党组成员、公安局长李永朝，县政府党组成员、县政府办公室主任张岩出席了会议。

2011年

1月24日，县长张跃峰主持召开县政府第二十五次常务会议。会议就任免事项等九项议题进行了专题研究。一、任免事项。二、关于城区地名规划的意见。三、关于2009年度城镇退役士兵安置预分方案的意见。四、关于改革乡镇敬老院管理体制的意见。五、关于成立昌信小额贷款公司的意见。六、关于对水利局东宝村管厂资产处置的意见。七、关于对农牧局植保植检站资产处置的意见。八、关于黄峰、崔占领所犯错误的处理意见。九、近期几项重点工作安排。县委常委、常务副县长王兆社，副县长李晓光、王红玉、闫春波、闫永亮，县政府党组成员、公安局长李永朝，县政府党组成员、县政府办公室主任张岩出席了会议。

2月28日，县长张跃峰主持召开县政府第二十六次常务会议。会议就任免事项等七项议题进行了专题研究。一、任免事项。二、研究和讨论《馆陶县2011年农村中小学教师招聘方案》。三、研究和讨论《馆陶县2011年幼教招聘实施方案》。四、关于馆陶宾馆招聘服务人员的意见。五、关于创建省级园林城的意见。六、研究和讨论《馆陶县城市规划建设管理的若干规定》。七、关于住宅社区规划建设的意见。县委常委、常务副县长王兆社，副县长李晓光、王红玉、闫春波、闫永亮，县政府党组成员、公安局长李永朝，县政府党组成员、县政府办公室主任张岩出席了会议。

3月27日，县长张跃峰主持召开县政府第二十七次常务会议。会议就任免事项等七项议题进行了专题研究。一、任免事项。二、关于创建全国药品安全示范县的意见。三、关于轴承检测中心建设的意见。四、研究和讨论《馆陶县公路环境综合整治实施方案》。五、关于公主湖及环路绿化、化工园区基础设施建设投资的意见。六、关于成立馆陶化工建设投资有限公司的意见。七、关于对靳俊起所犯错误的处理意见。县委常委、常务副县长王兆社，副县长李晓光、王红玉、闫春波、闫永亮，县政府党组成员、公安局长李永朝，县政府党组成员、县政府办公室主任张岩出席了会议。

4月26日，县长张跃峰主持召开县政府第二十八次常务会议。会议就争创国家新型农村社会养老保险试点县等九项议题进行了专题研究。一、关于争创国家新型农村社会养老保险试点县的意见。二、关于深化基层医药卫生综合改革的意见。三、关于全面加强统计基层基础建设的意见。四、关于加强农村文化建设的意见。五、关于农牧局基层农机推广站建设的意见。六、关于推进汽贸城建设的意见。七、关于县城区永济路实施升级改造的意见。八、关于馆陶镇西苏村实施城中村改造的意见。九、关于议案、提案、建议、意见承办工作的意见。县委常委、常务副县长王兆社，副县长李晓光、王红玉、闫春波、闫永亮，县政府党组成员、县政府办公室主任张岩出席了会议。

5月31日，县长张跃峰主持召开县政府第二十九次常务会议。会议就多凯公司上市等七项议题进行了专题研究。一、关于支持多凯公司上市的意见。二、关于亿丰电动车市场扩建项目的意见。三、关于包钢集团在我县建设钢材市场的意见。四、关于卫河市场改造的意见。五、关于兴业路、公主湖环路投资预算的意见。六、关于120急救站和农村急救体系建设的意见。七、关于化解农村义务教育债务的意见。县委常委、常务副县长王兆社，副县长李晓光、王红玉、闫春波、闫永亮、冯磊，县政府党组成员、公安局长李永朝，县政府党组成员、县政府办公室主任张岩出席了会议。

7月12日，县长张跃峰主持召开县政府第三十次常务会议。会议就乡镇卫生院全员竞聘实施方案等六项议题进行了专题研究。一、关于《乡镇卫生院全员竞聘实施方案》的意见。二、关于创建全国科技示范县的意见。三、关于馆陶县污水处理厂委托运营合同的意见。四、关于实施城区集中供热工程的意见。五、关于县图书馆、档案馆建设投资的意见。六、关于对侦破系列故意伤害案有功人员给予记三等功表彰奖励的意见。县委常委、常务副县长王兆社，副县长李晓光、王红玉、闫春波、闫永亮，县政府党组成员、公安局长李永朝，县政府党组成员、县政府办公室主任张岩出席了会议。

8月12日，县长张跃峰主持召开县政府第三十一次常务会议。会议就任免事项等七项议题进行了专题研究。一、任免事项。二、关于进一步加强统计工作的意见。三、关于加强“吨粮县”建设的意见。四、研究和讨论《馆陶县城市夜景灯光亮化设施管理办法》。五、关于县城规划编制任务及费用的意见。六、关于用优质资产置换县农村信用合作联社不良贷款的意见。七、关于对王磊所犯错误的处理意见。县委常委、常务副县长王兆社，副县长李晓光、王红玉、闫春波、闫永亮，县政府党组成员、公安局局长李永朝，县政府党组成员、县政府办公室主任张岩出席了会议。

10月26日，代县长闫宁主持召开县政府第三十二次常务会议。会议就任免事项等八项议题进行了专题研究。一、任免事项。二、关于设置街道办事处的意见。三、关于解决广州亚残运会获奖运动员马会会就业问题的意见。四、关于理顺社会保障中心管理体制的意见。五、关于2011年硕士研究生和本科一批毕业生与我县签协议人员列入财政编制的意见。六、研究和讨论《馆陶县城市管理办法（草案）》。七、关于进一步明确安全生产监督管理职责的意见。八、关于《河北馆陶新型化工产业园区管委会污水处理项目总承包协议》的意见。县委常委、常务副县长齐海新，县委常委、副县长李晓光，副县长王春生、闫永亮、杨卫兵，县政府党组成员、公安局长李永朝，县政府党组成员、县政府办公室主任王成出席了会议。

12月31日，县政府党组书记谢继炯主持召开县政府第三十三次常务会议。会议就任免事项等八项议题进行了专题研究。一、任免事项。二、关于2011年冬季从师范类三本及以上毕业生中择优招录农村中小学教师的意见。三、关于《新型化工园区污水管网工程合同》的意见。四、关于《关于食品安全委员会及办事机构设置的方案》的意见。五、关于将卫生局部分只能划归县食品药品监督管理局的意见。六、关于神农大道建设预算审核情况的意见。七、关于馆陶县2010年度城镇退役士兵安置的意见。八、关于重庆明飞置业有限公司土地使用权变更给馆陶县恒安房地产开发公司的意见。县委常委、常务副县长齐海新，县委常委、副县长李晓光，副县长王春生、闫永亮、杨卫兵，县政府党组成员、公安局长魏江海，县政府党组成员、县政府办公室主任王成出席了会议。

2012年

2月13日，县长谢继炯主持召开第十六届人民政府第一次常务会议。会议就化工园区项目推进及基础建设等三项议题进行了专题研究。一、关于化工园区项目推进及基础建设的意见。二、关于轴承园区建设的意见。三、关于政府自身建设的意见。县委常委、常务副县长齐海新，县委常委、副县长李晓光，副县长王春生、闫永亮、杨卫兵、胡桂芹，县政府党组成员、公安局长魏江海，县政府党组成员、县政府办公室主任王成出席了会议。

3月19日，县长谢继炯主持召开县政府第二次常务会议。会议就对上争跑资金等四项议题进行了专题研究。一、关于对上争跑资金工作的意见。二、关于总结粮食高产、稳产的馆陶模式。三、关于实施工业企业“翻番倍增计划”的意见。四、关于加强幼儿园、中小学校安全工作的意见。县委常委、常务副县长齐海新，副县长王春生、闫永亮、杨卫兵、胡桂芹，县政府党组成员、公安局长魏江海，县政府党组成员、县政府办公室主任王成出席了会议。

3月23日，县长谢继炯主持召开县政府第三次常务会议。会议就任免事项等九项议题进行了专题研究。一、任免事项。二、关于化工企业安全生产管理的意见。三、关于2012年食品安全重点工作安排的意见。四、关于2011年冬季招聘三本及以上40名教师与12名本科一批及以上毕业生签订协议人员列入财政编制的意见。五、关于2012年政府系统廉政建设和反腐败工作任务分工的意见。六、关于加强财政专项资金管理的意见。七、关于人口和计划生育工作的意见。八、关于落实河北省扶贫开发暨环首都扶贫攻坚示范区建设工作会议和市黑龙港流域区域发展与扶贫攻坚规划编制工作会议的意见。九、关于《馆陶县城市总体规划2011-2030年》的意见。县委常委、常务副县长齐海新，副县长李晓光，副县长胡桂芹、闫永亮，县政府党组成员、公安局长魏江海，县政府党组成员、县政府办公室主任王成出席了会议。

4月12日，县长谢继炯主持召开县政府第四次常务会议。会议专题学习市长高宏志《在市政府廉政工作暨作风纪律整顿工作电视电话会议上的讲话》以及市政府《政务专报信息》（第44期）、《昨日要情》（第65期）重要批示精神。县委常委、常务副县长齐海新，县委常委、副县长李晓光，副县长胡桂芹，县政府党组成员、县政府办公室主任王成出席了会议。

4月23日，县长谢继炯主持召开县政府第五次常务会议。会议就规范县财政资金审批等三项议题进行了专题研究。一、关于加强财税收入工作的意见。二、关于加快推进神农大道建设和道路两侧绿化工作的意见。三、关于加快推进集中开工项目建设的意见。县委常委、常务副县长齐海新，县委常委、副县长李晓光，副县长闫永亮、胡桂芹，县政府党组成员、公安局长魏江海，县政府党组成员、县政府办公室主任王成出席了会议。

5月22日，县长谢继炯主持召开县政府第六次常务会议。会议就任免事项等五项议题进行了专题研究。一、任免事项。二、关于推进地源（土壤源）热泵系统建设和应用工作的意见。三、关于实施青年路北留庄至大名段和孙芦线改建工程的意见。四、关于加快推进数字化城管建设的意见。五、关于县农发行购买县交通运输局运管站营业办公用房的意见。县委常委、常务副县长齐海新，县委常委、副县长李晓光，副县长王春生、胡桂芹，县政府党组成员、公安局长魏江海，县政府党组成员、县政府办公室主任王成，县政府党组成员王志军出席了会议。

7月2日，县长谢继炯主持召开县政府第七次常务会议。会议就加快推进金环瑞吉德项目建设等三项议题进行了专题研究。一、关于加快推进金环瑞吉德项目建设的意见。二、关于切实做好防汛工作的意见。三、关于回迁安置房有关事宜的意见。县委常委、常务副县长齐海新，县委常委、副县长李晓光、王春生、胡桂芹、闫永亮、杨卫兵，县政府党组成员、公安局长魏江海，县政府党组成员、县政府办公室主任王成，县政府党组成员王志军出席了会议。

7月26日，县委常委、常务副县长齐海新主持召开县政府第八次常务会议。会议就任免事项等九项议题进行了专题研究。一、任免事项。二、关于加快推进颐民宝生物质液化项目的意见。三、关于金凤禽蛋农贸有限公司改制重组的意见。四、关于河北东方康星生物制药有限公司改制重组的意见。五、关于馆陶县中小企业信用担保有限公司转让公司股份的意见。六、关于颐民宝公司和邯郸银行购置金凤大厦的意见。七、关于第一棉纺厂破产清算工作的意见。八、关于陶山市场改造项目的意见。九、关于集中供热工作的意见。县委常委、副县长李晓光，副县长王春生、胡桂芹、闫永亮、杨卫兵，县政府党组成员、县政府办公室主任王成，县政府党组成员王志军出席了会议。

8月7日，县长谢继炯主持召开县政府第九次常务会议。会议就县行知实验小学及中石油第42加油站搬迁等十项议题进行了专题研究。一、关于县行知实验小学及中石油第42加油站搬迁而难题的意见。二、关于推进天然气开发项目的意见。三、关于原县工业小区有关地块开发建设问题的意见。四、关于拨付县级储备粮储存费用及贷款利息问题的意见。五、关于王桥乡境内三条道路改建工程占地补偿费用的意见。六、关于征召合同制消防队员的意见。七、关于进一步推进农村互助幸福园建设的意见。八、关于落实人口计生工作利益导向资金的意见。九、关于解决乡镇计生站合同制工人待遇问题的意见。十、关于2008年第三批次建设用地供地的意见。县委常委、常务副县长齐海新，县委常委、副县长李晓光，副县长王春生、胡桂芹、闫永亮、杨卫兵，县政府党组成员、县政府办公室主任王成，县政府党组成员王志军出席了会议。

9月18日，县长谢继炯主持召开县政府第十次常务会议。会议就主要经济指标过“七五”等八项议题进行了专题研究。一、关于主要经济指标过“七五”的意见。二、关于加快推进重点项目建设的意见。三、关于安全生产工作的意见。四、关于企业家菜园子规划建设的意见。五、关于实施孙芦线、西吴线、肥馆线和309国道拓宽改造等四条道路建设的意见。六、关于规范农民专业合作社的意见。七、关于总结推广王桃园“教育现象”的意见。八、关于几项制度以及政府系统值班备勤和请销假制度。县委常委、常务副县长齐海新，县委常委、副县长李晓光，副县长王春生、闫永亮、杨卫兵，县政府党组成员、县政府办公室主任王成，县政府党组成员王志军、李晓林出席了会议。

10月19日，县长谢继炯主持召开县政府第十一次常务会议。会议就规范县财政资金审批等四项议题进行了专题研究。一、关于规范县财政资金审批的意见。二、关于加强财税收入工作的意见。三、关于开展“苦干五十天，园区大变样”攻坚活动的意见。四、关于政务值班、请销假等工作的意见。县委常委、常务副县长齐海新，副县长王春生、闫永亮、杨卫兵，县政府党组成员、公安局长魏江海，县政府党组成员、县政府办公室主任王成，县政府党组成员王志军、李晓林出席了会议。

11月20日，县长谢继炯主持召开县政府第十二次常务会议。会议就强化全县工业经济运行工作等三项议题进行了专题研究。一、关于强化全县经济运行工作的意见。二、关于推进化工园区11家企业达产达效的意见。三、关于加强新植树木管护工作的意见。县委常委、常务副县长齐海新，县委常委、副县长李晓光，副县长王春生、胡桂芹、闫永亮、杨卫兵，县政府党组成员、公安局长魏江海，县政府党组成员、县政府办公室主任王成，县政府党组成员王志军、李晓林出席了会议。

12月28日，县长谢继炯主持召开县政府第十三次常务会议。会议就任免事项等三项议题进行了专题研究。一、任免事项。二、关于邯郸市新型化工园区污水处理项目的意见。三、关于实行最严格水资源管理制度的意见。县委常委、常务副县长齐海新，县委常委、副县长李晓光，副县长王春生、胡桂芹、杨卫兵，县政府党组成员、公安局长魏江海，县政府党组成员、县政府办公室主任王成，县政府党组成员王志军、李晓林出席了会议。

2013 年

1 月 28 日，县长谢继炯主持召开县政府第十四次常务会议。会议就 2013 年度企业入统工作等四项议题进行了专题研究。一、关于 2013 年度企业入统工作的意见。二、关于加强非法生猪屠宰点管理的意见。三、关于当前工作。四、关于厉行节约问题。县委常委、常务副县长齐海新，县委常委、副县长李晓光，副县长王春生、闫永亮、杨卫兵，县政府党组成员、公安局长魏江海，县政府党组成员、县政府办公室主任王成，县政府党组成员王志军、李晓林出席了会议。

3 月 22 日，县长谢继炯主持召开县政府第十五次常务会议。会议对照市委书记高宏志同志 2 月 21 日在全市领导干部大会上的讲话精神进行回头看，找不足。并对县十六届人大二次会议通过的《政府工作报告》分解情况、关于金正公司注销的意见、关于政府自身建设的意见等议题进行了专题研究。县委常委、常务副县长齐海新，县委常委、副县长李晓光，副县长王春生、闫永亮、胡桂芹、杨卫兵，县政府党组成员、县政府办公室主任王成，县政府党组成员王志军、李晓林出席了会议。

3 月 29 日，县长谢继炯主持召开县政府第十六次常务会议。根据当日县四套班子会议精神，会议就金凤禽蛋农贸有限公司改制重组有关问题进行了研究。县委常委、常务副县长齐海新，县委常委、副县长李晓光，副县长王春生、胡桂芹、闫永亮、杨卫兵，县长助理毛巧妮，县政府党组成员、公安局长魏江海，县政府党组成员、县政府办公室主任王成，县政府党组成员王志军、李晓林出席了会议。县政协副主席武建民列席了会议。

8 月 12 日，县长谢继炯主持召开县政府第十七次常务会议。会议就学习传达落实习近平总书记在河北调研时的讲话等八项议题进行了专题研究。一、关于政府系统学习传达落实习近平总书记在河北调研时的讲话的意见。二、任免事项。三、关于加强减排工作的意见。四、关于化工园区污水处理的意见。五、关于校安工程实施情况的意见。六、关于公共资源交易管理办法的意见。七、关于鼓励企业出口创汇扶持（奖励）办法的意见。八、关于处置和收回国有土地使用权的意见。县委常委、常务副县长齐海新，副县长胡桂芹、闫永亮、杨卫兵，县人民法院院长安新庆，县人民检察院检察长申玉良，县政府党组成员、县政府办公室主任王成，县政府党组成员王志军出席了会议。

8 月 28 日，县长谢继炯主持召开县政府第十八次常务会议。会议就推进全县东部振兴工作等十项议题进行了专题研究。一、关于推进全县东部振兴工作的意见。二、关于推进 2013 年节能工作的意见。三、关于调整四宗国有建设用地用途和依法收回四宗国有建设用地使用权公开挂牌出让的意见。四、关于全县主要道路及河渠林木管护办法的意见。五、关于贯彻落实“邯郸市创建国家森林城市”的意见。六、关于进一步加强出生人口性别比综合治理工作的意见。七、关于进一步加强社会抚养费征管工作的意见。八、关于县级公立医院改革情况的意见。九、关于用优质土地资产置换不良贷款的意见。十、关于食品安全有奖举报办法的意见。县委常委、常务副县长齐海新，县委常委、副县长李晓光，副县长王春生、胡桂芹、闫永亮、杨卫兵，县政府党组成员、公安局长魏江海，县政府党组成员、县政府办公室主任王成，县政府党组成员王志军、李晓林出席了会议。

10月22日，县长谢继炯主持召开县政府第十九次常务会议。会议学习了习近平总书记安全生产重要批示和讲话精神，并就贯彻落实和加快推进全县安全生产工作等两项议题进行了专题研究。县委常委、常务副县长齐海新，县委常委、副县长李晓光，副县长王春生、胡桂芹、闫永亮、杨卫兵，县政府党组成员、公安局长魏江海，县政府党组成员、县政府办公室主任王成，县政府党组成员王志军、李晓林出席了会议。

12月4日，代县长孟凡雄主持召开县政府第二十次常务会议。会议就三宗国有建设用地调整用途和挂牌出让等五项议题进行了专题研究。一、关于三宗国有建设用地调整用途和挂牌出让的意见。二、关于进一步建立土地规划执法联动机制的意见。三、关于实施总体城市设计等23项规划编制的意见。四、关于建设化工园区防护林带的意见。五、关于解决县第一棉纺厂职工养老保险问题的意见。县委常委、常务副县长齐海新，副县长王春生、闫永亮、杨卫兵，县政府党组成员、县政府办公室主任王成出席了会议。

县长办公会议

1997—2013年，县长办公会议由县长召集并主持，或由经县长授权的分管副县长召集并主持。县长办公会议根据需要随时召开。

县长办公会议由与会议议题有关的分管副县长、办公室主任、副主任和县政府部门及乡镇政府负责人参加。经县长授权由副县长主持召开的办公会议，由县政府办公室对口科室确定参加人员。不能参加会议的，应向召集会议的县长或副县长请假。会议的主要任务是：研究、处理县政府日常工作中的重大问题；研究、协调和处理县政府工作中分工范围内的专门问题。议题由县长或者副县长提出。《县长办公会议纪要》由召集会议的县长或副县长签发。

县长办公会议议定事项，由有关部门贯彻执行，并限期向县政府报告落实情况，紧急事项随时报告。政府督查室负责跟踪督查，并定期向县政府主要领导或分管领导反馈工作进展情况。

县政府经济工作会议

1997—2013年，县政府经济工作会议由县长、副县长、政府办公室主任、政府组成部门一把手组成，由县长召集和主持。县政府办公室副主任、有关部门和乡镇政府主要负责人列席。其他列席人员根据会议内容需要确定。会议的主要任务是，传达贯彻中央、省、市经济工作会议精神；分析经济形势，通报经济运行情况；安排部署全县经济工作。县政府经济工作会议一般每年召开两次，也可与县委全委会议合并召开。

县政府经济工作会议决定通过的事项，由有关部门贯彻执行，并限期向县政府报告落实情况，紧急事项随时报告。政府督查室负责跟踪督查，并定期向县长汇报工作进展情况。

副县长、政府办主任和部门、乡镇政府以及县政府所属企事业单位主要负责人，不能出席县政府经济工作会议的，向县长请假，准假后安排其他负责人代为参加。

县政府廉政工作会议

1997—2013年，县政府廉政工作会议由县长、副县长、政府办公室主任、政府组成部门一把手组成（邀请县纪委书记参加），由县长召集和主持。政府办公室副主任、有关部门和乡镇政府主要负责人列席。其他列席人员根据会议内容需要确定。会议的主要任务是，传达贯彻中央、省、市纪委全会和廉政工作会议精神；总结、部署县政府系统党风廉政建设和反腐败工作。县政府廉政工作会议一般每年召开一次，也可与县政府全体会合并召开。

县政府廉政工作会议决定通过的事项，由有关部门贯彻执行，并限期向县政府报告落实情况，紧急事项随时报告。政府督查室负责跟踪督查，并定期向县长汇报工作进展情况。

副县长、政府办主任和部门、乡镇政府以及县政府所属企事业单位主要负责人，不能出席县政府廉政工作会议的，向县长请假，准假后安排其他负责人代为参加。

第三节　施政辑要

“九五”实现良好开局

1997年，第十二届全县人民代表大会第一次会议后，县政府突出抓经济工作十件大事，重点抓工业体系三个支柱产业，为全县经济发展奠定了坚实基础。全县国内生产总值达6.8亿元，人均达2509元。县、乡财政实行分灶吃饭，加强了预算外资金管理，实现财政收入4221万元。农民人均纯收入大幅度增长，达到2000元。全县农林牧渔业总产值达到7.2亿元，粮食生产连年保持稳定增长，总产达19.7万吨，蛋鸡存栏达到1100万只，禽蛋产量达到7.13万吨。双孢菇种植面积增加到100万平方米，建成了红富士苹果基地，种植面积5.6万亩。1997年，全县县办工业企业达36家，固定资产达到21139万元，全县工业总产值达10.66亿元，其中乡及乡以上工业产值完成3.78亿元，乡及乡以上独立核算工业企业完成增加值7944万元，实现利税4690万元。对外开放工作自1995年开始起步，实际利用外资实现零的突破，1997年加大了工作力度，明确重点开放单位和目标责任，组织参加各种招商活动，建成合资企业6家，实际利用外资630万美元，引进省外到位资金1.2亿元，引进人才642名。教育工作重点改善了中小学办学条件，新建第二中学和职教中心，顺利完成了“普六”工作。1997年适龄儿童入学率达到99.9%，小学在校生巩固率达到99.6%，小学毕业生升学率达到100%。计划生育工作在1994年打了翻身仗，由省重点管理县跃入全省先进行列。1997年计划生育率达到94.84%，出生率仅6.86‰，求实率达到100%。

实施“一抓五带”，建设经济强县

1998年2月至2003年7月，第十三届人民政府以效益立县为核心，以流通兴县为重点，大力推进“一抓五带”（一抓，抓工作重点调整；五带，带动工业、农业、流通、外向型经济和个体私营经济发展），奋力攀登“两个台阶”（力争到2000年建成全市经济强县，到2002年建成全省经济强县）。1998—2003年，县政府每年都制定一个各有侧重、覆盖全盘的经济工作发展目标。1998年，围绕建设“经济强县”目标，坚持“以思想大解放，带动改革大突破，以资金大投入，促进经济大发展”，实现了经济增长速度14.1%的目标。1999年，制定了“流通兴县、产业富县、私营活县、加工强县”的发展战略，紧紧围绕财政状况的根本好转和农民收入稳定增长两大目标，牢牢把握加快发展、调整结构、搞活流通三大重点，强力推进改革，努力扩大开放，坚持科教兴县，扎扎实实推进经济强县目标实现。2000年，坚持“四个一”（实现一个发展目标，突出一个发展主题，膨胀一个链条，实施一批重点项目）的总体思路，以开展“学先进、找差距、求发展”活动为主线，以两个增收（农民增收、财政增收）为根本出发点和落脚点，以强化三个拉动（投资拉动、市场拉动、开放拉动）为动力，完善城建、优化环境、扩大开放、繁荣市场、壮大产业、企业增效，全面发展增实力，奋力建设市强县。2001年，开始实施国民经济和社会发展第十个五年计划。这五年，县政府始终坚持发展这个主题，以结构调整为主线，以建设县级市作为工作重点，以结构调整、开放带动、科教兴县三大战略作为发展的推动力，把私营经济、商贸流通和第三产业放在突出发展位置，把提高人民生活水平作为根本出发点和归宿点，全面提高国民经济整体素质和综合竞争能力。2001年，是“十五”计划第一年，政府工作以发展为主题，以结构调整为主线，以改革开放和科技创新为动力，以提高人民生活水平为根本出发点，大力实施结构调整、开放带动、科教兴县三大战略，努力推进县城城市化、农业产业化、工业集团化、私营经济群体化、市场辐射区域化、重点项目管理规范化，增创新优势，谋求新发展。2002年，加快实施五大兴县战略（流通兴县、产业兴县、私营兴县、科教兴县、开放兴县），突出一个主题（发展主题），扭住两个关键（农民增收、财政增收），狠抓三个重点（引进外来要素、提高科技含量、培育新的经济增长点），实现四个突破（农业产业化经营、工业结构调整优化、民营经济发展壮大、市场开拓），努力推进全县经济的跨越式发展和社会事业的全面进步。这五年，全县经济社会发展连年稳定增长。至2002年年底，全县国内生产总值完成17.2亿元，年均递增8.1%；财政收入达到7613万元，年均递增12.5%；农民人均纯收入达到2609元，年均递增5.5%；全社会固定资产投资累计完成29.8亿元，比1997年增长187%。

工业立县　产业富县　商贸兴城

2003年8月至2007年7月，第十四届人民政府以改革、开放为动力，把优化经济发展环境当作经济发展的生命线，把民营经济推向经济建设的主战场，大力实施工业立县、产业富县、商贸兴城战略，实现特色产业规模化、项目建设园区化、市场运营专业化、政府运行法制化四个方面突破。2003年，在三农工作上突出调整结构，壮大龙头，实现特色产业规模化。在工业经济上，突出建设园区，大上项目，加快“工业立县”进程。在商贸市场建设上，突出完善功能，扩大规模，实现市场建设专业化。在招商引资上，突出扩大开放，广泛招商，推进馆陶县与国际国内市场的全面对接。在发展民营经济上，鼓励发展，搞好服务，把民营经济推向经济建设的主战场。在环境建设上，突出落实政策，优化环境，营造经济发展的“北方特区”。2004年，坚持把发展作为执政兴县的第一要务，以改革开放为动力，大力实施“工业立县、产业富县、商贸兴城”战略，积极推进项目建设、农民增收、生态家园、平安馆陶四大工程。2005年，坚持以项目建设为中心，坚持全面开放、全员招商、全民创业、全优环境，抓实五大主导产业（蛋鸡、蔬菜、铸造加工、棉纺、医药食品），推进四项工程（村村通街道硬化、群众安全饮水、科技入户、扶贫助学），加快“三城”（流通商贸城、生态园林城、特色文化城）建设。2006年是“十一五”开局之年。“十一五”期间，坚持以科学发展观统领经济社会发展全局，落实全市“一线”（馆陶—肥乡一线）发展战略，以项目建设为中心，强力推进招商引资工作，打造“五个一”项目平台，大力发展特色经济、承接经济。2006年，强力推进“工业立县”进程，加快农业产业化升级步伐，突出抓好招商引资，深化各项改革，加快城市化进程，协调发展各项社会事业，努力构建和谐馆陶。2007年，抢抓河北省建设沿海经济社会发展强省的机遇，落实又好又快要求，坚持工业立县、“一借三集”，突出抓好四件大事（抓项目促财政过亿元、抓产业创知名特色县、抓物流建次中心城市框架、抓“五基”建设和谐新农村），实现立县项目、对外开放、新农村建设、和谐馆陶建设、干部队伍建设五个方面突破。至2006年底，全县生产总值完成30.4亿元，年均递增15.1%；全社会固定资产投资完成16.3亿元，年均递增25.7%；全部财政收入完成6379万元；农民人均纯收入达到 3063 元。

建设实力馆陶 活力馆陶 和谐馆陶

2007 年 8 月至 2011 年 12 月，第十五届人民政府抢抓邯郸提升四省交界区经济中心地位的机遇，高扬科学发展、加快发展、更大发展的主旋律，坚持一借三集，倾力关注民生，推进统筹和谐，突出四件大事（抓项目促财政翻番、抓产业创知名特色县、抓物流建次中心城市框架、抓“五基”建设和谐新农村），建设工贸中心，全县整体实力、发展活力、综合竞争力提升新水平，努力建设实力馆陶、活力馆陶、和谐馆陶。2008 年，县政府以中共十七大精神为指针，认真落实省、市各项重大决策部署，按照“科学抓项目，财政超亿元，民生大改善，和谐新发展”的总体要求，紧紧抓住全县发展中存在的突出问题，以创新求突破，以实干促跨越，努力在“五大建设”（项目建设、县城建设、新农村建设、社会建设、干部队伍建设）上取得更大成效。2009 年，县政府弘扬“抓发展、促和谐、建强县”主旋律，把握“保增长、重民生、大建设、快发展”总基调，实施开放兴县、工业立县、商贸活县、以城带县“四大主体战略”，激活发展要素，强力推动“一城、两园、三带”建设，切实改善民生，构建和谐馆陶。2010 年，县政府弘扬“抓发展，促和谐，建强县”主旋律，把握“大开放、大建设、快发展、保民生”总基调，突出“三年”主题（大变样成效年、大项目建设年、文化创新年），实施开放兴县、工业立县、商贸活县、以城带县“四大主体战略”，推动“一城、两园、三带”建设，全力打造邯郸东部化工产业新城和北方禽蛋物流中心，切实改善民生，构建和谐馆陶。2011 年是“十二五”开局之年，“十二五”期间县政府以科学发展为主题，以转变发展方式为主线，突出加快发展、注重质量两大任务，全力抓好工业聚集区、西部新城区、城南仓储物流区、农村新型社区四区建设，着力抓好重点项目、县城建设、现代服务业、现代农业、民生事业五个重点，打造全国最大的禽蛋物流基地、全国较大的轻工轴承生产基地、河北重要的新型化工基地和冀鲁豫交界区域商贸物流中心，发展独具特色和核心竞争力的化工新城，努力把馆陶建设成为产业兴盛、城乡繁荣、生态宜居、文明和谐的邯郸东部次中心城市。2011 年，遵循大开放、快发展、重质量、惠民生的工作指针，突出抓好项目建设、工业聚集区建设、城镇建设、农业农村工作、现代服务业、和谐社会建设六项重点工作。2007 年至 2011 年，全县生产总值由 25.7 亿元增长到 51.0 亿元，年均增长 14.4%，总量翻了一番。全部财政收入由 4759 万元增长到 2.01 亿元，年均增长 33.4%，实现了超两亿元的历史性突破；其中地方一般预算收入 1.15 亿元，年均增长 34.8%，实现“两个翻番”。全社会固定资产投资 53 亿元，年均增长 33.1%。农民人均纯收入 5087 元，年均增长 11.8%。

建设实力、秀美、和谐的现代化新馆陶

2012年1月至2013年12月，第十六届人民政府坚持围绕建设邯聊之间中心城市的发展定位，实施开放带动、县城带动两大战略，坚持工业立县、服务业强县、农业产业化兴县，上项目、惠民生、保稳定，努力建设实力、秀美、和谐的现代化新馆陶。2012年，政府工作坚持突出科学发展、加速崛起主题，把握稳中求进、好中求快总基调，坚持开放带动、县城带动，以三条线七个十工程、城市管理年和爱县教育、文化建设行动年为抓手，推进工业立县、服务业强县、农业产业化兴县。全县生产总值完成82亿元，增长13.3%。全部财政收入完成3.6亿元，增长28%；公共财政预算收入完成2.3亿元，增长36.1%。全社会固定资产投资完成78.7亿元，增长26.2%。社会消费品零售总额完成22.3亿元，增长15.4%。农民人均纯收入达到6908元，增长20.2%。2013年是认真贯彻落实中共十八大精神的开局之年，县政府突出科学发展、加速崛起主题，把握稳中求进、好中求快基调，抢抓历史机遇，以三条线七个十工程、城市管理提升年活动为抓手，坚持开放带动、县城带动战略不动摇，坚持工业立县、服务业强县、农业产业化兴县路线不动摇，改善民生，促进和谐，优化环境，奋力开创实力、秀美、和谐的现代化新馆陶建设新局面。全县生产总值完成89亿元，增长10.5%，增速全市第四，东部十县第二；固投完成94.8亿元，增长20.5%；农民人均纯收入7917元，增长14.6%，增速全市第三；全部财政收入完成3.81亿元，增长5.77%。公共财政预算收入完成2.39亿元，增长5.4%。税收在公共财政预算收入中占比达到73.7%，提高了6.81个百分点。

第四节　县政府办公室工作

办理人大常委会代表建议和政协提案

1997年以后，县政府按照承办工作“五项责任目标”要求，根据提案性质与分类，属政府办理的建议、提案，由主管副县长负责到底，属县直部门办理的建议、提案，由主管副县长协调相关部门办理解决，并对办理时间、办理要求和复文规范提出明确要求。重要的建议和提案由县长提交县政府常务会议研究办理答复。

至2013年，县政府及相关部门办理人大常委会代表建议565件，办理政协提案1513件，办结率100%，解决问题平均比例达64%。对暂不能办理或因法律法规不能解决的，均向人大常委会代表和政协委员进行了解释与说明，满意率平均达97%。1997—2013年，县政府承办县人大常委会代表建议和政协委员提案为：1997—2001年办理县人大常委会建议175件，2002—2006年167件，2007—2011年162件，2012—2013年61件。1997—2001年办理政协提案379件，2002—2006年415件，2007—2011年477件，2012—2013年242件。

行政执法与监察

行政复议、应诉 1997—2013年，县政府受理行政复议案件35件，审结35件，办结率100%，其中，维持24件，撤销4件，申请人撤销7件。至2013年，县政府机关行政应诉案件21件，经法院判决，维持13件，撤销2件，其他6件。行政复议及时、准确、依法有效地解决了行政争议，纠正了不当的行政行为，维护了群众的合法权益，密切了政府与群众的关系，保障了行政机关依法行使职权，为维护社会稳定发挥了重要作用。

行政执法监督 1997—2010年，行政执法监督作为依法行政工作的重点，不断得到加强完善。期间，制定了行政复议程序暂行规定，行政执法案卷评查办法，行政执法责任追究办法、规范性文件备案审查规定等多项制度。2011—2013年，审查政策规范性文件28件，经清理确认县级具有行政执法主体资格单位41个，核发“罚没许可证”39个，核发县级行政许可实施机关40个，行政许可项目130项。参加信访听证、价格听证、收费听证等各类听证会6次，协调处理涉法涉诉事件30余起。组织开展行政执法人员培训考试、行政执法案卷评查和依法行政考核活动，深入推行行政执法责任制，全县行政执法水平不断提高。县政府先后获得2010年度“邯郸市行政执法示范单位”和2011年度“邯郸市法治政府建设先进单位”等荣誉称号。

纠正不正之风 2000年，对公路“三乱”之风陆续开展专项治理活动，被省政府评为第一批公路基本无“三乱”达标县。2003年，针对医药器械领域的无证经营、借“非典”之机哄抬物价、牟取暴利等行为进行清理整顿，收缴违纪资金8万元。2007年，对教育系统各学校乱收费情况进行清理，清退不合理收费6.7万元；组织48个参评部门开展“关注民生、服务百姓、共创和谐馆陶”为主题的民主评议阳光服务活动，让群众直接参与民主测评。2008年，实行“四变三挂”措施，将223个基层单位纳入评议范围。2009年，对60个重点中层岗位进行直查直管直评，有效解决了“中梗阻”现象。2011年，监督县医院和县中医院落实药品集中招标，采购总额2912万元，实现降价253万元，降价幅度7.9%。2012年，在全县范围内开展减轻农民负担专项行动，对49个村，271.08万元的项目资金进行了监督检查，责令对7个方面的问题进行了整改。2013年，着重开展优化经济发展环境整治行动，筛选20家企业作为优化环境监测点，并印发了《关于打造“四零环境”助推企业发展的实施意见》，力争做到服务企业零距离、企业生产零干扰、行政审批零障碍、破坏环境零容忍。

政务公开

1997—2003年，政务公开工作主要是全面推进“三务”（政务、村务、企务）公开。期间，1999年，全县各级行政机关、8个乡镇政府及全县企业全部实行了政务公开，通过设置政务公开栏、公开橱窗、回音壁等多种形式，将干部任用、招生、招工、行政性收费、基建审批等 12 类问题向社会公布，公开接受群众监督。1996 年全县各村实行村务公开。

2003—2013 年，着重抓好政务公开工作的系统化、精细化、规范化管理。期间，2003 年 1 月县政务公开办公室成立，为县政府办公室的内设科室，并明确了工作职责，负责研究拟定全县推行政务公开和行政审批制度改革方面的政策、制度和方案并组织实施，指导各乡镇、各部门推行政务公开和深化行政审批制度改革工作、负责研究拟定推行政务公开和深化行政审批制度改革的总体思路和年度实施方案并监督实施。2004 年，县政府信息公开网络平台建立，同时拓宽政务公开渠道，利用县行政服务中心、财政集中支付中心等政务服务窗口向社会公开各类政务信息。2012 年，完成省市县三级网络平台聚合升级建设，为全县各级行政机关、8 个乡镇政府建立了政府信息公开平台管理子系统，实现了各聚合单位与省市县平台的直报直通。同时，利用电子屏幕、电子触摸屏、公告栏及时公布政府信息，在政务服务中心、档案局分别设置政府信息公开查阅点和文件查阅中心，方便群众的查阅，并设立县长信箱、县长公开电话、聘请监督员等接受广大群众监督。

信息工作

1997—2003 年，县政府办公室设信息资料科。2003 年，设立信息科，并配备了专职信息人员及专用办公设备，创办了《馆陶政务》等刊物，刊载内容主要侧重编发县领导的重要活动和深入基层调研提出的指导性意见，侧重介绍全县中心工作和阶段性重点工作的进展情况，搜编基层部门对县委、县政府重大部署的贯彻落实情况，宣传介绍基层部门工作的一些典型做法。1997—2013 年，共编发《馆陶政务》1000 余期，全面反映了县政府各项工作开展情况，增强了政府工作的透明度。

在信息报送上，县政府及政府各部门建立健全了信息考核评比、全员报信息等制度，有效调动了信息报送积极性，扩大了信息源，及时、准确、高质量、高效率反映了全县重大工作进展、主要经验和特点亮点。县政府办公室每年搜集、整理、编写各类信息 2000 余篇，经甄选、编辑将高质量信息上报国办、省、市政府。其中，《馆陶县“联、拜、对、签”专题招商效果好》《馆陶县“说和室”确保社会和谐稳定》《馆陶县实施企业倍增计划做好有中生新文章》《馆陶县近日被农业部确定为 2013 年“放心农资下乡进村”示范单位》多篇信息被省政务交流和政务信息采用，《馆陶县在北京等地开展系列招商活动成效显著》《馆陶县发展轴承产业富民强县》《馆陶县大力推广秸秆青贮实现养殖、生态双赢》《馆陶县着眼技改扩能实现现有企业“翻番倍增”》《馆陶县入统企业优惠证制度见成效》等多篇信息被市政务交流、政务信息采用。信息工作在全市年度信息考核中连年获优秀。

调研工作

1997—2013年，县政府始终把调查研究作为提高决策水平、推进工作开展的重要手段，不断拓宽领域，改进方式方法，全面掌握县情实际，把握发展动态，推动政府各项工作扎实有效开展。对国民经济和社会发展规划、县政府年度目标任务和重大决策、重大事项、重点项目等，从调查研究入手，全面进行分析、评估、论证，听取方方面面的建议和意见。在此基础上，依法决策、科学决策、民主决策，全面提高政府决策水平。对省委、市委和县委的决策部署，以及县人大常委会的决定决议，认真贯彻，狠抓落实，并积极开展调查研究，采取有效措施，解决推进过程中的各类问题，确保落实到位、执行到位。

根据不同时期的不同特点，县政府及各部门始终把着力点放在为领导决策提供参谋服务上，围绕项目建设、工业经济运行、县城建设、三农工作、大气污染环境整治等县委、县政府中心工作进行深入调研，认真组织开展有针对性的“百日调研”等活动，撰写调研文章，总结调研成果，为政府决策和推进工作提供依据和参考。其中，《为把馆陶的实力、活力、竞争力提高到一个新水平而努力奋斗》《馆陶县新民居建设的调研报告》《关于馆陶县“三年大变样”工作的调查报告》《争当东部振兴的排头兵》《粮食高产、稳产的“馆陶模式”》《小县在项目建设上也能做出大文章——关于馆陶县项目建设的调查与启示》《馆陶县百户小村走出百名大学生现象发人深省》《馆陶县以“三个三”为抓手促企增效财政增收》《关于馆陶县项目建设的调研与思考》《关于馆陶县土地流转的调研报告》《小黄瓜形成大产业》等调研文章分别被省、市内刊刊发。多篇受到省、市主要领导批示。

督查工作

1999年3月，县政府成立督查室，由县政府办公室管理，主要负责《政府工作报告》中确定的工作目标的督查落实；县政府常务会、县长办公会、专题协调会等议定的重大工作部署和重大事项的督办，编发《政务督查》《督查专报》；对国务院和省、市政府重要工作部署和指示精神的贯彻落实情况进行检查、督促和报告；办理县级以上领导转办件和县长交办件、批示件以及重大决策和工作部署的督查落实工作，并及时反馈办理结果；完成领导交办的其他工作。自成立以来，年均跟踪问效政府各项工作500余件次，重点围绕项目建设、城市建设、招商引资、财税收入、安全生产、民生实事等政府重点工作开展强力督查，有力地促进了县域经济发展和城市建设步伐。近年来对上刊发督查调研文章50余篇，在督查中发现问题，撰写有价值工作建议数十篇，比如：关于加快建设西城区标准化小学、主城区施工扬尘治理、陶艺路整修等。

2013年11月，面对新时期的发展重任，成立县特别督查评功领导小组办公室（简称县督评办），整合县委督查室、县政府督查室、县委组织部考核科、县纪委效能室4

个机构，督评办独立行使职能，直接对县委书记、县长负责。督评办日常工作由县委常委、组织部长牵头负责，按照授权在全县范围内行使专项查办、督促整改、通报批评、责任追究等职权。赋予督评办信息、参谋、督查、评功四项职能。确保县委、县政府的重大决策部署落实得更及时、更到位，督评办的组建，从形式上改变了力量分散、多头督查、重复督查，彻底解决轻督查、重考核不良现象，形成了工作合力，以特别的组织纪律、特别的工作要求、特别的奉献精神，创造了“1+1+1+1>4”聚合效应，有力督促了县政府重点工作落实。

第五章　人民政治协商会议

1983年1月，馆陶县建立政协筹备小组，1984年1月17日，召开首届县政治协商会议，并建立了相应的办事机构。至2013年，共召开八届政治协商会议。政协常委会设一室三委，即办公室、经济委员会、文史委员会、提案委员会。

第一节　政协委员

委员构成

政协馆陶县第五届委员会届初委员140名，由18个界别和单位组成，其中主席、副主席6名，常务委员27名。连任委员63人，占委员总数的45%，保持了政协工作的连续性。委员中中共党员58名，占委员总数的41.3%。大中专以上文化水平的委员占委员总数的52.4%。女委员40名，占委员总数的29%。五届政协届末委员163名。其中市政协委员6名。

政协馆陶县第六届委员会委员155名，由18个界别和单位组成，其中主席、副主席5名，常务委员26名。委员中中共党员70名，占委员总数的45%。大中专以上文化水平的委员占委员总数的60%。女委员39名，占委员总数的25%。

政协馆陶县第七届委员会委员166名，市政协委员11名。由18个界别和单位组成，其中主席、副主席5名，常务委员29名。委员中中共党员69名，占委员总数的41%。非中共党员97名，占委员总数的59%，大中专以上文化水平的委员140名，占委员总数的84%。女委员43名，占委员总数的26%。平均年龄42岁，届中分别增选副主席3名，届中调离副主席3名，届末主席、副主席5名。

政协馆陶县第八届委员会委员172名，市政协委员10名。连任委员79名，占委员总数的46%，保持了政协工作的连续性。由18个界别和单位组成，其中主席、副主席5名，常务委员29名。委员中中共党员69名，占委员总数的40%。非中共党员103名，占委员总数的60%，大中专以上文化水平的委员占委员总数的85%。女委员43名，占委员总数的25%。委员中研究生2名，大学学历71名，大专学历53名，其他学历39名，高级职称6名，中级职称16名，八届政协委员文化程度比上届有较大提高，平均年龄40.3岁。

第二节　政协全体会议

政协全体委员会一般一年召开一次。自1998年五届一次会议至2013年八届二次会议，先后召开了18次全体会议。

第五届全体政协会议

五届一次会议　中国人民政治协商会议馆陶县五届一次会议于1998年2月24日至26日在县社步月楼饭店北二楼会议室召开。出席会议的政协委员140名。会议听取审议并通过了县政协副主席王国志所作的《政协馆陶县委员会第四届常务委员会工作报告》、县政协副主席吴文俊所作的《政协馆陶县第四届委员会关于五年提案工作情况的报告》。审议通过了《政协馆陶县第五届委员会第一次会议提案委员会关于五届一次会议期间委员书写提案情况的说明》、审议通过政协第五届委员会第一次会议的各项决议。听取并协商讨论了政府工作报告和会议期间其他重要报告。会议选举产生了新一届县政协主席、副主席和常务委员。全体委员列席了县人大常委会十三届一次会议。会议期间，与会委员就全县政治、经济、文化建设等方面提出了许多建设性的意见和建议。会议表彰了1997年度优秀政协委员，优秀提案，先进议事组。会议审议通过了政协馆陶县第五届委员会第一次会议各项决议。

五届三次会议　政协馆陶县五届三次会议于2000年2月21日至23日在县步月楼饭店召开，会期三天。出席会议的政协委员156名。会议听取并审议了县政协副主席王国志所作的《中国人民政治协商会议馆陶县第五届委员会常务委员会工作报告》、县政协副主席吴文俊所作的《政协馆陶县第五届委员会关于五届二次会议以来提案工作情况的报告》。会议表彰了1999年度优秀政协委员，优秀提案，先进议事组。审议通过了《政协馆陶县第五届委员会第三次会议政治决议》。全体委员列席了县人大常委会十三届三次会议。李金祥副主席致闭幕词。

五届五次会议　政协馆陶县五届五次会议于2001年2月8日至10日在县步月楼饭店召开，会期三天。会议听取并审议了县政协副主席王国志所作的《中国人民政治协商会议馆陶县第五届委员会常务委员会工作报告》、县政协副主席吴文俊所作的《政协馆陶县第五届委员会关于五届三次会议以来提案工作情况的报告》。会议表彰了2000年度优秀政协委员，优秀提案，先进议事组。审议通过了《政协馆陶县第五届委员会第五次会议政治决议》。全体委员列席了县人大常委会十三届四次会议。宋向华主席致闭幕词。

五届六次会议　政协馆陶县五届六次会议于2002年4月15日下午至18日在县富丽源召开，会期三天半。出席会议的政协委员163名，会议由宋向华主席主持，贾鹏章

副主席致开幕词，吴文俊副主席和王国志副主席分别做提案工作报告和常务委员会工作报告，李金祥副主席做政协委员增补情况的报告，宋向华主席致闭幕词。

第六届全体政协会议

六届一次会议 政协馆陶县六届一次会议于2003年8月15日至17日在馆陶宾馆召开。出席会议的政协委员155名。会议听取并审议了县政协主席宋向华所作的《政协馆陶县第五届委员会常务委员会工作报告》、县政协常委、大会秘书长高长景所作的《政协馆陶县第五届委员会常务委员会关于五年来提案工作情况的报告》。听取和讨论了政府工作报告和其他报告。选举产生了县政协第六届委员会主席、副主席、秘书长和常务委员。会议期间，委员们对县政府、县检察院、县法院的工作报告进行了协商讨论，就深入实施调整农业产业结构，加快特色产业规模化，大力推进“工业强县”进程，全方位对外开放，进一步优化经济发展环境，加快民营经济发展，维护社会稳定，促进全县物质文明、政治文明、精神文明的协调发展等方面提出了一系列的建设性意见和建议。会议审议通过了《政协馆陶县第六届委员会第一次会议各项决议》。全体委员列席了县人大常委会十四届一次会议。会议表彰了2002年度优秀政协委员、优秀提案、先进议事组。

六届二次会议 政协馆陶县六届二次会议于2004年2月10日至12日在馆陶宾馆召开。出席会议的政协委员157名。会议听取并审议了县政协主席宋向华所作的《政协馆陶县第六届委员会常务委员会工作报告》、县政协副主席赵卫东所作的《政协馆陶县第六届委员会常务委员会关于一次会议以来提案工作情况的报告》。会议期间，委员们对县政府工作报告和其他报告进行了认真协商。就加快全县农业产业化发展；发挥优势，大力发展商贸流通和民营经济，培育新的经济增长点；进一步优化经济发展环境，创建“北方特区”，加快发展等方面，提出了许多建设性的意见和建议。审议通过了《政协馆陶县六届二次会议政治决议》。全体委员列席了县人大常委会十四届二次会议。

六届三次会议 政协馆陶县六届三次会议于2005年1月19日至21日在馆陶宾馆召开。出席会议的政协委员155名。会议听取并审议了县政协主席宋向华所作的《政协馆陶县第六届委员会常务委员会工作报告》、县政协副主席赵卫东所作的《政协馆陶县第六届委员会常务委员会关于二次会议以来提案工作情况的报告》。会议期间，委员们对县政府工作报告和其他报告进行了认真协商。围绕全县的改革开放、五大产业、优化发展环境、发展民营经济以及广大群众普遍关心的热点难点等问题，尽职尽责、建言献策、履行职能，提出了许多建设性的意见和建议。会议审议通过了《政协馆陶县第六届委员会第三次会议政治决议》。全体委员列席了县人大常委会十四届三次会议。会议对30名优秀政协委员，6件优秀提案，5个先进议事组进行表彰。

六届四次会议 政协馆陶县六届四次会议于2006年1月11日至13日在馆陶宾馆召开。出席会议的政协委员154名。会议听取并审议了县政协主席宋向华所作的《政协馆陶县第六届委员会常务委员会工作报告》、县政协副主席赵卫东所作的《政协馆陶县第六届委员会常务委员会关于三次会议以来提案工作情况的报告》。会议期间，委员们对县政府工作报告和其他报告进行了认真协商。就加快“五个一”建设工作；招商引资，项目建设，培育“兴县立县”项目，“三农”问题；加快民营经济发展，壮大县域经济整体实力等方面提出有针对性的意见和建议。会议审议通过了《政协馆陶县第六届委员会第四次会议政治决议》。全体委员列席了县人大常委会十四届四次会议。会议对31名优秀政协委员，8件优秀提案，5个先进议事组进行表彰。

六届五次会议 政协馆陶县六届五次会议于2007年1月10日至12日在馆陶宾馆召开。出席会议的政协委员147名。会议听取并审议了县政协主席宋向华所作的《政协馆陶县第六届委员会常务委员会工作报告》、县政协副主席赵卫东所作的《政协馆陶县第六届委员会常务委员会关于四次会议以来提案工作情况的报告》。会议期间，与会委员对县政府工作报告和其他报告进行了认真协商。就招商引资，治理经济环境、建设社会主义新农村，解决“三农”问题、村村通街道硬化、农村集中供水、教育教学等方面提出了操作性很强的意见和建议。会议审议通过了《政协馆陶县第六届委员会第五次会议政治决议》。全体委员列席了县人大常委会十四届五次会议。会议对38名优秀政协委员，12件优秀提案，6个先进议事组进行表彰。

第七届全体政协会议

七届一次会议 政协馆陶县七届一次会议于2007年8月8日至10日在馆陶宾馆召开。出席会议的政协委员166名，会议听取并审议了县政协主席宋向华所作的《政协馆陶县第六届委员会常务委员会工作报告》、县政协副主席武建春所作的《政协馆陶县第六届委员会常务委员会提案工作报告》。会议期间，委员们就全县的改革开放、招商引资、项目建设、新农村建设以及广大群众普遍关心的热点难点等重要问题议政建言，提出了许多建设性的意见和建议。选举产生了县政协第七届委员会主席王国贞、副主席武建春、王红玉、李学军、胡桂芹，秘书长和常务委员26名。会议审议通过了《政协馆陶县第七届委员会第一次会议政治决议》。全体委员列席了馆陶县第十五届人民代表大会第一次会议。会议对23名优秀政协委员，10件优秀提案，6个先进议事组进行表彰。

七届二次会议 政协馆陶县七届二次会议于2008年3月1日至2日在馆陶宾馆召开。出席会议的政协委员166名，市政协委员8名。会议听取、学习了县委书记牛金禄代表中共馆陶县委所做的《齐心协力推进五大建设》讲话。会议听取并审议了县政协主席王国贞所作的《政协馆陶县第七届委员会常务委员会工作报告》、县政协副主席胡桂

芹所作的《政协馆陶县第七届委员会常务委员会关于七届一次会议以来提案工作情况的报告》。听取并讨论了张跃峰所做的政府工作报告和其他报告。会议期间，委员们就全县经济建设、政治建设、文化建设、社会建设和人民群众普遍关心的重要问题提出了意见和建议。对今后进一步做好新时期人民政协工作，提出了许多很好的见解。充分展示了新一届政协委员良好的精神风貌和较高的参政议政水平。增选政协馆陶县第七届委员会常务委员会常务委员。审议通过了《政协馆陶县第七届委员会第二次会议政治决议》。全体委员列席了馆陶县第十五届人民代表大会第二次会议。会议对政协馆陶县七届一次全会以来先进议事组、优秀提案，暨在"两个活动"中先进个人进行表彰。

七届三次会议 政协馆陶县七届三次会议于2009年2月4日至6日在馆陶宾馆召开。出席会议的政协委员168名，市政协委员11名。会议听取并审议了县政协主席王国贞作的《政协馆陶县第七届委员会常务委员会工作报告》、县政协副主席胡桂芹所作的《政协馆陶县第七届委员会常务委员会关于七届二次会议以来提案工作情况的报告》。听取并讨论了张跃峰所做的政府工作报告和其他报告。会议期间，全体委员围绕加快发展、促进和谐、关注民生，就强力推进"一城、两园、三带"建设，深入实施开放兴县、工业立县、商贸活县、以城带县"四大主题战略"的发展目标，以及广大群众普遍关注的热点、难点等问题，认真履行职能，积极建言献策，提出了许多建设性的意见和建议。审议通过了《政协馆陶县第七届委员会第三次会议政治决议》。全体委员列席了馆陶县第十五届人民代表大会第三次会议。会议对2008年度优秀提案、先进委员活动组、优秀政协委员进行表彰。

七届四次会议 政协馆陶县七届四次会议于2010年2月22日至24日在馆陶宾馆召开。出席会议的政协委员170名，市政协委员11名。会议听取并审议了县政协主席王国贞作的《政协馆陶县第七届委员会常务委员会工作报告》、县政协副主席胡桂芹所作的《政协馆陶县第七届委员会常务委员会关于七届三次会议以来提案工作情况的报告》。听取和讨论了政府工作报告和其他有关报告。增补政协馆陶县第七届委员会副主席、秘书长。会议期间，与会委员就深入实施开放兴县、工业立县、商贸活县、以城带县"四大主题战略"强力推动"一城、两园、三带"建设，努力实现在东部振兴中率先崛起的奋斗目标，积极建言献策，提出了许多建设性的意见和建议。审议通过了《政协馆陶县第七届委员会第四次会议政治决议》。全体委员列席了馆陶县第十五届人民代表大会第四次会议。会议对2009年度优秀提案、先进委员活动组、优秀政协委员社情民意反映先进委员暨城乡面貌三年大变样工作模范政协委员进行表彰。

七届五次会议 政协馆陶县七届五次会议于2011年3月1日至3日在馆陶宾馆召开。出席会议的政协委员173名，市政协委员11名。会议听取并审议了县政协主席王国贞作的《政协馆陶县第七届委员会常务委员会工作报告》、县政协副主席胡桂芹所作的《政协馆陶县第七届委员会常务委员会关于七届四次会议以来提案工作情况的报告》。听取和讨论了馆陶县人民政府《关于馆陶县国民经济和社会发展第十二个五年规划纲要的报告》和其他有关报告。会议期间，与会委员就围绕县委、县政府确定的工作目标和人民群众普遍关心的重要问题，热烈讨论，积极建言献策，提出了许多有价值、有见地的意见和建议。审议通过了《政协馆陶县第七届委员会第五次会议政治决议》。全体委员列席了馆陶县第十五届人民代表大会第五次会议。会议对2010年度优秀提案、先进委员活动组、优秀政协委员城乡面貌三年大变样工作模范政协委员、社情民意反映先进委员进行表彰。

第八届全体政协会议

八届一次会议　政协馆陶县八届一次会议于2012年1月12日至14日在馆陶宾馆召开。出席会议的政协委员172名。会议听取并审议了县政协主席王国贞所作的《政协馆陶县第七届委员会常务委员会工作报告》、县政协副主席王红玉所作的《政协馆陶县第七届委员会常务委员会关于七届会议以来提案工作情况的报告》。全体委员列席了馆陶县第十六届人民代表大会第一次会议。听取和讨论了政府工作报告和其他报告。选举产生了政协馆陶县第八届委员会主席、副主席、秘书长和常务委员。

会议期间，全体委员就全县的经济建设、政治建设、文化建设、社会建设和人民群众普遍关心的重要问题提出了许多宝贵的意见和建议。对今后进一步做好新时期人民政协工作提出了许多很好的见解。会议审议通过了《政协馆陶县第八届委员会第一次会议政治决议》。会议表彰2011年度优秀提案、先进提案者和社情民意反映先进政协委员。

八届二次会议　政协馆陶县八届二次会议于2013年3月13日至14日在馆陶宾馆召开。出席会议的政协委员171名。会议听取并审议了县政协主席王国贞所作的《政协馆陶县第八届委员会常务委员会工作报告》、县政协副主席王广周所作的《政协馆陶县第八届委员会常务委员会关于八届一次会议以来提案工作情况的报告》。全体委员列席了馆陶县第十六届人民代表大会第二次会议。听取和讨论了政府工作报告和其他报告。选举增补政协馆陶县第八届委员会秘书长1名和常务委员2名。会议期间，全体委员围绕县委、县政府确立的突出科学发展、加速崛起主题，以三条线七个十工程、城市管理提升年、关注民生、促进和谐等重点工作，积极建言献策，认真履行职能，提出了许多建设性的意见和建议。会议审议通过了《政协馆陶县第八届委员会第二次会议政治决议》。会议表彰2012年度优秀提案、先进委员活动组和优秀政协委员。

政协馆陶县第八届委员会第二次会议

第三节　政协常委

政协常委会组成

1997年县政协馆陶县第四届常务委员会至2013年第八届常务委员会，由主席、副主席、秘书长和常务委员组成，其候选人由参加政协馆陶县委员会的各党派、团体、各民族和各界人士协商提名，经委员会全体会议选举产生。县政协常委会一般每季度召开一次，先后召开78次会议。

1998年2月24日，县政协五届一次常委会工作机构由上届的二室二科（办公室、文史办公室、宣传科、联络科），改为一室三委即办公室、经济委员会、文史委员会、提案委员会。1999年进一步建立健全主席会议、常委会议议事规则。中共馆陶县委于2004年召开政协工作会议，印发了《关于进一步加强人民政协工作的意见》，县政府印发了《关于加强政府与政协工作联系的意见》。

2006年3月20日，政协馆陶县第六届委员会主席宋向华主持召开主席会议，专门研究组织开展学习《中共中央关于加强人民政协工作的意见》。

2007年8月12日，县政协七届一次常委会，对政协常委和各专委会提出要求，在加强学习型政协组织建设、提高委员素质、社情民意处理等方面进行了改进和完善，开展了一些创造性的实践和尝试。投资4万余元，对全县13个议事组的委员活动室进行了普遍的规范和完善。每个活动室印制了社情民意反馈卡、《委员活动记录簿》《委员学习制度》等一系列规范的资料和制度。

2008年7月县政协新创办了《社情民意》专刊，多次受到市县主要领导批示。

2012年八届一次常委会对专门委员会进行了专门的研究，任命了专门委员会主任、副主任、委员，加强了政协各工作机构的工作力量。修订了《政协馆陶县第八届委员会常务委员会会议议事规则》《政协馆陶县第八届委员会委员管理办法》。在过去工作的基础上，重新修订了《关于进一步做好政协信息反馈和社情民意工作的意见》。

馆陶县第四届至第八届政协主席、副主席一览表

表4-5-1

届次	职务	姓名	任职时间	籍贯
第四届 1993.01—1998.02	主席	公玉勤	1996.05—1998.02	山东省茌平县
	副主席	文鼎善	1993.01—1998.02	山东省临清市
		刘士亭	1993.01—1998.02	河北省馆陶县

续表 4-5-1

届次	职务	姓名	任职时间	籍贯
	副主席	王国志	1993.01—1998.02	河北省馆陶县
		石凤举	1993.01—1996.05	河北省馆陶县
		柳兆泉	1996.05—1998.02	河北省馆陶县
		张广岳	1993.01—1998.02	河北省馆陶县
第五届 1998.02—2003.08	主席	宋向华	1998.02—2003.08	河北省馆陶县
	副主席	王国志	1998.02—2003.08	河北省馆陶县
		李金祥	1998.02—2003.08	河北省馆陶县
		王培军	1998.02—2003.08	河北省馆陶县
		吴文俊	1998.02—2003.08	河北省大名县
		贾鹏章	2004.04—2003.08	河北省馆陶县
第六届 2003.08—2007.08	主席	宋向华	2003.08—2007.08	河北省馆陶县
	副主席	武建春	2003.08—2007.08	河北省馆陶县
		李晓光	2003.08—2006.06	河北省馆陶县
		王红玉	2003.08—2007.08	河北省馆陶县
		赵卫东	2003.08—2007.08	河北省邱县县
第七届 2007.8—2012.1	主席	王国贞	2007.08—2012.01	河北省馆陶县
	副主席	武建春	2007.08—2012.01	河北省馆陶县
		王红玉	2007.08—2012.01	河北省馆陶县
		李学军	2007.08—2009.06	河北省馆陶县
		胡桂芹	2007.08—2011.09	河北省馆陶县
		吕梅华	2010.02—2011.09	河北省馆陶县
第八届 2012.1—2017.02	主席	王国贞	2012.01—2016.01	河北省馆陶县
		王延平	2016.01—2017.02	河北省曲周县
	副主席	王红玉	2012.01—2017.02	河北省馆陶县
		武建民	2012.01—2013.06	河北省馆陶县

续表 4-5-1

届次	职务	姓名	任职时间	籍贯
	副主席	沈化文	2012.01—2017.02	河北省馆陶县
		王广周	2012.01—2017.02	河北省馆陶县
		秦书军	2014.01—2017.02	河北省馆陶县

政协常委会会议

第五届常务委员会　共召开会议 20 次，协商了科教兴县、一抓五带和“可持续发展”三大主体战略，加强农业基础地位，积极发展农业产业化经营，加快国有企业改革与发展步伐，大力发展第三产业和非公有制经济，加大经济调整力度，再就业工程等工作。研究筹备第五届各次全体委员会。研究通过届内各年度专门委员会活动计划、增补委员、人事任免等事项。

第六届常务委员会　共召开会议 22 次，协商了调整农业产业结构、工业立县、改革开放、优化经济发展环境，加快民营经济发展，加快“五个一”建设工作，招商引资、项目建设等工作。研究通过届内各年度表彰优秀政协委员、增补委员、人事任免等事宜。研究筹备第六届各次全体委员会。

第七届常务委员会　共召开会议 24 次，审议通过社情民意反馈卡、《委员活动记录簿》《委员学习制度》及提案纸等一系列配套规范的资料和制度。协商了全县的改革开放、新农村建设，和谐馆陶建设，经济建设，政治建设，文化建设，社会建设。“一城、两园、三带”建设,“四大主题战略”发展目标等工作。研究通过届内各年度表彰优秀政协委员、增补委员、人事任免等事宜。研究筹备第七届各次全体委员会。

第八届常务委员会　共召开会议 12 次，审议通过新修订的《政协馆陶县第八届委员会常务委员会会议议事规则》《政协馆陶县第八届委员会委员管理办法》。在过来工作的基础上，重新修订了《关于进一步做好政协信息反馈和社情民意工作的意见》，真正使政协的《社情民意》这个平台，成为架起党委、政府、和广大群众之间的“连心桥”和“直通车”。充实任命各委员会组成人员。研究通过届内各年度表彰优秀政协委员事宜。研究筹备第八届各次全体委员会。研究通过届内各年度专门委员会活动计划、增补委员、人事任免等事项。

第四节　主要工作

政治协商

1983 年县政协成立后，坚持履行民主政治协商的职责，对全县的政治、经济、文化和社会生活中的重大问题在决策之前进行协商，亦有对决策执行过程中的重要问题进行协商。采取政协全体会议、常委委员会议、主席会议、常务专题座谈会、各专门委员会会议，或根据需要召开各界人士参加的协商座谈会的形式协商。

第四届委员会主要就加强农业基础设施、推动科技进步、发展文教卫生事业、加强精神文明建设、搞好社会治安综合治理等方面的工作提出了意见和建议。

第五届委员会主要就调整和优化农业产业结构、促进农业增效、农民增收、加快实施“科教兴县”战略步伐、促进非公有制经济健康发展等方面的工作提出了意见和建议。

第六届委员会主要就“三农”问题、民营经济、发展环境、招商引资、健全和完善社会保障体系、民主与法制建设等方面工作提出了意见和建议。

第七届委员会主要就城镇建设、工业园区建设、经济发展环境、医疗教育、社会治安及建设实力秀美和谐的新馆陶等方面的工作提出了意见和建议。

第八届委员会主要就提升城镇建设水平、化工园区建设、城区改造、农村土地流转、民营经济发展及建设宜居宜业宜游的新馆陶等方面的工作提出意见和建议。

民主监督

1997 年，县政协先后围绕企业发展、纠正行业不正之风、社会治安综合治理等方面的问题，委派 20 多名政协委员参加 8 个垂直单位及基层站所纠正行业不正之风的评议检查、验收活动。1998—2001 年，县政协先后组织委员 80 余人次，参加县城食品卫生大检查、执法执纪部门工作作风检查，有 40 名委员被聘为特邀监督员。2002 年以后，配合县行风评议办公室对全县执纪执法单位、服务型行业进行评议，召开各种征求意见会、座谈会、集中评议会 960 人（次），填写各类民主评议行风意见卡 1850 份，提出意见建议 290 条，帮助评议单位解决问题 230 件。2007—2013 年，县政协向有关部门推荐行风监督员 300 余人（次）。并配合县行评办对全县 50 余个职能部门，参与进行了 10 余次大的测评活动。2013 年，县政协以立足服务大局，推动改进工作为目的，进一步完善了行风评议员和特邀监督员的推荐与管理制度。以配合全县行风评议工作为重点，深入开展了民主监督工作，向县直有关单位和部门推荐特邀监督员 50 余人次，配合县行评办对全县 50 多个部门和单位，参与开展了两次大型集中测评活动；先后推荐安排政协委员 20 余名，参加全县公检法系统和乡镇、部门上访案件听证会 5 次；先后组织指导 50 余名政协委员就着力改善两个环境、行政执法、机关效能等开展监督评议活动。

委员视察、考察、调研

1997 年后，县政协先后就科教兴农、科技推广、文化教育、医疗卫生、网吧管理等，政法工作中的社会治安综合治理、民营企业发展，农业和农村工作中的小康建设、农村

政协委员视察城建工作

基层民主政治建设、农业产业化、文明生态村建设等开展视察、考察、调研。2007年，县政协对工业园区发展情况进行调研，形成《关于进一步加快县工业园区建设的调研报告》被《邯郸政协》杂志全文刊发。《关于进一步加快我县民营经济发展的调研报告》和《关于赴江苏、上海考察化工园区规划建设情况的报告》被县委办印发全县。2011年7月，为进一步加快化工新城建设，县政协联合县人大常委会对化工园区的建设进展情况进行专题视察后，撰写了《县人大常委会、县政协联合视察化工园区建设情况的报告》，针对存在的问题，提出了五个方面的建议，对促进化工园区的健康顺利发展发挥了积极作用。2011年9月，为配合和服务馆陶县创建省级园林城工作，县政协联合县人大常委会对城区公园、游园及绿化建设管理情况进行了专题视察，并形成了专题报告，就更好的加快、提升城市建设管理提出了五个方面建设性的意见。2013年5月，为更好地推进园区建设，县政协召开八届四次常委会，对化工园区建设情况进行了专题视察调研，听取了化工园区、环保局、安监局、消防大队等有关部门的专题汇报，副县长闫永亮全程陪同并讲话。委员们围绕环境保护、安全生产、加快建设等方面积极建言献策，就建设中存在的少数企业建设周期长、进度慢、回报率低、绿化不够等问题提出了改进的意见和建议。至2013年，开展视察考察活动170余次，参加委员1900多人（次）。

委员提案

1993年2月至1998年2月，县政协第四届委员会共收到委员提案376件，经审查立案263件。内容涉及经济建设、环境保护、城市建设、交通、邮电、法制建设、科教文卫、劳动人事、廉政建设等各个方面。各承办单位均进行了认真的办理和答复。1998年2月—2003年8月，县政协第五届委员会共收到委员提案437件，经审查立案325件。内容涉及科教兴县、农业结构调整、大力发展非公有制经济、改革开放、招商引资、教育、市场管理、廉政建设等各个方面。所有提案都得到了认真的办理和答复。2003年8月至2007年8月，县政协第六届委员会共收到委员提案475件，经审查立案378件。内容涉及经济建设、招商引资、项目建设、科教兴县和精神文明建设、民主法制建设、新农村建设、“三农”、优化环境、村村通道路硬化、安全饮水、扶贫助学等各个方面。所有提案都得到了满意答复和办理。2007年8月至2012年1月，县政协第七届委员会共收到委员提案629件，经审查立案597件。内容涉及经济建设、特色产业发展、城乡面貌“三年大变样”“三农”、科教文卫、民生、就业和社会保障等各个方面。有关部门均给予了办理落实及满意答复。2012年1月至2014年，县政协第八届委员会共收到委员提案386件，经审查立案375件。内容涉及经济发展、生态建设、民生保障、农业农村、文化、教育、精神文明等各个方面。各承办单位均给予了妥善办理落实和满意答复。

2005年，围绕水资源紧缺这一长期困扰平原县域经济发展的“瓶颈”问题，开展专题研究，组织部分相关委员，咨询水利专家，研究分析馆陶县及东部平原县的水资源状况，完成了《平原地区雨水集蓄利用研究》科研课题，2005年年底通过了市科技局组织的专家鉴定，该科研报告还分别形成了市、省级的政协提案，引起了领导的重视，并被评为市政协调研成果一等奖。办理2012年1号提案《关于采取有效措施减少学生外流，提升教育水平》时，由县政协主席督办。县委、县政府高度重视，制定了一系列激励机制，县一中引进衡水教育模式，激发了全县教职工的积极性，扭转了教育质量整体滑坡的局面。2012年《关于强化经营县城理念，努力打造精品实力县城的建议》的提案，引起了县委、县政府主要领导的高度重视，结合委员建议，全县全年投资50亿元实施了48项城建工程，县城功能更趋完善，城市品位大幅提升。2013年，结合馆陶县公共交通的现状和存在的问题，委员提出了《加大县城街道建设投入，整修城区部分道路的建议》《关于增设交通信号灯，提升交通管理水平的建议》等提案。县委、县政府主要领导作出批示，把城区道路升级改造工程作为重点推进的民生实事之一，文卫街、筑先路、金凤辅路等道路改建完成，城区主要路口全部安装了交通信号灯并投入使用，使县城的公共交通环境和交通秩序得到了明显改善。

县政协提案委员会还与有关部门共同研究摸索出了重点提案报县委、县政府主要领导阅批机制、主席领衔包案督办机制、承办提案目标管理责任制等切实可行的措施和制度。至2013年县政协提案办复率100%，问题解决率85%，委员满意率98%。

2010—2013年馆陶县政协委员1号提案情况一览表

表4-5-2

届次	时间	提案委员	提案名称	主要内容
七届四次	2010.03	吴全俏等5名委员	关于加强新农村示范村建设的建议	加快制定新农村建设规划，加大农村环境整治力度，大力发展特色产业，加强农村基础设施建设
七届五次	2011.03	袁云霄、古东月	关于强化措施，巩固三年大变样成果的建议	加大宣传教育力度，提升居民素质；加强城内公共设施的管理和维护；治理占道经营，规范交通秩序

续表 4-5-2

届次	时间	提案委员	提案名称	主要内容
八届一次	2012.01	郭怀峰、靳学良	关于强化经营县城理念，努力打造精品实力县城的建议	制定优惠政策，吸引社会资源向县城聚集；加强基础设施建设，教育文化事业建设，提升县城品位，打造精品县城
八届二次	2013.03	郭昆翼、杨建平	关于进一步加强农村土地流转的建议	加大宣传力度，建立健全规范的土地流转机制，制定鼓励流转的政策和措施，培育种植大户和龙头企业

委员之家建设

2005 年年初，县政协针对委员活动小组无固定活动场所、流动性大，小组活动不规范、联系困难的实际问题，根据邯郸市政协的统一安排，在全县政协委员小组的基础上，开展“政协委员之家”建设。经过近半年的努力，共投资 50 余万元，建设成立了 1 个市政协委员活动室，16 个县政协委员活动室。每个活动室购置了图书架和体育器材，建立了规范的活动档案，制作了精美的活动制度图版，为政协工作更好地开展提供了便利，促进了政协工作的开展。

文史资料征编

文史资料征集工作从 1995 年始，县政协开始收集编辑馆陶县自抗日战争至解放战争期间，全县涌现的英烈人物和重要事件，经过近 3 年的编纂，于 1997 年出版《陶山英烈谱》一书。七届政协期间，县政协办在充分搜集、调查的基础上，收集编撰了两项具有馆陶县地方特色的产品生产工艺，并申报了“邯郸市非物质文化遗产”项目。2012 年，县政协配合全国政协大运河保护与申遗工作组在馆陶的考察工作，提供了大量翔实的资料和文献。为市政协《走进邯郸》丛书编撰提供了馆陶县历史文化、特色产业、经济建设、名胜古迹等多方面的影像和文字资料。

第六章　政法

公安局机关周一升国旗仪式

1941 年，馆陶抗日民主政府成立公安局，1949 年改为馆陶县人民政府公安局。1950 年县人民法院成立，1955 年县人民检察院成立。从此，馆陶县法制建设步入正轨。“文化大革命”中，砸烂公检法，机构撤销。20 世纪 70 年代以后，公安、检察机构相继恢复。1980 年司法局成立，1982 年人民法院恢复。2013 年，县公检法司机构健全，法治彰显。

第一节　公安

机构

沿革　1997 年 5 月 20 日，馆陶县公安局报警电话“110”正式开通。2003 年 3 月原秘书股改称办公室，原政办室改称政治处，法制股改称法制科，政保股改称国内安全保卫大队，内保股改为经济文化保卫大队，治安股改称治安警察大队，户政股改称户政科；增设巡逻警察大队，行政拘留所。2005 年 7 月成立控申科。2004 年 5 月巡逻警察大队更名为巡警防暴大队，2006 年 12 月改称巡逻特警大队。2010 年 1 月 21 日，馆陶县公安局情报信息中心正式成立，隶属指挥中心。2011 年 12 月 14 日，县局成立信息化

全县公安工作会议

科。2013年3月，设立食品药品安全保卫大队。2013年6月设立出入境管理大队。

至2013年年底，馆陶县公安局内设机构有：办公室、指挥中心、政治处、警务督察室、公共信息网络安全监察科、法制科、户政管理科。直属单位包括国内安全保卫大队、经济文化保卫大队、治安警察大队、刑事警察大队、巡逻特警大队、食品药品安全保卫大队、出入境管理大队、看守所、行政拘留所；并设城关、寿山寺、房寨、王桥、魏僧寨、南徐村、路桥、柴堡8个派出所；刑警城关中队、刑警房寨中队、刑警魏僧寨中队3个刑警中队。

装备建设 2006年11月，县局全面完成派出所统一外观标识建设，根据公安部、省、市公安机关《关于认真做好规范统一公安派出所外观标识工作的通知》要求，县局多方筹措资金10万余元，以统一外观、标志明显、方便群众为目标，开展派出所外观形象改造工作。圆满完成了派出所的外观标识的规范统一建设，并已全部通过公安部的验收。

2007年投资40余万元购置出警车辆、电脑、警用装备等物品配备到基层。有效解决了一线单位装备不足的问题，全部解决了基层所队“三无”问题，推动了全局基层基础建设正规化的顺利开展。投资23万元完成了110、122、119“三台合一”工程建设，承担受理报警业务并直接由指挥中心向一线处警单位处警，达到了一级处警的要求。

2008年，投资100万元，新建王桥派出所和魏僧寨派出所。筹资60余万元对其他基层派出所及刑警中队进行全面升级改造。筹资50万余元，为刑事科学技术室配备1辆刑事勘查越野车，为基层所队配备6辆警用面包车，为看守所配备1辆囚车。投资100余万元购置电脑、指纹采集仪、单警装备和警用装备等物品。投资30余万元在全县共建成警务室10个。落实了人均1.8万元的公安公用经费；按照公安机关公用经费标准80%的派出所经费和5%的教育培训经费均落实到位。

2010年，投资28万元为基层派出所安装录音、录像视频监督系统58套，投资3万余元为基层农村警务室民警配备警用电动车15辆。

2012年6月30日，执法办案中心及八个派出所的执法办案场所全部高标准建成并投入使用。其中县局执法办案中心共占用8个房间，合计面积240余平方。有高标准讯问室2个、询问室1个、候问室1个、人身检查室1个、辨认室1个、审讯指挥室1个、涉案财务室1个、厕所1个。八个功能室均安装了摄像头并与市、县局信息监督中心联网。

打击刑事犯罪

1998年2月18日20时至19日18时，县公安局开展了一次集中搜捕流窜犯，在逃犯统一行动。设卡19处，清查各类场所900余处，重点部位350余处。抓获犯罪嫌疑人4名，破获刑事案件4起。

1999年1月25日至1月26日，在全县范围内组织开展了集中搜捕流窜犯、在逃犯统一行动。此次行动划分为8个战区，设卡点19个，清查部位298处，抓获犯罪嫌疑人6名。全年共破获刑事案件207起，其中大案63起，抓获犯罪嫌疑人168名，为国家挽回经济损失50余万元。

2000年1月25日至1月26日，在全县范围内组织开展了集中搜捕流窜犯、在逃犯统一行动。设卡点19个，清查部位298处，抓获犯罪嫌疑人6名。6月5日，县公安局在全县范围内开展了“打拐”专项斗争行动中，清查旅馆、饭店、公共娱乐场所49处。抓获各类违法犯罪嫌疑人6名，解救被拐卖妇女1名，破获刑事案件5起。

2001年4月1日至6月30日，严打整治第一战役取得明显战果。共破刑事案件170起，打掉犯罪团伙16个，涉及成员57人，缴获赃款赃物折计10余万元。全年共破获各类刑事案件480起，打掉犯罪团伙24个，涉及成员107名，缴获赃款赃物折合人民币80余万元。

2002年8月1日零时至8月3日24时，在全县范围内组织开展了为期三天的集中清查搜捕统一行动。设卡8处，盘查人员1280名，破获刑事案件3起，抓获犯罪嫌疑人7名，清查部位89处，清查外来人口1382名，清理机动车辆542辆。全年共破获各类刑事案件540起，抓获犯罪嫌疑人278名，打掉犯罪团伙32个，涉及成员109名。

2003年，共破获各类刑事案件334起，抓获犯罪嫌疑人278名，缴获赃款赃物折计90余万元。

2004年8月2日，开展集中清查搜捕和巡逻防控统一行动。抓获犯罪嫌疑人3名。9月25日21时至27日24时，在全县范围内开展为期三天的集中清查搜捕统一行动。设立卡点9个，盘查车辆329部、人员1962名，清查各类部位587处。抓获违法犯罪嫌疑人9名，破获各类刑事案件13起。全年共破获各类刑事案件338起，缴获赃款赃物折计80余万元。

2005年7月8日，打击“两抢一盗”专项行动成绩效著，破获“两抢一盗”案件64起(其中盗窃54起，抢劫6起，抢夺4起)，抓获犯罪嫌疑人66名，其中逮捕9名，劳教3名，直诉1名，尚在刑拘26名，追回汽车、摩托车、电脑等赃物价值30余万元。全年共立刑事案件269起，发案率比前三年同期平均发案率下降19.3%；破获刑事案件396起，抓获各类犯罪嫌疑人247人，其中逮捕74人，劳教12人，其他处理161人，共缴获赃款赃物折计110余万元。

2006 年因破获“盗抢婴幼儿”案件被省公安厅记个人一等功 2 人，记个人二等功 3 人，记集体二等功一次。被市局记个人三等功 3 人。被县政府记嘉奖 8 人。共立刑事案件 296 起，破获刑事案件 225 起，其中命案全部侦破。抓获各类犯罪嫌疑人 228 人，共缴获赃款赃物 200 余万元。

2007 年共立刑事案件 346 起，破获刑事案件 776 起，抓获各类犯罪嫌疑人 345 人，打掉犯罪团伙 19 个，涉案人员 84 人。

2008 年共立刑事案件 278 起，同比下降 10.4%，破获刑事案件 670 起，同比提高 10.3%；破获现行命案 2 起，破获案率 100%，破获命案积案 1 起；抓获刑事犯罪嫌疑人 306 人，抓获网上逃犯 99 名；打掉黑恶团伙 3 个，抓获涉案成员 37 名，破案 31 起。

2009 年共立刑事案件 587 起，破获刑事案件 198 起，抓获各类犯罪嫌疑人 186 名，打掉犯罪团伙 8 个，涉员 27 人，涉案 82 起，抓获网上逃犯 88 人。国庆安保期间，共破获“两抢一盗”案件 121 起，抓获“两抢一盗”犯罪嫌疑人 42 人；打掉团伙 4 个，涉案 72 起；追缴汽车、三马车、电动圜、电冰箱、手机及现金、信用卡、身份证、MP3 等物，价值人民币 60 余万元。

2010 年共立各类刑事案件 745 起，与去年同比下降 4.7%；破获刑事案件 248 起，比去年上升了 7.3%；抓获各类犯罪嫌疑人 201 名，抓获网上逃犯 124 名。

2011 年，在全国公安机关开展的“清网行动”中，抓获“清网”前各类网上逃犯 92 名，其中命案逃犯 3 名，重案逃犯 3 名，外省上网重点逃犯 3 名，削减率达 98.96%，在全市名列第一。

2012 年，成功打掉一蒙面持械、抢劫、盗窃犯罪团伙，抓获团伙成员 10 名，破获系列抢劫、盗窃、破坏电力设施案件 30 余起。共破获刑事案件 316 起，其中命案 6 起，破案率 100%，抓获犯罪嫌疑人 179 名，抓获网上逃犯 83 名。共查处治安案件 586 起，处理违法行为人 516 名，收缴各类赃款赃物折计 200 余万元。

2013 年共立各类刑事案件 405 起；破获刑事案件 886 起；抓获各类犯罪嫌疑人 278 名，其中逮捕 126 名；抓获网上逃犯 158 名，共收缴各类赃款赃物折计 200 余万元。现行命案发 3 起，破 3 起，命案破案率继续保持 100%，实现连续 9 年实现命案全破。

附：重大刑事案件侦破纪实

系列盗抢婴幼儿案

2005 年 3 月份以来，馆陶县及周边邱县、邢台临西县、山东聊城市、德州市夏津县等地区连续发生多起盗抢婴幼儿恶性案件，其中在馆陶县发生 4 起，其中 1 起未遂。此

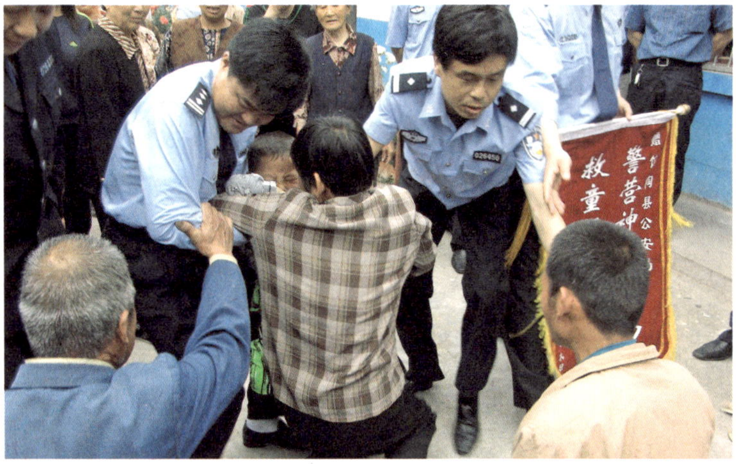

2005 系列特大盗抢婴儿案成功告破

类案件的发生，在辖区群众中造成了极大的社会影响，引起了国家、省、市、县各级领导的高度关注。有关领导先后作出批示，要求公安机关不惜一切代价，务求攻克此案，抓获犯罪分子，还人民以安宁。县公安局抽调 20 名民警组成专案组，远赴石家庄、衡水、邢台、山东聊城、河南安阳等地，行程两万多公里，开展侦破盗抢婴幼儿案件攻坚战。2006 年 5 月，在省厅和市局的统一指挥下，经过馆陶县公安局连续三个月的奋战，备受社会各界关注的盗抢婴幼儿案件成功侦破，3 名犯罪嫌疑人王某某（男，48 岁）、黄某某（女，36 岁）和谢某某（男，38 岁）全部被抓获归案，至此该团伙所作 11 起盗抢婴幼儿案件（其中 3 起未遂）全部破获、被盗抢的 8 名孩子全部得到安全解救。

系列街头伤害女青年案

2011 年 3 月开始，馆陶县及山东冠县境内连续发生 7 起针对女青年的伤害案，犯罪嫌疑人尾随袭击单身行走的女性，用刀子扎伤其背部。案件发生后，社会影响恶劣，各网站媒体竞相报道。为迅速破案消除影响，县公安局迅速成立专案组，专案组经研究分析确定了侦查思路。一是加大对发案区域的重点路段、时间段的巡逻力度，在县城周边设立了治安卡点，提高街面见警率，坚决控制发案。二是根据受害人模糊的描述确定犯罪嫌疑人和作案摩托车的大致特征进行广泛摸排，搜集破案线索，采取多种侦查措施进行侦破。三是发表电视讲话及时向社会公开案情，提醒群众不要恐慌，在加强自我防范的同时积极向公安机关提供线索。四是公安局设立有奖举报电话。2011 年 4 月 7 日凌晨，专案组民警将犯罪嫌疑人张某某（男，汉族，23 岁）抓获归案。经审讯，犯罪嫌疑人张某某交代，其于 3 月 15 日至 28 日骑摩托车在馆陶县城及山东冠县东古城镇实施了持水果刀伤害单身女青年的犯罪行为，作案 7 起。

治安、危险品与特种行业管理

治安管理 2005 年 7 月 14 日，馆陶县公安局副局长徐省军带领指挥中心、治安大队、徐村、城关、王桥 3 个派出所的负责人在冠县公安局召开了首届“冠县、馆陶县两县边界治安联防工作”会议。此后，在每年一届的边界治安联防会议上，两县警方共同探讨和研究交流合作两县交界地区的复杂治安状况，促进两县边界地区的协调配合机制。两县公安局长共同签署并交换了《河北省馆陶县公安局与山东省冠县公安局边界治安联防工作协议书》，两县接壤的派出所和刑警中队也共同签署了《联防协作工作协议书》，标志着两县警方边界治安联防协作机制正式确立。2005 年 12 月 7 日，县农村治安协管员制度率先在魏僧寨镇实行，31 名农村治安协管员接受聘书并挂牌上岗。2012 年 12 月份开始全面启动“三级巡防”机制，做到白天见民警街上巡逻，晚上路口有警灯闪烁，实现了巡逻工作无缝隙对接。通过巡逻防范，有效地打击了“两抢一盗”等突出犯罪，开展“三级巡逻”机制以来，街面发案率与同期相比下降 45%，群众安全感与满意度有了大幅度提升。

危险物品管理　1997 年以后，馆陶县对易燃易爆品严格管理。2005 年 5 月 13 日上午，公安局治安大队陪同市公安局治安警察支队党支部书记张增福、危爆物品管理大队队长李明忠、市矿山局爆破专家王教授，县武装部领导，在县民兵训练基地对收缴的爆炸物品进行销毁，共销毁手榴弹 61 枚、追击炮弹 1 枚、各种雷管 197 枚、信号弹 1 枚、导火索 20 米及爆炸装置安装完毕。2010 年全省开通烟花爆竹管理信息系统，实现了网上审批烟花爆竹道路运输许可证。

特种行业管理　至 2013 年年底，全县共有旅馆 68 家，刻章门市 1 家，旅馆业、刻章业已全部纳入网络化管理，并对从业人员进行了专业培训。

交通治安管理

馆陶县交警大队有人员 71 人，执法车辆 19 辆。全县共投入 600 余万元对交通灯控设施进行安装，更新。现有电子警察 4 套，卡口 2 处，道路口共设置红绿灯 20 处。大队下设政办室、指挥中心、财务股、宣传股、车管所、事故股、违法处理室、信访室；并设四个中队，即：西苏村公路巡警中队、东苏村公路巡警中队、城区中队、女子中队。

城区女子交警中队

1997 年以后，馆陶县多次开展客运交通安全整治，特别是对雨雪雾天气中，出现的超员、客货混装、违法规定装载货物等安全隐患，组织警力重点对途经辖区的营运和非营运 7 座位以上客运车辆进行了“拉网式”的逐车检查登记，全力做好重点车辆的源头检查管控。根据辖区客流特点，加强重点时段、重点路段的管控力度，落实企业安全责任制，督促客运企业严格执行客运车辆安全报废制度，做到病车和未按规定进行安全技术检测的车辆坚决不出站。开展“涉牌涉证”交通违法行为专项整治，强化社会舆论宣传，营造强大声势。鉴于无牌、套牌、假牌假证等车辆驾驶人逃避查处的问题，大队成立联合整治小组，使此类违法行为无处可藏。在白天日常治理的同时，夜间开展突击行动，使无牌、套牌、假牌假证车辆无上路行驶的时间和空间。

2011 年后，随着新的交管法实施，狠抓“酒后驾驶”交通违法行为，整治中，坚持“白天预防针，夜晚下猛药”的做法，采取路面检查与蹲点守候相结合的方式。在整治区域上，以城区特别是饭店、宾馆、酒吧等娱乐场所及周边路段为重点，进一步延伸查处范围，逐步由城区向城乡结合部及农村道路延伸，逐步形成全方位的严打声势。着重对私家车驾驶人加大酒后驾驶交通违法行为的检查力度；充分发动群众，建立群众举报制度，与饭店、宾馆、酒吧等单位签订责任状，对酒后驾驶实行齐抓共管。

2013 年 9 月 12 日晚，为深入推动“雷霆行动”严打整治工作，馆陶交警大队开展了酒后驾驶统一行动，严查酒后驾驶交通违法行为。此次行动，全队共出动警力 33 人，警车 7 台，酒精测试仪 4 台，其中，查处酒后驾驶 2 起，其他交通违法行为为 15 起。

2006—2013 年馆陶县交通事故统计表

表 4-6-1

年份	一般事故（起）	死亡（人）	受伤（人）	经济损失（元）
2006	46	16	53	49850
2007	35	14	31	79100
2008	31	13	25	79300
2009	31	11	29	80300
2010	30	11	28	80100
2011	29	10	29	79700
2012	29	10	29	79500
2013	24	10	21	56700

户政管理

1998 年 3 月 24 日，全县启用、换发户口簿、常住人口登记表暨居民身份证清理纠错工作会议召开。会议贯彻了国务院公安部、省市有关文件精神，安排部署了馆陶县户口簿、常住人口登记表换发暨身份证清理纠错工作，共涉及全县 61403 户，273138 人。2003 年，公安部颁布 30 项便民利民措施，户口制度改革进入新的阶段，取消农业、非农业二元制户口，统一登记为居民常住户口。全县小城镇户籍改革试点工作全面铺开。

2005年12月，开始换发第二代居民身份证，至2013年年底共换发34万人，占应发证总人口的97.5%。

2011年1月10日，县公安局户政科创建“户籍业务网上咨询、预约服务，异地申请办理身份证，启动短信告知”三个服务平台，打造信息化、规范化、网络化的便民户政窗口。其办理流程是：异地办理身份证申办人登陆县公安局异地办证服务网，根据要求提供材料，将材料传至电子邮箱，最后由户籍民警对电子照片进行审核，由被委托人携带本人身份证和委托办证人全家户口簿到户政办证大厅进行视频委托认证，证件办理后，再邮至办证人手中。为切实做好本项工作，专门安排一名民警负责办理视频异地办证业务。

2012年3月1日，《河北省流动人口服务管理规定》自即日起施行居住证管理，流动人口在居住地享有权益保障与公共服务。2012年8月20日，开始人像比对重复户口清理核查工作，清查1198人，核实注销780人。2013年11月，在全县8个派出所开始指纹身份证试点工作。

监所管理

看守所　2009年，新看守所开工建设。2013年12月馆陶县看守所正式搬入新址。新看守所位于县城南3公里处，占地20亩，建筑面积5000平方米，总投资780余万元。分为办公区、生活区、监管区、提审会见区。安装有全方位监控系统、武警巡逻道等外围防护体系。

拘留所　2003年2月，馆陶县行政拘留所正式建立，设在公安局院内。2013年10月搬迁至馆陶县新华街酒厂南500米，原馆陶镇计生站办公地。

馆陶县拘留所主要承担本县行政拘留任务，负责羁押受行政（治安）拘留处罚的违法人员。拘留所南北长65米，东西宽37米，建有一栋办公楼，共有27个房间，其中拘留区内监室5个，监控室、活动室、社会矛盾化解室各1个。行政拘留所配备所长1名，指导员1名，民警1名，治安协管员2名，实行所领导带班，民警正副班工作制。

公安消防管理

馆陶县公安消防大队为正营职单位，下辖两个执勤中队（城区中队、化工园区特勤中队），有官兵57人，其中干部5人，学员1人，干部助理2人，现役士官3人，合同制消防员46人。馆陶县辖区内重点单位35家，制作重点单位灭火救援预案35份。城区已建成并投入使用的消火栓13处，消防水鹤两处。

1997年后，消防大队每年不间断开展消防安全检查，加大火灾隐患整改力度，有效预防了各类火灾事故的发生。2009年，消防大队组织开展了第一次清剿火患战役工作，深入辖区人员密集场所、市场商场、易燃易爆场所开展消防安全隐患排查工作。2011—2013 年，消防大队组织开展了消防安全“网格化”管理工作、第二次“清剿火患”战役工作，开展各类消防安全重点单位培训 80 余期，培训 12000 余人。组织开展重点单位熟悉演练 280 余次，接处警 530 余次，抢救财产价值 2000 万余元。消防大队深化全县消防重点单位和一般单位的“四个能力”建设、“双五个第一时间”建设，消防重点单位全部达标，一般单位达标率达到了 90%。先后开展人员密集场所、公众聚集场所、危险化学品等场所专项整治活动，共检查单位 2155 家，排查火灾隐患 8312 处，整改 8312 处。

流动人口管理

1997 年，县公安局推出流动人口信息化系统，2000 年，县公安局使用云端警务通，组织派出所进行入户访查，核实实有人口，录入流动人口信息，发现违法犯罪，并对犯罪情况进行责任倒查。实时采集、动态录入，为全景共享、研判预警、主动防范、整体管控提供信息支撑。网上登记流动人口 3578 人。办居住证 2200 多个，其中男性 2570 人、女性 1008 人；从从业结构看，务工 2021 人、经商 1300 人、投亲靠友等其他 257 人。全县出租房屋网上 2932 处，其中出租经商的 2461 间，出租居住的 471 间，出租房屋在县城居住较多。2004 年后，县公安局每月最少进行一次流动人口清查行动。2008—2010 年，抓获出租房屋嫌疑人 4 人，提供案件线索 15 余条，2008 年 5 月，县公安局制定《馆陶县公安局建立流动人口和出租房屋管理长效机制实施方案》。2013 年 10 月加强流动人口、出租房屋的管理，并在各派出所建立《流动人口管理服务站》，确定专管人员，进一步澄清流动人口、出租房屋的底数。全面采集、更新流动人口、出租房屋信息，信息采集准确、动态监管，真正做到底数清、情况明。县公安局对流动人口全部进行登记办证，对出租房屋全部签订安全协议，本着“什么问题突出，就坚决解决什么问题；哪里问题严重，就重点整治哪里”的原则，把“以证管人、以房管人、以业管人”有机结合起来，全面落实社会化管理措施。实行周分析、月考核、季通报制度，对流动人口及租赁房屋管理等工作中的经验做法及时进行推广，坚持依靠大中型企业人力资源和武保部门、社区居委会、小区物业自己采集的原则，推行以互联网为依托，以“流动人口采集仪”为基础，进行“实名、实情、实时、实数”社会化采集。基层派出所集中力量对城乡结合部、城中村及沿街门店和前期登记工作遗漏的流动人口、出租房屋进行重点清理。清查出租房屋 600 余间，集贸市场 20 余个。至 2013 年年底，县管理的流动人口无一犯罪。

第二节 检察

县人民检察院办公大楼

机构

2013 年年底，馆陶县人民检察院共有人员 36 名，其中检察长 1 人，副检察长 4 人，纪检组长 1 人，政治处主任 1 人，下设办公室、政治处、纪检组、侦查监督科、公诉科、反贪污贿赂局、反渎职侵权局、控申科、预防科、监所科、民行科、法警队、案件管理中心。

刑事检察

1997—2013 年，共受理公安机关提请逮捕案件 1155 件，1756 人，经审查，批准逮捕 1126 件，1702 人，不捕 29 件 54 人，追捕 6 件 13 人；受理移送审查起诉 1314 件 1934 人，经审查，提起起诉 1094 件 1746 人，追诉 16 件 20 人，免诉 10 件 20 人，提起抗诉 6 件 6 人。

1997—2013 馆陶县刑事检察统计表

表 4-6-2　　单位：人

时间	审查批捕	决定批捕	审查起诉	起诉
1997	64	59	80	85
1998	91	91	98	86

续表 4-6-2

时间	审查批捕	决定批捕	审查起诉	起诉
1999	99	90	87	85
2000	123	96	137	131
2001	157	122	193	164
2002	105	152	98	87
2003	95	97	105	81
2004	97	92	143	116
2005	63	93	101	101
2006	113	63	127	121
2007	85	109	118	113
2008	69	85	84	84
2009	99	69	100	103
2010	100	100	109	86
2011	93	85	121	111
2012	94	88	121	111
2013	99	87	100	103

贪污贿赂检察

1997 年以后，检察院共受理贪污贿赂案件 66 件，94 人挽回经济损失百万元以上，其中包括武某某挪用公款 20 万元、农行职工刘某某贪污 7.72 万元大案。2007 年以后，检察院以查办涉农职务犯罪为重点，立案查处贪污贿赂案件，其中查处市检察院交办的原承德市围场国土局开发区分局党组书记宋某某贪贿大要案，法院依法判处其有期徒刑 18 年，被省检察院评为经典案例。

预防职务犯罪

2009 年，按照“拓宽案源，突出重点，坚强预防，标本兼治”的工作思路，推动查办和预防职务犯罪工作深入开展。预防工作，重点加强了“惩防一体化”机制建设，积极参与三年大变样、专项涉农资金预防调查、重大项目跟踪监督活动。2011 年，认真落实中共中央《关于建立健全教育、制度、监督并重的惩治和预防腐败体系实施纲要》，坚持惩防并举、标本兼治、注重预防的工作方针，把预防涉及人民群众切身利益的职务犯罪作为重点，积极开展行业预防和专项工作，仅一年，与8个乡镇建立和完善了预防涉农职务犯罪指导委员会，与36家单位签订预防目标责任状，积极开展行贿档案查询52次。

渎职侵权检察

渎职侵权检察的主要任务是查处国家机关工作人员滥用职权、玩忽职守、徇私舞弊等犯罪，以及利用职权实施的侵犯公民人身权利、民主权利的犯罪，涉及43个罪名。1997—2013年，检察院反渎职侵权局共受理渎职侵权类案件18件38人，无一错案。

控告申诉检察

1997—2013年，共接待群众来信来访1209件，对已经构成犯罪的立案侦查。对于不构成犯罪的或者不属于检察部门管辖的案件，及时交由有关部门处理，并主动予以协助牢固树立“立检为公、执法为民”的宗旨理念，带着感情做好群众工作，耐心细致的做好信访接待和息诉罢访工作。开通“12309”信访服务专线，开展举报宣传周活动，出动宣传车100余次，发放宣传品7万余份，并利用乡镇集市为群众答疑解惑、排忧解难。实行了检察长接待制、领导包案制，落实了错案追究制和办案风险评估机制。

民事行政检察

民事行政检察的主要工作是通过办理民事、行政抗诉案件，对人民法院的民事审判活动、行政诉讼活动进行法律监督，维护国家利益和社会公共利益，维护司法公正和司法权威，保障国家法律的统一正确实施。1997—2013年，民事行政检察科共受理民事行政申诉135件，其中，提出抗诉30件，息诉11件，建议法院再审1件，督促起诉20件，提请市院抗诉2件，建议改判1件，法院改判4件，再审2件，提出再审建议18件，检察建议5件。

开展民事行政检察宣传活动

监所检察

监所检察的基本任务是检查看守人员执行有关法律政策情况，保障法律政策的正确实施；保障依法羁押人犯；保护公民不受非法拘禁；维护在押人员合法权利，打击在押人犯在羁押期间的犯罪活动；监护监所秩序；通过检察活动，对犯人进行法制宣传教育，保障刑事诉讼活动的顺利进行；纠正体罚犯人、诱供逼供及违反法定程序等行为。1997—2013 年，共处理在押人员重新犯罪 2 件 2 人，向看守所提出意见和建议 40 次，清理违禁品 27 件，保证了看守所安全和刑事诉讼的顺利进行。

第三节　法院

机构

1997 年 3 月，县法院增设纪检组、监察室、政工科、知识产权审判庭、法医技术室。内设机构 12 个，即：刑事审判庭、法医技术室（2002 年 8 月撤销）、民事审判庭、经济审判庭、行政审判庭、告诉申诉审判庭、知识产权审判庭、执行庭、办公室、司法警察大队、政工科、监察室。基层法庭有 4 个：魏僧寨人民法庭、柴堡人民法庭、城关人民法庭、房寨人民法庭。

县人民法院审判中心

1998 年 5 月下设编制机构 9 个：刑事审判庭（挂技术室牌子）、民事审判庭、经济审判庭、行政审判庭、告诉申诉审判庭、知识产权审判庭、执行庭、办公室（挂司法警察大队牌子）、政工科。设纪检组（挂监察室牌子）不占编制。基层法庭有 4 个：魏僧寨人民法庭、柴堡人民法庭、城关人民法庭、房寨人民法庭。

2000 年 5 月设立案庭。2001 年 4 月城关人民法庭更名为馆陶镇人民法庭。

2002 年精简机构，内设 10 个职能部门：办公室、政治处、立案庭、刑事审判庭、民事审判庭第一庭、民事审判庭第二庭、行政审判庭、审判监督庭、执行庭、司法警察大队。按照有关规定设置机关党总支和纪检、监察机构，中心人民法庭（系馆陶镇人民法庭、柴堡人民法庭两庭合并）、魏僧寨人民法庭、房寨人民法庭。2008 年 6 月增设信访办公室。

2010 年 9 月增设执行局（副科级机构），执行局内设执行庭（正股）、综合科（正股）。

2011 年 6 月撤销中心人民法庭，重新恢复设置馆陶镇人民法庭、柴堡人民法庭。

2013 年 1 月重新恢复设置监察室。

至 2013 年年底，县法院内设职能部门 13 个：办公室、政治处、立案庭、刑事审判庭、民事审判庭第一庭、民事审判庭第二庭、行政审判庭、审判监督庭、执行局（副科级机构，内设执行庭与综合科）、司法警察大队、信访办公室、监察室、司法技术辅助工作办公室。

基层法庭有 8 个：馆陶镇人民法庭、柴堡人民法庭、魏僧寨人民法庭、房寨人民法庭、王桥乡人民法庭、寿山寺乡人民法庭、徐村乡人民法庭、路桥乡人民法庭。

队伍建设

1997 年，县法院实有人员 54 名。其中院长 1 名，副院长 2 名，庭长 11 名，副庭长 10 名，审判员 30 名，助理审判员 8 名，书记员 4 名，法警 4 名。院长、副院长全部具备大专以上法律专业学历。1998 年全院编制 52 人，其中院长 1 名，副院长 3 名，纪检组长 1 名，内设机构职数按一正一副配备。2000 年 4 月首次进行法官等级评定，评定出（从高至低排列）：四级高级法官 8 人、一级法官 14 人、二级法官 6 人、三级法官 4 人、四级法官 3 人，共计 35 人。2001 年编制 48 人，实有 56 人。2002 年 11 月县法院人员由 53 名编制精简为 48 名编制（中央编 45 人、省编 3 人），其中院机关 36 人，基层法庭 12 人。2005 年编制 48 人，实有 53 人。

1997—2013 年部分年度馆陶县法院工作人员学历、职务构成统计表

表 4-6-3

年份	总人数	政治面貌		业务职称					文化结构					职级			
		党员	团员	审判员	助审员	书记员	法警	其他	研究生	本科	大专	高中中专	初中以下	副处	科级	科员	职工
1997	54	39	4	30	8	4	4	8	—	2	39	10	3	2	23	23	6
2000	56	42	4	35	8	4	4	8	—	5	38	10	3	2	25	24	5
2010	54	48	—	30	2	—	6	16	1	34	9	9	1	1	18	35	—
2013	62	50	—	29	4	2	5	22	3	45	9	4	1	1	18	42	1

刑事审判

1997 年后，县法院坚持以事实为根据、以法律为准绳的原则，依照《中华人民共和国刑法》和《中华人民共和国刑事诉讼法》开展刑事审判活动。2001 年，按照中央“严打”整治工作统一部署，结合全县治安形势，县法院把杀人、强奸、拐卖人口、抢劫等犯罪分子作为“严打”对象，与公安、检察机关配合，依法从重严厉惩办了一批严重刑事犯罪分子。1997—2013 年共审结各类刑事案件 1387 件。

公捕公判大会现场

1997—2013年馆陶县刑事案件收结情况统计表

表 4-6-4

单位：件

年度	收案	结案	量刑情况						职业分布					年龄分布			案件性质							
			十年以上	五年以上	五年以下	缓管免	无罪	其他	干部	工人	农民	学生	其他	25岁以上	25至18岁	18岁以下	杀人	抢劫	拐卖	强奸	盗窃	贪污	诈骗	其他
1997	100	100	7	14	40	19	—	20	4	1	85	—	10	49	47	4	—	5	2	4	23	2	9	55
1998	89	88	4	8	63	9	—	4	6	4	77	1	—	64	21	3	1	6	2	3	22	6	7	41
1999	139	139	9	15	80	20	—	15	5	4	106	5	19	91	43	5	—	4	—	6	31	6	4	88
2000	100	100	3	11	48	17	1	20	3	5	64	3	25	55	40	5	—	3	3	2	15	7	2	68
2001	170	139	5	9	96	69	—	—	14	—	153	5	12	25	12	2	2	13	3	5	38	4	6	—
2002	111	106	1	7	48	58	—	—	15	1	107	2	1	7	6	5	—	9	2	3	23	4	5	—
2003	67	61	3	9	24	43	—	—	8	—	72	1	—	10	6	—	—	3	2	3	11	1	1	—
2004	85	82	1	9	37	56	—	—	7	—	98	1	—	2	11	—	—	4	—	2	22	1	—	—
2005	56	56	6	5	28	40	—	—	8	1	71	2	—		8	—	—	6	1	—	15	3	—	—
2006	99	89	5	18	48	53	—	—	5	—	122	—	—	2	15	—	—	7	2	7	20	1	—	—
2007	77	66	3	5	30	54	—	—	7	—	68	—	—	—	12	—	—	2	1	2	13	1	1	—
2008	68	51	11	5	38	26	—	—	4	—	84	—	7	—	1	8	—	3	1	1	8	2	1	—
2009	64	64	10	12	20	42	—	—	14	—	77	—	1	—	13	10	1	7	—	3	12	2		—
2010	64	64	21	6	27	49	—	—	9	1	96	—	2	—	22	4	—	3	2	2	12	4	2	—
2011	68	44	1	2	10	32	—	—		—	45	2	3	—	7	2	1	—	—	1	14	1	3	—
2012	54	54	5	5	15	36	—	—	11	—	55	—	5	—	19	2	—	1	—	1	6	3	1	—
2013	87	84	5	5	37	52	—	—	4	—	96	—	2	—	4	1	1	4	—	2	8	1	2	—
合计	1498	1387	100	145	689	675	1	59	124	17	1476	22	87	305	287	51	6	80	21	47	293	49	44	252

民事审判

1997 年,《中华人民共和国民法通则》及相关司法解释出台,为民事案件审判提供了较为明确的法律依据,改变了过去主要依据民事政策调判案件的“无法可依”的局面。2000 年是人民法院的“改革年”,县法院认真贯彻最高人民法院制定的《人民法院五年改革纲要》和河北省高级人民法院的《五年改革规划》,结合馆陶县实际,积极推进审判制度和审判方式改革,全面落实公开审判制度,推进审判流程程序管理的“三个分立”(即立审分立、审执分立和审监分立),使立案、审理、执行、监督各个环节做到分工明确,互相配合,协调动转。重点搞好审判方式、审判管理的改革,实行案件繁简分流,规范简易程序的运用,抓效率、强质量,纠正传统审判工作中存在的“重实体,轻证据”问题,使民事案件走上了法制化、规范化轨道。1997 年至 2014 年年底共审结民(商)事案件 16906 件。其中审理了较大影响的侵权案件,即原告赵某与被告馆陶县文化教育体育局和赵某某等 3 人侵害未成年人接受教育权纠纷一案。

1997—2013 年馆陶县民事(含经济)案件收结情况统计表

表 4-6-5　　　　单位:件

年度	收案	结案	未结	结案方式						结案性质					
				调解	判决	撤诉	终结	移送	其他	婚姻	继承	房产	赔偿	债务	其他
1997	796	792	4	431	207	46	7	9	20	206	3	5	27	486	55
1998	925	924	1	394	357	71	6	12	7	154	3	4	34	532	197
1999	1078	1077	1	517	358	61	2	3	66	225	—	15	63	522	247
2000	706	704	2	271	245	53	—	—	173	91	—	12	50	402	64
2001	974	901	73	143	503	91	32	—	—	163	2	—	29	317	—
2002	831	677	154	129	423	74	44	—	—	189	1	1	37	182	—
2003	768	633	135	134	405	77	5	—	—	194	—	—	53	150	—
2004	658	576	82	156	312	90	—	—	—	195	3	—	79	129	—
2005	479	473	6	189	167	110	1	—	—	181	—	1	68	94	—
2006	975	828	147	227	170	356	—	—	—	189	—	3	77	165	—
2007	736	728	8	218	172	329	1	—	—	221	2	2	130	215	—
2008	888	777	111	239	117	410	1	—	—	273	1	2	156	185	—
2009	1117	1117	—	555	60	484	2	14	—	245	1	1	159	252	—
2010	2198	2198	—	1189	183	825	—	—	—	256	—	—	134	929	—
2011	2053	2053	—	1139	141	773	—	—	—	171	1	1	44	365	—
2012	1376	1376	—	722	169	485	—	—	—	195	1	—	119	174	—
2013	1165	1072	93	280	521	223	1	—	4	318	1	2	327	258	—
合计	17723	16906	817	6933	4510	4558	102	38	270	3466	19	49	1586	5357	563

经济审判

经济审判的主要案件是经济合同纠纷，在性质上仍属于民事审判，其依据的程序法也是《中华人民共和国民事诉讼法》及相关解释。1997 年受理了 11 家企业破产案件，破产金额 1000 多万元，涉及职工 1300 余人。经过近一年时间，10 家企业被依法宣告破产，终结了破产程序，共计 4126.3 万元的债务不再清偿。1997 年至 2002 年 11 月撤销经济审判庭，期间共审结经济纠纷案件 1384 件，此后审结的经济纠纷案件数量纳入民商事案件的统计。

行政审判

行政审判中，采取积极稳妥地审理行政案件，支持和监督行政机关依法行政，维护行政管理相对人的合法权益。特别是在征收社会抚养费行政非诉案件执行过程中，深入乡村，向涉案当事人宣传、解释有关人口与计划生育的法律、法规和政策，释明依法征收社会抚养费的有关规定，使被执行人主动履行了交纳社会抚养费的任务。1997 年至 2013 年共审结行政案件 1831 件，其中包含行政非诉执行案件 1715 件。

1997—2013 年馆陶县行政案件收结情况统计表

表 4-6-6　　　　单位：件

年度	收案	结案	结案方式									
			判决						裁定			
			维持	撤销		履行法定职责	变更	其他	驳回起诉	撤诉		移送
				全部	部分					原告主动撤诉	被告改变行为原因撤诉	
1997	4	4	2	2	—	—	—	—	—	—	—	—
1998	2	2	1	—	—	—	—	—	—	1	—	—
1999	4	4	1	2	—	—	—	1	—	—	—	—
2000	1	1	—	1	—	—	—	—	—	—	—	—
2001	6	5	5	—	—	—	—	—	—	—	—	—
2002	3	3	1	—	1	—	—	—	1	—	—	—
2003	9	8	6	—	—	—	—	—	1	—	—	1
2004	14	11	10	—	—	—	—	1	—	—	—	—
2005	9	9	3	—	—	—	—	2	3	1	—	—
2006	8	5	1	—	—	—	—	1	3	—	—	—
2007	10	10	—	3	—	—	—	3	2	—	—	2

续表 4-6-6

年度	收案	结案	结案方式									
			判决						裁定			
			维持	撤销		履行法定职责	变更	其他	驳回起诉	撤诉		移送
				全部	部分					原告主动撤诉	被告改变行为原因撤诉	
2008	12	10	1	1	—	—	—	2	1	5	—	—
2009	11	11		1	—	—	—	8	1	—	—	1
2010	7	4	1	2	—	—	—	—	1	—	—	—
2011	3	3	2	—	—	—	—	—	1	—	—	—
2012	4	4	—	1	—	1	—	—	1	1	—	—
2013	22	22	5	—	—	—	—	—	2	2	3	10
合计	129	116	39	13	1	1	—	18	17	10	3	14

案件执行

1999 年，按照最高法院的部署，开展“执行年”活动，将解决“执行难”问题提到了重要议事日程。2000 年后，以“拓宽执行渠道，创新执行机制，进一步规范执行行为，加大执行新举措落实力度”的工作思路，坚持沟通与协调，争取社会各界理解和支持，创办了《执行快报》，专题反映法院执行工作动态、典型执行案件、执行经验做法、执行疑难案件分析与争鸣等情况，向各乡镇的书记、乡镇长、人大常委会主席及部分人大常委会代表发送，加大执行工作宣传力度。1997—2013 年年底共执结案件 5080 件。

1997—2013 年馆陶县执行案件收结统计表

表 4-6-7　　　　单位：件

年度	收案	结案	未结	结案方式					结案性质			
				自动履行	执行和解	中止执行	强制执行	其他	民事	经济	行政机关申请执行	其他
1997	237	237	—	124	49	7	48	9	61	96	59	80
1998	217	217	—	68	75	26	21	27	117	59	151	41
1999	386	342	44	237	50	20	20	15	136	43	213	8
2000	657	657	—	304	37	78	125	113	103	229	459	13
2001	494	342	152	45	35	—	10	41	92	204	46	—
2002	505	440	65	37	28	—	1	2	192	210	38	—
2003	363	283	80	44	19	—	—	27	87	144	52	—

续表 4-6-7

年度	收案	结案	未结	结案方式					结案性质			
				自动履行	执行和解	中止执行	强制执行	其他	民事	经济	行政机关申请执行	其他
2004	331	293	38	40	33	—	1	10	83	128	81	—
2005	221	218	3	73	30	—	—	56	71	99	48	—
2006	207	183	24	47	75	—	—	9	42	88	52	—
2007	150	150	—	6	43	—	22	26	26	109	5	—
2008	207	194	13	7	38	—	—	48	39	82	65	—
2009	196	196	—	23	78	—	7	—	34	95	57	—
2010	385	385	—	87	242	—	55	—	48	124	207	—
2011	122	105	17	3	91	—	9	—	14	24	73	—
2012	597	597	—	18	486	—	93	—	36	171	387	—
2013	266	241	25	1	69	—	24	43	100	65	77	—
合计	5541	5080	—	—	—	—	—	—	—	—	2070	—

审判监督

2002 年，馆陶县法院设立审判监督庭。审判监督职责由审判监督庭负责，实现了审判监督工作的专门化。审判监督庭专职负责从立案庭移送的申诉案件的审查，并依据审判委员会的意见决定立案再审或驳回起诉，专职负责民商事再审案件的审理，并直接负责抗诉案件、上级法院指令再审案件的审理。由于受审判监督业务庭力量不足的影响，刑事案件的再审工作仍由刑事审判庭自行另组合议庭审理。至 2013 年年底，审判监督程序审结案 103 件。

第四节　司法行政

机构

1997 年 8 月，馆陶县公证处升格为副局级单位，隶属县司法局，行政序列，编制内调剂。1998 年 2 月，馆陶县调整充实了矛盾纠纷排查领导小组，该小组办公室设在司法局；6 月调整充实了依法治县领导小组，该小组办公室设在司法局。2003 年 10 月，馆陶县司法局设立法律援助中心。2010 年 1 月成立社区矫正科，10 月正式列入编制。2013 年，县司法局下设科室为：办公室、法制宣传教育科、基层科、社区矫正科、政工科、基层司法所。馆陶县司法局行政编制 13 名，其中局长 1 名，副局长 2 名，政治处主任 1 名，股级领导职数 8。基层司法所 8 个，行政编制 18 名（馆陶镇、魏僧寨镇各 3 名，其他乡镇各2名），股级领导职数每所1名，基层司法所由县司法局实行垂直管理。馆陶县法律援助中心为股级机构，编制3名（在机关行政编制内核定），股级领导职数1名。馆陶县公证处为副科级机构，设主任1名。

普法宣传

县委常委、政法委书记韩培涛（右三）参加普法宣传活动

1997年，按照“三五”普法规划，馆陶县紧紧围绕香港回归、中共十五大召开两件大事，利用县、乡、村法制宣传教育中心，加大法制宣传力度。1998年，为全面贯彻落实中共十五大提出的“依法治国”的战略决策，搞好全县的普法依法治理工作，10月召开全县依法治县动员大会；11月和12月，依法治县领导小组及其办公室组织举办依法治县培训班3期，全县副乡级以上领导干部和部分企业厂长（经理）共计400余人参加培训学习。2001年，启动实施第四个五年普法教育规划，并于同年将普及法律常识领导小组更名为依法治县领导小组。2006年后，实施“五五”普法，进一步提高了全县人民的法律意识和法律素质，全民的法治意识有了明显增强。2010年3月，馆陶县开通“法制宣传短信平台”，以短信的形式向全县干部群众宣传法律知识，遇有新法颁布实施、重大活动、纪念日等特殊时期，适时调整信息内容，及时发布，以在全县营造良好的法制宣传氛围；6月，馆陶县通过市验收，验收团对馆陶县的普法工作给予肯定。2011年3月，召开普法领导小组会议，实施第六个五年普法教育；2012年发后，开展网络法制宣传，向全县开通普法专用微博（1343530606），进行法律宣传；与县广播电视台，交警队、出租车、陶山、亚太、阳光报等部门、媒体合作，通过举办专题讲座、以案说法、屏幕飞字、开辟专版等形式，充分发挥媒体报告时效性强、宣传面广、舆论监督作用大的特点，结合典型案例进行法制宣传教育；借助村级广播站这一平台，与各县镇（街道）开辟了“预防青少年违法犯罪法制宣传报”，从社会、学校、家庭、自身四方面对青少年法制教育进行讲解，不断强化学生和家长学法、懂法、守法、用法意识，在全县营造了维护青少年合法权益的浓厚氛围。

人民调解

1997年3月，县司法局围绕维护稳定工作，集中精力，开展矛盾纠纷排查治理行动，共排查各类纠纷281件，调解成功276件，调解成功率98%。同年8—10月，先后与山东冠县、邢台市临西县等周边县签订《关于加强边界联调维护社会稳定协议书》。至2007年，馆陶县人民调解中心辖318个人民调解委员会、1160名人民调解员，形成了县、乡、村、组“四级调解网络”，构建了一级抓一级、层层负责任的调解网络格局。2012年，县司法局扩大调解面，创新调解形式，主要是在积极调处传统民间纠纷的基础上，把因种植、养殖、城镇拆迁等引发的矛盾纠纷纳入民调工作范围，把发现、调处矛盾纠纷的触觉延伸到最基层；在坚持“村头”“炕头”“地头”等行之有效调解方法的同时，选取典型重大矛盾纠纷，在全县各乡村进行推行，有效地提高了广大调解员调解纠纷的能力和成效；同时，采取适当的调解机制和方式进行调解，如“三村言和室”“流动调解庭”等调解机制以及“背靠背”“换位思考”“法律政策宣传”等方式。2013年4月，县司法局在县、乡、村、组四级网络的基础上，又重点在企业、市场、医疗单位等新经济、新社会团体组建了40个人民调解机构，达到有组织、有人员、有工作制度、有工作流程，使人民调解组织形成了纵向到底、横向到边的调解网络。是年6月，县司法局招聘2名心理学专业大学生，创办“心理咨询与人民调解”结合的新型调解方式，解决了一般调解方式无法调解的问题。

安置帮教

1997年，安置帮教工作纳入司法行政，县司法局和基层司法所履行职能，自上而下建立起党委和政府统一领导、司法行政部门指导协调、有关部门各负其责、群众自愿参与的安置帮教工作体系，认真做好刑释解教人员的登记建档、安置帮教、管理协调等工作。2006年，以乡（镇）司法所为依托，建立健全县、乡、村安置帮教组织286个，从事安置帮教工作人员859人，形成了覆盖全县的安置帮教组织网络；同时，制定完善《刑释解教人员安置帮教工作管理办法》《档案管理办法》，以及例会等制度，每月定期召开1次司法所长会，进行安排部署，每季度召开1次调度会，并组织人员深入乡村督导检查。截至2010年10月，全县98%以上的刑释解教人员得到了安置，刑释解教人员的重新犯罪控制在2%以下。

2011—2013年进一步夯实帮教基础，县司法局在全县8个乡镇（街道）组织90名帮教工作志愿者，进行了8次集中业务培训，使志愿者熟悉帮教工作法律法规，依法规范开展工作，县司法局对帮教人员的监管，促进了社会和谐稳定。完善社区矫正风险评估机制，实施“四级”管理（县、乡、村、组），加强对帮教对象的行为监管；同时，与县民政、团委、妇联等部门联合，成立志愿者团队，对特殊人员开展一对一结对帮扶活动，从思想上、生活上和工作上为他（她）们帮困解难。截至2013年11月，全县100%以上的刑释解教人员得到安置，刑释解教人员的重新犯罪控制在0.1%以下，没有发生重新犯罪案件。

社区矫正

2011年后，为便于社区对矫正人员的监管，县司法局依托全国矫正工作信息系统平台，通过卫星定位系统对社区矫正人员进行定位监管、警示告知、短信指令、工作记载、数据分析、信息发布、心理咨询、安置帮教9项主要功能，大大提高了工作效率，同时节省了费用。2013年3月，县司法局成立社区矫正科，制定社区矫正工作流程图，建立接收制度、管理制度、教育制度、考核及奖惩制度、解除制度、档案管理制度、监护制度、矫正组织的例会制度、矫正工作人员培训制度，对矫正对象实现“一人一档”的规范管理。至是年年底，社区矫正人员安置率达到100%，矫正率达到100%，社区矫正对象无一人脱管、漏管问题，未发生重新违法犯罪及其他违法行为。

法律公证

1997年4月，县公证处与县林业局密切配合，在魏僧寨镇创新办理树木管护合同公证。1998年4月和8月配合县城改造，开辟住户搬迁协议和房屋租赁合同公证。1996年至1998年，连续3年被市司法局评为先进单位。1999年以后，随着社会发展，公证处拓展新型公证，如各类合同、遗嘱、婚前财产协议、法人授权委托书、证据保全、出生、健康等公证，办证领域越来越广，办证程序规范健全。2007年为8个乡镇36个行政村办理《村级组织活动场所使用、监管协议书》公证，保障下拨资金的合理利用和村级活动场所真正的归民所用。2008年重点围绕发展县域经济和服务三农，为民营企业与北京等大城市企业办理委托加工合同公证，另外对县种植黑小麦进行深加工出售的馆陶县华野庄园黑小麦产业有限公司提供全面的公证服务。

2010年，制定并实施《加强公证处建设，推进标准化、规范化、法制化建设实施方案》。2011年重点将汽贸公司和汽车运输公司与购车户签订的协议书以及与担保人签订的担保协议进行公证，通过公证，完善了各方当事人的权利义务，并加以法律约束力，使各方当事人能够严格、更好地按照协议履行各自的义务。2012年后，房产买卖业务量大，尤其是二手房买卖，买卖过户存在着很多问题，有些原因导致不能及时过户，甚至不能过户，这种情况下，司法局公证处与房管所合作，将房产买卖合同办理公证，维护双方的合法权益。2013年，公证重点是房产继承和赠予公证，为未落户口儿童出具公证，为老百姓解决实在问题。

1997年至2013年年底，共办理公证3351件，发挥了公证预防纠纷、减少诉讼、保障合法权益的职能作用。

律师事务

2013年，全县有1个律师事务所，2名律师。1997—2013年，代理各类案件4830

件，其中民事代理 2920 件、刑事辩护 480 件、自诉 170 件、经济 102 件、行政代理 12 件、非诉讼调解 146 件；挽回经济损失 1700 万余元；代写文书 1450 件；解答法律咨询 15280 余人（次）。

法律援助

2003 年 10 月，县司法局成立法律援助中心。2006 年在各乡（镇）建立法律援助工作站，村设立信息员，实现了法律援助的三级管理。2009 年后，司法局援助中心依托基层司法所、综治办等基层组织增设法律援助工作站，完善与县级法律援助中心的衔接机制，围绕县工作开展法援服务，重点在办理影响社会稳定的群体性、敏感性等有可能引起上访的案件时，及时引导了群众正确理解法律，理性对待纠纷，促进依法妥善处理问题，确保法律效果和社会效果的统一。同时，降低法援门槛，对于农民工案件，残疾人员，通过不再审查经济困难标准，都给予了援助。2009 年 12 月，县司法局法律援助中心被河北省司法厅评为“全省法律援助办案实绩突出单位”。2010 年，司法局将与法律援助有关的条例、规章制度、法律文书等，全部录入法律援助管理系统，使法律援助实现了微机化、制度化、规范化管理。

2003—2013 年，共办理法律援助案件 2972 件，其中诉讼案件 198 件，人民调解与法律援助相结合案件 2774 件，解答法律咨询 4120 余人次。

第七章　军事

馆陶县人民武装部

1942年，馆陶县人民武装委员会成立。1948年改为县人民武装部，下辖8个区人民武装部。1951年，县人民武装部列入中国人民解放军序列。1954年改为兵役局。1958年恢复县人民武装部。1986年，改为地方建制，属县委、县政府、邯郸军分区领导。2013年，馆陶县人民武装部干部编制7人，职工12人，下设军事科、政工科、后勤科，9个基层武装部。

第一节　机构

县人民武装部

1996年4月，县武装部改建制，称中国人民解放军河北省馆陶县人民武装部，设军事科、装备科、政工科、办公室。人员为现役军人。下辖8个乡镇武装部。设武装部长1人，干事若干，为地方建制。2003年，馆陶县人民武装部干部编制7人，职工12人，下设军事科、政工科、后勤科。机关驻地在县城政府东街155号。全县设置9个基层武装部。

1997—2013年馆陶县人民武装部历任部长、政委一览表

表4-7-1

姓名	职务	籍贯	任职时间
汪金良	部长	山东省临清市	1986.03—2002.10
薛少华	政委	河北省武安市	1996.07—1999.04
申河仓	政委	河北省峰峰矿区	1999.05—2000.03

续表 4-7-1

姓名	职务	籍贯	任职时间
赵海元	部长	河北省涉县	2002.11—2004.02
童建伟	政委	河北省新乐市	2000.04—2008.02
史文富	部长	山西省忻州市	2004.03—2006.03
倪培桢	部长	江苏省睢宁县	2006.03—2011.05
魏宪亮	政委	河北省巨鹿县	2008.02—2010.05
黄华根	政委	江西省丰城市	2010.05—2011.05
黄华根	部长	江西省丰城市	2011.05—2012.05
曹瑞华	政委	河北省宁晋县	2011.05—2014.03
陈印军	部长	河北省威县	2012.05—2017.07

武警馆陶县中队

武警馆陶县中队隶属于武警邯郸市支队建制，武警馆陶县中队主要担负馆陶县公安局看守所的武装看守任务。协助公安机关处理发生的重大违法案件，实行武装拘捕、武装押解、武装追捕等任务；参与地方建设，维护全县稳定，处理随时发生的突发案件和自然灾害，处理各种紧急意外情况，保护国家和人民生命财产的安全。

第二节　兵役

兵役登记

1984 年 5 月 31 日，馆陶县开始实行兵役登记。1997—2013 年，每年 3 月底前，由县人武部集中统一安排一个月的时间。结合民兵预备役部队组织和整顿工作，组织乡镇人武部对适龄男性公民进行兵役登记。在 9 月底前，安排专门时间和人员，对因故未能参见上半年登记、户口正常迁入以及当年的大中专和高初中毕业的适龄青年进行补充登记。根据兵役法的规定，当年 12 月 31 日以前年满 18 周岁的男性公民，不分民族、种族、职业、家庭出身、宗教信仰和教育程度，均应进行兵役登记。

兵员征集

征兵机构　历年征兵工作均由馆陶县委、县政府统一领导，每年由县委、县政府、县人武部和县直有关部门负责人组成征兵领导小组，由县长任组长。征兵领导小组下设征兵办公室，负责兵员征集的日常工作。

征兵政策宣传

宣传发动　每年征兵工作开始后，县人武部和有关单位利用电视、广播、报纸、传单、宣传车、标语等多种形式开展宣传教育活动，对公民进行国防教育和依法服兵役教育，着重对适龄青年加大教育力度，提高他们的爱国意识，正确处理个人利益和国家利益的关系。

体格检查　征兵体格检查工作由县征兵领导小组征兵办公室统一组织。体检前，从卫生部门抽调医务人员组成体检组并进行培训。体检工作严格依据国防部颁发的《应征公民体格检查标准》《应征公民体格检查办法》和其他有关规定分科进行。

政治审查　县武装部历年都十分重视征兵政审工作。政审严格依据公安部、总参谋部、总政治部颁发的《征兵政治审查工作规定》和其他有关规定进行。实行村、乡、县三级审查和区域联审，严格落实谁审查、谁签字、谁负责的责任制。对符合政治审查条件的应征公民，由县征兵办公室政审组负责人在《应征公民政治审查表》上签署政审意见。

审批定兵　县人武部在历年审批定兵工作中认真严格遵守审批定兵的相关政策，坚持集体定兵、全面衡量、择优选定的原则，优先批准政治思想好、身体素质好、文化程度高的公民入伍，对不符合条件的应征公民，特别是政治条件不合格的，坚决不批准入伍。

建档交接　审批定兵后，县人武部及时建立新兵档案，统一编造《新兵花名册》，一式两份，一份交给接兵部队，一份由县人武部保存。新兵交接，采取县人武部集中向部队交接的办法。交接手续在新兵起运前一天办理完毕。交接地点历年均在县人武部驻地，个别时在方便的地点。新兵交接时，交接双方应按照《新兵花名册》当面清点人数，核查档案材料，档案材料核对无误后，由县征兵办公室密封移交给接兵部队，征接双方在《新兵花名册》上签字盖章。

第三节　民兵

民兵组织

民兵组织是国家武装力量的组成部分，县人民武装部是民兵工作的直接组织和领导机构。不仅要组织实施民兵组织的各项建设，还要指挥带领民兵参战、支前、抢险救灾、劳动生产等项工作。

军事训练

抗日战争和解放战争时期，民兵训练没有固定地点和场地，一般根据形势变化，采取因地制宜，利用农闲时节或战斗间隙进行训练。新中国成立后，训练形式由战争状态转向和平战备状态。民兵训练无论集中到县或在各村分散训练，仍无固定地点和教习设施。1978年，中共十一届三中全会以后，发展国民经济，成为全国人民压倒一切的中心任务。随着社会主义现代化建设的新形势和经济体制改革的深入发展，从1981年起，对民兵军事训练进行了全面调整改革。改革的中心问题是减少训练任务，精简训练内容，减轻群众负担，服从经济建设大局，为经济建设服务，1997年后，在抓好民兵普通训练的同时，更加注重专业技术民兵的训练，进一步提高了基层民兵素质。

民兵应急处突演练

民兵训练基地

建设民兵训练基地，是民兵工作改革的一项重要成果。随着民兵训练工作的改革和发展，建设比较固定的训练场地已成为改进民兵训练工作的重要方面。1983年3月1日，国务院、中央军委批转总参谋部《关于民兵军事训练安排的通知》，肯定了各地建设民兵训练基地的做法，提出了因地制宜地继续搞好民兵训练基地的要求。为认真贯彻执行国务院、中央军委《通知》精神，河北省人民政府、省军区联合下发了〔1983〕61号文件，明确提出了以县、市为单位建设民兵训练基地的任务。1984年2月，根据上级指示，建成县民军事训练基地。

民兵训练基地建成后，人民武装部门可以把握有利时机适时组织民兵训练，民兵在基地集中训练，有比较完善的教学设施，教员、教材、器材都有保障，便于组织领导，便于安排教学，因而训练质量明显提高。

第四节 国防教育

组织机构

为加强国防教育，县、乡、村都成立了国防教育领导小组，形成了三级领导网络，县建立了国防教育活动中心，各乡镇建立了国防教育活动站。全县有 180 余个村庄建立了国防教育活动室，利用各种形式举行国防教育，开展宣传和咨询活动。组织开展座谈会、联谊会、庆功会、报告会、知识竞赛和双拥讲座等活动。在县委党校举行的党员干部培训中增加国防教育内容，组织中小学生参观国防教育展览。把国防教育的重点放在打基础、抓基层上，组织各方面力量齐抓共管，增强了全民的国防观念。

教育内容

国防教育的内容主要有国防政策、国防法规和国防教育条例等。

国防法规是国家法律体系的重要组成部分，是国防教育和国防斗争的重要保障。广义的国防法规，是指为调整国防领域中一定社会关系而由国家制定或认可的法律规范的总称。

主要国防法规有：《中华人民共和国国防法》《中华人民共和国兵役法》《中华人民共和国国防教育法》《中华人民共和国军事设施保护法》和《中华人民共和国人民防空法》等。1990 年 2 月 17 日河北省第七届人民代表大会常务委员会第十二次会议通过的《河北省国防教育条例》，也是馆陶县国防教育的重要内容。

国防教育签字仪式

国防教育的内容还有："四个主题"教育，即"依法开展国防教育，依法履行国防义务"主题教育；"赞颂辉煌成就，建设强大国防"主题教育；"居安思危、警钟长鸣"主题教育；"爱国拥军、献身国防"主题教育。

1997 年后，馆陶县的国防教育工作，主要从以下几个方面开展宣传教育。

开展全民性的宣传教育活动。利用各种形式把国防教育目标、方针、原则、内容、对象及保障措施进行宣传和贯彻落实，使广大干部群众依法接受国防教育，开展国防教育，履行国防义务。积极组织有关人员参加省、市组织的国防教育宣传教育培训。组织全县广大干部职工、学生和农村干部参加国防知识竞赛活动，进一步增强公民的国防观念，激发爱党、爱国、爱军的热情，为促进国防后备力量建设、实现富国与强军的统一，营造了良好的社会氛围。在中小学校广泛开展国防教育。本县大部分学校都建有“少年军校”，每学期都开展“警校共建”活动，学校利用板报、橱窗、德育展室等场地，大力开展国防知识教育和爱国主义教育，增强了广大青少年学生的国防观念和爱国之心。利用民兵整组时机，在民兵预备役人员中集中开展国防教育活动。筑牢国防观念，培育战斗精神，掌握国防技能，履行国防义务。

教育方法

利用县委党校这个平台，加强对全县各级干部的国防教育培训，设立了国防教育研究室，成立了国防教育教员队伍，并制定各种规章制度，以保证国防教育工作的正常开展。注重把民兵预备役人员作为全民国防教育的重点对象。在民兵预备役人员中广泛开展国防教育，着力提高民兵预备役人员的国防素质。把学校作为全民国防教育的基础。在中小学校普及国防教育，不仅能增强学生的国防观念，培养学生的军事技能，而且可以有效地推动学校思想政治教育的开展，对深入贯彻落实党的教育方针，全面提高学生综合素质具有十分重要的意义。在学校开展国防教育的主要方法是开设国防教育课，举办国防教育讲座或报告会，利用板报、橱窗、德育展室等阵地进行宣传教育。

国防教育的“三个教育重点”。即提高干部履行国防职责的意识和能力；激发青少年学生的爱国热情和崇军尚武精神，搞好少年军校建设，开展中小学生军训活动；打牢民兵预备役人员履行职能使命的思想基础。

教育基地

一是西沙河民兵训练基地。1984 年 2 月，根据上级指示，本县在西沙河林场购置土地 98 亩，建成县民兵军事训练基地。有宿舍、食堂、电教室、队列场、战术场、投弹场、轻武器射击场和“八二五”、四零炮射击场等设施。

二是馆陶县城政府街与魏征路交叉口馆陶商城，在馆陶商城楼顶部建置防空警报器。

第五节　人民防空

机构

2000 年，馆陶县人民防空办公室成立（简称人防办），挂靠县建设局。2012 年 3 月 28 日，人防办单设，下设 3 个科室，分别为综合科、秘书科、指挥通信科，增设应急器材室和总控室。

2013 年 5 月，市人防办配置一部指挥通信车，内有车载电台、海事卫星电话、短波、超短波、3G 图传、北斗导航等通信设备。

2013 年 12 月，人防通信指挥站建成投入使用，指挥通信系统可实现与省、市、各县人防专网互联互通。

人防通信指挥站

人防宣传

县人防办自 2000 年成立起，就加强对领导宣传，通过请示、汇报等方法引起县领导对人防工作的高度重视。

2003 年 9 月 11 日，县人防办利用警报试鸣日，为增加民众的忧患意识，工作人员走向街头发放宣传单 1000 余份。

2004 年，县人防办与教育局成立了联合领导小组，重点抓初级中学的教育工作开设防空知识课程，受教育学校 5 所，78 个班级，人数达到 3500 余人。

县武装部、人防办走向街头宣传人防知识

2009 年，县人防办利用“7·7”警报试鸣日、“5·12”防灾减灾日、“12·4”法律宣传日，走向街头发放宣传单 2000 余份，悬挂宣传条幅 20 余条。

2012 年，县人防办利用“7·7”警报试鸣日、“5·12”防灾减灾日、“12·4”法律宣传日，全体人员走向街头发放宣传单 2500 余份，县城主要街道的醒目位置悬挂宣传条幅 30 余条。出动宣传车 12 辆，设立咨询台，解答人民群众的疑问 60 余次。

2013 年 7 月 5 日，人防办与武装部联合走进县实验中学进行人防知识宣传，向实验中学师生免费发放《馆陶县防空防灾知识读本》宣传书籍 1000 余本，宣传单 1200 余份。7 月 6 日，武装部部长陈印军、副部长杨全良、人防办主任刘永昌带领人防办全体人员分别在政府街诚信购物中心门口、馆陶商城门口、中医院门口和柳湖胜景小区，悬挂条幅、摆放宣传栏，免费发放《馆陶县防空防灾知识读本》1000 余本、宣传单 1800 余份、环保宣传袋 3000 余个。

防空警报试鸣

2002年10月，在馆陶商城安装了全县第一台电动人防警报器，并于2003年9月11日试鸣成功，结束了馆陶县无防空警报的历史。2004年5月，分别在新华书店和供销集团各安装了一台电动警报器。2009—2012年，陆续在建设局、和谐小区、人防办各安装了一台电声警报器。2013年，人防办在县职教中心门口东侧、九洲华庭小区门口各安装一台LED多媒体警报器。LED多媒体警报器在7月7日防空警报试鸣，平时进行人防知识宣传。2013年，全县人防警报实现无线统一控制，打破了警报试鸣人工操作的落后状态。

人防工程建设

馆陶县始终把“结建”工作当作一项重要工作来抓，2011年度，批建“结建”防空地下室建设项目2个，建筑面积约7700余平方米，实现了人防地下室零的突破，并圆满完成了市办下达的年度“结建”任务。

2012年度，批建“结建”防空地下室建设项目3个，建筑面积约9400余平方米，超额完成了市下达的年度“结建”任务。

2013年，在馆陶县没有大的房地产开发项目情况下，批建“结建”防空地下室3个，建筑面积约7000平方米，圆满完成了市办下达的年度“结建”任务。

人防专业队组建

2001年，馆陶县人民防空指挥部成立，指挥部下设10个小组、7支人防专业队，分别是：综合指挥组，组长由县政府办副主任担任；重要目标防护组，组长由发改局副局长担任；疏散隐蔽组，组长由民政局副局长担任；抢险抢修组，组长由城管局副局长担任；治安组，组长由公安局副局长担任；消防防化组，组长由环保局副局长担任；救护防疫组，组长由卫计局副局长担任；物资保障组，组长由县政府办副主任担任；政治工作组，组长由县委宣传部副部长担任；通信保障组，组长由移动公司负责人担任。联合县公安局、交通局、电力局、建设局、卫生局、环保局、县医院、中医院、交警大队、移动公司、联通公司等单位组建抢险抢修、医疗救护、运输、防化、治安、消防、通信7支人防专业队，每年开展整组训练。

第八章　社会团体

1934 年，在中共地下党领导下，馆陶县成立共产主义青年团，从事地下革命活动。1938 年，在抗日救亡的浪潮中，馆陶县妇女救国会成立，带领妇女投入抗日救亡运动。1949 年，馆陶县总工会成立。1952 年工商联成立。1981 年科学技术学会成立。1997 年 1 月，县残联成立。这些社会团体的建立，在不同时期，围绕全县的中心工作开展活动，为馆陶县经济和社会发展做出了贡献。

第一节　工会

组织机构

馆陶县总工会为正科级社会团体，核定机关行政编制 4 名，事业编制 4 名，单位实有人数 10 人，两名离岗；核定主席 1 名，副主席 2 名，实有正副科级干部 3 人；核定内设机构 2 个，实有内设机构 2 个，核定股级干部 3 名，实有 2 名。

基层组织建设

1997 年 1 月 22 日，县总工会下发《关于乡、镇企业组建工会组织的通知》，开始在乡、镇企业中组建工会组织。1998 年 9 月 26 日，成立馆陶县乡镇工会联合会。同时下发《关于加强组建新经济组织工会工作的意见》。2000 年 1 月，成立馆陶县私营企业工会联合会，2011 年 3 月，县总工会召开职工代表会切实加强乡镇工会建设，总工会为 8 个乡镇委员会选聘 8 名专职工会干部，积极指导 277 个村级工会，118 个村级工会联合会建立情况。2013 年根据市总和县委深化“双亮”活动的工作要求，结合馆陶县实际，县总工会和对口单位工会及乡镇总工会在 236 家企业开展“双亮”活动；已建立工会组织的企业覆盖面要达到了 80% 以上；通过开展“双亮”活动，进一步提升基层工会组织建设规范化水平。

代表大会

1997 年 8 月 4 日，召开馆陶县第六届职工代表大会。郝庆斋主持会议，王社群做重要讲话。工会出席代表为 52 人，大会听取了《把握大局，开拓进取，在我县两个文明建设中更好地发挥工会组织的作用》的报告。

2003年7月9日，召开县总工会第七届代表大会，选举第七届委员会，选举第七届委员会主席郝庆斋。

2006年7月，县总工会第八次代表大会召开。工会主席牛兰学主持会议，并为大会做报告，县委副书记讲话，大会听取、审议并通过总工会第八届委员会所作的报告和《财务工作报告》。

2008年9月，馆陶县总工会召开第九届会员代表大会，基层工会推选职工代表51名，代表全县478个基层工会（其中村级工会277个）组织参加会议。

维护职工合法权益

1997年以后，县总工会和各基层工会认真履行职责，积极推进集体合同制度，构建工资集体协商机制，维护职工合法权益。2003年按照《河北省劳动合同管理办法》《河北省集体合同条例》劳动和社会保障部《工资集体协商试行办法》，在各类企业中推行劳动合同、集体合同和工资协商机制。2007年，县工会与人社局对全县签订集体合同企业进行全面检查，对在集体合同履行中存在的问题提出了纠正意见。到2013年，全县已有276家各类企业签订了工资集体合同，工资平均增幅约13%。

困难职工帮扶

1997—2013年，县总工会坚持一年一度的送温暖活动，为全县的特困职工和困难职工家庭送上一份爱心和关怀。累计春节期间发放特困职工和困难职工的补助资金70万元，走访慰问职工3000余户，每年9月开展“金秋助学”活动，资助困难职工子女助学金15万元。

职工文体活动

1997—2013年，县总工会始终注重抓好职工教育，并积极组织搞好形式多样的文娱体育活动，寓教于乐，丰富职工群众业余文化生活，促进了职工教育的健康发展。1997年在庆香港回归活动中，馆陶县总工会组织全县各基层工会举办文艺汇演、演讲比赛、职工书法、摄影比赛、座谈会等丰富多彩的活动，参加职工3000人。2000年，组织《工会法》知识竞赛，全县有1000多人参加。2009年，庆祝建国60周年县总工会共举办各类报告会、讲座、

2012年9月，组织“和谐杯”干部职工篮球赛

演讲、知识竞赛、知识考试等共 14 场次，参与职工 6730 人。2012 年 9 月，县总工会组织馆陶县“和谐杯”干部职工篮球赛，是馆陶县历史上规模最大、时间最长、参赛球队最多的一次职工篮球盛会。

第二节 共青团

机构

县团委 1997—2013 年，共青团馆陶县委员会下设 2 个职能部门:组宣部和青少部，机关行政编制 3 名，其中：书记 1 名，副书记 2 名。并有下属事业单位 1 个：希望工程办公室，为全额拨款的股级事业机构，编制 2 人，股级领导职数 1 人。

基层团组织 至 2013 年，馆陶县有乡镇团委 8 个，乡镇直属团组织 186 个，新建非公团建组织 123 个，基层团支部 277 个，单位团支部 20 个，其他团委 25 个，团员 8200 人。

代表大会

1997—2013 年，馆陶县共召开 2 次团员代表大会。

1997 年 4 月 17 日，共青团馆陶县第十二次代表大会召开，出席代表 162 人。会议听取并审议第十一届团县委工作报告，选举产生共青团馆陶县第十二届委员会，书记 1 人，副书记 2 人，常委 7 人，委员 27 人，候补委员 11 人。

2010 年 4 月 9 日，共青团馆陶县第十三次代表大会召开，出席代表 124 人。会议听取并审议第十二届团县委工作报告，选举产生共青团馆陶县第十三届委员会，书记 1 人，副书记 2 人，常委 7 人，委员 17 人，候补委员 1 人。

青少年思想道德建设

1997—2013 年，团县委把青少年思想道德建设作为工作重点，利用每年的重大节日、纪念日开展“成人节”宣誓仪式、集体入团仪式、志愿服务、传统教育及知识竞赛、演讲比赛、朗诵节比赛、形式报告会、青年读书班、团干部培训、学习“绿丝带”等活动。

清明节到县英烈纪念馆举行祭祀活动

每年清明节，团县委组织学校部分团员青年到县英烈纪念馆进行爱国主义教育活动，2005 年 11 月 2 日，团县委联合文教体局在县英烈纪念馆举行了“重温入团宣誓，学习烈士精神”大型活动，这些活动的开展使同学们瞻仰了英烈风采，缅怀了英烈事迹，从而在内心树立起了正确的人生观、世界观和价值观。

2010 年，团县委积极发挥团组织的教育引导职能，开展了“为了明天·青春自护”活动，面向青少年开展禁毒远离色情，加强青少年自我保护教育，认真宣传《未成年人保护法》和《预防未成年人犯罪法》，购买中小学生自我保护手册 200 册，分发到学校进行宣传。

2013 年，开展团干部“学理论·筑梦想”主题活动。动员基层团组织观看《学习十八大·给力新征程》《我们走在小康路上》等宣传片，坚持用中共十八大精神和社会主义核心价值体系引领青年，开展专题研讨、读书交流等活动 10 场，参与活动 1500 人次。

青年志愿者行动

1994 年，团中央提出开展“青年志愿者服务活动”的号召，此后，团县委把每年 3 月作为“学习雷锋志愿服务月”，成立“绿化带青年志愿服务队”，以及每年 6 月作为“青年志愿者活动月”，组织各界青年志愿者以“学雷锋爱馆陶，点燃青春正能量”“热心献社会，真情暖人心”“积聚社会正能量，提升城市文明形象”为主题，以“扶贫济困”“一助一”为重点，开展关爱农民工子女、关爱城市“卫士”志愿服务、关爱空巢孤寡老人、植绿护绿、清洁环境、宣传法律等形式多样的志愿者奉献活动。全县每年参加活动的青年志愿者达 2000 人次。

志愿者动员誓师大会

2000 年，成立青年志愿者便民、利民服务队，进村入户，开展以“四项服务”（医疗卫生服务、农技咨询、培训服务、法律法规宣传咨询服务、电业服务）为主要内容的“便民利民”服务项目，受到社会各界的好评。2010 年团县委号召全县共青团员和少先队员积极投身抗旱救灾之中，为受助群众进行捐款，结合县医院到所分包的村庄为 200 多名群众开展义诊活动。2011 年 12 月 5 日，团县委成立“LOVE 陶山志愿者服务队”和“LOVE 陶山青年志愿者 QQ 群”，引导青年的环境保护意识，为全县的生态家园富民工程添砖加瓦。此活动延续至 2013 年。

维护青少年合法权益

1997年开始，团县委通过开展创建优秀“青少年维权岗”、农村“青年之家”和青少年信访代理、“六一”关爱留守儿童等主题活动，整合青少年健康成长的优势资源，维护青少年的合法权益，预防和减少青少年违法犯罪，联合解决影响青少年健康成长的社会问题，为青少年健康成长营造良好的社会环境，构建全社会共同关注青少年健康成长的新体系。2013年，110指挥中心被共青团河北省委授予2013—2015年度“全省优秀青少年维权岗”荣誉称号。团县委在2013年“共青团与人大常委会代表、政协委员面对面”活动中，《探索建立学校—家庭—社会三位一体教育网络加强未成年人安全自护教育—对馆陶县未成年人安全自护教育的调查》被团中央评为优秀调研报告。

团组织“创先争优”活动

1997年后，在全县各级团组织开展了“双合格”（合格团委、合格团支部）创建和创建“红旗团委”工作，从加强班子建设、服务体系建设、团员队伍建设、阵地建设四个方面入手，每个乡镇团委达到“班子建设好、主题活动好、队伍建设好、活动阵地好”的四个好标准，至2013年，全县农村建立了100多个青年学习宣传基地。

2013年，举办馆陶县首届青年草坪婚礼，为全县倡导“节约办婚礼、追求新风尚”迈出实质性一步。是年争取馆陶县青少年宫建设资金70万元，被团中央列为2013年度河北省唯一一个受补助项目。全县评选10名“五四奖章（标兵）”、5个“红旗团委”、5个“先进团支部”等优秀个人和先进团组织，一人获“河北省优秀团干部”荣誉。团县委在年度考核中获“河北省优秀团县委”荣誉称号，被评为2013年度邯郸市“青年创业小额贷款工作先进县”和“非公团建工作先进县”。

实施希望工程

1998年开始，馆陶县成立希望工程办公室（办公室设在团县委），先后争取和筹措希望工程资金150余万元，在全县援建希望小学3所，救助特困中小学生2000余名。2000年，馆陶县希望工程工作获得“河北省希望工程建设奖”和“邯郸市希望工程建设奖”。2006—2010年，团县委通过各种渠道筹集善款49.6万元，共救助贫困学生150余人次，其他弱势群体40多人次，累计举行公益活动40多次。2013年，团县委实施“支持教育事业，资助贫困学

举行爱心希望工程捐赠活动

生”圆梦助学活动，累计筹资80余万元，资助贫困生380余人实现求学梦。是年创立王桃园教育基金，启动仪式后为王桃园小学30名家庭贫困、品学兼优的学生，发放助学金6000元。为馆陶县柴堡联合小学、特教学校等10所小学申请援建希望厨房，每所学校援建最高4万元厨房就餐物资。为农民工比例较大的新华小学申请“七彩小屋”项目，协调价值3万元物资。

少先队活动

2000年，全县各级少先队组织开展了“红领巾创新实践活动”、少先队员入队仪式、雏鹰争章达标活动、雏鹰假日小队活动、城乡小朋友手拉手活动。2009年5月举办全县未成年人思想道德教育培训，开展“我与花草共成长”，争做“环保小卫士”活动。2011年，为纪念中国共产党建党90周年，组织少先队员参加“十个一”（每周至少做一次家务；读一篇与爱国主义、传统美德、礼仪、法律有关的文章，并写读后感；开展一次环保小卫士活动；做一次好人好事；参加一次升旗仪式等爱国主义教育活动；每天向家长、师生说一句问候语；为老人捶一次背或洗一次脚；学一句格言警句；唱一遍国歌（队歌）等爱国主义歌曲；读一条《小学生守则》或《日常行为规范》）和五小标兵（在独处时做心理健康、用于创新的小主人；在家做孝敬父母、关心亲人、热爱劳动的小帮手；在社会做热爱祖国、文明礼貌、诚实守信的小标兵；在学校做团结友爱、互相帮助的小伙伴；在社区做爱护公物，保护环境的小卫士）”活动；开展“城市管理年”主题教育实践活动，举办“城市管理、爱我家乡”征文、绘画、征集标语大赛。

少先队员入队仪式

2013年，组织开展“红领巾相约中国梦——小手拉大手农村面貌改造提升行动”“家乡文化大搜索特别行动”建队日主题队会，先后开展“我看家乡新变化”“我为家乡扮新装”“我是未来建设者”等队会活动，组织中小学生开展网上向国旗敬礼、网上签名寄语等活动。联合县教育局举行大队辅导员聘任仪式，为43名专兼职辅导员颁发聘任书，并举办集中培训班，提升辅导员队伍的业务能力。

2000年，团县委被授予市级少先队工作先进集体，有5人被评为市级优秀少先队辅导员，6人评为市级优秀少先队员，获二、三级雏鹰奖章，两个少先大队被评为市级雏鹰大队。2013年，表彰优秀少先队集体10个，“辅导员之星”70名，少年之星170名。

第三节　妇女联合会

机构

1996 年 11 月至 1998 年 2 月县妇联内设三部二室：宣传服务部、维权部、少儿部、办公室、春蕾计划办公室。县妇联下属组织有各乡镇妇女联合会，县直机关和企业单位共有 24 个单位设立妇女委员会。1998 年 2 月至 2002 年 7 月，县妇联行政编制 4 人，事业编制 2 人，内设机构：宣传服务部、维权部、少儿部、办公室、春蕾计划办公室。2002 年 7 月至 2013 年年底，县妇联行政编制 3 人，事业编 2 人，内设机构为一部三室：宣传服务部、办公室、妇儿工委办公室、春蕾计划办公室。县妇联的下属组织有各乡镇妇女联合会，县直机关妇委会和企事业单位妇委会已由 24 个发展到 52 个。

三八妇女节表彰大会

代表大会

1998 年 5 月 6 日，在馆陶宾馆召开馆陶县第九次妇女代表大会，会期一天，大会共有正式代表 125 名，列席 25 名，特邀 3 名，选举产生主席 1 名，副主席 1 名，常委 7 名，执委 25 名，审议通过了工作报告。至 2013，没有再召开代表大会。

双学双比

1997 年以后，馆陶县在农村妇女中开展“双学双比”（学文化、学技术、比成绩、比贡献）活动。2001 年开展“新千年科技致富接力行动”，县妇联依托馆陶镇东苏村养殖园区、车疃万亩棚菜示范园区为工作基地，从农业局、畜牧局择出具有中高级职称、责任心强的 3 名女专家（高级农艺师刘少芳、农艺师王红玉、畜牧师李书玲）为技术先锋，对农村妇女广泛开展技术培训，专家入户指导，开辟“农村科技园地”电视栏目，通过专家帮带女能手、女能手帮贫困妇女，逐步完善帮扶协议，扩大接力范围，已形成有效的接力运行机制，2002 年全县形成馆陶镇东苏村、寿山寺常尔寨两个养殖园区，徐村乡南徐村、馆陶镇车疃村两个棚菜种植园区，并重点培养无公害西红柿种植大棚 61 个，集中分布在馆陶镇车疃村、魏僧寨镇赵官寨村。

1998 年到 2002 年开展农民女技术员评选工作。县妇联、科委、劳人局联合开展农村女技术员职称评定工作。并授予农民女技术员证书。共评出138名农民女技术员。

2003年后继续开展农村妇女“双学双比”活动。2003年3月至10月先后确立东苏村养殖园区、车疃万亩棚菜示范园区、王桥生态庭院示范点为县妇联“双学双比示范基地”。2004年，寿山寺乡西沙河“丰产林”项目获全国、省“三八”绿色优质工程称号。2004年至2005年确立了路桥乡三八绿叶桑蚕基地、魏僧寨镇赵官寨巾帼绿源蔬菜瓜果种植基地，县妇联协助创办的巾帼创业培训基地——神鸟服装加工、农业局三八谷子种植基地等四个市级三八绿色基地。同时县妇联积极与农口部门配合举办种植养殖培训班，推广新技术。培训妇女2000人。2008年，县妇联被邯郸市妇联评为“双学双比”先进集体。2010年，县妇联被省妇联及省双学双比领导小组评为“河北省城乡妇女岗位建功先进集体”，2012年县妇联荣获邯郸市城乡妇女岗位建功（双学双比）先进单位。

巾帼建功

1997年，县妇联在城镇女职工中开展了“巾帼建功”活动，主要有以下两项：一是开展争创“巾帼文明示范岗（星）”活动。在教育、卫生、金融、交通、轻工等行业，针对行业特点，开展技术练兵比武、知识竞赛、岗位读书等特色活动，全县24个巾帼集体挂牌参赛，3215名女职工参加到活动中来，争创佳绩，争当明星。1997—2002年，全县推出市巾帼十杰1名，市巾帼创业带头人2名，市巾帼明星3名，省市巾帼文明示范岗3个，有112名巾帼明星受到县级表彰。

2009年，县妇联在全县服务窗口单位开展“巾帼文明示范岗（星）达标活动”“巾帼建功特色杯”夺杯竞赛活动，在各个行业开展技术练兵比武等各具特色的活动。农行储蓄所、县医院妇产科、电力局等获市巾帼文明示范岗。

2012年成立巾帼志愿者队伍开展服务。招募志愿者300人，组建服务队20支，开展各类志愿服务活动。

2013年12月，馆陶县巾帼服务培训基地正式挂牌成立，妇联与邯郸市巾帼再就业服务中心联合举办家政培训。首期培训的60名农家女获得家政服务上岗证。2013年县妇联组织各类巾帼志愿者到新华小学、幼儿园、陶西村、公主湖开展关爱留守儿童空巢老人志愿服务10多场次。在国际志愿者日组织部分志愿者慰问了30名特困儿童。利用12月2日全国交通安全日开展了“安全出行巾帼先行”上街服务。2013年全县涌现出50名“巾帼建功

县妇联到敬老院进行志愿者服务

标兵”和 60 名“优秀巾帼志愿者”。

维护妇女儿童权益

1998 年 7 名妇联干部被县法院聘为陪审员。2000 年县妇联成立法律服务所，并有专职维权干部值班办案。县妇联利用陪审机会，利用代书、代理妇女儿童诉讼案件的机会，更好地维护妇女儿童合法权益。到 2002 年参加陪审案件 12 起，代书 18 件，代理 5 件。

2005 年成立了涉及 15 个成员单位的“馆陶县妇女儿童权益协调组”。同年与公安局联合成立“110”家庭暴力报警中心，两年期间解决陕西被拐卖妇女陈明巧案，魏僧寨某妇女遭丈夫毒打案，陕西女青年刘某人身损害补偿案等典型案件。妥善解决沧州女青年刘某身体伤害补偿案。

2009 年妥善解决路桥乡未成年少女包办婚姻案．取得了良好的社会效果。当年，县妇联与公安局、法院配合，成功处理了首例家庭暴力伤害案，施暴人被判处 4 年有期徒刑，赔偿受害人各种损失 4 万元。

2010 年 10 月 14 日，县综治办、县妇联联合召开基层妇女维权站建设工作推进会暨基层妇女维权干部培训会。到 2013 年年底，全县共组建 186 个妇女维权站。2010 年县妇联与政法委联合，在县直、乡镇、村三级共同建立妇女维权站，妇女维权网络已基本实现全覆盖。

“春蕾计划”

“春蕾计划”由全国妇联发起，是一项辅助发展女童教育，让更多因贫困失学的女童重返校园的爱心工程、民心工程。馆陶县自 1995 年实施“春蕾计划”，在实施春蕾计划的第一年，县妇联向县委，县政府及时汇报上级有关会议精神，提交馆陶县春蕾计划工作实施方案，以及馆陶县失辍学女童有关调研报告。1996 年成立了馆陶县“春蕾计划”办公室，增设了编制，由专人负责全县春蕾计划工作的组织、宣传、发动社会力量捐资捐物工作。

实施春蕾计划·资助贫困儿童

2001 年妇联开展了“众手浇开春蕾花”捐款活动；2002 年开展“同在蓝天下”扶贫助困活动;2003 年的“春雨润孤”行动，使 20 多名孤儿得到救助；2004 年县妇联在全县开展了针对孤儿及单亲家庭的特困女童的救助活动。

2005 年 3 月在路桥乡油寨中学附小筹建了两个小学春蕾班，将附近 15 个村的孤困儿童集中于此，县妇联连续救助三年帮助他们完成小学学业。2007年6月1日，县妇联为孙店联小和河寨联小的62名留守儿童及其中34名特困留守儿童送去了价值2800元的学习用品，发放带资亲情信封1600个。2007年6月14日，邯郸市唯一的一所省属高中卓舒春蕾班在馆陶一中成立，市妇联代表省妇联、省儿童基金会、河北卓达集团向馆陶一中捐赠了12万元，帮助50名品学兼优的贫困女学生完成学业。2009年8月14日，县妇联在馆陶一中举行了优秀春蕾毕业生奖学金发放仪式，为13名学生发放奖学金26000元。

1997—2013年先后救助失辍学女童760人，筹集、发放各类助学款92.5万元，使数百个家庭的失辍学女童重返校园，切实维护了贫困女童享受平等的受教育权，取得了良好的社会效益。

第四节　工商业联合会

机构

1994年1月24日，馆陶县工商业联合会恢复建立。县工商业联合会是统一战线性质的人民团体和民间商会，属于县委编制序列，按局级人民团体对待，行政编制2人，其中：常务副会长1名，秘书长兼办公室主任1名。因经济发展需要，1998年8—10月全县8个乡镇成立基层商会；1999年8月成立黑陶协会，2004年6月成立饲料协会；2005年6月成立轴承协会；2004年7月成立金凤市场商会。2004年11月成立陶山市场商会。

代表大会

1997年3月5日，县工商联第六次代表大会召开，工商联会员305名，推选代表65名，选举出执行委员会委员28名，名誉会长3名，会长1名，副会长14名。

2004年1月25日，县工商联第七次代表大会召开，工商联会员625名，推选代表75名，选举出执行委员会委员28名，会长1名，副会长6名，秘书长1名，常务委员23名。

2006年11月16日，县工商联第八次代表大会召开，工商联会员1032名，推选代表120名，选举出执行委员会委员48名，会长1名，常务副会长1名，副会长10名，秘书长1名，常务委员23名。

2012年1月25日，县工商联第九次代表大会召开，工商联会员436名，推选代表210名，选举出执行委员会委员84名，会长1名，常务副会长1名，副会长13名，秘书长1名，常务委员25名。

参政议政

1997年后，县工商联在人大常委会、政协会议上每年都提出二十多条提案和十几条建议，涉及城建、工业、市场和民生等方方面面，为全县经济社会发展献计献策。1999年提出《关于如何繁荣我县三大市场的议案》被县委、县政府和县政协评为优秀议案，县委、县政府下发专门文件并组织力量进行认真落实。2012年提交《关于完善和推动中小企业的贷款担保体系的建议》等13件提案，县委、县政府分别以红头文件下发，予以落实。2013年县工商联深入到36家入统企业，就企业现状和企业的未来发展进行调研，撰写了《在经济下行形势下，我县非公有制企业的发展思路与对策》调研报告，上报县委、县政府主要领导，为政府决策提供参考。

光彩事业

1996年，成立馆陶县光彩事业促进会，制订计划和措施并发出倡议，全县积极以实际行动响应。县付合种鸡孵化有限公司总经理吴付合，无偿支援扶植困难户，并在用水和小学“普九”达标中慷慨解囊，十几年用于光彩事业资金达30多万元，1999年11月被评为河北省光彩事业先进个人。

2013年5月，馆陶县工商联对金翔进出口公司、康恒医药公司、新博源医药公司、洪源纺织有限公司、陶漆工艺厂、亚超轴承有限公司、三林轴承有限公司等十家执委企业开展光彩事业调查汇总并上报市工商联，在调查过程中对民营企业参与光彩事业，回馈社会履行责任的做法给予肯定宣传，使非公经济人士逐步提高思想觉悟，增强奉献意识。

服务会员

1997年后，县工商联积极组织会员企业参加各种培训会、招商会、洽谈会等经济活动。2004年3月12日组织8民企赴邯郸西苑宾馆参加由北京有关专家授课的“企业IS09000、1400贯标培训”；2005年10月18日、12月1日和2006年4月8日，分别组织20余名民营企业家赴市参加由香港理工大学工商管理硕士和中央党校教授主讲的理论与实务讲座培训班；2006年8月6—8日，组织部分民营企业家赴北京清华大学参加全国民营企业家高级研修班的培训学习。

2005—2007年，先后七次组织会员到江浙等经济发达地区学习、洽谈，为企业协调资金3000余万元，输出劳务7000余名。2005年8月，随省工商联团赴香港、澳门对香港中华厂商联合会、澳门冻肉食品业商会、澳门百货办馆业商会进行访问交流，对馆陶做全方位推介。

2009年4月，组织河北信德电力配件有限公司、县陶星制衣有限公司负责人出席“菏泽国际牡丹节招商洽谈会”，参加电子商贸组招商活动，推介了馆陶县项目；5月，组织信德电力配件公司、北科机械制造公司等企业负责人，到浙江温州、福建福州等沿海地区考察项目，使企业家解放了思想，更新了观念，为下一步投资发展新项目、搞好企业生产经营奠定了基础。2009 年 9 月，组织馆陶县海亮陶艺厂、馆陶县黑陶厂和馆陶县中北孟家娃笨鸡养殖基地等三家会员企业参加了“2009 中国河北（邯郸）国际采购经贸洽谈会暨名优产品博览会”。2009 年举办“共同约定行动”，帮助危机下的企业渡过难关。县工商联与县总工会等五部门联合启动共同组织 30 余家企业负责人、职工代表参加“共同约定”仪式，动员企业、职工坚定信心，携手合作，共克时艰，以实际行动帮助企业渡过难关；组织参加“民企招聘周”活动，为危机下的企业提供人才服务。2009 年 5 月 15—21 日县工商联组织信德电力配件公司、民旺饲料有限公司、金翔饲料进出口有限公司等急需人才的企业积极参加了“2009 年邯郸市民企招聘周活动”，并为企业联系免费展示摊位。组织民企走出去“充电”，提高素质，应对危机。是年 9 月 15—18 日，组织河北康恒医药有限公司等民营企业家参加在青岛市北京大学国际学术中心举办的河北省民营企业家高级研修班。

2010 年，组织参加企业家演说力培训。邯郸市工商联与北京人间远景教育集团联合举办企业家演说力研习会。县工商联全体及信德电力配件公司副总经理杨允成、鑫泰设备有限公司总经理孙宝良、民旺饲料公司副总经理张殿旺、金翔饲料公司总经理罗永跃、洪江轴承公司经理刘洪江等 22 名民营企业经理、负责人参加培训。2011 年 5 月 7 日，应河南省台前县统战部、工商联之邀请，协同县统战部领导一起，前往河南省台前县参加冀鲁豫三省十县联谊会，学习外地工作经验，增长了见识，开阔了眼界，交到了新朋友。2011 年 10 月组织信德公司、民旺公司等企业进入清华大学进行企业管理深造。5 年间组织培训人次 300 余人，受教育 3000 人次。

第五节　残疾人联合会

机构

1997 年 1 月，县残联成立，为正科级事业单位。同年 2 月组建 8 个乡镇残联，残疾人工作全面展开。经县编办批准，1997 年 3 月成立残疾人劳动服务所，为自收自支性质的事业单位。同年 4 月成立由 27 个成员单位组成的残疾人工作协调委员会（简称残工委），主任由县政府副县长担任。至 2013 年，组织机构未发生变化。

代表大会

县残联第三次代表大会于 1998 年 3 月召开，出席会议代表 36 名，其中残疾人代表 6 名。县残联第四次代表大会于 2003 年 3 月召开，出席会议代表 27 名，其中残疾人代表 7 名。县残联第五次代表大会于 2008 年 3 月召开，出席会议代表 38 名，其中残疾人代表 8 名。县残联第六次代表大会于 2013 年 3 月召开，出席会议代表 45 名，其中残疾人代表 15 名。

扶残助残

2009年，在全国助残日活动中，由县城关完小学生60人，组成的鼓乐队和福利企业单位自行出具的10余辆宣传车，在县城宣传残疾人保障法。2010年县残联出资6800元用于助残，走访慰问残疾人50余人（次）。2011年表彰扶残助残先进集体10个、先进个人20名、残疾人自强模范5名。2012年县残联到县特教学校慰问残疾学生，送去了学习生活用品。

康复扶助

2009年3月，县残联选定中医院为残疾人康复定点医院。先后免费做白内障手术400余例。2010年至2013年先后开展肢残康复训练10余次共200多人，为低视力患者免费配戴助视器200余个。2011年至2013年免费配发残疾人用品用具200余件，包括轮椅、助听器、盲杖、盲表、助行器、生活自助器具等残疾人日常生活离不开的基本辅助器械。1997年至2013年先后共有数百名残疾儿童在馆陶县特教学校入学毕业，并在学校期间接受了各种康复扶助。

就业扶助

1997年后，县残联在推进按比例安排残疾人就业的同时，积极扶助残疾人就业，及时摸清用人单位需求和残疾人劳动力资源状况，为残疾人就业牵线搭桥。至2013年先后开展残疾人农业养殖种植培训班10余期，培训残疾人2000余人。使各类残疾人得到不同方面的培训。其中人部分都得到了养殖种植方面的扶持。促使500余名残疾人就业。残疾人扶贫基地带动了130余户贫困残疾人家庭脱贫。

马会会获得2010年广州亚残会羽毛球冠军

文体活动

1997年后，馆陶县注重开展残疾人文化体育事业，涌现出一大批优秀文体人才，其中残疾人运动员张魁东多次在国家级、国际级各项赛事中取得优异成绩。2005年6月获得全国残疾人自行车锦标赛公路赛冠军。2007年8月获得哥伦比亚世界公开赛残疾人自行车场地1公里个人计时赛冠军。2008年9月获得北京残奥会自行车场地1公里个人计时赛亚军，男子团体竞速赛亚军，获得两块奥运会银牌。残疾人运动员马会会多次在国家级、国际级各项赛事中取得优异成绩。2007 年获得全国残运会羽毛球冠军，2009 年获得韩国世界锦标赛女单、女双冠军。2010 年获得广州亚残会羽毛球冠军。

第五编 文教 卫生

1997年以后，馆陶县重视教育事业，教育经费逐年增长，教育布局更加合理，教师队伍、教育资源不断优化配置。标准化学校建设成效显著，实施“校安”工程，累计投资3.7亿元，为38所学校新建教学楼、宿舍楼、实验楼、餐厅等86栋建筑。普及学前三年教育和普及九年义务教育均通过了省政府第二轮复查。至2013年，全县共有各级各类学校42所，全县在职教职工2957人，中小学在校生49638人，幼儿园112所，在园幼儿16783人。小学学龄儿童入学率100%。兴办高等教育、中等职业教育和成人教育学校，创办了馆陶职教中心。

卫生、科技事业迅速发展，逐渐形成县、乡、村三级医疗网。2005年12月，馆陶县被河北省政府列为新型农村合作医疗试点县，2006年1月1日，正式开始推行实施新型农村合作医疗制度。2009年9月，县中医院新院区投入使用。2013年，乡镇卫生院和村卫生室建设也达到国家规范化标准。国家级高新技术企业1家，河北省科技型中小企业58家，市级研发机构备案28家。全县共组织实施各级星火计划和农业科技项目120余项，各级各类工业科技计划项目110项。

文化、体育成果丰硕，新建了文化馆、图书馆、博物馆、文体艺术中心。县级以上非物质文化遗产35项，其中国家级2项，省级4项，市级17项。有文化单位41家。文学艺术创作影响广泛，形成了一批作家阵容，有2000余篇（首）文学作品在各级报刊发表，音乐、美术、书法、摄影、民间艺术、工艺美术优秀作品叠出，先后获得“中国黑陶艺术之乡”“中国黑陶生产基地”“黑陶彩陶创作研究基地”“中国黑陶之冠”等荣誉。全县体育设施10处，健身场所普及到244个行政村，向上级体校输送优秀运动员160余人，其中20余名被省级运动队选用。

第一章 教育

春秋时期，馆陶县兴起私学，孔子弟子子夏在馆陶西河寨一带设教讲学。《隋书》称馆陶人“好儒学，性质直怀义，有古之风烈”。隋唐以后，馆陶人乐于教化，儒学、社学、私塾、义学、书院应运而生。清末学堂、民国初期、高小兴盛。新中国成立后，特别是20世纪90年代后，馆陶县教育事业发展迅速，实现了“两基”（基本实施九年义务教育和基本扫除青壮年文盲），学前教育和高中教育基本普及；职业教育和成人教育成就显著；师资队伍素质不断提升；学校布局调整进一步优化，办学条件变化巨大，在农村实现了“最好的地方是校园，最好的建筑是学校”，教育教学质量和办学水平逐年提高。2013 年，全县共有各级各类学校 42 所，其中，普通高中、职教中心、教师进修学校、特教学校各 1 所，初级中学 4 所，九年一贯制学校 2 所，小学 32 所。全县在职教职工 2957 人，中小学在校生 49638 人，其中，高中在校生 2027 人，初中在校生 9321 人，小学在校生 38290 人。幼儿园 112 所，在园幼儿 16783 人。

第一节　管理机构

教育局办公大楼原址

教育综合服务中心

县级行政管理机构

1997 年初，文教局改称教育委员会，局长改称主任。设主任（兼党委书记）1 人，副主任 4 人，党委副书记 1 人，纪检书记 1 人，工会主席 1 人，主任督学（兼职）1 人，副主任督学 2 人。

2002 年 7 月，改教育委员会为文化教育体育局，下辖文体办（科级单位）、招生办（科级单位）。主任改称局长。

2011 年 11 月，改文化教育体育局为教育局，将原文化、体育、新闻出版管理职能划转到文化广电新闻出版体育局。设局长 1 人，党委书记 1 人，副局长 2 人，党委副书记 2 人，主任督学 1 人，副主任督学 2 人，副主任科员 3 人；招生办主任 1 人，副主任 2 人。内设办公室、人事科、教育科、计财科、法规安全科、职业教育和成人教育科 6 个科室。

2012 年 9 月，设局长（兼党委书记）1 人，副局长 2 人，党委副书记 2 人，主任科员 1 人，主任督学 1 人，副主任科员 2 人，副主任督学 2 人，副科级 1 人；招生办主任 1 人，副主任 2 人。

基层行政管理机构

县属学校　1997 年 1 月，全县共有县属学校 5 所，幼儿园 1 所。包括教师进修学校、第一中学、职业技术教育中心、第二中学、城关完小和县幼儿园。在岗校长（常务副校长）5 人，副校长 15 人，其他副校级干部（党支部书记、副书记、纪检委员、工会主席等，含兼职）6 人，幼儿园园长 1 人。

2013 年，全县有县第一中学、职业技术教育中心、教师进修学校、陶山中学、实验中学、实验小学、魏僧寨中学、房寨中学、新华小学、永济小学、县幼儿园和县中心幼儿园 12 所县属学校。其中，县第一中学、职业技术教育中心、教师进修学校、陶山中学、实验中学为科级单位，领导成员由县委、县政府选派。在岗校长（常务副校长）10 人，副校长及其他副校级干部（党支部书记、副书记）33 人，幼儿园园长 2 人。

农村学校　1997 年，全县基层教育行政单位为 8 个乡镇中心校，分别设中心校长 1 人、副校长 2 人，负责管理本辖区教育工作。乡镇中学由中心校管理。

2000 年 5 月，全县中小学改革办学体制，撤销原中心校，设立乡镇教委。中心校长、副校长改称教委主任、副主任。中学校长称谓未变。通过竞聘上岗，有 8 人被聘为乡镇教委主任，16 人被聘为乡镇教委副主任。各乡镇中学校长由本乡镇教委选聘，有 22 人被聘为中学校长。

2004 年 8 月，再次实施乡镇教委主任竞聘，有 3 人被聘为乡镇教委主任，并对部分乡镇教委主任和中学校长调整。

2005 年 10 月 31 日，县人民政府办公室印发《关于转发县文化教育体育局农村中小学管理体制改革实施方案的通知》，决定对农村中小学管理体制调整与完善。各乡镇教委设主任 1 人、副主任 2 人、会计 1 人，其余行政管理人员全部下放到中小学任职（课）。是年，有 43 人被任命为中小学布局调整后的中小学校长或负责人。

2007 年 12 月，为推进义务教育均衡发展，全县打破行政区划界限，将原 8 个乡镇教委辖区划分为魏僧寨、柴堡、馆陶、房寨 4 个学区，构建“县—学区—学校”三级管理体制。乡镇教委改称学区中心校，教委主任、副主任改称校长、副校长。2013 年全县有学区校长 4 人，副校长 11 人；中小学校长 32 人，副校长 31 人；幼儿园园长 2 人。

第二节　学前教育

馆陶县幼儿园入班年龄：3 周岁。班额：1997—1999 年为 40 人，1999—2013 年为30人。

教育内容：1997—2000年按照1996年颁布的《规程》开展体育、智育、“五爱”教育、艺术教育，2001—2005年按照《幼儿园教育指导纲要》开展健康、语言、社会、科学、艺术5领域教学，2006—2011年开展领域教学、主题活动教学、幼儿园双语教学，2012—2013年按照《3-6岁儿童学习与发展指南》科学实施5大领域教学并增设早教课程。

保育内容：1997—2000年培养幼儿良好习惯，2001—2005年注重卫生习惯培养，2006—2011年注重卫生习惯培养和家园共育内容，2012—2013年注重阳光体育、心理健康自闭症矫正。

六一儿童节文艺演出

基础设施：1997—2000年保教设施简单无电器，在2001—2005年使用电教设施、玩具丰富，2006—2011年园所开始注重自制教具，2012—2013年大力开展幼儿园改建工程、设施齐备。

2013年，全县有幼儿园112所，其中公办80所，教职工926人，具有幼儿教师资格证的218人。全县适龄儿童19320人，在园幼儿总数16783人，学前三年毛入园率86.9%。

农村学前教育

1997年前，全县农村学前班共计115个，入班幼儿3563名，幼儿教师99人。全县农村3—6周岁幼儿24397名，学前教育入班率仅为14.6%，学前教育还没有引起足够重视。

1997年后，学前教育逐步受到各级各届政府和教育部门的关注，发展迅速。特别是“普九”期间，全县大力实施农村小学布局调整，推行学区一体化管理，利用调整闲置下来的校舍改建为“校中园”或独立的幼儿园，逐步取消学前班。

2001年9月，教育部颁发《幼儿园教育指导纲要》，把幼儿园教育内容划分为健康、语言、社会、科学、艺术5个领域，要求城乡各类幼儿园要因地制宜实施素质教育，为幼儿一生的发展打好基础。此后，馆陶县对部分学前班教师实施限期培训。2003年9月，在全县开展幼儿教师教学标兵评比活动，提高了广大幼儿教师的业务水平。是年，乡镇中心幼儿园1所，农村学前班93处。全县3—5周岁幼儿数5484人，幼儿入园（班）

人数为3121人，入园（班）率56.91%。学前教育事业逐步发展壮大。

2004年3月，邯郸市教育局印发《关于进一步加快普及学前三年教育的意见》（邯教〔2004〕5号），提出到2007年全市幼儿教育改革与发展的目标是：形成以公办幼儿园为骨干和示范，以乡村办园和社会力量办园为主体，公办与民办、正规与非正规教育相结合的发展格局。市区和城镇全部取消学前班，农村基本建立起以规范化幼儿园为主体，学前班为补充的学前教育体系，基本普及学前三年教育。自此，馆陶县把基本普及学前三年教育作为基础教育推行“一普变十普”（“一普”为基本普及九年义务教育；“十普”为高标准、高质量普及九年义务教育，基本普及高中教育，基本普及学前三年教育，普及学校标准化建设，普及先进的教育思想和管理科学，普及中小学教师继续教育，普及普通话，普及常规实验教学和实践教学，普及信息技术教育，普及小学英语教育）的一项重要内容，加快发展学前教育的步伐，采取“大村独办、小村联办、保大放小、就近入园、规模办园”的原则，适时完成农村幼儿园的整、改、扩、新建工作，优化农村幼儿教育资源配置，实现全县学前教育的快速、健康发展。这一时期，馆陶县充分利用农村学校通过布局调整撤减下来的学校，改建成幼儿园，并鼓励社会力量办园。建设农村规范化幼儿园的基本标准是“三段”（有三个年龄段的幼儿，办有大班、中班、小班）“两有”（有基本办园条件，有基本卫生保健设施）“五独立”（法人独立，园舍独立，人员独立，财务独立，管理独立）。

2005年，全县累计投入400余万元，共建成农村一类幼儿园10所；二类幼儿园14所；三类幼儿园11所。同时，一部分农村民办幼儿园应运而生。这些幼儿园一般在本乡镇教委领导下开展学前教育工作，经费自筹。是年11月，馆陶县“普及学前三年教育”基本达到省定标准，顺利通过河北省评估验收。

2010年11月，国务院印发《关于当前发展学前教育的若干意见》，着力解决当前存在的“入园难”问题，满足适龄儿童入园需求。随后河北省政府出台《河北省人民政府关于大力发展学前教育的若干意见》，馆陶县制定了《馆陶县学前教育发展三年规划》。2011年后，馆陶县充分利用中央和省资金，进行农村闲置校舍改建和农村小学、教学点增设附属幼儿园共67个项目的建设。经过改建的幼儿园，园舍焕然一新，保教设备基本完善，电视、空调、电子琴等已基本普及，大型玩教具和各种室内玩具、图书等得到大量补充。

2012年10月，教育部印发《3—6岁儿童学习与发展指南》，指导幼儿教师和家长，根据幼儿生理发展特点，合理安排幼儿一日生活。2013年7月，根据学前教育形势发展需要，馆陶县教育局成立幼教科，并出台《关于加强幼儿园管理的实施意见》，全面加强学前教育管理，农村幼儿教育逐步走上正规化、规范化、科学化的发展道路。

2013年，馆陶县农村幼儿园64所。

城区学前教育

馆陶县幼儿园 前身为县托儿所，1957年创办，1959年春迁址于原党校，1960年春复又迁回原址，1973年停办，1983年恢复办园，1997年改建，2005年扩建，2012年重建。

1997年9月，该园迁至县教师进修学校旧址（此时县教师进修学校迁出）。占地2.1亩，约为原教师进修学校占地总面积之半数（另半数以办公楼为主，归县文教体局教研室和电教仪器站所使用），并通过翻新、改建旧校舍，使之成为一所符合幼儿教育的新型幼儿园。有房屋18间，其中，教室10间，活动室2间，教学辅助用房6间。教师12人，其中，中师毕业2人，幼师毕业8人。在园幼儿150余名，设5个教学班。其中，1个小班，2个中班，2个大班。开设健康、社会、科学、语言、艺术等课程，统一使用河北省统编教材《幼儿画册》。同时，按照幼儿园基本办学标准，新配置大型玩具一套、小型玩具10件、室内小型玩具1套、VCD1台、电视机两台、微机两台，各教学班均配有风琴和录音机。入园幼儿收费标准为每人每月15元。

新建的县幼儿园

2000—2002年间，入园幼儿收费标准为每人每月20元。2003年为每人每月30元。至2013年为每人每月130元。2005年11月，为适应普及学前三年教育和普及九年义务教育接受省政府第二轮复查需要，教研室和仪器站迁出，该园扩建。扩建后的幼儿园占地面积为4.2亩，并对原使用面积为490平方米的二层办公楼予以改造和整修，成为符合省普及学前三年教育要求的达标幼儿园。教师34人，全部为大专以上学历。在园幼儿360余名，分大、中、小3个班级，四轨制。

2012年3月，馆陶县对该园进行重建。总投资670万元，占地面积3768.3平方米，建筑面积3963平方米，可容纳12个教学班。设有档案图书室、教师备课室、科学探究室、卫生保健室、多功能活动室、食堂、寝室、盥洗室、厕所等各功能场所；购进空调、洗衣机、消毒柜等基础设施，增添教玩具、体育器械和图书；教育教学设备进一步扩充，配有多媒体设备、微机、液晶电视机、VCD、饮水机等；玩教具丰富适用，配备有桌上玩具、自制教玩具，室外娱乐玩具，还有多功能滑梯等大型玩具，玩具区活动场地铺设了安全性较高的彩色橡胶砖，幼儿园的保教设施进一步完善。

2013年11月，县幼儿园高标准通过省教育厅组织的专家组验收，被评定为省级示范园。是年，该园有教职工31人，保教人员24人，学历达标率100%；12个教学班，在园幼儿 400 余名。

县中心幼儿园　成立于 2011 年 9 月，位于政府街西段。占地面积 3368 平方米，可容纳 12 个教学班，402 名幼儿。教职工 37 人，其中管理人员 5 人，教师 30 人，勤杂人员 5 人（门卫 2 人，厨师 3 人）。教师全部是幼师专业毕业，经过招聘、培训、持证上岗（健康证、幼儿教师资格证）。总投资 452.1 万元，其中，设施设备投资 145.3 万元。有多媒体教室、食堂、活动室、沙坑、水池、种植角、养殖角等教育活动设施，环境优美，设备先进。2012 年 1 月，被邯郸市教育局评定为“城市一类园”，保教费 130 元 / 人 / 月。

馆陶县第二幼儿园

企业、民办学前教育

单位办幼儿园　一般属于为照顾内部干部职工工作和生活而设立，占地、校舍、设施设备、师资均由企业自筹。除内部子女外，兼招部分社会幼儿。

工商局幼儿园，创办于 1989 年，1998 年 5 月停办。

灯泡厂幼儿园，创办于 1986 年，园址设在县城文卫街中段路北灯泡厂内。在园幼儿一般保持在 30—50 名左右。1995 年以前一般每人每月 5 元；1995 年改为 10 元；1998 年后，内部子女 10 元，外部子女 20 元。后随灯泡厂停办。

民办幼儿园　一般属个人利用家庭住宅和房屋举办幼儿园。设施简陋，办园条件差，入园幼儿几个、几十个不等，多在进入 21 世纪后兴起。这些幼儿园一般未经县教育行政部门审批，散建于县城各街道、小区和农村。

2005 年后，县教育行政部门为规范学前教育，对全县学前教育检查、督导和整顿，对不合格和未经审批的幼儿园予以取缔，并形成规范整顿机制，每年对全县民办幼儿园审核验收。

2013 年，全县有民办幼儿园 32 所，教师 274 人，在园幼儿 4160 人。

第三节　九年义务教育

小学教育

1997 年，全县小学 209 所，在校生 37635 人，教职工 842 人。1998 年后，馆陶县实施农村小学布局调整，逐步压缩和调减一部分生源较少、规模较小、办学条件较差的小学，走联合办学之路，学校数逐年减少，办学效益逐年提高。至2013年，全县小学50所（33所完全小学、13所不完全小学、4所民办小学）、教学点60个，在校生3.83万人。

学制与课程设置　从1999年新学期始，全县50%的小学由五年制改为六年制，并执行国家六年制小学教学计划。2000年，剩余50%的小学由五年制改为六年制，同时执行国家六年制小学教学计划。

2003年6月16日，县文化教育体育局印发《河北省义务教育实验课程实施计划（试行）》，决定从2003年秋季新学期始，全县从初中、小学的起始年级开始实施课程改革，凡启用义务教育新《课程标准》的年级和学科均执行此课程实施计划，其余各年级和学科仍执行原课程计划。

馆陶县实验小学　县实验小学位于文卫街，属教育局直属小学，始建于1948年，前身为馆陶县城关完小，2006年9月更名为馆陶县实验小学，2008年10月整体搬迁到现址。学校占地2.62万平方米，建筑面积1.16万平方米，现有6个年级，62个教学班，在校生近4824人。教职工192人，专任教师163人，其中省、市特级教师2人，中学高级教师8人，小学高级教师（中学一级教师）135人，专科以上学历186人，学历合格率100%。学校教学设施齐全，拥有微机室、电子备课室、仪器室、实验室、培养室、探究室、图书室、阅览室、古筝教室、剪纸教室、二胡教室、舞蹈室、美术室、德育室、队课室、卫生室、合唱室等专业教室25个，总面积2593平方米；各类教学仪器6300余件，2013年增加了电子白板42套；更换微机室电脑60余台；藏书50365册；教学楼总面积6253平方米；办公楼面积1362平方米；综合楼面积为2794平方米；操场面积16320平方米且全部硬化，塑胶环形跑道400米；厕所面积700平方米。健全的设施为教师的工作、学生的成长创造了良好环境。

县城关完小原址

馆陶县实验小学

学校以教科研为先导，大胆实施新课程改革，积极推广新教法，先后承担省市规划课题15项，已结课题2项，其中小学数学“五步四环”教学法获市十五规划课题三等奖。

课题实验激发了教师投身教科研的积极性，着实培养了一批优秀的学科带头人。大力推进“双爱好”活动，组建学生专业社团20个，活动规范，效果显著，历届艺术节师生书画作品、文艺节目多次获奖，2010年，时任副省长龙庄伟视察时给予好评。

1997—2013年，教育教学质量在全县排名第一。学校先后被评为“全国百所小学作文教学改革实验校”；连续10年获“世界华人小学生作文大赛组织奖”；获“河北省教育教学管理先进学校”“河北省中小学德育先进集体”“河北省少儿工作先进集体”；并获“邯郸市文明单位”“邯郸市德育示范校”“邯郸市教科研先导型实验校”“邯郸市普及普通话示范校”“邯郸市电化教育先进集体”“邯郸市艺术教育活动先进学校”“邯郸市优秀少先队雏鹰大队”等，获国家、省、市、县级模范教师、优秀教师、优秀教育工作者百余人。学校开展的“节约一分钱”小储蓄活动，被河北省电视台录制成“小储蓄之花”电视片，先后在河北电视台和中央电视台播放；学生殷惠玲、薛红霞在全国少工委、《中国少年报》《中国儿童报》联合举办的“万名好少年奖”活动中分别获“孝敬奖”“勤俭奖”；学生张海洋等7人“假日小队”被团中央命名为全国“文明假日小队”，王鹏被命名为“全国手拉手好少年”。

初中教育

1997年年初，馆陶县共有24处初中。其中，馆陶第一中学、第二中学、魏僧寨中学、房寨中学、市庄中学属县属中学，其余为乡（镇）办中学，初中在校生16778人。

1998年，适应普及义务教育之需要，县政府将魏僧寨中学、房寨中学、市庄中学下放到所属乡（镇）来办。

2004年秋，鉴于房寨镇中学、浅口中学、市庄中学、王二厢中学、滩上中学生源不足、办学规模较小等因素，经县文教体局研究，决定停止上述学校初中一年级招生，学校逐步向寄宿制完全小学过渡。

2006年始，为解决义务教育阶段中小学“布局散、规模小、条件差、能力弱”问题，馆陶县制定《馆陶县农村中小学布局调整规划》，对办学条件差、办学规模小、办学效益低、生源短缺、师生比例严重失调的学校进行有序撤并。

2010年10月陶山中学成立，组建领导班子。2011年7月合并融汇原寿山寺、柴堡、徐村、王桥4所中学，首次招生。2012年5月将车疃中学并入。2003年6月16日，县文化教育体育局印发《河北省义务教育实验课程实施计划（试行）》，决定从2003年秋季新学期始，全县从初中、小学的起始年级开始实施课程改革，凡启用义务教育新《课程标准》的年级和学科均执行此课程实施计划，其余各年级和学科仍执行原课程计划。

2013年年底，全县初中6所，其中有陶山中学、实验中学、魏僧寨中学、房寨中学4所县属中学，路桥中学、芦里中学2所农村九年一贯制学校，在校生9321人。

1997—2013年馆陶县中学教育情况一览表

表 5-1-1

年度	学校数（所）	班数（个）			在校学生数（人）		
		合计	初中	高中	合计	初中	高中
1997	24	318	294	24	20180	18560	1620
1998	24	337	309	28	21319	19599	1720
1999	24	344	314	30	22496	20596	1900
2000	24	353	323	30	23048	21018	2030
2001	25	371	335	36	23453	21002	2451
2002	25	391	347	44	24115	21146	2969
2003	25	413	364	49	25056	21287	3769
2004	25	367	306	61	22064	17993	4071
2005	20	328	260	68	18468	14155	4313
2006	20	313	234	79	16947	11930	5017
2007	20	292	224	68	17457	12378	5079
2008	20	297	231	66	17618	13019	4599
2009	20	272	208	64	14599	11102	3497
2010	19	265	201	64	14049	10743	3306
2011	19	271	208	63	14536	10832	3704
2012	19	288	232	56	16401	12366	4035
2013	7	196	160	36	11348	9321	2027

馆陶县实验中学　位于县城西部文卫街西段，前身为县第二中学，创建于1995年7月，是一所县属初级中学，2008年10月整体搬迁至现校址。学校占地150亩，建有教学楼3栋，办公楼1栋，实验综合楼1栋，学生宿舍楼2栋，学生餐厅1座，礼堂1座，标准化体育场1处及附属设施，总建筑面积51000余平方米，总投资1.2亿元。教职工223人，高级职称64人，中级职称106人，本科学历183人，研究生学历6人。教学班52个，在校生2849人。

馆陶县第二中学原址

学校秉承“德育为首，质量立校，为学生终身发展奠基”的办学思想，以教学

迁建后的新实验中学

为中心，将课堂教学作为关键。在原“六步教学法”基础上，实施新的课堂教学模式——“激情 6+1 课堂教学模式”（6 即六环节：包括导入、自学、合作、展示、点评、检测;1 即练习）。强化教学过程管理，在组内开设常规课、示范课、研讨课等公开课，人人参与听课、评课，并形成良好的教研氛围，促进教研活动质量提高。参加各类竞赛，教师、学生获省级以上奖励 300 多人次，在各级各类刊物论文发表或获奖达 200 余篇。

学校拥有图书阅览室、微机室、多功能语音室、美术室、音乐室、多媒体阶梯教室等。整个校园建筑宏伟，规划科学，设施齐全，设备一流。此外，学校还为全校师生配备电脑 150 余台，藏书 67800 余册，并先后开通校园网、校讯通，为学校、老师和家长搭建良好的平台。学校在县年度综合考核中，连续保持 15 年第一名，中考连续 14 年全县第一名，升学率年年提高。先后获“邯郸市文明单位”“邯郸市中小学教育教学管理先进学校”等 30 余项市级荣誉和“河北省安全文明校园”“河北省园林学校”等荣誉称号。

馆陶县陶山中学

馆陶县陶山中学　是全县规模最大、标准最高、设施最全的标准化寄宿制初级中学，前身为北方汽修学校，2009 年由县教育局承建。2010 年 10 月学校成立，组建领导班子。2011 年 7 月合并融汇原寿山寺、柴堡、徐村、王桥 4 所中学，并开始招收新生。2012 年 5 月将车疃中学并入。

学校占地面积 495 亩，建筑面积 8.5 万平方米，建有物理、化学、生物实验室、音乐教室、美术教室、生物培养室、计算机教室、400 米 8 道环形跑道体育场、仿真草坪足球场、篮球场、大型室内体育馆（内有 2 个篮球场、2 个羽毛球场地、4 个乒乓球室、2 个台球室、1 个健身房）等，图书室藏书总量 103900 册，生均 40.1 册。教职工 153 人，其中研究生学历 13 人，本科学历 121 人，双专学历 5 人，专科学历 14 人，专任教师合格率 100%。在校生 2591 名，44 个教学班。

学校把“以人为本，和谐发展”作为办学理念，提出“教育有特点，教学有特色，教师有特长，学生有潜能”的办学目标。2012 年 4 月，学校与邯郸市二十五中学结成联盟学校，实现师资共享，每年二十五中选派部分优秀教师和管理人员到学校工作，为学校教学管理和质量提升奠定了基础。

第四节　中等教育

高中教育

馆陶县高中教育，只有馆陶县第一中学。

馆陶县第一中学始建于1951年9月，原名馆陶中学，原址在卫运河河套内焦圈村（现属山东省冠县东古城）。因行政区划，曾先后易名为山东省馆陶中学、山东省馆陶第一中学、山东省冠县南馆陶中学、山东省馆陶县南馆陶中学、河北省馆陶县中学、馆陶县馆陶中学、馆陶县第一中学。1956年，迁至现址——文卫街83号。1996年，初中部停止招生。1998年夏季，初中部学生毕业，从此学校成为一所完全高级中学。

馆陶第一中学

学校占地157亩，校舍建筑面积45286平方米；现有45个教学班，2600余名在校生；教职工240人，专任教师本科学历100%，其中特级教师6人、高级教师50人、研究生学历教师27人。现有教学楼3幢、办公综合楼1幢，学生公寓1幢，学生餐厅1幢；科技楼、图书馆正在建设；拥有400米标准体育场；理化生实验室、微机教室、电子备课室、图书馆、阅览室、语音播放室、广播室、医务室一应俱全。

2001年始，高考实行“3+X”考试方案，学校从高二开始实行文理分班教学。文科侧重高考学科的教学，理、化、生作为会考学科而设；理科侧重高考学科教学，政、史、地作为会考学科而设，高考学科和非高考学科的课时分配不一，其他非高考学科为取得毕业资格的会考学科。

2002年，河北省普通高考由“3+2”改为“3+X”，3是指语文、数学、外语3科，是每个学生必考的；X是指物理、化学、生物（理工类，称“理综”）或历史、地理、政治（文史类，称“文综”）。语文、数学、外语每科试卷满分为150分，理综和文综试卷满分分别为300分。并且，考试时间较以往提前1个月，即6月7—8日。

2008年，为规范考试管理，学校引进1套高考监控系统，为3栋教学楼内的每个教室安装摄像头，共安装60个。2009年，又安装监控系统3套，其中有2套室外监控系统，综合楼1套。

2009年秋季，河北省推行高中新课程实验改革，馆陶县自2009年秋季高一起始年级正式启动普通高中新课程实验工作。新课程由必修和选修两部分组成，其中高一年级学段主要设置必修课，高二学段开始开设选修课。新课程改革推行学分来描述学生的课程学习情况。学分包括必修学分（116 学分）、选修学分Ⅰ、选修学分Ⅱ（至少 6 学分）三部分，总学分达到 144 方可毕业。

2011 年起，学校开启“建设魅力一中，打造激情校园”工程，坚持“办适合学生的教育，创百姓向往的学校”的办学目标，秉承“分层教学、分类辅导、人人成才”的理念，创立了“实验 + 强化 + 特长”的办学模式。同时，全面引进衡水教育教学管理元素，先后引进刘尊贤、张论资、刘庚田 3 位衡水教育专家到校任职，全力掀起教育教学管理革命，严明纪律，强化管理，逐渐形成“严”“细”“勤”“快”的管理理念，校风班风大大好转，教育教学管理成绩显著，社会声誉大幅提升。

高考成绩稳步攀升，年年超额完成县委、县政府下达的任务目标。2000 年，首次突破本科百人大关，创建校后最高纪录。2005 年后，高考成绩多次受到市教育局表彰，多次被市教育局授予“高考进步奖”“高考优秀奖”；被县委、县政府授予“高考特别奖”“高考特别贡献奖”。2013 年，学校高考推进率和贡献率居邯郸市第一，成为邯郸市“低进高出”第一校，《邯郸日报》对此予以专版报道。

1997—2013 年馆陶县第一中学高考成绩统计表

表 5-1-2

年份	人数
1997	省部级专科上线 43 人，其中飞行员 2 人
1998	省部级专科上线 61 人，其中飞行员 1 人
1999	省部级专科上线 78 人
2000	本科上线 108 人
2001	本科上线 178 人
2002	本科上线 294 人，其中本二以上 78 人
2003	本科上线 428 人，其中本二以上 117 人
2004	本科上线 423 人，其中本二以上 95 人
2005	本科上线 507 人，其中本二以上 120 人
2006	本科上线 412 人，其中本二以上 174 人
2007	本科上线 538 人，其中本二以上 147 人
2008	本科上线 633 人，其中本二以上 162 人
2009	本科上线 411 人，其中本二以上 181 人

续表 5-1-2

年份	人数
2010	本科上线 448 人，其中本二以上 244 人
2011	本科上线 517 人，其中本二以上 184 人
2012	本科上线 631 人，其中本二上线 270 人
2013	本科上线 613 人，其中本二上线 267 人

职业教育

1995 年 4 月，为适应时代人才培养需要，馆陶县成立馆陶县职业技术教育中心，是一所集职业高中、职业中专、普通中专为一体的国家级重点中等职业学校，首批河北省民营企业人才培训基地。总占地面积 96142 平方米，建筑面积 3 万平方米，固定资产 4600 余万元。

县职教中心教学实训综合楼

1995 年，首招 4 个普通中专班，学生 200 人，临时在馆陶县农业职业中学就读。11 月，招收 5 个普通中专班，学生 250 人；8 个职业中专班，学生 400 人；1 个职业高中班，学生 60 人。全校共有教职工 30 人。

1995 年 12 月 2 日，学校建成并顺利通过省级验收。1996 年 4 月，撤销县农业职业中学，其能动资产、教师及在校学生并入馆陶县职业技术教育中心。同年，该校投资 110 万元，新建学生宿舍楼，建筑面积 2680 平方米。是年，学校招收普通中专班 2 个，学生 100 人；与县社、建筑公司联合办校，招收市场营销、工业与民用建筑 2 个职业中专班，学生 100 人；职业高中林果专业 2 个班，学生 100 人。

1997 年，学校除招收普通中专班外，拓宽招生渠道，与县社、商业局、建筑公司等联合办学，招收企业管理，市场营销、工业与民用建筑 3 个职业中专班，共招收学生 150 人；招收职业高中农林专业 1 个班，学生 60 人。8 月，学校从北京购进计算机 26 台，建起了馆陶县第一个高标准微机室。

1998 年，该校招收普通中专会计电算化专业班 1 个，学生 50 人；拓宽职业高中专业，招收农林、计算机专业各 1 个班，共招收学生 100 人。1999 年 10 月，经省教育厅批准，学校兼办初级中等教育和普通高中教育，挂牌“实验中学”。是年，学校增设 1 个普通高中班，学生 60 人；招收普通中专办公自动化专业 1 个班，学生 50 人；招收职业高中农林、计算机专业各 1 个班，学生 100 人。同年，该校以招收本县高中毕业生和代课教师为主，招收师资类职业中专艺术班 1 个，学生 50 人。

2000 年 11 月，学校被河北省教育厅认定为“河北省重点中等职业学校”。

2006 年 1 月 9 日，学校被河北省扶贫办认定为“河北省扶贫劳动力转移培训示范基地”。是年，学校以市场为导向，瞄准人才市场缺口，先后与北京、上海、苏州、青岛、烟台等地国家著名企业建立人才供需关系，搭建人才培养绿色通道，办学规模不断扩大，办学效益逐年提高。

2007 年 8 月，适应专业结构需要，学校在管理体制上再次进行改革，撤销年级组，设立计算机、电子电工、旅游、农学专业组、综合教学组和初中教学组。

2009 年，发挥职教特色，为农民脱贫致富服务。电气焊专业举办了 2 期培训班，培训学员 100 人，为农民致富打开了门路。承担馆陶县“送教下乡”任务，启动“新农村建设双带头人培养工程”，开设了种子生产与经营、果蔬花卉生产技术专业，2009 年度共培养学员 1579 人。为促进返乡农民工再就业，积极开展短期培训，培训电气焊、计算机、食品加工、电子电工、专业学员 1114 人。

2010 年 10 月 27—28 日，顺利通过国家级重点职教中心评估验收。

2011 年 5 月 11 日，被教育部认定为国家级重点中等职业学校。7 月 20 日，被河北省中小企业局认定为“河北省民营企业人才培训基地”。

2012 年，在邯郸市中等职业学校技能大赛中被邯郸市人力资源和社会保障局、邯郸市教育局联合授予“邯郸市职业教育突出贡献奖”，是邯郸市县级职教中心唯一获奖学校。是年 11 月 29 日，顺利通过国家级重点中等职业学校复评验收。

2013 年 3 月，县京剧团组建，正式聘用演员 16 人。

学校现有教职工 163 人，专任教师 123 人，其中京剧团人员 16 人，本科学历专任教师达到 100%，研究生学历教师 6 人，高级职称教师 61 人，中级职称教师 50 人，“双师型”教师 49 人。在校生 1180 人。

学校有高标准的教学综合楼、培训综合楼、学生公寓楼、实训楼、多功能餐厅等，满足了全校师生教学生活的需要。有维修电工实训室、光机电一体化实训室、家电维修实训室、制冷设备维修实训室和智能楼宇实训室；装备先进的多媒体教室；有功能齐全的实验室，实验开出率达 100%；现代农艺技术、电子电器应用与维修、酒店服务与管理、计算机应用等主干专业均建有专业教室，还配备了语音室、电教室、琴房、计算机机房等；学校有计算机 400 台，校园网覆盖学校的各个科室和计算机专业教室，并接入因特网，实现与国家管理系统网络沟通，满足了教学、管理和宣传的需要；学校图书馆、电子阅览室藏书总量 6.5 万余册，报纸 17 种，期刊 65 种，图书实行微机管理，制度规范，服务到位，为师生创造了良好的阅读、查寻及借阅条件。文体活动场所总面积 23000 多平方米，有标准田径运动场，足球场，篮球场，羽毛球场，排球场，乒乓球台，器材室，为师生开展丰富多彩的文体活动提供了保障。

学校采取“校企联合、订单培养”的办学模式，突出特色专业带动，多方联合办学，是馆陶县职业教育和各类社会培训基地。开设有现代农艺技术、电子电器应用与维修、旅游服务与管理、计算机平面设计、学前教育、会计电算化、电子商务等专业。学校在教育教学上执行上级教育部门颁发的教学计划，在课程设置上，根据学校、学生和职业教育的特点，规定了授课、技能培训、实验、实习、考试、自习、课外活动、自由活动以及假期的时间和数量，以便有利于学生全面发展，教学计划，课程设置也随着学校招生专业不同而变更，一般使用全国通用教材。

第五节　特殊教育与成人教育

特殊教育

1997 年前，馆陶县无专门的特殊教育机构和学校。弱智儿童在其家庭条件较好或其家长有教育思想的情况下，一般被送到本村或就近普通中小学校随班就读，而且没有专业的教师。

1997 年 5 月，馆陶县在馆陶镇陶西小学设特教班 1 个，有 2 名专业教师，首招学生 3 名。此后，入班学生逐年增加，2001 年达到 16 名，分小学一年级、二年级和五年级，三级复试教学。其办学经费由馆陶镇教委划拨陶西小学列支。

初期的特教班，一是没有教材，二是缺乏办学经验。两名教师不辞辛苦，奔波周边各县，参观走访多处聋哑学校，学到了一定的办学经验，同时也找到教材供给途径，为学生配发了专用教材。开设课程有语文、数学、自然、品德与生活、社会劳动、音乐、美术、体育、律动和语音训练等。同时，还特设了缝纫课和编织课。学生通过学习，一般能够通过口型、手语等与正常人交流，会写短文。并能进行亿以内的四则运算和解简单的应用题。2005 年，有学生 12 名，教师 2 人。

馆陶县特教学校综合楼

2007 年 9 月，馆陶县特殊教育学校成立，占地面积 6300 平方米，建筑面积 1100 平方米。2011 年 9 月，在馆陶县金凤大道东段新建一所全日制寄宿制的特殊教育学校，占地面积8730平方米，建筑面积3024平方米，学制9年，总投资380万元。现有教职工16人，其中教师14人，临时工2人。在校生36人，其中住宿生22人。3个教学班，其中听障班1个，11人；智障班2个，一年级班12人，复式班13人，计25人。

学校设有情景模拟室、美术技能室、微机室、图书室、感觉统合训练室、蒙氏教具室、实验室、律动室、体育器材室、康复训练室、语训室、档案室、卫生室、光盘娱乐室各一个，设施能够满足教学需要。校园规划布局合理，交通便利，解决了全县适龄残疾儿童的就学问题。

学校贯彻《特殊教育规程》，根据《聋校义务教育课程设置实验方案》和《培智学校义务教育课程设置实验方案》，严格执行课程计划，开齐课程，开足课时，教学进度安排周密。不仅开设了语文、数学、美术、律动、品德、语言训练、体育等课，还开设了技能课，包括缝纫、编织、手工等，使学生全面发展。课程规划本着因地制宜，注重实效的精神进行设置，按规定开展内容，形式多样的课外活动，学生参与率80%。把学校办成以生活技能教育、职业技能教育、艺术教育、体育教育为特色的九年制一贯制特殊教育学校为办学目标，制定了符合实际、可操作性强的学校近中远期发展规划和学校年度工作计划。在常规管理上，从学生实际出发，从细节入手，保证学生在校人人有人管、事事有人管、时时有人管。

成人教育

20世纪90年代，馆陶县成人高等学校教育类型主要包括电大开放教育和自学考试。学习形式以业余和自主学习为主。县招生办设有电大工作站和自考科，负责组织全县成人高等教育的报名和考试等相关工作。

馆陶县职业技能培训主要由县职教中心承担。县职教中心建有实训场地，配备了先进的实训设备，除完成自身的教育教学任务外，还把职业技术培训作为发挥职教为当地经济发展服务功能、促进农民增收、解决下岗失业人员生活困难的重要举措来抓，承担了农村劳动力转移培训、实用人才培训、下岗失业人员创业培训等传统培训工作，培训专业有计算机应用、电工、焊工、餐旅服务等，在培训中突出了技能培训内容，注重了实践操作能力的培养。教学中选派实践经验丰富，专业能力强的师资担任培训任务，培训效果明显。2005年后，又先后承担农村“双带头人”培训、困难职工技能培训、党员实用技术培训等任务。采取灵活多样的办学形式（如把培训班办在乡村、送技术下乡，方便学员上课，实训课部署在就业企业现实生产岗位上），加大了岗位实训的力度，力求培训的现实效果，在具体岗位上掌握具体的操作技能，发挥职业学校为地方经济服务的职能。

第六节　教育管理

教育经费

1997—1999年，馆陶县分年度、分乡镇、分学校，基本实现了普及九年义务教育，县财政拨发教育经费也随之大幅度增加。1998年，县财政拨发教育经费为3170.3万元，比上一年度增加1784.7万元。2005年后，随着全县普及九年义务教育、普及学前三年教育、创建中小学普通话达标县、示范性高中达标建设、教师进修校达标建设等工作的开展，并通过国家或河北省评估验收，县财政对教育的拨款逐年增加。2005年，县财政拨发教育经费为4957.3万元，为1997年的3.57倍多。2013年，县财政拨发教育经费达到21630万元。

2005—2013年馆陶县财政对教育拨款统计表

表5-1-3

年份	拨款（万元）	年份	拨款（万元）
2005	4957.3	2010	17006.2
2006	5634.5	2011	18597.7
2007	7715.1	2012	23163.5
2008	9899.7	2013	21630
2009	15965		

义务教育经费保障机制　2004年秋，根据国家有关扶贫政策以及省、市有关文件精神，馆陶县贫困学生享受国家免除学杂费和免费提供教科书优惠政策。2005、2006年馆陶县每年有9699名中小学贫困家庭学生享受免费教科书和免学杂费政策。

根据《河北省人民政府关于农村义务教育经费保障机制改革的通知》（冀政〔2006〕86号）文件精神，2007年起，河北省全面推行农村义务教育经费保障机制改革，全部免除农村义务教育阶段学生学杂费，全部免费提供教科书。免除的学生杂费由中央和地方政府按比例分担，馆陶县为2003—2005年三年平均可用财力在全省排名后50位的县，中央和省、市、县分担比例为60%、25%、10%、5%，馆陶县财政按照文件要求逐年纳入年初预算并足额落实所分担的比例，确保了各中小学校的正常运转。根据社会发展水平，生均公用经费标准适时逐步提高，免费教科书覆盖范围逐步扩大，免费教科书所需资金中央财政全额承担。2007—2013年，小学年生均公用经费标准由2007年的190元分别提高到了252.5元、300元、455元、555元、615元；初中年生均公用经费标准由2007

年的265元分别提至395元、500元、655元、755元、815元。从2007年到2013年农村义务教育保障机制改革公用经费总额逐年增加，从2007年的866万元分别提高到了1181万元、1578万元、1669万元、2387万元、2617万元、3050万元。

人员经费保障 河北省人民政府冀政〔2006〕86号文件明确提出：巩固和完善农村中小学教师工资保障机制。各设区市、县要继续完善农村中小学教师工资保障机制，省、设区市加大对财政困难县（市、区）的转移支付力度，确保农村中小学教职工工资按照国家现行标准按时足额发放。1997—2013年县财政认真落实国家政策，按时落实中小学教职工工资，实现了中小学教职工工资逐年增长，确保了全县教职工安心稳定工作。

经费管理体制 2006年，根据省市文件精神，为了把农村义务教育经费保障机制改革工作落实到位，把农村义务教育保障机制改革经费管好用好，省市要求各县陆续成立教育支付分中心，集中管理农村义务教育保障机制改革经费，县财政设立农村义务教育经费保障机制改革地方资金专户，从专户划拨经费至教育集中支付分中心，从教育集中支付分中心划拨经费至各中小学校，推行“校财局管”的教育财务管理模式，撤销各乡镇教委、直属中小学原有的财务机构，各乡镇教委、直属中小学只设报账员，负责所属单位日常支出报账、汇总，所有教育经费在教育集中支付分中心“集中管理，分校核算”，确保各中小学校正常稳定运转。推行农村中小学财务公开制度，民主理财制度，财务手续办结报表制度，大大提高了学校财务人员的责任心和办事效率，确保学校正常公用经费收支公开、透明、规范、安全、高效。

根据邯郸市人民政府办公厅《关于加快县级教育集中支付分中心建设意见》（邯政办〔2006〕8号）文件精神，教育局、财政局共同努力，馆陶县于2006年8月30日率先建立了教育集中支付分中心，办公地点设在馆陶县政务大厅，归属政务大厅、教育局、财政集中支付中心三重领导，配备了业务精炼的工作人员，并于是年9月1日正式运行。至2013年，馆陶县教育集中支付分中心健康稳定运行，严格履行国家财务管理制度、法律、法规，接受财政、纪检、监察、审计和社会的广泛监督，定期对学校报账员进行业务培训，确保了各中小学校教育工作的顺利开展，受到省市领导和社会的一致好评。

中小学布局调整

1999年，全县农村小学由1995年的249所调减为187所，其中有50所为联合小学。初步划分为32个教育学区，即根据地理环境由若干个小学构建成一个教育学区。学区内实行一体化管理，教师统一调配，教学仪器设备统一安排使用，音、体、美等师资薄弱学科教师实行巡回讲课，实现了教育资源的合理配置与科学利用。

2000年，在原有农村中小学布局调整工作的基础上，推动全县农村中小学布局调整工作。按照“统筹规划、分步实施、合理配置、相对集中、扩大规模、确保入学、规模管理、提高效益”的基本原则，加大农村学校布局调整力度，坚持学校撤并与学校破旧危房改造相结合；规模效益与就近入学相结合；布局调整与学校管理相结合；布局调整与学校规划相结合；布局调整与普及学前三年教育相结合；学校调整与师资调整和人事制度改革相结合。掌握学校服务半径为5华里，科学、合理地调整全县农村中小学校布局，使农村中小学布局更加合理，实现基础教育规模、结构、质量、效益协调发展。合理规划和调整农村中小学布局，扩大校均规模，精简和优化教师队伍，优化教育资源配置，不断提高教育教学质量和学校管理水平，促进全县中小学教育健康、协调发展。

2002年，农村小学由原来的167所调减为151所，小学布局调整工作得到进一步优化。

2003—2005年，深化农村中小学布局调整。3年间，新建小学1所，改、扩建学校22所，新建教学楼13栋，建筑面积1.6万平方米。重点调整建设农村完全小学61所，改建九年一贯制学校4所，为实现教育资源相对集中和规模化发展，又向前迈进了一大步。

2004年7月20日，县人民政府印发关于《馆陶县进一步调整农村中小学布局实施方案》的通知，制定出为期五年的长远调整规划。县文化教育体育局同时加大了调研和督察力度，并于2005年7月16日印发《关于2005年农村中小学布局调整工作的安排意见》，在系统内实行领导和科室分包乡镇制度，督查学校布局调整进度，落实学校布局调整规划。农村中小学布局调整工作，原则上按照适当集中，打破乡镇行政区划，结合人口以及学龄儿童少年的分布状况，科学合理地设置中小学校。标准化小学设置，一般应覆盖人口5000至10000人，办学规模达到“4937”（即4轨、900名学生、30亩地、7000平方米建筑面积）；一般小学不低于2轨，12个教学班，540名学生。并积极鼓励、支持发展全日制寄宿制小学和九年一贯制学校。乡镇初中设置，原则上应覆盖人口30000人左右，标准化初中办学规模应达到“1215612”（即12轨、1500名学生、60亩地、12000平方米建筑面积）。自2004年始，义务教育阶段1—6年级班容量控制在45人以内，7—9年级班容量控制在50人以内。

2005年，全县农村中小学通过布局调整，保留小学61所，教学点55个；保留中学17所，原房寨镇中学、浅口中学、市庄中学、王二厢中学、滩上中学改制为联合小学。

2006年，全县调整小学12所，中学4所，调整后全县小学由2005年底的61所减少为55所，中学由2005年底的17所调整为14所。基本实现了资源相对集中和规模化发展，办学效益得到进一步提升。

2007年，全县有9所初中调整为小学，55所小学调整为学前教育。是年2月，实施实验中学迁建工程，2008年10月新建实验中学投入使用，县实验小学搬迁至原实验中学校址。

2009年3月陶山中学筹建，2010年8月成立，2011年8月建成投用，王桥中学、寿山寺中学、柴堡中学、徐村中学并入陶山中学，2012年车疃中学并入陶山中学。

2013年，全县有高中、职中各1所，初级中学4所，九年一贯制学校2所，小学32所。

2006—2013年馆陶县中小学布局调整一览表

表5-1-4

年份	初级中学			九年一贯制			小学		
	学校数	撤并数	撤并学校	学校数	撤并数	撤并学校	学校数	撤并数	撤并学校
2006	9	—	—	9	—	—	27	—	—
2007	9	—	—	9	—	—	24	3	浒演、马头、息元村
2008	8	1	沿村中学撤销	6	3	油寨、草厂、马头改为联合小学	—	—	—
2009	6	2	路桥中学改为九年一贯制，河寨中学改为联合小学	5	2	柴庄、范庄改为联合小学	28	—	—
2010	6		—	3	2	王桥、留庄改为联合小学	30	—	—
2011	5	1	陶山中学建成，柴堡、徐村撤并到陶山中学	2	1	寿山寺改为联合小学	31	—	—
2012	车疃中学改制为馆陶镇中心幼儿园								
2013	新建郑村小学								

注：2008年10月实验中学新校区建设完毕，实验中学搬迁至新校址，同时实验小学搬迁至原实验中学

“普九”工作

根据邯郸市普及九年义务教育规划和部署，馆陶县自1997—1999年，利用3年时间，分年度、分乡镇、分学校，基本实现普及九年义务教育，属河北省第三批（最后一批）“普九”达标县。

1997年基本普及初级中等义务教育的学校有滩上中学、路桥中学、油寨中学、柴堡中学、王二厢中学、草厂中学。1998年基本普及初级中等义务教育的学校有房寨中学、车疃中学、留庄中学、寿山寺中学、浅口中学、马头中学、王桥中学、柴庄中学。1999年基本普及初级中等义务教育的学校有魏僧寨中学、范庄中学、市庄中学、沿村中学、徐村中学、芦里中学、河寨中学。

1998年4月，馆陶县在人民剧场召开“普九”工作三级干部动员大会，提出馆陶县“普九”工作总的指导方针是“统筹规划，全面启动，分步实施，整体推进，重点突破”。

全县“普九”工作总体上分两步走：第一步，1998年完成土建任务；第二步，1999年完成图书、仪器、橱柜、课桌凳等项配置任务和档案建设工作。

2000年10月，国家教育部督学袁云亭（前排右一）在时任邯郸市副市长辛宝山（前排右二）陪同下到拐渠小学进行教育评估督导

1999年11月，普及九年义务教育工作通过省政府评估验收，并给予了较高评价。县委、县政府为县教委领导班子集体记三等功一次；市委、市政府授予馆陶县普及九年义务教育工作先进集体；省政府授予馆陶县普及九年义务教育工作先进单位等荣誉称号。2000年10月，馆陶县作为本省三市九县之一，“普九”工作代表河北省顺利通过国检。邯郸市委、市政府授予馆陶县普及九年义务教育工作模范县；省教育厅、财政厅、发展计划委员会联合授予馆陶县“两基”（基本普及九年义务教育，基本扫除青壮年文盲）工作先进单位；省政府授予馆陶县“两基”工作先进单位。2002年12月和2005年12月，“普九”工作先后顺利通过河北省第一轮和第二轮复查，均确认为合格。

教育改革

管理体制改革　1996年1月，馆陶县实行合乡并镇，全县划分为4镇4乡，基层教育行政顺应县行政区划调整，原21个乡镇中心校调整为8个乡镇中心校，分别设中心校长1人、副校长2人，具体管理本辖区教育工作。原乡镇中学体制未变。

2000年5月，对全县中小学办学体制进行改革，撤销原中心校，设立乡镇教委。中心校长、副校长改称教委主任、副主任。中学校长称谓未变。并且立足于配合人事制度改革，实现教育行政干部年轻化、专业化和知识化，通过理论考试、公开答辩、综合考评等竞聘方式，对各乡镇教委主任、副主任实行公开选拔，竞聘上岗。聘用期为3年。有8人被聘为乡镇教委主任，16人被聘为乡镇教委副主任。各乡镇中学校长由本乡镇教委选聘，有22人被聘为中学校长。

2002年7月，改教育委员会为文化教育体育局，下辖文体办（科级单位）、招生办（科级单位）。

2005年10月31日，县人民政府办公室印发《关于转发县文化教育体育局农村中小学管理体制改革实施方案的通知》，决定对现行农村中小学管理体制进行调整与完善。各乡镇教委设主任1人、副主任2人、会计1人。其余行管人员全部下放到中小学任职

（课）。同时，印发《馆陶县文化教育体育局关于任命农村中小学校校长（负责人）的决定》，任命43人为中小学布局调整后的中小学校长或负责人。

2007年12月，为推进义务教育均衡发展，全县打破行政区划界限，将原8个乡镇教委辖区划分为魏僧寨、柴堡、馆陶、房寨4个学区，构建了“县一学区一学校”三级管理体制。乡镇教委改称学区中心校，教委主任、副主任改称为校长、副校长。

课程改革　2001年7月，教育部颁布《基础教育课程改革纲要试行》，涵盖中小学义务教育阶段18门学科的国家课程标准研制完成，9月1日起进入基础教育课程改革实验。

2003年秋季，馆陶县作为省级课改试验县，进入基础教育课程改革实验，县教育局加强教改教研，建立培训、教学、科研相结合的课改常态工作机制，以教育科研推动课改，以课改促进教育科研，加强课改实验教学过程的管理和研究，大力加强课堂教学，提高课堂教学质量，高质量地完成课改实验工作。实施新课程标准，增加综合实践活动课，包括研究性学习、社会服务与实践、劳动技术和信息技术课。

教师工资制度改革　2000年，全县调整中小学教师职务津贴标准，执行标准为中学高级教师、高级讲师90元，中学一级教师、小学高级教师70元，中学二级教师、小学一级教师60元，中学三级教师、小学二级教师50元。自是年11月始，全县教师实行工资银行化，由县财政将教师工资划拨到银行专户，教师凭工资折到银行领取工资。

2001年11月13日和2003年12月1日，河北省人民政府办公厅先后转发省人事厅、财政厅《关于调整机关事业单位工作人员工资标准和增加离退休人员离退休费两个实施办法的通知》，教师工资又有大幅度增加。至2013年，教师工资晋升频繁，种类繁多。其中，公务员5年滚动一档级别工资，连续3年考核优秀晋升一档级别工资；连续5年考核称职晋升一档级别工资；教师连续两年考核合格以上正常晋升一档职务工资等等。民办教师的工资提高到每人每月200元。

2005年7月，在2000年职务津贴标准的基础上，进一步提高中小学教师职务津贴标准，教师月增资额依次为160元、110元、100元、90元。执行标准为中学高级教师、高级讲师250元，中学一级教师、小学高级教师180元，中学二级教师、小学一级教师160元，中学三级教师、小学二级教师140元。

2005年，教师除享受上述待遇外，还享有以下待遇：教师因病提前退休的，按照国家规定，男（女）教龄在35（30）年以上的，享受基本工资的95%，教龄在30—35（25—30）年的，享受基本工资的90%，教龄在30（25）年以下的，享受基本工资的85%。特殊情况者，经本人申请，市教育局审批后，工资可增长到100%。

同年7月，在2000年职务津贴标准的基础上，进一步提高中小学教师职务津贴标准，教师月增资额依次为160元、110元、100元、90元。执行标准为中学高级教师、高级讲师 250 元，中学一级教师、小学高级教师 180 元，中学二级教师、小学一级教师 160 元，中学三级教师、小学二级教师 140 元。

2006 年，河北省事业单位工资改革。根据人事部、财政部文件精神，河北省下发了《河北省事业单位工作人员收入分配制度改革实施办法》（冀政〔2006〕88 号），事业单位收入分配制度改革，从 2006 年 7 月 1 日起实施。专业技术人员的岗位工资按本人现聘用的专业技术岗位，执行相应的岗位工资标准。

2006 年馆陶县中小学、幼儿园教师专业技术岗位工资标准一览表

表 5-1-5　　　　单位：元／月

岗位工资			薪级工资									
岗位工资	工资标准	起点薪级	薪级	工资标准	薪级	工资标准	薪级	工资标准	薪级	工资标准	薪级	工资标准
五级	1298	16	1	88	14	301	27	675	40	1171	53	1892
六级	1144	16	2	101	15	325	28	708	41	1220	54	1964
七级	1023	16	3	113	16	349	29	741	42	1270	55	2035
八级	858	9	4	125	17	376	30	774	43	1319	56	2112
九级	803	9	5	138	18	402	31	809	44	1369	57	2189
十级	748	9	6	151	19	431	32	844	45	1418	58	2266
十一级	682	5	7	167	20	459	33	879	46	1468	59	2343
十二级	649	5	8	182	21	488	34	918	47	1523	60	2420
十三级	605	1	9	200	22	519	35	956	48	1578	61	2508
			10	217	23	549	36	995	49	1633	62	2596
			11	237	24	580	37	1039	50	1688	63	2684
			12	257	25	611	38	1083	51	1749	64	2772
			13	279	26	642	39	1127	52	1821	65	2860

按照国家规定，2009 年 1 月 1 日起，承担义务教学任务学校的正式工作人员开始执行事业单位岗位绩效工资制度。绩效工资分为基础性和奖励性两个部分，其中基础性绩效工资占绩效工资总量的 70%，具体标准按执行基本工作所对应的岗位确定并按月发放，其标准如下：

2009年馆陶县义务教育各职级基础性绩效工资标准一览表

表 5-1-6

人员类别	岗位等级	基础性绩效工资标准（元／月）
专业技术人员	专技五级	960
	专技六级	930
	专技七级	900
	专技八级	820
	专技九级	800
	专技十级	780
	专技十一级	710
	专技十二级	690
	专技十三级	630
管理人员	副处级	900
	正科级	790
	副科级	730
	股级	690
	科员	660
	办事员	620

绩效工资的另一部分奖励性绩效工资主要体现工作量和实际贡献等因素，占绩效工资总量的30%，有学校在核定的总额内根据规范的分配程序和要求，采取灵活多样的分配形式和办法，自主决定分配。学校根据实际情况，在奖励性绩效工资中设立班主任津贴、岗位津贴、课时津贴、农村学校教师津贴、教育教学成果奖等项目。奖励性绩效工资的设置，使班主任津贴和岗位艰苦边远农村教师津贴发生变化。班主任津贴标准：学生数初中50人／班，小学45人／班为标准班容量，计算为一个标准班主任津贴，每月初中70元、小学50元。每增加1名学生，班主任津贴就相应增加2元，以省定最大班容量初中65人，小学60人为上限，超过部分不再增加津贴；同时每减少1名学生，班主任津贴就相应减少1元，初中少于35人、小学少于30人的，农村边远教师津贴标准：距离106国道、309国道、三八路（馆—魏线）3公里以外，且符合距县城15公里、中心城镇8公里以外的，属一类农村学校，农村教师津贴为每月20元；距县城10公里、中心城镇5公里以外的，属二类农村学校，农村教师津贴为每月10元。2009年，馆陶县义务教育单位43个，2280人。2010年馆陶县义务教育单位41个，2225人，非义务教育单位7个，511人。2011年义务教育单位40个，2280人，非义务教育7个，503人。

2010年馆陶县事业单位在职人员基础性绩效工资标准一览表

表5-1-7

人员类别	岗位等级		基础性绩效工资标准（元／月）
专业技术人员	教授级	专技二级	1110
		专技三级	1080
		专技四级	1050
	副教授级	专技五级	960
		专技六级	930
		专技七级	900
	讲师级	专技八级	820
		专技九级	800
		专技十级	780
	助理级	专技十一级	710
		专技十二级	690
	技术员级	专技十三级	630
管理人员	正处级	五级	1050
	副处级	六级	900
	正科级	七级	790
	副科级	八级	730
	股级	九级	690
	科员	九级	660
	办事员	十级	620
技术工人	技师	技工二级	780
	高级工	技工三级	710
	中级工	技工四级	650
	初级工	技工五级	600

2010 年馆陶县事业单位退休人员退休生活补贴标准一览表

表 5-1-8

人员类型	岗位等级	退休退职人员生活补贴标准（元／月）	
		退休	退职
专业技术人员	教授级	882	630
	副教授级	805	575
	讲师级	735	525
	助理级	693	495
	技术员级	623	445
管理人员	正处级	882	630
	副处级	805	575
	正科级	735	525
	副科级	693	495
	股级	658	470
	科员	623	445
	办事员	588	420
工人	技师	700	500
	高级工	658	470
	中级工	602	430
	初级工	574	410

校舍建设

危房改造　1997 年，全县用于改善办学条件资金达 429 万元，新建校舍 476 间，改建校舍 382 间，维修校舍 647 间。特别是乡镇初中建设取得突破性进展。房寨镇为了适应普及九年义务教育之需要，征地 30 亩，新建镇办初中 1 所。期间，全县 18 处乡镇初中，其中芦里、留庄、范庄、柴堡、柴庄、油寨、王二厢、草厂、滩上等 9 处中学先后搬迁，其他中学也先后扩建，学校占地均按照省定标准，达到 27.5 亩以上的要求。全县中小学的办学条件又迈出扎实的一步。但是，从全县范围看，农村小学基本建设发展很不平衡，一部分小学校舍依然破旧，学校无院墙、大门，教室采光面小，墙壁斑驳，甚至一些学校使用漏雨房和危房，距标准化要求还有很大差距。至 1999 年，值普及九年义务教育之机，投资 1000 余万元，按照国家“普九”达标要求，馆陶县各级各类学校共增加学校占地 916 亩，新建、扩改建和维修校舍 10.1 万平方米，各级各类学校均实现了硬化、绿化、

净化、美化，营造了一大批花园式学校。其中，新建中小学校 86 所，建校舍 2270 间；扩改建中小学校 103 所，建校舍 1401 间；建教学楼 14 栋；维修破旧校舍 904 间。特别是初中“七室”（图书阅览室，物理、化学仪器室及实验室，生物仪器实验室，卫生室），全县统一图纸，统一标准。学校校舍做到了坚固、够用、适用，及时消除校舍中的危房。学校建设基本达到“普九”标准要求。在 2002 年和 2005 年“普九”第一轮、第二轮复查中，又投资 400 余万元，用于维修和改造学校用房。

房寨中学

标准化学校建设 2007 年，全县实施农村中小学布局调整暨标准化学校建设工程，投资近 6000 万元新建实验中学。2008 年 10 月投入使用。

2009 年，利用国家、省“校安”专项资金、维修改造专项资金、初中改造工程专项资金和薄弱学校改造专项资金，大力实施“校安”工程，该年，完成魏僧寨中学、县实验小学、新华小学的标准化建设；2010 年完成了车疃小学、徐村小学、陶山中学的标准化建设；2011 年完成房寨中学、永济小学、市庄联校的标准化建设；2012 年完成了王桥中学、张寨联合小学、魏僧寨实验小学的标准化建设；2013 年完成了油寨中学、孙店联校、滩上联合小学的标准化建设。截至 2013 年，全县累计投资 3.7 亿元，为 38 所学校新建教学楼、宿舍楼、实验楼、餐厅等 86 栋建筑。

教学设备 1996—1999 年，全县共购置教学仪器、音、体、美、劳、卫生器材 14.93 万套（件）、图书 73.7 万册、实验桌凳 3014 人套、课桌 24736 人套、课凳 30876 人套、仪器橱 1555 件、图书橱（架）635 件。建微机室 2 处、语音室 5 处。

1999 年 9 月，由县教委牵头，先后举行中小学图书、仪器、体育器材招标会。按照“高标准、严要求、低价位”的原则，与中标者签订协议，中小学图书、仪器、体育器材完全按照河北省普及九年义务教育标准要求予以配足配齐，于 10 月份陆续到位。同时，各乡镇、学校课桌凳、橱柜等教学设施设备也在紧锣密鼓地配置，按期到位。

至 2002 年，全县累计购置图书 4 万余册，教学仪器 1.3 万套（件），音、体、美器材 1.8 万套（件），仪器、图书橱、柜 120 件，课桌凳 2050 人套；建设微机室 36 个、语音室 5 个、多功能教室 5 个。

2003—2005 年，购置课桌凳 2100 人套；购置多媒体电教设备 25 套；有 37 所学校建立了微机室，拥有微机 1213 台；新增图书 3.68 万册；购置教学仪器和音、体、美器材 3.1 万套（件）。

至 2005 年，全县投资 485.2 万元，建成微机室 40 个，拥有微机 1213 台；投资 17.5 万元，建成语音室 5 个；投资 93 万元，建成多媒体教室 31 个。

2010 年，配备计算机、多媒体设备 40 套，建设标准实验室 8 个，购置仪器设备 1010 件套，购置图书 1000 册；2011 年，配备计算机、多媒体等设备，建设标准实验室 8 个，购置仪器设备 650 件套，构建借阅一体化图书室 3 个，并配备图书；2012 年，配备了计算机 40 台、多媒体设备 32 套、一体机 86 台，建设标准实验室 3 个，购置仪器设备 474 件套，构建借阅一体化图书室 3 个，购置图书 2000 册；2013 年，加大教育设备的装备力度，配备计算机 635 台、多媒体设备一体机 19 台、电子白板 98 台，建设标准实验室 9 个，购置仪器设备 39194 件套，构建借阅一体化图书室 11 个，图书购置 34534 册，配备音体美器材 4792 件套等。

截至 2013 年，全县中小学校共配备计算机 2200 台、多媒体设备 157 套、一体机 105 台、电子白板 98 套、标准实验室 41 个、仪器设备 64446 件套、图书阅览一体化图书室 20 个、图书 814150 册、音体美器材 4518 件套等。

第七节　教师队伍

师德、师风建设

2005 年，教育系统开展“师德教育月”活动。文教体局认真执行贯彻市教育局《邯郸市中小学校“师德教育月”活动实施方案》《邯郸市中小学校教师行为规范（试行）》《邯郸市中小学校校长准则（试行）》等一系列规范性文件要求，加强师德建设，通过理论学习、召开家长座谈会、聘请教育监督员、发放征求意见卡等形式，汇总方方面面对教育的意见和建议，认真梳理，及时整改，全面提高教师队伍整体素质。是年，按照邯郸市教育局“加强教师业务培训，提高教师专业素质”的要求，由县教研室组织协调，全年有 80 余名中小学教师分 8 期参加市教科所组织的相关培训，有效地提高广大中小学教师的专业知识水平。

馆陶县中小学校长论坛

2007 年，按照市教育局安排，在全县开展以培育忠心、爱心、匠心、痴心、童心、虚心、清心、恒心、良心、雄心为主题的“十心立师德”教育活动。

2010年，开展以“十心立师德”“十力提师能”“十气修师表”为主题的“三师”活动，全县涌现出一大批优秀教师代表，树立了良好风气。

2012年12月，教育局结合实际，先后开展“塑造馆陶教育形象，从我做起”和“思想作风整顿”活动，校长努力践行“十个带头”（学习提高、爱岗敬业、文明服务、清正廉洁、整治环境、狠抓安全、团结协作、改革创新、创先争优、真抓实干），教师积极参与“五比五创”（比师德、比探索、比创新、比常规、比实干，创良好教师形象、创骨干名师队伍、创高效优质课堂、创最佳教学效果、创一流工作业绩）。督促全体教职工从思想上、行为上反思，开展“十查十看”（一查理想信念，看是否忠诚党的教育事业；二查依法执教，看是否有违反党和国家的方针、政策的言行；三查爱岗敬业，看是否热爱学校，尽职尽责；四查热爱学生，看是否关爱每一位学生，尊重每一位学生；五查严谨笃学，看是否勤奋刻苦钻研业务；六查团结协作，看是否尊重同志，互相学习；七查尊重家长，看是否主动联系家长，听取意见；八查廉洁从教，看是否无私奉献、廉洁自律；九查为人师表，看是否模范遵守社会公德、职业道德；十查服务意识，看是否满腔热情为学生服务，为家长服务），营造了全县教育系统风清气正、干事创业、激情奉献的浓厚氛围，涌现出“感动邯郸教育十大人物”白宝臣、捐髓救人的青年教师张爽、“感动邯郸教育十大人物”提名奖王士海等一大批教师楷模。

2013年，开展师德师风教育与法制教育专项行动。对全县教师开展了师德教育和法制教育专项培训，并且组织全县教师进行了师德和法律知识考试，进一步提高了广大教职员工师德水平和法制观念。开展师德学习反思周活动。每位教师都撰写了师德学习反思材料，并提出了具体的整改措施和努力方向。开展“三师标兵”推荐评选活动，树立了师德标兵，对师德标兵先进事迹进行了学习宣传，开展了向标兵学习的活动。开展以“讲正气、树师德，做最美教师”为主题的师德论坛征文活动，进一步推动了我县中小学校师德建设活动扎实有效的开展和交流。成功举办馆陶县师德楷模典型事迹报告会，远道而来的特岗教师、扎根边远的教师、几十年如一日始终工作在一线的教师等先后做了精彩的事迹报告，他们的事迹既平凡又伟大，既朴实无华又催人奋进，与会人员深受感动。全县各学校校长、骨干教师参加了此次报告会。

教师进修

馆陶县教师进修学校筹建于1979年，学校占地6亩，建筑面积2600平方米，是县政府直属正科级全额拨款事业单位，具有独立法人资格和中等专业学校资质的办学实体，馆陶县中小学教师的培训基地。

学校拥有普通教室、多媒体教室、电子阅览室、学术报告厅、音乐教室、美术教室、图书资料室、阅览室等专业教室，能同时容纳800人以上的培训任务。学校分为“三处两室”，即办公室、语委办，继续教育处、培训处、科研处。每年通过举办专家讲座、外出学习、素养大赛、业务考试和巡回讲课等活动，进一步提高了师资队伍业务素质。

2007年4月，河北师范大学与馆陶县建立顶岗实习支教关系，向馆陶县输送了首批8名实习支教大学生，开展为期半年的顶岗实习支教工作。2008年5月，馆陶县正式与河北师大签约，建立河北师大馆陶实习支教基地。2010年10月，馆陶县第一批由实习大学生顶岗置换的32名教师到河北师范大学，参加国培计划中的“中西部农村骨干教师培训”，培训分为两大部分：一是脱产学习；二是远程培训。初步形成了顶岗支教——置换国培模式，实现支教大学生和置换学校教师的双赢。

2010年8月，师训科在教师进修学校成立，具体负责教师培训、进修、继续教育等工作。2011年10月，搬至教育局办公。

2011—2013年，累计邀请国家、省、市知名教育专家、教授举办讲座60余人次，引进河北师大、北京师范大学、聊城大学顶岗实习生814人。

2013年，馆陶县参加教师“国培计划”，集中培训2人、远程培训辅导教师培训5人、项目培训18人、骨干教师高端研修培训4人，参加网上学科教师远程培训430人。参加省级短期集中培训24人，省级全员远程培训2300人。市级培训中，参加班主任德育培训12人、生本教育优质课比赛观摩92人、新课堂教学培训38人、生本教育观摩课4人、省专家送课下乡43人，共计189人。新参训县级骨干教师105人，县级骨干教师培训结合教研室百名“领雁”教师培养工作同时进行。教师进修学校有教职工22人，高级职称7人，本科学历21人。

民办教师转正与培训

“文化大革命”期间，全县各级各类规模学校迅速发展，民办教师队伍不断扩大，时有回乡知识青年和复员军人加入教师队伍。1975年，“上小学不出村，上初中不出片，上高中不出社”直接影响到馆陶县的学校教育，教师拔高使用，小学教师教初中，初中教师教高中，而小学教师之空缺则由民办教师补充之。教师队伍整体素质明显下降。

1977年，国家恢复考试制度后，馆陶县有相当一部分中师、师范专科及本科毕业生陆续补充到教师队伍中来。县文教局几次对全县民办教师进行整顿，辞退了一部分文化程度低、业务水平差的民办教师。同时，通过考试招聘一批具有高中文化程度的回乡知识青年充实到教师队伍中来。另外，通过补充自然减员、中师培训、专项指标等渠道，将部分工作表现好、教学时间长且教学成绩突出的民办教师转为公办教师。截至1998年，最后一批升入中师的16名民办教师毕业，全县民办教师全部转成公办教师。

2006—2013 年馆陶县教师招聘统计表

表 5-1-9

时间	总计（人）	考聘（人）	协议（人）	特岗（人）
2006	74	36	38	—
2007	63	52	11	—
2008	64	61	3	—
2009	315	41	4	270
2010	36	24	12	—
2011	144	103（含幼儿教师 30 人，未入编）	41	—
2012	282	50（含三支一扶 1 人）	—	232
2013	59	59	—	—

1997—2013 年馆陶县教师队伍一览表

表 5-1-10

年份	总计（人）	小学			中学			教师进修学校
		合计	公办	民办	合计	公办	民办	
1997	1739	842	—	—	883	793	—	12
1998	1892	907	—	—	983	—	—	14
1999	2290	1138	633	代 505	1152	1068	代 84	14
2000	2622	1463	1145	代 318	1159	1104	代 55	16
2001	2608	1416	—	—	1192	—	—	16
2002	2429	1210	—	—	1219	—	—	16
2003	2486	991	802	代 189	1248	1136	代 112	18
2004	2574	983	983	—	1322	1322	—	18
2005	2623	1068	1068	—	1155	1155	—	18
2006	2569	1283	1283	—	1286	1286	—	—
2007	2645	1444	1444	—	1201	1201	—	—
2008	2659	1512	1512	—	1147	1147	—	—
2009	2672	1637	1637	—	1035	1035	—	—
2010	2912	1249	1249	—	1634	1634	—	29
2011	2899	1465	1465	—	1226	1226	—	29

续表 5-1-10

年份	总计（人）	小学			中学			教师进修学校
		合计	公办	民办	合计	公办	民办	
2012	2974	1650	1650	—	1295	1295	—	29
2013	2957	1800	1800	—	1129	1129	—	28

附：馆陶县落实民办、代课教师待遇纪实

根据教育部、人力资源和社会保障部、财政部和中央编办《关于妥善解决中小学代课教师问题的指导意见》（教人〔2011〕8 号），及河北省人民政府办公厅《转发省教育厅省财政厅省人力资源和社会保障厅关于为农村原民办代课教师发放教龄补助实施方案的通知》（冀政办函〔2012〕37 号）的文件精神，按照邯郸市政府办公厅《转发＜市教育局市财政局市人力资源和社会保障局关于为农村原民办代课教师发放教龄补助的实施方案＞的通知》（〔2012〕149 号）要求，继邯郸市农村原民办代课教师补助工作会议召开后，馆陶县立即行动，并正式启动农村民办代课教师身份教龄认定工作。

馆陶县委、县政府高度重视，召开了各乡镇书记、乡镇长和相关部门负责人会议，明确提出将此项工作作为当前一项重点工作来抓。经研究成立了由县委副书记马光瑞同志任组长，乡镇书记、相关部门负责人任成员的“馆陶县农村原民办代课教师发放教龄补助工作领导小组”。并将此项工作纳入县政府常务会议议程，明确此项工作由教育局、财政局、社保中心等牵头组织实施，领导小组下设办公室，由教育局局长张国平同志任办公室主任，全面负责身份、教龄认定工作，财政局、社保中心负责补助资金的筹措和发放工作。

教育局党委高度重视，立即召开了局长办公会研究部署此项工作，成立身份教龄认定专项工作领导小组，并设立办公室，从相关处室抽调 7 名同志任办公室成员，具体负责教龄认定工作。其他乡镇、街道办也相继成立了以党政一把手为组长的认定工作小组，乡镇（街道办）组织（人事）、教育、财务、信访、纪检、所辖学区中心校（县属学校）等相关部门负责人为组员的“乡（镇、街道办）农村原民办代课教师身份及教龄认定工作小组”，专门负责初步认定工作。根据省、市有关文件，结合本县实际，经过多次研究、论证，2012 年 8 月 22 日由馆陶县教育局起草并制定了《馆陶县农村原民办代课教师发放教龄补助工作实施方案》，方案就发放范围、执行标准、执行时间、认定方法、发放方法、资金来源、组织领导、有关要求八个方面进行了详细说明。2012 年 9 月 22 日中共馆陶县委办公室、馆陶县人民政府办公室下发了《中共馆陶县委办公室、馆陶县人民政府办公室关于成立馆陶县农村原民办代课教师发放教龄补助工作领导小组的通知》《馆

陶县教育局关于成立全县农村原民办代课教师发放教龄补助工作领导小组的通知》。

为了切实做好教龄认定工作，让每一位参与身份、教龄认定的工作人员掌握工作流程、岗位职责，2012年9月29日，在教育局会议室再次召开由各乡镇认定小组成员参加的专题培训会。会上，县政府农办主任耿文杰同志宣读了《馆陶县农村原民办代课教师发放教龄补助工作实施方案》，赵殿志同志就认定工作的实施方案、工作指南、工作流程、时间节点、工作指南、表格填写等方面逐项解读，同时，身份教龄认定专项工作领导办公室将2012年8月教育局编制的《馆陶县农村民办代课教师身份教龄认定和发放教龄补助工作资料汇编》内部资料19项90余份，发放到每一位工作人员手中。馆陶县身份教龄认定工作正式启动，农村原民办代课教师也迎来了新的希望。

《馆陶县农村原民办代课教师发放教龄补助工作实施方案》中明确了以下几个方面：1. 发放范围，凡现为馆陶本地户籍、2003年年底以前曾在农村公办中小学（含幼儿园）教师岗位上工作满3年（含3年）以上、离开教师岗位后再没有被企事业单位录用的原民办教师或代课教师，且达到60周岁的，从到年龄次月起享受教龄补助。2. 执行标准，根据城乡居民社会养老保险基础养老金加教龄补助的方法发给养老补助。基础养老金标准按国家政策规定执行，教龄补助标准为每人教龄每月20元，任教年限不满一年的按一年计算。根据社会发展情况，适时调整教龄补贴标准。3. 执行时间从2012年1月1日起执行，基础养老金发放时间按国家政策规定执行。4. 认证方法，个人向乡镇认定工作小组提出申请并提供相关原始材料；乡镇认定工作小组进行初审核实，审核结果在乡、村、校进行不少于一周的公示后，报县教龄补助工作领导小组审核；县教龄补助工作领导小组对个人提出的申请和相关原始证明材料进行审核；审核结果在县、乡、村、校进行不少于一周的公示；审核后的发放名单报市教龄补助工作领导小组核定，并报省教龄补助工作领导小组批准；县教龄补助工作领导小组根据批准的名单发放教龄补助。5. 发放办法，符合条件人员的教龄补助由县城乡居民社会养老保险经办机构按月发放。6. 资金来源，发放教龄补助所需资金，省财政直管县按照省、县5:5的比例分担。

万事开头难，各乡镇开始宣传发布消息时，馆陶县教育局就已经开始行动，做前期的准备工作，安排人事、文书两个档案室对历年来保存的民办代课教师档案材料进行了归类、整理，搜集各种存档资料，“1963年退职民办、代课教师情况一览表”“县直及各学校教职工基本情况一览表”“中小学教师工资逐月领报花名册”“辞退民办教师生活补助统计表”“老民办、代课教师基本情况一览表”“教职工年终奖金审批表”等各类表格、材料，凡是能证明原民办、代课教师的材料均为“宝贝”，有些资料因年久已泛黄但仍然被认证办公室当成“宝”，也更为一些老代课教师带来喜悦。此次认证时间段长，由于历史原因，原民办代课教师本人所能提供的证据较少，为便于申请人查找物证，申请人查询后出具查档证明，加盖县领导小组办公室公章后可作为原始物证，保证了认定材料的真实性；各学校保存的有关材料，经乡镇认定小组审核有效后，其复印件加盖学校公章、校长签字后，也可作为申请人的原始物证，有效解决了申请人证据不足、难以认定的问题。尽管如此，在实际工作中总会遇到很多问题，诸如对政策理解不透，所提供的证据不足，牵涉人员多，年龄跨度大等等，再比如工友和工勤人员，包括门卫，司机，打更，食堂人员等，不在这次范围之内；还有的已经办理了养老低保，这次也不符合条件，不能重复享受补助；也有离开教师岗位以后被其他企事业单位录用了，后来有了工作，也不符合；还有1962年回乡支农，为国家减负，其任教年限不予认定，对于一系列问题，工作人员都做出细心、耐心的解释。

民办、代课教师中大部分都是年龄较大的老人，耳聋耳背、说话不清。一位86岁的老人，时间跨度非常大，为了让老人享受到国家的优惠政策，按照要求，工作人员主动帮助老人寻找证据。还有一位王二厢的老人冯占梅，年近70岁，在民办教师岗位上一待就是三十多年，主管档案的王新玲接待了她，说起从教经历，老人很激动，本来有两次转正的机会，都让给了别人，说起来，她几度哽咽，身体有病，仅有一女，经济条件差，养老已成问题。对此王新玲细心解释，帮助老人填写表格。根据老人提供的各种证明材料，经各级审核，被认定了32年。老人泪流满面，表示感谢党和政府，这是对她一辈子付出的肯定。还有一位王桥乡的李健岭老师，现年83岁，行动不便，不能到现场认定，工作小组就上门服务，由组长赵殿志带队，一行三人，和乡镇小组一起，到李健岭家里，现场办公，填表、证人、证词、录像等，一次帮其办妥。不讲报酬，不怕累，不怕烦，热心、耐心、诚心，以让所有民办、代课教师满意作为认证小组的工作标准。有时事发突然，需要特殊对待，就在工作接近尾声，所有人员已经报请市局审批时，又来了一位老教师，因久在外地儿子家里居住，获悉较晚，看着老人满脸风尘，焦急不安，小组当即决定，单独请示县教育局领导，委派人事科长王金华等三人赶到市局，向主管领导请示，详细说明情况后，予以追加，老人非常激动，连声感谢，三人也因成功追加，为老人能享受国家政策露出欣慰的笑容。

“点点滴滴，造就不凡”，把平凡事做好，把小事做细，就是最大的收获。在认定过程中，工作人员坚持“物证为主，组织调查为辅，人证为参考”的认定原则，始终坚持公平公正、实事求是。至2013年年底，民办代课认证小组分两批对全县2294名原民办代课教师身份进行了认定，其中组档2294卷，每卷有馆陶县（市、区）农村原民办代课教师身份和教龄认定申请表，申请人身份证复印件、户口本复印件、新农保证明复印件、任教及工龄原始证明材料（登记表、工作证、工资表、出勤表、荣誉证、照片等）、申请人承诺书、当地乡镇计划生育部门证明、证明人证明材料等17项之多。坚持一人一卷，以乡镇为单位在教育局存档，并附有名单。

在2012年圆满完成60岁以上人员认定的基础上，2013年3月份起，用时5个月完成了60岁以下及部分60岁以上人员的认定工作，此次申请人数共计1646人，核实参加社保人员11人，实际认定1635人，其中60岁以上41人，按乡镇划分，陶山街道办126人，馆陶镇114人，魏僧寨镇210人，房寨镇146人，柴堡镇199人，寿山寺乡258人，王桥乡185人，南徐村乡166人，路桥乡231人，所有档案严格按照省市要求进行了复审和县、乡两级公示。

（馆陶县教育局）

第八节　社会力量办学

1997年7月31日，国务院颁布《社会力量办学条例》。遵照“积极鼓励、大力支持、正确引导、加强管理”的十六字方针，1999年，邯郸市人民政府印发《关于发展社会力量办学的意见》，对发展社会力量办学的指导思想、目标和主要任务，以及发展社会力量办学必须依法执教等都做出明确规定，并就如何鼓励、支持和规范管理等制定了具体办法。

进入21世纪后，馆陶县陆续出现一批民办幼儿园和民办小学。

2005年后，县委、县政府和教育行政部门加强对民办机构实施检查、督导和整顿，对不合格和未经审批的予以取缔，并形成规范整顿机制，制度了年检方案，每年对全县民办机构进行审核验收，其结果在全县予以公示。

2013年5月，根据邯郸市人民政府办公厅《关于进一步加强清理整治非法办学工作的通知》要求，县政府制定《馆陶县清理非法办学工作实施方案》，并成立以政府主管副县长为组长的工作领导小组，在全县开展清理整治工作。

至2013年年底，经县教育局审批办学的民办学校有27所，其中包括22所民办幼儿园，4所民办小学，1所培训机构。民办学校在校生7897人，教职工564人。

附：部分民办学校简介

红苹果幼儿园　创办于1992年，是馆陶县第一所民办幼儿园，占地5亩，建筑面积2000平方米。在园幼儿240名，教职员工20人。学校开设8个班次，分为小托班，小班，中班，大班，实行小班制教学，自创一字一儿歌一故事的阅读书写教学法和手心算教学法。

魏僧寨镇中心幼儿园　创办于2004年，2012年完成校园扩建任务，建筑面积3000平方米。在园幼儿700名，教职工100余人。学校教室和宿舍配有暖气、空调，学校建有洗澡间、洗浴室和器材室。

方圆幼儿园 创办于2004年8月，占地5亩，建筑面积960平方米。在园幼儿472名，教职工37人。教室内配有平板电视和多媒体教学系统，图书室、校园广播、校园监控网络一应俱全。

阳光双语幼儿园 创办于2005年9月，位于106市场体育场东面。在园幼儿300余名，教职工18人。园内配有大型儿童玩具。

光普乐陶幼儿园 创办于2013年3月，由邯郸市光普教育集团投资建立，位于馆陶县检察院东侧桂园小区内，占地面积3000平方米，建筑面积2500平方米。光普乐陶园教师班级配置均两教一保，舞蹈等课程由专业教师单独授课，教师均幼教专业毕业或大专及以上学历，经过光普教育集团专业培训、考核合格后方可上岗。

金陶郦都双语幼儿园 创办于2013年8月，地处金陶郦都小区，占地2.3亩，建筑面积2200平方米，操场活动面积1000平方米。在园幼儿120人。

方圆小学 创办于2004年8月，位于徐村乡冀浅村，占地面积14亩，建筑面积6260平方米。在校学生596人，教职工45人，招收范围为1—6年级学生。

阳光小学 成立于2007年，位于魏僧寨镇阳光路中段，占地面积20亩，建筑面积5500平方米。在校学生1150人，教职工70人，招收范围为1—6年级学生。

行知实验小学 创办于2007年8月，位于县城陶艺路中段，占地面积10.08亩，建筑面积为6000多平方米。在校生400余名，教职工46人，招收范围为1—6年级学生。学校规划为教学区、运动区、生活区、宿舍区等几个部分，建有以弟子规、二十四孝、朱子家训为主题的校园文化长廊，布局合理。

第二章 卫生 体育

1997年后，馆陶县卫生事业迅速发展，逐渐形成县、乡、村三级医疗网，2009年9月，县中医院新院区投入使用，2013年8月，县医院新院区投入使用。乡镇卫生院和村卫生室建设也达到国家规范化标准，基本满足了农民就近就医的需求。2005年12月，馆陶县被河北省政府列为新型农村合作医疗试点县，2006年1月1日，正式开始推行实施新型农村合作医疗制度。至2013年，县城内现有体育设施10处，全县拥有体育健身活动场所的行政村244个，馆陶县向上级体校输送优秀运动员160余人，其中20余名被省级运动队选用，并多次在国家、省级比赛中获奖，为祖国和家乡赢得荣誉。

第一节 卫生体制改革

管理体制改革

2001年6月10日，根据上级人事制度改革的有关指示精神，县卫生局下发《关于对乡镇卫生院实行院长聘任制的意见》馆政卫〔2001〕18号文，从当年起对乡镇卫生院的院长实行聘任制。院长聘任期为三年，由院长聘任副院长及各科室人员，聘期为一年。对院长实行任期目标管理。

2002年，随着撤乡并镇改革，按照一乡一院的改革要求，乡镇卫生院由原来的24个（其中中心卫生院3个，乡镇卫生院21个）合并为8个（其中中心卫生院3个，乡镇卫生院5个），2002年7月27日，县卫生局以文件形式聘任中心、乡（镇）卫生院院长，同时院长兼任卫生监督所管理站站长。

2011年6月5日，按照省市关于基层医药卫生体制综合改革的精神，馆陶县深化医药卫生体制改革领导小组办公室下发〔2011〕11号文《馆陶县公开选聘乡镇卫生院院长工作实施方案》，公开选聘乡镇卫生院院长，乡镇卫生院院长实行聘任制，聘期为三年，试用期一年，并相继出台了《馆陶县乡镇卫生院全员聘用实施方案》《馆陶县乡镇卫生院绩效考核办法（试行）》《馆陶县乡镇卫生院绩效工资考核分配办法》等一系列文件，馆陶县基层医药卫生体制综合改革顺利实施。

新型农村合作医疗制度改革

2005年12月，为更好更快地解决农民“因病致贫，因病返贫”问题，按照河北省

县长孟凡雄（左三）深入基层卫生院调研基层医改工作

总体安排部署，馆陶县被河北省政府列为新型农村合作医疗试点县，2006年1月1日，正式开始推行实施新型农村合作医疗制度。在学习先行试点县经验、广泛征求意见的基础上，馆陶县相继制定了《馆陶县新型农村合作医疗定点机构管理办法》《新型农村合作医疗就诊规定》《定点医院操作规程》《病人指南》和《医疗费报销办法》等一系列文件。新型农村合作医疗集中体现了“政府领导，部门协调、群众参与、社会支持”的特点。参加对象为馆陶县农民。筹集渠道为农民以户为单位上缴基金，参合人员按规定时限如数交纳新型农村合作医疗农民个人自筹部分基金，遵守各种管理办法和制度，在各级定点医疗机构就医，按照规定的补偿范围及比例，享受医药费用补偿和报免。2006年，乡镇定点服务医疗机构住院治疗报销比例50%，县级医疗机构报销比例45%，地市级医院住院报销比例为35%。是年，参加合作医疗人数为21.1万人，占全县农业人口的80.75%。各级财政补助分别为中央20元、省11元、市6元、县3元，农民个人缴纳10元，总计50元，共统筹参合资金1053.575万元；共为66372例参合患者补偿医疗费用632.97万元。其中，住院补偿10482例，补偿费用573.94万元，实际补偿比35.83%。此后，报销比例和相关政策不断调整。

2009年，馆陶县被列为门诊统筹试点县，即门诊和大病住院全部实行统筹，取消家庭账户。实行门诊统筹，在乡、村两级开展门诊统筹报销，不设起付点，村级补偿标准35%，乡级30%，年门诊补偿封顶线30元；2010年，封顶线提高到40元；2011年，门诊统筹补偿标准村级提高到40%，乡级提高到35%，封顶线提高到50元；2012年，门诊统筹补偿标准村级提高到45%，乡级提高到40%，封顶线提高到100元。县、乡两级政府分别成立了由政府主要领导任主任的新农合领导小组、管理委员会和监督委员会，各村分别成立了新农合管理小组；同时，也成立了县新农合管理委员会办公室，各乡镇相应地设立了新农合经办机构。2013年，住院实际补偿比达到51.13%，以县、乡两级住院为主体的住院医疗实际补偿比达到57.63%。农民看病难、看不起病和因病致贫、因病返贫问题得到缓解，小病养、大病拖的现象不复存在。自2006年实施新农合以来，门诊人次是实施新农合前的10倍，住院人数是原来的3.5倍。

第二节　医疗机构

县级医疗单位

馆陶县人民医院　成立于1949年。1996年，有职工240余人，其中副主任医师7人，主治医师46人，开放床位180张，已拥有内科、外科、妇产科、儿科、老干科、五官科6个病区，设备有X光机、B超、心电图、脑电图等医疗设备60余（台）件。通过了卫生部“二甲医院”评审。1997年8月，购置CT大型医疗设备，并投入使用。同年，通过河北省爱婴医院检查团验收。11月成立“便民汽车医院”医疗队，下乡义诊。1998年，经省有关部门批准成立“馆陶县低视力康复部”“馆陶县红十字医院”，开通红十字免费急救电话“999”。投入使用24小时动态心电图、血液分析仪、尿分析仪、脑地形图仪、人工晶体植入器。1999年度引进法国产全身彩色多普勒超声诊断仪。同年创建河北省“三星级文明服务单位”。同年10月，病房楼建设动工，一幢五层、局部六层，面积6100平方米，病房楼属省优工程，含中心供氧、负压吸引、传呼系统、电梯。2001年新建病房楼8月份投入使用，对供应室、洗衣房、供氧中心房、职工食堂、小锅炉房进行改建；引进德国政府贷款200万美元，省、国家计委立项发文。2002年8月，CT楼动工建设，共二层，建筑面积671平方米。被市卫生局评为首批“百佳医院”。2003年，积极参与非典防治工作，建立发热门诊，增购呼吸机、心电监护仪、吸痰器等设备。2006年4月，三层医技楼建设动工，总建筑面积3100平方米。CT楼竣工使用。2007年，医技楼及院落改、扩建竣工。同年，通过河北省卫生厅“诚信医院”评审，获得河北省建设局“园林式单位”称号。

馆陶县人民医院

2008年9月，“问题奶粉”事件发生后，共免费检查婴幼儿4859人次。2009年，馆陶县人民医院作为手足口病疫情防治，馆陶县定点救治医院，设立手足口病区、手足口病门诊、预检分诊室，确保了手足口病防控救治的组织保障、人员保障、物资保障的到位。同年，成立防控甲型H1N1流感救治专家组，负责该病的防控工作。并相继建立了医疗救护组、综合信息组、消毒隔离组、后勤保障组等组织健全的应急网络，随时进行抽调；抽出专门时间强化对医护人员的培训，确保做到对病人早发现、早诊断、早报告、早隔离、早治疗。2010 年 5 月，核磁举行开机仪式并投入使用。

2013 年 8 月 15 日，县医院新院区竣工开业，新医院占地面积 196 亩，投资 3.5 亿元，建设一栋 16 层病房楼及一栋 4 层门诊楼、行政综合楼，建筑面积 6 万余平方米，开放床位 600 张，门诊量 15 万余人次，收住院病人 2 万余人次，业务收入 1.2 亿元，设有 27 个临床科室、21 个职能科室、15 个医技科室。神经外科、神经内科、普外科、心内科、介入放疗科、新生儿科、妇产科等为重点专科，消化内科为市级重点专科。医院技术力量雄厚，专业技术人员 580 余人，其中正高职称 9 人、副高职称 62 人，中级职称 141 人，硕士、本科生共 180 余人。与北京 301 医院、北京同仁医院、天坛博士神经外科、省二院、三院、解放军和平医院、市中心医院建立了长期的技术协作关系，是国家“十一五”科技项目承担推广协作单位，主持完成省计划科研课题 16 项，医院先后开展了永久性心脏起搏器植入、心脏血管支架植入，心脏血管造影及周围血管造影，各种肿瘤的手术、放疗、化疗、介入治疗、腹腔镜、宫腔镜、输尿管肾镜、膀胱镜、前列腺电切镜、电子关节镜、血液透析、无痛分娩、阴道镜等微创手术、人工关节置换术、小儿脑瘫康复治疗等一系列新技术项目。形成了人才梯队合理、技术水平过硬、服务理念先进的优胜医疗团队。

馆陶县中医院 始建于 1987 年。2007 年 12 月开工建设新中医院，2009 年 9 月实施整体搬迁。是一所集医疗、科研、教学、预防、康复、急救为一体的国家二级甲等中医院。中医院在职干部职工 493 人，其中卫生技术人员 433 人，开设床位 310 张，临床科室 23 个，医技科室 11 个，设置心内科、内分泌科、中风科、普外科、脑外科、骨外科、妇产科、儿科、眼科、急诊科等临床科室。并设有心血管病治疗中心、脑病治疗中心成人和儿童康复中心、肿瘤治疗中心、外科微创治疗中心、重症监护中心、母婴保健中心、120 急救中心、体检中心等。拥有先进的东芝螺旋 CT、日立磁共振、高压氧舱、透析机、四维彩超、肿瘤异常蛋白检测仪、全自动生化分析仪、成人、儿童康复全套康复诊疗设备，能满足患者及临床医疗需求。医院坚持“中医做强，中西并重”的发展方向，是河北医科大学、河北工程大学教学实习医院，北京 301 医院、河北省中医医院、邯郸市中心医院、邯郸市中医院、河北工程大学附属医院等技术协作医院。医保、城镇居民医疗保险、新农合定点医院。馆陶县 120 急救站、司法医学鉴定中心、远程医疗会诊中心均设在中医院。

馆陶县中医院

2011 年 5 月，县中医院顺利通过全省中医管理年活动专家组的验收与审核，并在全省 139 所县级中医院排名中取得第六名的成绩。2011 年 10 月，武洪民院长被评选为“全国中医药文化先进个人”称号，2013年4月，黄彬护士长荣获“全国中医护理工作先进个人”称号。同年5月，县中医院高分通过河北省二级甲等中医医院评审。2013年，医院年门急诊12.67万人次，年住院患者12072人次，业务收入7000万元。先后荣获“全国百姓放心示范医院”“全国优秀县市级医院”“全国职业道德建设十佳医院”“三星级文明服务窗口单位”“河北省园林式单位”等称号。中医张洪洲行医50年，先后主持或参与省部级和厅局级科研课题4项，获河北省科技进步二等奖2项、省科技进步三等奖1项、市科技进步三等奖1项。主编或合作出版学术专著6部（套），公开发表学术论文20余篇，被国家中医药管理局确定为2015年全国基层名老中医药专家传承工作室建设项目专家。

新中医院分三期建设，一期二期总投资1.5亿元，占地50亩，建筑面积6万平方米，分为门诊楼、病房楼、医技楼，已投入使用。三期为馆陶县康复托养中心暨心病脑病专科医院，投资7000多万元、建筑面积2万平方米，高13层，于2011年12月开工建设，2014年8月投入使用，医院总床位600张。

“馆陶县康复托养中心”集心脑血管病急救、预防、诊断、治疗、康复、托养为一体，分为心血管病、脑血管病治疗区、重症监护区、脑瘫康复区，功能训练区，理疗治疗区。中心最新引进先进的德国西门子64排CT、西门子永磁核磁共振、数字减影血管造影机、德国蔡司手术显微镜、亚低温治疗仪、成人、儿童康复等一大批专科配套设备，在心脑血管病的诊治上采取手术介入、中西药物、推拿康复、功能训练等一整套科学规范的心脑血管病治疗康复方案。

馆陶县妇幼保健院 是馆陶县妇女儿童专科医院。位于馆陶县城陶山街西段339号，占地面积2800平方米，房屋面积2600平方米，病房床位49张，干部职工共有48人。年门诊量2万人次，年住院病人1600人次，年业务收入为365万，业务支出为360万元。医院设有妇科、产科、内科、外科、儿科。保健部分设有妇女保健、儿童保健、优生遗传、婚前检查、乳腺疾病检查、孕产妇高危监测；辅助科室有：化验室、生化室、X光室、B超、四维彩超、心电图、听力筛查、乳腺透光等。

馆陶县妇幼保健院

馆陶县妇幼保健院是一所保健与临床相结合的二级妇幼保健医疗机构，承担着全县妇幼保健业务指导、基层妇幼医生技术培训及科研任务。2010年被中共馆陶县委、馆陶县人民政府评为“文明单位”，被馆陶县精神文名建设委员会办公室授予“文明服务窗口”。曾多年被市卫生局、市保健中心评为“两筛先进单位”，1998年被世界卫生组织评为“爱婴医院”。2013 年 1 月 15 日被评为二级妇幼保健院。

2006—2013 年馆陶县妇幼保健院业务统计表

表 5-2-1

项目/年份	妇女病检查				孕产妇管理		0—6 岁儿童系统管理				新生儿孕产妇死亡数	
	应查数	实查数	患病数	治疗数	系统管理数	高危数	管理数	体弱数	佝偻数	贫血数	新生儿死亡数	孕产妇死亡数
2006	32181	15507	2732	2586	5459	227	18815	825	613	259	25	2
2007	27718	12713	2170	2150	6003	352	25143	805	570	177	19	2
2008	29877	13396	1361	1346	7702	450	29988	789	548	169	16	0
2009	30954	14116	1886	1877	5912	774	17501	—	—	555	11	2
2010	31189	14192	1879	1869	6293	658	19265	—	—	615	18	1
2011	33295	14951	2118	2152	6795	583	21682	—	—	723	41	2
2012	40234	20219	1887	1866	7161	438	20217	—	—	603	33	2
2013	104252	51877	9074	8213	6835	650	21652	—	—	580	29	1

乡镇医疗机构

房寨镇卫生院 成立于 1950 年，位于镇政府所在地，距县城 10 公里。有门诊楼、病房楼、办公楼各一幢。房屋面积约 1100 平方米，其中门诊楼建于 1997 年。病房楼建于 2008 年，办公楼建于 2013 年。全镇面积 24 平方公里，人口 2.64 万人，辖 28 个行政村，服务半径 5 公里。担负着馆陶县南部的预防、医疗、康复、保健、公共卫生等任务。

全院共有干部职工 30 人，卫生技术人员 24 人。执业医师 7 人，执业助理医师 5 人，大专学历 11 人，中专学历 13 人，正在接受成人本科学历教育 5 人。

主要科室有：临床科室：急诊室、内科、外科、妇产科、儿科、中医科；医技科室：检验科、影像科、心电图室及四维彩超、脑电图室；公共卫生科室：疾病预防与控制、妇幼保健及健康教育室。

房寨镇中心卫生院

主要设备有：急诊科：心电监护仪、人工复苏气囊、自动洗胃机、电动吸痰器、全自动呼吸机、供氧装置及救护车等；妇产科：多功能产床、胎心监护仪、新生儿辐射台及妇产科常用器械；检验科：有血球分析仪、尿常规分析仪、全自动生化分析仪及双目显微镜等；影像科：配有 200mA 双管双床 X 光机及配套设施、四维彩超工作站；功能检查：十二导联心电图机、24 小时动态心电图及脑电地图仪；手术室：麻醉机、人工呼吸气囊、电动吸引器、万能手术床及无影灯；中医科：颈腰椎治疗多功能牵引床、手动颈椎牵引椅、电针治疗仪、TDP 治疗仪、艾灸仪以及中医诊疗常用设备。

馆陶镇卫生院

馆陶镇卫生院　是一所集医疗、预防、保健为一体的综合性公立医院，始建于 1972 年，位于县城政府街 86 号。占地面积 782.44 平方米，建筑面积 1398 平方米，房屋四 46 间，床位 20 张，人员 30 人，其中执业（助理）医师 10 人（中医类 5 人），护士 2 人，药剂师 2 人，检验师 1 人。卫生院设有：内科、儿科、外科、妇产科、中医科、理疗科、防疫、公共卫生、合作医疗等科室。并配备化验、放射、经颅多普勒、彩超等科室。有大型医疗设备 30 余件套，彩超、高频电刀、双床双管 X 线机、200AMX 线机、全套生化检验设备、经颅多普勒、自动分析心电图机、点吸引器、婴儿辐射台、制氧机、9 孔无影灯等先进仪器。2010 年开展公共卫生服务，为辖区村民享受公共卫生更好的服务，成立公共卫生科，卫生院成立了公共卫生科，2010 年辖区建档总数 22100，建档率 57% 以上。

王桥乡卫生院

王桥乡卫生院　位于馆陶县西南部，服务全乡 39 个行政村，38600 余人。2002 年，谋划筹备新卫生院建设。新卫生院地址设在王桥乡北孙店西村北 215 省道西侧，占地面积 4000 余平方米、房屋 44 间、医务工作人员 29 人、专业技术人员 16 人、其中临床执业医师 2 人、临床助理医师 4 人、中医执业医师 2 人、中医助理医师 2 人、药剂师 1 人、护士 1 人、检验师 1 人。共有 X 光、彩超、多普勒等各类器械 130 余台（件），固定资产 270 余万元。设有内、外、妇、中医、防疫、公共卫生、合管办、化验、彩超、放射等十余个科室。2013 年新进 400mAX 光机、彩超、全自动血液分析仪、救护车等医疗设备。

魏僧寨镇中心卫生院

魏僧寨中心卫生院　位于馆陶县北部，距县城 23 公里，东邻山东省、北与邢台市接壤，始建于 1950 年。服务面积 56 平方公里；服务辖区总人口 32608 人。卫生院占地面积 9914 平方米，业务用房面积 2514 平方米。在岗职工 36 人，是一所非营利性公立综合卫生院，为新型农村合作医疗、中国人寿保险公司定点医疗机构。主要科室有：内科、外科、妇产科、儿科、放射科、检验科。主要设备有 B 超、心电图、生化分析仪、X 光。

徐村乡卫生院

南徐村乡卫生院　是一所集医疗、预防、保健为一体的综合性公立医院，位于馆陶县徐村乡政府北部，武馆路路东临武馆路占地面积 2.8 亩。有职工 20 人，专业技术人员 17 人，其中执业医师 4 人，执业助理 8 人，检验师 1 人，药剂师 2 人。该院开设门诊部和住院部，有内科、妇科、儿科、外科、骨科、五官科、中医慢性病科、医技科（B 超室、心电图室、检验室、透视室），主要设备有多功能生化分析仪、全自动血液分析仪、显微镜、B 超、洗胃机、中频治疗仪、电针治疗仪、TPD 神灯、X 线等仪器，开放床位数 18 张，能独立开展普外科、妇产科、五官科、骨科等部分小手术。

2009 年放射科室成立，卫生院购进了 X 光机，填补了乡卫生院 X 光透视辅助检查空白，放射科室年门诊量 300 余人次。2010 年开展基本公共卫生服务工作，为让辖区百姓享受公共卫生服务的阳光，卫生院成立了公共卫生科，2010 年辖区建档人数 11000 人，建档率 40% 以上。

路桥乡卫生院

路桥乡卫生院　始建于 1955 年，位于路桥乡陈路桥村东南角，占地 2.5 亩，分南北两排共有房屋 12 间，设有内科、预防保健科等科室，医生有 3 人，为永济遗址。伴随着改革的春风群众的需求，路桥乡卫生院在 2002 年搬迁至路桥乡青阳城村南 50 米三八路以西，时有 12 间二层楼房，职工 12 名。2007 年底建成北楼（门诊二层小楼）。现占地 1980 平方米，建筑面积 1600 平方米。共有干部职工 20 人，医师 10 名，医士 4 名，护师 3 名收费 1 人后勤 2 人。设有内科、外科、妇产科、儿科、中医科、放射科、检验科、预防保健科等。该院医疗设备齐全，200 毫安 X 机、彩超、心电图机、生化分析仪、尿十项分析仪、血流变分析仪、半自动煎药等设备，设床位 10 张，总固定资产 30 万元。

寿山寺乡卫生院　2002 年 9 月搬迁新址，位于馆陶县寿山寺乡寿北村，老 309 国道北侧。占地面积 4 亩，其中业务用房 1100 平方米。有职工 26 人，执业医师 7 人，助理医师 9 人、护师 1 人、护士 2 人、药剂师 3 人、检验师 1 人、后勤 3 人，病床 20 张。设有内科、外科、妇科、儿科、中医科、防保科、妇幼科、检验科、放射科、合管办等

寿山寺卫生院

科室。2007 年投资 40 余万元建成高标准病房楼，面积 600 平方米。2009 年年初，投资 20 余万元新建放射科及业务用房 200 平方米；投资 13 余万元，先后购进了急救箱、担架、心电图机、半自动血球分析仪、尿液分析仪、恒温箱、离心机、观片灯等医疗设备。2009 年 5 月更换病床 20 张，被褥 40 件套，安装病房空调 7 台。9 月 27 日向麻呼寨小学、寿山寺中学等学校免费提供数千元防治甲型 H1N1 流感药品。11 月代表馆陶县迎接省级规范化、标准化乡镇卫生院验收，顺利达标。2010 年 7 月 4 日开始建立全乡居民健康档案工作。2012 年先后代表馆陶县迎接市麻疹检查漏种补种、“两麻”强化、基本公共卫生、传染病肠道门诊、强化糖丸补种、医疗改革工作检查，受到市检查组的好评。2013 年 12 月扩建东楼及南楼 460 平方米。

柴堡镇中心卫生院

柴堡镇中心卫生院 位于县城北约 9 公里处，占地 13 亩。有职工 28 人，专业技术人员 26 人，其中执业医师 6 人，执业助理 11 人，护士 3 人，检验 3 人，药师 3 人。设门诊部和住院部，有内科、妇科、儿科、外科、眼科、五官科、国医堂和计免科等科室。主要设备有彩超、大型 X 光机、多功能生化分析仪等，开放床位 32 张。2004 年对 24 间病房进行了装修。2005 年建立门诊房 22 间。2007 年建立一座二层综合楼，共 20 间。2006 年新“农合”实施，全镇参合人数 3.98 万人，参合率 90% 以上。2007 年安装锅炉和地暖。是年成立了公共卫生科和公共卫生领导小组，至 2013 年年底，建档 33910 人，建档率 87.4%。65 岁以上老年人免费健康体检计 1.46 万人次。

村级卫生室

1997 年，馆陶县有村卫生所 108 个，乡村医生 286 人。听诊器、体温计、血压计为当时的主要诊疗设备。此后，为适应农民就医需求，按照邯郸市村卫生室建设标准审批，对不合格的卫生室予以取缔。2013 年，全县村卫生室增加到 397 所，乡村医生人数为 680 人。村卫生室普遍配备了心电图机、显微镜、灭菌锅等医疗设备。少部分卫生室配备了 X 光机、全自动血球仪等较为先进的诊疗设备。能够开展一般病和常见病的诊治。全县 277 个行政村，一村一所卫生室均达到了标准化卫生室的创建标准。

民办医院

馆陶复兴医院 位于县城新华街与南环路交叉口南行200米路东，占地面积达1万余平方米。2007年11月20日馆陶县人民政府正式批准成立馆陶复兴医院，成为全县第一家民营医院。设有门诊部和住院部。门诊楼占地2000余平方米。住院部拥有病房20间，面积达6000余平方米，床位100余张，开放普通床位40张，配有护士站、空调、有线电视、食堂等。新病房楼于2012年建设使用。除治疗常见病、多发病外，尤以中医妇科突出，治疗各种类型的不育不孕及妇科、男科疾病。设妇科、产科、内科、外科、儿科、中医科、中西医结合科、医学影像科、检验科，配备无痛分娩室、手术室、母婴同室病房等。开展计生保健、孕期保健、无痛分娩、新式剖宫产，微创手术等先进治疗方法。有职工30余人，卫生技术人员占95%，副高级以上职称2人，中级职称6人，初级职称12人，护士9名，医院配有传呼信号系统、负压吸引系统等先进设施。拥有四维彩超、大型X光机、全自动生化分析仪、血球分析仪、全自动血糖分析仪、婴儿辐射台、胎儿培养箱、制氧机、心电监护仪、输液泵、微量元素分析仪、尿液分析仪、十二道自动分析心电图、红外乳腺诊断仪、宫腔镜、阴道镜、精子质量分析仪等先进医疗诊断设备。2009年邯郸市红十字会批准复兴医院为“馆陶县红十字医院”。

馆陶复兴医院

馆陶县武氏杏林医院 位于县城北4公里，交通便利，环境优美，服务周到。占地面积达4568平方米，其中综合5层门诊楼占地1780平方米，拥有中医妇科、儿科、外科、男性科、肛肠疝气科、疑难杂症科、美容科、放射科、无痛分娩室、手术室、ICU室、 CCU室等。住院部拥有病房18间，开放普通床位80张，高级病房8套，并配有护士站、食堂、淋浴、暖气、空调，有线电视等。医院有职工30余人，卫生技术人员占90%，副高级以上职称1人，中级职称3人，医院配有传呼信号系统、负压吸引系统、天轨输液、电梯等先进设施。院长武明忠医师是武氏妇科传人，行医30余年，潜心于妇科病的治疗和研究，擅长治疗妇科“四大难症”（不孕不育、子宫肌瘤、卵巢囊肿、乳腺增生），创立“武

武氏杏林医院

氏妇科医院”品牌，探索出一整套的诊疗方法。同时也开展计生保健、孕期保健、无痛分娩、新式刨宫产，人工受精、婴儿爱抚、婴儿洗浴等。拥有医疗设备：德国彩超、不孕症治疗仪、宫腔镜、阴道镜、精子分析系统、化学发光免疫分析系统、射频综合治疗仪、微量元素分析仪、血凝分析仪、多功能肛肠治疗仪、大型手术无影灯、无痛分娩设备、大型X-光机、微波治疗仪、血常规分析仪、尿常规分析仪、红外乳腺诊断仪、心电图等。本着“诚信为患者服务”的理念，以“专科、专病、专治”为特色。

第三节　疾病防控

机构

馆陶县疾控中心原名馆陶县卫生防疫站，成立于1956年。1997年，防疫站共有干部职工32人，设有流行病学科、宣教科、卫生科、检验科、办公室、财务科6个科室。2003年，人员增至52人，设有传染病防治科、消杀科、宣教科、食品卫生科、学校卫生科、环境卫生科、放射卫生科、计划免疫科、检验科、办公室、财务科11个科室。2004年，食品卫生科与防疫站分离，分离出人员16名，防疫站留有人员36名，科室设置除食品卫生科，仍保留原有的10个科室。2011年根据上级文件精神，馆陶县防疫站更名为馆陶县疾病预防控制中心（简称疾控中心）。2013年疾控中心共有人员46名，根据上级要求及工作需要，疾控中心设置科室14个，分别为：免疫规划科、预防接种门诊、急传科、结核病防治科、微生物检验科、理化检验科、慢病科、职业卫生科、学校卫生科、放射卫生科、信息宣教科、地方病防治科、性病艾滋病防治科、财务科、办公室。在人员构成中，1996年至2003年以中专学历为主，2004年以后通过引进高学历人才和在职学习人员，2013年大专以上学历占单位职工总数的59%。

传染病防治

结核病防治　2002年，启动世行贷款和专项资金项目，馆陶县成立了结核病防治规划领导小组。县卫生局印发了《馆陶县结核病防治2003—2010年实施计划》，启动了百千万志愿者结核病防治知识传播行动。结核病防治项目实行免费为病人拍片、查痰、管理治疗，跟踪督导。至2013年登记初诊病例1.14万例、免费拍片3921例、免费查痰8447例，发现管理传染性肺结核病人1745例，治愈率90%以上。

艾滋病防治　2007年，馆陶县疾控中心成立艾滋病性病防治科，同年建立艾滋病初筛实验室并通过省级验收。2013年年底全县共有艾滋病咨询点3家，艾滋病初筛实验室3个。多年来，利用国家艾滋病专项资金开展了艾滋病自愿咨询监测、大众宣传、艾滋病高危干预、艾滋病感染者患者管理等项工作，2013年底馆陶县发现艾滋病患者4例，其中管理 3 例，1 例死亡。

手足口病防治　2008 年 5 月，手足口病被纳入国家法定传染病管理。自 2009 年开始，市疾控要求馆陶县每年采集 60 份手足口病咽拭子和重症病例血清送上级进行核酸检测。2012 年馆陶县被列入邯郸市手足口病基线调查项目县，对 1400 名 5 岁以下儿童在洗手前后分别采取样本，送市疾控进行带菌检测，为确认干预措施效果提供条件。

疟疾防治　2011 年，馆陶县开展消除疟疾工作，至 2013 年年底，三年血检率均高于 5‰；复核率达 10% 以上，连续 10 余年无本地感染疟疾病例的发生。

肾综合征出血热鼠密度监测　2012 年，馆陶县承担了邯郸市肾综合征出血热鼠密度监测工作，每年 2 次，分别是 3、4 月和 9、10 月在农村居民区和野外捕鼠，进行疏密度监测，对捕获的样鼠及时进行解剖，鼠肺送市疾控中心带菌监测，为全市出血热疫情预测提供支持。

霍乱防治　1997 年以后，根据省市要求，每年 5—10 月，对辖区内所有腹泻病人进行便检，对外环境、大型工地、生活饮用水、市售食品、水产品和生活污水设立监测点，每月进行抽样检测，为及时发现霍乱传染源提供依据。

计划免疫

预防接种　常规预防接种。2002 年 12 月以前，常规接种的疫苗为 4 种，分别是卡介苗、百白破疫苗、麻疹疫苗、脊髓灰质炎疫苗。2002 年 12 月 1 日起将乙肝疫苗纳入了儿童计划免疫。2005 年 6 月 1 日国家颁布实施《疫苗流通和预防接种管理条例》，将疫苗分为一类疫苗和二类疫苗，一类疫苗为国家提供的，1—7 岁儿童免费享用的计划内疫苗，要求接种率必须达到国家规定。二类疫苗为自愿接种的自费疫苗。根据《河北省扩大国家免疫规划实施方案》，2008 年 7 月 1 日起，一类疫苗由原来的 5 种扩大到 11 种，预防 15 种传染病病。2013 年馆陶县为 1—7 岁儿童免费接种的规划内疫苗为 11 种，即卡介苗、脊灰疫苗、乙肝疫苗、百白破疫苗、甲肝疫苗、乙脑疫苗、流脑疫苗、白破二联疫苗、麻风疫苗、麻风腮疫苗、麻腮疫苗。预防 15 种传染病，即结核、脊髓灰质炎、乙型肝炎、乙型脑炎、A 群流行性脑脊髓炎、C 群流行性脑脊髓炎、白喉、破伤风、麻疹、风疹、百日咳、甲型肝炎、腮腺炎。

应急预防接种。2003 年，为贯彻落实应对冬春季 SARS 疫情，“控制相应传染病，减少发热病人，减轻防控压力”的疾病预防策略，按照卫生部下发的《全国麻疹监测方案》要求。9 月份在全县范围内对 15 岁以下少年儿童及重点人群进行乙脑减毒活疫苗、A+C 群脑膜炎球菌多糖疫苗的接种工作。

强化预防接种。1999 年国家提出控制消除麻疹的策略为“免疫 + 监测”，通过大规模的强化免疫的实施减少麻疹易感人群，进而降低或消除麻疹病毒传播机会。馆陶县制定麻疹初始强化免疫方案，对全县8个月至14岁儿童进行麻疹疫苗强化免疫接种，根据上级要求，2007年4月份馆陶县对辖区8个月至14岁儿童进行麻疹疫苗强化免疫接种，共计接种60069人次。为实现中国2012年消除麻疹的总体目标，2010年9月对全县8月龄至14岁儿童开展麻疹疫苗强化免疫，共计接种78959剂次，接种率98.67%。每年的1月5、6日和12月5、6日是全国脊髓灰质炎疫苗强化免疫日，2个月以上儿童全部接受脊灰疫苗强化免疫接种。

查漏补种　2000年，为配合河北省消灭脊髓灰质炎“扫荡”或免疫“查漏补种活动”的通知精神。在全县0—4岁儿童中开展消灭脊灰查漏补种活动，补种2754人次。2009年根据卫生部和市卫生局〔2009〕39号文件《麻疹监测方案》要求，对全县重点人群开展甲型H1N1流感疫苗接种；根据《河北省执行中央2009年补种乙肝疫苗项目实施方案》要求，对1994年1月1日至2001年12月31日出生的未接种或未全程完成乙肝疫苗接种的儿童实施补种，该活动在2011年结束，补种29473剂次，补种率99.73%。

预防接种门诊建设　为做到计划免疫安全接种，1998根据上级精神，建立了以乡镇为单位的规范化预防接种门诊。县城区和8个乡镇，共建有规范化门诊11个，接种门诊要求房屋不少于三间，设有体检室、注射室和冷链室，适龄儿童到当地乡镇接种门诊进行疫苗接种，一个月一次。2004年按照“邯郸市乡镇预防接种门诊等级建设标准”要求，乡镇预防接种门诊建设进一步规范，门诊设有登记室、接种室、观察室。根据市卫生局〔2012〕39号文，2012年进一步加强各医疗机构预防接种门诊标准化建设。2012县由月接种改为周接种，2012年实行日接种，为儿童及时接种疫苗提供了条件。

冷链建设与管理　疫苗对温度要求较严格，2008年前，县疾控用冰柜、冰箱储存疫苗，乡镇卫生院携带统一配置的冷藏包领取疫苗，疫苗在运输、流通中难免会受到温度的影响。2005年国家颁布的《疫苗流通管理条例》对疫苗的运输、储存、流通有了严格的规定，2009年省卫生厅对各县统一建设冷库，用于储存疫苗。4月馆陶县冷库建成并投入使用，使用面积40平方米。2010年1月省卫生厅配置疫苗运输车1台，自此，市疾控按计划下拨的疫苗由县疾控冷库存放，再由疫苗运输车向各乡镇接种点发放。冷链管理严格按照制度要求，对疫苗出入库进行登记、分类摆放、冷库温度实行日监测记录、疫苗运输车按照要求设置温度、接种点严格掌握疫苗的使用时间，确保了疫苗效价和接种安全。

儿童疫苗接种信息管理　2006年前，对适龄儿童的出生信息、疫苗接种情况采用属地纸质登记，往往会出现错登、漏登、前后不附和接种程序不衔接现象。2006年根据《河北省流动儿童计划免疫管理办法》，县卫生局印发了〔2006〕88号文，规范了馆陶县流动儿童管理。2008年，根据《儿童预防接种信息报告管理工作规范（试行）》，县疾控中心自筹资金为疾控中心和8个乡镇卫生院接种门诊购买了电脑、安装了宽带，实现了儿童预防接种信息微机管理和网络直报。儿童预防接种实行建证、建卡、建底账和电脑信息管理制度。

1997—2013 年馆陶县预防接种统计表

表 5-2-2　　　　单位：例

年份	卡介苗			脊灰疫苗			百白破疫苗			麻类疫苗		
	应种	实种	接种率 %	应种	实种	接种率 %	应种	实种	接种率 %	应种	实种	接种率 %
1997	1318	1318	100	9009	9009	100	3332	3332	100	9524	6521	99. 96
1998	1350	1350	100	1311	1311	100	1302	1301	100	9183	9183	100
1999	1414	1414	100	5076	5076	100	5220	5220	100	1500	1500	100
2000	1929	1913	99. 17	5250	5245	99. 90	5212	5208	99. 92	1932	1930	99. 90
2001	3021	3021	100	9084	9084	100	9028	9028	100	2727	2727	100
2002	4587	4589	99. 99	10201	10105	99. 06	9781	9700	99. 17	3021	3021	100
2003	5201	5201	100	10780	10702	99. 28	12501	12500	99. 99	3081	3078	99. 91
2004	6320	6320	100	12361	12350	99. 92	13578	13570	99. 94	4872	4768	97. 86
2005	7021	7021	100	15687	15678	99. 94	14530	14501	99. 80	5275	5270	99. 91
2006	7231	7230	99. 99	17853	17845	99. 96	15682	15652	99. 81	6075	6070	99. 91
2007	8123	8123	100	21354	21351	99. 99	21354	21341	99. 94	7087	7071	99. 77
2008	8772	8768	99. 96	25797	25778	99. 93	25858	25839	99. 93	8881	8874	99. 92
2009	8265	8263	99. 98	25813	25779	99. 87	25819	25805	99. 95	8614	8607	99. 99
2010	7789	7789	100	33255	33244	99. 97	35560	32257	90. 71	22892	19576	85. 51
2011	8720	8720	100	34824	34824	100	37153	37153	100	19557	19557	100
2012	8109	8109	100	32921	32921	100	32758	32758	100	16292	16291	99. 99
2013	6615	6615	100	29114	29110	99. 95	29165	29163	99. 99	15584	15584	100

续表 5-2-2

年份	乙肝疫苗			乙脑疫苗			A群疫苗			A+C疫苗		
	应种	实种	接种率%	应种	实种	接种率%	应种	实种	接种率%	应种	实种	接种率%
1997	—	—	—	—	—	—	—	—	—	—	—	—
1998	—	—	—	—	—	—	—	—	—	—	—	—
1999	—	—	—	—	—	—	—	—	—	—	—	—
2000	6304	5949	94.37	—	—	—	—	—	—	—	—	—
2001	7796	7796	100	—	—	—	—	—	—	—	—	—
2002	8036	8036	100	—	—	—	—	—	—	—	—	—
2003	9870	9870	100	—	—	—	—	—	—	—	—	—
2004	12301	12301	100	—	—	—	—	—	—	—	—	—
2005	15678	15678	100	—	—	—	—	—	—	—	—	—
2006	21032	21032	100	—	—	—	—	—	—	—	—	—
2007	22312	22307	99.97	—	—	—	—	—	—	—	—	—
2008	25932	25627	98.82	4028	4021	99.83	11508	6458	56.12	—	—	—
2009	25296	25290	99.98	9352	8417	90.00	16268	11841	72.79	—	—	—
2010	23584	23438	99.40	22870	15466	67.63	14919	11512	77.16	15856	12945	81.64
2011	25040	25040	100	23995	23967	99.88	35840	35840	100	18190	18190	100
2012	24303	24303	100	16252	16250	99.99	15988	15761	98.59	15458	15458	100
2013	20600	20600	100	15297	15293	99.97	15333	15333	100	16151	16140	99.93

续表 5-2-2

年份	甲肝疫苗			白破疫苗		
	应种	实种	接种率 %	应种	实种	接种率 %
1997	—	—	—	—	—	—
1998	—	—	—	—	—	—
1999	—	—	—	—	—	—
2000	—	—	—	—	—	—
2001	—	—	—	—	—	—
2002	—	—	—	—	—	—
2003	—	—	—	—	—	—
2004	—	—	—	—	—	—
2005	—	—	—	—	—	—
2006	—	—	—	—	—	—
2007	—	—	—	—	—	—
2008	—	—	—	—	—	—
2009	—	—	—	—	—	—
2010	8993	8993	100	6993	6993	100
2011	9429	9429	100	6993	6993	100
2012	9644	7303	75. 72	8383	8378	99. 97
2013	7984	79804	100	7994	7988	99. 94

地方病防治

由于馆陶县特殊的地理位置，高氟、低碘危害着人们的健康，养殖业的发展为布鲁氏菌病的发生提供了条件。改水降氟、食盐加碘、布病检测是地方病防治的重点工作。1997—2013 年，每年采集盐业公司库盐和 8 个乡镇 32 个村户盐，进行碘含量检测，及时了解食盐含碘状况，为群众碘摄入量提供依据，为控制碘缺乏病提出指导意见。通过近几年检验检测和统计分析，馆陶县食盐加碘达到 95% 以上，居民碘盐使用率达到 97% 以上，能够满足预防地方性碘缺乏病的要求，每年的 8 月份是布病检测时限，通过多年对全县养牛、养羊、养猪、羊交易市场人员进行布病筛查，没有发现布鲁氏病感染者。

2007—2011 年，通过居民生活饮用水改造项目，全县居民全部饮用集中给水，生活饮用水指标均达到国家要求。

慢性病防治

2009 年，为进一步推进全县非传染性病（以下简称“慢病”）防治工作开展，县疾控中心成立了慢性病防治科。负责全县高血压、糖尿病、肿瘤、心脏病等慢性非传染疾病的防治工作。

2010 年根据《河北省基本公共卫生服务项目慢性病管理实施方案》、对本辖区高血压、Ⅱ型糖尿病患者开展健康档案管理工作。2013 年年底馆陶县 35 岁及以上高血压患者人数为 4.03 万人，建档管理人数为 2.22 万人。Ⅱ型糖尿病患者人数为 1.53 万人，建档管理人数为 6772 人。根据《河北省全民健康生活方式行动实施方案》馆陶县作为创建全民健康生活方式行动示范县，开展创建“示范单位”和创建“示范食堂”活动，创建示范食堂馆陶一中和示范单位馆陶中医院。中医院通过“示范单位”省级验收。创建示范社区金菊园小区、示范单位馆陶县卫生局、示范餐厅桃园大酒店、示范食堂县中医院的工作，按照河北省全民健康生活方式考核标准，逐项进行落实。

2012 年，馆陶县启动“促进全面健康和生活方式大巡讲”活动，使农村居民慢病防治知晓率达到 75% 以上，健康生活习惯和行为形成率达到 65% 以上。

抗击“非典”

2002 年 11 月，广东省广州市出现了全国第一例非典病例。随后，非典疫情在全国迅速蔓延。2003 年春，自南方传入北方，全国性的防治“非典”战役打响。4 月 18 日馆陶县按照中央、省、市部署，抗击“非典”工作全面开展。全县各部门在县委、县政府统一指挥下，成立抗击“非典”

2003 年 6 月 29 日，时任全国防治非典指挥部防治组督导办主任、卫生部科教司司长祁国明（左三）深入寿山寺卫生院检查指导抗非工作

指挥部，统一调动，扎实开展工作。抗非期间，全县累计投入资金 784 万元，培训医护人员 6408 人次，发放明白纸 58 万份，制发文件 127 个。全县上下万众一心，众志成城，和衷共济，取得了抗击非典战役的阶段性重大胜利。

消毒工作　非典型肺炎是近距离空气飞沫传播的呼吸道传染病，有明显的聚集现象，《中华人民共和国传染病防治法》已将其列入法定传染病进行管理，非典型肺炎传播速度快、感染发病率高，加强消毒工作，是防治非典发生和蔓延的重要措施。

组织机构。4 月 19 日成立消毒技术指导组，组长由卫生局副局长武洪民担任，副组长何书忠，成员刘立民、么丽芸、史纪卿。主要负责全县的日常预防性消毒和疫点疫区的消毒技术指导工作。同时成立了 2 个消毒应急分队，第一分队侯延利为队长，张强、柴立东、王维平为成员，第二分队刘立民为队长，么丽芸、史纪卿、郭俊峰为队员。其职责是开展消毒知识宣传和消毒应急准备，一旦有疫情发生，随时参加市、县疫点或疫区疫情控制和消毒工作。

济馆高速馆陶入口非典检查站执勤人员对过往车辆和人员进行消毒检查

4 月 19 日成立消杀药品储备组，组长武洪民，成员王保明、何书忠、周朝兰，具体负责防非防护用品和消杀药品的购置和分发。截至 6 月 25 日，共购置隔离衣 2235 套，白大衣 3020 套，口罩 17300 个，防护鞋 2014 双，防护镜 3030 个，手套 1820 对，体温表 10764 支，过氧乙酸 300 公斤，次氯酸钠 500 公斤，二溴海因 2900 公斤，84 消毒液 210 公斤。

5 月 7 日成立疫情应急处理机动队，机动队下设流调组和消毒组，消毒组由刘立民、么丽芸组成。配备尼桑救护车一辆，电动喷雾器 1 台，喷壶 4 个，过氧乙酸 25 公斤，次氯酸钠 25 公斤，酒精 5 公斤，脱脂棉 1 磅。疫情应急处理机动队随时待命，听从全市统一调动，参加全市非典疫情的应急处理。

培训督导。自 4 月 26 日开始采用集中培训和现场指导以及工作督导的方式对 8 个乡镇卫生院 16 名防疫医生进行消毒防非知识培训，再由乡镇防疫医生农村卫生室医生培训，累计培训 884 人次。

4 月 29 日选派 8 名卫生防疫人员分驻 8 个乡镇卫生院，开展流调、消毒督导及消毒技术指导工作。王改兰驻馆陶镇卫生院，张玉芹驻魏僧寨中心卫生院，石朝臣驻徐村卫生院，薛文勤驻路桥乡卫生院，张守敬驻柴卜中心卫生院，宁好计

流行病学调查人员在姜沿村隔离封锁区执行流调任务

驻寿山寺乡卫生院，李歧彬驻房寨中心卫生院，赵桂兰驻王桥卫生院。6月中旬撤回。

设卡消毒。防疫站组织18名人员自4月28日配合交警、交通、城管等部门在县城各出入口、国道出入口设立10个检查消毒站，实行24小时值班，对过往车辆实行消毒，对司乘人员严格体检。

5月3日县城只保留平安路北口和魏征路南口作为出入口，其他进入县城路口予以设置路障彻底封锁。消毒检查站减少为8个，到6月20日共消毒车辆31152辆，体检人数71078人次。

民兵分队整装待发，进驻姜沿村隔离封锁区

消毒洗涤、焚烧中心建设。5月11日，馆陶县出现一例在外打工的输入性“非典”疑似病例，患者为姜沿村人。当天消毒队对姜沿村184户家庭进行彻底消毒，并对23名密切接触者的居住地进行专项消毒。医学观察和消毒两项工作从姜沿村隔离封锁开始到隔离封锁解除后结束。

5月17日，按照市“非典”防护用品和垃圾处理要求，着手建设消毒洗涤中心。郭际东、赵学良、周朝兰和建筑设计人员刘振忠、罗洪良五人连夜赴市卫生局洗涤中心考察，5月18日凌晨4时拿出了具体方案，共投入建设资金15万元。在此之前，全县防护用品的消毒由县人民医院消毒科负责，并抽调卫生防疫人员赵子龙、闫红伟、李书兰和待分配的退伍人员3人协助开展防护用品的回收、发放和消毒工作。

5月27日，投资9.1万元在县发热定点医院建设焚烧中心，制定了《非典期间隔离区内垃圾有关问题处理的职责分工》，安排具体人员负责焚烧工作，累计焚烧医疗垃圾2吨。

流行病学调查　5月7日卫生局成立疫情应急处理机动队，机动队下设流调组和消毒组，流调组成员由张东军、韩培显、周朝兰、贾玉洁组成。

5月11日馆陶县姜沿村发生一例输入性疑似非典病例，为及时有效地防范疫情蔓延，迅速制定了《馆陶县姜沿村非典型肺炎疫情控制消毒预案》，卫生局副局长武洪民带领防疫站站长郭际东、副站长何书忠以及刘立民、张东军、周朝兰、么丽芸、韩培显等人员对县发热门诊开展流行病学调查工作。医学观察组在黄耀生组长及林景铭副组长带领下，对姜沿村184户居民672人每天三次测量体温和医学观察，同时对外来返乡人员有针对性地进行重点监测。

6月7日晚9时47分，武洪民、郭际东、何书忠、张东军、刘立民、么丽芸，按市防疫站电话通知要求，对6月2日乘坐北京—攀枝花K117次列车的河寨四村村民闫某开展流行病学调查。其父母均称闫某自5月21日离开馆陶后未回来，故流调工作结束。

自5月11日至6月20日，共开展流调20余次，出动流调人员43人次，对62名接触者进行了非典型肺炎的流行病学调查。

为切实加强流行病学调查，做到流调关口前移，5月16日派3名卫生防疫人员驻发热门诊开展流行病学调查，分别是县发热定点医院贾玉洁，魏僧寨发热门诊张玉芹，房寨发热门诊李歧彬。

5月27日至6月2日，县专家组武洪民、张洪洲、孟庆平、夏秀平、马平、李春芳先后5次对隔离区密切接触者和一般接触者进行会诊，为解除隔离提供医学依据。

县、乡、村三级疫情监测报告网络建设组织建设。为及时发现疫情，根据上级要求，6月4日成立了“三级”疫情监测报告网络建设领导小组，乔明忠任组长，武洪民任副组长，成员郭际东、何书忠、刘立民、王欢、张东军，印发了《传染病及突发公共卫生事件监测报告网络的实施办法》。各乡镇卫生院也成立了相应的组织机构。

建立三级疫情报告体系。在农村建立了以97个村卫生所、14个社区卫生服务站为单位的常设疫情监测报告点和群防群控组织。指定两名乡村医生为疫情报告员，同时选派以村两委干部为主要成员的多名疫情报告协管员，收集本村疫情信息，协助疫情报告员开展疫情监测报告和群防群控工作。疫情报告员每日及时汇总向乡镇疾控站报告。农村设疫情报告员388人，协管员593人，收集本村疫情信息。以8个乡镇疾控站为依托，由原16名乡镇防疫医生为专职疫情监测报告员，负责收集、登记、核实、汇总辖区内各村疫情报告员上报的“非典”监测信息及其他传染病和各类公共卫生事件，在规定时限内向县卫生防疫站报告，并对各村疫情报告员进行监督与指导。以城中村和6大责任区为单位，建立常设疫情监测报告点和群防群控组织，疫情报告员由县城7个卫生所、单位卫生室、优抚门诊的9名医务人员担任。疫情报告协管员由村两委干部担任，居住区的协管员由所属单位和原建设单位负责选派，共计142名。疫情信息由疫情报告员每日向镇卫生院和6大责任区上报，镇卫生院每日汇总按时向县卫生防疫站报告。同时在卫生局、防疫站、县中医院及县直医疗单位设疫情报告员13名，负责单位和部门疫情报告工作。

建立疫情报告管理制度。疫情报告实行三线信息交叉监控，防止迟报、漏报、瞒报。村疾控所向乡镇疾控站报告的同时向村委员报告；乡镇疾控站向县疾病控制机构报告的同时向乡政府报告；县疾病预防控制机构向市疾病预防控制机构报告的同时向县卫生局报告，县卫生局在向上级卫生行政部门报告的同时，向县政府报告；县政府向上一级政府报告。非常时期实行零报告、日报告制度，即有疫情报疫情，无疫情报平安。

加强基础设施和人员技能建设。组织各乡镇卫生院长、疫情报告员、协管员，开展疫情报告知识、相关政策、预防措施、应急处理等方面的培训，主要内容有《中华人民共和国传染病防治法》、国务院《突发公共卫生事件应急条例》和《河北省突发公共卫生事件应急实施办法》，印发各种资料3000份，累计培训2368人次。

在基础设施配备方面，共投资6.615万元，其中县防疫站投资1.75万元配备了计算机3台、打印机2台、传真机1台、电话2部，投资1.87万元为8个乡镇疾控站配备了传真机和固定电话，村疾控所统一安装了专线电话。投资3万元为各乡镇疾控站、村疾控所配置了高标准的制度、组织、疫情报告员、协管员职责的各种图板。

学校"非典"防控　中小学及高三复课的"防非"工作。5月19日，高中三年级复课，派卫生防疫人员李岐彬、张玉芹、么丽芸分别对县一中、职中的消毒员开展培训，负责学生体检以及对教室、宿舍、食堂消毒的指导。6月12—13日，全县中小学复课期间，乔明忠、武洪民组织170名医护、卫生防疫人员分包各中小学、县属幼儿园，指导防非消毒，开展开学前的检查验收、学生入学体检、公共卫生监督等工作。

高考"防非"。6月上旬，高考在即，成立高考期间预防非典和突发公共卫生事件小组，组长乔明忠，副组长武洪民、孙英江、程绍欣、侯建华，下设三个小组，县一中组李岐彬任组长，成员徐祥平、程立征、张玉芹；县二中组刘立民任组长，成员吴淑婷、孙桂芝、么丽芸；县城关完小备用考点小组柴立东任组长，成员林景铭、白海涛。分别负责各考点学生宿舍、食堂等重点部位的卫生检查、消毒及业务技术指导培训，同时担负公共卫生监督、医学观察、疫情监控、医疗救治和紧急情况处置等工作任务。同时设立3个小组。医疗救治专家组，组长程绍欣，副组长孙英江，成员崔俊文、白雨武、马金娥，负责对考场内有发热等可疑非典症状的考生或工作人员进行诊断、治疗，排除"非典"的考生可继续考试或考完后回家由家人监护，不能排除"非典"的考生，送发热定点医院进行诊断留观；食品监督组，由石朝臣、侯延利组成，负责考点周围饮食摊点、饭店等公共场所的监督，以及县一中食堂的卫生监督和饭菜留样，严防食物中毒的发生；县职中防疫救治小组，组长史纪卿，成员王欢、吴延华、杨玉民、张强，具体负责县职教中心教师职工和学生的体温测量，饮食卫生监督检查和校内医疗救治、卫生安全、消毒指导和进行业务技术培训。预备队员：赵庆林、李春芳、李爱法、杨春燕、张丽、宋丽芳，职责是随时接替考点内卫生防疫医疗救治、医护人员因各种原因造成的空缺。

食品市场和医疗机构"非典"防控4月中旬至5月3日开展食品卫生和医疗市场专项检查，共出动执法人员188人次，出动车辆52车次，检查医疗、食品经营单位295个，行政处罚医疗机构、村卫生室23个、个体1个。其中警告18起，罚款6起，停业整顿24家。

5月17日至6月22日，开展消毒剂经营使用专项联合执法检查，共出动执法人员72人次，执法车36辆次。共检查经营、使用消毒剂单位280个次，其中自行停业数26个。

5月18日，按市政府邯政告〔2003〕3号通告及县政府办公室〔2003〕24号文件精神，卫生局副局长武洪民与药品监督局副局长赵连兴组织监督员张守敬、柴立东、孙红兵、赵智香对各类医疗机构、药品经营单位在防治“非典”期间，出售治疗发烧、咳嗽、腹泻、消炎药品情况、防治“非典”药品情况及购药情况进行检查，查封不符合条件诊所5个。

第四节　公共卫生

学校卫生

1999年起，根据《学校卫生工作条例》及有关法律法规，馆陶县卫生防疫站成立学校卫生科，每年在全县中小学开展学生健康体检建档工作。1999年，为22321名中小学生开展健康体检，体检率达到90%。从体检结果数据看，学生常见病主要有视力低下、龋齿、沙眼、色弱等。在视力低下率方面：小学生为14.1%；初中生为29.6%；高中生为56.3%。在龋齿患病率方面：小学生为28.2%，中学生为21.3%，高中生为19.2%。在沙眼患病率方面：小学生为13.4%，初中生为11.6%，高中生为9.2%，色弱率为0.9%。此后，在全县中小学普及健康教育课，宣传常见病防治知识，注意用眼卫生的健康教育及课间眼保健操活动，强化学生视力保健意识，培养学生良好的用眼习惯。结合全国每年9月20日开展的“爱牙日”，利用多种形式搞好宣传教育，龋齿发病率逐年下降。2013年，龋齿发病率为：小学生为25.3%，中学生为20.1%，高中生为17.2%；沙眼患病率为：小学生为11.2%，初中生为10.5%，高中生为7.8%；视力低下率为：小学生为16.1%，初中生为30.2%，高中生为56.3%；随着电脑、手机及电子产品的普及，儿童用眼疲劳，视力有所下降。

健康卫生服务进校园

食品卫生

2004年12月，食品卫生科从县卫生防疫站独立出来，成立馆陶县卫生监督所，加强对突发公共卫生事件的调查处置，同时以查处假冒伪劣食品及非法行医等违法行为为重点，加强全县食品卫生、学校卫生、环境卫生的监督管理，整顿和规范市场经济秩序。2007—2008年，开展“迎奥运”期间食品安全专项整治任务，食品卫生监督覆盖率达95.6%，监督户次为852户次，取缔了3家，警告65家，责令改正56家，罚款3

家，共处罚金4000元，共计销毁“三无”食品达200余公斤。2008年，被河北省卫生厅授予“全省食品安全专项整治行动先进集体”。2010年，馆陶县共有餐饮单位168家，办证168家，办证率100%，量化分级管理覆盖率100%，监督覆盖率达100%。2011年1月，食品卫生监督科餐饮服务、保健食品、化妆品监督职能划转到县食品药品监督管理局，食品流通、食品加工监督职能划转到县工商局、县计量监督局。

春节食品市场供应安全检查

爱国卫生运动

卫生县城创建 1998年，馆陶县制定了《创建省级卫生县城实施方案》《创建省级卫生县城任务分解》，以环境卫生、城容城貌、食品卫生、集市、农贸市场为突出重点，进行综合治理，清理死角死面756处，清理垃圾废物9421立方米，清扫路面7万余平方米，清除障碍物90余处，清除违章建筑150余处。是年，馆陶县被评为“省级卫生县城”荣誉称号。1999—2004年，继续进行城乡卫生整洁、环境卫生争先创优，城乡容貌，村容村貌治理活动，多次被市爱卫办评为“爱国卫生先进县”“城乡环境卫生整洁行动先进县”及“邯郸市先进爱卫办”等荣誉称号，2004年10月，馆陶县被重新命名为“省级卫生县城”荣誉称号。2009年，馆陶县以“城镇面貌三年大变样”为契机，大力开展爱国卫生工作，清除违章建筑90余处，清理有碍观瞻的残垣断壁70余处，清理垃圾死角120余处，并在馆陶县柴堡镇投资2000余万元建设了垃圾填埋场。至2013年，各乡镇均建立了垃圾中转站。

农村改水改厕 馆陶县农村改厕工作始于20世纪80年代末。由于传统习惯和生活方式的影响，农村改厕工作推进艰难。按照邯郸市农户改厕规划，馆陶县通过发放宣传画、宣传手册提高农户改厕积极性，成立了由县委书记任政委，县长为指挥长的“厕所革命”领导小组，全面推进农村改厕工作，至2013年，共建成三联沼气池式8600座，完成全县5000余座“双瓮式”厕所的改造。

开展除“四害”活动 1995年，馆陶县成立爱卫会消杀中心，开展除“四害”活动，实施环境卫生整治，春秋两季开展灭鼠、灭蚊蝇活动，县政府每年四月定期召开“除四害”会议和具体分工，并层层签订责任书，实行目标管理。定期对餐饮行业、机关食堂、学校、进行消杀，到2013年，全县控制蚊蝇密度、鼠密度低于国家标准的3%，减少了各类传染病的发生和流行。

第五节　妇幼保健

妇女儿童保健

1997年，馆陶县按照《中华人民共和国母婴保健法》及《中华人民共和国母婴保健法实施办法》规范母婴保健技术服务、行为及管理，开展创建“爱婴医院”活动，加强孕产妇、儿童系统管理和高危孕产妇的监护，强化产科质量，以优生优育为中心，实行科学接生，提倡母乳喂养。是年，县人民医院荣获国家级“爱婴医院”称号。

开展妇幼保健义诊活动

1998年以后，馆陶县保健科承担孕产妇补助、降消、重大公共卫生项目，幼儿园新生入托儿童体检工作，新生儿听力筛查、两病筛查，妇科病宣传、预防、诊疗等项目。妇幼保健工作在上级行政主管部门的精心指导与大力支持下，针对全县妇幼卫生管理不统一、不规范，技术指导作用没有得到很好发挥的情况下，制定了全县妇幼卫生工作规范，做到全县基层妇幼保健统一任务、统一标准、统一要求，做到规范化、制度化管理，实现全县妇幼保健工作一盘棋；依托“降消项目”（是国家为了提高孕产妇住院分娩率、降低孕产妇死亡率、消除新生儿破伤风而投入经费实施的一个卫生项目），提高两个系统管理水平；对基层妇幼技术人员的培训，按照分级负责的原则，重点对县保健科业务人员和乡镇卫生院妇幼保健医生的培训，通过每月26日召开例会、举办培训班的形式，提高乡村妇幼卫生技术人员业务水平，对馆陶县妇幼保健临床服务人员的继续医学教育培训，采取在职学习、学历教育、进修深造等形式，引进来传授，走出去深造，力争培养出一批有能力的儿科、妇科、产科方面的技术人才，提高了妇幼保健临床服务能力，提高了妇幼保健工作人员的技能水平和保健服务能力，增强他们的综合素质，为做好妇幼保健工作提供人员组织保障；建立健全县、乡、村三级妇幼卫生保健网络体系，完善县、乡、村孕产妇和5岁以下儿童系统保健管理系统，解决妇幼医生和村级保健员待遇问题，同时保证从事群体妇幼工作的人员相对固定，加强对基层工作的监督检查和考核工作。

2006年始，馆陶县印发《关于加强托儿所、幼儿园管理和卫生保健工作的通知》，保健工作持续健康发展，开始对 3 所城区幼儿园儿童进行体检，体检人数为 200 人。

2006 年，馆陶县住院分娩率 89.5%，到 2013 年上升到 100%，孕产妇死亡率由 2006 年的 17.49/10 万下降到 2013 年的 12.97/10 万，婴儿死亡率由 2006 年的 10.8‰下降到 2013 年的 5.84‰，5 岁以下儿童死亡率由 2006 年的 10.29‰下降到 2013 年的 6.88‰，新生儿破伤风发生率一直为零。

2013 年，对城区 11 所幼儿园儿童进行了体检，体检人数为 2600 人。

第六节　医政与卫生监督

药品管理

2008 年，根据国家及省市文件精神，馆陶县卫生局成立了药品一体化管理办公室。2009 年 11 月，为减轻患者负担，遏制药品购销中的不正之风，县卫生局制定《药品采购工作方案》和《药品采购试点工作若干规定》，在馆陶县各医疗卫生机构内，实行了政府办基层医疗机构药品集中招标采购统一配送工作，是年，药品招标金额达 40 万元，招标品种 510 个，药价降幅 9%。2010 年 10 月，河北省成立了省网药品交易平台，2011 年 5 月，政府办基层医疗机构实施药品零差率销售，2013 年 5 月，政府办基层医疗机构及村级卫生室全部实施了省网集中采购统一配送及药品零差率销售。

卫生监督

2004 年 12 月，馆陶县卫生监督所成立，重点打击非法行医行为。在加大对域内社会办医、个体行医的清理整顿力度上，严格执行《河北省社会办医管理办法》和《国务院医疗机构管理条例》等有关法律法规。2003 年，医疗机构实行分类管理。是年，村卫生所开始实行五室独立，面积不低于 80 平方米，2006 年，加强村卫生所证件管理，在全县推行一村一所制。2008 年，全县卫生所实行“一举三统一”，即：公布举报电话、科室标牌统一、着装统一、上岗证统一。2004—2013 年，监督检查医疗机构 3850 户次，取缔 3 家，警告 96 户次，责令整改 148 户次，罚款 12000 余元，摘除不规范牌匾 108 个，清理违法医疗广告 210 余条，净化了医疗市场，有效维护了广大群众的身体健康和生命安全。

医德医风建设及整治

1997 年后，县卫生系统开展实施“653”（从 2005 年到 2010 年的 6 年时间里，专业技术人才知识更新工程）工程。开展“诚信在卫生，满意在医院”及向谭秀玲学习等活动。2003 年，县医院、中医院全部实行住院费用“一日清单制”。2007 年，开展“医德医风示范医院”活动。2009 年，开展“假如我是一个病人”大讨论活动，提倡换位思考，融洽了医患关系，强化了为民服务宗旨。2010 年，开展加强医德建设，争创“白求恩杯竞赛优胜单位”和争当“白求恩式医疗卫生工作者”活动，各单位向社会公开作出优质服务承诺。2011 年，在全县卫生系统开展“服务好、质量好、医德好，群众满意”和“修医德、强医能、铸医魂”活动。2012 年，在全县卫生系统开展“三医三大”即“医德、医风、医术”及“大讨论、大转变、大提升”活动。2013 年，在全县卫生系统广泛开展“争当好医生、争做好护士”活动。

第七节　体育

清末以前，民众健身多以武术为主，民国 14 年，在废旧衙署建体育场一处，设篮球、网球、足球等体育运动项目。新中国成立后，体育事业发展迅速，各种设施逐渐健全，各种体育活动和赛事日益增多，群众从事体育活动的积极性高涨。

体育设施

1997 年后，农村体育事业逐步受到重视，全县拥有体育健身活动场所的行政村达 244 个，占全县行政村的 88%。全县 9 个乡镇全部建成了体育健身协会，277 个行政村全部配备了社会体育指导员。2013 年，县城内现有体育设施 10 处，分别是：金凤市场、老干局前广场、大地之恋、筑先广场、文化广场、劳动者之歌（人事局）、陶山亭广场、滨河公园、工业遗址广场、信诚公园，全县体育场地面积达 73 万平方米，人均体育场地面积 1.2 平方米。

学校体育设施　1997 年后，学校体育设施不断增加，运动项目增多，学校均具备自己的操场、跑道，均可自行举办各类运动会。其中，2012 年 5 月，馆陶县在第一中学举行第二届体育节中小学生田径运动会，运动会设小学、初中组别共计 46 项；至 2013 年，馆陶县具有正规体育场的学校共 4 处，分别是实验小学、馆陶一中、二中、陶山中学，其中带看台的有馆陶一中、二中、陶山中学。

馆陶县体育场

馆陶县体育场　位于陶山中学院内东南部，是邯郸东部标准最高、规模最大、运动设施最完备的标准运动场地。占地 6 万平方米，投资 997 万元、建筑面积 3.15 万平方米，是馆陶县三年大变样重点工程。体育场设有 8 条 100 米塑胶直跑道和 400 米环形塑胶跑道，内设标准人造草坪足球场地和铅球、跳高、跳远等专用场地，跑道外设标准的篮球场、排球场和羽毛球场，周边有护栏及绿化带。场地西侧建有120米长的主席台及看台，可容纳1万名观众。

馆陶县实验中学体育场　始建于2010年，占地面积2.5万余平方米，体育场地内包括：一个400米标准塑胶8跑道体育场，体育场内有假草坪并设有足球场地和两个足球门，体育场西侧附有2080座位的体育看台1座，场地北边圆弧内设有两个铅球投掷场地。场地南边圆弧内设有垒球投掷场地和跳高场地，西侧直道南端设有跳远及三级跳远沙坑1处，体育场外南侧左右两边草地上设有10个单杠和10个双杠，体育场正南方设有8个乒乓球台，东边设有水泥地面的篮球场地4处，共8个篮球架。

竞技体育

1997年后，馆陶县为了提高全县竞技体育水平，特别注重优秀运动员的选拔和输送工作。至2013年，已向上级体校输送优秀运动员160余人，其中有20余名被省级运动队选用。馆陶县先后出现张魁东、马会会、霍丽伟、任祥升等国家级、省级运动员。在2007年邯郸市第十届全运会上，馆陶县代表团成绩又有新的提高，共取得2枚金牌、1枚银牌、2枚铜牌的历史好成绩；国家自行车队的馆陶籍残疾人运动员张魁东，多次在国际、国内残疾人自行车比赛中取得优异成绩，2012年被确定为北京残奥会代表团成员。

张魁东获2008年北京残奥会场地自行车1公里个人计时赛亚军

1997—2013年馆陶县参加地市级以上体育比赛成绩一览表

表5-2-3

项目	名次	获奖者	运动会名称
单人皮艇500米	第一名	霍丽伟	全国青年锦标赛
双人艇	第三名	霍丽伟	全国青年锦标赛
四人皮艇2000米	第二名	霍丽伟	全国青年锦标赛
单人皮艇500米	第三名	霍丽伟	全国城市运动会
单人皮艇200米	第五名	霍丽伟	全国锦标赛
四人皮艇500米	第二名	霍丽伟	全国锦标赛
四人皮艇1000米	第二名	霍丽伟	全国锦标赛
单人皮艇200米	第二名	霍丽伟	全国春季冠军赛

续表 5-2-3

项目	名次	获奖者	运动会名称
单人艇	第一名	霍丽伟	河北省全运会
跳远	第二名	张魁东	河北省青少年残疾人锦标赛
400 米	第四名	张魁东	河北省第五届残疾人运动会
自行车个人赛	第四名	张魁东	全国第六届残疾人运动会
4 公里追逐赛	第二名	张魁东	全国残疾人自行车锦标赛
10 公里个人记时赛	第三名	张魁东	全国残疾人自行车锦标赛
50 公里个人记时赛	第一名	张魁东	全国残疾人自行车锦标赛
场地 4 公里个人追逐赛	第二名	张魁东	全国第七届残疾人运动会
场地团体竞速	第一名	张魁东	全国第七届残疾人运动会
1 公里场地赛	第一名	张魁东	哥伦比亚残疾人自行车公开赛
场地团体竞速	第一名	张魁东	哥伦比亚残疾人自行车公开赛
场地团体竞速	第一名	张魁东	法国自行车世界锦标赛
自行车	第二名	张魁东	北京奥运会
24 式太极拳	第三名	馆陶队	邯郸市第四届农民太极拳展示大赛
24 式太极拳	第二名	陈兰房	邯郸市第四届农民太极拳展示大赛
100 公斤级	第一名	任祥升	全国青少年柔道锦标赛
90 公斤级	第一名	任祥升	河北省青少年柔道锦标赛冠军
45 公斤级	第一名	燕云飞	河北省青少年柔道锦标赛
羽毛球单打	第一名	马会会	全国残疾人锦标赛
羽毛球单打	第一名	马会会	全国残疾人锦标赛
羽毛球单打	第一名	马会会	世界锦标赛
羽毛球单打	第一名	马会会	亚洲残疾人运动会
羽毛球单打	第一名	马会会	第八届残疾人运动会

全民健身

1997 年后，馆陶县致力于组织开展全民健身周活动和举办全县性群众体育活动，组队参加市级群众类和青少年类体育运动会，调动全县广大群众的健身意识，全县群众参与健身活动的人数成倍增加。2005 年 4 月，成功举办全县干部职工运

太极晨练

动会，历时 10 天，设环城赛跑、拔河赛、象棋、篮球、羽毛球、乒乓球 6 个项目的比赛，参赛人数 1600 余人次，参赛单位达 40 余个，此次运动会在规模、项目和人数上都超过往届运动会。是年 5 月、6 月、9 月，分别组织馆陶县五四青年篮球队与市发改委篮球队和市移动公司篮球队进行 3 次友谊比赛，提高了馆陶县五四青年队的整体水平；9 月，组织迎“九九重阳”老年人象棋比赛。2006 年 4 月，成功举办乡镇单位拔河赛，乒乓球，背沙包接力赛，参赛人数达 300 余人次。3—5 月还安排组织了文明生态村村民健身广场活动月；6 月，县象棋协会在县文体办象棋活动室举行象棋比赛，来自社会各界 40 余名选手参加比赛；7 月，在文体办健身大厅举办了全县乒乓球大赛；9 月，组织举办全县迎“十一”移动杯篮球赛和亚泰鞋世杯乒乓球、羽毛球比赛；2007 年 5 月下旬，举办全县篮球赛、象棋赛、乒乓球赛、羽毛球赛，4 个项目的比赛，参赛人数达 1000 余人次；8 月，举办庆八一“信德杯”篮球大赛；9 月，组织举办全县“迎奥运”“庆双节”篮球赛和乒乓球、羽毛球、秧歌比赛等。

武术

武术健身是馆陶县传统体育活动的一大特色。在馆陶的乡村，传统武术是群众喜闻乐见的一种重要体育活动，20 世纪 80 年代，村村都设有“拳场”，由资深、武艺高强的拳师执教，如河寨村的挂拳，沿村、安静村的二郎拳，姚庄村的六八步等都比较有名，此外还流传有大洪拳、小洪拳、太极拳、少林拳等诸多拳种。既有单练，又有对打，还分徒手套路和器械套路等。20 世纪 80 年代后，随着打工潮，村庄“拳场”才慢慢消失，但各种拳法仍然保留在武术爱好者之间。90 年代后，随着武术体制的变革，一些“武馆”“武校”应运而生，比较大的有“金刚武馆”“神威武馆”“少林武校”等，这些“武馆”集技击、养生、健身于一体，多次参加省市级比赛，取得较好成绩。

武术表演

金刚武馆　1995 年 8 月 1 日成立。其创始人张恩平，馆陶县姜沿村人，1963 年出生，自幼酷爱武术，8 岁时拜当地著名的二郎拳鲍成文为师，深得炮锤、八翻、鬼头手等绝技。1990 年，又拜中华浑圆功创始人王安平的高徒司鹏门下，学习“中华浑圆功”。浑圆内功融技击、治病和养生为一体，张恩平继承并将之发扬光大，秉承了

金刚武馆

“金”与“刚”内涵，培养一批又一批人才。1996年，首次参加龙虎山内功大赛获得两项第一、一项第二，名声远扬。共获得国家级冠军14个，亚军6个，季军16个；省级冠军26个，亚军15个，季军16个；市级冠军189个，亚军65个，季军60个。武馆先后荣获“十佳优秀武校”“重点摔跤基地”“散打搏击基地”和“市级先进办学单位”等荣誉称号。2001年，邯郸市武协将金刚武馆命名为“市武术发展集团金刚武术院”并发证书，张恩平被评为市武协副主席，并将武术界比赛举办权交给金刚武馆。

第三章　科技

馆陶科技馆

早在新石器时代“龙山文化”时期，馆陶人民已掌握了制陶技术，制作的黑陶以其“薄如纸，亮如漆”而久负盛名。中华人民共和国成立后，科技队伍逐年扩大，科技成果不断得到推广和应用。1997年后，馆陶县重视科技发展，调整充实科技工作领导小组，加强组织、综合、协调农村科技与经济发展的能力，保证科技管理工作的有效运转。至2013年年底，认定国家高新技术企业1家，认定河北省科技型中小企业58家，市级研发机构备案28家。全县共组织实施“星火计划”、国家科技富民强县、渤海粮仓等农业科技项目120余项，各级各类工业科技计划项目110余项，实现了科技事业发展的新飞跃。

第一节　管理机构

管理机构

1997年，馆陶县科技领导小组负责全县的科技管理工作。2002年机构改革，更名为馆陶县科学技术局。为县政府直属事业单位，领导班子由1名局长、2名副局长组成。下设办公室、综合一科、综合二科。2013年有干部职工9人，其中大专以上学历8人。

馆陶县在1999—2000年、2001—2002年、2003—2004年、2005—2006年、2007—2008年、2009—2010年科技考核中被评为“全国科技进步先进县”，科技局自2005年连续8年获省、市科技工作先进单位。

2010年以后，县委政府及时调整充实科技工作领导小组，县直有关单位都设有主抓科技工作的副职，8个乡镇都配齐主抓科技的副乡（镇）长，277个行政村配备科技副主任，加强组织、综合、协调农村科技与经济发展的能力，保证科技管理工作的有效运转。

第二节　科技体制改革

1997—2013 年，馆陶县以科技惠农和调动广大科技人员的积极性和创造性为出发点，促进全社会科技资源的高效配置和综合集成为重点，建立企业为主体、“产、学、研”结合的创新体系。为鼓励企业成为技术创新的主体，推进科技管理体制改革，建立健全了科技决策机制，形成规范的咨询和决策机制，加强配套政策的制定；建立健全科技宏观协调机制，加快科技行政管理部门职能转变，推进依法行政，提高宏观管理能力和服务水平，改进计划管理方式，充分发挥部门在计划管理和项目实施管理中的作用；改革科技评审与评估制度，体现公正、公平、公开和鼓励创新的原则，为各类人才特别是青年人才脱颖而出创造条件。改革和创新改革科技成果评价和奖励制度，鼓励和动员企业及社会力量参与成果评价和奖励工作。先后出台了《关于支持科技型中小企业发展实施方案》等一系列政策和配套具体措施，推动企业创新能力建设，激发科研人员创业积极性，促进科技成果转化。为加快推进科技园区发展，新建昊阳生物农药工程技术中心等创新服务平台。

第三节　科研活动

1997—2013 年，全县农业共组织实施“星火计划”“国家科技富民强县”“渤海粮仓”等农业科技项目 120 余项，引进推广并应用高效集约种植、新特稀精蔬菜新品种、蛋鸡养殖、农业可再生能源等农业先进实用和高新技术 80 余项，培育开发农业新品种 20 余个，形成 106 蛋鸡产业带、郭辛庄“猪—沼—菜”、伴导村“猪—沼—果”等一批规模化农业产业基地、农业新技术示范园区及农业产业化龙头企业，对当地农业的示范、辐射、带动作用明显增强。全县农业先进实用技术覆盖率 90% 以上，农业优良品种覆盖率达 98%。

1997—2013 年，全县建立 30 个星火科技 12396 乡村企信息服务站，其中县级信息服务中心 1 个，乡镇信息服务站 8 个，村信息服务站 10 个，农业企业信息服务站 11 个。12396 信息服务站，以互联网为基础，以专家服务系统和科技信息数据库为核心，为全县建成一个高效快捷、机制灵活、信息共享的新型科技服务平台。通过把县农技专家、企业科技特派员和省农科院的专家教授组织起来，并将其联系方式在网上公布，随时为农民提供技术服务，引导全县科技信息服务体系健康发展。2005 年 5 月成立馆陶蛋鸡产业技术传播站，以全国农业产业化重点龙头企业——金凤禽蛋农贸批发市场为依托，以蛋鸡养殖业为基础，努力在科技成果转化、新品种引进、技术服务等职能作用上下功夫，有效提高养殖户饲养管理水平，大大提高养殖户的经济效益，为全县蛋鸡产业化发展起到很好的促进作用。在科技传播站的技术指导、支持下，经过反复试验、对比，蛋品质量大为提高。养殖园区生产的“金凤”牌无公害鸡蛋，被国家发改委中国名优品牌管理推广中心审定为“中国名优品牌”。

1997—2013 年，全县工业共组织实施各级各类工业科技计划项目 110 余项，其中国家火炬计划项目 4 项，省级火炬计划项目 2 项，省级科技攻关项目 37 项，共引进新技术、新工艺 80 项，开发新产品 70 个。其中超声医学监视下对不孕症的通液治疗研究、复方降纤汤治疗慢性肝炎疗效研究、清创有限切开复位外固定器配合中药治疗胫腓骨开放骨折的研究等新技术均达到了国内先进水平。河北多凯复合材料有限公司被认定为国家高新技术企业，另有 58 家企业被认定为河北省科技型中小企业。全县市级研发机构备案 28 家。

2013 年馆陶县科技型中小企业一览表

表 5-3-1

序号	企业名称	序号	企业名称
1	河北多凯复合材料有限公司	16	河北亚超轴承制造有限公司
2	邯郸市赵都精细化工有限公司	17	馆陶县筑研轴承有限公司
3	河北良昊饲料有限公司	18	馆陶县康宁轴承制造有限公司
4	馆陶县思月陶艺有限公司	19	馆陶县鑫科轴承标件有限公司
5	邯郸市新阳光化工有限公司	20	河北世星化工有限公司
6	馆陶县飞翔机械装备制造有限公司	21	馆陶县俊翔管业有限公司
7	河北容特化工有限公司	22	馆陶县华野庄园黑小麦产业有限公司
8	河北民旺饲料有限公司	23	馆陶奇超塑料包装有限公司
9	河北汇谷生物能源有限公司	24	馆陶县永乐生态种植有限公司
10	馆陶县陶漆工艺厂	25	河北科正化工有限公司
11	河北永星制冷设备有限公司	26	河北镕达化工有限公司
12	河北东龙黄金酒业有限公司	27	馆陶县宏益源纺织有限公司
13	邯郸市宝润轴承有限公司	28	馆陶县农乐晚秋黄梨专业合作社
14	河北福德化工科技有限公司	29	馆陶县隆昌奶牛畜牧发展有限公司
15	河北傲格化工有限公司	30	馆陶县鸿源编织袋加工厂

续表 5-3-1

序号	企业名称	序号	企业名称
31	馆陶县香蜜源草莓种植专业合作社	45	河北贵禾宝食用菌有限公司
32	馆陶县捷凯轴承有限公司	46	馆陶县春润食用菌种植有限公司
33	馆陶县宁康花生合作社	47	馆陶县农牡生态种植有限公司
34	河北昊阳化工有限公司	48	馆陶县金翔饲料进出口有限公司
35	馆陶县翔杰陶艺有限公司	49	河北安诺防水建筑材料有限公司
36	河北同心饲料有限公司	50	馆陶县博豪轴承有限公司
37	馆陶县洪源电子衡器厂	51	馆陶县房寨北村蔬菜种植互助专业合作社
38	邯郸市颐民宝新能源开发有限公司	52	馆陶县诚旺养殖有限公司
39	河北冀南花木园林工程有限公司	53	馆陶县海增粮艺有限公司
40	河北乾隆御酒业有限公司	54	馆陶县欣旺制衣有限公司
41	馆陶县绿丰活性改良土壤肥料厂	55	邯郸市丰苑养殖有限公司
42	馆陶县金隅太行混凝土有限公司	56	河北元蓬种猪养殖有限公司
43	馆陶县新能生物质热电有限公司	57	馆陶县贵国奶牛养殖发展有限公司
44	馆陶县润发编织袋厂	58	馆陶县塞恩斯饲料厂

2013 年馆陶县市级研发机构一览表

表 5-3-2

序号	企业名称	研发机构名称
1	河北昊阳化工有限公司	邯郸市生物农药工程技术研究中心
2	河北世星化工有限公司	研发部
3	河北镕达化工有限公司	清洁能源研发部
4	邯郸市新阳光化工有限公司	新阳光精细化工研发技术中心
5	馆陶县陶漆工艺厂	黑陶研究室
6	河北东龙黄金酒业有限公司	白酒技术研发中心
7	馆陶县金隅太行混凝土有限公司	邯郸金隅太行混凝土研发部
8	河北福德化工科技有限公司	福德新技术研发中心
9	河北多凯复合材料有限公司	技术研发部
10	河北乾隆御酒业有限公司	馆陶县白酒和食金文化研究所

续表 5-3-2

序号	企业名称	研发机构名称
11	河北科正化工有限公司	产品研发中心
12	馆陶县思月陶艺有限公司	馆陶县思月黑陶艺技研发中心
13	邯郸市丰苑养殖有限公司	丰苑养殖技术中心
14	馆陶县农乐晚秋黄梨专业合作社	农乐晚秋黄梨种植研发技术中心
15	河北民旺饲料有限公司	民旺研发中心
16	馆陶县赛恩斯饲料厂	赛恩斯奶牛青补饲料研发中心
17	馆陶县华野庄园黑小麦产业有限公司	黑小麦研发中心
18	河北永星制冷设备有限公司	永星制冷技术研发中心
19	河北良昊饲料有限公司	饲料研发中心
20	馆陶县香蜜源草莓种植专业合作社	香蜜源草莓研发中心
21	河北傲格化工有限公司	河北傲格化工研发中心
22	河北贵禾宝食用菌有限公司	食用菌深加工技术研发中心
23	馆陶县农牧生态种植有限公司	优质油桃研究所
24	馆陶县隆昌奶牛畜牧发展有限公司	隆昌奶牛事业研发中心
25	馆陶县翔杰陶艺有限公司	陶艺科研部
26	河北元蓬种猪养殖有限公司	元蓬技术研发部
27	馆陶县宁康花生合作社	宁康花生研发中心
28	馆陶县永乐生态种植有限公司	优质苹果研究所

第四节 科技普及与推广

馆陶县生产力促进中心于2004年12月8日成立，利用自身条件，联合社会力量，搭建科技咨询服务平台，不断推广科技成果和新产品，定期开展技术、管理培训，为各个行业提供全方位、多功能的科技服务。至2013年，提供技术、信息、咨询、诊断服务1000余次，开展技术开发、推广60余项，开展技术、管理培训1万余人次，协助企业与大专院校、科研院所建立技术依托50余家，帮助中小企业申报项目50余项。

2012年12月，馆陶县科技馆建成，位于公主湖湿地公园内，展厅面积2100平方米，分为“儿童天地”“人类智慧”“能源与环境”“科技与未来”和“馆陶特色”5个展区，陈列展品51件（套）。2013年被邯郸市科技局认定为“市级科普基地”。科技馆通过互

组织小学生参观科技馆

动展览、培训、实验以及多媒体演示等多种形式，揭示自然奥秘、普及科学知识，提升全民科学文化素质，先后开展科普讲座培训、科普宣传活动155场，接待群众、学生1万余人次，发放各类科普宣传资料3万余份，已成为青少年学习科技知识的公益性科普教育基地。

第四章　群众文化

1997年后，馆陶县新建了文化馆、图书馆、博物馆、文体艺术中心。同时加强文化市场和乡村文化站的建设，新建了陶山亭广场，滨河公园，公主湖湿地公园等10余处公共文化设施，成为广大人民群众日常休闲、娱乐的地方。2008年后，每年组织全县50余个文艺表演队、秧歌队等举办为时3天的“正月十五花会进城”活动，群众参与10万余人次。

第一节　机构与设施

1996年，成立文化体育委员会，设文化科、体育科；2002年，文化体育委员会与教育局合并，改为文化体育办公室，隶属教育局，设文化科、体育科，下设文化馆、图书馆、文化稽查队。2011年10月，文化体育办公室改为文化广电新闻出版体育局，为县属事业单位。

文化馆

馆陶县文化馆始建于1952年，改建于2004年，主管部门为馆陶县文广新体局，编制5人，实有人数2人。

原馆陶县文化馆位于县城东北角，平安路与建设街交叉口，东、西、北面皆为民居。馆陶县文化馆与图书馆、县文广新体局、老干局共用一栋办公楼。文化馆所属建筑面积200平方米，属砖混结构，部分房间漏雨。无后勤保障、消防安全、仓储陈列、专业电子、办公电子等设备。

2013年年底馆陶县文化馆搬迁至文化艺术中心，成为邯郸市县级一流的群众文化艺术活动场所。

馆陶文化艺术中心

文化艺术中心

馆陶文化艺术中心始建于2010年，2013年12月投入使用，总投资1580万元，建筑面积3219平方米，集文化活动、文化展示、艺术培训、经验交流为一体，是文化艺术活动的基地，也是邯郸市县级文化设施最好的群众文化艺术活动场所。

文化艺术展示区，设有馆陶文化馆、馆陶美术馆、馆陶非遗馆、艺术长廊等；文化艺术创作区，包括休息室、乔十光工作室、汪易扬工作室、颜景龙工作室、白云乡工作室、郭抱湘、徐万蓉工作室等。

群众文化活动区设有：小剧场（多功能厅）、排练厅、戏曲活动室等；文化艺术培训区设有：书法培训室、绘画培训室、舞蹈培训室、礼仪培训室、音乐培训室（包括二胡培训室、钢琴培训室、古筝培训室、电子琴培训室、架子鼓培训室）等；另设文化艺术交流区、后勤保障区。

馆陶博物馆

馆陶博物馆位于公主湖景区内，建筑面积5700平方米，布展面积3800平方米。包括馆陶历史厅、魏征廉政厅、卫运河民俗馆、乔十光漆画艺术馆、汪易扬艺术馆、雁翼文学馆以及匠心格调馆。

博物馆序厅　明代永乐二十一年（1423年），明朝政府在馆陶设“陶山水驿”，专门管理卫河水运事宜，场景展示了川流不息的往来船只和辛勤劳作的两岸人民，反映了明代卫河漕运繁荣景象。

馆陶历史厅

馆陶历史厅　陶山毓秀，卫水钟灵，馆陶县自置县两千多年来县名不曾更改，因其地理位置优越、水陆交通便利，汉唐时期为皇室青睐，成为4位公主的封邑。魏晋时期作为州郡治所400年。

乔十光漆画艺术馆　乔十光，馆陶籍著名漆画艺术家，中国现代漆艺的开拓者和漆画创始人之一，中央工艺美院教授（清华大学美术学院教授），中国美术家协会理事，中国漆画研究会会长。先后在中国、日本、法国、俄罗斯等地举办画展10余次。乔十光作品注重漆性与绘画性的统一，使现代漆画在保持传统文化品格的同时不断创新，逐步走向独立。乔十光为家乡的博物馆捐赠了108幅作品，其中漆画32幅，韩美林先生为乔十光漆画展馆题写了馆名。

乔十光漆画艺术馆

雁翼文学馆

雁翼文学馆　雁翼（1927—2009），原名颜洪林，馆陶人，诗人、剧作家。雁翼先后出版了诗集、小说散文集、戏剧电影剧本集、诗美学论文集等66种，其中长短诗集《东平湖的鸟声》《紫燕传》《在彩云上面》，电影文学剧本集《十月风云》《黄河少年》等深受读者喜爱。由雁翼策划、发起、主编和出版的《世界和平圣诗》，得到国际友人的高度评价。

卫运河民俗厅　中国大运河发轫于春秋，建成于隋朝，繁荣于唐宋，取直于元代，疏通于明清，卫运河是中国大运河通渠较早的一段。

卫运河起始于河北省邯郸市馆陶县徐万仓村，终于山东德州市四女寺镇，是冀、鲁两省边界河道。左岸途径河北省馆陶县、临西县、清河县、故城县；右岸途径山东省冠县、临清市、夏津县、武城县，到四女寺枢纽分流入漳卫新河和南运河。本馆展示了卫运河的变迁及卫运河两岸的风俗民情。

依河而居，卫运河畔的人们在生产、生活中形成了丰富的民俗习惯。本馆展示了卫运河畔人民生产、生活的景象，从衣、食、住、行、文化生活等方面展现了冀南风情。

魏征廉政厅　魏征是初唐杰出政治家、思想家、史学家，馆陶县人。他性格刚直，才识卓绝，以敢于犯言直谏著称，辅佐唐太宗开创了“贞观盛世”，是中国历代“君正臣直”的典范。展厅分为“千秋金鉴，人镜魏征”“贞观盛世，君正臣直”“故事传奇，梦萦故里”“泾渭忠奸，黑白分明”“悠悠三镜，警钟长鸣”五部分。

汪易扬艺术馆

汪易扬艺术馆　汪易扬，书画家、文艺评论家、作曲家，中国艺术研究院离休编审，1959年因政治原因下放馆陶，曾创作音乐、舞蹈、戏剧作品百余部，多次获河北省和全国文艺汇演最佳创作奖。20世纪80年代初独创狂草人物画享誉画坛，被称为中国狂草人物画的“开山祖”。曾相继应邀在国内30余省（市），以及日本、澳大利亚、菲律宾、泰国、美国、加拿大举办个人画展或联展；著有《汪易扬画集》《谈来谭去论文集》《汪易扬画集》《艺术与艺术欣赏论文集》《散文　诗歌　歌曲集》等。

匠心格调艺术展馆　馆陶县自古多才俊。在“漆画之父”乔十光的影响与带动下，馆陶艺术人才层出不穷，尤其在漆画创作上成绩斐然。此外，馆陶还有很多艺术家，他们在艺术领域取得了不凡的业绩。

馆陶会堂

馆陶会堂原名馆陶县人民剧场，始建于 1954 年，占地面积 3148 平方米，房屋面积 1646 平方米，座位数 1345 个，曾邀请中国京剧院袁世海、冯志孝、杨春霞，河南豫剧名家马金凤，河北梆子名家裴艳玲等多位名家名角到此院演出。因年久失修，于 2002 年停止使用。

馆陶会堂旧址

图书馆

民国 11 年（1922 年），在旧县城关帝庙设阅报所图书馆。民国 20 年（1931 年）并入民众教育馆，称民众教育馆图书部。民国 22 年（1933 年）改为阅览部，1937 年，教育馆解散，图书散失。

1982 年 2 月，图书馆正式设立，藏书 8000 余册。

1983 年初，省拨专款改建图书馆，于年底竣工，建办公楼 1 座，工作人员 5 人。

1996 年年底，馆藏图书 31206 册，有基藏书库、附属书库、阅览室、采编室、资料室、参考咨询处等机构设施。

2003 年 6 月，图书馆由政府街东段迁至原宾馆招待所一楼，面积 600 余平方米，藏书 33000 册，工作人员 7 人。

2009 年 12 月，图书馆再次迁至县宣传文化活动中心，面积 1500 平方米，设基藏书库、

馆陶县图书馆原址

馆陶县图书馆新貌

借阅部、少儿阅览室、电子阅览室（电脑 30 台）等。工作人员 5 人，其中本科学历 2 人，大专学历 3 人，中级职称 3 人，初级职称 2 人。

2013 年，新图书馆、档案馆大楼在县标西北角 106 国道西侧建成，总投资 1000 余万元，建设面积 13000 余平方米，其中图书馆面积 8000 余平方米。

文化广场

馆陶县城内最早的文化广场始建于 1995 年，占地面积 12268 平方米，位于政府街东侧。1997 年后，县城内又逐渐建起金凤市场广场、老干局前广场、大地之恋广场、筑先广场、劳动者之歌、陶山亭广场、滨河公园、工业遗址广场、信诚公园、公主湖等 10 余处公共文化设施。

乡镇文化站

2013 年，馆陶县有乡镇文化站 9 处，分别是徐村乡文化站、馆陶镇文化站、房寨镇文化站、魏僧寨镇文化站、王桥乡文化站、路桥乡文化站、柴堡镇文化站、寿山寺乡文化站、街道办文化站。其中寿山寺乡文化站、南徐村乡文化站于 2012 年被省命名为“河北省百强文化站”。

2013 年，全县 277 个村均建有文化大院，全县 255 个村建成农家书屋，全县 277 个村均有文艺表演队，并配备配齐秧歌服装、锣鼓等器具。

第二节 文化市场

概况

馆陶县文化市场从 20 世纪 90 年代开始。经过 30 余年来的不断发展，以娱乐业、网络经营服务业、音像业、印刷业、图书业、艺术品等门类为主体的大文化市场基本形成。至 2013 年底，馆陶县共有各类文化经营单位 69 家，其中互联网经营服务场所 22 家，歌舞娱乐场所 19 家，音像制品 3 家，图书门市 13 家，印刷厂 10 家，打字复印门市 2 家。

音像图书门市　1997 年前后是发展全盛时期，全县 18 家，后随着网络的发达，MP3 的兴起给音像门市形成冲击，2013 年只剩下 3 家。

1997—2000 年，图书门市、打字复印门市、印刷厂为繁荣时期。至 2013 年，馆陶县音像制品批发零售出租机构 3 家、图书门市 13 家、印刷厂 10 家、打字复印门市 2 家。

娱乐场所　1998 年，馆陶县出现第一家练歌房。2000 年出现网吧。至 2013 年，馆陶县共有文化娱乐场所 41 家。文化娱乐业吸纳社会资本 1480 万元，从业人员 2612 人，直接实现经营收入 986 万元。

文化市场稽查

1997年，馆陶县成立文化市场稽查队，隶属于馆陶县文体委，主要职能为整顿文化市场秩序。2009年，整合文化、广电影视、新闻出版管理部门的文化行政处罚以及相关的行政强制、监督检查职能，组建馆陶县文化市场综合执法队，统一行使文化市场行政处罚以及相关的行政强制、监督检查职能。

2011年11月，县编办下发文件，成立文化市场综合执法队，全额事业编制10人，隶属于馆陶文广新体局，负责全县文化市场安全执法工作，2013年在编人员6人。

2013年，共收缴销毁非法音像制品近1880张，处罚网吧10家，查处印刷厂5家。

2013年馆陶县网吧　文印店　书店一览表

表5-4-1

机构	经营地址	机构	经营地址
梦缘网吧	平安路与建设街路口	华欣印刷厂	陶山街东段
OK网吧	政府街东段路南	房寨中学印刷厂	房寨中学
光束网吧	政府街东段路南	华兴印刷厂	陶山街西段
神州网吧	政府街西段路南	陶山印刷厂	政府街中段
正华网吧	新华路文卫街路口	阳光印务	文卫街
飞宇网吧	魏征路北段路东	鸿源编织袋加工厂	寿山寺乡庄固村
凯华网吧	陶山街西门路南	锦铂贸易有限公司	新华路西段
千纸鹤网吧	陶山街西段	金圳印务有限公司	工业园区
星光网吧	新华路北段	振国塑料包装有限公司	新华路南段
新视野网吧	新华路南段	谐美包装袋加工厂	工业园区
超越网吧	政府街西段	紫光印务社	政府街
蓝天网吧	政府街西段	便民复印	金凤大道西段
冰点网吧	魏僧寨肖村	文具天地	文卫街中段
世纪网吧	平安路南段路东	文具书店	文卫街中段82号
新浪网吧	平安路中段路西	十月书社	文卫街48号
德文网吧	陶山街与新华路路口	智源书斋	文卫街中段
新纪元网吧	魏僧寨镇	勤华书店	文卫街中段
领航网吧	徐村乡	华中希望读书社	文卫街中段
酷客网吧	建设街北段	希望书店	文卫街中段
龙腾网吧	新华路南段	勤丰书店	文卫街中段
奔腾网吧	魏征路	博学书店	文卫街中段

续表 5-4-1

机构	经营地址	机构	经营地址
福星网吧	建设街	卫东书店	魏僧寨镇
新起点书屋	魏僧寨镇	家祥购物有限公司	政府街中段
博学书屋	魏僧寨镇	—	—

第三节　文化活动

1997 年以后，馆陶县每年坚持以春节晚会、文化下乡、文化大篷车的形式，广泛宣传普及文化科技知识，让群众享受“科技文化大餐”“管用文化食粮”。2008 年，馆陶县举办首届元宵节民间花会进城展演活动，之后每年组织全县 50 余个文艺表演队、秧歌队等举办为时 3 天的“正月十五花会进城”活动，群众参与 10 万余人次。

元宵节民间花会进城表演

2008 年 11 月 1 日，佟占华京剧爱好者参加中央电视台戏曲频道“过把瘾”栏目举办的全国老旦戏迷挑战赛，获得单场擂主。

2010 年 6—10 月，以“农村歌手大奖赛”形式启动“馆陶欢乐乡村”系列活动，共演出 8 场，160 余个文艺节目，观众达到 2 万余人，经过乡镇选拔赛，共选出 30 个节目参加邯郸市“农民歌手擂台赛”“农民戏曲票友大赛”，馆陶县选手宋金霞、张全保分获两个赛项的优秀奖。

2010 年 9 月，馆陶举办“卫运河两岸农民才艺绝活展演”活动，参加展演的农民来自冀鲁豫交界处 20 余县市，演员达 300 余人，观众达 6 万余人次。

2011 年 6 月，为庆祝中国共产党成立 90 周年，文体办组织开展了历时 3 个月的馆陶县“欢乐陶山·红旗飘飘”纪念建党九十周年群众文化系列活动。在县宣传文化中心南广场举办丰富多彩的戏曲擂台赛、家庭才艺大赛、舞蹈大赛、健身操比赛、腰鼓、秧歌表演、小品、小戏大赛等赛事，深受广大群众欢迎。同时开展“欢乐陶山”下基层、进农村活动，在全县 8 个乡镇巡回演出。

2011 年 11 月 10 日，举行“爱馆陶县城志愿者在行动”启动仪式，沿途向社会发放“讲文明、爱家乡、爱县城”倡议书 3000 余份。

2012 年 1 月 24 日，馆陶县举办“欢乐陶山”春节晚会，使用 LED 大屏幕等音响灯光设施，盛况空前，规模巨大，参会人数和节目质量创历史最高。

第五章　文物古迹

馆陶县有省级文物保护单位“王占元宗祠”1处、市级文物保护单位“王化云故居”“七十二皇窑遗址”“汉代大型古墓群”等17处。县级文保单位25处、文物点56处。馆藏文物300余件，其中“唐故巨鹿郡魏府君曹夫人墓志铭”为国家级文物。

第一节　古建筑

王占元祠堂

王占元祠堂

王占元（1861—1934），字子春，馆陶镇陶西村人，1920年任两湖巡阅使、湖北督军兼省长，1934年病死在天津寓所，后归葬南馆陶镇西。王占元宗祠始建于1915年民国时期，原建筑群为南北中轴线布局，左、右对称。主体建筑均建于南北中轴线上，自南而北依次为牌坊、大宫门、过厅、园门、大殿、后殿等建筑。在中轴线两侧为耳房、东西厢房、西小门、西大门、东大门、东小门等建筑。建筑结构严紧，规模宏大，是一座典型的中轴线建筑布局。1996年夏，因修永济路从院的中央分开。王占元宗祠现存宗祠西厢房两座6间，耳房两座2间，现存建筑共8间，南北长29.2米，东西宽8.16米，占地面积约252平方米，因年久失修，部分建筑瓦顶脱落，门窗出现裂纹。该宗祠2008年10月被河北省人民政府认定为“河北省重点文物保护单位”。

其他古建筑

王占元旧居　在陶山老街中段路南，现存临街二层楼，院内有东西厢房10余间，院落南北长30余米。曾作为刘邓大军指挥部。

山西会馆　在王占元新祠堂西侧。

王化云故居　在老街西段路南，现存较为完整的四合院。

将军府　在老街丁字街往南西侧，有200余间房屋。现为机械厂家属院。

石牌坊　有残留构件，遍布老街。

天棚　在老街丁字街口，有 88 架梁。

古茶棚　在老街中段路南，部分已塌。

第二节　古遗址

驸马古渡遗址

在县城东环卫运河旁，为西汉文帝长女刘嫖与驸马陈午（封堂邑侯址在聊城西）和宣帝女刘施施与驸马于永所建的渡口。有记事碑，为馆陶古八景之一。

驸马渡遗址

清阳城战汉时期遗址

在路桥乡清阳城村北，面积约 4 万平方米。古清渊县自西汉初置县，至唐贞观年间废，延续 800 余年。清代光绪《馆陶县志》载光武败铜马、晋将苟晞大破汲桑军的战事均发生于此地。成语“好丑自彰”的典故来源于此。

其他古遗址

黄花台遗址

黄花故台　在县城北 15 里社里堡村东卫河旁，为东汉光武帝刘秀三女刘红福的梳妆台，今有遗址碑立此。为馆陶古八景之一。

唐名相魏征故里、曲梁城遗址碑　史载，魏征出身馆陶“魏氏”，魏州曲城，1995 年 12 月，馆陶县人民政府在今路桥乡平堡村西建立有曲梁城遗址碑。

兴福庙遗址　位于柴堡镇刘庄村东、要庄村西，是古兴福寺遗址。当地人称之为“叮当庙”。兴福寺兴盛时占地 5 亩，坐北朝南，房屋 45 间，由 3 个大殿、5 个大门、钟鼓楼组成。因殿脊有小铁钟，风过处叮当作响，故俗称“叮当庙”。庙前有盘龙柱两根。

明代七十二皇窑遗址　在南徐村乡东厂村南，面积约 4 万平方米。古馆陶水路交通便利，卫河漕运码头遍布。其中窝头渡、马头渡物品堆积如山、非常兴盛。东厂七十二皇窑就在渡口码头附近。明永乐皇帝朱棣迁都北京，在此地日夜烧制城砖和墙砖。故该地留有“先有馆陶砖，后有北京城”的民谚。

2013年馆陶县不可移动文物名录一览表

表5-5-1

	名称	位置	级别	时期	类别
1	王占元宗祠	馆陶镇	省级	中华民国	古建筑
2	徐万仓村许氏夫人墓	王桥乡	市级	唐	古墓葬
3	萧屯村墓	柴堡镇	市级	唐	古墓葬
4	武范庄墓	寿山寺乡	市级	唐	古墓葬
5	齐堡村墓群	柴堡镇	市级	唐	古墓葬
6	马固村驸马墓	馆陶镇	市级	汉	古墓葬
7	王化云故居	馆陶镇	市级	中华民国	近现代重要史迹及代表性建筑
8	馆陶烈士祠	馆陶镇	市级	中华人民共和国	近现代重要史迹及代表性建筑
9	张良弼墓	寿山寺乡	市级文物保护单	唐	古墓葬
10	范筑先故里纪念碑	寿山寺乡	市级文物保护单位	中华人民共和国	近现代重要史迹及代表性建筑
11	陈范庄武氏贞节牌坊	寿山寺乡	市级文物保护单位	清	古建筑
12	卫河支队六十二烈士牺牲旧址	魏僧寨镇	市级文物保护单位	中华人民共和国	近现代重要史迹及代表性建筑
13	塔头烈士墓	寿山寺乡	市级文物保护单位	中华人民共和国	近现代重要史迹及代表性建筑
14	八义庄烈士墓	柴堡镇	市级文物保护单位	中华人民共和国	近现代重要史迹及代表性建筑
15	兴福寺遗址	柴堡镇	市级文物保护单位	唐	古遗址
16	清渊县城址	柴卜镇	市级文物保护单位	汉	古遗址
17	七十二皇窑遗址	南徐村乡	市级文物保护单位	明	古遗址
18	王占元旧居	馆陶镇	市级文物保护单位	中华民国	近现代重要史迹及代表性建筑
19	车疃遗址	馆陶镇	县级文物保护单位	东周、秦、汉	古遗址

续表 5-5-1

	名称	位置	级别	时期	类别
20	寿山寺遗址	寿山寺乡	县级文物保护单位	唐	古遗址
21	刘齐固刘氏祠堂	王桥乡	县级文物保护单位	清	古建筑
22	田烈女墓	寿山寺乡	县级文物保护单位	清	古墓葬
23	武殿华烈士纪念碑	王桥乡	县级文物保护单位	中华民国	近现代重要史迹及代表性建筑
24	阎兆亨殉国纪念碑	房寨镇	县级文物保护单位	中华民国	近现代重要史迹及代表性建筑
25	清阳城北遗址	路桥乡	县级文物保护单位	东周、秦、汉	古遗址
26	申街于氏宗祠	魏僧寨镇	县级文物保护单位	清	古建筑
27	东浒演玄帝庙碑	房寨镇	县级文物保护单位	明	石窟寺及石刻
28	王占元牌坊及墓碑石刻	馆陶镇	县级文物保护单位	明国	古建筑
29	吕梅阁德行碑	南徐村乡	县级文物保护单位	民国十九年	碑
30	齐祖墓碑	房寨镇	县级文物保护单位	清道光十四年	碑
31	卜子祠遗址碑	房寨镇	县级文物保护单位	2002 年	碑
32	黄花台遗址碑	馆陶镇	县级文物保护单位	2002 年	碑
33	古曲梁城遗址碑	路桥乡	县级文物保护单位	1996 年	碑
34	古永济城遗址碑	路桥乡	县级文物保护单位	2009 年	碑
35	古永济渠遗址碑	路桥乡	县级文物保护单位	2009 年	碑
36	后姚庄北一号遗址	王桥乡	县级文物保护单位	唐、宋辽金	古遗址
37	后姚庄北二号遗址	王桥乡	县级文物保护单位	宋辽金	古遗址
38	马店大东庙遗址	柴堡镇	县级文物保护单位	明、清	古遗址
39	北郭庄东北遗址	南徐村乡	县级文物保护单位	东周、秦、汉	古遗址

续表 5-5-1

	名称	位置	级别	时期	类别
40	李路桥墓群	路桥乡	县级文物保护单位	唐、宋辽金	古墓葬
41	王桥北墓群	王桥乡	县级文物保护单位	唐	古墓葬
42	漳卫河交汇处	王桥乡	县级文物保护单位	明	水利设施
43	沿庄墓群	寿山寺乡	县级文物保护单位	南北朝	古墓葬
44	李庄墓群	王桥乡	尚未核定为保护单位	汉、唐	古墓葬
45	姜沿村东南墓地	馆陶镇	尚未核定为保护单位	唐	古墓葬
46	姜沿村北墓群	馆陶镇	尚未核定为保护单位	唐	古墓葬
47	西苏村墓群	馆陶镇	尚未核定为保护单位	唐	古墓葬
48	南马固墓群	馆陶镇	尚未核定为保护单位	汉	古墓葬
49	安静墓群	馆陶镇	尚未核定为保护单位	宋辽金	古墓葬
50	蔺村西北墓群	馆陶镇	尚未核定为保护单位	汉	古墓葬
51	蔺村北墓地	馆陶镇	尚未核定为保护单位	汉	古墓葬
52	伴导墓群	房寨镇	尚未核定为保护单位	唐、宋辽金	古墓葬
53	伴导遗址	房寨镇	尚未核定为保护单位	唐、宋辽金	古遗址
54	前姚庄墓群	王桥乡	尚未核定为保护单位	唐、宋辽金	古墓葬
55	后姚庄东南遗址	王桥乡	尚未核定为保护单位	唐、宋辽金	古遗址
56	西朱庄遗址	寿山寺乡	尚未核定为保护单位	唐、宋辽金	古遗址
57	寿山寺墓地	寿山寺乡	尚未核定为保护单位	宋辽金	古墓葬
58	罗徘徊头古井遗址	房寨镇	尚未核定为保护单位	宋辽金	古遗址
59	南拐渠遗址	房寨镇	尚未核定为保护单位	宋辽金	古遗址

续表 5-5-1

	名称	位置	级别	时期	类别
60	南韩庄墓群	房寨镇	尚未核定为保护单位	明、清	古墓葬
61	东芦里东南遗址	王桥乡	尚未核定为保护单位	东周、秦、汉、唐、宋辽金	古遗址
62	东芦里东北遗址	王桥乡	尚未核定为保护单位	汉	古遗址
63	吉固庵古井遗址	王桥乡	尚未核定为保护单位	宋辽金	古遗址
64	西芦里墓群	王桥乡	尚未核定为保护单位	汉	古墓葬
65	西芦里遗址	王桥乡	尚未核定为保护单位	东周、秦、汉	古遗址
66	南留庄遗址	王桥乡	尚未核定为保护单位	宋辽金	古遗址
67	南留庄墓群	王桥乡	尚未核定为保护单位	汉、宋辽金	古墓葬
68	西盘墓群	王桥乡	尚未核定为保护单位	唐	古墓葬
69	旺庄林氏墓地	王桥乡	尚未核定为保护单位	清	古墓葬
70	护法寺墓群	寿山寺乡	尚未核定为保护单位	汉	古墓葬
71	北郑村墓群	寿山寺乡	尚未核定为保护单位	汉	古墓葬
72	北郑村古井遗址	寿山寺乡	尚未核定为保护单位	明、清	古遗址
73	北马固古井遗址	馆陶镇	尚未核定为保护单位	明、清	古遗址
74	东宝村墓群	馆陶镇	尚未核定为保护单位	唐	古墓葬
75	八义庄墓地	柴堡镇	尚未核定为保护单位	汉	古墓葬
76	匣庄遗址	柴堡镇	尚未核定为保护单位	明、清	古遗址
77	刘村墓地	柴堡镇	尚未核定为保护单位	唐	古墓葬
78	刘村遗址	柴堡镇	尚未核定为保护单位	唐	古遗址
79	前市庄遗址	柴堡镇	尚未核定为保护单位	明、清	古遗址

续表 5-5-1

	名称	位置	级别	时期	类别
80	齐堡古井遗址	柴堡镇	尚未核定为保护单位	明、清	古遗址
81	要庄玉清观遗址	柴堡镇	尚未核定为保护单位	明、清	古遗址
82	东刘庄兴佛寺遗址	柴堡镇	尚未核定为保护单位	明、清	古遗址
83	东刘庄墓地	柴堡镇	尚未核定为保护单位	唐、宋辽金	古墓葬
84	前李八寨墓群	南徐村乡	尚未核定为保护单位	唐、宋辽金	古墓葬
85	北郭庄南遗址	南徐村乡	尚未核定为保护单位	唐、宋辽金	古遗址
86	东徐村墓群	南徐村乡	尚未核定为保护单位	唐、宋辽金	古墓葬
87	后许庄遗址	南徐村乡	尚未核定为保护单位	唐、宋辽金	古遗址
88	南曹庄墓群	路桥乡	尚未核定为保护单位	唐、宋辽金	古墓葬
89	花园墓群	路桥乡	尚未核定为保护单位	唐	古墓葬
90	前符渡墓地	魏僧寨镇	尚未核定为保护单位	宋辽金	古墓葬
91	史庄遗址	魏僧寨镇	尚未核定为保护单位	东周、秦、汉	古遗址
92	王雷寨遗址	魏僧寨镇	尚未核定为保护单位	宋辽金	古遗址
93	陈庄墓地	魏僧寨镇	尚未核定为保护单位	汉	古墓葬
94	阎寨墓地	魏僧寨镇	尚未核定为保护单位	唐	古墓葬
95	清阳城东南遗址	路桥乡	尚未核定为保护单位	东周、秦、汉	古遗址
96	果子园墓群	路桥乡	尚未核定为保护单位	唐	古墓葬
97	东厂遗址	南徐村乡	尚未核定为保护单位	明	古遗址
98	宋尔庄古井遗址	路桥乡	尚未核定为保护单位	唐、宋辽金	古遗址
99	罗徘徊头遗址	房寨镇	尚未核定为保护单位	宋辽金、元	古遗址

第三节　大运河

2014年6月22日，在卡塔尔多哈举行的联合国教科文组织第38届世界遗产委员会会议上，“中国大运河”被批准列入《世界遗产名录》，成为中国第32处世界文化遗产和第46处世界遗产。馆陶县境内古老的大运河则是其中重要的组成部分。

运河概况

中国大运河馆陶段源远流长，有着1800余年的历史，对于人类文明发展曾经产生重大影响。

东汉建安九年（204年），曹操从军运需要出发，在原淇水、清水、漳水、洹水等基础上建成了一条名为白沟的运河。古白沟在今馆陶一带的大致走向是：从今河南省南乐县进入大名县，沿今大名县西境、魏县东界一路向北，进入今馆陶县界，至馆陶城以西十里的今寿山寺乡境内的古乔亭城（今无）西。《元和郡县志》“馆陶县”条载:“白沟水，本名白渠，隋炀帝导为永济渠，亦名御河，西去县十里。”向东北过今馆陶县寿山寺乡武范庄村南和村东，柴堡镇浅口村东、齐堡村东、樊堡村东，路桥乡平堡村（古平恩城）东、陈路桥村（唐宋时期的永济城）西，大致沿今卫西干渠路线向北直达今临西县（古临清县）。

卫运河

白沟的开挖虽然大大方便了南北漕运，但其水量太小，运输能力有限。曹操消灭袁氏势力、占领邺城后，于建安十八年（213年），又开利漕渠。利漕渠从斥漳即今河北曲周县西南引漳水，大致经古曲周县境（包括今曲周县、邱县），在古馆陶县西南的利漕口（今馆陶与大名县交界一带）入白沟，从而扩大了邺城漕运的航线、航程。北魏前期，魏将李阿难自曲周县西三十里处，引漳水经曲周、馆陶境通白沟开挖成阿难渠（亦称阿难河），既发展了灌溉又调剂了漳河与白沟的水量，有利于漕运。利漕渠和阿难渠也是馆陶境内早期的古运河。

隋朝统治者非常重视运河航运，炀帝时期分三次开凿京杭大运河。公元608年，开凿永济渠，全长约900公里。隋唐时期的永济渠在今馆陶县境内的走向路线略同古白沟。宋、元时期，“御河”专指永济渠。宋代修浚御河的工程有很多。唐宋以后，沟通河、淮的汴渠已淤断湮废，河北的永济渠也不能完全通航。但在馆陶一带流经的御河仍然通航。

元代政治中心北移后，中原地区已失去隋、唐以前时期的重要性，新运道的开凿无需再绕道河南，而可直接从淮北穿过山东，进入华北平原，以达大都，把弓形变为直线，以缩短航程。在这样的情况下，元政府决定实施开凿以济州河、会通河、通惠河等工程的京杭大运河，今冀南豫北交界的水利枢纽向临清转移。但原御河的运输路线也很重要。而且元政府实施“消极保漕”的指导思想，为了保障御河的水量，元政府不让百姓引水溉田，而把漳水和御河水全部在临清引入大运河，从而使今馆陶一带的水上运输仍然十分兴盛。

今“卫河”之名从明代开始出现。明清时期，馆陶卫河虽几经改道，但航运始终发达。漳河 1942 年于馆陶县南部徐万仓村入卫后，馆陶境内的卫河始称“卫运河”。卫运河指从今河北大名、冠县两县流经的漳河、卫河在河北省馆陶县徐万仓汇流后至山东省德州四女寺的一段河道，长 157 公里，两岸堤防总长 320.5 公里，20 世纪 60 年代后，是冀、鲁两省的边界河道，在馆陶境内长达 40.5 公里。

运河漕运

渡口码头　今馆陶县一带运河古渡口、码头很多。就早期古白沟、永济渠、御河经过的路线而言，除馆陶县城以外，还有从馆陶县分出的古贵乡县（后来的大名县）的早期治所赵城（今包头村，又名包家渡、包儿渡）、古馆陶县西南的利漕口（古漳水进入古白沟、淇水的汇合口）、古浅口镇（在今馆陶县寿山寺乡浅口村，2008 年出土北宋“观澜亭记”石碑一块）、蔡家口（今馆陶县路桥乡蔡口村）、永济城（今馆陶县陈路桥村一带）、清渊城（古清渊县早期县城，在今馆陶县清阳城村）等。明清时期，馆陶县沿今卫运河路线，著名的渡口有 9 处。

古运河码头（复原图）

北码头渡。在今南徐村乡北码头村东。

窝儿渡。在今徐村乡几个窝头村东，因古卫河在此打了个很大的旋涡，拐了一个弯而得名。

驸马渡。在今馆陶城老街东村口，因汉馆陶公主驸马都尉韩光曾在此过渡而得名。《读史方舆纪要》引：“《太平寰宇记》：汉明帝封其妹为馆陶公主，县因有驸马渡及黄花台。今故城亦谓之南馆陶镇，明初置巡司及陶山水驿、南馆陶递运所于此，今惟南馆陶巡司尚存。”明代馆陶镇（即后来的南馆陶镇）驸马渡非常知名。成化年间馆陶县教谕王昉曾赋《驸马渡》一诗：“驸马当年此地经，山河莫不被光荣。沙头立马旌旗动，浪里浮舟鼓吹鸣。细草一汀春雨歇，垂杨两岸晓风清。至今南北经行客，无不相传道旧名。”

黄花台渡。在今馆陶镇社里堡村东。今社里堡村原在今大堤以东，几十年前才迁至现址。

迁堤渡。在驸马渡南十里。

清泉渡。在今北馆陶北二十五里。

罗家渡，在今柴堡镇前、后罗头村。

符家渡。今魏僧寨镇前、后符渡村。

尖冢镇渡。尖冢明清时期是今卫运河岸边一座重要的码头，民间素有“一京（北京）、二卫（天津卫）、三尖冢”的说法，以形容其历史上曾经的繁华景象。

沿河铺舍　明永乐十年（1412 年），朝廷命宋礼经理卫河。馆陶县自迁堤到尖冢镇，沿岸共置铺舍十二：迁堤铺、秤钩湾铺、小码头铺、南馆陶铺、安靖铺（在今馆陶镇安静村）、黄花台铺、冀家河铺（在今南徐村乡冀浅村东）、窝儿头铺、北码头铺、滩上铺、马栏厂铺、尖冢铺。全县共有河驿 2 名、捞浅停役夫 25 名、浅铺停役夫 24 名、风役浅铺夫 72 名，年支银一千三百五十两五钱。

沿河城镇　汉献帝建安十八年馆陶作东部都尉开始，到唐贞观初年废毛州，馆陶作为当时除邺城以外方圆百里最有影响的区域中心城市长达 400 年。魏黄初二年（221 年）正月，曹魏朝廷以东、西部都尉为基础，在东部馆陶设置阳平郡。北周大象二年（580 年），分阳平郡在馆陶置毛州，馆陶（今山东省冠县东古城镇）同时为郡、州、县三级行政治所，馆陶县属阳平郡、毛州。

以永济渠冠名的古永济县治所——永济古城，系古永济县治所，因临永济渠而得名，在今馆陶县陈路桥村一带。唐大历七年（772 年）正月，唐室在贝州临清县的南部析置永济县（以西临永济渠而得名），治所在张桥店（即今天陈路桥村一带）。宋代熙宁五年（1072 年）以后，开始以永济为镇逐步合并入馆陶县。

古运河岸边一座唐宋时期的名镇——浅口古镇。今馆陶县浅口镇东距古运河仅数里，其历史可追溯到唐代。2008 年，浅口村一村民曾发掘一宋代刻石碑“观澜亭记”碑，记的就是宋代御河渡口的事情。唐朝后期，义成节度使李听曾兵败馆陶城，逃跑至浅口镇。

明朝皇城贡砖

东厂村明清时期七十二皇窑遗址碑

明清古运河岸边贡砖的烧制规模可观。21 世纪初，馆陶县文化部门在今魏僧寨镇东厂一带农户家中发现一批明代贡砖，印证了馆陶东厂、马栏厂村一带“七十二皇窑”曾为明清皇城砖烧造地的传说和“先有馆陶砖，后有北京城”的民谣。

明清时期馆陶县境内卫运河西岸的贡砖皇窑规模十分巨大。从尖塚村到南馆陶村沿卫运河西岸绵延60里，从北向南至少曾经分布着尖塚、拳儿厂、马栏厂、丘县厂、南馆陶五大皇窑群，加上馆陶县自己专属的皇窑群，因此至少应有“六大皇窑群”，平均每十里就有一大皇窑群、每一里就有两个贡砖窑。每个皇窑群贡砖窑多者达十个，少者也有数个。

运河保护与文化传承

历史上的古运河曾造福沿河流域民众，不仅发挥着防洪、灌溉、运输、旅游等多种功能，还产生了运河文化和生态文明。新中国成立后，随着公路铁路的兴起，加上水量不足，大运河迅速败落，特别是在农业灌溉、运输方面极大地影响着冀东南的经济和社会发展。但是，相对而言，现在大运河馆陶段生态保护较好，河道基本通畅，沿岸植被较多，河堤保护完整，在防洪、排涝等方面扔发挥着多方面的作用。

由于历史变迁，城市工业化，农村城镇化的发展，大运河历史上存在的一些文物古迹、民风民俗等许多已经消失，但仍有一些运河文化得以传承至今。民间仍然流传着和大运河息息相关的传说故事，如朱棣四过馆陶桥、刘黑闼败走馆陶桥、三世夫妻缘、县令显灵救百姓等。还有令人感喟的“船工号子”。还有一些和大运河紧密相连，脍炙人口的著名诗词，如宋王安石的《永济道中寄诸舅弟》，元许有壬《次馆陶》，明刘球的《过馆陶》，明王昉的《卫河》，清王金的《驸马古渡》，清郑先民的《卫河秋涨》，清汪一虬的《长堤春色》，现代剧作家、诗人雁翼的《致馆陶》等等，都深深地铭刻在人们的记忆中。

大运河给馆陶积淀了深厚、悠久的文化底蕴，给两岸人民的生产生活带来了抹之不去的影响，农耕文明代代延续，黑陶文化不断发展。以“大运河”为商标的工业文明也在渐渐兴起，如“卫河香”白酒、“御”牌白酒，“卫河”灯泡等。1997年后，一大批老中青作家相继出版了上百部文史、文学、文艺著作，形成了独特的“地域小县，文学大县”的馆陶现象。从市政工程、宾馆饭店命名到生活习惯、饮食文化无不渗透着大运河的文脉，如“永济路街道”“卫西干渠”等等，无不传承着大运河的文明。

大运河申遗

2008年11月21日，全国政协文史委副主任毛福民等调研团22人到馆陶调研大运河申遗与保护，时任邯郸市政协副主席李士杰、中共馆陶县委书记武金良陪同。

征集文物　2010年，县文化部门发动大运河沿线5个乡镇、189个农村以及县直单位广泛征集，投入资金20余万元，先后共征集文物1000余件，涉及汉代、隋唐、明清时期及近现代。分别在王二厢村西南、公主湖公主岛西南侧、刘沿村南发掘唐代墓志铭，征集沿庄村北宋末期“观澜亭记”残碑。

加强文物保护 馆陶县先后建立驸马渡遗址碑、黄花台遗址碑、古永济渠遗址碑、古永济城遗址碑、古清渊城遗址碑等。2011年印发政府文件，对于王桥乡刘齐固村刘氏宗祠、馆陶镇王化云故居、魏僧寨镇申街东村于氏宗祠进行挂牌保护。对河北省文物保护单位馆陶镇王占元宗祠、馆陶县文物保护单位路桥乡清城村古清渊城遗址、徐村乡东厂村明清时期七十二皇窑遗址、馆陶镇社里堡村抗日战争时期日军决堤放水播撒细菌处等8处文物保护单位进行立碑保护。对寿山寺乡沿庄村遗址、柴堡镇樊堡村遗址、路桥乡果子园村遗址等6处隋唐永济渠遗址建立标志碑，古大运河馆陶段有了地标性标志。

运河文化研究 2010年，馆陶县成立地方文化研究会，刘士亭、马月起、刘清月等人做了大量研究工作，先后出版《馆陶历史研究》《馆陶史话》《卫运河沧桑》等专著。因中国大运河邯郸段在馆陶县境内流经线路最长，邯郸市组成了以申有顺为首，馆陶县马月起、刘士亭、赵树新、殷振月、牛兰君等作者为主力的编写班子，走遍了大运河在邯郸流经的路线，查阅了大量的书籍、资料，于2010年上半年编印《中国大运河邯郸》一书。该书42万字，内容丰富，既包括邯郸市境内大运河的历史变迁，也包括古城、古渡口、古遗址，还包括大运河两岸的历史名人、传说故事、诗词散文、民俗习惯、非物质遗产等，是邯郸市大运河研究的重要成果。

《中国大运河邯郸》

第六章　史志档案

馆陶县志始修于明万历年间，至 1997 年，共修 8 部县志，本志为第九次修志。馆陶县党史研究始于 20 世纪 80 年代，至 2013 年，党史研究成果丰富，先后出版了系列党史资料和《中共馆陶县历史》等成果。档案事业起步于 20 世纪 50 年代，至 2013 年，馆陶县档案馆共有档案全宗卷 86 个、52089 卷、79346 件。

第一节　地方志

旧志编修

馆陶县修志，始于明万历四年（1576 年），采写者 12 人，知县李冲奎主修，赵邦治编纂，共 4 卷，现藏北京图书馆，仅存 3 卷。

清康熙十四年（1675 年），知县郑先民增修《馆陶县志》，翰林院编修馆陶县籍人耿愿鲁编纂。时有馆陶县人汪凤翔历经十年搜集整理《陶山考》一书，成为修志的主要参考，县志共 12 卷，原本 1 ～ 3 卷散失，现北京图书馆仅存有卷四、卷十二，清光绪十九年（1893 年）重刻本存于北京大学图书馆及四家省级图书馆内。

清雍正五年（1727 年），知县赵知希主持编修县志，县摄事张兴宗编纂，雍正十三年（1735 年）续修，乾隆元年（1736 年）刻本，编写者 38 人，共 4 册，分图考、舆图志、建置志、职官志、选举志、赋役志、学校志、祀典志、名宦志、人物志、艺文志、杂志，共 12 卷 46 目。原本、清光绪十九年重刻本、民国 20 年（1931 年）馆陶县政府铅印本和台湾成文出版社影印本等，现有 50 多家图书馆收藏。美国国会图书馆收藏有原本、清光绪十九年重刻本和民国 20 年（1931 年）铅印本各 1 套。

馆陶县志

清光绪十九年（1893 年），知县刘家善主持重刻清康熙十四年和乾隆元年的《馆陶县志》，校对搜集者 17 人。

清光绪三十四年（1908 年），知县孙方峻重修，宋金镜、熊廷献编纂《馆陶县乡土志》，参与者19人，共8卷，分历史、政绩录、兵事录、耆旧录、人类、地理、山水、物产等，现被10余家省、市、国家级图书馆收藏。

民国20年（1931年），从县人王射斗处得清乾隆元年《馆陶县志》1部，为防失传，利于修志，县长卢少泉主持重印。

民国25年（1936年），署理县长王华安，前署县长丁世恭主持续修《馆陶县志》，刘清如编纂，铅印本，8个区均设有采访员，参与者80余人，共11卷，分地理、政治、法治、党务、大事、礼俗、宗教、职官、人物、艺文、杂志、共有59目，凡例10条，现有国内26家图书馆收藏。

新编地方志

1962年馆陶县提出修志，但没有设专门机构，只组织了少数编写人员，编写出部分初稿。

1983年12月，馆陶县正式成立馆陶县地方志编纂委员会，下设地方志办公室，与地名办公室合署办公。1984年5月10日，《河北省地方志编纂委员会关于编纂新地方志的通知》下发，县地方志办公室高度重视，积极收集资料，做了大量准备工作，并于1994年初调整和充实了编纂委员会和办公室人员，配备了主编，修志工作全面展开，历经5年，于1999年7月《馆陶县志》正式出版。全书分大事记、建置区划、自然环境、人口、党派群团、政权政协、劳动人事、民政、公安司法、军事、抗日根据地、农业、水利电力、交通邮电、城乡建设、商业、粮油、财税金融、经济管理、教育科技、卫生、文化体育、社会、方言、人物共25篇。新编《馆陶县志》受到专家学者高度评价和充分肯定，被评为河北省新编地方志成果二等奖，在北京革命历史博物馆展览，入编《首届中华人民共和国新编地方志名录》。主编任润刚被评为第七届“大地之光”主人公奖，在人民大会堂由全国人大常委会副主任布赫颁奖，同时获“县长特别奖”提名奖。

《馆陶县志》（1999年版）在河北展厅展出

部门志和专业志

《馆陶县土地志》2000年11月出版，主编崔银峰。全书共分概述、大事记、政权沿

馆陶县部门志

革与境域变迁、土地资源、土地所有制度、土地使用制度、田赋税费、土地保护、地籍管理、建设用地管理、土地规划、土地开发与复垦、土地监察、土地宣传与信息档案、机构沿革与队伍建设、后记等。

《馆陶县教育志》2006年10月出版，主编申华祥。全书分大事记、教育宗旨与学制、学前教育、小学教育、中学教育、专业教育、成人教育、特殊教育、教师队伍、考试招生与人才输送、教育经费和教育设备以及学校基本建设与学校布局调整、勤工俭学、普及九年义务教育、汉语言文字、抗击非典型肺炎、教育行政、党群组织、人物、附录、后记等。

《馆陶县水利志》2007年8月出版，主编薛成斋，霍孟雨。全书分凡例、概述、大事记、河流、水资源、水旱灾害、防汛与抗灾纪实、防洪工程、除涝治碱工程、河渠灌溉、水井灌溉、城乡供水、经营管理、水文科技、水利机构、治水人物、水利艺文、附录、后记等。

《馆陶县粮食志》2008年1月出版，主编乔凤生，全书分概述、大事记、粮食机构、粮油购销、粮油储运、粮油食品、饲料加工、粮食财务及粮油价格、职工队伍、英模录、附录、后记等。

《馆陶县交通志》2008年6月出版，主编崔银峰、王云海。全书分概述、大事记、组织机构、古道、公路建设、公路管护、安全管理、道路运输、交通规费、铁路、卫河水运、交通工业、精神文明建设、人物与集体荣誉、附录、编后记等。

《馆陶县抗击非典志》主编张岩。全书分概述、大事记、组织建设、决策部署、决策实施、全民抗非、后勤保障、乡镇抗非、表彰、社会风尚、附录等。

《馆陶县职业技术教育中心职教历程十三年》（1995—2008），主编申华祥。全书分概述、大事记、体制沿革、行政领导、机构设置与管理、教育教学、教师队伍、教育经费和教学设备与学校基本建设、考试和招生与人才输送、党群组织、编后记等。

《房寨中学校志》2008年11月成书，主编刘章友。全书分组织机构、教育教学、师资力量、总务后勤、部分师生、大事记、后记等。

《馆陶县魏僧寨中学校史简编》（1959—2009）2009年9月成书，全书分概述、大事记、教育宗旨与学制、组织机构、教育教学、教师队伍、学生、基础设施与装备、人物、附录、后记等。

《馆陶县一中校志》（1951—2011.9）2011年9月成书，主编吕仁先。全书分概述、大事记、组织领导、教育管理、教学管理、教研活动、教师队伍、学校基本建设、附录、后记等。

《馆陶县孟良寨村探邃》2013年9月出版，胡志祥编纂。全书分概述、大事记、孟良寨村名的由来和变迁、孟良寨历史归属和沿革、迁民略记、古黄河、漳河、卫运河在历史上的作用和影响、庙会文化和庙碑解读、光辉的岁月不屈的村庄、风俗礼仪与方言土语、人定胜天之灾祥篇、家乡新变与发展瓶颈、孟良与杨家将、故土情深、附录、后记等。

《息元村村史》2016年6月出版，中国华侨出版社出版，主编郭书栋，该书为馆陶县历史上第二部村史。全书分前言、县情概述、隶属沿革、馆陶县行政区划及息元村区域变迁、大事记、历史变迁、历史事件、优秀人物、事业发展、特色庙会、党组织建设、在外乡贤、历史巨变、附记和后记等。全书共12章，42节，21万字。

1997—2013年馆陶县地情资料著作一览表

表5-6-1

书名	作者	出版时间	出版单位
《回顾四十年代》	焦善民	1998.01	中国劳动出版社
《千秋金鉴魏征》	刘清月	1998.01	黄河文化出版社
《陶山故事》	韩吉祥、牛兰学主编	1999.07	中国文联出版社
《陶山人物》	韩吉祥、刘清月主编	2001.12	河北教育出版社
《馆陶古代名胜、名人、名文》	刘士亭	2003.03	香港天马出版有限公司
《馆陶古代历史考证、战事实录》	刘士亭	2004.03	香港天马出版有限公司
《魏征研究文化现象面面观》	刘清月	2004.08	香港天马出版有限公司
《历史的瞬间—“四清”实录》	刘士亭	2005	香港天马出版有限公司
《请从人山报看冀南艰苦抗战》	宋复光	2005.08	河北人民出版社
《回眸》	刘士亭	2007	香港天马出版有限公司
《陶山英烈谱》	刘清月、睢英杰主编	2007.04	黄河文化出版社
《馆陶史话》	马月起	2007.12	大众文艺出版社
《卫运河沧桑》	刘清月	2009.06	中国文史出版社
《人镜魏征—魏征研究选集》	刘士亭	2010	香港天马出版有限公司
《鲁西良文集》	鲁西良	2010.12	北京时代弄潮文化发展公司
《馆陶四股弦、木偶戏》	马月起、张玉兴	2011.09	北方文艺出版社
《历史名县馆陶》	刘士亭	2012.05	北方文艺出版社

第二节 党史编研

1981年8月23日，中共馆陶县委成立中共党史资料征集领导小组，11月，中共馆陶县委成立党史资料征集办公室。1984年5月，党史办公室列为县委常设工作机构。1989年9月，党史办公室更名为中共馆陶县委党史研究室。至2013年无变化。

1997年年底，省委党史研究室提出，各市、县要用3年时间完成地方史稿，随后市党史研究室对这一工作进行了具体部署。馆陶县的党史编纂工作此前已展开，从1988年4月到1999年5月，中共馆陶县委党史研究室编辑组编撰完成《中共馆陶县历史》（1930—1949）。1999年12月，《中共馆陶县历史》（1930—1949）出版发行。该书全面记述了馆陶县地方党组织从诞生到新中国成立期间领导人民进行斗争的历史，反映了馆陶县这一时期在政治、军事、经济、文化等各方面的发展情况。

1999年，开始编纂《中共馆陶县大事记》，年底完成送审稿，2001年5月召开审稿会，经过全面修改后更名为《馆陶县历史编年》，12月出版发行。早在1984年，县委就成立了馆陶县大事记办公室，主要是查阅档案资料，至1985年6月完成《馆陶县大事记》（1949—1984）初稿，约8.6万字。1987年县档案局又组织人员对原稿补充、修改。1991年党史研究室在完成《中共馆陶县组织史资料》（1937—1987）的出版发行后，就把编写《中共馆陶县大事记》作为党史工作的一项重要任务。1998年5月，党史研究室和县委办公室联合发出《关于编写〈中共馆陶县大事记〉的通知》，发动社会力量，要求各局级单位组织专人编写本单位大事记。不少单位写出了大事记，但是，也有相当一部分单位和乡镇没有写出。党史研究室集中人力查阅了县委办、组织部、统计局等单位的有关档案，并对1985年以前的档案馆档案进行了重点复查，对大事记初稿进行了较大的删改、增补和核实。至2000年年底完成《中共馆陶县大事记》（1949—1999）送审稿。5月审稿会后，党史研究室对提出的意见和建议进行了认真研究并做了全面修改，增加了各时期的概述。因收录内容较为宽泛，已超出大事记的范畴，特此更名为《馆陶县历史编年》。

2012年年底，中共馆陶县委根据中央和省市安排，印发《馆陶县党史正本（1949.10—1978.12）编纂工作实施方案》，启动中共馆陶县党史二卷的编纂工作。党史研究室拟定85个专题，交有关单位负责撰写，除部分单位完成较好外，不少单位未能按要求完成任务。在撰写专题资料的同时党史研究室查阅了这一时期的历史文献资料，走访历史见证人和知情人、整理口述资料和回忆录，搜集各类实物资料等，并与邯郸、大名、邱县，冠县等周边市县党史部门联系沟通，查找搜集资料，形成80余万字的原始材料打印稿。党史研究室全体人员对原始材料进行认真梳理，潜心研究，到2013年年底，完成《中共馆陶县历史（1949.10—1978.12）》初稿，报送邯郸市委党史研究室进行审阅，并从市委党史研究室请来专家，听取他们对初稿的指导意见，对初稿进行了修改补充。

第三节　档案

机构沿革

1963年，馆陶县成立档案馆。1986年11月，成立档案局，属县委、县政府管理的综合部门，归县政府直接领导。实行局、馆合署办公，档案局列行政编制，档案馆列事业编制。1989年设立档案指导股。1996年机构改革时，档案局（馆）编制10人，其中正副局长2人，设科室3个，办公室2人，档案管理科3人，业务指导科3人。2002年机构改革，人员编制定为事业编制10人，其中局（馆）长1人，副局（馆）长1人，股级领导职数3人。至2013年无变化。

基础设施

档案馆建设　1963年，馆陶县建立档案馆，共8间房屋，为砖木结构，总面积120平方米，办公用房和阅览室45平方米，档案库房75平方米。1998年，经档案局申请，县委调配了5间办公用房，原来的两间办公用房经简单装修后，改成库房，档案馆的总面积达到195平方米。

档案馆现代化管理

2009年，国家出台支持中西部地区县级综合档案馆建设的政策，馆陶县被列入国家第一批县级档案馆建设项目，2011年、2012年中央财政分两次共拨款267万元建馆资金。2010年5月6日，项目完成选址，8月，城乡规划局颁发用地规划许可证，9月，项目批准立项，2011年10月正式开工建设，2011年该项目被列为馆陶县“十大民心工程”之一。综合档案馆项目占地6667平方米，建筑面积6353.06平方米，总投资2400万。采用单体平面设计，三层钢筋混凝土框架结构，抗震等级为二级，抗震设防烈度为7度，功能齐全，包括档案库房、服务用房、业务技术用房、办公用房、附属用房等，各项防护措施完备。三个400平方米大库房，能够满足30—50年或更长时期档案数量增长的需要。

设备设施　档案馆刚成立时，只有木质档案橱5个，资料架2个，作为盛放和保管档案的工具，1963 年 12 月，为了加强各级档案馆设备的建设，山东省档案局为馆陶县档案馆统一配备铁质档案橱 15 个，满足当时保管档案的需要。随着档案事业的不断发展，1997 年以后，馆藏量逐年增加，县委、县政府对档案事业的投入也逐年增加，配备了微机、打印机、复印机、扫描传真一体机、照相机等档案整理设备和灭火器、防光窗帘、铁锨、防火砂、防水桶、防暴灯等档案安全保管装具。2006 年 7 月，安装 4 组 22 列新型档案密集架，满足了馆陶县馆藏量的需要。

档案管理

1958 年前，馆陶县档案事业处于初步建立和发展阶段，多数档案未立卷。1958 年，通过全县人员的共同努力，收集、整理全县县直单位和人民公社 1949—1958 年所有积压和散存档案。1964 年，按照《中共中央华北局关于在农村建立阶级档案的指示》，在全县农村以户为单位，填写阶级成分登记表，建立起了农村阶级档案，这部分档案已成了阶级成分认定的有效凭证。

1964 年 4 月，在全县 46 个县直机关档案室中，开展“五好”档案室检查评比活动，共评出“五好”档案室两个，先进档案室 7 个。1966 年 6 月，“文化大革命”开始，馆陶县档案工作遭受严重损失。1983 年，开始对造成的混乱重新进行了调整、清理，共清理案卷 1746 卷，1985 年开始补收补立工作，接收案卷 1505 卷，使馆藏达到 3251 卷，1986 年补收补立 1749 卷，馆藏达到 5000 卷。并使馆内进一步规范化、条理化。

1995 年，在县直和机关档案室中开展上档等升级工作。全县有 65 个全宗。2001 年向社会公开征集档案，共征集到历史资料书籍、书画、照片等 40 卷（册）。

1997 年以后，除参加省、市组织的业务培训外，馆陶县也多次组织档案人员参加业务培训，开展上门服务，派技术人员深入基层，送服务到家，上门培训辅导，手把手帮助基层单位整理档案，各专、兼职档案员都基本掌握了档案整理和归档立卷方法。

2005 年 3 月，成立了“馆陶县现行文件查阅中心”。2005 年 9 月，被命名为县级爱国主义教育基地。2008 年 5 月设立了政府信息公开查阅中心。2006 年，在全县开展“档案进家庭”活动。2013 年，在全县机关档案室中开展了档案目标管理认定工作。

截至 2013 年，馆陶县档案馆共有全宗 86 个，馆藏档案 52089 卷，（其中新中国成立前档案 1945—1949 年 12 卷），79346 件，涉及十几个门类，其中土地承包合同 44000 份，特色档案 3850 卷，内容有“先教活动”档案，“三讲档案”“非典”档案，以及“人事死亡”档案等，馆藏资料 5030 册，各类党报 35000 份。

2002 年馆陶县档案局被县委、县政府评为“实绩突出单位”。2005 年度被县委、县政府评为文明单位。2003—2005 年被市档案局评为档案宣传教育工作先进单位。2006 年被市档案局评为档案工作先进单位。

第七章　广播　电视　报刊

馆陶县广播事业始于1956年7月。馆陶县广播电视台建成于1988年12月。至2013年，广播电台已实现数字编播控制平台音频编辑系统，有标准播音室、录播室、编辑室，覆盖至邯郸、聊城、濮阳等周边地区；电视台实现了无线传输数字电视节目，电视栏目《话说馆陶》在全国农业类电视节目评估大会上连续两年荣获一等奖。

第一节　管理体制

机构

1996年12月，县广播电视台大楼落成典礼

1997年后，县广播电视局将县广播电台、电视台、有线电视台实行三台合一、局台合一。后将有线电视台更名为有线电视网络公司。2002年4月22日，邯郸市广播电视宣传管理创新现场会在馆陶召开。2007年，按照上级整合发展广电网络产业文件精神，县有线电视网络公司从县广播电视局划出，归省广电网络集团垂直管理。2010年3月，原县电影公司划归县广播电视局管理，县广播电视局更名为县广播电影电视局。2010年6月根据上级文化体制改革精神，县广播电影电视局改制为县广播电视台，于7月22日揭牌成立，广播电影电视行政职能划归。同时，成立的县文广新局，县广播电视台定为县委直属局级事业单位。至2013年无变化。

硬件建设

1997年始，全县广播电视硬件建设得到快速发展，1997年至2004年6月，将大部分电子管设备更新为晶体管固态设备。1999年11月，更新17频道发射馈管与发射天线，购买7频道300W晶体管固态发射机备份机1台。2000年6月购进了5KM大功率全

馆陶电视台数字化录播机房

固态晶体管发射机，淘汰了原3KM电子管发射机。为提高播出质量，2003年5月更新电视台播出前端，购进先进播控设备。同年进行了光纤改造，有线电视实现城区数字化。2006年6月，从北京广播电视器材公司引进了电脑硬盘数字自动编播系统，淘汰了手动盘带编、播系统。同时购进一批数字摄像机，淘汰了笨重模拟摄像机，2010年从制作到前端，实现采编播控数字化，进一步提高了馆陶电视台节目的清晰度。2009—2010年，邯郸电视台馆陶转播电台、中央电视台7频道（农民频道）馆陶转播台先后建成。2013年3月县广播电视台实施“村村通”无线数字电视惠民工程。投资300万元，购进1KW宽带数字发射机、计算机硬盘自动播出前端等先进数字设备10台（件），成立无线数字电视办公室和维修安装服务部。无线数字电视传输包括馆陶电视台在内共40套数字电视节目，价格低廉，安装方便，全县共发展用户1万余户，满足了群众收看数字电视的需求。

第二节　广播

1956年7月，馆陶县广播站建成播音。1988年12月馆陶县电视台建成试播。馆陶县广播电视台现有干部职工76人，其中编辑、记者26人，大专以上文化程度63人，全日制本科生3人，研究生1人，中级以上职称17人。下设办公室、财务科、总编室、新闻部、对上报道部、社教部、广告部、播出部、广播编播部、无线数字电视办公室共10个科室。全县广播电视覆盖率为100%。1997年停办乡镇有线广播，馆陶人民广播电台无线覆盖全县城乡，节目内容、发射频率与功率未变，仍以调频收音机收听为主。

2000年以后，《馆陶新闻》为馆陶广播电视台重点栏目，先后出色完成现场实况直播“五大市场开业”和“抗击非典”“防治禽流感”“奥运安保”“三年大变样”“城镇化建设”“招商引资”“项目建设”“党的十七大、十八大”等各个重大宣传活动。2012年4月，为发展高科技，推进数字化，县广播电视台投资60余万元对电台进行数字化更新改造建设，购进3KW大功率调频发射机1台，数字编播控制平台音频编辑系统，智能播控计算机等一批高科技录制、点歌、编播设备，建设了高标准播音室、录播室、编辑室，于6月1日正式开播。电台机构设置为：电台编播部，有工作人员 4 人。新建广播电台覆盖至邯郸、聊城、濮阳等周边地区，除满足听众用调频收音机收听外，还在全县城乡安装公共调频低音接收音柱（音箱）300 余只。实现县、乡（镇）、村“三级”联网、自动播控的农村数字广播全覆盖系统。每天 3 次播音，总播音时间 6 小时。节目设置“天气预报”“馆陶新闻”“欢乐晨风”“养生大讲堂”“评书联播”“点歌及供求热线”“农民之友”“车旅杂志”“少儿天地”“法治在线”“文字精品库”。2013 年 6 月，广播、电视新闻宣传分别荣获全市广播、电视新闻宣传协作金奖和银奖。2013 年，获第二十三届全市广播新闻国庆展播一等奖。县广播电台电视台向邯郸人民广播电台《邯郸新闻》《今日新闻在线》供稿居全市第三名。

第三节　电视

有线电视　1997 年后，馆陶县有线电视不断发展壮大，1999 年根据全省“村村通广播电视”工程建设目标，县广播电视局在魏僧寨、路桥、南徐村、浅口建立 4 个农村有线电视小片网，接收与传输卫星节目 13 套，消除盲点村 97 个，县广播电视局被评为全省村村通广播电视先进单位，局长王金祥荣获省人事厅二等功和县长特别奖。2003 年，为推进数字电视发展，投资 200 万元，实施城区有线电视光纤改造工程，传输数字节目 100 余套。2004 年下半年，建设有线电视可寻址自动收费管理系统，从此步入有线电视节目传输数字化、收费管理规范化的轨道。2007 年始，县有线电视由省广电网络集团馆陶分公司经营发展。

无线传输数字电视　2004 年，《馆陶新闻》被评为邯郸市十大优秀栏目。广播电视专题报道《跨越》《大地飞歌》《文明之花绽陶山》等十几部专题片荣获全市国庆节目展播一等奖。2006 年县广播电视局投资 100 余万元实施“村村通”数字微波电视工程，无线传输数字电视节目 26 套，在全县 8 个乡镇设立服务站，共发展农村用户 2000 余户，后因技术原因，于 2008 年停播。2009 年，电视专题片《陶山凌云》荣获第四届邯郸新闻奖。

2013 年社教类电视栏目《话说馆陶》在全国农业类电视节目评估大会上连续两年荣获一等奖。县广播电视紧紧围绕党的中心，唱响主旋律，传播正能量，不断创新节目宣传，创优精品栏目，新闻宣传成果丰硕。对上电视新闻报道精品层出不穷，其中《新华小学端午特色粽子》《河北陶艺研究所带着需求学》《馆陶细化服务备足资金夏粮收购全面展开》《馆陶粮食字画》等多篇报道先后在中央电视台《新闻联播》播出。广播电视新闻宣传工作多次受到上级的表彰。

第四节　报刊

期刊

《陶山》　是大型文学艺术类综合季刊，其前身是《卫运河》，2013年年初创刊。《陶山》由邯郸市文学艺术界联合会主管，中共馆陶县委宣传部直管，馆陶县文联主办，河北省雁翼研究会协办，主编牛兰学。开设栏目有：开卷有益、悦读天下、名家名篇、小说窗口、散文随笔、诗歌气象、校园星座、运河传奇、新锐潮流、文艺评论、文艺信息等，并发表少量摄影、书法、美术、镌刻、剪纸等艺术作品。印发范围包括邯郸市县各级文化、行政部门、学校、以及国内外愿意互相交流的各级期刊编辑部，文艺工作者、爱好者等。《陶山》的创办对于繁荣馆陶文学艺术事业、宣传推介馆陶、丰富群众精神文化生活起到很好的促进效果。至2013年年底已有一大批全国知名作家加盟。

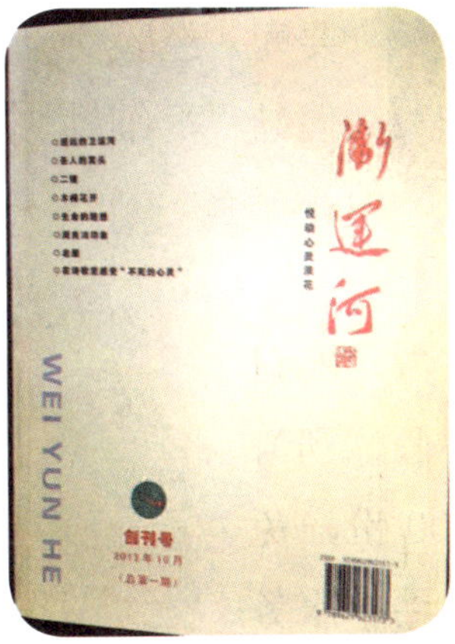

《卫运河》创刊号

《陶山》期刊

《馆陶教育》　是县教育局主办的综合类教育报纸，2008年1月创刊，属教育系统内部经验交流报刊，每月1期。编辑部设在教育局信息资料室。创刊初期是四开四版，2011年1月（总第37期），改为对开四版。2009年4月，原国家教委副主任、教育部关工委主任、国家总督学邹时炎向《馆陶教育》致亲笔信《祝贺与希望》，自此，报头由原来的印刷体改为邹时炎的手写体。报纸结合馆陶县教育实际，立足教育政策前沿，以传播馆陶教育声音，推广教育教学经验，讴歌教书育人楷模等为主要内容，设有教育新闻、教学论坛、经验交流、靓丽校园、师生文苑等版块。

馆陶教育
《馆陶教育》报

报纸

《腾飞》　是馆陶县第一中学校报，2004年12月创刊，属学校内部经验交流报刊，每月1期。编辑部原设在学校办公室，2013年年底编辑部设在学校招生处。创刊初期是

腾飞
TENG FEI
馆陶一中校报 2015年10月刊 总第84期
抓基础 强训练 促提升
2015 馆陶一中
秋季运动会成功举行

馆陶一中《腾飞》校报

四开四版。报头由原任馆陶县人民政府县长现邯郸市教育局局长杨华云题写。报纸结合一中教育教学实际，以传播一中好声音，塑造一中好形象，推广教育教学经验为宗旨，设有校园要闻、经验交流、双语天地、师生文萃等版块，倡导“严细勤快”，活跃校园文化。

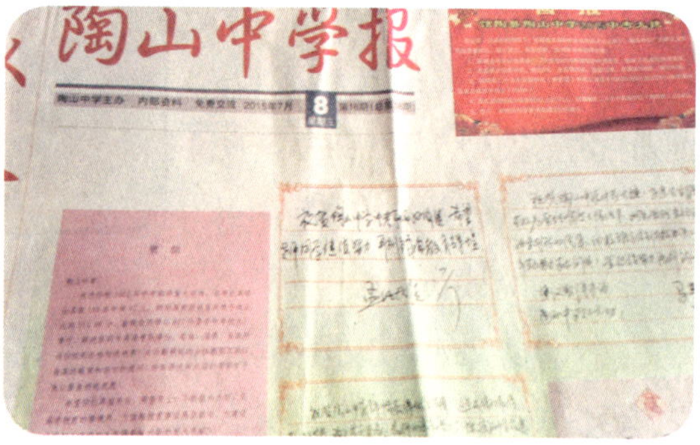
陶山中学报

《陶山中学报》

《陶山中学报》 由陶山中学主办，2011年12月创刊，每月28日出版（寒暑假休刊），两开四版彩印，每期发行5000—6000份，免费发给学生阅读。该报以服务学校发展、服务教师发展、服务学生发展为理念，设有校园新闻、直击一线、教师论文、教育故事、管理论坛、陶山文苑、表彰台等固定栏目，及时报道陶山中学近期发生的大事，为教师的发展提供理论支持，为学生的成长提供舞台，融新闻性、知识性、参考性、启发性、趣味性于一体，全版使用彩版印刷，版面设计新颖大方。发行后，较好的起到了其应有的作用，在宣传学校的同时，为广大师生汲取营养提供帮助，为师生展示才华提供了舞台，深受广大师生喜爱。

第八章　地方文化

馆陶县以皮影戏、四股弦、黑陶制作技艺、木偶戏为代表的非物质文化遗产历史已久。20 世纪 90 年代后，在县文化部门的大力扶植下，馆陶县非物质文化遗产得到较好保护。至 2013 年，全县共有县级以上非物质文化遗产 35 项，其中国家级 2 项，省级 4 项，市级 17 项，涉及民间文学、民间美术、民间音乐、民间舞蹈、戏曲、曲艺、民间手工技艺、文化空间 8 大类。

第一节　非物质文化遗产

国家级非物质文化遗产

皮影戏

冀南皮影戏　馆陶县皮影戏主要在王桥乡南孙店西村流传，大约在宋金时代由汴京（今开封）传来，综合了戏剧、音乐、美术的某些特点，集艺人刻绘与民间说唱为一体，别致、风趣、雅俗共赏，蕴含着极为丰富的文化艺术资源，具有独特的艺术魅力。表现方式幽默风趣，语言通俗易懂，具有鲜明的地方特色，可谓“三尺生绡作戏台，全凭十指逞诙谐，有时明月灯光下，一笑还从掌中来”。2006 年入选国家级非物质文化遗产名录。

四股弦

冀南四股弦　四股弦起源于 19 世纪初，又名南柳子腔、四根弦，是河北省地方戏稀有剧种之一。最早是由民间的花鼓戏发展而成，由山东临清传入馆陶，在民间俚曲的基础上，不断取长补短，并吸收乱弹、京剧、河北梆子等剧种的营养，逐渐演变成今天的四股弦。其唱腔悠长流畅、通俗委婉，语言含蓄幽默，至今还流传着：“不锄地，不浇园，也要去看四股弦”的民谣。演出剧目，多是家庭生活小戏。唱词多为七字句。伴奏乐器为四股弦琴胡，其他乐器与河北梆子乐器相同。

2008 年，馆陶四股弦被列入国家级非物质文化遗产，演员许梅玲是河北省非物质文化遗产代表性传承人。

河北省非物质文化遗产

黑陶制作技艺　由于馆陶独特的土质，以“龙山文化”为依托，馆陶黑陶产业在 20 世纪 80 年代就发展起来了，馆陶黑陶制作种类繁多，有镂空类、挑点类、刻线类、浮雕类、雕塑类等，品种达 1400 余种。它的制作工艺精细，从选料、制泥、设计、拉型、雕刻、压光、晾干到烧制，多达十几道工序。每道工序都有严格的要求，制作全部靠手工，且需要特殊的专业技术。烧制温度采用独特的“封窑渗碳”技术，成品率较低。馆陶黑陶是高品位的艺术品，其价值已远远超出了原始文化的价值，有着较高的艺术价值和学术价值。2006 年列入河北省首届非物质文化遗产名录。

拉坯成型

馆陶木偶戏　馆陶木偶戏系杖头木偶，老艺人称之为肘大偶（方言音 hou），兴盛于魏僧寨镇滩上村。木偶人头是用梧桐树的树根雕刻而成，然后上彩、做头饰、制戏衣。雕刻“曲直不差”“短长合度”，十分讲究尺寸比例规格，头部还打底色涂漆上油彩，使木偶的头部更富有表情和立体感，木偶的戏衣是用当地的土布剪裁而成。

表演者用三根木杆操作木偶，头部为主杆，双手为侧杆，举起木偶操纵其动作。主杆置于偶人头部，掌握身体的前后仰俯；侧杆两根，分置于两臂，掌握两臂及手的动态。木偶表演动作丰富，尤其手的动作，可细腻地表演出人物的各种情态。演出时，由木偶、操纵演员、配音演员和乐队 4 部分组成，多用戏曲曲调演出，有的用对话或歌舞表演。最早是用河北梆子的曲调演唱，大锣大鼓，无管弦伴奏，以后加进了人声帮唱。后来随着当地四股弦的兴盛，滩上木偶戏也改唱四股弦戏曲调了。木偶戏的伴奏唱腔悠长流畅、通俗委婉，语言含蓄幽默，表演动作细腻，惟妙惟肖，深受广大观众的喜爱，至今还流传着：“不浇园，不锄地，

滩上木偶戏

也要去看木偶戏”的民谣。人们称赞说:“木头人，木头人，真正像个人;木偶戏，木偶戏，活像真人在演戏。”

2007 年 7 月 2 日入选河北省第二批非物质文化遗产名录。主要演员孟庆平、徐子英为代表性传承人。

市级非物质文化遗产

张家坠书　起源于 20 世纪 30 年代，源于生活又服务于时代，在冀南鲁西北一带形成了一种独特的文化现象。由于从走乡串村赶庙会说唱，到建立剧团、登上舞台，均由张氏胞系亲属一家承担演唱、化妆、司琴、司鼓等演职，因此被人们称之为“张家坠书”。张家坠书的曲调是由 20 年代末的梨花大鼓、木板大鼓改进而成的坠子书，并且大胆地吸收了京剧、评剧的艺术营养，形成了土而不俗、雅而不媚、于婉转缠绵中寓清新明丽的艺术风格。张家坠书使用坠琴、坠鼓、剪板等器具演艺，其曲目可谓精彩绝伦，脍炙人口，颇受当地人的喜爱，流传至今。

张家坠书

张家坠书的代表人物有：王秀兰、张仙芝、张峰等。

馆陶舞狮　每逢元宵佳节或集会庆典，民间都喜欢敲锣打鼓，舞狮助庆。表演者在锣鼓音乐下，装扮成狮子的样子，做出狮子的各种形态动作。河北省馆陶县路桥乡梭庄村的舞狮可谓是历史悠久、源远流长，素有“狮舞名村”的美称。

蛤蟆嗡

馆陶蛤蟆嗡　蛤蟆嗡乐器独特，不论是文场的胡琴，还是武场的打击乐器，再加上悠扬缠绵、委婉动听的唱腔，都有声似蛤蟆叫的嗡嗡之声，据说剧种名称由此而来。20 世纪三四十年代，由于灾荒战乱，老艺人相继去世，乐器遗失，剧种濒临失传。新中国成立后，馆陶县政府积极挖掘和传承这一民间剧种，成立文艺宣传队，编排了一些现代剧目，参加演出，但没有注重保留传统剧目，音乐和唱腔也基本面目全非，如今蛤蟆嗡剧种已非常少见。

二人抜（二贵摔跤）　又称“二贵摔跌”“二鬼摔跤”，是傀儡戏的一种表演形式，清朝时在馆陶一带流行。由单人进行表演，表演者两手穿上和贵族打扮相称的鞋子，和两脚一样着地，然后扑滚翻腾，在道具围子的隐藏下，以抢、转、滚、翻、摔、扫、踢、挡、下绊等摔跤技巧，互相扭摔，加上锣鼓家什的伴奏，真是动人心魄，扣人心弦。代表人物是王记福、王大发。

二人扳

馆陶花船　流传于寿山寺乡息元村一带。馆陶花船有着200余年的历史，据说花船的表演形式起源于“三国演义”故事，周瑜用计骗刘备的夫人孙尚香带阿斗回东吴，欲以阿斗要挟刘备退还荆州。诸葛亮识破诡计，通过“赵云拦江”“张飞赶船”夺回阿斗。后人为纪念此事，遂将其演变为花船表演流传至今。玩花船场面壮观，可为各种节日和重大活动营造气氛，而且内容贴近社会和生活，歌颂好人好事新风尚，抨击社会上的丑陋恶习，具有积极意义。

花船

狮保会　狮保会属于生活习俗舞蹈，主要在丧葬、周年时在祭奠队伍前面开道。表演时由大鼻子回回手持令旗指挥，一公一母两头大狮子、两头小狮子、黑白无常鬼、毛猴等跳跃舞蹈，伴奏乐器有马号、战鼓、四大扇锣等。馆陶县房寨镇河寨三村的狮保会保存较好。据该村83岁的老艺人闫贵勋介绍说，他们村的狮保会成立于1980年左右，曾参加过县里的汇演，受过奖励。

酱包瓜腌制技艺　馆陶酱包瓜为酱菜之极品，且历史悠久，据史料记载酱包瓜的制作工艺在唐朝时就已出现，清朝咸丰年间在馆陶盛产，同治年间被定为贡品，历代为贡品御用，远近闻名，为地方特产之一绝。其独特的手工技艺，别具的风味，是家常饭菜中不可缺少的食品及馈赠亲朋好友的礼品，被誉为“菜中之瑰宝”。

酱包瓜

酱包瓜选料考究、制作精细，从选料、挖瓤、盐渍、沥盐、配料、填料、手工缝合、酱制到成品多达二十几道工序，全部是手工制作，后用甜酱腌制而成。其成品晶莹剔透，咸甜相济，具有皮柔味美、肉嫩鲜脆、酱味浓郁、开口胃、增食欲的特点。

县级非物质文化遗产

花鞭　也称为落子，是河北秧歌（民间舞蹈）用的道具。花鞭舞由身着彩服的人员组成，一手持扇子，一手持花鞭，鞭用空心竹竿做成，约1米多长，里边装着铜钱，鞭身系着五彩的穗子，边歌边舞，动作开阔雄健，队形变化闪速，以四门斗、一条鞭、大调角为主。花鞭表演艺术在馆陶县滩上村得以流传。

花鞭

馆陶民间小曲　馆陶民间流传的小曲内容丰富、思想深刻、形象鲜明、构思精巧，具有独特的艺术特色和顽强的生命力。曲调婉转动听，唱词流畅押韵，高亢嘹亮，格律严密，听起来亲切感人，悦耳动听，唱起来朗朗上口，流畅通顺。所以民间说小曲是“九腔十八调，唱的老套套，从古唱到今，还是忘不掉，一辈传一辈，越唱越热闹”。

民间小曲

馆陶民间的小曲小调具有浓郁的乡土气息，听者喜听，唱者爱唱，在群众中有着深厚的土壤和根基。代表人物有徐香梅、徐付章等人。

高跷　高跷也叫“高跷秧歌”，是一种广泛流传于馆陶各地的民间舞蹈，因舞蹈时双脚踩踏木跷而得名。高跷一般以舞队的形式表演，大多舞者扮演某个神话传说或历史故事中的角色形象，服饰多模仿戏曲行头；常用道具有扇子、手绢、木棍、刀枪等；表演形式有“踩街”和“撂场”两种，角色间多男女对舞，有时边舞边唱。馆陶县最有代表性的是路桥乡油寨村的高跷表演队。

高跷

古庙会　在馆陶县的农村，每逢庙会时节，村里张灯结彩，搭戏台唱大戏，别有一

古庙会

番情趣。庙会一般是三两天，每家都有亲友从四面八方的村子里赶来，他们穿上节日里的衣裳，篮子里的饽饽是点了红点的。这种走亲家人们称它为“上庙”。商家和小贩们也赶了来，卖艺的，卖衣服和布匹的，还有卖各种小吃零食的，为乡村里的节日增加了另一种味道。相比之下，庙会比春节、八月十五等传统的节日更具交往性和商业性。

早期庙会仅是一种隆重的祭祀活动，如今的庙会主要是进行文化、贸易和娱乐活动，宗教活动已经很少了。

花车　花车是一种民间舞蹈，在馆陶县八义庄村流传至今。花车表演时，两个车夫一推一拉和一位坐车的结伴表演。车夫动作滑稽，灵活多变，风趣幽默，造型逼真。其后往往还有数个丑角儿，在打击乐的伴奏下边走边做各种滑稽诙谐的动作，逗人发笑。花车和花船一般在一起联合表演，表演的队形有一字长蛇、二龙出水、跑剪子股等。

第二节　成语典故

馆陶县历史文化源远流长，与馆陶县密切相关的历史事件、人物故事及典籍渐渐演化为成语典故，成为汉语言的重要部分。

长门买赋

典出汉司马相如《长门赋序》：“孝武皇帝陈皇后（馆陶公主），时得幸，颇妒，闻蜀君司马相如，天下工为文，奉黄金百金，为相如文君取酒，因于解悲愁之辞，而相如为文以悟主上，陈皇后复得亲幸。”言西汉武帝时，皇后陈阿娇被贬至长门宫，终日以泪洗面，遂辗转想出一法，命一个心腹内监，携了黄金千斤，向大文士司马相如求得代做一篇赋，请他写自己深居长门的闺怨。司马相如遂作《长门赋》，诉说一深宫永巷女子愁闷悲思，写得委婉凄楚。后“遂复得亲幸”。

后用“黄金买赋”“长门买赋”为典，成为成语。现多指文章写得好。

金屋藏娇

出自魏晋志怪小说《汉武故事》：“后长主还宫，胶东王数岁，公主抱置膝上，问曰：‘儿欲得妇否？’长主指左右长御百余人，皆云‘不用’。指其女曰：‘阿娇好否？’笑对曰：‘好，若得阿娇作妇，当作金屋贮之。’”汉武帝刘彻四岁时，做太子的是他的哥哥刘荣。刘彻之所以能当上太子，全靠景帝的姐姐长公主的帮助。长公主原想把自己的女儿陈阿娇许给太子刘荣，将来就是皇后。但是太子的母亲栗姬却不领情，于是长公主把目光转向了刘彻。有一次，她问刘彻愿不愿意娶阿娇做妻子，刘彻也很喜欢阿娇，见姑姑问，便大方地说：以后如果能娶阿娇做妻子，我就要亲自造一栋金屋子送给她。汉景帝见儿子有这样的气魄，也同意了这门亲事。后来，刘彻做了皇帝也娶了阿娇，造了富丽堂皇的宫殿实践了小时候的诺言。

释义："金屋藏娇"后多指男子秘密纳妾。

好丑自彰

据《太平御览》引唐人段成式《酉阳杂俎·诺皋》载，晋初泰始年间临清郡（按唐朝的行政区划名称，西晋初年只有清渊县而无临清县，更无临清郡，古清渊县城即今馆陶县路桥乡清阳城村亦即过去的清渊城村）有个风流书生名叫刘伯玉，此人生性风流，却有个爱吃醋的婆娘名叫段明光。有一天，刘伯玉高声诵读曹植《洛神赋》，深深为其中描述的凌波微步的神女所陶醉，不觉叹道："若能娶此人为妻，就是死了也可以瞑目了！"不想让旁边的夫人听见，段明光心里很不是滋味，于是破口大骂："我活生生的美人不比那死鬼强？你偏生喜欢那烂书中的臭婆娘。"说完把书撕个粉碎，当夜就跳河自尽。段明光死后托梦给丈夫："你不是喜欢水神吗？现在我已成为了水神，快来找我吧！"书生从睡梦中惊醒，吓得全身哆嗦，从此不敢渡河。段氏久等丈夫不见，恨起了天下美女，凡美女渡河就兴风作浪，凡丑妇渡河就给她一面水镜请照照尊脸，一时"妒妇津"的名号远近闻名。美女过河往往用泥巴涂脏脸，把衣服弄破，以求平安过渡。丑女们也学样子弄得披头散发，过河后还说："今天要不是弄成这样，可要危险了。"古清渊县一带流传着这样的话："要找美丽新娘，最好让她立在渡口看水面，好丑自彰。"

释义：原意指人的面貌美丑只要在水面上照一下就清楚了，比喻人的本来面目不容掩饰。

屯毛不辨

在馆陶县，至今有一条南北走向的旧河道，系汉武帝时候黄河在馆陶北决的屯氏河。《水经》载："大河故渎北出为屯氏河，经馆陶县（即今东古城）东，东北出。"屯氏河在馆陶县流淌了七八百年后，隋朝建立，重新制定行政区划，分析州县。朝中有关官吏欲在馆陶置州，于是查遍古书和地图，见到屯氏河这一名称，却把"屯"字误认作"毛"字，竟然就以"毛州"作了州名，给后人留下了笑柄。

释义："屯毛不辨"亦作"屯毛不分"，比喻不能分辨相近或相似的事物。

痛抱西河

出自《史记·仲尼弟子传》。原文是"孔子既没，子夏居西河教授，为魏文侯师。其子死，哭之失明"。源于子夏在馆陶西河寨讲学的故事。子夏是著名的儒家学派传人。他自幼聪明过人，不满二十岁就离开家乡到鲁国拜孔子为师，成了孔子弟子中较为有成就的一个。孔子曾这样对他的弟子们讲："能够阐明我的学问的是卜商啊！"后来，莒国（今山东省莒县）国君请求孔子为其选拔品学兼优的弟子到莒国为官，孔子推荐了子夏，子夏只得遵师命到莒国做事，但始终从内心十分厌倦官场中勾心斗角的生活。孔子死后，他坚决辞职离开莒国到馆陶县西河寨村设馆教学。春秋时期，馆陶是晋国著名的冠氏邑，地处齐、鲁、晋（包括赵、魏）、卫等国交界处，数度黄城之战就在冠氏邑附近发生，而且著名的曲梁城也就在附近，因而是重要的战略要地。子夏在黄河边的西河寨（按当时黄河就在馆陶经过，北流向天津入海。）培养了许多人才。子夏教学很辛苦，弄得身体很虚弱。后来其儿子不幸死去，他非常痛苦，以致哭瞎了双眼，史称"痛抱西河"。《史记·仲尼弟子传》："孔子既没，子夏居西河教授，为魏文侯师。其子死，哭之失明。"子夏活了八十多岁，病逝于他的讲学处西河寨村。

释义：比喻丧子之痛。

兼听则明，偏信则暗

《资治通鉴》卷一百九十二："上问魏征曰：'人主何为而明，何为而暗？'对曰：'兼听则明，偏信则暗……"贞观二年，一次唐太宗问宰相魏征："为人君怎样做才能明达远见，怎样做就会黑暗败事？"魏征答道："听取各方面意见，就可以明达事理，而偏听偏信就会看不清事物的真相。"

释义：谓听取多方面的意见，就能明辨是非，正确地认识事物；单听一方面的话就糊涂，会犯片面性的错误。亦作"兼听则明，偏听则暗"。

载舟覆舟　奔车朽索

魏征《谏太宗十思疏》："怨不在大，可畏惟人；载舟覆舟，所宜深慎，奔车朽索，其可忽乎？"

释义：怨恨不在大小，可怕的是众人。就像水能载舟、亦能覆舟一样，人民能拥护君王，也能推翻君王，这是应当深切警惕的。腐朽的绳索，驾着奔跑的车子，怎么能疏忽呢？总之，要居安思危。

返朴还淳

魏征《十渐不克终疏》："陛下贞观之初，动遵尧、舜、捐金抵璧，返朴还淳。"

释义：捐金抵璧：抛弃金银宝玉。返、还：返回。朴：朴实。淳：敦厚。返朴还淳喻指恢复朴实厚道的作风。

扶危救困

元·无名氏《魏征改诏》楔子："近日个扶危救困修辞惮，疾便的牵战马上雕鞍"。

释义：扶危：扶住有危难的人。救困：救济生活困苦的人。"扶危救困"亦作"扶危济困""扶危济急""济困扶危""拯危济困"等。

狂瞽之言

魏征《十渐不克终疏》："伏愿陛下采臣狂瞽之言，能以刍荛之议，冀千虑一得，衮职有补，则死日生年，甘从斧钺。"

释义：狂：放荡。瞽：盲人。狂瞽：比喻不见事实而胡言乱语。刍荛：砍柴者。刍荛之议：谓草野之人的意见。"狂瞽之言"，谓愚妄无知的言论。过去常用作自谦之辞。亦作"狂瞽之说"。

择善而行

魏征《十渐不克终疏》："（陛下）欲有所营，虑人致谏，乃云：'若不为此，不便我身。'人臣之情，何可复争？此直意在杜谏者之口，岂曰择善而行者乎？"

释义：魏征揭穿了李世民为纵欲而找的借口，其意图在于堵塞谏者之口。怎么能说是释善而行呢？"择善而行"，谓选择好的事情去做。

乐极悲来

唐·陈子昂《馆陶郭公姬薛氏墓志铭》："华繁艳歇，乐极悲来，以长寿二年太岁癸已二月十七日，遇暴疾而卒于通泉之宫舍。"

释义："乐极悲来"。谓欢乐到极点，悲伤之事就会来临。亦作"乐极则悲""乐极悲生""乐极生悲"。

明镜鉴形

唐·吴兢《贞观政要·求谏》："贞观十六年，太宗谓房玄龄曰：'一日万机，一人听断，虽复忧劳，安能尽善？常念魏征随事谏正，多中朕失，如明镜鉴形，美恶必见。'"

释义：唐太宗认为自己日理万机，一人听断，不可能做到尽善尽美，魏征随事谏劝，像明镜鉴形。“明镜鉴形”，比喻身边有人经常指出自己言行是否适当。

求贤如渴

魏征《十渐不克终疏》：“贞观之初，求贤如渴”。

释义：贤：有才能的人。魏征在“渐不克终”其六，从求贤如渴到由心好恶，指出了唐太宗在用人方面的失策。“求贤如渴”，形容寻求有才能的人像口渴想喝水一样迫切。亦作“求贤若渴”。

取易守难

魏征《谏太宗十思疏》：“岂取之易，守之难乎？”

释义：取：夺取，取得。守：守住。取得天下容易，守住天下困难。“取易守难”，形容创业容易，守业难。亦作“攻易守难”“受难攻易”。

十恶不赦

魏征《隋书·刑法志》：“又列重罪十条：一曰反逆，二曰大逆，三曰叛，四曰降，五曰恶逆，六曰不道，七曰不敬，八曰不孝，九曰不义，十曰内乱。其犯其十者，不在八议论赎之限。”

释义：十恶：旧刑律，指十种不可赦免的重罪。赦：赦免，减轻或免除对罪犯的刑罚。“十恶不赦”比喻罪大恶极，不可宽恕。

以人为鉴

五代后晋刘昫等《旧唐书·魏征传》：“魏征薨，太宗临朝叹曰：‘以铜为鉴，可以正衣冠；以古为鉴，可以知兴替；以人为鉴，可以明得失。朕常保此三鉴，内防己过，今魏征逝，一鉴亡矣！’”

释义：魏征一生以敢于犯颜直谏而著称，故唐太宗把魏征的死视为丢失了一面镜子。“以人为鉴”，喻指把被人的成败得失作为借鉴，使自己引以为戒。

终始弗渝

《新唐书·魏征传》：“臣奉侍帷幄十余年，陛下许臣以‘仁义之道，守而不失；简约朴素，终始弗渝’。德音在耳，不敢忘也……”一次，唐太宗派人以重价四出访求名马和珍宝，魏征很不赞成，便上书谏劝，写了上面的话，他说：“简约朴素，终始弗渝。”“终始弗渝”，形容良好的操守、志愿、誓言等等，能自始至终，坚持不变。

释义：亦作“始终不渝”“始终不易”“始末不渝”。

第三节　魏征研究

馆陶县对先贤初唐名相魏征的研究，始于20世纪80年代末。1995年夏，邯郸市政协领导到馆陶调研魏征研究，引起县政协主席程德志的重视，经与县委协商，决定选派人员外出考察。由县纪委书记王保岭牵头，县政协文史办刘清月、县酒厂厂长牛兰学参加，赴陕西省昭陵博物馆和魏征陵墓考察。1995年12月8日，在县委的领导下，为区别外地同类组织，成立“馆陶县魏征研究会”。研究会在民政局注册，按规定挂靠在县政协文史委员会，为具有法人资格的民间组织。研究会聘请诸多名誉会长和顾问，会长由县纪委书记王保岭、县委宣传部长王天仲担任，副会长（兼秘书长）刘清月、牛兰学，王学增、任润刚、牛兰君等热爱魏征研究的十多人为理事，从此，馆陶的魏征研究在县委的领导下，在众多人员参与下开展起来了。1998年9月换届，韩吉祥为会长、赵树恩、刘清月为副会长。

1999年韩吉祥任名誉会长，刘清月任会长。在2004年换届中，由于人事的变更，赵瑞海任名誉会长，刘清月任会长，王学增、牛兰君等人任副会长至今。

从1995年12月魏研会成立起，魏征研究会在县委的领导下，先后去陕西、河南、上海等地考察，建起魏征像和故里遗址碑，并以魏征命名道路，在滨河公园建设中突出魏征廉政文化特色，接待多批世界魏氏宗亲会成员。按照县委“重在参与”的指导思想，由理事出资参与世界魏氏宗亲会的活动，介绍馆陶，提高馆陶知名度。

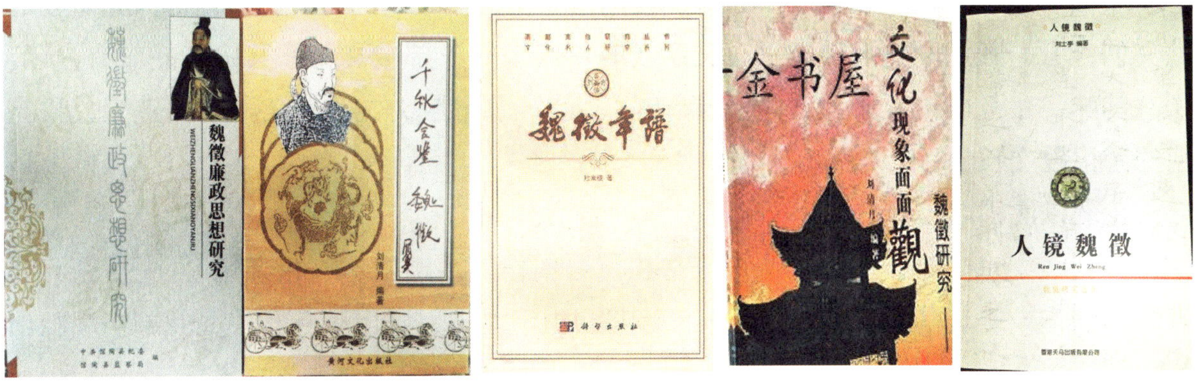

魏征思想文化研究成果

先后出版了刘清月编著的《千秋金鉴——魏征》《魏征研究文化现象面面观》，郝文启主编的《魏征廉政思想研究》，刘士亭编著的《人镜魏征》等专著。牛兰学、马月起、王学增、牛兰君等人撰写了多篇研究文章，对魏征故里考证，对魏征生平事迹、精神、贡献等作了精辟、详细的论述，得到了外地专家和魏氏宗亲的认可和肯定。

第九章　文学艺术

唐代魏征，著有《隋书》序论，《梁书》《陈书》《齐书》总论等，《谏太宗十思疏》是千古名篇。宋代大学士王沿，有文集二十卷行世。新中国成立后，馆陶籍诗人、剧作家雁翼创作成果丰硕，在国内外享有较高的声誉。20 世纪 90 年代后，馆陶文学创作队伍进一步壮大，形成了老中青的作家阵容，文学作品的质量和水平不断提高，至 2013 年，已有 2000 余篇（首）的不同体裁的作品在各级报刊、杂志上发表、获奖。先后出版文学作品百余部，馆陶获得“地域小县，文学大县”的赞誉。

馆陶素以“民间歌舞之乡”著称，音乐、美术、书法、摄影、剪纸、漆画、粮食画等文化艺术涌现出一大批专业人才，其作品多有获奖，被誉为中国黑陶艺术之乡、中国民间艺术之乡、中国漆画艺术之乡、中国粮画之乡。

第一节　文学创作

1997 年，馆陶县作家协会成立。此后，馆陶县小小说创作成就显著，出现了馆陶县小小说作家群，主要作者有宋其涛、张俊岭、刘玉行、孔令德等。

2005 年以后，散文创作成果显著，任润刚、牛兰学、刘清月、穆宪河等人是重要的散文创作者。任润刚先后出版了《父亲没有留影》等三部散文集，其中作品颇有内涵，颇有韵味。牛兰学出版了散文集《青春在线》，其游记散文文笔优美，瑰丽迷人。穆宪河的游记散文长于写景抒情。

诗歌以沈福瑞较有成就，出版了诗集《春痕》。

戏剧文学也多有佳作面世。张广岳和梅岩创作的话剧剧本《相亲记》，先后获河北省戏剧创作一等奖、国家文化部创作三等奖，由河北省人民出版社和中央戏剧出版社出版。

至 2013 年，全县文学创作者近百名，有 2000 多篇（首）不同体裁的作品在各级报刊上发表。出版各类体裁文学作品集 100 余部，并有多人获奖。有中国微型小说学会会员 1 人、中国楹联学会会员 1 人、河北省楹联学会会员 2 人、河北省戏剧协会会员 1 人、河北省曲艺协会会员 1 人、河北省作家协会会员 10 余人。被省、市作家协会称为“文学大县”。

1997—2013年馆陶县文学作品集出版情况一览表

表5-9-1

书名	作者	出版时间	出版单位
《父亲没有留影》	任润刚	1998.01	黄河文化出版社
《盔城》	王金魁	1999.09	香港天马出版有限公司
《陶山故事》	牛兰学（与人合著）	2000.01	中国文联出版社
《呼唤》	任润刚	2001.03	香港天马出版有限公司
《春痕》	沈福瑞	2001.03	香港天马出版有限公司
《履镇》	王金魁	2001.03	香港天马出版有限公司
《暖冬》	孔令德	2002.01	北京燕山出版社
《青春在线》	牛兰学	2002.01	华艺出版社
《古今名联趣联选》	任润刚	2002.07	香港天马出版有限公司
《衫庄》	王金魁	2002.07	香港天马出版有限公司
《风雨路战友情》	李大清	2002.09	中国三峡出版社
《脚印》	王金魁	2003.12	香港天马出版有限公司
《轨迹》	张吉文	2004.06	中国文史出版社
《春夏秋冬》	王金魁	2005.01	香港天马出版有限公司
《叶剑英传》	吴祥顺（与人合著）	2006.11	当代中国出版社
《张广岳文集》	张广岳	2006.12	香港天马出版有限公司
《秋高气爽》	王金魁	2007.05	香港天马出版有限公司
《心有阳光》	任润刚	2007.06	黄河文化出版社
《坐在大门口》	宋其涛	2007.12	香港天马出版有限公司
《人到老年》	王金魁	2008.01	香港天马出版有限公司
《范筑先传》	石凤举	2008.01	香港天马出版有限公司
《大爱无疆》	牛兰学主编	2008.12	中国文史出版社
《悠悠岁月》	王金魁	2009.01	香港天马出版有限公司
《丑女》	宋其涛	2009.08	九州出版社
《有一种眼泪叫感动》	申保箱	2009.12	内蒙古人民出版社
《家事闹心》	王金魁	2010.01	香港天马出版有限公司
《品味》	刘玉行	2010.03	九州出版社

续表 5-9-1

书名	作者	出版时间	出版单位
《风雨狂草人》	柳子敬	2010.05	中国传统文化出版（香港）有限公司
《谏议集》	赵卫东	2010.06	作家出版社
《柳子敬文集》	柳子敬	2010.06	香港天马出版有限公司
《卫河诗魂》	牛兰学、赵树新	2010.09	大众文艺出版社
《美殇》	宋其涛	2011.01	广西人民出版社
《富宅宝地》	王金魁	2011.03	九州出版社
《隔壁是天堂》	刘玉行	2011.08	九州出版社
《七星八月》	王金魁	2012.03	作家出版社
《惜缘诗话》	胡志祥	2012.06	金城出版社
《雁翼颂》	王天仲	2012.08	新星出版社
《桃花雨》	任润刚	2013.01	光明日报出版社
《同心结》	任润刚	2013.01	光明日报出版社
《母亲总是流泪》	任润刚	2013.01	光明日报出版社
《恰逢香山红叶时》	任润刚	2013.01	光明日报出版社
《挺直脊梁不弯腰》	任润刚	2013.01	光明日报出版社
《奇文妙笔著春秋》	任润刚	2013.01	光明日报出版社
《角落》	张俊岭	2013.01	光明日报出版社
《王维山诗词楹联选》	王维山	2013.01	香港天马出版有限公司
《听花开的声音》	牛兰学	2013.02	人民文艺出版社
《老舅牵来一只羊》	刘玉行	2013.05	中国华侨出版社
《村里那些事》第一部	王金魁	2013.05	中国华侨出版社
《成功的公式》	刘玉行	2013.06	河北人民出版社
《黑熊配眼镜》	刘玉行	2013.06	河北人民出版社
《雪融花开》	王建荣	2013.06	中国华侨出版社
《范筑先颂》	王天仲	2013.07	上海文化出版社
《一个人的快乐》	刘玉行	2013.07	江西美术出版社
《陶山之魂》	韩吉祥主编	2013.12	中国文联出版社

1997—2013年馆陶县学术著作情况一览表

表 5-9-2

书名	作者
《馆陶观察》	马月起
《酿酒厂企业标准》	牛兰学
《人民的重托》	牛兰学
《民主的力量》	牛兰学
《牛论之见》	牛兰学
《牛眼观察》	牛兰学
《廉政文化知识读本》	牛兰学、董国锋主
《斜视新概念》	牛兰俊
《北京大学斜视弱视与小儿眼科教材》	牛兰俊
《现代眼科手册》	牛兰俊
《常用多音字诠释》	石凤举
《文言虚词例解》	石凤举
《中学作文起步》	石凤举
《卜筮类鉴》	张子生
《论自由经济学》	张丕介
《美国侵越战争史》	吴东风
《海湾战争全史》	吴东风
《中国特色社会主义军事理论》	吴发泉
《马克思主义军事理论的当代价值》	吴发泉
《中国国防教育新论》	吴祥顺
《为了打赢明天的战争》	吴祥顺
《国防教育纵横谈》	吴祥顺
《追寻中国的煤炭梦》	肖寒
《国防动员学概论》	武希志
《国防经济学》	武希志
《水资源论》	周忠生
《环形等离子体的物理研究》	郭书兰
《语言程序设计》	徐建民
《发动机试验》	郭霄峰
《液体火箭发动试验》	郭霄峰
《中华医药保健全书》	谭凤森
《百病中医诊治精要》	谭凤森

听花开的声音

牛兰学

每到春天我就会想起一句话：看春天的脚步，听花开的声音。每年我都会欣赏这脚步、这声音，而且，一年比一年这春天的脚步更矫健，这花开的声音更美妙。

春天的脚步轻轻地，重重地，呼呼地，咚咚地向我们走来。大雁飞回来了，在天空写下春天的字迹；杨花开了，在枝头报道春天的信息；柳枝变软了，出现了绿绿的鹅黄，一眨眼变成两片叶子，在暖风中翻飞。田野里的麦苗不几天就盖满了地面，像绿绿的地毯；卫运河大堤上的小草，远看还有近看似无，三两天就变成一片一片的绿色；小河的冰凌化开了，河水欢快的向远方流去。就在我们家的小院里，春天的脚步就更快了。红果树最早长出绿芽，一天不见就长出几片叶子；爬山虎在墙上去年还未落去的枯叶缝里，忽然就冒出一大片紫色的嫩叶来；竹子的叶尖也探出小小的竹叶尖来……春天的脚步就走得这么匆匆，这么匆匆地向我们走来，我们都会不自觉的感知她匆忙的脚步。

可是，你听到过花开的声音吗？许多人听到这问话，感到不可思议，不可理解，不可理喻。什么？花开还有声音。是的，每年春天我都会聆听花开的声音，她是那么悦耳、那么动听、那么自然、那么动人。我不知道怎么去形容她，她却是大自然中最和谐的天籁之音。我最早听到花开的声音还是很小的时候。父亲在家院子里栽了两棵桃树，每到春天桃花盛开的时候，那粉红艳丽的桃花把我们家的土墙土院映照得黄里透红。我静静地在桃树下欣赏着桃花，分明听到了花开的嗡嗡声响。怎么花开还有声音，是的。如果没有花开哪来的蜜蜂的嗡嗡吟唱。我忽然看见，一只两只三只，无数只的蜜蜂围绕着桃花翻飞，发出嗡嗡的声响，这不就是桃花开的声音吗？整个春天，粉红的杏花，金黄的迎春花，鲜红的桃花，洁白的梨花……五颜六色的花儿引来五颜六色的蜜蜂和昆虫围绕她们歌唱，这不就是花儿的歌唱。“妈妈，杨花开了，像毛毛虫。”这是杨花开的声音，是一个孩子对母亲的话语。杨花虽然丑陋，却最早报到春天的到来。“哇，这么黄。站好了，笑一笑，好了。”这是油菜花开的声音。在这无边无际的金黄色的油菜花地里，一群一群的人在合影。“你看这花真好看。”“来这儿给我照一张吧。”“来来一起合个影……”，这是梨花开的声音。在梨花节上，熙熙攘攘的人流穿行在梨树行中间，犹如在漫天的大雪里。人声鼎沸，你呼我喊，惊讶声、呼唤声、脚步声、打闹声、拍照声……梨花开的声音最为热闹、最为高调、最为丰富多彩。梨花节日里，桃花油菜花梨花盛开的声音交织在一起，组成了最最普通的平民花开的大合唱。有一次，我参加了一个牡丹花会，牡丹花开的声音最为华贵雍容、阳春白雪。在牡丹园里，到处都是惊叹声、赞叹声，甚至还有画笔的沙沙声。我购买了一个牡丹花环戴在头上，引来一片叫好声，我的脸庞也像姑娘一样红了。牡丹花会上费翔、梦鸽等等的一大批明星参加了文艺演出，那一串串歌声不就是牡丹花开的交响乐吗？祖国各地的桃花节、梨花节、杏花节、牡丹花节、油菜花节、樱花节等等等等，每一个花的节日里都会有一曲花开的乐曲。“花开花落二十日，一城之人皆若狂……”。在花的节日里，大街小巷人流如织；大车小辆你来我往；田园景点摩肩接踵；宾馆饭店游客爆满。花开的声音在春天里欢唱着、碰撞着、播洒着、放大着，组成了春天的大合唱。

也许你认为这些花开的声音，有的太粗俗了，太不高雅了，太不好听了。你想听高雅的么？有的是。“唯有牡丹真国色，花开时节动京城”“佳名唤作百花王，独占人间第一香”“待到山花烂漫时，她在丛中笑”“人面不知何处去，桃花依旧笑春风”“忽如一夜春风来，千树万树梨花开”……这每一句诗词不都是花开的声音吗？花儿还在不断地开，花儿还在不断地唱，我真爱听这花开的音响。如果你看不到春天的脚步，你也一定会听到花开的声音，我每年都能够享受到大自然这样的恩赐。我永远祝福春天的脚步，永远祝福花开的声音。

——本文曾获“冰心散文奖”优秀奖（2014. 5. 31）

美殇

宋其涛

接到娘病重的信，芳的泪就下来了。爹死得早，娘拉扯她大不易。芳匆匆向老板请了假，急着往家赶。

芳进城打工一年了，一年没回家。一年前，芳是村里年轻后生追求的“花儿”，他们想着法接近她，拼着劲讨好她，芳的窗前常常有一块手帕，一朵山花什么的。芳看不上，芳的心大哩，芳的心在远远的城市里。后来，芳就真的去了城里，先是在一家公司当工人，老板看她人长得漂亮，工作又出色，就让她到了公关部。还别说，芳总是马到成功，为公司立下了汗马功劳。老板也不亏她，时不时把红包塞到她的手里。芳留下自己用的钱，余下的都邮给了娘。娘在家，苦呢。

进门，娘好好的。

娘坐在北屋的门槛上，戴着老花镜，低着头一簸一簸地捡谷呢。娘很仔细地把谷里的小虫和坷垃捡出来，扔在门前的空地上。鸡们“咕咕”叫着，抢谷吃。

芳喊，娘。

娘抬头，喜悠得放下谷，进屋倒了一碗糖水，端给芳喝。

芳说，娘，你没事儿？

娘笑了，能吃能喝能干活，身体好哩，就是想你。

晚上，芳趴在炕头，看娘一针一针缝袜子。过了一会儿，芳还是试着说，娘，没啥事，明儿个我想回了。

娘的身子抖了一下，针扎在了手上，出了血。娘把手放在嘴上吮着，说，在家跟娘种地吧，别回去了。

咋？芳觉得很意外，干得好好的，干嘛不回呢。

娘说，前几天在六奶家看电视，电视里的女秘书，和你一样年轻漂亮，忽然有一晚，就和男老板睡在了一起。当时屋里的人都笑着唾骂，说干庄稼活不行，靠卖 × 挣钱。

芳的脸涨红了，说，咱村的兰、月不都在城里打工么？

她们咋能跟你一样。娘说，她们丑，除了做蛮工，谁肯要？你美得花似的，出点羞人的事，咋对得起先人？

美是娘给的，也错了么。芳忽然想哭。

芳不想回村。远远的城市是芳的梦，那里，有她的追求，她的欢乐。芳现在觉得她是一尾鱼，城市是水，鱼儿离开水，就会死的。

芳说，他们嚼他们的舌头，我不回。

娘哭了，说，城里花花绿绿的世界，怎放心？

娘又说，唾沫星子淹死人，村人都指着娘的脊梁骨哩。

娘还说，娘清白一辈子，老了丢人现眼，活着有啥意思？

月、兰多好，长得丑，能够在城里做工。芳咬了咬牙，说，娘，我只有变丑了。

芳端起一碗滚烫的开水，倒在了脸上。

十几天后，满脸疤痕的芳在村人惊诧的目光中出了村。娘送芳，腰挺直了，泪却忍不住流。送到村口，娘说，城里不好，就回来。

芳被老板炒了鱿鱼。老板说，芳，你不能公关了。

芳又去了几家公司，都不肯用她。有的老板甚至一见芳就扭了脸，说，快走快走，哪儿来的丑疯子。

芳默默地走在城市的大街上，大街上人来人往，芳的泪水哗哗流。芳也不擦，任它流。

将军和他的勤务员

识丁（张俊领）

战争结束之后，将军的勤务员下连队去了，可很长时间也没再找到一个合适的勤务员。不是找不到，是将军太挑剔，派来一个又一个的，都不如他的意，总觉着这个不如走的那个好。

将军在战争年代出生入死，立过无数次战功，他的奖章就能装满两衣兜，他身上的伤疤数不清，致命的就有八处，毛主席给他送了个外号，叫“八大处将军”，资格老着呢。

跟将军当勤务员是美差，干个两三年，下连队至少提个排级。但也有副作用，将军脾气大，好骂人，动不动就“娘的”，“老子”什么的。有一次，勤务员干了一个不小的错事，将军就骂：“娘的，要是在战场上，我一枪就毙了你。”

这天，某团的团长，也是将军以前的勤务员，他领着一个叫小邵的新兵就进了将军的办公室。将军抬头一看，说：“又是个小白脸子？”团长说：“首长，这小邵不错，有文化，人也勤快，就是，有个毛病。”

将军不高兴，说：“毛病？给我找有毛病的干什么，传染我啊？”团长赶紧说：“不是，不是身体有毛病。”

将军就说：“精神有毛病？思想有毛病？那更不好。”团长又解释：“首长，不是精神，也不是思想，我是说，他有个好看书的毛病。”将军的眼睛一亮：“好看书？好看书是好事啊，怎么说是毛病？真是胡扯淡。”

团长临走又给小邵说：“小邵，首长喜欢学习，他需要什么书或资料，你要及时帮他找。”

团长走后，小邵有点局促，也不坐下，老扣自己的手指甲。将军上下打量一番，问：“好看书？”小邵点点头，说：“是。”将军说声好，站起来，拉开他的书柜，说：“我这有书，你随便看。”小邵一下子来了精神，上前一步：“呀，这么多。首长，这都是您看过的书？”将军却有点不好意思：“呵呵呵呵，囫囵吞枣呗。”

通常的时候，将军多是喝着茶看书。但他不是连贯地看，而是乱翻着看，这页看几行那页看几行的，或是一会儿看这本，一会儿又看那本。这时的小邵呢，他从书架上挑几本书放将军身边，再给将军的大茶杯里倒满水，没事做了，自然也看书，但小邵看书不似将军，他逮住一本就可劲地看。刚开始，将军还支使小邵拿字典，找书，往茶杯里倒水什么的。可小邵，一旦看起书来，比将军还投入呢，还写写记记的，有几次将军喊他，他居然没听见，如果将军不喊他，他一气看一二个小时也不会抬抬头。这个时候的将军却不发火，往往是看着小邵不停地笑，笑过之后呢，似乎受了感染，再次低下头去看书。但他看书还是看不踏实，一会儿换这本，一会儿又换那本。过不了多大功夫，又起身，轻手轻脚踱到小邵身后，好像是看看这个小伙子看的是什么书，为什么会看得这么入迷。可一会儿又喊："小邵，该歇歇眼了，别把眼睛看坏了。"小邵只有放下书，揉揉眼，说："没事的。"看看将军的茶杯，有些不好意思，就赶紧起来，提壶添水。将军好像也有点不好意思，呵呵笑着说："到底是年轻，要是我，这么的看书，眼睛会受不了的。"说着就摘下老花镜擦镜片，擦了几下，端起茶杯喝口水，又说："小邵，也弄个杯子吧，多喝些茶水，败火，也提精神儿。"

第二天的小邵，还真的拿来一个大茶杯，也学将军的样子，守着个茶杯看书。

将军看书越来越心不在焉了，一会儿看一眼小邵，一会儿又看一眼小邵。再后来，将军干脆放下自己的书，去看小邵带来的书，甚至是专挑小邵看过的书。小邵呢，他好像越来越不知道自己是干什么工作的了，一旦迷到书里去，他就丢下将军不管不顾了，有时候将军再喊他歇歇眼，他竟然冲将军挥手，示意将军不要出声。还有一次，小邵可能是在书里遇到了"问题"，他居然给将军下命令似的，手一伸说："帮我拿一下词典。"将军也好笑，他居然就乖乖地去书架上替小邵拿词典。

将军身边的工作人员发现这事之后也批评过小邵："叫你来这里是侍候首长的，可你倒好，自己在这用起功来了，还叫首长侍候着。"只是，将军乐意，谁也没办法。有时候将军的茶杯里没水了，他也不喊小邵了，干脆自己提壶倒水，甚至顺手连小邵的茶杯也添满。有时小邵发觉了，就非常的吃惊状，"哎哎"两声，急忙从将军手里夺过水壶，说："首长，首长，您怎么能这样。"也有的时候，小邵没发觉，那就委屈将军一次又一次地侍候他了。

一次将军见小邵看军事方面的书，就叫他谈谈感想。小邵平时很腼腆，一说话就脸红，可一旦谈起书里的军事战略或战术，那他就一点也不腼腆了，也不脸红了，滔滔不绝地大谈特谈自己知道的和理解的——古代的，现代的，中国的，外国的。甚至他还敢在将军面前谈自己的见解呢，并且还敢反驳将军的看法，把将军都弄得一愣一愣的。谈罢之后，将军不但不觉得小邵不知天高地厚，反而还更加器重他了，嘴里直个呵呵乐着说："后生可畏啊，后生可畏啊。我呢，没上过学，是到部队学的几个字，单凭胆子大，靠经验才打了几个漂亮仗，要是总结军事理论，那就说不上来了。"

小邵见将军这么说，就说："首长，这书本上的东西是不可照抄照搬的，您在实战的卓越军事才能，是不可否认的。"

将军猛来神，说："呵呵呵呵，那倒也是，我们那时候打仗，虽说是毛主席在战略上给画出了道道，但在战场上，具体怎么个打法，也要真本事的。呵呵，毛主席都擂着我的胸脯说，抗日大英雄，当之无愧啊。呵呵呵呵，不说了，好汉不提当年勇嘛。”

一天下午，将军的女儿来父亲的办公室，一进屋几乎要发疯了，她亲眼看见，一个堂堂将军，竟然给看书正入迷的勤务员扇扇子呢，不禁大声吼：“爸，他是你的勤务员，还是你是他的勤务员？”

一老一少都大吃了一惊，随后二人又都不好意思，将军做错了事似的，给女儿呵呵着说：“猛一停电，屋里怪热的。”觉着此话不妥，又说：“小邵好孩子，学习真用功，知道的也多，他将来，肯定有出息。”小邵就满脸的理亏，讷讷地说：“首长，都是我不好，您应该批评我才对。”

从那以后，小邵有两天都没敢再看书，神情蔫蔫的。将军看看小邵，就满脸不解地问：“小邵，怎么不看书了，身上不舒服？”小邵就为难地说：“首长，我不适合在您这里，还是放我回连队吧。”

将军火了：“胡说，谁他娘的说你不适合？我乐意，我喜欢。小邵，你别多想，好好看你的书，明年必须给我考军校，考不好，老子不会饶你的。”

又是一天下午，将军的表情有些异样，他怪怪地盯着小邵看书的样子，端详来端详去的，又呵呵乐了一阵子，之后突然说：“小邵，小邵，要是过去，我就认你跟前做儿子。”

小邵吓了一大跳，说：“首长，你说什么呢？”

将军一愣神，拍一把脑门儿，就摇着头说：“不对，不对。我，呵呵呵呵，我，我是说，如果是过去，我就叫你认我跟前做干儿子。”

不想小邵却哭了。将军不高兴了，没好气地说：“你哭什么哭？我是说假设，我是说，如果是过去的旧社会。”

小邵止了哭，说：“首长，我父亲去世早，是我娘把我一手带大的。可是，在您身边，我感受到了父爱。”

将军先是一惊，之后便是呵呵呵呵地笑，同时还一把又一把地抹眼泪。

诗朗诵：馆陶，可爱的家园

胡志祥　崔保霞

合：一座城市的名字叫响两千年，
历经风雨沧桑从未改变。
啊！馆陶，你是华夏神州文明的摇篮，
我们永远把你深情地爱恋。
甲：我们生长在这钟灵毓秀的地方，
卫运河畔是我们可爱的家乡。
这里有大平原的丰饶沃野，
这里曾演绎宋辽交战的慷慨激昂。
乙：馆陶公主在历史的回声里深情回望，
名相魏征犯言直谏的精神世代流传，
抗日英雄范筑先宁死不渡黄河的民族气节大义凛然，
雁翼、乔十光、郭抱箱……文人雅士的著述丰硕而翕张。
丙：历史积淀了文明的厚度，
创新催生了发展的希望。
县委县政府高瞻远瞩，运筹帷幄，
一个实力、秀美、和谐的现代化新馆陶插上了腾飞的翅膀。
丁：新兴产业方兴未艾，
传统产业规模扩张，
项目建设如火如荼，
招商引资大干快上。
甲：大雁群飞靠头雁，班子建设是关键。
乙：县领导始终坚持以人为本，科学发展，
丙：民主决策，团结奋战，勤政廉洁，率先垂范。
丁：强基固本，作风转变，科学管理，和谐创建。
合：县领导班子带领馆陶三十三万儿女书写着跨越发展的新章篇！
甲：上善若水，
大爱无疆。

殷殷之情，

荡气回肠。

乙：卫水钟灵——

印下您一心为民、事必躬亲的身影。

陶山毓秀——

筑起您履职尽责、富民强县的脊梁。

丙：寒来暑往为馆陶的发展四处奔走。

披星戴月为百姓富裕日夜繁忙。

三年上水平、基层建设年、三条线七个十，

换来大地硕果累累、五谷飘香。

丁：超市商场鳞次栉比，

住宅小区生态宜居，

现代物流四通八达，

开放兴县，筑巢引商。

甲：时代的车轮向前飞扬，

每度春风都是一曲震撼人心的交响！

乙：喜观改革发展的盛景，

每缕春晖都是一部和谐美好的乐章！

丙：模范、标兵、先进群星璀璨，

创先争优铸就了时代的辉煌！

丁：幸福乡村，环境整治，城市管理，文化建设，

城乡文明大提升，城乡面貌大变样。

甲：工业园区，北科园区，

一座座厂房高楼林立。

乙：金凤市场，电动车市场，商贾云集，人来人往，

丙：棋盘路，穿城河，小游园，公主湖，成了广大群众休闲娱乐的好去处，

丁：中国蛋鸡之乡，中国民间文化艺术之乡，中国黑陶艺术之乡，一张张名片美名远扬。

合：县委、县政府的英明领导铸造出，

“小县也能大发展”的千古神话。

全县上下一心，团结拼搏，开放开拓，

奏响着冀南大地上的新乐章。

甲：龙辞旧岁留浩气，

蛇迎盛世启新程！
乙：让我们再一次聆听春的心跳，
激荡起对新春的祈盼。
丙：让我们坚守陶山人的执着与无畏，
像卫运河水一样奔流到海永不悔。
丁：让我们在十八大旗帜的指引下，
按照全委会确定的目标和任务，
建设我们可爱的家乡。
甲：我们肩并肩、手挽手，
乙：接过历史的接力棒。
丙：进一步解放思想，改革开放，
丁：攻坚克难，凝聚力量。
合：三十三万陶山儿女热血满腔，
在邯郸东部振兴的历程里，
再创美丽馆陶的宏伟篇章！

（该诗歌朗诵在2012年馆陶县春节团拜会演出）

楹　联

陶山脚下物华天宝；
卫水岸边人杰地灵。
（刘清义）

陶山聚精神，兴千年风清气正；
卫水分冀鲁，泽两岸人杰地灵。
（郭善文）

陶山秀孔雀酱菜尝地道；
御水甜东龙美酒品天然。
（张海亮）

旗展五星光寰宇；
花开四季丽陶山。
（许得生）

秋获有时，黍稷缤纷粮画镇；
春耘在即，栋梁茁壮王桃园。
（张思忠）

清风舞袖拂去烟尘，金鉴尽呈祥云瑞霭；
碧水扬舟撑来和顺，明公宜谱正气新篇。
（陈红莲）

谓山少石，为公主好舞生足而逸；
说湖多水，是舜尧勤政滴汗之集。
（张俊岭）

魏征像下万民敬仰；
公主湖上百舸争流。
（于文静）

古人新水，公主湖上公主游，醉佳景，忘返宫院；
名相今居，魏征府区魏征览，惊梦境，难辨阁门。
（曲士民）

游滨河公园，诗情满怀，春风拂面；
赏公主美景，玉树临风，碧水蓝天。
（牛德涛）

钟灵陶山铸千秋金鉴喋血将军；
毓秀卫水育一代诗才泼漆画人。
（沈福瑞）

玄成佐盛唐章疏名篇垂千古世传千秋金鉴；
竹仙蔑外强皓电雄文烁九州人称民族英雄。
（刘清月）

饮马卫漳，性直怀义尚存燕赵古烈；
居邻齐鲁，敦厚淳良颇有陶唐遗风。
（王维山）

陶山风骨，松竹秉承英雄气；
华夏神威，天马轩昂时代魂。
（申保箱）

汉唐四公主封邑馆陶清风舞袖；
贞观一名相故里陶山壮志凌云。
（杨庆华）

学衡水，奏华章，马岁佳音不断；
建强校，谱新篇，羊年捷报再传。
（县一中）

激情满怀筑就教育高地；
戮力同心拼得梦想成真。
（教育局）

千年古县陶山卫水宜居地；
魏征故里桃花源里乐耕田。
（李清章）

创建宜居宜业宜游生态县；
争做诚恳诚实诚信馆陶人。
（王金魁）

英才创业丰碑树万古；
贤士修志美名留千秋。
（白鹤轩）

人步画图中，悦茂树，乐百花，临河赏鲤，听众鸟竞韵；
思飞霄汉外，清身心，消千虑，静气怡神，处陶山桃源。
（张凌云）

第二节 艺术创作

音乐

1997 年后，馆陶县音乐创作作品迭出。李爱国是音乐创作的代表，其作品《奥运向北京走来》（作曲）获全国征歌大赛金奖（2001 年），歌曲《这一刻，那一刻》（作曲）获“中华人民共和国第五届城市运动会”征歌银奖（2003 年，见《湘江歌声》），歌曲《幸福时光》在湖南湘潭市商业银行向全社会征集“行歌”入围奖（十首之一），歌曲《七月弥勒歌声脆》获弥勒葡萄酒节全国征歌大赛入围奖（八首之一），歌曲《走在牯岭街道上》获“庐山之歌”全国征歌三等奖。歌曲《回首岁月》获“河北省纪念抗日战争胜利 60 周年歌曲征集评比”三等奖，歌曲《八个坚持，八个反对》获“邯郸市首届舞台艺术作品评比”一等奖（2005 年，见《燕赵艺术》公告），同时获“邯郸市纪检委廉政歌曲评比”特等奖；2011 年，歌曲《息元村之歌》在“全国村歌大赛”中荣获“中国优秀村歌”奖，并获作曲铜奖，参加了在人民大会堂举行的颁奖晚会。

馆陶县县歌《运河弯弯绕陶山》，由李爱国作曲，集体作词。

馆陶文艺事业的发展蒸蒸日上，力推文艺精品创作，打造出“馆陶文化现象”，涌现出一大批青年、中年、老年文艺人才，积极创编以爱县教育为主题的歌曲《爱我文明新馆陶》、三句半《爱县城》、相声《文明礼仪》、小品《特殊的相亲》、大型历史舞蹈《黑陶之光》《黑陶之歌》等格调健康、雅俗共赏文艺节目。

美术

1998 年 9 月，馆陶县美术家协会成立。馆陶县美协第一次会员代表大会召开，会议选举产生馆陶县美术家协会第一届理事会、主席团、秘书长，通过了《馆陶县美术家协会章程》。聘请中国艺术研究院画家汪易扬、中国工艺美术学院教授乔十光为名誉主席。大会期间，还举办了馆陶县第一次美术作品展览，作品达 500 余件，同时，汪易扬、乔十光、郭抱湘（济南画院画家）、阎宝泉（邯郸师范学院美术系教授）等也寄来祝贺作品。

邯郸市文联主席李青山、邯郸市美术家协会主席冯国柱、副主席李向明等人亲到馆陶表示祝贺并参观了展览。会后，举行书画笔会。

馆陶县美术家协会四届二次会议

2003年11月，馆陶县美协第二次会员代表大会在馆陶宾馆召开，会议选举产生馆陶县美术家协会第二届理事会、主席团、秘书长，通过《第一届馆陶县美术家协会工作报告》《馆陶县美术家协会章程修改草案》。大会聘请中国艺术研究院画家汪易扬、中国工艺美术学院教授乔十光为名誉主席，同时聘请白云乡（河北省美术家协会副主席）、颜景龙（河北省美术家协会秘书长）、郭抱湘（济南画院画家）、刘宗海（画家）、王丙臣为顾问。

2007年6月，馆陶县美协第三次会员代表大会在馆陶宾馆召开。产生馆陶县美协第三届理事会、主席团、秘书长。大会通过聘请乔十光、汪易扬、刘文珍、谭俊海、殷俊亭为名誉主席，白云乡、颜景龙、郭抱湘、翟玉生为顾问。

举办的主要活动有：国庆五十周年书画展，迎澳门回归百米长卷现场笔会，庆祝十六大胜利召开书画展，纪念抗战胜利60周年书画展、清风杯书画展，纪念毛泽东诞辰110周年书画展、乔十光乡情书画展，庆祝建国60周年书画展，和谐馆陶书画精品展等。

馆陶县较有成就的代表性画家有：张九州、胡松涛、郝春雷、乔文彦、胡新亮、闫春雷、刘文珍、殷景太等。

书法

馆陶县书法家协会成立于1975年。1997年后，书法协会先后举办了国庆五十周年书画展，迎澳门回归百米长卷现场笔会，庆祝十六大胜利召开书画展，纪念抗战胜利60周年书画展，清风杯书画展，纪念毛泽东诞辰110周年书画展，乔十光乡情书画展，庆祝建国60周年书画展，和谐馆陶书画精品展，全国获奖书家魏征故里行，“陶山才俊”大型书画网络展等。2013年，中国书协会员有王芾笠、马耀信、郭俊海，省级书协会员有沈福瑞、宁金峰、宋永生、闫良泉、李金、郭秋峰、张凌云、宁博等，市级书协会员50余人，县级书协会员150余人。

书法、美术笔会

摄影

1997年后，馆陶县摄影艺术得到长足发展，摄影爱好者有20余人，在牛兰学、汪保忠、王西军、许得生等人的带动下，举办了一系列的培训展览活动，推动了全县摄影事业的繁荣。2012年，组织馆陶县摄影爱好者到武安市朝阳沟、十六沟集体采风；2013年春节，首次举办馆陶县摄影爱好者联谊会、举办“常青杯”春天里百花开摄影大赛、“联心杯”园林春之韵摄影大赛、“人防杯”强我国防、展我军威摄影大赛。

剪纸

剪纸是馆陶古老的传统民间艺术。馆陶剪纸多为单色剪纸，具有北方地区粗扩、雄壮、简练、纯朴的特点。风格质朴、粗旷。馆陶县代表性剪纸作者有：郭敏、古月光。

郭敏在剪纸

剪纸艺人郭敏，祖籍馆陶县清阳城，1966年生，现任馆陶县实验小学教师，馆陶县美协副主席，邯郸市美协理事。她20余年来坚持剪纸，吸收民间艺人的精华，巧妙融合时尚元素，创作出独特的剪纸作品。2008年作品《奥运福娃》发表在《当代人》杂志上。奥运会后创作《精彩奥运、美丽瞬间》剪纸。2008年12月在馆陶县举办个人剪纸作品展。2009年为迎国庆60周年，改革开放30周年，创作《我的家》。2010年“双爱好”活动中，组织巧巧手剪纸社团，600多人的现场剪纸，受到市领导的好评。《和谐》在中国迎上海世博会公益书画展活动中获银奖。

2011年，郭敏剪纸服装秀《剪纸女孩》在市文艺汇演中获优秀奖，在邯郸市“我自信”首届农民模特大赛中获三等奖。郭敏指导的学生作品多次参加县市书画展并获奖，许多学生作品在《邯郸青少年报》上发表。

第三节 工艺美术

黑陶

馆陶黑陶系龙山文化脉系，距今已有4000余年的历史。馆陶县地处黄河中下游的黄河冲积平原，古黄河优质黏土的沉积，为馆陶黑陶业的兴盛奠定了基础。馆陶黑陶产业在新中国成立后逐步形成规模，经过几十年的继承发展，黑陶产业已成为馆陶县的支柱文化产业，有了长足发展，县内共有较大的黑陶企业6家，小型黑陶厂10家，建立了4条相关产业链，年产值5000万元，纳税200余万元，吸纳就业人员3000余名，为馆陶社会文化、经济发展作出巨大贡献。

黑陶

馆陶黑陶秉承黑陶工艺黑、薄、光、细4个特点，运用传统工艺手法结合现代审美观点，在艺术制作上保持黑陶“黑如漆、明如镜、声如磬”的尊贵本色而不失创新求索。黑陶以选用纯净、细腻的红胶土为基料，经过淋膏、沥水、轧和等工序形成具有一定韧性的、符合制胚要求的原料用泥，再经过拉胚成形，压光雕刻，继而加热焙烧，炭化着色，根据不同工艺最后制成多种色泽的成品黑陶，充分展现土与火的精魂。黑陶的壮美与崇高让人们感觉到心灵震撼，凝重舒适，宁静而致远。黑陶经历岁月与呵护，其愈黑、愈亮更现黑陶价值空间。

馆陶黑陶企业将漆画艺术、绘画艺术融入黑陶文化之中，相继开发出了漆陶、彩陶等高雅艺术品。同时，为了推动黑陶事业的发展，馆陶县几次邀请乔十光、汪易扬等艺术界知名人士，召开黑陶文化研讨会，确立保护、弘扬馆陶黑陶的奋斗目标、发展思路等，并在北京等地召开“黑陶文化推介会”。由于黑陶产业的发展，馆陶县相继被誉为“中国黑陶艺术之乡”“中国黑陶生产基地”“黑陶彩陶创作研究基地”“中国黑陶之冠”“河北省文化产业示范基地”等荣誉称号，2007年5月，馆陶县黑陶制作工艺被纳入河北省首批非物质文化遗产名录。

思月陶艺有限公司

馆陶县思月陶艺有限公司 成立于1987年，占地8400平方米，公司有职工186人，其中专业技术人员26人，高中级技术人员17人。产品有黑陶、漆陶、影雕、镶嵌陶等几大系列1000余个品种。2007年1月，被参奥特殊艺术学院列为工艺美术系，办班8期，培训学员362人，公司录用35人。2009年6月，中华国学院决定，特设“馆陶思月陶艺有限公司”为中华国学院黑陶研究院，任命李思月为中华国学院黑陶研究院院长。馆陶思月陶艺有限公司2009年参加颈复康杯河北省“十强文化企业”评选活动并获奖。7月9日，河北省文化产业协会艺术研发委员会成立仪式在馆陶思月陶艺有限公司举行，为河北省文化产业协会第一个县级分支机构，为思月陶艺的发展注入新的活力。

馆陶县殷氏陶漆工艺厂 始建于1989年，占地面积1万余平方米，职工近300人，其中专家顾问6人，大中专毕业生56人，美术专业人员78人，专职设计人员10余人，

殷氏陶漆工艺厂

注册商标“十易”。馆陶县殷氏陶漆工艺厂是“中国艺术研究创作中心黑陶、彩陶创作研究基地”“省级龙头企业”，被国家文化部评定为文化产业典型案例，2009 年初，该厂又作为邯郸市唯一一家企业，被命名为河北省第一批文化产业示范基地。该厂以传统工艺和现代工艺相结合，着重于提高艺术品位，倾力打造个性化品牌。自主研发的彩陶新技艺，改写了黑陶无彩的历史，被誉为制陶工艺的创举，产品多达 2000 余种，在国内外市场上享有较高的知名度和美誉度。

粮食画

粮食画，是利用各种粮食、豆类、种子和芝麻及其他附料粘贴而成的山水、人物、花卉、禽鸟等形象的画面，它是吸取了国画、浮雕、装饰等艺术的一门悠久的传统工艺。馆陶粮食画入选邯郸市非物质文化遗产名录，已申报省级非物质文化遗产。

粮食画

粮食画创作始于 2005 年，创始人张海增，自幼喜爱美术，1998 年毕业于山东省菏泽美院，毕业后一直从事绘画创作。一次偶然机会，在自家晾晒粮食的时候突然来了灵感，把粮食“种”在画板上岂不更好，还能提高粮食的自身价值。张海增在家里一边务农，一边摸索着用粮食作画。经过 3 年的努力，他研究出粮食作画的奥秘，他生产的粮食画是以各类植物种子为原料，经精选和高科技处理后，再根据设计的图案，通过粘、贴、拼、雕、合成、装裱、包装等十几道特殊工艺而完成的艺术作品，使粒粒有生命的种子镶嵌出美丽的画面，具有“原生态和纯绿色”的特点。张海增创作的粮食画色彩自然，层次分明，具有立体感，在章法布局上构图丰满，富有装饰美，并且色彩鲜艳明快对比强烈，以丰富多彩的粮食本色为基调，表现出欢快、热闹等各种画面，适于表达情感。粮食画经特殊工艺处理，不腐烂、不虫蛀、不脱落，可长期保存。其作品不仅具有北方的粗犷、豪放，更具有南方的细腻、清雅，气势雄伟，精湛绝伦，被誉为“种在画板上的粮食，挂在墙上的黄金”。2011 年 11 月，张海增用粮食“绘就”的《清明上河图》（局部）以 7 万元人民币的价格被美国客商购买。他创作的《胡服骑射》《邯郸学步》等邯郸成语故事粮食字画系列作品，在市场上也供不应求。2011—2012 年河北电视台《农民频道》栏目、中央电视台《新闻联播》、北京电视台等多家媒体对该公司研发的粮食画进行专题报道；《农家之友》刊登该公司产品。粮食画作品先后被河北、河南、山东省粮食局作为礼品送给国际友人，被义乌第一届旅游博览会指定为最佳旅游装饰品。使他的粮食画逐步占据市场，销路越来越广，并于 2005 年 5 月成立了海增粮艺有限公司。经过 10 年的努力，该公司生产的粮食画已具八大系列、上千个品种，产品畅销北京、天津、上海、南京、广州、济南、长沙等个大中城市，并在 15 个城市拥有代理商，张海增也被评为高级工艺美术师，省级工艺美术大师，当选河北省文化产业协会艺术研发委员会委员，省、市劳动模范。

粮食画制作中的每一个流程和环节，从粮食的选粒到画面的封存处理，都要严格的把关，张海增在多年的实践中，不断地创新和提升技术，最终将传统工艺和现代技术相结合，研发了一套环保、无毒、经济和作品长期保存的制作技术。该技术有 20 多道工艺流程，每个环节都要严格要求，此方法可达到防虫、蛀、腐、霉、抗氧化等作用。作品可不变形、不褪色、不冷缩、不热胀、不霉变、不虫蛀，可将五谷粮食画长期保存，永久收藏。

馆陶麦秆画

2008 年，馆陶县路桥乡南曹庄村农民张鹏，在网上浏览信息时，看到了一条考古工作者在河南信阳秦怀王古墓里发现了“麦秆画”作品的信息，历经两千多年“麦秆画”至今保存完好的消息。张鹏对此产生了浓厚兴趣，他立志要复活“秸秆画”这一几近失传的民间艺术。他用小麦、玉米、高粱等各种植物秸秆，“种”出了上千幅“秸秆画”，作品投向市场，以其独特的“原生态和纯绿色”深受人们欢迎。

馆陶麦秆画

在张鹏的带动下，馆陶县出现了一批麦秆画艺人。其作品具有光泽透亮、装饰效果好感染力强等优点。制作出的人物、花鸟、动物栩栩如生，活灵活现，给人以古朴自然，高贵典雅之美。一般运用国画形式构图。嵌贴于镜框内，作为欣赏品。

葫芦烙画

馆陶县河寨三村农民闫继法，他自幼酷爱美术，2001 年开始创作葫芦烙绘。为了更好地表现葫芦烙画艺术，闫继法引进美国葫芦、法国葫芦、新疆葫芦等葫芦品种，利用一把电烙铁，在葫芦上勾、点、擦、勒，再加上彩绘，一幅幅栩栩如生的画和葫芦就完美融合在一起。至今，闫继法创作的“十二生肖”“年年有余”“八仙过海”“老寿星”等葫芦烙绘多达 12 万个，葫芦烙绘作品远销北京、上海、深圳、三亚等地。

葫芦烙画

在闫继法带动下，馆陶出现了一批葫芦烙画艺人。

馆陶花鸟字画

馆陶花鸟字画，又叫龙凤字、多彩花鸟虫鱼组合书法、藏字画，又因为常常用于书写某个人的姓名，故也有叫作名字作画。其笔画圆润、色彩鲜艳、立体感强，飞龙、舞凤、花草、小鸟、蝴蝶、鱼儿相映成趣，令人百看不厌，是室内高雅华贵的装饰品。有“书法家难起笔，画家难润色”之说，是中华民族历史文化百花园中的一枝奇葩。馆陶县花鸟字画的代表人物是王性焕。

花鸟字画

1997—2013 年馆陶县艺术作品集一览表

表 5-9-3

书名	作者
《芾笠隶书弟子规卷》	王芾笠
《太行真境——白云乡作品选》	白云乡
《白云乡艺术与生活》	白云乡
《当代中国画家研究丛书》	白云乡
《从传统走来——白云乡解析荆浩》	白云乡
《白云乡写意山水》	白云乡
《中国国家画院画家图库》	张九州
《张海亮硬笔书法》	张海亮
《胡松涛画集》	胡松涛
《松涛画鸡》	胡松涛
《当代中国画家郭抱箱、徐万蓉画选》	郭抱箱
《颜景龙画集》	颜景龙
《颜景龙山画集》	颜景龙

第六编　社　会

1997—2013 年，是馆陶县社会事业发展最快的时期，居民收入逐年增加，2013 年，城镇居民人均收入 16517 元，农民人均纯收入达到 7743 元，居民的消费结构和消费习惯也发生了重大变化，食品消费支出在总消费支出所占比重逐渐下降。计划生育政策落实到位，人口自然增长率保持在 11‰ 以内，人口素质明显提高。劳动合同制度、劳动争议调解机制不断完善，保障了用人单位和劳动者的合法权益。行政机关推行公务员制度，精简了人员编制，事业单位实行专业技术职务聘任。社会保障体系不断健全，城镇居民最低生活保障制度和农村居民最低生活保障制度分别于 1998 年和 2005 年实施，保障对象和标准逐年增加，形成了满足城乡居民养老和医疗需求的社保体系。

第一章　精神文明建设

1997 年后，馆陶县文明创建活动步入常态化发展，包含文明行业、文明村镇、文明单位、文明家庭等创建内容。树立新风范例和先进人物，影响、引导社会风气向文明转变，提升公民素质，促进社会整体道德水平的提高。1998 年、2000 年、2001—2013 年度馆陶县城被省委、省政府评为省级文明县城。全县有 8 个单位获得“省级文明单位”，涌现出了谭双剑、靳书申等模范人物。

第一节　文明创建

文明县城

1996 年，以旧城改造为突破，开展了创建文明县城活动，重点实施了“四延一修两改”工程，消灭断头路，打通了永济路、平安路，新建了新华街，对县城主要街道政府街建筑进行了改造。1997 年，实施了“四纵三横”工程，重点进行旧城区改造，拓宽街道、完善基础设施、改造临街建筑、硬化便道。1998 年，实施县城绿化工程，主要街道、街心公园共栽植 28 个品种的花草树木，全县公共绿地面积达到 67966.5 平方米;政府街、建新街设置灯箱广告 80 盏，临街单位设置霓虹灯 60 处；对文化广场进行改造；实施自来水工程，城区实行统一供水；在主要街道配置了垃圾箱、果皮箱；建成了陶山市场、

省级文明卫生县城创建动员大会

金凤禽蛋农贸批发市场、馆陶商城、花卉市场、金龙建材市场、106市场等6大市场。2000年3月，把庭院绿化、美化当作深化文明县城创建的一项重要工作来抓，摆上工作日程。重新组建了100余人的环卫队，负责县城街道的清扫保洁、垃圾粪便清运和无害化处理等工作，定人、定路、包干负责。2001年，分别在309国道麻呼寨路口、金凤市场制作了大型公益广告牌两处。开展《市民文明守则》《市民基本行为规范》《公民道德建设实施纲要》等宣传教育，让广大群众自觉参与，积极配合县城管理。2003年对北环路、街心小游园的绿化美化进行升级改造，在政府街、新华街设置18处大型过街彩虹桥，全部更换彩色辅道砖，并增设了盲人通道，进一步提高了县城品位。2007年，印发《关于加强县城管理开展“四治理一取缔”活动的通知》，县直各单位、各沿街门店和居民区，集中用一个半月的时间，重点治理城区乱搭乱建、车辆乱停乱放、垃圾乱堆乱倒、墙壁乱贴乱画等现象，大力取缔路边市场，占道作业等行为。2008年6月，制定《关于开展城乡文明生态创建活动的实施方案》，开启了城乡面貌三年大变样序幕。7月，馆陶县政府街中段参评市委宣传部等九部门评选“百城万店无假货”活动，在市级示范街示范店中名列榜首。

2009年2月，开展单位庭院和住宅小区绿化工作，按照单位庭院绿化覆盖率新城区要不低于30%，老城区不低于25%，住宅小区绿化覆盖率30%以上，4月底，自来水厂、公路站等20个单位绿化覆盖率均达到了目标要求，全县单位庭院绿化工作共投资108.47万元，新增绿化面积23116平方米。制定馆陶县《市民文明公约》。2010年，开展拆墙透绿工作，共对政府街、文卫街、滨河路等街道有碍观瞻的临街单位、企业进行了围墙拆除和建设透空围栏工作，共拆除有碍观瞻实体围墙4026米、有碍观瞻平房1256平方米，建设透空围栏5639米。开展单位庭院和住宅小区绿化工作，新增绿化面积2.01万平方米，建设中医院、防疫站等24个绿化覆盖率达标单位。

志愿者倡导文明出行

2011 年开展文明交通行动，馆陶县文明办、县交通局、县交警大队联合在馆陶商城广场举行了“文明交通行动——给力文明城”为主题交通服务行动启动仪式。10 月，制定《关于开展“爱我秀美馆陶、共建文明家园”三年爱县主题教育活动的实施意见》，在陶山中学体育场召开万人动员大会。2012 年 3 月 20 日至 4 月 20 日，组织 19 个市级以上文明单位，共计 76 人，在政府街与平安路、政府街与魏征路、政府街与新华路三个交通岗路口开展了文明交通志愿服务活动。2013 年 10 月，制定新版《馆陶县居民文明公约》。

馆陶县城于 1997 年至 2002 年连续 6 年获得省“燕赵杯”城容城貌综合治理竞赛金奖；1998 年被省委、省政府评为省级文明县城；2000—2001 年度、2012—2013 年度被省委、省政府评为省级文明县城；1997 年至 2004 年连续 8 次被市委、市政府评为市级文明县城；2006—2007 年度、2008—2009 年度、2010—2011 年度、2012—2013 年度，连续 8 年，连续 4 次被市委、市政府评为市级文明县城。

文明单位

1987 年，馆陶县文明办成立后，开展文明单位创建工作。

2000 年 11 月，县地税局、县电力局被评为省级文明单位，为馆陶县第一批省级文明单位。2003 年 10 月，馆陶县制定《关于对文明单位实行后备管理制度的通知》，每年在县级文明单位中选出 5 ～ 8 个单位，在市级文明单位中选出 3 ～ 5 个单位，在省级文明单位中选 1 ～ 2 个单位，分别列为市级、省级和国家级文明单位的后备单位，评选和晋升文明单位一般从后备单位中产生。

省级文明单位　2000 年 11 月，县地税局、县电力局，被评为省级文明单位，成为馆陶县省级文明单位零的突破。

2000—2001 年度：财政局、地方税务局、电力公司。

2002—2003 年度：县供电公司、县地方税务局、财政局、河北通信馆陶分公司。

2004—2005 年度：财政局、地方税务局。

2006—2007 年度：县财政局、县供电公司。

2008—2009 年度：县财政局、县供电公司。

2010—2011 年度：县财政局、县职业技术教育中心、县供电公司。

2012—2013 年度：县财政局、县供电公司、县地税局。

市级文明单位　2000 年度（18 个）：供电公司、地税局、财政局、国税局、民政局、交通局、电信局、卫生局、审计局、广播电视局、计生委、交通局公路站、职教中心、第一中学、第二中学、工行馆陶县支行、金凤市场、东龙酒厂。

2001 年度（19 个）：供电公司、地税局、财政局、国税局、民政局、交通局、电信局、卫生局、审计局、广播电视局、计生委、教委、交通局公路站、交通局运管站、职教中心、第一中学、第二中学、工行馆陶县支行、东龙酒厂。

2002 年度（18 个）：电力局、地税局、财政局、国税局、民政局、交通局、卫生局、审计局、广播电视局、计划生育局、文教体育局、交通局运管站、职教中心、第一中学、第二中学、工行馆陶支行、河北通信馆陶分公司、东龙酒厂。

2003 年度（19 个）：电力公司、地税局、财政局、国税局、民政局、交通局、卫生局、审计局、广播电视局、文教体育局、交通局运管站、职教中心、第一中学、第二中学、工行馆陶支行、河北通信馆陶分公司、东龙酒厂、洪源纺织有限公司、陶漆工艺厂。

2004—2005 年度（19 个）：县电力局、县地税局、县财政局、县国税局、县民政局、县交通局、县卫生局、县审计局、县广电局、县文教体局、县建设局、县交通局运管站、县职中、县第一中学、县第二中学、工商银行馆陶县支行、河北通信馆陶分公司、洪源纺织有限公司、陶漆工艺厂。

2006—2007 年度（21 个）：县供电公司、县地税局、县财政局、县国税局、县民政局、县交通局、县卫生局、县审计局、县广电局、县文教体局、县建设局、县交通局运管站、县职业技术教育中心、县第一中学、县第二中学、工商银行馆陶县支行、网通公司馆陶县分公司、中国移动通信集团河北有限公司馆陶县分公司、县烟草专卖局、河北信德电力配件公司、县交通局公路站。

2008—2009 年度（共 23 个）：县供电公司、县地税局、县财政局、中国移动通信集团河北有限公司馆陶分公司、县文化教育体育局、县国税局、县交通局、县人民法院、县职业技术教育中心、农业银行馆陶支行、县建设局、金凤市场管委办、县水利局、县城区管理局、县卫生局、工商银行馆陶支行、县审计局、县交通局公路管理站、邯郸市华峰公路工程有限公司、水利部海委漳卫南运河馆陶河务局、县民政局、中国联合网络通信有限公司馆陶县分公司、县第一中学。

2010—2011 年度（22 个）：县财政局、县供电公司、县职业技术教育中心、县地税局、县教育局、中国移动通信集团河北有限公司馆陶分公司、县国税局、县交通运输局、县住房和城乡规划建设局、县民政局、县水利局、县卫生局、县第一中学、农业银行馆陶县支行、县农牧局、县计生局、县中医院、县国土资源局、县人民医院、县农工委、县思月陶艺有限公司、六和食品有限公司。

2012—2013 年度（23 个）：县财政局、县供电公司、县地税局、县国税局、县农村信用合作联社、县民政局、县水利局、县国土资源局、县教育局、县工商局、县人民医院、县交通运输局、县职业技术教育中心、县住房和城乡规划建设局、县卫生局、县人民法院、县公安局、县第一中学、县中医院、中国移动通信集团河北有限公司馆陶县分公司、锦华通诚信购物中心有限公司、县邮政局、思月陶艺有限公司。

文明村镇

2000 年 9 月，馆陶县在常儿寨村召开全县文明村镇建设现场会，印发了《关于印发〈创建“十星级文明户”活动部门包星责任制百分考核实施办法〉的通知》《关于印发〈文明乡镇村标准〉的通知》。会后，县文明办与每个高标准样板村党支部签订了限期整改责任书。2000 年 12 月印发《关于村容村貌集中治理的实施意见》，在全县农村广泛开展村容村貌集中治理活动，集中治理“九乱一治理”即柴草、粪肥乱堆、禽畜乱跑、车辆乱停、建筑材料乱放、广告乱贴、垃圾、污水乱倒、违章乱建、秸秆乱烧、小庙乱建、治理街路。2000 年，在各乡镇推行了农村精神文明“八大员”工作制度。“八大员”即宣传员、文化员、科技员、评议员、治安员、卫生员、计生员、信访员。印发了“八大员”工作职责和管理办法，在工作运行中，全县涌现出市级优秀“八大员”5 名，县级优秀“八大员”12 名。2002 年 2 月，印发《关于村容村貌治理的实施意见》，利用农闲时间，在全县农村广泛开展村容村貌集中治理活动。2003 年 5 月，印发《关于开展爱国卫生活动月防治非典型肺炎创建文明卫生县城、文明卫生村镇的通知》，为了迅速控制非典型肺炎的传播和扩散，在全县城乡开展“整治环境，关注健康”爱国卫生活动，制定了文明县城（镇）、村卫生检查标准。2004 年 5 月，馆陶县成立创建文明生态村工作领导小组，从交通局等单位抽调 12 名干部，成立了三个工作小组，制定《关于在全县农村广泛开展创建文明生态村活动的实施意见》，确定了闫沿村等 28 个首批创建村，6 月，在路桥乡满谷营村召开动员大会。2005 年 4 月，全省创建文明生态村经验交流大会上，赵官寨村作为全省 100 个先进文明生态村之一受到省委、省政府的表彰，12 月又被中央文明委命名为全国创建文明村镇工作先进乡镇。是年 5 月，馆陶县印发了《关于 2005 年开展创建文明生态村活动的实施意见》。2006 年 2 月，开展“双创”（创建文明生态村、创建文明卫生县城）工作。4 月，全省创建文明生态村经验交流大会上馆陶县被确定为现场观摩点之一，馆陶县车疃村、吕庄村、中马固村、闫沿村以高标准的创建成果完成了全省现场观摩会的任务。此后数年，陆续开展了第二批、第三批等文明生态村创建。

文明生态村坚持以“经济发展、民主健全、精神充实、环境良好”为主要内容。具体工作和任务是：村容村貌整洁优美，做到“四化”“四有”“六无”；生态环境得到改善，做到村在林中、院在树中、人在绿中；社会事业健康发展，有文化活动室、图书室、医疗卫生室、体育健身场所等；宣教活动坚持经常，有道德评议会、红白理事会、禁赌会等群众自治组织和宣传队伍；农民收入逐年增加，农民专业合作组织健全，农村经济不断发展，减轻农民负担的各项措施落实到位；领导班子坚强有力，坚定执行党在农村的各项方针政策，有党员活动室和两委办公室；基层民主制度健全，村民依法自治，村务公开，重大事项实行民主决策，农民的公民权利得到保障；社会治安状况良好，实施“平安馆陶”工程。

2012年年底，馆陶县印发《关于开展“文明洁净村”“文明洁净庭院”评选活动的通知》，在全县评出文明洁净村30个，文明洁净庭院100户。2013年5月，馆陶县制定《关于农村环境美化工作的实施方案》，在30个基层建设年帮扶村，主要街道及公路两侧的墙壁进行了统一粉刷，粉刷墙壁63200余平方米，清除了有碍观瞻的建筑物260个，共建设文化墙1100余平方米，瓷砖文化墙300平方米。

第二节　公民道德建设

社会公德

2000年8月，馆陶县印发《关于开展破除封建迷信加强群众思想教育活动的通知》，清除邪教组织的影响，教育广大人民群众深刻认识封建迷信的危害和打击的重要性、必要性。2003年3月，在电力局大会议室召开纪念学雷锋活动40周年大会，表彰了中医院外科等13个学雷锋先进集体和张子方等25名学雷锋先进个人。9月，开展首个《公民道德宣传日》宣传活动，在各单位大门前悬挂有关《公民道德建设实施纲要》内容的宣传标语，组织省、市级文明单位在政府街设台开展公民道德宣传一条街活动。

2005年8月，开展“三个十”（“十大精神文明建设带头人”“十大文明窗口”“十大职业道德标兵”）评选活动，分别评出“十大精神文明建设带头人”“十大文明窗口”“十大职业道德标兵”各10个。2007年10月，制定《关于在全县开展“生态文明”系列宣传教育活动的实施方案》，开展“生态文明”系列宣传教育活动。在全县开展和谐教育系列活动，营造“和谐馆陶”舆论氛围。

2008年5月，开展“我推荐、我评议身边好人”活动，馆陶县供电公司总经理宋秋玲和华峰公司经理薛贝荣登“中国好人榜”。2009年3月，在全县未成年人中开展“城乡少年手拉手，争做一个有道德的人”主题实践活动，在家庭以“孝敬，从每一天做起”、在学校以“和谐，从说话做起”、在社会以“爱心，从具体事做起”为主要内容开展了系列活动。

县委书记谢继炯（右一）与馆陶县80岁以上老人代表共度重阳节

2009年7月，馆陶县制定《市民文明公约》。开展道德模范评选活动，活动共评出助人为乐、见义勇为、诚实守信、敬业奉献、孝老爱亲模范41人。2010年8月，开展首届“馆陶美德少年”评选，评选古可意等30名学生为“馆陶美德少年”，经推荐，古可意同学先后被级评为“邯郸美德少年”和首届“河北美德少年”。开展“市民文明素质提升工程”。开展“馆陶道德标兵”评选，从1389名申报者中，广泛票决，遴选出10名首届“馆陶十佳道德标兵”、50名首届“馆陶道德标兵”。

2012年开展首届“感动馆陶”道德模范人物评选活动，评出靳书申等12名“最美人物”。开展了“当代雷锋——志愿者在行动”志愿服务月活动，在3月5日全国学雷锋活动日，组织县医院、教育局、民政局、司法局等15个单位志愿服务队330余人，到柴堡镇林北村、筑先广场、民政服务中心开展了农村农民义诊、清洁广场等志愿服务活动。制定《“善行河北·感动馆陶”主题道德实践活动实施方案》，开展温情阳春、互助夏日、诚信金秋、感恩暖冬主题道德实践活动。以财政局、供电公司等市级文明单位为示范点，开展“道德讲堂”建设活动。

2013年3月，组织各省、市级20余个文明单位的志愿者在城区公园、广场、游园开展了打扫卫生、清除垃圾活动。8月，制定《关于在全县深入推进“道德讲堂”建设的安排意见》，以“身边人讲身边事、身边人讲自己事、身边事教身边人”为载体，在各单位开展“道德讲堂”活动。

职业道德

20世纪90年代，馆陶县在工商、税务、交通、电力、公安、商务、卫生、联社8个窗口单位开展以职业理想、职业道德、职业纪律、职业技能和纠正行业不正之风为主要内容的“四职一纠”竞赛活动。1997年,“四职一纠”竞赛活动过渡为“创建文明行业”夺杯竞赛活动，制定了创建文明行业夺杯竞赛活动评比方案。2000年4月，印发《关于继续开展文明行业夺杯竞赛活动评比的通知》，继续在县直30个单位开展了第四轮“夺三杯”竞赛活动。2001年7月，分别在电力局、地税局、交通局运管站，召开“便民利民杯”“文明执法杯”“优质服务杯”竞赛现场观摩会。2002年4月，夺杯竞赛活动升为36个单位开展，引入增（减）分机制，设置增（减）分卡。2002年5月，在电力局大会议室召开创建文明行业夺杯竞赛表彰暨经验交流会，对2002年创建文明行业活动进行了安排部署。

2003年4月，印发《关于继续开展创建文明行业夺杯竞赛活动评比的通知》，在36个单位开展“三杯”竞赛活动。2004年3月，印发《关于继续开展创建文明行业“三职一优”群众评议活动的通知》，在28个单位行业继续开展创建文明行业“三职一优”（职业道德，职业技能，职业纪律，优质服务）群众评议活动。此活动开展至2008年。2008年3月，开展评选“文明服务窗口”活动，评选出“文明服务窗口”58个。2008年5月，印发了《关于在全县评选职业道德标兵的通知》，授予73人“馆陶县职业道德标兵”荣誉称号，推动全社会形成知荣辱、倡新风、筑和谐、促发展的良好风尚。2008年11月，印发《关于组织2008年度全县创建文明行业“三杯”竞赛群众评议的通知》，在35个参赛行业，分三组开展竞赛活动，印制《创建文明行业“三杯”竞赛群众评议表》3000份，面向社会发放，收到意见近万条，采取群众投票统计结果占总分值30%，联查分值占70%的方法，每组评出6名优胜单位。2010年12月，开展“文明服务窗口”，评出“文明服务窗口”42个，“文明诚信商户”12个。此活动延续到2013年。

家庭美德

2000年4月，印发《关于继续开展“十星级文明户”创建活动的通知》。2001年3月，印发《关于继续开展“十星级文明户”创建活动的通知》，继续在全县农村开展“十星级文明户”创建活动。11月，全县62500个农户中56878户参与了评选活动，参评率达90.1%，挂牌户53026户，挂牌率达80%以上，共评出十星级户9482户，5～9星级户39712户，5星级以下3832户。城区7520个家庭中有7148户参与了评选活动，参与面达95%，共评出五星级文明家庭3152户，四星级2865户，三星级以下1131户，挂牌率达80%以上。2002年5月，印发《关于印发〈创建“十星级”文明户活动部门包星责任制百分考核实施办法〉的通知》，五星级文明家庭评选活动参与面达到了80%，挂牌率达到50%。2004年3月，印发《关于继续开展“十星级文明户”创建活动的通知》，继续在全县农村开展“十星级文明户”创建活动。2004年10月24日聘请成长素质教育专家陈峰教授在馆陶做家教知识报告，使学生家长对孩子的“成才”有了新的理解，扭转了对素质教育存在的模糊认识，在全县形成了争做合格父母、培养合格人才的浓厚氛围。2007年10月，“农村家庭道德礼仪实践”活动，在全县农村开展以“家家学，文明礼仪进家庭；家家乐，展示家庭新生活；家家议，建立邻里和谐新关系；家家评，争当孝敬公婆好儿媳”为主题的“农村家庭道德礼仪实践”活动，教育、引导、激励广大群众提升文明素质，营造和谐的人际关系。

2010年3月，开展“好媳妇”“好邻居”评选活动，引导单位、小区发掘在生活、家庭、情感上体现中华传统美德、家庭美德和良好社会风尚的典型，活动延续至2013年。

第三节 新风范例

助人为乐

王华生，男，1950年出生，男，省优秀共产党员，魏僧寨镇西村人。从1980年开始至2008年，为镇敬老院院民理发、看病、拆洗被褥，打扫卫生、买慰问品与院民一起过节假日。义务照顾卧床不起的重度残疾人十里店村的徐佩虎13年。从1998年至今担任卫东中学法制副校长，为学生上思想品德课。义务向镇中学捐赠树苗，向卫西干渠民工捐手套100副，向灾区捐款，资助军人和困难家庭。2005年被镇政府聘为信访接待员，热情接待信访群众帮助解决信访问题，1999 年担任文艺宣传队长，带领队员自编自演文艺节目，向广大干部群众宣传党的路线方针政策，先后获得 80 多项荣誉和表彰。

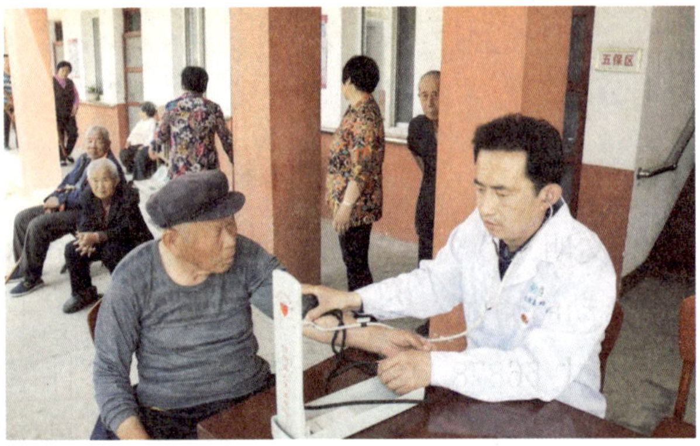

靳书申在为群众诊疗

靳书申，男，1979 年 6 月出生，中共党员，王桥乡西留庄村人。1998 年，从卫校毕业的靳书申留在本村行医，他发现村里很多人患上颈椎病、肩周炎、腰肌劳损等疾病，常年靠吃药缓解疼痛，不但疾病不能根除，还给患者家庭带来了沉重的经济负担。他从网络上搜寻最新的医疗成果，卖掉家里余粮，凑足三万余元，到北京针刀总院等地学习深造。10 多年来，靳书申的医术越来越高，他拒绝了各大医院的高薪聘请，经常为孤寡老人、老党员、贫困户等免费看病，有时还倒贴医药费。为了让乡邻不出远门就能少花钱，看好病，他坚守在乡村，让“乡邻小病不出村”。河北省团省委对靳书申的事迹进行微电影拍摄，政府也给予了他很多荣誉，先后荣获“馆陶县十佳乡村医生”“河北省十佳乡村医生”“真诚邯郸人”“邯郸市争先创优‘优秀共产党员’”“首届‘感动馆陶’道德模范”“河北好人”“河北百名风尚青年”，在善行河北青春励志故事网络大赛活动中他的作品《留守农村，治病救人》荣获三等奖。人民网、长城网《河北日报》《邯郸日报》等媒体多次报道他的事迹。

敬业奉献

谭双剑，男，1978 年 9 月出生，中共党员，路桥乡宋尔庄村人，北京北安时代电梯安装工程有限公司馆陶项目经理部经理。19 岁时的他怀揣着仅有的 80 元钱进京打工，靠自强不息和勤奋学习，为成功创业奠定了坚实基础。十年的顽强拼搏，他依靠自身信誉，先后承揽了国家体育馆（鸟巢）、三元桥远洋新干线、崇文区友谊医院等大批工程。他时刻不忘质朴本色和回报社会，家乡道路硬化、2007 年南方雪灾、2008 年汶川地震，他都伸出了援助之手，受到媒体广泛关注、各级领导和社会普遍好评。以谭双剑为原型，并由他主演的电影《梦想就在身边》，在全国引起强烈反响，受到国务院总理温家宝的亲切接见。他的事迹受到各界媒体的广泛宣传，于 2009 年 2 月被中国国际慈善基金会授予慈善中华行杰出

谭双剑

贡献奖，被中国国际慈善基金会授予慈善中华行杰出形象大使，2009年、2010年被共青团邯郸市委授予五四杰出青年标兵，2011年6月被邯郸市委授予优秀共产党员称号，2012年6月被河北省委授予优秀共产党员称号。

孙明星，男，1969年12月出生，中共党员，路桥乡清阳城村党支部书记。2003年，他利用自家的三马车，带领全体村干部到五里外的丝窝寨砖厂拉灰渣垫街道，带头捐款500元，全体村民自发捐资3万余元，将街道全部硬化。组建了10人的卫生保洁队伍，长年打扫街道，保持了街道每一天都干干净净。他把自己责任田里培植的垂柳、国槐全部无偿种植在了村街道两侧，又从家中拿出几百元为全村路灯更换了节能灯管，每晚定时照明，已成为清阳城村一道亮丽的风景。经十余次到邯郸农科院积极争取，以情感人，争得支持，以邯郸农科院为依托发展壮大小麦良种繁育，2006年以来全村3500亩良田，全部变为了良繁田，每年为全村增收30余万元。他带领全村群众共同努力，使清阳城村成为全县闻名的“明星村”。他于2007年被评为县级“一好双强支部书记”，2008年被评为“新农村建设示范带头人”，2008年被评为市级“优秀党务工作者”，2009年被评为市级“劳动模范”，2010—2011连续两年被评为市级“优秀基层党组织书记”，2012年被评为馆陶县创先争优十佳党员创业标兵、首届“感动馆陶”道德模范。

刘林英，女，1964年出生，2003年到城管局环卫队工作。作为一名普通的环卫工人，她勤勤恳恳，踏实肯干，乐于助人，在平凡的岗位上默默为创造整洁的城市环境奉献力量。2011年11月，和她相隔两个清扫路段的队友因有事没有到岗，当她听说后主动要求去清扫那段路；2010年冬的一场大雪给市民出行带来不便，而在这时她的丈夫却永远的离她而去，但终因忙于工作她没有来得及和丈夫道声别。2011年5月女儿要结婚了，女儿的婚礼是姑姑和叔叔们帮忙操办的，她仍然没有丢下负责的路段。她手执扫帚9年如一日，扫地面积共达1296万平方米，约19400多亩土地，扫秃了的扫帚近600把，她所分包的路段年年被评为“十佳卫生责任区段”，她本人也荣获2011年度邯郸市“十佳城市美容师”称号、2012年被评为首届“感动馆陶”道德模范荣誉称号。

见义勇为

张东海、刘延波、王造江，男，馆陶镇姜沿村人。2011年6月28日，三人在去寿山寺乡的路上，当开车到西苏村卫西干渠桥东头时，看到坐在桥栏杆上的一名30岁左右的妇女跳进了河中。张东海只有一个念头，救人，不顾汽车没有停稳的危险，就窜出了汽车，连兜里的手机都没顾掏出来，就纵身跳入了河中。张东海利用小时候在水坑里学到的水平并不高的狗刨技术，拖着那名妇女拼命向岸边游去，这时王造江、刘延波也跳入水中，协助张东海将奄奄一息的妇女救上岸，直到落水妇女脱离生命危险。县政府授予他们“见义勇为先进分子”荣誉称号，并给予每人5000元的奖励。事后，他们三人把奖励的共计 15000 元全部捐出，用于本村的道路硬化建设。2012 年被评为首届“感动馆陶”道德模范。

张孝忠，男，1964 年出生，老 106 市场住宅区居民。2011 年 11 月 22 日晚，张孝忠从外面锻炼回家，发现两个人沿着墙根走进自己所住的小区，停在邻居家门洞的电动车旁，形迹很可疑，引起张孝忠的注意，过去询问，二人很慌张，不是本地口音。张孝忠意识到他们想偷电动车，二人想从张孝忠身旁逃跑，张孝忠猛地抓住后面的小个子，小个子用别子刺张孝忠的头部和脸部。张孝忠的左手和左腿由于脑血栓后遗症，不能正常用力，任凭他们用别子扎在他的头部，用拳脚打在他的头部，张孝忠始终用右手死死地抠住那名犯罪分子的脖子，直到邻居们出来帮忙，当场抓获小偷。张孝忠由于失血过多，头部被刺 10 余处，昏死过去，被民警和邻居送到县医院急救，才脱离了生命危险。县政府授予张孝忠“见义勇为先进分子”荣誉称号。2012 年被评为首届“感动馆陶”道德模范。

敬老爱幼

殷爱珍，女，1963 年 6 月出生，馆陶镇车疃村人。她 30 年如一日服侍着自己的公婆，赢得了街坊邻居及周边村群众的赞许。2002 年 8 月，她公公突然摔倒在地，住院期间，虽然照顾他不方便，但是她一直坚守在病房，倒屎倒尿，为老人喂饭。2006 年，婆婆不小心滑倒，在医院诊治，确定为糖尿病并发症，她经常给婆婆洗澡、梳头、捶背、剪指甲，精心伺候，从不厌烦。2010 年 7 月，在外地打工的二儿子不慎从高架桥上掉了下来，不治身亡。她陷入了深深的悲痛之中，她怕公公、婆婆承受不了失去孙子的痛苦，没有让他们知道，而是把悲伤深深埋藏在心里。2010 年 10 月，公公因病去世，婆婆的精神受到严重打击，她看在眼里，急在心中，每顿饭她总是先要问问婆婆想吃什么，挑婆婆最喜欢吃的去做。在婆婆最孤独痛苦的时候给她精神上带来了极大的安慰。

李桂云，女，徐庄村人。1997 年 10 月，一个小孩被人扔在大堤上，因残疾被有意收养的人抱走又送来，反反复复。徐庄村 67 岁的老太太李桂云听说后，动了恻隐之心，将小女孩抱回了家，老人给孩子洗了澡，买了衣服，虽然小女孩双目失明，耳聋口哑，双腿残疾，但经过一番梳洗之后，看上去白白净净，很是招人喜爱。老人每月出资 500 元找了刘街村王玉海、武秀梅老两口抚养残疾小女孩。李桂云老人自己每天骑着三轮车在厂子里捡拾旧纸箱、饮料瓶、塑料，生活很节俭，15 年间，李桂云老人拿出数万多元的钱物来抚养这个与自己无亲无故、浑身残疾的小孩。后来王玉海老人撒手而去了；2012 年 2 月这个残疾小女孩也不幸离开了人世，但李桂云等三位耄耋之年的老人用自己的爱心和勤劳的双手让这个残疾小女孩生命之花多绽放了 5000 多个日日夜夜。

第二章　人口

1997 年后，馆陶县人口增长趋势稳定，自然增长率保持在 11% 以内。1997 年全县总人口 27.19 万人，到 2013 年，全县总人口 35.27 万人，增长 29.73%。人口实现了由“高出生、低死亡、高增长”向“合理出生、低死亡、合理增长”转变。

第一节　人口总量

1997 年，全县总人口 27.19 万人，其中农业人口 25.36 万人，非农业人口 1.82 万人，总户数 6.23 万户。此后，馆陶县坚持落实计划生育政策，人口由“高出生、低死亡、高增长”向“低出生、低死亡、低增长”转变，人口文化素质提升，身体素质增强，寿命延长。

2010 年第六次全国人口普查（下称“六普”），全县 60 岁以上人口 3.41 万人，占总人口 11%，根据国际人口老龄化标准，馆陶县已进入老龄化社会。

由于通婚、经商等原因，县外其他地区的人口迁入馆陶县，丰富了馆陶县的姓氏。2013 年，全县有 228 个姓氏，其中王、张、李、刘、郭姓人数最多。

2013 年，全县人口出生率、死亡率、自然增长率分别为 15.45‰、7.45‰和 8.0‰，女性初婚晚婚率 58.45%，出生多孩率由 1997 年的 1.31% 降至 0.96%，全县领取《独生子女父母光荣证》的夫妇 7106 对。人口和计划生育工作重点从控制人口过快增长向促进人的全面发展转变。

1997—2013 年馆陶县各乡镇人口数量一览表

表 6-2-1　　　　单位：人

年份	馆陶镇	房寨镇	柴堡镇	魏僧寨镇	寿山寺乡	王桥乡	南徐村乡	路桥乡
1997	47125	25207	39910	31354	37777	33594	24692	32190
1998	47781	25322	39947	31358	37822	33673	24790	32445
1999	48751	25395	39954	31360	37990	33903	24825	32632
2000	49780	25931	40322	31782	38127	34100	25386	32831
2001	52694	27641	41240	31734	39368	35587	25556	33805

续表 6-2-1

年份	馆陶镇	房寨镇	柴堡镇	魏僧寨镇	寿山寺乡	王桥乡	南徐村乡	路桥乡
2002	54238	27201	40758	32129	38938	36065	34133	25743
2003	54634	28334	41180	32718	39467	36470	25655	34850
2004	60013	26506	40430	31978	38722	35383	25320	33716
2005	61259	27023	41802	33402	39760	35634	26114	34744
2006	62408	27703	43837	34789	40933	36598	27022	35954
2007	64133	28202	44936	35954	41793	37602	28428	36230
2008	68758	28925	45291	36199	44659	38414	29609	37357
2009	67039	28715	45973	35738	44402	38839	30936	38411
2010	68548	29087	47072	36785	45322	39412	30304	38895
2011	70923	29375	48436	37554	46430	40207	30970	39152
2012	70467	29510	49381	38016	47101	40693	31346	39600
2013	71714	30046	50356	38604	48450	41451	31926	40121

第二节　人口分布与变动

人口分布

1997 年，全县人口密度为 608 人 / 平方公里。人口密度最大的是馆陶镇，为 977 人 / 平方公里，其次是寿山寺乡、王桥乡、南徐村乡、房寨镇、魏僧寨镇、柴堡镇，人口密度最小的是路桥乡，为 445 人 / 平方公里。2013 年，全县人口密度为 789 人 / 平方公里，较 1997 年每平方公里增加 181 人。人口密度最大的是馆陶镇，为 1486 人 / 平方公里，其次是寿山寺乡、南徐村乡、王桥乡、魏僧寨镇、房寨镇、柴堡镇，人口密度最小的是路桥乡，为 555 人 / 平方公里。

1997—2013 年馆陶县各乡镇人口密度一览表

表 6-2-2　　单位：人 / 平方公里

年份	馆陶镇	房寨镇	柴堡镇	魏僧寨镇	寿山寺乡	王桥乡	南徐村乡	路桥乡
1997	977	576	536	560	626	594	578	445
1998	990	578	536	560	626	595	581	449
1999	1010	580	537	560	629	599	582	452
2000	1032	592	541	568	631	602	595	454
2001	1092	631	554	567	652	629	599	468

续表 6-2-2

年份	馆陶镇	房寨镇	柴堡镇	魏僧寨镇	寿山寺乡	王桥乡	南徐村乡	路桥乡
2002	1124	621	547	574	645	637	800	356
2003	1132	647	553	584	654	644	601	482
2004	1244	605	543	571	641	625	593	467
2005	1270	617	561	596	658	630	612	481
2006	1293	633	589	621	678	647	633	498
2007	1329	644	603	642	692	664	666	501
2008	1425	661	608	646	740	679	694	517
2009	1389	656	617	638	735	686	725	532
2010	1421	664	632	657	750	696	710	538
2011	1470	671	650	671	769	710	725	542
2012	1460	674	663	679	780	719	734	548
2013	1486	686	676	689	802	732	748	555

人口变动

自然变动 1997—2013 年，馆陶县出生 6.03 万人，死亡 3.18 万人，自然增加 2.86 万人；平均每年出生 3549 人，死亡 1868 人，自然增加 1685 人。总体上看，人口自然增长速度低于全国和全省的平均水平。人口增长始终稳定在控制目标以内，人口再生产类型实现由“高出生、低死亡、高增长”向“合理出生、低死亡、合理增长”转变。

1997—2013 年馆陶县人口变动统计表

表 6-2-3　　单位：‰

年份	出生人口	男	女	出生人口性别比	符合政策生育率	出生率	自然增长率
1997	1898	1018	880	115.68	94.26	7.01	1.66
1998	2270	1218	1052	115.78	95.07	8.38	2.06
1999	2718	1515	1266	119.67	95.69	10.04	3.41
2000	3145	1777	1368	129.90	95.87	11.28	6.09
2001	3618	1905	1713	111.21	96.41	12.93	6.88
2002	3665	1893	1772	106.83	95.12	13.05	6.59
2003	3646	1885	1761	107.04	96.16	12.78	6.42
2004	3362	1728	1634	105.75	96.49	11.60	5.41

续表 6-2-3

年份	出生人口	男	女	出生人口性别比	符合政策生育率	出生率	自然增长率
2005	3570	1820	1750	104.00	95.01	12.23	6.10
2006	3525	1815	1710	106.14	95.35	12.01	5.60
2007	3540	1826	1714	106.53	95.42	11.97	5.16
2008	3448	1761	1687	104.39	95.62	11.56	5.31
2009	3489	1792	1697	105.60	95.41	11.28	5.74
2010	4264	2175	2089	104.12	95.45	13.13	6.97
2011	4426	2266	2160	104.91	90.87	13.53	7.14
2012	4486	2302	2184	105.40	90.84	13.46	7.06
2013	5269	2742	2527	108.51	83.85	15.45	8.00

机械变动　1997 年后，馆陶县迁出人口逐年增长，有的务工而出，有的求学或经商，外出人口主要集中邯郸市、石家庄、北京市，从事行业主要为建筑业，工厂，多以体力劳动为主。2000 年后，随着馆陶县经济日益增长，到馆陶县打工经商者也逐渐增多。

1997—2013 年，全县迁入人口 3.35 万人，迁出人口 3.17 万人，净迁入人口 1790 人。

1997—2013 年馆陶县人口机械变动情况一览表

表 6-2-4　　单位：人

年份	迁入			迁出			净迁入
	省内	省外	合计	省内	省外	合计	
1997	—	—	3937	—	—	2733	1204
1998	—	—	1862	—	—	981	881
1999	1645	65	1710	1016	161	1177	533
2000	2809	321	3130	1300	193	1493	1637
2001	1435	240	1675	1439	234	1673	2
2002	1256	789	2045	1850	423	2273	-228
2003	1852	1789	3641	1136	469	1605	2036
2004	1533	429	1962	1580	473	2053	-91
2005	734	354	1088	795	519	1314	-226
2006	1255	318	1573	1377	416	1793	-220
2007	1047	841	1888	917	535	1452	436
2008	1012	648	1660	838	706	1544	116
2009	852	453	1305	1144	493	1637	-332

续表 6-2-4

年份	迁入			迁出			净迁入
	省内	省外	合计	省内	省外	合计	
2010	1109	708	1817	775	552	1327	490
2011	804	567	1371	1171	1015	2186	-815
2012	724	536	1260	2350	2397	4747	-3487
2013	929	617	1546	851	841	1692	-146

第三节　人口构成

性别结构

1997 年，全县总人口 27.19 万人，其中男性 13.61 万人，占总人口的 50.08%；女性 13.57 万人，占总人口的 49.92%；男女性别比为 100.3：100。2013 年全县总人口 35.27 万人，其中男性 17.93 万人，占总人口的 50.84%；女性 17.337 万人，占总人口的 49.16%；男女性别比为 103.4：100。

1997—2013 年馆陶县人口性别情况一览表

表 6-2-5　　单位：%

年份	总人口	男	占总人口比例	女	占总人口比例	性别比（女 =100)
1997	271849	136135	50.08	135714	49.92	100.3
1998	272598	136172	49.95	136426	50.05	99.8
1999	274810	137261	49.95	137549	50.05	99.8
2000	278259	138881	49.91	139378	50.09	99.6
2001	287625	144715	50.31	142910	49.69	101.3
2002	289205	144315	49.90	144890	50.10	99.6
2003	293308	145438	49.59	147870	50.41	98.4
2004	292068	147585	50.53	144483	49.47	102.1
2005	299738	151709	50.61	148029	49.39	102.5
2006	309244	156326	50.55	152918	49.45	102.2
2007	317278	160911	50.72	156367	49.28	102.9
2008	329212	166897	50.70	162315	49.30	102.8
2009	330053	167591	50.78	162462	49.22	103.2
2010	335425	170465	50.82	164960	49.18	103.3

续表 6-2-5

年份	总人口	男	占总人口比例	女	占总人口比例	性别比（女 =100）
2011	343047	174399	50.84	168648	49.16	103.4
2012	346114	175978	50.84	170136	49.16	103.4
2013	352668	179303	50.84	173365	49.16	103.4

年龄构成

2000 年第五次全国人口普查时，全县 0 ～ 14 岁人口为 67005 人，占总人口的 23.86%；15 ～ 59 岁人口为 187157 人，占总人口的 66.63%；60 岁以上人口为 26715 人，占总人口的 9.51%。

民族构成

2000 年第五次人口普查时，全县有 12 个少数民族，人口为 187 人，占总人口的 0.067%。少数民族中，回族、蒙古族、朝鲜族人口较多，其余少数民族人口均不足 10 人。

第四节　计划生育

宣传教育

1997 年，全面贯彻落实计划生育“三为主”工作方针，通过入户宣传，刷写标语，出动宣传车，利用广播喇叭，印制《育龄妇女知识宣传手册》(20 余万份)，制作计生宣传图版等形式，在全县开展声势浩大的计划生育宣传活动。1998 年，在全县乡、村扎实开展有一所人口学校、一块计生黑板报、一名专职宣传员、一套培训资料、一本活动记录为主要内容的“五个一”达标创优活动。1999 年，以计划生育“三下乡”活动和计划生育“三结合”为载体，县委、县政府先后下发了各项优先、优惠政策的文件和规定，强化政府行为，列入全县经济发展和扶贫开发规划，县直各部门协调联动，做到有钱的出钱，有技术的出技术，齐心合力帮扶农村计生户脱贫致富；是年，先后举办了“争做新时期最可爱的人演讲赛”“计划生育基础

婚育新风进万家活动

知识有奖竞赛”和“婚育新风进万家文艺汇演”等大型宣传活动，县计划生育宣传教育指导站创省级优秀站。

2000 年，在路桥乡创建“生殖健康知识长廊”，受到省计生委领导的高度赞赏，在此基础上，被省更名为“婚育新风知识长廊”，在全省推广，现成为省、市计划生育工作考核的一项重要指标。2001 年，馆陶县被中央宣传部、国家计生委评为“全国婚育新风进万家活动先进县”。

2002 年，馆陶县广泛利用社会资源，开展婚育新风宣传，与邮政局、东龙酒业、思月黑陶等企业联合，打造出具有馆陶特色的计企联手宣传品牌。2003 年，邯郸市东片计划生育宣教工作研讨会在馆陶县召开。是年，馆陶县创建新型生育文化，抓好阵地宣传，创建新型生育文化方案和新型文化示范户创建标准。全县共建成村人口文化大院 145 个，乡大院 8 个，生育文化户 277 个，人口文化大院全部达到了“八有一能”的标准。

2004 年 5 月，“关爱女孩陶山行文艺演出”在馆陶镇刘庄文化大院拉开序幕，受到广大育龄群众一致欢迎。2005 年 4 月 21 日，成功举办“关爱女孩陶山行”启动仪式，现场为十名受救助女孩发放了关爱救助金，上百个单位参加活动，上千人上街参加了游行宣传，上万人在“关爱女孩百米长卷”上签名，在全县引起强烈轰动；是年，馆陶县被中央宣传部、国家计生委、民政部、国家广电总局、共青团中央、中央文明委办公室、教育部、文化部、中华全国总工会、中华全国妇女联合会评为“全国婚育新风进万家活动先进县”。2006 年，以建设新型人口文化为突破口，以加强民兵预备役人员计划生育宣传服务工作为重点，大力开展了军民共创婚育新风活动。根据活动开展情况摄制的专题片《军民携手共创婚育新风》，被北京军区授予“三等奖”。

2008 年后，在全县开展“婚育文明村、婚育文明家庭”创建活动。是年，县成立了集法律法规宣传、科技培训、文艺演出、生殖健康服务为一体的流动宣传服务站，深入乡村针对育龄群众需求，开展互动式、兴趣式宣传活动。2009 年，实施计生宣教“订单”化工作模式，按照科学发展观的要求，以育龄群众的关注、需求为出发点，按照以人为本的工作理念，来实施工作，开展活动，就是群众需要哪种宣传，就提供哪种宣传；群众需要什么服务，就开展什么服务；群众喜欢哪种宣传服务形式，就采用哪种宣传服务形式。

2010 年，县人口计生局积极协调县数字电影公司开展“计划生育惠民电影村村到工程”，共演出计生公益片 1355 场。2011 年，针对网民众多，网络媒体传播快、青少年参与率高、互动性强这一新情况，县人口计生局利用这一现代传媒，充分发挥网络优势，在全省率先开通了人口宣教官方微博。2012 年在全县广泛开展新型家庭人口文化“农家乐”工程，结合传统年俗，开展了以“免费发春联，高兴过大年”为主题的宣传活动，县人口计生局把春联、年画、奖扶知识及计生知识读本制作成新春大礼包，免费发放到育龄群众手中；在县城主要街道设立了咨询服务台，现场开展咨询服务；组织计生文艺宣传队开展“文化进城”系列节目，开展“村村同唱计生歌”活动，传播新型人口文化。县人口计生局与教育局、卫生局、妇联、农牧局、电视台等相关单位联合成立了幸福家庭教育指导站，通过手机短信方式将培训内容、授课人员等信息告知受训对象，凡参加人员均有小礼品相送，此举，大大提高了群众的参训率，激发了创建幸福家庭的热情。投资 80 万元，优化、美化、亮化了人口计生户外宣传环境，印制了“新型家庭人口文化系列丛书，人口计生公共服务之妇女常见病、预防出生缺陷、宝宝健康指南”、宣传折页等等宣传精品，通过不同渠道发放到育龄群众手中，收到了良好的宣传效果。2013 年，馆陶县结合有关“美丽中国”和人口计生工作实际，开展了“美丽村（居）、美丽家庭”创建活动。

奖励政策

根据《河北省人口与计划生育条例》关于奖励与社会保障的有关规定，馆陶县筹措 2006 年度农村独生子女父母奖励资金 90 余万元，按照本人申报—村公示—乡镇审查—县确认—返回公示等程序，2006 年 8 月 8 日，举办了全县 2006 年农村独生子女父母奖励金发放仪式，并全部发放到奖励对象手中。

2005 年开始，馆陶县对本人及配偶均为农业户口或界定为农村居民，1933 年 1 月 1 日后出生，1973—2001 年间没有违反计划生育法规、规章和政策规定生育，现存一个子女或两个女孩或子女死亡现无子女，年满 60 周岁的计生户落实奖励扶助政策。是年符合条件人数 405 人，每人获奖扶金 600 元，共落实奖扶金额 24.3 万元。

2008 年开始，馆陶县对户籍在河北省。1933 年 1 月 1 日后出生、女方年满 49 周岁，只生育一个子女或合法收养一个子女，现无存活子女或独生子女被依法鉴定为残疾（伤病残三级以上）的计生户落实特别扶助政策。标准为子女伤残的每人每年 960 元，子女死亡的每人每年 1200 元。是年为符合条件的 33 人落实奖励金 3.672 元。

计划生育季服务活动

服务站建设

1988 年，馆陶县建成了计划生育服务站。1989 年后，各乡镇陆续成立了计生工作站，各村设有计划生育综合办公室，集管理与服务职能于一体。2004

年，大力实施“三大工程”：避孕节育优质服务工程、出生缺陷干预工程、生殖道感染干预工程。2005 年，馆陶镇、柴堡镇、魏僧寨镇、房寨镇、王桥乡 5 个乡镇新建计生服务站，各村设有生殖健康服务室。2006 年 6 月，徐村乡计划生育服务站被评为“全国人口和计划生育科技工作先进集体”。2007 年，县计生服务站获“全国计划生育优质服务站”称号，2008 年，寿山寺乡新建计生服务站，徐村乡和路桥乡两个乡镇对计生服务站进行了改建。柴堡镇和魏僧寨镇计生服务站被评为“全国计划生育优质服务乡级服务站”。至 2013 年年底，全县已有优质村计生服务室 108 个，普通村级服务室 169 个。

提高人口素质

1993—1998 年，县计生服务机构把工作重点放在控制人口数量上，全县优生优育妇女及儿童保健工作主要由医疗卫生和妇幼保健部门承担。1995 年，针对孕妇体内缺乏叶酸造成神经管畸形发病率较高的状况，各计生服务工作站向待孕、现孕妇女宣传预防神经管畸形药物小剂量叶酸的补服方法。之后通过补服人群的逐年增加，馆陶县的神经管畸形发生率明显下降。1997 年前，馆陶县每年因神经管畸形引产 120 余例。1998—2011 年，全县每年因神经管畸形引产不足 40 例。隐形病例也相应减少。2001 年，县计生服务部门实施出生缺陷工程，县计生服务站和各乡镇计生服务站共设优生门诊室 10 个，277 个行政村设立计划生育服务室，县计生服务站设立优生实验室。对待孕、现孕妇女进行感染性致畸因素检测，指导小剂量叶酸、优生营养素的服用，开展孕期保健服务和产前诊断筛查，并向已婚待孕，现孕妇女发放优生优育宣传资料。2002 年起，凡是照顾再生育对象全部落实出生缺陷干预工程服务项目相继开设乙肝表面抗原检查和四项病毒筛查。2005 年起，开展出生缺陷一级预防工作，对待孕、现孕对象分阶段开展宣传培训、咨询指导、致畸因素监测、营养素补发、孕情跟踪、产后随访等服务。2007 年起，馆陶县各乡（镇）计划生育服务站设立特色咨询门诊，每年投资 10 余万元向待孕对象免费发放小剂量叶酸，重点进行优生优育宣传和咨询的做法在全省推广，有效控制全县神经管畸形胎儿的发病。当年被国家人口和计生委评为“全国计划生育优质服务先进县”。2010 年后由卫生部门发放。2012 年 4 月，馆陶县被列为全国第二批免费孕前优生健康检查项目试点县。7 月，馆陶县正式启动免费孕检工作，对全县农村户口待孕夫妇开展优生宣传、优生检查、跟踪随访等服务。2013 年，全县免费孕前优生检查服务 5054 人，查出高危人群 48 人。

出生缺陷一级预防 2001 年，馆陶县启动生殖保健工作，省科研所开展 0101 课题研究。馆陶县作为河北省计生委抽取的 20 个县份之一，抽取馆陶镇、路桥乡、王桥乡 3 个乡镇参与出生缺陷和不良妊娠结局调查，为期 2 年，共调查孕妇 430 余人，发现出生缺陷和不良妊娠结局 25 例。结果显示，馆陶县出生缺陷发生率较高。2007 年，馆陶县参与省级项目不良妊娠结局、阶段出生缺陷儿调查和出生缺陷一级预防式探索的调研。2008 年，省计划生育研究院再次将馆陶县列为实施全省“出生缺陷一级预防模式探索”项目 20 个县之一。项目包括出生缺陷一级预防模式探索 0 ～ 6 岁缺陷儿童调查、不良妊娠结局调查 3 项内容，对 6 年内出生儿童缺陷调查，8 个乡（镇）共调查 8960 余人，调查结果为可见畸形或者先天疾病 237 例。

育龄妇女生殖健康保健 1989 年，馆陶县计划生育服务站建成后，主要通过对育龄妇女“季服务”发现一些常见妇女病，而后对患者治疗告知，以减少妇女疾病的罹患率。是年起，馆陶县每年对已婚育龄妇女开展一次生殖健康检查。2001 年 6 月后，实施生殖道感染干预工程查出部分妇科疾病和乳腺疾病患者，并对患者予以及时有效治疗。2005 年，农村已婚育龄妇女生殖健康免费检查被列入全省“十大民心工程”之一，经费由省、市财政和县级财政各承担 50%。2008 年 3 月，县计生局被省人口和计划生育委员会评为河北省农村妇女生殖健康检查免费服务“民心工程”先进单位；县计划生育服务站白海英和路桥乡计生站孙兆菊被评为河北省农村妇女生殖健康检查免费服务“民心工程”先进个人。至 2013 年，共免费检查 45.3 万人次，发现各类疾病 8.15 万例，大部分病人得到及时治疗。

计生管理

1997 年以后，馆陶县委、县政府始终把计划生育工作纳入全县经济、社会发展全局，列入重要议事日程，加强了计划生育队伍建设和基础服务设施建设，围绕逐步建立“依法管理、村民自治、优质服务、政策推动、综合治理”的计划生育工作机制，服从和服务于全县经济建设大局，坚持一把手亲自抓，负总责不动摇，坚持“责任到位、投入到位，措施到位”不动摇，坚持创新计划生育工作机制不动摇，坚持以人为本，深化计划生育优质服务不动摇，创造性地开展了“国策恳谈会”、计划生育“三月”管理模式、“双带双帮”、计生工作“五星级”创建、“订单”模式、“农家乐”工程、“双美”创建等一大批先进做法和工作经验，先后被国家、省、市给予充分肯定和推广。连续 16 年被省市评为计划生育工作先进县。2001 年、2005 年，连续两届被中央宣传部、国家计生委等八部委评为“全国婚育新风进万家活动先进县”。2002 年，馆陶县被国家人事部和国家计生委评为“全国计划生育先进集体”。2004 年，河北省部分县（市、区）人口与计划生育座谈会在馆陶县召开。2007 年，馆陶县荣获“全国计划生育优质服务行进县”。2012 年底，馆陶县又被省确定为“婚育新风进万家活动示范县”。

避孕节育 20 世纪 90 年代前，计划生育主要以使用避孕药具为主。90 年代初，馆陶县落实长效避孕节育措施，控制人口自然增长，并加大外孕补救力度。2002 年 12 月获得河北省计划生育委员会颁发的“河北省计划生育药具管理先进站”。2003 年 8 月起，

避孕措施知情选择方法在全县开展，全县277个行政村全面实施避孕措施知情选择，为防止知情选择导致计划生育工作滑坡，对实行对象采取押金制度，2005年停止执行押金制度。2013年，共设立社会免费发放药具点4个，分别包括三八路“建新大药房”，政府街中段的“文卫药房”，筑先路北段的“康恒百姓药房”和“县人民医院药房”，为全县外来流动人口发放免费药具领取卡。

已婚育龄妇女管理　1993年年初，馆陶县对已婚育龄妇女管理主要采取一年4次“季服务”、直查直处和突击检查活动等方式摸清出生、怀孕、避孕节与措施等相关底数。同时，对计划外怀孕妇女采取补救措施。从1994年开始，将已婚育龄妇女划分重点户和放心户两类管理，重点户一年普查4次，放心户一年普查2次。1994年，对全县已婚育龄妇女的管理统一规范，制定六账一卡管理：新婚账、怀孕账、出生账、节育账、补救账、死亡账和已婚育龄妇女普查卡片。2009年5月开始，县人口和计生局利用3个月时间，组织全县计生系统统计员对全员人口信息逐条录入信息库，并从卫生、公安等部门提取相关资料进行比对核实。2010年10月开始，县人口和计生局由对已婚育龄妇女管理转变为对全员人口管理。

生育指标管理　1984年—1993年，馆陶县实行《准生证》审批管理。1994—1995年，实行《准孕证》管理，计生对象领取《准孕证》怀孕后凭怀孕诊断可换取《准生证》。1996年起，全部实行《准生证》审批管理制度。2003年，根据《河北省人口和计划生育条例》取消一胎审批，变为第一个子女登记，依法结婚后生育第一个子女不再履行生育审批制度。第二个子女实行再生育审批监督管理制。延续至2013年。

丰富多彩的群众娱乐生活

第三章　居民生活

1997—2013 年，是馆陶县历史上居民生活水平提高最快的时期。城镇居民人均收入由 3971 元提高到 16517 元；城镇职工年均工资由 3971 元提高到 32040 元；农民人均纯收入由 2000 元提调到 7743 元。城镇居民人均消费水平由 2807 元提高到 7280 元；农村居民人均生活消费支出年均增长 9.2%。

第一节　居民收入

城镇居民收入

1997 年，馆陶县城镇居民人均收入 3971 元，此后，城镇居民人均收入逐年增长。2013 年，城镇居民人均收入 16517 元，其中工薪收入为 3726 元，占 22.56%；经营性收入为 5744 元，占 34.78%；财产性收入为 442 元，占 2.68%；转移性收入为 1566 元，占 9.48%。城镇职工年均工资 1997 年为 3971 元，2013 年为 32040 元。

1997—2013 年馆陶县城镇职工年人均工资统计表

表 6-3-1　　单位：元

年份	年人均工资	年份	年人均工资
1997	3971	1999	5362
1998	4428	2000	5876

续表 6-3-1

年份	年人均工资	年份	年人均工资
2001	6567	2008	15294
2002	7639	2009	18559
2003	7917	2010	23324
2004	8733	2011	24678
2005	10331	2012	25935
2006	11195	2013	32040
2007	13471	—	—

农民人均纯收入

1997 年，全县农民人均纯收入为 2000 元，2013 年达到 7743 元，为 1997 年的 3.87 倍。农民人均纯收入主要来源四方面：工资性收入、家庭经营性纯收入、财产性纯收入、转移性纯收入，其中家庭经营性纯收入占比最高，2013 年达到 61.7%；随着外出务工人员不断增加，工资性收入比重不断提高，由 2003 年的 18.9% 提高至 2013 年的 34.9%，十年提高 16 个百分点。

1997—2013 年馆陶县农民人均纯收入统计表

表 6-3-2　　单位：元

年份	农民人均纯收入	年份	农民人均纯收入
1997	2000	2006	3063
1998	2150	2007	3424
1999	2275	2008	3806
2000	2403	2009	4293
2001	2521	2010	5087
2002	2609	2011	5747
2003	2716	2012	6908
2004	2811	2013	7743
2005	2913	—	—

第二节　居民消费

城镇居民消费

1997 年，馆陶县人均消费支出为 2807 元，其中食品消费 1809 元，衣着消费 96 元，居住消费 50.9 元、家庭设备用品消费 303 元、交通通讯消费 121 元、文化教育娱乐用品消费358.5元、医疗保健消费57元、其他商品服务消费11.7元。随着收入的不断提高，城镇居民的消费观念也发生了变化，一些年轻人开始使用信用卡提前消费，消费更加注重商品的品质。2013年城镇居民人均消费支出为6650元，其中食品消费1883元，占28.32%；衣着消费475元，占7.14%；居住消费3163元，占47.56%；家庭设备用品消费252元，占3.80%;交通通讯消费473元，占7.11%;文化教育娱乐用品消费263元，占3.96%；医疗保健消费103元，占1.55%；其他商品服务消费38元，占0.57%。

农村居民消费

1997年后，馆陶县农村居民消费主要包括8方面：食品消费支出、衣着消费支出、居住消费支出、家庭设备用品消费支出、交通通讯消费支出、文化教育娱乐用品消费支出、医疗保健消费支出、其他商品服务消费支出。1998年至2012年14年间，农村居民人均生活消费支出年均增长9.2%，其中人均食品消费支出年均增长6.6%；人均衣着消费支出年均增长15.8%；人均居住消费支出年均增长7.2%；人均家庭设备用品消费支出年均增长13.8%；人均交通通讯消费支出年均增长17.8%；人均文化教育娱乐用品消费支出年均增长1.2%；人均医疗保健消费支出和其他商品服务消费支出年均增长13.4%；人均其他商品服务消费支出年均增长15.7%。恩格尔系数由1998年50.5%下降到2012年36%，下降14.5个百分点。农村居民消费变化发生较大变化，衣着、医疗、家庭用品支出比重逐步提高、食品支出逐步下降，从消费支出看，农民生活水平不断提高。

第四章 人力资源与社会保障

1997 年后，馆陶县人力资源与社会保障事业取得了巨大进步。2002 年、2005 年，先后进行了两次机构改革，减少财政供养人员。2013 年，馆陶县乡镇行政编制总数为 259 人，事业编制总数为 5522 人。引进 741 名高校毕业生。全县参加养老保险统筹的单位 103 个，在职职工 9750 人，退休职工 4654 人。城乡居民社会养老保险覆盖 17.33 万人，累计发放养老金 4837 万元。

第一节 编制与人事

行政编制管理

1996 年党政机构改革，重新核定党政机构编制，并在行政机关中推行公务员制度。此次机构改革，县级机关单位行政编制 450 名，并对超编人员进行分流。此后机构改革、控编减员工作不断推进，至 1998 年年底，县直部门行政编制减少到 421 名。2002 年机构改革再次进行人员编制精简与分流，精简后行政编制为 345 名。2005 年政府机构改革，要求规范人员编制，减少财政供养人员，并明确要求使用行政编制的工作机构不得使用事业编制。

1996 年机构改革，核定馆陶县各乡（镇）行政编制总额 300 名，后根据馆陶县乡（镇）实际设置情况，追加行政编制 30 名。2002 年机构改革，精简为 261 名，并核定每乡（镇）工勤人员编制 2 名。2011 年乡镇机构改革后至 2013 年年底，馆陶县乡镇行政编制总数为 259 名（馆陶镇 34 名、魏僧寨镇 33 名、柴堡镇 33 名、房寨镇 29 名、寿山寺乡 33 名、南徐村乡 31 名、王桥乡 33 名、路桥乡 33 名）。

事业单位编制与管理

2006 年党政机构改革，馆陶县各乡（镇）事业编制 349 名。2011 年乡镇机构改革，乡镇全部为全额拨款事业单位，核定全额拨款事业编制 259 名（馆陶镇 36 名、魏僧寨镇 33 名、柴堡镇 35 名、房寨镇 29 名、寿山寺乡 34 名、南徐村乡 29 名、王桥乡 32 名、路桥乡 31 名）。

至 2013 年年底，馆陶县事业编制总数为 5522 名（其中财政预算事业编制 4653 名、经费自理事业编制 828 名、企业化管理事业编制 41 名），实有事业编制人员 6227 人，超编 705 人。

专业技术人员管理

评审与聘任　1992 年 10 月，馆陶县专业技术人员职务评聘由县科委划转县劳人局负责。2004 年，专业技术人员管理从劳动人事局人事科划分出来成立职改办，2010 年根据三定方案更名为专业技术人员管理科。实行专业技术职务聘任，取得什么专业技术职务任职资格，即聘任什么专业技术职务，并兑现相应专业技术职务的有关待遇。截至 2013 年，馆陶县企业、事业单位共有专业技术人员 4385 人。

专家推荐管理　1997 年后，根据河北省人力资源和社会保障厅等七部门《关于在全省实施“三三三人才工程”》的通知，馆陶县人民医院刘文杰、中医院武洪民分别于 2008 年、2009 年通过“邯郸市三三三人才工程”第三层次人选的选拔，确定为“邯郸市三三三人才工程”第三层次人选。由“河北省三三三人才工程”领导小组颁发证书，在四年培养期限内，按邯人〔2005〕47 号文件规定，由市财政向三层次人选每人每月发放 100 元专家补助。

人事管理

人事调动　1997—2013 年，馆陶县干部调配结合工作需要、编制定员和干部结构状况，按照精简行政、充实基层、保证重点、解决急需、进出平衡的原则，有计划的调剂余缺。2001—2013 年共办理调动手续 820 人。

人才管理　1997—2013 年，馆陶县针对人才缺乏、引不进、留不住状况，对引进的研究生、重点院校本科生，实行不限生源、时间、学校。2001—2013 年，馆陶县引进 741 名高校毕业生，缓解了各行业的专业技术人才不足问题。其中博士生 1 名，研究生 100 名，本科生 284 名，专科生 356 名。

附：

《中共馆陶县委关于印发〈馆陶人才政策 18 条〉的通知》

（馆字〔2014〕16 号）

第一条　大力引进高端创新人才。凡与馆陶县签订协议，列为企业长期专家顾问的，一次性给予 10 万奖励。在馆陶工作期间，新入选国家“千人计划”和教育部“长江学者奖励计划”、获得全国杰出专业技术人才、国家杰出青年科学基金者的，奖励10万元。

第二条 重奖专业技术人才。新聘用的专业技术人才在馆陶县企业工作满5年，表现优秀的一本生、硕士生、博士生分别一次性给予1万元、2万元、3万元奖励。

第三条 加强校企业合作，县职教中心把为重点企业服务作为今后的发展方向，推行校企一体化试点，企业派人参与课程设计、教师招聘等工作，有针对性培养所需要人才。

第四条 设立“伯乐奖”，对在引进人才工作中发挥主要作用的人员授予“伯乐奖”。

第五条 在县政府网设立“毛遂自荐邮箱”，凡属馆陶经济发展需要的各类人才均可自我推荐，核择优使用。

第六条 定期对重点企业项目的紧缺人才需求情况进行专项统计，建立人才需求目录表，每年由县政府牵头，有针对性的组织3～4次企业人才专题招聘会。

第七条 建立政府顾问制度，聘请部分高校知名专家、教授及馆陶籍在外优秀人士为馆陶县政府顾问，将其作为县委、县政府决策“智囊团”。

第八条 对新认定的国家级企业研发机构、省级企业研发机构、优秀的市级企业研发机构，由县财政分别给予30万元、10万元、5万元至10万元的补助。

第九条 对经国家、省授牌成立的“技能大师工作室”，除享受省、市给予的专项补助经费外，县政府每年给予5万元的经费，连续扶持两年。

第十条 对在馆工作的专业技术类人员，脱产攻读馆陶需要的专业技术类全日制博士学位取得相应学历证书后，回馆陶就业签订5年以上就业合同的，报销学费，最高5万元。

第十一条 列入省市重点项目企业中的专业技术人员，在确认、晋升专业技术职务任职资格时不受单位岗位结构比例限制，对特殊紧缺人才，县人社局实行全程帮办服务。

第十二条 每年组织召开一次“群英会”，对优秀人才进行表彰，并对为馆陶县经济发展做出突出贡献的授予“人才奖”，在全县大力表彰。

第十三条 政府筹建人才大厦，为高端人才提供工作室及相关配套服务。

第十四条 建立县级干部联系优秀人才制度。实行县领导与优秀人才“一对一”对口联系。

第十五条 建立与馆陶籍在外优秀人才联系制度。

第十六条 建立关爱机制。对引进的高端人才和获得中央、省、市级各种荣誉称号的优秀人才，优先推荐担任县人大常委会代表、政协委员、工商联及各行业协会理事。

第十七条 为优秀人才发放“馆陶县优秀人才一卡通”，凭“一卡通”在户口迁移、子女入学、配偶就业、住房保障、医疗保健等方面提供优先服务通道。

第十八条 政府设立“人才工作基金”，县财政每年拨付200万元作为人才专项资金，用于人才的引进、培养和奖励等。

离退休退职人员管理

1997—2011年，馆陶县机关事业单位离退休人员由社会保障中心和人事科管理。2012年10月，全县机关、事业单位工作人员退休工作由工资福利科负责。1992—2011年，馆陶县15次调整离退休人员退休金福利待遇标准，保证离退休人员老有所养。2013年底，全县共有机关事业单位退休干部职工1963人、离休干部22人、退职职工12人。

第二节　工资、福利

工资

1991年，馆陶县机关事业单位人均月工资137元。1993年工资改革，机关事业单位工作人员月人均增资78.96元，其中机关人均月增资69元，全民事业单位月人均增资82.39元，集体事业单位月人均增资88.66元。根据经济发展情况、企业人员工资水平状况和城镇居民生活费用的增长幅度，馆陶县分别于1997年7月、1999年7月、2001年1月、2001年10月、2003年7月5次调整机关事业单位工作人员工资标准。通过调整工资标准，馆陶县机关事业单位工作人员人均月工资由1997年的527元提至2003年的1109元。2006年工资制度改革后，机关公务员实行职级工资制，技术工人仍实行岗位技术等级工资制，普通工人仍实行岗位工资制，事业单位实行岗位绩效工资制。工资改革后，机关人均月增资208.69元，事业单位人均月增资250.46元。从2009年1月1日起，全县义务教育学校全面实施绩效工资制，涉及人员1986人。从2009年10月1日起，公共卫生与基层医疗卫生事业单位实施绩效工资制，涉及人员165人。从2010年1月1日起，全县其他事业单位全面实施绩效工资制，涉及人员2865人。在实施绩效工资制的同时，为1236名离退休人员发放退休补贴。事业单位全面实施绩效工资制后，在职人员人均月增资436元，离退休（退职）人员人均月增资216元。

第三节　劳动管理

劳动争议仲裁

2008年以前，馆陶县劳动争议仲裁委每年受理劳动争议案件很少。2008年以后，受理劳动争议案件逐渐增多，多数主要是涉及劳动关系的确认和伤残赔偿。2008年至2013年馆陶县多次组织劳动争议专职仲裁员参加河北省举办的培训学习班，并全部考试合格拿到资格证书。2011年6月，馆陶县成立了劳动人事争议调解仲裁委员会，负责审查受理县本级发生的劳动人事争议案件。2012年5月、2013年10月，分别对馆陶县劳动人事争议调解仲裁委员会人员进行了调整。2013年10月，人社局劳动监察科加挂“馆陶县劳动人事争议调解仲裁院”牌子。

劳动监察

1997 年以后，随着馆陶县经济的不断发展，用人单位管理不规范，恶意拖欠、克扣劳动者工资等侵犯劳动者合法权益的案件大量增加。2001 年 12 月，馆陶县设立了馆陶县劳动监察大队，每年都开展关于拖欠工资、规范劳动力用工市场等专项检查活动。2008 年 1 月，劳动合同法正式实施以来，劳动保障监察大队加大了监察审查工作，深入用人单位，帮助规范用工管理，指导劳动合同的签订。2003—2013 年，实施了劳动保障监察异地监察执法工作。

劳动关系管理

1997 年前，馆陶开展全员劳动合同制形式，实行全员劳动合同制的企业有 22 家，涉及职工 1589 人。对暂不具备实行全员劳动合同制条件的 25 家企业、2146 名职工实行合同化管理。2008 年 1 月 1 日起，馆陶县各用人单位按照《中华人民共和国劳动合同法》的有关规定，进一步完善劳动合同制度，规范劳动合同订立、履行、变更、解除或者终止程序，明确劳动合同双方当事人的权利和义务。2010—2011 年，全县各用人单位与劳动者新签、续签、补签劳动合同 895 人，依法解除或终止劳动合同 219 人。

第四节 社会保障

机构

1993 年前，县社会保障机构为县社会保险事业管理所。1993 年 9 月，经县委、县政府批准更名为馆陶县社会保障中心，原编制不变，规格为副科级，挂靠馆陶县劳动人事局。2011 年 9 月，根据馆陶县机构编制委员会《关于县社保中心、农保中心、医保中心整合升格为馆陶县社会保障中心的通知》精神和县委常委会意见，县社保中心、农保中心、医保中心整合为馆陶县社会保障中心，全额拨款事业单位，正科级机构，人员编制 20 人，中心设主任 1 名（正科级），副主任 2 名（副科级），属县政府直属事业单位。

养老保险

城镇职工养老保险　县养老保险始于 1986 年 5 月，为县级统筹的险种。到 1990 年底县域内应参加统筹的企业基本全部参加了统筹。1993 年年底，全县参加养老保险统筹的单位 189 个，包括企业单位和机关事业单位（下同），在职职工 4958 人，退休职工 461 人，退休职工占职工人数的 9.2%。全年筹集资金近 270 万元，发放退休费用达 190 万元。

1997年7月，依据国务院《关于建立统一的企业职工养老保险制度的决定》，馆陶县确定“社会统筹与个人账户相结合”的模式。全县参加养老保险统筹的单位166个，在职职工5528人，退休职工768人，退休职工占职工人数的13.8%。全年筹集资金近390万元，发放退休费用达270万元。2001年，全县开始实行养老金从银行领取的发放方式。到2009年全县参加养老保险统筹的单位103个，在职职工8368人，退休职工2835人。全年筹集资金2249.2万元，发放退休费用达3883万元。2010年全县参加养老保险统筹的单位103个，在职职工9770人，退休职工3153人，全年筹集资金近4546.9万元。2013年全县参加养老保险统筹的单位103个，在职职工9750人，退休职工4654人，全年筹集资金近2971.7万元，发放退休费用达8402.45万元，发放缺口部分由省统一调剂解决。

城乡居民养老保险 2011年4月27日馆陶县人民政府召开第二十八次常务会议，决定在8个乡镇8个村，实行新农保试点。县财政投入农保基金34万元，同时拨付启动经费20万元。

2012年2月28日，馆陶县召开城乡居民社会养老保险试点工作动员大会，根据2012年馆陶县人民政府关于印发《馆陶县新型农村社会养老保险试点工作实施办法》的通知，确定本县行政区域内16周岁以上（不含在校学生）、未参加城镇职工基本养老保险的农村居民，可以在户籍地参加新农保。缴费标准设为每人每年100元、200元、300元、400元、500元5个档次。省、市、县对参保人缴费给予补贴。补贴标准为每人每年30元；政府为参保的重度残疾人每人每年代缴81元养老保险费，个人缴纳19元。中央确定的基础养老金标准为每人每月55元。

截至2013年年底，全县参保覆盖173327人，其中参保缴费135075人，累计基金征缴3198.88万元，待遇发放37814人，累计发放养老金4837万元。

工伤保险

县工伤保险始于1986年。1993年开始征缴工伤保险费；到2000年全县工伤保险参保单位108个，覆盖率为96%，人数为4725人；享受工伤保险待遇17人，全年共支出工伤保险金8.6万元，2003年全县工伤保险参加单位83个，覆盖面为92%，参保人数为4711人，享受工伤待遇21人，全年共支出工伤保险金12.6万元；2008年工伤保险参保单位96个，参保人数为6359人，享受工伤待遇7人，全年共支出工伤保险金11万元，2010年工伤保险参保单位89个，参保人数为8161人，享受工伤待遇51人，全年共支出工伤保险金67.5万元，2013年工伤保险参保单位89个，参保人数为11255人，享受工伤待遇26人，全年共支出工伤保险金96.5万元。

失业保险

县失业保险始于1986年。失业保险费由城镇企业、事业单位按照本单位的工资额的 2% 缴纳，城镇企业、事业单位职工按照本人工资的 1% 缴纳；1999 年 1 月 22 日，国务院颁布了《失业保险条例》；1999 年全县企、事业单位参加失业保险人数为 4356 人。2007 年后，根据河北省劳动和社会保障厅、民政厅、财政厅《关于印发河北省高校应届毕业生失业补助金申领发放暂行办法的通知》，共为全县 148 名高校应届毕业生发放失业补助金 39 万余元。

医疗保险

城镇职工医疗保险　2000 年，根据《国务院关于建立城镇职工基本医疗保险制度的决定》（国发〔1998〕44 号）和省、市有关精神，对全县用人单位包括机关事业单位社会团体和企业及职工和退休人员的人员构成，工资及退休费用情况等进行了细致的摸底测算，详细收集有关资料，为实施医疗保险制度做好了充分准备。2000 年 12 月结合馆陶县实际制定《馆陶县建立城镇职工基本医疗保险实施方案》（馆政〔2000〕11 号），2001 年起馆陶县实施医疗保险制度并成立医疗保险机构。同年全县首批机关事业财政供养人员 4300 人纳入了城镇职工医疗保险，并为参保职工建立了医保基本信息台账。

2002 年配置计算机网络系统，对医疗保险个人账户进行刷卡结算。县级定点医院和定点药店信息联网，参保职工可以用 IC 卡刷卡购药、门诊就医。城镇职工医疗保险制度正式实施，在县辖区内所有用人单位，按照属地管理原则参加县级医疗保险并执行统一政策。实行医保后县财政供养人员不再享受医疗补贴除离休干部外全部停止。建立社会统筹基金和个人账户相结合的管理模式，按“以收定支、收支平衡”的原则，实行“收支两条线”管理，分开支付、分别核算，确定基本医疗保险的服务范围、标准和医药费用结算办法；制定出基本医疗保险药品目录、诊疗项目、医疗服务设施标准及相应管理办法；认定县人民医院、县中医院、县妇幼保健院以及馆陶镇卫生院为第一批基本医疗保险定点医疗机构，实行年审和考核评比制度，切实加强医疗服务管理。其征缴标准为：用人单位每月分别按本年度在职职工平均工资总额的 5% 和退休人员本年度月平均退休费总额的 5% 缴纳；在职职工个人按本人本年度月平均工资的 2% 缴纳，由单位按月代扣，将 45 周以下单位缴纳的 1% 划入个人账户部分，将 45 周以上单位缴纳的 2% 划入个人账户部分。为完善医疗保险制度，解决因病大额费用开支治贫的问题，馆陶县同时开展了大额补充医疗保险，参保职工单位每人每年缴纳 40 元，个人缴纳 40 元，作为大额医疗保险基金。住院支出在医保范围内的费超出基本医疗保险最高付限额以上的费用由大额医疗保险基金支付。

2003 年气象局、农业发展银行、工商银行等单位 230 名职工纳入了城镇职工医疗保险。2004 年中石化、中国移动、河务局、中国人民银行等 5 家单位 128 名职工纳入城镇职工医疗保险。2005 年，对辖区内医疗机构和药房进行了综合评定，确定县人民医院、县中医院作为县级定点医疗机构；确定市第一医院、市中心医院、市中医院、市 285 医院、河北工程大学附属医院、市传染病医院等作为市级定点医疗机构；确定县医保药店、药材公司等为定点零售药店。参保职工可以用 IC 卡刷卡购药。同年，将粮食系统 149 人离退休人员、内退人员、其他未到退休年龄的“4050”人员纳入了城镇职工医疗保险，将未参加医保的企事业单位的 44 名军转干部纳入医保。全年医疗保险基金收入 190 万元。其中财政拨款 170 万元，划入个人账户 87 万元。全年统筹基金支付 57 万元，享受待遇 187 人次，支付个人账户基金 20 万元。

2006 年，确定医保药店、文卫药房、第四药房、平安药房、济公堂药房、建新药房、卫东药房等药房为定点医保零售药房；确定明仁医院为定点医疗机构，并与定点医疗机构和定点药店签订协议书，发放定点机构牌匾。多次到县级、市级定点医疗了解病情查阅有关费用，并定期对定点药店专项核查，对照协议书规范定点零售药店的管理。2007 年新增参保单位 6 家，供电公司农电工、国税局、联通天信有限公司等，征缴医保基金 100.3 万元。2009 年加大对药店的查处力度，工作人员不定期到县级、市级定点医院了解，对药价虚高或有假冒药品或销售日常用品等违规行为的药店做出严肃处理，关闭其医保网络，停卡整顿。同年将 8 个依法破产企业的 464 名退休人员纳入职工医保。2010 年 7 月起退休人员个人账户划入由原来的 260 元 / 年上调至 450 元 / 年。2011 年 1 月 1 日起，县级医院住院费用起付标准由原来的 780 元降至 650 元，报销比例由原来的 72% 提高至 80%。2013 年，全县参加医疗保险人数 16234 人，其中在职人员 13369 人，退休人员 2865 人。

城镇居民医疗保险　2008 年 10 月，馆陶县政府转发《邯郸市城镇居民基本医疗保险暂行办法》，规定将具有当地户口，不符合城镇职工医疗保险和新型农村合作医疗参保条件人员，可参加城镇居民医疗保险。18 周岁以下缴费 30 元，18 周岁以上缴费 120 元，低保、重症残疾人员（具有二级以上残疾证）免缴参保费，参保费由民政局从县城市医疗救助基金中解决。县级财政每人每年补助 28 元，省级财政每人每年补助 112 元，中央级财政每人每年补助 180 元。一级医院起付线为 200 元，报销比例 76%；二级医院起付线为 500 元，报销比例 70%；三级医院起付线为 800 元，报销比例 60%；转外就医起付线为 1100 元，报销比例 50%。统筹基金最高支付限额为 6 万元。大额医疗保险最高限额为 15 万元。截至 2013 年，共参保 12823 人，其中成人 7787 人，18 周岁以下儿童 5035 人，个人缴费 79 万元。

生育保险

2010 年 7 月 1 日，根据市级文件精神启动生育保险。生育保险缴费标准：单位缴纳 0.4%、个人不缴纳。

待遇支付标准：符合国家计划生育政策顺产，2013 年元月起由原来的 1200 元提高到 3000 元、剖腹产由原来的 2600 元提高到 4000 元。截至 2013 年年底，参保人数为 6670 人。

第五章　民政

馆陶县民政局

1997 年以后，馆陶县民政管理更加规范，社会职能进一步拓宽。除拥军、优抚、社团管理、基层组织建设、地名管理、婚姻登记、殡葬等管理职能外，社会救助、救济、城乡居民最低生活保障等职能日益突出。2013 年，城乡医疗救助 1636 人，计 447 万元。城镇低保月人均保障标准由最初的 90 元逐步提高到 430 元；保障对象由最初的 7 户 22 人增至 2504 户 4502 人。农村低保年人均保障标准由原来的 720 元逐步提高到 2400 元，保障对象由最初的 216 户 406 人增至 9565 户 13569 人。

第一节　管理机构

1996 年 12 月底，民政局设办公室、“双拥”办公室、地名办公室、社救社政股、优抚安置股、农村社会养老保险处、婚姻登记处和军地两用人才培训中心，工作人员 23 人。下属单位有光荣院、火化厂、烈士祠及福利企业。乡镇设民政所。随着民政工作的不断发展和完善，2013 年，民政局共内设办公室、优抚安置科、财务科、社救社政科、低保科五个科室和婚姻登记处、老龄委员会办公室、养老服务管理中心、殡葬管理所、英烈纪念馆、光荣院、馆陶民政事业服务中心、徐村民政事业服务中心、军地两用人才培训中心、双拥办公室等 10 个下属事业单位。全局共有干部职工 69 名，其中局级干部 8 名，股级干部 15 名。

第二节　社会救济

困难群众救助

2003 年年初，馆陶县开始探索新形势下农村及城镇特困群众、五保、低保对象医疗救助的方法及措施。2004 年 6 月，县政府出台了《馆陶县农村医疗救助暂行办法》，

2005 年县政府出台了《馆陶县城镇特困居民重大疾病医疗救助暂行办法》，办法明确了救助对象范围、申请程序、救助标准及救助的病种。办法的出台进一步把这项工作推向了规范化、制度化的运行轨道。为适应社会发展的需要，2013 年县政府又出台了《关于进一步规范城乡医疗救助的实施意见》，在原来的基础上提高了救助比例，降低了起付线，扩大了救助范围，切实减轻了困难群众的医疗负担，促进了社会和谐发展。2005 年，农村医疗救助 104 人，计 16 万元；2006 年，城乡医疗救助 61 人，计 14.5 万元；2007 年，城乡医疗救助 423 人，计 90 万元；2008 年，城乡医疗救助 394 人，计 77.9 万元；2009 年，城乡医疗救助 384 人，计 64 万元;2010 年，城乡医疗救助 563 人，计 201.68 万元;2011 年，城乡医疗救助 887 人，计 348 万元;2012 年，城乡医疗救助 895 人，计 301 万元;2013 年，城乡医疗救助 1636 人，计 447 万元。

2006 年，馆陶县实施“人才兴县助学工程”，对当年在籍在册在馆陶县参考的本科二批以上新入学的困难家庭大学生，给予一次性学费资助。2006—2013 年，共有 358 名贫困家庭大学生受助，资助金额 84.4 万元。

自然灾害

1997—2013 年，馆陶县境内发生的小面积自然灾害，由馆陶县民政部门给予救济，大的自然灾害，由省、市、县三级民政部门给予救济。受到救济的主要自然灾害如下：

2004 年 6 月 24 日 19 时，魏僧寨镇、路桥乡北部 17 个村遭受大风及冰雹袭击，农作物受灾面积 1.78 万亩，绝收面积近 0.5 万亩，农业直接经济损失达 120 万元。7 月 7 日 19 时左右，馆陶县魏僧寨镇南部、路桥乡西北部遭受冰雹袭击，受灾 20 多个村，农作物受灾面积 1.5 万亩，绝收 0.32 万亩（全部为棉花），直接经济损失 100 余万元。

2005 年 3 月 22 日馆陶县冬小麦在返青季节，8 个乡镇均发现因冻导致麦苗完全枯死或部分枯死的麦块。受灾面积 1.81 万亩，绝收 1100 亩，直接经济损失 720 万元。

2006 年馆陶县遭受了严重干旱，持续时间之长，旱情之严重，为近几年来所罕见。1—8 月份降水量为 180.6 毫米，其中 6—8 月份降水量为 111.5 毫米。8 月份降雨 4.8 毫米，为去年同期的 1/40，造成严重的伏旱，给正处于生长、开花旺盛期的玉米、棉花等作物的生长造成很大影响。全县 8 万亩农作物受灾。

2007 年 4 月 3 日晚，馆陶县气温骤降至零下 3℃，小麦遭受冻灾严重，受灾 95 个村，面积 25860 亩，其中绝产面积 3580 亩。4 月 16 日上午，馆陶县遭受大风袭击，小麦严重倒伏，受灾 195 个村，面积 33260 亩；同时，开春以来，持续严重干旱，而且由于馆陶县苦水区分布较广（全县约 13 万亩），使地处苦水区的小麦遭受严重旱灾，受灾面积 1550 亩。

2008 年 5 月 3 日下午 1 时 30 分至晚上 9 点，馆陶县普降阵雨，阵风 7 ～ 8 级，导致全县156个村的5700亩小麦发生倒伏。8月26日2时40分，馆陶县再降大雨，兼有冰雹，降雨量为31.1毫米，西南风6级，阵风7～8级，全县45个村的13550亩玉米、棉花受灾，其中玉米绝收1335亩，受灾人口9033人，直接经济损失528万元。12月21日凌晨5点至下午17点，馆陶县遭受大风袭击，西北风风速9米/秒，阵风最大风力7级，全县9个村的280亩大棚受灾，直接经济损失260万元。

2009年5月9日21时55分至5月10日晚，馆陶县遭受风雨袭击，小麦严重倒伏，全县75个村的1.1万亩小麦受灾严重。同时，持续严重的干旱，由于馆陶县苦水区分布较广（全县约13万亩），使地处苦水区的小麦遭受严重旱灾，3.1万亩小麦绝产。6月19日1时30分，馆陶县遭受龙卷风袭击，瞬时风力9级，导致馆陶县路桥乡、魏僧寨镇两个乡镇的13个村（魏僧寨镇的赵官寨、十里店、高庄、闫寨、吴庄、魏僧寨西村、魏僧寨东村，路桥乡的丝窝寨、刘黄营、北曹庄、蔺寨、刘庄、后时玉）和魏僧寨学区四所学校（魏僧寨中学、魏僧寨试验小学及高吴和安雷寨教学点、路桥联校前丝教学点）、思农养猪专业合作社受灾严重，导致部分树木折断，房屋毁坏、29个村电路、通信线路中断、武馆公路交通中断。灾情导致树木折断3847棵，房屋毁坏737间，蔬菜大棚毁坏54亩，变压器毁坏4台，院墙倒塌1303米，直接经济损失280万元。7月24日3时32分至3时43分，馆陶县部分地区遭受冰雹袭击，雹体最大直径4厘米，致使房寨镇、王桥乡2个乡镇12个村的7600亩棉花、13000亩玉米受灾。11月9日12时05分至12日，馆陶县普降暴雪，降水量55.1毫米（其中降雨27.8毫米，降雪27.3毫米），导致馆陶县6个乡镇26个村的656亩蔬菜大棚受灾，10户28间民房倒塌，9家企业工棚倒塌或顶棚塌落，7户鸡舍倒塌1870平方米，死亡8000只鸡，1户8间奶牛养殖棚房顶塌落，死亡半岁奶牛4头。直接经济损失5405万元，其中农业损失3080万元，经济作物损失18万元，工业损失2234万元，养殖业损失72.4万元。

2010年4月份，气温回升较快，6.5万亩小麦处于苦水区且无深水灌溉，旱情严重。据统计，全县247个村的7.8万亩小麦遭受旱灾，成灾5.5万亩。直接经济损失2110万元。

2011年4月份以后，降水量仅为33.6毫米，全县247个村的7.8万亩小麦遭受旱灾，成灾1.5万亩。经济损失210万元。5月25日大风灾害使馆陶县部分正处成熟期的小麦严重倒伏，全县202个村的3.5万亩小麦受灾严重，直接经济损失260万元。6月30日至9月18日，降雨量为694毫米，特别是7月中旬到9月上旬，连降大雨、暴雨，使馆陶县部分农作物形成雨涝，馆陶县涝灾严重的有3个乡镇（房寨镇、王桥乡、馆陶镇）的31个村，受灾人口5985人。成灾面积5978.5亩，其中绝产286.5亩，因灾倒塌房屋55户102间，损坏66间，直接经济损失370万元。

2012年6月14日晚22点10分至23点30分，馆陶县辖区内遭受风雹灾害，全县

1.03 万人受灾，农作物受灾面积 1053 公顷，成灾面积 1033 公顷，绝收 20 公顷，直接经济损失 582.3 万元。由于连续强降雨，导致王桥乡、房寨镇 33.3 公顷玉米田大量积水，形成洪涝灾害，直接经济损失 65 万元。

2013 年，馆陶县降水量很小，270 个村 8666 公顷春小麦遭受不同程度的旱灾，其中成灾 3500 公顷，农业直接经济损失 225 万元。4 月 19 日下午，馆陶县大部分地区出现了雨夹雪和短时的冰雹，受降水（雪）降温天气影响，馆陶县房寨等 5 个乡镇出现了霜冻，农作物受灾面积 598 公顷，直接农业经济损失 62 万元。

城乡居民最低生活保障

1997 年，国务院下发了《关于在全国建立城市居民最低生活保障制度的通知》，要求 1999 年年底前，县级以上城市和县政府所在地的镇都要建立城市居民最低生活保障制度。馆陶县城镇居民最低生活保障制度开始实施于 1998 年，是政府对城镇贫困人口按最低生活标准进行差额救助的社会救助制度，主要是为保障城镇贫困居民如穿衣、吃饭等最基本的生活问题。救助的标准线为常住馆陶县且持有馆陶县城镇户籍，家庭月人均收入低于 325 元的贫困家庭。到 2013 年年底，城镇低保月人均保障标准由最初的 90 元逐步提高到 430 元；保障对象由最初的 7 户 22 人到 2013 年年底增至 2504 户 4502 人。

馆陶县农村居民最低生活保障制度于 2005 年正式启动，是政府对家庭年人均纯收入低于当地最低生活保障标准的农村常住户口居民实行救助，并以确保农村居民衣、食、住等基本生活需求为目的的制度，主要是为保障农村贫困居民如穿衣、吃饭等最基本的生活问题。凡共同生活的家庭成员年人均纯收入低于户籍所在地的农村最低生活保障标准、持有本地居民常住户口的农村居民均属保障范围。无当地常住户口的人员不享受当地农村最低生活保障待遇（不含已迁往学校的大中专在校生）。到 2013 年年底，农村低保年人均保障标准由原来的 720 元逐步提高到 2400 元，保障对象由最初的 216 户 406 人增至 9565 户 13569 人。

第三节　拥军优抚

拥军优属

1997 年后，每逢“八一”建军节、元旦、春节，县民政局组织人员到驻军部队营房、光荣院走访慰问，赠送慰问品，并检查优抚工作落实情况。乡、镇、村干部对烈军属、伤残军人等优抚对象进行登门慰问。并分别召开各种类型的座谈会、表彰会。民兵、学生为优抚对象挑水、担煤，加工米面、修房、清扫卫生等。每年 2 月定为“拥军优属宣传月”，开展拥军优属宣传和义务服务活动。1998 年被河北省委、省政府、省军区命名为“拥军优属模范县”。2002 年、2005 年、2009 年、2013 年被省委、省政府、省军区命名为“双拥模范县”。

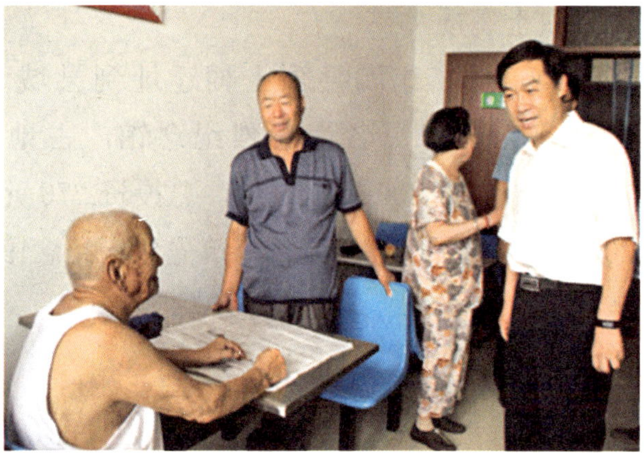

县长孟凡雄（右一）到县敬老院慰问老红军、老战士

优抚

2011 年《兵役法》修订后，农村义务兵家庭优待金按不低于当地上年度农民人均收入计发，城镇义务兵家庭优待金按当地最低工资标准计发。

抚恤金于 1993—1996 年十二次提高部分抚恤标准，1997 年—2013 年每年都提高抚恤标准。

1997 年以来，每年都提高一次抚恤标准，2013 年，因战、因公、因病伤残抚恤年标准分别为：一级 43630 元、42250 元、40870 元，二级 39480 元、37410 元、36010 元，三级 34640 元、32560 元、30490 元，四级 28390 元、25630 元、23550 元，五级 22180 元、19390 元、18010 元，六级 17330 元、16400 元、13860 元，七级 13170 元、11780 元，八级 8310 元、7610 元，九级 6910 元、5540 元，十级 4850 元、4150 元。

1997—2013 年，“三属”抚恤和复退军人生活补助稳步提高。2007 年，按照规定，对 1954 年以来参加过作战和核试验的退役人员进行了认定，馆陶县共认定参战人员 720 人，参加核试验人员 27 人。2012 年落实了 100 名烈士子女定期生活补助政策。2012 年落实了 1227 名农村籍退役士兵发放老年生活补贴政策。2013 年“三属”抚恤城镇、农村的年标准为：烈士遗属 15060 元、7970 元，因公牺牲军人遗属 13090 元、7610 元，病故军人遗属 12390 元、7290 元。在乡复员军人生活补助年标准为：抗日时期复员军人 7140 元，解放时期复员军人 6600 元，建国时期复员军人 6540 元。带病回乡退伍军人生活补助年标准为 4080 元。“两参”退役人员生活补贴年标准为 3840 元。烈士子女生活补贴年标准为 2520 元。农村籍退役士兵老年生活补贴标准为：每服一年义务兵役，每人每月发给 10 元。

安置

1997—2013 年，共接受复退军人 902 人，其中安置复退军人 453 人，安置率 50% 以上。2011 年修订了《兵役法》，实行城乡统一的自主就业退役士兵一次性地方经济补助政策，2011—2012 年馆陶县共发放一次性经济补助金 114.08 万元。2013 年发放一次性经济补助金 170 万元。

烈士褒扬

2003 年，馆陶县烈士祠迁址到县城北武馆路东侧，更名为英烈纪念馆，占地 8 亩，建筑面积 800 余平方米，总投资 270 元。2009 年进行了改建，新建范筑先烈士纪念馆、革命烈士纪念碑、革命烈士碑林等。

范筑先烈士纪念馆

第四节　社会福利

老年人福利

民政事业服务中心　2010 年以后，馆陶县委、县政府围绕提高社会养老服务水平和民政服务对象养老服务，遵循整合资源和便于管理的原则，彻底改变农村原有敬老院基础条件差、管理水平低的落后局面，积极推行公办养老服务机构发展，先后建立了两所高标准的民政事业服务中心，两个中心建设全部列入了县“十大民心工程”。

民政事业服务中心

县民政事业服务中心位于馆陶镇政府驻地南侧，距县城 1 公里，该中心 2009 年 10 月正式开工建设，2011 年 8 月完工，2012 年 4 月正式投入使用，总投资 1150 万元，占地 20 亩，共有房间 240 余间，建筑面积 6600 平方米，床位 320 张。

徐村民政事业服务中心位于南徐村乡政府驻地西侧，距离县城 10 公里，该中心 2007 年开工建设，2008 年 10 月建成，2009 年 4 月正式投入使用。总投资 434 万元，占地 12 亩，共有房间 90 余间，建筑面积 3100 平方米，床位 130 张。

两个中心都是集光荣院、敬老院、福利院“三院合一”的综合型福利服务机构，主要用于集中供养全县境内的五保对象、孤老优抚对象等，同时开展社会托老服务。两个中心内部设计按照老年人建筑设计规范标准进行，设置了无障碍通道、安全扶手、配备了娱乐、休闲、健身、阅读、医疗、呼救、监控、报警、卫星电视等系统，设施齐备，功能完善，分为光荣区、五保区和社会福利区，对各类供养对象分区管理，分类服务，院内设有老人健身活动器械、菜园、活动广场。为保障供养人员的安全，服务中心安装了闭路监控系统、呼叫系统、火灾自动报警系统，灭火系统等安全设备，居住环境安全、幽雅，服务功能齐全，是老年人颐养天年的幸福乐园。两个中心的建设大大改善了馆陶县老年人的居住条件，2013 年 7 月 23 日，馆陶民政事业服务中心被河北省民政厅命名为“三星级五保供养服务机构”。

馆陶县光荣院 始建于1964年，原址位于县标西500米陶山中学对过，2012年搬迁至馆陶县民政服务中心。地处城郊，变通便利，环境优雅，占地面积20亩，建筑面积4500平方米。光荣院有各类房屋36间，内设床位52张，室内设施齐全，室外配备适合老年人活动的健身器材。共有干部职工7人，其中院长1人，会计1人，炊事员1人，服务员4人。主要接收无亲属照顾的烈属老人、孤老伤残军人、孤老复员军人。1989年被省民政厅评为“先进单位”。1996年、2003年，2006年、2009年四次被省民政厅授予“甲级光荣院”荣誉称号。

农村互助幸福院 2011年，馆陶县面对农村外出务工人数增加、空巢家庭越来越多的现状，为更好地解决留守老人的生活问题，提高农村老年人的幸福指数，促进和谐社会建设，在全县大力实施的一项惠民、利民工程。经过县民政局和各单位的共同努力，2011年完成互助幸福院建设89所，2012年完成建设88所，2013年和基层建设年活动相结合新建了22所农村互助幸福院，截至2013年底，全县共建成农村互助幸福院199所，覆盖率达到71.8%，有效地缓解了馆陶县农村养老难问题。

其他老年福利 助老健康御险。2012年，民政部门针对“老年人发生意外风险概率大，风险防范能力低，经济负担能力有限”等问题，结合人寿保险公司推出了一项“助老健康御险”，填补了馆陶县老年保险的一个空白。它因适用年龄高、收费低、受助额大、操作程序简便等爱老、助老的特点而被称为河北省“助老第一险”。每位老年人每年只需交费10元，便可获得一份为期一年的意外伤害保险保障，该计划有效地减轻了老年人因意外伤害给家庭带来的经济负担，为广大老年人构建了一道有力的风险屏障。该活动开展以来，截至2013年，全县共参保31240人次。

80岁以上老人高龄津贴。2013年，馆陶县出台《关于馆陶县80岁以上高龄老人生活补贴发放办法》（馆陶县政府〔2013〕15号），在馆陶县全面建立了农村80岁以上高龄老人生活补贴金制度，逐人建立基本信息台账，按照80～89岁，90～99岁，100岁以上年龄段建立翔实准确的数据库，为高龄老人发放生活补贴金。

2013年馆陶县百岁老年人一览表

表6-5-1

姓名	性别	年龄	出生年月	乡镇	村名
安洪均	女	108	1906年5月20日	馆陶镇	陶北
王为英	女	102	1912年4月6日	县城	政府街
冀吴氏	女	102	1911年12月20日	南徐村乡	冀浅
贾许氏	女	102	1911年9月14日		前李八寨

续表 6-5-1

姓名	性别	年龄	出生年月	乡镇	村名
宋清全	男	100	1913 年 9 月 24 日	柴堡镇	前刘堡
郭东勤	女	100	1913 年 8 月 27 日	王桥乡	罗庄
陈香莲	女	101	1913 年 2 月 18 日		北留庄东
张桂荣	女	101	1913 年 5 月 5 日		鸭窝

福利企业

新中国成立初期，对伤残军人进行分配安置。1980 年以后，国家鼓励残疾人发挥自己的长处，自己择业。馆陶县民政部门创办福利企业，安置有劳动能力的盲聋哑残疾人就业，对残疾人就业的企业实行优惠政策，残疾人达 35% 以上的免征营业税，达 50% 以上的免征产品税和增值税。1990 年至 1996 年，先后投资 334 万元，建起了扶贫福利建材厂、福利皮鞋厂、针织厂、水利局福利造纸厂、马头乡淀粉厂、侯庄塑料软管厂、房寨福利酱菜厂、福利塑料薄膜厂、郑黄营面粉厂等 10 个福利企业，安置 38 名残疾人就业。

福利彩票

至 2013 年年底，馆陶县有福利彩票投注站 13 家，其中县城 8 家，魏僧寨镇 2 家，南徐村乡 1 家，房寨镇 1 家，寿山寺乡 1 家。

第五节　社会事务管理

婚姻登记

1997 年，县民政局实行婚姻登记集中办理。1999 年，根据上级指示，一律对婚姻登记人进行体检，体检合格后方可办理结婚登记。2003 年 10 月 1 日，新的婚姻条例颁布实施后，为了体现婚姻登记“以人为本”的原则，婚前体检由强制改为自愿，办理结婚登记只需户口本、身份证，取消了双方婚姻状况证明信，简便了手续，方便了群众。协议离婚由民政局婚姻登记处办理，即男女双方自愿解除夫妻关系，并对子女抚养、财产及债务处理等事项完全达成协议，持双方户口证明、居民身份证、结婚证、离婚协议书，到一方户口所在地的婚姻登

婚姻登记办证大厅

记机关申请离婚登记。对符合离婚条件的发给离婚证，注销结婚证。2005 年，县婚姻登记处被河北省民政厅授予“标准化婚姻登记处”称号。

1997—2013 年馆陶县婚姻登记情况统计表

表 6-5-2

年份	结婚登记（对）	离婚登记（对）	备注
1997	1839	19	—
1998	1784	17	—
1999	2525	12	—
2000	2514	43	—
2001	2128	53	—
2002	2554	60	—
2003	2682	85	—
2004	3173	101	—
2005	3150	135	补领 13
2006	2831	149	补领 11
2007	2547	156	补领 10
2008	3242	155	补领 22
2009	3697	119	补领 38
2010	3609	125	补领 34
2011	3832	146	补领 56
2012	4109	187	补领 150
2013	3930	242	补领 399

社会团体管理

1998 年 10 月 25 日，国务院《社会团体登记管理条例》《民办非企业单位登记管理暂行条例》颁布实施后，县民政局以上述两个条例为依据，对全县社会组织逐个核准登记批复。在日常管理中，坚持培育发展与监督并重。开展了社会组织年度检查工作，加强了日常监督管理和自律与诚信建设，着力解决社会组织发展环境中的突出问题，社会组织健康有序发展。以服务促管理，努力营造社会组织发展的良好环境，大力培育发展农村专业经济协会和服务群众、服务社区的公益性民间组织。至 2013 年年底，全县共注册登记社会团体 49 家，民办非企业单位 22 家。

2013年馆陶县社会团体基本情况统计表

表 6-5-3

名称	业务主管	工作人员	会员数	党员数
馆陶县民用品维修协会	工商局	2	363	2
馆陶县中医学协会	卫生局	2	64	2
馆陶县护理协会	卫生局	2	98	0
馆陶县医学会	卫生局	2	89	1
馆陶县卫生工作者协会	卫生局	3	368	0
馆陶县个体劳动者协会	工商局	3	5145	2
馆陶县基督教协会	县政府	5	200	0
馆陶县消费者协会	工商局	3	50	1
馆陶县魏征研究会	县政协	5	62	2
馆陶县集邮协会	邮政局	5	300	3
馆陶县红十字协会	卫生局	3	368	0
馆陶县蔬菜服务协会	农牧局蔬办	3	65	2
馆陶县私营企业协会	工商局	2	51	2
馆陶县农业机械服务协会	农牧局农机办	3	50	3
馆陶县农民用水协会	水利局	5	208	3
馆陶县花木协会	林业局	7	54	2
馆陶县反邪教协会	县委办	3	72	3
馆陶县饲料制造协会	农协	7	120	0
馆陶县互联网经营行业协会	文广新局	3	52	0
馆陶县饲料工业协会	农牧局畜牧水产办	3	60	2
馆陶县经纪人协会	工商局	3	52	2
馆陶县农民合作经济组织联合会	县社	5	31	1
馆陶县养羊产业发展协会	扶贫办 农牧局畜牧水产办	7	50	2
馆陶县蜂业协会	农协	5	52	0
馆陶县标准化协会	技术监督	3	53	2

续表 6-5-3

名称	业务主管	工作人员	会员数	党员数
馆陶县扶贫养猪协会	扶贫办 农牧局畜牧水产办	10	50	2
馆陶县黑小麦产业服务协会	农牧局	15	66	1
馆陶县礼仪庆典协会	文广新局	10	58	0
馆陶县轴承协会	工信局	15	70	3
馆陶县雁翼研究会	文广新局	5	58	0
馆陶县综合搏击运动协会	文广新局	10	50	0
馆陶县三鲜瓜果协会	农牧局	7	66	3
馆陶县地方文化研究会	文广新局	3	62	2
馆陶县鑫凤蛋鸡养殖专业协会	农牧局	15	50	4
馆陶县草莓协会	农协	7	90	0
馆陶县见义勇为工作协会	综治办	3	50	1
丁圈村扶贫金互助协会	扶贫办	7	80	1
后许东村扶贫金互助协会	扶贫办	7	80	1
南孙店西村扶贫金互助协会	扶贫办	7	80	1
西苏堡扶贫金互助协会	扶贫办	7	50	1
宏达养鸭专业协会	农牧局畜牧水产办	10	50	2
馆陶县内部审计协会	审计局	3	50	0
馆陶县农药服务协会	农牧局	15	58	0
馆陶县会计学会	财政局	5	50	2
馆陶县农业规模化发展协会	农牧局	15	50	2
馆陶县刘圈村扶贫互助金服务协会	扶贫办	7	90	1
馆陶县东盘村扶贫互助金服务协会	扶贫办	7	70	1
馆陶县钓鱼协会	文广新局	7	50	0
馆陶县林果协会	科协	7	50	0

2013年馆陶县民办非企业单位统计表

表6-5-4

名称	业务主管	工作人员	法定代表人	党员
县红苹果幼儿园	教育局	20	刘章印	0
神威武馆	文广新局	18	郝章玉	0
金刚武馆	文广新局	15	张安堂	4
馆陶县陶艺漆艺研究所	文广新局	35	殷俊亭	7
馆陶复兴医院	卫生局	30	武兴安	5
馆陶县残联职业培训学校	人劳局	5	王新广	0
机动车驾驶员培训学校	运管站	30	王希祥	2
馆陶县东方养老康健院	民政局	12	宁春贵	1
馆陶县华丰职业培训学校	劳人局	11	吕正臣	0
馆陶县畅通职业培训学校	劳人局	8	孙周平	0
馆陶县广信达职业培训学校	劳人局	7	王晓强	0
馆陶县光普教育集团乐陶幼儿园	教育局	25	玉向立	2
馆陶县中原职业培训学校	劳人局	10	崔建卿	2
馆陶县行知实验小学	教育局	13	李江云	1
馆陶县方圆小学	教育局	18	于新江	2
馆陶县小天使幼儿园	教育局	10	赵艳敏	0
馆陶县阳光双语幼儿园	教育局	7	刘君霞	0
馆陶县金钥匙职业培训学校	劳人局	7	李建为	0
馆陶县白酒和食用金研究所	商务局	5	张怀镇	2
馆陶县邯郸二十五中实验学校	教育局	15	王玉朝	2
馆陶县行知卜子幼儿园	教育局	8	李清章	1
馆陶县行知大地幼儿园	教育局	10	刘众一	0

村委会换届选举

馆陶县分别于1994年、1997年、2000年，进行了第三、第四、第五届村民委员会选举。

第六届村民委员会选举工作，自2003年8月开始到12月结束，全县277个行政村，全部完成换届，选举产生277个村委会，依法产生573名村委会干部，其中主任196名、副主任 71 名、委员 306 名。

第七届村民委员会选举工作，自 2006 年 1 月开始到 5 月结束，全县 277 个行政村，完成换届选举 274 个村，占村委会总数的 98%，选举产生 274 个村委会，依法产生 778 名村委会干部，其中主任 204 名、副主任 124 名、委员 379 名。

第八届村民委员会选举工作，自 2009 年 1 月开始到 5 月结束，全县 277 个行政村，完成换届选举 276 个村，占村委会总数的 99%，选举产生 276 个村委会，依法产生 828 名村委会干部，其中主任 206 名、副主任 156 名、委员 466 名。同第七届村干部相比，文化程度明显提高，高中以上 512 名，占村委会成员总数的 61%，党员 694 名，占村委会成员数的 83%，比例明显提高，年龄结构明显降低，平均年龄 48 岁，选民参选率在 90% 以上。

第九届村委会换届选举工作，自 2011 年 12 月开始到 2012 年 5 月结束。全县 277 个村全部完成换届，选举产生新一届村委会 277 个，村委成员 1037 名，其中主任 207 名、副主任 170 名、委员 660 名，平均年龄 45.5 岁，高中以上文化程度 624 名。无论是年龄结构，还是学历结构都更趋合理。班子成员中致富带头人 562 名，外出务工经商返乡人员 60 名，退伍军人 33 名，妇女干部 163 名，村级班子结构得到了优化，年纪轻、文化程度较高的成员比上届明显增加。党支部书记村主任“一人兼”的村达到 28 个，占总村数的 10%。

勘界、地名管理

勘界工作最初于 1989 年正式开展，1990 年 5 月 10 日成立了第一届的“馆陶县勘界工作领导小组。”之后历届领导小组均由主管副县长任组长，民政局长、主管副局长为副组长，有关乡镇长为成员，下设办公室，办公地点设在民政局。省界勘界工作每五年进行联合检查，县界勘界工作每三年进行联合检查，所毗邻的县之间每年签订平安边界协议书。

2012 年，按照省市民政部门统一安排，馆陶县正式开展第二次全县地名普查工作，截至 2013 年年底，共采集 11 大类 24 个子类的地名信息 1140 条，其中行政区域名称 9 条，非行政区域名称 8 条，群众自治组织名称 277 条，居民点名称 279 条，交通运输设施名称 94 条，水利、电力设施名称 57 条，纪念地、旅游景点名称 12 条，建筑物名称 32 条，陆地水系名称 2 条，具有地名意义的单位名称 311 条。标绘 1：50000 纸质地图 6 幅，测量地名经纬度 1140 多条，制作地名标志登记表 59 份，采集地名多媒体信息 857 条，新增国家地名数据库地名信息 875 多条，修改整饰了国家地名数据库矢量地图，生成地名成果图表 1146 份（幅）。

收容遣送

1997 年以后，国务院和民政部先后颁布《城市生活无着的流浪乞讨人员救助管理办法》（国务院第 381 号令）、《关于加强和改进流浪未成年人救助保护工作的意见》（国办发〔2011〕39 号）和《城市生活无着的流浪乞讨人员救助管理办法实施细则》（民政部第 24 号令）等文件，保障流浪乞讨人员的基本权益，维护社会稳定，由民政部门依法收容和遣送流浪乞讨人员。

2013 年，馆陶县成立救助管理站，隶属县民政局，为全额拨款公益性事业单位，在编人员 4 人。主要负责县域区域内生活无着的流浪乞讨人员和流浪未成年人的临时性救助、保护工作，护送本市范围内流浪乞讨人员返乡及对口救助管理部门的流浪乞讨人员的相互交接、外省流浪乞讨人员的救助及向上级救助管理站移送、县妇联护送到救助站因家庭暴力原因寻求保护的妇女、儿童临时救助等。确保流浪乞讨人员中的危重病人、精神病人、流浪未成年人等特殊人员及时得到救治并安全返乡，预防和避免流浪乞讨人员死亡的重大事件发生。

殡葬管理

1997 年后，在全县范围内开展殡葬改革，禁止丧事大操大办，推进丧俗改革，多数村有了红白理事会，遗体火化逐步被群众认识接受，全县殡葬改革工作走上了经常化、规范化、制度化的轨道。

为促进殡葬改革政策落实，有力推行火化工作深入开展，2009 年，按照未来 50 年馆陶县治丧需求，馆陶县投资 780 万开始建设新的殡仪馆，位于 106 国道柴堡镇王二庄村西侧，于 2013 年投入使用。殡仪馆设有业务综合区、办公餐饮客房区、火化区、骨灰存放区、公益性公墓区、贵宾休息间、普通休息间、告别厅和吊唁厅。三个告别厅和三个吊唁厅均可单独同时容纳上百人的祭拜和告别仪式。火化间选用全国最先进环保节能型高档火化炉；骨灰堂设有 3000 个中、高档单格位和双格位；同时专门设有祭奠焚烧处。是集遗体拉运、停放、冷藏、告别、火化、骨灰寄存、公墓安葬于一体的综合性服务场所。

第六章 红十字会

馆陶县红十字会成立于1990年。建会初期，红十字会隶属于馆陶县卫生局医政科管辖；2006年，红十字会成为馆陶县卫生局的一个独立科室；2011年11月馆陶县红十字会独立建制，由县卫生局管理改由县政府领导联系，会长由副县长王春生担任，并设专职副会长、秘书长各1名，编制2人。2012年，更新及规范了乡镇红十字会组织。下设26个基层红十字会组织，有会员2500人，志愿者3300人。

第一节 宣传与培训

自县红十字会成立，利用每年的“5•8”世界红十字纪念日、“无偿献血日”“世界艾滋病宣传日”“全国爱牙日”等宣传日，在县城和乡镇繁华地段，先后开展了以发放宣传资料，展示红十字知识图片，培训、救助等为内容的宣传工作，宣传资料共计2万多条册。

1999年10月31日开展了“义务献血、无偿献血”为主题的宣传活动。制作了《馆陶县红十字会关于无偿献血宣传问答》等宣传材料。

2001年5月8日，县直红十字会医疗单位，开展“世界红十字日宣传活动”，活动当天，共发放宣传资料2000余份。

2004年6月，县红十字会组织了卫生急救培训，并对全县参加培训的600余人进行了考试，成绩全部合格。

2005年4月18—20日对县直团体会员单位医护人员进行了统一集中培训，培训结束后，对参加培训人员进行了考试。此次培训共500人参加，考试成绩全部合格。10月，《红十字会法》颁布周年纪念日，开展了以宣传《红十字会法》、卫生救护、防病知识及义务献血为主要内容的宣传活动。活动深入各乡镇及时进行宣传，共发放宣传资料2500余份。

2010年“5•8”宣传日，馆陶县红十字会组织县医院、中医院、保健院的医生、护士走上街头，发放资料宣传红十字精神，并免费为群众检查身体，受到群众的好评。

2011年12月28日，县红十字会带领近百名志愿者，在闹市区开展了现场无偿献血宣传教育活动。共发放无偿献血宣传单2000余份、解答群众咨询200多人次。

2012年2月3—6日，即正月十二到正月十五，借元宵节花会进城文化活动人群聚集时机，县红十字会开展了为期4天的贫困两癌及白内障救助宣传活动，活动期间，共发放宣传单 1000 余张，做宣传标语 2 个。

第二节 款物筹募

2005 年 1 月，馆陶县红十字会开展对印度洋地震海啸灾区的捐赠活动，制作悬挂条幅 10 幅，制作展牌 5 块，发放宣传资料 1400 余份，并利用电视、广播等形式号召广大人民群众奉献爱心，共募集捐款 3700 元。

2008 年 5 月，县红十字会开展“情系灾区、心连弱者”为汶川地震捐款活动，共募集赈灾捐款 98657.4 元。

2007 年开始进行每年一次的“博爱一日捐”活动。2011 年 4 月 7 日，馆陶县红十字会在中医院会议室召开了 2011 年度“博爱一日捐”动员暨表彰会。县委副书记赵瑞海，县政府副县长、红十字会会长王红玉，县人大常委会副主任宁金峰，县卫生局局长李章民及各乡镇、县直机关、企事业单位的领导等近 200 人参加了此次会议，共募集“博爱一日捐”善款 231800 元。到 2012 年，“博爱一日捐”活动已形成定期募捐机制。共募集捐款 100 万余元，每年的募捐任务都是 15 万元，均已超额完成募捐任务。2014 年共募集“博爱一日捐”善款 236180 元。

第三节 救灾 救助 救护

1999 年 11 月成立应急反应领导小组及红十字会医疗救助队。

2006 年 5 月，调整了县红十字会医疗救助队人员。

2008—2009 年，连续开展红十字会参与新农合活动，即通过每个家庭、每个人、每年 1 元钱，及社会各界自愿捐助等多渠道筹集资金，救助大病贫困家庭。2008 年红十字会总会、省红十字会为了支持此项工作，共下拨 8 万元贫困大病家庭救助资金。

2010 年春节，魏僧寨镇高庄村村民郭长德夫妇，家中十分困难还收养一名弃婴，县红十字会会长王红玉得知情况后，及时送去棉衣、油、大米及 1000 元慰问金。

2010 年春节前夕，馆陶县红十字会到县一中给家庭困难的女生送去了棉衣、棉被，使她们过上一个幸福、温暖的春节。

2011 年，馆陶县启动“红十字博爱送万家”活动。春节前夕，政府副县长、红十字会会长王红玉，专职副会长陈书祥，不辞辛苦、不畏严寒，亲临贫困户家中，发放慰问物资及慰问金。先心病患儿石稷栋家庭特别贫困，省红十字基金会救助后，县红十字会又救助 5000 元，并与其所在乡政府领导结合，募捐 3000 元给予石文健贫困救助。2011 年 12 月 16 日，县红十字会与县烟草专卖局联合开展“雁行”特殊客户关怀救助行动，救助 10 名烟草系统贫困群众。

2012 年，县红十字会在筑先广场举行“博爱送万家物资发放仪式”。政府副县长、红十字会会长王春生及卫生局、红十字会和各乡镇、县直各单位领导、困难群众、贫困学生共计 200 多人参加。共向困难群众发放价值 4.5 万元的“送温暖”物品及现金 3 万元。12 月 7 日上午，馆陶县红十字会一行人，带着 5000 元现金和糖果糕点，来到路桥北曹庄村，看望贫困户。

2016 年 5 月 31 日，馆陶县红十字会开展了“贫困小学生救助活动”，馆陶县红十字会常务副会长王保霞、邯郸市红十字会赈济处负责人张静一行来到了馆陶县实验小学，在实验小学建成的“爱心小屋”将爱心人士白雪捐助给贫困学生的书包、本、笔盒等文具发放到贫困学生手中。馆陶县电视台对此次活动进行了采访、报道。

第四节　捐献

开展造血干细胞采集活动

2001 年，全县共有 1381 人参加了无偿献血活动，献血总量为 263600 毫升。

2002 年 12 月，开展无偿献血活动，参加本次献血活动的共计 1211 人。

2011 年 5 月 8 日，为纪念红十字日，上午 9 点在县疾控中心开展造血干细胞采集活动。参加捐献的有县政府办公室主任宋永生、常务副会长陈书祥、红十字会秘书长王保霞和捐献人员共计 100 多人。

从 2007 年至 2013 年，全县共采集造血干细胞血样 500 余人，初筛成功 20 余人，成功捐献 4 人。

李振业，男，1995 年参加工作，中共党员。2008 年 12 月，在河北省第四医院经过连续两次历时 8 个小时的造血干细胞采集，完成了捐献造血干细胞的善举。成为馆陶县首例、邯郸市第 8 例、河北省第 48 例、全国第 1115 例造血干细胞义务捐献者。

刘同海，男，中共党员，1972 年出生，县公路站站长。2011 年 4 月，义务捐献造血干细胞，成功挽救了一名白血病患者的生命，成为馆陶县第 2 例、邯郸市第 13 例、河北省第 79 例、全国第 2107 例成功捐献造血干细胞者。

张爽，女，1990 年出生，2011 年大学毕业，房寨中学教师。2012 年 2 月在河北省四院进行两次采集干细胞，捐献成功，从死神手里抢回来一条年轻的生命，成为馆陶县第 3 例、邯郸市第 21 例、河北省第 102 例、全国第 2647 例成功捐献造血干细胞者。

崔红娥，女，1982 年出生，县医院护士长。2013 年 11 月，在石家庄白求恩国际和平医院，历时 4 小时采集，捐献成功，挽救了一名 14 岁白血病患者。成为馆陶县第 4 例、邯郸市第 43 例、河北省第 170 例、全国第 3852 例成功捐献造血干细胞者。

2013 年 5 月 10 日上午，县红十字会对县首例遗体（器官）捐献者石文建进行了司法公正，对他追求博爱、挑战世俗、献身科学的博大胸怀表示敬意。石文建是南徐村乡南徐村人，家庭贫困，本人又患有肌肉萎缩及糖尿病多年，生活不能自理，给家庭上带来很多困难。小儿子石稽栋、7 岁、患有先心病，在他最困难的时候，红十字会给他关怀和救助。2011 年通过红十字会的帮助给他小儿子做了手术，现已痊愈。石文建怀着回馈社会的感恩之心，在征求了亲属的同意后，决定捐献遗体（器官）。

第五节　社会服务

2003 年 12 月，县红十字会组织开展医疗下乡活动，共送去药品 1000 余元，并对 300 余名群众进行了义诊。

2005 年 5 月，馆陶县红十字会成立红十字志愿者协会，并首次从社会上招募了 200 名红十字志愿者。

2010 年 2 月份在实验小学、实验中学投资 4 万元，分别建立了两个博爱洗手池。2011 年 5 月份市红十字会又投资 6 万元，在房寨中学、魏僧寨中学、魏僧寨实验小学建立了博爱洗手池。

2012 年 3 月 15 日，县红十字会组织医疗队到敬老院免费为孤寡老人查体，做心电图，化验血等，免费检查 60 余人。8 月 16 日，上午 8 点，县红十字会带领县义诊医疗服务队，在县水灾灾情比较严重的王桥乡前姚庄村开展义诊活动。8 月 17 日，县红十字会又组织医疗队到受水灾最严重的王桥乡前姚庄村为群众义诊，此次义诊活动由 4 名资深医生组成的专家队伍，并配备心电图机、血糖仪、血压计等设备，共为 100 多名村民做了检查。9 月 21 日，县红十字会联合市红十字

县红十字会深入贫困户家中走访慰问

会医疗队，在寿山寺乡常儿寨村开展白内障、“两癌”及消化道肿瘤的义诊活动。红十字会医疗队的义诊医师均系市红十字会博爱医院医疗骨干，很多周边村的群众也慕名而来，进行免费检查。短短一上午，接受检查群众共100余人，发现白内障患者20余人，专家现场为病人做了免费手术登记。

2012年3月1日起至2015年2月28日，红十字会联合馆陶县人民医院开展贫困弱斜视患者救助项目。

第七章 民族 宗教

馆陶县以汉族人口为主，少数民族人口较少，虽有 10 多个少数民族，人口不足 300 人。宗教有佛教、道教、天主教、基督教、伊斯兰教五大宗教。

第一节 民族

馆陶县以汉族人口为主，少数民族较少。2000 年第五次人口普查时，全县有 12 个少数民族，人口为 187 人，占总人口的 0.067%。少数民族中，回族、蒙古族、朝鲜族人口较多，其余少数民族人口均不足 10 人。延续至 2013 年，少数民族人口基本没有变化。

第二节 宗教

佛教

佛教自唐代在境内就有一定发展，宋、元、明、清历代对寺庙都有修建，唐、明、清曾设置官吏专司佛教。民国二十四年（1935 年）春，南馆陶镇成立佛教分会一处，公举吴凤巢为会长，佛教信众日益增多，很多群众在家中供奉佛像、菩萨等，平时或节日祈祷。民国二十五年（1936 年）信佛僧众约 60 余人。20 世纪 90 年代初，佛教在寿山寺乡一带兴起。90 年代后期，在魏僧寨镇、路桥乡相继有信仰佛教的群众。2013 年年底，县内有佛教固定处所 4 处，佛教徒 1500 余人，主要分布在魏僧寨镇、路桥乡、寿山寺乡，其他乡镇也有少量分布。

佛教的主要节日有佛诞日、佛圆满节、佛成道节、观音纪念日、盂兰盆节，逢以上节日，县内信仰佛教的群众都会在就近开放的寺院内进行佛事活动。每逢初一、十五都到寺院烧香拜佛。汉族僧尼在佛成道节以米和果物煮粥供佛，俗称腊八节。

道教

明代县内设道录司掌管道教，清朝亦如此。清代道光年间，京城分设僧官、道官。道官兼正一等官衔，道教所有事项均有道官处理，不恪守戒律清规者，听任道官追究。民国二十五年（1936 年），有道士 61 名，县旧有道教祠观 20 多处，解放后多不存。20 世纪 90 年代中期，在房寨镇和馆陶镇出现道教信徒。2013 年年底，全县有道教信徒

1225 人，主要分布在馆陶镇、房寨镇、王桥乡，其他乡镇也有零星分布。有道观两处，分别是房寨镇西浒演村的泰山行宫和馆陶镇孙庄村的斗姥宫。

道教主要有三清节、三元节、玉帝圣诞、王母娘娘圣诞、吕祖圣诞。每逢道教节日，县内的信教群众到庙里敬香以保国运昌盛、国泰民安。

天主教

清光绪二十年（1894 年），天主教传入馆陶县，至民国二十五年（1936 年）先后有教堂 3 处，陆续信教者有 150 余户。馆陶天主教原属济南教区（属法国管辖），不久，法国人若神父在郭庄、河寨先后建立教堂。后属临清教区，有黄神父传教，至 1900 年，齐堡、西孔堡、前胡堡、后胡堡、浒演、东宝村都建了小型教堂。是年，爆发“义和团”运动，驱赶神父、烧毁教堂。后有中国王神父传教，恢复、新建堂口，且都建有小型教堂。

2013 年年底，全县有天主教徒 1056 名，神父 1 人，天主教固定处所 6 处，家庭聚会点 3 处。

天主教内称教会的节庆和纪念日为瞻礼，瞻礼一般都有固定的日期、内容和形式。天主教最重要的节日有四大瞻礼：耶稣复活瞻礼、圣神降临瞻礼、圣母升天瞻礼、耶稣圣诞瞻礼。馆陶县天主教信教群众举行大的活动时，都会自觉聚集在活动场所内进行宗教活动，平时早晚课都会在各自的家里诵念经文。

基督教

基督教在民间称“耶稣教”。清宣统二年（1910 年）4 月，由美国基督教通圣会牧师陶纯嘏等传入馆陶县。先在南馆陶镇河西大街建立基督教通圣会南馆陶分会，有美国牧师陶纯嘏、任尚德和中国牧师张昆山驻会，遂成立馆陶教区，管辖馆陶、冠县、邱县、广平、曲周五县，下设 21 个分会。民国十六年（1927 年），通圣会由南馆陶前街迁移至马路北新建大礼拜堂，房舍焕然一新，信教者日渐增加。

2013 年年底，全县有基督教徒 6800 余名，以魏僧寨镇、路桥乡为多，各乡镇均有分布。有基督教长老 6 名，教堂 5 处，固定处所 4 处，家庭聚会点 25 处。

县境内基督教信众逢圣诞节、复活节、受难节、圣灵降临节、感恩节都到教堂举行宗教活动。教堂在感恩节这天举行感恩礼拜，信徒也举行家庭聚会。

伊斯兰教

馆陶历史上甚少有信奉此教者。解放后，随着人口流动，至 2013 年，全县迁入回族 50 余人。县内没有清真寺。

第八章　习俗

1997 年后，随着时代的发展，馆陶县习俗受到外来文化的冲击，发生许多变化，特别是衣食住行改变最大，基本与全国接轨。婚俗受西方文化影响，一些仪式发生改变。葬俗基本保留着本土传统。节日习俗受商业文化的冲击，增加了西方国家的一些节日。

第一节　生活习俗

服饰

衣着　1997 年后，随着时代的发展，城乡居民生活日益提高。衣着方面也充分体现了与时俱进，款式越来越丰富，做工、用料越来越讲究，城乡差别逐渐缩小。原来化纤类的服装越来越不受老百姓欢迎。传统的棉、毛、麻、丝绸、皮革等原材料，经过现代技术精细加工的面料、服饰又走进千家万户。老百姓对服装的选择搭配上体现了个性化，不再追求千篇一律。传统样式的服装，新式服装充斥市场，各种品牌服装店林立。专门儿童服装商店也成了市场一大特色。市面上，不同档次的女装相对丰富多彩，男装样式较少，比较注重品牌。特别是老年人服装，市场关注度不够。2010 年后，随着电脑网络的迅猛发展，网上购买服装成为当今社会的一大时尚。着装向简单、时尚、舒适、轻便、保暖方向发展。

帽　现在一年四季戴帽子人越来越少。农村少数老年人还有包白毛巾，妇女包头巾，戴干部帽、戴棉耳帽的习惯。鸭舌帽、毛线帽、各种各样的护头护耳的呢子帽渐渐成了中老年人和青少年儿童冬春季节的选择。很多羽绒服、棉服都配有帽子。有的还是隐形的，用时就拿出来。夏秋季节有各种各样的运动帽、太阳帽、遮阳帽等。

鞋袜　鞋的样式也日渐繁多，以皮革、棉麻、橡胶为主要材料制作的高跟鞋、半高跟鞋、运动鞋、休闲鞋、马靴、增高鞋、老布鞋、凉鞋、拖鞋等。

夏秋季女性多穿丝袜，有长筒、短筒、高腰、连体之分。男性多穿薄棉袜、尼龙袜。冬春有绒袜、毛袜、棉袜。市面上还有较新异的五趾袜、隐形袜等。轻便舒适，色艳品繁。

发型　随着人们对高尚生活的追求，男人们很少留胡须。少数人留有修剪整齐的公字胡、八字胡、山羊胡，偶有器宇轩昂老者，长髯拂胸。

原来的理发店也变成了发廊、美容美发店、造型坊、发型设计室等名称。成了女人们、年轻人的主要消费场所。很多爱美的妇女把头发染成黄色、红色，把直顺的黑发烫成各式各样的卷发，把卷发拉成直板。为了维护卷发或造型时损耗的营养，还要购买各种护发品。天然柔顺的头发渐渐被人造发型代替。青少年还流行各种形状的非主流发型。

饮食

1997年以后，随着生活的不断提高，城乡居民的饮食结构也发生了很大变化。人们不断追求健康营养的饮食标准。

饮食结构　城乡居民饮食主要以白面为主。大米、小米、玉米、高粱、红薯、大豆等粗粮也被许多家庭作为主食穿插于日常饮食，花色种类很多。鸡、鱼、肉、鸡蛋、牛奶、水果等副食品成为老百姓餐桌上的主要食品。荤素搭配，粗细搭配，蔬果配餐等科学饮食观念逐渐深入人心。

饭食习惯　每日三餐，城乡居民早晚吃稀饭，多为玉米粥、小米粥、杂粮粥、牛奶，口味以咸、酸、辣、甜为主，大部分偏重于咸，有吃生葱、生蒜的习惯，中午吃干粮为主。

各类特色面食食品

干粮类的食品有：馒头、窝头、锅饼子、蒸饼、烙饼、烧饼、油条、水饺、大包、炸肉烙、糖糕等。

汤粥饮食类的食品有：玉米面粥、玉米糁粥、大米粥、小米粥、大小米焖饭、米面粥、杂粮粥、面条、面叶、馄饨、挂面等。

副食　随着大棚蔬菜的兴起，一年四季鲜菜不断，肉、蛋、奶、水果不断。酒类档次上升，品种繁多。白酒、甜酒、果酒、啤酒进入寻常百姓家。

馆陶县主要蔬菜副食品有：白菜、红（白）萝卜、菠菜、大葱、韭菜、蒜、蒜薹、芥菜疙瘩、茄子、辣椒、北瓜、南瓜、西葫芦、黄瓜、冬瓜、丝瓜、豆角等。

第二节　婚葬习俗

婚俗

1997年以后，婚姻礼俗大致还是延续原来的提亲、定亲、送婚帖、迎娶、回门等程序。

提亲　馆陶人即使自由恋爱，也会找中间人（媒人）从中牵线。很多家庭还要找算命先生“合八字”，走老规矩。由于时代的影响，馆陶人的思想观念不断转变，自由恋爱已经为大多数家庭所接受。再加上这些年年轻人赶上外出打工潮，有很多男女青年与外地青年恋爱，所以很多家庭免了提亲这项议程。

订亲　又称“换帖”或“下帖”。订亲后，女方通过媒人向男方索要彩礼。多参照本村或附近村镇的档次。这些年，人们生活水平提高了，收入增加了，彩礼也成为大多老百姓的主要负担。很多地方流传结婚彩礼要“有车、有楼”“三斤钱”，就是要有新楼房，有新汽车，一百元的钞票有三斤。

婚事订妥后，男家择日摆酒席答谢媒人。男女双方派出本村有头面的人物和自家族长到席，媒人也要带4－6人，俗称“三媒六证”。席面肴馔丰富，各有特色。

送婚帖　也就是旧时的“择吉”。男女到结婚年龄，男方根据女方命相，请人“看日子”。吉日择定后通知女方，女方同意，便正式用红纸写帖送达女方。女方开始准备嫁妆，男方准备迎娶。

旧时自行车迎亲车队

迎娶　迎亲前一天，男家备好食盒，内装肉品、喜馃等食物，差人送到女家，称“通道路”，并带一只家鸡以代“奠雁”之礼。

娶亲当天，男方各门框都要贴婚联。门口贴“禧”字，影壁贴“囍”字。邻居朋友多来帮忙。吃喜面，每人胸前系一红布条。现在有制作精美的“迎亲”“送亲”“新娘”“新郎”“父亲”“母亲”“司仪”“主持”“证婚”等全套婚礼用品。

新时期迎亲车队

坐轿、骑马、骑自行车这些传统迎亲工具被汽车所代替。这些接亲车装饰的漂漂亮亮。白色轿车开道，车队最后也是一辆白色轿车，取“白头到老”之意。新人车，迎亲车在中间紧随，录像车前后忙活，鞭炮声、发动机声、汽车喇叭声此起彼伏，颇为壮观。

喜轿进村，要点三个“二踢脚”告知女家。女家多备下4～8盘丰盛菜肴并置下好酒、好烟，招待迎亲人，也有女家不设酒席的。现在这些安排多为形式，很少有人动用。

旧时新娘上轿前，要“绞脸”，梳头、盘纂。现在大部分新娘都去美容美发店去化妆、盘头。上轿前还要与家人合影，然后蒙上红盖头，在新郎的陪护下，由送亲者搀扶上轿。原来新娘上轿有不走回头路的说法。当地的风俗一般是出西门进东门。

沿途遇到老树、碾、磨、井、坟、大石等物，要用红布或红纸遮掩，避防冲喜。过桥、十字路口要燃鞭炮驱邪。轿车走到新郎家门前，开始燃放鞭炮。新娘在烟花弥漫的欢乐气氛中，由新郎抱持下轿，与新郎拜天地。旧时新娘下轿前，一人执草绕花轿一周，据说可以驱逐沿路带来的妖怪邪气。新娘进大门要踏过放在门口的马鞍，寓意“新人过马鞍，四季保平安”。新娘停在供桌前，供桌上摆放盛满粮食的斗，内插羽箭三支，取“永矢无他”之意。还插一杆秤，立一面镜子和一个织布梭，放置用红绳捆好的带根大葱、艾条，寓意“男子心明如镜，衣食富足，夫妻恩爱”。拜堂后由新郎挑去蒙头红，踏红毡，缓行搀入洞房。

新娘入洞房后，男家设酒席款待送轿人。饭后由女家长辈拜见男家长亲，谦辞嘱咐。送轿亲属回时，留二三女客陪伴新娘，午后才回。当天新娘还向男方家长、亲朋长辈磕头认亲，请长辈给新娘“拜钱”。现在一般送亲人和亲朋好友中午一起圆饭。圆饭前，新娘上拜。圆饭时，新人还要给各席亲朋敬酒。

晚饭后，街坊邻里男女老少都来“闹洞房”，有头三天不论大小辈之说，越闹越喜。嫂子给新人铺床、装枕头，枕头内要装上花生、红枣，取早生贵子，儿女都生之意。入睡前，夫妻要喝交杯酒，吃红皮鸡蛋，一夜长明灯，表示结伴天长地久。

新人入睡后，同辈或晚辈青年男女“听房”。夜深无人听时，即用扫帚披衣衫、戴草帽，做成人形置于窗下，据说，人若不听，就有鬼听。

回门　结婚次日，有女家的弟兄接新娘回家，俗称“回门”，第三天为“十二天”（就是要等十二天），女家亲朋女眷都来男家“认门”，男家设酒席款待，一般 7—8 人一席，事先女家通知男家来多少席，好做准备。“十二天”后，双方商议，择日让女婿去女家，俗称“认门”。因女婿头一次上门，属贵客，款待要高档。临走，嫂子们要“耍女婿”，往女婿脸上抹锅灰。

丧葬习俗

1997 年以后，虽然经过殡葬改革，但葬俗基保持过去的礼仪。

人到老年或病危时，子女提前备下寿棺、寿衣、鞋帽等。寿棺有 123、234 或“三独”（指棺木的底和两厢）。寿衣男有长袍、马褂，女穿棉袄、长裙，有 3 件、5 件、多则 7 件。棺木称“喜棺”，寿衣称“送老衣”。棺木以柏木、楸木为上等。“喜棺”做成，要扯二尺红布，蒸一桌馒头供于棺前，焚香跪拜。另外，还要请风水先生选墓地。

送终　老人将气绝时，家人急速给老人穿寿衣，此时儿女应在身边，不在的称为“不得济”。寿衣全用布带系上，取“带子”即后继有人之意。待人气绝后，将尸体移于谷草铺上，置堂屋内，白纸蒙面，绳捆双脚，口噙铜钱。烧“倒头马”和纸钱，为“上路”用，举家哀丧。此后，一日三餐供饭、烧纸、哭丧。子女穿孝衣，糊白鞋，白布“勒头”，昼夜守灵。

人死当日，用黄草纸插纸幡，俗称“纸骨朵”。一般村插在大门边，有的村插在胡同口，男左女右，以告丧事。出嫁女儿一路哭回婆家，向本家长辈磕头后返回。左邻右舍吊孝治丧。

人死后，即向亲朋报丧。报丧者只许在门外呼喊，等被报家用草灰围撒院门，报丧人方可进门，传说为防鬼魂随人入院。

入殓　一般人死后次日晚上 12 点，孝男孝女和亲朋晚辈持香前往十字路口烧纸钱，俗称“送盘缠”。去时不哭回时哭，回时不准回头看，据说此时鬼魂正抢钱，活人会看到。接着将死者入殓，放进棺材里，孝子给死者洗脸净面。此时不准喊周围人的名字，据说喊谁谁会死。随后盖棺、叩钉，全家举丧痛哭。

出殡　一般多在第三、五日出殡。出殡前，门口放瓷盆，内放菜刀，将死者枕头烧掉。亲友邻居到灵前吊唁，送花圈、帐布、纸钱。若婆家死人，娘家给女婿挂孝，若娘家死人，婆家给媳妇挂孝。亲友到齐，用过午饭后（徐村以北，午饭只是象征性的吃，以南则大兴吃“供席”），将棺木移放在灵架上，大孝子左抗灵幡右执“老盆”（盆底钻七个孔，用纸箔糊住），跪于架前，亲朋邻居跪拜祭奠。叩祭礼分：五叩、九叩、十二叩、二十四叩等。待起灵时，孝子将“老盆”摔碎，越碎表明越孝顺。众亲人嚎哭，沿途抛撒纸钱。到墓地后，将棺材放进坑内，孝子确定方位，将“压食罐”敲鼻置棺首，随后众人绕坑转一周添土，填坑成圆丘。将纸幡插在坟头，回时儿媳抢先回家，俗称“抢富”。回家后，孝子烧“回头纸”，路见人无论大小，一律磕头。当日或次日，以酒席感谢主事人、送礼人和四邻街坊。

祭祀日　葬后三日，孝子亲人穿孝服抬祭品到坟前烧纸，俗称“圆坟”，用铁锨修整坟冢。第五天或第六天，要上坟烧纸，称“过头七”。此后每七天祭一次，举家上坟哭奠。一般是从“一七”到“七七”，以“五七”最为隆重，儿女亲友多要摆供品、香和纸扎。纸扎多为用纸糊的金山银山、元宝、摇钱树、马、牛、轿、箱柜、聚宝盆等。哭吊祭奠结束，纸扎全部烧掉。其后有“百日”“周年”“三周年”“五周年”“十周年”等。逢每年清明、十月初一都要上坟、扫墓、烧纸。

第三节　节日习俗

传统节日

1997 年后，随着时代的发展，节日习俗在细节上有变化，大的礼俗基本延续过去的传统。

春节 农历正月初一，俗称“过年”，是一年中最为隆重的节日，从进腊月门开始筹备。自腊月二十三至正月十五，均属春节期间。

农历腊月二十三日，俗称“灶王爷上天日”，又称“过小年”。据说灶王爷在凡间住了一年，记载人间功过是非，要上天回报。此日吃糖瓜、芝麻糖、粘窝窝，为的是用糖粘住灶王爷的嘴，不让他上天说坏话。此后开始置办年货，做新衣。

过年花糕

农历腊月三十日或小月二十九日为除夕日，俗称“年三十”，此日扫房扫屋除去一年留下的尘土污垢。贴对联、门神、福字，屋内挂年画，院内挂红灯。担满缸水，抱足柴草。是日还要祭祖宗、祭天地。北屋内设供桌，安放祖宗亡灵牌位或悬挂供奉玉皇大帝、王母娘娘和“七十二位全神”像。外出的人赶回家中团圆。入夜，秉烛焚香，灯火通明，全家人彻夜聚在一起，称“守岁”，打牌、饮酒、看春节联欢晚会。少儿点鞭炮、放烟火。午夜零时顿时鞭炮轰鸣，震耳欲聋。

过年磕头习俗

大年初一，起五更、穿新衣、放鞭炮、吃饺子。此时的饺子为素馅，五样菜，开锅第一碗敬神，焚香、叩头。饺子里放一枚铜钱，吃到者视为“有福气”。饭后，给父母磕头，接着给本家长辈拜年，随后本家族结伙给外族姓磕头拜年贺岁。天亮后，本族人聚集，放鞭炮上坟祭祖。儿童给长辈拜年，要压岁钱。有丧父母者，初一不早起拜年，不贴对联。

初二外甥到姥爷姥娘家。初三忌出门拜年，是出嫁闺女给亡故的娘家父母上坟的日子。初四出嫁闺女携女婿回娘家拜年。初五俗称“破五”，用鞭炮炸粪堆，希望新的一年有个好收成。亲戚多者拜年拜到初七、八，有“拜年拜到初七八，也没豆腐也没渣儿”的俗语。

元宵节 农历正月十五，俗称“过十五”。城镇居民吃元宵，乡间则饮酒吃饺子，合家团聚，共享天伦之乐。

入夜，农村家家院内挂灯笼，灯盏黍面蒸制。聚集街市观灯、燃放烟火、组织戏班演出。城镇有灯火，还有玩旱船、秧歌、高跷、竹马、舞狮等文娱活动。

祭仓神日　农历正月二十五日（有的村为正月二十四日或二十六日）。据说此日为“仓神”往家背粮的日子，晚饭后家家户户要在院里用草灰画粮囤、梯子，焚香烧纸供祭品，希望“仓神”多往家里背粮食，反映人们对丰收的渴望。

二月二　农历二月初二，传为“龙抬头”日。此日忌用剪刀，据说若使用剪刀，一年之中会经常见到蛇。旧时傍晚在门外宽阔处用柴灰撒作圆形，置粮食少许，等黎明再其内点纸炮，称“打囤”，有“越打越发事”的说法，此俗今已不存。

清明节　又称“寒食”，为传统祭扫日。上午上坟烧纸，带面食供品上供，坟上添新土，压纸钱。清明节成为祭扫革命烈士公墓的日子，届时，学生、社会团体、机关人员到烈士祠敬献花圈、扫墓。

端午节　农历五月初五，俗称“五月单五”，此日门前插艾条，包饺子，吃粽子，女子和孩子身上佩戴装有艾条、雄黄等驱虫物的香荷包，儿童手足还要系五色线。旧时在端午前一天，女婿给丈人家，媳妇给婆家送糖糕，祝老人在节日安好。

乞巧节　农历七月初七日之夜称七夕，俗称“乞巧节”。相传此日为牛郎织女相会之日。民间传说，此日喜鹊都见不到，上天为牛郎织女搭鹊桥了。是日夜晚三更后，青年男女披红袄在葡萄架下。据说，可以听到牛郎织女的悄悄话。旧时少女们向父母要钱凑在一起买葱、肉包饺子，内放象征织梭、布杵、刀尺、剪刀的物品，供于当日晚，祈求织女赐一手好针线，供罢分食，食得剪刀的人最好，食得捣布杵者最次，俗称“七月七乞巧”，此俗今已不存。

中元节　俗称“鬼节”，农历七月十五日，为民间传统上坟祭扫日。城市居民因不能到坟上者，即在大路口处，烧纸祭奠。

中秋节　农历八月十五，是传统的大节之一。此时农业年景大局已定。俗有“七月十五定旱涝，八月十五定太平”之说。庆祝中秋节也有庆祝一年丰收的意思。外出的人这天都要赶回家团聚，所以又称“团圆节”。旧时农家有中秋之夜拜月、赏月之俗。祭品有月饼、瓜果，也有用毛豆供月中“玉兔”的。此时全家围坐在一起，品尝月饼、瓜果，亲朋好友相邀饮酒赏月。

月饼为中秋节主要食品。农村有自做月饼的习惯，发面做皮，内放红糖，用锅蒸熟，形状扁平圆形，正面有各种图案。八月十六日，出嫁闺女要给娘家送月饼。现在多购买市场上的月饼。

重阳节　农历九月初九，俗称“九月九”。旧时文人学士登高饮酒、赏菊赋诗，乡间多不过此节。现在重阳节又称“双九节”“老人节”，是敬老院老年人的节日。

十月一　农历十月初一日，俗称“寒食节”。次日家家户户上坟烧纸，祭奠祖先，给过世的人送“寒衣”，为民间第三个祭扫日。

冬至　为二十四节气之一，俗称“数九”。此日早晨吃饺子，俗称“安耳朵”。农村习俗已婚妇女必须回婆家过冬至，否则有妨死公公之说。

腊八　农历是十二月初八，境内居民多于此日早晨喝“腊八粥”（小米、黏米、豆子、花生、红枣等合煮而成），以此避灾祛病，亦含有喜庆丰收和预祝来年五谷丰登之意。传统习俗把腊八这天作为济贫的日子。这天也是为女孩穿耳孔、戴耳环的日子（今已无此俗）。城乡居民喜于腊八把去皮大蒜浸在醋里做“腊八蒜”。

公历节日

1997年后，公历节日基本相延。机关、团体、企事业单位开展相应活动，逐渐影响到城乡居民，形成一定的节庆习俗。

元旦　1949年中华人民共和国建立后采用公元纪年，以1月1日为元旦、新年，俗称“阳历年”。是日，机关、团体、企事业单位，按规定放假一天。各单位大门悬挂“庆祝元旦”“欢度新年”之类的横标；召开庆祝会等各种文体活动。同事、朋友之间互赠贺年卡、打电话、发短信、发微信，互致新年祝福。

国际妇女节　3月8日，俗称“三八节”，或称“妇女节”。按国家规定女职工放假半天。各级妇女组织召开纪念会、座谈会，表彰妇女先进模范人物，发放慰问品、纪念品，开展健康有益的文化娱乐活动。

植树节　按国家1979年统一规定，3月12日为全民植树节。每年植树节期间，县内机关干部、职工、学校师生等开展义务植树活动。

国际劳动节　5月1日，俗称“五一节”，或称“劳动节”。全县机关、企事业单位放假，有的组织各种纪念活动。2000年开始，国家实施五一长假制度，放假3天，连同前后周六、周日共七天，称“五一黄金周”。

中国青年节　5月4日为中国青年节。县内各级共青团组织召开庆祝会、报告演讲会、联谊会、举行新团员宣誓仪式，开展青年献爱心活动，激励广大青年继承和发扬“五四”光荣传统。

国际儿童节　6月1日，国际儿童节，也是中国儿童的节日。每逢“六一”，县内小学、幼儿园均组织开展各种文体活动，吸收新队员加入少年先锋队，师生（有时也邀请孩子家长）一起欢度节日。

建党节　7月1日，为中国共产党诞生纪念日。此日，中共各级组织召开纪念会、座谈会、表彰会，举行新党员入党宣誓仪式，开展各种形式的革命传统教育。

建军节　8月1日，中国人民解放军建军节。县内党政机关、社会团体开展各种形式的拥军优属活动，走访慰问当地驻军。

教师节　9月10日为中国教师节。是日，县各级党委、政府出台文件，召开庆祝大会，表彰奖励模范教师和先进学校。给老师发放纪念品、贺卡、学生文艺汇演，以各种形式表达对老师的敬爱之情。

国庆节　10月1日是中华人民共和国成立纪念日。节日期间，县内机关、团体、学校、企事业单位都开展升国旗仪式，并组织各种庆祝活动。2000年始，国家施行长假制度，放假3天，连同前后周六、周日共7天，称“十一黄金周”。

外来节日

1978年改革开放后，随着国际文化交流日益繁荣，西方国家的一些节日也传入中国。对本县较有影响的节日有：2月14日的情人节，4月1日的愚人节，5月第二个星期日的母亲节，6月第三个星期日的父亲节，12月25日的圣诞节。

第九章　方言

第一节　馆陶话的语音特点

馆陶话语音与普通话语音相比较，有同有异。馆陶县境内的馆陶话也略有差异，大体可以分为两个方言区域：县城周边区域及其以南为南区；魏僧寨及周边区域为北区。

馆陶县地处邯郸最东部，与山东省接壤，方言属于冀鲁官话区，其方言特点是：

1. 馆陶话语音，有元音音素 9 个：ɑ、e、ê、i、u、-i（前）、-i（后）和 er，缺少第二号元音 o，因而 o、e 不分，与声母拼合成音节时，以 e 代 o。例如，把磨 (mò) 读成 mè。

2. 馆陶话语音，在发音上，有的和普通话语音也不尽相同。如 ɑ 的发音，方言开口度小。因此，练习发音时，把嘴要张得大一些。馆陶县同邱县、曲周、广平交界的地区，发 ɑ 时舌位偏后，接近后 ɑ，也应注意纠正。再如 u 的发音，唇形拢圆不够，亦应注意纠正。还有双唇阻 b、p、m 和唇齿阻 f，唇形不圆，亦应注意圆唇。

3. 馆陶话语音，有辅音 23 个：b、p、m、f、d、t、n、l、g、ng、k、h、j、q、（广）、x、zh、ch、sh、r、z、c、s。比普通话语音多一个舌面阻鼻音，即注音字中的“广”，如“你”(ni)，方言读（广 1）。

4. 馆陶话北区，则缺少舌尖后阻擦音 r。

5. 尖音、团音分明。有 i、ü 组韵母和 j、q、x 声母拼合的字，方言读成 z、c、s 的音。例如：将 (jiāng) 读成 ziāng（尖）、七 (qī) 读成 cī（尖）、修 (xiū) 读成 siū（尖）、羞 xiū（团）。

6. 韵母是 üe 的一些字，方言读成 iao。如：感觉 (jiāo)、上学 (xiáo)、节约 (yāo)。

7. 开口呼零声母字前加辅音 ng，例如：爱 ngài、欧 ngōu、鹅 ngé。

8. r 声母的个别字，方言的声母读成 y，例如：闰 (yun)、荣 (yong)、软 (yuan)。

9. 声母 z、c、s 和 e 拼合的一些字，方言读成 zh、ch、sh 和 ê 拼合的方音，例如：责、泽、择读成 zhê，册读成 chê，社读成 shê。

10. 馆陶话把普通话阴平调读成曲折调，如猪（√ | ）、天（√ | ）、他（√ | ）。

第二节　馆陶话的声母

学好普通话声母的发音，实际上有两个方面的问题需要解决，一个是“发音”问题，一个是“正音”问题。“发音”问题是指普通话里的一些声母在有些方言中并不使用，而是读为另外的声母。解决这类问题，则要认真学习普通话声母的发音要领，了解和掌握相关声母的发音部位和发音方法，反复练习，从而发好这些声母。例如，馆陶方言语音有 e，没有 o，把声母 b、p、m、f 的名称音读成 be、pe、me、fe。主要原因是读起来唇形不圆，学习时应注意圆唇。“正音”问题是指普通话的声母在方言区也在使用，但是在方言中声母使用情况与普通话不一致。例如，馆陶话将一些普通话的零声母音节读成辅音声母音节。解决这类问题则需要加强普通话与方言声母的比较，找出规律，加强记忆和练习。

馆陶话和普通话的声母存在着不同程度、不同方面的差异，总体上看，比较突出的有以下几个问题：

“广”和 n

n 的本音，馆陶话语音发不好，而且与齐齿呼、撮口呼韵母相拼时，n 的发音部位比普通话语音发音部位靠后，变成了注音字母中的“广”。例如，将“你”读成（广丨）、将“年”读成（广丨ㄢ）。

需要正音的常用字表

表 6-9-1

馆陶话	常用汉字	普通话
广丨	尼　泥　妮　你　倪　拟　溺；逆（方音读 yi）	ni
广丨ㄢ	年　撵　捻　碾　念	nian
广丨ㄤ	娘　酿（方音读 rang）	niang
广丨ㄠ	鸟　尿	niao
广丨ㄝ	捏　聂　蹑　镊　涅　乜	nie
广丨ㄥ	拧　咛　泞　宁；凝（方音读 ying）	ning
广丨ㄡ	妞　牛　扭　拗	niu
广ㄩ	女	nü

尖音与团音

舌尖前音 z、c、s 与齐齿呼、撮口呼韵母拼合的音叫尖音。舌面音 j、q、x 与齐齿呼、撮口呼韵母拼合的音叫团音。普通话只有团音，没有尖音。馆陶话则既有团音，也有尖音。因此，馆陶人学普通话，需要将尖音字改为团音字。

需改读的常用汉字表

表 6-9-2

尖音（馆陶话）	常用汉字	团音（普通话）
zi	积唧脊瘠笈辑疾集济挤剂际寂稷祭绩迹	ji
zian	尖　煎　剪　渐　歼　箭　贱　溅　践　荐	jian
ziang	将　浆　奖　桨　蒋　匠　酱	jiang
ziao	椒　焦　礁　嚼（磨碎食物）	jiao
zie	接　截　捷　睫　节　姐　借	jie
zin	津　尽　进　晋　浸　烬	jin
zing	睛　精　晶　旌　井　靖　静　净	jing
zü	聚	ju
züe	绝	jue
zun	俊　峻　骏	jun
ci	七　漆　妻　柒　沏　戚　脐　齐　砌	qi
cian	千　迁　签　前　潜　钱　浅	qian
ciang	枪　抢　墙　锵　呛　跄	qiang
ciao	悄　瞧　俏　樵	qiao
cie	切　且　妾　窃	qie
cin	亲　侵　秦　寝	qin
cing	青　清　晴　蜻　情　请	qing
ciu	秋　鳅	qiu
cü	蛆　趣　取　娶	qu
cuan	全　痊　泉　醛	quan
si	西　栖　昔　息　析　悉　锡　席　习　洗　细　隙	xi
sian	仙　先　纤　氙　鲜　冼　线　羡　腺	xian
siang	相　箱　湘　厢　襄　镶　详　祥　翔　想　象　橡	xiang
siao	消　宵　萧　硝　销　箫　潇　霄　小　逍　肖　笑　淆（馆陶话读 yao）	xiao

续表 6-9-2

尖音（馆陶话）	常用汉字	团音（普通话）
sie	邪 斜 写 泻 泄 些 卸 谢 屑	xie
sin	心 芯 辛 新 薪	xin
sing	星 惺 猩 腥 醒 性 姓 省（省悟）	xing
siu	修 袖 秀 绣 锈	xiu
sü	序 叙 绪 续 絮 婿 蓿 徐 需 须 戌	xu
suan	宣 喧 旋 漩 选 癣	xuan
süe	薛 雪 削（剥削）	xue
sun	旬 寻 巡 询 循 鲟 荀 汛 迅 逊 殉	xun

说好普通话，克服馆陶方言中的尖音问题，首先要了解 z 组和 j 组声母的差异。这两组声母的差异也是发音部位的不同造成的。Z 组声母是舌尖前音，发音时舌尖和上齿背成阻。j 组声母是舌面音，发音时舌面前部和硬腭前部成阻。其次，必须明确普通话中相关的声韵拼合规律，找出普通话和方言之间声韵组合的区别。一般的做法是，方言中凡是 z、c、s 和齐齿呼、撮口呼相拼合的音节（尖音），要分别将声母改成 j、q、x。

第三节　馆陶话的韵母

分清 o、e、uo

1. 由于馆陶方言语音缺少第二号元音 o，因而 o、e 不分，在和声母拼合成音节时，以 e 代 o。

2. o 的唇形不圆，读成了 e 或 uo。如把“佛”读成 fé，把“摸”读成 mē，把“伯”读成 buó 等。

纠正方法：(1) 发韵母 o 时，一定要注意拢圆双唇。(2) 用 o 韵母字的归类法记忆。普通话中，除“么、麽”以外，与声母 b、p、m、f 相拼的都是 o 韵母字。所以，凡是馆陶方言 b、p、m、f4 个声母拼 e 的字，除“么、麽”以外，一律改读 o 韵母就可以了。在拼写时，也应注意这一点。

第四节　馆陶话中的讹错字

馆陶话除上述较普遍的问题外，还有一些讹错字，举例如下：

馆陶话讹错字辨正例表

表 6-9-3

汉字	应读	不读	备注
胞	bāo	pāo	—
笔彼	bǐ	bei	—
庇痹	bì	pi	—
捕哺	bǔ	pu	—
迫魄	pò	pai	—
剖	pōu	pao	—
墨默陌	mò	mei	—
没（没有）	méi	mu	—
没（淹没）	mò	mu	—
谋	móu	mu	—
呢（在词尾）	ne	ni	—
阶皆街	jié	jiai	—
解	jiě	jiai	—
我	wǒ	e	—
缘	yuán	yan	—
乐（快乐）	lè	luo	—
嫩	nen	lun	—
您	nin	nen	—
弄	nóng	neng	—
烙	lào	luo	—
履	lǚ	li	—
堆	dui	zui	—
突	tū	du	—
某	mǒu	mu	—
横	héng	hong	—
还（还是）	hái	huan	—
剿	jiǎo	chao	—
蛇	shé	sha	—
触	chù	zhu	—
虐疟（疟疾）	nüè	yao	北片

续表 6-9-3

汉字	应读	不读	备注
		yuo	南片
淆	xiáo	yao	—
介　界　戒	jiè	jiai	—
鞋	xié	xiai	—
懈蟹	xiè	xiai	—
隔	gé	gai	—
给（动词）	gěi	ji	—
谬	miù	niu	—
佛（佛教）	fó	fu	南
否缶	fǒu	fao fe	北片
德得（得　到）	dé	dei	北片
的（词尾）	de	di	—
帚	zhōu	shu	—
侦贞	zhēn	zheng	—
闰润	rùn	yun	—
足	zú	zü	—
郝	hǎo	he	—
或惑获	huò	huai	—
轴	zhóu	zhu	—
偿	cháng	shang	—
畜（牲畜）	chù	xu	—
勺	sháo	shuo	南片
深	shēn	chen	—
矢	shǐ	chi	—
篡	cuàn	chuan	—
赐	cì	si	—
肃巢宿（宿舍）	sù	sü	—
殊	shū	chu	—
（杜）甫	fǔ	pǔ	—
摄	shè	nie	—

续表 6-9-3

汉字	应读	不读	备注
去	qù	qi	—
（馆）陶	táo	tou	—
拯	zhěng	cheng	—
矮	ǎi	yai	—
药	yào	yuo	南片
映	yìng	yang	—

第五节 馆陶话的声调

馆陶话与普通话在声调上的差异比声母、韵母都大，情况也比较复杂，是馆陶人学习普通话的难点和重点。馆陶话与普通话语音的最大偏差在于声调，所以馆陶话辨正很大程度上是在于声调的辨正。

声调的分类

从声调的分类来看，馆陶话与普通话都分为阴平、阳平、上声、去声四类。而且，汉字的分类也大致相同。例如："空中、飞机"，馆陶话与普通话二者都将其归入阴平声；都把"人民、和平"归入阳平声；都把"友好、永久"归入上声；都把"部队、战斗"归入去声。两者声调归类相同的字约占 80%以上。这是馆陶人学习普通话的有利条件之一。

馆陶话与普通话四声的差异

尽管馆陶话与普通话在声调的分类上基本相同，但是四声的读法却完全不一样。具体区别与比较如下表：

表 6-9-4

词类 / 词型 / 地区	阴平	阳平	上声	去声
普通话	˥ 55	⋀ 35	214	51
馆陶话	34	52	55	213
例字	中	华	伟	大

从上表可以看出，馆陶话声调与普通话声调都分为平、升、曲、降四类，但是排列

的位置不同（见下表）：

表 6-9-5

词类 词型 地区	阴平	阳平	上声	去声
普通话	高平	中升	曲折	下降
馆陶话	中升	下降	高平	曲折
例字	中	华	伟	大

克服馆陶方言因素的影响，说好普通话，可从两方面入手：

第一，从上表可看出普通话与馆陶话声调对应规律为：馆陶话的一声字应由中升调改读为高平调，二声字应由下降调改为中升调，三声字应由高平调改读为曲折调，四声字应由曲折调改读为下降调。（附：例外字）

第二，明辨馆陶话的调类、调值，改读方言的调值，应先学会熟练地读准普通话的调值，把本地方言的某一声调的调值与普通话作一比较，体会二者的差别，然后用方音和普通话分别读同一调类的字，反复体会对应规律，然后再用普通话的调值读所有四声字，直至掌握为止。

总而言之，汉语是有声调的语言，一个音节可以读成不同的声调。同样一个音节，如果声调不同，意义也就不同。汉语里的各个不同的方言，声调与普通话存在着比较整齐的对应规律，凭借这种对应规律，可以利用馆陶话的声调推断普通话的声调，从而学好普通话。馆陶话与普通话的差异，既有调类方面的，也有调值方面的。普通话声调最主要的特点是一平二升三曲四降，掌握普通话声调的特点，读准普通话声调。熟悉利用自己方言与普通话声调的对应规律，纠正方言声调可以收到事半功倍的效果。

附录：例外字

在常用汉字中，有一部分汉字在声调归类上馆陶话与普通话不一致。例如：“他、峰、芳”等字，馆陶话归在上声内，普通话归在阴平声内，调值都是 55。若按上述对应规律对应，就会将这些汉字的声调读错。因此，对于这一部分例外字应当挑出来，单独记住。现将它们按普通话声调归类如下：

1. 应读普通话阴平声——高平调的字

他、她、它、颁、戳、碉、跌、都（都是）、芳、妃、芬、氛、纷、峰、锋、蜂、烽、冈、哥、羔、供（供给）、估、疾、歼、津、晶、刊、枯、猫、颇、侵、医、珍、依。

2. 应读普通话阳平声——中升调的字

昂、雹、剥、伯、博、搏、驳、勃、裁、察、巢、持、崇、得（得到）、读、而、防、福、革、格、阁、国、横、级、急、吉、及、即、嫉、潜、憔、擎、囚、泅、燃、仍、儒、啥、题、媳、锡、劫、节、菊、决、觉（感觉）、扛、咳、陵、没（没有）、您、竹、竺、烛、习、袭、邮、渝、愉、愚、娱、则、责、闸、哲、蜇、折、职、执、逐、识。

3. 应读普通话上声——曲折调的字

北、蔼、笔、彼、逞、尺、导、法、讽、辅、腐、给（给与）、谷、轨、罕、郝、吼、浒、悔、饺、缴、剿、角、脚（手脚）、渴、朗、拟、偶、痞、匹、普、乞、遣、且、辱、耸、塔、讨、铁、枉、朽、雪、宿（一宿）、冶、宇、窄、沼、枕、嘱、企。

4. 应读普通话去声——全降调的字

灿、倡、畅、赤、逮、挡、发（头发）、妇、腹、复、荷（电荷）、褐、鹤、互、幻、霍、或、惑、获、迹、较、浸、刻、克、括、扩、恋、掠、略、迫、魄、泣、洽、恰、切（一切）、确、雀、鹊、锐、质、霎、色（白色）、涩、瑟、绍、摄、涉、示、视、逝、饰、适、释、束、述、术、硕、宿（宿舍）、粟、肃、遂、隧、踏、态、惕、持、腕、谓、畏、眩、穴、血（血液）、毅、映、亿、忆、译、翼、赠、蔗、浙、置、帜、祝、桦、焰、悟、筑（建筑）、召。

另外，南片还有一些应读去声的字读成阳平。例如：“录、绿、麦、热”等字，也应注意纠正。

第六节　馆陶话的音变

普通话的音变现象，馆陶话一般都有，而音变读音与普通话不同。另外，方言中还存在着一些具有地方特色的音变现象，方音辨正时应特别注意。

“一”和“不”的变调

馆陶话中“一”和“不”不管是单念，在句末或在其他声调字前，表现为变舒声后的阴平声调。

☆“一”的变调

普通话的“一”有四种声调。单用或在句末表次序先后时读阴平，如“一楼、第一、统一”；“一”在非去声前变读去声，如“一天、一年、一秒”；“一”在去声前变读阳平，如“一定、一致、一刻”；“一”在两个音节中间变读轻声，如“想一想、看一看、走一走”等。

☆“不”的变调

普通话的“不”有三种调值。单用、在句末或在非去声前读去声，如“不！我就不！

不听、不读、不写”；在去声音节前变读为阳平，如“不会、不对、不是”；夹在两个音节间变读为轻声，如“好不好、香不香、走不走”等。

从以下词语中体会“一”的变调

一边　一心　一天　一端　一发　一瞥　一生

一年　一时　一人　一直　一元　一回　一齐

一把　一口　一起　一碗　一举　一晃　一览

一阵　一律　一概　一贯　一色　一度　一半

说一说　谈一谈　听一听　理一理　摧一摧

一五一十　一心一意　一朝一夕　一丝一毫

一板一眼　一唱一和　一字一板　一张一驰

从以下词语中体会“不”的变调

不安　不单　不甘　不公　不屈　不惜　不光

不行　不良　不曾　不乏　不凡　不符　不才

不可　不仅　不满　不法　不齿　不管　不比

不断　不但　不顾　不会　不过　不错　不测

对不起　差不多　想不通　买不起　大不了

舍不得　禁不住　来不及　吃不消　了不起

靠不住　冷不防　了不得　看不起　说不成

不言不语　不知不觉　不痛不痒　不慌不忙

不明不白　不干不净　不偏不倚　不声不响

不理不睬　不闻不问　不屈不挠　不破不立

不见不散　不死不活　不打不倒　不清不楚

轻声

馆陶话的轻声很普遍，具备了普通话轻声区别意义，区别词性，习惯轻声的作用和类型。但很多时候，方言的轻声在语音上带有明显的地方特色。

1. 馆陶话中，下列一些成分说轻声：

(1) 结构助词“的、地、得”变“li、lê”之后说轻声。例如：

我的 (li　di　lê) 书

好得 (li　di　lê) 很

慢慢地 (li　di　lê) 走

(2) 动态助词“着”变“dê、e、zhuo”后说轻声。例如：

说着 (dê e zhuo) 说着 (dê e zhuo) 笑了。

(3) 名词后缀“子”变“的”(dê、de) 或“呃”(e) 后说轻声。

例如：

桌子 (dê de e)

褂子 (dê de e)

小孩子 (dê de e)

(4) 带“得”的动词，“得”变“lê、lei、di”后说轻声。例如“舍得、值得、认得、记得”等词的“得”方音是“lê、lei、di”。

(5) 方位词“下”音素脱落后读轻声。例如“地下、年下、黑下”的“下”说“ia”。

(6) 量词“个”的音素脱落后说轻声。例如“四个、五个、六个、九个”里的“个”说“e”音。

(7) 语气词“呀、吗、呢、啦”变成与之对应的“耶、不、嘞、哩呀”后说轻声。例如:“快来呀（耶）!”‘你好吗（不）?”“咱们的人呢（嘞）?”“吃了饭啦（哩呀）?”等。

在普通话中，结构助词“的、地、得”统读“de”，动态助词“着”读“zhe”，名词后缀“子”读“zi”，动词语素“得”读“de”，方位词“下”读“xia”，量词“个”读“ge”，语气词“耶”应说“呀”，“不”应说“吗”，“嘞”应说“呢”，“哩呀”应说“啦”。

儿化

普通话里“儿化”的“儿”不是一个单独的音节，而是在一个音节末尾音上附加的卷舌动作，使那个音节因儿化发生音变。馆陶话儿化除了具备普通话的儿化特点外，在发音和使用上还有自己的方言色彩。

馆陶话儿化特点：

(1) 该鼻化的不鼻化。普通话中 a 的儿化形式是 ar，ang 的儿化形式是 ar；ia 的儿化形式是 iar，iang 的儿化形式是 iar；i 的儿化形式是 ier，ing 的儿化形式是 ier。因此，普通话中的“法儿”和“方儿”，“芽儿”和“羊儿”发音是不同的。而馆陶话中以上词的发音是相同的，都读“far”“iar”，其原因是当 fǎng 和 yáng 的儿化韵尾 ng 失落后，主要元音 a 不鼻化，而发口音儿化韵，所以“电影儿”读成 diàn yer，“帮忙儿”读成 bāng már。“灯绳儿”读成 dēng shér，“胡同儿”读成 hu tór。正音时，应将元音发成鼻化音再加卷舌动作。

(2) 卷舌过度。普通话加儿化卷舌，是在发前一音节韵母时，将舌尖轻轻卷起，此时舌尖对着上腭。而馆陶话卷起的舌尖越过了上腭，接近了软腭。如“没空儿”的音色似“没 kuèr”，和普通话相比，儿化卷舌偏后，口形略圆。正音时应特别注意。

按普通话儿化的发音原则读准馆陶方言中的儿化韵。在实际语言应用中可以这样把握：该儿化的一定儿化，儿化不儿化两可的则不儿化。

语气词“啊”的音变

普通话语气词“啊”受前一个音节末尾音素的影响，可发生六种音变现象。馆陶话也有这六种变化，只是读音与普通话语音不相同。具体情况见下表：

“啊”音变对照表

表 6-9-6

普通话读音	馆陶话读音	汉字	举例
ya（在 a、o、e、e 后）	iê	呀	回家呀、爬坡呀
ya（在 i、ü 后）	iê	呀	多娇呀、好大的鱼呀
wa（在 u 后）	uê	哇	多苦哇、多好哇
no（在 n 后）	nê	哪	快干哪、多好看哪
za（在一 i 前）	ê	啊	哪个公司啊
ra（在一 i 后）	rê	啊	啥事啊、啥电视啊

正音

把“馆陶话读音”中的 ê 改读成 a 即可。

从读准下面短句里的“啊”的音变中体会馆陶话与普通话的区别：

是他呀？好多呀！

要认真学习呀！你应该注意节约呀！

她的手多巧哇！他写得多好哇！

多好看哪！加油干哪！

你走路可要小心哪！你发音真准哪！

大家一齐唱啊！歌声多好听啊！

这是怎么回事啊！用什么纸啊！

今年八十啊！大家看电视啊！

两个什么字啊？这是第几次啊？

他就是老田啊！多少工资啊？

同化、脱落与合音

馆陶话中，有些词语口语化强，使用率高，某些语素经常配合，发音部位相互影响，有些词语出口快、音程短，于是便出现了词语的同化、脱落、合音的音变现象。

1. 同化。双音节词语中，由于两个音节的声母、韵母互相影响，使其中一个音节改变了它原有的声、韵母，产生了与前后音节声韵相同或相近的音变现象。例如：

蜘蛛 zhu　zhu　二小 er　liao　闺女 gui　ni

指甲 ji　ia　六个 liu　ue　粮食 liang　ri

2. 脱落。由于快速语流的影响，有些词语的语素脱落、弱化了。这种现象往往出现在双音节词的后音节上，而脱落的常常是声母。例如：

老虎 lao　u　绝户 jue　u　供享 gong　iang

窗户 chuang　u　年下 nian　ia　头夫 tou　u

叫唤 jiao　uan　地下 di　ia　伺侯 ci　ou

家伙 jia　uo　柴火 chao　uo　红薯 hong　zhu

3. 合音。口语中把两个音节说成一个音节的现象叫合音。发生合音的一般是语言中出现频率较高的词或短语。合音一般取前字的声母，后字的韵母，酷似古时反切，合音以后乘坐合音词。馆陶话中的合音词大都是名词性或动词性的。

名词性的：

铁佛堡 tiao　bu　木官庄 mo　zhuang　丝窝寨 ser　zh　ai

人家 nie　na　三个 sa　媳妇 xiour

指甲 zha、jia　你们 nen　底下 dia

今日 jier　明日 mier　多少 duer

动词性的：

不要 biao　不用 bing　出去 chuei

知道 zhao　起来 qiai　没有 miu、mie

分音词

方言中把一个音节说成两个音节的音变现象叫作分音。馆陶话中的分音词多是动词、形容词，也有少部分拟声词。例如：

表 6-9-7

普通话音节	分音词	词　性	例　句
抹	摸拉 mo　la	动词	～两把脸
摆	拨列 be　lie	动词	狗尾巴来回～

续表 6-9-7

普通话音节	分音词	词　性	例　句
遛	模游 me　you	动词	他出去～了一圈
吵	吱唠 zhi　lao	动词	你～啥嘞
抖	抖搂 dou　lou	动词	把面袋～～
动	骨拢 gu　long	动词	别乱～
哄	唬弄 hu　long	动词	你别人～
掉	多落 duo　luo	动词	裤裆～到地上了
溜	出吕 chu　lu	动词	他吓～啦
觉	觉摸 jiao　me	动词	我～的能考好
滚	骨趔 gu　lie	动词	～一边的去
摆	泼甩 pe　shuai	动词	尾巴来回～
搞	鼓捣 gu　dao	动词	你～啥嘞？
晃	拨浪 bu　long	动词	甩了个～的
翘	圪料 ge　liao	形容词	板子晒～啦
倾	仄楞 ze　leng	形容词	桌子腿不平，光～
怔	支楞 zhi　leng	形容词	他～一下子起来了
蔫	圪严 ge　yan	形容词	晒～啦
楞	癔症 yi　zheng	形容词	还～哩
凸	鼓突 gu　tu	形容词	～起来啦，～泡儿
铞	搭料 da　liao	名词	门～
框	壳朗 ke　lang	名词	房～，胸～
挎	克拉 ke　la	名词	驴～的
轰	忽隆 hu　long	拟声词	～一响
腾	特楞 te　leng	拟声词	～一下子上去了
啪	扑叉 pe　cha	拟声词	浓泥～

文白异读词

方言中读书音和说话音不同叫文白异读。（读音为文，说音为白）馆陶话中存有许多文白异读字。这些字音地方色彩浓，是学习普通话应注意的内容之一。下面列举的文白异读字，文前白后，中间用斜线隔开，白音举例。

女 nǚ / ni 闺女　耽 dān / dang 耽误

输 shū / lu 打牌输啦　去 qù / qi 你去不去

般 bān / man 一般高　摄 shè / nie 摄影

深 shēn / chen 深水泵　溃 kuì / hui 溃浓了

道 dào / tou 过道　坯 pī / pei 拖坯

柴 chái / chao 柴火　勺 sháo / shuo 饭勺

就 jiù / dou 就这吧　壁 bì / bei 影壁墙

角 jué / zhuer 装角儿　暖 nuǎn / nan 暖和

避 bì / bei 避雨　某 mǒu / mu 某人

尾 wěi / yi 尾巴　殊 shū / chu 特殊

联 lián / luan 苏联　胎 tāi / dai 车胎（车内胎）

唾 tuò / tu 唾沫　撞 zhuàng / chuang 撞倒

嫩 nèn / lun 嫩芽　现 xiàn / suan 现学

澄 chéng / deng 澄清　灭 miè / nie 灯灭了

俗 sú / xu 俗话说　堂 táng / tan 堂屋

语流音变在馆陶话中有，在普通话中也有，是一个重要的语音现象。有些馆陶人在学习普通话的过程中，在单个词语和音节的发音方面下来很大的功夫，也取得了不错的效果，但是一开口说话，总觉得有点不对味，很大程度上是因为音变不规范，不自然造成的。所以，在掌握字词基本发音的基础上，强化普通话音变的练习，掌握音变规律，是说好普通话的一个不可或缺的条件。

第七编　人　物

本篇人物传收录人物 41 人，其中前志补遗人物 17 人，续增人物 24 人。人物简介收录人物 16 人。人物表收录馆陶籍在外人士 40 名，其中副地市级以上领导干部 6 名，大校以上军衔或相当职务者 18 名，有突出成绩的经济、科技工作者 10 名，知名艺术家、教授 6 名。馆陶县籍博士表收录 43 名。馆陶县 1997—2013 年先进个人荣誉表收录 119 名，其中馆陶县获得省级以上个人荣誉者 110 名，国家、省级劳模 9 名。

第一章　人物传

子夏

子夏（前 507—？），姓卜，名商，字子夏，后亦称“卜子夏”“卜先生”，春秋末晋国温人（今河南温县），孔子的著名弟子，“孔门十哲”之一。孔子没后（前 479 年），居西河（今馆陶县西河寨村）为教授，培养了李克、吴起、段干木等一大批杰出人才，魏文侯以师事之。晚年，因丧子而哭致失明，为曾子所责。孔门弟子有著作传世者，以子夏最多。相传《论语》为子夏与仲弓合撰。《毛诗》传自子夏，《诗序》即为子夏作，《仪礼·丧服》篇亦传自子夏。《易传》一卷，亦子夏所撰。汉人徐防又有“诗、书、礼乐，定自孔子；发明章句，始于子夏”之说。

子夏居馆陶西河寨教学，对传播儒学，教化当地民风起到了重要的促进作用。

曹霖

曹霖（？—249 年），魏武帝曹操之孙，魏文帝曹丕（187—227 年）第五子，为仇昭仪所生。黄初三年（222 年）立为河东王，黄初六年（225 年）改封为馆陶王，太和六年（232 年）又改封东海王。

曹霖被封为馆陶王后，决心把馆陶治理好，为百姓多做好事。曹霖首先抓社会治安，他命官府惩治了几个罪大恶极的恶霸，使馆陶的社会风气明显好转。当时馆陶境内水患严重，屯氏河、漳水和淇水经常泛滥，曹霖一方面上奏皇帝，减免租税；一方面组织民工清除河中淤泥，疏通河道，加固河堤，使馆陶境内的水灾次数明显减少，人民生活水平有了很大提高。

太和元年（227年），魏文帝曹丕去世后，其子曹睿继位，与曹霖是同父异母兄弟，231年后，大权渐渐落在司马懿手里，曹霖及时提醒曹睿，以防司马懿专权，曹睿深受感动。

嘉平元年（249年），曹霖因病去世，谥定王，埋葬在其父魏文帝曹丕的首阳陵旁。

魏征

魏征像

魏征（580—643年），字玄成，唐代魏州曲城（今馆陶县）人，唐朝政治家。曾任谏议大夫、左光禄大夫，封郑国公，谥文贞，以直谏敢言著称，是中国历史上最负盛名的谏臣。

隋末天下大乱，各地农民纷纷起义，魏征家中有资产却不去经营，整天读书，以求修身，素怀大志，弱冠之年已满腹经纶，学有所成，受到乡邻夸赞。魏征为避开乱世，他先在曲（梁）城南魏街村玉皇庙三清楼及圆通寺道观，后又去贵乡（今大名县东北15里）孔思集寺出家，寻一方静土，做了道士。隋大业十三年（617年），37岁的魏征离开道观，投奔到武阳郡丞元宝藏处，起兵反隋。瓦岗军头领李密请魏征主管军中的文书，其间，魏征向李密提过十条建议，但因瓦岗军正势如破竹地向前发展，李密很骄傲自信，并没有被采纳。

瓦岗军在夺取了洛口仓、回洛仓和黎阳仓后，将洛阳城包围起来。控制洛阳大权的隋朝大将王世充，想乘李密兵力疲惫之机，进攻瓦岗军。李密召集高级将领开会，研究对策。当时魏征的地位低，没有资格参加会议。但他认为这次决战很重要，成败关系着瓦岗军的前途，就主动找李密的长史（类似秘书长的官）郑颋说："李密虽然在前几次大战中都取得了胜利，但是将士伤亡很多，钱财现在也很紧张，对有功的将士不能论功行赏。从这两点看，不可以与王世充打硬仗。最好的办法是，挖沟筑垒，打防御战。双方对峙久了，敌人粮尽，就会不打他而撤兵。这时再乘机追击，必然会取得胜利。"郑颋原来是隋朝的监察御史，投降李密后很受重用。他根本不把魏征这样的小官放在眼里，就讥笑他说："你这不过是老生常谈的意见！"魏征的意见没有得到重视。李密轻敌麻痹，要求速战，在王世充的火攻与奇袭下，全军溃败。瓦岗军失败后，李密率余部去长安投降了李渊，魏征也随李密来到了长安。李密死后，他的一些旧部仍然活动在太行山以东地区，特别是驻守黎阳（今河南浚县东北）的徐世勣，有比较大的实力。魏征自告奋勇，愿以自己的老关系，去太行山以东地区说服李密的部下，要他们降附李渊。他的建议被李渊接受了，就任命他为秘书丞（管理国家档案图书的官），去执行这个任务。

魏征首先到了黎阳，给徐世勣写了一封信说：“当初李密率瓦岗军起兵反对隋朝的时候，振臂一呼，四方一下子就有几十万人响应，隋朝的半个天下都在他的控制之下。后来被王世充战败，再也无法恢复元气，因而投归了李渊。现在经过群雄的纷争，李渊得天下已成定局。你现在占据的黎阳，是取天下者必争之地，如果不早认清形势，作出打算，就错过机会了。”徐世勣看了魏征的信，觉得他说得有道理，又听说李密已经被杀，就决定投降李渊，但为了表示对李密的忠诚，请求收葬李密的尸体。他的要求李渊答应了，魏征撰写了《唐故邢国公李密墓志铭》。魏征劝说徐世勣降唐后，又去魏州劝说自己的老朋友元宝藏也归降了李渊。

武德二年（619 年）十月，窦建德领兵南下，攻占了黎阳，这时魏征正在黎阳，成了窦建德的俘虏。窦建德早已听说魏征的名气，就任命他为起居舍人（记录皇帝言行的官）。

武德三年（620 年）七月，李渊命李世民率大军东征洛阳，进攻隋的残余势力王世充，窦建德率军南下救洛阳。李世民用骑兵击溃，窦建德被俘获。魏征和裴矩投降唐朝，又一次来到长安。李渊的太子李建成，招魏征为洗马，主管太子东宫经籍图书。

李建成和李世民兄弟之间为了争夺皇位的继承权，斗争开始尖锐化。魏征为李建成的太子地位担忧。这时窦建德的旧部刘黑闼，在河北一带收复了窦建德的旧地反唐，魏征认为这是李建成立功提高自己威望的好机会。他向李建成建议说：“李世民功劳大，威望高。你长年在首都协助李渊处理政事，没有李世民那样显赫的战功。现在刘黑闼纠集了窦建德的一些散兵败将，人数不到一万，也缺乏粮草，他虽然占领了一些地方，但不堪一击。这是一次很好的取得战功的机会，结纳山东豪杰，以壮大自己势力，提高威望的好机会。你应该争取自己率兵去打这一仗，千万不要错过这个机会。”李建成接受了魏征的意见，得到李渊的同意后，就亲自率军去攻打刘黑闼。在与刘黑闼作战过程中，魏征给他出谋献策，用瓦解对方军心的办法，宣布除刘黑闼外，其他人只要放下武器，一律不加追究。这样很快就瓦解了刘黑闼的军队，李建成同时也在河北一带安插了亲信，收买了豪强，使之成为自己争权的外援。魏征的建议取得圆满的成果。

高祖武德九年（626 年）六月四日，李世民发动玄武门政变，先发制人，杀死了李建成和支持他的弟弟李元吉，李世民取得了太子的地位。魏征作为李建成的亲信，李世民马上召见他，并质问他：“你为什么要挑拨离间我们兄弟？”这对魏征来说，是生与死的关头，回答不善，马上就可能被杀头。魏征这时把生死置之度外，很坦然地回答说：“如果太子李建成早听我的劝告，也不会有今天的下场。人各为其主，我忠于我的主人李建成，这有什么错呢！管仲不是还曾射中小白（齐桓公）的带钩吗？”李世民见魏征回答得很直爽，又早知道魏征的才华，就谅解了他。不但没有处置魏征，反而任命他为管事主簿（掌管太子文书的官吏）。这样，魏征由李建成的亲信，逐步又取得了李世民的信任。

李世民即位为唐太宗，提拔魏征为谏议大夫。李建成虽然被杀，但他和李元吉在各地的追随者，人人自危，伺机反叛。魏征向唐太宗建议："要不计旧仇，对他们处以公心，否则祸根就消除不掉。"李建成在河北一带的部下，魏征都比较熟悉，唐太宗就派他为特使，去河北一带安抚李建成和李元吉的旧部。魏征到了磁州（今河北磁县）遇到了两辆去长安的囚车，车中锁着李建成的护卫将军李志安和李元吉的护军李思行。魏征与副使李相客商量后，下令释放了李思行等人，并给唐太宗写了报告，唐太宗认为他们做得很对。在唐太宗的支持下，魏征圆满地完成了安抚河北的任务，因而更加得到了唐太宗的器重。

贞观二年（628 年），魏征以秘书监的身份参与朝政，校定秘府图籍，令人撰周、隋各史，魏征受诏加撰定，多所损益，当时称为良史。

贞观七年（633 年），魏征任侍中。当时尚书省有长期不决的诉讼案件，皇帝命令魏征秉公处理。魏征不太熟悉法律，但抓住原则，按照实际情况处理，大家都心悦诚服。皇帝进封魏征为左光禄大夫、郑国公。魏征多病，多次请求辞去官职，皇帝不准。魏征恳切请求，态度坚决，太宗只得改命魏征为特进，仍执掌门下省事务，命令朝廷的规章、国家的制度，由魏征参议得失。

晚年，魏征拜为太子太傅，贞观十七年（643 年），魏征病重，太宗亲自探问。病逝，又亲临哭吊，下令罢朝五日，并恩赐陪葬昭陵。太宗叹息道："以铜为鉴，可正衣冠；以古为鉴，可知兴衰；以人为鉴，可知得失。征殁，朕亡一鉴矣！"

魏征有胆有识，勇于犯颜直谏，太宗有时万分恼怒，魏征仍然镇定自若，无所畏惧。对于魏征的犯颜直谏，唐太宗也惧怕三分。太宗曾有意关南之行，因需浪费大量人力物力，怕魏征进谏，后自动取消。一次，太宗得一好鸟，放在臂上玩弄，恰逢魏征进谏，慌忙藏于怀内，因陈谏过久，鸟死于怀里。

魏征在任的十七年间，向太宗陈谏二百余事，反复以隋朝灭亡为鉴戒，提醒太宗："兼听则明，偏听则暗。""君，舟也；人，水也。水能载舟，亦能覆舟。"他要求国君居安思危，任贤纳谏。轻徭薄赋，戒奢节俭，务使人民得以安定。魏征的忠言相劝，对于唐太宗治国安邦，产生过极为有益的影响。

魏征一生，著作颇丰，著有《隋书》序论，《梁书》《陈书》《齐书》的总论，《魏征集》20 卷，《麟阁词英》60 卷，《时务策》5 卷，并主编《群书治要》50 卷。其言论多见《贞观政要》，其中最著名并流传下来的谏文表——《谏太宗十思疏》。他的重要言论大都收录在唐时王方庆所编《魏郑公谏录》和吴兢所编《贞观政要》两书里，为凌烟阁二十四功臣之一。

唐·馆陶公主

唐馆陶公主，（名字与生卒不详），为唐高祖李渊第十七女，唐太宗李世民的妹妹，武德五年（622 年），被李渊封为馆陶公主。

武德九年（626 年）8 月，李世民登基称帝，太上皇李渊让他为馆陶公主物色驸马。经太宗精心挑选，选中一位年轻将军，召为驸马。《新唐书列传第八诸帝公主》载“馆陶公主，下嫁崔宣庆”。馆陶公主完婚后多次到封邑馆陶察看，关心百姓的冷暖疾苦。

公主与驸马长期居住在长安，夫妻二人都活了六十多岁，死后陪葬献陵（唐高祖墓）。

宗泽

宗泽（1060—1128 年），北宋末、南宋初抗金名臣，哲宗时曾为馆陶县尉。字汝霖，婺州义乌（今属浙江）人，刚直豪爽，沉毅知兵。进士出身，历任县、州文官，颇有政绩。

元祐八年（1093 年），宗泽被派往馆陶县任县尉兼摄县令职事。宗泽到任不到一个月，就迅速而妥善地处理完该县历年诉讼积案，显露了他处理政务的才能，赢得了属吏们的信任和敬仰。绍圣二年（1095 年），知府吕惠卿命宗泽巡视御河修建工程，这时宗泽适丧长子，他强忍悲痛，奉檄即行。吕惠卿闻知后，赞叹道：“可称得上是为国忘家的人啊。”这时天寒地冻，宗泽在巡视中发现不少民工僵卧道旁，时有死伤，立即上书，建议体恤百姓，推迟工期，待明春天暖时再动工，并表示届时“当身任其责。”朝廷同意延期。次年春，“河成，所活甚众”。宗泽在任东京留守期间，曾 20 多次上书高宗赵构，力主还都东京，并制定了收复中原的方略，均未被采纳。他因壮志难酬，忧愤成疾，七月，临终三呼“过河”而卒。著有《宗忠简公集》传世。宗泽东京保卫战是两宋之际以宗泽等抗战派将领为首的宋朝军民抗击金军侵略、保卫首都开封的重要战争。

宗泽在馆陶任职长达十年，馆陶父老铭记他的功绩，历代将其列入馆陶县“名宦祠”，受奉祀。

范筑先

范筑先（1882—1938 年）原名金标，又名夺魁，字竹仙，馆陶县寿山寺乡寿山寺村人。抗日民族英雄、爱国将领。幼时家贫、丧父，后辍学务农，当车夫养家糊口。1904 年离乡投军，在北洋军任职，官至旅长。1924 年，因不满军阀混战，将其部队遣散，隐居上

海，起字“竹仙”，后又改为“筑先”。

1926年，他投奔冯玉祥将军，出任高级参谋。后参加冯（玉祥）、阎（锡山）、蒋（介石）中原大战。民国20年（1931年）“九·一八”事变后，回山东韩复榘第三路军任少将参议。1932年5月，被任命为山东省沂水县县长，第三路军指挥部军法处处长。任上生活简朴，关心民众，深得当地百姓的爱戴和尊敬。1933年11月，任临沂县县长。到任后，以身作则，廉洁奉公，凡要下属办的事，自己首先做到。平时衣着俭朴，布鞋便袜，粗茶淡饭，不烟、不酒、不茶。每次到区、乡视察，从不接受招待，皆到小学与教师同吃同住。上面来人，不备烟，不置酒，更不设宴。其亲友到临沂谋事者，均晓之以理，一概婉言谢绝。在任期间，大力禁烟禁赌，革除陋俗。他先令人将吸毒的种种危害编成歌曲，绘制漫画，广泛宣传，继之发布命令，对种鸦片及吸毒者从重惩处。他还亲自带人赴各区、乡检查，发现鸦片烟苗，一律铲除净尽。对赌博者，亦责令各区乡派员查缉、严惩，并多次亲带随员四处视察抓赌，使吸毒、赌博之风逐渐绝迹。他还大力整顿吏治，严惩恶绅，采取了重新陈报土地、调整税收负担、分柜收税等项措施，并组织扩街修桥，建立公园，修建医院，赈济灾民和救济残疾人等。1936年7月，调离临沂，临沂城老百姓夹道相送。沿街摆了许多桌子，桌上铺红纸，置明镜一面，清水一盆（喻范筑先官明如镜，清廉似水）。范筑先每走几步，即对相送人群拱手致谢。许多人泪流满面或啜泣成声。直至中午，范筑先一行才走出长街。

1936年，范筑先调至聊城，升任山东省第六区行政督察专员、保安司令兼聊城县县长。面对国土相继沦丧，而国民党当局实行不抵抗主义，一上任即在全区推行“乡建运动”，训练壮丁，准备抗日。不久，发现这并不能挽救国家和民族的危亡，希望破灭，苦闷彷徨。正在这时，彭雪枫受周恩来委派来到聊城，与张维翰、牛连文等商谈，建立抗日民族统一战线。范筑先得知这一消息，愁云顿失，高兴地说：“只有与共产党合作抗日才是出路。”

“七七事变”后，日军侵入山东。范筑先即派张维翰、牛连文等赴济南与中共山东省委取得联系，并从第三集团军政训班中挑选以共产党员和民族先锋队员为骨干的平津流亡学生240名，到聊城任政训报务员。这时，接到国民党山东省政府主席韩复榘不战南撤的命令，只得遵命率部至黄河北岸的齐河官庄渡口，观望形势。目睹到处是兵荒马乱、百姓流离失所的惨景，获悉留守聊城的42名政训报务员被一支溃兵缴械裹走的消息，探知进占高唐、临清的日军已撤走的情报，他征求共产党员的意见，即班师回聊。回聊后，将保安司令部改组为战时体制的游击司令部，并在中共山东省委代表张霖之的指导下，游击司令部下设政训处，各县组建政训处办事处，加强地方武装建设。不久，日军又向鲁西北进犯，韩复榘再次命令范筑先南撤。1937年11月19日，范筑先毅然向蒋介石、韩复榘及全国发出“职忝督是区，守土有责，裂眦北视，决不南渡，誓率我游击健儿及武装民众，以与倭奴相周旋，成败利钝，在所不计，鞠躬尽瘁，亦所不惜”的函电。全国闻讯后，无不为之振奋。

函电发出后，范筑先风尘仆仆，奔走各县，先后建立20多个抗日政府，委任13名共产党员为县长，加强了抗日政权的建设。他致书毛泽东、朱德，派人去武汉，先后接受中共中央派来的政治、军事干部40多名，充实了领导骨干力量。他相继组建了聊城妇女救国会、聊城青年救国会、聊城儿童救国团、抗战移动剧团、冀南青年记者团等抗日群众团体；出版了《抗战日报》《山东人》《战地文化》等抗日报刊；建立了聊城政治干部学校、军事教育团、随营学校等。他接受共产党员的建议，不辞劳苦、冒着风险亲自到各土匪、民团和国民党溃兵武装处做说服工作，将其力量聚集在抗日的旗帜下，收编为抗日游击队。他支持中共鲁西北特委发展抗日武装，并将其武装统编为第十支队，任命共产党员为支队首长。抗日武装迅速发展到35个支队、3路民兵约6万人。范筑先率部屡战梁水镇、柳林、南镇、范县、濮阳、东阿、齐河等地，共历战斗80多次。他每临战场，总是身先士卒，不顾生死，精心指挥，战而胜之，收复并保卫了23县国土，使日伪军在鲁西北无立足之地。1937年11月，日军骑兵侦察队窜入堂邑一带活动，他率部队到溧水镇埋伏，全歼入侵的日军。1938年3月，率抗日部队两次攻入日军据守的范县，歼灭许多日军。虽已年过花甲，但每战必身先士卒，带头冲锋杀敌。1938年，徐州会战期间，为配合中国军队作战，率部阻击了增援的日军土肥原师团。后组织了济南战役，一度率军突入济南市。1938年7月，在东阿县黄庄阻击日军运输队，毙敌数十人，缴获满载大米的汽车13辆及其他军用器材。

1938年6月15日，范筑先应八路军一二九师副师长徐向前邀请到冀南威县会晤，在欢迎大会前后，徐向前等八路军领导人同范筑先将军举行了会谈。八路军方面参加会谈的有宋任穷、刘志坚、陈再道等，鲁西北抗日部队参加者除范筑先将军外，还有张维翰、姚第鸿、袁仲贤、周子明、牛连文等。双方在热烈、友好、诚挚的气氛中，就冀南、鲁西北的联防问题达成了以下协议：建立情报联系，双方一方发生军事情况互相通知；冀南由八路军负责，鲁西北由范筑先将军抗日武装负责；八路军不到鲁西北收编部队，所有各色武装均归范筑先将军收编；冀南鲁西北的干部可以互相交流；由冀南代鲁西北培训军政干部。事后范筑先将军感慨地说：“当今之世，要救中国，要想不当亡国奴，唯有和共产党合作！”

1938年8月，他率领10余个支队参加了济南战役，袭击济南市郊，爆破津浦路北段，有力地牵制了敌人兵力，从而对保卫武汉做出了一定贡献。在这次战役中，范筑先次子、青年挺进队大队长范树民英勇牺牲。接着，又由其次女范树琨继任大队长。当时各方写信发电慰问，他在报端致谢道：“为国捐躯，系军人光荣，乃承各方函电慰问，弥深感激。

马革裹尸，男儿应具素愿，既获疆场殉国，死而何憾！”并先后将长子、长女、三女儿都送到延安抗日军政大学学习，表现了忠于民族，誓死抗日救国的爱国精神。同年9月，他应邀出席八路军一二九师在南宫召开的冀鲁两省军民联席会议，受到八路军一二九师副师长徐向前和北方局领导人朱瑞、冀南行署主任宋任穷、杨秀峰等人的热烈欢迎。会上，他与国民党山东省政府主席沈鸿烈的观点针锋相对，力赞中共抗日联防纲领，单独和徐向前签订了八路军与鲁西北部队抗日联防协议。10月，他收到了毛泽东的亲笔嘉勉信，激动得胡须抖动，连声说：“感谢共产党的关怀，感谢毛主席的关怀！”

范筑先积极与中共合作抗日，引起国民党反动势力的仇恨和不安。沈鸿烈公然指令范筑先整编游击司令部，改组政治部、政治干部学校和军事教育团，解散共产党所领导的游击支队，均遭到范筑先的严词拒绝。沈鸿烈后又改用金钱、委任状、供给枪支等手段，收买范筑先的部下，但由于范筑先德高望重，其阴谋也未得逞。此后，沈鸿烈让其民政厅长李树椿暗中收买了范筑先的参谋长王金祥，制造了枪杀第十三支队首长、共产党员的事件。对此，范筑先极为震惊，但未能及时采取果断措施。

1938年11月14日，日军侵犯聊城。范筑先接受中共山东省委代表和鲁西北特委的建议，先弃城撤退，再围歼敌人。但由于国民党顽固分子李树椿等人的干扰，拖延了时间，范筑先率领的最后一批撤退人员被困在城内。14日黄昏，日军攻占聊城东关，随后在猛烈炮火配合下，由三个方向爬城。范筑先、姚第鸿急率传令队赶到东门，经过两个多小时的激战，打退日军多次进攻。此时通往各县的电话线尚未被日军切断，范筑先用电话令各县派部队火速支援。但是在东南方向的第5、6、21支队均被寿张、阳谷、东阿的“忠孝团”部分反动武装所阻止；高唐驻军由于日军的围攻，也不能来援；在大峰山活动的第10支队2团，接到中共鲁西特委军事部长王幼平“聊城危机，火速来援”的急信后，由团长刘致远率5个连火速奔赴聊城，但一时还未到达；驻冠县的第10支队奉命在金滩镇阻击大名的日军，也不能前来增援。当夜12时通往各县的电话线被日军切断，东关的敌人又开始进攻。范筑先和张郁光、姚第鸿急率传令队到东门督战，并令刘佩之从传令队、执法队、武术队中挑选出30多名战士，从西门隐蔽突围。由于日军机枪封锁，突围失败。15日拂晓，范筑先把司令部转移到光岳楼下，指挥部队四门防守。此时，攻城日军增至700余人，在飞机配合下，再次向东门守军发起猛攻。范筑先和姚第鸿再次赶到东门督战。经过激战，打退日军三次进攻。战斗中，范筑先左臂被炮弹炸伤，30余人壮烈牺牲。上午9时，日军用大炮平射，将东门轰开后，蜂拥入城。范筑先由东城门上退至光岳楼下，继续组织部队同日军展开血战，多处受伤，自戕殉国。

噩耗传出，举国哀悼。同年12月，中共中央在延安召开范筑先追悼会。朱德、彭德怀、吴玉章、董必武及重庆新华日报社送了挽联。朱德、彭德怀的挽联是：“战事方酣，忍看多士丧亡，显其忠勇；吾侪尚在，誓必长期抗战，还我河山”。吴玉章、董必武的挽联是：“三友见精神，松体遒，竹身直，梅花亦自清高，格高气苍，直到岁寒全晚节；一门尽忠义，夫殉职，妻卫民，子女都称勇武，顽廉懦立，共舒国难绍遗风”。新华日报社的挽联是:“杀敌挺身甘一死，裹尸还葬足千秋”。1940 年，聊城县曾更名为筑先县。1953 年其遗骸由聊城移至邯郸“晋冀鲁豫烈士陵园”。1987 年，聊城地区行署和聊城市人民政府在光岳楼北侧建立了将军殉国处，1988 年，为纪念范筑先将军殉国 50 周年，聊城市在范筑先殉国的地方修建了范筑先纪念馆，邓小平为纪念碑题写“民族英雄范筑先殉国处”。

刘云兰

刘云兰（1899—?），河北省馆陶县南徐村乡北韩庄村人，生于 1899 年旧历十二月初八日。刘云兰从十几岁开始习武。1930 年，赴东北打工谋生，于 1933 年春返回原籍。此时，馆陶县政府下发通知，在县城开始第二次打擂比武。刘云兰回家后，离打擂比武的时间仅有十几天，师兄弟闻讯，即将刘云兰叫到武场练武，他在名师张海泽（外号人称张老海）、教练王玉秀的亲自传授帮助下，武功得到提高。

1933 年 5 月初，馆陶县开始比武，34 岁的刘云兰和师兄弟张万荣、崔友成、王殿士、国作梅等报名参加比武打擂，擂台设在县城东门里国术馆门前，开始在台上比，后来移到平地上，周围用石头砌的圆形台阶，便于人们分层参观，比武场内用石灰划了一个四方大圈子，谁出圈或踩着白线为输。

比武开始处，主席台上坐着县长丁世恭，还有几十名政府官员，以及各带队的教师，由教练员王玉秀掌握比武，用抽签的方法选对手，如有 100 名比武者，分 50 对，比输的一方自动退出，比胜的这 50 名，分 25 对再比到最后，直到最后比出前几名为止。当刘云兰选中一个对手时，刘云兰个子高大，两眼一瞪，架势一拿，显得威武不凡，吓得对手不敢接招，直往后退，一直退到圈外，评判员吹响了口哨，对手输了，刘云兰第一次取胜。第二场比武时，刘云兰的对手，仍不敢靠近这位虎实虎威的刘云兰，没几个回合，对手就后退踩着白线，刘云兰第二次取胜。第三次对手上来看到高大威武的刘云兰，也不敢接近，刘云兰一接近他，吓得直往后退，对手出圈了，哨子一响，对手又输了，刘云兰第三次取胜，三战三捷，刘云兰被评为拳脚赛第一名。这时第二名说我不服，你不动一拳一脚得第一名，我要给你比武争第一，刘云兰说咱们都是师兄师弟，别比了，我把第一让给你，这样刘云兰的第一名成了第二名。这时第三名也要争第二，忠实厚道仁义的刘云兰说，别比试了，我把第二再让给你。刘云兰两让魁元，由原来的比赛的第一名变成第三名，奖了几面锦旗，领奖后返回本村。

省里规定，凡是在县里考中的前三名，到省里参加培训，生活费、路费、培训费全由县负责。几天后，在6月下旬，刘云兰去省城济南，准备参加全省比武，到济南后先拜省国术馆教练陈再显为师。刘云兰刻苦学习，再加上老师认真传授，特别是往年比武的一些经验教训，除硬功夫外，还要练些手疾眼快、动作敏捷的好功夫，刘云兰除硬功夫基础很好外，轻速敏捷的软功夫也练得很好。

1934年春季，全省比武开始，经过一番激烈的比试，拳脚赛比武结果，甲等四名。即：俞秀贵、刘云兰、何佩勋、彭长友。凡考入甲等者得奖金，有职业者，每月每人奖金5元现洋；无职业者每人每月奖10元现洋。刘云兰属无职业者，每月领10元现洋。另外奖荣誉银尊1座，上书“耀武扬威”，宝剑1把，还有各部门送的锦旗十几面。山东省政府主席韩复渠和山东省国术馆馆长宝来耕亲自发奖。

1935年春，刘云兰任莒南县（即现在的莒县）国术馆教练。“七七事变”爆发后，参加范筑先的山东省第六游击区抗日第七支队武术连，任副连长。后在本村组织武术班，除练武外，也练“狮子滚绣球”“狮子回回头”等民间狮子舞，在当地颇有名气。

郝洁轩

郝洁轩（1903—1998年）原名郝廉重，曾用名王文，馆陶县南拐渠村人。1933年参加革命工作，1937年12月加入中国共产党。早在青少年求学时代，就不满国民党反动派的黑暗统治，追求光明与进步。1933年，毅然投身革命，参加反帝大同盟组织，其后一直在党的领导下坚持工作。抗日战争初期，先后任河南省修武县第六区区长，独立游击支队文书股长，山西省陵川县政府秘书科长，晋冀鲁豫边区第四专署建设、粮食、文教科长等职务。解放战争时期，曾历任鹿泉县县长，冀东第十七专区税务支局局长，冀东第十二专区工商局副局长、税务支局局长，秦皇岛市工商局局长、中共秦皇岛市开滦工委会书记。新中国成立后，曾历任天津市税务局办公室主任、副局长，市统计局副局长、局长，1960年任天津市人委副秘书长，1963年任中共天津市委副秘书长兼办公厅主任，1973年任天津市劳动局副局长，1978年任天津市人民政府副秘书长等职务。1982年离职休养。1988年被选为天津市第五次党代会代表。

1998年1月24日，因病在天津去世，享年95岁。

郝鲁伟

郝鲁伟（1911—2000 年）女，曾用名郝冠英、林哲，河北省馆陶县房寨镇郝前街村人，1927 年 2 月加入中国共产主义青年团，同年 9 月就读于北平国立师范大学文学系，并从事党的地下工作（期间：参加了“左联”活动）；1930 年 7 月加入中国共产党。1934 年 9 月任山东省临清乡村师范教师；1937 年 9 月任鲁西北总政治部妇女部长；1938 年 11 月任冀南行政干校教员、教育长，冀南税务总局副局长；1941 年 12 月在北方局党校学习；1943 年 3 月在中央党校二部学习；1945 年 12 月任嫩江省泰来县中心县委委员兼城区书记、合江省佳木斯市市委委员兼城区书记；1949 年 6 月任辽宁省鞍山市委党校书记、文教局长、民政局长、政法办主任、政协秘书长；1959 年 3 月在反右倾运动中受冲击；1979 年 1 月待分配工作；1980 年 7 月任河北省妇联副主任、党组副书记；1982 年 12 月离休。1993 年起享受正厅级待遇。

郝鲁伟早年即投身革命工作，为党和人民奋斗了 70 多个春秋。学生时代，郝鲁伟就积极参加反帝反封的学生爱国运动，追求光明，追求真理，是河北省参加革命较早的老党员；在艰苦卓绝的战争年代，无论是在白区还是在敌后工作，她都立场坚定，勇敢斗争，表现了共产党人坚定的共产主义信仰和顽强的革命精神，为中国人民解放事业鞠躬尽瘁，死而后已，作出了积极贡献。新中国成立后，郝鲁伟以更加饱满的政治热情和高度的事业心责任感投身于党的各项工作，在反右倾运动受冲击时，她仍表现出共产党人的高风亮节，正确对待群众，正确对待组织，恢复工作后分配到省妇联任职期间，表现出了对党的事业的无限忠诚和对妇女解放事业的执著追求，兢兢业业，为全省妇女儿童事业做出了卓越贡献；1982 年离休后，她仍继续关心全省妇女儿童工作，特别是在患病期间，还经常过问省妇联有关工作情况。

2000 年 2 月 27 日，郝鲁伟因病医治无效，在石家庄逝世，享年 89 岁。

靖濡之

靖濡之（1911—2002 年）曾用名靖书润，馆陶县孟良寨村人。1932 年考入山东省临清联师读书。1934 年在馆陶县西庄固村任教。1937 年 11 月与大名、广平、馆陶青年组建救国会。1938 年 1 月入党，1938 年 5 月后任中共馆陶县中心支部宣传委员，县委组织部长，代理县委书记。1940 年 9 月后历任中共聊西工委书记，中共阳谷县委书记，

冀南三地委工作队队长，支部书记。1946 年 12 月后历任大名县台臣中学党总支书记，邯郸中学、唐山中学校长，党总支书记，保定速成中学，第八中学，教师进修学校校长。

靖濡之是共青团孟良寨支部最早的成员之一，直接领导了读书会，夜校和罢教、夺取乡政权的斗争。1938 年 7 月，中共馆陶县委正式成立，靖濡之任组织部长，他积极投入到革命工作中去，大力建立建全区、乡、村组织，组织抗日斗争，为馆陶县早期革命斗争的发展做出了重要贡献。

1939 年，靖濡之参与领导了清除内奸、消灭隐患的斗争，当时鸭窝村的大地主刘国政是北洋军阀王占元的外甥，是馆陶县西南乡地方势力代表，其手下李尚达任独立团副团长，仗势称霸一方，此人生活腐化，不讲抗日。1943 年 4 月，县委得知李暗中与大名县城里的日伪军勾结，有企图策划部队投敌的阴谋，县委决定除掉李尚达。除李不是一件易事，独立团里李的靠山耳目多，弄不好会激起全团哗变，县委决定智取。一天，当得知李到了鸭窝村后，一中队迅速赶往抓了李尚达，抄了刘国政的家，搜出了日本太阳旗，几缸银元和几条枪，独立团中李的爪牙叫嚣消灭卫河中队，救出李尚达。县委派靖濡之等到鸭窝村处理此事，靖濡之见情况危急，当机立断，当晚处决了李尚达，组织一中队撤出鸭窝村，同时通过党组织做好独立团的安抚工作，一场风波才平息下来。

1939 年 12 月，一二九师政委邓小平在大名县营镇召开县团级以上干部会议，靖濡之参加了会议，更加坚定了革命信念和斗争方向。

自 1939 年 5 月至 1941 年年初，靖濡之等先后在孟良寨、王庄、西河寨、常儿寨等村举办培训班十几期，培训党员五六百人，讲马列主义，讲抗日的持久性，讲农村包围城市的重要性，还讲游击战，统一战线等，促进了党员素质的提高和工作的开展。

1940 年 9 月后，靖濡之历任聊西工委书记，阳谷县委书记，冀南三地委工作队长等职，均兢兢业业，取得了可喜成绩。1946 年 12 月后，靖濡之从事教育工作，他深知教育的重要性，结合自己的革命生涯，把党的政策，革命理念传导给学生，影响启迪了大批学子，使他们成为革命工作和建设事业的栋梁之材，在不同岗位上为国家，家乡做出应有的贡献。

郭冠英

郭冠英（1912—2008 年），馆陶县寿山寺乡南肖寨村人，1934 年 9 月参加中国共产主义青年团。1937 年 4 月加入中国共产党。小学教师。1938 春在聊城政干校学习，

10月任筑先纵队独立团二营教导员兼支部书记。1940年秋，任一二九师新八旅政治部宣传队指导员、支部书记。1943年上半年在寿山寺抗日高小任校长、支部书记。1946年下半年在浅口完小任校长、支部书记。1947年下半年在馆陶县干部学校任校长、支部书记。1948年下半年在北馆陶县立师范学校任校长、支部书记。1950年秋在焦圈中学任校长、支部书记。1956年秋至1966年在馆陶中学任校长、书记，其中1959年秋至1961年在王奉中学（现属山东省莘县）任校长，享受地专级待遇。

张明斗

张明斗（1913—1968年），馆陶县后曹堡村人，馆陶民间说唱艺术“张家坠子”的代表人物。

张明斗自幼随父亲张连奎学习“张家坠子”，他学艺认真，一丝不苟，且品行端庄，艺风严厉，能演唱诸角又能司琴司鼓，号称“拿全活”。他最为擅长的是演唱长篇大书，如《包公案》《响马传》《烈火金刚》等曲目，都被他演唱得跌宕起伏，活灵活现，在他十七八岁时，张连奎就将曲艺班子交付他掌管，成为“掌门人”。

1930年，张明斗娶妻王秀兰，可谓珠联璧合，如虎添翼，王秀兰自小在张家学艺，他同张明斗一道推动了“张家坠子”的发展。

张明斗性格刚直，他鄙视土匪司令王来贤的人品，坚决不给他表演，深受王来贤的痛恨。1937年抗战爆发后，张明斗带领他的艺班子积极宣传抗日，受到广大抗日军民的欢迎。

1948年，张明斗被选为县人大常委会代表，20世纪50年代后，在党的支持下，“张家坠子”队伍不断壮大，人才辈出，为新中国文艺建设做出了积极贡献。

孙养廉

孙养廉（1913—1998年），馆陶县南拐渠村人，自幼生活贫苦，饱尝了旧社会的辛酸与苦难。在革命思想的影响下，他于1938年6月参加革命。1939年3月加入中国共产党。在几十年的革命生涯中，历任馆陶县抗敌自卫团政治指导员，筑先纵队独立团手枪队长、队训参谋，晋冀鲁豫军区供给部审计科长、财政处长，华北军区供给部审计科长、财务部供给处长，北京军区财务部供给处长、财务处长、会计处长、副部长，1970年因病离职休养。1957年荣获三级独立自由勋章和三级解放勋章。1988年荣获独立功勋荣誉章。因病于1998年9月25日在北京逝世。

抗日战争时期，孙养廉先后在馆陶县抗敌自卫团、筑先纵队独立团、山东聊城政治干部学校、129师财供经济学校、18集团军野战供给学校、晋冀鲁豫军区供给学校等单位工作，参加了多次反扫荡和抗日游击战斗。在艰苦卓绝的岁月里，孙养廉既是抗击日寇的英勇顽强的战斗员，又是军队后勤学校的优秀教员，培养了大批后勤干部，为抗日战争的胜利做出了自己的贡献。解放战争时期，孙养廉历任晋冀鲁豫军区供给部审计科长、财政处长，华北军区供给部审计科长等职务，从事紧张而又繁重的后方勤务保障工作。当时军区财政困难，他以身作则，自己带头节衣缩食，把节省下来的粮食、衣服送给了前线的指战员。他无私无畏忘我工作，1946年被晋冀鲁豫军区评为“甲等模范工作者”。由于当时条件艰苦加之夜以继日地工作，他终于积劳成疾，1947年被确诊为肺结核，但他仍然拖着病弱的身躯，坚守在工作岗位上，为祖国的解放、为军队财务、审计工作制度健全完善做出重要贡献。

1953年，孙养廉接受组织上的决定，重新回到了工作岗位上。历任华北军区供给处长、财务处长，北京军区财务部供给处长、财务处长、会计处长、财务部副部长、代理部长等职务。他勤奋工作、刻苦钻研，努力提高业务水平和组织领导能力，出色地完成了各项工作任务，为军队后勤建设做出了重要贡献。

陶 明

陶明（1914—2003年），馆陶县东古城村人（今属山东冠县）。原名严树勋。1936年12月加入中国共产党。1929年春入南馆陶第二高小读书，6月考入馆陶县立师范，因对当局不满，参加学潮被开除学籍，后转入临清山东省第十一中学读书，1932年冬毕业。1933年1月到馆陶县第一高小任教。同年夏到北平入精业中学读高中。1935年春参加“左翼作家联盟”，同年1月因被叛徒供出被捕，被判两年零六个月有期徒刑，后经同学王化云营救出狱。1936年春到泗水县任教员，以当教员为掩护，做党的工作。1937年12月调中共鲁西北特委做机关工作，1938年4月到延安进抗大和马列学院学习，曾多次听毛泽东等中央首长来抗大讲演，亲耳多次聆听了毛泽东关于《论持久战》和平原游击战的著名论述。1940年5月毕业，分配到延安鲁迅艺术文学院任干部科科长。1943年任延安大学干部科科长。1945年9月调东北工作，同年11月任鞍山市保安部队政治部组织科长。1946年春参加解放鞍山、海城、大石桥战役战斗，10 月任辽南军区后勤部政治主任。1948 年 6 月任辽宁省军区卫生部政委，1950 年 8 月任东北军区干部部办公室主任，后任处长。1961 年 5 月任辽宁省军区政治部副主任、主任。1967 年 1 月后，任人民日报社党委副书记兼政治部主任，解放军总政治部机关文革办公室副主任，军事博物馆军管会主任。1968 年 3 月调回辽宁省军区，1970 年 6 月任旅大警备区政治部副主任，1981 年 1 月离休。1988 年荣获二级红星荣誉功勋章。

许　旭

许旭（1914—？），馆陶县柴庄村人。1938 年 5 月参加革命工作，同年 7 月加入中国共产党。历任馆陶县青年抗日救国会组织部长，馆陶县武委会情报股长，中共馆陶县县委委员、敌工站长、宣传部长。1940 年 8 月后，任中共朝城县委组织部长、朝北工委书记，鲁西北军分区武装部组织股长，冠县武委会主任。1945 年 1 月后，任鲁西北军分区武委会副主任，冀南总武委会军事部副部长、冀南军区司令部军事科长。1949 年 8 月后，任河北省军区司令部情报科长，中央军委人武部组织处副处长、办公室主任，总参谋部动员部办公室主任、民兵武器处处长，河北省军区副司令员、顾问等职。1955 年授予上校军衔。

张登举

张登举（1915—1991 年），馆陶县路桥乡南曹庄村人。1947 年 3 月在馆陶县大队入伍，1948 年 8 月加入中国共产党。1951 年 2 月随志愿军炮兵第 64 师 612 团入朝作战。在战争年代，曾参加安阳龙虎村守卫战、滑县淇门围攻战、新乡县李台攻坚战、新乡县黄河铁桥攻坚战，历任战士、上士、司务长、团后勤股长、团后勤军需主任等职。1952 年 5 月 10 日任志愿军炮兵第六十四师副连干部。1953 年 9 月荣立三等功一次，同年 10 月被朝鲜人民政府授予军功章一枚。

1954 年 10 月，张登举转业到大连机车车辆制造厂台车车间，任领工员。1956 年 9 月，调转到馆陶县搬运站任站长。1961 年 11 月至 1968 年 11 月，任馆陶公路管理站站长。1968 年 11 月至 1983 年 4 月任馆陶县交通局工会主席。1983 年 4 月 12 日离休，行政 18

级，享受县级政治生活待遇。1991年10月因突发脑溢血辞世，享年76岁。

张登举自1956年9月调转到馆陶县交通行业，直到1983年4月离休，经历27个春秋。在此期间，他立场坚定，忠诚老实，工作积极；艰苦朴素，勤俭节约，克己奉公；关心同志，态度和蔼，团结友善；大公无私，以身作则，勤奋好学；有展开批评和自我批评的优秀品质，一直为广大干部职工所公认。在搬运站工作期间，他坚定地贯彻国家当时的“三统”（统一货源、统一运价、统一调度）政策，稳定了馆陶县的运输市场秩序；在公路站工作期间，创办了邯郸地区交通系统第一个109亩的大刘庄公路苗圃，通过拉沙压淤、增施自积土杂有机肥，改良了苗圃土壤“干了硬，湿了泞，十天断根地裂缝”的劣性；善于集中工人智慧，创造了土路养护拉淤压沙、科学运用“土、水、管”、达到“四线一平”、土路赛油路的不凡业绩，为河北省平原公路养护和绿化树立了旗帜；在任县交通工会主席期间，努力办好职工之家，主动承担政工宣传和纪检监察工作。张登举老将不减当年勇，不用扬鞭自奋蹄的一贯风格，受到县交通系统干部职工的拥戴和尊敬。

郎清荣

郎清荣（1915—？），馆陶县东古城（今属冠县东古城镇）人。自幼读书，在北京精业中学读书时参加中国社会科学联盟和“一二·九”、“一二一六”学生爱国运动。1936年春加入共产主义青年团，同年转入中国共产党，同年考入中国大学政治系。曾任精业中学团支部委员，中国大学党支部委员、中华民族解放先锋队队长。1937年10月入延安陕北公学学习。1938年后，历任新四军八团教导队中队长、指导员、营教导员、宣教股长，五支队宣教科长，二师宣教部副部长、敌工部长，旅政治部副主任。1945年抗日战争胜利后转业到地方工作，历任中共山东分局滨北地委委员、宣传部长，青岛市军管会生产部副部长，青岛市纺织管理局局长。1958年调纺织工业部，历任生产司司长、设计院党委书记兼院长、科技司司长等职。

穆　虹

穆虹（1916—2009年），馆陶县后时玉村人。1933年8月高小毕业后在乡务农。1934年10月任本村短期小学教师。1937年9月在山东地方行政人员训练班学习。1938年1月参加山东省第六区抗日游击司令部第十支队教导队学习，同年6月任六区抗日游击司令部政治部驻馆陶县办事处干事，9月任馆陶县保安二队指导员。1939年10月加

入中国共产党，任卫西指挥部特务营三连副连长、营部军需长。1940年6月卫西指挥部编入八路军一二九师新八旅，任该旅二十三团特务连指导员。1941年9月任新八旅敌工干事。1942年4月经组织决定打入敌军工作，1943年1月率馆陶县伪六区官兵100余人起义。同年2月后任冀南军区三军分区游击营教导员。1945年3月任三分区科长、团政治部主任。新中国成立后，任中国人民解放军炮团速成中学副政委、校长。1953年6月任沈阳高级炮校干部处处长。1956年9月任中国人民解放军炮兵学院干部部部长。1964年7月任炮兵学院院务部政委。1973年12月任济南军区后勤部政治部副主任。1979年10月离休。先后荣获三级独立自由勋章和三级解放勋章、独立功勋荣誉章。

王广润

王广润（1916—？），馆陶县寿山寺乡西朱庄村人。贫苦农民家庭出身，早年以给地主扛活为生。1939年8月加入中国共产党，同年参加革命工作，任馆陶县第六区工会主任。后任县工会组织部长兼六区抗联主任、县工会主任。1949年3月奉命南下，任中共湖南宁乡县委民运部长。1952年至1955年先后任中共益阳地委、常德地委组织部管理科科长。后任中共常德地委组织部副部长、军干办公室主任兼地区直属党委会书记、专署人事科科长，中共常德地委委员、组织部长。1959年后任中共湖南省拓溪水电工程局党委会常务副书记、书记。1966年任湖南省农业科学院革命会副主任，湖南省毛泽东思想学习班副中队长、湖南省矿务局毛泽东思想宣传队副队长、队长。1979年后任湖南省农业科学院常务副院长。

冯善俗

冯善俗（1916—？），曾用名韩英。馆陶县浅口村人。自幼读书。1938年2月加入中国共产党，4月任中共浅口村支部组织委员。1939年5月调任中共馆陶县六区区委书记。1940年9月后，任中共馆陶县委宣传部长，馆陶县公安局长。1942年3月后，任永年、肥乡县公安局长。1945年5月任中共馆陶县委常委兼县公安局长。1947年7月奉命南下，任南下干部大队政委。1949年1月任中共湖北省桐柏地委社会部长兼公安处长。1951年任最高人民检察署中南分署一处副处长。1953年任中南区监委会财贸处处长。1954年后，任国家地质部物探局副局长、代局长等职。

孔祥会

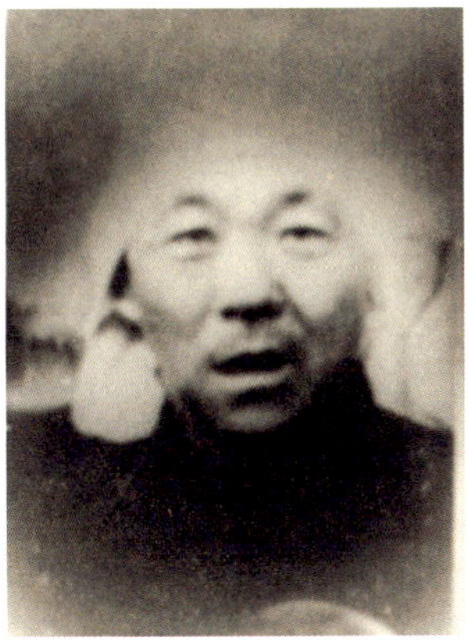

孔祥会（1917—1969年），曾用名化云，寿山寺乡前宁堡村人。1917年出生于一个较富裕的农民家庭，自幼受教于本村私塾。1932年在南馆陶高级小学读书，接受爱国主义教育，在反帝大同盟高潮期间，积极参加学生罢课斗争，被国民党政府开除。1937年，到北馆陶高级小学就读，爱国思想更加高涨，和郭冠英、张新民等同学进行学生罢课斗争，被政府开除学籍。1938年9月加入中国共产党，在乡中心党支部任组织委员，同时任本村党支部书记。1940年在区委会做文化宣传和组织工作。1942年任交通站站长、游击队队长，进行党地下秘密联络（对号码）工作。同时任本村支书，并领导三村的支部工作。因工作出色，多次受到上级的表彰。

在他的影响下，其亲属也积极参加抗日斗争。1943年，鲁大东、崔鸿儒等主要领导在交通站开秘密会，其妻子秦墨玉主动站岗放哨。当闻知伪军要来抓人，便及时疏散，掩护了鲁大东和几位干部的生命安全。县委书记鲁大东亲口指令将告密的人处决。

1944年县委在前宁堡交通站召开了一次抗日运动扩大会。会期半月之多，陆续有350多人左右参加，孔祥会主动承担了大会的生活食宿费用，为此花掉了他家15亩地收的谷子，受到县委书记鲁大东的特别表彰。

1950—1955年在邯郸专区供销社工作，任党支部书记。1955—1969年在广平县交通局工作，任党支部书记。“文化大革命”中受到迫害，孔祥会积劳成疾，于1969年农历九月初一病逝在工作岗位上。

于广才

于广才（1917—2007年），四川省平昌县西兴乡白龙村人。1932年9月参加工农红军红四方面军。1933年7月入团。1938年5月入党。1932年9月至1936年先后担任工农红军二七二团战士、班长、排长，参加了著名的两万五千里长征，三次爬雪山过草地。1937年至1945年参加了八年抗日战争，历任排长、连长、冀南一分区、三分区司令部情报站站长、侦通队队长、远程县县大队长等职。1946年4月调二纵四旅十四团任营长，随大军南下，到安徽省后因伤残不能随部队前进转回冀南三分区司令部。1947年5月转地方工作，先后任魏县武委会主任、馆陶县招待所所长、冠县气象站站长。1949年任馆陶县军人疗养院院长。1965年12月以后在职休养。1983年5月办理离休手续，享受地专级待遇，曾担任馆陶县人大常委会特邀代表，并被编入《聊城人物大辞典》。

于广才同志出身贫寒，一生简朴。为人正直，生活乐观。他13岁参加革命，15岁参加工农红军，爬雪山、过草地，经历了前无古人的两万五千里长征和长期革命战争的考验，打了无数次战役，多次负伤，定为三等甲级残废军人，并多次立功受奖。

闫岱伦

闫岱伦（1919—1982人），汉族，1919年9月15日出生，山东省寿张县（今属阳谷）第八区北台乡闫堤村人。1951年8月参加工作，先后在聊城公路管理段聊城北关、堂邑任养路工人、道工班长，1953年7月调入南馆陶公路管理站，1965年至1981年7月21日任馆陶公路管理站郭庄道班班长，1981年8月退休。1982年10月23日，因患胃癌在山东阳谷病故，享年63岁。

闫岱伦农民出身，30年间一直在济邯公路（今肥馆公路）从事基层养护管理工作。曾以日完成土方工作量11.5立方米创全段记录，在查禁铁木轮车通行公路时，白天夜间认真负责，参加工作仅一年时间即被提升为道工班长。他任班长后，平易近人，与沿路村庄建立稳固的工农联盟关系，常年带领十多名群众艰苦奋斗，组织劳动竞赛和技能观摩，按“四线一平”标准，将土路养护成能赛油路的可喜成绩。他数十年如一日地履行职责、埋头苦干，做出了令领导放心、群众满意、职工敬佩的不凡业绩，深受系统上下同仁的拥护和爱戴，曾6次光荣出席聊城专区、邯郸专区公路系统先进单位、先进工作者代表会议，多次获得政治和物质奖励。

郝化民

郝化民（1919—2005年），汉族，馆陶县桥口村人，中共党员。1938年2月参加革命。1939年8月入党。于1944年6月至1948年3月任南拐渠抗日高级小学校长。历任筑先纵队独立团政治处干事，馆陶县公安局审讯股股长，馆陶县南拐渠抗日高小校长，临清市二区区长，临清师范校长，临清市委副书记，聊城地委工业部副部长，聊城地区计委主任，聊城行政公署副专员等职。1984年离休。2005年8月去世。

焦善民

焦善民（1919—2010 年），曾名汝乾，馆陶县东古城镇（今属山东省聊城市冠县）人。中国共产党党员，全国人民代表大会内务司法委员会原副主任委员，劳动人事部原副部长，国家人事局原局长，原轻工业部副部长、党组副书记，原纺织工业部副部长、党组副书记，中共甘肃省委书记，建筑材料工业部原副部长，建筑工程部部长助理，中国共产党十二大代表，中纪委委员。

1935 年参加革命工作，任中华民族解放先锋队北平市第八区区队长。1936 年加入中国共产党。1937 年入延安抗大学习。先后担任北平精业中学民先队队长，抗大民先总队总队长，山西省介休县工委书记、中共沁源中心县委副书记、安泽县委书记、太岳三地委组织部部长、太岳四地委书记、冀南三地委副书记兼组织部部长。

新中国成立后，历任华北人民革命大学四部主任、政务院财经委员会处长、中央财政经济委员会计划局地方工业处处长等职。1952 年后，历任建筑工程部办公厅主任、工业建筑局局长、计划司司长、部长助理，建筑材料工业部副部长，中共甘肃省委书记，纺织工业部、轻工业部副部长、党组副书记，国家人事局局长。1982 年任劳动人事部副部长。1988 年任全国人大常委会内务司法委员会副主任委员。

史烈光

史烈光（1919—？），馆陶县前姚庄村人。早年在临清六县联立乡师读书期间，参加青年进步组织读书会。1934 年乡师毕业后，在金乡、濮县任乡农学校校长。1937 年“七七事变”后，开展抗日救亡宣传活动，4 月参加革命工作，在山东六区政训处工作，12 月任冠县政训处上尉服务员。翌年 2 月加入中国共产党。历任冠县保安大队政治主任、冠县城东南抗日办事处主任。1939 年 9 月任临清县抗日民主政府县长，参加了临西抗日根据地创建。1941 年 2 月入冀南行政干校学习，结业后任干校研究员、冀南行署巡视员、大名县长，冀南一专署秘书等职。抗日战争胜利后，任昆吾县长。新中国成立后，历任天津机器制造公司。机械局、建筑材料工业局秘书主任。之后，任国家建筑材料工业部、建筑工程部办公厅副主任、主任等职。

柳金成

柳金成（1920—1988年），馆陶县路桥乡梭庄村人，出身于一个普通农民家庭。梭庄村位于馆陶县西北角与邱县、临西交汇处，曾是一个耕地以黏土为主、交通闭塞的穷村。1946年发洪水，把村东口的路冲断了，时值26岁的刘金成自己买木料、买砖，修了一座人行小桥。1956年闹水灾，又冲了一条20多米长、七八米宽的大沟，人们下地干活，得绕半个村子。他说服家人，拿出自己准备盖房的1500块砖和10根檩条用于修桥。在乡亲们的帮助下，他每天运转、运土、砌桥基，历时月余，5米宽的桥建成，还在桥两头修了近百米长的小公路。1976年夏，连降大雨，半个村子里的水顺街灌注村西大坑，半条街被冲成了23米长、6米宽、2米深的大沟，危及街侧房屋，车马不能出村，人们下地绕行。因填沟工程量大，临街户没人牵头干。柳金成主动填沟，每天干到大半夜，不顾冬天刨冻土震裂虎口，雨天在沟旁保护，持续五个月垫平了沟，修通了路。为免日后下雨再冲坏路面，他决心加修一座排水涵洞。自家钱不够，他就向受益户做说服工作，让每户出两角钱买砖，带领大家，三天砌好了涵洞，解除了水患。1977年洪水冲塌了村东小桥，又是他不声不响，两个多月每天背土垫沟，修通了路。

柳金成不仅为本村修桥补路，邻村的路坏了，他看到了也去修补。1978年秋天，他到邱县东目寨赶集，在路上见到几个大沟，转身返回家中，一连三天，带上干粮、背上筐，扛着铁锹去垫路沟，直到垫平才回家。

柳金成除了补路架桥外，还有“治穷自有无穷乐，舍己愿解他家忧，公而忘私家教严”的动人事迹，被乡里广为传颂。1983年3月10日，《邯郸日报》在头版头条刊载通讯员张雨仲、记者献金、李虎采写的长篇通讯：《高尚的乐趣——记馆陶县梭庄大队社员柳金成》，并发表题为“柳金成事迹给我们的启示”的评论。1984年5月25日，柳金成光荣当选县九届人大常委会代表，被誉为“村民楷模”。

王省三

王省三（1920—2015年），曾用名王正身，馆陶县南拐渠村人。1938年4月参加革命工作，1939年4月加入中国共产党。抗日战争和解放战争期间，曾任冀南三分区政治处巡视员、鸡泽县游击支队支队长、永年县武装科教导员、游击支队副支队长、馆陶县武装科教导员、游击支队副支队长、永年县武装斗争委员会副主任、主任、特

务营营长、七分区基干民兵团团长、冀南九分区独立营政治委员。新中国成立后，任中国人民解放军华北军政大学组织科副科长、科长、中国人民解放军通讯兵教导团政治处主任，中国人民解放军总字421部队政治部副主任。1966年转业到地方后，历任安徽省机械工业厅党组成员、政治部主任、安徽省芦岭煤矿筹建领导小组组长、安徽橡胶轮胎厂党委书记、革委会主任、安徽手扶拖拉机厂党委书记、革委会主任、建设银行合肥支行党组书记、行长、合肥市交通局党委书记、局长，合肥市经济委员会副主任。1983年离职休养，享受厅级政治待遇，副省长级医疗待遇。2015年8月因病在合肥逝世。

1938年，在国家遭受日本侵略，民族衰弱危亡之际，王省三同志以天下为己任，义无反顾地投身到民族解放斗争中，为了救亡图存而勇敢奋斗。抗日战争和解放战争时期，在党的领导下，他战斗在馆陶、曲周、肥乡、广平、鸡泽、永年和豫北一带，参加了解放邯郸战役、解放永年战斗、解放石家庄战役、解放安阳战役。特别是在长达二年多的围困、解放永年城战斗中，带领民兵武装配合主力部队准确地执行刘、邓首长确定的对永年敌人的作战方针，解放了被日军蹂躏八年、国民党盘踞了两年多的冀南地区最后一个县城。在艰难困苦的战争年代，不怕牺牲，赤胆忠心，视死如归，为民族解放和新中国的建立做出了积极贡献，1955年国家授予其“三级独立自由勋章”“三级解放勋章”。全国解放后，王省三同志长时间在部队院校工作，为人民解放军通讯兵队伍建设和发展做出了贡献。转业到地方后，在多个不同的工作岗位，团结和带领所在单位干部职工开拓创业，为社会主义经济建设贡献了自己的聪明才智，鞠躬尽瘁。

郝慎吾

郝慎吾（1920—？），曾用名郝庆常，馆陶县房寨镇南拐渠郝后街村人，南拐渠三高第二级学生。1937年参加革命。1938年加入中国共产党。1949年随大军南下到湖南省工作，任湖南省常德地区行政公署专员，一生为国家经济建设作出了突出贡献。

吴 斌

吴斌（1921—1995年），原名武怀滨，馆陶县柴堡镇八义庄村人。1921年11月出生于普通农民家庭，1938年5月参加革命，同年7月加入中国共产党。在抗日战争时期历任馆陶县抗日武装挺进队战士、班长，鲁西北游击队班长、排长、副指导员，馆陶县

委社会部干部、冀南三专区公安局侦查科干事，广平县公安局股长、磁东县公安局局长职务。先后参加敌后游击战争，发动当地群众维护社会治安、开展防特锄奸斗争，为巩固发展敌后抗日根据地作出了贡献。

解放战争时期，吴斌先后担任磁东县公安局副局长、广平县公安局局长，三专区鸡泽县委社会部部长、公安局局长等职。他积极肯干，认真负责，对国民党匪特和地主武装的破坏活动进行了坚决的斗争。

1949 年 8 月，吴斌响应党的号召，南下湖南，同年 9 月至 1957 年 2 月，先后任石门县社会部部长、县公安局局长，省公安厅经保处科长、副科长，积极宣传党中央关于剿匪反霸、恢复生产、发展经济的各项指示和政策，有力地打击和消灭了国民党残余势力，为建设和巩固新生的人民政权，保卫和发展胜利果实，做了大量卓有成效的工作。

1957 年 8 月，吴斌调湖南省基建局任副局长，1961 年 3 月又调中南局计委基建局任副局长，1968 年 10 月任广州市建设局工作队队员，2348 广东工程总队副总队长，1971 年 1 月至 1973 年 9 月任广东省建委副主任。1973 年 10 月至 1983 年 5 月，又任湖南省基建办、湖南省建委副主任，兼洞庭氮肥厂筹建指挥部指挥长，后又兼任湖南省环保办主任、党组书记。他在最后工作的十年中，坚持两手抓，两手都要硬的方针，一手抓经济，一手抓党建，使全省基建队伍的政治素质和业务素质不断提高，保证了各项工程任务和生产任务的顺利完成。还为湖南全省环境保护工作的起步与发展奠定了很好的基础。

1983 年 5 月吴斌离休后，与疾病做了长期顽强的斗争，于 1995 年去世。

张树明

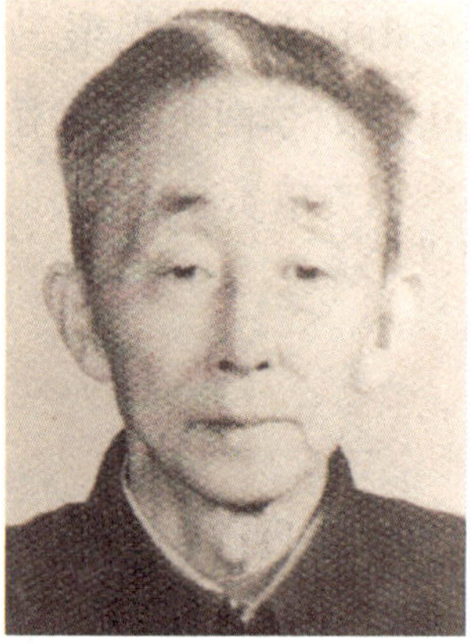

张树明（1921—2013 年），原名张启贤，曾用名李全。馆陶县麻呼寨村人。1936 年入大名县中学学习。1937 年“七七事变”，中学停办，在乡参加抗日活动。1938 年 7 月入中共冀南区党校学习，9 月加入中国共产党。历任馆陶县前许乡指导员，中共馆陶县五区区委宣传委员、县委宣传部干事、八区区委书记、县委委员、宣传部长。1943 年 7 月任中共馆陶县委书记兼县大队政委。1948 年 2 月参加冀南区一（临清）地委柳林整党，整党结束后任中共肥乡县委书记，后为中共邯郸地委委员。1950 年 6 月后，任国务院财经委员会党委办公室主任，中央国家机关党委纪检组组长、监委副书记。1956年9月入中央高级党校学习，1957年12月学习结束后，历任国家机关党委委员、统战部长，国家机关纪律检查委员会副书记、宣传部部长。曾参加山西五台县、太原市郊区社会主义教育运动，任社教工作队指导员。1975年2月任中共河北省委统战部副部长、政协河北省委常委兼秘书长，省委统战部顾问。1984年2月离休。

郝正义

郝正义（1922—2009年），馆陶县房寨镇南拐渠郝后街村人。1940年12月参加工作，在抗日高小学习，郝子苐、郭冠英、郝化民、艾荣久任教师。同年12月加入中国共产党，入党介绍人为焦善民。历任馆陶县抗日政府司法科副科长、曲周县平固店大公社书记、肥乡县河头堡公社书记、肥乡县毛演堡公社书记、肥乡县农电局局长、肥乡县人民法院院长、肥乡县人大常委会副主任、馆陶县人大常委会党组成员等职。1989年3月离休。

韩洪如

韩洪如（1924—1975年），馆陶县桥口村人，1940年6月赴延安参加革命工作，1944年入党，历任军委会办公厅科员、科长，合江省税务总局科长。1949年武汉解放，任武汉税务处军代表、武汉市财政局副局长、局长、党组书记。1966年任湖北省财政厅厅长兼党委书记。1975年12月病逝。

王汝汉

王汝汉（1924—2006年），馆陶县南马固村人。中共党员。抗战时期，因作战勇敢，立大功1次，被评为“模范共产党员”。1945年9月，王汝汉参加上党战役，因侦查敌情有功，被评为“二等模范”。1947年3月，王汝汉任某部二连副连长，参加了著名的豫北战役。后随刘邓大军南下。1950年8月，王汝汉被川南军区评为特等战斗英雄，并被军区授予英雄旗帜，任中国人民解放军某部营长。1950年9月出席了全国战斗英雄代表大会，受到毛泽东主席、周恩来总理、朱德总司令等党和国家领导人的亲切接见。

新中国成立后，王汝汉任云南省汽车学校党委书记兼校长，“文化大革命”开始时受到冲击，后恢复工作和领导职务。

贾春海

贾春海（1925—2008年），馆陶县北拐渠人，1941年2月加入中国共产党、参加革命工作。历任馆陶县公安局侦查股内勤、外勤、治安股干事、付股长、股长、局行政秘书。1953年11月任馆陶县公安局副局长。1954年8月任馆陶县公安局局长。1956年5月任馆陶县委政法部长。1958年3月任馆陶县八岔路公社党委书记。1960年4月任冠县县委宣传部长。1964年5月任茌平县委宣传部长。1965年7月任茌平县委副书记。1972年7月，任聊城地区劳动局局长。1984年11月离休，经省委组织部批准，享受地专级待遇。2008年1月24日，因病去世。

韩志平

韩志平（1925—2016年），又名韩加林，馆陶县桥口村人，1940年投身革命。1943年加入中国共产党。冀鲁抗中毕业后，曾任冀鲁教育科联宣部缮写员，鸡泽县公安局、魏县公安局预审股干事、股长，漳南南部派出所所长，邯郸专区公安处预审科干事。1949年春，奉命随中国人民解放军南下，9月进入湖南长沙，11月被分配到湖南郴州地区宜章县公安局任副局长至1951年。1952年调任资兴县公安局局长。1953年调任湖南（衡阳）行署公安处经保科副科长。1954年7月湖南行署撤销后，调任郴县行署公安处秘书科科长。1956年任公安处副处长。1957年10月至1959年2月赴北京公安部公安学院学习专业知识。1957年至1962年任郴县地区中级人民法院院长。1963年调任衡阳地区中级人民法院院长。1964年5月荣调大西北——甘肃戈壁滩核工业部四〇四厂二分厂任副厂长。1966年5月又转战大西南四川八一六厂（新建核反应堆）一分厂任党委书记。后任八一六总厂副厂长。在“文化大革命”中惨遭厄运，以“走资派”之罪名被批斗、下放劳动，身心受到极大伤害，后恢复职务和工作，1982年离休（职级正厅级）。2016年因病逝世。

潘俊林

潘俊林（麟）（1926—1989年），山西省寿阳县潘沟村人。佃农出身，少年时给本村地主当长工，参加过儿童团。1946年6月在山西省崞县参加八路军，参加过延安保卫战、西府战役。1948年8月加入中国共产党。1949年参加解放大西北战役。1953年入朝作战，历任战士、班长、文书、副排长、排长、副连职保卫干事。在战争年代，他作战勇敢，组织纪律性强，立大功三次，被授予战斗英雄勋章一枚。

1955年11月转业到馆陶后，积极参加社会主义建设，历任柴堡供销社副主任、县体育运动委员会秘书、王二厢副乡长、魏僧寨公社组织部长等职。1962年5月任馆陶县交通局副局长。1965年3月27日任馆陶县交通局局长。1981年10月25日兼任馆陶县经济委员会副主任。1983年3月离休，行政17级，享受县级政治生活待遇。

潘俊林在任馆陶县交通局副局长、局长近21年的工作生涯中，继续发扬八路军的优良传统，工作积极，艰苦奋斗，学习努力，作风朴实；经常深入基层现场办公，关心职工疾苦，鼓励养猪、种菜，改善集体生活；他善于用现身说法启发职工思想觉悟，树立“以养路为业，以道班为家”的理念；他时常到道班为工人理发，促膝谈心，谋划公路养护创特色；他廉洁自律，从不贪占国家便宜，深受交通系统干部职工的尊敬和爱戴。在他的带领下，馆陶县的公路养护排除了“文化大革命”的内乱干扰，在邯馆公路土路养护中首创“四线一平”（路肩、边坡、行道树、备用土牛成直线，路面平整）的工作业绩。1973年3月14日，邯郸地区交通局在馆陶召开为期7天的全省平原地区公路养护现场经验交流会，会议肯定了馆陶县公路养护的四条经验，即：抓思想教育，强队伍建设，培养了艰苦奋斗的过硬作风；因地制宜，科学养护，路平树好，土路通行舒适度可与油路媲美；抓支农、搞服务，密切工农关系，相互支援，促进了公路管护；局领导深入基层，团结协作，发挥了核心作用。会后，省交通局向全省公路职工发出“学馆陶赶广平”的号召，提升了馆陶交通的知名度。

李生玉

李生玉（1927—1994年），原名李元春，馆陶县陈庄村人，中共党员。1943年参加临清县抗日县大队。1944年到冀南一专属公安局任便衣队长，负责敌后抗战的除奸和保

卫工作。1947 年随部队南下，1950 年 6 月转业到湖北襄阳任政府区长。1952 年随南下工作团到海南岛，1959 年 3 月登上三沙驻地西沙永兴岛。战争年代的李生玉记大功一次，二等功两次，三等功四次，荣获公安部一级金盾荣誉奖章。

1959 年中央决定成立中共西沙工委、西南中沙办事处，命令李生玉就任第一任西沙工委书记兼办事处，其爱人马荣贞任共青团书记。

1960 年后，回到海南岛，到保亭、陵水、琼中县政府工作。1978 年，调到河北省保定市，先后任保定市公安局局长、副市长。

雁　翼

雁翼（1927—2009 年），原名颜鸿林，生于馆陶县颜窝头村一个穷苦农民家庭。八岁时开始在本村小学读书，只读了 13 个月，抗日战争爆发，被迫停学参加抗日活动。1942 年夏参加八路军，在战斗中三次负伤成残而离开战斗部队。于 1942 年 12 月被派到后方医院工作，担任第二野战军后勤部文工队分队长。当时，因战地宣传演出的需要，逼着他开始自修文化，编写一些唱词之类的作品，从此，他便同文艺创作结下了不解之缘。他于 1953 年 10 月转业到铁路工程二局工作，担任铁二局文工团团长。1957 年 1 月开始专业作家的写作生涯。“文化大革命”中被批斗，在监狱里关了 3 年。“四人帮”倒台后，才恢复工作。

雁翼共发表出版诗歌著作 66 部集，其中长短诗集《东平湖的鸟声》《紫燕传》《雁翼抒情诗选》《雁翼儿童诗选》《雁翼诗选》《花之恋》《爱的思索》等 64 部。诗论集《诗的信仰》《诗与美随笔》2 部。小说散文集《范蠡与西施》《子夜灯影》《作家的童年》《黄河红帆》《囚徒手记》等 10 部。多幕话剧本《风雪剑》《船在风浪中》2 部。电影文学剧本被拍摄成电影的有《十月风云》《元帅与士兵》《古越轶事》《黄河少年》《开山的人》《灯》《山城雪》《洁白的雪野》8 部。雁翼的作品共获得各种优秀文学作品奖 17 次，其中国家级奖 4 次，获奖作品是：长诗《东平湖的鸟声》《紫燕传》，短诗《拾到的抒情诗》，电影《十月风云》；省级奖 13 次，获奖作品主要有：诗集《雁翼抒情诗选》《太阳的悲歌》《长江三角州》《血写的课文》《白杨颂》等；散文《红百合花》《巴黎三章》等。

50 多年间，雁翼的作品被选入各种选集 95 种，主要有《新文学大系》《中国十年诗选》《中国新时期诗选》《中国建设诗选》《中国新诗选》《中国新诗年选》《中国爱情诗选》

《中国十四行诗选》《中国短诗选萃》《中国名作选读》《中国名诗赏析》等。

1977 年“文化大革命”刚结束，他就写了揭批“四人帮”的剧本《十月风云》，被拍成电影风靡全国，电影获文化部颁发国家级大奖。他写的反思“文化大革命”的优秀作品《囚徒手记》，被世界各国译成多种文字，受到海内外人士高度评价。其《囚徒手记》和《人生悟语》已被美国的 ABIRA 研究院认定为“特别研究价值的珍藏品”，并藏入享誉世界权威的 ABI 图书馆和 ABI 档案馆。

雁翼为了向世界介绍中国改革、介绍中国文学，他在英国注册了“英国剑桥华人世界出版有限公司”，任董事长兼总编辑，并创办了中英文刊物《华人春秋》。

由雁翼策划、发起、主编和出版的《世界和平圣诗》，耗时 5 年，在 2000 年 1 月问世。这本大书以中、英、法、俄、阿拉伯、西班牙 6 种文字出版，其中汇集了世界 104 个国家的首脑祈祷世界和平的诗歌与箴言。

雁翼的文学作品在海外华文读者中颇有影响，美国、法国、泰国、日本、新加坡、菲律宾、马来西亚等地的华文报刊常常发表雁翼的作品。香港出版过《雁翼的诗》，台湾出版了雁翼的诗集《花之恋》和长篇纪实文学《囚徒手记》。

雁翼的文学成就被载入英国剑桥《世界杰出名人传》《世界名人录》和美国的《世界优秀名人传》，并获英国剑桥国际名人传记中心授予的“世界杰出文学家”证书及银质勋章和金质奖章、英国剑桥“世界优秀知识分子”奖、美国“世界二十世纪杰出文学家”奖。

雁翼是中国作家协会会员、国家一级作家、中国电影家协会会员、世界诗人协会会员、世界华文诗人协会会长、英国剑桥国际名人传记中心副总裁、英国 IBC“世界文学研究院”终身研究员、美国 ABIAR 研究院终身院士、美国世界文化艺术学院“荣誉文学博士”、美国“世界诗人大会”的国际会员。

雁翼只上过 13 个月的小学，但他的诗一经破土，就以独树一帜的创作，引起诗坛和社会的广泛关注。他的作品能固守一种雍容博大，扎根人民大众，关注历史和时代，不仅有对生活的热爱，人生的思考，更有对社会和命运的忧思。他歌颂正义，鞭笞邪恶；他弘扬和平，拒绝战争，他对世界怀抱美好，他对祖国充满希望；他甘愿做中国的一寸土，长出庄稼。

雁翼对家乡文学的发展作出了巨大贡献，扶植一大批文学人才，使馆陶成为名副其实的地域小县，文化大县。

宋子英

宋子英（1929—2004 年），馆陶县屯里村人。1943 年春参加抗日活动，并担任医护工作。1945 年加入中国共产党。1946 年随解放军南下。1950 年参加志愿军赴朝鲜，抗美援朝，荣立三等功。1954 年随部队回国，并就职于解放军 266 医院。1959 年赴西安医学院学习，1965 年毕业，享受 16 级干部待遇，再次回到解放军 266 医院工作。1984 年享受 13 级干部待遇，1999 年离休，授少将军衔，享受 11 级干部待遇。2004 年去世，享年 75 岁。

郭书印

郭书印（1935—2012 年），馆陶县息元村人，1953 年毕业于馆陶县浅口镇完小，1956 年毕业于邯郸中学（现邯郸市第一中学）。1959 年毕业于石家庄一中（高中）。1965 年毕业于北京大学物理系（六年制）理论物理专业。1965 年 8 月北大毕业后分配到国家二机部（核工业部）中国科学院原子能研究所从事受控热核聚变工作，为核工业部西南物理研究院副研究员。1983 年至 1985 年在美国马里兰大学工作，从事天体物理研究。其在长期从事的理论物理研究方面主要成果有：在国内外杂志发表论文 30 多篇，翻译外文书籍 1 部，为清华大学、中国科技大学研究生讲课时编写讲义 6 部。由于工作努力，成果突出，曾荣获中共四川省委国防工办优秀党员称号以及重大科技成果奖。1978 年，“环行等离子体的物理研究”获全国科学大会奖、四川省科学大会奖。1980 年，“环流器杂质平衡、加热等理论研究”获国防科工委重大成果二等奖。

第二章　人物简介

郭玉山

郭玉山，1920年出生，馆陶县屯里村人，1940年10月参加革命工作，1941年12月加入中国共产党。1941年12月至1942年2月，任冀南馆陶八区公所民政助理，1942年3月至1942年5月，在冀南政干校学习；1942年6月至1943年1月，任冀南馆陶八区建设助理；1943年2月至1943年5月，任冀南馆陶八区财粮助理；1943年6月至1945年11月，任冀南馆陶六区区长。曾任襄阳地区行政公署副专员。1983年6月离休，享受副厅级待遇。

郝兆平

郝兆平，现名郝长治，1922年4月20日生人，馆陶县南拐渠郝前街村人，1939年7月1日加入中国共产党，1940年投考冀鲁抗日中学，因当时环境的变化和工作的需要，1942年6月抗日中学学生统一分配工作，郝兆平分配到冀南三地委任会计；1944年任大名县区委书记、武工队长；1948年任中共邯郸县委青年团委书记；1951年任峰峰矿区区委书记、峰峰矿务局党委副书记；1955年任峰峰基本建设局机电安装处处长兼书记；1961年任天津煤矿设备厂副厂长、厂长、书记；1979年任天津市第一机械工业局机械配件公司党委副书记。1985年4月离休。

肖　寒

肖寒，1926年生于馆陶县桥口村。1940年加入中国共产党。曾任中共馆陶县委宣传部干事、冀南三地委民运部干事、邯郸地委青委副书记。新中国成立后，历任青年团邯郸地委书记，青年团河北省委宣传部长兼河北青年报社社长，中共邯郸市委副书记兼市计委主任，市委书记处书记，邯郸钢铁厂厂长，邯郸钢铁公司副经理、党委书记，峰峰矿务局、开滦煤矿党委书记，国家煤炭工业部副部长、部长，国家经委副主任，国务院山西能源基地规划办公室副主任。系中共第十一次全国代表大会代表、第十一届中央委员会候补委员。

王　驰

王驰，生于1926年3月，曾用名王源清，馆陶县塔头村人。1940年8月参加革命工作，同年10月加入中国共产党。历任馆陶县宣传队班长、区青救会主任，中共冀鲁豫分局办公室秘书，冀南区党委组织部干事，中共威县区委副书记。1949年2月南下到湖南省，历任中共天津市委宣传部长，常德政治干校科长，中共南县县委宣传部长，中共湖南省委党校科长、教研室主任。1954年8月到中央党校学习。1959年任中共湖南省委党校教育长、副校长。1964年后，任中共湖南省委理论研究小组副组长、写作小组组长。1971年2月任中共湖南省委宣传部副部长。1983年9月任湖南省外事办公室主任、党组书记。1986年任湖南省社会科学院院长、党组书记。1993年8月离休。著作有《社会主义精神文明学概论》《论改革大潮中的精神文明建设》《中国领导学新论》《文学艺术与精神文明建设》《社会主义初级阶段理论与区域经济开发》《中国楹联鉴赏辞典》《中国解放区文学研究资料丛书》等10部，在报刊上发表文章150余篇。为中国解放区文学研究所顾问、中国公共关系协会理事。曾多次获著作、论文奖。1986年评为研究员，1993年享受政府特殊津贴。系湖南省第五届人大常委。

古鹏程

古鹏程，生于1927年4月，馆陶县古高庄村人，中共党员。1940年6月入伍。历任八路军一二九师新八旅二十三团战士、班长。冀南军区第三军分区通信连班长，副排长，司令部警卫员。太行山冀鲁豫平原分局党校警卫队学员。冀鲁豫豫东指挥部（南路军）警卫员。冀鲁豫军区政治部、司令部警卫班班长。华北野战军第十四纵队、七十军司令部警卫员。二十兵团政治部警卫排排长。空军长春预科总队学员、二航校学员。空军干部学校管理科行政管理员，学员大队供管股股长。空军政治学校食堂科副科长，管理科食堂主任。学员队副队长，军需给养科科长，三级部贵州011系统军管会财务组组长。空军政治学校军需处处长等职。1955 年国防部授予大尉军衔，1962 年晋升少校军衔，1982 年 6 月离职休养。享受副师级、行政十四级待遇。在抗日战争和解放战争中，参加过百团大战、敌后多次反扫荡战役及豫东、豫北、龙海、鲁西南、郑州等战役。曾荣立三等功一次、二等功一次，荣获华北解放纪念章、独立自由奖章、解放奖章、独立功勋荣誉章、庆祝抗日战争胜利六十周年纪念章。

孙文华

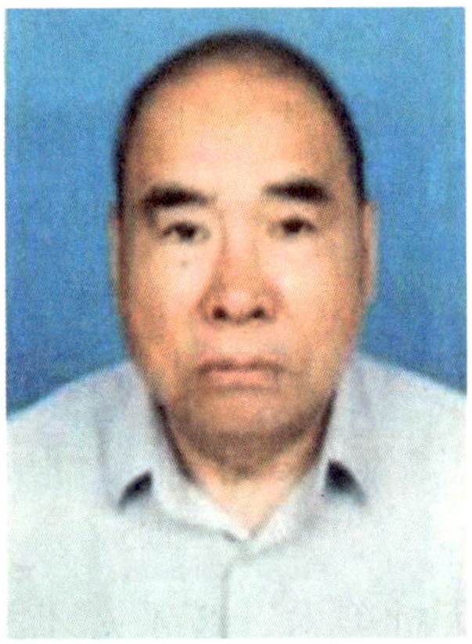

孙文华，汉族，1928 年 3 月生，馆陶县桥口村人。1934 年 1 月至 1936 年 12 月在南拐渠三高学习，1947 年 1 月参加工作，1947 年 1 月至 1950 年 5 月山东省临清市百货公司会计股长，1950 年 5 月至 1953 年 4 月河北省衡水百货公司省百货公司会计股长，会计副处长，1953 年 5 月至 1972 年 11 月河北省商业厅省计委、省经委、省公安局任副处长，秘书副处长，1972 年 12 月至 1977 年 11 月，河北省工业委员会任副处长，1977 年 12 月至 1983 年 11 月，河北省煤炭厅副厅长，1983 年 11 月至 1988 年 3 月，煤炭部石家庄设计院党委书记，1988 年 3 月离休。

郭霄峰

郭霄峰，生于 1929 年 9 月，曾用名郭书兰，馆陶县息元村人。1958 年 9 月毕业于清华大学无线电电子学系，并留校任教。1959 年夏被调入国防部第五研究院（现名为航天部中国运载火箭技术研究院），参加中国所有弹道导弹液体发动机和运载火箭发动机的试验研究工作，历任研究室主任、研究院科技委委员、电子数显开发部经理等职。1986 年晋升为研究员，在长征三号运载火箭研制中贡献突出，荣立一等功，享受政府特殊津贴，研究成果荣获国家级科技进步二等奖、部级科技进步二等奖，获 3 项国家专利。主要学术专著有：《发动机试验》《液体火箭发动机试验》。为中国宇航学会会员。

汪易扬

汪易扬，1931年出生于福建厦门鼓浪屿岛，祖籍安徽砀山。5岁学画，有“神童”之称。1949年毕业于上海美专，师从刘海粟、潘天寿、黄宾虹。擅人物、山水画。1953年受命创办福建省美协并当选执行副主席。20世纪50年代已在国内外诸多报刊发表作品300多幅，参加全国、华东地区和省级画展10余次，多次获佳作奖。1963—1979年在馆陶一中、县文化馆工作达17年。1979年后，在中国艺术研究院《文艺研究》刊物做艺术理论编辑——编审工作。1989年提前退休后，组建龙山艺术院并任院长（教授）。20世纪80年代初独创狂草人物画，被誉为当代狂草入画第一人，以其笔墨简练奔放、风神别具赢得国内外诸多报刊和名家撰文评赞。创作音乐、舞蹈、戏剧作品100余部，多次获河北省和全国文艺汇演最佳创作奖。与吴冠中、李可染等并称“中国当代画坛六巨匠”。

在馆陶县期间，汪易扬开创了馆陶黑陶制作技艺，培养了一大批美术、音乐人才。1965年，在河北省文艺汇演歌舞表演中，汪易扬词曲编导《送粮老汉，喜洋洋》参演；1966年，《看看俺队的好庄稼》，刘志轩词，汪易扬曲兼编导，上述两首曲目被评为全省最佳演出配器奖，中央歌舞团到天津实验歌剧院时特意到馆陶学习这两首曲目，并在国内外演出，在中南海怀仁堂演出；1967年，《你追我赶争上游》，笛子作曲是汪易扬，获全国汇演一等奖；1968年，表演唱《夸海河》获全国汇演一等奖；《青松岭》电影主题曲借鉴《夸海河》剧目，并荣获剧目奖。

乔十光

乔十光，中国现代漆艺的开拓者和漆画创始人之一，被誉为“中国漆画之父”。1937年出生于馆陶县前符渡村。1961年毕业于中央工艺美术学院壁画专业，1964年结业留校任教，为中央工艺美院教授（现为清华大学美术学院），中国美术家协会理事，中国漆画研究会会长。先后在中国、日本、法国、苏联等地举办画展十余次。2013年11月1日在清华大学美术馆举办“漆艺人生五十年”漆画展览和漆艺基金捐赠仪式，在国内外产生较大影响，并将在广州、上海、郑州、石家庄、西安等十大城市巡回展出。

乔十光作品注重漆性与绘画性的统一，使现代漆画在保持传统文化品格的同时不断创新，逐步走向独立。漆画代表作《泼水节》《青藏高原》《北斗》等。

乔十光1961年毕业于中央工艺美术学院壁画专业，之后随导师庞熏琹先生就读漆画研究生。在艺术上他立足院校，放眼民间，多次深入到传统漆艺发展地区考察调研，多方搜集不同地区漆艺的工艺特点，拜福州李芝卿等漆器匠师为师增进实践。不但在创作及技法上形成独特风貌，也为漆画艺术的发展和承传作出可贵的探索。

乔十光是中国当代漆画的重要代表，他经历了漆艺从民间转移到高校的整个过程，他编写了高等艺术教育“九五”部级教材《漆艺》卷，奠定了清华美院及全国漆艺学科的基础。

乔十光数次参与组织国内外的漆画展览和漆画理论研讨活动，使漆画登堂入室成为独立的艺术样式，他创作了400余件漆画作品，形成了具有东方语境的漆画风格，展现了漆画艺术的独特魅力。他的创作、研究和活动横跨了学科建设、漆画创作和漆文化发展等诸多领域，在文化复兴的时代具有民族独特话语的艺术样式尤为可贵。

周忠生

周忠生，1939年12月出生于江西省广丰县，水利专家，高级水利工程师。

周忠生青少年时期活泼好动，尤其对大自然的山、水、风、云抱有浓厚兴趣。1956年6月至1957年从江西省广丰县中学入伍于江苏省徐州市第五航空预备学校空勤学员。1957年7月至1960年6月在山东省卫生干部进修学院学习。1960年7月至1963年5月在山东省聊城地区药品检验所工作，任药检师。1963年6月至1965年5月在馆陶县药材公司工作。1965年6月至1979年6月在馆陶县西陶公社工作，历任财政助理、办公室主任、革委会副主任。1979年6月至2006年年底，在馆陶县水利局工作直至2007年初退休，历任县打井配套指挥部办公室负责人、县水利局办公室主任、总工程师、高级工程师及正高级工程师，曾任县政协4、5届政协委员。

到馆陶县水利局工作后，周忠生自学水利大学本科课程，结合实际工作经验，水利技术提高很快。多年来，他研究解决馆陶县水利开发利用模式，减少了水资源和人财物的浪费。解决了馆陶县井灌区次生盐碱化问题，并发动农民一起打股份制商品井，解决了县政府和集体的抗旱资金不足问题。他担任馆陶县统一供水的总工程师，亲自设计供水方案，使馆陶县城统一供水工程从无到有，并成为当时最现代化、自主化的县级统一供水工程。此外，周忠生在馆陶县利用世界银行贷款发展灌溉项目和雨养农业等方面都取得了可喜的成绩。

著有学术专著《水资源论》，多篇专业论文被中外有关媒体发表，受到国家水利部的高度重视，并多次应邀出国开展学术合作交流，为水利建设事业做出了突出贡献。

王晓军

王晓军，生于1952年9月，馆陶王桥乡北留庄东村人。长期在基层部队工作，历任战士、排长、作训参谋、团长、师参谋长、师长、集团军参谋长、副军长、驻香港部队副司令员、省军区司令员、大军区的部长和军区副司令员。

1970年11月加入中国共产党。1969年12月参加工作。中央党校大学学历。1969年12月参加中国人民解放军，为某师某团75炮连战士、5连班长。1973年12月任某师某团5连排长。1974年10月任某师司令部作训科参谋。1978年6月任某军司令部作训处参谋。1983年7月任某军司令部作训处处长。1985年10月任某集团军某师某团团长。1986年6月任某集团军某师副参谋长（1984年8月至1986年12月在中央党校领导干部班学习）。1987年7月任某集团军某师参谋长、副师长。1993年4月任某集团军某师师长。1997年7月任陆军第41集团军参谋长、副军长（1997年3月至1998年1月在国防大学基本系指挥员班学习）。1999年9月任驻香港部队副司令员。2004年3月任海南省军区司令员。2007年4月任中共海南省委常委、海南省军区司令员。2008年1月任广州军区装备部部长。2009年任广州军区联勤部部长。2010年12月任沈阳军区副司令员。2012年10月任中国人民解放军驻港部队司令员，2014年7月，任中国人民解放军广州军区副司令员，中将军衔。中共十七大代表。

李思月

李思月，1955年2月出生，馆陶县魏僧寨镇赵官寨村人。大学学历，馆陶县思月陶艺有限公司总经理，河北省一级工艺美术大师、国际注册工艺美术大师。

李思月自幼聪慧、爱艺术、爱思考，早年师从于中国著名书画家汪易扬教授和中国著名漆画家乔十光教授，他所创建的馆陶县思月陶艺有限公司是国内最早开发黑陶产品的文化企业。陶山黑陶现已成为馆陶乃至河北的名片。公司已在全国十几个城市设立了销售点，并在北京、石家庄、邯郸设有办事处。部分产品现已打入国际市场，远销东南

亚、欧美10多个国家和地区。企业经济效益和社会效益随产品发展逐渐提高，产业规模和产品市场占有率在同行业中始终名列前茅。2013年公司主营业务收入达到1100万元，利税189万元，净资产达到1579万元，取得了良好的经济效益和社会效益。

李思月被评为河北省文化产业“十佳领军人物”“注册陶艺师”“高级经济师”“工艺美术大师”，荣获中原创业英雄、河北非物质文化遗产——黑陶技艺传承人、中国诚信企业家、中国区域经济陶艺行业领军人物等荣誉称号，2013年年底又获专家级“国际注册工艺美术大师”荣誉称号，为馆陶成为“中国黑陶之乡”立下了汗马功劳。

孙长礼

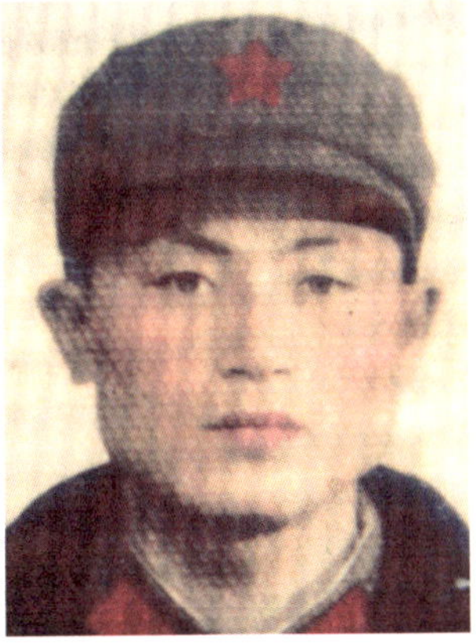

孙长礼，生于1957年7月，馆陶县杨草厂村人。1976年3月入伍，1977年入党，并提拔为班长，1978年提升为排长。所在部队为济南军区67军199师595团2营4连。部队驻地是山东省青州市。1979年对越自卫反击战后，其所在的部队作为第二批轮战部队于1985年3月赴云南老山前线，参加对越自卫还击防御作战。接替阵地后，孙所在的团一直坚守在整个防线的主要阵地，它处于老山、八里河东的大青山之间的低洼地带，这个地区，炮火多，特工活动多，小股敌人偷袭多，敌我双方交战多的地区。1985年5月28日至5月31日越军以一个加强连的兵力，在炮火的掩护下，向孙所在的排阵地发起数次进攻，该排顽强抗击了敌人一个加强连的进攻，歼敌200余人，同时给炮兵指示目标，摧毁敌迫击炮阵地一个、无后坐力炮5门，重机枪4挺。战斗中，孙长礼负伤，仍坚持指挥战斗，4名英勇的战士牺牲，9人负伤。战后，孙长礼排7、9班分别荣立集体一等功，孙长礼荣立二等功。

殷俊廷

殷俊廷（曾用名殷俊亭），字得雅，石安。1959年11月生于馆陶县西苏村。研究生学历，现任馆陶县陶漆工艺厂厂长，馆陶陶艺漆艺研究所所长，从事艺术30余年勤耕不辍。早年师从于中国著名书画家汪易扬教授和中国著名漆画家乔十光教授。毕业于中央工艺美术学院陶艺、漆艺专业，中国国家画院高研班。现为中国工艺美术大师、高级工艺美术师、河北省黑陶制作技艺代表性传承人、中国工艺美术协会常务理事、世界漆

文化会会员、中国漆画研究会会员、河北省工艺美术协会副会长、中国美术家协会会员。

殷俊廷的陶艺作品典雅、大气，展现一种独特人文精神和底蕴，他在继承发展传统的基础上把4500多年的黑陶和7000多年的漆艺完美结合在一起，填补了黑陶历史无彩的空白，开拓了新思路、新创意，从而走向新的艺术道路，实现在艺术作品中充分表达自然的审美情趣和人生理想。他独辟蹊径，让漆艺和陶艺相结合，高雅华贵、浑厚神奇。既保持了黑陶古朴典雅的风格，又增加了富丽堂皇的艺术韵味。

2003年中央电视台4套《中国风》栏目、中央电视台7套《文化与生活》栏目、中央电视台9套外语频道、河北省电视台等多家新闻媒体对殷俊廷多年来的业绩和成果进行了专题报道。2004年被授予《中华大地之光》全国“优秀主人公”荣誉称号，在北京人民大会堂受到国家领导人万国权的亲切接见。2010年中央电视台《新闻联播》栏目对陶艺漆艺研究所所长殷俊廷进行了专访。

主要作品有漆画《少女》《牧歌》《新生》《长城》《窗知春》《苍野千秋》等。

郭金山

郭金山，馆陶县魏僧寨镇十里店村人。1961年10月出生，1968年年初至1972年年底在本村读小学，1973年年初至1976年年底在原卫东中学读初、高中，学习成绩优异。国家恢复高考后，于1978年7月参加全国高考，总成绩超过全国重点大学录取分数线，被中国矿业大学录取。

1978年9月至1982年7月在中国矿业大学选煤工程专业学习，获工学学士学位。1982年8月至2003年2月，在煤炭工业部邯郸设计研究院工作，历任助理工程师、工程师、高级工程师、教授级高级工程师，设计所主任工程师、副所长、所长兼院副总工程师。是煤炭工业部邯郸设计研究院技术委员会委员、高级职称评审委员会委员、中国中煤能源公司高级职称评审专家。

2003年3月起，调入北京煤炭科学研究总院，任天地科技设计院副院长，2006年2月，调任北京天地华泰采矿工程技术有限公司副总经理。

主持和参加了多项大型、特大型煤矿及选煤厂的工程设计工作。参加了多部矿区总体规划的编制工作。主持了蒙古、越南、印尼等国外煤矿建设开发项目的国际工程投标及在国外的设计、采购、施工、调试工作。主持了多项科研项目的开发研究工作。

曾荣获国家第十届优秀工程设计银质奖、煤炭行业（部级）优秀工程咨询一等奖、煤炭行业（部级）煤矿建设项目管理三等奖。

作为专家参加了神华集团、中煤能源以及山西、内蒙古、河北、山西、贵州、陕西、山东、黑龙江、甘肃、宁夏、安徽、青海、新疆、云南等地区多项国家重点建设项目的咨询评估、设计审查、招标评标工作。参加了国家多项煤炭设计项目的评优及多项煤炭科技攻关项目的鉴定评审工作。

自 2004 年起，担任中国煤炭加工利用协会理事。曾任国家科技奖励评审专家、中国电力科学技术奖评审专家。是中国国际工程咨询公司能源项目部、中投咨询公司、煤炭工业发展研究中心、煤炭工业规划研究院咨询专家委员会专家。

张新来

张新来，生于 1962 年，馆陶县西孔堡村人。1981 年 10 月入伍，在陕西省太谷县 51259 部队服役。历任战士、班长、代理排长。1986 年 6 月加入党组织，11 次受到部队嘉奖，4 次被评为优秀工兵，3 次荣记个人“三等功”，一次被评为“战地红旗手驾驶员”。1999 年 4 月至 11 月，参加新中国成立 50 周年首都国庆大阅兵的保障任务，在此次执行任务中表现突出，被阅兵徒步方队分指挥部评为先进典型，并荣立个人二等功一次。

第三章　人物表

第一节　馆陶籍在外人士

1997—2013年馆陶籍副地市级以上党政领导干部一览表

表7-3-1

姓名	性别	出生年月	籍贯	工作单位	最高职务
张云芝	女	1957.08	路桥乡潘庄村	农业部农业贸易促进中心	副处长（副厅）
王立杰	男	1961.10	魏僧寨镇王草厂村	河北省委机要局	局长
王立忠	男	1962.09	柴堡镇邢张屯村	河北省发改委	副主任（正厅）
郝巍吏	女	1963.10	房寨镇郝前街村	河北省扶贫开发办公室	副主任
孟祥红	女	1964	馆陶（出生地）	河北省石家庄市	副市长
王立新	男	1968.07	柴堡镇邢张屯村	中国建设银行北京数据中心	副主任（副厅）

1997—2013年馆陶籍部队领导干部一览表

表7-3-2

姓名	性别	出生年月	籍贯	所在部队	最高职务
张维翰	男	1906	寿山寺乡寿山寺村	解放军军事体育学校	副校长
吴起贵	男	1934	王桥乡刘齐固村	石家庄陆军学院汽车士官训练大队	大队长（副师级）
刘锦江	女	1947	林潘寨村（今属临清）	广州海军某部	驻广州办事处主任
李晓军	男	1950	王桥乡西芦里村	北京军区联勤部	副部长
吴祥顺	男	1952.03	寿山寺乡东庄固村	军事科学院杂志	正师级干部
王晓军	男	1952.09	王桥乡北留庄东村	广州军区	副司令员

续表 7-3-2

姓名	性别	出生年月	籍贯	所在部队	最高职务
武希志	男	1953.02	寿山寺乡常儿寨村	军事科学院军制研究部	副研究员
解华堂	男	1953.02	馆陶县后罗头村	军事科学院出版社	副社长
孟凡俊	男	1954	寿山寺乡麻呼寨村	北京总参后勤部	副师级干部
刘天恩	男	1954	馆陶镇刘路疃村	总参军训和兵种部军务装备局	副师职参谋
吴发泉	男	1954.03	馆陶县常儿寨村	军事科学院	正军级单位党委副书记
白永顺	男	1954.11	馆陶镇陶北村	国防大学办公室	党支部书记
吴东风	男	1955.02	寿山寺乡常儿寨村	军事科学院军事研究部	副研究员
刘增云	男	1956.12	卫东镇刘圈村	后勤工程学院	政委
仲轩	男	1959	房寨镇浒演村	武警部队山西总队	总队长
郭泽波	男	1959.10	郭安堤村（今属冠县）	兰州军区司令部	军训部副部长
王爱国	男	1963.02	房寨镇河寨一村	解放军总参军训部	副师级参谋
孙耀庭	男		馆陶镇孙庄村	济南军区	正师级干部

1997—2013 年馆陶籍专家学者及企业家一览表

表 7-3-3

姓名	性别	出生年月	籍贯	工作单位	主要职务、职称
王驰	男	1926.03	塔头村	湖南社会科学院院长	著名学者
郭霄峰	男	1929.09	寿山寺乡息元村	航天部中国运载火箭技术研究所	研究员
郭书印	男	1935.01	寿山寺乡息元村	核工业部西南物理研究院	副研究员
罗朝庚	男	1950.12	王桥乡罗庄村	东航股份公司	总经理
郭金山	男	1961.10	魏僧寨镇十里店村	北京天地华泰采矿工程技术有限公司	研究员、副总经理

续表 7-3-3

姓名	性别	出生年月	籍贯	工作单位	主要职务、职称
王领道	男	1962.10	路桥乡满谷营村	上海张江（集团）有限公司	人力资源总监
李善坤	男	1969.07	寿山寺乡南辛头村	北京沐邦医药科技有限公司	总经理
罗占恩	男	1972.02	王桥乡罗庄村	世界著名会计师事务所普华永道	中方合伙人
谭双剑	男	1978.09	路桥乡宋尔庄村	北京北安时代电梯安装工程有限公司	项目经理
刘晓玲	女	1979.11	路桥乡果子园村	中能国研（北京）电力科学研究院	总经理

1997—2013 年馆陶县书画名家一览表

表 7-3-4

姓名	性别	出生年月	籍贯	工作单位及主要职务、职称	主要成果、著作
汪易扬	男	1931	安徽省砀山（在馆工作 17 年）	中国艺术研究院编审、教授	当代狂草画派开山人
乔十光	男	1937.01	魏僧寨镇前符渡村	中央工艺美院教授	现代漆画泰斗
郭抱箱	男	1945.04	柴堡镇东苏堡村	济南书画院研究员	精于人物画、山水画
徐万蓉	女	1945.10	山东省济南市（郭抱箱妻）	齐鲁书画院高级画师	精于人物画
颜景龙	男	1955	南徐村乡颜窝头村	河北省画院院聘画师	著名山水画家
白云乡	男	1956	馆陶镇蔺村	河北师范大学教授	著名山水画家

第二节　馆陶县学子

1997—2013 年馆陶籍博士名录一览表

表 7-3-5

姓名	性别	出生年月	籍贯	专业（研究方向）	博士学位授予院校
李国骅	男	1957.04	寿山寺乡南辛头村	电气自动化	日本东京大学
王秀芝	女	1963.02	寿山寺乡武范庄村	财政学	中国人民大学
张运涛	男	1963.02	魏僧寨镇镇安雷寨村	果树学	沈阳农学院

续表 7-3-5

姓名	性别	出生年月	籍贯	专业（研究方向）	博士学位授予院校
冀成楼	男	1963.08	南徐村乡后许庄村	安全工程	中国石油大学
殷殿书	男	1965.10	馆陶镇西苏村	生物制药	天津大学
韩文生	男	1968.10	寿山寺乡韩范庄村	中外政治制度	中国政法大学
李立武	男	1968.10	王桥乡董井寨村	生物	美国底特律大学
丁益新	男	1969.04	王桥乡南留庄村		中国科学院
王会众	男	1970.03	魏僧寨镇周庄村	数学与数理统计专业	中科院
霍贵高	男	1971	柴堡镇林北村	中国古代文学专业	河北大学文学院
张运波	男	1971.05	魏僧寨镇安雷寨村	铁道交通	铁道部科学院
张文超	男	1971.08	王桥乡张井寨村	社科系	重庆大学
赵静波	男	1972.08	王桥乡赵庄村	工程力学	北京科技大学
李立杰	男	1973.06	王桥乡董井寨村	微纳米技术	英国斯特莱斯克莱德大学
丁承君	男	1973.09	房寨镇北拐渠村	机械制造及自动化	河北工业大学
姚洪越	男	1974	王桥乡姚齐固村	法学	中国人民大学
蔡占川	男	1974.01	寿山寺乡庄固东村	计算机软件与理论	中山大学
冯晓燕	女	1974.10	寿山寺乡浅口村	生命科学院基因工程专业	中国农业大学
王庆改	女	1975	路桥乡王桃园村	环境保护	中科院地理科学与资源研究所
路新卿	男	1975.09	魏僧寨镇高庄村	消化内科	北京协和医院
孙志刚	男	1976	路桥乡满谷营村		美国杜克大学
罗永军	男	1976.08	房寨镇罗排头村		北京科技大学
袁国栋	男	1977.04	魏僧寨镇十里店村	计算机图形学	清华大学
王连坤	男	1979.08	王桥乡李桥村		西安建设大学
郭运航	男	1980	寿山寺乡息元村	放射性药物化学	北京师范大学
董丽欣	女	1981	寿山寺乡息元村	计算机应用技术	青海师范大学
常国庆	男	1981.11	王桥乡北孙店村	化学	美国加州伯克利大学

续表 7-3-5

姓名	性别	出生年月	籍贯	专业（研究方向）	博士学位授予院校
赵海滨	男	1982.07	房寨镇孩寨村	教育	法国卡尚高等师范大学
刘玉章	男	1982.10	寿山寺乡西董固村	材料加工工程	哈尔滨工业大学
许焕滨	男	1982.10	寿山寺乡麻呼寨村		北京科技大学
王琼	女	1983	路桥乡王桃园村	中医医史文献	上海中医药大学
赵华鹏	男	1983.06	路桥乡王二厢村	通讯工程	新加坡南洋理工大学
赵鹏	男	1983.08		应用数学	东南大学
宁振虎	男	1983.09	寿山寺乡后宁堡村	计算机	北京工业大学
刘光	男	1984	房寨镇孩儿寨村	材料物理与化学	南开大学化学学院
温华杰	男	1984.02	路桥乡王桃园村	土木工程	美国科罗拉多州立大学
赵殊	女	1984.07	魏僧寨镇丁圈村	教育技术	北京师范大学
王海龙	男	1986	路桥乡王桃园村	应用化学	中科院广州能源研究所
牛桂晓	男	1989.02	柴堡镇市庄西村	中国史	湖南师范大学
于振英	女		魏僧寨镇后符渡村		武汉大学
安振明	男		路桥乡安桃园村	生物化工	美国南佛罗里达大学
李东印	男		房寨镇房寨南村		广州中山医学院
刘保健	男	1988.01	魏僧寨镇安雷寨村	航天科研	北京航天学院

第三节　个人荣誉

1997—2013年馆陶县获得省级以上个人荣誉一览表

表 7-3-6

姓名	性别	所在单位及职务	荣誉称号	授奖单位	获奖时间
薛华新	男	工信局　副主任科员	河北省农调系统先进工作者	河北省统计局	1997
靳希义	男	县教育局 科长	河北省扫盲先进工作者	河北省教育厅	1997
许银芳	女	县实验中学 教师	河北省级优秀教师	河北省教育厅、人事厅、教育工会	1997.09

续表 7-3-6

姓名	性别	所在单位及职务	荣誉称号	授奖单位	获奖时间
石宝中	男	工商局 局长	河北省劳动模范	河北省人民政府	1998.01
吴兰巧	女	县实验中学 教师	河北省级优秀教师	河北省教育厅、人事厅、教育工会	1998.09
冯立建	男	县王桥实验小学 校长	国家“希望工程”园丁奖	河北省教育厅	1998.09
冀成军	男	县一中 副校长	河北省优秀少先队辅导员	河北省教育厅	1999
刘兰山	男	县一中 校长	河北省劳动模范	河北省人民政府	1999.01
王万珍	男	林业局 局长	全国森林资源林政管理先进个人	国家林业局	1999.05
张凤云	女	县实验中学 教师	河北省级优秀教师	河北省教育厅、人事厅、教育工会	1999.09
徐国林	男	县教育局 副局长	河北省勤工俭学先进个人	河北省教育厅	1999.09
王爱民	男	南徐村乡 中心校校长	河北省科技工作先进个人	河北省教育厅	1999.09
王兴禹	男	南徐村乡 副书记	河北省计划生育先进个人	河北省计划生育委员会	1999.11
王佩霞	男	浅口小学 教师	河北省残疾人自强模范	河北省残联	2000
杨章岭	男	县教育局 局长	全国“两基”工作先进个人	河北省教育厅	2000
李兴怀	男	县教育局 仪器站站长	河北省教育系统“三五”普法先进个人	河北省教育厅	2000
王明花	女	县统计局 科员	全国商品交易市场快速调查省级先进个人	河北省统计局	2000.08
刘会堂	男	县教育局 主任科员	河北省教育技术装备先进个人	河北省教育厅	2000.09
王茂良	男	魏僧寨学区 教师	河北省模范教师	河北省教育厅	2000.09
高书勤	男	县教育局 副局长	河北省教育技术装备先进工作者	河北省教育厅	2000.09
王金祥	男	县广播电视局 局长	河北省二等功	河北省人事厅	2000.12
崔振彬	男	县教育局 科长	河北省教育系统“三五”普法先进个人	河北省教育厅	2001
吕人先	男	县一中 书记	河北省优秀教育工作者	河北省教育厅	2001
梁洪喜	男	县招办 主任	全国高等教育自学考试工作纪念奖	全国高等教育自学考试招生委员会	2001.01
刘兰山	男	县一中 校长	河北省特级教师	河北省人民政府	2001.09

续表 7-3-6

姓名	性别	所在单位及职务	荣誉称号	授奖单位	获奖时间
王维岭	男	县食药监局 局长	河北省后勤系统先进工作者	河北省人事厅、河北省直机关事务管理局	2002.01
师永生	男	县质监局质监所 所长	农村“三个代表”重要思想学习教育活动下基层先进工作队员	中共河北省委	2002.07
李永昕	女	农牧局土肥站 站长	“小麦地膜覆盖栽培技术”获全国农牧渔业丰收一等奖	国家农业部	2002.12
王成民	男	县教育局 科长	河北省校务公开先进个人	河北省教育厅	2002.12
申华祥	男	县教育局 科长	河北省教育法制工作先进个人	河北省教育厅	2003
王明照	男	县教育局 科长	河北省“三育人”先进个人	河北省教育厅	2003
卢玉民	男	县教育局 科长	全国自学考试优秀工作者	河北省招生委员会	2003.03
王维岭	男	县食药监局 局长	河北省机关后勤系统抗击非典斗争先进个人	河北省直机关事务管理局	2003.08
石宝中	男	县工商局 局长	河北省劳动模范	河北省人民政府	2003.08
徐建强	男	县农开办 主任	河北省“两讲一建”先进个人	中共河北省委	2004.03
温天华	男	县招办 科长	2003年度河北省中招工作先进个人	河北省招生委员会	2004.03
闫宜华	男	县招办 科长	河北省成人招生考试先进个人	河北省招生委员会	2004.03
任爱华	男	县教育局 科长	河北省中招工作先进个人	河北省招生委员会	2004.03
苏红茹	女	县实验中学 教师	河北省优秀教师	河北省教育厅	2004.09
殷怀法	男	县教育局 科长	河北省勤工俭学先进个人	河北省教育厅	2004.09
王万珍	男	县林业局 局长	全国绿化奖章	全国绿化委员会	2005.03
张俊华	女	县文广新局 科长	全省第五次全国体育场地普查先进普查员	河北省体育局	2005.03
马俊珍	女	县工信局 副局长	全国乡镇企业系统优秀财会工作者	国家农业部	2005.09
庄献华	男	县一中 教师	河北省级先进德育工作者	河北省教育厅	2005.09
孙华强	男	县陶山中学 教师	河北省优秀教育世家	河北省教育厅	2005.09
王成磊	男	县文广新局 科长	2005年度河北省农村电影工作先进个人	河北省文化厅	2006.01

续表 7-3-6

姓名	性别	所在单位及职务	荣誉称号	授奖单位	获奖时间
徐卫东	男	县粮食局 副局长	2001 年—2005 年河北省婚育新风进万家活动先进个人	中共河北省委宣传部	2006.03
李永轩	男	县一中 教师	河北省高考招生工作先进个人	河北省招生委员会	2006.03
程学书	女	县司法局 局长	河北省法制宣教先进工作者	河北省司法厅	2006.07
梁洪喜	男	县招办 主任	全国成人高考“统考”二十周年贡献奖	河北省教育考试院	2006.07
孙明泉	男	县统计局 科员	河北省统计基层基础建设先进个人	河北省统计局	2006.11
陈华东	男	县粮食局 局长	国有粮食企业改革工作先进个人	河北省人民政府	2006.12
孙书刚	男	县一中 教师	河北省优秀班主任	河北省教育厅	2007
郭俊萍	女	县实验小学 教师	河北省特级教师	河北省人民政府	2007.03
刘官峰	男	县教育局 科长	河北省教育干部培训工作先进个人	河北省教育厅	2007.04
李玉娥	女	县实验小学 教师	河北省优秀教师	河北省教育厅	2007.09
王卫强	男	县魏僧寨中学 教师	河北省优秀教师	河北省教育厅、人事厅、教育工会	2007.09
李金保	男	县扶贫办 主任	扶贫开发工作先进个人	中共河北省委、河北省人民政府	2008.06
李国相	男	县工商局 局长	全国工商系统先进工作者	国家工商总局	2008.09
宋秋玲	女	县供电公司 经理	中国好人榜	中央文明办秘书组	2008.11
郭怀峰	男	县农牧局农情办 主任	全国粮食生产先进工作者	国家农业部	2008.12
闫子强	男	县一中 教师	全国优秀教师	国家教育部	2009
薛华新	男	县工信局 副主任科员	第二次全国经济普查省级先进个人	河北省统计局	2009.01
马兰芳	女	县实验小学 教师	河北省优秀教师	河北省教育厅、人事厅、教育工会	2009.09
刘书平	女	县魏僧寨中学 教师	全国优秀教师	国家教育部	2009.09
殷秀忠	男	县一中 教师	河北省优秀班主任省优秀德育工作者	河北省教育厅	2010
董明焕	女	柴堡镇 副镇长	全国模范调解员	国家司法部	2010.05

续表 7-3-6

姓名	性别	所在单位及职务	荣誉称号	授奖单位	获奖时间
仲凤英	女	县实验小学 教师	河北省级优秀班集体教师	河北省教育厅	2010.06
牛兰朝	男	县审计局办公室 主任	地方政府性债务审计先进个人	河北省审计厅	2011.06
韩立华	女	县实验中学 教师	河北省级优秀辅导员	河北省教育厅	2010.09
平子超	男	县林业局 科长	河北省林果技术能手	河北省林业局	2010.11
崔新霞	女	县林业局 站长	河北省林果技术能手	河北省林业局	2010.11
庞云田	男	县农开办 主任科员	河北省先进工作者	河北省农业区划委员会	2010.12
武洪民	男	县中医院 院长	全国中医药文化建设工作先进个人	国家中医药管理局	2011.01
闫斌	男	县一中 教师	河北省先进德育工作者	河北省教育厅	2011.04
影芹	女	县审计局 科长	地方政府性债务审计先进个人	河北省审计厅	2011.06
崔丽敏	女	县实验中学 教师	河北省级先进德育工作者	河北省教育厅	2011.09
杨会轩	男	县教育局 科长	河北省教育宣传工作先进个人	河北省教育厅	2011.11
薛广	男	县一中 教师	河北省优秀班主任（省优秀德育工作者）	河北省教育厅	2012
刘永昌	男	县人防办 主任	河北省人防工作先进个人	河北省人民防空办公室	2012.02
武贵峰	男	县住建局 科长	2011 年度河北省墙材革新工作先进工作者	河北省墙体材料革新办公室	2012.03
赵俊坤	男	魏僧寨中学 教师	河北省德育先进工作者	河北省教育厅	2012.04
张新蕾	女	县粮食局 科长	2001 年度全省粮食流通统计工作先进个人	河北省粮食局	2012.04
杨建平	男	县住建局 副局长	2012 年度宣传先进个人	中央统战部宣传办、中国统一战线杂志社	2012.04
刘颖	女	县统计局 副局长	全国人口普查省级先进个人	河北省统计局	2012.09
曹雪江	男	县统计局农调队 队长	全国人口普查省级先进个人	河北省统计局	2012.09
冯长宾	男	柴堡镇 科员	河北省第六次全国人口普查先进个人	河北省人口普查办公室	2012.09
吕香莉	女	县统计局 普查中心主任	全国人口普查省级先进个人	河北省统计局	2012.09

续表 7-3-6

姓名	性别	所在单位及职务	荣誉称号	授奖单位	获奖时间
孙明泉	男	县统计局 科员	全国人口普查省级先进个人（六普）	河北省统计局	2012.09
薛书丽	女	县教育局 副科长	河北省优秀体育教师	河北省教育厅	2012.09
赵树新	男	县文广新局 局长	河北省文化文物工作标兵	河北省文化厅	2012.11
刘颖	女	县统计局 副局长	河北省企业一套表联网直报工作先进个人	河北省统计局	2012.12
王黔	男	县医院 支部书记	优秀工作队长	中共河北省委、河北省人民政府	2012.12
王丙辰	男	县医院 基层部主任	优秀工作队员	中共河北省委、河北省人民政府	2012.12
杜洪湖	男	县医院 团委书记	优秀工作队员	中共河北省委、河北省人民政府	2012.12
孙书刚	男	县一中 教师	河北省中小学骨干教师	河北省教育厅	2013
李建庆	男	县住建局 办公室主任	2012 年度全省城建档案工作先进个人	河北省城市建设档案馆	2013.01
李章民	男	县卫生局 局长	全国卫生系统先进个人	河北省卫生厅	2013.01
刘汝武	男	陶山中学 校长	治安防范工作先进个人	河北省公安厅	2013.02
杨丽巍	女	县质监局 副局长	河北省“三八红旗手”	河北省妇联	2013.03
黄彬	女	县中医院 护士长	全国中医护理工作先进个人	国家中医药管理局	2013.04
张国平	男	县教育局 局长	2011—2012 年度河北省教育工作先进个人	河北省教育厅	2013.09
韩庆利	女	县实验小学 教师	河北省级优秀班集体教师	河北省教育厅、人事厅、教育工会	2013.09
杨　敏	女	县实验中学 教师	河北省级先进德育工作者	河北省教育厅	2013.09
刘颖	女	县统计局 副局长	全国投入产出调查工作省级先进个人	河北省统计局	2013.11
张佩芬	女	县实验小学 教师	河北省中小学和幼儿园骨干教师	河北省教育厅	2013.11
张国平	男	县教育局 局长	2013 年度河北省学校安全稳定工作先进个人	河北省教育厅	2014.03

续表 7-3-6

姓名	性别	所在单位及职务	荣誉称号	授奖单位	获奖时间
马文平	女	县实验小学 教师	河北省级优秀班集体教师	河北省教育厅	2014.06
郭俊芹	女	县实验小学 副校长	河北省“三育人”先进个人	河北省教育厅	2014.09
李书英	女	县实验小学 教师	河北省优秀教师	河北省教育厅、人事厅、教育工会	2014.09

1997—2013 年馆陶县国家、省级劳动模范一览表

表 7-3-7

姓名	所在单位	授予称号	批准单位	批准时间
吴付合	寿山寺乡南董固村	全国劳动模范	国务院	2000.04
施建国	原县能源公司	全国省柴节煤工作先进工作者	国家计划委员会 国家农业部	1993.10
贾鹏章	县计生委	河北省劳动模范	河北省人民政府	1999.04
佟占邦	县电力局	河北省劳动模范	河北省人民政府	1999.04
徐振洪	洪源纺织有限公司	河北省劳动模范	河北省人民政府	2003.04
吴春峰	县交通局	河北省劳动模范	河北省人民政府	2003.04
李晓林	县教育局	河北省劳动模范	河北省人民政府	2009.04
宋良廷	馆陶镇车疃村	河北省劳动模范	河北省人民政府	2009.04
张魁东	县残联	河北省劳动模范	河北省人民政府	2009.04

附 录

附录一：文献辑存

馆陶县国民经济和社会发展
第十个五年计划纲要

一、“九五”计划完成情况

第九个五年计划期间，全县上下认真贯彻党的路线、方针、政策，团结奋斗，开拓进职，较好地完成了“九五”计划的主要任务，国民经济和社会发展取得了较大成绩。

（一）国民经济快速发展，综合经济实力明显增强。2000年全县国内生产总值达到9.68亿元。“九五”年均递增16.4%，高于全市平均增幅4个百分点；人均国内生产总值达到3483元，年均递增15.8%；全部财政收入达到6610万元，其中地方财政收入5202万元，年均递增18.8%和24.2%。

（二）农业结构调整扎实推进，农村经济稳定发展。培育发展壮大了蛋鸡、蔬菜、花卉三大产业，蛋鸡存栏达到1606万只，是1995年的4.2倍，年均递增84.2%；蔬菜面积达到10万亩，其中棚室蔬菜面积达到3万亩，分别是1995年的9倍和7.5陪，年均递增55.5%和49.6%；花卉种植面积达到1万亩，成为农村新兴产业。三大产业成为农民增收的主要途径，全县农民人均纯收入2437元，年均递增14.7%，其中来自三大产业的占62%。馆陶县先后被国家命名为“中国蛋鸡之乡”“中国优质双孢菇生产基地”“中国食用菌之乡”。2000年农林畜牧业总产值11.6亿元，是1995的2.5倍；粮食总产21万吨，比1995年增长45%；油料总产1.7万吨，是1995年的6.7倍。

（三）固定资投资较大，基础建设加快。五年累计重点项目投资近10亿元，进行了造纸厂、酒厂、第一棉纺厂等技改项目、金凤市场、陶山市场6大市场建设、街道建设及县城统一供水、农田水利建设、农村电网改造、文化广场建设等。全社会固定资产投资累计完成23亿元，是“八五”期间的4.3倍。

（四）工业改革不断深入，经济效益持续增长。1998年以来，对43家企业进行了股份制和股份合作制改造，启动停产半停产企业6家，盘活闲置资产6700万元；成功地在4家企业中实施“四扩一调”二次改制，新增股本金236万元，增强了企业活力，规范了企业运作，初步建立了现代企业制度。全县入统企业增加值达到7967万元，年均递增 23.6%；实现利税 4582 万元，年均递增 18.1%。

（五）乡镇企业活力增强，民营经济势头较好。城西工业小区进区项目达到 98 家，固定资产投资 5500 万元，被国家农业部命名为“全国乡镇企业示范小区”。2000 年乡镇企业实现税金 2727 万元，是 1995 年的 4.8 倍。付合种鸡厂等一批民营企业迅速崛起，成为新的经济增长点。

（六）县城建设力度加大，发展环境明显改观。1996 年以来投资 3 亿元进行了县城五纵六横街道建设、临街建筑物建设和县城统一供水、文化广场、街道绿化等公共设施建设，建成了一个以国道与街道纵横贯通为框架、功能齐全的高标准商贸型县城，并加大管理力度，实现了绿化、亮化、净化、美化的配套到位，被省委、省政府命名为省级文明卫生县城，为经济建设创造了良好的发展硬环境。

（七）市场建设成效显著，商贸流通繁荣活跃。1998 年以来投资近 4 亿元建设了金凤、陶山、建材、花卉等 6 大市场。其中金凤市场日外销鲜蛋达 500 吨，蔬菜 600 吨，被农业部确定为定点市场，被省政府列入建设全国“顶尖市场”的基础市场。花卉市场被命名为“全国首批重点花卉市场”。全县形成了以金凤市场为龙头，6 个专业市场相配套，其他乡镇市场相呼应的大流通格局。2000 年市场交易额达到 42 亿元。

（八）对内对外开放不断扩大，全方位开放格局基本形成。外贸出口稳定增长，招商引资步伐加快。累计出口总额 1113.6 万美元，实际利用外资 1446 万美元，引进内资 3.2 亿元。

（九）社会事业全面发展，精神文明建设取得新成绩。全县五年累计开发新产品 28 项，推广科技新成果 50 多项，被列入“全国科技工作先进县”。投资 9527 万元，彻底改善了中小学办学条件，加强了教育教学管理，九年义务教育基本普及，小学入学率达到 99.26%，初中入学率达到 97.59%。计划生育工作纳入了规范化、制度化管理，连续五年被市命名为先进县，高质量完成了人口计划。加大了扶贫攻坚力度，投放扶贫资金 1303 万元，确保了 7.35 万贫困人口稳定脱贫。社会保障体系初步建立，养老保险覆盖面达到 95%，失业保险覆盖面达到 95%。“村村通”任务顺利完成，殡葬改革扎实推进，文化、体育、民政、卫生、气象、档案、审计、监察等各项工作都取得了新的成绩。

（十）民主法制建设得到加强，安定团结局面进一步巩固。村务、政务、厂务、校务公开不断深入，基层民主政治建设得到加强。依法行政扎实推进，执法责任制和执法过错责任追究制普遍建立。对人大常委会审议及视察意见，人大代表、政协委员建议、议案和提案的办理效率与质量有明显提高。廉政建设和反腐败斗争不断深入。社会治安综合治理成效明显，信访工作进一步加强，政治安定，社会稳定。

过去的五年是全县上下紧紧扭住经济建设这个中心，全力实施“城建带市场、市场兴产业、产业促发展、发展保稳定”战略的五年；是全县干部群众同心同德谋发展，探索实践“改革、创新、拼搏、实干”的馆陶精神的五年;是县城面貌巨变、市场建设迅猛、产业优势集聚、发展环境优化的五年；是馆陶历史上发展最快、为“十五”实现跨越式发展打下坚实基础的五年！

在肯定成绩的同时，也清醒地看到，前进中存在着不少困难和问题。主要是：经济总量不大，经济增长质量不高，工业经济实力弱、效益低；对外开放滞后，经济外向度低；支撑经济发展的资金、技术、人才缺少等问题仍未得到解决；社会保障体系尚不够完善等。对这些困难和问题，我们一定高度重视，认真解决，兢兢业业履行好党和人民赋予的使命。

二、“十五”期间发展计划

根据中央、省、市委精神和县委八届五次全会通过的《关于制定国民经济和社会发展第十个五年计划的建议》，县政府制订了《馆陶县国民经济和社会发展第十个五年计划纲要（草案)》，提请这次会议审议。今后五年工作的指导思想是：要始终坚持发展这个主题，以结构调整为主线，以建设县级市作为工作重点，以结构调整、开放带动、科教兴县三大战略作为发展的推动力，把私营经济、商贸流通和第三产业放在突出发展位置，把提高人民生活水平作为根本出发点和归宿点，全面提高国民经济整体素质和综合竞争能力，力争实现跨越式发展。

（一）必须始终突出加快发展这个主题

发展是硬道理，是解决所有问题的关键，是“十五”计划的主题，而且是一个重大的政治问题。我们必须始终突出发展这个主题，用发展的观念统一思想、统一行动、凝聚力量，任何时候、任何情况下都要坚持以经济建设为中心。坚决排除一切干扰，一切工作都要服从和服务于经济建设这个中心，抓住机遇，加快发展。“十五”期间，要在坚持速度与效益统一的基础上，保持较快的发展速度，计划2005年国内生产总值年均增长12%；地方财政收入年均增长14%；农民人均纯收入年均增长6%。

（二）必须牢牢把握经济结构调整这条主线

要以市场为导向，以科技为依托，以效益为中心，按照“稳定一产、优化二产、加快三产”的原则，优化经济结构。

农业要按照“壮大蛋鸡立县产业、发展棚菜优势产业、培育花卉新兴产业”的思路，大力发展特色产业和设施农业、绿色农业、创汇农业，强力推进农业产业化经营。加大农村经济结构调整力度，着力拉长产业链条，大力发展农产品加工业，培育壮大一批具有较强带动力的龙头企业。

工业要加快升级改造，推进结构合理的集团化建设。引导优势企业加快产权流动重组，实现低成本扩张，逐步形成一批实力雄厚、技术先进、竞争力强、融科工贸一体的企业集团。实施名牌战略，努力提高名优产品对经济发展的贡献度。

（三）必须把建设县级市作为重点

城市化是现代化建设的重要载体，是县域经济发展的必然趋势。“十五”期间，我们要充分发挥城建、市场、区位、交通等优势，把商贸型小城市作为建市的基本定位，大力推进县城城市化，要围绕撤县建市，按照突出特色、体现风格、建设精品的原则，进一步完善各项基础设施，强化城镇载体功能，提高城市文化内涵，优化城市空间布局，促进国家级卫生城和省级园林城市建设。

（四）必须紧紧依靠改革开放和科技进步两大动力

深化工业企业改革，积极推进工业企业的二次改制。进一步建立完善社会保障体系，深化城镇职工养老保险制度改革。加快城镇医疗改革步伐，推进农村合作医疗。

完善政策，加快开放步伐。要努力争取外埠资金、技术和人才，借助外力发展自己，推进全县经济的全方位、多层次、宽领域开放。要积极调整优化出口产业结构，扩大出口产品规模。

努力推进技术创新。要加快建立以企业为主体的技术创新体系，完善创新机制。工业要加大用高新技术改造传统产业的力度；农业要抓好新品种、新技术的引进、示范、推广和科技种养园区的建设。

加快教育事业发展。要深化办学体制改革，积极鼓励多种形式的社会办学。巩固提高“普九”成果，合理调整馆陶县中小学布局，进一步改善中小学办学条件，扩大高中段教育，推进教育现代化。

（五）必须把私营经济、商贸流通和第三产业放在突出发展的位置

加快私营经济发展。私营经济是县域经济最具活力的经济增长点。要落实和完善各项优惠政策，优化发展环境，放手放胆发展私营经济。

繁荣商贸流通业。要继续大力实施“流通兴县”战略，按照“兴商建市”的要求，加快市场辐射区域化进程。繁荣大市场，搞活大流通，把馆陶建设成为冀、鲁接壤区商贸中心。到2005年市场交易额力争突破100亿元。

大力发展第三产业。发展信息、咨询、住宅、餐饮服务、交通运输、法律、会计、金融等第三产业，逐步增强第三产业服务功能，不断提高第三产业在国民经济中的比重。

（六）必须一贯坚持提高人民生活水平这一根本出发点和归宿点

千方百计增加城乡居民收入。大力开辟农业增效、农民增收的新领域、新渠道，切实减轻农民负担。多渠道增加职工和城镇居民收入。稳定增加机关事业单位职工工资，逐步提高离退休人员待遇和城镇居民最低生活标准。财政支出要优先保证公教人员工资发放和社会保障对象的基本生活。

努力增加就业。坚持市场导向就业和政府帮助就业相结合，转变社会就业观念，充分发挥非公有制经济吸纳就业的作用。扩大劳务输出，广辟就业渠道，拓展就业空间。

三、2001 年的工作

百年交替，千年更始。2001 年是新世纪的第一年，也是实施“十五”计划的第一年。新的一年任务繁重艰巨，随着经济全球化趋势和我国加入世贸组织进程的加快，科学技术的飞速发展，西部大开发的全面推进，我们面临着大好的发展机遇和严峻的挑战。我们要紧紧抓住经济建设这个中心，进一步弘扬“馆陶精神”，发扬“馆陶作风”，坚持“三个到底”，解放思想，更新观念，鼓足干劲，适应新形势，迎接新挑战，增创新优势，赢得新发展。

总体要求是：高举邓小平理论伟大旗帜，认真实践“三个代表”的重要思想，深入贯彻党的十五大、十五届五中全会精神，认真落实中央和省、市经济工作会议的各项要求，以发展为主题，以结构调整为主线，以改革开放和科技创新为动力，以提高人民生活水平为根本出发点，大力实施结构调整、开放带动、科教兴县三大战略，努力推进县城城市化、农业产业化、工业集团化、私营经济群体化、市场辐射区域化、重点项目管理规范化，增创新优势，谋求新发展。

主要目标是：国内生产总值增长 12%，第一产业增加值增长 8%，第二产业增加值增长 15%，第三产业增加值增长 14.7%，全社会固定资产投资增长 12%，地方固定资产投资增长 12%，全部财政收入增长 11%，地方财政收入增长 14.7%，农民人均纯收入增长 6%。

（一）拉长产业链，增创产业新优势

产业链是指以三大产业为龙头，以内在的经济联系为纽带，通过纵向延伸和横向扩展，实现产业相互关联和逐级增值。

馆陶县过去农业产业化发展模式仅是农户 + 市场，产品销售只是停留在初级产品交易上，与产业相配套的深加工企业少、规模小、效益差、市场竞争力不强。面对日趋激烈的市场竞争，要立足现有产业，拉长产业链条，搞深加工、大增值，搞新的产业配套产品。我们要突出抓好金凤市场、花卉市场、双孢菇服务中心、金翔饲料厂、付合种鸡厂等龙头企业，着力拉长蛋鸡、蔬菜、花卉 3 个产业链条。今年粮经比例调整为 6：4，农业产业化经营率达到 45%，蛋鸡存栏要突破 1700 万只，力争人均 70 只；蔬菜面积达到 12 万亩，其中棚室蔬菜面积达到 3.5 万亩；花卉面积发展到 2 万亩。

（二）激励企业家，增创机制新优势

积极推进工业企业的二次改制。一是抓好已改制企业的现代企业制度规范、完善和提高工作，继续在全县企业中实施“四扩一调”，形成优秀管理层持大股的机制，调动经营管理层人员的积极性。二是对基本具备建制条件的企业，确保年内初步建立现代企业制度，特别是纸业公司、东龙酒业公司、百思特纺织公司 3 家企业要建立比较规范的现代企业制度。三是深化企业内部劳动、人事、分配制度改革，建立适应市场经济体制下的法人治理结构。

着力抓好五个集团建设。重点依托纸业公司、东龙酒业公司、百思特纺织公司、洪源纺织公司、建筑总公司等优势企业，加快产权流动重组，实现低成本扩张，组建造纸、酿酒、棉纺、油脂、建筑五大工业企业集团。

（三）壮大企业群，增创规模新优势

企业群指通过并购、联合、参控股、技改和科技开发等形式进行结构调整，加大现有私营企业资产重组和资本运营力度形成的一批企业群体。

以骨干私营企业为龙头，通过以点带面，以大带小，整体推进，壮大企业群体，走小规模、大群体的路子。要本着群众自愿的原则，加快以个体私营大户为主体、以资本为纽带的股份合作和以行业为主体的资本经营联合的运作步伐。鼓励城西工业小区私营企业采取兼并、租赁、控股、参股、买断等多种形式参与经营国有、集体企业，鼓励向县外融资联合办企业，鼓励同一行业的小企业把规模做大，联合形成群体集团，加快实现低成本、高速度扩张。依托魏僧寨轴承加工业，按照“五通一平”的标准，建设专业市场，带动轴承加工群体的发展和壮大。金凤市场要带动两大产业深加工企业群的发展。陶山市场要引导带动服装、鞋帽加工等私营群体的壮大。

（四）塑造大品牌，增创市场新优势

金凤市场要按照“突出形象、建设精品、完善功能”的要求，改进交易方式，健全市场网络，完善市场要素，提高市场的运营质量，努力把金凤市场建设成为全国顶尖市场。陶山市场要积极吸引大厂家、名牌商品入市，大力推行总经销、总代理，实行“分行划市”，逐步形成品牌特色，提高市场的吞吐量，增强市场的辐射能力，力争建成全省百强市场。

立足邯郸，面向全国，加大市场招商力度，采取联合招商、委托招商、承包招商等多种手段广纳商户。要加大市场宣传力度，转变市场经营观念，充分利用广播电视、报刊、固定广告等多种形式宣传市场，提高馆陶县市场的知名度。要尽快启动106市场，拓宽花卉市场销售渠道，繁荣建材市场，麒麟市场、樊堡旧家俱市场和徐村木材市场。

认真学习借鉴浙江温州、义乌经验，围绕市场建设生产基地。一是围绕陶山市场，引导发展服装、鞋帽、日用百货加工企业，形成加工基地，扶持和发展地产品牌，提高我县产品在市场的销售份额。二是围绕金凤市场，以三大产业为基础，以高科技种养园区为龙头，建立种鸡孵化、蛋鸡养殖、饲料、蛋托、鸡笼加工基地和大棚蔬菜、双孢菇种植基地。三是围绕冀南花卉市场、金龙建材市场，建立冀鲁豫接壤区花卉苗木培育基地和建材生产基地。

（五）培育增长点，增创重点项目新优势

重点项目是经济发展的载体，是增强经济发展后劲的关键。今年，突出抓好投资4.7亿元的洪源纺织扩建、饲料公司扩建、生物制药厂启动等20个重点项目建设。

强力推进重点项目建设。成立了重点工作领导小组，实行5个指挥部分包责任制和县级领导、承办单位、分包单位三位一体的捆绑责任制。

多渠道筹措资金。要积极跑部进厅，争取国家和省、市的资金支持。引导企业业主抓住馆陶县城建、市场、产业优势，盘活存量资产，拿出闲置资金，主动投资上项目。要通过转让、拍卖经营权，吸收社会建设资金，鼓励和引导各个方面，特别是民间投资的积极性，想方设法筹措资金，千方百计加快项目建设。

提供全方位服务。对重点项目，凡地方性收费分别实行减免缓等优惠政策；要继续实行重点项目建设重点保护，严禁任何单位和个人以任何理由和名义到重点项目建设单位进行乱收费、乱罚款、乱摊派。

（六）建设小城镇，增创城建新优势

加快城市基础设施建设。完成筑先大街征地、拆迁、土建工程；完成人民公园的选址和阶段性征地、设计；抓好小区东路北延、106国道县城段改造和县城街道道路盖被；绿化北环路、新华街南段、106国道县城段；对原街道的苗木进行补栽，加强管护；抓好汽车站搬迁和立交桥建设。

抓好建制镇的建设。立足建制镇实际，依托市场，推进户籍管理制度改革，加快产业发展和要素集聚，促进乡镇企业向小城镇转移，促进农村人口向非农产业转移，以职业定身份，以居住地定户籍，最大限度地吸引农民向城镇集中。年内建成魏僧寨、房寨、柴堡三个文明样板镇，达到“六个一”标准，每个乡镇建成一个高标准文明样板村。

提高城市的管理和经营水平。加大城市综合执法力度，积极引进和采用先进的技术和设备，完善城市管理手段，提高城市管理水平。学习上海、温州等地经验，改革城市公共事业的管理机制，积极探索经营城市的渠道。建立市场化的土地使用机制，采取政府垄断土地一级市场、出让公用设施经营权等方式，盘活存量资产，多渠道筹措建设资金。

（七）切实抓好财政金融工作

财税工作要进一步调整理顺收入结构，努力增收节支，确保实现收支平衡。要积极培育新的经济增长点，下大力培植财源。要强化税收征管，依法治税，清缴欠税，做到应收尽收。积极稳妥地推进农村税费改革，加快实行费改税步伐。调整优化财政支出结构，坚持“一是吃饭，二要建设”的原则，做到量力而行，量入为出，勤俭节约，开源节流，有所为有所不为。坚持依法理财，强化监督管理，坚决堵塞漏洞，杜绝各类铺张浪费现象的发生。充分发挥银行筹融资主渠道作用，积极为经济建设融通更多的资金。大力组织存款，优化贷款结构，防范和化解金融风险。

（八）加大开放工作力度

积极有效利用外资。我们要把招商引资作为解决我县投资乏力、发展后劲不足、经济外向度低的战略措施，紧紧抓住不放，务求实效。要认真筛选质量高、对外商有吸引力的项目，从方方面面引进资金、人才、项目、技术、设备和管理经验等生产要素，多渠道利用外资。还要充分利用世行贷款和外国政府贷款，只要有利于馆陶发展，就要盯紧、抓死，想方设法引进来。

千方百计抓好对内开放。要组织财政、开发、扶贫等有关部门和各企业、各乡镇带着项目争取资金，内资外资一块引，大钱小钱一块要。要抓住西部开发的大好机遇，充分发挥我县驻北京、青岛、新疆办事处的作用，广交客户，广联客商，努力推进对内开放工作再上一个新水平。

努力扩大对外贸易。抓住国家提高出口退税率、扩大生产企业进出口经营权和国际出口环境明显改善这个难得的机遇，鼓励已具有出口权的县社金马制衣厂、钢球厂、金凤市场等6家企业直接与外商做买卖、搞经营。凡有条件的企业都要积极争取自营出口权，培育出口创汇新的增长点，扩大出口贸易份额。

（九）全面发展各项社会事业

以技术创新为重点，切实抓好科技工作。加强与大专院校、科研机构的联系，引进农业技术人才，搞好基层技术培训，形成覆盖全县的科学种养技术网络，要进一步组织力量开发、培育和引进新品种、新技术、新设备，推广先进的种植技术和模式，大力发展无公害绿色产品，争取把馆陶县建成全国无公害蔬菜基地县。工业企业要围绕市场做文章，在产品的开发、引进、提高上下功夫，全年开发省市级新产品10个；大力实施名牌战略，培育10个产品创省级名牌，逐步形成一个具有较高技术含量、较高市场占有率的名牌产品群体。

以巩固提高“普九”成果为重点，切实抓好教育工作。改革办学体制，鼓励和支持社会力量办学。深化教育改革，合理配置教育资源，积极推行中小学教师聘任制。优化调整中小学布局，加快城区学校建设，缓解就学压力。全面实施素质教育，培养学生的实践能力和创新精神，提高教育质量和办学效益。

以村级自治为重点，切实抓好计划生育工作。落实人口与计划生育目标管理责任制，完善政策法规体系和服务网络，巩固合格村，建成144个村民自治村，高质量完成人口计划，进一步提高整体工作水平。

以制度建设为重点，切实抓好社会保障工作。坚持市场就业与政府帮助就业相结合，广辟就业渠道，双向扩大就业空间。坚持“两个确保”，完善社会保障制度，逐步建立和完善城镇职工养老保险制度、基本医疗保险制度、失业保险制度，加快形成资金来源多元化、保障制度规范化、管理服务社会化的社会保障体系。

进一步做好开发式扶贫，确保1万贫困人口稳定脱贫。加大殡改力度，深入开展“双拥”活动。加快医疗卫生体制改革，集中清理、整顿社会办医。高度重视环保工作，抓好重点污染源的监控。加大土地执法监察力度，合理开发和保护土地。落实社会治安综合治理各项措施，积极开展创建文明小区和村镇工作，严厉打击村霸、市霸、车匪路霸和各种刑事犯罪活动。依法加强对宗教事务的管理，继续打击“法轮功”等各种邪教组织。抓好安全生产，杜绝重大事故的发生切实加强信访工作，疏通政府联系群众的渠道，及时化解矛盾，全力维护社会稳定。广播电视、文化体育、档案、残疾人等各项事业，都要加快改革和发展，争取新的更大成绩。

馆陶县
国民经济和社会发展第十一个五年规划纲要

“十一五”期间是我县全面建设小康社会，实现经济持续、快速、健康发展的关键时期。在这一时期，我县要按照以人为本、科学发展、构建和谐社会的要求，进一步加快发展步伐，全面增强国民经济综合实力，促进人民生活水平不断提高，力争实现撤县建市的目标。

一、“十五”期间国民经济和社会发展概况

“十五”期间，特别是近两年来，在县委、县政府的正确领导下，全县上下认真贯彻党的十六大精神，坚持以经济建设为中心，以改革开放和科技进步为动力，以项目建设为重点，以提高人民生活水平为目的，锐意进取，团结奋斗，克服重重困难，推动了国民经济的持续快速健康发展和社会的全面进步。

1. 综合经济实力明显增强。2005 年全县生产总值达到 25.7 亿元，“十五”期间年均递增 12.3%，人均生产总值 8775 元；全部财政收入达到 5122 万元，县级一般预算收入达到 2951 万元，财政收入质量明显提高。农业基础地位不断巩固，种植业得到优化，畜牧业蓬勃发展，农业产业化水平不断提高；工业经济快速增长，民营经济发展势头强劲，五大主导产业形成，经济规模不断扩大，科技含量不断提高。第一、二、三产业的比例结构逐步优化，由“九五”末的 42.0：36.8：21.2 调整到 35.8：37.6：26.6。

2. 项目建设取得历史性突破。“十五”期间，项目建设工作取得历史性突破，五年共建成重点项目 65 个，完成投资 16.2 亿元，2005 年 6 月 18 日开工建设十大项目，创馆陶县项目建设之先河。一批重点项目、高科技项目竣工投产，其中洪源太阳能项目、河北信德电力配件项目、中国北方食品饮料工业城项目、武馆公路项目、县一中建设省级示范性高中项目、县疾病控制中心建设项目等在全县经济和社会发展中起着重要的作用，为全县经济和社会的持续快速健康发展奠定了坚实的基础。

3. 对外开放成效显著。“十五”期间，尤其是近两年，倾全县之力加大对外开放力度，组建专业招商队伍，全力引进项目和资金，五年累计引进项目 55 个，引进资金 11.4 亿元，其中投资 500 万元以上项目 40 个。加大对外贸易，五年累计实际利用外资 2222 万美元，

外贸出口总额521.3万美元。

4. 各项改革进程加快。以明晰产权为突破口，按照“国有资本彻底退出，职工身份彻底置换”的原则，对全县国有、集体、工商企业进行了深化改革，国有资本退出率达到100%，确保了离退休职工养老金和下岗职工基本生活费的按时发放。粮食系统改革在全市率先进行，取得成功，受到省、市好评。对政府机构、事业单位进行了改革，理顺了政府和部门的关系，撤销合并了相关机构。政务大厅的设立，进一步优化了投资环境，实现了一门办理，简化了办事程序，提高了工作效率。

5. 人民生活水平明显提高。2005年城镇居民人均可支配收入达到6602元，农民人均纯收入达到2913元，分别比“九五”末增长60.5%和21.1%。人均使用住房面积城镇达到26.1平方米，农村达到28.6平方米，分别比“九五”末增加8.2平方米和4.3平方米。居民消费结构升级，生活质量明显改善，绝大部分贫困人口的温饱得到解决，城镇低收入居民生活得到基本保障。

6. 各项社会事业全面发展。科技、教育、文化、卫生、民政、武装、广播、通讯等社会事业取得长足发展。普九义务教育得到巩固提高，中小学布局得到调整，危房得到改造，办学条件和教育教学质量明显得到提高。推广科技成果50项，开发新产品10项。人口自然增长率年均控制在6‰以内，广播、电视覆盖率达到100%。依法治县扎实推进，社会稳定，各项精神文明创建活动取得丰硕成果。

回顾“十五”发展历程，经济社会发展成绩显著，全县区位、交通优势越来越突出，产业优势越来越明显，对外开放、加快发展的意识越来越浓厚，为“十一五”发展奠定了良好的基础，但在新的经济运行环境中依然存在一些问题和困难，对我县国民经济和社会发展产生一定影响。主要表现：产业结构不合理，经济结构仍不够优化，依然是农业占主导地位；农业产业化水平不够高，农产品附加值低，未能形成很好的产业链；工业规模小，总量少，技术装备水平还比较落后，技术更新、新产品开发步伐慢，工业基础仍然薄弱；传统服务业有待提升；对外开放水平不够高，外贸出口发展缓慢；社会保障尚需进一步完善；人民消费水平还不够高，财政拮据状况亟待改善。

二、“十一五”发展指导思想和奋斗目标

（一）指导思想

以邓小平理论和“三个代表”重要思想为指导，全面落实党的十六大和十六届五中全会精神，坚持以经济建设为中心，以科学发展观统领经济社会发展全局，配合实施全市“一线”（馆陶——肥乡一线）发展战略，借势山东，创势发展，大力发展两大经济（特色经济、承接经济），强化两大支撑（项目支撑、科技支撑），建设全国最大的绿色蛋品生产加工基地、较大的低速微型轴承基地、独具特色的黑陶生产加工基地、太阳能集热管示范基地，经过五年努力，把馆陶建设成为综合实力明显增强、社会环境较为和谐、

人民生活更加富裕的邯聊之间的工贸中心。

（二）奋斗目标

2010年，经济总量翻一番，县城建成区域扩大一倍，人口达到10万人，建成经济发达、贸易繁荣的邯聊之间工贸中心。

1. 经济目标。到2010年，GDP总量达到51.4亿元，年均递增14.9%，人均GDP达到16069元，并按照“优化一产，强化二产，发展三产”的思路，调整产业结构，到201 0年第一、二、三产业结构比例由2005年的35.8：37.6：26.6调整到25.3：46.6:28.1，形成优势突出，特色鲜明，富有竞争力的产业体系。全部财政收入达到1.41亿元，县级一般预算收入达到7380万元，均比“十五”末翻一翻半。农民人均纯收入达到3718元，年均递增5%。

2. 社会发展。到2010年，完成中小学布局调整目标，中小学适龄儿童入学率达到100%，全面普及学前三年教育和高中阶段教育。科技发展加快，推广科技成果60项。文化广播电视设施完善，建成八个乡镇文化活动中心，有线电视覆盖率达到100%。人口自然增长率年均控制在6.8‰以内，2010年全县人口总数控制在32万人以内，城镇化水平达到36.4%。城镇从业人员医疗保障覆盖率达到100%，新型农村合作医疗覆盖率达到100%，城镇登记失业率控制在3.0%以内，最低生活保障率达到100%。“三废”治理达标率达到100%。

到2020年，全县生产总值比2010年再翻一番，全面建成三省交界区域特色经济中心，人民生活富裕、环境优美、综合实力较强的中心城市。

三、“十一五”期间国民经济和社会发展的重点和措施

（一）集中精力发展工业，加快“工业立县”步伐

工业仍是馆陶县今后五年发展的着力点，是促进县域经济发展的强力支撑，是我县强县立县之本。

1. 做大做强主导产业。铸造加工业、食品医药产业和棉纺产业是馆陶县主导产业，要进一步将其做大做强。铸造加工业，以轴承工业为主导，建设铸造城和轴承加工带，培树扶持龙头企业，带动相关产业发展，实现规模化生产。组建销售网络，扩大市场占有率，提高销售利润。到2010年，铸造加工业产值达到14亿元；食品医药产业，以饮料城为龙头，建设食品饮料集散地，打造“东龙”、“孔雀”等名牌，大力开发新特药等产品，提高药品科技含量，夯实产业基础；棉纺产业，以洪源进出口公司为依托，增强市场竞争力，提高棉纺企业外向度。延长产业链条，增上织、染生产线，到2010年全县棉纺业总产值达到9亿元。

2. 逐步提高工业经济科技含量。科技是第一生产力，是决定未来发展的先导，要坚持重点突破，打造局部优势的原则，在新材料、新能源、生物、医药、现代农业等领域

着重谋划、储备和建设一批高科技项目。加强与科技单位联姻，建设科技研发基地，重点发展以清华大学为依托的精密铸造研发基地、以北京自动化研究所为依托的新型太阳能研发基地和以中央美院为依托的陶艺研发基地，逐步形成一批有较强市场竞争力的优势产业群体，不断提高工业经济的科技含量。

3. 加快工业园区建设。按照“集成配套、功能完备、区划合理、绿色环保”的发展思路，建设规划12平方公里、核心区5平方公里的工业园区。以打造具有现代化理念的精品工业园区为目标，把工业园区建设成为承接发达地区产业转移的基地、高科技企业聚集的基地、农副产品深加工的基地。重点发展太阳能真空管、精密铸造、新型建筑材料、医药、农副产品深加工产业。到2010年，进区项目达到110家，科技型企业30家。

（二）建设社会主义新农村，促进农村经济健康快速发展

全面建设小康社会的重点和难点在农村，建设社会主义新农村是今后一个时期乃至更长时期的一项艰巨任务，我们必须把“三农”问题作为各项工作的重中之重。

1. 加快农村基础设施建设。全面落实中央各项惠农政策，加大对农村支持力度，巩固农业基础地位。重点加快农田基本水利建设、中低产田改造，推广节水灌溉，建立农业旱涝保丰体系，提高农作物产量。加大农村道路、桥梁建设力度、改善农村生产生活条件。搞好沙化土地治理、农村四旁植树，建设速生丰产林，优化生态环境。

2. 提高农业产业化水平。稳定粮食种植面积，发展优质化种植，逐渐增加经济作物面积，大力发展高效农业、订单农业，推进农产品价值转化。把畜牧养殖作为农业的第一主导产业，进一步做优做强。推行标准化、无公害、绿色蛋品生产，延长优化蛋鸡养殖产业链条，实现种鸡孵化、蛋鸡饲养、饲料生产、蛋品销售一体化，环环相扣，互相促进，经过五年努力，打造全国最大的绿色蛋品生产加工基地；大力发展农业产业化经营，搞好农副产品深加工，实现农副产品的增值。“十一五”期间要围绕我县种植、养殖优势，积极谋划建设农副产品深加工项目，重点搞好饲料生产、蛋品生产加工、蛋鸡深加工、蔬菜深加工、果品深加工等，提高农业产业化水平，推进农业向工业的转型。

3. 多渠道增加农民收入。全面落实中央各项惠农政策，切实减轻农民负担，拓宽农副产品流通渠道，稳定农业生产资料价格，提高农民生产效益。加快发展农村二、三产业，加强农村劳动力技能培训，提高劳务输出的组织化程度，引导富余劳动力向非农产业和城镇有序转移。坚持针对性、开发式扶贫，改善贫困村和贫困户的生产生活条件，促进贫困人口增加收入。

4. 积极推进文明生态村建设。继续搞好文明生态村的创建活动，文明生态村创建是缩短城乡差距，建设社会主义新农村的有效方式。要按照建设生产发展、生活宽裕、乡风文明、村容整洁、管理民主的社会主义新农村的要求，搞好乡村建设规划，下大力治理“空心村”，节约和集约使用土地。建设集中供水设施，分步解决农村饮水安全，大

力推广农村沼气建设，积极发展适合农村特点的清洁能源，集中力量解决农村硬化、绿化、净化、亮化等问题，明显改善广大农村生产生活条件和整体面貌。加强农村文化、技术、经营能力培养，提高农民整体素质。逐步推进农村民主进程，建设文明富裕的新农村，到 2010 年全县 40% 的村达到文明生态村的要求。

（三）积极发展第三产业，增强对县域经济的推动作用

服务业发达程度是城市化水平的重要标志，大力发展服务业，对县域经济全面发展起到推动作用。

1. 大力发展商贸服务业。围绕建设冀鲁接壤区工贸中心，加快发展商贸流通业。重点搞好金凤市场物流配送中心的建设，形成以商贸为基础，以仓储、配送、运输为支撑的物流配送业；投资 2.8 亿元，建设中原装饰材料城，形成邯聊之间装饰材料集散中心；围绕晋煤东运建设煤炭储备、中转中心，全面构建工贸中心市场框架，逐步壮大商贸服务业经济。

2. 提升传统服务业。继续发展与居民生活息息相关的餐饮、住宿等服务业，不断完善服务功能，创新服务方式，丰富人民生活。积极发展社区服务业，加强社区物业管理，发展以养老、家政等为主要内容的社区服务，建设管理有序、服务完善、环境优美的新型社区。规范发展房地产业，调整房地产开发结构，增加普通商品住房和经济适用住房供给。

3. 加快发展特色服务业。重点发展文化产业和旅游产品业。文化产业要充分挖掘和利用馆陶历史悠久、文化底蕴丰厚的优势，打造文化特色，搞好历史名人、馆陶典故的街头雕塑、墙画宣传等，提升县城文化品位和形象。旅游产品业主要是提高黑陶文化韵味，凝聚馆陶文化特色，使馆陶文化与黑陶相互交融，建设黑陶文化街，谋划陶艺工业园，打造馆陶文化亮点和特色。

（四）突出重点项目建设，拉动县域经济发展

加大项目谋划与建设力度，尽快谋划和实施带动全县发展的“十一五”建设项目，早日投产达效，增强经济发展后劲。

1. 谋划一批带动全县经济社会发展的重大项目。按照与国家政策对接、与产业转移对接、与“五个一”对接的原则，围绕五大主导产业以增强产业实力，拉长产业链为目的，谋划实施一批加工项目；以增强县域经济综合实力为目的，谋划一批国家产业政策重点支持的项目，争取国家更多的资金支持；以建设宜居城市为目的，谋划一批生态建设和环境保护项目。项目谋划要站位高，实施性强，真正成为全县经济社会发展的战略支撑。

2. 切实搞好项目建设。全县各级各部门为项目建设全程搞好服务，集中力量解决制约和影响项目建设的问题，切实加快项目建设步伐，缩短项目建设时间，提高项目建设

速度。“十一五”期间，要力争完成建设项目400个，亿元以上项目20个，使全县工业经济有一个大的飞跃。同时，加大企业改造力度，新上技改项目10个。

3. 培育“兴县立县”项目。经过科学分析，筛选出投资1.8亿元的洪源太阳能、投资2.38亿元的洪源精密铸造、投资1.58亿元的福瑞德搪瓷釉、投资1.1亿元的多凯复合材料、投资4亿元的馆陶县微型轴承加工带、投资1.5亿元的北方食品饮料工业城、投资1.2亿元的蛋品深加工、投资1.4亿元的瑞森药业二期工程、投资1.3亿元的信德电力配件和投资1.2亿元的陶艺工业园十大“兴县立县”项目。“十一五”期间，还要不断谋划、筛选、培育新的“兴县立县”项目，要倾全县之力给予支持。在人力上，抽调得力人员，组成专门班子，县级干部挂帅，集中精力抓，全县职能部门给予大力配合；在政策上给予优惠，在资金上全力支持，大力扶持“兴县立县”项目。

（五）加大对外开放力度，提高县域经济外向度

紧紧抓住新一轮发展机遇，扩大开放，千方百计引进外来要素，发展外向型经济。

1. 创新招商机制，借势发展。全面实施全员招商战略，调动全县上下的积极性，切实发挥自身的能力和优势，营造全民招商氛围。重点坚持定向招商、专业招商、以商招商和利用本县在外地经商的关系，重点招商。把浙江、江苏、广东、山东作为招商重点区域，特别是借助山东的人缘、地缘和商缘优势，派驻专业招商队伍，对接产业，针对性招商。通过招商，借助外部因素，打造邯聊结合部经济隆起区。

2. 创造良好发展环境。切实为项目落地搭好平台，重点搞好“五个一”（工业园区、洪源科技园、轴承加工带、食品饮料城、金凤市场）项目平台建设，加大投资力度，完善基础设施，提高服务功能，增强“五个一”对各类项目的吸引力和承载力。用优质的服务促使项目落地。建立健全项目谋划、信息发布、招商洽谈、签约和项目落地的管理机制，实现项目从谋划到落地全程服务，做到项目引得来、好落地、快发展。

3. 发展外向型经济。加强国际贸易市场开拓，扩大产品出口，建立开放型经济，提高经济外向度。重点搞好铸造、钢球、黑陶行业产品出口，扩大农副产品出口，培育企业出口创汇能力，扩大出口市场，增加出口产品规模，扩大我县对外贸易。“十一五”期间，培树出口创汇企业40家，出口创汇能力达到5000万美元。

（六）加强民营经济发展，壮大县域经济整体实力

民营经济是县域经济的主要成分，是县域经济持久发展的动力源，必须全力支持，推动发展。

1. 壮大企业规模，形成产业集群。“十一五”期间，要重点扩大企业规模，逐步形成产业集群，通过聚集，使众多中小企业实现扩张，发挥集群效应。要吸取借鉴浙江、福建等发达地区集群发展的经验，对初具规模和已有集群苗头的产业进行科学规划和引导。五年间通过培育轴承加工带、铸造城、饮料城、陶艺工业园等项目，逐步形成轴承

加工、铸造加工、饮料生产、陶艺生产等产业集群，实现规模扩张。

2. 提升产业档次，创新创优产品品牌。“十一五”期间，要积极改造提升传统产业，引进先进适用技术，提高民营经济的综合素质。调整优化产品结构，提高产品档次，使产品结构由目前的低档为主向以发展高中档产品为主，不断开发新产品，打造名牌产品，创新创优企业产品品牌。五年内，全县打造省级以上品牌产品 5 个，争创全国驰名商标或名牌产品 4 个以上。

3. 切实搞好服务，推动民营经济发展。全面贯彻落实国家发展民营经济的各项优惠政策，按照“非禁即允”的要求，拓展民营经济发展空间，鼓励民间资本进入到国民经济和社会发展的各个领域和环节。制定激励企业家创业的政策措施，激活现有企业家、民营业主的活力，积极创业。改进和完善对民营经济的服务，落实促进民营企业发展的基金，建立健全企业融资新体制，加快中小企业信用担保体系建设，促使银行和企业合作，为企业融资搭造平台；为企业项目建设搞好审批、用地等服务，以创造良好的环境，提供优质的服务促进企业发展。

（七）强化科技教育工作，为县域经济发展提供人才保障

继续将科技教育摆在优先发展的战略地位，树立人才为第一战略的资源观念，切实加强科技教育建设，引进和培育人才，为经济社会发展提供人才保障。

1. 加强科技推广体系建设。一是加大科技推广力度，从政策、体制、机制等方面，建立健全科技推广组织体系，促进科技成果转化，促进科技与经济的结合。二是加强农村科技队伍建设。做到每村至少有 1 名技术人员，长期驻村，对农民进行科技知识培训，生产能力培养，促进科技成果在农村的推广。

2. 大力发展教育事业。全面推进教育改革，调整教育结构，整合教育资源，提高教育质量，为经济和社会发展培育各类人才。一是大力推进教育体制改革。加强教师队伍建设，推行教师全员聘任制，按需设岗，择优聘任，科学考核，合同管理；改革工资分配制度，实行绩酬挂钩；实行教师合理流动，支持农村教育。二是加大教育投入。坚持多渠道引进资金，多元化办学机制，加快县一中、职中建设和农村中小学布局调整步伐，逐步普及学前三年和高中阶段教育，全面建设寄宿制小学和九年一贯制学校，提高农村中小学办学质量。三是大力发展职业教育。以职教中心为载体，以社会发展需求为导向，围绕市场经济和县域经济发展的要求，以向高等技术院校、向企业输送人才为重点，培育结构合理、灵活开放、特点鲜明的职业教育体系。

3. 建设高素质人才队伍。大力实施人才兴县战略，努力营造有利于人才集聚和创业的机制和环境。一是通过加快发展高新技术产业，加快以企业为主体的技术创新体系建设，提供更多的人才创业的机会。二是加快人才培养。加强实用性、开拓型人才的培养，形成一批适应经济建设发展的人才队伍。三是积极引进人才。以促进经济社会发展为导

向，建立多渠道、用备结合的人才引进机制，按照满足当前需求和未来储备相结合的原则，全方位多层次引进人才。四是创造人才用得上、留得住的社会环境。牢固树立和全面落实科学人才观，更新人才标准，以知识、能力和业绩为评判标准，做到能者上庸者让，真正发挥人才的作用。

（八）加快城镇基础设施建设，加速城镇化建设进程

强化中心县城建设，积极发展小城镇，吸纳农村人口向城镇的转移。

1. 完善县城功能。以提高县城综合能力和辐射带动作用为目标，按照市场化、城市化要求，高起点规划，高标准建设，高效能管理，形成人流、物流、信息流高度聚集的经济中心。加强以县城为中心的道路建设，形成四通八达交通网络。按照到2010年再造一个新县城的目标，搞好县城尤其是县城新区的规划和建设，完善基础设施，重点搞好污水处理、垃圾处理、统一供气供热、汽车站、文化广场、青兰高速公路馆陶段建设等，把县城建设成为布局合理、基础设施配套，有利于经济社会发展，适宜人民居住的生态文明城市。

2. 加快建制镇建设。按照特色突出、功能协调、布局合理的原则，加快建制镇建设，优先发展区位优势明显，交通便利，发展潜力大的魏僧寨镇、柴堡镇、房寨镇。魏僧寨镇要按照县域北部经济中心镇目标建设和规划，柴堡镇按照县城延伸106国道经济带的目标发展。加大城镇投资，完善基础设施和公共服务设施，建设完善的水、电、配套系统，发展特色经济，吸引生产力要素聚集，引导集中发展。

3. 加快城镇化进程。按照统一户籍登记办法，统一市场就业制度，统一城市公共资源全民共享原则，在居住、入学、社会保障、社会管理等方面，给农民工以市民待遇。增加政府投入，积极探索推行农民社会保障措施，加速农村人口向城镇聚集。

（九）深化各项体制改革，增强县域经济发展动力

以根本消除经济增长和社会发展体制性障碍为目标，深化政府体制改革、农村体制改革、收入分配改革和财税、投资体制改革。

1. 加快政府行政体制改革。适应社会主义市场经济体制的需要，以建立公共服务型政府为目标，深化政府行政体制改革。逐步建立起行为规范、运转协调、公开透明、廉洁高效的行政管理体制。转变政府职能，逐步实现从经济目标兼顾社会目标的转变，关注社会事业、公共秩序，创造良好环境；继续推行行政审批事项改革，理顺部门职能分工，最大限度地减少政府审批事项，简化审批手续，建立“行政权力公开透明运行”新机制。

2. 深化农村服务体制改革。以建立健全保障民民收入稳定增长的制度体系为目标：进一步完善基层行政管理体制，建立精干高效的乡镇行政管理机构。探索在坚持长期稳定农村土地承包关系的基础上，搞活土地经营权。发展多种形式的适度规模经营、集约经营。加快农村公共服务体系的建设，进一步加大农户小额信贷推广力度，不断改善农

村金融服务。形成以财政、金融、科技、社会保障为重点，为农民创建公平、优质的公共服务体系。

（十）全面发展社会事业，努力构建和谐馆陶

以提高保障能力和人民生活水平为根本出发点，重视全民素质提高，大力发展社会事业、实施民心工程，推进和谐馆陶建设。

1. 千方百计扩大就业。全面落实促进就业和再就业各项优惠政策，加快就业服务网络建设，大力发展就业容量大的服务业，注重发展劳动密集型产业，创造更多的就业机会，促进就业。大力发展劳务中介组织，健全劳动力市场，开展信息、咨询、职业介绍等系列服务，促进劳动力合理有序流动；加强劳动力职业培训，重视订单培训，在重点培养劳动技能的基础上，突出加强职业道德、法治观念、诚信意识等重要内容的培训，不断提高劳动者适应市场经济的能力。

2. 健全社会保障体系。完善城镇社会保障体系，维护弱势群体的合法权益。建立可靠稳定的社会保障资金筹措机制，使各项社保项目能按时按量发放，并实现有效积累，建立城乡社会保障制度，扩大养老、医疗保险覆盖面，推进新型合作医疗制度和医疗救助制度。鼓励发展商业保险，推进社会保障事业社会化。到“十一五”末，城乡社会保障覆盖率达到100%。

3. 做好人口与计划生育工作。要树立人口政策与经济发展水平和环境承载能力相适应的意识，坚持依法管理和政策引导并重，稳定低生育水平，优化人口结构，男女婴儿出生比例趋于合理。落实对实行计划生育家庭的奖励和优惠政策，建立健全有利于人口与计划生育的社会保障制度。探索研究解决人口老龄化问题。改善老龄化人口的生活环境，使老龄化人口老有所养，老有所乐，促进人口的全面发展。

4. 加强卫生、文化事业建设。加强卫生基础设施建设，完成疾病预防、医疗救治、紧急救援三大公共卫生体系建设，重点加强疾病控制中心建设、中医院搬迁、乡镇卫生院改造等，全面改善医疗环境。加强文化设施建设，建成县、乡、村三级文化网络，发挥县图书馆、文化馆作用，振兴民间艺术，活跃文艺创作，丰富县、乡、村文化活动。优先发展群众体育，加大公共体育设施建设，为大众健身提供方便。加强广播电视基础建设，实施村村通工程。

5. 加强生态环境保护。加强对大气、水和固体废物等污染物的治理，改善人居环境，严格执行环境影响评价制度和项目建设“三同时”制度，由末端治理向源头和全过程治理转变。加强环境保护执法能力建设，切实解决影响群众健康的严重污染问题。建设节约型社会，坚持资源利用和节约并重、把节约放在首位的方针，按照减量化、再利用、资源化原则，推进清洁生产。发展循环经济，推进工业废物的综合利用，推广农业节水和农作物秸秆的综合利用，推动居民生活节能节水、城乡建设节约和集约利用土地，努

力创建国家级生态示范县。

6. 加强精神文明和民主法制建设。加强社会主义精神文明建设，不断增强精神文明宣传、教育的广度和深度，广泛开展群众性精神文明创建活动，培养爱心意识，加强诚信教育，弘扬社会正气，坚持学校教育、家庭教育、社会教育并举，努力提高全县人民社会主义精神文明程度。加强法制建设，广泛开展法律进社区、进乡村、进单位、进学校活动，提高全民法制意识。坚持打防结合，预防为主，专群结合，深入开展社会治安综合治理，构建现代治安防控体系，实施“平安馆陶”工程。加强安全生产，坚持“安全第一，预防为主”的方针，认真执行安全生产各项法律法规，加强安全生产监督，加大对事故责任人的处罚力度。加强民主制度建设。保证人民群众依法行使选举权、知情权、参与权、监督权。充分发挥工会、共青团、妇联等人民团体的桥梁纽带作用，切实做好妇女儿童、民族和宗教工作。重视全民国防教育，着力抓好民兵、预备役基层建设，营造全社会关心国防、支持武装建设的良好氛围。

附：重大战略支撑项目

“十一五”期间，将谋划建设一批关系全县经济和社会长远发展的立县兴县项目，列入省市重点建设项目盘子，力争有一批在国内同行业同产业中有重要影响的大项目，成为带动县域经济快速发展，增强经济发展后劲的重要载体。

（一）工业项目

1. 洪源太阳能项目：总投资 1.8 亿元，占地 108 亩，总建筑面积 48000 平方米，年生产能力 160 万支金属热管式真空太阳能集热管。

2. 轴承工业带项目：总投资 4 亿元，沿武馆公路两侧肖村一申西，南北长 5.5 公里，东西自路边起各宽 50 米的带状轴承加工聚集区，到 2010 年力争达到 500 家。

3. 离心复合轧辊及冶金配件项目：总投资 2.38 亿元，占地 50 亩，总建筑面积 83000 平方米，年产新型轧钢轧辊及其他冶金配件 9 万吨。

4. 河北瑞森药业有限公司扩建项目：总投资 2.4 亿元，拟建以抗生素为主要生产品种的现代化制剂企业。

5. 静电喷涂玻璃搪瓷釉金属制品项目：总投资 1.26 亿元，建成搪瓷釉生产设备炉 14 座，组合料仓及平台、微机自控配料及输送混料系统。

6. 陶艺工业园项目：项目占地 50 亩，总投资 1.2 亿元，主要建设黑陶生产区、工艺展示区、产品展销区等。

7. 铸造城建设项目：项目总投资 10 亿元，占地 200 亩，建设铸造生产基地和销售集团。

8. 1×1.2 万千瓦生物质发电厂项目：总投资 2.5 亿元，建设 1×1.2 万千瓦生物质发电厂。

9. 2×60 万千瓦热电厂建设项目：总投资 46 亿元，建设 2×60 万千瓦热电厂。

（二）农业深加工项目

10. 蛋鸡产业深加工项目：总投资 3.8 亿元，其中淘汰鸡深加工投资 1.1 亿元；蛋品深加工投资 1.2 亿元，生产蛋黄粉、卵磷质等；饲料深加工总投资 1.5 亿元，年产饲料 100 万吨。

11. 年产 60 万吨无公害饲料项目：总投资 2.2 亿元，建设年产 60 万吨无公害饲料设备、车间、办公用房、仓库等。

12. 果蔬深加工生产线项目：总投资 1.6 亿元，建设年产各种果蔬成品 3.8 万吨的生产线。

13. 鸡粪深加工项目：总投资 6000 万元，年加工能力 100 万吨。

（三）服务业项目

14. 金凤农贸物流配送中心项目：总投资 1.8 亿元，占地 100 亩，主要有物流运输设施、仓储设施等。

15. 中原建筑装饰材料交易中心项目：总投资 2.4 亿元，占地 150 亩，总建筑面积 8 万平方米，主要有仓储区、交易区等。

（四）文化教育卫生项目

16. 新建一所高中：总投资 6645 万元，占地 300 亩，建筑面积 5 万平方米及配套设施。

17. 乡镇卫生院改造：总投资 800 万元，对 8 个乡镇卫生院改造，改造面积 7450 平方米。

18. 中医院搬迁项目：总投资 5000 万元，占地 100 亩，建筑面积 4 万平方米。

19. 县、乡、村三级文化设施建设：总投资 1.2 亿元，其中：县城新建文化公园一处；乡镇、村文化广场 30 处；县、乡、村三级文化网络建设，其他建设等。

（五）基础设施项目

20. 污水处理项目：项目总投资 6249.9 万元，主要建设内容为 3 万吨 / 日污水处理厂一座，污水管道 34900 米，污水泵二座。

21. 垃圾处理工程：总投资 3229.2 万元，日处理垃圾 210 吨。

22. 集中供热供气工程：项目总投资 1.5 亿元，利用生物质发电厂的热能，集中供热。

23. 卫西干渠综合利用项目：总投资 1.5 亿元，主要建设内容为沿河两岸 100 米内种植观赏苗木、河道治理、开发观光休闲文化景点、道路硬化亮化工程等。

24. 道路建设：建成四通八达的交通网络。县城外环路建设投资 1.4 亿元，建设东环路、北环路等。

馆陶县国民经济和社会发展第十二个五年规划纲要

“十二五”时期，是全面建设小康社会的关键时期，是深化改革开放、加快转变经济发展方式的攻坚时期，是馆陶县着力打造独具特色和核心竞争力的化工新城、努力实现在邯郸东部振兴中率先崛起、建设邯郸东部次中心城市的重要时期。本规划纲要根据《中共馆陶县委关于制定国民经济和社会发展第十二个五年规划的建议》编制，明确了未来五年的指导思想、奋斗目标和保障措施，是战略性、纲领性、综合性规划，是未来五年馆陶经济社会发展的宏伟蓝图，是全县人民共同的行动纲领，是政府履行经济调节、市场监管、社会管理和公共服务职责的重要依据。规划期为2011—2015年。

一、“十一五”规划主要目标完成情况

2006年以来，县委、县政府紧紧围绕《馆陶县国民经济和社会发展第十一个五年规划纲要》，科学研判形势，沉着应对挑战，主动担当作为，始终坚持把科学发展观的要求贯穿于工作的全过程，坚持工业立县、项目支撑的首位战略，坚持开放兴县、商贸活县、以城带县的有力举措，坚持改善民生、促进和谐的清晰指向，实现了经济社会既定发展目标，全面完成了“十一五”规划确定的各项任务。

1. 经济总量快速跃升。至2010年年底，全县生产总值达到51.0亿元，比“十五”末翻了一番，年均增长14.4%；人均生产总值达到15418元，年均增长11.9%；全部财政收入和县级一般预算收入分别达到2.01亿元和1.15亿元，总量实现“两个翻两番多”，年均分别增长33.4%和34.8%；全社会固定资产投资翻了两番以上，达到53亿元，年均增长33.1%；农民人均纯收入达到5087元，是“十五”末的1.75倍，年均增长11.8%。

2. 经济结构日趋优化。2010年工业增加值实现13.52亿元，年均增长29.2%，规模以上企业由“十五”末的19家增长到36家，民营企业由445家发展到1000家，纳税超百万元企业达到25家。第三产业稳步上升，2010年第三产业增加值达到14.1亿元，年均增长20.3%。国民经济三次产业结构得到改善和优化，三次产业结构由“十五”末的48.4:29.9:21.7调整为31.5:40.4:28.1。

3. 项目建设跨越发展。全县开竣工项目数量、争列省市重点项目数量连年在东部县名列前茅，累计实施投资千万元以上重点项目412个，完成投资143亿元，争列省重点项目29个，市重点项目37个。2006年以来，连续五年被市委、市政府授予“重点项目建设实绩突出奖”。昊阳化工、福德化工、新能电力等一批大项目竣工投产，新阳光化工、科正化工、傲格化工、永星制冷、青岛合新服装等一批大项目开工建设，为县域经济的发展注入了强大动力。

4. 园区建设持续加力。大力推进邯郸市新型化工园、北科大邯郸科技园建设，园区带动作用进一步凸显。自2008年邯郸市新型化工园区落户我县以来，已累计投入建设资金1.2亿元，园区道路、供水、供电、污水处理等配套设施加快建设，“三纵四横”框架的7.2平方公里启动区初步形成，入驻项目15个，总投资达83亿元。北科大邯郸科技园“六通一平”的6.92平方公里核心区已建成，入驻项目48个，总投资达45亿元，其中超亿元项目12个。

5. 城镇面貌实现巨变。三年大变样取得历史性成就，主城区面积由“十五”末的5.75平方公里增至12.6平方公里，城区常住人口达到8.5万人，城区新增绿地面积294万平方米，新增住宅面积110万平方米。编制完成县城三期规划和各专项规划，实施了总投资60多亿元的“一湖三带”、路网、水网、广场游园、污水处理厂、垃圾填埋场等131项城建工程，建设了县标环岛、金凤大道景观带、中医院等一批精品亮点工程；公主湖、滨河公园、筑先广场、阳光游园等工程使群众的休闲出行更加便利，宋恩华副省长称之为“小县大变样”。

6. 对外开放开创新局面。五年累计引进项目448个，其中投资亿元以上项目37个，引进资金60.5亿元，全县80%以上工业项目为招商引资项目。对接央企和大企业大集团成效显著，引进国内500强企业——六和集团、大唐电力、金隅太行水泥等战略投资者，我县先后当选为“浙商（中国）投资潜力城市”、“中国最佳投资环境县”。

7. “三农”工作不断加强。蛋鸡、蔬菜两大传统产业进一步稳固，依托六和牧业，发展肉鸭养殖，肉鸭存栏达到50余万只。建成市级以上农业产业化重点龙头企业25家，夏粮连续七年获得丰收，2010年小麦最高地块亩产650.2公斤，刷新了全省高产纪录。我县荣获“全国粮食工作先进单位”、“中国特色农业十佳县”称号。新农村建设扎实推进，新建新民居1660户，农民生产生活条件进一步改善

8. 节能减排取得新成效。强力推进节能减排，严格落实“双百+否决”问责制，“雷霆行动”成效显著，全面完成“十一五”节能减排目标。预计单位生产总值能耗率在2005年的基数上下降20个百分点，化学需氧量和二氧化硫排放量在2005年的基数上分别累计削减400.4吨和378.03吨。

9. 商贸流通繁荣活跃。重点推进金凤市场、陶山市场、亿丰电动车市场、金龙建材市场等十大专业市场升级。以309商贸物流带为依托，建设了希祥汽贸、煤炭物流园、金凤市场仓储区等项目。实施万村千乡工程，建成2家配送中心、8家乡级农家店、222家升级农家店。居民消费水平不断提高，全县社会消费品零售总额达到16.87亿元，年均增长17.6%。全县金融机构存贷款余额持续增长，荣获“中国金融生态文明县”称号。

10. 社会事业蓬勃发展。新建徐村小学、实验中学、房寨中学等5所标准化学校，

完成了实验小学搬迁、实验中学迁建、陶山中学新建。顺利通过义务教育阶段省级教育督导评估验收，县职教中心顺利通过国家级重点职业学校评估验收。许庄四股弦、南孙店皮影戏被确定为国家级非物质文化遗产。新中医院投入使用，县中心医院开工建设，8个乡镇卫生院全部升级改造，新建村级卫生室60个，医疗卫生条件得到有效提升。养老保险、城乡低保、新农合、新城合、职工医疗合作等社会保障、医疗保障体系不断完善，广大人民群众从加快发展中得到了实惠。企业养老金、事业养老金、城乡低保金、工伤保险金、生育保险金发放达到“五个100%”；计划生育、广播电视、监察、审计、统计、武装等各项事业均取得长足发展。

二、“十二五”时期面临的发展机遇和挑战

（一）发展机遇

未来五年，是我县经济社会实现历史性跨越、全面建设小康社会的重要战略机遇期。

1. 省加快工业聚集区发展的机遇。河北省做出了加快工业聚集区发展的战略举措，出台了《关于加快工业聚集区发展的若干意见》，提出了用地用电、财政税收、行政审批及投融资等十个方面的优惠政策，这将有利于我县借势整合新型化工、北科两大园区，加快产业聚集，做大做强优势产业，推动经济快速发展。

2. 城市建设三年上水平的机遇。全省城市建设三年上水平的决策，有利于馆陶县进一步加强基础设施建设，完善城市功能，增强城市承载力，巩固和发展三年大变样成果，提升城市品位和知名度，提高建设邯郸东部次中心城市的首位度。

3. 邯郸东部振兴战略实施的机遇。邯郸市深入推进东部振兴战略，将新型化工产业列为重点发展的主导产业，全面建成邯郸市（馆陶）新型化工园区，有利于馆陶县加速发展壮大化工产业，增强对县域经济的重大支撑力和拉动力。

4. 市“十二五”规划的机遇。邯郸市委、市政府提出“十二五”期间要在邯郸东部重点发展两个次中心城市，为馆陶县充分发挥交通区位优越、产业基础良好、商贸流通发达、发展潜力巨大、城市环境宜居等优势，全力打造独具特色和核心竞争力的化工新城，建设邯郸东部次中心城市，提供了难得的历史性机遇。

5. 馆陶县交通区位优势更加凸显的机遇。邯济铁路扩能、大广高速通车、309国道升级等，使馆陶县便捷的交通优势更为凸显，为加快发展物流业、服务业等第三产业带来极大便利。

（二）面临挑战

未来五年，馆陶县经济社会发展还存在许多矛盾和问题。

1. 发展的质量要求约束进一步加大。欠发达仍是馆陶县最大的现实，加快发展仍是馆陶县的首要任务，既要大上项目、快上项目、多上项目，又要有选择、审慎的上项目，既要加快发展速度，又必须注重发展质量，如何摆布、协调加快发展和优化发展方式的关系将是馆陶县面临的一大考验。

2. 环境质量要求约束进一步加大。节能减排的形势日趋严峻、任务日趋加重，如何处理加快发展与节能减排的关系实现质量与效益相统一，是馆陶县面临的一大挑战。

3. 发展资源要素约束进一步加大。土地、资金等制约越来越明显，将是馆陶县今后面临的一大现实难题。

综合研判未来五年的形势和任务，机遇大于挑战，抓住机遇就能战胜挑战。必须适应发展新要求，顺应人民新期盼，进一步增强机遇意识和忧患意识，采取更加有力的措施，提高应对挑战的能力，赢取发展先机，全面完成经济社会发展各项目标。

三、“十二五”规划指导思想和指导原则

（一）指导思想

坚持以邓小平理论和“三个代表”重要思想为指导，深入贯彻落实科学发展观，以科学发展为主题，以加快转变经济发展方式为主线，突出加快发展、注重质量两大任务，全力抓好工业聚集区、西部新城区、城南仓储物流区、农村新型社区“四区”建设，着力抓好项目建设，构建现代产业体系；着力抓好县城建设，全面提升城市水平；着力抓好服务业发展，繁荣现代商贸物流；着力抓好现代农业，加快新农村建设步伐；着力抓好群众工作，切实保障民生稳定，打造全国最大的禽蛋物流基地、全国较大的轻工轴承生产基地、河北重要的新型化工基地和冀鲁豫交界区域商贸物流中心，全面建设独具特色和核心竞争力的化工新城，努力把馆陶建设成为产业兴盛、城乡繁荣、生态宜居、文明和谐的邯郸东部次中心城市。

（二）指导原则

“十二五”时期，最根本的是紧紧围绕科学发展这个主题，最重要的是牢牢把握加快转变经济发展方式这条主线，贯彻于经济社会发展全过程和各领域，坚持统揽全局、统筹兼顾，切实增强发展的全面性、协调性和可持续性，着力强化“五个坚持”。

——坚持发展至上，项目总揽。始终把加快发展当作第一要务，坚持大上项目、上大项目，发展优势产业，做强做大产业聚集区，突出抓好重大项目建设提质、增效，突出项目拉动，不断做大全县经济总量。

——坚持解放思想，扩大开放。把解放思想作为经济社会发展的不竭动力，通过扩大开放，最大限度地合理聚集调配资源要素，全方位大视角融入多区域开放合作，不断增强自主创新能力，提升县域竞争力。

——坚持统筹城乡，协调发展。坚持工业反哺农业、城市支持农村，着力解决“三农”问题，形成城乡一体化发展格局。加快推进新型工业化、新型城镇化和农业现代化，强力推进县城新区建设上水平、提档次，增强县城和中心城镇的辐射和带动功能，实现城乡互补、区域协调、统筹发展。

——坚持节能减排，保护环境。正确处理好加快发展与节能减排的关系，把发展经济与保护生态环境结合起来，加大节能减排力度，大力发展循环经济、低碳经济，努力建设资源节约型、环境友好型社会。

——坚持以人为本，改善民生。坚持民生为先、民生为重、民生为本的执政理念，建立完善保障民生长效机制，最大限度地解决民生问题，让人民群众共享发展改革成果，最大限度地为实现经济社会发展预期目标凝神聚力。

四、“十二五”时期经济社会发展主要目标

——经济实力实现大增长。2015 年，全县生产总值力争达到 100 亿元，比 2010 年翻一番，年均增长 15% 以上；全部财政收入实现 6 亿元，比 2010 年翻一番半，年均增长 20%以上，财政收入占生产总值的比重达到 6%；全社会固定资产投资完成 170 亿元，比 2010 年翻两番，年均增长 30% 以上；三次产业结构比例达到 20:44:36，现代农业、新型工业和新兴服务业协调发展。

——工业立县实现大突破。新型化工、装备制造产业迅速发展，新能源新材料、食品加工产业加快膨胀，构建现代产业体系取得较大进展，产业对整个经济发展的支撑作用大幅增强。全县工业经济实现五年翻两番，其中规模以上工业增加值达到 44 亿元，年均增长 22% 以上，利润实现 10 亿元。规模以上工业企业达到 60 家以上。工业对整个经济发展的支撑作用大幅度增强，贡献率达到 45%以上。

——城市水平实现大提升。到 2015 年，县城建设区面积进一步扩张，人口规模快速增长，城镇化率达到 50% 以上。林网、路网、水网、信息平台等基础设施建设迅速发展，城市功能更加完善。城市生活垃圾无害化处理率和污水处理率达到 100% 和 90% 以上。逐步形成主城区辐射柴堡镇、寿山寺乡的主城带卫城发展格局，把馆陶建成新型化工城、商贸物流城、生态园林城，进而建成邯郸东部次中心城市。

——农业农村实现大变化。紧紧围绕“超吨粮县”目标抓好粮食生产，保护和提高粮食生产能力；加强培育农业产业化龙头，推动农业产业化经营，不断增加农民收入；积极稳步推进新民居建设，实现农民居住条件大改善；加强农村基础设施建设，不断提升农民生产生活水平，实现农村进步、农业增效、农民增收。

——商贸物流实现大发展。加快物流园区和专业市场建设，培育发展现代物流业，结合交通和城市化进程，推进市场整合，提升市场功能，努力打造冀鲁豫交界区域重要商贸物流中心。

——社会事业实现大进步。经济社会发展与人口、资源、环境相协调，持续稳定低生育水平，人口自然增长率控制在 8‰以内；基本建立覆盖城乡、较为完善的社会保障和医疗服务体系；高度重视教育事业发展，教育教学水平明显提升；教育资源配置进一步优化，文化卫生和信息化服务显著提高；安全生产继续巩固，社会局面和谐稳定，群众安全感明显增强。

——人民生活实现大改善。群众收入不断增长，城镇登记失业率控制在3%以内，新农合参合率保持在95%以上，城乡居民最低生活保障率达到100%。城乡居民生活质量普遍提高，居住、交通、教育、文化、卫生和环境等方面进一步改善。民主法制建设和精神文明建设取得新进展。

五、“十二五”时期战略任务和重大举措

为实现“十二五”时期经济社会发展主要目标，必须紧紧抓住科学发展这个主题，坚持好中求快，又快又好，努力在经济社会发展上下功夫、见效果、上水平。

（一）强力推进工业聚集区建设，构筑现代产业体系

1.加快工业聚集区建设。加紧推进整合邯郸市新型化工园区和北科大邯郸科技园，打造“一区两园、相邻相连”的新型化工和装备制造工业聚集区。按照省级工业聚集区标准，高质量完成园区规划，加快搭建园区路网框架，积极完善基础设施、配套功能建设，大力推进项目的谋划、引进、建设、投产，形成项目集中、产业聚集的发展格局。邯郸市新型化工园区，着力加强基础设施建设，提升硬件水平，为项目入驻提供良好条件。到2015年，化工园区7.2平方公里的核心区全部建成，14.2平方公里的规划面积框架成型，入驻企业超过50家，固定资产投资达到120亿元，利税达到15亿元。北科大邯郸科技园，以高新技术产业为取向，重点承接新技术、新材料、新能源项目，打造生态、节能、高科技工业园区。加强路、水、电、气和生活设施等综合配套建设，为项目入园提供完备的软、硬件支撑。到2015年，入驻项目达到100个，固定资产投资80亿元以上，年创利税16亿元。轻工轴承生产基地，以武馆路轴承产业带为依托，以明珠轴承工业园为核心，构筑“一带三乡、一乡多园”的发展格局，形成魏僧寨、路桥、南徐村3个专业加工乡镇、100家规模加工企业、50个专业加工村、5000个专业加工户的产业集群，打造全国较大的轻工轴承加工基地。

2.大力推进项目建设。重点实施“1562项目工程”，即：开工建设投资超亿元项目100个（其中5亿元以上30个，10亿元以上10个，30亿元以上2个，50亿元以上2个），总投资500亿元，竣工投产超亿元项目60个，培育销售收入10亿元企业20家。把主攻方向放在大项目、高科技项目上，重点瞄准大企业、大财团、大投资商，集中力量，主动出击，下大力气引进一批亿元以上、5亿元以上乃至更大的项目，大幅度提高对全县经济发展的支撑力和带动力。准确把握国家产业政策，立足馆陶实际，精心谋划储备一批带动作用强、关联度高、发展前途好的大项目、好项目，积极争列省市重点和争跑资金支持，加大项目跟踪服务、建设推进力度，确保重大项目顺利实施。

3.做大做强优势产业。重点发展新型化工、机械装备制造产业。化工产业，以盐化工、精细化工为定位，以“绿色、生态、环保”为发展方向，适度发展新型生物化工产业，

在承接市化工区搬迁改造的同时，面向国内外招商引资，争取引进“中字头”及500强化工企业入驻，力争每年引进2—3个投资10亿元以上的化工项目。机械装备制造产业，依托信德电力配件、北科机械等产业基础，通过与大企业集团合作共建、招商引资等方式，发展通用机械、工程机械、农用机械等整机及零部件制造；加强与国内机械装备制造商的合作，积极引进建设产业链项目，鼓励中小企业融入集群发展。

4. 重点培育新兴产业。主要是新能源新材料、食品加工产业。依托林油一体化、生物质发电等新能源产业，积极推进新能源项目和新能源原料基地建设。依托多凯建材等新材料产业，大力发展FRP板材复合材料、墙体保温材料、橡胶装备制品、绿色涂料、特种玻璃等新材料产品，拓展高性能结构材料、轻质高强金属材料、高温合金材料等新领域。依托六和牧业，培育肉鸡、肉鸭生产加工；依托蛋鸡养殖，发展蛋品深加工；依托我县农产品优势，扶持饮料等食品加工产业，加快食品加工项目向集群化发展。

5. 增强企业发展活力。大力支持企业技术改造和科技创新项目，重点扶持高新技术企业发展，积极引导中小企业逐步向科技型、集约型、效益型转变。加强企业家队伍建设，引进职业经理制度，实行所有权与经营权分离，提高企业经营水平。充分发挥企业家协会的桥梁纽带作用，建立行业协商协作机制，增强抗风险能力。加强企业文化和企业人才队伍建设，促进企业可持续发展。

6. 提升对外开放水平。牢固树立以大开放促大发展理念，以扩大开放激活经济工作全局。以改造提升传统产业、加大利用外资和出口创汇、扩大服务贸易等领域开放为重点，以项目为载体，以长三角、珠三角、京沪为招商主攻方向，重点引进技术密集型、资源开发型和新型商贸服务项目，加快装备制造、新型化工、新能源新材料、食品加工等项目的引进。加强专业招商队伍建设，实现专业队伍常年招商，开展多种形式的小团队招商，实行代理招商、中介招商、网上招商、委托招商等方式，提高招商引资成功率。扩大出口创汇，重点支持福德化工、昊阳化工、北科机械制造等外向型民营企业出口创汇，扩大对外贸易规模。继续强化对接，对接发达地区，对接高等院校，对接央企、中国500强，对接中央部委，搭建合作平台。

（二）加快新城区建设，推动城市上水平、出品位

7. 加强县城规划。到2015年，县城建成区面积达到19.6平方公里以上，人口规模超14.5万人，城镇化率达到50%以上。实现城乡规划全覆盖，落实城乡规划编制、管理全覆盖，建设县、乡、村管理体制，坚持城乡一体化发展、提高城镇化水平。发挥规划引领作用，按照次中心城市发展的目标，高标准编制城乡规划，精心打造城乡空间环境，切实提高规划的科学性、权威性和严肃性；牢固树立“规划即法、执法如山”理念，引领城市建设健康发展。

8. 提高建设水平。按照“扩张规模、提升品位、完善功能、生态宜居”的要求，围

绕实现承载能力、城市品位双提升目标，突出打造新城区、改造老城区、新建城南仓储物流区，全力构建邯郸东部次中心城市，展示现代宜居城市新形象。以“西移、北扩、南展、中优”为总体要求，科学规划行政办公、文化教育、商贸住宅、工业生产等功能区。加大投入力度，实施一批交通工程，重点建设新北环、新南环、站前街等工程，完成对魏征路、陶山街及东龙街的升级改造，构筑次中心城市框架。实施一批城建工程，加快县中心医院、陶山中学、文化中心、体育中心等建设，完成行政服务中心西移，形成高楼林立的现代新区。

9. 完善城市功能。实施城市魅力建设，重点实施引黄引卫入馆、引水入湖工程建设，打造生态水网格局，为馆陶县提供丰富的城市景观用水。积极推进城区绿化工程，集中供热、供气工程，保障性住房、廉租房建设等工程。建成投用20个以上公厕，达到每平方公里不少于3座的标准；新建5座垃圾中转站，实现城区垃圾的快速收集、及时转运。集中供热普及率达到60%以上，城区供水普及率达到100%，建成2座天然气调压站，燃气普及率达到85%以上。建成公主湖文化风景区，提升滨河公园、106及金凤大道景观带水平，谋划卫西干渠西侧特色商业街建设，强化配套设施、环境建设，建成一批广场游园，大幅提升城市魅力。

10. 规范城市管理。坚持精心、精细、精品管理，建立一整套长效管理机制，使城市管理和执法工作有效地统一起来，户外广告牌匾统一审批、设置规范、整齐亮丽，流动摊点入场经营，无占道出店经营，道路秩序井然，无乱搭乱建、乱堆乱放、乱贴乱画等行为。建立城市管理网络，使城乡之间、各乡镇之间形成联动局面，形成合力，缩小城乡差距，使城市容貌、镇容镇貌及村容村貌都得到较大的改善。健全城乡环卫体制，利用好垃圾中转站、垃圾池，设置垃圾箱桶，配备齐环卫保洁人员，在城乡村居建立垃圾收运体系。

（三）大力推进农业现代化，切实加快新农村建设步伐

11. 提高粮食生产能力。把粮食安全问题放在首要位置，大规模建设“超吨粮田”，进一步加强农业科技支撑力度，提高单产，努力实现“超吨粮县”目标。稳定优质粮食种植规模，优化农产品种植结构，提高农产品优质化率和转化率，大幅提高粮食综合生产能力，粮食总产量稳定在25万吨以上。

12. 推进农业产业化经营。围绕粮食、蔬菜、蛋鸡等农业主导产业，加快发展农产品加工业，加大扶持力度，打造一批生产规模大、带动能力强、市场前景好的龙头企业，重点抓好民旺科技园、金翔生态饲料、六和牧业等龙头企业建设，延长产业链条，促进农产品加工增值。积极发展订单农业、连锁经营、农超对接等现代流通方式，大力发展农民专业协会和合作经济组织。2015年，农业产业化经营率达到65%。

13. 大力发展富民产业。积极发展四大富民产业，即大力提升蛋鸡养殖、蔬菜种植

两大传统产业。加快推进蛋鸡生态养殖园建设，坚持标准化、品牌化、专业化，发展壮大106国道蛋鸡产业带，打造“全国最大的无公害蛋鸡生产加工集群”，形成106国道两侧龙头企业带动、养殖园区支撑、市场强化服务的产业发展新格局，构建鸡苗孵化、蛋鸡养殖、蛋品加工、饲料生产、有机肥合成一条龙的产业体系。提高复种指数，全县蔬菜播种面积达到20万亩，积极推行无公害标准化蔬菜示范园建设，逐步形成“统一规划、统一标准、统一包装，统一商标”的格局，加快蔬菜产销全程标准化进程。积极扶持肉鸡、肉鸭两大新兴产业，切实增加对肉鸡、肉鸭规模化、标准化生产的投入，在用地和土地流转等方面制订扶持政策，加快推进“肉鸡肉鸭标准化生产基地”建设，加快实用配套技术的集成与推广应用，防疫队伍及质量检测监督管理体系建设。鼓励养殖大户、专业协会等创办肉鸭养殖加工企业，拓展生产经营领域，真正使企业成为基地建设、产品经营的主体。到2015年，建成5个投资亿元以上、10万只存栏规模的蛋鸡标准化养殖园区，20个标准化肉鸭养殖园区和15个标准化肉鸡养殖园区。

14. 积极稳步推进新民居建设。把新民居建设作为城乡一体化的重要载体和新农村建设的重要抓手，坚持因地制宜、分类指导，强化规划引领、产业带动，尊重农民意愿，健康有序推进，推动农村人口相对集中居住、土地集约利用、产业聚集发展和公共服务提升，切实改善农民居住条件，促进全县农村面貌明显改观。推进新民居建设。按照“新建一批精品村、提升一批示范村、改造一批优势村”的思路建设新民居，县财政每年安排专项资金支持新民居建设，发挥财政资金的杠杆作用，撬动工商资本、带动银行贷款、激活社会力量，促进新民居建设较快推进。到“十二五”末，全面消灭农村危房。加强农村新型社区建设。按照“地域相近、产业趋同、利益共享、规模适度、群众自愿”的原则科学设置农村社区，加大联村连片推进力度，重点在相对集中的大村庄建立“社区服务中心”，完善社区配套服务功能，引导教育、卫生、文化、体育、科技、超市、法律、社会治安、广电通信、社会保障等公共服务进入社区，建立完善农村社区服务体系，推进城乡一体化。以县城和中心镇为重点，加快基础设施建设，强化农村人口就地城镇化的载体功能。

15. 扎实推进基础设施建设。大力提高基础设施现代化水平，增强保障发展能力。路网，全县形成“六纵七横”交通格局。升级武馆公路、肥馆公路，改造309国道麻呼寨至“七一”大桥段，加快县内南北走向的106国道、武馆线、肥馆线等主干线与东西走向的林柴线、申自线、马旦线等乡级道路的连接与升级，打通与邻县连接的断头路。水网，实施引黄入馆工程，完成卫西干渠等骨干蓄排水渠及附属支渠清淤治理、配套设施建设。充分利用水利、农业开发等专项资金，加大对农业节水灌溉工程投入。电网，加快沿村110千伏输变电工程，做好用电指标测算和配套电网建设。绿网，实施城区绿化、沙化治理、道路河渠、农网林网、村屯绿化、退耕还林、林果示范区、大片造林等工程，全面提升全县生态绿化水平。

（四）加快服务业发展，实现商贸物流新繁荣

16. 大力推进物流基地建设。以309国道商贸物流带为依托，打造物流聚集区。以309国道两侧为聚集，以“一大仓储区、十大物流市场”为抓手，巩固“全国最大的禽蛋交易中心”，打造“冀鲁豫三省交界最大的煤炭中转基地”，带动全县第三产业加快发展。重点抓好总投资20亿元的化工物流园、煤炭物流园等物流基地的建设和升级改造，积极推进钢材物流园建设，扩大辐射影响能力。以邯济铁路扩能建设为契机，积极推进火车站升级改造；对新华路至火车站道路进行拓宽升级，新修站前街，加紧推进县城南部仓储物流区建设。

17. 加快专业市场建设。构建商贸服务网络，大力实施“万村千乡市场工程”“农超对接项目”，积极发展连锁经营、品牌专卖。抓好金凤市场、金龙建材市场、陶山市场的扩建升级改造，繁荣亿丰电动车市场、农资市场，新建富丽商业广场、家俱市场等一批适度规模的大型专业市场。发挥专业市场的集散、带动功能，不断扩大馆陶县专业市场规模，增强影响力和辐射力。

（五）建设绿色馆陶，增强可持续发展能力

18. 节约资源能源。以科学合理利用优势资源为目标，引导企业、项目向园区聚集。鼓励企业通过资源共享、废弃物利用等途径发展循环经济，以节地、节水、节能和节材为重点，实现资源集约化开发利用。严禁新上高耗水项目，积极推广农业旱作技术，推广再生水利用，加快节水型城镇、节水型企业创建步伐。突出抓好化工、电力等重点行业节能。

19. 强化环境监督。到“十二五”末，县域生态环境得到改善，环境质量有更大提高。加快工业园区污水处理厂建设和配套管网建设进度，确保园区污水达标排放。加强集中供热建设，逐步淘汰小锅炉，促进县城环境明显改善。以保护农村饮用水水源地为重点，推进农村地区生活污水和生活垃圾处理处置示范工程建设，改善农村生态居住环境。

20. 发展绿色经济。坚决淘汰落后产能，杜绝“五小”企业死灰复燃。鼓励企业发展循环经济，推动产业循环式组合，促进资源循环式利用。推进以低碳排放为特征的科技成果转化，加快重点行业绿色制造，建设一批“零排放”试点示范项目。

（六）加快人才强县步伐，提高创新水平

21. 实施人才强县战略。大力实施人才培养工程，加强以党政人才、企业经营管理人才、专业技术人才和农村实用人才为主体的人才队伍建设。积极引进高新技术人才，加强与县外科研单位、大专院校建立协作关系。健全人才培养、引进、使用、激励、流动、保障等方面的政策体系，充分发挥各类人才的积极性、创造性。

22. 全面推进科技创新。围绕承接产业转移，强化技术创新要素支撑，主动承接国

内外技术转移，引进一批高端人才、关键技术和科技型企业，在承接中创新提升。围绕产业技术改造和升级，推广应用节能与新能源、制造业信息化等一批节能减排技术和产品。围绕粮食增产和农民增收，推广应用粮食丰产技术、畜禽水产高效规模化养殖、农村信息化等一批农业科技成果。联合科研院所、高校和企业，通过共同开发、技术入股、共建经济实体等形式，探索建立稳定长效的产学研合作机制。争取设立创新创业服务中心、信息中心、成果交易中心和一批乡镇服务站，逐步形成覆盖全区的网络体系，聚集创新要素，共享创新资源，促进成果转化。

（七）全面加强文化建设，积极推进文化产业发展

23. 建设公共文化服务体系。坚持“政府主导、社会参与、群众共建共享”的原则，着力建设结构合理、网络健全、运行高效、覆盖城乡、惠及全民的公共文化服务体系。加快公共文化服务工程建设，推进广播电视“村村通”、文化信息资源共享、农村数字化电影放映、社区文化活动中心和乡镇综合文化站、农家书屋等工程建设。加强电台、电视台、互联网公共信息服务点等公共文化设施建设，不断提高服务能力和质量。突出抓好“三馆两场一中心”（魏征博物馆、馆陶县文化馆、馆陶县图书馆、馆陶县体育场、农村文化广场、馆陶县文化艺术中心）建设，创新公共文化服务运行机制，加强和改进公共文化设施管理和使用，促进各种文化设施互联互通、共建共享，最大限度地发挥各项文化惠民工程的作用，更好地丰富群众精神文化生活。

24. 大力发展特色文化产业。积极吸引民间资本和外资兴建、改造各类新兴娱乐项目，建成1—2家大型高档综合性娱乐场所。培育发展艺术品业，建立多种所有制的艺术品生产经营企业，大力发展现代艺术品的生产经营和艺术品展示、收藏、拍卖、销售市场，激活艺术品的生产和流通。以陶艺园项目为重点做大黑陶产业，以公主湖文化景区项目为重点起步旅游产业，积极推进葫芦画、粮食画的发展。积极筹办各种文化博览会，提升馆陶知名度，扩大馆陶影响力。

25. 全面繁荣文化事业。深入发掘馆陶丰厚文化底蕴，大力发展群众文化，进一步活跃企业文化、乡村文化、社区文化、校园文化，繁荣广场文化、节庆文化，丰富城乡群众精神文化生活。

（八）加强和谐社会建设，实施十大民生工程

26. 实施增收富民工程。采取更加有力的措施，努力增加城乡居民财产性收益。全面落实强农惠农政策，做大做强务工经济，建设现代农业产业体系，提高农民家庭经营收入；推动企业普遍建立工资集体协商制度，有效落实最低工资制度，建立稳定的企业职工、事业单位人员、公务员、离退休人员等各类群体收入增长机制。

27. 实施扩大就业工程。把促进就业再就业放在经济社会发展优先位置，多渠道开发就业岗位，实现经济增长与扩大就业的良性互动。把解决高校毕业生、退役军人、农

村转移劳动力、城镇就业困难人员就业问题作为工作重点，建立健全人力资源市场。完善自主创业扶持政策，使更多劳动者成为创业者。加强职业培训和择业观念教育，提高劳动者就业能力。

28. 实施社保扩面工程。加快建设覆盖城乡居民的社会保障体系，重点是完善政策、扩大范围、提高水平，努力构建人员范围广覆盖、保障水平多层次、制度办法可衔接、管理服务现代化的全民社保体系。完善城镇职工和居民养老保险制度，切实做好失地农民养老保险和就业保障。进一步完善企业社会养老保障、工伤保险、失业保险制度，把更多的民营企业职工纳入社会养老保险范围。城乡低保对象的保障标准稳定在全市平均水平以上，并保持同步增长。积极推动老龄事业和残疾人事业发展，加快城乡养老、助残服务体系建设。

29. 实施教育提升工程。全面加强学前教育管理，依法落实幼儿教师地位和待遇，全县幼儿园全部达到规范化标准。巩固提升义务教育，全面落实教育“两免一补”政策，均衡配置城乡义务教育资源，“十二五”期间，重点建设陶山中学、县一中图书馆及科技楼、特教学校和3所标准化幼儿园，加固改造所有抗震不达标的教学用房。加快中小学布局调整，到2015年，实现初级中学7所，小学63所。推进中小学办学条件标准化建设，全面提升九年义务教育办学水平和办学质量。提升普通高中教育质量，高中阶段毛入学率达到92%以上，大力加强教师队伍建设，提高教育核心竞争力。大力发展职业教育、成人教育，培养适应市场需求的应用型技能人才，使职业教育与馆陶县经济社会发展相协调。

30. 实施医疗健康工程。按照中央和省保基本、强基层、建机制的要求，深化医药卫生体制改革，逐步解决群众“看病难”、“看病贵”问题。健全覆盖城乡居民的基本医疗保障体系，逐步提高保障标准。加强城乡医疗卫生服务体系建设，完成县中心医院建设，完成全部乡镇卫生院建设改造任务，实现每个行政村一所标准化村卫生室，城市社区卫生服务街道覆盖率达到100%。

31. 实施安居保障工程。加大保障性住房投入建设力度，积极发展廉租房、公共租赁房，增加中低收入居民住房供给，努力实现住有所居，全县住房保障总体上达到全市中等以上水平。

32. 实施食品药品安全工程。建立健全食品药品综合协调与监管、企业行业自律、社会监督、应急处置、责任追究等工作机制，健全食品和农产品市场准入制度、标准化生产制度、检测结果公布制度，坚决查处假冒伪劣食品和药品。抓好粮油制品、肉制品、奶制品、蔬菜、水产品、酒类、饮料、儿童食品、中老年保健食品等重点食品卫生安全，让广大人民群众买得放心、吃得安全。

33. 实施平安馆陶工程。深入推进社会矛盾化解、社会管理创新、公正廉洁执法三项重点工作。深化“三位一体”调解工作体系建设，完善社会稳定风险评估机制，把各种不稳定因素化解在基层和萌芽状态。依法打击各类犯罪活动，完善突发事件应急管理机制，切实加强信访稳定工作，做好防灾减灾工作，强化安全生产监督管理，切实保障人民群众生命财产安全。

34. 实施生态环境工程。大力开展植树造林，大幅提高森林覆盖率，推进城市增绿；加快化工园区污水处理厂建设，推进新型生态绿色工业；完成生态县建设阶段性目标。

35. 实施社会管理创新工程。按照以人为本、服务为先的要求，构建党委领导、政府负责、社会协同、公众参与的社会管理新格局。加强和改进基层党组织工作，充分发挥群众组织和社会组织作用，完善社区治理机制，发展基层民主，提高城乡居民自治能力和水平，健全城乡一体的法律服务体系，提高社会管理水平。

“十二五”时期，将是馆陶经济社会加速发展的重要时期，落实各项奋斗目标，任务艰巨、使命重大而光荣。全县各级党组织、全体党员和全县人民要高举中国特色社会主义伟大旗帜，解放思想、开拓进取、同心同德、扎实工作，不断开创科学发展新局面，为胜利完成“十二五”规划宏伟目标，加快建设邯郸东部次中心城市而努力奋斗！

中共馆陶县委办公室　馆陶县人民政府办公室
关于迅速开展《馆陶县志》第二轮修编工作的通知

馆办字〔2014〕25号

各乡镇（街道）、县直各单位：

根据省、市有关通知精神，经县委、县政府研究，决定开展《馆陶县志》第二轮修编工作。现将有关事宜通知如下：

一、高度重视《馆陶县志》第二轮修编工作

盛世修志，志载盛世。修编县志是承上启下、继往开来，服务当代、惠及后世的重要事业，是宣传馆陶、推介馆陶的重要名片，是加强精神文明建设、文化建设的系统工程。按照省地方志办公室《关于开展第二轮修志工作的通知》要求，为做好《馆陶县志》第二轮修编工作，县委书记谢继炯、县政府县长孟凡雄分别就开展《馆陶县志》第二轮修编工作作出重要指示，提出具体要求，要求各乡镇（街道）、县直各单位把修志工作当作“一把手工程”，加强领导，迅速启动，确保高质量、高标准、高效率完成《馆陶县志》第二轮修编任务。各乡镇（街道）、县直各单位一定要认真学习、深刻领会、全面贯彻县领导重要指示精神，充分认识《馆陶县志》第二轮修编工作的重大意义，切实做好《馆陶县志》第二轮修编工作。

二、全面做好《馆陶县志》相关内容的后延及增补工作

《馆陶县志》第二轮修编工作以《馆陶县志》(1999 年版)编目为基础,从 1996 年延至 2013 年。对于 1996 年后出现的新事物,分别增录相关章节,确保全面系统反映我县各方面发展面貌。各乡镇(街道)、县直各单位要按照要求将后延和增补的内容注明在原《馆陶县志》所处的位置,以保证资料的衔接、顺畅。上报的资料要用 A4 纸打印一式两份,经单位一把手审阅签字并加盖公章后,于 2014 年 5 月 15 日前连同电子版(word 格式)先期报送至《馆陶县志》编纂委员会办公室。

三、高标准做好图片资料入志工作

为发挥《馆陶县志》存史、资政、教化功能,做到图文并茂,充分展示各行业发展的历史和各单位的形象风采。各乡镇(街道)、县直各单位要积极提供相关图片资料,尤其是对一些年代久远、反映行业历史全貌的图片,要精心收集、认真筛选,确保收集入志的图片资料全面翔实。图片资料要统一扫描成 jpg 格式,以电子版形式与增补资料一同报送和续报。

四、切实做好与《馆陶县志》编纂委员会办公室的对口联系工作

开展《馆陶县志》第二轮修编工作,时间紧、任务重,要求各乡镇(街道)、县直各单位把修志工作作为当前和今后一个时期的中心工作来抓,迅速成立专职编纂小组,立即着手资料收集工作。同时,要确定 1—2 名业务精通、责任心强、文字功底好的人员负责提供本单位的有关资料。

《馆陶县志》编纂委员会办公室设在县交通局二楼,联系电话:0310—4586630,电子信箱:xzbgs4586630@126.com。

附件:《馆陶县志》二轮修编工作方案

中共馆陶县委办公室

馆陶县人民政府办公室

2014 年 3 月 24 日

附件:

《馆陶县志》二轮修编工作方案

根据河北省地方志办公室《关于开展二轮修志的通知》要求、邯郸市地方志办公室关于开展二轮修志工作的安排,以及《馆陶县志》编纂委员会成员会议精神,为确保《馆陶县志》第二轮修编工作各项任务如期圆满完成，特制定本工作方案。

一、任务目标

《馆陶县志》二轮修编工作的总体任务是在原《馆陶县志》基础上进行通修，主要任务目标如下：

（一）完成原《馆陶县志》的勘误和修订工作；

（二）完成 1997—2013 年《馆陶县志》所需资料的增补工作；

（三）完成《馆陶县志》照片的整理及新照片的增补工作。

二、阶段划分

《馆陶县志》二轮修编工作共分五个阶段：

（一）准备阶段（2013 年 9 月 15 日至 2013 年 12 月 30 日）

1. 制定二轮修编工作方案。

2. 落实集中办公场所，采购所需办公用品。

3. 完成各项制度的制定及任务的分配。

4. 从相关单位抽调人员集中办公。

5. 完成修志小组人员的组织和培训。

6. 完成原《馆陶县志》的志稿扫描、校对任务。

（二）收集资料阶段（2014 年 1 月 1 日至 2014 年 6 月 30 日）

1. 印发县政府办公室《关于增补〈馆陶县志〉资料的通知》，印制张贴《县政府关于面向社会征集〈馆陶县志〉资料的启事》，在县广播电视台、馆陶县政府门户网等媒体予以刊发。

2. 收集周边县市志书，整理与馆陶县有关的资料。

3. 各单位按照分工完成本单位资料的收集、整理及文稿纂写任务。

4. 地方志办公室工作人员分工负责，收集整理各乡镇（街道）、县直各单位关于上报《馆陶县志》的资料，同时，对面向社会征集的《馆陶县志》资料进行整理并修改完善。

（三）编纂阶段（2014 年 7 月 1 日至 2014 年 11 月 30 日）

1. 分卷集中整理编写录入，完成总纂任务。

2. 完成原《馆陶县志》的勘误工作。

3. 完成新编《馆陶县志》的校对任务。

（四）征求意见评审阶段

1. 完成新编《馆陶县志》评审稿制作并向有关人员发放。

2. 召开由县四套班子领导、老干部、编委会成员、社会名流等参加的新编《馆陶县志》县内评稿会。

3. 根据县内评稿会提出的志稿修改意见进行修改，报送省、市评审。

4. 根据省、市评审会提出的修改意见进行修改。

（五）印刷阶段

1. 送印刷厂印刷，并完成三次校稿任务。

2. 召开新闻发布会，向社会公开发行。

三、职责分工

为便于工作开展，县地方志办公室下设综合协调组、编纂组，各组职责分工如下：

（一）综合协调组

负责组织有关会务、上下联络、后勤保障等协调性工作。责任人：郝立业、王洪强。

（二）编纂组

负责催要资料，来稿的审核、编纂、校对；对原《馆陶县志》进行校对、勘误；值班和办公室内勤等工作。责任人：孙克岩。

各乡镇（街道）、县直各单位负责承担与本单位业务工作相关部分的资料收集、整理任务。由各单位根据工作需要，自行组建工作班子，按照规定时间完成，经单位一把手签字盖章后报送县地方志办公室。

馆陶县人民政府办公室关于增补《馆陶县志》资料的通知

〔2014〕13号

各乡（镇）人民政府，县政府各部门：

按照省、市地方志工作要求，第二轮《馆陶县志（1997—2013）》编纂工作现已全面启动。为加快工作进度，提高志书质量，需要各单位、各部门和全县广大人民群众积极配合。现将有关事宜通知如下：

一、上报资料内容及重点

1. 本单位在全县及以上有重大影响的大事（须具备时间、地点、人物、事件等要素）；

2. 有重要纪念意义和历史价值的文字、图片资料；

3. 本单位在社会上有重大影响的先进人物及重要事迹；

4、能反映建县以来地形变化的新旧照片；

5. 在市级以上媒体发表的与馆陶县有关的作品和论文；

6. 其他有价值的资料。

二、上报形式、时限及审核

1. 文字资料一式两份（附电子文本），图片照片资料一式一份（附电子文本）于

2014 年 3 月底前送交馆陶县《馆陶县志》编纂委员会办公室（县交通局大楼二楼西头会议室，联系电话：4586630，邮箱：xzbgs4586630@126.com）；

2. 口碑和实物资料不作统一要求。珍贵资料，应征人要求退还原件者，经阅录或复制后即予以奉还；

3. 凡达不到质量要求的稿件，要按照《馆陶县志》编纂委员会办公室提出的审核要求，认真进行修改完善，直至符合报送标准。

三、奖惩措施

1. 供稿人名字载入《馆陶县志》；

2. 成书后赠送《馆陶县志》；

3. 不能按时限和标准完成任务的责任单位和供稿人，进行全县通报批评。

馆陶县人民政府办公室

2014 年 3 月 25 日

《馆陶县志》编纂委员会办公室关于面向社会征集《馆陶县志》资料的启事

为贯彻落实国务院《地方志工作条例》和河北省《地方志工作条例》，邯郸市地方志办公室关于开展二轮修志工作的安排，以及《馆陶县志》编纂委员会成员会议精神，县委、县政府于 2014 年 2 月正式启动了《馆陶县志》修编工作。新编的《馆陶县志》上限起源于事物发端，下限止于 2013 年 12 月 31 日，是馆陶县新中国成立以来组织编纂的内容最齐全、跨度时间最长的一部志书。为使新编的《馆陶县志》全面反映馆陶县政治、经济、文化以及社会各项事业发展的历史和现状，根据工作需要，现面向社会广泛征集《馆陶县志》相关资料，具体事项如下：

一、征集范围

（一）与馆陶县历史、政治、经济、文化等有关的专业志、资料汇编、村志、族谱、报刊和私人著作、日记、信札、回忆录等。

（二）反映馆陶县人民各个历史时期，特别是上世纪革命斗争时期的资料。

（三）馆陶县境内各行业的生产发展、创新管理状况和新人、新事、新风尚等。

（四）反映改革开放以来馆陶县农业、农村、农民的各方面发展变化情况（数字、实例、照片、影像）。

（五）有关馆陶县地理和自然灾害的资料。

（六）反映馆陶县民俗、民情、民风等方面的资料，如集市日、庙会、婚丧嫁娶、传统节日、称谓、风俗习惯及方言、谚语、民间轶闻、衣着服饰、日用器具等资料。

（七）历史上为馆陶县作过重大贡献、有影响的革命烈士、英雄模范、能工巧匠、社会名人及科技界、文化界、军政界等重要人物（包括反面人物和非馆陶籍重要人物）的资料。

（八）反映馆陶县历史的古迹，如遗迹、古建筑、古墓葬、古树名花、碑碣、金石书画等实物、图片或文字说明，收藏的历史文献、凭证票券等。

（九）反映馆陶县行政区划、地形地貌、气候、河流、交通、水利、农牧、矿藏分布及行业情况的地图、示意图。

（十）关于对原《馆陶县志》勘误、修订的建议和通修新《馆陶县志》的意见和建议。

（十一）其他自认为可入志的资料。

二、征集资料的时限要求

上限不限，下限至2013年12月31日。

三、征集资料截止时间

自启事发布之日起至2014年4月15日。

四、征集方式

（一）收集的资料可直接送达或邮寄至《馆陶县志》编纂委员会办公室，是电子文档的资料也可通过网络传至《馆陶县志》编纂委员会办公室电子邮箱（邮箱见联系方式）。

（二）虽掌握重要情况，但本人文字整理有困难，或因资料珍贵不便寄送的，可来电、来函或来人联系，我们也可派人上门整理。

五、注意事项

（一）应征资料要求内容真实、准确、具体，老地名应注明今地名，时间应注明原朝代和纪年，人物应注明详细住址。

（二）供稿者须写明真实姓名、工作单位、通讯地址、电话号码等个人信息，以便联系。

六、联系方式

通讯地址：《馆陶县志》编纂委员会办公室（县交通局二楼）

联系电话：0310—4586630

电子邮箱：wxdfz3520357@126.com

联 系 人：王晓然、陈晓利

2014年2月15日

馆陶县人民政府办公室
关于面向社会征集《馆陶县志》有关人物资料的通知

〔2014〕28 号

各乡（镇）人民政府，县政府有关部门：

《馆陶县志》（1997—2013）修编工作已经全面展开，为客观、公正、全面反映馆陶县在新时期的人物面貌，根据工作需要，现面向社会广泛征集相关人物资料，具体事项如下。

一、征集内容

（一）1997—2013 年间过世的馆陶籍及外籍在馆供职，对革命和社会作出较大贡献或声望较高、成绩突出、有一技之长、事迹典型的人物生平资料。

（二）党政界（副地市级以上）。

包括：姓名、性别、出生年月、籍贯、工作单位、职务。

（三）军界（大校以上军衔或相当职务者）。

包括：姓名、性别、出生年月、籍贯、工作单位、职务。

（四）经济、科技（大型企业厂长、经理，有突出成绩的科学家、科技工作者）。

包括：姓名、性别、出生年月、籍贯、工作单位、职务、职称。

（五）文化、教育、新闻、传媒（知名艺术家、知名教授、校长、知名编辑记者）。

包括：姓名、性别、出生年月、籍贯、工作单位、职务、职称。

（六）馆陶县籍博士及更高学位获得者。

包括：姓名、性别、出生年月、籍贯、授予学位大学（国内外）、专业、授予学位时间。

（七）馆陶县 1997—2013 年省部级以上荣誉获得者及全国、省级劳动模范称号获得者。

包括：姓名、性别、出生年月、籍贯、工作单位、授予荣誉称号部门、授予荣誉称号时间。

二、注意事项：

（一）收集的资料可直接送达或邮寄至《馆陶县志》编辑部，是电子文档的资料也可通过网络传至《馆陶县志》编辑部电子邮箱（邮箱见联系方式）。

（二）虽掌握重要情况，但本人文字整理有困难，或因资料珍贵不便寄送的，可来电、来函或来人联系，我们也可派人上门整理。

（三）应征资料要求内容真实、准确、具体，老地名应注明今地名，人物应注明详细住址。

（四）供稿者须写明真实姓名、工作单位、通讯地址、电话号码等个人信息，以便联系。

三、联系方式

通讯地址：《馆陶县志》编辑部（县交通局二楼西侧）

联系电话：0310—4586630

电子邮箱：xzbgs4586630@126.com；gtxzbjb@163.com

联　系　人：王晓然、陈晓利

馆陶县人民政府办公室

2014年6月23日

前志勘误

一、前志简介

《馆陶县志》（1999年版）自1984—1999年，历时15年，历经七届编纂委员会，于1999年7月由中华书局出版发行。全书140万字，印刷3000册。

该志断限为前602—1996年。全书分建置区划、自然环境、人口、党派群团、政权政协、劳动人事、民政、公安司法、军事、抗日根据地、农业、水利电力、工业、交通邮电、城乡建设、商业、粮油、财税金融、经济管理、教育科技、卫生、文化体育、社会、方言、人物共25篇。篇前有题词、政区图、城区图、有关照片、序言、凡例、概述、大事记。篇尾有附录（包括文献辑存、诗文辑存、碑文墓志）和编修始末。

县志遵守尊重历史、实事求是的原则，运用横排竖写、薄古厚今、纵不断线、横不缺项的方法，达到观点鲜明正确、资料丰富翔实、篇目结构合理、装帧精美大方，成为馆陶人了解馆陶的百科全书，世界了解馆陶的重要窗口，爱国家爱故乡教育的生动教材，各级领导正确决策的可靠依据。

1999年版《馆陶县志》得到各级领导和专家学者的充分肯定和高度评价。于2001年获河北省地方志成果二等奖，并在北京中国历史博物馆参展，同时被纳入《中华人民共和国新编地方志名录》。

二、前志勘误表

页码	误	正
88页倒7行	永年	永乐
88页倒7行	苏、薛、姜、任等	苏、薛、姜、任、杜等
88页倒5行	四	五
108页倒3行	苏	梁
108页倒2行	苏	梁
109页4行	梁	苏
158页倒6行	密	宓
707页21行	武计先	武芝先
722页倒9行	许德生	许得生

页码	误	正
750 页 3 行	临沂	章丘
809 页倒 6 行	（今馆陶）	（今河南）
829 页 6 行	慧	惠
831 页 13 行	（1912—1988）	（1915—1988）
841 页表 2 行	馆陶镇尚沿村、尚沿村	馆陶镇刘沿村、刘沿村
	热河	湖南省湘潭县孟沿村热河
841 页表 16 行		（应删）
903 页表 14 行	阎文申	阎文身

三、前志补充内容

馆陶县高级专业技术职务人员名单：王恒发、刘明文、武聚法、任润箱、高振环、董凤魁、沈洪举、吕仁先、武金海、李永臣、陈占鳌、张金先。

馆陶县置县时间考

1999年版《馆陶县志》记载馆陶县置县于西汉平帝二年（公元2年）。断定一个县的置县时间是大事，故1999年版《馆陶县志》面世以来，一石激起千层浪，赞赏者有之，质疑者亦有之，成为上至领导下至普通百姓都关心的大课题。

续志工作启动以来，现任编撰者一方面广泛收集各方面史料，一方面尽其所能的开展调查研究，力图集思广益，在现有考证条件下，揭开馆陶县置县时间的真实面目。

说置县还得从“郡县制”谈起，“郡县制”指对中国古代实行的中央集权体制下，郡、县二级政权的地方行政制度（类似于行政区划）的总称。据国内大批史学家考证，“郡县制”形成于春秋战国时期，盛行于秦汉。西周时县大于郡，《逸周书作雒》：“千里百县，县有四郡”，《左传》哀四年：“克敌者，上大夫受县，下大夫受郡”。春秋时代一些诸侯国为了加强管理而置县和直接任命一些不得世袭的官员为地方官。后来晋又在国内置郡。由国君任免地方官，这种制度使分散的权力层层集归中央，防止因分封而导致分裂，至战国时代这种制度逐渐为各强国采用，逐渐减少分封于贵族的地区。而秦代为中国历史上最早在全境推行“郡县制”的朝代。在郡县制度下，全国共设三十六郡，每郡有守（相当于省长）、尉（相当于防区司令）和监（相当于监察专员）各一。郡下辖县，郡（守）与县（令）由皇帝直接任命。汉代仍承袭这个制度，形成州郡县三级行政管理。

秦朝建立后，秦始皇为加强中央集权，控制地方，全国设36郡（后增至40郡），平均每个郡辖20左右个县，可惜的是，全国700多个县名没有文字记载。战国时赵国的都城邯郸为邯郸郡，这个时候，古地名馆陶是不是就顺理成章地被设置成县名呢？故馆陶在秦朝甚至在郡县制形成的春秋战国时期存在置县的可能。

西汉建立后，一方面分封诸侯王，同时也继承了秦代以来的“郡县制”，东汉史学家班固在《汉书·地理志》第八上记载：“魏郡，高帝（刘邦）制……县十八。”说明魏郡是汉高祖刘邦设置的，馆陶是其中一个县。《汉书·地理志》虽不见馆陶何时置县，但魏郡的设置时间是明确的。《水经注》卷十《浊漳水经》记载：“汉高帝十二年，置魏郡，治邺县。”汉高帝十二年置魏郡，时辖县有馆陶，说明汉初即已置有馆陶县，这充分说明馆陶县的置县时间最迟于汉高帝十二年（公元前195年）甚至更早。

大名县文史学者桂世辉先生在《馆陶置县考》一文中，依据罗振玉《贞松堂集古遗文》第65图戈，和检《殷周金文集成》第11354号器（亦为一件戈），根据这两件戈上的铭文把馆陶置县时间推断到了战国，桂世辉先生观点新颖，论据充分有力，唯一可惜的是这两件戈的铭文里最为关键的一个字出现了缺失，但至少为馆陶置县上推到战国成为可能。

综上所述，依现有考证条件，馆陶县置县时间可以断定在汉高帝十二年（前 195 年）之前，至于是在秦代还是更早的春秋战国时期，都存在置县的可能，相信这个问题会随着考证的进一步深入及后人的不断努力得以解决。

（作者：馆陶县地方志办公室）

馆陶县迁民时间考

1999 年出版的《馆陶县志》把馆陶县村庄迁民时间除少数几个村庄外，统一定为明永乐二年（1404 年），续志编辑们广泛搜集史料，认真深入村庄调查，几经考证后，认为明永乐二年（1404 年）的迁民时间是值得商榷的，理由如下：

一、根据《明史》《明太祖实录》《明太宗实录》《续文献通考》《日知录》《古大槐树志》《洪洞县志》记载，明初从山西往外大规模移民十八次，其中往山东地区移民，大规模的有四次，明洪武年间两次，明永乐年间两次（馆陶县在明代隶属山东东昌府）。在上述史志及山东大量家谱、碑文及地方志的记载中，明永乐年间，从山西迁往山东东昌府的移民较多，其中永乐二年（1404 年）仅是其中规模较大的一次，《明太祖实录》卷一九七明确记载："山西贫民徙居大名、广平、东昌三府者凡给田二万六千七十二顷。"馆陶时属东昌府一个县，且地处大名、广平、东昌三府交界地域，因战乱平原空旷，沃土待耕，自然会在迁民之列。因此，不能笼统的把馆陶县绝大部分村庄的迁民时间都定为永乐二年（1404 年）。

二、编者通过走访村庄村民，查阅家谱，了解到每个村的人口代数是不一样的，甚至有很大差距，一些村如房寨镇的西孟良寨村的胡姓自迁民至今有 17 代，中孟良寨村的梁姓有 15 代，东孟良寨的王姓有 19 代。据寿山寺乡寿东村张家祠堂碑文记载，自山西迁来后，到民国八年（1919 年）张家已经有 14 代了。到 2013 年，张家已经繁衍到 18 代了。县内其他一些村庄有的二十多代不等，有的甚至三十代了。古人以三十年为一世，一世为一代，是很有科学依据的。问题来了，虽说当时的人们生活条件有差别，人口繁衍有快慢，但同为山西洪洞的移民，是不可能同一年迁来却相差那么多代的，只能说明他们是先后迁民到馆陶落户成村的。当然，不排除个别代数多的是原有老居民，这种现象毕竟是少数，又另当别论了。

三、明初大规模迁民后，小规模的移民持续了半个多世纪，馆陶与山西洪洞一代的联系不断加深，直至清末人口来往十分频繁，有继续来此定居的，也有住不惯返回山西的。编者在西孟良寨村调查时了解到，该村以前有从山西迁来的薛姓，因在此住不惯，又搬回山西安泽县河东村了，据胡存国老人讲述，他在上世纪六十年代闹灾荒年时还专门去山西安泽县河东村看过薛家的人呢，这是两地人口交流的实证，可见把馆陶县绝大部分村庄的迁民时间统一定为永乐二年（1404 年）是不够准确的。

综上所述，馆陶县村庄的山西迁民是以明初大规模迁民为基础，陆续迁移而来的，不能笼统的统一断定为明永乐二年（1404 年）。

（作者：馆陶县地方志办公室）

馆陶置县考

馆陶建置问题，《旧唐书》《馆陶县志》认为是西汉置县。释读战国时期的馆陶令戈刻铭，考证得出馆陶为赵国置县，置县时间不晚于赵惠文王三年（前 296 年），其最初置县可能是在赵敬侯末年、成侯初年。

馆陶县位于河北省东南部，隶属邯郸市。馆陶历史悠久，作为县名，自西汉迄今，历经两千多年始终未改，这在全国并不多见。馆陶置县始年是馆陶历史的第一步，对于馆陶县有着莫大的意义。然馆陶何年置县未有定论，故撰文予以探讨。

一、典籍所见关于馆陶置县的记载

《旧唐书·地理志二》作：“馆陶，汉县，隋因之”。[1] 不详何年。《元和郡县志》魏州下作：“本春秋时晋地冠氏邑，陶丘在县西北七里。《尔雅》曰：‘再成为陶丘。’赵时置馆于其侧，因为县名。汉属魏郡，魏文帝改属阳平郡。”[2]《太平寰宇记》与《元和郡县志》记载相同。地方志是一地的“百科全书”，详细记载当地的历史、地理、人口、赋税、物产、名胜、人物、艺文以及大事记等的文献，明万历《馆陶县志》今仅存有卷三，清康熙、乾隆又两次编修《馆陶县志》，光绪年间又编有《馆陶乡土志》，但是以上四部文献均不载馆陶何时置县。1936 年修撰的《馆陶县志》仅作“汉置馆陶县，属魏郡。”[3] 也不详何年。1999 年新版的《馆陶县志》首次明确提出“平帝二年（2 年），始设馆陶县，县治在今冠县东古城。”[4] 但是，汉平帝二年说有误。

《汉书》卷二十八《地理志第八上》魏郡下云：“魏郡，高帝置。……县十八：邺，故大河在东北入海。馆陶，河水别出为屯氏河……。”[5]《汉书·地理志》不重视郡、县的始建年代，往往明见于记载而不提，此外对于西汉县的设置与改名的记载也是比较模糊的。《汉书·地理志》虽然不见馆陶何时置县，但是魏郡设置的时间是明确的。《水经注》卷十《浊漳水注》云："汉高帝十二年，置魏郡，治邺县。"[6]汉高帝十二年置魏郡，时辖县有馆陶，说明汉初即已置有馆陶县，汉平帝二年说不成立。

除文献外，西汉竹简亦可证汉初置有馆陶县。张家山汉简《二年律令》第459简中有县名"馆阴"，释文作"地望不详。"周振鹤认为馆阴"应读为馆陶，隶书阴与陶常混"[7]。刘钊也认为"秦汉时期'阴''陶'二字经常相混，这在古文字和典籍中都有例证，所以简文'馆阴'其实就是馆陶。"[8]。"馆阴"即"馆陶"为学界认可。《二年律令》是吕后二年（前186年）颁行的法律，很显然，馆陶在汉初即已置县。正因如此，汉平帝二年说并不为当地文史工作者采信。

考稽载籍，未见汉初何年置馆陶县，依靠现有文献考证馆陶置县陷入困境。何慕在其博士论文《秦代政区研究》中依据考证的秦郡及对秦郡边界的考证，条列秦河内郡的属县中有馆陶县，其认为馆陶为秦县是因为《二年律令》"中有内黄、繁阳、邺、馆陶、涉、武安六县。这六个县《汉志》属魏郡，汉初不在赵国范围内，逆推至秦代很有可能不属邯郸郡。"[9]馆陶为秦县的结论，为进一步考证馆陶置县提供了的余地。

二、馆陶为战国时期赵国置县

今之馆陶县春秋属晋国冠氏邑，战国初属魏，后属赵。作为一级行政区划，县的设置始于春秋。《左传》鲁僖公三十三年（前627年）载晋文公赏胥臣以"先茅之县"，这是晋国设县最早的记载。馆陶置县不会早于春秋。公元前493年晋国卿大夫赵鞅在同邯郸赵氏、范氏、中行氏作战时，在前线誓师大会上宣布："克敌者，上大夫受县，下大夫受郡，士田十万，庶人工商遂，人臣隶圉免。"[10]这说明赵鞅在其领地内已经普遍实行郡县制，大多县名因赵国历史丧失，文献缺载失考，文献可见赵国置县者中没有馆陶县。先秦简牍、器物等出土文献的问世，以其真实性成了传世文献的有益补充，也为解决馆陶置县难题提供了突破的可能。文献虽然不载赵国置有馆陶县，然见于器铭。罗振玉《贞松堂集古遗文》为青铜器研究史上的集大成之作，内收上古三代至北魏精品数千件，其第65图戈，黄盛璋释读其铭为："四年，馆陶命富反，下库工师王岂，冶禽。"因此戈"陶"上一字右旁仅残存上部，春秋战国时期地名名"陶"的有汪陶、定陶、平陶、安陶，黄盛璋据左旁判断此字与"汪""定""平""安"皆不同，只能是"馆"。下库以赵国兵器所见最多，魏国仅首都大梁有上库，地方未发现有下库，所以定此戈为赵国所造。[11]戈铭中的"命"字在三晋青铜礼器和兵器铭刻中常见，"命"即"令"，命、令本是一字之分化，官名令在三晋文字多作"命"，[12]令是县的长官，所以令前的馆陶是县名。后晓荣先生亦指出，赵国兵器铭文中"×× 令"表明这些城邑为赵国置县[13]。故罗振玉所藏戈证实了战国时期赵国置有馆陶县。

罗振玉所藏馆陶令戈并非孤证，检《殷周金文集成》，第11354号器亦为一件戈，其铭为"三年□陶令富反，下库工师王岂，冶禽。"陶前一字留白不释，《殷周金文集成释文》释作“鈖”。[14] 因赵国置有汪陶县，故有学者释此戈为“三年汪陶令戈”[15]。传世的战国三晋古玺中赵国玺印有“汪陶右司工”，[16] 玺印中的“汪”与《殷周金文集成》戈铭中的“鈖”字形相差甚远，释为“三年汪陶令戈”明显有误。比对罗振玉所藏的“四年馆陶令富反戈”与《殷周金文集成》第11354号器戈，铸造时间相差一年，其他铭辞一致，细审之，“鈖”应释为“馆”为是。《殷周金文集成》11354号器实为三年馆陶令戈。

两枚馆陶令戈充分说明馆陶为赵国置县，若能考证出馆陶令戈所属的王世，将进一步接近馆陶置县的时间。

根据《殷周金文集成》《近出殷周金文集录》《近出殷周金文集录二编》《新收殷周青铜器铭文暨器影汇编》四部金文总集中搜集、统计的结果，赵国铸造的戈共30余件，时间跨度自赵肃侯至赵孝成王时期，主要铸造在赵惠文王和赵孝成王时期。这些戈以中央官署铸造居多，地方铸造较少。地方铸戈中，铭辞格式与三年馆陶令戈相同的有赵武灵王九年蔺令陲脐戈，其铭为“九年，蔺令陲脐，上库工师邢新，冶同。”[17] 赵惠文王二年平陶令范昊戈，其铭为“二年，平陶令范昊，工师足口，冶尤狱。”[18] 其他地方铸戈，如赵肃侯□九年蔺令戈，其铭作：“□九年蔺戈□贯府铸戈。”[19] 赵惠文王廿七年安阳令戈，赵孝成王二年邢令戈、十七年邢令戈等，较三年馆陶令戈或铭辞格式不同或铭辞为繁，多“执剂”等字。再检赵惠文王早期纪年戈，八年兹氏戈铭为“八年兹氏令吴庶下库工师长武。”[20] 六年庠令戈铭为“六年庠令肖韩下库工师天。”[21] 其铭辞只有督造和主造人，与三年馆陶令戈相比，无负责铸造的冶工。综合以上，推断三年馆陶令戈铸造时间为赵武灵王三年（前323年）或赵惠文王三年（前296年）。也就是说，赵国置馆陶县不会晚于赵惠文王三年（前296年）。

三、馆陶为赵敬侯末年、成侯初年置县

馆陶县名源于赵王所置的驿馆。《元和郡县志》卷十六馆陶县下云：“陶丘在县西北七里……赵时置馆于其侧，因为县名。”因赵王置馆于陶丘一侧，故名馆陶县。据考证，陶丘在今馆陶县浅口村西南，赵王所置驿馆在今馆陶县武范庄村东的大运河东侧[22]。赵国馆陶县的治所应在赵王所置的驿馆，赵王为谁文献不详。

馆陶既然为赵国置县，首要厘清馆陶何时属赵。韩赵魏三家分晋后，赵敬侯元年迁都邯郸，并向东南扩张，六年（前381年），攻取魏棘蒲（在今魏县南）。八年（前379年），赵袭魏河北，烧棘蒲，拔黄城（今山东省冠县黄城村）。馆陶在棘蒲、黄城以北，应是在此时由魏属赵。之后未见赵魏在今馆陶周围的争战记载，说明馆陶直至赵亡未再改属。

最初的县都设在边地，《淮南子·主术》高诱注云：“县，远也”。县本来设置在一国的边境，其目的是为了加强防守，具有边防重镇的作用，后来才扩展至内地。赵国开疆拓土后出于巩固战果的需要必定设县管辖，赵敬侯攻占黄城四年后卒，公元前374年，其子赵成侯即位，故馆陶在赵敬侯末年、成侯初年置县的可能性最大。这个推论尚有待于出土材料的证实。

综上所述，现有的古文字资料虽然暂时无法解决馆陶何时置县这个问题，但是为我们提供了馆陶为战国时期赵国置县的确切例证，丰富了战国时期赵国的县名内容，修正了《旧唐书》等文献的记载。吴良宝在《战国文字所见三晋置县辑考》一文中指出，“秦、汉初所立之县多因战国旧制”。[23] 馆陶为赵县的结论，也为吴良宝的论断提供了一个例证。

（作者桂士辉，大名县政协文史委主任）

【注释】

[1] 后晋·刘昫：《旧唐书》，中华书局，1975年版，第1494页。

[2] 唐·李吉甫：《元和郡县志》，中华书局，1983年版，第449页。

[3] 丁世恭修、刘清如纂：《馆陶县志》，1936年刊，台湾成文出版社1976年影印，第65页。

[4] 任润刚主编：《馆陶县志》，中华书局，1999年版，第9页。

[5] 汉·班固撰，唐·颜师古注：《汉书》，中华书局，1964年版，第1573页。

[6] 北魏·郦道元撰，陈桥驿校释：《水经注校释·浊漳水注》，杭州大学出版社1999年版，第180页。

[7] 周振鹤：《<二年律令·秩律>的历史地理意义》，《学术月刊》2003年第1期。

[8] 刘钊：《<张家山汉墓竹简>释文注释商榷（一）》，《古籍整理研究学刊》2003年第5期。

[9] 何慕：《秦代政区研究》，复旦大学2009年博士论文，第38、117页。

[10] 春秋·孔子著；左丘明撰《春秋左传》，北方文艺出版社，2013年，第706页。

[11] 黄盛璋：《新发现的屯氏三孔币与相关问题发覆》，《中国钱币》1993年第4期。

[12] 何琳仪：《战国古文字典》，中华书局，1998年版，第1145、1146页。

[13] 后晓荣：《赵国置县考——以赵国兵器铭文和玺印考古资料为主》，《邯郸学院学报》2012年第2期。

[14] 中国社会科学院考古研究所：《殷周金文集成释文》第六卷，香港中文大学中国文化研究所出版，2001年，第524页。

[15] 吴良宝：《<中国历史地图集>战国部分地名校补》，《中国历史地理论丛》2006年第3期。

[16] 罗福颐：《古玺汇编》，文物出版社，1981年版，第16页。

[17] 刘雨、严志斌：《近出殷周金文集录二编》，中华书局，2010年版，第1215器。

[18] 刘雨、严志斌：《近出殷周金文集录二编》，中华书局，2010年版，第1219器。

[19] 刘雨、严志斌：《近出殷周金文集录二编》，中华书局，2010年版，第1190器。

[20] 中国社会科学院考古研究所:《殷周金文集成》第六卷，香港中文大学中国文化研究所出版，

2001 年，第 512 页，第 11323 器。

[21] 中国社会科学院考古研究所:《殷周金文集成》第六卷，香港中文大学中国文化研究所出版，2001 年，第 512 页第 11320 器。

[22] 关于陶丘和驿馆地望的考证，见《赵国陶丘地望考——兼论馆陶县历史上失载的两座县治》，《邯郸职业技术学院学报》2014 年第 4 期。

[23] 吴良宝 :《战国文字所见三晋置县辑考》，《中国史研究》，2002 年第 4 期。

子夏设教馆陶西河寨

我的“跟着孔子去旅行”活动，从2012年开始，到现在已经进行了四次。我重走孔子路，主要考察孔子及其弟子的行迹，以及儒家文化遗存。馆陶之行是第三次，主要考察孔子弟子设教西河寨一事。

西河寨这个村名，与黄河有关。当时黄河的走向与现在不同，在河南濮阳以西开始北流，在西河寨村西流过，从天津入海。这段南北走向的黄河称西河，西河寨一名就由此而来。据光绪十九年（1893 年）《馆陶县志》载 :“黄河，汉武帝元年黄河决馆陶，成帝时复决馆陶。今河绝，故道存焉，在县西南西河寨西。”西河寨村原属西河寨乡，后来被撤销，划给了房寨镇。该村在县城西南，距县城约 30 公里远。

2015 年 12 月 9 日 11 点左右，在馆陶县地方志办公室有关人员陪同下，我们到达了西河寨，看到在村子中间的位置立有一通碑，上书“卜子祠”三字，上款书“河寨四村张氏家族制”，下款写的是“丙戌年（2013 年）四月初六日”，嵌在一座碑楼里。经了解得知，西河寨村原本是一个村子，是馆陶县内最大的自然村，东西长约 5 华里，南北宽约 3 华里，人口 9700 余人。姓氏主要有闫、宋、王、张、孟、刘等。由于人口的增加，现在分成了 5 个村，分别称河寨一村、二村、三村、四村、五村，子夏祠在四村。因村里张姓居多，由于对先贤的崇敬，由其家族集资，树立了这通碑，为当年子夏西河设教保留了唯一的一点文化遗迹。早在 2002 年，县政府还立了一通“卜子祠遗址”碑，立在西河寨小学院内，后来移到了县里的魏征纪念馆。

我们在看“卜子祠”碑的时候，河寨联校校长闫相海向我们简单介绍了有关情况之后，就领我们去学校。学校不远，我们很快就到了学校门口，这里聚集了很多人，都是来接孩子的。门柱子上挂着块牌子，上面写着“馆陶县房寨学区联合小学”。校园很宽敞，有一个很大的操场，前边两趟平房是教室，主楼是一座三层楼，在校园的最后面。墙上写满了立志警示的标语，还有《弟子规》《二十四孝》等内容。闫校长指着教室下层的砖说：

“这些砖就是拆卜子祠砌的。”我问卜子祠什么时候拆的，他说是“文革”时期。我问卜子祠的具体位置在什么地方，他说在立碑那个地方往前一条街的北面，我请他领我们去看看，他痛快地答应了。

我们一起走出学校，他上了我们的车，拐进一条很泥泞的小路，因路不好走，车开了一段停了下来，我们走了过去。路边有栋房子，看样子是个建材商店。从屋里走出一位妇女，闫校长介绍说，她家的位置就是当年的卜子祠，主人姓武名庆明。我想跟她在她家的房子前合张影，她说啥也不肯，笑着走开了。看着泥泞的道路，已经没有任何卜子祠痕迹的房屋，内心不免涌起一种莫名的悲哀，为孔子弟子子夏感到悲哀。

子夏西河教授，是子夏一生中最为亮丽的一笔。《史记·仲尼弟子列传》载：“孔子既没，子夏居西河教授，为魏文侯师。”

对魏文侯拜子夏为师一事，明无名氏所著《七十二朝人物演义》一书中，有精彩的描述：

文侯离舟就车，一霎时早到子夏门首，文侯令侍者通报。子夏正与众弟子讲究诗书，闻得文侯驾到，心甚疑惑，只得率了群弟子出门相迎。文侯即忙下车，同入中堂，见礼已毕，子夏便道：“臣孔门后学，远处乡僻，敢烦君侯枉驾，有失远迎，负罪殊甚。”文侯道：“寡人此来非为别事，只因菲才劣德，不能治安国家。特来拜从夫子门下专求教诲，惟祈不吝是荷。”即命随臣捧过礼币送与子夏，子夏再三辞道：“主君为千乘之主，卜商不过一草茅之士。且从古至今，未闻有君师其臣之礼，恐贻外国之议，冒罪敬辞，伏乞主君详察。”文侯道：“礼贤下士，君之常也。夫子为圣门高弟，自是不同。况寡人初荷殊封，非他国世爵可比。凉才薄德，正宜大贤教诲，此寡人至意，夫子何必固辞。”子夏勉强收了礼物，文侯要行拜礼，子夏再四不肯，只得长揖就坐。文侯便问内修文德、外修武备之事，子夏细细讲了一遍。

子夏不但为魏文侯师，而且还有一大批出类拔萃的弟子。《后汉书·徐防传》李注引《史记》佚文曰：“子夏居西河，教弟子三百人。”《史记·儒林列传》亦有载：“如田子方、段干木、吴起、禽滑釐之属，皆受业于子夏之伦，为王者师。”可见子夏西河教授，为一时之盛，形成了历史上著名的“西河学派”。

不过子夏所教授的西河，却是个十分复杂的问题，由于历史的久远，导致诸说歧出。吕世宏在《卜子夏“西河设教”辩》中指出：“子夏设教的魏国西河地区究竟是哪里，唐代史籍有两处记载：一是山西汾州，一是陕西韩城。清末以来，考证颇多，先后有人否定了汾阳说和韩城说，认定是河南安阳。最早否定汾阳说的是清代著名学者清《汾州府志》的主撰戴震。他在《答曹慕堂给事书》一文中提出子夏西河在韩城不在汾阳的观点，他认为①汾州近汾远河，是汾上不是河上。②汉兹氏在离石东，离石属赵，所以汾阳属赵。③汾州设立西河郡始于北魏。④韩城也有石室遗址。⑤芮城有段干木冢，所以孝义段干木墓是不知‘谁氏之垄’，当为附会。民国时期史学家钱穆在其《先秦诸子系年》一文中，不仅否定汾阳，也否定了韩城说，‘孔子弟子不出鲁、卫、齐、宋之间。孔子死，而子夏居齐、卫，子游、子张、曾子在鲁，何以子夏独僻居郃阳、韩城，黄河之西，教授其地？事殊可疑。则韩城郃阳之石室，犹之谒泉之石室，谓子夏居之者，胥出后人附会，不足信也。《隋图经》：安阳有西河，即卜子夏、田子方、段干木所游之地，以赵、魏多儒，在齐、鲁、邹之西，故呼西河’。”（《吕梁高等专科学校学报》，2007 年第 3 期）除了以上诸说之外，还应再加上馆陶一说。

子夏在馆陶西河寨设教的可能性是有的。子夏在此办学，培养了许多经世治国之才，其中最值得一提的就是他的大弟子段干木。子夏把段干木推荐给魏文侯，魏文侯对段干木给予了极高的礼遇，淡泊名利的段干木虽然最终也没有出仕，但魏文侯的这一片至诚在当时产生了巨大影响。刘向在《新序·杂事》中写道：“居无几何，秦兴兵欲攻魏，司马唐且谏秦君曰：‘段干木，贤者也，而魏礼之，天下莫不闻，无乃不可加兵乎？’秦君以为然，乃案兵而辍，不攻魏。”此事也为魏文侯赢得了不朽的后世名声。段干木的故里在邱县郝段庄，他的墓在山东冠县北馆陶，魏文侯为他建的礼贤台在魏县，这些地方，都在馆陶周围。种种现象说明，段干木拜子夏为师，很可能就是在西河寨。

子夏去世以后，人们为了纪念他在此办学的业绩，建起了卜子祠，成为当地文明开化的标志，受到了历代人们的呵护与关爱，生生不息，一直流传到今天。方志上关于卜子祠的记载，主要有三：

一见光绪十九年的《馆陶县志》：“在城（今山东冠县北馆陶）西南七十里河寨村，有一庙，其貌巍巍。内有藏经阁，即子夏设教西河处。”

二见光绪三十四年（1908 年）刊印的《馆陶乡土志》：“卜子祠在城西南七十里西河寨村，西河有卜子祠，庙貌巍巍，河堤皆古。后世谒庙堂者，未尝不叹文学之教，上之如日星经天，下之如江河行地矣……《礼记·檀弓篇》云：‘曾子谓子夏曰：“吾与汝事夫子于洙泗之间，退而老于西河之上。”’西河，古魏地也，魏，大名也。馆陶县西河寨，去魏县城五十里……魏县东二里有礼贤台，即魏文侯礼段干木处；魏县城东北有尊经阁，即子夏设教西河处。”

民国十五年（1936 年）版《馆陶县志》亦有载：“卜子祠，在城西南七十里西河寨村。其貌巍巍，春秋至祭。《礼记·檀弓篇》云：‘曾子谓子夏曰：“吾与汝事夫子于洙泗之间，退而考（老）于西河之上。”’西河，古魏地，大名府西有魏县，去西河寨五十里。《大名府志》：‘魏县东有礼贤台，即魏文侯礼段干木处；东北有尊经阁，即子夏设教西河处，后相沿为卜子祠。’”在此县志内，还保留了一张卜子祠照片，成为目前我们能够看到的唯一关于卜子祠的视觉资料。

当地学者刘士亭曾对卜子祠进行过多次实地考察，他写道：“近几年，我曾多次去西河寨考察。该村是一个拥有5000多人口的大古村镇。村西三华里有一条南北走向的黄河故道。村中间路北有一处占地五亩的卜子祠遗址。据老人们介绍，清朝时期，人们都说是文庙。卜子祠大殿里供奉着孔子、子夏的塑像，院内有数通大石碑。解放后，这里成立了卜子祠小学，后来又扩建为高级小学。2002年9月，馆陶县人民政府在这里树立了‘卜子祠遗址’碑。”（刘士亭著：《馆陶历史研究·子夏讲学“西河”应为河北省馆陶县西河寨村》）

为此，胡志祥先生也曾进行过调查，他在给我的微信上说：“据该村73岁村民王章林回忆，解放后，文庙变成了学校，他和本村孟令廷在那里上过学，”又说：“文庙有近两亩地大，一进二的院落，他们就在庙里上学。第一进院落有三间正房，通过正房可进入第二个院落。第二个院落内有正房大成殿三间，当时殿内的供像已没有了，他们在正殿上学。院西侧有配房三间，东侧立有一大石碑，有字，后碑流失，不知内容。1967年，文庙被拆除，盖成了学校。约20世纪80年代，学校位置归村民武庆民所有，新盖了民房。”胡先生的调查，是对刘士亭先生的进一步补充。

我去馆陶，来去匆匆，想写篇关于卜子祠的文章，实在是力不从心，便把电话打给邱县杨凤奎先生，请他帮忙，他向我推荐了馆陶的马月起先生。马先生十分负责，复印了一些旧方志上的有关资料，还传来一篇刘文谦写的《馆陶县西河寨村庙会》的文章，文中记述了该村以卜子祠为基础形成的庙会，详细地介绍了庙会的祭祀过程。因卜子祠已不复存在，这种祭祀活动也随之消失，刘文谦的这篇文章，就显得十分珍贵了，因此，我把其中关于祭祀的内容，载录如下：

西河寨庙会与众不同的祭祀活动在于不祭拜鬼神，而是祭拜子夏及其先师孔子，每年春季和秋季都要祭祀。西河寨村的庙会有四个，分别为农历正月十六、三月十三、七月十八、十月二十五，但以三月十三和七月十八的庙会最为隆重。据说，每年这两个庙会时节，都要举行盛大的祭祀活动。祭祀时，祭品有猪、牛、羊三牲。祭典从夜半子时开始。主祭穿古代祭服，由鸣赞、引赞引导，身边跟随手罩、提炉、纱灯、跟班等人。先在杏坛磕头，然后由侧面走到大殿前的平台台阶，到大殿门口，提炉、纱灯留下，跟班随主祭进。大殿拜台人员，有主祭官、陪祀官、分献官、通赞、引赞、鸣赞、读祝生、乐舞生组成。执事者各司其事，主祭官司就位，分献官就位，陪祭官就位。文东武西，瘗毛血，司毛血生将毛血捧从中门出，埋于西隅坎内。收生馔盖，举迎神乐，奏《咸平》之章。乐作，引赞唱：诣西北神隅。引一众官吏、文人、士绅至。神降复位。通赞唱；参神。鸣赞唱：跪，叩首。行三跪九叩礼。兴，平身。众官俱立。乐止。通赞唱：行初献礼，奏《宁平》之章。引赞唱：诣盥洗所，浴手，净巾。诣酒尊所，司尊者举酌酒升坛。

导承祭官由东阶上，入殿左门。诣至圣先师孔子神位前，跪，叩首。行一跪一叩礼。兴。奠帛。捧帛生以帛跪进，承祭官接帛拱举立献案上。献爵。执爵生以爵跪进，承祭官接爵拱举。立献正中。跪叩首，兴，不赞。诣读祝位跪。鸣赞唱：众官皆跪。引赞唱：读祝文。读祝生至祝案前一跪三叩，捧祝版立于案左。跪，读祝。读毕，捧祀版至正位前，跪，安帛匣内，三叩首，退。乐作。引赞唱：叩，兴。承祭及各官行三叩礼。礼成。

子夏什么时候来到西河寨讲学，刘士亭先生这样写道："孔子推荐子夏到莒国协助国君主持内外事务。子夏遵师命在莒国勤奋工作，虽然做出了一些成绩，但对官场上错综复杂的矛盾，勾心斗角的阴谋诡计，感觉很不适应。社会实情使他认识到，不论是官吏还是平民百姓，都很需要接受文化知识和思想道德的教育，子夏产生了离政从教的思想，但碍于老师的推荐，当时不好意思提出辞职，直到孔子去世，子夏才辞职从教。为了寻找一处合适的讲学地点，子夏进行了长时间的实地考察，最后定在魏国的黄河与济水之间的西河。"（《馆陶历史研究·子夏讲学西河寨》）这话值得商榷。

子夏跟随孔子周游列国归鲁之后，曾一度出任莒父宰，此事见于《论语·子路》："子夏为莒父宰，问政。子曰：'无欲速，无见小利。欲速则不达，见小利则大事不成。'"但时间很短，又回到孔子身边，协助孔子整理六经，此事在许多典籍中均有记载。《后汉书·徐防传》载："《诗》《书》《礼》《乐》，定自孔子，发明章句，始于子夏。"宋洪迈《容斋随笔·子夏经学》也说："孔门弟子，惟子夏诸经独有书，于《易》则有《传》，于《诗》则有《序》，于《礼》则有《仪礼·丧服》一篇。"《易经》有《子夏易传》，传为子夏所作，是《易经》最古之版本。《诗经》有《诗序》，多数人认定为子夏所作。《汉书·艺文志》记载曰："(《诗》)有毛公之学，自谓子夏所传。"三国陆机《毛诗草木虫鱼疏》云："孔子删《诗》，授卜商。"说到《春秋》，跟子夏的关系尤为密切，《史记·孔子世家》载："至于为《春秋》，笔则笔，削则削，子夏之徒不能赞一词。"之所以单独提出子夏，说明子夏的地位超出了其他弟子。《公羊传序》徐彦疏引《戴宏序》，谓《公羊传》出于子夏。陆德明在《春秋谷梁传注疏》中认为"谷梁子受经于子夏"。这说明，"春秋三传"有两传与子夏有关。因为子夏是孔子十大弟子中的文学科大弟子，所以他责无旁贷地成为孔子整理六经的主要助手，他不可能长期离开孔子。魏文侯之所以"受子夏经艺"，就是因为他深知子夏在经学上的造诣，才请他到西河来的。

我分析，孔子去世以后，子夏被魏文侯请去当老师，最初应该在都城安邑（今山西夏县）。后来魏文侯在魏县建第二首都，子夏有时也会到这里来，在西河寨这个地方设馆讲学。

我这里只是提出个问题，供大家讨论。

（作者梅庆吉，北方文化出版社编审、编辑室主任，曲阜孔子文化学院教授）

讲门阀巨鹿称郡望　论籍贯馆陶是故乡

——魏征籍贯考

魏征是一位历史名人，人们对其经历及成就、贡献众口一词的赞誉多，而对魏征故里却有着不同意见，并广有争论。像其它诸多历史名人一样，魏征故里之争长期存在。尤其是近几十年来，因为所谓“名人效应”，关于魏征故里的争论更是不断升温，主要有“馆陶说”“巨鹿说”“晋州说”三种说法。

杜来梭教授积数十年研究之功，于2011年出版《魏征年谱》（科学出版社出版）一书，其“卷一家世邑里”通过严格求证、严肃考据、严密推理，得出的结论比较权威：“概言之，钜鹿曲阳是门阀氏族魏氏邑里，但魏征一家不入其谱，非其族人，云其为此地人乃假冒名门；单称钜鹿人是标举郡望，非指钜鹿县，云其为此县人乃属误解；其祖籍馆陶，幼少时随父居临黄，后返回馆陶，长期居住，故视馆陶为其邑里较得其实。”

一、关于魏征是哪里人的问题，较早的史籍表述应该是《贞观政要》，采用了郡望附会籍贯的方式而且是最为尊贵的魏姓郡望“巨鹿郡”，旧《唐书》基本沿用了这种表述方式，虽然是缘于尊重先贤，却也导致后人在理解魏征籍贯故里方面出现了一些麻烦和歧义。

郡望即地望、郡姓。“郡望”一词，“郡”是行政区划，“望”是名门望族。地望，亦即姓氏古籍中常用的“郡望”，指魏晋南北朝至隋唐时每郡显贵的家族，意思是世居某郡为当地所仰望，并以此而别于其他的同姓族人。门阀制度下，姓氏直接影响着一个人的社会地位、婚姻问题，以至前途命运，甚至连日常交往、场面座次亦明确有别，是典型的“以地望明贵贱”，从某种程度上反映了延续古代以氏论贵贱的传统。由于某一姓氏的姓源或发祥、聚集、变迁之地非止一处，于是一姓常常不止一个郡望，但通常以其中一个郡望为主，以区别主从及尊卑。

唐宋时期人们重视郡望，往往对先贤以郡望称之（而不以其真正的籍贯称之），甚而至于以郡望附会籍贯。例如，韩愈（768—824年）字退之，唐代著名文学家、哲学家、思想家，河阳（今河南省孟州市）人，汉族，郡望昌黎（三国魏改辽东属国置昌黎郡，属幽州，治所在昌黎县即今辽宁省锦州市义县），世称“韩昌黎”（难以看到有人称其为“韩河阳”），世称“韩昌黎”（难以看到有人称其为“韩河阳”）。《旧唐书·韩愈传》载：“韩愈，字退之，昌黎人。”再如，北宋中、前期的宋温舒、宋温故、宋湜、宋道一脉宋氏祖籍馆陶，后来迁至京兆府长安，都是北宋名人，按道理讲应该说是“京兆长安人”，或远祖籍贯在馆陶。宋湜官至枢密副使，著名文人杨亿为其撰写的“宋公神道碑铭并序”说：“公讳湜，字持正，其先广平人也。”为什么说宋湜是广平人呢？显然杨亿这位著名诗人指的是宋姓郡望——广平郡，实为“标举郡望”，以郡望附会籍贯，实为对这位先贤在家族、门第上的高抬。倒是元代人编撰的《宋史·宋湜传》的表述才真正为祖籍或故里：“宋湜，字持正，京兆长安人。”还有一个问题：宋姓郡望有京兆郡、西河郡、广平郡、敦煌郡、河南郡、弘农郡、扶风郡、乐陵郡、江夏郡，为什么杨亿采用治在今河北省鸡泽县的广平郡而不用其它？想来有四个原因：一是广平郡作为宋姓郡望排位靠前较为荣崇尊贵，二是宋湜被封为“广平郡伯”，三是广平郡与其祖籍馆陶所在的魏郡紧邻，四是遵从宋湜亲属的意见。

同理，魏姓郡望是古“巨鹿郡”和“任城郡”，以“巨鹿郡”最为著名和尊贵。唐代史学家吴兢编著《贞观政要》，主要是记录和歌颂唐太宗和贤臣魏征，与宋代那位著名的大诗人杨亿的心态一样，当然是以尊敬的态度叙述魏征的籍贯和事迹，虽然魏征的真正籍贯是魏郡（唐代称“魏州”）馆陶，对于魏姓而言是郡望之外不被重视、尊敬的小门小户（源自古任城郡魏氏），仍说：“魏征，钜鹿人也。近徙家相州之内黄。”这是典型的“标举郡望”（曲阳县即今河北省晋州市是古巨鹿郡魏姓邑里），以最尊贵的郡望附会籍贯。当然这与真正的故里、籍贯并无瓜葛。后来旧《唐书》沿用唐代史籍，基本采用了《贞观政要》以魏姓郡望——巨鹿郡附会其籍贯的表述：“巨鹿曲城人”。显然讲的并非魏征的真正故里。

时过境迁，唐代重郡望的风俗习惯、社会意识后来不断淡化和改变，对于古籍上这样的表述，后世的人们渐渐由不常见到不熟悉，再到不习惯，最后甚至不理解，于是在魏征的故里和籍贯方面产生了歧义。元、明、清以后各地开始编写地方志书，一些人更是不加分析地简单抄写，或无意（对唐代重郡望的社会习惯真的不理解），或有意（是被所谓“名人效应”迷了心窍），热衷于把一些名人拉到本地来，并自以为有确切的根据，甚至在古人以郡望附会籍贯的基础上再拿一些民间传说故事来附会、印证。对于魏征这位初唐名相，有的人在旧《唐书》和《贞观政要》的字面意思上执迷不悟，一味在古巨鹿郡范围内考证魏征的故里和籍贯，有的人甚至狭隘地把《贞观政要》、旧《唐书》中所谓“巨鹿人也”理解为“巨鹿县人”，不知不觉间走上了歧路。

已故北京大学教授、隋唐史研究专家汪篯先生曾就魏征籍贯“巨鹿说”表示过不同意见：“……李延寿修《北史》约在贞观年间，其时魏征正大蒙太宗宠信，故其叙事，恐多溢美。其所言长贤即魏收族叔，似亦不可信。魏征一家，照推测应是一小族。”（《隋唐史论稿》第134页，社会科学出版社，1981年1月版）

福建泉州编印的《魏氏大宗谱·北齐魏长贤公支派》所载客观直接：“任城魏氏世谱按《元和姓纂》所述：乃无知曾孙不害生，汉任城太守，因家焉。”“衡公：汉兖州刺史。

北（按应作曹）魏为吏部郎，迁尚书郎，有名当世，始居馆陶，为馆陶魏氏之祖。”“长贤公：彦公之子也。贞观七年，赠定州刺史。子二：曰征，曰攸。附注：长贤公之谱系，据北史表、唐书世表及元和姓纂三书，独列魏长贤为馆陶之族。”以上记载表明；馆陶魏氏是任城魏氏的分支，与巨鹿魏氏并无直接的亲族关系；魏征之父“魏长贤为馆陶之族”。

二、宋人欧阳修、宋祁编撰《新唐书》，从为历史负责、为先贤魏征负责的角度出发，以严肃、严谨的史学态度，在文字表述上改变《贞观政要》和旧《唐书》的做法，作出魏征籍贯是唐代魏州馆陶县的正确表述，是明确的、可信的、可敬的。

《新唐书·魏征传》明确表述：“魏州曲城人”。《新唐书》“魏州”条目载：“魏州，所属户十五万一千五百九十六，口百一十万九千八百七十三，领县十四：贵乡、元城、魏、馆陶、冠氏、莘、朝城、昌乐、临河、洹水、成安、内黄、宗城、永济。”那么，唐朝时的魏州辖境，对应现在的区域，应包括哪些县呢？查《辞海》（1999 年版）“魏州”条目，魏州不包括今巨鹿和晋州，却包括今馆陶。《新唐书·宰相世系表》进一步具体列出了“馆陶魏氏”的“家谱”：“馆陶魏氏，本出汉兖州刺史衡，曾孙珉始居馆陶。”明确表明：魏征是其家族迁居魏州馆陶后的第六代。

新、旧《唐书》对魏征籍贯的表述大相径庭，谁对谁错？哪个可信？有人举出《贞观政要》与《旧唐书》相一致来证明《新唐书》是错的，这一点上文已经分析了，——其实是“标举郡望”，以郡望附会籍贯。所以说，《贞观政要》与《旧唐书》标举郡望，《新唐书》表明邑里，谁都正确，谁也不错，互相并不矛盾。《贞观政要》与《旧唐书》的正确还在于：遵循当时的社会风俗习惯，尊重先贤，通过以郡望附会籍贯的方式抬高先贤的家族门第、社会地位、社会名誉。后人应充分而正确地理解和体谅编著者的良苦用心，不能因为“名人效应”、地方主义的功利目的而执迷不悟甚至将错就错。

支持《新唐书》关于“魏征籍贯是馆陶”表述可信度的还有三点。其一，《新唐书》“志”“表”既创新又严谨，是历史公认的成就和亮点。参加编撰《新唐书》的作者，也都为北宋时期名家高手。欧阳修、宋祁等人在修《新唐书》时，态度也很认真严谨，使得《新唐书》在不少方面胜过《旧唐书》很多。比如，《旧唐书》因撰稿时间仓促，有些转抄自唐实录、国史的痕迹都没能抹掉，存在许多“大唐”“本朝”“今上”不伦不类的字样。宋祁等在修《新唐书》时在体例和笔法、风格上则比《旧唐书》完整、严谨得多。宰相、方镇诸表，也给读者认识唐朝宰相族系（世家大族）的升降和藩镇势力的消长提供了一条线索。著名史论家王鸣盛在《十七史商榷》中说：“新书最佳者志、表。”这是公允的评价。庆历五年，欧阳修和宋祁奉诏编修《新唐书》，联名推荐造诣很深的著名史学家吕夏卿参加。欧阳修还请他往西京查阅、校对唐、五代的奏牍案簿，《新唐书》中的宗室、宰相两个世系表，就是他亲自反复校阅有关资料编成的，所以可信度极高。其二，虽然《新唐书》也有不及《旧唐书》的地方，例如有的《本纪》《列传》失之过简，甚至做了过分的删减，但宋祁撰写的魏征传“魏州曲城人”与吕夏卿做的“宰相世系表”内容一致，说明他们在修正旧《唐书》“巨鹿曲城人”为“魏州曲城”（馆陶）人方面的认识、立场、观点并无二致，不是某一个人脑瓜一热擅自决定的行为。其三，唐代馆陶归属治所在今大名县的魏州，北宋时期馆陶归属治今大名县的大名府，北宋前期大名府及馆陶县人如张琼、柳开、宋白、王沿、王鼎等不少人在朝廷任职并影响较大，北宋名人如欧阳修、寇准、吕夷简、韩琦、刘牧、叶齐、查道等也在大名府或馆陶县做官，宋祁和王安石等早期还曾来到大名府、馆陶县，宋祁曾在这里写下《送王鼎同年尉荥阳》一诗，王安石曾在这里写下《发馆陶》《永济道中寄诸舅弟》等诗篇。所以编写《新唐书》的欧阳修、宋祁、吕夏卿等人比较了解馆陶县及当地历史名人魏征的情况，也查到了一些确实的资料，更充分理解《贞观政要》和旧《唐书》是为了“标举郡望”、有意识地在家族门第上抬高先贤的社会地位，并取得了较为一致的意见，所以才敢于改变旧《唐书》关于“巨鹿曲城人”的表述内容为“魏州曲城人”，所以才能在“宰相世系表”中具体地把魏征世系列入其中：“馆陶魏氏，本出汉兖州刺史衡，曾孙珉始居馆陶。”后面的内容是：魏珉子魏处，赠顺州刺史；魏处子魏钊，字显义，义阳太守，陵江大将军；魏钊子魏彦，字惠卿，光州刺史；魏彦子魏长贤，北齐屯留令；长贤子魏征，字玄成，相太宗；魏征有四子，长子叔玉，次子叔瑜，三子叔琬，四子叔璘；魏叔璘子魏殷，汝阳令；魏殷子魏明，监察御史；魏明子魏凭，献陵台令；魏凭子魏谟，字申之，相宣宗；魏谟子魏潜，字蕴华；魏潜子魏傲。有理由这样认为：改变旧《唐书》的表述是需要有对历史负责的勇气的，如果没有确切的史料证据，像欧阳修、宋祁、吕夏卿这样治学严谨的史学家是绝不会这样做的。

三、隋唐之际的名人薛收到馆陶结交魏征的早期史实，可以证明馆陶是魏征故里。

隋代大儒王通（584—617年）门人弟子记录的《文中子中说》（王通与门人弟子的对话）载：“薛收游于馆陶，适与魏征。归，告子曰：‘征，颜、冉之器也！’征宿子之家，言六经，逾月不出。”从这段记载看，可以至少得出两个结论：

一是王通的弟子薛收曾经游学到馆陶并得以结交魏征，从一个侧面验证：魏征故里是馆陶这一点是可信的。不然，为什么薛收要在馆陶见到魏征呢？尤其是《文中子中说》成书比《贞观政要》还早，当时魏征健在，所以具有较高的可信度。

二是正赶上魏征在家，于是两人结交为友。看来薛收往常对魏征是倾慕的，而魏征平时隐身道观，经常外出云游，联络义士，平时并不容易见到，而薛收这次恰好赶上魏征在家乡馆陶的家里，也可能是在寺庙道观内，就登门拜访前去结交，于是互相认识，成了好朋友。从此，薛收对魏征更是称赞不已，并热情地向魏征推荐自己的恩师，也向恩师推荐自己的好友魏征，致使魏征主动到今山西省找王通，并在王通家居住长达一个多月。

四、孤证难立，宋代之前的古籍资料，除了魏征在世时成书的《中说》记载外，还有魏征去世之后一位唐代著名大诗人在馆陶题写的诗歌可以佐证魏征故里是馆陶。

高适（约700—765年）唐代著名诗人，字达夫，今河北景县人。早年潦倒失意，酷爱四处游历。据《三君咏》诗前序，开元年间，高适游历到今大名县一带也就是唐代的魏州（古称魏郡），先是在郡北馆陶稍作停留，瞻仰了“魏征旧馆”（按即故居），然后在郡中游览了郭元振的故里遗址，在郡郊游览了狄仁杰生祠，诗兴大发，作诗《三君咏并序》，分别为三位先贤各写了一首诗。第一首吟咏“魏郑公征”诗有句:“寂寞卧龙处，英灵千载魂。”明确把馆陶的魏征故居比作诸葛亮的故居，自然也把初唐名相魏征比作了为蜀汉立下汗马功劳的名相诸葛亮。“卧龙处”岂不是故里？

（作者马月起，县教师进修学校校长）

馆陶县境内卫运河的前世今生

今卫运河南起于卫水、漳水汇合处——河北省馆陶县徐万仓村，北至山东省德州四女寺，长157公里，是今冀、鲁两省边界河道。馆陶县境内的卫运河是古大运河的重要组成部分，历史悠久，长期以来多变化迁徙，给馆陶一带的经济发展和人民生活带来了极大影响，孕育了大唐名相魏征等历史名人。本文按照时间顺序，就其变化迁徙情况加以考证和说明。

汉代以前的清河——馆陶县境内古大运河的前身

古清河与古馆陶县有着不解之缘，是馆陶县境内古大运河的前身。

《辞海》对清河的解释是:“清河，古河名。战国时介于齐赵两国间，源出今河南内黄南，下游不详。东汉以后源尾皆有所扩展，据《水经注》，上游承白沟，自今河北威县以下始称清河，东北流经清河故城北、景县南，至东光西，自此以下略循今卫河、海河入海。隋后东光以下被导为永济渠，东光以上渐归湮废。”

谭其骧《海河水系的形成与发展》一文（原载《历史地理》第四辑）认为，古清河出现得比较早，并有多次改道。(1)分析说明了“清河”一名的由来和其第一期的情况:“最早的清河，应出现于河水在宿胥口改道东流，走《汉志》大河的时候。河既东去，相当于《水经注》中自黎阳以上的白沟和宿胥故渎这一段《禹贡》《山经》河故渎。因地势高昂，应即断流。惟自黎阳以北的汉内黄县（故治今县西）境内，故道为出于黎阳诸山的泉流所汇注，仍循《水经》白沟《汉志》邺东‘故大河’北流会合漳水。因此道本为河所经行，而向之浊流，至是变清，始被称为清河。”（2）战国时期至西汉武帝中叶。谭文说，清河“上游仍起于内黄同第一期。东北至内黄北受洹水，此下行《汉志》洹水北至汉清渊县（故治今临清，月起按即今馆陶县清阳城村）西北汇而为清渊，此段同《水经》。自清渊县以下，《水经》清河过广宗县（故治今县东南）东、东武城县（故治今武城县西北）西东北去，在西汉清河郡治清阳县（故治今清河县东）之西北。按，水北为阳，则《水经》此段清河，当非清河故道；战国时此段清河应自清渊折而东行经汉清阳县南，东流偏北略循《水经·河水注》中的屯氏别河故渎入大河。”（3）以后多有变化，但古清河直到曹操开凿白沟水，仍在馆陶经过。

值得注意的是，清河是早在春秋战国时期以前就存在的河道。《战国策》载：苏秦说齐曰:“西有清河”，说赵曰:“东有清河。”这是史书关于清河较早的记载。这充分说明，清河为齐、赵之间的界河。春秋战国时期馆陶一带就处在齐、赵之间。

古清河在馆陶境内的行经路线目前已难考，但大致可认为是馆陶境内曹操开挖的古白沟水的路线。因为汉末白沟就是曹操在古淇水、白沟、清河的基础上开挖的。在馆陶县境内，古清河南段大致是在今大名县包头村、馆陶县北盘堤村（今已分为东盘、西盘两个行政村）一带入境，东北至武范庄村东、齐堡村东、陈路桥村西。其北段，按照《水经注》的说法，战国末期或汉代以后至北魏时期应该是今卫西干渠的路线（即陈路桥村西向东北至北曹庄村西、后时玉村东、满谷营村东、北榆林村东，在果子园村一带入临西县境）；而战国中后期以前，清河又似乎循今威临渠（胜利渠）略同古屯氏别河，在今木官庄一带向东北至今魏僧寨镇、申街村西进入今临西县境。临西县杨遵义在其《清渊寻古录》（香港明星国际出版公司，2006年版）中认为：“战国时的清河当由今临西县贺伍庄一带入境，大致走今引卫一分干、二分干一线，在河西镇出境入临清。”实际上这似乎应该是战国末期乃至汉代以后的路线。但实际上，古代的河道常常决口改道，其具体的情况恐怕也难以讲得十分准确。尤其是西汉前期，黄河在馆陶多次决口，古清河被冲得一塌糊涂。

这条古清河直到今天还可以看到一些地名上的痕迹。最主要的就是清阳城村的村名。清阳城旧名清渊城，系古清渊县的早期治所。清末民初杨守敬、熊会贞《水经注疏》载：“……（白沟）又东北过馆陶县北，又东北过清渊县西。……淇水又东迳清渊县故城西，又历县之西北为清渊，故县有清渊之名矣……”这里的白沟、淇水所走的路线就是古清河的路线，说明古清河就在今清阳城村西经过，清阳城村西北古代还有一个名叫“清渊”的渊潭。古“清渊县”、古“清渊城”、古“清渊”名字的来历均因缘自这条古清河。

东汉末年曹操开挖的白沟——馆陶县境内最早的大运河

《辞海》对白沟这样解释："本为一小水，在今河南浚县西，发源处接近淇水东岸，东北流下接内黄以下的古清河。东汉建安九年（204年）曹操将进攻袁尚，在淇水入黄河处下大枋木使成堰，遏淇水东入白沟以通粮运。此后上起枋堰，下至今河北威县以南的清河，皆被称为白沟，成为河北地区的水运干道，至隋炀帝后才为永济渠所代替。故道南段相当今河南淇河口至河北大名县南的卫河，亦即隋代所开永济渠的一部分；北段流经今大名县西，北流至威县东下接清河，今堙。"以上解释，已经把白沟、清河、淇水基本说清了。

1. 曹操开挖白沟的缘由

白沟是黄河南徙后留下的故道，又名宿胥渎，因水源缺乏，不能畅通。曹操为了漕运的方便，把古淇水、白沟、清河等旧河道疏浚开挖并连接了起来。东汉建安五年（200年），"官渡之战"曹操虽打败了袁绍，但袁绍的儿子袁尚仍盘踞邺城（今河北磁县东南），负隅顽抗。建安九年（204年），曹操亲领大军渡河北征。从军运需要出发，他在河北首先建成了一条名为白沟的运河。

白沟的主要工程之一，是修筑堤堰逼使淇水向北流。古淇水即今淇河，发源于太行山，东南分两道注入黄河。针对这样的情况，曹操筑有大小二堰：小堰用石材建成，人称"石堰"，主要目的是堵塞小河，将全部淇水集中于正流；大堰叫"枋堰"，建于淇水正流入河不远处，这是一条木、铁、石参用，以大枋木为主的拦河大坝。淇水水量欠丰，不能建分水工程，只能堵住全部淇水，使其北流。因此，河船入沟，沟船入河，都必须盘坝，将货物从船上卸下，拉空船沿坝的斜坡过坝，再将货物装船，继续航行。另一工程是在枋堰北面穿渠，引淇水进入另一自然河道白沟。白沟下接黄河故道古清河向北延伸，至内黄（今河南内黄县西北）县北，洹水（今安阳河）来汇，使军粮得以通过白沟运到邺城以东地区。白沟复东北过馆陶县（今河北馆陶县）北至广宗县（今威县东），循纵贯河北平原的清河故道，至今青县附近注入呼沲河（今滹沱河），成为河北地区的水运干道。

2. 白沟在馆陶境内的流经路线

据清末民初杨守敬、熊会贞《水经注疏》载："……白沟又东北，迳罗勒城东，（守敬按：城当在今元城县西北。）又东北，漳水注之，谓之利漕口。……自下清漳、白沟、淇河，咸得通称也。（守敬按：曹操开白沟，遏淇水东入，即复清水之故渎，至此复合漳水，故自下清漳、白沟、淇河，咸得通称也）又东北过馆陶县北，又东北过清渊县西……白沟又东北，迳空陵城西，（会贞按：《地形志》，贵乡县有空陵城。在今元城县东北）又北迳乔亭城西，（会贞按：城当在今广平县东北）东去馆陶县故城十五里，县即《春秋》

所谓冠氏也，（会贞按：见《左传•哀十五年》，齐伐晋冠氏。社《注》，冠氏，阳平馆陶县）魏阳平郡治也。”

古白沟、淇水、清河、洹水在馆陶县的流经路线在《辞海》《水经注》和《水经注疏》中均有记述。现在我们有以下6处参照。（1）古赵城。《水经注》说：“白沟水又东北，迳赵城西……”古赵城是从馆陶分出的古贵乡县（后魏天平二年分馆陶西界置）的县城，即今大名县黄金堤乡包头村。（2）空陵城（今无）。在城西经过。（3）馆陶故城，即今冠县古城镇。《水经注》说在“东去馆陶县故城十五里”的地方，亦即乔亭城西。（4）北魏时期的馆陶城，有两个说法，一为《元和郡县志》和《读史方舆纪要》的说法，前者是“西去县十里”，后者是“县西十里有白沟水”，二为《水经》和《水经注》的说法，前者是“又东北过馆陶县北”，后者的注解是“屈径其县北”。据此，笔者认为古白沟、淇水、清河、洹水、漳水在古乔亭城西向东北。（5）平恩县故城。《水经注》载：“（白沟）又东北，迳平恩县故城东。”据杨守敬疏，平恩城在今邱城以西的地方。而其故城在今馆陶县平堡村一带。（6）清渊城（今魏僧寨镇清阳城村）。《水经注疏》说：“（淇水、白沟）又东迳清渊县故城西，（守敬按：两汉县属魏郡，魏、晋、后魏属阳平郡。《地形志》，清渊有清渊城。（《临清州志》，在州西南四十里）又历县之西北为清渊，故县有清渊之名矣，（赵云：按《汉志》魏郡清渊县，应劭曰，清河在西北）”《馆陶县志》载，清渊城即今魏僧寨镇清阳城村。

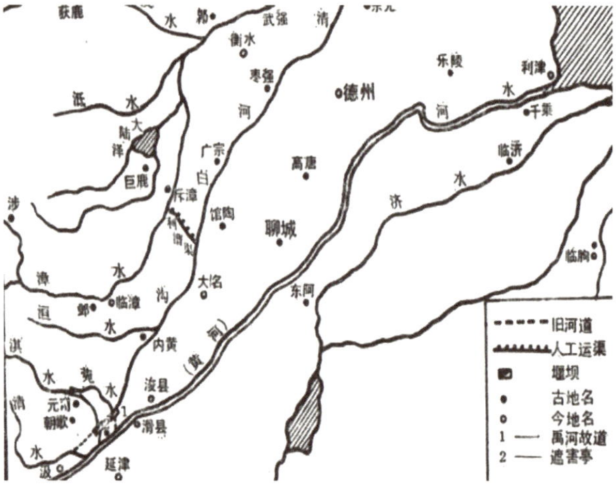

三国时期的黄河、清水、淇水、洹水、白沟、利漕渠、漳水、清河（根据《海河史简编》一书有关地图制作）

这样，古淇水、白沟、清水在馆陶的流经路线可以划定为：在古贵乡县治所赵城（今大名县包头村，过去曾叫包家渡）西进入今馆陶县，东北经空陵城（今无）西，向东北流去经馆陶县故城（今冠县东古城镇）西十五里处的古乔亭城（今无，《读史方舆纪要》说古乔亭城在明清时期的广平县，看来不准确，分析其方位应在今寿山寺偏南的地方）西，向东北走馆陶县北，至今魏僧寨镇清阳城村西，大致沿今卫西干渠向北进入今临西县，经贺伍庄、摇鞍镇、张三寨，到西王庄出临西境入威县。

利漕渠与阿难河——东汉末与北魏前期开挖的两条通漳水的运河

1. 利漕渠

“利漕渠”也是曹操开凿的运河。白沟的开挖虽然大大方便了南北漕运，但淇水的水量太小，很大程度上影响了运输能力。曹操消灭袁氏势力后，将自己的政治中心由许都（今河南许昌市）北迁于邺。他很重视对邺城的建设，并大力发展这里的水路交通，兴建利漕渠便是其中一个大动作。利漕渠在什么位置？《水经·浊漳水注》在漳水“又东北过斥漳县南”下记:“汉献帝建安十八年（213年），魏太祖凿渠，引漳水东入清、洹，以通河漕，名曰利漕渠”。斥漳县在今曲周县东南，其引漳水入白沟处，即为利漕渠的北口。又据《水经·淇水注》载，利漕渠南口在古赵城（今大名县北部的包头村，时属馆陶县，后曾作为从馆陶县西界分出的贵乡县的治所）以南不远的地方。利漕渠的开凿，使白沟与漳水直接沟通以后，船只即可由白沟通过利漕渠进入漳水，直抵邺城。白沟在得到漳水的补给后，水量丰盈，其连接清河的运道，亦得以畅通无阻。

开挖利漕渠之后，馆陶以下的白沟又称漳水。

2. 阿难河

“阿难河”又叫“阿难渠”，也可在《水经注疏》中看到记载:“白沟水又东北，迳赵城西，又北阿难河出焉，盖魏将阿难所导，(赵云:《元和志》云，魏将李阿难。守敬按:《寰宇记》亦称魏将李阿难，则《注》将下当有李字。二书又云，阿难枯渠在曲周县南十四里。《方舆纪要》，后魏时，广平郡守李阿难凿导漳水以溉田，因名）以利衡渎，(守敬按:即衡漳，谓导此水入衡漳也）遂有阿难之称矣。(朱遂讹作首，戴改)”据1999年版《馆陶县志》载:“北魏前期，……魏将李阿难自曲周县西三十里处，引漳水经曲周、馆陶境通白沟开挖成阿难渠（亦称阿难河),它既发展了灌溉又调剂了漳河与白沟的水量,有利于漕运。”怎么调剂？阿难河离利漕口很近，大概白沟无法容纳漳河雨季的洪水，因而开了这条渠道，自白沟分洪入衡漳故道，既可通航，后来又有灌溉之利。阿难河口的位置，据《水经注疏》的记载，应在今大名县包头村以北、今馆陶县西南几个留庄村一带。阿难河在此向北,进入古斥漳县或古列人县（地点在今曲周县）境内（据河北科学技术出版社《曲周县地名志》，北魏时期曲周县已废，曲周县于晋代武帝泰始元年即公元265年并入古斥漳县，至隋代开皇六年即公元586年复置）。顾祖禹《读史方舆纪要》“曲周县”条载:“后魏时，广平郡守李阿难凿渠，导漳水以溉田，因名。《水经注》馆陶县有阿难河。今县境东南与山东馆陶县接界，渠盖经两邑间矣。”

永济渠、御河——隋唐宋元时期馆陶县境内的大运河

一个时期以来，人们总是简单地认为：永济渠在馆陶境内的流经路线自古至今一直就是今卫河（卫运河）的路线。事实上这是有问题的。馆陶境内的永济渠是在古白沟、淇水、清河、洹水、漳水的基础上进一步开凿修浚而成的，在后来的千百年岁月中经过了多次迁徙。

其实，《辞海》中关于“永济渠”的解释是比较权威的，可惜不少人并未认真阅读。《辞海》的解释是：“……自汲县至天津市一段，用清水下接淇水（即白沟）、屯氏河、清河，略同今卫河（自内黄至武城在卫河西，自武城至德州在卫河东）；……自今天津以南，唐后即专以清、淇二水为源，与沁水隔绝，宋后通称御河，金元以来屡经改道，至明称卫河，经流同今。”

1. 隋代永济渠的开凿

到了隋代，因为三百多年的长期分裂局面，汉代开凿的漕渠久已湮废。即使完好，白沟以淇水、漳水为源，水量也太小，大吨位的船只难以通过。从大业元年（605 年）至六年（610 年）的六年间，隋政府在春秋、战国以至汉、魏时期各段古运河的基础上，有计划地加以疏浚、改建和扩展，使之相互沟通，形成了一条联系我国北方和南方，由永济渠、通济渠、山阳渎和江南河组成的新的运河系统。

隋炀帝大业四年（608 年）为便利河北地区军事运输，隋朝廷开凿了永济渠。《隋书•炀帝纪》：“诏发河北诸郡男女百余万开永济渠，引沁水南达于河（黄河），北通涿郡（治所在蓟县，今北京城西南）。”据王育民《中国历史地理概论》，其工程是，凿通沁水下游，使其在南入黄河处与通济渠相通，即于沁水开渠，引水至今淇县境，然后循曹操所开白沟故道，到达今河北临西县，向东北开渠，利用大河故渎由德州向北至东光进入清河，全长一千九百余里。《元和郡县志》“内黄县”条说：“永济渠，本名白渠，隋炀帝导为永济渠，一名御河，北去县二百步。”其“馆陶条”说：“白沟水，本名白渠，隋炀帝导为永济渠，亦名御河，西去县十里。”

隋炀帝开凿的新渠与曹操旧渠相比，有两个方面的重大改进。一是引沁水入白沟，沁水源远流长，淇水无法与之相比，所以新渠的水源远比旧渠丰沛，新渠航道远比旧渠通畅。二是旧渠在白沟、黄河之间筑有枋堰，由沟入河或由河入沟，舟船都必须盘坝或换船，这就大大降低了通航能力。新渠“引沁水南达于河，北通涿郡”，渠口建有分水工程，舟楫可以直接出入河渠，无须换船或盘坝，这就大大提高了通航能力。

2. 隋唐时期馆陶境内的永济渠流经路线

长期以来，人们一直简单化地以为馆陶段隋唐永济渠的路线就是今卫河、卫运河流

经路线，这是有问题的。理由有四：(1) 隋永济渠是在古淇水、白沟、清水基础上开挖的，永济渠馆陶县段应该是古淇水、白沟、清水、洹水所经的路线。唐代后期才出现的《元和郡县志》在“馆陶”条讲“西去县十里”的白沟水，显然白沟水就是永济渠。其“永济县”条专门讲到永济渠（参看“屯氏故渎”有关内容），唐代永济县治所在今馆陶县陈路桥村，在永济城西经过的永济渠当然不是今卫运河的路线。(2) 二十世纪九十年代在今冠县北馆陶镇南十余里的杨召村出土了唐懿宗咸通十一年（870 年）的陈卿墓志，此墓志西邻今卫河，如果今卫河那时是永济渠的话，其《唐故陈公墓志铭并序》中在讲墓葬的方位时应该明确叙出，但实际上是这样叙述的：“县东北卅里，坐庄西二里祖茔后平原礼也。”显然，此墓紧邻的今卫运河的位置那时根本没有河道经过。(3) 据闫良泉等一些懂文物的有心人讲，今卫运河中段河道多唐宋金元文物，但大多是墓葬，还有一些古井。这恰好说明这里多人群聚落，而不一定是河水经过之地。(4) 至今我们没有看到能够说明今卫运河在汉唐时存在的证据和史料。

唐代后期永济渠在今馆陶县境内流经的路线，有 5 方墓志可以作参照。(1) 今寿山寺乡武范庄村。1987 年馆陶县武范庄村民王爱华在村北掘土时发现唐大中四年（850 年）埋葬的魏府君曹氏夫人墓志铭，上有“东、南两地枕淇水而通津”字样。(2) 今寿山寺乡浅口村。二十世纪九十年代在今浅口村西出土了唐玄宗开元二十四年（736 年）埋葬的吴廉墓志，墓志铭中有“开地西临堽岸，东指御沟，北邻恩郡，南接陶丘”之语。“御沟”即御河，也就是隋代以白沟为基础开凿的永济渠。（可参看永济渠部分）。(3) 今柴堡镇齐堡村。十九世纪八十年代在馆陶县齐堡村发掘的五代后唐长兴二年（931 年）埋葬的霍府君夫人赵氏墓志。墓志铭中写到其葬地“东去御河一里也。”(4) 今柴堡镇樊堡村。2001 年柴堡镇樊堡村村民从村南挖土时发现张府君墓志（835 年下葬），其铭文中有“东视尧堤，西至廻廻里，南临阡陌，北顾滨漳，先坟之所宅址平原礼也”之语。(5) 今丘县东南、馆陶县平堡村西的靳兴平村。1991 年在邱县靳兴平村南出土的五代时期《潘公墓志铭》载，潘公葬于五代汉乾祐元年（948 年），葬地“前有金河似月钩，后看两界曲堤头，东至张桥五六里，西边官路达扬州。”前有“金河”应该指永济渠亦即御河、白沟、淇水，张桥应该指张桥店即永济县城，就是今天的陈路桥村一带。

另有一些史籍记载：(1) 唐代后期成书的《元和郡县志》“馆陶县”条载：“白沟水，本名白渠，隋炀帝导为永济渠，亦名御河，西去县十里。”据此可以断定，唐代永济渠就是原来“距故城十五里”的白沟水。(2)《元和郡县志》“永济县”条载:“永济渠，在县西郭内。”永济城即县内的今陈路桥村。这样，古永济渠的流经路线又有了乔亭城和今陈路桥村作参照。

据此，至唐代后期，馆陶境内的永济渠路线大致是：从大名县包家渡（今包头村）一带入县境，向东北方向走，过空陵城西，向北过乔亭城西，向东北过武范庄村南和村东，

唐故许氏夫人墓志铭拓片

向东北过浅口村东、齐堡村东、樊堡村东、“平恩故城”东、陈路桥村西，向北流去。

可以证明以上路线的，至今还有一些村名。自南而北主要有：大名县的包头（过去曾名“包家渡”）、盘堤（包括大名县的南盘堤和馆陶县的北盘堤，馆陶县的北盘堤今天已分为东盘堤和西盘堤，简称为“东盘”“西盘”）、徘徊头（笔者认为古时应为“徘徊渡”，象罗头村原来曾称“罗家渡”、前符头村原来曾称“前符渡”一样）、浅口（唐代就有的地名）、董固（包括3个董固村，“固”是“堌”字的简写）、赵固（唐代地名，在今樊堡村一带）、张桥店（唐代及以前的地名，在今陈路桥村一带，后来又称“永济”）。

隋代开挖永济渠后，唐代多有疏浚开凿。《读史方舆纪要》“元城县”条释“御河”说：“御河，在府城南，亦曰通济渠，一名永济渠，即隋大业中所开，淇、卫诸水之下流也。自河南卫辉府境，流经……内黄、魏县之境，又东北流，经此过小滩镇。又北入馆陶县界，合于新漳水，亦名白沟水。对北白沟而言，谓之南白沟。唐咸亨中，李灵龟为魏州刺史，凿永济渠，以通新市，百姓利之。又开元二十八年，刺史卢晖移永济渠，自石灰窑引流至城西，注魏桥。夹渠置楼百余间，以贮江淮之货，亦谓之西渠。……”

唐代魏州由李灵龟、卢晖两位刺史主持，曾于咸亨、开元年间两度开凿永济渠。其在馆陶境内的工程在哪里？是否走今天卫河的路线？目前没有确凿的证据可以证明。

3. 御河——宋金永济渠

宋元时期，“御河”专指永济渠。

宋金时期的永济渠发生了较大变化。河北的永济渠，至唐末、五代，因北方长年战乱，运道湮废。以后契丹势力向南发展，永济渠北端已非北宋势力所及。宋辽以白沟河（又称界河）为界，永济渠的通航，只能到达乾宁军（今河北青县）北会合界河而入海。《辞海》“永济渠”条说：“（永济渠）自今天津以南，唐后即专以清、淇二水为源，与沁水隔绝，宋后通称御河。”永济渠南端引沁入黄的水口早已淤塞，其水源主要来自清水、淇水。上游渠道浅窄，汲县以下始可重载。庆历八年（1048年），河决澶州商胡埽，形成“北流”，由京师运往河北的军饷，自汴入河，至黎阳（今河南浚县）或大名府的马陵道口（今河北大名县东南），转陆运到御河沿岸，再载舟下运，辗转费时，诸多不便。嘉祐五年（1060年），黄河又在大名府魏县第六埽决口，合马颊河入海，形成另一条“东流”“东流”与“北流”交替通塞，御河的运输也就常因北流的闭塞而陷于停顿。神宗熙宁八年（1075年），采纳程昉等的建议，在卫州开凿沙河的故道，引黄河水入御河，由汴渠来的漕舟，可直接经由沙河入御河，免去了多经黄河上的风涛之险，以及由黎阳或马陵道口的盘运之劳。河北的永济渠一度堙废，难以通航，后来金人南下，金代以大兴（今北京）为首都，在其统治地区之内的永济渠，除去引沁入黄的一段河口仍然湮塞外，已恢复全线通航。

总之，宋金时期永济渠的通航能力已大不如前。

史载宋代与馆陶相关的水事和水利工程很多。(1)《宋史・五行志》载："……皇祐元年（1049 年）二月甲戌，河北黄、御二河决，并注于乾宁军。……三年（1051 年）七月辛酉，河决馆陶县郭固口。"第二年也就是皇祐四年（1052 年）正月乙酉，"塞郭固而河势犹壅"。北宋时期的郭固在今天馆陶县的什么地方？目前已无从知晓。(2)《宋史•河渠志》载："熙宁四年（1071 年）七月辛卯，北京新堤第四、第五埽决，漂溺馆陶、永济、清阳以北，遣茂则乘驿相视。"这一年，"帝忧之"，自秋到冬，多次派人筑堤并修浚河道。这一年九月庚子，著作佐郎李垂又一次提出建议，把在大河两堤之间的北京（按即大名府）南乐、馆陶、宗城、魏县，浅口、永济、延安镇，瀛州景城镇迁至堤外。朝廷采纳了其意见。(3)《宋史・河渠志・御河》载："徽宗崇宁元年（1102 年）冬，诏侯临同北外都水丞司开临清县坝子口，增修御河西堤，高三尺，并计度西堤开置斗门，决北京、恩、冀、沧州、永静军积水入御河枯源。明年秋，黄河涨入御河，行流浸大名府馆陶县，败庐舍，复用夫七千，役二十一万余工修西堤，三月始毕，涨水复坏之。"花了三个月，用了很大力气修起来的西堤，一次黄河涨入"御河"即永济渠就冲坏了。(4)《宋史•宗泽传》载："（元祐八年，即 1093 年，宗泽）调大名馆陶尉。吕惠卿帅鄜延，檄泽与邑令视河埽，檄至，泽适丧长子，奉檄遽行。惠卿闻之，曰：'可谓国尔忘家者。'适朝廷大开御河，时方隆冬，役夫僵仆于道，中使督之急。泽曰浚河细事，乃上书其帅曰：'时方凝寒，徒苦民而功未易集，少需之，至初春可不扰而办。'卒用其言上闻，从之。"以上文字讲了两件事。一是"泽与邑令视河埽"，说明当时黄河经常决口，检视黄河大堤的安全是一项重要任务。这是一个十分感人的故事。1095 年，宗泽长子宗颐（字正道）夭折，年仅 4 岁，宗泽心情之悲痛可想而知。但即使在这种情况下，一旦接到上级关于视察河堤的命令，仍然马上亲自与县令一起到黄河（大致应该是今西沙河所在的"北流"）现场察看，足见这是一位"国而忘家者"。二是"朝廷大开御河"，时间在绍圣三年（1096 年）。朝廷不顾人民死活，但宗泽却以实际行动保护了百姓，并表示当"身任其责"（见《遗事》，转引自许序雅《宗泽评传》），足见这是一位爱民如子的好官。

4. 元代馆陶境内的御河及通漕工程

唐宋以后，沟通河、淮的汴渠已淤断湮废，河北的永济渠也不能完全通航。元初，漕粮的运输只能采取水陆联运的办法。这种水陆联运的办法，既要反复装车卸船，又为迁就黄河向西绕了一个大弯子，拉长了运道距离。耗资费时，诸多不便。同时，部分运

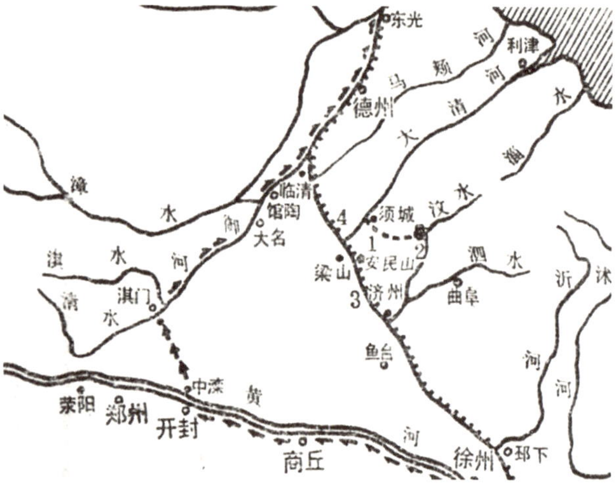

元代馆陶一带御河河道示意图（根据《海河史简编》有关地图制作，其中半个箭头系元初漕运路线，整个箭头系元初漕运转陆运路线）

道或水源不足，或为泥沙所淤，不能经常保持畅通，难以适应大都（今北京）粮食日益增长的需要。在这样的情况下，元政府决定实施开凿以济州河、会通河、通惠河等工程的京杭大运河。临清成为南北运河航运的一个重镇，原永济渠馆陶段航运重点东移。

元代馆陶县境内的御河路线仍有两条。《元史•志第十六•河渠一》载:“御河，自大名路魏县界经元城县泉源乡于村度，南北约十里，东北流至包家渡，下接馆陶县界三口。”很明显，元代御河是从包家渡（也就是今天的包头村）进入馆陶县界的。御河从今大名县包头村进入馆陶县后到南馆陶的路线，《清史稿·志第三十六·地理八·山东》“馆陶”条说得清楚：“……卫河，隋永济渠，自直隶元城入，左合漳水，迳乔亭城东北，右会古黄河，入临清。”看来还是要经过乔亭城（注意不是乔亭城西了）。另据1999年版《馆陶县志》第十二章“水利、电力”中“漳河”条载：“元大德四年（1300年），为解决自金代黄河夺淮以后卫河水量不足，由临漳境内分引漳河一支，经成安、广平、至馆陶县孙庄南入卫河（按即今卫运河），以利漕运。此道流经120多年后淤塞，后又疏浚。”这似乎说明，元大德年间，御河（即永济渠中段）行经的路线大致是今天的卫河路线。

金元时期，馆陶县境内的“御河”曾多次实施漕运工程。顾祖禹《读史方舆纪要》“馆陶县”条说：“卫河，县西二里。其旧渠即汉屯氏河也。……元人通漕于此，明时亦相继修浚，经丘县界，至临清北，合于汶河。”

虽然元代开凿了京杭大运河，南北河运的重点东移，但古永济渠、御河的运输路线也很重要。而且元政府实施“消极保漕”的指导思想，不让沿途百姓引水灌田，而把漳水和御河水全部在临清引入大运河，从而使馆陶一带的漕运一度十分兴盛。元代有“馆陶镇”即后来的“南馆陶”镇，并建立了馆陶仓。《新元史·卷四十八·志第二十二》载“馆陶仓，……置监支纳一员、从七品。……尖冢西仓、

安静村东卫河出土的金代铜镜（闫良泉收藏）

尖冢东仓……以上十三仓，各置监支纳一员、从八品。大便一员。从九品。副使一员。”元代御河馆陶段渡口较多，并建立了不少重要的航运仓库。由以上所引，可以推知：元代馆陶县境内的漕运路线应该主要是今卫运河的路线。

明清以来馆陶的两条卫河路线、卫运河及多条漳水路线

明清以来卫河和卫运河的前身就是永济渠、御河。

明清以来，馆陶境内的卫河虽然有东、西两条路线，但清末以后西线渐趋湮废；漳河也有多条路线，在不同地点入今卫河，甚至冲入今卫西干渠在南馆陶镇入今卫河，但也在二十世纪四十年代抗日战争时期以后只剩下了今天的路线，漳、卫两河在今徐万仓村合流。

明清时期，受中央政府“消极保漕”的思想指导，漳水多次在馆陶汇入卫河，馆陶的卫河漕运较为繁盛。

1. 明、清以来的卫河和卫运河

卫河和卫运河今天在馆陶县的流经路线是一致的：南起徐万仓村，向北沿县界向北，经王桥乡路庄村，馆陶镇孙庄村，馆陶镇，馆陶镇的安静村、吕庄村、蔺村、社里堡村，南徐村乡的前罗头村、后罗头村、要庄村、前李八寨村、后李八寨村、冀浅村、康庄村、颜窝头村、东马头村、毛圈村，魏僧寨镇的刘圈村、铺上村、滩上村、萧村、马兰厂村、前符渡村、后符渡村、山材村，在申街村北进入临西县。

“卫河”之名从明代开始出现。《畿辅安澜志》载：“卫河，古清、淇二水所导也，汉为白沟，亦曰宿胥渎，隋为永济渠，宋元曰御河，明曰卫河。”顾祖禹《读史方舆纪要》的“馆陶县”条说：“卫河，县西二里。其旧渠即汉屯氏河也。……元人通漕于此，明时亦相继修浚，经丘县界，至临清北，合于汶河。”

明清时期，馆陶境内的卫河经常修浚，而且有两条行经路线。《读史方舆纪要》的基本依据是明代的行政区划和有关情况，明确记载是卫河在今北馆陶镇西二里的地方，与今天相同。《清史稿·志第三十六·地理八·山东》“馆陶”条有载：“……卫河，隋永济渠，自直隶元城入，左合漳水，迳乔亭城东北，右会古黄河，入临清。”《清史稿》是中华民国时期的学者编撰的，说明直至清代后期乃至民国初期卫河仍走古白沟、淇水的路线。崔银锋主编的《馆陶县交通志》“大事记”：“1685 年，乙丑，清康熙二十四年，馆陶县设泉驿，并铺设十六：县总铺、招村铺、路桥铺、拐曲铺、迁堤铺、秤钩湾铺、小马头铺、南馆陶铺、安靖铺、黄花头铺、冀家河铺、窝头铺、北马头铺、滩上铺、马栏厂铺、尖冢镇铺。”1999 年版《馆陶县志》也有大致相同的记载。其中路桥铺、拐曲铺似乎说明卫河从古赵城、乔亭城、陈路桥村西经过，而县总铺、秤钩湾铺、南馆陶铺、安靖铺、黄花头铺、窝头铺、滩上铺、马栏厂铺、尖冢镇铺等似乎说明卫河大致经过今

天的路线。这说明清代康熙二十四年左右，馆陶的卫河路线有两条，两线并行的可能性很大，只不过后来西线逐渐湮废。那么，什么时候湮废的呢？《读史方舆纪要》“元城”条中所说“新漳水”在馆陶县界与东线汇合（见后文所引），恐怕就在西线的水量大减以后。

1999 年版《馆陶县志》“卫河”条载：“卫河进入徐万仓前在大名周庄北与冠县边界流过，本不过县境。”“漳河”条载:“民国 31 年（1942 年），漳河自魏县南尚村决口改道，全漳在馆陶县徐万仓入卫后固定下来成为现今的河道，它由大名县何庄东北经刘齐固村进入县境，流程 4.2 公里后在徐万仓东南汇入卫运河。”

总之，可以得出这样的结论：明清时期有东、西两条卫河路线并行，直至清代后期或民国时期以后，西线渐趋湮废，而东线即今卫河路线一直是漕运较为兴盛的路线。

虽然常有迁徙，并不时发生不能通航的情况，明清时期卫河漕运还是发挥了重要作用。《明史·志第十七·地理二·山东山西》载：“馆陶，州西南。……西有卫河，自元城县流入。又西南有漳河。又西南有南馆陶镇巡检司。”《大明会典·卷之一百四十五·驿传二·水马驿上》载:“临清州,清泉、馆陶县陶山各驿。俱隆庆三年革……”其“卷之一百四十七·驿运三·递运所”又载：“东昌府，旧有东昌、临清、馆陶县南馆陶各递运所。俱隆庆四年革。”《清史稿·卷第六十一·志第三十六·地理八·山东》“馆陶”条载：“……南馆陶镇，有废巡司。”

卫河什么时候改称为“卫运河”？“卫运河”的名字出现在漳河 1942 年于馆陶徐万仓村入卫后。1946 年 3 月 1 日,解放区冀南卫运河河务局成立,据查这是最早使用“卫运河”名称的单位。卫运河指漳河、卫河在馆陶县徐万仓汇流后至四女寺的一段河道，长 157 公里，两岸堤防总长 320.5 公里，是冀、鲁两省边界河道。1949 年以后，卫运河路线大体上没有变化，只是在个别地方进行了裁弯取直。如，南馆陶卫运河过去向西拐了一个牛鼻圈，南馆陶村北向东约数里也拐了一个弯，如今都已基本变直。南馆陶镇的河东部分也迁移到了东大堤以外。

2. 明、清以来的漳水

据 1999 年版《馆陶县志》，今天的漳河全长 459 公里，发源于山西省东南部太行山，上游分为清漳、浊漳两大支流，在涉县合漳村汇合后称漳河，流经涉县、磁县、临漳、魏县、大名至馆陶县徐万仓村同卫河汇合。

明清以来漳水长期流经馆陶，并多次改道，而且走的路线不少是故永济渠、御河的路线。这主要与明、清政府一直实施元代以来的“消极保漕”政策有关。

明代为了增加卫河水量，保证运河漕运，曾几度实行“引漳济卫”工程，但始终也未成功。应该说,“引漳济卫”既可以增加运河水量,增加航运能力;又可以避免漳水改道，汇入滏阳河，造成灾害，是一项有利的工程。

清代继续坚持“灌溉和防洪均要服从漕运”的原则，乾隆帝就曾下诏：“每年五月

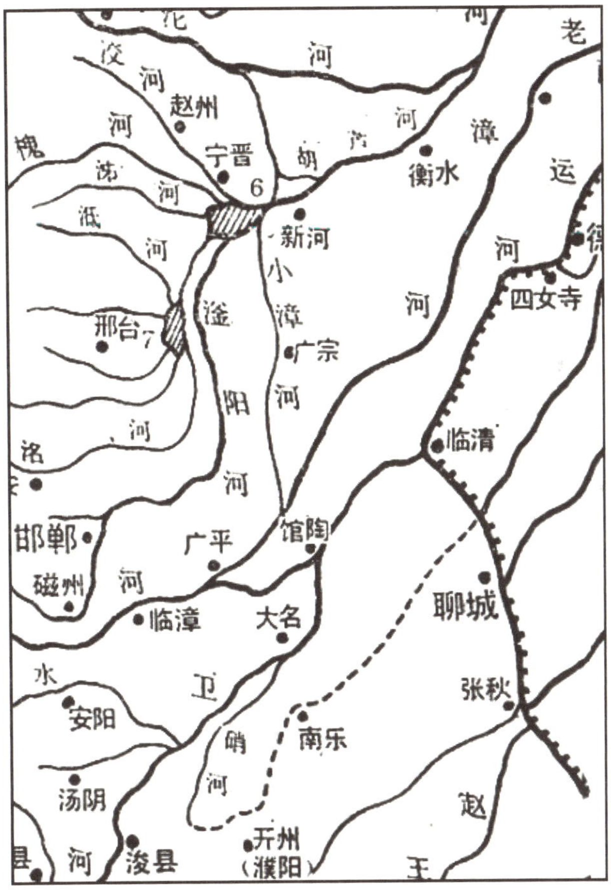

清代馆陶一带水系示意图（根据《海河史简编》一书有关地图制作，其中黑点系古地名）

初一开始，要尽堵塞各渠口，卫河水全归运河以接济漕运……凡灌溉用水要稽查严禁。”（《山东通志》卷一二六《河渠考》，转引自《海河史简编》89 页）清初，南运河苦于水浅，康熙帝时就为解决水源问题，就把漳水引至馆陶再进入卫河。后来又多次“引漳济卫”。

明清时期馆陶境内的漳水有多条。

在馆陶县界东入卫河的“新漳水”。《读史方舆纪要》“元城县”条在解释“漳河”时说：“漳河，府西北二十里。有新旧二河，俱自魏县流经府境。《志》云：旧漳河自魏县东南流经府城西南，入卫河。后徙，从魏县东北流经府北，下流至馆陶县界，入卫河，谓之新漳。”这里的“新漳河”最晚是在明代后期形成的，从魏县东北进入今大名县以北的地方，流至元城县（今大名县东部）与馆陶县交界处进入了卫河。《读史方舆纪要》“元城县”条在解释“御河”时说：“自河南卫辉府境，流经……内黄、魏县之境，又东北流，经此过小滩镇。又北入馆陶县界，合于新漳水，亦名白沟水。对北白沟而言，谓之南白沟。”这里的小滩镇即今天的大名县金滩镇。看来，这里的“新漳水”走的是过去白沟的路线，在馆陶与大名的县界往东走，汇入了今卫河。

1999 年版《馆陶县志》第十二篇“漳河”条所载多条河道。（1）“清康熙三十六年（1697 年）六月初九日，漳水骤至孙庄入卫河。”（2）“清康熙四十七年（1708 年）全漳由临漳经魏县过元城过红花堤（今馆陶县王桥乡刘齐固村）在南馆陶入卫河。”（3）“清康熙四十七年（1708 年）全漳由临漳经魏县过元城，由南馆陶入卫。” （4）“清道光二年（1822 年）漳河在安阳漫水下流，经大名、元城，过红花堤（在今刘齐固村）在南馆陶入卫。”（5）“中华民国 31 年（1942 年）漳河自魏县南尚村决口改道，全漳在馆陶县徐万仓村入卫。”但据“卫河”条载，这时卫河已不在馆陶境内，直到 1965 年后漳、卫合流之水才走今卫河、卫运河的路线。

（作者马月起，县教师进修学校校长）

附：主要参考资料

1. 古代历史资料（10种）

《战国策》《史记》《汉书》《宋史》《隋书》《元史》《新元史》《明史》《大明会典》《清史稿》。

2. 古代专业资料（6种）

东汉桑钦《水经》、北魏郦道元《水经注》、清末民初杨守敬、熊会贞《水经注疏》、唐李吉甫《元和郡县图志》、明末清初顾祖禹《读史方舆纪要》、清胡渭《禹贡锥指》。

3. 现代资料（20种）

《西汉以前的黄河下游河道》（谭其骧著）、《中国历史地图集》（谭其骧主编）、《海河水系的形成与发展》（谭其骧著，原载于《历史地理》第四辑）、《河南武陟至河北馆陶黄河故道考察报告》（黄河水利委员会黄河志总编辑室，原载《黄河史志资料》，1984年第3期）、《卫河的形成历史和卫源概述》（夏邦杰著，原载《河南水利史料》第四辑，1985年1月）、《海河史简编》（《海河史简编》编写组，水利电力出版社，1977年）、《辞海》《清渊寻古录》（杨遵义著）、《中国历史地理概论》（王育民）、《中国古代水利工程》、《河北省地名志》（邯郸分册）、《黄河水利史述要》（黄河水利委员会，黄河水利出版社，1982年）、《黄河防洪》（胡一三主编，黄河水利出版社，1996年）、《馆陶县志》《冠县志》、1994年版《大名县志》（新华出版社）、河北科学技术出版社《曲周县地名志》《大名县地名志》、许序雅《宗泽评传》、崔银锋主编的《馆陶县交通志》。

索　引

说　明

1. 本志索引采用主题分析法编制。

2. 全部标引词按首字的汉语拼音音序排列，同音字按声调排列，首字相同按第二字音序排列，以此类推。

3. 标引词后的阿拉伯数字表示内容所在的页码。

4. 序、总述、大事记、附录、编后记等均不选入索引。

要目索引

A

艾滋病防治……612
爱国卫生运动……624
安全大检查……393
安全培训……392
安全生产监督……390
安全生产事故处理……394
安置帮教……540
案件查处……423
案件执行……537

B

帮扶团队……53
保密工作……453
保密工作规范化建设……454
报刊……664
报刊发行……232
暴风雪……139
北科装备制造园区……303
避孕节育……722
编制与人事……727
变电设施……216
标准和规模化养殖……266
标准化监督管理……382
标准化学校建设……592
滨河公园……163
滨河路景观带……160
殡葬管理……748
冰雹……138

兵役……544
兵役登记……544
兵员征集……544
博物馆序厅……639
部门志和专业志……658

C

财务挂账……328
财政　税务……343
财政……345
财政扶贫……276
财政集中支付……353
财政监督与管理……350
财政收入……345
财政体制改革……343
财政支出……347
参政议政……560
残疾人联合会……562
查漏补种……614
柴堡镇……101
柴堡镇中心卫生院……610
产权制度改革……322
产业结构……242
产业特点……62、66、70、73
常委分包……53
常委会决定、决议……463
常务委员会……413
超储补贴……327
超市……319
超远小区……311
潮土亚类……133
长门买赋……674
成人教育……581
成语典故……674
城区改造与建设……154
城区路网建设……156
城区绿化……159
城区学前教育……570
城市电网建设……221
城市雕塑……161
城乡规划……152
城乡规划与建设……152
城乡建设用地的规划与管控……400
城乡居民养老保险……732
城乡居民最低生活保障……738
城镇居民收入……724
城镇居民消费……725
城镇居民医疗保险……734
城镇职工养老保险……731
城镇职工医疗保险……733
抽样调查……368
出殡……760
出入境水量……140
初中教育……573
传染病防治……612
传统节日……760
春节……761
村道建设……185
村级卫生室……610

村民参与…………………………… 53
村民游园…………………………… 71
村内景点简介…… 58、63、66、70、73
村史馆………………………… 63、74
村为主体…………………………… 52
村委会换届选举………………… 746

D

打击刑事犯罪…………………… 522
打造邯郸东部次中心城市……… 420
大气污染治理…………………… 146
大运河…………………………… 652
大运河申遗……………………… 655
代表选举………………………… 456
单位办幼儿园…………………… 571
蛋鸡产业………………………… 264
档案……………………………… 662
档案馆建设……………………… 662
档案管理………………………… 663
党史编研………………………… 661
党外人士管理…………………… 438
党校教育………………………… 452
党员代表大会…………………… 405
党员队伍………………………… 428
党员干部培训…………………… 452
党员教育………………………… 431
党组……………………………… 417
道教……………………………… 754
道路交通整治…………………… 391
地表水…………………………… 130
地表水质………………………… 131
地层和岩石……………………… 119
地方病防治……………………… 618
地方人民代表大会……………… 456
地方税务………………………… 357
地方文化………………………… 669
地方志…………………………… 657
地籍管理………………………… 394
地籍信息化建设………………… 396
地理位置………………………… 92
地貌……………………………… 120
地温……………………………… 125
地下水…………………………… 131
地下水质………………………… 132
地质……………………………… 119
地质构造………………………… 120
第八届常务委员会……………… 515
第八届全体政协会议…………… 512
第八届委员会全委会议………… 406
第二产业………………………… 293
第九届委员会全委会议………… 407
第六届常务委员会……………… 515
第六届全体政协会议…………… 509
第七届常务委员会……………… 515
第七届全体政协会议…………… 510
第三产业………………………… 313
第十届委员会全委会议………… 409
第十六届人民代表大会………… 460
第十三届人民代表大会………… 457

第十四届人民代表大会……………… 458
第十五届人民代表大会……………… 459
第十一届委员会全委会议…………… 411
第五届常务委员会…………………… 515
第五届全体政协会议………………… 508
电报传真……………………………… 234
电价与收费…………………………… 226
电力设施……………………………… 216
电子商务……………………… 233、320
电子商务信息连通全国……………… 316
调研工作……………………………… 505
订亲…………………………………… 758
定期统计……………………………… 368
东宝村蓄水闸………………………… 206
东厂村明清时期七十二皇窑遗址碑… 654
冬至…………………………………… 763
动员造势……………………………… 53
督查工作……………………… 454、505
渎职侵权检察………………………… 531
渡口码头……………………………… 653
端午节………………………………… 762
队伍、设备…………………………… 202
队伍建设……………………… 453、533
对台工作……………………………… 438
吨粮田建设…………………………… 248

E

215 省道馆陶段 ………………………… 172
220 千伏电网 ………………………… 216
儿童疫苗接种信息管理……………… 614
二坡地………………………………… 120
二期农网改造………………………… 223
二人扳（二贵摔跤）………………… 671
二月二………………………………… 762

F

发展措施……………………………… 291
法律公证……………………………… 541
法律援助……………………………… 542
法院…………………………………… 532
法治工作……………………………… 439
法治文化广场………………………… 74
返朴还淳……………………………… 677
饭食习惯……………………………… 757
方言…………………………………… 765
防空警报试鸣………………………… 550
房地产交易中心……………………… 312
房地产开发…………………………… 309
房寨镇………………………………… 106
房寨镇卫生院………………………… 607
纺织服装行业………………………… 298
非公有制经济人士引导……………… 437
非物质文化遗产……………………… 669
肥馆公路馆陶段……………………… 174
芾笠书画工作室……………………… 67
废旧利用……………………………… 54
费用征收……………………………… 202
分清 o、e、uo ……………………… 768

分销配送……………………………… 233
分音词………………………………… 777
风灾…………………………………… 137
奉行“公平诚信”经营理念………… 315
佛教…………………………………… 754
扶残助残……………………………… 563
扶贫…………………………………… 275
扶贫成效……………………………… 276
扶贫和农业综合开发………………… 275
扶贫开发工作重点县阶段（2001—2020年）……………………………… 275
扶危救困……………………………… 677
服饰…………………………………… 756
服务会员……………………………… 561
服务站建设…………………………… 720
福利彩票……………………………… 742
福利企业……………………………… 742
妇女儿童保健………………………… 625
妇女联合会…………………………… 557
妇幼保健……………………………… 625
驸马古渡遗址………………………… 646
富民产业……………………………… 60

G

改造提升……………………………… 52
干部“双带”………………………… 53
干部监督……………………………… 433
高跷…………………………………… 673
高中教育……………………………… 576
个体工商业登记管理………………… 370
个性设计……………………………… 55
耕地保护……………………………… 398
耕地保护与基本农田保护建设……… 398
耕作制度演变………………………… 245
工程节水……………………………… 209
工会…………………………………… 551
工伤保险……………………………… 732
工商行政管理………………………… 368
工商业联合会………………………… 560
工业遗址公园………………………… 163
工业园区……………………………… 300
工艺美术……………………………… 697
工资、福利…………………………… 730
公安…………………………………… 520
公安消防管理………………………… 527
公共设施……………………………… 55
公共卫生……………………………… 623
公共资源管理………………………… 404
公历节日……………………………… 763
公路…………………………………… 168
公路绿化……………………………… 203
公路养护……………………………… 202
公民道德建设………………………… 707
公主湖湿地公园……………………… 162
共青团………………………………… 553
供水设施……………………………… 165
供销合作……………………………… 330
供销机构……………………………… 330
购销制度改革………………………… 321

古茶棚……646
古建筑……645
古庙会……673
古遗址……646
古韵葫芦……59
固定电话……233
固定通信……233
固定资产投资……241
固体废弃物治理……146
关心下一代工作……451
观光塔……73
馆陶博物馆……639
馆陶复兴医院……611
馆陶蛤蟆嗡……671
馆陶花船……672
馆陶花鸟字画……701
馆陶话的声母……766
馆陶话的声调……771
馆陶话的音变……773
馆陶话的语音特点……765
馆陶话的韵母……768
馆陶话与普通话四声的差异……771
馆陶话中的讹错字……768
馆陶会堂……641
馆陶火车站……201
馆陶历史厅……639
馆陶麦秆画……700
馆陶民间小曲……673
馆陶木偶戏……670
馆陶汽车客运站……200
馆陶舞狮……671
馆陶县常青花卉有限公司……252
馆陶县德斌轴承有限公司……307
馆陶县飞翔机械装备制造有限公司……297
馆陶县妇幼保健院……606
馆陶县光荣院……741
馆陶县贵国奶牛养殖发展有限公司……264
馆陶县恒特轴承有限公司……307
馆陶县冀强轴承有限公司……307
馆陶县满园春轴承有限公司……308
馆陶县鹏飞轴承有限公司……308
馆陶县强利轴承有限公司……307
馆陶县人民医院……604
馆陶县三林轴承配件有限公司……306
馆陶县实验小学……572
馆陶县实验中学……574
馆陶县实验中学体育场……628
馆陶县思月陶艺有限公司……698
馆陶县陶山中学……575
馆陶县体育场……627
馆陶县武氏杏林医院……611
馆陶县祥宏轴承有限公司……307
馆陶县殷氏陶漆工艺厂……698
馆陶县幼儿园……570
馆陶县中医院……605
馆陶镇……100
馆陶镇卫生院……608
光彩事业……561
光照……122
广播……665

广告管理…………………………370
规划编制………………………… 52
规模住宅小区……………………310
国防教育…………………………547
国际儿童节………………………763
国际妇女节………………………763
国际劳动节………………………763
国家级非物质文化遗产…………669
国家审计…………………………373
国家税务…………………………354
国民经济发展速度………………238
国庆节……………………………764
国税收入…………………………356
国土监察…………………………400
国土资源管理……………………394
国有资产管理……………………352

H

海麟・盛景………………………310
海外联谊…………………………438
邯郸市超远耐磨合金有限公司………296
邯郸市大华化工有限公司…………301
邯郸市华峰公路工程有限公司………309
邯郸市华英建筑安装有限公司………309
邯郸市科正化工有限公司…………301
邯郸市瑞邦精细化工有限公司………302
邯郸市新博源医药有限公司…………320
邯郸市新阳光化工有限公司…………302
邯郸市赵都精细化工有限公司………302
邯郸银行馆陶支行…………………340
邯济铁路馆陶段……………………200
旱灾…………………………………136
好丑自彰……………………………675
和谐馆陶……………………………501
和谐小区……………………………311
河北傲格化工有限公司……………300
河北北科机械制造有限公司………296
河北博纳琪化工有限公司…………300
河北东汝阿胶制药股份有限公司……304
河北多凯复合材料有限公司………304
河北福德化工科技有限公司………301
河北昊阳化工有限公司……………301
河北铠特农机制造有限公司………297
河北民旺饲料有限公司……………304
河北摩润根轴承制造有限公司………307
河北荣特化工有限公司……………301
河北镕达化工有限公司……………302
河北瑞森药业有限公司……………295
河北省非物质文化遗产……………670
河北省轴承产品质量检验站………385
河北世星化工有限公司……………302
河北信德电力配件有限公司………303
河北亚超轴承制造有限公司（原河北
　鑫利达轴承有限公司）……………306
河水历年污废水量统计……………131
褐土化潮土亚类……………………133
褐土亚类……………………………132
黑陶…………………………………697
黑陶制作技艺………………………670

黑小麦……253
红十字会……749
葫芦烙画……700
互联网……234
户政管理……526
花鞭……673
花车……674
花房……71
花卉类……143
花卉苗木……252
花木基地……70
花生……252
划定地下水超采区……215
华庭首府……310
环保管理……147
环保机构……147
环保项目审批……149
环保宣传……147
环保执法……148
环境保护……144
环境污染……145
环境质量……144
环境治理……145
环境状况……144
缓岗……120
黄瓜博物馆……64
黄瓜食府……64
黄瓜小镇——翟庄村……61
黄瓜种植大学……63
黄花故台……646
黄梨小镇——拐渠社区……78
黄牛及肉牛……262
回门……759
汇兑……231
婚俗……757
婚姻登记……742
婚葬习俗……757
活羊交易市场……70
货运……201
货运管理……202
霍乱防治……613

J

机构与设施……638
机关组织建设……432
机械变动……716
机械加工制造业……296
机要工作……455
基本农田保护与建设……399
基层党组织……417
基层行政管理机构……567
基层团组织……553
基层组织建设……431
基层组织建设……551
基础设施……151
基础设施……57
基础设施……662
基督教……755
稽查管理……384

疾病防控……………………………………612
集邮…………………………………………232
计划编制……………………………………363
计划管理……………………………………360
计划免疫……………………………………613
计划生育……………………………………718
计划体制改革………………………………360
计划执行……………………………………364
计量监督管理………………………………381
计生管理……………………………………722
纪检监察……………………………………422
祭仓神日……………………………………762
祭祀日………………………………………760
冀南皮影戏…………………………………669
冀南四股弦…………………………………669
加强文物保护………………………………656
家庭花房……………………………………70
家庭美德……………………………………709
价格服务……………………………………378
价格管理……………………………………376
驾驶培训管理………………………………202
尖音与团音…………………………………767
监督工作……………………………………463
监督检查……………………………………427
监所管理……………………………………527
监所检察……………………………………531
兼听则明，偏信则暗………………………676
检察…………………………………………529
减轻农民负担………………………………444
剪纸…………………………………………697
见义勇为……………………………………711
建材配送……………………………………53
建档交接……………………………………545
建党节………………………………………763
建军节………………………………………763
建设基金……………………………………54
建设模式……………………………………52
建设内容……………………………………52
建设用地节约集约利用……………………400
建置区划与自然环境………………………91
建置沿革……………………………………93
建筑业………………………………………308
建筑与房地产业……………………………308
将军府………………………………………645
奖励政策……………………………………720
匠心格调艺术展馆…………………………640
降水…………………………………………126
酱包瓜腌制技艺……………………………672
交通…………………………………………168
交通运输管理………………………………202
交通治安管理………………………………525
教师队伍……………………………………593
教师工资制度改革…………………………587
教师节………………………………………764
教师进修……………………………………594
教学设备……………………………………592
教育…………………………………………565
教育方法……………………………………548
教育改革……………………………………586
教育管理……………………………………582

教育基地…………………………548
教育经费…………………………582
教育内容…………………………547
教育小镇——王桃园村……………65
街道绿化…………………………159
节日习俗…………………………760
节水措施…………………………209
节水灌溉…………………………208
节肢类（节肢动物门）……………142
洁雅卫生用品有限公司……………305
结核病防治………………………612
巾帼建功…………………………558
金凤大道绿化……………………159
金凤市场…………………………314
金刚武馆…………………………630
金环建设集团邯郸有限公司………297
金居领秀…………………………310
金菊园小区………………………311
金龙建材市场……………………317
金融业……………………………335
金陶郦都…………………………312
金屋藏娇…………………………674
金隅太行混凝土有限公司…………304
金域蓝湾…………………………311
浸出油厂的建立及撤销……………330
经费管理体制……………………583
经济………………………………237
经济合同管理……………………371
经济监督检查……………………371
经济普查…………………………368
经济审判…………………………536
经济责任审计……………………373
经济总情…………………………237
经济作物…………………………252
经营体制改革……………………322
经营业务…………………………230
精密轴承园区……………………305
精神文明建设……………………702
井灌………………………………207
景观创意…………………………54
警校共建…………………………440
竞技体育…………………………628
敬老爱幼…………………………712
敬业奉献…………………………710
境域变迁…………………………92
纠正不正之风……………………503
纠正行业不正之风………………425
纠正医药购销和医疗服务中的不正之风
……………………………………425
九年义务教育……………………571
九洲华庭…………………………310
旧城改造…………………………154
旧志编修…………………………657
救护………………………………750
就业扶助…………………………563
拘留所……………………………527
居民生活…………………………724
居民生活用电……………………225
居民收入…………………………724
居民消费…………………………725

捐献……751
卷烟经营……334
军事……543
军事训练……546

K

咖啡屋……59
开采利用量……140
开展除“四害”活动……624
勘界、地名管理……747
看守所……527
康复扶助……563
抗击“非典”……618
科技……632
科技普及与推广……636
科技体制改革……633
科研工作……452
科研活动……633
客货运输……201
客运……201
客运管理……202
课程改革……587
坑塘……207
空中餐厅……70
控告申诉检察……531
会计事务管理……352
款物筹募……750
狂瞽之言……677
昆虫博物馆……68
困难群众救助……735
困难职工帮扶……552

L

垃圾处理设施……166
腊八……763
劳动关系管理……731
劳动管理……730
劳动监察……731
劳动争议仲裁……730
老干部待遇……450
老干部工作……450
老干部管理……450
老槐树……74
老井……59
老年大学……451
老年人福利……740
乐极悲来……677
冷链建设与管理……614
离退休退职人员管理……730
理论宣传……434
理念定位……51
历届人民代表大会会议……457
廉洁自律……422
廉政教育……423
楝子树景点……74
粮画创作产业……60
粮画小镇——寿东村……56
粮画展厅……58

粮食画……699
粮食收购……323
粮食直补……249
粮食作物……245
粮油购销……321
粮油销售……326
烈士褒扬……740
林果经济……259
林木保护……260
林木类……143
林业……255
林业科技……261
林政管理……260
留住乡愁……52
流动人口管理……528
流行病学调查……620
柳湖胜景……311
龙卷风……138
路桥乡……112
路桥乡卫生院……609
路政管理……204
吕魏公路馆陶段……178
律师事务……541
绿化……71
绿化造景……55

M

麻呼寨蓄水闸……205
马、驴、骡……262
麦场文化游乐园……67
满谷营蓄水闸……206
慢性病防治……618
密码工作规范化建设……455
密码通信……455
苗木培育……258
民办教师转正与培训……595
民办医院……611
民办幼儿园……571
民兵……545
民兵训练基地……546
民兵组织……545
民国时期……95
民事行政检察……531
民事审判……535
民政……735
民政事业服务中心……740
民主监督……516
民主政治建设……447
民族　宗教……754
民族……754
民族构成……718
民族宗教事务……438
明代七十二皇窑遗址……646
明镜鉴形……677
明清时期……94

N

纳税申报……355

奶牛…………………………………… 263
南村标………………………………… 71
南馆公路馆陶段……………………… 175
南徐村乡……………………………… 115
南徐村乡卫生院……………………… 609
内部审计……………………………… 374
年龄构成……………………………… 718
酿酒业………………………………… 299
鸟类（脊索动物门鸟纲）…………… 142
农村财务管理………………………… 443
农村电网建设………………………… 222
农村改水改厕………………………… 624
农村工作……………………………… 441
农村合作金融………………………… 332
农村互助幸福院……………………… 741
农村集市……………………………… 318
农村建设……………………………… 166
农村建设规划………………………… 153
农村经济体制改革…………………… 441
农村居民消费………………………… 726
农村面貌提升规划…………………… 153
农村庙堂文化………………………… 68
农村税费改革………………………… 442
农村信用合作联社…………………… 339
农村学前教育………………………… 568
农村学校……………………………… 567
农村饮水工程………………………… 211
农副业加工（非、普工业）用电…… 224
农耕文化体验………………………… 68
农机补贴……………………………… 273
农机管理……………………………… 273
农机技术培训………………………… 272
农机技术推广………………………… 273
农技推广……………………………… 255
农家乐………………………… 60、70
农民负担监管………………………… 445
农民人均纯收入……………………… 725
农田灌溉……………………………… 207
农业产业化…………………………… 291
农业措施节水………………………… 210
农业机械……………………………… 272
农业排灌用电………………………… 224
农业普查……………………………… 367
农业税征收管理……………………… 350
农作物品种与分布…………………… 246
疟疾防治……………………………… 613

P

爬行类（脊索动物门爬行纲）……… 142
排水设施……………………………… 165
配电设施……………………………… 218
平安馆陶建设………………………… 440
评审与聘任…………………………… 728
评选先进……………………………… 54
普法宣传……………………………… 539

Q

漆画小镇——前宁堡村……………… 77

其他党务工作……452
其他工业……298
其他古建筑……645
其他古遗址……646
其他老年福利……741
其他综合经济管理……401
乞巧节……762
企业、民办学前教育……571
企业登记管理……369
企业改制与电子商务……332
企业体制改革……294
墙体打造……54
乔十光漆画艺术馆……639
切实纠正损害群众利益的问题……425
青兰高速公路馆陶段……168
青年志愿者行动……554
青少年思想道德建设……553
清明节……762
清阳城战汉时期遗址……646
求贤如渴……678
取水许可制度……214
取易守难……678
全民健身……629
鹊桥小镇——天河村……76
群众文化……638

R

人才管理……728
人大常委会工作机构……462
人大常委会会议……462
人大常委会领导机构……461
人大常委会信访工作……466
人防工程建设……550
人防宣传……549
人防专业队组建……550
人人口分布与变动……714
人口构成……717
人口普查……367
人口总量……713
人力资源与社会保障……727
人民防空……548
人民调解……539
人民政府……468
人民政治协商会议……507
人事管理……728
人事任免、述职评议……466
人事调动……728
人员经费保障……583
入殓……760
软体类、环节类（软体动物门、环节动物门）……143

S

309 国道馆陶段……169
35 千伏电网……217
丧葬习俗……759
山西会馆……645
商标管理……370

商标广告管理…………………………370
商贸兴城………………………………500
商品管理………………………………369
商业体制改革…………………………313
商业信函………………………………233
少先队活动……………………………556
设备设施………………………………662
社会帮扶………………………………276
社会保障………………………………731
社会保障基金管理……………………351
社会参与……………………………… 52
社会动员……………………………… 53
社会服务………………………………752
社会福利………………………………740
社会公德………………………………707
社会救济………………………………735
社会力量办学…………………………600
社会审计………………………………374
社会事务管理…………………………742
社会团体………………………………551
社会团体管理…………………………743
社会宣传………………………………436
社会造林………………………………256
社区矫正………………………………541
社区试点……………………………… 53
摄影……………………………………697
申街节制闸……………………………206
神农大道………………………………179
审计……………………………………373
审计机构………………………………373
审判监督………………………………538
审批定兵………………………………545
肾综合征出血热鼠密度监测…………613
生活习俗………………………………756
生物质发电……………………………227
生育保险………………………………734
生育指标管理…………………………723
声调的分类……………………………771
省级文明单位…………………………704
失业保险………………………………732
师德、师风建设………………………593
诗歌……………………………………640
狮保会…………………………………672
施政辑要………………………………498
湿度……………………………………128
十恶不赦………………………………678
石磨坊………………………………… 60
石牌坊…………………………………645
时光隧道………………………………162
实行经纪人与物流配送………………316
食品、药品监督管理…………………385
食品安全监管…………………………386
食品工业………………………………298
食品卫生………………………………623
食盐专营………………………………331
史志档案………………………………657
示范布局……………………………… 53
市场管理………………………………369
市场监管………………………………369
市场建设………………………………314

市场运作…………………………… 52
市级非物质文化遗产………………… 671
市级文明单位………………………… 704
市政公用设施………………………… 164
事业单位编制与管理………………… 727
视察　调研…………………………… 464
收费…………………………………… 227
收费管理……………………………… 377
收容遣送……………………………… 748
手足口病防治………………………… 613
寿东邮局……………………………… 58
寿山寺乡……………………………… 108
寿山寺乡卫生院……………………… 609
兽类（脊索动物门哺乳纲）………… 142
书法…………………………………… 696
书画文化墙…………………………… 67
输电设施……………………………… 218
蔬菜产业……………………………… 249
双学双比……………………………… 557
霜冻灾………………………………… 138
水利…………………………………… 205
水量与开采…………………………… 132
水文…………………………………… 130
水文地质……………………………… 131
水污染治理…………………………… 146
水系…………………………………… 71
水灾…………………………………… 136
水资源………………………………… 140
水资源费征管………………………… 215
水资源管理…………………………… 214
水资源总量…………………………… 140
税务…………………………………… 354
税务管理……………………………… 358
税务稽查……………………… 355、358
税种…………………………… 354、357
司法行政……………………………… 538
四季特征……………………………… 121
饲料…………………………………… 269
饲料行业……………………………… 298
饲料经营……………………………… 270
饲料生产……………………………… 269
送婚帖………………………………… 758
送终…………………………………… 759
所有制改革…………………………… 314

T

贪污贿赂检察………………………… 530
唐名相魏征故里、曲梁城遗址碑…… 646
桃李采摘园…………………………… 68
陶山街道办事处……………………… 117
陶山凌云……………………………… 161
陶山市场……………………………… 314
特快专递、物流服务………………… 320
特快专递……………………………… 233
特色种植产业………………………… 60
特殊教育……………………………… 580
特殊教育与成人教育………………… 580
特种行业管理………………………… 525
特种设备监督管理…………………… 383

特种养殖…………………………………266
提（议）案………………………………465
提高人口素质……………………………721
提亲………………………………………757
体格检查…………………………………545
体育………………………………………627
体育设施…………………………………627
天成阁麦秆画……………………………59
天棚………………………………………646
天主教……………………………………755
铁路………………………………………200
同化、脱落与合音………………………777
统计管理…………………………………366
统计机构…………………………………366
统计调查…………………………………367
统一战线工作……………………………437
痛抱西河…………………………………676
投入产出调查……………………………368
图书馆……………………………………641
土地承包责任制…………………………441
土地登记…………………………………394
土地节约使用……………………………396
土地利用…………………………………142
土地流转…………………………………442
土地清理盘活……………………………400
土地确权与争议调处……………………395
土地调查…………………………………396
土地资源…………………………………141
土地综合开发……………………………287
土房子故事坊……………………………67
土壤………………………………………132
土壤的理化性状…………………………133
土壤容重…………………………………134
土壤酸碱度………………………………134
土壤质地…………………………………133
土壤种类与分布…………………………132
土体构造…………………………………134
团组织“创先争优”活动…………………555
退耕还林…………………………………258
屯毛不辨…………………………………675
脱贫攻坚创新工作………………………276
拓普汽车零部件制造项目………………305

W

外来节日…………………………………764
汪易扬艺术馆……………………………640
王化云故居………………………………645
王桥乡……………………………………110
王桥乡卫生院……………………………608
王桃园书屋………………………………68
王桃园小学………………………………67
王桃园小学旧址…………………………68
王占元祠堂………………………………645
王占元旧居………………………………645
危房改造…………………………………591
危险化学品整治…………………………390
危险物品管理……………………………525
维护妇女儿童权益………………………559
维护青少年合法权益……………………555

维护职工合法权益…………………… 552
维拉庄园……………………………… 312
维修市场管理………………………… 202
委员构成……………………………… 507
委员视察、考察、调研……………… 516
委员提案……………………………… 517
委员之家建设………………………… 519
卫生　体育…………………………… 602
卫生监督……………………………… 626
卫生体制改革………………………… 602
卫生县城创建………………………… 624
卫运河民俗厅………………………… 640
魏僧寨镇……………………………… 104
魏僧寨中心卫生院…………………… 608
魏征雕像……………………………… 162
魏征廉政厅…………………………… 640
魏征研究……………………………… 679
温度…………………………………… 124
温泉花园……………………………… 311
文白异读词…………………………… 779
文大（武馆）公路馆陶段…………… 176
文化馆………………………………… 638
文化广场……………………………… 642
文化活动……………………………… 644
文化市场…………………… 317、642
文化市场稽查………………………… 643
文化特色………… 57、62、65、69、72
文化艺术中心………………………… 638
文化育人……………………………… 54
文教　卫生…………………………… 565
文明创建……………………………… 702
文明村镇……………………………… 706
文明单位……………………………… 704
文明县城……………………………… 702
文史资料征编………………………… 519
文体活动……………………………… 563
文卫街绿化…………………………… 160
文物古迹……………………………… 645
文学创作……………………………… 680
文学艺术……………………………… 680
污染成分统计………………………… 131
污水处理设施………………………… 165
无线传输数字电视…………………… 666
无线寻呼……………………………… 234
武警馆陶县中队……………………… 544
武术…………………………………… 630
物价管理……………………………… 375
物价监督与检查……………………… 377
物价体制改革………………………… 375

X

西沙河故道…………………………… 120
习俗…………………………………… 756
下沉式秋千广场……………………… 59
县城规划……………………………… 152
县道…………………………………… 174
县级财政体制改革…………………… 343
县级非物质文化遗产………………… 673
县级行政管理机构…………………… 566

县级医疗单位…………………………604
县纪委工作机构………………………417
县人民武装部…………………………543
县属学校………………………………567
县团委…………………………………553
县委工作机构…………………………416
县委全委会议…………………………406
县委重要决策…………………………418
县委组织机构…………………………412
县长办公会议…………………………497
县政府办公室工作……………………502
县政府常务会议………………………473
县政府经济工作会议…………………497
县政府廉政工作会议…………………498
县中心幼儿园…………………………571
乡村旅游产业…………………………60
乡道……………………………………181
乡镇财政体制改革……………………344
乡镇人民代表大会……………………467
乡镇人民政府…………………………473
乡镇文化站……………………………642
乡镇医疗机构…………………………607
项目造林………………………………257
消毒工作………………………………619
消费者权益保护………………………371
小康社会建设…………………………166
小学教育………………………………571
校舍建设………………………………591
鞋袜……………………………………756
新编地方志……………………………658
新城建设……………………152、155
新风范例………………………………709
新华路绿化……………………………160
新民居建设……………………………166
新民居示范村规划……………………153
新闻宣传………………………………435
新型化工产业园区……………………300
新型化工与医药业……………………295
新型农村合作医疗制度改革…………602
信诚公园………………………………164
信访工作………………………………448
信访接待………………………………449
信访制度………………………………448
信函……………………………………230
信息工作……………………453、504
刑事检察………………………………529
刑事审判………………………………533
行风评议………………………………426
行政编制管理…………………………727
行政复议、应诉………………………503
行政审判………………………………536
行政执法监督…………………………503
行政执法与监察………………………503
兴福庙遗址……………………………646
性别结构………………………………717
袖舞清风………………………………161
许路疃闸带桥…………………………207
蓄水工程………………………………205
宣传……………………………………434
宣传发动………………………………545

宣传教育……718
宣传与培训……749
学历教育……453、567
学校“非典”防控……622
学校体育设施……627
学校卫生……623
学制与课程设置……572

Y

106 国道馆陶段……170
106 国道景观带……161
106 国道与 309 国道平交环岛……172
110（66）千伏电网……217
烟草专卖……334
烟花爆竹整治……391
沿革……520
沿河城镇……654
沿河铺舍……654
雁翼文学馆……640
羊……263
羊洋花木小镇——李沿村……69
养护中心建设……204
养老保险……731
养羊园区……70
药材类……143
药品、医疗器械安全监管……388
药品管理……626
野生动物……142
野生动植物资源……142
野生植物……143
一期农网改造……222
伊斯兰教……755
衣着……756
医德医风建设及整治……626
医疗保险……733
医疗机构……604
医政与卫生监督……626
移动通信……234
已婚育龄妇女管理……723
以人为鉴……678
亿丰电动车市场……317
义务教育经费保障机制……582
艺术创作……695
疫病防治……269
音乐……695
音像图书门市……642
引黄引卫工程……214
饮吧……64
饮食……757
饮食服务业……333
饮食结构……757
英才路绿化……160
迎宾牌坊……66
迎娶……758
硬件建设……664
拥军优抚……738
拥军优属……738
永济路绿化……160
永盛自动化养殖机械项目……305

用电…………………………………224
优抚…………………………………739
优化城镇村建设用地布局……………397
优化发展环境………………………426
优化经济社会发展环境………………402
优化农用地布局……………………397
优化土地利用空间布局………………397
优惠政策……………………………356
邮政储蓄……………………………231
邮政事业发展………………………229
邮政网点……………………………229
有线电视……………………………666
鱼类（脊索动物门鱼纲）……………142
娱乐场所……………………………642
语气词“啊”的音变…………………776
育龄妇女生殖健康保健………………722
预防接种……………………………613
预防接种门诊建设……………………614
预防职务犯罪………………………530
预算外资金管理……………………350
元旦…………………………………763
元宵节………………………………761
园林绿化……………………………159
源头治腐……………………………427
月季园………………………………71
运河保护与文化传承…………………655
运河漕运……………………………653
运河概况……………………………652
运河文化研究………………………656
运输管理……………………………202

Z

杂草类………………………………143
杂粮博物馆…………………………74
杂粮小镇——郭辛庄村………………72
杂粮小镇牌坊………………………74
栽培技术……………………………247
载舟覆舟，奔车朽索…………………676
再生资源回收………………………331
择善而行……………………………677
张家坠书……………………………671
招商引资……………………………401
照明设施……………………………164
震灾…………………………………139
征兵机构……………………………544
征管措施……………………………355
征集文物……………………………655
征收及收购…………………………323
蒸发…………………………………127
整合资源……………………………54
正音…………………………………776
政法…………………………………520
政府采购管理………………………353
政府工作部门………………………471
政府街绿化…………………………160
政府领导机构………………………468
政府引导……………………………52
政府组织机构………………………468
政务服务中心………………………403

政务公开…………………………………503
政协常委…………………………………513
政协常委会会议…………………………515
政协常委会组成…………………………513
政协全体会议……………………………508
政协委员…………………………………507
政治………………………………………405
政治待遇…………………………………451
政治审查…………………………………545
政治协商…………………………………515
知识分子管理……………………………432
职工文体活动……………………………552
职业道德…………………………………708
职业教育…………………………………578
植树节……………………………………763
植树造林…………………………………256
制度建设……………………………439、453
质量技术监督……………………………379
质量监督管理……………………………380
治安、危险品与特种行业管理…………524
治安管理…………………………………524
治理公路“三乱”………………………425
治理教育乱收费…………………………425
中等教育…………………………………576
中共馆陶县第八次代表大会……………405
中共馆陶县第九次代表大会……………405
中共馆陶县第十次代表大会……………406
中共馆陶县第十一次代表大会…………406
中共馆陶县委员会………………………412
中共抗日县委驻地旧址…………………63
中国电信馆陶分公司……………………235
中国工商银行股份有限公司馆陶县支行
……………………………………………336
中国共产党地方组织……………………405
中国建设银行股份有限公司馆陶支行
……………………………………………336
中国联通馆陶分公司……………………234
中国农业发展银行馆陶县支行…………338
中国农业银行馆陶县支行………………337
中国青年节………………………………763
中国人民财产保险股份有限公司馆陶县
支公司……………………………………341
中国人民银行馆陶县支行………………335
中国人寿保险股份有限公司馆陶支公司
……………………………………………342
中国移动馆陶分公司……………………235
中国邮政储蓄银行馆陶县支行…………340
中华人民共和国…………………………96
中秋节……………………………………762
中小学布局调整…………………………583
中药材……………………………………253
中元节……………………………………762
终始弗渝…………………………………678
种植业……………………………………244
重点项目计划与实施……………………364
重要会议…………………………………473
轴承小镇——马栏厂村…………………75
猪…………………………………………263
主题公园…………………………………54
主要化工企业简介………………………300

助人为乐…… 709
注册登记…… 369
筑先广场…… 164
专家推荐管理…… 728
专卖管理…… 334
专项整治…… 390
专项资金审计…… 373
专业技术人员管理…… 728
装备建设…… 521
资源分布…… 141
自然变动…… 715
自然环境…… 119
自然灾害…… 135、736
自然资源…… 140
宗教…… 754
综合党务…… 422
综合监督…… 392
综合经济管理…… 360
组织工作…… 428
尊重民意…… 52
做强产业…… 52

人物索引

A

安振明…… 822

B

白永顺…… 819
白云乡…… 820

C

蔡占川…… 821
曹 霖…… 780
曹雪江…… 826
常国庆…… 821
陈华东…… 825
程学书…… 825
崔丽敏…… 826
崔新霞…… 826
崔振彬…… 823

D

丁承君…… 821
丁益新…… 821
董丽欣…… 821
董明焕…… 825

杜洪湖 …………………………… 827

F

范筑先 …………………………… 784
冯立建 …………………………… 823
冯善俗 …………………………… 796
冯晓燕 …………………………… 821
冯长宾 …………………………… 826

G

高书勤 …………………………… 823
古鹏程 …………………………… 810
馆陶公主 ………………………… 784
郭抱箱 …………………………… 820
郭冠英 …………………………… 791
郭怀峰 …………………………… 825
郭金山 ……………………… 816、819
郭俊萍 …………………………… 825
郭俊芹 …………………………… 828
郭书印 ……………………… 808、819
郭霄峰 ……………………… 811、819
郭玉山 …………………………… 809
郭运航 …………………………… 821
郭泽波 …………………………… 819

H

韩洪如 …………………………… 803
韩立华 …………………………… 826
韩庆利 …………………………… 827
韩文生 …………………………… 821
韩志平 …………………………… 804
郝化民 …………………………… 798
郝洁轩 …………………………… 789
郝鲁伟 …………………………… 790
郝慎吾 …………………………… 801
郝巍吏 …………………………… 818
郝兆平 …………………………… 809
郝正义 …………………………… 803
黄　彬 …………………………… 827
霍贵高 …………………………… 821

J

冀成军 …………………………… 823
冀成楼 …………………………… 821
贾春海 …………………………… 804
贾鹏章 …………………………… 828
焦善民 …………………………… 799
靳希义 …………………………… 822
靖濡之 …………………………… 790

K

孔祥会 …………………………… 797

L

郎清荣 …………………………… 795
李东印 …………………………… 822
李国骅 …………………………… 820
李国相 …………………………… 825
李建庆 …………………………… 827
李金保 …………………………… 825
李立杰 …………………………… 821
李立武 …………………………… 821
李善坤 …………………………… 820
李生玉 …………………………… 806
李书英 …………………………… 828
李思月 …………………………… 814
李晓军 …………………………… 818
李晓林 …………………………… 828
李兴怀 …………………………… 823
李永昕 …………………………… 824
李永轩 …………………………… 825
李玉娥 …………………………… 825
李章民 …………………………… 827
梁洪喜 …………………………… 823
梁洪喜 …………………………… 825
刘　光 …………………………… 822
刘　颖 ……………………… 826、827
刘保健 …………………………… 822
刘官峰 …………………………… 825
刘会堂 …………………………… 823
刘锦江 …………………………… 818
刘兰山 …………………………… 823
刘汝武 …………………………… 827
刘书平 …………………………… 825
刘天恩 …………………………… 819
刘晓玲 …………………………… 820
刘永昌 …………………………… 826
刘玉章 …………………………… 822
刘云兰 …………………………… 788
刘增云 …………………………… 819
柳金成 …………………………… 800
卢玉民 …………………………… 824
路新卿 …………………………… 821
罗朝庚 …………………………… 819
罗永军 …………………………… 821
罗占恩 …………………………… 820
吕人先 …………………………… 823
吕香莉 …………………………… 826

M

马俊珍 …………………………… 824
马兰芳 …………………………… 825
马文平 …………………………… 828
孟凡俊 …………………………… 819
孟祥红 …………………………… 818
穆　虹 …………………………… 795

N

宁振虎 …………………………… 822

牛桂晓 …………………………… 822
牛兰朝 …………………………… 826

P

潘俊林 …………………………… 805
庞云田 …………………………… 826
平子超 …………………………… 826

Q

乔十光 …………………… 812、820

R

任爱华 …………………………… 824

S

申华祥 …………………………… 824
师永生 …………………………… 824
施建国 …………………………… 828
石宝中 …………………… 823、824
史烈光 …………………………… 799
宋良廷 …………………………… 828
宋秋玲 …………………………… 825
宋子英 …………………………… 808
苏红茹 …………………………… 824
孙华强 …………………………… 824
孙明泉 …………………………… 825
孙明泉 …………………………… 827
孙书刚 …………………… 825、827
孙文华 …………………………… 811
孙养廉 …………………………… 792
孙耀庭 …………………………… 819
孙长礼 …………………………… 815
孙志刚 …………………………… 821

T

谭双剑 …………………………… 820
陶　明 …………………………… 793
佟占邦 …………………………… 828

W

汪易扬 …………………… 812、820
王　驰 …………………… 810、819
王　黔 …………………………… 827
王　琼 …………………………… 822
王爱国 …………………………… 819
王爱民 …………………………… 823
王丙辰 …………………………… 827
王成磊 …………………………… 824
王成民 …………………………… 824
王广润 …………………………… 796
王海龙 …………………………… 822
王会众 …………………………… 821
王金祥 …………………………… 823
王立杰 …………………………… 818

王立新 …………………………… 818
王立忠 …………………………… 818
王连坤 …………………………… 821
王领道 …………………………… 820
王茂良 …………………………… 823
王明花 …………………………… 823
王明照 …………………………… 824
王佩霞 …………………………… 823
王庆改 …………………………… 821
王汝汉 …………………………… 803
王省三 …………………………… 800
王万珍 …………………… 823、824
王维岭 …………………………… 824
王卫强 …………………………… 825
王晓军 …………………… 814、818
王兴禹 …………………………… 823
王秀芝 …………………………… 820
魏　征 …………………………… 781
温华杰 …………………………… 822
温天华 …………………………… 824
吴　斌 …………………………… 801
吴春峰 …………………………… 828
吴东风 …………………………… 819
吴发泉 …………………………… 819
吴付合 …………………………… 828
吴兰巧 …………………………… 823
吴起贵 …………………………… 818
吴祥顺 …………………………… 818
武贵峰 …………………………… 826
武洪民 …………………………… 826
武希志 …………………………… 819

X

肖　寒 …………………………… 809
解华堂 …………………………… 819
徐国林 …………………………… 823
徐建强 …………………………… 824
徐万蓉 …………………………… 820
徐卫东 …………………………… 825
徐振洪 …………………………… 828
许　旭 …………………………… 794
许焕滨 …………………………… 822
许银芳 …………………………… 822
薛　广 …………………………… 826
薛华新 …………………… 822、825
薛书丽 …………………………… 827

Y

闫　斌 …………………………… 826
闫岱伦 …………………………… 798
闫宜华 …………………………… 824
闫子强 …………………………… 825
颜景龙 …………………………… 820
雁　翼 …………………………… 806
杨　敏 …………………………… 827
杨会轩 …………………………… 826
杨建平 …………………………… 826
杨丽巍 …………………………… 827

杨章岭 …… 823
姚洪越 …… 821
殷殿书 …… 821
殷怀法 …… 824
殷俊廷 …… 815
殷秀忠 …… 825
影　芹 …… 826
于广才 …… 797
于振英 …… 822
袁国栋 …… 821

Z

张登举 …… 794
张凤云 …… 823
张国平 …… 827
张俊华 …… 824
张魁东 …… 828
张明斗 …… 792
张佩芬 …… 827
张树明 …… 802
张维翰 …… 818
张文超 …… 821
张新来 …… 817
张新蕾 …… 826
张云芝 …… 818
张运波 …… 821
张运涛 …… 820
赵　鹏 …… 822
赵　姝 …… 822
赵海滨 …… 822
赵华鹏 …… 822
赵静波 …… 821
赵俊坤 …… 826
赵树新 …… 827
仲　轩 …… 819
仲凤英 …… 826
周忠生 …… 813
庄献华 …… 824
子　夏 …… 780
宗　泽 …… 784

编后记

县志编辑部全体人员研究编纂工作

馆陶县有悠久的修志传统。现存最早的《馆陶县志》，始于明代万历二年（1875年），清代康熙和雍正年间两次纂修县志，光绪年间纂修乡土志，民国25年再次续修县志。自1999年出版新中国成立后的第一部社会主义新方志《馆陶县志》后，转眼17年已去。这17年，是馆陶经济建设、社会事业和改革开放取得重大突破的时期。《馆陶县志（1997—2013）》正是对馆陶县这17年鲜活历史的记录。编者们从搜集资料、汇集订正，到编纂成书，评审校对，历时四个寒暑、1460多个日日夜夜，洋洋洒洒一百多万字。值此付梓之际，提笔数语，感慨万千。

盛世修志，功在当代，利在千秋。按照省、市关于启动二轮县志修编工作的有关文件要求，《馆陶县志》二轮修编工作于2013年年底谋划启动。2013年9月，时任县政府研究室副主任的张善宁（主管地方志工作）多次到省、市地方志办公室对接沟通，亲自谋划启动《馆陶县志》二轮修编工作，在报请时任县委常委、常务副县长齐海新和时任县长谢继炯同意后，《馆陶县志》二轮修编工作于2013年12月正式启动。由于县地方志办公室挂靠县政府办公室，没有编制、没有人员、没有设备，为尽快打开工作局面，张善宁及时向县政府主要领导、主管领导作了专门汇报，并报送组建二轮县志修编工作机构的报告。县政府领导高度重视，立即作出批示，同意组建修志工作机构。齐海新常务副县长亲自帮助协调县交通局二楼三间办公室为办公地点，配齐了电脑、打印机、橱柜等办公设备，落实了专项经费。并聘请原教育局副局长王子斌任主编，原电教仪器站长李兴怀任副主编，从乡镇和机关事业单位抽调了王晓然、陈晓利、孙克岩、严书芳4名学历高、能力强、热爱修志工作的年轻人任编辑，迅速组建了一支老中青相结合的修志队伍。经过3个月的深入调研、查阅资料、翻阅档案、研究历史，于2014年3月完成了二轮志书的篇目框架设计工作，初步设计为8卷、46章、207节。大纲设计完成后，王子斌、李兴怀因家庭和身体原因，不能继续从事修志工作，离开修志岗位。严书芳、孙克岩因工作需要调回原单位工作。修志工作暂停。这时，张善宁等人没有灰心、没有气馁，先后“几顾茅庐”，聘请原地方志办公室主任、一轮县志主编任润刚出山担起修志重任，并任县志编纂总顾问。他凭着多年的修志经验和深厚的历史文化修养，迅速对二轮志书的篇目框架设计进行了调整，到3月底完成了篇目框架最后定稿。同时，任润刚又物色了胡志祥、尹子立、常天雨三人加入修志队伍，利用业余时间从事修志工作。2014年4月，张善宁同志因工作需要到县委办工作，地方志工作由时任县政府研室究副主任的郝立业具体负责。

郝立业接管修志工作后，和时任县政府法制办副主任的牛贵龙经过多次研究方案、碰撞思想，最终形成了运用市场化机制“开门办县志、能人办县志”的工作思路，并报经县政府主管领导同意。按照定时间、定人员、定任务、定报酬的“四定”方针，整个志稿编辑工作由几位编辑包干承担，每人平均承担一定篇目，认真搜集资料、规范撰稿、严格把关。2014年4月11日，在馆陶宾馆召开《馆陶县志》二轮修编工作启动大会，时任县委常委、常务副县长齐海新，县人大副主任牛兰学，时任县政府办公室主任王成出席大会。会上，牛兰学宣读了《中共馆陶县委办公室、馆陶县人民政府办公室关于迅速开展〈馆陶县志〉第二轮修编工作的通知》，齐海新对二轮修志工作进行了具体安排部署，王成主持会议。2014年5月15日，在县人大六楼会议室召开《馆陶县志》二轮修编工作培训会。县人大副主任牛兰学、《馆陶县志》二轮修编总顾问任润刚对全县各部门志书修编人员进行了业务培训。会议还专门邀请了市地方志办公室主任杨富中、原市地方志办公室主任、《邯郸市志》执行主编申凤鸣参加会议，并举行了专题讲座。可以说前期筹备启动阶段，是一月一个台阶，进展非常顺利。从2014年4月正式启动到2015年5月，经过全体编辑人员的不懈努力，编纂完成了县志初稿，并先后征求各部门、各阶层的意见建议，然后又几易初稿，2015年12月，形成提交市级专家评审稿。2016年1月，任润刚因身体原因不再从事一线修志工作，主要进行宏观指导。报请县政府主管领导同意后，确定胡志祥任主编，王晓然、陈晓利任副主编，其他人员任编辑。

2016年3月4日，在县委二楼第一会议室召开《馆陶县志（1997—2013）》市级专家评审会。市地方志办公室杨富中主持会议，时任县委常委、常务副县长齐海新致欢迎词，县人大副主任牛兰学、政府办主任平韦振出席会议并与专家合影留念。评审会上，市地方志办公室主任杨富中进行了说明，县政府研究室副主任郝立业进行了工作汇报。市级评审专家李春社、杨凤奎、刘增才、师振志、樊春楼对志稿进行了认真评审。专家们充分肯定了志稿并提出修改意见，通过了市级专家评审。评审会后，编者针对各位专家提出的意见，逐项梳理分类，进行了为期三个多月的修改完善。期间，编者与各位专家通过电话、短信对有争议的问题进行反复斟酌和征求意见。由于馆陶县二轮修志工作在全市进展较快、成效突出，2016年4月14日，全市地方志机构主任工作现场会在馆陶宾馆召开，馆陶县在会上做典型发言，修志工作经验全市推广。2016年8月底，志稿提交全国专家评审会评审。2016年9月2日，在馆陶宾馆召开《馆陶县志（1997—2013）》全国评审专家评审会。市地方志办公室杨富中主持会议，县长孟凡雄、县人大副主任牛兰学、政府办主任平韦振出席会议并与专家合影留念。评审会上，县委常委、常务副县长齐海新致欢迎词，市地方志办公室主任杨富中介绍了修志情况，县政府研究室副主任郝立业、县志主编胡志祥分别汇报了修志经过。全国评审专家王卫明、丁爱军、王广才、任丽英、魏铁军、孙进柱、孟朋文、吴恒青、申凤鸣对志稿进行了认真评审，从不同角度都提出了指导意见和建议，并顺利通过全国专家评审。编者针对专家提出的意见逐项制定了具体的整改方案，进行修改完善。期间还专门聘请原峰峰矿区地方志办公室主任、评审专家李春社对志稿进行全文审核把关。2017年5月3日，编者在充分征求、采纳县领导、有关部门以及县内文化名人的意见建议后，形成县志终审稿并提交河北省地方志办公室终审。2017年6月12日，省地方志办公室出具《馆陶县志（1997—2013）》稿的终审批复，成功通过终审，达到出版条件。2017年12月，经过最后修改完善、核对、校对后，正式出版印刷。

所有参与修编人员在资料征集过程中，坚持从实际出发，通过查档案、搞调查、召开座谈会等多种形式，广泛、深入、细致地做好资料的搜集与整理工作，为志稿的撰写奠定了基础。编辑部全体人员坚持向老一辈专家、修志先进县市学经验、向名志看齐，通过查阅馆陶县旧志、各单位部门志以及周边县、市的志书和其他有关历史文献，汲取有价值的史料，不轻信，不盲从，力争修成信史。对全县主要经济部门承担的板块进行督促、指导，对重大事项、重要数据、重要人物更是紧盯不放，做到不虚美、不隐恶、不漏项，横排竖写，力陈百业，全面反映1997—2013年间馆陶县的发展成果。二轮志书重点突出以下几个特色：一是卷首增设馆陶美丽乡村、特色小镇专辑，以突出近年来馆陶县美丽乡村建设取得的巨大成绩；二是凸显城市建设成效显著这个特色，在志书编纂中，通过图文并茂的方式反映了城市建设的成果；三是突出馆陶深厚的历史底蕴，对全县上下普遍关注的置县时间、村庄迁民时间、县城治所北迁时间、县境重要变化等历史问题，在现有考证条件下进行修正解答；四是人物传部分增设了人物补遗，对一轮县志遗漏的部分古代人物和近现代人物进行补充完善；五是充分体现馆陶“地域小县、文学大县、文化大县”的人文特色。

《馆陶县志》二轮编纂工作始终是在县委、县政府的领导和关怀下进行的。县委、县政府主要领导对修志工作多次作出重要批示。2013年年底，时任县长谢继炯在地方志办公室呈报的关于启动修志工作的报告上作出重要批示。2013年11月，谢继炯任县委书记以后，又多次听取修志工作汇报，对修志工作给予了大力支持。县长孟凡雄对修志工作亲自过问、亲自调度，并于2014年11月18日亲自主持召开地方志工作座谈会，这在馆陶历史上是第一次。县委常委、常务副县长齐海新多次到县志编辑部调研，并在经费保障、硬件配备上给予了大力支持。县人大副主任牛兰学更是在县志修编工作上亲历亲为、全程指导，为县志修编工作做了大量的工作，提供了很大的支持和帮助。2017年换届之后，县委常委、常务副县长赵鹏飞对志书的出版印刷工作，给予了大力支持。历届编委会领导关心修志工作，并从多方面关怀修志工作人员，激励大家不畏清苦，潜心修志，也是县志终能成书的重要因素。多年来，省、市史志部门领导对馆陶的修志工作也给予了极大指导帮助，省地方志办公室主任杨洪进亲自审阅终审稿，市地方志办公室主任杨富中多次帮助修订篇目、提出修改意见，这些都是馆陶县志得以顺利完成的重要保证。

在长达四年的修志历程中，各乡镇、各部门供稿人员认真查找资料，数年间笔耕不辍，都及时提供了翔实的文字资料，还编写了《教育志》《水利志》《交通志》《房寨中学志》《孟良寨村志》等数部专业志、部门志、村志，不仅为县志编修奠立了基石，而且为志苑增添了新作。县博物馆、图书馆、档案馆、文化馆、党史办等单位提供了大量珍贵文献资料，许多熟悉馆陶县情的各界人士提供了重要的口碑资料，这些都是编修县志的重要前提。4年来，最难忘的是任润刚老前辈为修志不辱使命，不求有职、有权、有钱，但求有德、有才、有功；主编胡志祥是工商局干部，一边要干好自己本职工作，一边还要加班加点修好志书，付出了常人难以付出的精力；王晓然、陈晓利两位年轻人为修志事业付出了人生最美好的时光，耐住了寂寞、守住了清苦，坐住了冷板凳，在收获修志成果的同时，也都在各自的爱情和事业上收获了喜悦。

县志之为巨著非一人数人之功，不仅凝聚着全县所有参与修志人员的心血和汗水，更饱含着全县各单位和社会各界人士的辛勤劳动，在此一并致以衷心的感谢！

尽管编者做出最大努力，但由于资料残缺，特别是某些单位分分合合，档案资料遗失，人员频繁交替，人物考证难寻，加上编纂时间仓促，修编人员水平有限，难免有疏漏、不妥或错误之处，敬请领导、专家和广大读者批评指正。

陶山巍巍，卫水汤汤；千年更替，世纪初降；盛世修志，乘势担当；继往开来，昭炳后世；付梓在即，赘言感想。

编者

2017年12月